དཔལ་ལྡན་ཚོགས་གཉིས་རྒྱ་གཏེར་བསྒྲུབས་པ་ལས། །མཁྱེན་བརྩེའི་འོད་དཀར་ངེས་གསང་གྲུ་ཆར་འབེབས། །
གངས་ཅན་མཁས་གྲུབ་ཡོངས་ཀྱི་གཙུག་རྒྱན་མཆོག །མཚོ་སྐྱེས་རྡོ་རྗེ་འགྲོ་བའི་བླ་མར་འདུད། །

མངའ་རིས་པཎ་ཆེན་པདྨ་དབང་རྒྱལ་གྱིས།

ཀ་ཆུ་བ་ལ་ཁ་ཡིག་ཚོགས། ༡༣

༄༅། །གསང་ཆེན་སྔ་འགྱུར་བའི་སྡོམ་གསུམ་ཕྱོགས་བསྒྲིགས་བཞུགས་སོ།།

པོད་གཉིས་པ།

སྟག་ལྷ་པདྨ་བློ་ལྡན་སོགས་ཀྱིས་མཛད།

སི་ཁྲོན་བོད་ཡིག་དཔེ་རྙིང་བསྡུ་སྒྲིག་ཁང་གིས་བསྒྲིགས།

རྒྱལ་ཁབ་དཔེ་མཛོད་དཔེ་སྐྲུན་ཁང་།

དཀར་ཆག

༄༅། །རང་བཞིན་རྫོགས་པ་ཆེན་པོའི་ལམ་གྱི་ཆ་ལག་སྡོམ་གསུམ་རྣམ་པར་ངེས་པའི་འགྲེལ་པ་རྣམ་གྲོལ་ལམ་བཟང་ཞེས་བྱ་བ་བཞུགས་སོ། །

སྟག་བླ་པདྨ་བློ་ལྡན།

རང་བཞིན་རྫོགས་པ་ཆེན་པོའི་ལམ་གྱི་ཆ་ལག་སྡོམ་པ་གསུམ་རྣམ་པར་ངེས་པའི་འགྲེལ་པ་རྣམ་གྲོལ་ལམ་བཟང་ཞེས་བྱ་བ། ཨོཾ་ཨཏྲ་མཉྫུ་ཤྲཱི་ཧྲཱིཿཧྲཱིཿན་མ། ཆོས་ཀུན་སྟོང་ཉིད་རང་བཞིན་བླ་མཛེས་གཞོན་ནུའི་མཁའ་དབྱིངས་ཁྱོན་ཡངས་པོར། །སོ་སོར་རྟོགས་པའི་ཡེ་ཤེས་གསལ་བའི་དཀྱིལ་འཁོར་ངག་དབང་ཧྲ་བདུན་རྒྱས། །མཁྱེན་དང་བརྩེ་བའི་འོད་ཀྱིས་སྲིད་ཞིའི་ཁམས་ཀུན་འགེངས་ལ་བསྐྱེངས་པ་བྲལ། །སྟངས་དབྱལ་གཉིས་མེད་ཡང་ཡེ་བདག་བློའི་དབྱིངས་བཞུགས་བརྩམ་ལེགས་མཐར་ཕྱིན་སྟོལ། །གྲངས་མེད་སོ་ཐར་ལྷར་དཀོན་མཆོག་གསུམ་ལ་ཕྱག་འཚལ་ལོ། །བསྐལ་པར་ཚོགས་གཉིས་རྒྱ་གཏེར་བསྒྲུབས་ལས་སྤྲང་རྟོགས་ཕུན་ཚོགས་ཡོན་ཏན་ལྷུན་པོ་ཐུབ་དབང་སྤྲུལ་པའི་སྐུ། །ཆོས་ཅན་ཆོས་ཉིད་འགོག་དང་ལམ་བདེན་སྤྲིན་ཆེན་ཆགས་དང་བྲལ་བའི་རྒྱུན་ཟེགས་རབ་འཐུལ་གསུང་རབ་བདུད་རྩིའི་ཆར། །རིགས་བདུན་སྤྱང་དང་བསྒྲུབ་པའི་པད་ཚལ་ལྡན་གྲོལ་དྲི་བསུང་མཐར་ཁྱབ་ཞུགས་དང་ཞུགས་འབྲས་སྦྲང་རྩིའི་འབྱུང་གནས་མཆོག །སངས་རྒྱས་གསེར་གྱི་ཕྱུང་པོ་དམ་ཆོས་བདུད་རྩིའི་དཔལ་འབྱོར་འཆལ་པའི་འདམ་གྱིས་རབ་དབེན་ཆོས་གསུམ་ཞབས་ལ་བདུད། །དཔག་བྱང་སེམས་ལྷར་དཀོན་མཆོག་གསུམ་མེད་སྟོན་ནས་མངོན་པར་བྱང་ཆུབ་ཆོས་སྐུའི་དབྱིངས་ལས་སྲིད་པ་ཇི་སྲིད་འགྲོ་བའི་ཁུར་ཆེན་བཞེས་མཛད་དམ་པ་སྐུ་གཉིས་བདག །སྤྱི་སྟོད་རབ་འབྱམས་ལུང་གི་རྐང་འཐུང་ས་རབ་དགའ་བའི་དཔལ་ལས་རྟོགས་པའི་འབྲས་སྨིན་ལེགས་གསུང་དམ་པའི་ཆོས་ཁམས་དགེ། །སྒྲིབ་པའི་མུན་བྲལ་གཞན་དོན་འོད་དཀར་མཐར་ཁྱབ་ས་ལམ་ཆ་ཤས་རྫོགས་པའི་

བྱང་སེམས་འཕགས་པའི་དགེ་འདུན་མཆོག །མཁྱེན་བརྩེའི་དབང་ཕྱུག་སྐྱེ་དགུའི་རྟེན་མ་ལུང་རྟོགས་དཔག་བསམ་ལྗོན་པ་རྒྱལ་སྲས་ཀུནྡའི་བཞེས་གྱུར་བླ་མེད་མཆོག་གསུམ་ཞབས་ལ་འདུད། །གདོད་གསང་སྔགས་ལྟར་དཀོན་མཆོག་གསུམ། མའི་གཞི་དབྱིངས་སྐྱབས་སུ་མངོན་པར་མཐར་ཕྱིན་སྤྲུལ་འཕྲུལ་དྲ་བ་སྐུ་ལྔའི་འོད་ཟེར་མུ་མཐའ་མེད་པའི་བདག །སྟོང་ཕྲག་དུ་མའི་རྒྱུད་སྡེ་རྒྱ་མཚོ་ཟབ་དང་རྒྱ་ཆེ་བསྐྱེད་རྫོགས་གྲུབ་པའི་དགོངས་དོན་ཡིད་བཞིན་དབྱིག་གི་མཛོད། །ཐབས་མང་ཚོགས་བྲལ་འབད་མེད་རྩལ་རྫོགས་གྲུབ་པའི་དབང་ཕྱུག་བརྒྱུད་ལྡན་རིག་འཛིན་རྣམ་བཞིའི་གདངས་རིའི་རྩེར་གནོན་པ། །ཁྱབ་བདག་རིགས་ཀུན་ཉི་མ་མཚོན་བྱ་བྱེད་པའི་རྒྱུད་སྡེའི་ཆུ་གཏེར་དབང་ཐོབ་རིག་འཛིན་སྟོབས་ལྡན་མཆོག་གསུམ་བླ་མར་འདུད། །གསུམ་ལྡན་བླ་མ་དཀོན་མཆོག་གསུམ་དངོས་སྣང་སྲིད་དག་མཉམ་ཡེ་གྲོལ་དབང་དང་དམ་ཚིག་ལྷུན་གྲུབ་སྐུ་ལྔའི་ཁྱབ་བདག་མཁའ་ལྟར་དག་པའི་ཐུགས། མདོ་རྒྱུད་རབ་འབྱམས་རྒྱ་མཚོའི་སྤྲིན་ཆེན་སྤྱང་ཐོབ་རླབས་ཆེན་བྱང་སེམས་བསླབ་བྱའི་བདུད་རྩིས་ཡོངས་གང་གསུང་། །རྣམ་དཀར་བཟང་པོའི་མཛད་ཕྲིན་བརྟུལ་ཞུགས་བཟང་པོའི་འདུལ་ཁྲིམས་ཕུན་ཚོགས་རྣམ་གྲོལ་སྒྲ་བརྒྱའི་དབྱངས་ལྡན་སྐུ། །མཆོད་དོ་གསུམ་ལྡན་རྡོ་རྗེ་འཛིན་རྒྱལ་སྒྲོ་གསུམ་མཆོག་གསུམ་རང་བཞིན་དཀོན་མཆོག་བཞི་པ་བླ་མའི་ཞབས། །པད་འབྱུང་སླར་ཡང་དཔལ་ལྡན་རྩ་བའི་བླ་མ་ལ། ཐུགས་རྗེའི་འོད་དཀར་ཉ་གང་ལ། །སྐལ་བཟང་ལྡན་འཛིན་འཕོ་བའི་བློས་གར་ཅན། །མི་གཡོ་ཀུན་ཁྱབ་བདག་བློའི་གཙུག་རྒྱན་མཆོག །མ་ར་ཊཱི་ཧཾ་བཛྲ་དེས་འདིར་སྐྱོངས། །བཤད་པར་དམ་བཅའ་བ། རྣམ་གྲོལ་མཆོག་གི་རྩལ་རྫོགས་རི་དྭགས་རྒྱལ་པོ་ཡོངས་ཀྱིས་འཁྲ་ས་ཧི་མ་ལ་ཡའི་གནས་དག་ལས། །སྡོམ་གསུམ་བཀའ་དང་བསྟན་བཅོས་སྤྲིན་ཟེགས་དུ་མའི་ཚོགས་ཀུང་ཐོས་བསམ་སྒོམ་པའི་རྣམ་དཔྱོད་ཚ་ཟེར་བྱེད་པ་དེས། །ལེགས་བཞུས་ཚིག་གི་ལམ་ལས་འཆོས་སྐྱོབས་གཉིས་ལྡན་ཕུ་ཆུའི་རྒྱུན་འབབ་ལྷག་བསམ་དབུ་ཕྲེང་དཀར་པོ་གཡོ་བ་ཅན། །གང་ཞིག་ངེས་ལེགས་བདུད་རྩིས་ཕོངས་པའི་སྲིད་ལམ་མྱ་ངན་དགོན་པར་འཁྱམས་ཀུན་འདིར་སྤྱོན་ལེགས་ཚོགས་ཆུ་འདིར་རོལ། །

དེ་ལ་གང་གི་ཚེ་དཔལ་ཀུན་ཏུ་བཟང་པོ་ཁྱབ་བདག་རྡོ་རྗེ་འཆང་ཆེན་པོ་དེ་ཉིད་གདོད་མའི་གཞི་ལ་མངོན་པར་བྱང་ཆུབ་སྟེ་སྐུ་གསུམ་འདུ་འབྲལ་མེད་པའི་རང་བཞིན་སྐུ་གསུང་ཐུགས་མི

འཛད་པ་རྒྱན་གྱི་འཁོར་ལོའི་བདག་ཉིད་དུ་བཞུགས་སོ། །དེའི་ཚེ་སྐྱུ་མའི་གྲོང་ཁྱེར་རིགས་དྲུག་གི་ཁམས་ལའང་བདེ་གཤེགས་སྙིང་པོས་མ་ཁྱབ་པ་མེད་ཀྱང་། རང་ངོ་མ་ཤེས་ཏེ་གཟུང་འཛིན་ལས་དང་ཉོན་མོངས་པ་མཐུ་བརྟས་པ་ལས། སྲིད་པའི་གདུང་བས་ཀུན་ནས་ཉོན་མོངས་པར་གྱུར་པ་ལགས། དེ་བཞིན་གཤེགས་པའི་རྣམ་པར་རོལ་བ་བསམ་གྱིས་མི་ཁྱབ་པས་འཇིག་རྟེན་གྱི་འདྲེན་པར་སྐྱུན་དུ་མེད་པའི་མངའ་དབང་བསྒྱུར་བ་ལས། དེ་ཡང་སྟོན་པ་སངས་རྒྱས་འཇིག་རྟེན་དུ་བྱུང་ཞིང་། དེས་བསྟན་པའི་གསུང་རབ་དམ་པའི་ཆོས་རྣམས་ཀྱང་སྐྱེས་བུ་དམ་པ་རྣམས་ཀྱི་བཀའ་དྲིན་ལས་གནས་པ་དང་། དེ་དག་ཀྱང་བསླབ་པ་གསུམ་སྟེ་སྡོམ་པ་གསུམ་གྱི་མཛོད་འཛིན་ཅིང་རིགས་ཅན་གསུམ་གྱི་འགྲོ་བ་རྣམས་བླ་ན་མེད་པའི་སར་འགོད་པའི་ཕྲིན་ལས་ལ་སྙེམས་པ་དང་བྲལ་བ་འབབ་ཞིག་གོ། །

དེ་ལྟ་བས་ན། རང་ཉིད་ཀྱི་དལ་འབྱོར་གྱི་མི་ལུས་རིན་པོ་ཆེ་ཐོབ་པའི་དུས་འདིར་འཁོར་བའི་སྡུག་བསྔལ་གྱི་རྒྱ་མཚོ་ཆེན་པོ་ལས་རང་དང་གཞན་གྱི་འགྲོ་བ་རྣམས་ཡོངས་སུ་སྒྲོལ་བའི་ཕྱིར། སྟོན་གྱི་ལམ་ལྡན་ཆེན་པོ་དག་གི་ཚུལ་ལ་དགྲི་བར་བྱ་བ་ལས་གཞན་མ་ཡིན་ཞིང་། དེ་ཡང་སངས་རྒྱས་ཀྱི་བསྟན་པའི་གཞི་མ་འདུལ་བའི་ཁྲིམས་དང་། བསྟན་པའི་གཞུང་ལམ་བྱང་ཆུབ་ཏུ་སེམས་བསྐྱེད་པའི་བསླབ་བྱ། བསྟན་པའི་སྙིང་པོ་གསང་སྔགས་ཀྱི་དམ་ཚིག་སྟེ། སྡོམ་པ་གསུམ་པོ་དེ་དག་གྱུ་ཚོམས་སུ་མི་འདོར་བར། ཐ་དད་པར་རམ། གསུམ་ལྡན་དུ་གང་ཟག་གིས་ཉམས་སུ་ལེན་པའི་ཚུལ་རྣམ་པར་ངེས་པའི་བསྟན་བཅོས་སྡོམ་གསུམ་རྣམ་ངེས་ཞེས་བྱ་བ་འདི་ཉིད་ནི་འཆད་པར་བྱ་བའི་ཆོས་སོ། །དེ་ཡང་འདི་སྐད་ཐོས་ཏེ། མདོ་སྡེ་རྒྱན་ལས། གཟུགས་བརྟན་རང་བཞིན་ཡོན་ཏན་ལྡན་པ་མེ་ལོང་ནང་དག་ན། །མཐོང་བའི་དབང་གིས་མི་རྣམས་རབ་ཏུ་དགའ་བའི་མཆོག་བསྐྱེད་པ། །དེ་བཞིན་ལེགས་གསུངས་རྟག་ཏུ་རང་བཞིན་ཡོན་ཏན་ལྡན་པ་ཡི། །ཆོས་ཀྱང་དོན་རྣམས་ཕྱེ་བས་མཁས་རྣམས་འདི་ན་དགའ་མཆོག་བསྐྱེད། །ཅེས་པ་དང་། བྱམས་པ་སེང་གེའི་སྒྲས་ཞུས་པའི་མདོ་ལས། སྟོང་གསུམ་འཇིག་རྟེན་ཁམས་འདིར་གསེར་དག་གིས། །བཀང་སྟེ་གཞན་ལ་སྦྱིན་པ་བྱིན་པ་བས། །ཚིག་བཞི་ཚིགས་སུ་བཅད་པ་གཅིག་སྟོན་པས། །ཅི་ལྟར་ཕན་འདོགས་དེ་ལྟར

གྱུར་མ་ཡིན། །ཞེས་གསུངས་པའི་ཕྱིར། འདིར་འགྲེལ་པ་བརྗོད་པར་བྱ་སྟེ། དེ་ལའང་ངོ་བོ་བཀའ་འགྲེལ། ངེས་ཚིག་འབྲུ་འགྲེལ། དབྱེ་བ་དོན་འགྲེལ་གྲུབ་མཐའ་གསང་འགྲེལ་ཏེ་ཚུལ་བཞི་དང་། གཞན་ཡང་དོན་འགྲེལ། ཚིག་འགྲེལ། འབྲུ་འགྲེལ། རྒྱ་ཆེར་འགྲེལ་ལ་སོགས་འདོད་པ་མཐའ་ཡས་ཀྱང་། འདིར་དོན་འགྲེལ་འབའ་ཞིག་གི་དབང་དུ་བྱེད་པར་བྱའོ། །

དེ་ལ་གཉིས། མཚན་སྨོས་པས་བསྟན་བཅོས་ངོས་བཟུང་བ་དང་། དེ་ཉིད་རྒྱས་པར་བཤད་པའོ། །དང་པོ་ནི། དེ་ཡང་བསྟན་བཅོས་ཀྱི་རང་བཞིན་ནི། སྟོན་པ་སངས་རྒྱས་ཀྱི་བཀའི་དགོངས་འགྲེལ་དུ་བརྩམ་པ་འཚོས་སྐྱོབ་ཀྱི་ཡོན་ཏན་གཉིས་དང་ལྡན་པ་སྟེ། རྣམ་བཤད་རིག་པ་ལས། ཉོན་མོངས་དགྲ་རྣམས་མ་ལུས་འཚོས་པ་དང་། །ངན་འགྲོའི་སྲིད་ལས་སྐྱོབ་པ་གང་ཡིན་པ། །འཚོས་སྐྱོབ་ཡོན་ཏན་ཕྱིར་ན་བསྟན་བཅོས་ཏེ། །གཉིས་པོ་འདི་དག་གཞན་གྱི་ལུགས་ལ་མེད། །ཅེས་སོ། །དབྱེ་ན་ལྟར་སྣང་བའི་བསྟན་བཅོས་དྲུག་དང་། ཡང་དག་པའི་བསྟན་བཅོས་གསུམ་སྟེ། ཐོས་པ་ལས་བྱུང་བའི་ས་རྣམ་པར་གཏན་ལ་དབབ་པ་ལས། དོན་མེད་དོན་ལོག་དོན་དང་ལྡན། །ཐོས་རྩོད་སྒྲུབ་པ་ལྟར་ལེན་དང་། །ངན་གཡོ་བརྩེ་བྲལ་སྡུག་བསྔལ་འབྱིན། །བསྟན་བཅོས་དྲུག་བྲལ་གསུམ་དུ་འདོད། །ཅེས་སོ། །འདིར་ནི་གནས་སྐབས་བདེ་ཞིང་མཐར་ཐུག་གྲོལ་བ་ཐོབ་པའི་དོན་དང་ལྡན་པ་དང་། བྱང་ཆུབ་བསྒྲུབ་པ་དང་། འཁོར་བའི་སྡུག་བསྔལ་འབྱིན་པའི་ཚུལ་ཡང་དག་པ་གསུམ་དང་ལྡན་པའི་བསྟན་བཅོས་སོ། །དེ་ཡང་ཚུལ་ཁྲིམས་ཏིང་འཛིན་ཤེས་རབ་ཀྱི་བསླབ་པ་གསུམ་གྱི་དབང་དུ་མཛད་ནས་སྡེ་སྣོད་གསུམ་གྱི་རྣམ་པར་མཛད་པ་སྟེ། མདོ་སྡེ་རྒྱན་ལས། ལྟུང་དང་འབྱུང་དང་ལྡང་པ་དང་། །ངེས་པར་འབྱུང་དང་གང་ཟག་དང་། །བཅས་པ་དང་ནི་རབ་དབྱེ་དང་། །རྣམ་པར་ངེས་ཕྱིར་འདུལ་བའི་དོན། །གནས་རྣམས་དང་ནི་མཚན་ཉིད་དང་། །ཆོས་དོན་སྨོས་ཕྱིར་མདོ་ཡིན་ནོ། །མངོན་དུའི་ཕྱིར་དང་ཡང་དང་ཡང་། །ཟིལ་གནོན་རྟོགས་ཕྱིར་མངོན་པའི་ཆོས། །ཞེས་སོ། །དེ་ཡང་རྩིས་འགོ་ཡན་ལག་ལྔས་འཆད་དེ། མཛད་པ་པོ་གང་གིས་མཛད་ཅེ་ན། བསྟན་བཅོས་རྩོམ་པ་པོ་རབ་ཆོས་ཉིད་ཀྱི་བདེན་པ་མཐོང་བ། འབྲིང་ཡི་དམ་ལྷས་གནང་བ་ཐོབ་པ། ཐ་མའང་རིག་པའི་གནས་ལྔ་ལ་མཁས་ཤིང་བརྒྱུད་པའི་མན་ངག་ཡོད་པ་ཞིག་དགོས་པར་གསུངས་པ་ལས།

འདིར་རང་བཞིན་རྫོགས་པ་ཆེན་པོ་བྱ་རྩོལ་དང་བྲལ་བའི་ཆོས་ཉིད་མངོན་དུ་གྱུར་ཅིང་། ཡི་དམ་ཀྱི་ལྷ་དུ་མས་བྱིན་གྱིས་བརླབས་ཤིང་། ཁྱད་པར་རིག་འཛིན་ཆེན་པོ་པདྨ་འབྱུང་གནས་ཀྱིས་རྗེས་སུ་བཟུང་བས། ཟབ་མོའི་གཏེར་རིག་འཛིན་ཡོངས་འདུས་དང་། རྫོགས་ཆེན་པདྨ་སྙིང་ཐིག །ཀུ་རུ་དྲག་པོ་ཡང་གསང་རྡོ་རྗེ་འབར་བ་ལ་སོགས་པ་གཏེར་ཁ་ཇི་སྙེད་པའི་མཛོད་འཛིན་པ། གངས་ཅན་གྱི་ལྗོངས་ན་མང་དུ་ཐོས་པ་རྣམས་ཀྱི་ཁྱུ་མཆོག་ཏུ་གྱུར་པ་མངའ་རིས་པ་གཏེར་སྟོན་ཆེན་པོ་པད་མ་དབང་གི་རྒྱལ་པོ་དེ་ཉིད་ཀྱིས་མཛད་པའོ། །ཇི་སྐད་དུ་རྒྱུད་བླ་མ་ལས། གང་ཞིག་སྟོན་པ་རྒྱལ་བ་འབའ་ཞིག་གིས། །དབང་བྱས་རྣམ་གཡེང་མེད་ཡིད་ཅན་གྱིས་སྨྲར། །ཐར་པ་ཐོབ་པའི་ལམ་དང་རྗེས་མཐུན་པ། །དེ་ཡང་དྲང་སྲོང་བཀའ་བཞིན་སྤྱི་བོས་བླང་། །ཞེས་གསུངས་པ་ལྟར་རོ། །ལུང་གང་ནས་བཏུས་ཤེ་ན་འདུལ་བ། མདོ་སྡེ། མངོན་པ་སྡེ་སྣོད་གསུམ་དང་། གསང་སྔགས་ཕྱི་ནང་ཀུན་ལས་བཏུས་པའོ། །ཕྱོགས་གང་དུ་གཏོགས་ཤེ་ན། རང་བཞིན་རྫོགས་པ་ཆེན་པོར་གཏོགས་ཏེ་དེའི་ལམ་གྱི་ཆ་ལག་ཡིན་པའི་ཕྱིར་རོ། །དོན་ཆེད་སུའི་དོན་དུ་མཛད་ཅེ་ན། ཕྱི་རབས་ཀྱི་གང་ཟག་རིམ་གྱིས་པ་དང་གཅིག་ཅར་བ་ཐམས་ཅད་སྐྱིལ་སོ་མཐུན་པར་བྱས་པའོ། །དབུ་ནས་ཞབས་སུ་བསྡུས་པའི་དོན་གང་ཡིན་ཞེ་ན། དབུ་མཚན་སྨོས་པས་དབུ་ཞབས་དོན་ཁོང་ཆུད། གསུང་བས་འདིར་མཚན་སྨོས་པས་དོན་ཤེས་པས་སླ་བ་སྟེ། ལང་ཀར་གཤེགས་པ་ལས། མིང་དུ་གདགས་པར་མ་མཛད་ན། །འཇིག་རྟེན་ཐམས་ཅད་རྨོངས་པར་འགྱུར། །དེ་བས་རྨོངས་པ་བསལ་བའི་ཕྱིར། །སྟོན་པས་མིང་དུ་གདགས་པར་མཛད། །ཅེས་གསུངས་པའི་ཕྱིར་རོ། །དེ་ཡང་གསུང་རབ་ལ་མིང་གདགས་པའི་ཚུལ་ཡང་། དཔེ་ལ་མཚན་དུ་གསོལ་བ་དཀོན་མཆོག་ཏ་ལ་ལའི་མདོ་ལྟ་བུ། དོན་ལ་མཚན་དུ་གསོལ་བ་གསང་བ་འདུས་པ་ལྟ་བུ། ཤཱ་ལི་ཀ་ལ་མཚན་དུ་གསོལ་བ་སྟོང་ཕྲག་བརྒྱ་པ་ལྟ་བུ། ཡུལ་ལས་མཚན་དུ་གསོལ་བ་ལང་ཀར་གཤེགས་པ་ལྟ་བུ་དང་། ཞུ་བ་པོ་ལས་མཚན་དུ་གསོལ་བ་བྱམས་པས་ཞུས་པ་ལྟ་བུ་ལས། འདིར་མཚན་དུ་གསོལ་བས། རང་བཞིན་རྫོགས་པ་ཆེན་པོའི་ལམ་གྱི་ཆ་ལག་སྡོམ་པ་གསུམ་རྣམ་པར་ངེས་པ། །ཞེས་བྱ་བ་སྟེ། རང་བཞིན་རྫོགས་པ་ཆེན་པོའི་དབང་དང་བསྒྲུབ་པའི་དུས་སུ་ཐོབ་ཅིང་ཁས་བླངས་བས་ན་དེའི་ལམ་གྱི་རྐང་སྟེགས་སམ། ཆ་ལག

མགོ་བྱར་གྱུར་པས་ན། འདུལ་ཁྲིམས། བྱང་སྡོམ། དམ་ཚིག་སྟེ་སྡོམ་པ་གསུམ་མོ། །སྡོམ་པ་ཞེས་པ་ནི། རྒྱུད་བསྡོམ་པར་བྱ་བའམ། འདིས་སྡོམ་པར་བྱེད་པའོ། །

གསུམ་ནི། སོ་ཐར་གྱི་སྡོམ་པས་གཞན་གནོད་གཞི་དང་བཅས་པ་སྤང་བ་དང་། བྱང་སེམས་ཀྱི་སྡོམ་པས་དེའི་སྟེང་དུ་གཞན་ཕན་གྱི་དགེ་བ་བསྒྲུབ་པ་དང་། དེའི་སྟེང་དུ་སྔགས་སྡོམ་གྱིས་རང་སེམས་ཡོངས་སུ་གྲོལ་བར་བྱེད་པ་སྟེ། སྡིག་པ་ཅི་ཡང་མི་བྱ་ཞིང་། །དགེ་བ་ཕུན་སུམ་ཚོགས་པར་སྤྱོད། །རང་གི་སེམས་ནི་ཡོངས་སུ་གདུལ། །འདི་ནི་སངས་རྒྱས་བསྟན་པ་ཡིན། །ཞེས་གནས་པའོ། །དེ་ཡང་ཐོག་མར་སྡོམ་གསུམ་སྤྱིའི་གནས་ལུགས་བསྟན་ནས། བྱེ་བྲག་དེ་དག་སོ་སོར་བཤད། འགག་གང་ཟག་གཅིག་གིས་ཉམས་སུ་ཇི་ལྟར་བླང་བའི་ཐབས་བཤད་པ་སྟེ། དབུ་ཞབས་ཀྱི་དོན་ནོ། །

གཉིས་པ་དེ་ཉིད་རྒྱས་པར་བཤད་པ་ལ་གསུམ་སྟེ། བསྟན་བཅོས་ལ་འཇུག་པ་ཀླད་ཀྱི་དོན་དང་། བརྗོད་པར་བསྟན་པ་གཞུང་གི་དོན་དང་། མཐར་ཕྱིན་པ་གཞུག་གི་དོན་ནོ། །དང་པོ་ལ་གཉིས། ཕྱག་འཚལ་བ་དང་། བརྩམ་པར་དམ་བཅའ་བའོ། །དང་པོ་ནི། དཔལ་ལྡན་ཚོགས་གཉིས་ཆུ་གཏེར་བསྒྲུབས་པ་ལས། །མཁྱེན་བརྩེའི་འོད་དཀར་ངེས་གསང་གྲུ་ཆར་འབེབས། །གངས་ཅན་མཁས་གྲུབ་ཡོངས་ཀྱི་གཙུག་རྒྱན་མཆོག །མཚོ་སྐྱེས་རྡོ་རྗེ་འགྲོ་བའི་བླ་མར་འདུད། །ཅེས་བྱ་བ་དག་སྨོས་ཏེ། གང་ཞིག་ཚིག་དང་དོན་གྱི་སྐལ་བ་བཟང་པོས་སྐན་པར་བསྡོད་པ་ནི། སྒྲ་དང་སྙན་ངག །ཀློས་གར་དང་། མངོན་བརྗོད་དང་། སྡེབ་སྦྱོར་གྱིས་བསྒྲུབས་ཤིང་། དེ་དག་ཀུང་མཛེས་པར་བྱེད་པའི་རྒྱན་གྱི་རྣམ་གྲངས་སུམ་ཅུ་རྩ་ལྔ་ཡོད་དེ། གང་ཞེ་ན། སློབ་དཔོན་དཎྜིའི་སྙན་ངག་མེ་ལོང་རོལ་མཚོ་ལས། རང་བཞིན་བརྗོད་དང་དཔེ་དང་ནི། །གཟུགས་ཅན་གསལ་བྱེད་བསྐོར་བ་ཅན། །འགོག་དང་དོན་གཞན་བཀོད་པ་དང་། །ཀློག་པ་ཅན་དང་སྲིད་པ་ཅན། །སྡུས་དང་ཕུལ་བྱུང་རབ་བརྟག་དང་། །རྒྱུ་དང་ཕྲ་མོ་ཆ་དང་རིམ། །དགའ་དང་ཉམས་ལྡན་གཟི་བརྗིད་ཅན། །རྣམ་གྲངས་བརྗོད་པ་ཀུན་ཕན་དང་། །རྒྱ་ཆེ་བསྔོན་དོར་སྒྱུར་བ་དང་། །ཁྱད་པར་བརྗོད་དང་མཚུངས་པར་སྦྱར། །འགལ་དང་སྐབས་མིན་བསྟོད་པ་དང་། །ཟོལ་བསྟོད་ངེས་པར་བསྟན་པ་དང་། །ལྷན་ཅིག་བརྗོད་

དང་ཡོངས་བརྟེན་ཤེས། །རབ་སྤེལ་དེ་ནས་དགོངས་པ་ཅན། །དེ་དག་ཚིག་རྣམས་དག་གི་ནི། །རྒྱན་དུ་སྔོན་གྱི་མཁས་རྣམས་བཞེད། །ཅེས་གསུངས་པ་ལྟར། འདིར་ནི། ཚོགས་གཉིས་མཐུ་བརྟས་པའི་སྐུ་གཉིས་ཀྱི་དཔལ་གྱི་ཆར་རྒྱུན་གྱིས་ཡོངས་སུ་གང་བའི་སྤྲིན་ཆེན་ཆུའི་རྒྱུན་དུ་མའི་གཏེར་འཛིན་པ་ཀུན་ནས་གཡོས་ཤིང་བསྲུབས་པ་ལས་བྱུང་བའི་ཆུ་ཤེལ་གྱི་དྭངས་མ། ཆོས་ཉིད་ཇི་ལྟ་བ་མཁྱེན་པ་དང་། ཆོས་ཅན་ཇི་སྙེད་པ་མཁྱེན་པའི་ཡེ་ཤེས་གཉིས་དང་ཐུགས་རྗེ་ཆེན་པོའི་འོད་དཀར་ཀུན་ནས་བསིལ་བ་ག་བུར་གྱི་རྒྱུན་ལྟར་འཕྲོ་ཞིང་། ཐེག་པ་ཐམས་ཅད་དང་ཁྱད་པར་གསང་སྔགས་ཀྱི་སྟོན་པའི་རྣམ་པར་འཕྲུལ་པ་གདུལ་བྱའི་ཆུ་སྣོད་ཇི་སྙེད་པ་དེ་སྙེད་དུ་གྲུ་ཆར་འབེབས་པའི་ཆུ་ཟླའི་ཟློས་གར་མཁན། བོད་ཡུལ་གྱི་སྔ་ཕྱིར་གཤེགས་ཤིང་བྱོན་པའི་མཁས་པ་དང་གྲུབ་པ་བརྙེས་པ་ཐམས་ཅད་ཀྱི་གཙུག་ཕུད་ཀྱི་རྒྱན་དུ་ཀུན་ནས་ཐལ་ལེར་མཛེས་པ་ནི། དྷ་ན་ཀོ་ཤའི་མཚོ་གླིང་དུ་རང་བྱུང་པད་མའི་སྙིང་པོ་ལས་རང་བྱོན་པའི་སངས་རྒྱས་ཀུན་དངོས་པདྨ་འབྱུང་གནས་དེ་ཉིད། དེ་ཡང་ཟླ་བ་ནི་ཆུའི་ཁམས་ཀྱི་དྭངས་མ་ལས་བྱུང་བའི་འོག་གཞི་ཆུ་ཤེལ་ལས་གྲུབ་ཕྱིར་མཚོ་སྐྱེས་ཞེས་པ་དང་དཔེ་དོན་མཉམ་པར་གནས་པ་སྟེ། དེ་ནི་གཟུགས་ཅན་གྱི་རྒྱན་དུ་གནས་པའོ། །འོ་ན་བོད་གངས་ཅན་པའི་བླ་མ་ལས་གཞན་གྱིས་མ་ཡིན་ནམ་ཞེ་ན། དེ་ནི་གངས་རིའི་རྒྱལ་པོ་ལ་ཟླ་བའི་ཟེར་གྱིས་སྦྲགས་པས་དཀར་ལ་འཚེར་བའི་ཚད་སྙན་དུ་མེད་པ་དཔེར་བཞག་ཅིང་། དོན་བདག་ཅག་བོད་ཀྱི་ཡུལ་འདིར་ཐུབ་པ་བཅོམ་ལྡན་འདས་ལ་སོགས་པས་ཞབས་ཀྱིས་མ་བཅགས་ཞིང་། པདྨ་འབྱུང་གནས་ནི་གཅིག་ཏུ་བདག་ཅག་བོད་ཀྱི་འདྲེན་པ་འབའ་ཞིག་ཏུ་གྱུར་པས་བཀའ་དྲིན་དྲན་པའི་ཆེད་དུ་ཡིན་ཞིང་། འགྲོ་བའི་བླ་མར་འདུད། ཅེས་པས་འགྲོ་དྲུག་ཐམས་ཅད་ཀྱི་སྐྱབས་གནས་ཡིན་པར་དེས་སྟོན་པ་སྟེ། དེ་ཉིད་ལ་གུས་པས་ཕྱག་འཚལ་བའོ། །དེ་ཡང་དཔལ་ལྡན་ཚོགས་གཉིས་ནི། དཔལ་ཞེས་པ་ཡེ་ཤེས་ཀྱི་ཚོགས་མཐར་ཕྱིན་པས། ཆོས་སྐུའི་དབྱིངས་ལས་མི་གཡོ་བ་རང་གི་དཔལ་དང་། བསོད་ནམས་ཀྱི་ཚོགས་མཐར་ཕྱིན་པས་གཟུགས་སྐུའི་རྣམ་པར་རོལ་བ་གཞན་གྱི་དཔལ་གཉིས་དང་ལྡན་པ་སྟེ། གླང་ཆེན་རབ་འབོག་གི་རྒྱུད་ལས། ཆོས་ཀྱི་སྐུ་ལས་མ་གཡོས་བཞིན། །གཟུགས་ཀྱི་སྐུ་ལྔ་ལྷུན་གྱིས་གྲུབ། །དེ་ལས་དོན་གཉིས་ཡོངས་རྫོགས་ཕྱིར། །དཔལ་ནི་

ལྷུན་རྫོགས་གཅིག་ཏུ་རོལ། །ཞེས་སོ། །རིན་ཆེན་ཕྲེང་བ་ལས། གཟུགས་ཀྱི་སྐུ་ནི་མདོར་བསྡུས་ན། །བསོད་ནམས་ཚོགས་ལས་འབྱུངས་པ་སྟེ། །ཆོས་ཀྱི་སྐུ་ནི་མདོར་བསྡུས་ན། །རྒྱལ་པོ་ཡེ་ཤེས་ཚོགས་ལས་འབྱུངས། །ཞེས་གསུངས་པ་ལྟར་རོ། །ཚོགས་གཉིས་རང་གི་ངོ་བོ་ནི། ཕར་ཕྱིན་དྲུག་གིས་བསྡུས་པའི་དགེ་བའི་རྩ་བ་རྣམས་ཏེ། མདོ་སྡེ་རྒྱན་ལས། སྦྱིན་དང་ཚུལ་ཁྲིམས་བསོད་ནམས་ཀྱི། །ཚོགས་ཡིན་ཤེས་རབ་ཡེ་ཤེས་ཀྱི། །གསུམ་ནི་གཉིས་ཆར་ལ་ཡང་གཏོགས། །ཞེས་སོ། །

དེ་ལྟར་ཕྱག་འཚལ་བའི་ཕན་ཡོན་ནི། རང་དང་གཞན་དང་གཉིས་ཀས་ཐོབ་པ་ཉིད་ལས། དང་པོ་རང་གིས་ཐོབ་པའང་། ཡུལ་མཆོག་ཏུ་གྱུར་པ་ལ་བསྟོད་པས་རང་ཉིད་དམ་པར་རྟོགས་ཤིང་དམ་པའི་སྤྱོད་པ་ལ་ཞུགས་པས་བརྩམ་པ་མཐར་ཕྱིན་པའི་དགོས་པ་ཡོད་དེ། བརྒྱད་སྟོང་འགྲེལ་ཆེན་ལས་གཞན་དོན་བརྩེ་བ་ཅན་རྣམས་སྲོག་ཕྱིར་ཡང་། རང་གི་བརྩོན་པ་ལྷོད་པར་མི་འགྱུར་ཏེ། །སྐྱེས་བུ་དམ་པ་ཁུར་ལྕི་ཁུར་བ་དག །ཉམས་ངའི་གནས་སུ་ནམ་ཡང་འདོར་མི་བྱེད། །ཅེས་སོ། །གཞན་གྱིས་ཐོབ་པའང་། སྟོན་པ་དང་བསྟན་བཅོས་ལ་དམ་པར་རྟོགས་ནས་འདུན་པ་སྟེ། ཀླུ་སྒྲུབ་ཀྱི་ཞལ་སྔ་ནས། བསྟན་བཅོས་བྱེད་པས་སྟོན་པ་ལ། །མཆོད་པར་བརྗོད་པ་འབྲས་མེད་མིན། །སྟོན་པ་དང་ནི་བསྟན་བཅོས་ལ། །དད་འདུན་བསྐྱེད་པར་བྱ་ཕྱིར་རོ། །ཞེས་སོ། །གཉིས་ཀས་ཐོབ་པའང་། ཚོགས་རྫོགས་པས་སྨོན་པའི་དོན་འགྲུབ་པ་སྟེ། རྒྱ་ཆེར་རོལ་པ་ལས། བསོད་ནམས་ལྡན་པའི་མི་ཡིས་བསམ་པ་རྣམས་ཀུང་འགྲུབ། །ཅེས་གསུངས་སོ། །

གཉིས་པ་བརྩམ་པར་དམ་བཅའ་བ་ནི། དེ་ལྟར་ཕྱག་འཚལ་ནས་ཅི་བྱ་ཞེ་ན། འགྲོ་བློའི་དྲི་མ་འཕྲད་མཁས་དྲང་སྲོང་གིས། །བློ་གྲོས་ཆུ་གཏེར་བུམ་བཟང་རབ་ཐོགས་ནས། །ལེགས་བཤད་སྡོམ་གསུམ་བདུད་རྩིའི་ཆུ་སྦྲིན་གྱི། །དོན་གཉེར་སྐྱེ་བོའི་ཚོགས་རྣམས་འདིར་འདུས་ཤིག །དེ་ཡང་འགྲོ་བའི་ཁམས་ལ་དེ་བཞིན་གཤེགས་པའི་སྙིང་པོས་ཏིལ་ལ་མར་གྱིས་ཁྱབ་པ་ལྟར་གནས་པ་ཉིད། སྒྱུ་འཕྲུལ་རྒྱས་པ་ལས། རྒྱ་ཆེ་བ་དང་ཡངས་པ་དང་། །ཡེ་ཤེས་གཟུགས་བརྙན་འཛིན་པའི་ཕྱིར། །དབྱིངས་ནི་དག་པའི་རྒྱ་མཚོ་འདྲ། །མ་རིག་གཟུང་འཛིན་རླུང་དག་གིས། །དཀྲུག་པས་རྟོག་པ་ཅན་དུ་བྱས། །ཞེས་དང་། རྒྱུད་བླ་མར་ཡང་། སངས་རྒྱས་པད་ངན་སྦྲང་མ་སྦྲང་རྩི་སོགས། །

དཔེ་དགུས་ཡེ་ཤེས་སྒྲིབ་པར་གསུངས་ཏེ། །གློ་བུར་ཉོན་མོངས་དྲི་མས་བསྒྲིབས་པ་ཡི། །སེམས་ཅན་རྣམས་ལ་དེ་བཞིན་ཁམས་འདི་གནས། །ཅེས་སྒྲིབ་པའི་དྲི་མ་དེ་དག་བཀྲུ་བའི་ཕྱིར། །འགྲོ་བའི་བླ་མ་སྟོན་གྱི་དྲང་སྲོང་ཆེན་པོ་སྟོན་པ་སངས་རྒྱས་སྐུ་གསུམ་གྱི་བདག་ཉིད་དེས་གསུངས་པའི་བཀའ་དང་། བསྟན་བཅོས་ཀྱི་ཆུ་གཙང་གིས་ཐོས་བསམ་སྒོམ་པའི་བློ་གྲོས་ཀྱི་བུམ་བཟང་ལེགས་པར་བཀང་བ་དེ་ཉིད་བདག་གི་ལྷག་བསམ་གྱི་ལག་ཏུ་ཐོགས་ནས། འདི་སྐད་དོ། ཀྱཻ། ཚིག་དང་དོན་ལེགས་པར་བཤད་པའི་བདུད་རྩི་སྡོམ་པ་གསུམ་གྱི་ཆུ་གཙང་འདི་སྦྱིན་གྱི། ཐར་པ་དང་ཐམས་ཅད་མཁྱེན་པ་དོན་དུ་གཉེར་བའི་སྐྱེ་བོའི་ཚོགས། ལས་དང་ཉོན་མོངས་པས་གདུང་བ་སྒོ་གསུམ་སྒྲིབ་པའི་དྲི་མས་སྦགས་པ་ཀུན་འདིར་འདུས་ལ་ཅི་དགར་ལོངས་སྤྱོད་ཅིག་ཅེས་པ་སྟེ་གཟུགས་ཅན་གྱི་རྒྱན་ནོ། །དེ་ཡང་རྒྱ་མཚོ་དང་མཉམ་པ་རྙོག་པ་མེད་པའི་རྒྱུད་ལས། ཐ་སྙབས་མེད་པའི་མཉམ་ཉིད་མཚོ། །རྙོག་པ་མེད་པ་དྲི་མེད་ཆུ། །གདོད་ནས་དག་པའི་བདུད་རྩི་འདིས། །ཁམས་གསུམ་འཁོར་བའི་དྲི་མ་འཕྲུད། །ཅེས་དང་། འདི་དག་བཤད་ཀྱི་དམ་པའི་ཆོས་ཉན་ཕྱིར་ནི་འདིར་འདུས་ཤིག །ཅེས་གསུངས་པ་བཞིན་ནོ། །དེས་བསྟན་བཅོས་ལ་འཇུག་པའི་ཕྱོགས་དང་པོ་བསྟན་ཟིན་ཏོ། །

དོན་གཉིས་པ་བརྗོད་བྱ་བསྟན་པ་གཞུང་གི་དོན་ལ་རིམ་པར་ཕྱེ་བ་ལྔ་སྟེ། སྡོམ་གསུམ་སྤྱིའི་བཤད་གཞི། བྱེ་བྲག་འདུལ་བ་སོ་ཐར་གྱི་ཚུལ་ཁྲིམས་བྱང་ཆུབ་སེམས་བསྐྱེད་ཀྱི་བསླབ་བྱ། རིག་འཛིན་སྔགས་ཀྱི་དམ་ཚིག །སྡོམ་པ་གསུམ་གང་ཟག་གཅིག་གིས་ཉམས་སུ་བླང་ཚུལ་ལོ། །དང་པོ་ལ་འང་། ཆོས་ཐམས་ཅད་ཀྱི་མཐར་ཐུག་པ་ངོས་བཟུང་བ། བྱེ་བྲག་ཐེག་པའི་དབྱེ་བ་བསྟན་པ། སྡོམ་པ་གསུམ་གྱི་འགག་བསྡུ་བ་གསུམ་ལས། དང་པོ་ནི། མཐར་ཐུག་འབྲས་བུའི་བསྐྱིལ་སོ། རྫོགས་པ་ཆེན་པོ་ཡེ་ཤེས་སྒྱུ་ཡི་གཟུགས། །ཡོངས་སུ་དག་སྐུ་རྡོ་རྗེ་འཆང་ཆེན་པོ། །འབྲས་བུའི་མཐར་ཐུག་སངས་རྒྱས་ཉག་གཅིག་སྟེ། །ཟབ་རྒྱས་ཆོས་ཀྱི་སྒོ་འཕར་བསྒྲངས་ཡས་ཀྱང་། །གསང་ཆེན་སྨིན་གྲོལ་ལམ་ལ་མ་བརྟེན་པར། །ཐོབ་པ་མིན་ཞེས་རྫོགས་སངས་རྒྱས་དེས་གསུངས། །དེ་ཡང་ཉན་ཐོས་དང་རང་སངས་རྒྱས་ནས་བཟུང་སྟེ་ཟབ་པ་རྒྱ་ཆེ་བའི་ཆོས་ཚུལ་བསམ་གྱིས་མི་ཁྱབ་པ་ཞིག་ཡོད་ཀྱང་མཐར་ཐུག་འབྲས་བུའི་གྲོལ་ས་ཆེན་པོ་རང་བཞིན་རྫོགས་པ་ཆེན་པོ་སྐུ་དང་ཡེ་ཤེས་འདུ་འབྲལ་

མེད་པའི་དགོངས་པ་མངོན་དུ་བྱ་བ་ལ་ནི། སྨིན་བྱེད་དབང་བཞིའི་རིམ་པ་དང་། གྲོལ་བྱེད་གདམས་པའི་རིམ་པ་གཉིས་ལ་མ་བརྟེན་པར་ཐོབ་པ་མིན་ཏེ། ཆོས་དབྱིངས་རིན་པོ་ཆེའི་མཛོད་ལས། རྒྱུ་འབྲས་ཐེག་པའི་ཆོས་ཀྱི་སྒོ་དབྱེ་བས། །སྐལ་ལྡན་འགྲོ་བ་བྱང་ཆུབ་གསུམ་དུ་འདྲེན། །ཀུན་ཀྱང་མཐར་ཐུག་རྫོ་རྗེ་སྙིང་པོའི་དོན། །གསང་ཆེན་སྨད་དུ་བྱུང་འདིར་འཇུག་དགོས་པས། །ཞེས་པ་དང་། རྒྱུད་ཀུན་བྱེད་རྒྱལ་པོ་ལས། བསྟན་པའི་རང་བཞིན་ཐེག་པ་དགུ་པོ་ཡང་། །རང་བཞིན་རྫོགས་པ་ཆེན་པོར་བསྒྲོད་པའི་ལམ། །ཞེས་པ་དང་། གསང་བ་གཅོད་པ་ལས། འདི་མ་མཐོང་བའི་སངས་རྒྱས་ནི། །གཅིག་ཀྱང་འབྱུང་བ་སྔ་ཕྱི་མེད། །ཅེས་སོ། །དེ་ཡང་རྒྱུ་མཚན་ཉིད་ཀྱི་ཐེག་པ་ནི་གསང་བ་ཟབ་མོ་ལ་རྨོངས་ཤིང་། སྔགས་ཕྱི་རྒྱུད་གསུམ་ཡང་སྨིན་བྱེད་ཀྱི་སྐབས་སུ་དབང་བཞི་ཡོངས་རྫོགས་མི་བསྐུར་ཞིང་། གྲོལ་བྱེད་བསྐྱེད་པའི་རིམ་པ་དང་རྫོགས་པའི་རིམ་པའང་། དགོངས་པ་ཙམ་ལས་མཚན་ཉིད་དང་ལྡན་པ་མེད་ཅིང་། འདིར་དབང་བཞི་རྫོགས་དང་གྲོལ་ལམ་བསྐྱེད་རྫོགས་རྣམ་པར་དག་པ་ལ་བརྟེན་པས་ཐེག་པ་འོག་མ་ལས་འདས་པའི་རང་བཞིན་རྫོགས་པ་ཆེན་པོ་ཡེ་ཤེས་སྤྱིའི་ཁྱབ་བདག་ཆེན་པོ་མངོན་དུ་བྱེད་པའོ། །དེ་ཡང་ཐེག་པ་ནི་གང་དུ་འདེགས་པའི་ཁྱོགས་ལྟ་བུ་སྟེ། རྫོགས་པ་ཆེན་པོ་ནི་ཐེག་པར་སྨོས་ཀྱང་ཡེ་ཤེས་ཀྱི་སྤྱི་གཟུགས་ཞེས་བྱ་སྟེ། ས་སྐྱ་པཎ་ཆེན་གྱི་ཞལ་སྔ་ནས། རྫོགས་པ་ཆེན་པོའི་ལྟ་བ་ནི། །ཡེ་ཤེས་ཡིན་གྱི་ཐེག་པ་མིན། །ཞེས་གསུངས་པ་ལྟར་རོ། །

གཉིས་པ་བྱེ་བྲག་ཐེག་པའི་དབྱེ་བ་བསྟན་པ་ལ་འང་། སྤྱིར་བསྟན་པ་དང་། བྱེ་བྲག་ཏུ་བཤད་པ་གཉིས་ལས། དང་པོ་ནི། ཇི་སྲིད་སེམས་ཀྱི་འཇུག་པ་མ་ཟད་པར། །བསམ་ཡས་ཐེག་པའི་མཐའ་ལ་ཐུག་པ་མེད། །བསྒྲོད་གཅིག་ལམ་ལ་དགྲི་བའི་ངལ་སྡེགས་ཏེ། །རང་རང་རྗེས་མཐུན་འབྲས་བུ་བླ་དང་བཅས། །ཐོབ་ཀྱང་ཐེག་པ་སོ་སོའི་ངེས་འབྱུང་ལས། །ཐེག་གཅིག་ལམ་ལ་མ་ཞུགས་འབྲས་ཐོབ་ཅི། །ཞེས་སྨོས་ཏེ། སྟོན་པ་ཐབས་ལ་མཁས་ཤིང་ཐུགས་རྗེ་ཆེ་བ་རྣམས་ཀྱི་གདུལ་བྱའི་ཉོན་མོངས་པ་ཇི་སྙེད་འདུལ་བའི་ཕྱིར་དེ་སྙེད་ཀྱི་ཆོས་སྟོན་པས་ཐེག་པའི་རྣམ་གྲངས་འདི་ཁོ་ནའོ་ཞེས་གྲངས་སུ་ཆད་པ་འགའ་ཡང་མེད་དེ། ལང་ཀར་གཤེགས་པ་ལས། སེམས་ཅན་

རྣམས་ནི་ཡོངས་རྫོགས་ཕྱིར། །ཐེག་པ་མཐའ་དག་ངས་བཤད་དེ། །འདི་ཞེས་དམིགས་སུ་ཡོད་མ་ཡིན། །ཞེས་གསུངས་པས། གདུལ་བྱ་འགྲོ་བའི་བློ་རྟོག་མ་ཟད་ཀྱི་བར་ལ་འདུལ་བྱེད་ཀྱི་ཐེག་པའང་ཐུག་པ་མེད་དེ། དེ་ཉིད་ལས། ཇི་སྲིད་སེམས་ནི་འཇུག་པའི་བར། །ཐེག་པའི་མཐའ་ལ་ཐུག་པ་མེད། །ཅེས་སོ། །དེ་ཡང་རེ་ཞིག་རྟས་སུ་བསྡུ་ན། ཐེག་པ་ཆེ་ཆུང་གཉིས་སུའང་འདུས་ཏེ། དཀོན་མཆོག་བརྩེགས་པ་ལས། འོད་སྲུང་ཐེག་པ་ནི་གཉིས་ཏེ། ཆེན་པོ་དང་ཆུང་ངུའོ། །ཞེས་དང་། རྒྱུ་དང་འབྲས་བུ་ལ་དགོངས་ནས་གཉིས་སུའང་གསུངས་ཏེ། དཔལ་འབྱུང་བཞི་ཟད་པའི་རྒྱུད་ལས། །རྒྱུ་ཆོས་རྣམས་དང་འབྲས་བུའི་ཕྱིར། །ཐེག་པ་དེའང་རྣམ་པ་གཉིས། །ཞེས་སོ། །ཡང་ཉན་རང་བྱང་སེམས་གསུམ་དུའང་བཤད་དེ། མདོ་སྡེ་རྒྱན་ལས། སྤྱོར་བ་དང་ནི་ཆོར་དག་དང་། །བསམ་པ་དང་ནི་བཤད་ཉིད་དང་། །སྒྲུབ་པའི་རབ་ཏུ་དབྱེ་བ་ཡིས། །ཐེག་པ་རྣམ་པ་གསུམ་དུ་འདོད། །ཅེས་སོ༑ ༑ཡང་ན། གསང་བ་ཐིག་ལེ་ནོར་བུའི་རྒྱུད་ལས། །ཕྱི་ནང་གསང་བའི་ཐེག་པ་གསུམ། །དམ་པའི་ཆོས་ཀྱང་རབ་ཏུ་བཟུང་། །ཞེས་སོ། །རྒྱུའི་ཐེག་པ་གསུམ་འབྲས་བུའི་ཐེག་པ་དང་བཞིར་ཡང་བཤད་དེ་སྒྱུ་འཕྲུལ་ལས། ཐེག་པ་གསུམ་གྱི་ངེས་འབྱུང་ལས། །ཐེག་པ་གཅིག་གི་འབྲས་བུར་གནས། །ཞེས་སོ། །ལྔར་ཡང་བཤད་དེ་ལང་ཀར་གཤེགས་པ་ལས། །ལྷ་ཡི་ཐེག་དང་ཚངས་པའི་ཐེག །དེ་བཞིན་དུ་ཡང་ཉན་ཐོས་དང་། །རང་སངས་རྒྱས་ཀྱི་ཐེག་པ་དང་། །ཐེག་པ་ཆེན་པོ་ཞེས་བྱ་བའི། །ཐེག་པ་མཐའ་དག་ངས་བཤད་དོ། །ཞེས་སོ། །དྲུག་ཏུའང་བཤད་དེ། ཀུན་བྱེད་ལས། ངེས་པ་ཐོབ་པའི་ཐེག་པ་དྲུག །ཅེས་སོ། །བདུན་དུའང་བཤད་དེ། དཀྱིལ་འཁོར་བསྡུ་བ་ལས། ལྷ་དང་མི་དང་ཉན་ཐོས་དང་། །རང་སངས་རྒྱས་དང་བྱང་ཆུབ་སེམས། །གསང་བ་ཕྱི་དང་ནང་གཉིས་ཏེ། །དེ་ལྟར་ཐེག་པ་བདུན་དུ་བཤད། །ཅེས་སོ། །དགུར་ཡང་བཤད་དེ། རྒྱུད་གསང་སྙིང་ལས། མ་རྟོགས་པ་དང་ལོག་པར་རྟོགས། །ཕྱོགས་རྟོགས་ཡང་དག་ཉིད་མ་རྟོགས། །འདུལ་བ་དགོངས་པ་གསང་བ་དང་། །རང་བཞིན་གནས་པའི་དོན་ཉིད་དེ། །ཞེས་སོ། །དེ་ལྟར་རྣམ་གྲངས་མཐའ་ཡས་པ་དག་ཀྱང་རང་བཞིན་རྫོགས་པ་ཆེན་པོ་སངས་རྒྱས་ཀྱི་ས་གཅིག་པུ་ལ་དགྲི་བའི་ངལ་སྡེགས་ཏེ། དམ་ཆོས་པད་མ་དཀར་པོ་ལས། ང་ཡིས་བསྟན་པའི་ཐེག་པ་དགུ་པོ་དག །སེམས་ཅན་དག་གི་མཐུ

དང་མོས་པར་བསྟན། །འདི་ལྟར་ཐབས་ཀྱི་ཡེ་ཤེས་མཆོག་ཆེན་ལ། །རབ་ཏུ་གནྲུད་པའི་ཕྱིར་ན་ངས་བཤད་དོ། །ཅེས་སོ། །འོན་ཐེག་པ་གཞན་ལ་འབྲས་བུ་མེད་དམ་ཞེ་ན། རང་རང་གི་རྒྱུ་མཐུན་གྱི་འབྲས་བུ་རེ་ཡོད་དེ། ཡུམ་བར་མ་ལས། ཤེས་རབ་ཀྱི་ཕ་རོལ་ཏུ་ཕྱིན་པ་ནི། །མྱ་ངན་ལས་འདའ་བའི་ཕྱིར་ཉེ་བར་གནས་ཏེ། །ཉན་ཐོས་ཀྱི་ས་ལ་མྱ་ངན་ལས་འདའ་བར་འདོད་ནའང་ཤེས་རབ་ཀྱི་ཕ་རོལ་ཏུ་ཕྱིན་པ་འདི་ལ་བསླབ་པར་བྱའོ། །ཞེས་སོགས་གསུངས་པས་དེ་དག་ཀྱང་ཐེག་པ་སོ་སོའི་ངེས་འབྱུང་ཡིན་ཏེ། ཐེག་པ་གསུམ་གྱིས་ངེས་འབྱུང་ལ། །ཐེག་པ་གཅིག་གི་འབྲས་བུར་གནས། །ཞེས་དང་། ཞི་བྱེད་ཆུ་ཀླུང་རོལ་པའི་རྒྱུད་ལས། སྣང་སྲིད་འཁོར་འདས་ཆོས་རྣམས་ཐམས་ཅད་ལ༑ ༑རང་དགར་སྤྱོད་པ་སྐྱེ་བོ་འཁྲུལ་པའི་ངོ་། །ཡོད་མེད་བརྟག་སྤྱོད་མུ་སྟེགས་འཁྲུལ་པའི་བློ། །དངོས་པོར་འཛིན་པ་ཉན་ཐོས་དམན་པའི་རིགས། །གཉིས་འཛིན་རང་རྒྱལ་ས་མི་ཟིན་པ་སྟེ། །བདེན་འདོད་རྫུན་འདོད་སེམས་ཙམ་འདོད་པས་བཅིངས། །སྒྱུ་མས་ཁས་ལེན་དབུ་མས་སྒྲོན་མི་སྣང་ས། །ཁས་ལེན་མེད་པའི་ཐལ་འགྱུར་རྟོག་གེ་བ། །ལྟ་རྟ་འཛིན་པ་འདྲེ་ཡི་ལྟ་བ་ཡིན། །གསལ་བར་འདོད་པས་གཏི་མུག་ཆེན་པོ་ཡིན། །ཉོན་མོངས་བདེ་བར་འདོད་པས་སྡུག་བསྔལ་རྒྱུ། །སྙིང་པོའི་དོན་ལ་ཚིག་གི་ལྟ་བ་མེད། །བརྗོད་བྲལ་ལྷན་གཅིག་སྐྱེས་པའི་ཡེ་ཤེས་འདི། །ཚོགས་བསགས་སྒྲིབ་པ་དག་པའི་ལག་རྗེས་དང་། །རྟོགས་ལྡན་བླ་མའི་བྱིན་རླབས་ཁོ་ན་ལས། །ཐབས་གཞན་བསྟེན་ན་རྨོངས་པར་ཤེས་པར་བྱ། །ཞེས་སོ། །དེས་ན་མཐར་ཐུག་གི་ཐེག་པ་ནི་སངས་རྒྱས་ཀྱི་ས་ཁོ་ན་སྟེ། པདྨ་དཀར་པོ་ལས་ཐེག་པ་གཅིག་སྟེ་གཉིས་སུ་ཡོད་མ་ཡིན། ཞེས་དང་། ཡུམ་བར་མ་ལས། རབ་འབྱོར་ཐེག་པ་ནི་གཅིག་ཁོ་ན་སྟེ། །བླ་ན་མེད་པ་སངས་རྒྱས་ཀྱི་ཐེག་པའོ། །ཞེས་སོ། །དེ་ཡང་ཐེག་པའི་སྒྲིབས་པ་ལས་འདས་པ་རང་བཞིན་རྫོགས་པ་ཆེན་པོ་བྱ་བཙལ་ལས་འདས་པའི་ཡེ་ཤེས་དེ་ཉིད་མཐར་ཐུག་གི་འབྲས་བུ་ཡིན་ཏེ། ལངྐར་གཤེགས་པ་ལས། སེམས་ནི་ནམ་ཞིག་གྱུར་པ་ན། །ཐེག་པ་མེད་ཅིང་འགྲོ་བའང་མེད། །ཅེས་དང་། ཡེ་ཤེས་ཡིན་གྱི་ཐེག་པ་མིན་ཞེས་པའི་དོན་ནོ། །

གཉིས་པ་བྱེ་བྲག་ཏུ་བཤད་པ་ནི། ཐེག་པའི་དབྱེ་བ་དང་འདོད་ཚུལ་མང་ནའང་། འདིར་ནི་རྫོགས་པ་ཆེན་པོའི་རིང་ལུགས་ལྟར། ཉན་ཐོས་རང་རྒྱལ་བྱང་ཆུབ་སེམས་དཔའ་ལ། །མཚན་ཉིད་

རྒྱུ་ཡི་ཐེག་པ་གསུམ་ཞེས་གསུངས། །ཀྲི་ཡ་ཨུ་པ་ཡོ་ག་ཕྱི་པ་གསུམ། །བླ་མེད་ཕ་རྒྱུད་མ་ཧཱ་ཡོ་ག་དང་། །མ་རྒྱུད་ཨ་ནུ་ཡོ་གར་གྲགས་པ་དང་། །གཉིས་མེད་རྒྱུད་སྡེ་ཨ་ཏི་ཡོ་ག་ལ། །ནང་རྒྱུད་གསུམ་ཞེས་ཐེག་པ་རིམ་དགུར་བསྡུ། །དེ་ལྟར་དགུ་ཡོད་པ་ལས། དང་པོ་ཉན་ཐོས་ཀྱི་ཐེག་པ་བཤད་པ་ལ་འང་། ཕྱི་རོལ་པ་ལས་འཕགས་ཚུལ་དང་། ཐེག་པ་དངོས་བཤད་པ་གཉིས་ལས། དང་པོ་ནི། ཏྲི་སིན་དུ་ཨ་པ་ར་རིའི་རྒྱུད་ལས། བསྟན་དང་སྟོན་དང་ལྟ་སྤྱོད་ཚུལ་བལྟས་དང་། །ཆོས་རྟག་བཞི་དང་བཤད་པ་ཁྱད་པར་ཆེ། །ཞེས་གསུངས་པས། སྟོན་པ་སྐུ་གསུམ་འཛིན་པ་ནང་པ། དབང་ཕྱུག་ཁྱབ་འཇུག་ལ་སོགས་འཛིན་པ་ཕྱི་པ། སྟོན་པ་སངས་རྒྱས་ནི་ནང་པ། མུ་སྟེགས་དྲུག་སོགས་ཕྱི་བ། ལྟ་བ་སྤྲོས་བྲལ་དུ་འདོད་པ་ནང་པ། རྟག་ཆད་དུ་ལྟ་བ་ཕྱི་བ། སྤྱོད་པ་དགེ་བཅུར་སྤྱོད་པ་ནང་པ། མེ་ལྷ་སོགས་བསྟེན་པ་ཕྱི་པ། ཆོས་རྟགས་ཀྱི་ཕྱག་རྒྱ་བཞི་ཁས་ལེན་པ་ནང་པ། གཙང་རྟག་བདེ་བདག་བཞི་འདོད་པ་ཕྱིའོ། །ཆོས་རྟགས་བཞི་ནི། འདུས་བྱས་ཐམས་ཅད་མི་རྟག་པ། ཟག་པ་དང་བཅས་པ་སྡུག་བསྔལ་བ། ཆོས་ཐམས་ཅད་སྟོང་ཞིང་བདག་མེད་པ། མྱ་ངན་ལས་འདས་པ་ཞི་བའོ། །

གཉིས་པ་ནི། སྤྱིར་སྤྲུལ་པའི་ཉན་ཐོས། གྲུབ་མཐའ་འཛིན་པའི་ཉན་ཐོས། འགོག་པའི་ཉན་ཐོས་གསུམ་དུ་འདོད་ཀྱང་། འདིར་རང་རང་གི་གྲུབ་མཐའ་མདོར་བསྟན་པ་ལ། སྤྱི་དང་། ཁྱད་པར་གཉིས་ལས། དང་པོ་ནི། ཉན་ཐོས་པ་དག་ཕྱི་གཟུང་བ་ཆོས་ཀྱི་བདག་མེད་མ་རྟོགས་ལ། ནང་འཛིན་པ་གང་ཟག་གི་བདག་མེད་རྟོགས་པ་སྟེ། ལམ་དམིགས་ཡུལ་བདེན་པ་བཞིས་བསྡུས་པའི་ཆོས་ལ་བླང་དོར་དུ་བྱེད་པས་འཇུག་སྟེ། དེའང་སྡུག་བསྔལ་གྱི་བདེན་པ་ནད་དང་འདྲ་བ་ལུས་ངག་ཡིད་གསུམ་འཁོར་བའི་དུས་ཀྱི་ཉེར་ལེན་གྱི་ཕུང་པོ་ལྔ་དང་བཅས་པ་སྤང་བའི་ཕྱིར་རང་བཞིན་ཤེས་པར་བྱ་བ་དང་། ཀུན་འབྱུང་ནི་ནད་ཀྱི་རྒྱུ་དང་འདྲ་སྟེ་དུག་གསུམ་ལ་སོགས་འདུ་བྱེད་ཀྱི་ལས་སྤང་བར་བྱ་བ་དང་། འགོག་པའི་བདེན་པ་ནི་ནད་ལས་གྲོལ་བའི་བདེ་བ་དང་འདྲ་སྟེ། སྲིད་པའི་གཟེབ་ལས་གྲོལ་བའི་དགའ་བ་ཐོབ་པར་བྱ་བ་དང་། ལམ་བདེན་ནི་སྨན་དང་འདྲ་སྟེ་སྡུག་བསྔལ་གྱི་ནད་ལས་གྲོལ་བར་བྱ་བའི་ཕྱིར་མངོན་དུ་བྱ་བ་ལ་འཇུག་པ་སྟེ། རྒྱུད་བླ་མ་ལས། ནད་ནི་ཤེས་བྱ་ནད་ཀྱི་རྒྱུ་ནི་སྤང་བྱ་ལ། །བདེ་གནས་ཐོབ་པར་བྱ་ཕྱིར་སྨན་དག་བསྟེན་བྱ་བཞིན། །སྡུག་བསྔལ་

རྒྱུ་དང་དེ་འགོག་པ་དང་ལམ་བདེན་པ། །ཤེས་བྱ་སྤང་བྱ་རིག་པར་བྱ་ཞིང་བརྟེན་པར་བྱ། །ཞེས་སོ། །

གཉིས་པ་ལ་འདང་། བྱེ་བྲག་པ་དང་། མདོ་སྡེ་པ་གཉིས་ལས། དང་པོ་ནི། དེ་ཡང་ཕྱི་གཟུང་བ་ཆོས་ཀྱི་བདག་མ་བརྟག་པའི་ངོར་སྣང་བ་རི་ལ་སོགས་འདི་དག་གཡག་ཛ་ནེའུ་སེང་ལྟར་འཚོགས་པ་གཅིག་ཏུ་སྣང་ཡང་། དོན་དམ་པར་རྡུལ་ཕྲན་ཆ་ལྡན་སིལ་བུར་འདོད་ལ། ནང་འཛིན་པ་གང་ཟག་གི་བདག་ཕུང་པོ་ཁམས་དང་སྐྱེ་མཆེད་དུས་གསུམ་དུ་སྣང་བའི་བློ་ཡང་སྐད་ཅིག་ཆ་ཤས་མེད་པར་ཁས་བླངས་ཏེ། མཛོད་ལས། གང་ལ་བཅོམ་དང་བློ་ཡིས་གཞན། །བསལ་ན་དེ་བློ་མི་འཇུག་པ། །བུམ་ཆུ་བཞིན་དུ་ཀུན་རྫོབ་ཏུ། །ཡོད་དེ་དོན་དམ་ཡོད་གཞན་ནོ། །ཞེས་སོ། །དེ་ཡང་གཟུང་བ་ཆོས་ཀྱི་བདག་ནི་རྡུལ་ཕྲན་དང་སྐད་ཅིག་ཡོད་པར་འདོད་པའོ། །གཉིས་པ་མདོ་སྡེ་པ་ནི། གང་ཟག་གི་བདག་མེད་སྔར་དང་འདྲ་ལ། དེའི་སྟེང་དུ་ཆོས་ཀྱི་བདག་མེད་ཕྱོགས་གཅིག་གིས་འཕགས་ཏེ། དེའང་ཆ་དང་བཅས་པའི་རྡུལ་ཕྲན་ཤེས་བྱའི་གཞི་ལྟ་གཙོ་བས་ཁེགས་ལ། ཆ་མེད་ཀྱི་རྡུལ་ཕྲན་ཙམ་མ་ཁེགས་ཏེ། ཆོས་ཀྱི་བདག་གི་ཕྱེད་གཟུང་ཡུལ་རགས་སྣང་གི་རྡུལ་ཕྲན་རེག་ལ་མ་འགྱུར་བ་ཙམ་དེ་ཡང་ཆ་མེད་དུ་རྟོགས་པས་འཕགས་ཏེ། དོན་གྱི་ལྟར་མེད་པས་རྡུལ་ཕྲན་ཁས་མ་བླང་བ་དང་འདྲའོ། །དེ་དག་གིས་དོན་སྒོམ་པའི་ཚུལ་ཡང་། མཛོད་ལས། ཚུལ་གནས་ཐོས་དང་བསམ་ལྡན་པས། །བསྒོམ་པ་ལ་ནི་རབ་ཏུ་སྦྱོར། །ཞེས་པ་ལྟར་སོ་ཐར་རིགས་བདུན་གྱི་སྡོམ་ཞུགས་ནས་དགེ་སྦྱོང་གི་ཆོས་བཞི་དང་། སྦྱང་བའི་ཡོན་ཏན་བཅུ་གཉིས་ལ་སོགས་པ་དང་ལྡན་པས་ཐོས་བསམ་བསྟེན་པ་དང་། དུག་གསུམ་གཉེན་པོས་བཅོམ་པ་དང་། དཀར་པོ་རྣམ་པར་མཐོང་བ་ལ་སོགས་པ་བརྒྱད་བསྒྲོད་དེ་མཐོང་སྤང་དང་སྒོམ་སྤང་གིས་ཕྲ་རྒྱས་སྤངས་ནས། དགྲ་བཅོམ་པ་རྒྱུན་ཅན་དང་རྒྱུན་མེད་ཀྱི་འབྲས་བུ་མངོན་དུ་བྱེད་པའོ། །ཐེག་པའི་རྣམ་དབྱེ་འདི་དག་ཤིན་ཏུ་གལ་ཆེ་ནའང་། འདིའི་བརྗོད་བྱའི་སྐབས་ཕྱོགས་ཙམ་ལས་མ་སྤྲོས་པས་གཞན་དུ་རྟོགས་པར་བྱའོ། །

གཉིས་པ་རང་སངས་རྒྱས་ཀྱི་ཐེག་པ་ནི། ཉན་ཐོས་ལྟར་གང་ཟག་གི་བདག་མེད་རྟོགས་པའི་སྟེང་དུ། གཟུང་བ་ཆོས་ཀྱི་བདག་ཕྱེད་རྟོགས་པས་འཕགས་ཏེ། འགྲེལ་ཆུང་ལས། ཉན་ཐོས་དང་དེའི་ཕྱོགས་སུ་ཀླུན་པ་རང་སངས་རྒྱས་ཏེ་མངོན་པར་རྟོགས་པ་གཅིག་གིས་འཕགས་པ། ཞེས

སོ༑ ༑དེ་ཡང་དམིགས་ཡུལ་བདེན་བཞིས་བསྡུས་པའི་ཆོས་ལ་རྟེན་འབྲེལ་བཅུ་གཉིས་ལུགས་འབྱུང་དང་ལུགས་ལྡོག་ཏུ་བསྒོམས་པས་ཁམས་གསུམ་པའི་ཕྲ་རྒྱས་སྤང་བར་འདོད་དེ། གང་ཟག་གི་བདག་མེད་སྟོར་ལྟར་ལས། ཆོས་ཀྱི་བདག་ཕྱེད་ཕྱི་གཟུང་བ་རྡུལ་ཕྲན་ཆ་བཅས་དང་ཆ་མེད་གཉིས་ཀ་མེད་པར། གཟུགས་བརྟན་ལྟར་རང་བཞིན་གྱི་ངོ་བོ་ཉིད་མེད་ཅིང་མ་སྐྱེས་པར་རྟོགས་ལ། ནང་ཡུལ་སྣང་འཛིན་མཁན་གྱི་ཤེས་པ་སྐད་ཅིག་མ་དོན་དམ་པའི་ངོ་བོར་འདོད་དེ། མངོན་རྟོགས་རྒྱན་ལས། གཟུང་དོན་རྟོག་པ་སྤངས་ཕྱིར་དང་། །འཛིན་པ་མི་སྤང་ཕྱིར་དང་ནི། །རྟེན་གྱི་བསེ་རུ་ལྟ་བུའི་ལམ། །ཡང་དག་བསྡུས་པར་ཤེས་པར་བྱ། །ཞེས་སོ། །དབྱེ་ན་བསེ་རུ་ལྟར་གཅིག་པུར་གནས་པར་ཚོགས་སྤྱོད་ཆུང་བ་དང་། ནེ་ཚོ་ལྟར་ཁྱུར་ལྡིང་པ་ཚོགས་སྤྱོད་ཆེ་བ་དང་། དེ་དག་ཀྱང་། མཛོད་ལས། བསེ་རུ་བསྐལ་པ་བརྒྱ་ཡིས་རྒྱུས། །ཞེས་པས་བསྐལ་བ་བརྒྱར་ཚོགས་བསགས་ཤིང་ལམ་བསྒྲོད་ཚུལ་ཕལ་ཆེར་ཉན་ཐོས་དང་མཐུན་ལ། འབྲས་བུ་ཡིད་བཞིན་བདེ་བ་མཆོག་གི་ས་ཞེས་དགྲ་བཅོམ་པ་མངོན་དུ་བྱེད་པའོ། །

གསུམ་པ་བྱང་ཆུབ་སེམས་དཔའི་ཐེག་པ་ལ་འང་། འོག་མ་ལས་འཕགས་ཚུལ་དང་། ཐེག་པ་དངོས་བཤད་པ་གཉིས་ལས། དང་པོ་ནི། འགྲོ་བའི་དོན་དུ་དམིགས་པ་ཆེ་བ་ལ་སོགས། སྟོང་ཉིད་སྙིང་རྗེའི་ངོ་བོ་ཡིན་པས་ཐེག་པ་ཆེན་པོ་ཞེས་བྱ་སྟེ། སྡུད་པ་ལས། ཐེག་པ་འདི་ནི་མཁའ་འདྲ་གཞལ་མེད་ཁང་ཆེན་པོ། དགའ་སྐྱིད་བདེ་བ་མངོན་པར་སྒྲུབ་བྱེད་ཐེག་པ་མཆོག །དེ་གང་ཞོན་ནས་སེམས་ཅན་ཐམས་ཅད་མྱ་ངན་བཟློ། རྒྱུ་དེས་ཐེག་པ་ཆེན་པོ་ཞེས་བརྗོད་དོ། །ཞེས་སོ། ། འཕགས་ཚུལ་དངོས་ནི། མདོ་སྡེ་རྒྱན་ལས། དམིགས་པ་ཆེ་བ་ཉིད་དང་ནི། །དེ་བཞིན་སྒྲུབ་པ་གཉིས་དག་དང་། །ཡེ་ཤེས་བརྩོན་འགྲུས་བརྩམ་པ་དང་། །ཐབས་ལ་མཁས་པ་གང་ཡིན་དང་། ། ཡང་དག་སྒྲུབ་པ་ཆེན་པོ་དང་། །སངས་རྒྱས་ཕྲིན་ལས་ཆེན་པོ་སྟེ། །ཆེན་པོ་བདུན་དང་ལྡན་པའི་ཕྱིར། །ཐེག་པ་ཆེ་ཞེས་ངེས་པར་བརྗོད། །ཅེས་སོ། །གཞན་ཡང་ལང་ཀར་གཤེགས་པ་ལས། ། ཆོས་ལྔ་དག་དང་རང་བཞིན་གསུམ། །རྣམ་པར་ཤེས་པ་བརྒྱད་ཉིད་དང་། །བདག་མེད་གཉིས་ཀྱི་ནང་དུ་ནི། །ཐེག་པ་ཆེན་པོ་མཐའ་དག་འདུས། །ཞེས་སོ། །ཆོས་ལྔ་ནི། མིང་དང་། རྒྱུ་མཚན་དང་།

རྣམ་པར་རྟོག་པ་དང་། དེ་བཞིན་ཉིད་དང་། ཡང་དག་པའི་མཐའོ། །རང་བཞིན་གསུམ་ནི། ཀུན་བརྟགས། གཞན་དབང་། ཡོངས་གྲུབ་བོ། །རྣམ་པར་ཤེས་པ་བརྒྱད་ནི། ཚོགས་དྲུག་དང་། ཉོན་ཡིད། ཀུན་གཞིའི་རྣམ་ཤེས་ཏེ་བརྒྱད་དོ། །བདག་མེད་གཉིས་ནི་གཟུང་བ་ཆོས་དང་། འཛིན་པ་གང་ཟག་གི་བདག་མེད་དོ། །

གཉིས་པ་ལའང་། ལམ་སྤྱིའི་ངོ་བོ་དང་། གྲུབ་མཐའ་སོ་སོར་བཤད་པ་གཉིས་ལས། དང་པོ་ལ་གསུམ་སྟེ། གཞི་བདེན་གཉིས་ཀྱི་རང་བཞིན་ཤེས་པར་བྱ་བ་དང་། དེ་ཉམས་སུ་བླང་བ་དང་། མཐར་ཕྱིན་པའི་འབྲས་བུའོ། །དང་པོ་ནི། འཁོར་འདས་ཀྱི་ཆོས་ཐམས་ཅད་བདེན་པ་གཉིས་སུ་འདུས་ཏེ། རྩ་བ་ཤེས་རབ་ལས། སངས་རྒྱས་རྣམས་ཀྱི་ཆོས་བསྟན་པ། །བདེན་པ་གཉིས་སུ་ཡང་དག་འདུས། །འཇིག་རྟེན་ཀུན་རྫོབ་བདེན་པ་དང་། །དམ་པའི་དོན་གྱི་བདེན་པའོ། །ཞེས་སོ། །དེ་ལ་ཡང་ཆོས་ཅན་མཚན་མར་སྣང་བའི་བློ་ཡུལ་དུ་སྣང་བ་རྣམས་ཀུན་རྫོབ་ཀྱི་བདེན་པ་སྟེ། དབྱེ་ན། སྣང་ལ་དོན་བྱེད་མི་ནུས་པ་སྒྲ་ཤད་དང་ཟླ་གཉིས་ཀྱི་སྣང་བ་ལ་སོགས་པ་ནི་ལོག་པའི་ཀུན་རྫོབ་དང་། དོན་བྱེད་ནུས་པ། རྒྱུ་ལས་སྐྱེས་པ། བརྟགས་པས་དཔེན་པ། མཐུན་པར་སྣང་བ་སྟེ་མཚན་ཉིད་བཞི་དང་ལྡན་པ་ནི། ཡང་དག་ཀུན་རྫོབ་སྟེ། བདེན་གཉིས་ལས། སྣང་དུ་འདྲ་ཡང་དོན་བྱེད་དག །ནུས་པའི་ཕྱིར་དང་མི་ནུས་ཕྱིར། །ཡང་དག་ཡང་དག་མ་ཡིན་པའི། །ཀུན་རྫོབ་ཀྱི་ནི་དབྱེ་བའང་བྱས། །ཞེས་སོ། །ཆོས་ཉིད་རང་བཞིན་གྱིས་སྟོང་པ་དང་། རྗེས་སུ་འཇལ་བས་སྤྲོས་པ་ཞི་བའི་རྣམ་པ་ཅན་ནི། དོན་དམ་གྱི་བདེན་པ་སྟེ། དབྱེ་ན། རིགས་པས་གཞལ་ན་སྐྱེ་བ་ལ་སོགས་མ་གྲུབ་པའི་ཆོས་ཉིད་གཤིས་དང་མཐུན་པར་སྐྱེས་པ་རྣམ་གྲངས་པའི་དོན་དམ་དང་། གདོད་ནས་སྤྲོས་པ་ལས་འདས་པའི་དབྱིངས་རང་བཞིན་གྱི་རྣམ་པར་དག་པ་རྣམ་གྲངས་མ་ཡིན་པའི་དོན་དམ་སྟེ། དེ་ཉིད་ལས། སྐྱེ་བ་ལ་སོགས་བཀག་པ་ཡང་། །ཡང་དག་པ་དང་མཐུན་ཉིད་བཞེད། །སྐྱེ་མེད་སྤྲོས་ཀུན་ཞི་བ་ལ། །དོན་དམ་ཞེས་པའི་བརྗོད་མཛད་དོ། །ཞེས་སོ། །

གཉིས་པ་ནི། ཐེག་ཆེན་སོ་ཐར་གྱི་སྡོམ་པ་གང་རུང་གི་སྟེང་དུ་བྱང་ཆུབ་ཏུ་སེམས་བསྐྱེད་ནས། ལམ་ལྷ་ས་བཅུ་མངོན་དུ་བྱེད་པའོ། །གསུམ་པ་ནི། བཅུ་གཅིག་ཀུན་ཏུ་འོད་ཀྱི་ས་ལ་རང་

དོན་ཆོས་སྐུ་དང་། གཞན་དོན་གཟུགས་སྐུ་དམ་པ་གཉིས་ཐོབ་ནས། །མཁྱེན་པ་གཉིས་ཀྱིས་སེམས་ཅན་གྱི་དོན་མཛད་པ་སྟེ། འཇུག་པ་ལས། ཞི་སྐུ་དཔག་བསམ་ཤིང་ལྟར་གསལ་གྱུར་ལ། །ཡིད་བཞིན་ནོར་བུ་ལྟ་བུར་རྣམ་མི་རྟོག །འགྲོ་གྲོལ་བར་དུ་འཇིག་རྟེན་འབྱོར་སླད་རྟག །འདི་ནི་སྤྲོས་དང་བྲལ་ལ་སྣང་བ་ཡིན། །ཞེས་གསུངས་པ་བཞིན་ནོ། །

གཉིས་པ་གྲུབ་པའི་མཐའ་སོ་སོར་བཤད་པ་ལའང་། སེམས་ཙམ་པ་དང་དབུ་མ་པ་གཉིས་ལས། དང་པོ་ནི། འཁོར་འདས་ཀྱི་ཆོས་ཐམས་ཅད་སེམས་ཁོ་ན་ཙམ་ལས་གཞན་མེད་དེ། དེ་ཡང་གཟུང་འཛིན་གཉིས་མེད་ཀྱི་ཤེས་པ་རང་རིག་རང་གསལ་དོན་དམ་དུ་འདོད་དེ། རྣམ་ངེས་ལས། བློ་ཡིས་ཉམས་མྱོང་བྱ་གཞན་མེད། །དེ་ཡི་མྱོང་བའང་གཞན་ཡོད་མིན། །གཟུང་དང་འཛིན་པ་གཉིས་མེད་ཕྱིར། །དེ་ནི་དེ་ལྟར་རང་ཉིད་གསལ། །ཞེས་སོ། །དབྱེ་ན། ཡིད་བཞིན་རིན་པོ་ཆེའི་མཛོད་ལས། དོན་སྣང་ཤེས་པར་འདོད་དང་མི་འདོད་ལས། །རྣམ་པ་བདེན་རྫུན་གཉིས་སུ་གྲགས་པ་སྟེ། །ཞེས་པས་ཕྱི་རོལ་སྣ་ཚོགས་སུ་སྣང་བ་རང་གི་ཤེས་པ་དོན་གཞན་དུ་སྣང་བར་འདོད་པ་རྣམ་བདེན་པ་དང་། ཤེས་པ་མ་ཡིན་ཏེ་ཤེས་པ་རྫུན་པས་ན་བག་ཆགས་བརྟས་པའི་སྣང་བ་དེར་སྣང་བའོ། །ཞེས་རྣམ་རྫུན་གཉིས་སོ། །གཉིས་པ་ནི། སྣང་སྲིད་འཁོར་འདས་གཉིས་བསྡུས་ཀྱི་ཆོས་ཐམས་ཅད་སྤྲོས་མཐའ་དང་བྲལ་ཞིང་དབུས་ལའང་མི་གནས་པ་སྟེ། ཏིང་འཛིན་རྒྱལ་པོ་ལས། རྟག་དང་མི་རྟག་འདི་ཡང་མཐའ་ཡིན་ཏེ། །ཡོད་དང་མེད་ཅེས་བྱ་བ་གཉིས་ཀ་མཐའ། །དེ་ཕྱིར་གཉིས་ཀའི་མཐའ་ནི་རབ་སྤངས་ཏེ། །མཁས་པས་དབུས་ལའང་གནས་པར་མི་བྱེད། །ཞེས་སོ། །

དབྱེ་ན་གཉིས་ཏེ། དབུ་མ་རང་རྒྱུད་པ་ནི་ཆོས་ཐམས་ཅད་ཀུན་རྫོབ་ཏུ་སྣང་ལ། དེ་ཡང་བརྟགས་ན་དོན་དམ་པར་རང་བཞིན་མེད་པར་འདོད་དེ། དབུ་མ་བདེན་གཉིས་ལས། ཀུན་རྫོབ་འདི་ལྟར་སྣང་བ་འདི། །རིགས་པས་བརྟག་ན་འགའ་མི་རྙེད། །མ་རྙེད་པ་ནི་དོན་དམ་སྟེ། །ཡེ་ནས་གནས་པའི་ཆོས་ཉིད་དོ། །ཞེས་སོ། །

དབུ་མ་ཐལ་འགྱུར་བ་ནི། དཔྱད་རུང་མ་དཔྱད་རུང་དུས་གཏན་དུ་སྤྲོས་པ་ཐམས་ཅད་ཉེ་བར་ཞི་བ་ཁས་ལེན་ཐམས་ཅད་དང་བྲལ་བ་སྟེ། འཇུག་པ་ལས། ཇི་ལྟར་ཁྱོད་ཀྱིས་གཞན་དབང་

དངོས་འདོད་ལྟར། །ཀུན་རྫོབ་ཀྱང་ནི་བདག་གིས་ཁས་མ་བླངས། །ཞེས་དང་། རྩོད་བཟློག་ལས། གལ་ཏེ་ངས་དམ་བཅས་འགའ་ཡོད། །དེ་ཚེ་ང་ལ་སྐྱོན་འདི་ཡོད། །ང་ལ་ལ་ཁས་ལེན་མེད་པས་ན། །ང་ནི་སྐྱོན་མེད་ཁོ་ན་ཡིན། །ཞེས་སོ། །དེ་དག་ནི་གང་ཟག་དབང་པོ་ཆུང་དུའི་རབ་འབྲིང་ཐ་གསུམ་ལ་དགོངས་པ་སྟེ། རྒྱུ་མཚན་ཉིད་ཀྱི་ཐེག་པ་བསྟན་ཟིན་ཏོ། །

བཞི་པ་འབྲས་བུ་གསང་སྔགས་ཀྱི་ཐེག་པ་བཤད་པ་ལ། དཀྱུས་ལྟར་རྒྱུད་སྡེ་དྲུག་པོ་བཤད་པ་དང་། ཞར་ལ་སྔགས་གསར་མའི་བཞེད་པ་འཕྲོས་པ་དང་གཉིས་ལས། དང་པོ་ལ་གཉིས་ཏེ། འོག་མ་ལས་འཕགས་ཚུལ་དང་། དེ་ཉིད་དངོས་བསྟན་པའོ། །དང་པོ་ནི། མཐར་ཐུག་གི་གཉེར་བྱ་ཀུན་འདོད་པ་མཚུངས་ནའང་། གསང་སྔགས་ནི་ལམ་སྒྲུབ་པའི་ཚུལ་ལ་མ་རྨོངས་པ་དང་། ཐབས་མང་བ་དང་། དཀའ་ཚེགས་མེད་པ་དང་། དབང་པོ་རྣོན་པོའི་ཁྱད་པར་གྱི་ཆོས་ཡིན་ཏེ། ཚུལ་གསུམ་སྒྲོན་མེ་ལས། དོན་གཅིག་ནའང་མ་རྨོངས་དང་། །ཐབས་མང་དཀའ་བ་མེད་པ་དང་། །དབང་པོ་རྣོན་པོའི་དབང་བྱས་ནས། །སྔགས་ཀྱི་ཐེག་པ་ཁྱད་པར་འཕགས། །ཞེས་དང་། གཞན་ཡང་། ར་ལི་བསམ་གྱིས་མི་ཁྱབ་པའི་རྒྱུད་ལས། ཉན་ཐོས་ལ་སོགས་ཐེག་དམན་ལ། །མན་ངག་ཡོད་པ་མ་ཡིན་ཏེ། །ལྟ་བ་སྤྱོད་པ་སེམས་བཟུང་དང་། །རྒྱུད་དང་ལམ་དང་འབྲས་བུ་དང་། །དུས་དང་ལོངས་སྤྱོད་རྣལ་འབྱོར་དང་། །བདག་གཞན་དོན་དང་དགོངས་པ་དང་། །ངལ་དུབ་མཐའ་སྤངས་ཚོགས་ཆུང་དང་། །ཚོགས་བསགས་པ་ཡི་ཁྱད་པར་དང་། །ཁྱད་པར་རྣམ་པ་བཅོ་ལྔ་ཡིས། །རིག་འཛིན་ཐེག་པ་ཁྱད་པར་འཕགས། །ཞེས་སོ། །དཀྱུས་ལྟར་རྒྱུད་སྡེ་དྲུག་ཏུ་བཤད་པ་ལ། ཕྱི་ཐུབ་པ་རྒྱུད་གསུམ། ནང་པ་ཐབས་ཀྱི་རྒྱུད་སྡེ་གསུམ་དང་དྲུག་ལས།

དོན་བཞི་པ་ཀྲི་ཡ་སྡེ་བྱ་བའི་རྒྱུད་ནི། ལུས་ངག་གི་དག་པ་གཙོར་བྱས་ཏེ། ཡིད་ཀྱི་ལྷ་ཡེ་ཤེས་སེམས་དཔའ་དང་། བདག་དམ་ཚིག་སེམས་དཔའ་རྗེ་འབངས་ཀྱི་ཚུལ་དུ་བལྟ་བས་དངོས་གྲུབ་སྒྲུབ་པ་སྟེ། ཡེ་ཤེས་རོལ་པའི་རྒྱུད་ལས། དོན་དམ་སྤྲོས་བྲལ་སྟོང་པའི་ངང་ཉིད་ལས། །ཀུན་རྫོབ་སྒྱུ་མ་ལྟ་བུའི་སྐུར་སྣང་ལ། །རྗེ་འབངས་ཚུལ་དུ་དང་པས་རབ་བསྒོམ་ན། །དངོས་གྲུབ་དམ་པ་སངས་རྒྱས་ཐོབ་པར་འགྱུར། །ཞེས་སོ། །

གསར་མ་པ་ཁ་ཅིག །ཡེ་ཤེས་རྡོ་རྗེ་ཀུན་ལས་བཏུས་པར། བདག་ཉིད་ལྷ་ཡི་རྣལ་འབྱོར་ཞེས་པ་མེད་པ་དང་། །ཞེས་པས་བདག་བསྐྱེད་མེད་པར་བཞེད་ཀྱང་། རྙིང་མའི་རྒྱུད་དང་སྒྲུབ་ཐབས་རྣམས་སུ་ཡོ་གའི་རྒྱུད་ལྟར་དུ་བཀྱལ་ནས་བདག་བསྐྱེད་གསུངས་སོ། །ཨུ་པ་ཨུ་བ་ཡ་སྟེ་སྤྱོད་པའི་རྒྱུད་ནི། སྤྱོད་པ་ཀྲི་ཡ་ལྟར་སྤྱོད་ཅིང་། ལྟ་བ་ཡོ་ག་ལྟར་བལྟ་བས་བདག་དང་ལྷ་གྲོགས་པོ་ལྟ་བུས་དངོས་གྲུབ་འདོད་པ་སྟེ། ཀློ་གྲོས་རྒྱ་མཚོའི་རྒྱུད་ལས། དོན་དམ་རྣམ་དག་ཡེ་ཤེས་ཆེན་པོ་ལས། །ཀྱཻ་མའི་ཚུལ་སྟོན་གྲོགས་པོ་ལྟ་བུར་བསྒོམ། །མཆོད་བསྟོད་སྔགས་བཟླས་སངས་རྒྱས་ཉིད་དུ་འགྱུར། །ཞེས་སོ། །

ཡོ་ག་ཡོ་ག་སྟེ་རྣལ་འབྱོར་གྱི་རྒྱུད་ནི། ལུས་ངག་གཙོ་བོར་མི་སྟོན་ཅིང་། །སེམས་ཀྱི་བྱ་བ་གཙོ་བོར་སྟོན་པས་མངོན་བྱང་ལྔའི་སྒོ་ནས་ལྷ་དང་བདག་གཉིས་དབྱེར་མེད་བསྲེ་བས་དངོས་གྲུབ་འདོད་པ་སྟེ། ཡེ་ཤེས་རྒྱ་མཚོའི་རྒྱུད་ལས། བདག་མདུན་གཉིས་པོ་ལྟར་བསྐྱེད་ནས། །མཆོད་བསྟོད་བཟླས་པ་ཚར་བ་དང་། །ཡེ་ཤེས་པ་གཤེགས་མགྲོན་ལྟ་བུ། །བསྒོམ་པས་སངས་རྒྱས་ཉིད་དུ་འགྱུར། །ཞེས་སོ། །འདི་དག་གི་ཤན་འབྱེད་རྒྱུད་སྡེའི་རྣམ་གྲངས་སོགས་མཐའ་ཡས་ཀྱང་འདིར་ཡི་གེས་འཇིགས་སོ། །དེ་དག་ནི་དབང་པོ་འབྲིང་པོ་གསུམ་ལ་དགོངས་པའོ། །

ནང་པ་ཐབས་ཀྱི་རྒྱུད་གསུམ་བཤད་པ་ལའང་། གསང་སྔགས་ཕྱི་ནང་གི་ཁྱད་པར་དང་། བྱེ་བྲག་སོ་སོར་བཤད་པ་གཉིས་ལས། །དང་པོ་ནི། ཀུན་མཁྱེན་ཀློང་ཆེན་རབ་འབྱམས་ཀྱིས་མཛད་པའི། ཡིད་བཞིན་མཛོད་ཀྱི་འགྲེལ་ཆེན་པད་མ་དཀར་པོར་གསང་སྔགས་ཕྱི་ནང་གཉིས་ཀྱི་ཁྱད་པར་རམ། འཕགས་ཚུལ་བཅུ་གཉིས་གསུངས་ཏེ། སྨིན་བྱེད་ཀྱི་དབང་ལའང་། རིག་པའི་དབང་ལྔ་དང་བུམ་དབང་གཙོ་ཆེ་བ་གསང་སྔགས་ཕྱི་པ། དབང་བཞི་རྫོགས་པར་བསྐུར་བ་ནང་པ། ལམ་བསྐྱེད་རིམ་རེས་འཇོག་གི་རྫོགས་རིམ་སྒོམ་པ་ཕྱི་པ། བསྐྱེད་རྫོགས་ཟུང་འཇུག་སྒོམ་པ་ནང་པ། སྤྱོད་པ་གཙང་སྦྲ་ལ་སྤྱོད་པ་ཕྱི་པ། གཉིས་མེད་དུ་སྤྱོད་པ་ནང་པ། ལོངས་སྤྱོད་དཀར་གསུམ་མངར་གསུམ་གཙོ་ཆེ་བ་ཕྱི་པ། ཤ་ལྔ་བདུད་རྩི་ལྔ་བསྟེན་པ་ནང་བ། གོས་རས་སོགས་གཙང་མ་གཙོ་ཆེ་བ་ཕྱི་པ། ཞིང་ཆེན་ནམ་གོས་མེད་གཙོ་ཆེ་བ་ནང་པ། བྱ་བ་ཁྲུས་དང་གཙང་སྦྲ་གཙོ་ཆེ་བ་ཕྱི་པ། འཐབ་

པ་དང་མ་དག་པས་མི་གནོད་པ་ནང་པ། འབྲས་བུ་ཚེ་བཅུ་དྲུག་ལ་སོགས་ན་འདོད་པ་ཕྱི་པ། ཚེ་འདིའམ་བར་དོར་འགྲུབ་པ་ནང་པ། ལྷ་ཞལ་སྦྱོར་དུ་མི་བསྒོམ་པ་ཕྱི་པ་སྒོམ་པ་ནང་པ། རྒྱན་དར་དང་རིན་པོ་ཆེ་གཙོ་ཆེ་བ་ཕྱི་པ། དུར་ཁྲོད་ཀྱི་ཆས་རོལ་བ་ནང་པ། གནས་རི་རབ་ཀྱི་སྟེང་ལ་སོགས་དབེན་པར་གནས་པ་ཕྱི་པ། ཤོ་རྒྱན་དང་དུར་ཁྲོད་ལ་སོགས་པར་སྒོམ་པ་ནང་པ། སྟོད་རིན་པོ་ཆེའམ་པད་མའི་གཞོང་པ་ནི་ཕྱི་པ། ཀ་པཱ་ལ་གཙོ་ཆེ་བ་ནང་པ། ལས་ཞི་རྒྱས་གཙོ་ཆེར་སྟོན་པ་ཕྱི་པ། དབང་དྲག་གཙོ་ཆེར་སྟོན་པ་གསང་སྔགས་ནང་པར་གསུངས་སོ། །ཁྱེ་བྲག་ཏུ་ཕ་རྒྱུད་མ་ཏྭ་ཡོ་ག་དང་། མ་རྒྱུད་ཨ་ནུ་ཡོ་ག་གཉིས་ལའང་ཁྱད་པར་བདུན་གསུངས་ཏེ། དེ་ཁོ་ན་ཉིད་ཀྱི་ཁྱད་པར་ལའང་། དབང་དང་སྦྱིན་སྲེག་ལ་སོགས་ཚོགས་མང་པོ་རྒྱ་ཆེ་བ་གཙོར་སྟོན་ན་ཕ་རྒྱུད། བསྐྱེད་རིམ་དང་རྫོགས་རིམ་སོགས་ཟབ་པ་གཙོར་སྟོན་ན་མ་རྒྱུད། བསྐྱེད་རིམ་ལའང་། ལྷ་གཙོ་བོ་འཕོ་ཞིང་གཙོ་མོ་མི་འཕོ་ན་ཕ་རྒྱུད། གཙོ་མོ་འཕོ་ཞིང་གཙོ་བོ་མི་འཕོ་ན་མ་རྒྱུད། རྣམ་པའམ་ཆ་ལུགས་ཀྱང་། གང་དུ་ལྷ་ཕོའི་རྣམ་པ་མང་ཞིང་དར་དང་རིན་པོ་ཆེས་བརྒྱན་པ་ཕ་རྒྱུད། ལྷ་མོའི་རྣམ་པ་མང་ཞིང་རུས་རྒྱན་དང་རོ་གདན་ཡོད་པ་མ་རྒྱུད། ཕྱོགས་ཀྱང་མདོན་རྟོགས་ལ་སོགས་པའི་ཚེ། གཡས་བསྐོར་བྱེད་པ་ཕ་རྒྱུད། གཡོན་དུ་བསྐོར་བ་མ་རྒྱུད། མཚན་པའང་། གཙོ་བོར་སྐྱེས་པས་མཚོན་ཅིང་། དུས་ཉིན་མོ་དང་ཡར་ངོ་གཙོ་ཆེ་བ་ཕ་རྒྱུད། དེ་ལས་བཟློག་པས་མ་རྒྱུད། རྫོགས་རིམ་ཡང་རྩ་ཐིག་བདེ་བ་གཙོར་བྱེད་པ་ཕ་རྒྱུད། རླུང་དང་གསལ་བ་ལམ་དུ་བྱེད་པ་མ་རྒྱུད། རྣམ་དག་ཀྱང་ཕུང་ཁམས་དག་པ་ལྷ་དང་ལྷ་མོར་བྱེད་པ་ཕ་རྒྱུད། རྩ་ཁམས་དག་པ་དཔའ་བོ་དང་རྣལ་འབྱོར་མར་སྟོན་པ་མ་རྒྱུད་དུ་གྲུབ་མཐའ་མཛོད་ལས་གསུངས་སོ། །

དྲུག་པ་ཕ་རྒྱུད་མ་ཧཱ་ཡོ་ག་ནི། སྣང་སྲིད་ལྷ་དང་གཞལ་ཡས་ཁང་དུ་གསལ་ཞིང་། ཕུང་ཁམས་སྐྱེ་མཆེད་དག་པ་ལྷར་གསལ་བས་རླུང་གཙོ་བོར་གྱུར་པའི་ལམ་བསྒོམ་པས་ཚེ་འདིར་གྲོལ་བར་འདོད་དེ། ཡེ་ཤེས་རོལ་པའི་རྒྱུད་ལས། བསྐྱེད་དང་རྫོགས་པའི་རིམ་པ་ལས། །ཡེ་ཤེས་རླུང་གི་ལས་བྱེད་ཅིང་། །ནམ་མཁའི་འཛོ་བ་རབ་རྫོགས་པས། །ཚེ་གཅིག་གིས་ནི་རབ་གྲོལ་ལོ། །ཞེས་སོ། །དབྱེ་ན་གཞི་ལམ་འབྲས་བུ་གསུམ་བ་དང་། ཐབས་ལམ་སྒྲུབ་པ་གཙོ་བ་དང་། སྣ་ཚོགས

ལམ་འགྱུར་དུ་འདོད་པ་གསུམ། སྣ་ཚོགས་ལམ་འགྱུར་ལའང་རྒྱུད་དང་ནོ་པི་ཀ་གཉིས། ནོ་པི་ཀ་ལའང་ས་ཏྭ་ནོ་པི་ཀ་དང་། མཚལ་ནོ་པི་ཀ་གཉིས་ཡོད་ལ། ངེས་བྱེད་ཀྱི་རྒྱུད་སྡེའང་མཐའ་ཡས་པའོ། །

བདུན་པ་མ་རྒྱུད་ཨ་ནུ་ཡོ་ག་ནི། སྟོང་བཅུད་ལྔའི་རང་བཞིན་དུ་དབྱིངས་ནས་སངས་རྒྱས་པ་ཙམ་དུ་རྟོགས་པའི་ངང་ནས་བསྐྱེད་རིམ་ལུས་རྩ་རླུང་དག་པ་ལྷ་དང་གཞལ་ཡས་ཁང་དུ་ཤེས་པས། རྫོགས་རིམ་རླུང་སེམས་བདེ་གསལ་མི་རྟོག་པའི་ཡེ་ཤེས་མངོན་དུ་བྱེད་པས་ཆོ་འདིར་གྲོལ་བ་སྟེ། ཐིག་ལེ་མཆོག་གི་རྒྱུད་ལས། འོད་གསལ་བ་ཡི་སེམས་ཉིད་ནི། །དབྱིངས་དང་ཡེ་ཤེས་གཉིས་མེད་པར། །བདེ་བ་ཆེད་དུ་སྲུས་བསྒོམ་པ། །འབྲས་བུ་ཚེ་འདིར་རྫོགས་སངས་རྒྱ། །ཞེས་སོ། །དབྱེ་ན་ལུང་དང་མདོ་གཉིས་ཏེ་རྒྱུད་སྡེའི་རྣམ་གྲངས་གཞན་ནས་ཤེས་སོ། །

བརྒྱད་པ་གཉིས་མེད་ཨ་ཏི་ཡོ་ག་ལའང་། འོག་མ་ལས་འཕགས་ཚུལ་ནི། གོང་དུ་བཤད་པ་ལྟར་ཐེག་པ་འོག་མ་རྣམས་ནི་ཡིད་དཔྱོད་དུ་འཛིན་པའི་ལྟ་བ་ལ་ཞེན་པས་ལམ་འདིའི་སྐྱོགས་སུ་གནས་པ་ཙམ་སྟེ། ཀུན་བྱེད་ལས། ངེས་ཐོབ་པ་ཡི་ཐེག་པ་དྲུག །རྫོགས་པ་ཆེན་པོའི་གོལ་ས་བསྟན། །ཞེས་དང་། ཨ་ཏི་བཀོད་པ་ཆེན་པོ་ལས། ཐེག་བརྒྱད་ཨ་ཏི་བློ་འདས་ཁྱད། །ཅེས་གསུངས་པའི་ཕྱིར་རོ། །དེ་ལ་ཨ་ཏི་ཡོ་གའི་ངོ་བོ་ནི། སྤྲོས་བྲལ་རང་བྱུང་གི་ཡེ་ཤེས་རྒྱ་ཆད་ཕྱོགས་ལྷུང་མེད་པ་ཐེག་པ་ཀུན་གྱི་དོན་ཐམས་ཅད་ཡོངས་སུ་རྫོགས་པས་རྩེ་མོར་གྱུར་པ་སྟེ། སྤྱི་མ་ལས། གཅིག་རྫོགས་གཉིས་རྫོགས་སེམས་ལ་རྫོགས། །གཅིག་རྫོགས་སེམས་ཀྱིས་བྱས་པར་རྫོགས། །གཉིས་རྫོགས་ཕུན་སུམ་ཚོགས་པར་རྫོགས། །ཀུན་རྫོབ་བྱང་ཆུབ་སེམས་སུ་རྫོགས། །ཞེས་སོ། །དབྱེ་ན། རང་སེམས་ལས་གཞན་པའི་ཆོས་ལོགས་སུ་མེད་པས་སེམས་སྡེ་དང་། ཆོས་ཉིད་ཀུན་ཏུ་བཟང་མོའི་ཀློང་ལས་གཞན་དུ་འགྲོ་ས་མེད་པས་ཀློང་སྡེ་དང་། ཡིན་ལུགས་གནད་ཐོག་ཏུ་ཕེབས་པས་མན་ངག་གི་སྡེ་དང་གསུམ་ཡོད་ལ། མན་ངག་གི་སྡེ་ལའང་ཕྱི་སྐོར་ནང་སྐོར་གསང་སྐོར་གསུམ། དེ་དག་ཐམས་ཅད་ལས་མཆོག་ཏུ་འཕགས་པ་གསང་བ་བླ་ན་མེད་པ་འོད་གསལ་རྡོ་རྗེ་སྙིང་པོའི་མངོན་སུམ་སྙིང་ཐིག་གི་སྐོར་རོ། །དེ་དག་ནི་དབང་པོ་རབ་གསུམ་ལ་དགོངས་པ་སྟེ། གསང་སྔགས་ཕྱི

ནང་གཉིས་ལ་གསུམ་གསུམ་སྟེ། རྒྱུད་སྡེ་དྲུག་ཏུ་བཞེད་དེ། ཐལ་འགྱུར་ལས། འདས་པ་རྒྱུ་དང་འབྲས་བུ་ཡིས། །རྒྱུ་ལ་གསུམ་དང་འབྲས་ལ་གཉིས། །གཉིས་པ་ལས་ཕྱེ་དྲུག་ཏུ་འགྱུར། །ཞེས་གསུངས་སོ། །

གཉིས་པ་ཞར་ལ་གསང་སྔགས་གསར་མའི་བཞེད་པ་འཕྲོས་སུ་བཤད་དེ། རྒྱུད་སྡེ་བཞིར་འདོད་པ་དང་། གསུམ་དང་། ལྔ་དང་། དྲུག་ཏུ་འདོད་པ་ཡོད་དེ། དང་པོ་ནི། གསང་བ་འདུས་པ་ལས། སྐུ་དང་གསུང་དང་ཐུགས་ཀྱི་མཆོག །དེ་བཞིན་གཤེགས་པ་ཀུན་གྱི་གསང་། །བྱང་ཆུབ་སེམས་ནི་བླ་ན་མེད། །སྙིང་པོ་བཅོམ་ལྡན་བཤད་དུ་གསོལ། །ཞེས་གསུངས་པ་བཞིན་དུ། བྱ་སྤྱོད་རྣལ་འབྱོར་རྒྱུད་གསུམ། ཉིང་དེ་འཛིན་གྱི་ཁྱད་པར་གོང་ན་མེད་པ་སྟོན་པས་རྣལ་འབྱོར་བླ་མེད་དང་བཞི་སྟེ། རྡོ་རྗེ་སྙིང་པོ་བཀོད་པའི་རྒྱུད་ལས། བདེ་བར་གཤེགས་པའི་དགོངས་པའི་རྒྱུད། །རྣམ་པ་བཞི་རུ་ཡང་དག་བཤད། །བྱ་སྤྱོད་རྣལ་འབྱོར་བླ་མེད་དོ། །ཅེས་སོ། །གཞན་ཡང་། མི་རིགས་བཞི། བློ་རིགས་བཞི། དུས་བཞི། འདོད་ཆགས་བཞི། ཕྱིན་ཅི་ལོག་གི་ལྷ་བཞི་འདུལ་བ་ལ་དགོངས་ནས་ཀྱང་བཞིར་བཞག་གོ། །གསུམ་དུ་འདོད་པ་འང་། སློབ་དཔོན་སངས་རྒྱས་གསང་བས། །རྣལ་འབྱོར་སྤྱོད་དང་བྱ་དབྱེ་བས། །རྒྱུད་སྡེ་རྣམ་པ་གསུམ་དུ་འདོད། །ཅེས་པའི་རྗེས་སུ་འབྲངས་ནས། རྣལ་འབྱོར་བླ་མེད་མར་རྣལ་འབྱོར་གྱི་ཁོག་ཏུ་བསྡུབ་པས་རྒྱུད་སྡེ་གསུམ་དུ་འདོད་པའོ། །ཡང་རྫོགས་པ་དུམ་བུའི་རྒྱུད། བྱ་སྤྱོད་རྣལ་འབྱོར་བླ་མེད་དེ་ལྟར་འདོད་པའང་། ཡེ་ཤེས་རྡོ་རྗེ་ཀུན་ལས་བཏུས་པ་ལས། འདོད་མཆོག་ལས་བྱུང་བའི་བྱང་ཆུབ་ཀྱི་སེམས་སྟོན་པའི་ཕྱིར། བཙུན་མོའི་འཁོར་གྱིས་དབུས་སུ་ཧྲཱ་ག་ལ་བཞུགས་ཏེ། འཇིག་རྟེན་པ་དང་མི་འགལ་བའི་སྤྱོད་པ་དང་། མཐའ་དྲུག་གི་སྤྱོད་པ་སྟོན་པ་ནི་རྣལ་འབྱོར་གྱི་རྒྱུད་ལ་བཞུགས་སོ། །རིག་པ་དང་ལྷ་མོའི་དཀྱིལ་འཁོར་ལ་བཀོད་དེ། དེ་ལ་ཕྲིན་ལས་བསྒྲུབ་པ་དེ་ཁོན་ཉིད་སྟོན་པ་གཉིས་ཀའི་རྒྱུད་ལ་བཞུགས་སོ། །ལས་ཀྱི་བྱ་བ་ཕྲུག་རྒྱ་ཆེན་པོ་སྒྲུབ་པར་བྱེད་པར་སྤྱོད་པའི་རྒྱུད་ལ་བཞུགས་སོ། །འཇིག་རྟེན་ལ་དམིགས་ཏེ་གཙང་སྦྲ་དང་། ཡེ་ཤེས་སེམས་དཔའི་བདེ་བ་མེད་པ་དང་། རྨད་དུ་བྱུང་བའི་སྐྱོན་གྱི་རྒྱུའི་རྟོགས་པ་བྱ་བའི་རྒྱུད་ལ་བཞུགས་སོ། །ལྟགས་དང་། སྦྱིན་སྲེག་དང་། བྱེ་མ་དང་།

ཀྱང་མགྱོགས་ལ་སོགས་པ་དངོས་གྲུབ་བརྒྱད་སྤྱོད་པས་འགྲུབ་པར་བྱེད་པ་རྟོགས་པ་དུམ་བུའི་རྒྱུད་ལ་བལྟ་བར་བཞུགས་སོ། །ཞེས་པ་ལྟར་རོ། །ཡང་བརྟག་པ་གཉིས་པ་ལས། བལྟ་དང་དགོད་དང་ལག་བཅངས་དང་། །འཁྱུད་དང་དེ་བཞིན་གཉིས་གཉིས་ཏེ། །རྒྱུད་ཀྱང་རྣམ་པ་བཞི་རྣམས་ཀྱི། །སྲིན་པའི་སྐད་ཀྱིས་མ་བསྒྲགས་པ། །བཅོམ་ལྡན་ངེས་པར་གསུང་དུ་གསོལ། །ཞེས་བཞིར་མ་གསུངས་པའི་ཤུགས་ལས། །ལྔ་པ་ཞེས་འབྱུང་བ་ལ་དཔག་ནས། །སློབ་དཔོན་རྣ་བ་རྣ་ཏྲ་ལ་སོགས་པས་རྣལ་འབྱོར་བླ་མེད་ལ་གཉིས་སུ་དབྱེ་བས་ལྔར་འདོད་དོ། །ཡང་བདེ་མཆོག་བསྡུས་རྒྱུད་ལས། ཇི་སྲིད་མདོ་བྱ་སྤྱོད་པ་དང་། །རྣལ་འབྱོར་གསང་མཐའི་དབྱེ་བ་ལས། །སེམས་ཅན་མོས་པ་སྣ་ཚོགས་པས། །དེ་དང་དེ་ལ་དགའ་བ་ཡིན། །ཞེས་གསུངས་པའི་རྗེས་སུ་འབྲངས་ནས། སློབ་དཔོན་རྒྱལ་བའི་སྲས་ལྭ་བ་པའི་ན་བཟའ་ཅན་ལ་སོགས་པས། མདོ་སྡེ་རྡོ་རྗེ་ས་འོག་ལ་སོགས་རྟོགས་པའི་རྒྱུད། བྱ་རྒྱུད། སྤྱོད་རྒྱུད། རྣལ་འབྱོར་རྒྱུད། རྣལ་འབྱོར་བླ་མེད་རྒྱུད། རྣལ་འབྱོར་བདེ་མཆོག་ལ་སོགས་གསང་མཐའི་རྒྱུད་དང་དྲུག་ཏུ་འདོད་པའོ། །

གསུམ་པ་སྡོམ་པ་གསུམ་གྱི་འགག་བསྡམ་པ་ལ་འང་། སྡོམ་པ་གསུམ་གྱི་མཚན་ཉིད་མདོར་བསྟན་པ་དང་། དབང་པོའི་རིམ་པས་གསུམ་དུ་བཤད་པ། རང་ལུགས་ངེས་པས་གཏན་ལ་དབབ་པ་གསུམ་ལས། དང་པོ་ནི་རྒྱུད་ལས་སྡོམ་པ་གསུམ་པོ་གནས་འགྱུར་བའམ། ངོ་བོ་གཅིག་པར་གསེར་འགྱུར་གྱི་དཔེས་བསྟན་པ་ཡང་། ཉན་རང་བྱང་སེམས་རིགས་ཅན་སོ་སོ་ལ། །རྡོ་རྗེ་འཛིན་པའི་ལམ་ཞུགས་ཡོད་དོ་ཞེས། །འབུམ་ལྡེའི་རྒྱུད་ཀྱི་ལུང་ལས་གསལ་བར་གྲུབ། །ཅི་ལྟར་ཞེ་ན། ཀྱེ་རྡོ་རྗེའི་རྒྱུད་འབུམ་ཕྲག་ལྔ་པ་ལས། རྡོ་ཡིས་རིགས་ཀྱི་བྱེ་བྲག་བཞུས། །ལྕགས་དང་ཟངས་དང་དངུལ་དུ་འབྱུང་། །གསེར་འགྱུར་རྩི་ཡི་དངོས་པོ་ཡིས། །ཀུན་ཀྱང་གསེར་དུ་བསྒྱུར་བ་བཞིན། །དེ་ཉིད་སེམས་ཀྱི་བྱེ་བྲག་གིས། །རིགས་ཅན་གསུམ་གྱི་སྡོམ་པ་ཡང་། །དཀྱིལ་འཁོར་ཆེན་པོ་འདིར་བཞུགས་ན། །རྡོ་རྗེ་འཛིན་པ་ཞེས་བྱའོ། །ཞེས་གསུངས་སོ། །དཔེ་དེའི་རྡོ་ནི་ཕལ་པ་ཡིན་ལ། །ལྕགས་ནི་ཉན་ཐོས་ཀྱི་བསླབ་པར་བྱ་བ་དང་། ཟངས་ནི་རང་རྒྱལ་གྱིས་བསླབ་པར་བྱ་བ། དངུལ་ནི་བྱང་ཆུབ་སེམས་དཔའི་བསླབ་པར་བྱ་བ་ཡིན་ཅིང་གསེར་འགྱུར་རྩི་ནི་རྡོ་རྗེ་ཐེག་པའི་བསླབ་

པར་བྱ་བ་ཡིན་པར་མངོན་ནོ། །གཞན་གང་ཟག་ཐ་དད་པའི། བསམ་པའི་དབྱེ་བས་སྡུགས་ལ་འཇུག་པའི་ཚུལ། ཆོས་སྣོ་མང་ཡང་དེ་དག་སྤྱོ་བྱ་མིན། རིམ་གྱིས་དང་གཅིག་ཆར་དུ་འཇུག་ཚུལ་ལ་སོགས་མཐའ་ཡས་པ་ཡོད་ཀྱང་། དེ་དག་འདིར་ཆེད་དུ་གཉེར་ནས་བཤད་པར་བྱ་བ་མ་ཡིན་པས་མི་སྤྲོའོ། །

གཉིས་པ་ནི། འདིར་ནི་དབང་པོ་རབ་འབྲིང་ཐ་གསུམ་ལས། རབ་མཆོག་སྦྱངས་པ་མཐར་སོན་སྐལ་ལྡན་དེ། །དབང་བསྐུར་ཐོབ་པས་སྡོམ་གསུམ་ཅིག་ཅར་སྐྱེས། །རྟོགས་གྲོལ་དུས་མཉམ་ཨིནྡྲ་བྷུ་ཏི་བཞིན། །དེ་ཡང་ཨོ་རྒྱན་གྱི་རྒྱལ་པོ་ཨིནྡྲ་བྷུ་ཏི་སྟ་མ་དེ་ཉིད་ཀྱིས་བཅོམ་ལྡན་འདས་འཁོར་དང་འདས་བཅས་པ་སྤྱན་དྲངས་ནས། འདོད་ཡོན་སྤངས་པའི་ཐར་བ་ནི། བཅོམ་ལྡན་ནམ་ཡང་མི་འཚལ་ལོ་ཞེས་ཞུས་པས། དེ་ཉིད་དུ་བཅོམ་ལྡན་འདས་འཁོར་དང་བཅས་པ་དཔལ་གསང་བ་འདུས་པའི་དཀྱིལ་འཁོར་ལྷ་ཚོགས་སུ་བཞེངས་ཏེ། དབང་བསྐུར་ཞིང་རྒྱུད་བསྟན་པས་སྡོམ་པ་གསུམ་ཆོ་ག་ཐ་དད་མ་དགོས་པར་གཅིག་ཅར་དུ་རྒྱུད་ལ་སྐྱེས་ཏེ་རྟོགས་གྲོལ་དུས་མཉམ་པ་ལྟར། གང་ཟག་དབང་པོ་ཡང་རབ་ཀྱིས། སྔོན་དུ་སྡོམ་པ་འོག་མ་གཉིས་མ་མནོས་ཀྱང་དབང་བསྐུར་ཐོབ་པའི་ཚེ། སྐྱབས་སུ་སོང་བ་ན་སོ་ཐར་དང་། སེམས་བསྐྱེད་པས་བྱང་སེམས། དབང་རྫོགས་པ་ན་དམ་ཚིག་སྟེ་གསུམ་ལྡན་དུ་གཅིག་ཆར་སྐྱེ་བ་ཡིན་ཏེ། དུས་འཁོར་ལས། དང་པོ་ཚུ་ཡིས་ཀྱང་ནི་དགེ་བསྙེན་ཉིད་དུ་འགྱུར་ལ་ཐུམ་པ་ཡིས་ནི་དགེ་ཚུལ་ཉིད་དུ་འགྱུར། དགེ་སློང་གསང་བའི་དབང་བསྐུར་དག་གིས་འགྱུར་ལ་གནས་བརྟན་ཞེས་བྱ་བར་འགྱུར་གོང་མའི་རྒྱུ་ཡིས་སོ། །ཞེས་སོ། །

དབང་པོ་འབྲིང་ནི་སྡོམ་གསུམ་སོ་སོའི་ཆོ་ག་ལ། །བརྟེན་ནས་རིམ་ཐོབ་ནཱ་གརྫུ་ན་ལྟར། །དེ་ཡང་ཀླུ་སྒྲུབ་སྙིང་པོ་ནི། ཐོག་མར་ནཱ་ལནྡྲ་བྲམ་ཟེ་སྒྲ་གཅན་འཛིན་བཟང་པོ་ལས་རབ་ཏུ་བྱུང་། མཚན་ཤྲཱི་བཤེས་གཉེན། བསྙེན་པར་རྫོགས་ནས་དགེ་སློང་དཔལ་ལྡན་ཞེས་བཏགས། དེ་ནས་འཕགས་པ་འཇམ་དཔལ་གྱིས་རྗེས་སུ་བཟུང་། བྱང་ཆུབ་སེམས་བསྐྱེད་མནོས། དེ་ནས་མཁའ་འགྲོ་དང་གྲུབ་པ་ཅན་དག་ལས་དམ་ཚིག་མནོས་པ་ལྟར། གང་ཟག་དབང་པོ་འབྲིང་གིས་སྡོམ་གསུམ་རིམ་གྱིས་བླང་བས་ཐོབ་པའོ། །

དབང་པོ་ཐ་མ་སྐལ་དམན་ཤིན་ཏུ་འདུལ་དཀའ་སྟེ། གསོ་སྦྱོང་བསླབ་པའི་གནས་བཅུ་གྲུབ་མཐའ་བཞི། བྱ་སྤྱོད་རྣལ་འབྱོར་རྒྱུད་ཀུན་རིམ་ཤེས་ནས། །བླ་མེད་འཇུག་པར་བརྟག་པ་གཉིས་པར་གསུངས། །དེ་ཡང་སྐལ་དམན་རིམ་འཇུག་གི་ལམ་གྱི་རིམ་པས་བསྙེན་གནས་ནས་མཐར་གྱིས་སློབ་དགོས་པར་ཡང་། ཀྱེ་རྡོ་རྗེའི་རྩ་རྒྱུད་བརྟག་གཉིས་ལས། དང་པོར་གསོ་སྦྱོང་སྦྱིན་པར་བྱ། །དེ་རྗེས་བསླབ་པའི་གནས་བཅུ་ཉིད། །དེ་ལ་བྱེ་བྲག་སྨྲ་བ་བསྟན། །མདོ་སྡེ་པ་ཡང་དེ་བཞིན་ནོ། །དེ་ནས་རྣལ་འབྱོར་སྤྱོད་པ་ཉིད། །དེ་ཡི་རྗེས་སུ་དབུ་མ་བསྟན། །སྔགས་ཀྱི་རིམ་པ་ཀུན་ཤེས་ནས། །དེ་རྗེས་ཀྱེ་ཡི་རྡོ་རྗེ་བསྟན། །ཞེས་སོ། །བསླབ་པའི་གནས་བཅུ་ནི། མངའ་རིས་པ་ཚུལ་ཁྲིམས་འོད་ཟེར་ལ་སོགས་གསར་མ་བ་ཁ་ཅིག་མི་དགེ་བཅུ་སྤང་བ་ལ་འདོད་པ་དང་། ཁ་ཅིག་དགེ་ཚུལ་གྱི་རགས་ལྡོག་བཅུར་འདོད་ལ། སྙིང་མའི་རྒྱུད་ཀུན་འདུས་རིག་པ་ལས། རྣལ་འབྱོར་རིག་པའི་མཐའ་བཅུ་ཆུབ་པར་འདོད་པས་ཀྱང་ལམ་འདི་ལ་བསླབ་པར་བྱ་སྟེ། གང་ཞེ་ན། གཞི་དམ་ཚིག་གིས་བཟུང་བར་བསླབ་པ་དང་། རྒྱུད་ཐོས་པས་གྲོལ་བར་བསླབ་པ་དང་། ཡུལ་དུ་མཁས་པས་དབྱུང་བར་བསླབ་པ་དང་། སྒོ་ཀུན་ནས་བསྡུར་བར་བསླབ་པ་དང་། རིམ་པ་དབང་གིས་བསྒྲོད་པར་བསླབ་པ་དང་། ལ་སྤྱོད་པས་དོར་བར་བསླབ་པ་དང་། ཐག་ལྟ་བས་བཅད་པར་བསླབ་པ་དང་། ཉམས་སུ་ཏིང་ངེ་འཛིན་གྱིས་བླང་བར་བསླབ་པ་དང་། དོན་མན་ངག་གིས་བསྒྲུབ་པར་བསླབ་པ་དང་། མདོ་དོན་གཅིག་ཏུ་བསྡུ་བར་བསླབ་པའོ། །ཞེས་སོ། །འདི་ནི་ལམ་གྱི་སྐབས་ཐམས་ཅད་རིམ་གྱིས་འཇུག་པ་ལ་དགོངས་ཀྱི་ཉན་རང་གི་ལམ་ལ་ཤེས་པའི་སྟོན་ནས་ཐམས་ཅད་སློབ་པར་བཤད་པ་ནི་མ་ཡིན་ནོ། །གྲུབ་མཐའ་བཞི་ནི། ཡེ་ཤེས་སྙིང་པོ་ལས། ཉན་ཐོས་པ་དང་རང་རྒྱལ་དང་། །གསུམ་པ་བྱང་ཆུབ་སེམས་དཔའ་སྟེ། །སངས་རྒྱས་པ་ལ་བཞི་པ་ཡིན། །ཞེས་པས་ཉན་རང་གཉིས། སེམས་ཙམ་དབུ་མ་གཉིས་དང་བཞིའོ། །

གསུམ་པ། རང་ལུགས་ངེས་པས་གཏན་ལ་དབབ་པ་ལའང་། སྡོམ་གསུམ་གྱི་གནས་ལུགས་སྤྱིར་བཏང་དུ་བཤད་པ། དགོས་པའི་གནད་ཀྱིས་དམིགས་བསལ་བ། བརྗོད་བྱའི་བསྡུས་དོན་གྱིས་མཚམས་སུ་བཅིངས་པ་གསུམ་ལས། དང་པོ་ནི། དེ་ལྟར་སྡོམ་གསུམ་ཐོབ་ཚུལ་གསུམ་གྱི།

འདིར་ནི་དབང་པོ་འབྲིང་གི་ཚུལ་འཆད་དེ། །དགེ་སློང་དགེ་ཚུལ་དགེ་བསྙེན་སྡོམ་ལྡན་དེ། །རྡོ་རྗེ་འཛིན་པའི་རབ་འབྲིང་ཐ་ཡིན་ཞེས། །ཕྱུར་བའི་རྒྱུད་དང་དུས་འཁོར་ལས་གསུངས་ཤིང་། །འོན་ཀྱང་ཡེ་ཤེས་ལྡན་པ་གཙོ་བོར་བཟུང་། །དེ་སྐད་དུ་དུས་འཁོར་གྱི་རྒྱུད་དམ་པ་དང་པོ་ལས། རྟེན་ནི་གསུམ་ལ་དགེ་སློང་མཆོག །འབྲིང་ནི་དགེ་ཚུལ་ཡིན་པར་འདོད། །ཁྱིམ་ན་གནས་པ་ཐ་མའོ། །ཞེས་སོ། །འོ་ན་རྒྱུ་མཚན་ཉིད་ཀྱི་ཐེག་པ་ལས། འབྲས་བུ་གསང་སྔགས་ཆེས་འཕགས་ཚུལ་དུ་མ་གསུངས་ན། དེར་ཞུགས་པའི་རྣལ་འབྱོར་པ་ནི་ཕལ་ཆེར་རྟེན་དགེ་བསྙེན་ཡིན་པས་འཕགས་པར་མ་གྱུར་ཏེ། རྡོ་རྗེ་འཛིན་པ་ཐ་མ་ཡིན་པའི་ཕྱིར། ཞེ་ན། རྟེན་གྱི་སྒོ་ནས་དགེ་སློང་མཆོག་ཡིན་ཀྱང་། ཡེ་ཤེས་ལྡན་པ་གཙོ་ཆེ་བས། རྟོགས་པའི་སྒོ་ནས་སྔགས་ཀྱི་རྡོ་རྗེ་འཛིན་པ་ཆེས་འཕགས་པ་སྟེ། སའི་སྙིང་པོ་འཁོར་ལོ་བཅུ་པའི་མདོ་ལས། དོན་དམ་པའི་དགེ་སློང་ནི། ཁྱིམ་ན་གནས་ཤིང་སྐྲ་དང་ཁ་སྤུ་མ་བྲེགས། ཆོས་གོས་ཀྱང་མ་གོན། ཚུལ་ཁྲིམས་མ་མནོས་ཀྱང་། འཕགས་པའི་མཚན་ཉིད་དང་ལྡན་པ་དེ་ནི། དོན་དམ་པའི་དགེ་སློང་ཞེས་བྱའོ། །ཞེས་དང་འཇམ་དཔལ་རྣམ་པར་རོལ་པའི་མདོ་ལས། བུ་མོ། མགོའི་སྐྲ་བྲེགས་པ་ནི། །བྱང་ཆུབ་སེམས་དཔའ་རྣམས་ཀྱི་རབ་ཏུ་བྱུང་བ་མ་ལགས་ཀྱི། བུ་མོ། གང་སེམས་ཅན་རྣམས་ཀྱི་ཉོན་མོངས་པ་གཅོད་པའི་ཕྱིར་བརྩོན་པ་ནི། བྱང་ཆུབ་སེམས་དཔའ་རྣམས་ཀྱི་རབ་ཏུ་བྱུང་བ་ཡིན་ནོ། །ཞེས་སོ། །དེས་ན་སྟོང་ཉིད་སྙིང་རྗེའི་ཡེ་ཤེས་ནི་འཕགས་པའི་མཚན་ཉིད་དང་ལྡན་པ་སྟེ། དོན་དམ་པའི་དགེ་སློང་དུ་གསུངས་ལ། དེ་དང་མ་ལྡན་ན་ཀུན་རྫོབ་མིང་གི་དགེ་སློང་སྟེ་འཕགས་པ་མིན་པར། སློབ་དཔོན་ཟླ་བའི་རྟོག་གེ་འབར་བར་མདོ་ལུང་དྲངས་པ། གང་གིས་དུར་སྨྲིག་བགོས་ཀྱང་སེམས་ཀྱི་སྙིགས་མ་སྤྱངས། །ལག་ཏུ་ལྷུང་བཟེད་ཐོགས་ཀྱང་ཡོན་ཏན་སྣོད་མ་གྱུར། །སྐྲ་དང་ཁ་སྤུ་བྲེགས་ཀྱང་དགེ་སྦྱོང་ཚུལ་མ་ཞུགས། །རབ་ཏུ་བྱུང་ཡང་དངོས་པོ་ཀུན་ལས་ངེས་མ་འབྱུང་། །དགེ་སློང་དེ་ནི་དགེ་སྦྱོང་མ་ཡིན་ཁྲིམ་པའང་མིན། །ཆུ་མེད་ཁྲོན་པ་རི་མོའི་མར་མེ་བཞིན། །ཞེས་དང་། ཆེད་དུ་བརྗོད་པའི་ཚོམས་ལས། དགེ་སྦྱོང་མགོ་རེག་ས་ལ་བྱང་ཆུབ་ག་ལ་ཡོད། །སྣལ་མ་སེར་པོ་ལ་བྱང་ཆུབ་ག་ལ་ཡོད། །ཆུས་བཀྲུས་པ་ལ་བྱང་ཆུབ་ག་ལ་ཡོད། །དགོང་ལྷོ་བཅག་པ་ལ་བྱང་ཆུབ་ག་ལ་ཡོད། །ཅེས་གསུངས་པས་འཁོར་རྣམས་ཐེ་

ཚོམ་པ་ལ་བཀའ་སྩལ་པ། ཤེས་རབ་ཀྱིས་སྤྱུ་གྲིས་ཉོན་མོངས་པའི་སྦྲ་བྲེགས་པར་བྱའོ། །སྟོང་པ་ཉིད་ཀྱི་གོས་ཀྱིས་ཉོན་མོངས་པའི་ཚད་ལས་སྐྱོབ་པར་བྱའོ། །ཡེ་ཤེས་ཀྱི་ཆུས་མ་རིག་པའི་དྲི་མ་དགྲུ་བར་བྱའོ། །བསམ་གཏན་གྱི་ཟས་ཀྱིས་འདོད་པའི་བཀྲེས་པ་གསོ་བར་བྱའོ། །ཞེས་དང་། དེ་ནས་བུ་མོ་གསེར་མཆོག་འོད་དཔལ་ལ་འཇམ་དཔལ་གྱིས་བཀའ་སྩལ་པ། ལུས་རབ་ཏུ་བྱུང་ཡང་འཇིགས་པ་ལས་མི་སྐྱོབ། སེམས་རབ་ཏུ་བྱུང་བར་བྱའི། ཞེས་གསུངས་སོ། །

གཞན་ཡང་། སྒྱུ་འཕྲུར་རྒྱུད་སྡེའི་རྩ་བ་ཀུན་འདུས་ལས། །རང་དང་གཞན་དོན་ཕན་པ་ཆེར་བཤད་པ། །སོ་ཐར་སེམས་བསྐྱེད་དབང་བསྐུར་ཉིད་ཡིན་ཏེ། །སོ་སོར་འཛིན་ན་ཉན་ཐོས་བྱང་སེམས་དང་། །རིག་པ་འཛིན་པ་ཞེས་སུ་མཁས་ལ་གྲགས། །དེ་ཡང་ཨ་ནུ་ལུང་གི་མདོ་ལྟའི་ཀུན་འདུས་རིག་པ་ལས། དེ་ལྟར་སྡོམ་པ་གསུམ་པོ་ཡང་། །རང་དང་གཞན་དོན་ཕན་པ་ཆེ་ཞེས་པས། །རང་གི་དོན་དུ་བྱང་ཆུབ་འདོད་པས་གཞན་གནོད་གཞི་བཅས་སྤང་བ་ཉན་ཐོས་ཀྱི་སྡོམ་པ་སོ་སོར་ཐར་པ། དེའི་སྟེང་དུ་གཞན་ལ་ཕན་པ་ལྷུར་ལེན་པ་བྱང་ཆུབ་སེམས་དཔའི་བསླབ་པ། དེའང་རང་གཞན་གཉིས་ཀ་བྱང་ཆུབ་ལ་འགོད་པའི་ཐབས་རྒྱ་ཆེ་བ་རིག་པ་འཛིན་པ་སྔགས་ཀྱི་དམ་ཚིག་སྟེ་སྡོམ་པ་གསུམ་མོ། །ཡོ་ག་ཪྻ་རྗེ་རྩེ་མོ་ལས། སོ་སོ་ཐར་དང་བྱང་ཆུབ་སེམས། །རིག་འཛིན་རང་གི་ངོ་བོའོ། །ཞེས་སོ། །གཉིས་པ་ནི། དེ་ལྟར་ཐུན་མོང་སྡོམ་པ་འོག་མ་གཉིས། །འདིར་ནི་བླ་མེད་དབང་གི་ཡན་ལག་ཏུ། །རྒྱུད་སྡེ་རྒྱ་མཚོར་བཤད་ལྟར་འདིར་འཆད་དོ། །སྡོམ་གསུམ་ཕྱོགས་གཅིག་ཏུ་བསྒྲིགས་པའི་རྣམ་བཞག་ནི་གསང་སྔགས་ལས་གཞན་ལ་མེད་དེ། ཉན་ཐོས་ཀྱི་སྡེ་སྣོད་ལ་སྡོམ་པ་གོང་མ་གཉིས་མེད། བྱང་སྡོམ་ལ་སྔགས་སྡོམ་མེད་པའི་ཕྱིར་རོ། །བླ་ན་མེད་པའི་བྱང་ཆུབ་བསྒྲུབ་པ་ལ་གཙོ་བོར་སྔགས་སྡོམ་དགོས་ཀྱང་དེའི་རྟེན་དུ་བྱང་སེམས་དང་སོ་ཐར་ངེས་པར་དགོས་ཏེ། དང་པོ་སྨིན་གྲོལ་ལ་འཇུག་པའི་དུས་སུ་ཡང་། །དཀོན་མཆོག་གསུམ་ལ་བདག་སྐྱབས་མཆི། །ཞེས་དང་། སོ་སོར་ཐར་བའི་སྡོམ་པ་ལའང་། །རིམ་པ་བཞིན་དུ་བསླབ་པར་བགྱི། །ཞེས་དང་། བླ་མེད་སྨོན་འཇུག་བྱང་ཆུབ་སེམས། །དམ་པ་བདག་གིས་བསྐྱེད་པར་བགྱི། །ཞེས་སོགས་དང་། རྩ་བ་ཡན་ལག་དམ་ཚིག་ཀུན། །མ་ལུས་བདག་གིས་ཡོངས་སུ་བཟུང་། །ཞེས་ཁས་བླངས་པའི་ཕྱིར་དང་།

སྔགས་ཀྱི་དམ་ཚིག་བསྲུང་དུས་ཀྱང་། །འོག་མ་གཉིས་བཟུང་དགོས་ཏེ། བདེ་གཤེགས་བཀའ་འདུས་ཀྱི་རྒྱ་ལྟར་བསྲུང་ཚུལ་ལས་ཤེས་སོ། །

གསུམ་པ་ནི། འོག་ཏུ་འཆད་པའི་སྡོམ་གསུམ་སོ་སོར་ཁོག་ཕུབ་གླེང་གཞི་དང་། དང་པོ་སྡོམ་པ་མ་ཐོབ་ཐོབ་ཚུལ་དང་། བར་དུ་ཐོབ་པ་མི་ཉམས་བསྲུང་བའི་ཐབས། ཐ་མ་ཉམས་ན་གསོ་ཚུལ་བཞི་རེས་སྡོམས། དེ་ལྟར་སོ་ཐར། བྱང་སེམས། སྔགས་སྡོམ་གསུམ་པོ་རེ་རེ་ལའང་སྡོམ་བཞི་པོ་དེས་འཆིངས་ནས་བཤད་པར་སྟོན་ཏོ། །

རིགས་བདུན་སོ་ཐར་དཔག་བསམ་ལྗོན་པའི་ཤིང་། །བྱང་ཆུབ་སེམས་མཆོག་ཡལ་འདབ་ནམ་མཁར་གདལ། །རིག་པ་འཛིན་པའི་འབྲས་མང་རབ་སྨིན་ཏེ། །སྐལ་བཟང་བྱ་ཚོགས་དགའ་བས་བརྟེན་པར་ཤོག །སྡེ་སྣོད་གསུམ་གྱི་རྣམ་རྒྱལ་ཁང་བཟང་དུ། །གཞན་དོན་རླབས་ཆེན་དབང་པོ་རྡོ་རྗེ་འཆང་། །གསང་སྔགས་སྙིང་པོའི་རྒྱ་བརྒྱ་གདེངས་ཅན་གྱིས། །ཉིས་ཚོགས་ལྷ་མིན་གཡུལ་ངོ་མཐར་བྱེད་ཤོག །སངས་རྒྱས་བསྟན་པའི་ཞིང་ས་གཤིན་པོ་ལ། །གསུམ་ལྡན་བཤེས་གཉེན་སྨྱུ་གུས་ཡོངས་ཁྱབ་པར། །ལེགས་བཤད་བདུད་རྩིའི་ཆར་གྱི་ཚོགས་བསིལ་བས། །ལོག་རྟོག་མི་ངེས་མིང་གི་མཐར་བྱེད་ཤོག །

རང་བཞིན་རྫོགས་པ་ཆེན་པོའི་ལམ་གྱི་ཆ་ལག་སྡོམ་པ་གསུམ་རྣམ་པར་ངེས་པའི་འགྲེལ་པ་རྣམ་གྲོལ་ལམ་བཟང་ལས། སྡོམ་གསུམ་སྤྱིའི་བཤད་གཞིའི་རིམ་པར་ཕྱེ་བ་སྟེ། དང་པོའི་རྣམ་བཤད་བསྟན་ཟིན་ཏོ། །

༈ ད་ནི་རིམ་པར་ཕྱེ་བ་གཉིས་པ་འདུལ་བ་སོ་ཐར་གྱི་སྡོམ་པ་བཤད་པར་བྱ་བའང་བཞི་སྟེ། འདུལ་བའི་གླེང་གཞི། སྡོམ་པ་ཐོབ་ཚུལ། མི་ཉམས་པར་བསྲུང་ཐབས། ཉམས་ན་གསོ་ཚུལ་ལོ། །དང་པོ་ལའང་བཞི་སྟེ། སྟོན་པའི་འདུལ་བའི་སྡེ་སྣོད་གསུངས་ཤིང་བཀའི་བསྡུས་ཚུལ། དེ་ཉིད་འཛིན་པའི་བླ་མ་བརྒྱུད་པ། སོ་ཐར་གྱི་ངོ་བོ། དེའི་དབྱེ་བའོ། །དང་པོ་ནི། འདུལ་བའི། གླེང་གཞི་སྟོན་པ་ས་ཝཱ་ར་ཎ་སི་རུ། །ལྷག་པའི་ཚུལ་ཁྲིམས་གཙོར་སྟོན་བདེན་པ་བཞི། །ལྷ་སྡེར་གསུངས་པ་འོད་སྲུང་སོགས་ཀྱིས་བསྡུས། །བྱེ་བྲག་བཤད་མཛོད་ལ་སོགས་འཕགས་པས་བརྩམས། །ཡོན་ཏན་འོད་དང་

ཤཱཀྱ་འོད་ཀྱིས་སྤེལ། །དེ་ཡང་བདག་ཅག་གི་སྟོན་པ་ཐུབ་པའི་དབང་པོ་འདི་ཉིད་ཐེག་ཆུང་ཐུན་མོང་དུ་གྲགས་པའི་ལུགས་ལྟར་ན། བསྐལ་པ་དཔག་ཏུ་མེད་པའི་སྔོན་ནས་དགེ་བའི་རྩ་བ་རྒྱ་ཆེན་པོ་བསགས་པ་ཡིན་ཀྱང་། ལས་ཀྱི་ལྷག་མ་ཞིག་གི་དབང་གིས་དམྱལ་བའི་ཤིང་རྟ་འདྲེན་པའི་གྱད་པག་ཤི་ཏར་གྱུར་པའི་ཚེ། རང་གི་གྲོགས་ལ་སྙིང་རྗེ་ཆེན་པོས་འདིའི་སྡུག་བསྔལ་ཡང་བདག་གིས་ཁུར་བར་ཞུས་པས། དམྱལ་སྲུང་ཨ་ཝཾ་ཁྲོས་ཏེ། ཐུགས་ཀྱི་ཐོ་བ་མེ་འབར་བ་སྤྱི་བོར་བསྣུན་པས་ཚེ་དེའི་དུས་བྱས་ཏེ་ལྷར་སྐྱེས་ཏེ་ཤི་འཕོས་ནས། ལྷོ་ཕྱོགས་ཀྱི་རྒྱུད་དུ་རྫ་མཁན་གྱི་ཁྱེའུ་སྣང་བྱེད་དུ་གྱུར་བར་དྲིན་ལན་བསབས་མདོ་ལས་གསུངས་སོ། །

དེས་སངས་རྒྱས་ཐུབ་པ་ཆེན་པོ་ལ་གདུགས་གཅིག །མཆིལ་ལྷམ་གཅིག །རྫའི་བུམ་པ་གཅིག །འགྲོན་བུ་ལྔ་ཕུལ་ཏེ་སེམས་བསྐྱེད་ནས་བསྐལ་པ་གྲངས་མེད་གསུམ་དུ་ཚོགས་བསགས་པ་ལས། གྲངས་མེད་དང་པོ་ལ་གཞོན་ནུ་བརྩོན་འགྲུས་སྤྱོད་དུ་གྱུར་ཏེ། འདྲེན་པ་ཡུལ་འཁོར་སྐྱོངས་ལ་སོགས་སངས་རྒྱས་ལྔ་ཁྲི་ལྔ་སྟོང་ལ་ཚོགས་བསགས། གཉིས་པ་ལ་ཚོང་དཔོན་ཤེས་རབ་བཟང་པོར་གྱུར་ཏེ་སངས་རྒྱས་ལེགས་མཛད་ལ་སོགས་དྲུག་ཁྲི་དྲུག་སྟོང་ལ་ཚོགས་བསགས། གསུམ་པ་ལ། གཞོན་ནུ་ཆོས་ཀྱི་སྤྲིན་དུ་གྱུར་ཏེ་མར་མེ་མཛད་ལ་སོགས་སངས་རྒྱས་བདུན་ཁྲི་བདུན་སྟོང་མཉེས་པར་མཛད་དེ། འདུལ་བ་ལུང་གཞི་ལས། འདྲེན་པ་ཡུལ་འཁོར་སྐྱོངས་ནས་ནི། །སངས་རྒྱས་རྣམ་གཟིགས་བར་དག་ཏུ། །ལྔ་ཁྲི་ལྔ་སྟོང་ཚང་བ་ཡི། །སངས་རྒྱས་རྣམས་ནི་ངས་མཆོད་དེ། །དེ་ཚེ་ང་ལ་སྐྱོ་སེམས་མེད། །སངས་རྒྱས་ལེགས་མཛད་ནས་བཟུང་སྟེ། །དབང་པོའི་རྒྱལ་མཚན་ཐུབ་པའི་བར། །དྲུག་ཁྲི་དྲུག་སྟོང་ཚང་བ་ཡི། །སངས་རྒྱས་རྣམས་ནི་ངས་མཆོད་དེ། །དེ་ཚེ་ང་ལ་སྐྱོ་སེམས་མེད། །སངས་རྒྱས་མར་མེ་མཛད་ནས་ནི། །རིན་ཆེན་གཙུག་ཏོར་ཅན་བར་དུ། །བདུན་ཁྲི་བདུན་སྟོང་ཚང་བ་ཡི། །སངས་རྒྱས་རྣམས་ནི་ངས་མཆོད་དེ། །དེ་ཚེ་ང་ལ་སྐྱོ་སེམས་མེད། །ཅེས་དང་། མཛོད་ལས། རྣམ་གཟིགས་མར་མེ་རིན་ཆེན་གཙུག །གྲངས་མེད་གསུམ་གྱི་ཐ་མ་འབྱུང་། །གོ་རིམ་དེ་ལས་ལྡོག་པ་སྟེ། །དང་པོ་ཤཱཀྱ་ཐུབ་པ་ཡིན། །ཞེས་སོ། །དེ་ཡང་ཚོགས་ལམ་གྱིས་བསྡུས་པའི་ཚོགས་གྲངས་མེད་གསུམ་དུ་བསགས་ན། རྡོ་རྗེ་གདན་དུ་ཚོགས་ལམ་ཆེན་པོའི་རྟེན་དེ་ལས་སྦྱོར་

མཐོང་བསྒོམ་པ་མི་སློབ་པའི་ལམ་དང་བཅས་པ་ལམ་ལྔ་ཀ་སྐད་ཅིག་གཅིག་ཏུ་མངོན་དུ་མཛད་དེ་རང་སངས་རྒྱས་དབང་པོ་རྣོན་པོ་དང་མཐུན་པར་དེ་ཉིད་ལས། སྔོན་དང་བསེ་རུ་བྱང་ཆུབ་བར། །བསམ་གཏན་མཐའ་རྟེན་གཅིག་ལ་ཀུན། །སྔོན་དང་དེ་ཡི་ཐར་ཆ་མཐུན། །ཞེས་སོ། །མཐར་མཛད་པ་བཅུ་གཉིས་ཀྱིས་སངས་རྒྱས་ནས། ལྷག་མ་མེད་པར་མྱ་ངན་ལས་འདས་ཏེ་ཞི་བའི་དབྱིངས་སུ་བཞུགས་པར་འདོད་དོ། །

དེ་ལྟར་སངས་རྒྱས་ནས་ཆོས་ཀྱི་འཁོར་ལོ་ཇི་ལྟར་བསྐོར་ན། ཉན་ཐོས་པ་ལྟར་ན། ཞག་བདུན་ཕྲག་བདུན་དུ་ཆོས་མ་གསུངས་པ་ལས། ཚངས་པ་དང་བརྒྱ་བྱིན་གྱིས་གསོལ་བ་བཏབ་པའི་ངོར། གནས་ཕུན་སུམ་ཚོགས་པ་ཝཱ་ར་ཎ་སི་དྲང་སྲོང་ལྷུང་བ་རི་དྭགས་ཀྱི་གནས་སུ། སྟོན་པ་ཕུན་སུམ་ཚོགས་པ་ཤཱཀྱ་ཐུབ་པས། འཁོར་ཕུན་སུམ་ཚོགས་པ་ཀུན་ཤེས་ཀཽ་དི་ནྱ། རྟ་ཐུལ། རླངས་པ། མིང་ཅན། བཟང་ལྡན་ཏེ་ལྔ་སྡེ་བཟང་པོ་ལྷ་བརྒྱད་ཁྲི་དང་བཅས་པ་ལ། ཆོས་ཕུན་སུམ་ཚོགས་པ། སྡུག་བསྔལ། ཀུན་འབྱུང་། འགོག་པ། ལམ་བདེན་ཏེ། བདེན་པ་བཞིའི་ཆོས་ཀྱི་རྣམ་གྲངས། དུས་ཕུན་སུམ་ཚོགས་པ་དགུང་ལོ་སུམ་ཅུ་རྩ་དྲུག་ནས་བཞི་བཅུ་རྩ་གཉིས་ཀྱི་བར་གསུངས་སོ། །འདི་ལ་གནས་གཅིག་དང་ཐ་དད། དུས་རིམ་གྱིས་སམ། གཅིག་ཅར་དུ་འདོད་པ་ལ་སོགས་གྲུབ་མཐའ་མི་འདྲ་བ་འགའ་ཡོད་ཀྱང་། ཐེག་པ་ཆེ་ཆུང་ཐུན་མོང་དང་ཁྱད་པར་གྱིས་དབྱེ་བས་གསལ་བར་བྱ་བ་ཉིད་དོ། །

དེ་ཡང་འདུལ་བའི་སྡེ་སྣོད་ཚུལ་ཁྲིམས་ཀྱི་བསླབ་པ་གཙོ་བོར་སྟོན་པ་ལས་བརྩམ་སྟེ། འདུལ་བའི་འདུལ་བ་བཅས་པ་དང་རང་བཞིན་གྱི་རྣམ་བཞག་ཆེ་ལོང་རྣམས་དང་། འདུལ་བའི་མདོ་སྡེ་ཏིང་ངེ་འཛིན་དང་ཚངས་སྤྱོད་རྣལ་འབྱོར་དུ་བྱ་བའི་རིམ་པ། འདུལ་བའི་མངོན་པ་དེ་དག་གི་རྒྱ་ཆེར་དབྱེ་བ་ཇི་སྙེད་པ་རྣམས་ཏེ། མདོར་བསྡུ་ན། རྩ་བའི་ལུང་དང་། བཤད་པའི་ལུང་གཉིས་ལས། དང་པོ་ནི། གླེང་གཞི། ལྟུང་ཧྲང་ཉིས་བརྒྱ་ལྔ་བཅུ་རྩ་གསུམ། རྩོད་པ་ཞི་བྱེད་ཀྱི་ཆོས་བདུན་གཙོ་བོར་སྟོན་པ་དགེ་སློང་ཕའི་སོ་ཐར་གྱི་མདོ་དང་། ལྟུང་ཧྲང་སུམ་བརྒྱ་དྲུག་ཅུ་རྩ་བཞིའི་རྣམ་བཞག་གཙོ་བོར་སྟོན་པ་དགེ་སློང་མའི་སོ་ཐར་གྱི་མདོ་ལྟ་བུའོ། །གཉིས་པ་ལ་འང་། འདུལ་བའི་གཞུང་

བཞི་དང་། ཕྱོགས་མཐུན་གྱི་ལུང་གཉིས་ལས། དང་པོ་རྣམ་འབྱེད་ལའང་། དགེ་སློང་ཕའི་རྣམ་འབྱེད་ལ་བམ་པོ་བརྒྱད་ཅུ་རྩ་གསུམ། མའི་རྣམ་འབྱེད་ལ་བམ་པོ་ཉི་ཤུ་རྩ་བརྒྱད་དོ། །ལུང་གཞི་བམ་པོ་བརྒྱ་དང་དགུ། ལུང་ཕྲན་ཚེགས་བམ་པོ་ལྔ་བཅུ་རྩ་དགུ། གཞུང་དམ་པ་པའམ་གཞུང་བླ་མ་ཞེས་བམ་པོ་དྲུག་ཅུ་རྩ་ལྔ། འདིའི་ལེའུ་བཅུ་གཅིག་ལས་བོད་དུ་མ་འགྱུར་བར་བཤད་དོ། །ཞེས་གསུངས་སོ། །

གཉིས་པ་ཕྱོགས་མཐུན་གྱི་ལུང་ནི། དགེ་སློང་ལ་རབ་ཏུ་གཅེས་པའི་མདོ། ཚུལ་ཁྲིམས་ཡང་དག་པའི་མདོ། ལྷུང་བ་སྡེ་ལྔའི་དགེ་མི་དགེ་བསྟན་པའི་མདོ། ཚུལ་ཁྲིམས་འཆལ་བའི་རྣམ་པར་སྨིན་པ་ལྕི་ཡང་བསྟན་པའི་མདོ། མཁར་སིལ་གྱི་མདོ། མཁར་སིལ་འཆང་བའི་ཀུན་ཏུ་སྤྱོད་པ་སྟོན་པའི་མདོ། གཎྜིའི་མདོ། སྦྱངས་པའི་ཡོན་ཏན་གྱི་མདོ་ལ་སོགས་པ་རྣམས་སོ། །

དེ་ལྟར་གསུངས་པའི་སྡེ་སྣོད་དེ་དག་ཇི་ལྟར་བསྡུས་ཞེ་ན། སངས་རྒྱས་མྱ་ངན་ལས་འདས་ནས་བསྟན་པ་འོད་སྲུང་ལ་གཏད་པས་སྟོན་པ་འདས་ནས་ཕྱིས་དེའི་དབྱར་ལ། རྒྱལ་པོ་མ་སྐྱེས་དགྲས་སྦྱིན་བདག་བྱས་ཏེ་རྒྱལ་པོའི་ཁབ་ཏུ། ལྔའི་བུས་འཕྲུ་བ་བསལ་བའི་ཆེད་དུ་བསྡུ་བ་མཛད་དེ། འོད་སྲུང་དང་ཉེ་བ་འཁོར་ལ་སོགས་པ་དགྲ་བཅོམ་པ་ལྔ་བརྒྱར་གཅིག་གིས་མ་ཚང་བས། ཀུན་དགའ་བོ་སྤྱོད་པས་འདུལ་བར་དགོངས་ནས་འོད་སྲུང་གིས། ཀུན་དགའ་བོ། འདི་ཐམས་ཅད་ནི་དགྲ་བཅོམ་པ་ཤ་སྟག་ཡིན་གྱི། ཁྱོད་སློབ་པ་རྒྱུན་དུ་ཞུགས་པ་ཡིན་པས་འདིར་མ་འདུག་པར་སོང་ཞིག་གསུངས་པས། ཀུན་དགའ་བོས། བདག་གིས་ཚུལ་ཁྲིམས་དང་ལྟ་བ་དང་འཚོ་བ་སོགས་གང་ལའང་ཉེས་པ་མེད་ཀྱི་དེ་སྐད་མ་གསུངས་ཞུས་པས། སངས་རྒྱས་དང་ཡུན་རིང་དུ་འགྲོགས་པས་དེ་ཙམ་ཡོན་ཏན་དུ་མི་ཆེ་ལ། ཉེས་པ་བརྒྱད་ཡོད་པས་ཚུལ་ཤིང་ལོངས་ཤིག་གསུངས་སོ། །བརྒྱད་ནི། ཞུས་དང་མ་ཞུས་ལན་ལོག་བརྗིས། །ཆུ་དང་བག་ཡངས་བསྟན་པ་གཉིས། །ཞེས་པས། དང་པོ་ནི། སངས་རྒྱས་ཀྱི་བསྟན་པ་ལྔ་བརྒྱ་ཕྲག་བཅུར་གནས་པ་ལས་སྐྱེ་དགུའི་བདག་མོ་རབ་ཏུ་བྱུང་བར་ཞུས་པས་ལྔ་བརྒྱ་ཕྲག་ཐ་མ་རྟགས་ཙམ་འཛིན་དུ་སོང་བས་ཉེས། གཉིས་པ་ནི། སངས་རྒྱས་མྱ་ངན་ལས་མི་འདའ་བར་གསོལ་བ་བཏབ་ནས་བསྐལ་པའི་ལྷག་མར་ཡང་གནས་པ་ལ་དེ་མ་ཞུས་པས་ཉེས། གསུམ་པ་ནི། སྟོན་པས་ཐུགས་ཕབ་ནས་སྨྲས་པ་ལ་ལན་ལོག་བཏབ་པས་ཉེས། བཞི་པ་ནི།

ན་བཟང་ཆེམས་པའི་ཚེ་ནམ་མཁར་བརྒྱོང་ན་ལྟས་འཛིན་པ་ལ་རྟོག་པས་བཟློས་པས་ཉེས། ལྔ་པ་ནི། ཞལ་སྐྱེམས་པ་ལ་ལྟུང་བཟེད་ནམ་མཁར་ཟེད་ན་ལྟས་བདུད་རྩེ་འབུལ་བ་ལས་རྟོག་ཆུ་དྲངས་པས་ཉེས། དྲུག་པ་ནི། དཀའ་ཞིང་ཉེ་བར་འཚེ་བའི་ཚེ། བསླབ་པའི་གཞི་འགའ་ཞིག་བག་ཡངས་སུ་བྱའོ་གསུངས་པ་ལ་ཇི་ལྟར་བྱ་མ་ཞུས་པས་ཉེས། བདུན་པ་ནི། གསང་བའི་སྒྲ་བ་སྒྲུབས་སུ་ནུབ་པ་བུད་མེད་དང་ཁྱིམ་པའི་འཁོར་ལ་བསྟན་པས་ཉེས། བརྒྱད་པ་ནི། སྐུ་གསེར་གྱི་ཁ་དོག་ཁྱིམ་པ་ལ་བསྟན་པས་ཉེས། །ཞེས་སྐྱོ་བ་བརྒྱད་དང་། ཕ་སྤྱན་འདྲེན་སེམས་ཀྱིས་བཤོས་ལྷག་དང་། ན་བཟའ་རྙིང་པ་མ་གསོལ་བས་ཉེས་ཞེས་སྐྱོ་ཆུང་དང་དགུར་མཛད་དེ། མཆིམ་ལྷམ་བསྟན་ཏེ་བསྒྲད་དོ། །

དེ་ནས་ཀུན་དགའ་བོ་རང་གི་སློབ་མ་བྲི་ཛའི་གནས་སུ་བྱོན་པས། བྲི་ཛའི་དབུས། མཁན་པོ་དཔེན་པར་བཞག་པར་ཞུས་པས། དེ་ཉིད་དགྲ་བཅོམ་པ་ཐོབ་སྟེ་དགྲ་བཅོམ་པ་ལྔ་བརྒྱ་འདུས་ཏེ། འོད་སྲུང་གིས་འདུལ་བ། ཀུན་དགའ་བོས་མདོ་སྡེ། ཉེ་བར་འཁོར་གྱིས་མངོན་པ་བསྡུས་ཏེ་ཐུགས་ལས་ཚར་གཅིག་གསུངས་པར་བཤད་དོ། །

བསྡུ་བ་གཉིས་པ་ནི། འདས་ནས་ལོ་བརྒྱ་དང་བཅུ་ན་རྒྱལ་པོ་ཨ་ཤྭ་ཀས། སྦྱིན་བདག་བྱས་ཏེ་ཡངས་པ་ཅན་དུ་གྲགས་པ་ལ་སོགས་པ་དགྲ་བཅོམ་པ་ལྔ་བརྒྱས། ཡངས་པ་ཅན་གྱི་དགེ་སློང་ལྷ་ཆེན་པོས་མི་རུང་བའི་གཞི་བཅུ་བསལ་བའི་ཆེད་དུ་སྡེ་སྣོད་གསུམ་ཞལ་ཐོན་དུ་མཛད་དེ་བསྡུས་སོ། །གཞི་བཅུ་ནི། ཧུ་ལུ་ཧུ་ལུ་ཡི་རང་དང་། །ཀུན་སྤྱོད་སྣོད་དང་ལན་ཚྭ་དང་། །ལམ་དང་སོར་གཉིས་དཀྲུག་དང་གདིང་། །གསེར་ལ་རུང་བར་བྱ་བ་སྟེ། །འདི་དག་རུང་མིན་གཞི་བཅུར་འདོད། དེ་ཡང་འདུལ་བ་དང་འགལ་བའི་ལས་བྱས་ན་ཧུ་ལུ་ཧུ་ལུ་ཞེས་ཐལ་མོ་བརྡབ་པས་ལྟུང་བ་དག་པར་འདོད་པ་དང་། རང་གི་བྱ་བ་མ་ཡིན་པ་བྱས་ན་ཆོས་ལྡན་གྱི་གང་ཟག་གཞན་ལ་རྗེས་སུ་ཡི་རངས་བྱས་པས་དག་པར་འདོད་པ་དང་། ས་ཆེན་པོ་འདི་ལ་ཀུན་སྤྱོད་པས་དགེ་སློང་གིས་ས་བརྐོས་ཀྱང་རུང་བར་འདོད་པ་དང་། ན་བ་ལ་སྣོད་སྨྲ་གུ་ཅན་ནས་སྲིན་བུ་པད་པའི་འཛིབས་སྐྲངས་ཀྱིས་ཆང་འཐུང་རུང་བར་འདོད་པ་དང་། དུས་རུང་གི་ཁ་ཟས་ལན་ཚྭ་དང་ཅིག་ཕྱི་དྲོ་ལོངས་སྤྱོད་རུང་བར་འདོད་པ་དང་། ཡང་ཡང་ཟ་བ་ལ་ལམ་དཔག་ཚད་ཕྱེད་དུ་འགྲོ་མི་དགོས་པར་རྒྱང་གྲགས་གཅིག

བྱིན་པས་ཚོག་པར་འདོད་པ་དང་། ལྷག་པོར་བྱེད་པ་ལ་སོར་མོ་གཉིས་ཀྱི་རི་མོ་གདོད་པས་ཚོག་པར་འདོད་པ་དང་། ཕྱི་དྲོ་དུས་སུ་ཟ་བ་དང་། དུས་མིན་དུ་རུང་བ་ཞོ་དང་འོ་མ་ལྷ་བུ་དཀྲུག་ནས་ཟ་བ་དང་། གདིང་བ་བྱེད་པ་ལ་གདིང་བ་རྙིང་པ་ནས་བདེ་བར་གཤེགས་པའི་མཐོ་གང་སླན་མི་དགོས་པར་རང་གི་མཐོ་གང་གིས་ཚོག་པར་འདོད་པ་དང་། བསླེན་པར་མ་རྫོགས་པའི་མགོ་ཐོག་ཏུ་ཁྲི་འུའི་སྟེང་དུ་ལྷུང་བཟེད་བཞག །དེའི་ནང་དུ་གསེར་སོགས་རིན་པོ་ཆེ་བཞག་ནས་བླངས་པས་གསེར་ལ་རུང་བར་འདོད་པ་དང་བཅུའོ། །

བསྡུ་བ་གསུམ་པ་ནི། སྟོན་པ་མྱ་ངན་ལས་འདས་ནས་ལོ་སུམ་བརྒྱ་ན། ཁ་ཆེ་མེ་ཏོག་བརྩེགས་པའི་ཀུན་དགའ་ར་བར། རྒྱལ་པོ་ཀ་ནི་ཀས་སྦྱིན་བདག་བྱས་ཏེ། བྱང་ཆུབ་སེམས་དཔའ། དགྲ་བཅོམ་པ། སོ་སོའི་སྐྱེ་བོའི་དགེ་སློང་ཁྲི་དྲུག་སྟོང་འདུས་ཏེ། བདུད་སྡིག་ཅན་དགེ་སློང་གི་ཆ་བྱད་དུ་སྤྲུལ་པ་བཟང་པོ་ཞེས་བྱ་བས་དབྱེན་སྦྱོས་ཏེ་སྡེ་པ་ཕན་ཚུན་འཁྲུག་ལོང་དུ་གྱུར་པ་བསལ་ཞིང་སྡེ་པ་བཅོ་བརྒྱད་ཆོས་སུ་གཅིག་པར་བྱས་ཏེ། སྡེ་སྣོད་གླེགས་བམ་དུ་བསྡུས་ཏེ་སྡུད་པ་པོའི་གཙོ་བོ་ནི་བྱང་ཆུབ་སེམས་དཔའ་སུ་མི་ཏྲ་དང་། དགྲ་བཅོམ་པ་པཱུརྞི་ཀའི། དེ་ཡང་སྡེ་པ་བཞི་དང་གྱེས་པ་བཅོ་བརྒྱད་ནི། དང་པོ་སྡེ་པ་ཐམས་ཅད་ཀྱི་རྩ་བ་གཞི་ཐམས་ཅད་ཡོད་སྨྲ་ཡིན་ལ། དེ་ལས་གནས་བརྟན་པ། ཕལ་ཆེར་པ། མང་བཀུར་བ་དང་གསུམ་གྱེས། དེ་ལས་སྡེ་པ་བཅོ་བརྒྱད་གྱེས་པར་འདུལ་བ་འོད་ལྡན་དང་། པཎ་ཆེན་དུལ་བ་ལྷས་གསུངས་སོ། །དེ་ལ་གཞི་ཐམས་ཅད་ཡོད་པར་སྨྲ་བ་ལ་དབྱེ་ན། གཞི་ཡོད་པ། འོད་སྲུང་བ། ཆོས་སྲུང་བ། མང་དུ་ཐོས་པར་སྨྲ་བ། ས་སྟོན་པ། གོས་དམར་ཅན། རྣམ་པར་ཕྱེ་སྟེ་སྨྲ་བའི་སྡེ་དང་བདུན་ནོ། །འདི་དག་སྟོན་པའི་སྲས་རྒྱལ་རིགས་སྒྲ་གཅན་འཛིན་བསླབ་པ་ལ་གུས་པའི་མཆོག་ཏུ་ལུང་བསྟན་པའི་སློབ་རྒྱུད་དེ། སྐད་ནི་སོ་ཐར་གྱི་མདོ་འདོན་པའི་ཚེ་ལེགས་སྦྱར་སཾ་སྐྲི་ཏའི་སྐད་དུ་སུམ་བཅུ་རྩ་གསུམ་གྱི་ལྷ་རྣམས་དང་མཐུན་པར་འདོན། སྣམ་སྦྱར་གྱི་སྣམ་ཕྲན་དགུ་ཡན་ཉེར་ལྔ་མན་ཆད་ཟུང་མ་གཏོགས་པ། གྲྭའི་རྟགས་པད་མ། འཁོར་ལོ་རིན་པོ་ཆེ། ཤིང་ལོ་ཁྲིས་པའོ། །ཟས་ལ་ལག་པ་བཀན་པའི་ཚུལ་གྱིས་བྱིན་ལེན་བྱེད་ཅིང་། ནུབ་ལྷག་ཉལ་འགོག་ཡང་། ཨེ་ཐང་པ་ལ་གྲུ་ཕྱེ་དང་དཀྲུས་བར་ཚོད་ན་ཐུབ་པར་འདོད་དོ། །ཕལ་

ཆེན་པ་ལ་དབྱེ་ན། ཤར་གྱི་རི་བོའི་སྡེ། ནུབ་ཀྱི་རི་བོའི་སྡེ། གངས་རིར་གནས་པའི་སྡེ། བརྟགས་པར་སྨྲ་བའི་སྡེ། འཇིག་རྟེན་ལས་འདས་པར་སྨྲ་བའི་སྡེ་དང་ལྔའོ། །འདི་དག་བྲམ་ཟེའི་རིགས་སྤྱངས་པའི་ཡོན་ཏན་དང་ལྡན་པའི་མཆོག་གནས་བརྟན་འོད་བསྲུང་ཆེན་པོའི་སློབ་རྒྱུད་དེ། སྐད་ནི་པྲ་ཀྲི་ཏ་སྟེ་འོད་གསལ་གྱི་ལྷ་དང་མཐུན་ལ། སྣམ་ཕྲན་དགུ་ཡན་ཉེར་གསུམ་མན་ཆད་རྟགས་ནི་གཡུང་དྲུང་དང་། དཔལ་བེའུ་ དུང་འཁྱུང་ངོ་། །སྟོད་ལ་བྱིན་ལེན་བྱས་པས་འཆག་པར་འདོད་ལ། ཉལ་འགོག་ཡོལ་བས་བར་ཆོད་པའོ། །གནས་བརྟན་པ་ལ་དབྱེ་ན། རྒྱལ་བྱེད་ཚལ་ན་གནས་པའི་སྡེ། འཇིགས་མེད་རི་ལ་གནས་པའི་སྡེ། གཙུག་ལག་ཁང་ལ་གནས་པའི་སྡེ་དང་གསུམ་མོ། །འདི་དག་སྐྱིག་མ་མཁན་གྱི་རིགས། མཐའ་འཁོབ་འདུལ་བའི་མཆོག་འཕགས་པ་ཀཱ་ཏྱཱ་ཡ་ནའི་སློབ་རྒྱུད་དེ། སྐད་ནི་ཨ་པ་བྷྲཾ་ཤ་ཏ་སྟེ་ཟུར་ཆགས་པས་ཤ་ཟ་དང་མཐུན་པ། སྣམ་ཕྲན་དགུ་ཡན་ཉེར་གཅིག་མན་ཆད་ལ། རྟགས་ནི་དུང་དམ། མེ་ཏོག་སོ་ཙེ་ཀའོ། །སྦྱིན་ལེན་དཀྱུར་ཐབས་སུ་བྱེད་ཅིང་། ཉལ་འགོག་ཐག་པས་བར་ཆད་ན་ཐུབ་པར་འདོད་དོ། །མང་པོས་བཀུར་བ་ལ་དབྱེ་ན། ས་སྒྲོགས་རིགས་ཀྱི་སྡེ། བསྲུང་བ་པའི་སྡེ། གནས་མ་བུའི་སྡེ་དང་གསུམ་མོ། །འདི་དག་འཛྲིག་མཁན་གྱི་རིགས་འདུལ་བ་འཛིན་པ་རྣམས་ཀྱི་མཆོག །འཕགས་པ་ཉེ་བར་འཁོར་གྱི་སློབ་རྒྱུད་དེ། སྐད་ནི་པི་ཤཱ་ཙི་སྟེ་གནས་གཙང་མའི་ལྷ་དང་མཐུན་པ། སྣམ་ཕྲན་ལྔ་ནས་ཉེར་གཅིག་བར། རྟགས་ནི་དུང་དམ་དཔལ་བེའུའོ། །སྦྱིན་ལེན་འཁྲོག་ཐབས་སུ་བྱེད་ཅིང་། ཉལ་འགོག་བསྙེན་པར་རྫོགས་མ་རྫོགས་ཀྱི་བར་དུ་རི་མོས་ཆོད་པས་ནུབ་ལྷག་ཉལ་ཐུབ་པར་འདོད་དོ། །དེ་སྐད་དུའང་ས་པཎ་གྱིས། ཉན་ཐོས་རྩ་བའི་སྡེ་བཞི་ལ། །འདུལ་བ་མི་འདྲ་རྣམ་བཞི་ཡོད། །སྐད་ཀྱང་ལེགས་སྦྱར་རང་བཞིན་དང་། །ཞེས་སོགས་གསུངས་ཤིང་འདི་དག་གི་རྣམ་དབྱེ་རྒྱས་པ་ནི་ཡིད་བཞིན་མཛོད་ལ་སོགས་པར་གསལ་ལོ། །

དེ་ལྟར་བསྟུ་བ་གཉིས་པའི་དུས་སུ་དགྲ་བཅོམ་པ་ཉེར་སྦས་ལ་སོགས་པ་དགྲ་བཅོམ་པ་ལྔ་བརྒྱས་བྱེ་བྲག་བཤད་མཛོད་ཆེན་མོ་མཛད་ཅིང་། ཁ་ཅིག་བྱང་ཕྱོགས་རི་བོ་འབིག་བྱེད་གར་མཁན་གྱི་གཙུག་ལག་ཁང་དུ་དགྲ་བཅོམ་པ་ལྔ་བརྒྱ་འདུས་ནས་བྱེ་བྲག་བཤད་མཛོད་ཆེན་མོ་ཤོ་ལོ་ཀ

འབུམ་ཡོད་པ་མཛད་དེ་མངོན་པའི་འགྲེལ་ཡིན་ནོ་ཞེས་པའང་རེ་ཞིག་བརྟག་པར་བྱའོ། །དེ་ལྟར་དམ་ཆོས་འདུལ་བའི་སྡེ་སྣོད་ལ་གཅེས་སྤྲས་སུ་མཛད་པའི་མཆོག་ནི་རྒྱན་དྲུག་ནང་ནས་ཡོན་ཏན་འོད་དང་ཤཱཀྱ་འོད་གཉིས་ཡིན་ཏེ། དེ་ཡང་རྒྱ་ཆེར་འགྲེལ་ལས། འཕགས་པ་གཞི་ཐམས་ཡོད་པར་སྨྲ་བའི་འདུལ་བ་འཛིན་པ་ཆེན་པོ་བྲམ་ཟེའི་བཙུན་པ་ཡོན་ཏན་འོད་བདག་དང་གཞན་གྱི་གྲུབ་པའི་མཐའ་རྒྱ་མཚོའི་ཕ་རོལ་ཏུ་སོན་པ་བདེ་བར་གཤེགས་པའི་ཆོས་འདུལ་བ་བདུད་རྩིའི་སྙིང་ཁུས་ཤེས་རབ་ཀྱི་དབང་པོ་རྒྱས་པ་དེ་བཞིན་གཤེགས་པའི་བཀའ་དམ་པ་ནན་ཏན་སྙིང་པོར་སྒྲུབ་པ། ཞེས་བཤད་པའི་ཡོན་ཏན་དང་ལྡན་པའོ། །ཕྱིས་བསོད་ནམས་གྲགས་དང་ཞི་བའི་འོད་ཀྱི་སློབ་མ་ཤཱཀྱ་འོད་དེ། འདུལ་བ་བདུད་རྩིའི་རྒྱན་གྱུར་ཡོན་ཤཱཀ་རྣམ་གཉིས་ཞེས་བྱའོ། །དེ་ལྟར་གོང་དུ་བཤད་པའི་འདུལ་བའི་བཀའ་དེ་དག་གི་དགོངས་འགྲེལ་གྱི་བསྟན་བཅོས་ལ། སོ་ཐར་མདོ་དངོས་ཀྱི་འགྲེལ་པ་དང་། ལུང་སྡེ་བཞིའི་འགྲེལ་པ། དེ་གཉིས་ཀའི་དོན་འགྲེལ་གསུམ་ལས། དང་པོ་ནི། དྲི་མེད་བཤེས་གཉེན་གྱིས་མཛད་པའི་རྒྱ་ཆེར་འགྲེལ་བམ་པོ་ལྔ་བཅུ་པ། དཔའ་བོས་མཛད་པའི་འགྲེལ་པ་བམ་པོ་ཉེར་བདུན་པ། ཛྙཱ་ན་ཤྲཱི་ལས་མཛད་པའི་ཚིག་གི་བརྗོད་བྱང་ཞེས་བྱ་བ་བམ་པོ་གཉིས་ཡོད་དོ། །

གཉིས་པ་ནི། རྣམ་འབྱེད་ལ་དུལ་བ་ལྷས་མཛད་པའི་འགྲེལ་པ། གཞི་དང་གཞུང་དམ་པ་ལ། སློབ་དཔོན་དགེ་ལེགས་བཤེས་གཉེན་གྱིས་མཛད་པའི་འགྲེལ་པ་ཅུང་ཟད་མ་ཚང་བ། ཕྲན་ཚེགས་ཀྱི་འགྲེལ་པ་སློབ་དཔོན་ཚུལ་ཁྲིམས་སྐྱོངས་ཀྱིས་མཛད་པ་དང་། སྤྲོལ་ཁྱེར་མ་གཉིས། གསུམ་པ་ནི། ལུང་སྡེ་བཞིའི་དགོངས་པ་ཕྱོགས་གཅིག་ཏུ་མཛད་པ་སློབ་དཔོན་ཡོན་ཏན་འོད་ཀྱིས་མཛད་པའི་མདོ་རྩ། དེའི་རང་འགྲེལ་ཉིད་ཀྱི་རྣམ་བཤད་ཤློ་ཀ་སྟོང་ཕྲག་བཅུ་གཉིས་པ། དེའི་དོན་བསྡུས་ནས་འཆད་པ། སློབ་དཔོན་གྱི་འགྲེལ་ཆུང་། ལས་བརྒྱ་རྩ་གཅིག་གི་རྣམ་བཞག་བྱེ་བྲག་ཏུ་འཆད་པ་ཀརྨ་ཤ་ཏམ། དེ་རྣམས་ཡོན་ཏན་འོད་ཀྱིས་མཛད། སློབ་དཔོན་ཆོས་བཤེས་ཀྱིས་མཛད་པའི་མདོ་རྩའི་རྒྱ་ཆེར་འགྲེལ་བམ་པོ་བདུན་ཅུ་པ་སློབ་དཔོན་ཤེས་རབ་བྱེད་པས་མཛད་པའི་མདོ་རྩའི་འགྲེལ་པ། སློབ་དཔོན་པད་མ་འབྱུང་གནས་ཀྱིས་མཛད་པའི་དགེ་སློང་གི་ལོ་དྲི་བ་དང་། དགེ་ཚུལ་

ཀྱི་ལོ་དྲི་བ། ས་གའི་ལྷས་མཛད་པའི་འདུལ་བ་ཚིག་ལེ་ཨུར་བྱས་པ། ཐོགས་མེད་ཀྱིས་མཛད་པའི་འདུལ་བ་བསྡུས་པ། སློབ་དཔོན་ཤཱཀྱ་འོད་ཀྱིས་མཛད་པའི་འདུལ་བ་སུམ་བརྒྱ་པ། དེའི་རང་འགྲེལ་འོད་ལྡན། གཞན་ཡང་འདུལ་བའི་གཞུང་ཕྲན་སློབ་དཔོན་ཆོས་ཀྱི་ཚོང་དཔོན་གྱིས་མཛད་པའི་འདུལ་བ་ལ་བསྟོད་པ། ཁ་ཆེ་འདུས་བཟང་གིས་མཛད་པའི་ཀ་རི་ཀ་ལྔ་བཅུ་ལ་སོགས་པ་བསྟན་འགྱུར་ན་མང་དུ་བཞུགས་པ་ལ། བོད་དུའང་སྔ་ཕྱིའི་དགེ་བའི་བཤེས་གཉེན་རྣམས་ཀྱིས་མཛད་པ་ནི་མཐའ་ཡས་སོ། །

གཉིས་པ་དེ་ཉིད་འཛིན་པའི་བླ་མ་བརྒྱུད་པ་ཇི་ལྟར་ཡིན་ཞེ་ན། སྔ་འགྱུར་སྡོམ་རྒྱུན་ཞི་བ་འཚོ་དང་ནི། །ཕྱིས་ནས་ཤཱཀྱ་ཤྲཱི་ལས་ཀྱང་དར། །ཞེས་པའི་དོན་ལ་གཉིས་ཏེ། སྔ་དར་ཕྱི་དར་གྱི་ལོ་རྒྱུས་སྤྱིར་བསྟན་པ་དང་། རང་གི་སྡོམ་རྒྱུན་བྱེ་བྲག་ཏུ་བཤད་པའོ། །དང་པོ་ནི། བོད་འདིར་མངའ་བདག་ཆོས་སྐྱོང་བའི་རྒྱལ་པོ་ཁྲི་སྲོང་ལྡེའུ་བཙན་གྱིས་ཟ་ཧོར་གྱིས་ཡུལ་ནས་གཞི་ཐམས་ཅད་ཡོད་པར་སྨྲ་བའི་མཁན་པོ་བོ་དྷི་ས་ཏྭའམ། ཤནྟ་རཀྵི་ཏ་ཞེས་སློབ་དཔོན་ཞི་བ་འཚོ་སྤྱན་དྲངས་ཏེ་བོད་དུ་དམ་ཆོས་འདུལ་བའི་བསྟན་པ་འཛུགས་པར་དགོངས་ནས། སྡོམ་རྟེན་འདུག་གམ་ཉམས་སད་པའི་ཕྱིར་དུ། སྦས་རིན་ཆེན་བསྲུང་བ། དབའ་ཡེ་ཤེས་དབང་པོ་བསྲུང་བ། རིན་ཆེན་དབང་པོ་བསྲུང་བ། རླངས་བདེ་གཤེགས་གོ་ཆ་བསྲུང་བ། བཻ་རོ་ཙ་ན་རྣམ་པར་སྣང་མཛད་བསྲུང་བ། འཁོན་ཀླུའི་དབང་པོ་བསྲུང་བ། གཙང་པ་དེ་ལེནྡྲ་ལྷའི་དབང་པོ་བསྲུང་བ་སྟེ། སད་མི་མི་བདུན་རབ་ཏུ་བྱུང་ནས། སླར་ཡང་རྨ་རིན་ཆེན་མཆོག །ནམ་མཁའི་སྙིང་པོ་ལ་སོགས་པ་དགེ་སློང་མི་ལྔས་གཙོར་བྱས་ལ་སྡོམ་རྒྱུན་ཇི་རིགས་སུ་དར་ཞིང་རྒྱས་སོ། །

དེ་ནས་མངའ་བདག་ཁྲི་རལ་གྱི་དུས་སུ་ཁ་ཆེའི་ཡུལ་ནས་ཛི་ན་མི་ཏྲ་དང་། སུ་ལེནྡྲ་བོ་དྷི་ལ་སོགས་སྤྱན་དྲངས་ནས་སྡོམ་རྒྱུན་ཆེར་འཕར་བ་ཡིན་ནའང་། ཁྲི་རལ་འདས་རྗེས་གླང་དར་མས་སངས་རྒྱས་ཀྱི་བསྟན་པ་བཤིག་སྟེ་དགེ་འདུན་ཐམས་ཅད་མིང་མེད་པར་བྱས་པའི་སྐབས་སུ། གཡོར་སྟོད་ཀྱི་དམར་བན་ཤཱཀྱ་མུ་ནེ། རྒྱ་རམ་པའི་གཙང་རབ་གསལ། དྲ་ཆུང་མདོའི་གཡོ་དགེ་འབྱུང་གསུམ་གྱིས། དཔལ་ཆུ་བོ་རིའི་དགོན་ནས། འདུལ་བ་དྲེའུ་ཁལ་གཅིག་བཀལ་ནས། སྟོར

ཡུལ་དུ་བྱོན་པས་ཆོས་ལ་འགོད་མ་ཐུབ། མདོ་ཁམས་སྨད། རྨ་ཆུ་རྒྱུད། མདོ་སྨད་ཨན་ཆུང་གི་དགོན་པའམ། དབེན་འབྱུང་ནམ་མཁའ་རྫོང་ངམ་སམ། རྨ་ཀླུང་དན་ཏིག་ཤེལ་གྱི་དགོན་པ་ཞེས་བྱ་བར་བཞུགས་པ་ལ། བོན་པོ་དགེ་བ་གསལ་བྱ་བ་དང་དེ་རབ་ཏུ་བྱུང་བས་མཚན་བླ་ཆེན་མུ་ཟུར་དགོངས་པ་གསལ་དུ་བཏགས་ངེས་སྡོམ་རྒྱུན་ཇི་སྙེད་གནང་བ་ལ་འདུལ་བ་སྨད་ལུགས་ཞེས་སམ། བླ་ཆེན་སྡོམ་རྒྱུན་དུ་གྲགས་སོ། །

དེ་དུས་གཙང་ནས་ལོ་སྟོན་རྡོ་རྗེ་དབང་ཕྱུག །གཙང་དགེ་ཤེས་རབ་སེང་གེ། དབུས་པ་ཀླུ་མེས་ཤེས་རབ། འབྲི་ཡེ་ཤེས་ཡོན་ཏན། སུམ་པ་ཡེ་ཤེས་བློ་གྲོས། ཐ་བཙུན་བློ་གྲོས་གྲགས་དང་དྲུག་བྱོན་ནས། བློ་གྲོས་གྲགས་ནི་སྔོན་ནས་དགེ་སློང་ཡིན་ཞིང་། གཞན་ལྔ་པོ་རྒྱལ་སོ་ཁ་ཕྱུག་གི་དགོན་པར་བླ་ཆེན་ལས་རབ་ཏུ་བྱུང་། མཁན་པོའི་ཞལ་ནས། འབྲིའི་གནས་བརྟན་གྱིས། ལོ་སྟོན་དང་སུམ་པ་མཐུ་ཆེ་བས་བསྟན་པ་སྲུངས། ཁྱེད་ཚོ་ཡར་སོང་ལ་དགེ་འདུན་གྱི་སྡེ་ཚུགས་གསུངས་པས་ཡར་བྱོན་ནས། རགྷི་ཚུལ་ཁྲིམས་གཞོན་ནུས་ཁོང་ལྔའི་ཕྱི་སྙེགས་པས་མ་སླེབས་པས། ཁམས་སུ་བླ་ཆེན་གྱི་སློབ་མ་འགྲུམ་ཡེ་ཤེས་གཡུང་དྲུང་གིས་རབ་ཏུ་བྱུང་སྟེ། ཕྱིས་ཁོང་རྣམས་དང་བསྟེབས་ནས་ཡར་བྱོན། དབུས་གཙང་དུ་སླེབས་ནས། གཙང་དུ་ལོ་སྟོན་རྡོ་རྗེ་དབང་ཕྱུག་ལས་གྱེས་པས་བོང་ཆོས་སྟོད་སྨད་གཉིས། གཙང་དགེ་ཤེས་རབ་ལས་གྱེས་པས་གཙང་ཆོས་ལྔ། དབུས་སུ་ཐ་བཙུན་བློ་གྲོས་གྲགས། རག་ཤི་ཚུལ་ཁྲིམས་གཞོན་ནུ། ཀླུ་མེས་ཤཱཀྱ་ཤེས་རབ། སུམ་ཡེ་ཤེས་བློ་གྲོས་བཞི་ལས་གྱེས་པས་ཀ་བ་བཞི། གདུང་མ་དྲུག །རྟེན་མ་སུམ་ཅུ་རྩ་གཉིས་ལ་སོགས་པ་བྱུང་། འབྲི་ཡེ་ཤེས་ཡོན་ཏན་དེ་རྣམས་ཀྱིས་གནས་བརྟན་བྱས་ནས་ཕྱིའི་བུ་བཞི་ནང་གི་བུ་བཞི་ལ་སོགས་པ། ཆོས་ལྡན་དག་པ་འབྲེའི་སྐོར་ཞེས་པ་བྱུང་ངོ་། །དེས་ན་པདྨ་བཀའ་ཐང་ལས། དེ་ནས་དམ་ཆོས་འདུལ་བའི་བསྟན་པ་ནི། །མི་རོ་ཙམ་ཞིག་མདོ་ཁམས་སྨད་ནས་དར། །ཞེས་པའི་དོན་ཏེ། དེ་དག་ལ་སྨྲ་འགྱུར་སྡོམ་རྒྱུན་ཞེས་བྱའོ། །ཕྱིས་ཁ་ཆེ་པཎ་ཆེན་ཤཱཀྱ་ཤྲཱི་ས་ཆེན་ཀུན་སྙིང་གི་དུས་བྱུང་སྟེ། བོད་དུ་སྡོམ་རྒྱུན་གནང་བས་འདུལ་བ་ཕྱིས་དར་དང་སྟོད་ལུགས་ཞེས་དང་། རྗེ་བོ་རྗེ་ཐལ་ཆེན་སྟེ་པ་ཡིན་ཏེ། ཆོས་གོས་དཀར་པོ་ལ་སོགས་ཡིན་ཀྱང་བོད་དུ་བྱོན་དུས་ཁོ་བོ་ཡང་མཁན་པོའི་རྗེས་སུ

སློབ་པ་ལགས་ཞེས་ཡོད་སྨྲའི་ལུགས་མཛད་དེ་ཞེས་ཆོས་འབྱུང་རྣམས་སུ་འབྱུང་ལ། ཇོ་བོས་བོད་དུ་སྡོམ་རྒྱུན་གནང་བ་ཡོད་ཀྱང་ཡང་། དགེ་ལྡན་པ་ལ་སོགས་པའི་རྒྱུད་ཡིག་ཏུ་བསྒྲངས་པ་མ་མཐོང་ངོ་། །འདི་དག་གི་རྣམ་བཞག་རྒྱས་པར་ནི་གསར་རྙིང་གི་ཆོས་འབྱུང་རྣམས་སུ་གསལ་ལ། འདིར་ནི་ཡིག་ཚོགས་ལ་འཇིགས་པས་ས་བོན་ཙམ་དུ་བསྟུས་པའོ། །

གཉིས་པ་རང་གི་སྡོམ་རྒྱུན་བྱེ་བྲག་ཏུ་བཤད་པ་ལ། སོ་ཐར་སྡོམ་རྒྱུན་བླ་ཆེན་ནས་ཀཿཐོག་ཏུ་བརྒྱུད་ཚུལ་གྱི་རིམ་པ་དང་། འདུལ་བ་གཞུང་བཤད་ཀྱི་རིམ་པ་བྱེ་བྲག་ཏུ་བརྒྱུད་ཚུལ་གཉིས་ལས། དང་པོ་ནི་བཅོམ་ལྡན་འདས། ཤཱ་རིའི་བུ། སྲས་སྒྲ་གཅན་འཛིན། བྲམ་ཟེ་སྒྲ་གཅན་འཛིན། འཕགས་པ་ཀླུ་སྒྲུབ། སློབ་དཔོན་ལེགས་ལྡན་འབྱེད། འབྱུང་གནས་སྦས་པ། ཡེ་ཤེས་སྙིང་པོ། མཁན་ཆེན་བོ་དྷི་ས་ཏྭ། སད་མི་བདུན་ལས་ཐ་རཏྣ། སྨ་ཤཱཀྱ་འབྱུང་གནས། གཙང་པ་རབ་གསལ། གཡོ་དགེ་འབྱུང་། བླ་ཆེན་དགོངས་པ་རབ་གསལ། ཀླུ་མེས་ཚུལ་ཁྲིམས་ཤེས་རབ། རྒྱ་དབང་ཕྱུག་རྒྱལ་མཚན། གྲུ་གུ་བརྩོན་ཆེན། སྲུ་བརྩུན་ཆེན་པོ། ཞྭ་དྷི་ཞང་སྟོན། སྦེ་པ་ནགས་ཀྱི་མཁན་ཆེན། ཀཿཐོག་པ་བདེ་གཤེགས་ཤེས་རབ་སེང་གེ། ཆོས་རྗེ་གཙང་སྟོན་རྡོ་རྗེ་རྒྱལ་མཚན། རྒྱལ་ཚབ་བྱམས་པ་འབུམ། སྤྱན་སྔ་རིན་པོ་ཆེ། གཡན་པ་དབུ་འོད་པ་བྱང་ཆུབ་དཔལ། མ་བཅོས་བསོད་ནམས་བཟང་པོ། ཀུན་དགའ་འབུམ། དབང་ཕྱུག་དཔལ། བློ་གྲོས་འབུམ། བློ་གྲོས་སེང་གེས། བྱང་ཆུབ་བློ་གྲོས། བྱང་ཆུབ་སེང་གེ། དྲུང་པ་བྱང་ཆུབ་རྒྱལ་མཚན། བུ་འབོར་ཡེ་ཤེས་རྒྱལ་མཚན། དྲུང་རྡོ་རྗེ་བློ་གྲོས། ཏེ་པ་ཆོས་ཀྱི་འབྱུང་གནས། སྟག་ཕུ་འདུལ་འཛིན་པདྨ་མ་ཏི་ལས་སོ། །

གཉིས་པ་ནི། བཅོམ་ལྡན་འདས། འཕགས་པ་ཉེ་བ་འཁོར། འོད་སྲུང་། ཀུན་དགའ་བོ། དགྲ་བཅོམ་པ་ཉི་མའི་གུང་། ཤ་ནའི་གོས་ཅན། ཉེ་སྦས། དྷཱི་ཏཱི་ཀ །ནག་པོ། ལེགས་མཐོང་། དགྲ་བཅོམ་བློས་མི་ཕེབས་པ། ཁ་ཆེ་འདུས་བཟང་། དབྱིག་གཉེན། བཙུན་པ་ཡོན་ཏན་འོད། སློབ་དཔོན་ཆོས་བཤེས། ཞི་བ་འོད་དང་བསོད་ནམས་གྲགས། དེ་གཉིས་ཀས་ཤཱཀྱ་འོད། སེང་གེའི་གདོང་པ་ཅན། དཱ་ན་ཤཱི་ལ། ཁ་ཆེ་ཛི་ན་མི་ཏྲ། ཙོག་རོ་ཀླུའི་རྒྱལ་མཚན། སྨར་ཤཱཀྱ་མུ་ནེ། གཡོ་དགེ་འབྱུང་། གཙང་རབ་གསལ། བླ་ཆེན་དགོངས་པ་རབ་གསལ། སྒྲ་གོད་ཁམས་པ་ཡེ་ཤེས་གཡུང་

དྲུང་། བཞད་དཔལ་གྱི་རྡོ་རྗེ། དབང་ཕྱུག་རྒྱལ་མཚན། གྲུ་གུ་བརྩོན་ཆེན། སྲུ་བཙུན་ཆེན་པོ། རྡོ་རྗེ་ཞང་སྟོན། སྡེ་པ་ནགས་ཀྱི་མཁན་ཆེན། ཀཿདམ་པ་བདེ་གཤེགས་མན་ཆད་གོང་དང་འདྲ་བའོ། །

༄ གསུམ་པ་སོ་ཐར་གྱི་སྡོམ་པའི་ངོ་བོ་གང་ཞེ་ན། ངོ་བོ་ངེས་འབྱུང་བསམ་པས་ཀུན་བསླངས་ན། །གཞན་གནོད་གཞི་བཅས་ལྡོག་པ་ལུས་ངག་ལས། །སྐྱེ་ཕྱིར་གཟུགས་ཅན་ཡིན་ཞེས་འདོད་པ་དང་། །སྤོང་སེམས་རྒྱུན་ཆགས་ས་བོན་ལ་འདོད་པས། །རང་གི་སྡེ་པ་གོང་འོག་སོ་སོའི་ལུགས། །ཞེས་སྨོས་ཏེ། དེ་ཡང་ཕྱི་མ་ལྷ་མིའི་བདེ་འབྲས་ཙམ་འདོད་པ་ལེགས་སྨོན་དང་། ཚེ་འདིར་རྒྱལ་པོའི་ཆད་པ་ལ་སོགས་ལས་སྐྱོབ་འདོད་པ་ནི་འཇིགས་སྐྱོབ་ཀྱི་ཚུལ་ཁྲིམས་ཡིན་ཏེ། སོ་ཐར་མཚན་ཉིད་པ་མི་རུང་ལ། སོ་ཐར་གྱི་སྡོམ་པ་ནི་འཁོར་བ་ལས་ངེས་པར་འབྱུང་བའི་བསམ་པ་ཁྱད་པར་ཅན་དགོས་ཏེ། དེ་ཡང་མདོ་རྩ་ལས། ངེས་པར་འབྱུང་བའི་ཚུལ་ཁྲིམས་ཀྱི་དབང་དུ་བྱས་ཏེ། ཞེས་དང་། སུམ་བརྒྱ་པ་ལས། ངེས་པར་འབྱུང་བའི་ཚུལ་ཁྲིམས་སྡུག་བསྔལ་སྤྱོངས། །ཞེས་སོ། །

དེ་ཡང་སོ་ཐར་གྱི་སྡོམ་པའི་ངོ་བོ་ལ་འདོད་ལུགས་གཉིས་ཏེ། ཉན་ཐོས་བྱེ་བྲག་ཏུ་སྨྲ་བས་སྡོམ་པ་ངོ་བོ་གཞན་ལ་གནོད་པ་གཞི་དང་བཅས་པ་སྤོང་བ་ནི་ལུས་ངག་ལས་སྐྱེ་བའི་ཕྱིར་རྣམ་པར་རིག་བྱེད་དང་རིག་བྱེད་མ་ཡིན་པའི་གཟུགས་ཅན་དུ་འདོད་དེ། མཛོད་ལས། རྣམ་རིག་མིན་རྣམས་གསུམ་ཞེས་བྱ། །སྡོམ་དང་སྡོམ་པ་མིན་དང་གཞན། །སྡོམ་པ་སོ་སོར་ཐར་ཞེས་བྱ། །ཞེས་སོ། ། མདོ་སྡེ་པ་ནི། གཞན་གནོད་གཞི་དང་བཅས་པ་སྤོང་བའི་སེམས་རྒྱུན་ཆགས་སུ་གནས་པ་ས་བོན་དང་བཅས་པ་སྟེ། སེམས་པ་ཅན་དུ་འདོད་པ་སྟེ། སྤྱོད་འཇུག་ལས། སྤོང་བའི་སེམས་ནི་ཐོབ་པ་ལ། །ཚུལ་ཁྲིམས་ཕ་རོལ་ཕྱིན་པར་བཤད། །ཅེས་སོ། །

བཞི་པ་སོ་ཐར་གྱི་དབྱེ་བ་ནི་དབྱེ་བ་བསྙེན་གནས་དགེ་བསྙེན་ཕ་མ་གཉིས། །ཁྱིམ་པའི་ཕྱོགས་ཡིན་དགེ་ཚུལ་ཕ་མ་གཉིས། །དགེ་སློབ་མ་དང་དགེ་སློང་ཕ་མ་ལྔ། །རབ་བྱུང་ལ་ཡིན་སོ་ཐར་རིགས་བརྒྱད་པོ། །རྫས་སུ་བསྡུ་ན་བཞིར་འདོད་མཛོད་ཀྱི་ལུགས། །དེ་ཡང་སོ་སོར་ཐར་པ་རིགས་བརྒྱད་ཅེས་བྱ་སྟེ། ཡན་ལག་བརྒྱད་དང་ལྡན་པའི་བསྙེན་གནས། ཁྲིམས་ལྔ་དང་བཅས་པའི་དགེ་བསྙེན་ཕ་མ་གཉིས་དང་གསུམ་ནི་ཁྱིམ་པའི་ཕྱོགས་ཡིན་ལ། རགས་ལྡོག་བཅུ་ལ་སོགས་པ་དང་

བཅས་པའི་དགེ་ཚུལ་ཕ་མ་གཉིས། སྤྱང་བའི་ཆོས་བཅུ་གཉིས་དང་ལྡན་པའི་དགེ་སློབ་མ་དང་གསུམ། ཉིས་བརྒྱ་ལྔ་བཅུ་རྩ་གསུམ་དང་བཅས་པའི་དགེ་སློང་དང་། སུམ་བརྒྱ་དྲུག་ཅུ་རྩ་གཉིས་བསྲུང་བའི་དགེ་སློང་མ་དང་ལྔ་ནི་རབ་ཏུ་བྱུང་བའི་ཕྱོགས་ཡིན་ལ། དེ་ཡང་རིགས་དང་རྫས་སུ་བསྡུ་ན་བཞིར་འདུས་ཏེ། དགེ་སློང་ཕ་མ་གཉིས་རྫས་རིགས་གཅིག །དགེ་ཚུལ་ཕ་མ་དགེ་སློབ་མ་དང་གསུམ་རྫས་རིགས་གཅིག །དགེ་བསྙེན་ཕ་མ་གཉིས་གཅིག །བསྙེན་གནས་གཅིག་ཏེ་བཞིར་འདུས་པ་ནི། མཛོད་ལས། སྤང་བྱ་ལྔ་བརྒྱད་བཅུ་དང་ནི། །ཐམས་ཅད་སྤང་བར་མནོས་པ་ལས། །དགེ་བསྙེན་དང་ནི་བསྙེན་གནས་དང་། །དགེ་ཚུལ་ཆེད་དང་དགེ་སློང་ཉིད། །ཅེས་དང་། སོ་སོར་ཐར་པ་རིགས་རྣམ་བརྒྱད། །རྫས་སུ་རྣམ་པ་བཞི་ཡིན་ཏེ། །ཞེས་པའི་དོན་ནོ། །

སྤྱི་དོན་གཉིས་པ་སྡོམ་པ་ཇི་ལྟར་བླང་ཞིང་ཐོབ་པའི་ཚུལ་ནི། དང་པོ་སྡོམ་པ་མ་ཐོབ་ཐོབ་ཚུལ་ནི། །ལེན་ཚུལ་གཉིས་ལས་སྔོན་གྱི་ཆོ་ག་ནི། །རང་བྱུང་ཡེ་ཤེས་ཁོང་ཆུད་འཕྲིན་གྱིས་རྫོགས། །སྔོན་པར་ཁས་བླང་ཚུར་ཤོག་གསོལ་བཞི་དང་། །དྲིས་པའི་ལན་ལྡོན་ལྟི་ཆོས་ཁས་བླངས་སོགས། །གདུལ་བྱ་བློ་དག་མཁན་པོ་འཕགས་པས་ཡིན། །ཞེས་པས་སྔོན་གྱི་ཆོ་ག་དང་། ད་ལྟའི་ཆོ་ག་གཉིས་ལས། དང་པོ་སྔོན་གྱི་ཆོ་ག་ལ་རྣམ་པ་བཅུ་སྟེ། རང་བྱུང་གི་བསྙེན་རྫོགས། ཡེ་ཤེས་ཁོང་ཆུད་ཀྱིས་བསྙེན་རྫོགས། འཕྲིན་གྱིས་བསྙེན་རྫོགས། སྔོན་པར་ཁས་བླངས་ཀྱིས་བསྙེན་རྫོགས། ཚུར་ཤོག་གིས་བསྙེན་རྫོགས། དྲིས་པའི་ལན་ལྡོན་གྱིས་བསྙེན་རྫོགས། ལྟི་ཆོས་ཁས་བླངས་ཀྱིས་བསྙེན་རྫོགས། སྐྱབས་གསུམ་ཁས་བླངས་ཀྱིས་བསྙེན་རྫོགས། གསོལ་བཞིའི་བསྙེན་རྫོགས་སོ། །དང་པོ་ནི། ཡང་དག་པར་རྫོགས་པའི་སངས་རྒྱས་དང་། རང་སངས་རྒྱས་མཁན་སློབ་མེད་པར་རང་གི་ངང་གིས་བསྙེན་པར་རྫོགས་པ་དང་། གཉིས་པ་ནི། ལྔ་སྡེ་བཟང་པོ་ལ་མཐོང་ལམ་གྱི་རྟོགས་པ་སྐྱེས་པས་ཡེ་ཤེས་ཁོང་ཆུད་དམ། ངེས་ལུགས་ཀྱི་བསྙེན་རྫོགས་ཞེས་ཀྱང་བྱའོ། །གསུམ་པ་ནི། གྲོང་ཁྱེར་མཉན་ཡོད་ན་ཁྱིམ་བདག་སྦྱིན་པའི་བུ་མོ་མཆོད་སྦྱིན་མ་རབ་ཏུ་བྱུང་བར་འདོད་ཀྱང་ཕ་མས་ཁྱིམ་གྱི་ཕྱི་རོལ་དུའང་འགྲོར་མ་བཅུག་པ་ལས། དགེ་སློང་མ་ཨུཏྤལའི་མདོག་ཅན་ལ་བདག་རབ་ཏུ་བྱུང་བར་འདོད་ཀྱང་ཕ་མས་མ་གནང་ཡང་ཅི་ནས་ཀྱང་བདག་རབ་ཏུ་བྱུང་བར་ཞུས་པས། དགེ་སློང་མས

སྟོན་པ་ལ་ཞུས་པས་འཕྲིན་གྱི་སྒོ་ནས་རབ་བྱུང་བསྙེན་རྫོགས་རིམ་གྱིས་བྱེད་པར་གནང་བས་དགེ་སློང་མ་རྣམས་ཀྱིས་ཨུཏྤ་ལའི་མདོག་ཅན་འཕྲིན་དུ་བཏང་ནས། དགེ་བསྙེན་མ་ནས་དགེ་སློང་མའི་བར་གནང་བས་དགྲ་བཅོམ་ཐོབ་པར་བཤད་པ་ལྟ་བུ་སྟེ། གདུལ་བྱ་སྐལ་བ་དང་ལྡན་པ་ད་ལྟ་ཡང་འཕྲིན་གྱིས་བསྙེན་རྫོགས་རུངས་ཏེ། མདོ་རྩ་ལས། སྐལ་བ་དང་ལྡན་པའི་རང་བཞིན་ཅན་ལ་མངགས་པ་དང་འདྲ་བས། རབ་ཏུ་འབྱིན་དུ་ཞུགས་པ་ནི་ཆོ་ག་མ་ཡིན་པ་མ་ཡིན་ནོ། །ཞེས་སོ། །བཞི་པ་ནི། འོད་སྲུང་ཆེན་པོས་སྟོན་པ་སངས་རྒྱས་ལ་ཁྱོད་ནི་ཁོ་བོའི་སྟོན་པའོ། །ཁོ་བོ་ནི་ཁྱོད་ཀྱི་ཉན་ཐོས་སོ། །ཞེས་ཡིད་ཆེས་ཀྱི་དད་པས་སྟོན་པར་ཁས་བླངས་མོད་ལ་བསྙེན་རྫོགས་སུ་གྱུར་པ་ལྟ་བུའོ། །ལྔ་པ་ནི། སྟོན་པས་གྲགས་པ་ལ་སོགས་ལ་དགེ་སློང་དག་ད་ཚུར་ཤོག །ཚངས་པར་སྤྱོད་པ་ལ་སྤྱོད་ཅིག་གསུངས་པ་ཙམ་གྱིས་སྐྲ་དང་ཁ་སྤུ་བྱི། ལུས་ཆོས་གོས་དང་བཅས་ཏེ་བསྙེན་པར་རྫོགས་ནས་ལོ་བརྒྱ་ལོན་པའི་སྤྱོད་ལམ་ལྟ་བུར་གྱུར་པ་བཞིན་ནོ། །དྲུག་པ་ནི། ཁྱིམ་བདག་ལེགས་སྦྱིན་ལ། སྟོན་པས་ལེགས་སྦྱིན་གཅིག་ཏུ་དགེ་བ་ནི་གང་། ཐར་པའོ། །དེ་ལ་མགོ་བ་ནི་གང་། དད་པའོ། །ཞེས་དྲིས་པའི་ལན་ལ་ཐུགས་དགྱེས་པས་བསྙེན་རྫོགས་ཀྱི་སྡོམ་པ་མངོན་དུ་གྱུར་པ་ལྟ་བུའོ། །བརྒྱད་པ་ནི། བཟང་སྡེའི་ཚོགས་དྲུག་ཅུའི་ཡིད་ཆེས་ཀྱི་དད་པ་དང་ལྡན་པའི་སྒོ་ནས་དཀོན་མཆོག་གསུམ་སྐྱབས་སུ་ཁས་བླངས་བཞིན་བསྙེན་རྫོགས་མངོན་དུ་གྱུར་པ་ལྟ་བུའོ། །དགུ་པ་དང་། བཅུ་པ་ནི། ཡུལ་དབུས་སུ་མཚམས་ནང་དེ་ན་ཡོད་པའི་དགེ་འདུན་ཐམས་ཅད་འདུས་པའམ། མ་མཐའ་བཅུ་ཡན་ཆད་ཀྱིས་གསོལ་བཞིའི་ལས་ཀྱིས་རབ་བྱུང་བསྙེན་རྫོགས་གཅིག་ཆར་དུ་སྒྲུབ་པའི་ཆོ་ག་དང་། མཐའ་འཁོབ་ཏུ་མཚམས་ནང་དེར་ཡོད་པ་དེ་དགེ་སློང་ཐམས་ཅད་དམ། མ་མཐའ་ལྔ་ཡན་ཆད་ཀྱི་རབ་བྱུང་བསྙེན་རྫོགས་གཅིག་ཆར་དུ་སྒྲུབ་པའོ། །

དེ་ཡང་དབུས་དང་མཐའ་འཁོབ་ཀྱི་ཁྱད་པར་ལ་གཉིས་ཏེ། ཆོས་ཚིགས་ཀྱིས་དབྱེ་བ་དང་། ས་ཚིགས་ཀྱིས་དབྱེ་བའོ། །དང་པོ་ནི། གང་དུ་བསྙེན་རྫོགས་ཀྱི་སྡོམ་པ་འབོག་པའི་མཁན་པོ་དང་ཆོ་ག་དང་བསླབ་བྱ་ཚུལ་བཞིན་དུ་སློབ་པའི་བསྟན་པ་ཡོད་པའི་ས་ཕྱོགས་ནི་ཆོས་ཚིགས་ཀྱིས་ཕྱེ་བའི་ཡུལ་དབུས་ཡིན་ལ། དེ་མེད་པ་ནི་མཐའ་འཁོབ་ཡིན་ནོ། །

གཉིས་པ་ནི། རྡོ་རྗེའི་གདན་ནི་འཛམ་བུའི་གླིང་གི་ལྟེ་བ་ཡིན་ཞིང་། དེའི་ཕྱོགས་མཚམས་ན་ལི་ཁ་ཤིང་འཕེལ་ལ་སོགས་དབུས་ཡིན་ལ་གཞན་ནི་མཐའ་འཁོབ་སྟེ། འདུལ་བ་ཚིགས་ལེའུར་བྱས་པ་ལས། ལི་ཁ་ར་ན་ཚང་ཚིང་ནགས། །ལི་ཁར་ཤིང་འཕེལ་ཤར་ཕྱོགས་ཉིད། །ཤུ་ཤི་ར་ཞེས་བརྗོད་པ་ཡི། །རི་བོ་མུན་པ་ཅན་གྱི་བྱང་། །ཀ་བ་ཉེ་བའི་ཀ་བ་ཡི། །གྲོང་ཁྱེར་ནུབ་གནས་པ་ཡིན། །གྲོང་ཁྱེར་འདམ་བུ་ཅན་གྱི་དྲུང་། །ཆུ་ཀླུང་འདམ་བུ་ཅན་ནི་ལྷོ། །འདི་དག་གི་ནི་བར་རྣམས་ལ། །ཡུལ་དབུས་སུ་ནི་ཤེས་བྱ་སྟེ། །ཕྱི་རོལ་མཐའ་འཁོབ་ཅེས་བྱར་ནི། །མཐའ་ཡས་མཁྱེན་པས་གསུངས་པ་ཡིན། །ཞེས་གསུངས་པ་ལྟར་རོ། །དེ་ཡང་སྟོན་གྱི་དུས་སུ་གདུལ་བྱ་རྣམས་ཀྱང་གོང་ལྟར་བརྒྱུད་པ་ཡིན་ཞིང་། ནད་དང་ཉེར་འཚེ་འབྱུང་དཀའ་ལ་ཅུང་ཟད་བྱུང་ནའང་ནད་གཡོག་དང་སྨན་སོགས་རྙེད་སླ་བས་འཁྲིད་ཅིང་སྐྱོང་བར་བྱེད་པའི་མཁན་སློབ་ལ་གཙོ་བོར་ལྟོས་མི་དགོས་པ་དང་། མཁན་པོ་ཡང་སློབ་པ་སོ་སོའི་སྐྱེ་བོ་མ་ཡིན་ཏེ། མི་སློབ་པའི་འཕགས་པ་སངས་རྒྱས་བཅོམ་ལྡན་འདས་ཡིན་པའི་ཕྱིར་རོ། །

གཉིས་པ་ད་ལྟར་གྱི་ཆོ་ག་ལ་གསུམ་སྟེ། སྡོམ་རྟེན་གང་ཟག་གི་མཚན་ཉིད། འབོག་བྱེད་མཁན་པོའི་མཚན་ཉིད། དེས་ཇི་ལྟར་སྡོམ་པ་འབོག་ཚུལ་ལོ། །དང་པོ་ནི། ད་ལྟའི་ཆོ་ག་ངེས་པ་ལྔ་བྲལ་ཞིང་། །མ་ནིང་ལ་སོགས་སྐྱེ་བའི་བར་ཆད་དང་། །རྒྱལ་པོས་མ་གནང་ལ་སོགས་གནས་པ་དང་། །བྱ་རོག་སྐྲོད་མི་ནུས་སོགས་ཁྱད་པར་དང་། །སྒྲ་སེར་ལ་སོགས་མཛེས་པའི་བར་ཆད་མེད། །ངེས་འབྱུང་བློ་ཅན་སྐལ་བཟང་སྐྱེས་བུ་དེ། །ཞེས་སྨོས་ཏེ། བསྙེན་གནས་མ་གཏོགས་པའི་སོ་ཐར་རིས་བདུན་གྱི་རྟེན་དེ་ངེས་པ་ལྔ་དང་བྲལ་ཞིང་བར་ཆད་བཞི་མེད་པ་ཞིག་དགོས་ཏེ། དེ་ཡང་ངེས་པ་ལྔ་ནི། སྤྱང་བྱ་ཁ་ཅིག་སྤྱངས། ཁ་ཅིག་མི་སྤྱངས་ལྟ་བུ་ཡན་ལག་ངེས་པ་དང་། སེམས་ཅན་ཁ་ཅིག་ལ་སྤྱངས། ཁ་ཅིག་ལ་མི་སྤྱངས་ལྟ་བུ་སེམས་ཅན་ངེས་པ་དང་། ཡུལ་ཆེ་གེ་མོ་ཞིག་ཏུ་སྤྱངས། ཆེ་གེ་མོ་ཞིག་ཏུ་མི་སྤྱངས་ལྟ་བུ་ཡུལ་ངེས་པ་དང་། ཟླ་བ་གཅིག་གམ་ལོ་གཅིག་ཙམ་དུ་སྤྱངས་བ་ལྟ་བུ་དུས་ངེས་པ་དང་། འཐབ་མོའི་ཚེ་མི་སྤྱངས། གཞན་དུ་སྤྱངས་ལྟ་བུ་གནས་སྐབས་ངེས་པའོ། །དེ་ལྟ་གང་རུང་གཅིག་དང་ལྡན་ཡང་མི་སྐྱེའོ། །བར་ཆད་བཞི་ནི། དང་པོ་སྡོམ་པ་སྐྱེ་བའི་བར་ཆད་དུ

གྱུར་པ་ནི་མི་མ་ཡིན་པའོ། །མིར་སྤྲུལ་པའི་གང་ཟག །བྱང་སྒྲ་མི་སྙན་པ། མཚན་གཉིས་གཅིག་ཆར་དུ་བྱུང་བ་ཟ་མ་མ་ནིང་ལ་སོགས་པའོ། །

མ་ནིང་ལའང་ལྔ་སྟེ། སྐྱེས་ནས་མ་ནིང་དང་། ཟླ་བ་ཕྱེད་པ། འཕྲུད་ནས་ལྷུང་བ། ཕྲག་དོག་ཅན་གྱིས། ཉམས་པ་མ་ནིང་ངོ་། །དང་པོ་ནི། སྐྱེས་ཙམ་ཉིད་ནས་སྐྱེས་པ་ཕོ་མོའི་མཚན་གཉིས་གཅིག་ཆར་དུ་བྱུང་བའམ། འདི་ལ་ཟ་མ་མ་ནིང་ཞེས་ཀྱང་བྱའོ། །དོན་བྱེད་ནུས་པ་མེད་པའོ། །གཉིས་པ་ནི། ཟླ་སྟོད་སྐྱེས་པ་ལ། ཟླ་སྨད་བུད་མེད་ཀྱི་མཚན་མར་འགྱུར་བའོ། གསུམ་པ་ནི། བུད་མེད་ལ་སོགས་པས་འཕྲུད་དུས་དབང་པོ་ལས་སུ་རུང་ལ། གཞན་དུ་མི་རུང་བའོ། །བཞི་པ་ནི། གཞན་ཕོ་མོ་སྤྱོད་པ་མཐོང་ན་ཕྲག་དོག་གིས་ལས་སུ་རུང་ལ་གཞན་དུ་མི་རུང་བའོ། །ལྔ་པ་ནི། སྐྱེས་པའི་དབང་པོ་མཚོན་ལ་སོགས་པས་བཅད་ནས་ཉམས་པའོ། །གཞན་ཡང་མུ་སྟེགས་ཅན། མཚམས་མེད་ལྔ་དང་། ཉེ་བ་ལྔ་བྱས་པ་ལ་སོགས་པའོ། །གཉིས་པ་སྐྱེས་པ་གནས་པའི་བར་ཆད་ནི། རྒྱལ་པོས་མ་གནང་བ་དང་། རྒྱལ་པོས་བཀྲབས་པ་ཞེས་རྒྱལ་པོའི་ལས་ཀ་འཛིན་པའི་བློན་པོ་ལྟ་བུ་དང་། གཞན་དབང་དུ་སོང་བ། བུ་ཚ་ཕ་མའི་དབང་། བུད་མེད་ཁྱིའི། བུ་ལོན་ཅན་ནོར་བདག་གི། བྲན་རྗེ་བོའི་དབང་དུ་སོང་བ་ལྟ་བུའོ། །

གསུམ་པ་གནས་ཁྱད་པར་གྱི་བར་ཆད་ནི། ལུས་ནད་ཀྱིས་གཟིར་བ། སེམས་མྱ་ངན་གྱིས་གཟིར་བ། ལུས་ངལ་དུབ་ཀྱི་རང་བཞིན་ཅན། ལོ་བཅོ་ལྔ་མ་ལོན་པ་དང་། ལོ་བཅོ་ལྔ་ལོན་པ་བྱ་རོག་སྐྲོད་མི་ནུས་པ་ལ་སོགས་པའོ། །བཞི་པ་རྟེན་མཛེས་པའི་བར་ཆད་ནི། ཤན་པའི་རིགས་སམ། ཁ་དོག་ལ་སྐྱོན་ཆགས་པ་སྐྲ་སེར་ཅན་དང་། དབྱིབས་ལ་སྐྱོན་ཆགས་པ་ལག་རྡུམ་སོགས་པ་སྟེ། འདུལ་བ་ལས། ལག་རྡུམ་དག་དང་རྐང་རྡུམ་དང་། །ལག་སོར་ཟླུམ་པོ་འཛས་པ་དང་། །མཇུ་མེད་ལུས་ལ་རྨ་མཚན་ཅན། །རྒས་ཆེས་པ་དང་གཞོན་ཆེས་པ། །འཐེང་པོ་སྨད་འཆལ་ཞར་བ་དང་། །ལག་སོར་རྡུམ་སྒུར་མིའུ་ཐུང་དང་། །ལྐུ་བ་ལྐུགས་པ་འོན་པ་དང་། །རྟེན་འཕྱོ་དང་ནི་རྐང་བམ་དང་། །བུད་མེད་ཀྱིས་དུབ་ཁུར་གྱིས་དུབ། །མི་གང་ལམ་གྱིས་དུབ་པ་དང་། །ཡ་ཟ་མ་ལུག་གཏད་དགམ་དང་། །དེ་ལྟ་བུ་ཡི་མི་རྣམས་ནི། །དྲང་སྲོང་ཆེན་པོས་དགག་པ་མཛད། །ཅེས་སོ། །དེ་ཡང

བར་ཆད་གོང་མ་གཉིས་དང་ལྡན་པ་ནི་སྡོམ་པའི་རྟེན་མིན་ལ། ཕྱི་མ་གཉིས་ལ་སྡོམ་པ་ཐོབ་ཀྱང་སློབ་དཔོན་ལ་བཅས་པའི་འགལ་བ་ཅུང་ཟད་ཡོད་ཀྱང་སྐྱེ་བ་དང་གནས་པའི་སྒོ་ནས་ཕན་པ་རྒྱ་ཆེན་པོ་ཡོད་པས་རུང་བར་ས་པཎ་གྱིས་གསུངས་སོ། །དེ་ལྟར་བར་ཆད་མེད་ཅིང་ངེས་འབྱུང་གི་བློ་དང་ལྡན་པའི་སྐལ་བཟང་གི་སྐྱེ་བོ་དེ་དག་ལ་རིགས་བདུན་གྱི་སྡོམ་པ་འབོག་པར་བྱའོ། །

གཉིས་པ་འབོག་བྱེད་མཁན་པོའི་མཚན་ཉིད་ནི། ལེགས་གསུངས་འདུལ་བ་རྒྱ་མཚོ་མཐའ་དག་དང་། །བརྒྱ་རྩ་གཅིག་པའི་ལས་ཕྲན་ལ་བྱང་བའི། །མཁན་པོར་བཅས་པས་རིམ་བཞིན་བསྙེན་པར་རྫོགས། །དེ་ཡང་འབོག་བྱེད་ཀྱི་མཁན་པོ་དེ་ཡང་། འདུལ་བ་གཞུང་བཞི་དགོངས་འགྲེལ་དང་བཅས་པའི་དོན་ཁོང་དུ་ཆུད་ཅིང་། ལས་བརྒྱ་རྩ་གཅིག་གི་རྣམ་བཞག་གསོལ་བཞི་ལ་སོགས་ལས་ཆོག་ལ་ཤིན་ཏུ་བྱང་བ། ནད་པ་སོགས་ལ་སྙིང་རྗེ་ཁྱད་པར་ཅན་དང་ལྡན་པའི་དགེ་བའི་བཤེས་གཉེན་ཏེ། སུམ་བརྒྱ་པ་ལས། ཚུལ་ཁྲིམས་ལྡན་འདུལ་བའི་ཆོ་ག་ཤེས། །ནད་པར་སྙིང་བརྩེ་འཁོར་ནི་དག་པ་དང་། །ཆོས་དང་ཟང་ཟིང་ཞིང་ཕན་འདོགས་ཀྱིས་བརྩོན་པ། །དུས་སུ་འདོམས་པ་དེ་དག་བླ་མར་བསྟགས། །ཞེས་སོ། །

དེ་ལའང་མཁན་པོ་དང་། སློབ་དཔོན་གཉིས་ལས། དང་པོ་ལ། རབ་བྱུང་གི་མཁན་པོ་དང་། བསྙེན་རྫོགས་ཀྱི་མཁན་པོ་གཉིས་ཀྱི། དང་པོ་ནི། འདུལ་བའི་དགག་སྒྲུབ་གནང་གསུམ་གྱི་བསླབ་བྱ་ཚུལ་བཞིན་དུ་སློབ་པ་ནི་བརྟུན་པའི་ཡོན་ཏན་དང་། བསྙེན་པར་རྫོགས་ནས་ལོ་བཅུ་བར་མ་ཆད་དུ་ལོན་པ་ནི་བརྟན་པའི་ཡོན་ཏན་གཉིས་དང་ལྡན་པའོ། །གཉིས་པ་བསྙེན་རྫོགས་ཀྱི་མཁན་པོ་ནི། དེའི་སྟེང་དུ་ལྔ་ཕྲུགས་སུ་སྦྱར་བ་ཉེར་གཅིག་པོ་གང་རུང་དང་ལྡན་པ་ནི་མཁས་པའི་ཡོན་ཏན་ཏེ་གསུམ་དང་ལྡན་པའོ། །

ལྔ་མཚན་ཉེར་གཅིག་ནི། ལུང་བར་སྡོམ་ལས། ལོ་བཅུ་འཛིན་དང་མཁས་པ་དང་། །རིག་དང་གསལ་དང་འཛིན་འཇུག་དང་། །སློབ་དང་སློབ་འཇུག་རྣམ་པ་གཉིས། །ཕྱུན་སུམ་ཚོགས་གཉིས་རྣམ་པ་གསུམ། །སློབ་དང་མི་སློབ་བྱུང་ཤེས་དང་། །གནས་འཆའ་འཆར་འཇུག་ལྟུང་ཤེས་ཏེ། །ལྔ་ཡི་རི་ལ་རྒྱུ་བ་ཡི། །སྡེ་ཚན་ཡང་དག་བསྡུས་པ་ཡིན། །ཞེས་པའི། དང་པོ་ལོ་བཅུ་ཞེས་པའི་ལྔ་ནི། ལོ་

བཙུ་ལོན་པ་ནད་གཡོག །འགྱོད་བསལ། སྡིག་སྤྱངས། གནས་འདིར་ལྔའོ། །དེ་བཞིན་དུ་རེ་རེ་བཞིན་ལྔ་ལྔ་སྟེ་རྒྱས་པར་གཞན་དུ་ཤེས་སོ། །གཉིས་པ་སློབ་དཔོན་ལ་ལྔ་སྟེ། དགེ་ཚུལ་གྱི་སློབ་དཔོན་གསང་སྟེ་སྟོན་པའི་སློབ་དཔོན། ལས་ཀྱི་སློབ་དཔོན། གནས་ཀྱི་སློབ་དཔོན། ཀློག་པའི་སློབ་དཔོན་ཏེ། མདོ་རྩ་ལས། དེ་ནི་སློབ་དཔོན་ཡིན་ནོ། །གསང་སྟེ་སྟོན་པ་དང་། ལས་བྱེད་པ་དང་། གནས་སྦྱིན་པ་དང་། ཀློག་པ་ཡང་ངོ་། །ཞེས་སོ། །དེ་ལ་དང་པོ་ནི། སྒྲུབ་བྱ་ལ་དགེ་ཚུལ་གྱི་སྡོམ་པ་འབོག་པའི་དགེ་སློང་ངོ་། །

གཉིས་པ་ནི། གསང་སྟོན་དུ་བསྐོས་པས་སྒྲུབ་བྱ་ལ་ཕྱོག་ཏུ་བར་ཆད་དྲིས་ཏེ་དགེ་འདུན་ལ་གོ་བར་བྱེད་པའི་དགེ་སློང་ངོ་། །གསུམ་པ་ནི། དགེ་འདུན་གྱི་དབུས་སུ་གསོལ་བཞིའི་ཆོ་ག་བརྗོད་པའི་དགེ་སློང་ངོ་། །བཞི་པ་ནི། སློབ་མ་ལ་དགག་སྒྲུབ་གནང་གསུམ་གྱི་བསླབ་བྱ་སློབ་པར་བྱེད་པའི་དགེ་སློང་ངོ་། །ལྔ་པ་ནི། སློབ་མ་ལ་ལུང་རྟོགས་ཀྱི་ཡོན་ཏན་འཕེལ་ཕྱིར་གདམས་ངག་འབོག་པའི་དགེ་སློང་ངོ་། །དེ་ལྟར་རང་གི་མཁན་པོ་དང་སློབ་དཔོན་དུ་གྱུར་ཕྱིན་ཆད། ཚེ་དང་ལྡན་པ་དང་། གནས་བརྟན་དང་། དགེ་བཤེས་དང་། བཙུན་པ་ལ་སོགས་མི་སྨྲ་བར། མཁན་པོ་དང་། སློབ་དཔོན་དང་། དེ་བཞིན་གཤེགས་པ་ཞེས་པ་དང་། བདག་གི་སློབ་དཔོན་མཚན་འདི་ཞེས་བྱ་བ་དང་། དོན་གྱི་སྐད་དུ་མཚན་ནས་སྨོས་ཏེ་བདག་གི་མཁན་པོ་འདི་ཞེས་བྱ་བ། ཞེས་བརྗོད་དགོས་ལ། འོན་ཀྱང་གང་གི་རིགས་དང་། ཡུལ། མཁན་པོ་ལ་སོགས་དྲིས་ན་ཉེས་པ་མེད་ལ། རང་གི་མཁན་སློབ་ཏུ་མ་གྱུར་པ་གཞན་ལ་ཞེས་པའི་ཚིག་མི་དགོས་ཏེ། ས་གའི་ལྟས། མཁྱེན་པའི་དེ་བཞིན་གཤེགས་པ་ལ། བརྟུལ་ཞུགས་ཅན་གྱིས་ཚེ་ལྡན་དང་། །རིགས་རུས་མཚན་ནས་སྨོས་པ་དང་། །ཡུལ་ནས་བརྗོད་པར་མི་བྱའོ། །ཞེས་དང་། ཐེ་ཚོམ་བསལ་བའི་དོན་དུ་ནི། །སངས་རྒྱས་གདུང་ནི་གང་ཡིན་པ། །རྒྱལ་རིགས་ལས་གང་རབ་བྱུང་བ། །ཞེས་སོགས་སྨྲ་བ་ཉེས་པ་མེད། །ཅེས་པ་དང་། མདོ་རྩར། ཉིད་ལས་གཞན་དུ་ཉེ་བར་མི་བརྗོད་དོ། །གཞན་ལ་མི་བྱའོ། །ཞེས་གསུངས་སོ། །

གསུམ་པ་ཇི་ལྟར་སྡོམ་པ་འབོག་ཚུལ་ལ་གསུམ་སྟེ། བསྙེན་གནས་འབོག་ཚུལ་དང་། རིགས་བདུན་འབོག་ཚུལ། ཞར་ལ་འཕྲོས་དོན་དང་ཐོབ་མཚམས་ངོས་བཟུང་བའོ། །དང་པོ་ལ་

གསུམ། བླང་བའི་ཡུལ། བླང་བའི་གང་ཟག་དང་། ལེན་པའི་ཆོ་ག་དང་གསུམ་ལས་དང་པོ་ནི། ཉན་ཐོས་བྱེ་བྲག་ཏུ་སྨྲ་བ་ལྟར་ན། ཡུལ་གང་ཟག་གཞན་དགེ་སློང་ལས་ལེན་དགོས་པར་བཞེད་ལ། མདོ་སྡེ་པ་ལྟར་ན། དགེ་སློང་ཁོ་ན་ལས་ལེན་དགོས་པ་མིན་ཏེ། གནས་འཇུག་གི་བུས་ཞུས་པའི་མདོ་ལས། ཡན་ལག་བརྒྱད་དང་ལྡན་པའི་བསྙེན་གནས་ལ་གནས་པར་འདོད་པ་དེས། ནང་པར་ལངས་ནས། དགེ་སློང་ངམ། བྲམ་ཟེའམ། ཁྱིམ་པ་གཞན་གང་ཡང་རུང་བ་ཆོ་ག་ཤེས་པ་ཞིག་གི་དྲུང་དུ་སོང་ནས། ཞེས་གསུངས་པ་ལྟར་འདོད་དོ། །

གཉིས་པ་བླང་བའི་གང་ཟག་ཀྱང་། བྱེ་བྲག་ཏུ་སྨྲ་བ་ལྟར་ན། གླིང་གསུམ་གྱི་སྐྱེས་པ་བུད་མེད་མ་གཏོགས་པ་སྡོམ་རྟེན་དུ་མི་འདོད་དེ། མདོ་རྩ་བར། མི་མ་ཡིན་པའི་འགྲོ་བ་དང་། བྱང་གི་སྒྲ་མི་སྙན་པ་གཉིས་ནི་སྡོམ་པའི་ཞིང་ཉིད་མ་ཡིན་ནོ། །ཞེས་སོ། །མདོ་སྡེ་པ་ལྟར་ན། བསྙེན་གནས་ཀྱི་རྟེན་གནས་དུད་འགྲོ་ལ་སོགས་ལའང་རུང་བར་བཞེད་དེ། འདུལ་བ་ལས། ཀླུ་གཞོན་ནུ་ཙམ་པ་ཞེས་བྱ་བས་ཆོས་བརྒྱད་ལ་བསྙེན་གནས་བསྲུང་བར་བཤད་པ་དང་། སྐྱེས་རབས་ལས། རི་བོང་དང་སེང་གེ་སོགས་ཀྱང་བསྙེན་གནས་བསྲུང་བར་བཤད་པ་བཞིན་ནོ། །གསུམ་པ་ལེན་པའི་ཆོ་ག་ལ་འང་། ཆོ་གའི་རྣམ་འདོན་གཞན་དུ་ཤེས་ལ། བྱེ་བྲག་ཏུ་སྨྲ་བས། དང་པོར་སློབ་དཔོན་གྱི་དྲུང་དུ་སོང་ནས་སང་ཉི་མ་མ་ཤར་གྱི་བར་ཁས་བླང་ནས། ཕྱིས་ཟླ་བ་བྱུང་ངོ་ཙོག་གི་ཆོས་བརྒྱད་དང་། བཅོ་ལྔ་དང་། གནམ་སྟོང་ལ་ཁས་བླངས་པས། མ་འོངས་པ་ན་ཆོས་བརྒྱད་ལ་སོགས་པར་ཟས་ལ་ལོངས་སྤྱོད་པའི་རྗེས་སུ་སློབ་དཔོན་གྱི་དྲུང་དུ་བླངས་པས་སྐྱེ་བར་འདོད་དེ། མཛོད་ཀྱི་རང་འགྲེལ་དུ། སྔོན་ཡང་དག་པར་ཁས་བླངས་པ་དེས་ནི། ཟན་ཟོས་ཀྱང་ནོད་པར་བྱའོ། །ཞེས་པ་ལྟར་རོ། །མདོ་སྡེ་པས་ནི། དང་པོར་སློབ་དཔོན་གྱི་དྲུང་དུ་ཆོས་བརྒྱད་དང་བཅོ་ལྔ་ལ་སོགས་ཁས་བླངས་པས། ཕྱིས་རྟེན་ལ་སོགས་པའི་དྲུང་དུ་བླངས་པས་སྐྱེ་བ་ཡིན་ཏེ། ས་པཎ་གྱིས། མདོ་སྡེ་བ་ཡི་ལུགས་བཞིན་དུ༑ ༑ཇི་ལྟར་འདོད་ཆེ་ལེན་ན་ཡང་། །ཞེས་སོ། །ཐེག་ཆེན་པ་ལྟར་ན། དང་པོ་རྟེན་ལ་སོགས་པའི་དྲུང་དུ་ལེན། ཕྱིས་ཀྱང་དེར་ལེན་པར་བཞེད་པའོ། །

གཉིས་པ་སོ་ཐར་རིགས་བདུན་གྱི་སྡོམ་པ་འབོག་པ་པོའི་ཚུལ་ལ་གསུམ་སྟེ། ཚོགས་སྤྱི་མ་

དགེ་ཚུལ་དུ་བསྒྲུབ་པ། ཕྱི་མ་བསྙེན་རྫོགས་སུ་བསྒྲུབ་པ། བུད་མེད་ཀྱི་ཆོ་གའི་ཁྱད་པར་གཞན་བསྟན་པའོ། །དང་པོ་ནི། ཀརྨ་ཤ་ཏཾ་ལས། སྔོན་དང་དགེ་བསྙེན་བསླབ་པ་དང་། །ཞེས་པས། བསྟན་པ་ལ་རིམ་གྱིས་འཇུག་པའི་ཆེད་དུ་དགེ་བསྙེན་དུ་བསྒྲུབ་པ་དང་། དགེ་ཚུལ་གྱི་བརྟུལ་ཞུགས་མྱུར་དུ་ཐོབ་པར་བྱ་བའི་ཕྱིར་དུ་བར་མ་རབ་བྱུང་དུ་བསྒྲུབ་པ་གཉིས་ལས། དང་པོ་ནི། ཉེས་མེད་ཕུན་སུམ་ཚོགས་པའི་བསྙེན་རྫོགས་ཀྱི་སྡོམ་པ་སྐྱེ་བ་ལ། དགེ་བསྙེན་ནས་རིམ་གྱིས་བསྒྲུབ་དགོས་ཏེ། མདོ་རྩར། དགེ་བསྙེན་ཉིད་དང་། དགེ་ཚུལ་ཉིད་དང་། དགེ་སློང་དག་གིས་སྔ་མ་བསྙེན་པར་མ་རྫོགས་པ་ལ་ཕྱི་མ་མི་བྱའོ། །ཞེས་པས་དགེ་བསྙེན་དགེ་ཚུལ་གཉིས་སྔོན་དུ་མ་སོང་བར་བསྙེན་རྫོགས་མི་སྐྱེ་བས། དང་པོ་དགེ་བསྙེན་གྱི་སྡོམ་པ་ནི། ཡུལ་དགེ་འདུན་མེད་ཁ་མེད་དུ་མི་དགོས་ཏེ། བསྟུ་བར་ཁྲིམ་པ་སོགས་ལས་བླང་དུ་རུང་བར་གསུངས་ཤིང་། དེ་ཡང་སྣ་གཅིག །ཡོངས་རྫོགས་སོགས་འོག་ནས་འབྱུང་བ་ལྟར་བླང་བའོ། །གཉིས་པ་དགེ་ཚུལ་གྱི་བརྟུལ་ཞུགས་མྱུར་དུ་ཐོབ་པར་བྱ་བའི་ཕྱིར་བར་མ་རབ་བྱུང་དུ་བསྒྲུབ་པ་ནི། བླང་བའི་ཡུལ་དགེ་ཚུལ་གྱི་སྡོམ་པ་གང་ཟག་ལས་སྐྱེ་བས་དགེ་འདུན་མེད་ཁ་མེད་མི་དགོས་པར་མཁས་པ་བུས་གསུངས་ཀྱང་། ཡོན་ཏན་གྱི་ཆེ་བ་དང་། དགོས་པ་ཆེན་པོའི་ཕྱིར། དགེ་འདུན་བཞིའི་ཡན་ཆད་དགོས་ལ། ཞུ་བ་པོ་ཡང་གསུམ་ཡན་ཆད་མི་རུངས་ཏེ། མདོ་རྩ་ལས། གསུམ་མན་ཆད་ཚོགས་གཅིག་གིས་བསྙེན་པར་རྫོགས་པར་བྱ་རུང་ངོ་། །ཞེས་སོ། །དེ་ཡང་དགེ་ཚུལ་གྱི་སྡོམ་པ་ལན་གཅིག་ནོད་ནས་རྩ་ལྟུང་འཆབ་བཅས་བྱུང་ན་སླར་བླང་དུ་མི་བཏུབ་སྟེ། ངོ་ཚ་ཁྲེལ་མེད་ཀྱིས་རྒྱུད་དྲེགས་པའི་ཕྱིར། སུམ་བརྒྱ་པ་ལས། མི་གསོད་ལ་སོགས་རྣམ་བཞི་ཡིས། །དགེ་ཚུལ་ལས་ནི་ཉམས་གྱུར་པ། །དགེ་སློང་བཞིན་དུ་དགེ་ཚུལ་ཡང་། །ཕྱིས་ནས་སྡོམ་སྐྱེས་སྐལ་བ་མེད། །ཅེས་སོ། །དེ་ལྟར་མ་ཡིན་པ་ལ། ཀརྨ་ཤ་ཏཾ་ལས། ཞུ་དང་མཁན་པོ་དང་པོ་དང་། །རབ་བྱུང་དགེ་ཚུལ་གྲིབ་ཚོད་དང་། །བསླབ་པ་བརྗོད་པ་ཐ་མ་ཡིན། །ཞེས་པ་ནི་ལས་ཚིག་གི་སྡོམ་སྟེ། ཞུ་དང་ཞེས་པ་ནི། བསྒྲུབ་བྱ་དེ་རབ་བྱུང་ཞུ་བའི་དགེ་སློང་ལ་གཏད་ནས། དེས་ཀྱང་དགེ་འདུན་ལ་ཞུ་བའོ། །མཁན་པོ་ཞེས་པས་མཁན་པོར་གསོལ་བ་གདབ་པའོ། །དང་པོ་ཞེས་པ་དེའི་འོག་ཏུ་དགེ་སློང་གཞན་ཞིག་གིས་དེའི་སྐྲ་དང་ཁ་སྤུ་བྲེགས་ཏེ། སྤྱི་བོར་གཙུག་ཕུད་བཞག་

པ་ལ། གཙུག་ཕུད་བྲེགས་པར་སྤྲོའམ་བྱས་པས། སྤྱི་ལགས་ཞུས་ཏེ་བྲེགས་ནས་དགུན་ཟླ་དྲུག་ཏུ། དབྱར་ཟླ་གྲང་གིས་ཁྲུས་བྱས་ཏེ། མཁན་པོར་འོས་པ་དེས། ཆོས་གོས། ཞམ་ཐབས། ལྷུང་བཟེད། གདིང་བ། ཆུ་ཚགས་ཏེ་ཡོ་བྱད་ལྔ་གཏད་དེ། མཁན་པོའི་མཚན་ནམ། སྔ་པའི་མིང་གི་མཐའ་ཅན་དཔལ་དང་། འོད་དང་། གྲགས་པ། བཟང་པོ་ལ་སོགས་པས་སྦྲུས་པ་འདོགས་སོ། །

རབ་བྱུང་ཞེས་པ་ནི། བར་མ་རབ་བྱུང་དུ་བསྒྲུབ་པའོ། །དགེ་ཚུལ་ཞེས་པ་ནི། སྐྱབས་འགྲོ་རྫོགས་བྱེད་དུ་བྱས་ནས་དགེ་ཚུལ་བསྒྲུབ་པའི་ཆོ་གའི་སྔགས་ཚིག་ལན་གསུམ་བརྗོད་དེ་དགེ་ཚུལ་དུ་བསྒྲུབ་པའོ། །གྲིབ་ཚོད་ཅེས་པས། གྲིབ་ཚོད་གཞལ་ཏེ་དེའི་འོག་ཏུ་དུས་བརྗོད་པའོ། །བསླབ་པ་བརྗོད་པ་ཞེས་པས་དགེ་ཚུལ་གྱི་བསླབ་པའི་གཞི་བཅུ་བརྗོད་པ་སྟེ་དགེ་ཚུལ་དུ་བསྒྲུབ་པའོ། །

གཉིས་པ་ཚིགས་ཕྱི་མ་བསྙེན་རྫོགས་སུ་བསྒྲུབ་པ་ལ། ཡུལ་དབུས་སུ་དགེ་སློང་བཅུ་དང་། མཐའ་འཁོབ་ཏུ་ལྔ་ཡན་ཆད་འདུས་པ་ལ་སྐྱེས་པ་བསྙེན་པར་རྫོགས་དགོས་ལ། དེ་ཡང་ཀརྨ་ཤ་ཏཾ་ལས། དང་པོར་བྱ་དང་མཁན་པོ་དང་། །ཆོས་གོས་གཉིས་དང་ལྷུང་བཟེད་གཉིས། །སྤྲོ་བྱ་གསོལ་བ་གསང་སྟོན་དང་། །ཞུ་དང་གསོལ་དང་གསལ་བ་དང་། །དྲི་དང་ལས་དང་གྲིབ་ཚོད་དང་། །ཉིན་མཚན་དུས་ཚོད་གནས་རྣམས་དང་། །ལྟུང་བྱེད་དགེ་སྦྱོང་མཆོག་འདོད་དང་། །ཚུལ་ཁྲིམས་མཉེས་དང་ཚུལ་འཁྲིལ་དང་། །དུལ་དང་དགོས་དང་མ་བརྗོད་དང་། །གུས་པ་དང་ནི་བསྒྲུབ་བྱ་བ། །མུ་སྟེགས་གནང་བ་སྦྱིན་པ་ཡིས། །སྡེ་ཚན་ཡང་དག་བསྡུས་པ་ཡིན། །ཞེས་པ་ནི་སྡོམ་སྟེ། དང་པོར་བྱ་དང་ཞེས་པ་ནི། སྒྲུབ་བྱ་དེ་ལོ་ཉི་ཤུ་ལོན། སྣམ་སྦྱར་བླ་གོས་མཐིང་གོས་ཏེ་ཆོས་གོས་གསུམ་དང་ལྷུང་བཟེད་ཀྱང་ཚང་། བསྙེན་པར་རྫོགས་པར་འདོད་པ་ན་མཁན་པོར་འདོད་པ་དེས། ལས་བྱེད་སློབ་དཔོན། གསང་སྟོན། ལས་གྲལ་དུ་འདུས་པའི་དགེ་སློང་རྣམས་ལ་གསོལ་བ་བཏབ་ནས། དེ་རྣམས་ཀྱིས་ཀྱང་། རང་རང་གི་ལྷུང་བ་བཤགས་འོས་རྣམས་བཤགས། བྱིན་གྱིས་བརླབ་འོས་རྣམས་བྱིན་གྱིས་བརླབས་ཏེ་ལས་གྲལ་དུ་འདུས་པའོ། །མཁན་པོ་ཞེས་པས་བསྙེན་རྫོགས་ཀྱི་མཁན་པོར་གསོལ་བ་གདབ་པའོ། །ཆོས་གོས་དང་པོ་ནི་མཁན་པོས་ཆོས་གོས་གསུམ་བྱིན་གྱིས་བརླབས་ནས་གནང་བའོ། །ཆོས་གོས་གཉིས་པ་ནི་ཆོས་གོས་དུབས་ཟིན་པ་མེད་ན་ཆོས་གོས་ཀྱི་རྒྱུ་བྱིན་གྱིས་

བརླབས་ནས་གནང་བའོ། །ལྟུང་བཟེད་དང་པོ་ནི་དགེ་འདུན་ལ་མི་ཆེའམ། མི་ཆུང་ངམ། མི་སྐྱའམ་བསྟན་པའོ། །

གཉིས་པ་ནི་མཁན་པོས་བྱིན་གྱིས་བརླབས་ནས་གནང་བའོ། །སྤྲོ་བྱ་ཞེས་ལས་སློབ་ཀྱིས་གང་ཡིན་དྲིས་ནས་སྤྲོར་གཞུག་པའོ། །གསོལ་བ་ཞེས་གསང་སྟོན་བསྐོ་བའི་གསོལ་བ་འབའ་ཞིག་གོ། །གསང་སྟོན་ཞེས་པས་གསང་སྟོན་གྱིས་སྒྲུབ་བྱ་ལ་ཕྱོག་ཏུ་བར་ཆད་དྲི་བའོ། །ཞུ་དང་ཞེས་གསང་སྟོན་གྱི་དགེ་འདུན་ལ་བར་ཆད་དག་གོ་ཞུ་བའོ། །གསོལ་དང་ཞེས་བསྙེན་པར་རྫོགས་ཕྱིར་བསྒྲུབ་བྱ་ལས་སློབ་ཀྱིས་རྗེས་ཟློས་བྱས་ཏེ་གསོལ་བ་བཏབ་པའོ། །གསོལ་བ་ཞེས་པས་ལས་སློབ་ཀྱིས་བསྒྲུབ་བྱ་ལ་སྟོན་དུ་བར་ཆད་དྲི་བའི་ཆེད་དུ་གསོལ་བ་འབའ་ཞིག་པའི་ལས་བྱེད་པའོ། །དྲི་དང་ཞེས་པས་མངོན་དུ་དྲི་བའོ། །ལས་དང་ཞེས་པས་བསྙེན་པར་རྫོགས་པའི་དངོས་གཞིའི་ལས་བྱེད་པའོ། །གྲིབ་ཚོད་ཅེས་པས་ཐུར་མ་སོར་བཞི་པ་སྐྱེས་བུ་ཞེས་དེའི་ཉི་མའི་གྲིབ་ཚད་གཞལ་བའོ། །དེ་ཡང་གྲིབ་མ་སོར་བཞི་ལ་སྐྱེས་བུ་དང་གསུམ་མན་ཆད་ལ་རྐང་པ་ཞེས་ཐ་སྙད་བརྗོད་དོ། །ཉིན་མཚན་ཞེས་པས་ཉིན་མོའི་ཆ་ཤས་བཅུ་བཞི། མཚན་མོའི་བརྒྱད་དེ་ཉེར་གཉིས་བརྗོད་པའོ། །

ཉིན་མོའི་བཅུ་བཞི་ནི། གཞུ་ཤ་ཏཾ་ལས། སྐྱ་རེངས་ཤར་བ། ཉི་མ་མ་ཤར་བ། ཉི་མ་ཤར་བ། ཉི་མའི་བརྒྱད་ཆ་ཤར་བ། བཞི་ཆ་ཤར་བ། སྔ་དྲོའི་དུས། གུང་ཚིགས་མ་ཡོལ་བ། གུང་གི་དུས། ཕྱི་དྲོའི་དུས། ཉི་མའི་བཞི་ཆ་ལུས་པ། བརྒྱད་ཆ་ལུས་པ། ཉི་མ་མ་ནུབ་པ། ཉི་མ་ནུབ་པ། རྒྱུ་སྐར་མ་ཤར་བའོ། །མཚན་མོའི་བརྒྱད་ནི། རྒྱུ་སྐར་ཤར་བའོ། །མཚན་ཐུན་དང་པོ། ཐུན་དང་པོའི་ཕྱེད། གུང་ཐུན་དེའི་ཕྱེད། གུང་ཐུན་ཐ་མ། ཐུན་ཐ་མའི་ཕྱེད། སྐྱ་རེངས་མ་ཤར་བའོ། །ཞེས་སོ། །དུས་ཚོད་ཅེས་དུས་ཚིགས་ལྔ་བརྗོད་པ་སྟེ། དེ་ཡང་མདོ་རྩ་ལས། དགུན་གྱི་དུས་དང་། དཔྱིད་ཀྱི་དུས་དང་། དབྱར་གྱི་དུས་དང་། དབྱར་ཐུང་ངུའི་དུས། དབྱར་རིང་པོའི་དུས་སོ། །དང་པོ་གཉིས་ནི་ཟླ་བ་བཞི་བཞིའོ། །འོག་མ་ནི་ཟླ་བ་གཅིག་གོ། །དེའི་འོག་མ་ནི་ཉིད་ཞག་གཅིག་གོ། །ཐ་མ་ནི་ཟླ་བ་གསུམ་དུ་མ་ཆག་པའོ། །ཞེས་སོ། །གནས་རྣམས་ཞེས་པ་ནས་བསྒྲུབ་བྱ་ཞེས་པའི་བར་ནི་གདམས་ངག་བཅུ་གཅིག་བརྗོད་པའོ། །མུ་སྟེགས་གནས་པ་སྦྱིན་པ་ཞེས་སྦྱོར་བའི་ཚོ་གའི་སྤྲོས་པའོ། །འདི་

དག་གོ་རིམ་མི་འཁྲུག་པའི་ས་བཅད་མདོར་བསྟན་པ་སྟེ་རྒྱས་པར་ལས་ཆོག་ལས་རྫོགས་པར་བྱའོ། །

གསུམ་པ་བུད་མེད་ཀྱི་ཆོ་གའི་ཁྱད་པར་གཞན་བསྟན་པ་ལ་གསུམ་གྱི་དང་པོ་དགེ་བསྙེན་མ་དང་དགེ་ཚུལ་མར་བསྒྲུབ་པའི་ཆོ་ག་ནི་སྐྱེས་པའི་མལ་དུ་བུད་མེད་དང་། དགེ་སློང་གི་མལ་དུ་དགེ་སློང་མ་སྒྱུར་བ་ལས་གཞན་སྔར་དང་འདྲ་སྟེ། མདོ་རྩ་ལས། དགེ་སློང་གི་གནས་སུ་དགེ་སློང་མའོ། །རབ་ཏུ་བྱུང་བ་ཐམས་ཅད་ཀྱིའོ། །ཞེས་སོ། །གཉིས་པ་དགེ་སློབ་མའི་སྡོམ་པ་ནི་བསྙེན་པར་མ་རྫོགས་པའི་ལོ་གཉིས་ཀྱི་གོང་དུ་བླང་དགོས་ཏེ། དེ་ཡང་དབུས་སུ་དགེ་སློང་མ་བཅུ་གཉིས། མཐའ་འཁོབ་ཏུ་དྲུག་ཚོགས་ཀྱིས་སྦྱིན་པར་བྱའོ། །གསུམ་པ་དགེ་སློང་མར་བསྒྲུབ་པ་ལ་ཆོ་ག་ཕལ་ཆེར་དགེ་སློང་དང་འདྲ་ལ། བླང་ཡུལ་དགེ་འདུན་གཉིས་ཀ་དགོས་ཏེ་དབུས་སུ་དགེ་སློང་བཅུ་དགེ་སློང་མ་བཅུ་གཉིས་ཏེ་ཉེར་གཉིས། མཐའ་འཁོབ་ཏུ་དགེ་སློང་ལྔ། དགེ་སློང་མ་དྲུག་ཏེ་བཅུ་གཅིག་དགོས་ལ། གསང་སྟོན་པའི་འོག་ཏུ་ཚངས་སྤྱོད་ཉེར་གནས་ཀྱི་སློབ་དཔོན་མས་བར་ཆད་དྲིས་ནས་ཚངས་སྤྱོད་ཀྱི་སྡོམ་པ་སྦྱིན་ཞིང་ཆོས་གོས་ཀྱི་སྐབས་སུ་ཆོས་གསུམ་པོའི་སྟེང་དུ། རྡུལ་གཟན་ཤིང་ང་དཔུང་བཅད་གཉིས་ཏེ་ལྔ་དགོས་ལ། ཤིང་དྲུང་མི་བརྗོད་ལ་ལྟི་ཆོས་བརྒྱད་བརྗོད་པ་ལ་སོགས་ཞིབ་པར་ལས་ཆོག་ལས་རྫོགས་པར་བྱའོ། །གསུམ་པ་ཞར་ལ་འཕྲོས་དོན་དང་ཐོབ་མཚམས་ངོས་བཟུང་བ་ནི། སྔ་མ་མ་བྱས་རྫོགས་པའི་མདོ་སྡེར་སྣང་། ཐོབ་མཚམས་བརྗོད་པ་གསུམ་གྱི་ཐ་མར་འདོད། །ཅེས་པའི་དོན། སྡོམ་གསུམ་རྒྱན་ལས། སྔ་མ་མ་བྱས་བསྙེན་པར་རྫོགས་པ་དེས། །གཞན་གཉིས་ཞར་གྱིས་ཐོབ་པ་མདོ་སྡེར་སྣང་། །དེ་དུས་ཀུན་སློང་སེམས་བསྐྱེད་ཀྱིས་ཟིན་ན། །ཐེག་ཆེན་སོ་སོར་ཐར་པར་མཁས་རྣམས་བཞེད། །ཅེས་དང་། རྗེ་ས་པཎ་གྱིས། དེས་ན་ད་ལྟའི་ཆོ་ག་ནི། །བསམ་པ་སེམས་བསྐྱེད་ཀྱིས་ཟིན་པའི། །ཆོ་ག་ཉན་ཐོས་ལུགས་བཞིན་གྱིས། །སོ་ཐར་སྡོམ་པ་རིགས་བརྒྱད་པོ། །བྱང་སེམས་སོ་སོ་ཐར་པར་འགྱུར། །ཞེས་སོ། །ཐོབ་མཚམས། ཆོ་གའི་རྗེས་ཟློས་ལན་གསུམ་གྱིས་རྗེས་སུ་ཐོབ་པ་སྟེ། དེ་ཡང་སྐྱབས་བརྗོད། བདག་བརྗོད། གཞན་བརྗོད་གསུམ་གྱི་ལན་གསུམ་པའི་བདག་བརྗོད་རྫོགས་མ་ཐག་ཏུ་དགེ་ཚུལ་ལམ་དགེ་སློང་གི་སྡོམ་པ་སྐྱེ་བ་ཡིན་ཞིང་། དེ་དུས་ཐོབ་པར་ངོ་ཤེས་དགོས་ཏེ། ལུང་གཞི་ལས། གང་ཟག་གསུམ་ནི་བསྙེན་པར

མ་རྫོགས་པ་ཞེས་གསུངས་པ་སྟེ། གང་བདག་གི་མིང་མ་བརྗོད་པ་དང་། མཁན་པོའི་མིང་མ་བརྗོད་པ་དང་། སྡོམ་པ་ཐོབ་པའི་དུས་མི་ཤེས་པའོ། །ཞེས་པས་དེའི་དུས་ན་གྲིབ་ཚོད་ལ་སོགས་རིགས་པར་བྱ་ཞིང་། དེ་ཡང་རྟོགས་སླ་བར་བརྗོད་དེ། འདི་ལྟར་ལོ་བཅུ་གཉིས་ཡོད་པའི་ནང་ནས་བྱེ་བ། དུས་ཚིགས་ལྔ་ལས་དགུན། དེའི་ནང་ནས་དགུན་ར་བ། དེ་ཡང་ངོ་གཉིས་ལས་ཡར་ངོའི་ཚེས་གཅིག །ཉིན་མཚན་གཉིས་ཀྱི་ཉིན་མོ། དེ་ལའང་ཆ་ཤས་བཅུ་བཞི་ཡོད་པའི་སྔ་དྲོའི་དུས་སུ། གཙུག་ལག་ཁང་འདི་ཞེས་པར་མཁན་སློབ་འདི་ཞེས་པ་ལས་རབ་བྱུང་བསྙེན་རྫོགས་ཐོབ་པ་ཡིན་པས་འདི་ལས་གྲིབ་ཚོད་གང་སྔ་བ་རྣམས་བསླབ་པ་རྒན་པ་ཡིན་པས་གྲལ་གོང་དུ་བཞག་ཅིང་རིམ་གྲོ་བྱེད་དགོས་ལ། འདི་ལས་ཕྱི་བ་རྣམས་ལ་རང་རྒན་པས་གང་དུ་འདུག་པ་ལ་སོགས་བཀྲོལ་ནས་བསླབ་བྱ་གང་ཡིན་དེ་ལན་གཅིག་བརྗོད་པའོ། །ལན་གསུམ་བརྗོད་པར་འདོད་པ་ནི་གཞུང་དོན་མ་རྟོགས་པར་ཟད་དོ། །

སྤྱི་དོན་གཉིས་པ་ཐོབ་པ་མི་ཉམས་བསྲུང་བའི་ཐབས་ལ་གསུམ་སྟེ། སྡོམ་པའི་རྣམ་དབྱེ་རྒྱས་པར་བཤད་པ། གནང་བཀག་གི་དོན་མདོར་བསྟན་པ། ཞར་ལ་སྡོམ་པའི་རྟེན་བཤད་པའོ། །དང་པོ་ལ་བདུན་ཏེ། སྐྱབས་འགྲོའི་བསླབ་བྱ། བསྙེན་གནས་ཀྱི≡ དགེ་བསྙེན≡ དགེ་ཚུལ≡ དགེ་སློབ་མའོ། །དགེ་སློང་གི་དགེ་སློང་མའི་བསླབ་བྱ་བསྟན་པའོ། །དང་པོ་ནི། བར་དུ་ཐོབ་པ་མི་ཉམས་བསྲུང་བ་ལ། །བསླབ་བྱ་སྐྱབས་འགྲོའི་ཐུན་མོང་མིན་གསུམ་ནི། །སྐྱབས་གཞན་མི་འཚོལ་སེམས་ཅན་འཚེ་བ་སྤངས། །མུ་སྟེགས་མི་འགྲོགས་སོ་སོར་གུས་བསྐྱེད་དོ། །

དེ་ཡང་བསླབ་བྱ་དངོས་དང་། ཐུན་མོང་མ་ཡིན་པ་དང་། ཐུན་མོང་གི་བསླབ་བྱ་གསུམ་ལས། དང་པོ་ནི། མྱ་ངན་འདས་མདོ་ལས། གང་ཞིག་སངས་རྒྱས་སྐྱབས་སོང་བ། །དེ་ནི་ཡང་དག་དགེ་བསྙེན་ཏེ། །ནམ་དུ་ཡང་ནི་ལྷ་གཞན་ལ། །སྐྱབས་སུ་འགྲོ་བ་མ་ཡིན་ནོ། །དམ་པའི་ཆོས་ལ་སྐྱབས་སོང་ནས། །འཚེ་ཞིང་གནོད་པའི་སེམས་དང་བྲལ། །དགེ་འདུན་དག་ལ་སྐྱབས་སོང་ནས། །མུ་སྟེགས་ཅན་དང་འགྲོགས་མི་བྱ། །ཞེས་གསུངས་པ་ལྟར་རོ། །གཉིས་པ་ནི། སངས་རྒྱས་དང་ཆོས་དང་། དགེ་འདུན་ལ་གུས་པ་བསྐྱེད་པར་བྱའོ། །

གསུམ་པ་ནི། སྲོག་དང་བྱ་དགར་དཀོན་མཆོག་གསུམ་མི་སྤངས། །དགོས་གལ་ཆེ་ཡང་ཐབས་གཞན་མི་འཚོལ་ཞིང་། །དུས་མཆོད་མི་བཅག་རང་གཞན་སྐྱབས་འགྲོར་འགོད། །གར་འགྲོའི་ཕྱོགས་སུ་སངས་རྒྱས་ལ་ཕྱག་འཚལ། །ལྔ་རྣམས་ཐུན་མོང་བསླབ་བྱར་ཇོ་བོས་བཞེད། །དེ་ཡང་རང་གི་སྲོག་ལ་ཐུག་པའམ་བྱ་དགའ་ཆེན་པོའི་ཆེད་དུའང་དཀོན་མཆོག་གསུམ་མི་སྤང་བ་དང་། ནད་སོགས་ཀྱིས་ཉེས་པ་ལྟ་བུ་དགོས་གལ་ཆེ་ན་ཡང་སྲོག་གཅོད་མཆོད་སྦྱིན་ལྟ་བུ་སངས་རྒྱས་པར་ལོག་པའི་ཐབས་གཞན་མི་འཚོལ་བ་དང་། དུས་རྟག་པར་མཆོད་པ་ཁྱད་པར་དུས་ཆེན་བཞི་ལ་སོགས་སུ་མཆོད་པ་ཙི་ཟ་ཙི་འབྱུང་གི་ཕུད་ཀྱིས་མཆོད་པ་མི་བཅག་པ་དང་། རང་ཉིད་སྐྱབས་སུ་འགྲོ་ཞིང་གཞན་ཡང་སྐྱབས་འགྲོར་འགོད་པ་དང་། རང་ཕྱོགས་གང་དུ་འགྲོ་བའི་ཕྱོགས་དེའི་སངས་རྒྱས་ལ་ཕྱག་འཚལ་བ་དང་ལྔ་ནི་སྐྱབས་འགྲོའི་ཐུན་མོང་གི་བསླབ་བྱར་དཔལ་ཇོ་བོ་རྗེས་བཞེད་དོ། །

གཉིས་པ་བསྙེན་གནས་ཡན་ལག་བརྒྱད་པ་ནི། སྲོག་གཅོད་པ། མ་བྱིན་ལེན་པ། མི་ཚངས་སྤྱོད་པ། རྫུན་དུ་སྨྲ་བ་སྟེ། རྩ་བ་བཞི་སྤངས་པ། ཆང་སྤངས་བག་ཡོད་ཡན་ལག་མལ་ཆེ་མཐོ། །གར་སོགས་ཕྲེང་སོགས་ཕྱི་དྲོའི་ཁ་ཟས་གསུམ། །བརྟུལ་ཞུགས་ཡན་ལག་བསྙེན་གནས་སྡོམ་པ་ཡིན། །དེ་སྐད་དུའང་མཛོད་ལས། ཚུལ་ཁྲིམས་ཡན་ལག་བག་ཡོད་པའི། །ཡན་ལག་བརྟུལ་ཞུགས་ཡན་ལག་སྟེ༑ ༑གཞི་གཅིག་དེ་བཞིན་གསུམ་རིམ་བཞིན། །ཞེས་པས། རྩ་བཞི་སྤང་བས་ཚུལ་ཁྲིམས་ཀྱི་ཡན་ལག །དེའི་སྟེང་དུ་ཆང་སྤངས་བ་བག་ཡོད་ཀྱི་ཡན་ལག །མལ་ཆེན་པོ་ཞེས། རིན་པོ་ཆེ་ལས་བྱས་པ་དང་། མཐོན་པོ་ཞེས་མཐོ་གང་ལས་ལྷག་པ་དང་གཅིག །གར་སོགས་ཕྲེང་སོགས་དང་གཉིས། ཕྱི་དྲོའི་ཁ་ཟས་སྤང་བ་གསུམ་ནི་བརྟུལ་ཞུགས་ཀྱི་ཡན་ལག་སྟེ་བསྙེན་གནས་ཡན་ལག་བརྒྱད་པའོ། །ཡན་ལག་འདི་བརྒྱད་གཏན་དུ་མ་ཡིན་པས། ཡོན་ཏན་རྟེན་མིན་དེ་ཕྱིར་སོ་ཐར་ནི། མཚན་ཉིད་ལྡན་པ་རིགས་བདུན་ཁོ་ན་ཡིན། དེ་ལ་ཀུན་མཁྱེན་ཀློང་ཆེན་པས། བསྙེན་གནས་དུས་ནི་དུས་རེས་འགའ་བ་ཡིན་པས་ཡོན་ཏན་གྱི་རྟེན་དུ་མ་བཞག་གོ་ཞེས་པས་སོ་ཐར་མཚན་ཉིད་པ་ནི་རིགས་བདུན་པོ་ཡིན་ན། ཁ་ཅིག་ན་རེ། ཟླ་བ་བྱུང་ངོ་ཙོག་གི་ཆོས་བརྒྱད་སོགས་ལ་ཁས་བླངས་པས་དེས་ཕྱིས་ཆོས་བརྒྱད་སོགས་ལ་སྡོམ་པ་ལེན་མི་དགོས་ཏེ་བསྲུང་བས་ཆོག་པར་འདོད་དོ། །དེ་ནི་མི་འཐད་

དེ༑ འོ་ན་ཟླ་བ་བྱང་གོ་ཅོག་གི་ཆོས་བརྒྱད་སོགས་པར་བསྙེན་གནས་བསྲུང་བར་ཁས་བླངས་པའི་གང་ཟག་དེས་ཆོས་བརྒྱད་ཀྱི་མཚན་མོ་འདས་པ་ན་སྡོམ་པ་གཏོང་ངམ་མི་གཏོང་གཏོང་ན་ཟླ་བ་ཕྱི་མའི་ཆོས་བརྒྱད་སོགས་པར་བསྙེན་གནས་ཚོ་གའི་སྒོ་ནས་ལེན་དགོས་པར་ཐལ། དེའི་དུས་སུ་སྔར་གྱི་སྡོམ་པ་བཏང་ཟིན་པ་གང་ཞིག །སྡོམ་པ་རྒྱུད་ལ་མེད་པས་བསྲུང་བ་ལ་དགོས་པ་མེད་པའི་ཕྱིར། མི་གཏོང་ན། བསྙེན་གནས་ཀྱི་སྡོམ་པ་གང་ཞིག །ཉིན་ཞག་གི་མཐའ་ཅན་མ་ཡིན་པར་ཐལ་བ་དང་། ཆོས་བརྒྱད་དུ་མ་ཟད་དགུ་དང་བཅུ་ལ་བསྲུང་དགོས་པར་ཐལ། ཁས་བླང་པ་དེའི་ཕྱིར། འདོད་ན། སྡོམ་གསུམ་རབ་དབྱེར། བསྙེན་གནས་མཚན་མོ་འདས་པ་ན། གཏོང་ཕྱིར་འདི་ལ་འབུལ་མི་དགོས། །ཞེས་པ་དང་འགལ་ལོ། །དེས་ན་དུས་རེས་འགའ་བ་སྐྱེ། སྔར་ཆོས་བརྒྱད་ལ་སོགས་པར་ཁས་བླངས་པ་དེས། ཕྱིས་ཆོས་བརྒྱད་སོགས་ལ་ངེས་པར་ཚོ་གའི་སྒོ་ནས་བསྙེན་གནས་ལེན་དགོས་སོ། །དེ་ཡང་ཀུན་ཏུ་རྒྱུ་སེན་རིངས་ཀྱི་ཞུས་པ་ལ་སོགས་པར་བསྙེན་གནས་ཡན་ལག་འདི་བརྒྱད་ཇི་སྲིད་འཚོ་བའི་བར་བསྲུང་ན། གོ་མའི་དགེ་བསྙེན་ཡིན་ཀྱང་ཡོད་སྐྱོའི་མིན། གནས་བརྟན་སྡེ་པའི་ལུགས་སུ་དབྱིག་གཉེན་བཞེད། ཡན་ལག་བརྒྱད་ཇི་སྲིད་འཚོ་བའི་བར་དུ་བསྲུང་ན། གོ་མའི་དགེ་བསྙེན་ཡིན་ཞེས་གནས་བརྟན་སྡེ་པས་འདོད་ལ་ཡོད་སྨྲ་བས་མི་འདོད་དེ། དབྱིག་གཉེན་གྱི་ཞལ་ནས། གོ་མའི་དགེ་བསྙེན་ཞེས་བྱ་བ་འདི་ནི་འཕགས་པ་གནས་བརྟན་པའི་མན་ངག་བརྒྱུད་པ་ལས་ཐོས་ཀྱི། བདེ་བར་གཤེགས་པས་གསུངས་པ་ནི་མ་མཐོང་ངོ་། །ཞེས་གསུངས་པའི་དོན་ནོ། །

གསུམ་པ་དགེ་བསྙེན་གྱི་བསླབ་པ་ནི། དགེ་བསྙེན་གྱི་གཏན་ཁྲིམས་ལྔ་ཞེས། གསོད་རྐུ་རྫུན་སྨྲ་འདོད་པས་ལོག་པར་གཡེམ། །སྨྱོས་འགྱུར་སྤང་རྣམས་དགེ་བསྙེན་སྡོམ་པ་སྟེ། །དེ་ཡང་དགེ་བསྙེན་ལ་རྟ་བ་བཞིའི་མི་ཚངས་སྤྱོད་ཆ་སྤོང་མི་དགོས་ཏེ། བདག་པོས་བསྲུང་བ་མི་གཞན་གྱིས་བཟུང་བ། རིགས་ཀྱི་བསྲུང་བ་མ་སྲིད་ལྟ་བུ། ཆོས་ཀྱི་བསྲུང་བ་དགེ་ཚུལ་དང་དགེ་སློང་མ་ལྟ་བུ་སྟེ་གསུམ། ཡུལ་གྱི་མི་རུང་བ་དཀོན་མཆོག་གི་རྟེན་དང་ཕ་མའི་དྲུང་། དུས་ཀྱི་མི་རུང་བ་ཟླ་མཚན་ལྡན་དུས་དང་དུས་གཉན། ཡན་ལག་གི་མི་རུང་བ་དང་ཁ་བཤང་ལམ་སྟེ་གསུམ་འགོག་ལ། བདག་

གིར་བ་ནི་མི་འགོག་ལ། དེ་སྐྱེང་དུ་ཆང་སྤང་བའོ། །

འདི་ལ་དབྱེ་ན། ཉན་ཐོས་སྡེ་བ་དག་གིས་སྐྱབས་གསུམ་འཛིན་པའི་དགེ་བསྙེན། སྲོག་གཅོད་སྤང་བ་ལྟ་བུ་སྣ་གཅིག་གཅོད་པའི། གསོད་རྐུ་གཉིས་སྤང་བ་ལྟ་བུ་སྣ་འགའ་གཅོད་པའི། གསོད་རྐུ་རྫུན་གསུམ་སྤང་བ་ལྟ་བུ་ཕལ་ཆེར་གཅོད་པའི། ཀུན་བསྲུང་ན་ཡོངས་རྫོགས་ཀྱི་དགེ་བསྙེན་ཞེས་ལྔ་དང་། གཞན་དག་དེའི་སྟེང་དུ་མི་ཚངས་སྤྱོད་ཆ་བཅས་སྤང་བས་ཚངས་སྤྱོད་ཉེར་གནས་ཀྱི་དགེ་བསྙེན་དང་ཡན་ལག་བརྒྱད་ཧི་སྲིད་འཚོ་བའི་བར་བསྲུང་བས་གོ་མའི་དགེ་བསྙེན་དང་བདུན་དུ་བཞེད་དེ། འདི་ལྟར། གང་འདོད་ཁས་ལེན་གྲངས་ལྟར་སྣ་གཅིག་སྤྱོད། །སྣ་འགའ་ཕལ་ཆེར་སྤྱོད་དང་ཡོངས་རྫོགས་སྤྱོད། །གཅིག་གཉིས་གསུམ་དང་ལྔ་སྤང་དེ་ཡི་སྟེང་། །མི་ཚངས་སྤྱོད་སྤང་ཚངས་སྤྱོད་དགེ་བསྙེན་ནོ། །དེའི་འགྲེལ་བཤད་བཤད་མ་ཐག་པ་ལས། །ཕྱི་མ་གཉིས་ཀྱང་། ཚོ་འཕྲུལ་བསྟན་པའི་མདོ་ལས། ཧི་སྲིད་འཚོ་བར་ཚངས་བར་སྤྱོད་བྱེད་ཅིང་། །གསོ་སྦྱོང་ཡན་ལག་བརྒྱད་པའང་བླང་བར་བགྱི། །ཞེས་པའི་དོན་ཡིན་ལ། ཚངས་སྤྱོད་ཀྱི་དགེ་བསྙེན། འདི་དང་གོ་མི་གཉིས་ནི་ཁྲིམ་པ་དང་། རབ་བྱུང་གཉིས་ཀ་མིན་ཞེས་མཁས་ལ་གྲགས། །ཞེས་པས་མི་ཚངས་སྤྱོད་ཆ་དང་བཅས་པ་སྤངས་པས་ཁྲིམ་པའང་མིན་ལ། རགས་ལྷོག་ལྔ་སོགས་པའི་བསླབ་བྱ་མཚན་ཉིད་པ་མེད་པས་རབ་བྱུང་དུའང་མི་འདོད་ཞེས་མཁས་པ་དག་གིས་ཐ་སྙད་བརྗོད་དོ། །གཞན་ཡང་། རིག་འཛིན་སྔགས་ཀྱི་སྡོམ་པ་འཛིན་པས་གོང་ལྟར་རྒྱ་བ་བཞི་དང་། མི་དགེ་ལྷག་དྲུག་ཕྱོགས་མཐུན་སྤངས་བྱ་དང་། །དགེ་བསྙེན་སྡོམ་ལྡན་རིག་པ་འཛིན་པས་ཀྱང་། །རབ་བྱུང་རྟགས་དང་ཆོ་ག་མ་གཏོགས་པ། །ལྷག་རྣམས་ཉམས་སུ་ལེན་པ་དཔྱང་བཟང་བཤད། །དེ་ཡང་། ཕྲ་མ། ཚིག་རྩུབ། ངག་འཆལ། བརྣབ་སེམས། ལོག་ལྟ་སྟེ་མི་དགེ་བཅུའི་ལྷག་མ་དྲུག་ཕྱོགས་མཐུན་དང་བཅས་པ་སྤང་ཞིང་། རབ་ཏུ་བྱུང་བའི་ཆོ་ག་དང་། ཆོས་གོས་ལྷུང་བཟེད་ལ་སོགས་པའི་རྟགས་མ་གཏོགས་འདུལ་བ་ལས་གསུངས་པའི་ཆོས་དེ་དག་སྔགས་པ་ཁྱིམ་པས་ཀྱང་བསྲུང་དགོས་པར། ཀྲི་ཡ་དཔྱང་བཟང་ལས། རྒྱལ་བ་ངས་གསུངས་སོ་སོར་ཐར་པ་ཡི། །ཚུལ་ཁྲིམས་རྣམ་དག་འདུལ་བ་མ་ལུས་ལས། །སྔགས་པས་ཁྱིམ་པ་རྟགས་དང་ཆོ་ག་སྤངས། །ལྷག་མ་རྣམས་ནི་ཉམས་སུ་ལེན་པར་བྱ། །

ཞེས་གསུངས་པའི་དོན་ནོ། །

བཞི་པ་དགེ་ཚུལ་གྱི་བསླབ་བྱ་ལ་གསུམ་སྟེ། སྤང་བྱ་རགས་ལྡོག་བཅུ། གནང་བ་ཉེས་མེད་བཅུ་གསུམ། ཉམས་པའི་ཆོས་གསུམ་བསྟན་པའོ། །དང་པོ་ནི། སྲོག་གཅོད་རྐུ་དང་མི་ཚངས་སྤྱོད་དང་རྫུན། །ཆང་འཐུང་གར་སོགས་ཕྲེང་སོགས་མལ་ཆེ་མཐོ། །ཕྱི་དྲོའི་ཁ་ཟས་གསེར་དངུལ་ལེན་པ་སྟེ། །ཞུམ་པ་སྤང་ཕྱིར་རགས་པ་བཅུར་དྲིལ་གསུངས། །དེ་སྐད་དུའང་འོད་ལྡན་ལས། །གང་ཞིག་སྲོག་གཅོད་གཞན་གྱི་ནོར་འཕྲོག་དང་། །མི་ཚངས་སྤྱོད་བརྫུན་བཅོས་པའི་ཆང་ལ་སོགས། །གར་སོགས་ཕྲེང་སོགས་མལ་ཆེ་མཐོ་བ་དང་། །ཕྱི་དྲོའི་ཁ་ཟས་གསེར་དངུལ་ལེན་པ་སྤངས། །ཞེས་གསུངས་པའི་ཚིག་འདི་དག་ལ་དམིགས་བསལ་མི་དགོས་པར་གསལ་བ་ཉིད་དོ། །གར་སོགས་ཕྲེང་སོགས་གཉིས་སུ་བསྡེབས་ཏེ་དངོས་པོ་གང་རགས་ལ་ལྡོག་པར་སླབ་བ་བཅུ་སྟེ་དགེ་ཚུལ་གྱི་རགས་ལྡོག་བཅུ་ཞེས་བྱའོ། །གཉིས་པ་གནང་བས་ཉེས་མེད་བཅུ་གསུམ་ནི། ཆོས་གོས་ལྷུང་བཟེད་འཆང་དང་བྲལ་བ་དང་། །ས་རྐོ་རིན་ཆེན་རེག་དང་མེ་ལ་རེག །བཏང་ནས་ཟ་དང་ཤིང་འཛེག་ཤིང་གཅོད་དང་། །སྦྱིན་ལེན་རྩྭ་སྔོན་ཁྲིད་དུ་མི་གཙང་འདོར། །བསོག་འཛོག་ཟ་དང་ས་བོན་འཇོམས་པ་རྣམས། །གནང་བའི་ཉེས་མེད་བཅུ་གསུམ་མ་གཏོགས་པ། །དགེ་སློང་ཇི་བཞིན་སྤང་བླང་མཐའ་དག་གཅིག །དེ་ཡང་ཆོས་གོས་ཁ་དོག་དང་མཚན་ཉིད་མ་ཚང་བ་དང་། ལྷུང་བཟེད་མཚན་ཉིད་མི་ལྡན་པའམ་ལྕགས་ལས་བྱས་པ་མ་ཡིན་པ་གཉིས་འཆང་བ་དང་། འབྲལ་བ་དང་ས་རྐོ་བ་དང་། གསེར་སོགས་རིན་པོ་ཆེ་ལ་རེག་པ་དང་། མེ་ལ་རེག་པ་དང་། སྤངས་པ་ཟ་བ་དང་། ཤིང་ལ་འཛེག །གཅོད་པ་དང་། སྦྱིན་ལེན་མ་བྱས་པར་ཟ་བ་དང་། རྩྭ་སྔོན་གྱི་ཁྲིད་དང་རྩྭ་ལ་སོགས་པར་སྐབས་ལུད་བཤང་གཅི་འདོར་བ་དང་། གསོག་འཛོག་བྱས་ཏེ་ཟ་བ་དང་། པདྨའི་རྩ་བ་དང་། ནས་སོགས་ཀྱི་ས་བོན་འཇོམས་པ་བཅུ་གསུམ་ནི་གནང་བ་སྟེ་ཉེས་མེད་ཙམ་དུ་ཡོད་ལ་གཞན་སྤང་བླང་དགེ་སློང་བཞིན་དགོས་པར་གསུངས་སོ། །

གཞན་ཡང་གནང་བ་དེ་དག་དང་ཕྱོགས་མཐུན་ནམ་རིགས་སུ་བསྡུས་ཏེ་གནང་བ་གསུམ་ཡོད་དོ། །འཆང་བའི་ཟླར་བསྡུ་གོས་རྒྱུ་ཟླ་བར་འཛོག །འབྲལ་བའི་ཟླར་བསྡུ་དགོན་པའི་འབྲལ་

སྤྱངས་དང་། །གསོག་འཇོག་ཟླར་བསྒྱུ་བསོག་འཇོག་བྱེད་པའང་གནང་། དེ་ནི་གཞུང་ཚིག་འདི་ཉིད་ཀྱིས་གསལ་ཞིང་རྒྱ་ཆེར་ཡི་གེས་ཞེད་དོ། །

གསུམ་པ་ཉམས་པའི་ཆོས་གསུམ་ནི། ཁྲིམ་རྟགས་སྤྱང་ཉམས་རབ་བྱུང་རྟགས་ལེན་ཉམས། །བརྟས་པས་མཁན་པོར་ཉམས་ཏེ་ཉམས་པ་གསུམ། །སྤྱང་བ་དགེ་ཚུལ་སྡོམ་པའི་བསླབ་བྱའོ། །དེ་ལ་དང་པོ་ནི། རབ་ཏུ་བྱུང་དུས་ཁྲིམ་རྟགས་སྤྱང་བར་ཁས་བླང་པས་ཕྱིས་གོས་དཀར་པོ་དང་། ཁ་ཚར་ཅན་ལ་སོགས་ཁྲིམ་པའི་གོས་གོན་པ་དང་། སྐྲ་དང་ཁ་སྤུ་མ་བྲེགས་པ་ལ་སོགས་པ་བྱས་ན་ཉམས་ལ་གཉིས་པ་ནི། རབ་བྱུང་གི་རྟགས་མ་ཡིན་པ། གེང་རུས་ལ་སོགས་པས་བརྒྱན་པ། སྐྲ་འབལ་བ་ལ་སོགས་བྱས་པས་ཉམས་ལ། གསུམ་པ་ནི། མཁན་པོ་ལ་མ་གུས་པས་བརྙས་པ་དང་ཚོད་དང་ལྡན་པ་ལ་སོགས་མིང་ཆུང་བ་ནས་བརྗོད་པས་ཉམས་པ་སྟེ། དེ་དག་སྤྱང་བ་ནི་དགེ་ཚུལ་གྱི་བསླབ་བྱའོ། །

ལྔ་པ་དགེ་སློབ་མའི་བསླབ་བྱ་ལ་གཉིས། སྤྱང་བྱ་རྩ་བའི་ཆོས་དྲུག །རྗེས་མཐུན་གྱི་ཆོས་དྲུག་གོ། །དང་པོ་ནི། དགེ་སློབ་མ་ནི་དགེ་ཚུལ་ཐོབ་པའི་སྟེང་། །གཅིག་འགྲོ་ཆུ་རྒྱལ་སྐྱེས་རེག་ལྷན་གཅིག་འདུག །སྨྱན་བྱ་ཉེས་འཆབ་རྩ་བའི་ཆོས་དྲུག་གོ། །དེ་ཡང་རྒྱ་ཆེར་འགྲེལ་ལས། གཅིག་པུ་ལམ་དུ་འགྲོ་མི་བྱེད། །ཆུ་བོའི་ཕ་རོལ་རྒྱལ་མི་བྱ། །སྐྱེས་པ་ལ་ནི་རེག་མི་བྱ། །སྐྱེས་པ་དང་ནི་འདུག་མི་བྱ། །སྨྱན་དུ་འགྱུར་པ་མི་བྱ་ཞིང་། །ཁ་ན་མ་ཐོ་བཅས་མི་བྱ། །ཞེས་སོ། །སྨྱན་བྱ་ཞེས་པ་ནི་བརྡ་རྙིང་སྟེ། སྐྱེས་པ་དག་ལ་བུད་མེད་ཆེ་གེ་མོ་ཁྱོད་འབའ་ཞིག་ཡིད་ལ་བྱེད་དོ་ལ་སོགས་པ་དང་། བུད་མེད་ལ་སྐྱེས་པ་དེས་དེ་ལྟར་སྨྲའོ་ཞེས་ཕན་ཚུན་མཐུན་པར་བྱས་ནས། མཐར་འཕྲད་པར་འགྱུར་བའོ། །གཉིས་པ་ནི། གསེར་བཟུང་འདོམས་སྤུ་བྲེག་དང་ས་རྐོ་སྤྱངས། བྱིན་ལེན་མ་བྱས་བསོག་འཇོག་བྱས་མི་ཟ། རྩ་སྔོན་མི་གཙང་དོར་ཡང་རྗེས་མཐུན་དྲུག །དེ་ལྟར་ལུང་དེ་ཉིད་ལས། གསེར་ལ་བཟུང་བར་མི་བྱ་ཞིང་། །འདོམས་ཀྱི་སྤུ་ནི་བྲེག་མི་བྱ། །ས་ནི་རྐོ་བར་མི་བྱ་ཞིང་། །བྱིན་ལེན་མ་བྱས་བཟའ་མི་བྱ། །བསོག་འཇོག་བྱས་པ་མི་བཟའ་ཞིང་། །རྩྭ་སྔོན་མི་གཙང་དོར་མི་བྱ། །ཞེས་པ་ལྟར་རོ། །

དྲུག་པ་དགེ་སློང་གི་ཁྲིམས་ལའང་སྤྱང་བའི་བསླབ་བྱ་དང་། བསྒྲུབ་པའི་བསླབ་བྱ་གཉིས་ལས། དང་པོ་ནི། དགེ་སློང་ཁྲིམས་ལ་གཉིས་བརྒྱ་ལྔ་བཅུ་གསུམ། ཞེས་སྨོས་ཏེ། རྩ་བ་ཕམ་པ་བཞི། དགེ་འདུན་ལྷག་མ་བཅུ་གསུམ་དང་། སྤང་ལྟུང་སུམ་ཅུ། ལྟུང་བྱེད་འབའ་ཞིག་པ་དགུ་བཅུ་སོ་སོར་བཤགས་པ་བཞི། ཉེས་བྱས་བརྒྱ་དང་བཅུ་གཉིས་ཏེ་ལྟུང་བ་སྡེ་ལྔ་ལས་ཁྲིམས་ཉིས་བརྒྱ་དང་ལྔ་བཅུ་རྩ་གསུམ་མོ། །

དེ་ཡང་དང་པོ། སྡོམ་པའི་རྩ་བ་ཕམ་པ་བཞི་ཞེས་པ། མི་ཚངས་སྤྱོད། མ་བྱིན་ལེན། སྲོག་གཅོད་པ། རྫུན་སྨྲ་བ་དང་བཞི་ལས། དང་པོ་ལའང་བསླབ་པ་འཆལ་བའི་སྐད་ཀ་གླེང་གཞི་དང་། དགག་བྱ་དངོས་བསྟན་པ་གཉིས་ལས། དང་པོ་ནི། ལོ་བཅུ་གཉིས་ཀྱི་བར་དུ་དགེ་སློང་ལ་ཕམ་པ་ལ་སོགས་པའི་ཉེས་པ་མེད་པ་གནས་པ་ན། ལོ་བཅུ་གསུམ་པ་ལ་མ་ཉན་ཡོད་དུ་གང་ཟག་ཤཱཀྱ་བཟང་སྦྱིན་གྱིས་བུད་མེད་ལ་འཁྲིགས་པ་སྤྱོད་པ་ལས་ཕམ་པའི་བཅས་པ་དང་པོ་མཛད་ལ། དེའི་རྗེས་སུ་དགེ་སློང་དགོན་པས་སྤྲ་མོ་ལ་སོགས་པར་སྤྱོད་པས་བཅས་པ་གཉིས་པ་མཛད་དེ། ས་གའི་ལྷས། སྟོན་པའི་བསྟན་པ་བཅུ་གཉིས་ལོར། །ལྟུང་བ་མེད་པར་ལེགས་བྱས་ཏེ། །དེ་ནས་བཟང་སྦྱིན་བུ་ཡི་ཕྱིར། །ཚུང་མ་ལ་ནི་འཁྲིགས་པ་སྤྱད། །དགེ་སློང་དགོན་པ་པ་ཡིས་ཀྱང་། །སྤྲ་མོར་ལོག་ཞུགས་ཀུན་མཁྱེན་གྱིས། །བསླབ་པའི་གཞི་ནི་བཅས་པར་མཛད། །ཅེས་སོ། །

གཉིས་པ་མི་ཚངས་སྤྱོད་ཀྱི་ཕམ་པ་དངོས་ལ། གཞི་ནི་ཡན་ལག་ཆ་ཀུན་བཟུང་འོས་ལ། །སྐྱེ་གནས་ལམ་དུ་ཕོ་དབང་ལས་རུང་ནི། །བསམ་པ་ངོ་ཚ་འཛེམས་མེད་ཆགས་སེམས་ཀྱིས། །སྦྱོར་བ་དྲུད་པ་མཐར་ཐུག་སིམ་པ་ཐོབ། །དེ་ནི་ཚངས་པར་སྤྱོད་ལས་རྣམ་པར་ཉམས། །ཞེས་སྨོས་ཏེ། གཞི་བསམ་པ་སྦྱོར་བ་མཐར་ཐུག་བཞི་ལས། དང་པོ་ནི། མི་དང་མི་མ་ལགས་པ་གང་ཡིན་ཀྱང་རུང་སྟེ་གསོན་པོ་དང་ལུས་ཕྱེད་ཚལ་དུ་ལོངས་པའི་རོ་ཡིན་ཀྱང་དེ་ལ་ཡོད་པའི་ཁ་དང་བཤང་ལམ་ཟག་བྱེད་ཅེས་སྐྱེ་གནས་ཀྱི་ལམ་སྟེ་རླའི་སྒོ་གསུམ་གང་ཡང་རུང་བ་བདེ་བ་བསྐྱེད་ནུས་པའི་རྟེན་དེ་ལ། བརྟེན་བྱེད་ཕོའི་དབང་པོ་མ་ཉམས་ཤིང་ལས་སུ་རུང་བའོ། །དེ་ཡང་ས་གའི་ལྷས། མཆིལ་མ་གཅི་དང་བཤང་བ་ཡི། །ལམ་དུ་ཆགས་ཅན་ཞུགས་ན་ནི། །གསོ་བྱར་མི་རུང་གྱུར་པ་ཡི། །

ཕས་ཕམ་སྤྲུལ་གྱི་དགེ་སློང་ཟེན། །ཞེས་སོ། །བསམ་པ་ལ། འདུ་ཤེས་འཁྲུལ་མ་འཁྲུལ་གང་ཡང་ངོ་ཚ་དང་འཇིགས་པའི་སེམས་མེད་ཅིང་འདོད་ཆགས་ཀྱི་སེམས་ཀྱིས་རེག་པ་བདེ་བ་བདག་གིར་བྱེད་འདོད་རྒྱུན་མ་ཆད་པའོ། །སྦྱོར་བ་དང་པོར་བཅུག །བར་དུ་བསྐྱལ་སྐྱོད་ལ་སོགས་བྱས་པས། མཐར་ཐུག་ཁའི་སོ་ཕན་ཆད། ཟག་བྱེད་ཀྱི་པགས་རིམ་ཕན་ཆད། བཤང་ལམ་གྱི་སྤྲུ་གུ་ཕན་ཆད་འདས་ཏེ་བདེ་བ་ལུས་ཀྱིས་མྱོང་བ་ཡིད་ཀྱིས་བདག་གིར་བྱས་པ་སྟེ། དེ་ཉིད་ལས། ཁ་ཤུན་སོ་དང་པགས་པ་ལས། །ནོར་བུ་འདས་ན་ཕས་ཕམ་སྟེ། །ཞེས་སོ། །

གཉིས་པ་མ་བྱིན་ལེན་གྱི་ཕམ་པ་ལ་སྔར་ལྟར་གཉིས་ལས། དང་པོ་གླེང་གཞི་ནི། ཡུལ་རྒྱལ་པོའི་ཁབ་ཏུ་དགེ་སློང་ནོར་ཅན་གྱིས་རང་གི་ཁང་ཁྱིམ་བརྩེགས་པའི་ཕྱིར་དུ། རྒྱལ་པོའི་ཤིང་བརྐུས་པ་ལ་བརྟེན་ནས་བཅས་པ་མཛད་དེ། ས་གའི་ལྷས། རང་གི་ཁང་པ་བརྩེགས་པའི་ཕྱིར། །རྒྱལ་པོ་མ་སྐྱེས་སྒྲ་ཡི་ཤིང་། །དགེ་སློང་ནོར་ཅན་གྱིས་རྐུས་པས། །དེ་བརྟེན་འདི་དག་ཀུན་བླང་བཅས། །ཞེས་སོ། །

གཉིས་པ་དངོས་ལ། རྐུ་བའི་གཞི་ནི་མི་གཞན་ནོར་ཡིན་ལ། །བསམ་པ་རང་ཉིད་འཚོ་ཕྱིར་བརྐུ་སེམས་ཀྱིས། །ཡུལ་དུས་རིན་ཐང་ཚང་བ་སྦྱོར་བས་བརྐུས། །མཐར་ཐུག་བརྐུས་སམ་རྐུར་བཅུག་བརྟད་ནས་ཐོབ། །ཅེས་གཞི་བསམ་པ་སྦྱོར་བ་མཐར་ཐུག་བཞི་ལས། དང་པོ་ནི། རང་མ་ཡིན་པ་གཞན་གྱི་ནོར་ཞིག་བསམ་པ་འདུ་ཤེས་མ་འཁྲུལ་བར་བརྐུ་སེམས་རྒྱུན་ཆགས་པའོ། །སྦྱོར་བ་ཡུལ་གཞན་ལས། དུས་མཐོན་གྱུར་བའི་ཚེ། རིན་ཐང་ཚང་བ་བརྐུས་པའོ། །དེ་ཡང་ས་གའི་ལྷས། གང་གི་ཡུལ་ནི་དེ་ཡི་དུས། །གང་གི་ཚད་ཀྱི་མགྲོན་བུ་ནི། །དེ་ཡི་བཞི་ཆ་བརྐུས་པ་གང་། །དགེ་སློང་ལ་ནི་ཕམ་པར་འགྱུར། །ཞེས་སོ། །རིན་ཐང་ཇི་ལྟར་ཞེ་ན། ཀ་ཤ་པ་ཎི་བཞི་ཆའི་ཚད་དུ་ལོངས་པའི་ནོར་གང་ཞིག་སྟེ། དེ་ཡང་ཀརྵ་པ་ཎིའི་བཞི་ཆ་ལ་ནས་ཁལ་ཕྱེད་ཙམ་ཡིན་པར་མཁས་པ་དམར་སྟོན་དང་། རྗེ་བཙུན་གྲགས་པས་བཞེད་ལ། གཞན་གྱི་འདོད་ཚུལ་ནི་མཐའ་ཡས་པ་ཞིག་འདུག་གོ། །མཐར་ཐུག་དངོས་སུ་བརྐུས་སམ། བརྒྱུད་དམ་བརྟད་ནས་བརྐུར་བཅུག་ཀྱང་རུང་རང་གིས་ཐོབ་པའོ། །

གསུམ་པ་སྲོག་གཅོད་ཀྱི་ཕམ་པ་ལ་གཉིས་ཀྱི་གླེང་གཞི་ནི། ཡུལ་སྦྱང་བྱེད་དུ་དགེ་སློང་མང་པོས་མི་སྡུག་པའི་ཏིང་ངེ་འཛིན་བསྒོམ་ཏེ། ལུས་མི་གཙང་བ་འདི་དང་བྲལ་ན་ཅི་མ་རུང་སྙམ་ནས་དགེ་སྦྱོང་སྦྱིད་ལ་ཆོས་གོས་ལྷུང་བཟེད་ལ་སོགས་བྱིན་ནས་གསོད་དུ་བཅུག་པ་ལས་བཅས་ཏེ། དེ་ཉིད་ལས། དགེ་སློང་མི་གཙང་ཡིད་དབྱུང་གང་། །རི་དྭགས་དབྱུག་ཐོགས་ཅེས་པས་གསོད། །བསོད་ནམས་ཐོབ་དང་ལྷུང་བཟེད་སོགས། །འདོད་པ་དེ་བརྟེན་བཀག་པ་ཡིན། །ཞེས་སོ། །

གཉིས་པ་དངོས་ནི། སྲོག་གཅོད་གཞི་ནི་མི་གཞན་མ་འཁྲུལ་བར། །བསམ་པ་གསོད་སེམས་གསོད་བྱ་དེར་ཤེས་པས། །སྦྱོར་བ་གསོད་པར་བརྩམ་ནས་མ་ལྡོག་པ། །མཐར་ཐུག་སྲོག་གི་དབང་པོ་འགགས་པ་དང་། །གསོད་བཅུག་ཡི་རངས་སྡུགས་པ་བརྗོད་བྱས་པ། །དེ་ལ་གཞི་བསམ་པ་སྦྱོར་བ་མཐར་ཐུག་བཞི་ལས། དང་པོ་ནི། ཁམས་དྲུག་དང་ལྡན་པའི་སྐྱེས་པ་བུད་མེད་མ་ནིང་སྟེ་མི་དང་། སྲོག་ཡོད་ལུས་ཀྱི་དབང་པོ་འདུས་པ་མེར་མེར་པོ་ལ་སོགས་མིར་ཆགས་པའོ། །མི་ལས་གཞན་དུད་འགྲོ་ལ་སོགས་པ་ཡང་ངོ་། །བསམ་པ་འདུ་ཤེས་མ་འཁྲུལ་བར་རང་གིས་བསད་སེམས་དང་བསད་བྱའི་བསམ་པས། སྦྱོར་བ་རང་ངམ་གཞན་ལ་བསྐོས་པས་སོ། །མཐར་ཐུག་རང་མ་ཤི་བའི་སྔོན་དུ་བསད་བྱའི་སྲོག་གི་དབང་པོ་འགགས་པ་སྟེ། སུམ་བརྒྱ་པ་ལས། མི་གཞན་ཡིན་ལ་མིར་ནི་འདུ་ཤེས་དང་། །བསད་པའི་བསམ་པས་འཁྲུལ་མེད་གསོད་བྱེད་ཅིང་། །མི་ཤི་སྔོ་ལམ་མ་གཏོགས་དེ་བརླག་འགྱུར། །ཞེས་སོ། །དེས་ན་མི་བསད་པ་ལ་ཕམ་པ། ལྷ་གསོད་པ་ལ་སྦོམ་པོ། དུད་འགྲོ་བསད་པ་ལ་ལྟུང་བྱེད་དུ་བཤད་དོ། །

བཞི་པ་རྫུན་དུ་སྨྲ་བའི་ཕམ་པ་ལ་གཉིས་ཀྱི་གླེང་གཞི་ནི། ཡུལ་ཡངས་པ་ཅན་དུ་ཉ་པའི་རིགས་ལས་རབ་ཏུ་བྱུང་བའི་དགེ་སློང་ལྔ་བརྒྱས་ལོངས་སྤྱོད་ལ་ཆགས་པ་དང་གྲགས་པ་འདོད་པའི་ཕྱིར་མི་ཆོས་བླ་མའི་རྫུན་སྨྲས་པ་ལ་བཅས་པ་ཡིན་ཏེ། ས་གའི་ལྷས། མུ་གེའི་དུས་ཤིག་དགེ་སློང་རྣམས། །མི་སྲིད་བླ་མའི་ཡོན་ཏན་རྣམས། །ཕན་ཚུན་བསྔགས་ཏེ་གོ་བྱས་རྒྱུས། །འཚོ་བ་བྱས་ཚེ་བཀག་པ་མཛད། །ཅེས་སོ། །

གཉིས་པ་དངོས་ནི། རྫུན་གྱི་གཞི་ནི་སྨྲ་ཤེས་དོན་གོའི་མིར། །བསམ་པ་འདུ་ཤེས་བསྒྱུར

ནས་བརྗོད་བློ་སྐྱེས། །སྦྱོར་བ་མངོན་ཤེས་ལ་སོགས་ཡོན་ཏན་ཚོགས། །མེད་ཀྱང་ཡོད་ཅེས་བླ་མའི་ རྫུན་སླུས་པ། །མཐར་ཐུག་གཞན་གྱིས་བརྫུན་དེ་གོ་ན་ཉམས། །དེ་ཡང་གཞི། བསམ་པ། སྦྱོར་བ། མཐར་ཐུག་བཞི་ལས། དང་པོ་ནི། གང་རང་ལས་གཞན་པའི་མི་སྨྲ་ཤེས་དོན་གོ་བ་ཅན་ནོ། །བསམ་ པ་བདེན་པའི་འདུ་ཤེས་བསྒྱུར་ནས་རྫུན་པའི་འདུ་ཤེས་ཀྱིས་སྨྲ་འདོད་རྒྱུན་མ་ཆད་པའོ། །སྦྱོར་བ་ ངག་གསལ་ལ་མ་ནོར་བར་ངས་ནི་ལྷ་ཀླུ་གནོད་སྦྱིན་ལ་སོགས་པའི་སྒྲ་ཐོས་སོ། །མཐོང་ངོ། །ལྡན་ གཅིག་གཏམ་མོ་ལྷ་བུ་འབྲས་བུའི་སྒོ་ནས་རྫུན་དང་། བདག་ནི་མི་རྟག་པ་དང་། མི་སྡུག་པ་དང་། བསམ་གཏན། གཟུགས་མེད། སྤྱན་ལྔ། མངོན་ཤེས་དྲུག་ལ་སོགས་པ་ཐོབ་པོ་ཞེས་ངོ་བོའི་སྒོ་ནས་ རྫུན་དང་། གང་དུ་སྟན་ཁྲ་བོ་དབང་པོ་ནི་དགྲ་བཅོམ་པ་ཡིན་ཏེ། ཁོ་བོ་ཡང་སྟན་ཁྲ་བོ་ལ་དབང་ངོ། ། ཞེས་ལྡན་པའི་སྒོ་ནས་མི་ཆོས་བླ་མའི་རྫུན་སྨྲ་བའོ། །མཐར་ཐུག་ཕ་རོལ་པོས་ཚིག་ཐོས་ཤིང་དོན་ གོ་ན་ཉམས་པའོ། །

གཉིས་པ། དགེ་འདུན་ལྷག་མ་བཅུ་གསུམ་ཞེས་གྲགས་པ། །བགྲོད་མིན་གནས་སུ་ཁུ་བ་ འབྱིན་པ་དང་། །དེ་ལ་དང་པོ་འབྱིན་པའི་དགེ་འདུན་ལྷག་མ་ལའང་། གླེང་གཞི་དང་། ལྟུང་བ་ དངོས་ངོས་བཟུང་བ་གཉིས་ལས། དང་པོ་ནི། མཉན་ཡོད་དུ་དགེ་སློང་འཆར་ཀས་འདོད་ཆགས་ཀྱི་ དབང་གིས་རང་གི་དབང་པོ་ལས་སུ་རུང་བར་བྱས་ཏེ་བསམ་བཞིན་དུ་ཁུ་བ་ཕྱུང་བ་ལ་བརྟེན་ནས་ བཅས་པའོ། །གཉིས་པ་ནི། དགེ་སློང་གིས་བསམ་བཞིན་དུ་རྨའི་སྒོ་གསུམ་ལས་གཞན་པའི་སེམས་ ཅན་གྱི་ཡན་ལག་ལས་ཁུ་བ་དབྱུང་བའོ། །འདི་དག་ཐམས་ཅད་ལ་ངེས་བྱེད་ཀྱི་ལུང་རེ་སྦྱར་དུ་ཡོད་ ཀྱང་ཡི་གེས་འཇིགས་ཕྱིར་ལུང་དོན་མ་ནོར་བ་ཡིན་པས་ཁུངས་ཐོབ་པའོ། །

གཉིས་པ་ནི། ཆགས་པས་བུད་མེད་ལུས་ཀྱི་ཆ་ཤས་འཛིན། །རེག་པའི་ལྷག་མ་ལའང་ གཉིས་ལས་གླེང་གཞི་ནི། རྒྱལ་བྱེད་ཀྱི་ཚལ་དུ་ཁྱིམ་བདག་གི་ཆུང་མ་དད་པ་ཅན་སྟོན་པ་ལ་བསྙེན་ བཀུར་བྱེད་པར་འོང་པ་ན། འཆར་ཀས་རང་གི་སྤྱིལ་བུའི་ནང་དུ་ཆོས་སྟོན་པར་བརྩམ་པ་དང་། ཆགས་ པས་ལུས་ལ་རེག་པ་སྣ་ཚོགས་བྱས་པས་ཁྱིམ་བདག་མོ་མ་དད་པ་ལ་བཅས་སོ། །གཉིས་པ་ལྟུང་བ་ དངོས་ནི། དགེ་སློང་གིས་ཆགས་པས་བུད་མེད་ཀྱི་ལུས་ལ་རེག་པའོ། །གསུམ་པ་འཁྲིག་ཚིག་རྗེན་

སྨྲ་བའི་ལྷག་མ་ལ་གཉིས་ལས་དང་པོ་ནི། རྒྱལ་བྱེད་ཀྱི་ཚལ་དུ་དགེ་སློང་འཆར་ཀས་ཆགས་པས་བསླང་སྟེ་ཁྱིམ་བདག་གི་ཆུང་མ་དད་པ་ཅན་ལ་འཁྲིག་པའི་ཚིག་སྣ་ཚོགས་བརྗོད་པ་ལ་བཅས་སོ། །

གཉིས་པ་ནི། བུད་མེད་ལ་ཆགས་སེམས་ཀྱིས་འཁྲིག་ཚིག་སྨྲ་བའོ། །བཞི་པ་བུད་མེད་ཆགས་ཕྱིར་བཀུར། དེའི་དང་པོ་གླེང་གཞི་སྔར་དང་འདྲ་ལ། གཉིས་པ། བུད་མེད་ལ་འཁྲིག་པའི་བསྔགས་པ་བརྗོད་ཅིང་ཆགས་པས་བསྙེན་བཀུར་བྱེད་པའོ། །ལྔ་པ་ནི། ཕོ་མོ་ཕན་ཚུན་སྨྱན་བྱས་འདུས་ཏེ་འཕྲད། གཉེན་བྱེད་ཀྱི་ལྷག་མ་ལ་གཉིས་ལས་དང་པོ་ནི། མཉན་ཡོད་དུ་འཆར་ཀ་དང་འདུལ་པ་གཉིས་དགའ་བོ་དང་ཉེར་དགའ་གཉིས། འགྲོ་བཟང་དང་འགྲོ་མགྱོགས་གཉིས་ཏེ་དྲུག་སྡེས་ཁྱིའུ་བུ་མོ་ལ་འཕྲིན་གསུམ་གྱིས་སྦྱོར་བ་བྱས་པས་ཕྲད་པ་ལ་ཁྱིམ་པ་དང་མུ་སྟེགས་ཅན་མ་དད་པ་ལ་བཅས་པའོ། །གཉིས་པ་ནི། སྐྱེས་པ་བུད་མེད་སྔར་མི་མཐུན་པ་ལ་དགེ་སློང་གིས་གཉེན་བྱེད་པའི་བསམ་པས་འཕྲིན་བུ་མོ་ལ་སྐྱེལ། བུ་མོའི་འཕྲིན་སྐྱེས་པ་ལ་སྨྲ་བར་བྱེད། སླར་དེས་སྨྲས་པ་བུ་མོ་ལ་སྐྱེལ་བས་འཕྲད་པར་གྱུར་བའོ། །དྲུག་པ་དང་བདུན་པ་ནི། རང་དོན་ཚད་ལྷག་ཁང་པ་ཁང་ཆེན་བརྩིགས། དེ་ལ་ཚད་ལྷག་དང་ཁང་ཆེན་གྱི་ལྷག་མ་ལ་གཉིས་ལས། དང་པོ་ནི། སྟོན་པ་ཀཽ་ཤམྦཱི་གདངས་ཅན་གྱི་ཀུན་དགའ་ར་བ་ན་བཞུགས་དུས། དྲུག་ཡང་ན་དགའ་བོ་ཉེ་དགའོ། །ནབ་སོ། འདུན་པ། འགྲོ་མགྱོགས། འཆར་ཀ་དྲུག་གོ་སྡེས་གཞན་གྱི་གཙུག་ལག་ཁང་ལ་སྨད་པ་ན་གཞན་གྱིས་རང་གིས་ས་རྫེ་ཙམ་ཡང་སྤྱི་མི་ནུས་པར་གཞན་ལ་འཕྱུ་བ་འདི་ཟེར་བས། དྲུག་སྡེས་མ་བཟོད་པར་སྤོབས་རྩལ་དང་ཡིད་གཞུངས་པའི་དགེ་སློང་འདུན་པས་བྲམ་ཟེ་ནོར་ཆེ་ལ་སར་སྣ་ཆེ་བ་གཅིག་ལ་སྦྱིན་པའི་ཕན་ཡོན་དང་ཁྱད་པར་གཙུག་ལག་ཁང་བརྩིགས་པའི་ཕན་ཡོན་བརྗོད་དེ། སྤྱིད་བླངས་བྲམ་ཟེའི་ཁྱིའུ་ལྷ་བརྒྱུས་རྒྱབ་བརྟེན་པའི་ཤིང་ལྗོན་པ་ཡོད་པ་དྲུག་སྡེས་བཅད་ནས་ཚད་ལྷག་གི་ཁང་པ་བརྩིགས་པ་ལ་བཅས་སོ། །གཉིས་པ་ནི། ས་ཕྱོགས་སྲོག་ཆགས་ཀྱིས་གང་བ་གཞན་གྱིས་བདག་ཏུ་བཟུང་བར་གང་ཟག་གཞན་ལས་སྤྱོད་བླངས་ཏེ་ཚད་ལས་ལྷག་པའི་ཁང་པ་བརྩིགས་པའོ། །ཚད་དང་ལྡན་པ་ནི་སྤྱོད་ལམ་བཞི་ཤོང་བ་སྟེ་ལངས་པ་ན་ལག་པ་མི་ཐོགས། ཉལ་བ་ན་རྐང་ལག་བརྐྱང་བསྐུམ་མི་འཐོག །འགྲོ་བ་ན་ཕྱོགས་རེ་ལ་གོམ་པ་གསུམ་རེ་འདོར་དུ་རུང་བ། འདུག་པ་ན་སྐྱིལ་མོ་ཀྲུང་མི་འཐོག་པའོ། །ཚད་ནི། ཆུར

བདེ་བར་གཤེགས་པའི་མགོ་བཅུ་གཉིས། ཞེང་དུ་དེའི་མགོ་བདུན་ཡིན་ལ། དེ་པའི་མགོ་ཚད་ནི། མི་འབྲིང་ཚད་ཀྱི་ཁྲུ་ཕྱེད་དང་གཉིས་སོ། བརྒྱད་པ་བརྗོད་གཞི་མེད་པ་དང་། ཞེས་གཞི་མེད་ཀྱི་ལྷག་མ་ལ་གཉིས་ལས། དང་པོ་ནི། སྟོན་པ་འོད་མའི་ཚལ་ན་བཞུགས་ཚེ་དགེ་སློང་མཛའ་བོ་དང་ས་ག་སྐྱེས་གཉིས་སྟོན་གྱི་ཞེ་མཁོན་གྱི་རྒྱུས། འཕགས་པ་གྱད་བུ་ནོར་ལ་དགེ་སློང་མ་མཛའ་མོ་ལ་མི་ཚངས་སྤྱོད་ཀྱི་བསྐུར་བ་བཏབ་བཅུག་པས། མཛའ་མོས་དགེ་འདུན་གྱི་དབུས་སུ་འཕགས་པ་གྱད་བུ་ནོར་ནི་བཟང་པོ་མ་ལགས་ཏེ་བདག་ལ་ཆགས་པ་སྤྱོད་དོ་ཞེས་བརྗོད་པས་ནམ་མཁའ་ནས་ལྷས་འཇིག་རྟེན་ན་སུ་ཞིག་ཡང་དག་པར་སྨྲ། འཕགས་པ་གྱད་བུ་ནོར་ལ་ཡང་བསྐུར་པ་བཏབ་ཞེས་ལ་འཕྱུས་པ་ལས་བཅས་སོ། །གཉིས་པ་ནི། དགེ་སློང་ལ་བརྗོད་གཞི་མེད་བཞིན་དུ་སྐུར་བ་བཏབ་པའོ། །དགུ་པ་སྐད་ཀ་བག་ཙམ་ལ། བརྟེན་ནས་དགེ་སློང་བསྐུར་བཏབ། ཅེས་བག་ཙམ་གྱི་ལྷག་མ་ལ་གཉིས་ལས། དང་པོ་ནི། གོང་དང་འདྲ་བར་འཕགས་པ་གྱད་བུ་ནོར་གྱིས་དགེ་སློང་མ་ཨུཏྤལའི་མདོག་ཅན་ལ་ཆོས་བསྟན་པ་ལས། སླར་ཡང་གཉིས་པོས་མི་ཚངས་སྤྱོད་ཀྱི་སྐུར་པ་བཏབ་པ་ལ་བཅས་སོ། །གཉིས་པ་ནི། སྐད་དང་ཙུང་ཟད་ཡོད་པ་ལ་ཕམ་པའི་བསྐུར་བ་བཏབ་པའོ། །བཅུ་པ། དགེ་འདུན་དབྱེན་དང་། བཅུ་གཅིག་དབྱེན་དེའི་རྗེས་ཕྱོགས་བསླབ་པ་དང་འགལ་བ། དེ་གཉིས་ཀྱི་གླེང་གཞི་དང་དངོས། དང་པོ་ནི། སྟོན་པ་རྒྱལ་པོའི་ཁབ་ན་བཞུགས་ཚེ། དགེ་སློང་ལྷས་སྦྱིན་གྱིས་གཞོན་ནུ་མ་སྐྱེས་དགྲ་དད་པར་བྱས་པས་ལྷས་སྦྱིན་ལ་བསྙེན་བསྐུར་མང་དུ་བྱུང་པས་འཁོར་ལྔ་བརྒྱ་ཙམ་དང་བཅས་པ་ལ་ལྷས་སྦྱིན་གྱིས་འཁོར་རྣམས་ལ་དགེ་སློང་གཽ་ཏ་མ་ནི་ཤ་ཟ་བ་དང་གོས་གྲུས་ཤིང་དྲུབ་པ་གྱོན་པ་དང་། འོ་མ་འཐུང་བ་དང་། ལན་ཚྭ་ཟ་བ་དང་། དགོན་པར་གནས་པར་བྱེད་དོ། །འུ་ཅག་ནི་དེ་དག་མི་བྱའོ། །དེ་ཅི་ཕྱིར་ཞེ་ན། གཞི་དེ་དག་ལ་བརྟེན་ནས་སྲོག་ཆགས་ལ་གནོད་པ་དང་ཐག་པའི་བརྩལ་བཙོམ་པ་དང་། བེའུ་ལ་གནོད་པ་དང་། དབང་ཕྱུག་གི་མི་གཙང་བ་ཡིན་པ་དང་། སེམས་ཅན་གྱི་དོན་མི་འགྲུབ་པའི་ཕྱིར་རོ། །ཞེས་བསླབ་ཚིགས་ལྔ་བཅས་ཏེ་དགེ་འདུན་གྱི་དབྱེན་ལ་ཞུགས་པ་ལ་དགེ་སློང་གཞན་གྱིས་བཟློག་ཀྱང་མི་གཏོང་བ་ལ་དང་པོ་བཅས་སོ། །དགེ་སློང་ཀོ་ཀ་ལི་ཁ་དང་། ཁན་འདའ་གྲུབ་བཅའ་དང་། རྒྱ་མཚོས་སྦྱིན་དང་། ཀ་ཏྲིའི་

མོ་ར་བཞིས་ལྟས་སྦྱིན་གྱི་དབྱེན་གྲོགས་བྱས་ཏེ་དགེ་སློང་གཞན་གྱིས་བཟློག་ཀྱང་མི་གཏོང་བ་ལ་གཉིས་པ་བཅས་སོ། །གཉིས་པ་ནི། དགེ་སློང་རང་བཞིན་དུ་གནས་པས་དགེ་འདུན་གྱི་དབྱེན་གྱི་གཞི་ལ་ཞུགས་པ་ལ་བཟློག་ཀྱང་མི་བཟློག་པ་ནི་དང་པོ་ཡིན་ལ། དབྱེན་གྱི་གྲོགས་བྱེད་པ་ལ་བཞུགས་པ་བཟློག་ཀྱང་མི་གཏོང་བ་ནི་གཉིས་པའོ། །བཅུ་གཉིས་པ། ཁྱིམ་སུན་འབྱིན་ཆེ་སྐྲོད་བྱེད་ལ་བསྐྱོན་པ། ཁྱིམ་སུན་འབྱིན་ལ་གཉིས་ལས་དང་པོ་ནི། མཉན་ཡོད་དུ་དགེ་སློང་ནབས་སོ། །འགྲོ་མགྲོགས་དམར་སེར་ཅན་གསུམ་གྱིས་དད་པ་ཅན་ལ་སྤྱོད་ངན་སྣ་ཚོགས་པས་མ་དད་པར་གྱུར་ཏེ། དགེ་སློང་གཞན་གྱིས་བསོད་སྙོམས་རྙེད་པར་མ་གྱུར་ཏོ། །དེའི་ཚེ་བཅོམ་ལྡན་འདས་ཀྱིས། ཁྱིམ་པ་སུན་འབྱིན་པ་དག་གཙུག་ལག་ཁང་ནས་བསྐྲད་པའི་ལས་གྱིས་ཤིག་གསུངས་པས། དམར་སེར་ཅན་གྱིས་ཉེས་པ་ཕྱིར་བཅོས། གཉིས་པོ་གཙུག་ལག་ཁང་ནས་ཕྱིར་བསྐྲད་པས། དགེ་འདུན་རྣམས་ལ་གཤེ་བསྐུར་བཏབ་པ་ལ་གཞན་གྱིས་བཟློག་ཀྱང་མི་གཏོང་བ་ལ་བཅས་པའོ། །གཉིས་པ་ནི། ཡུལ་བྱད་མེད་དང་ལྡན་ཅིག་བརྩེ་ཞིང་འགྲོགས་པར་བྱེད་པ་དང་། ཕྱི་དྲོའི་དུས་སུ་ཁྱིམ་པ་དང་ལྷན་ཅིག་ཏུ་བཟའ་བཏུང་ལ་ལོངས་སྤྱོད་པས། ཁྱིམ་སུན་འབྱིན་ཆེ་ཕྱིར་མི་བཅོས་པར་བཟློག་ཀྱང་བསྐྲད་བྱེད་ལ་བསྐྱོན་ཏེ་མི་གཏོང་བའོ། །བཅུ་གསུམ་པ། ལྟུང་འབྱུང་བསྐུལ་ཆེ་བཀའ་བློ་མི་བདེ་བའོ། །དེ་ལ་གཉིས་ལས། དང་པོ་ནི། ཡུལ་ཀོ་ཤམྦྷི་ར། དགེ་སློང་འདུན་པས། སྒྲིག་ཆགས་དང་བཅས་པའི་རྒྱུ་ལ་སྤྱད་པའི་ལྟུང་བ་བྱུང་བ་ན། དགེ་སློང་གིས་གླེང་བས། འདུན་པ་ན་རེ། ཁྱེད་དགེ་རུང་སྡིག་རུང་ཁྱེད་ལ་ལྟུང་བ་མི་གླེང་ངོ་། །ང་དགེ་རུང་སྡིག་རུང་ང་ལ་ལྟུང་བ་མ་གླེང་ཞེས་བཟློག་ཀྱང་མི་ལྡོག་པ་ལ་བཅས་སོ། །གཉིས་པ་ནི། ལྟུང་བ་བྱུང་བ་ཕྱིར་བཅོས་ཀྱི་མི་བཅོས་པར་སླར་དཀའ་བློ་མི་བདེ་བའོ། །དེ་དག་གསོ་བ་དགེ་འདུན་ལ་རག་ལས་ཤིང་སྡོམ་པ་རྣམ་དག་གི་ལྷག་མ་ལུས་པས་ན་དགེ་འདུན་ལྷག་མ་ཞེས་བྱའོ། །གསུམ་པ་ལྟུང་བྱེད་ལ་འང་། སྤང་ལྟུང་དང་། ལྟུང་བྱེད་འབའ་ཞིག་པ་གཉིས་ལས། དང་པོ། སྤང་བའི་ལྟུང་བྱེད་སུམ་ཅུའི་སྡེ་བཤད་པ། དེ་ལ་སུམ་ཅུ་ཡོད་པ་ལས། དང་པོ་ནི། རང་གི་གོས་ལྷག་ཞག་བཅུ་འདས་པར་འཆང་། དེ་ལའང་གླེང་གཞི་དང་། ལྟུང་བ་དངོས་གཉིས་ལས། དང་པོ་ནི། སྟོན་པ་འཁོར་བཅས་མཉན་ཡོད་ན་བཞུགས་ཚེ་དགེ་སློང་

མང་པོས་གོས་ཀྱི་ཕྲུག་དུ་མ་བཅངས་ཤིང་རྫོལ་སྒྲུབ་བྱས་པས་བསམ་གཏན་དང་ཀློག་པ་ལ་བར་ཆད་དུ་གྱུར་པ་ལ་བཅས་སོ། །གཉིས་པ་ནི། ཆོས་གོས་ཀྱི་རྒྱུར་མ་བསྒོས་ཤིང་བྱིན་གྱིས་མ་བརླབས་པ་ཞག་བཅུ་ལས་འདས་ཤིང་བཅུ་གཅིག་གི་སྐྱ་རེངས་ཤར་བར་འཆང་བའོ། །གཉིས་པ་ནི། ཆོས་གོས་དང་བྲལ་ཞག་གཅིག་ལོན་པ་དང་། དེ་ལ་གཉིས་ཀྱི་དང་པོ་ནི། སྟོན་པ་མཉན་ཡོད་ན་བཞུགས་ཚེ་དགེ་སློང་མང་པོས་ཆོས་གོས་མང་པོ་ཡོད་བཞིན་དུ་སྟོད་གཡོགས་སྨད་གཡོགས་ཙམ་ལ་བརྟེན་ནས་ལྗོངས་རྒྱུ་བ་ན་ཁྱིམ་པ་དང་མུ་སྟེགས་ཅན་འཕྱ་བ་ལ་བཅས་སོ། །གཉིས་པ་ནི། བྱིན་གྱིས་བརླབས་པའི་ཆོས་གོས་ཡོད་བཞིན་དུ་ཞག་གཅིག་བྲལ་ནས་ཞག་གཉིས་པའི་སྐྱ་རེངས་ཤར་བར་བྲལ་བའོ། །གསུམ་པ་ནི། གོས་རྒྱུ་ཟླ་གཅིག་འཇོག་དང་ཞེས་པ་ལ་གཉིས་ལས། དང་པོ་ནི། སྟོན་པ་མཉན་ཡོད་ན་བཞུགས་ཚེ་དགེ་སློང་མང་པོས་ཆོས་གོས་ཀྱི་རྒྱུ་སྔོན་པོ་དང་། སེར་པོ་དང་། དམར་པོ་ལ་སོགས་གྲངས་མང་པོ་ཡུན་དུ་འཇོག་པའི་རྫོལ་བས་ཐོས་བསམ་གྱི་བར་ཆད་དུ་གྱུར་པ་ལ་བཅས་སོ། །གཉིས་པ་ནི་ཆོས་གོས་ཀྱི་རྒྱུ་ཁྲུ་གང་གི་ཚད་དུ་ལོངས་པ་བྱིན་གྱིས་བརླབས་པའམ་མ་བརླབ་པ་ཡུན་རིང་འཆང་འདོད་ཀྱི་བསམ་པས་ཟླ་བ་གཅིག་འཆང་བའོ། །བཞི་པ་ནི། དགེ་སློང་མར་ཆོས་གོས་ཁྲུར་འཇུག་པའི་སྐྱང་བ་ལ་གཉིས་ལས་དང་པོ་ནི། སྟོན་པ་མཉན་ཡོད་ན་བཞུགས་ཚེ་འཆར་ཀས། རང་གི་ས་བོན་གྱིས་གོས་པའི་ཆོས་གོས་རྙིང་པ་དགེ་སློང་མ་སྤྲད་མ་ལ་འཁྲུར་བཅུག་པ་ལ་མོས་ཆགས་པའི་རྐྱེན་གྱིས་ཆོས་གོས་ལ་གོས་པའི་ས་བོན་རང་གི་མངལ་དུ་བླུག་པས་ཁྱིའུ་ཆགས་པ་ལ་གཞན་མ་དད་པ་ལ་བཅས་སོ། །གཉིས་པ་ནི། དགེ་སློང་རང་གི་ཆོས་གོས་ཉེ་དུ་མ་ཡིན་པའི་དགེ་སློང་མ་ལ་འཁྲུར་འཇུག་པའོ། །ལྔ་པ་ནི། དགེ་སློང་མ། དེ་ལས་གོས་རྒྱུ་ལེན་པའི་སྤྱང་བ་ལ། དང་པོ་ནི། དགེ་སློང་མ་ཨུཏྤ་ལའི་མདོག་ཅན་ལ་དེད་དཔོན་གྱིས་རས་ཡུག་ཕུལ་བ་འཕགས་པ་ཉེར་དགས་ནན་གྱིས་བླངས་པས་དགེ་སློང་མ་ཤིན་ཏུ་ཆོས་གོས་རྙིང་པ་གྱུར་པ་ལ་བཅས་སོ། །གཉིས་པ་ནི། དགེ་སློང་གིས་ཆོས་གོས་རྣམ་གསུམ་ཡོད་བཞིན་དུ་ཉེ་དུ་མ་ཡིན་པའི་དགེ་སློང་མ་ལས་གོས་ལེན་པར་བྱེད་པའོ། །དྲུག་པ། ཉེ་མིན་ཁྱིམ་པར་གོས་རྒྱུ་བླང་བ་དང་། དེ་ལ་གཉིས་ཀྱི་དང་པོ་ནི། སྟོན་པ་རྒྱལ་བྱེད་ཚལ་དུ་བཞུགས་ལ་ཁྱིམ་བདག་གི་རས་ཡུག་ཟུང་དང་བཅས་

ཉེ་ཕྲུག་འཚལ་དུ་ཕྱིན་པ་ཉེར་དགས་ཁ་ཆོས་ཀྱི་བསླུས་ཏེ་ནན་གྱིས་བསླངས་པས་ཁྱིམ་བདག་མ་དད་པ་ལ་བཅས་སོ། །གཉིས་པ་ནི། རང་ལ་ཆོས་གོས་རྣམ་གསུམ་ཡོད་བཞིན་དུ་ཁྱིམ་པ་ཉེ་དུ་མ་ཡིན་པ་ལ་ནན་གྱིས་སླང་བའོ། །བདུན་པ། སྙེར་ན་སྙོད་གཡོགས་སྨད་གཡོགས་ལྷག་པོར་ལེན། དེ་ལ་གཉིས་ལས། དང་པོ་ནི། སྟོན་པ་མཉན་ཡོད་ལ་བཞུགས་ཚེ་གྲོང་ཁྱེར་ཕྲེང་བ་ཅན་གྱི་དགེ་སློང་བཞི་བཅུ་ཆོམ་རྐུན་པས་བཅོམ་པ་སྦྱིན་བདག་ལ་གོས་སླངས་སུ་གནང་བ་ལ་ཉེར་དགས་འདི་ལ་བརྟེན་ནས་རྙེད་པ་རྒྱ་ཆེན་པོ་བསྒྲུབ་པོ་སྙམ་ནས་ཁྱིམ་པ་རྣམས་ལ་གང་མང་དུ་བསླངས། དགེ་སློང་དེ་དག་ལ་སྟོད་གཡོགས་ཙམ་བྱིན་ནས་གཞན་ཁོ་རང་གིས་བྱས་པས་གཞན་མ་དད་པ་ལ་བཅས་སོ། །གཉིས་པ་ནི། ཆོས་གོས་རྣམ་གསུམ་མེད་པའི་དགེ་སློང་གིས་ཁྱིམ་པ་ཉེ་དུ་མ་ཡིན་པ་ལ་བསྟོད་གཡོགས་སྨད་གཡོགས་ཟུང་གཅིག་ལས་ལྷག་པར་སློང་བའི་སྤང་བའོ། །བརྒྱད་པ། རང་ལ་སྙེར་བསམ་ཆོས་གོས་གནས་དཔོག་པ། དེ་ལ་གཉིས་ལས་དང་པོ་ནི། སྟོན་པ་མཉན་ཡོད་ན་བཞུགས་ཚེ་གཟའ་མི་གཉིས་ཕན་ཚུན་ལོག་གཡེམ་སྤྱད་པས་ཁྱིམ་གྱི་འཁོར་བ་སྲབ་པས་ཕན་ཚུན་འཐབ་ཅིང་བྲན་མོ་གཅིག་ཡོད་པ་ཡང་བརྡེག་འཚོགས་ཀྱི་ལས་བྱེད་དོ། །དེ་ཚེ་ཉེར་དགས་གཟའ་མི་གཉིས་ལ་ལོག་གཡེམ་གྱི་ཉེས་དམིགས་དང་སྤང་བའི་ཕན་ཡོན་བསྟན་དགེ་བསྙེན་གྱི་བསླབ་པ་ལ་བཀོད་པས་འཁོར་པ་རྒྱས་ཏེ་ཕན་ཚུན་མཐུན་ཞིང་བྲན་མོ་ཡང་སྐྱིད་དོ། །དེ་ནས་གཟའ་མི་གཉིས་ཀྱི་ཉེར་དགའ་ལ་རས་ཡུག་གཅིག་ཕུལ་བར་གླེངས་པ་བྲན་མོས་ཐོས་ནས་ཉེར་དགའ་ལ་བརྗོད་པས་ཉེར་དགའ་གཟའ་མི་གཉིས་སར་ཕྱིན་པ་རས་ཡུག་ཕུལ་བས་འདི་ལས་བཟང་བའི་རས་ཡུག་དགོས་ཟེར་བས་གཟའ་མིས་ཚོང་དུས་ནས་རས་ཡུག་བཟང་པོ་ཉོས་ནས་ཕུལ་བས་ཁས་བླངས། དེའི་རིན་མ་ཁྱེར་བ་ན་ཁྱིམ་བདག་ལ་བརྡེག་འཚོགས་བྱུང་བ་ལ་བཅས་སོ། །གཉིས་པ་ནི། དགེ་སློང་གིས་ཉེ་དུ་མ་ཡིན་ཁྱིམ་བདག་གི་བློས་དཔག་པའི་སྦྱོད་ལས་ལྷག་པ་ནན་གྱིས་བསླངས་ན་འདིའི་ལྟུང་བར་འགྱུར་རོ། །དགུ་པ། རིན་དང་ཁྲུ་ཚད་ཀྱིས་བསླང་བརྟག་དྲན་སློང་། དེ་ལ་གླེང་གཞི་ནི་གོང་དང་འདྲ་ལ། གཉིས་པ་ནི། ཁྱིམ་བདག་ཕོ་མོས་སོ་སོ་ནས་རས་ཡུག་རེ་རེ་སྦྱིན་པར་བློས་དཔག་པ་དེ་ལ་རིན་དང་ཁྲུ་ཚད་ལ་སོགས་པས་ལྷག་པ་བསླངས་པའོ། །བཅུ་པ། གོས་རིན་རིན་

ཆེན་བསྒྱུར་བ་ལེན་རྣམས་དང་། དེའི་གླེང་གཞི་ནི། སྟོན་པ་རྒྱལ་པོའི་ཁབ་ན་བཞུགས་ཚེ། བྲམ་ཟེ་དབྱིལ་ཚུལ་ཞེས་བྱ་བ་ལ་ཉེར་དགས་ཡི་གེ་སློབ་པའི་གྲོགས་བྱས་ནས་རྙེད་པ་སློང་ངོ་། །དེ་དུས་སྟོན་པ་འཁོར་བཅས་མཉན་ཡོད་དུ་གཤེགས་པ་དང་བྲམ་ཟེས་མཉན་ཡོད་དུ་འགྲོ་བའི་ཚོང་པ་གཅིག་ལ་པ་ན་དྲུག་བཅུ་རྒྱུས་བཏབ་ནས་བསྒྱུར་ཏེ་ཉེར་དགའ་ལ་ཕུལ་དགོས་པས། ཚོང་པ་དེས་ཉེར་དགའ་ལ་ཕུལ་བས། དེས་སྤྱོས་འཚོང་གི་ཁྱིའུ་དད་པ་ཅན་གཅིག་ལ་བཙོལ་ནས་སྟོན་པའི་དྲུང་དུ་སོང་ངོ་། །ཚོང་བ་རྣམས་ཀྱིས་ཉི་ཤར་ལ་ཚོང་ཁང་དུ་མ་འདུས་པ་ལ་པ་ན་དྲུག་བཅུའི་ཆད་པ་བཅས་སོ། །ཡང་ནངས་པར་ཉེ་དགས་སྤྱོས་འཚོང་གི་དྲུང་དུ་འོང་ནས་པ་ནའི་རྒྱུ་ལྟ་བ་སོགས་སྐད་མང་དུ་བྱས་པས། ཉི་མ་ཤར་ཏེ། སྤྱོས་འཚོང་ལ་པ་ན་དྲུག་ཅུའི་ཆད་པ་བཅད་པས་གཞན་མ་དད་པ་ལ་བཅས་སོ། །གཉིས་པ་ནི། ཁྱིམ་བདག་དད་ལྡན་གྱིས་གོས་རིན་རིན་པོ་ཆེ་བསྒྱུར་བ་དགེ་སློང་ལ་གཏད། དེས་ཞལ་ཏ་བ་ལ་འདིས་སྐྱབ་གྲོགས་གྱིས་ཞེས་སྨྲས་ནས་ཕོ་ཉ་ལ་བསྒྱུར། དེས་རྒྱུ་མཚན་བརྗོད་ནས་གོ་བར་བྱས། དེ་ནས་དགེ་སློང་དེས་ཞལ་ཏ་བ་ལ་གོས་འདོད་དོ་ཞེས་ལན་གསུམ་བསྐུལ། ཞལ་ཏ་བས་གོས་མ་ལོན་མཐོང་སར་ཙང་མི་སླ་བར་འདུག་པ་ལ་སླར་ཡང་གོས་འདོད་ཞེས་བསྐུལ་ནས་སྐབས་འདིའི་ལྟུང་བའོ། །བཅུ་གཅིག་པ། སྲིན་བལ་ནང་འཚང་བྱས་པའི་སྟན་བྱེད་དང་། དེ་དང་འོག་མ་གཉིས་དང་གསུམ་གྱི་གླེང་གཞི་ནི། སྟོན་པ་མཉན་ཡོད་ན་བཞུགས་ཚེ། དགེ་སློང་མང་པོས་དང་པོར་སྲིན་བལ་གྱི་གདན། དེའི་རྗེས་སུ་ནག་པོ་འབའ་ཞིག་གི་གདན། དེའི་རྗེས་སུ་ཆ་གསུམ་ནག་པོ་དང་ཆ་གཅིག་དཀར་པོ་ལ་བྱས་པའི་གདན་བྱས་པས་ཁྱིམ་པ་མ་དད་པ་ལ་བཅས་སོ། །གཉིས་པ་ངོ་བོ་ནི། དགེ་སློང་གི་སྲིན་བལ་སྲང་བཅུ་ཡན་ཆད་འཁོར་གསུམ་ཁེབས་པའི་མཐའི་ཚད་དུ་ལོངས་པའི་གདན་ནང་འཚང་ཅན་བྱེད་པའོ། །བཅུ་གཉིས་པ། དཀོན་སར་བལ་ནག་པོ་འབའ་ཞིག་སྟན་དུ་འདིང་། དེ་ནི་བལ་ནག་འབའ་ཞིག་སྲང་བཅུ་ཡན་ཆད་ལས་གདན་བྱེད་པའོ། །བཅུ་གསུམ་པ། བལ་ནག་ཆ་གཉིས་སྟན་བྱེད་ཅེས་པས་བལ་ནག་ཆ་གཉིས་དཀར་པོའི་ཆ་གཅིག་འཁོབ་བལ་ཆ་གཅིག་སྟེ་བཞི་བསྲེས་ནས་གདན་དུ་བྱེད་པ་ལ་ལྟུང་བ་མེད་ཅིང་ནག་པོ་ཆ་གཉིས་ལས་ལྷག་པ་བསྲེས་པའི་གདན་བྱེད་པའོ། །བཅུ་བཞི་པ། ལོ་དྲུག་ནི། མ་

སོང་སྟན་གསར་བྱེད་དང་། ཞེས་པ་གླེང་གཞི་ནི། སྟོན་པ་མཉན་ཡོད་ན་བཞུགས་ཚེ་དགེ་སློང་མང་པོས་གདིང་བ་རིང་ཐུང་མང་པོ་བྱས་པས་ཀློག་པ་དང་བསམ་གཏན་ལ་གནོད་པས་བཅས་སོ། །གཉིས་པ་ནི། དགེ་སློང་གིས་ལོ་དྲུག་གི་ནང་དུ་སྟན་གསར་པ་གཞན་འབད་པས་བྱས་སོ། །བཅོ་ལྔ་པ། ཚད་ལྡན་གྱི་གདིང་བ་ཡོད་ཀྱང་སླར་བཟོ། དེ་ལ་གཉིས་ལས་དང་པོ་ནི། སྟོན་པ་མཉན་ཡོད་ན་བཞུགས་སོ། །དགེ་སློང་མང་པོས་གདིང་བ་རྙིང་པ་རྣམས་གཙུག་ལག་ཁང་བླ་གབ་མེད་པར་སྤྱང་ནས་གསར་པ་ལ་སྤྱོད་པ་ན། གདིང་བ་རྙིང་པ་རྣམས་རུལ་ཞིང་སྲིན་བུས་གང་བ་སྟོན་པས་གཟིགས་ནས་སྦྱིན་བདག་གིས་དད་ཟས་ཆུད་མི་ཟ་བའི་ཕྱིར་གདིང་བ་རྙིང་པ་ནས་བདེ་བར་གཤེགས་པའི་མཐོ་གང་གདིང་བ་གསར་བ་ལ་ལྷན་དགོས་པའི་བཅས་པ་མཛད། གཉིས་པ་ནི། དགེ་སློང་གིས་ཕྲུགས་དར་ཁྲིད་ཀྱི་གདིང་བ་རྙིང་པ་ནས་གསར་པ་ལ་བདེ་བར་གཤེགས་པའི་མཐོ་གང་མ་ལྷན་པར་གདིང་བ་རྙིང་པ་དོར་ཞིང་གསར་པ་འཆང་བའི་ལྟུང་བའོ། །བཅུ་དྲུག་པ། བལ་དང་ནི། རྙེད་ནས་ལམ་གྱི་དཔག་ཚད་གསུམ་མཐར་བྱེད། །ཅེས་ལམ་དུ་བལ་ཐོགས་པའི་ལྟུང་བ་ལ་གཉིས་ལས། དང་པོ་ནི། དྲུག་སྡེས་རྙེད་པ་འདོད་ཕྱིར་བལ་ཡུལ་དུ་ཚོང་པ་རྣམས་དང་ལྷན་ཅིག་ཕྱིན། སླར་རྒྱ་གར་དུ་འོང་བའི་ཤིང་རྟ་བལ་གྱིས་བཀང་བའི་སྒྲོག་ཤིང་ཆག །བལ་གྱི་ཕུང་པོ་ལམ་དུ་སྤྱངས་པ་དྲུག་སྡེས་བལ་ཁུར་ཆེན་པོ་རི་ལྟ་བུ་ཁུར་ནས་འོང་བས་འགའ་ཞིག་སྐྲག །འགའ་ཞིག་མ་དད་པ་ལ་བརྟེན་ནས་རྒྱང་གྲགས་ལས་འདས་པ་དཔག་ཚད་གསུམ་ལ་སོགས་པར་འཁུར་ཆེན་པོ་མི་འཁུར་བར་བཅས་སོ། །གཉིས་པ་ནི། ཆགས་པས་སློང་སྟེ་བལ་ལ་སོགས་པའི་ཁུར་ཆེན་ཁུར་ཏེ་ཉིན་གཅིག་ལ་རྒྱང་གྲགས་ལས་འདའ་ན་འདིའི་ལྟུང་བར་འགྱུར་རོ། །བཅུ་བདུན་པ། དགེ་སློང་མ་ལ་བལ་འཁྲུ་སྐྱེལ་བཙུག་དང་། དེ་ལ་གཉིས་ལས་དང་པོ་ནི། སྟོན་པ་མཉན་ཡོད་ན་བཞུགས་ཚེ། དྲུག་སྡེས་དགེ་སློང་མ་རྣམས་ལ་བལ་འཁྲུ་བ་དང་སྐྱེལ་བ་དང་ཚོས་སུ་བཙུག་པ་ལས་དགེ་སློང་མ་རྣམས་ཀྱི་ལག་པ་བཙོ་ལག་མཁན་གྱི་ལག་པ་ལྟར་གྱུར་པ་སྟོན་པས་གཟིགས་ནས་བཅས་སོ། །གཉིས་པ་ནི། དགེ་སློང་གིས་ཉེ་དུ་མིན་པའི་དགེ་སློང་མ་ལ་བལ་འཁྲུ་ལ་སོགས་བཅོལ་བའོ། །བཅོ་བརྒྱད་པ། གསེར་དངུལ་ལེན་དང་། དེ་ལ་དང་པོ་ནི། དྲུག་སྡེས་རིན་པོ་ཆེ་རང་གིས་དངོས་སུ་ལེན་

པ་དང་། གཞན་ལེན་དུ་འཇུག་པས་ མུ་སྟེགས་དག་འཕྲོ་བ་ལ་བཅས་སོ། །གཉིས་པ་ནི། དགེ་སློང་གིས་གསེར་དངུལ་ལ་སོགས་རིན་པོ་ཆེ་ལ་ཆགས་སེམས་ཀྱིས་རེག་ཅིང་ལེན་པའོ། །བཅུ་དགུ་པ། ཚོང་བྱུན་མངོན་མཚན་ཅན། དེ་ལ་དང་པོ་ནི། དྲུག་སྡེས་རིན་པོ་ཆེ་གཞན་ལ་ཁེ་སྤོགས་བྱེད་བཅུག་པས་མུ་སྟེགས་ཅན་མ་དད་པ་ལ་བཅས་སོ། །གཉིས་པ་ནི། ཆགས་པའི་དབང་གིས་ཁྱིམ་པ་ཉེ་དུ་མ་ཡིན་པ་ལ་རིན་པོ་ཆེ་ཁེ་སྤོགས་བཅུག་པའོ། །ཉི་ཤུ་པ། ཆེད་དུ་ཚོང་བྱེད་པ་ལ་གཉིས་ལས། དང་པོ་ནི། དྲུག་སྡེས་རིན་པོ་ཆེ་ལས་གཞན་པའི་ཡོ་བྱད་ལ་ཁེ་སྤོགས་བྱས་པ་ལ་བཅས་སོ། །གཉིས་པ་ནི། དགེ་སློང་ལོངས་སྤྱོད་ལ་ཆགས་པ་རིན་པོ་ཆེ་ལས་གཞན་པའི་སྤྱོད་ལ་ཚོང་བྱུན་ཁེ་སྤོགས་བྱེད་པའོ། །ཉེར་གཅིག་པ། ལྷུང་བཟེད་བྱིན་མ་བརླབས། ཞག་བཅུ་འདས་འཆང་བ་ལ་གཉིས་ལས། དང་པོ་ནི། སྟོན་པ་མཉན་ཡོད་ན་བཞུགས་དུས་དྲུག་སྡེས་ལྷུང་བཟེད་མང་དུ་བསགས་ནས་འཆང་བ་ལ་གཞན་མ་དད་པ་ལ་བཅས་སོ། །གཉིས་པ་ནི། དགེ་སློང་གིས་བྱིན་གྱིས་མ་བརླབས་པའི་ལྷུང་བཟེད་ལྷག་པོ་ཞག་བཅུ་འདས་ནས་བཅུ་གཅིག་གི་སྐྱ་རེངས་འཆར་བར་འཆང་ན་ལྟུང་བའོ། །ཉེར་གཉིས་པ། ལྷུང་བཟེད་ཟུང་འཆང་བ་ལ་གཉིས་ཀྱི་དང་པོ་ནི། སྤོས་འཚོང་གི་ཁྱིའུ་ཞིག་གིས་ལྷུང་བཟེད་རྙེད་པ་བསོད་སྙོམས་པ་ཞིག་ལ་བྱིན་པ་དེས་མི་འདོད་ཟེར་བ་ཉེར་དགས་ཐོས་ཏེ། ཁྱིའུ་ལ་ལྷུང་བཟེད་སླངས་པས་དགེ་སློང་རྫུལ་པོར་ཤེས་པས་མ་བྱིན་ནོ། །དེ་ཚེ་ཉེར་དགས་ལྷུང་བཟེད་འདི་ཁོ་བོའི་ལག་ཏུ་མ་ཐོབ་ན་ཉེར་དགའ་ཤིའོ་ཟེར་ནས་གཞན་གྱི་ཁྱིམ་བདག་དད་ལྡན་ཞིག་ལ་ཉོ་བཅུག་ནས་ལྷུང་བཟེད་ཐོབ་པ་དང་ཁྱིའུ་ལ་ལྷུང་བཟེད་ག་རེ་ཞེས་མ་མཛེས་པ་སྣ་ཚོགས་བརྗོད་པ་དང་གཞན་མ་དད་པ་ལ་བཅས་སོ། །གཉིས་པ་ནི། རང་ལ་ལྷུང་བཟེད་ཡོད་བཞིན་དུ་ཉེ་དུ་མ་ཡིན་པའི་ཁྱིམ་པ་ལ་ལྷུང་བཟེད་འབད་དེ་བཙལ་བས་ལག་ཏུ་ཐོབ་ན་ཟུང་ཞེས་གཉིས་འཆང་བའི་ལྟུང་བའོ། །ཉེར་གསུམ་པ། གླ་རྔན་མེད་པར་འཐག་འཇུག་པ་ལ་གཉིས་ལས་དང་པོ་ནི། ཉེར་དགས་དོག་པ་མང་པོ་རྙེད་པ་ཐགས་མཁན་སྐྱི་ཐེར་བའི་རྒྱ་ར་ཁུར་ནས། མཁས་པ་རྒྱུད་ནས་རབ་གསལ་བ། །གངས་དང་ལྡན་པའི་རི་བོ་འདྲ། །མི་མཁས་རྣམ་པར་མི་གསལ་བ། །མྱུན་པའི་ནང་དུ་མདའ་འཕངས་འདྲ། །ཞེས་བསྟོད་པས། ཐགས་མཁན་གྱིས་དོག་པ་ཡོད་ན་ཁོ་བོས་འཐག་གོ་ཟེར་ནས་འཐག་ཏུ་བཅུག

སྡེ་གླ་རྫན་མ་བྱིན་པ་དང་གཞན་མ་དད་པ་ལས་བཅས་སོ། །གཉིས་པ་ནི། དགེ་སློང་གི་ཉེ་དུ་མ་ཡིན་པ་ལ་གླ་རྫན་མ་བྱིན་པར་འཐག་བཅོལ་ནས་ལག་ཏུ་ལེན་པའོ། །ཉེར་བཞི་པ། ཐགས་རྒྱ་བསྐྱེད། ཅེས་པ་ལ་གཉིས་ཏེ། དང་པོ་ནི། སྟོན་པ་མཉན་ཡོད་ན་བཞུགས་ཚེ་ཁྱིམ་བདག་ཕོ་མོ་གཉིས་དང་པོར་མི་མཐུན་པའི་རྐྱེན་གྱིས་ཁྱིམ་གྱི་འཁོར་པ་སྲབ་པས། ཉེར་དགས་མཐུན་པར་བྱས་པའི་བཀའ་དྲིན་དུ་རས་ཡུག་བཏགས་ནས་འབུལ་ལོ་སྨྲས་པས། ཉེར་དགས་ཐོས་ནས་ཐག་པའི་དྲུང་དུ་སོང་ནས་རྟགས་ཀྱི་ལ་དུ་བྱིན་ནས་རས་ཡུག་འདི་དཀྲུས་རིང་བ་ཞེང་ཆེ་བ་ཐགས་བཟང་བ་ཡིས་བྱས་པས་ཁྱིམ་བདག་གི་བདོག་པ་མང་དུ་ཟད་པ་ལ་གཞན་མ་དད་པ་ལས་བཅས་སོ། །གཉིས་པ་ནི། ཉེ་མིན་ཁྱིམ་པར་བློས་དཔག་པའི་རས་ཡུག་ལས་ལྷག་པ་ཐ་ག་བ་ལ་གླ་རྫན་ཅུང་ཟད་བྱིན་ཏེ་རྒྱ་བསྐྱེད་པའོ། །ཉེར་ལྔ་པ། དགེ་སློང་གོས་སྦྱིན་སླར་འཕྲོག་ཅེས་པས་དང་པོ་ནི། སྟོན་པ་མཉན་ཡོད་ན་བཞུགས་ཚེ་ཉེར་དགས་རང་གིས་ལྷན་གཅིག་གནས་པའི་དགེ་སློང་ཆོས་ཞེས་བྱ་བ་ལ་གོས་བྱིན་ནས་ཕྱི་བཞིན་འབྲང་མ་བཏུབ་པས། ངས་གླེན་པ་ཁྱོད་ལ་ཆོས་ལ་བསམ་ནས་གོས་སྦྱིན་པ་མ་ཡིན་གྱི་རྗེས་སུ་མི་འབྲང་ན་ཚུར་ཐོང་ཟེར་ནས་གོས་འཕྲོག་པ་ལས་བཅས་སོ། །གཉིས་པ་ནི། གཞན་ལ་གོས་སམ་ལྷུང་བཟེད་སོགས་བྱིན་ཟིན་ནས་སླར་འཕྲོག་པའོ། །ཉེར་དྲུག་པ། གཏན་བྱུང་གོས། སྦྱིན་དུས་བཤད་ལས་སྔ་བར་བདག་གིར་བྱས། དེ་ལ་གཉིས་ཏེ། དང་པོ་ནི། སྟོན་པ་མཉན་ཡོད་ན་བཞུགས་ཚེ་རི་རགས་ཀྱི་དགོན་པར་ཆོང་པས་དབྱར་གྱི་རྐྱེད་པ་ཕུལ་བས་དྲུག་སྡེས་དེ་རྣམས་ཁ་ཟས་སུ་བྱས་ནས་ཟད་པར་བྱས་པ་དང་ཚོང་པ་རྣམས་མ་དད་པ་ལ་བཅས་སོ། །གཉིས་པ་ནི། དགེ་འདུན་གྱི་དབྱར་གྱི་རྐྱེད་པ་དུས་མིན་དུ་བདག་གིར་བྱས་པ་ལ་གཏད་པ་ལས་བྱུང་བའི་ལྟུང་བའོ། །ཉེར་བདུན་པ། དགོན་པར་འཇིགས་བཅས་གོས་བྲལ་ཞག་བདུན་འདས། དེ་ལ་གཉིས་ཏེ་དང་པོ་ནི། སྟོན་པ་མཉན་ཡོད་ན་བཞུགས་དུས་དགེ་སློང་འགའ་ཞིག་རི་རགས་སུ་དབྱར་གནས་པ་ཁས་བླང་བ་ན་སྦྱིན་བདག་གི་རྐྱེད་པ་རྒྱ་ཆེན་ཕུལ་བ་ཆོམ་རྐུན་པས་དགེ་སློང་རྣམས་མཚན་མོའི་ཚེ་སྒྲིན་མོར་མཉན་ཡོད་དུ་ལྷགས་པ་སྟོན་པས་གསན་ནས། དགོན་པར་གནས་པའི་དགེ་སློང་གིས་ཞག་དྲུག་ཙུན་ཆད་ཆོས་གོས་དང་བྲལ་ཡང་ཉེས་པ་མེད་པར་གནང་བ་ལ་དྲུག་སྡེས་དེ་ལས་ཀྱང་ལྷག་པར

འདས་པ་ལ་བཅས་སོ། །གཉིས་པ་ནི། དགེ་སློང་གི་ཞག་བདུན་ཕན་ཆད་དུ་བྱིན་གྱིས་བརླབས་པའི་ཆོས་གོས་གསུམ་དང་བྲལ་བ་ལ་དགོན་པའི་འབྲལ་སྤང་བའོ། །ཉེར་བརྒྱད་པ། རས་ཆེན་དགག་དབྱེ་ཟིན་ཀྱང་ཟླ་ཕྱེད་འདས། དེ་ལ་དང་པོ་ནི། དགེ་སློང་གིས་དབྱར་གྱི་གོས་རས་ཆེན་དེ་དབྱར་ཁས་ལེན་པའི་སྔ་རོལ་ཟླ་གཅིག་ཏུ་བཙལ་ནས་དགག་དབྱེ་བྱས་ནས་ཟླ་ཕྱེད་ཚུན་ཆད་དེ་ཟླ་བ་ཕྱེད་ལྷར་བཅས་པ་ལས། དེ་ལ་གཞན་དུ་ཆོལ་བ་དང་བཅངས་པ་སྤང་བྱའོ། །ཉེར་དགུ་པ། དགེ་འདུན་བསྔོས་པའི་རྙེད་པ་བདག་ཏུ་བཟུང་། དེ་ལ་གཉིས་ཀྱི་དང་པོ་ནི། སྟོན་པ་མཉན་ཡོད་དུ་བཞུགས་ཚེ་བསོད་སྙོམས་པ་ཞིག་གིས་ཁྱིམ་བདག་འགའ་ཞིག་དད་པར་བྱས་པས་དགེ་འདུན་ལ་རས་ཡུག་འབུལ་བར་བསྔོས་པ་ཉེར་དགས་བདག་ཉིད་ལ་བསྒྱུར་བ་དང་གཞན་དག་ཁ་ཟེར་བ་ལ་བཅས་སོ། །གཉིས་པ་ནི། དགེ་འདུན་ལ་བསྔོས་པའི་ཡོ་བྱད་རང་གིས་བདག་ཏུ་བྱས་པའོ། །སུམ་ཅུ་པ། ན་སྨན་ཞག་བདུན་འདས་ན་གསོག་འཇོག་གོ། །དེ་ལ་གཉིས་ལས་དང་པོ་ནི། སྟོན་པ་རྒྱལ་པོའི་ཁབ་ན་བཞུགས་ཚེ་དགེ་སློང་མང་པོས་སྨན་བྱིན་གྱིས་བརླབས་ནས་བཞག་པ་ཡུན་རིང་བས་རུལ་བ་དང་མྱགས་པ་ལས་བཅས་སོ། །གཉིས་པ་ནི། སྨན་སྔ་དྲོ་བྱིན་ལེན་བྱས་པ་ཕྱི་དྲོའི་དུས་སུ་བྱིན་ལེན་མ་ཞིག་པར་བཅངས་པ་དང་སྨན་བྱིན་ལེན་བྱས་པ་ཐུན་ཚོད་ལས་འདས་པར་བཅངས་པ་དང་། ཞག་བདུན་པའི་སྨན་བྱིན་གྱིས་བརླབས་པ་དེ་ལས་འདས་པར་བཅངས་པ་སྐྱེ་དུས་ལས་འདས་པས་གསོག་འཇོག་གི་སྤང་བར་འགྱུར་རོ། །འཚོ་བཅངས་ཀྱི་སྨན་ཞེས་ཇི་སྲིད་འཚོ་བར་བཅངས་པ་གནང་སྟེ་དེ་འདས་ཚེ་ལྟུང་བ་འབྱུང་བའི་གཞི་མེད་ཕྱིར་སྐབས་འདིའི་ལྟུང་བར་མི་འགྱུར་རོ། །འདི་དག་བཤགས་པའི་ཚེ་གང་ལ་ལྟུང་བ་བྱུང་བའི་དངོས་པོ་དེ་གཞན་ལ་སྤང་དགོས་པས་ན་སྤང་ལྟུང་ཞེས་བྱ་སྟེ་བཤད་ཟིན་ཏོ། །

༈ དོན་གཉིས་པ། ལྟུང་བྱེད་འབའ་ཞིག་དགུ་བཅུ་ཐམ་པ་ནི། དང་པོ་ནི། ཤེས་བཞིན་རྫུན་དུ་སྨྲ་བའི་ལྟུང་བྱེད་ལ། གླེང་གཞི་དང་ངོ་བོ་གཉིས་ལས། དང་པོ་ནི། དགེ་སློང་ཤཱཀྱ་ལག་རྒྱུད་ཀྱིས་བྲམ་ཟེ་མཁས་པ་ཞིག་དང་རྩོད་པར་ཁས་བླངས་ཤིང་། བདག་གལ་ཏེ་ཕམ་ན་གྲགས་པ་ཉམས་ངེས་སྙམ་ནས་དུས་ལས་འདས་ཏེ་ཤེས་བཞིན་དུ་རྫུན་སྨྲས་པ་ལ་བཅས་སོ། །གཉིས་པ་ནི། དེའང

སྤྱར་བཤད་པ་ལྟ་བུ་ནི་ཕམ་པ། གཞི་མེད་དང་བག་ཙམ་ནི་ལྷག་མ་དགེ་འདུན་གྱི་དབུས་སུ་ཤེས་བཞིན་ཆོས་མ་ཡིན་པ་ཆོས་ཞེས་སྨྲ་བ་སྡོམ་པོ། ལྟུང་བ་དག་གམ་དྲིས་ཚེ་མ་དག་ཀྱང་ཅང་མི་སྨྲ་ན་ཉེས་བྱས། ལྟུང་བ་བཞི་པོ་དེ་ལས་གཞན་པའི་རྫུན་སྨྲ་ན་ལྟུང་བྱེད་དུ་འགྱུར་རོ། །གཉིས་པ་ནི། དགེ་སློང་སྐྱོན་བརྗོད་པ། དེ་ལ་གཉིས་ཏེ། དང་པོ་ནི། དྲུག་སྡེས་དགེ་སློང་རྣམས་ལ་ཡན་ལག་ཉམས་པ་དང་། རིགས་རུས་སོགས་ཀྱི་སྒོ་ནས་སྐྱོན་བརྗོད་པས་དགེ་སློང་དེ་དག་ཡིད་མི་བདེ་བར་གྱུར་པ་ལས་བཅས་སོ། །གཉིས་པ་ནི། དགེ་སློང་གཞན་ལ་རིགས་རུས་སོགས་ཀྱིས་སྒོ་ནས་སྐྱོན་བརྗོད་པའོ། །གསུམ་པ། ཕྲ་མས་འབྱེད་པ་དང་། དེ་ལ་དང་པོ་ནི། དྲུག་སྡེས་དགེ་སློང་རྣམས་ཀྱི་བར་དུ་ཕྲ་མ་བྱས་པས་བསམ་གཏན་དང་ཀློག་པའི་བར་ཆད་དུ་གྱུར་པ་ལས་བཅས་སོ། །གཉིས་པ་ནི། དགེ་སློང་ཕན་ཚུན་འབྱེད་པར་འདོད་པས་ཕྲ་མ་བྱེད་པའི་རྫུན་ཚིག་གོ། །བཞི་པ། སྐྱོ་སྡོགས་ཟློམས་ཀྱང་དབྱེ། དེ་ལ་དང་པོ་ནི། དགེ་སློང་ཕན་ཚུན་རྩོད་པ་གཞན་གྱིས་ཞི་བར་བྱས་པ་དྲུག་སྡེས་ཞི་བར་བྱས་པ་མ་ཡིན་ནོ་ཞེས་ཟེར་བས་ཕན་ཚུན་རྩོད་པ་ལས་བཅས་སོ། །གཉིས་པ་ནི་གཞན་གྱི་ཞི་བར་བྱས་པའི་རྩོད་པ་སླར་ཡང་སྐྱོ་སྡོགས་ཀྱི་སྒོ་ནས་རྩོད་པ་སློང་བར་བྱེད་པའོ། །ལྔ་པ། བུད་མེད་ཆོས་སྟོན་གཉིས་ཏེ། དང་པོ་ནི། དགེ་སློང་འཆར་ཀས་བུད་མེད་ལ་ཆོས་སྟོན་པ་ན་ནུ་མ་དང་ཤ་ཚན་ལ་རེག་པ་ལ་སོགས་པ་བྱས་པས་གཞན་མ་དད་པ་ལ་བཅས་སོ། །གཉིས་པ་ནི། སྐྱེས་པ་གཞན་མེད་པར་བུད་མེད་ལ་ཆོས་ཚིག་ལྔའམ་དྲུག་ལས་ལྷག་པར་སྟོན་པའོ། །དྲུག་པ། བསྙེན་པར་མ་རྫོགས་དང་། ལྷན་གཅིག་ཆོས་འདོན་པ་ལ་གཉིས་ཏེ། དང་པོ་ནི། དྲུག་སྡེས་བསྙེན་པར་མ་རྫོགས་པ་དང་གྲོང་བག་གིས་སྐད་གདངས་སྣ་ཚོགས་ཀྱིས་ཆོས་འདོན་པ་ན་གཞན་མ་དད་པ་ལ་བཅས་སོ། །གཉིས་པ་ནི། དགེ་སློང་གིས་གྲོང་བག་གིས་བསྙེན་པར་མ་རྫོགས་པ་དང་ལྷན་ཅིག་ཆོས་ཀྱི་ཚིག་སྐད་གདངས་སྣ་ཚོགས་ཀྱིས་འདོན་པར་བྱེད་པའོ། །བརྒྱད་པ་གནས་ངན་ལེན་ལྟུང་བརྗོད། དེ་ལ་དང་པོ་ནི། དགེ་སློང་ཀུན་དགའ་ཞིག་དགེ་འདུན་ལྷག་མའི་ལྟུང་བ་བྱུང་ནས། སྤོ་མགུ་སྤྱོད་པ་ན། དགེ་འདུན་གྱི་གནས་མལ་ཕྱུགས་དར་བྱེད་པ་སོགས་ལ་དྲུག་སྡེས་འདི་དག་དད་པ་ཆེ་བ་མ་ལགས། དགེ་འདུན་ལྷག་མའི་ལྟུང་བ་ཕྱིར་བཅོས་ཀྱི་ཆེད་ཡིན་ནོ། །སླུས་པས་གཞན་དག་ཀྱི་མ་གནས་བརྟན་

རྒན་པོ་དག་ཀྱང་འདི་འདྲ་ན། གཞན་པ་ལྟ་ཅི་སྨོས་ཞེས་འཕྱ་བ་ལ་བཅས་སོ། །གཉིས་པ་ནི། ལྟུང་བ་དང་ལྡན་པའི་དགེ་སློང་ལ་ལྟུང་བ་གླེངས་པར་མ་བསྐོས་པས་བསྙེན་པར་མ་རྫོགས་པའི་དྲུང་དུ་ལྟུང་བ་ལྡན་པར་གོ་བར་བྱེད་པའོ། །བརྒྱད་པ། མི་ཆོས་བླ་མ་བདེན་སྨྲ་བའི་གླེང་གཞི་ནི། ཉ་བའི་རིགས་ལས་རབ་ཏུ་བྱུང་བའི་དགེ་སློང་ལྔ་བརྒྱས་དགྲ་བཅོམ་ཐོབ་ཆེ། མུ་གེའི་དུས་ཤིག་ཉ་བའི་དྲུང་དུ་མི་ཆོས་བླ་མ་ཐོབ་པར་ཁས་བླངས་ཤིང་བརྗོད་ནས་འཚོ་བའི་ཡོ་བྱད་མང་པོ་བླངས་པས་གཞན་མ་དད་པ་ལ་བཅས་སོ། །གཉིས་པ་ནི། བསྙེན་པར་མ་རྫོགས་པ་ལ་དགོས་པ་མེད་བཞིན་དུ་མི་ཆོས་བླ་མའི་ཡོན་ཏན་ཐོབ་ཅེས་སྨྲ་བའོ། །དགུ་པ། བཤེས་ངོར་འཕྱ། དེ་ལ་དང་པོ་ནི། དགེ་སློང་གྲུད་བུ་ནོར་དགེ་འདུན་གྱི་བྱ་བ་ལ་བརྩོན་པས་ཆོས་གོས་ངན་པར་གྱུར་པ་དགེ་འདུན་གྱི་རས་ཡུག་གཅིག་ཆོས་གོས་རྒྱུར་བྱིན་པས། མཛའ་བོ་དང་ས་ལ་སྐྱེས་གཉིས་ཀྱིས་དགེ་འདུན་འདི་དག་ནི་བཤེས་ངོར་བྱེད་ཅིང་སྤྱིའི་རྫས་ཆུད་གསོན་པ་ཡིན་ནོ་ཞེས་དགེ་འདུན་ལ་སྐུར་པ་བཏབ་པ་ལ་བཅས་སོ། །གཉིས་པ་ནི། དགེ་འདུན་ལ་བྱ་བ་བྱེད་པ་དེ་ལ་ཡོ་བྱད་ཅུང་ཟད་བྱིན་པ་ལ་སྐུར་བ་བཏབ་པའོ། །བཅུ་པ། བསླབ་གཞི་ཁྱད་བསད་ཀྱི་དང་པོ་ནི། དྲུག་སྡེ་སོ་སོར་ཐར་པའི་མདོ་འདོན་ཆེ་བསླབ་གཞི་ཕྲ་ཞིང་ཕྲ་བ་འདི་དག་གིས་ཅི་བྱར་ཟེར་ནས་བསླབ་བྱ་ཁྱད་དུ་བསད་པ་ལ་བཅས་སོ། །གཉིས་པ་ནི། འདུལ་བའི་བསླབ་བྱ་ཁྱད་དུ་བསད་པའི་རིགས་བྱེད་དོ། །བཅུ་གཅིག་པ། ས་བོན་སྐྱེ་བ་གཅོད་པའི་གླེང་གཞི་ནི། དྲུག་སྡེ་རང་གིས་ཤིང་ལྗོན་པ་གཅོད་ཅིང་གཞན་གཅོད་དུ་འཇུག་པ་ལས་གཞན་གྱིས་འཕྱ་བ་ལས་བཅས་སོ། །ངོ་བོ་ནི། དགོས་པ་མེད་བཞིན་ཕྱི་རོལ་གྱི་ས་བོན་སྨྱུ་གུ་སོགས་བསྐྱེད་པའི་ནུས་པ་ཉམས་པར་བྱས་པའོ། །བཅུ་གཉིས་པ། བདག་གི་ངོར་འཕྱ་བ་ལ་གཉིས་ཏེ་དང་པོ་ནི། མཛའ་བོ་དང་ས་ལ་སྐྱེས་གཉིས་ཉེར་དགའ་དང་ལྷན་ཅིག་གཏམ་བྱེད་པ་ན་ཁྱོད་ཉེན་དགས་ཀྱང་དགེ་འདུན་གྱི་གནས་མལ་སྟོབ་པ་ན། གྲུད་བུ་ནོར་བཞིན་ཁོ་བོ་ཅག་ལ་ཐོ་འཚམས་པར་མ་བྱེད་ཅེས་ཟེར་བས་གཞན་འཕྱ་བ་ལ་བཅས་སོ། །གཉིས་པ་ནི། བྱ་བ་བྱེད་པའི་དགེ་སློང་ལ་དངོས་སམ་ཟུར་གྱིས་འཕྱ་བར་བྱེད་པའོ། །བཅུ་གསུམ་པ། བསྒོ་བ་རྣར་གཟོན་པ། ལྟུང་བྱུང་གླེང་ལ་མ་ཐོས་ལན་གཞན་འདེབས། དེ་ལ་དང་པོ་ནི། འདུན་པ་ལ་ཕན་པའི་བསམ་པས

ལྷུང་བ་གླེང་པ་ན། འདུན་པས་ཁྱོད་ལ་ཁོ་བོ་ལྷུང་བ་མི་གླེང་ཁྱོད་ཁོ་བོ་ལ་ལྷུང་བ་མ་གླེངས་ཁྱེད་དང་ཁོ་བོ་མི་འདྲ་སྟེ་ཁོ་བོའི་སྟོན་པས་བྱང་ཆུབ་བརྙེས་པ་ཡིན་ནོ། །ཟེར་བ་གཞན་གྱིས་འཕྱ་བ་ལ་བཅས་སོ། །གཉིས་པ་ནི། ཕྱིར་བཅོས་ལ་ལྷུང་བ་གླེངས་པ་ན། ལྷུང་བ་ཁས་མི་ལེན་པར་ངས་ནི་མ་ཐོས་སོགས་སྨྲོད་པ་སྣ་ཚོགས་པས་ལན་འདེབས་པའོ། །བཅུ་བཞི་པ། ཁྲི་དང་། ཞེས་པ་ལ་གཉིས་དང་པོ། དགེ་སློང་མང་པོ་དགེ་འདུན་གྱི་གནས་མལ་མ་བསྡུས་པར་བླ་གབ་མེད་པར་བཞག་པས་ཆུད་ཟོས་པ་ལས་བཅས་སོ། །གཉིས་པ་ནི། རང་གི་ཡོངས་སྤྱོད་པའི་དགེ་འདུན་གྱི་ཁྲི་དང་ཁྲིའུ་བླ་གབ་མེད་པར་བཞག་པས་ཉི་རླུང་གིས་ཆུད་ཟོས་པར་བྱེད་པའོ། །བཅོ་ལྔ་པ། གདིང་བ་མ་བསྡུས་སྟེང་སོང་དང་། དེའི་དང་པོ་ནི། དགེ་སློང་འགས་གཙུག་ལག་ཁང་དུ་རྩྭ་དང་ལོ་མ་མང་དུ་བཏིང་སྟེ་མ་བསྡུས་པར་སོང་བ་དང་། དེ་ཉིད་སྲོག་ཆགས་ཀྱི་གང་བ་ལ་བཅས་སོ། །གཉིས་པ་ནི། གཙུག་ལག་ཁང་དུ་རྩྭ་དང་ལོ་མའི་ཚོགས་བཏིང་པ་མ་བསྡུས་པར་འཇོག་པར་བྱེད་པའོ། །བཅུ་དྲུག་པ། དགེ་སློང་བསྐྲད་དང་ཐོ་འཚམས་དེ་ལ་གཉིས་ཀྱི་དང་པོ་ནི། དགེ་སློང་འཆར་ཀས་རང་དང་ལྷན་ཅིག་གནས་པའི་དགེ་སློང་གཙུག་ལག་ཁང་གི་ཕྱིར་བཏོན་པས། མཚན་མོ་ཐོག་དག་ཏུ་སྡུག་བསྔལ་བ་ལས་བཅས་སོ། །གཉིས་པ་གཞན་ལ་གནོད་སེམས་ཀྱིས་གནས་ཁང་ནས་ཕྱིར་སྐྲོད་པའོ། །བཅུ་བདུན་པ། ཕྱིས་གནོན་བྱས་པ་ལ་དང་པོ་ནི། འཆར་ཀས་རང་གི་གྲོགས་གསར་བུ་ལ་གྲུ་མོ་དང་ཕུས་མོས་བཙིར་པ་ལ་བཅས་སོ། །གཉིས་པ་ནི། དགེ་སློང་གཞན་ལ་རང་ལུས་ཀྱིས་བཙིར་ཤིང་གནོན་པའོ། །བཅོ་བརྒྱད་པ། མལ་གྱི་ཁྲིར་ཤུགས་ཕྱུང་། ཞེས་པ་ལ་གཉིས་ལས། དང་པོ་ནི། ཉེར་དགའ་དང་བསོད་སྙོམས་པ་གཅིག་ལྡོངས་རྒྱུ་བ་ན་ཁོ་བོའི་ཁུར་འདི་ཁྱོད་ཀྱིས་ཁུར་བྱས་པས་ཁོ་བོ་ལ་མི་དགོས་བྱས་པས། རི་རགས་ཀྱི་གཙུག་ལག་ཁང་ན་བསོད་སྙོམས་པ་སྒྲ་དམ་པར་བཅད་དེ་གནས་པའི་སྟེང་ནས་ཁྲིའུ་རྐང་པ་རྣོ་བར་བྱས་ཏེ་ལུས་ཤུགས་ཕྱུང་སྟེ་མནན་པས་བསོད་སྙོམས་པའི་དཔྲལ་བ་གཞོམས་པ་ལ་བཅས་སོ། །གཉིས་པ་ནི། གཞན་ལ་གནོད་སེམས་ཀྱིས་ལུས་ཤུགས་ཀྱི་ལྗིད་ཀྱིས་ཁྲི་རྐང་གནོན་པའོ། །བཅུ་དགུ་པ། སྲོག་ཆགས་ལྡན་པའི་ཆུ་དང་། རྩྭ་འདེབས་པ་ལ་གཉིས་ཏེ། དང་པོ་ནི། འདུན་པས་སྲོག་ཆགས་དང་ལྡན་པའི་ཆུ་ལ་རྩྭ་དང་ལོ་མ་སོགས་འདེབས་ཏེ་ཡོངས་སྤྱོད་པས་སྲོག་

ཆགས་མང་དུ་ཤི་བས་གཞན་མ་དད་པ་ལ་བཅས་སོ། །གཉིས་པ་ནི། སྤྲོག་ཆགས་དང་བཅས་པའི་ཆུ་ལ་ཤེས་བཞིན་ལོངས་སྤྱོད་པའོ། །ཉི་ཤུ་པ། གཙུག་ལག་ཕ་གུ་རིམ་གཉིས་བརྩིགས། ཤེས་བཞིན་གྱིས་སོ་དེ་ལའང་དང་པོ་ནི། དྲུག་སྡེས་ཉིན་གཅིག་ལ་གཙུག་ལག་བརྩིགས་པ་དེའི་ནུབ་མོ་ཞིག་ལ་བཅས་སོ། །གཉིས་པ་ནི། ཆར་ཆུའི་འཇིགས་པ་ཡོད་པ་ཤེས་བཞིན་དུ་ཆར་ཆུ་སྐྱབས་པའི་གཡོགས་མ་བྱས་པར་ཉི་མ་གཅིག་ལ་རིམ་པ་གསུམ་ལས་ལྷག་པར་བརྩིགས་པའོ། །ཉེར་གཅིག་པ། འདི་མན་དགེ་སློང་མར། མ་བསྒོས་ཆོས་སྟོན་འདི་ནས་མར་བཅུ་དགེ་སློང་མ་ལས་གྱུར་པ་ཡིན་ཏེ། དེའི་དང་པོ་ལ་གཉིས་ཀྱི་གླེང་གཞི་ནི། སྟོན་པས་དགེ་སློང་མ་རྣམས་ལ་དགེ་སློང་གནས་བརྟན་པས་ཆོས་སྟོན་པར་བྱོས་གསུངས་པ་ལ་དྲུག་སྡེས་ཆོས་སྟོན་ཅིང་དགེ་སློང་མ་དང་རྩེ་ཞིང་ལུས་ལ་རེག་པ་སོགས་བྱས་པས་གཞན་མ་དད་པ་ལས་བཅས་སོ། །གཉིས་པ་ནི། དགེ་སློང་མའི་སྟོན་པར་མ་བསྒོས་པས་དེ་ལ་ཆོས་སྟོན་པའོ། །ཉེར་གཉིས་པ། བསྒོས་ཀྱང་ཉི་ནུབ་དང་། ཞེས་པས་དང་པོ་ནི། བསྒོས་ཀྱང་དགའ་བྱེད་ཀྱིས་དགེ་སློང་མ་ཨུཏྤལའི་མདོག་ཅན་ལ་ཉི་ནུབ་བར་ཆོས་སྟོན་པས་དགེ་སློང་མ་འཁོར་བཅས་མཉན་ཡོད་དུ་ཕྱིན་པས་སྒོ་བཅད་ནས་ཕྱི་རོལ་དུ་གནས་པ་ཆོམ་རྐུན་གྱིས་བཅོམ་པར་བརྩོན་པས་དགེ་སློང་མས་དམག་ཚོགས་སུ་སྤྲུལ་པས་བཅོམ་མ་ནུས་ཀྱང་ཆོས་སྟོན་པ་པོ་ལ་གཞན་གྱིས་འཕྱ་བ་ལ་བཅས་སོ། །གཉིས་པ་ནི། འཇིགས་བཅས་སར་དགེ་སློང་མ་ལ་ཉི་ནུབ་རྗེས་སུ་ཆོས་སྟོན་པའོ། །ཉེར་གསུམ་པ། ཁ་ཟས་ཕྱིར་སྟོན་པའི་དང་པོ་ནི། འཕགས་པ་དགའ་བྱེད་དགེ་སློང་མ་ལ་ཆོས་སྟོན་པ་ན། དགེ་སློང་མས་ཁ་ཟས་ཅུང་ཟད་ཕུལ་བ་ཉེར་དགས་མ་བཟོད་ནས་དགའ་བྱེད་ནི་ཁ་ཟས་ཁོ་ནའི་ཆེད་དུ་ཆོས་སྟོན་ཏོ་ཟེར་བ་ལ་བཅས་སོ། །གཉིས་པ་ནི། དགེ་སློང་མའི་སྟོན་པར་བསྒོས་པ་ལ་ཕྲག་དོག་གིས་སྐུར་པར་བཏབ་པའོ། །ཉེར་བཞི་པ། གོས་བཅོམས་པའི་ལྟུང་བྱེད་ལ་གཉིས་ལས། དང་པོ་ནི། འཆར་ཀས་དགེ་སློང་མ་སྤྲེད་མའི་སྣམ་སྦྱར་ལ་སོགས་གོས་མང་དུ་བཅོམས་པས་གཞན་གྱིས་འཕྱ་བ་ལས་བཅས་སོ། །གཉིས་པ་ནི། ཉེ་དུ་མ་ཡིན་པའི་དགེ་སློང་མའི་གོས་བཅོམས་པའོ། །ཉེར་ལྔ་པ། ཆོས་གོས་བྱིན་པའི་དང་པོ་ནི། ཚོང་དཔོན་ལས་རབ་ཏུ་བྱུང་བའི་དགེ་སློང་གིས་རང་གི་ཆུང་མ་རྙིང་པ་ཡིན་པའི་དགེ་སློང་མ

ལ་སྣམ་སྦྱར་བྱིན་པས་བཅོམ་ལྡན་འདས་འཁོར་བཅས་ལྗོངས་རྒྱུ་བ་ན། དགེ་སློང་དེ་ལ་ཆོས་གོས་མེད་པ་གཞན་གྱིས་འཕྲུ་བ་ལ་བཅས་སོ། །གཉིས་པ་ནི་ཉེ་དུ་མིན་པའི་དགེ་སློང་མ་ལ་ཆོས་གོས་སྦྱིན་པའོ། །ཉེར་དྲུག་པ། དོན་མཐུན་ལམ་འགྲོགས་ལ་གཉིས་ལས་དང་པོ་ནི། དྲུག་སྡེས་གཞོན་ནུ་བཅུ་གཉིས་སྡེ་དང་ལྷན་ཅིག་ལམ་རིང་པོའི་བར་དུ་སོང་བས་གཞན་གྱིས་འཕྲུ་བ་ལ་བཅས་སོ། །གཉིས་པ་ནི། ཡུལ་དགེ་སློང་མ་དང་ལྷན་ཅིག་ལམ་རྒྱང་གྲགས་ལས་ལྷག་པར་འགྲོགས་པའོ། །ཉེར་བདུན་པ། གྲུ་སྟེ་གྱེན་ཐུར་འགྲོ། ཞེས་པའི་གླེང་གཞི་དང་ངོ་བོ་གཉིས། གྲུ་དང་ལམ་བརྗེ་བ་མ་གཏོགས་སྔར་བཞིན་ནོ། །ཉེར་བརྒྱད་པ་དབེན་པར་ལྷན་གཅིག་འདུག་པ་དང་ཞེས་པ་ལ་གཉིས་ཏེ། དང་པོ་ནི། འཆར་ཀས་ཁྱིམ་བདག་གི་ཆུང་མ་དད་པ་ཅན་སྦྲིད་མ་དང་ལྷན་ཅིག་འདུག་སྟེ། ཁོ་བོ་ཅག་གིས་སྔོན་འདི་དང་འདི་འདྲ་བྱས་པ་དྲན་ནམ་བྱས་པ་བསོད་སྙོམས་པ་གཅིག་གིས་ཐོས་ཏེ་འཕྲུ་བ་ལ་བཅས་སོ། །གཉིས་པ་ནི། དབེན་པ་སྐྱབས་ཡོད་དུ་བུད་མེད་དང་ལྷན་ཅིག་འདུག་པའོ། །ཉེར་དགུ་པ། འགྲེང་བ་དང་དེའི་དང་པོ་གཉིས་པ་ལུས་འགྲེང་བ་དང་འདུག་པའི་ཁྱད་པར་མ་གཏོགས་སྔ་མ་བཞིན་ནོ། །སུམ་ཅུ་པ། སྦྱོར་བཅུག་ཟས་ཟ་རྣམས་ནི་སྤང་བར་བྱ། ཞེས་པའི་དང་པོ་ནི། དྲུག་སྡེས་ལྗོངས་སུ་རྒྱུ་བ་བཅུ་གཉིས་སྡེས་མཐོང་ནས་མིང་པོ་དག་ཁྱེའུ་བསོས་གསོལ་ཞིང་བྱས་པས། ཁྱིམ་བདག་དེས་མི་འཚོ་བས་ཁྱིམ་བདག་ལ་བསོད་སྙོམས་སྦྱོར་ཆུག་བྱས་པས་བཅུ་གཉིས་སྡེས་ཁྱིམ་བདག་ལ་ཡང་དག་མིན་པའི་ཡོན་ཏན་བརྗོད་དེ་འཚོ་བ་སྦྱོར་བཅུག་པས་གཞན་མ་དད་པ་ལས་བཅས་སོ། །གཉིས་པ་ནི། དགེ་སློང་མས་ཉེ་དུ་མིན་པའི་ཁྱིམ་བདག་གཞན་ལ་ཟས་སྦྱོར་བཅུག་པའོ། །སོ་གཅིག་པ། ཡང་ཡང་ཟས་ཟ་བའི་ལྟུང་བྱེད་ལ་གཉིས་ལས། དང་པོ་ནི། སྟོན་པ་འཁོར་བཅས་དྲག་ཤུལ་ཅན་གྱིས་གདུགས་ཚོད་དྲངས་པའི་ཚེ། དྲུག་སྡེས་གཞན་ས་ནས་ཨ་སྐྱིའི་འབྲུར་བ་སོགས་བསླངས་ནས་ཟོས། སླར་ཡང་དྲག་ཤུལ་ཅན་ས་ནས་བསོད་སྙོམས་ལོངས་སྤྱོད་པས་གཞན་མ་དད་པ་ལས་བཅས་སོ། །གཉིས་པ་ནི། ཉིན་གཅིག་ལ་ཁྱིམ་པ་ཉེ་དུ་མིན་པར་ཁ་ཟས་གཉིས་དང་གསུམ་སོགས་བླངས་ཏེ་ལོངས་སྤྱོད་པའོ། །སོ་གཉིས་པ། མུ་སྟེགས་འདུག་པའི་སར། ཞག་གཅིག་ལྷག་བསྟད་ཟ་དང་། དེའི་དང་པོ་ནི། རི་རགས་ཤིག་གི་ཁྱིམ་དུ་མུ་སྟེགས་པའི་

རབ་བྱུང་གནས་པ་དྲུག་སྟེས་དེར་སོང་ནས་དང་པོ་གཞན་སྦྱོད་ཀྱིས་ཁྲིམ་པ་དད་པར་བྱས། ཕྱིས་རང་སྦྱོད་ཀྱིས་མ་དད་པར་བྱས་པ་དང་། གཅེར་བུ་པ་དྲུག་ཅུས་དབྱུག་པའི་རིགས་པས་ཕམ་པར་བྱས་ཏེ་གཞན་དག་འཕྲོ་བ་ལ་བཅས་སོ། །གཉིས་པ་ནི། མུ་སྟེགས་པའི་རབ་བྱུང་ཡོད་སར་ཞག་གཅིག་ལྷག་པར་གནས་ཏེ་ཁ་ཟས་སྤྱོད་པའོ། །སོ་གསུམ་པ། ལྟུང་བཟེད་དོ། །ཟ་དང་ཞེས་པའི་དང་པོ་ནི། དྲུག་སྡེས་མཉན་ཡོད་དུ་ཁྱིམ་བདག་གི་བུ་མོ་བག་ལ་བཛོང་རྒྱུས་འཁྲུར་བ་རྣམས་ནན་གྱིས་བླངས་བས་བག་མར་འགྲོ་བའི་ཐབས་ཆག་པ་གཞན་མ་དད་པ་ལ་བཅས་སོ། །གཉིས་པ་ནི། ཁྱིམ་པ་ཉེ་དུ་མིན་པ་ལས་དུས་གཅིག་ལ་ལྷུང་བཟེད་གསུམ་ལས་ལྷག་པའི་ཁ་ཟས་བླངས་ཏེ་ཟ་བའོ། །སོ་བཞི་པ་ཟ་རྗེས་བཟའ་བཅའ་ཟ་བ་དང་། ཞེས་སྤྲངས་པ་ཟ་བའི་གླེང་གཞི་ནི། སྟོན་པས་ཟས་སྤྲངས་པ་ཟ་བར་མི་བྱའོ། །གསུངས་ཀྱང་འགལ་བར་བྱེད་པ་ན་གཞན་དག་འཕྲོ་བ་ལ་བཅས་སོ༑ ༑གཉིས་པ་ནི། དང་པོར་ཟས་ལ་བྱིན་ལེན་བྱས་པ་ན་བསམ་སྦྱོར་གྱིས་ཟས་དེ་ཉིད་སྤྲངས་ཏེ་སླར་ཡང་ལྷག་པོར་མ་བྱས་པར་ཟས་དེ་ཉིད་ལ་ལོངས་སྤྱོད་པའོ། །སོ་ལྔ་པ། སྤྲངས་ཟས་ལྟུང་འབྱུང་ཆེད་དུ་སྦྱིན་གྱིས་སྟོབས། དེའི་དང་པོ་ནི། དགེ་སློང་རྒན་ཞུགས་ཞིག་ལ་ལྟུང་བ་ཡང་ཡང་བྱུང་བ་སློབ་དཔོན་གྱི་དྲུང་དུ་ཕྱིར་བཅོས་བྱས་པ་ལ་རྒན་ཞུགས་ཀྱིས་སློབ་དཔོན་འདི་ཡང་བདག་གི་དྲུང་དུ་ལྟུང་བ་བཤགས་དགོས་པ་ཅིག་ཐབས་བྱའོ་སྙམ་ནས་སློབ་དཔོན་གྱིས་སྤྲངས་པའི་ཁ་ཟས་ལྷག་པོར་མ་བྱས་བཞིན་བྱས་སོ་ཟེར་ཏེ་སློབ་དཔོན་ལ་བྱིན་པ་གསོལ་ཟེར་པ་དང་རྒན་ཞུགས་ཀྱིས་སྤྲང་བའི་ཁ་ཟས་ཕྱིར་འཚོས་ཤིག་ཟེར་བས། སློབ་དཔོན་གྱིས་འདི་ནི་ཁོ་བོ་ལ་ལྟུང་བར་མི་འགྱུར་ཁྱོད་ལ་འགྱུར་རོ་ཟེར་བ་ལ་གཞན་མ་དད་པ་ལས་བཅས་སོ། །གཉིས་པ་ནི། སྤྲང་བའི་ཟས་ལྷག་པོར་མ་བྱས་བཞིན་བྱས་སོ་ཟེར་ནས་དགེ་སློང་གཞན་ལ་སྟོབ་པའོ། །སོ་དྲུག་པ། གནང་མིན་མཚམས་ནང་ལོགས་སུ་འདུས་ནས་ཟ། དེ་ལ་དང་པོ་ནི། སྟོན་པ་རྒྱལ་པོའི་ཁབ་ན་བཞུགས་ཚེ། ལྷས་སྦྱིན་འཁོར་བཅས་ཀྱིས་དགེ་འདུན་འབྱེད་པའི་ཕྱིར་ལྷན་ཅིག་འདུས་ནས་ཟ་བ་ལ་གཞན་མ་དད་པ་ལ་བཅས་སོ། །གཉིས་པ་ནི། མཚམས་ནང་དུ་བསམ་པ་མི་མཐུན་པས་དགེ་འདུན་སྤྱི་ལས་ལོགས་སུ་འདུས་ནས་ཁ་ཟས་ལ་ལོངས་སྤྱོད་པའོ། །སོ་བདུན་པ། དུས་མིན་ཕྱེད་ཡོལ་ཟ་དང་། དེ་ལ་དང་པོ་ནི།

གཞོན་ནུ་བཅུ་བདུན་སྟེས། བསོད་སྙོམས་སྤྱ་དྲོ་མ་རྙེད་ཕྱི་དྲོ་ཙུང་ཟད་རྙེད་པ་ཟོས་པ་ན་གཞན་དག་འཕྱ་བ་ལ་བཅས་སོ། །གཉིས་པ་ནི། རང་གླིང་གི་ཉི་མ་ཕྱེད་ཡོལ་ནས་སྐྱ་རེངས་མ་ཤར་བར་དུས་རུང་གི་ཟས་བཟའ་བའོ། །སོ་བརྒྱད་པ། བསོག་འཇོག་ཟ་བའི་གླིང་གཞི་ནི། དགེ་སློང་ནག་པོ་པས་འབྲས་ཆན་མང་པོ་བསོག་འཇོག་བྱས་པ་ལ་བཅས་སོ། །གཉིས་པ་ནི། སྨན་གསུམ་གང་རུང་བ་བསོག་འཇོག་བྱས་ཏེ་ལོངས་སྤྱོད་པའོ། །སོ་དགུ་པ། བྱིན་ལེན་མ་བྱས་སྨན་བཞི་ཁར་མིད་པ། དང་པོ་ནི། ནག་པོ་པས་དུར་ཁྲོད་ཀྱི་ཟས་གོས་རང་གར་བླངས་པ་ལ་བཅས་སོ། །གཉིས་པ་ནི། སྨན་བཞི་གང་རུང་བྱིན་ལེན་མ་བྱས་པར་སྤྱོད་པའོ། །བཞི་བཅུ་པ། བསོད་པ་ཞིམ་པོའི་ཟས་བླངས་པ་ལ་གཉིས་ལས་དང་པོ་ནི། ཁྱིམ་བདག་དད་ལྡན་གྱིས་སྟོན་པ་འཁོར་བཅས་སྤྱན་དྲངས་ནས་གདུགས་ཚོད་གསོལ་ཟིན་ནས་དྲུག་སྡེས་ཕྱིས་ལྷག་པ་ལྷག་མ་བྱིན་པས་མ་མགུ་སྟེ་གཞན་ལས་བཟང་པོ་སློང་བ་ན་གཞན་མ་དད་པ་ལ་བཅས་སོ། །གཉིས་པ་ནི། ཁྱིམ་པ་ཉེ་དུ་མིན་པ་ལ་ཟས་བསླངས་ནས་སླར་ཡང་གཞན་ལ་ཁ་ཟས་བསོད་པ་ཞེས་བཟང་པོ་སློང་བར་བྱེད་པའོ། །ཞེ་གཅིག་པ། སྲོག་ཆགས་བཅས་ཆུར་སྤྱོད་པའི་གླིང་གཞི་ནི། སྟར་རྒྱར་འདེབས་པའི་སྐབས་བཞིན་ལ། ངོ་བོ་སྲོག་ཆགས་དང་བཅས་པའི་ཆུ་ལ་བཏུང་བ་དང་ཁྲུས་བྱེད་པ་ལ་སོགས་པའོ། །ཞེ་གཉིས་པ། ཉལ་པོ་བྱེད་པའི་ཤུལ་དུ་ཉལ་བ་ལ་དང་པོ་ནི། འཆར་ཀས་སྤྱོས་འཚོང་གི་ཁྱིའུ་རང་གི་ཆུང་མ་དང་ལྷན་ཅིག་ཉལ་པོ་བྱེད་པའི་བར་ཆད་བྱས་པ་གཞན་མ་མོས་པ་ལ་བཅས་སོ། །ངོ་བོ་ནི་ཁྱིམ་ནང་ན་འདུག་སྟེ་ཁྱིམ་པ་ཕོ་མོ་ཉལ་པོ་བྱེད་པ་ལ་བར་ཆད་བྱས་པའོ། །ཞེ་གསུམ་པ། བདེན་པའི་སྐབས་སུ་འགྲེང་དང་། ཞེས་པ་ལ་གཉིས་ཀྱི་འགྲེང་བ་དང་འདུག་པ་མ་གཏོགས་སྔ་མ་ལྟར་རོ། །ཞེ་བཞི་པ། གཅེར་བུར་བྱིན་པའི་དང་པོ་ནི། ཀུན་དགའ་བོ་ལ་གཅེར་བུ་མ་རྒྱན་གཞོན་གཉིས་ཀྱིས་ཟས་བླངས་པས་རྒྱན་པ་ལ་འབུར་བ་གཅིག་གཞོན་པ་ལ་གཉིས་བྱིན་པས་རྒྱན་མོས་འདི་ན་ཁྱོད་ལ་དགའ་བ་ཞིག་གོ་ཟེར་ནས་སྐྱུར་བ་འདེབས་པ་ལ་བཅས་སོ། །གཉིས་པ་ནི། ཕྱི་རོལ་པར་གཏོགས་པའི་བུད་མེད་ལ་ཟས་གོས་ཀྱི་དགོས་པ་ཁྱད་པར་ཅན་མེད་བཞིན་བྱིན་པའོ། །ཞེ་ལྔ་པ། དམག་བལྟ་བའི་དང་པོ་ནི། རྒྱལ་པོ་གསལ་རྒྱལ་གྱིས་དམག་རི་རགས་སུ་འདྲེན་ཚེ་དྲུག་སྡེས་དམག་ལ་བཀྲེན་ཅན་ཁྱོད་ཀྱིས་རི་

རགས་རྒྱལ་པོ་མི་ཐུབ་སྡེ་ཁྱེད་ཅག་དམན་ལ་གཅིག་ཤོས་མཆོག་ཡིན་ནོ་ཟེར་བས་རྒྱལ་པོ་འཁོར་བཅས་མ་དད་པ་ལ་བཅས་སོ། །གཉིས་པ་ནི། རང་གི་ཁྱིམ་ལས་འདས་ཏེ་དམག་ལ་བལྟ་ཞིང་སྐྱོད་པའོ། །ཞིས་དྲུག་པ། དམག་སར་ཞག་གཉིས་ལྷག་པར་ཉལ་བ་ལ་གཉིས་ཏེ་དང་པོ་ནི། གསལ་རྒྱལ་གྱི་དམག་རི་རགས་སུ་མ་ཕེབས་པ་ན་བློན་པོ་རྣམས་ཀྱིས་མགོན་མེད་ཟས་སྦྱིན་བསོད་ནམས་ཆེ་བས་དེས་བོས་ན་ཕེབས་པར་འགྱུར་རོ་ཟེར་ནས་ཁྱིམ་བདག་ནང་དུ་ཕྱིན་པ་དགེ་སློང་དང་འཕྲད་འདོད་ནས་བོས་པས་གཞན་མ་འོང་དྲུག་སྡེ་འོངས་ནས་དམག་འཕྲུས་པ་ལ་བཅས་སོ། །གཉིས་པ་ནི། དམག་སར་ཞག་གཅིག་ལྷག་པ་ཞག་གཉིས་ཡན་འདུག་པའོ། །ཞེ་བདུན་པ། དམག་གི་རུ་བཀོད་བྱེད་དང་དེའི་གླེང་གཞི་ནི། དམག་དེའི་ནང་དུ་དྲུག་སྡེ་གནས་ཚེ་དཔུང་ཚོགས་དང་གོ་ཆའི་ཚོགས་རྒྱལ་པོ་འཁོར་བཅས་ཀྱིས་བཤམས་པ་བྱེད་ཚེ་ཡོགས་སུ་དཀྲུགས་ཤིང་རུ་བཀོད་བྱས་པས་གཞན་དག་འཕྱ་བ་ལ་བཅས་སོ། །གཉིས་པ་ནི། དམག་ནང་དུ་གནས་ཏེ་དགོས་པ་ཁྱད་པར་ཅན་མེད་བཞིན་ཏུ་རུ་བཀོད་སོགས་བྱེད་པའོ། །ཞེ་བརྒྱད་པ། དགེ་སློང་བརྡེག་པ་ལ་དང་པོ་ནི། འཆར་ཀས་གཞོན་ནུ་བཅུ་བདུན་སྡེ་ལ་ཕན་ཚུན་བརྡེག་ཏུ་བཅུག་པས་ཕན་ཚུན་དུས་ཞིང་འགྲེལ་བ་ལ་བཅས་སོ། །གཉིས་པ་ནི། དགེ་སློང་ལ་བརྡེག་གམ་བརྡེག་ཏུ་གཞུག་པའོ། །ཞེ་དགུ་པ། བརྡེག་གཟས་པའི་དང་པོ་དང་གཉིས་པ་བརྡེག་པ་དང་བྱེད་པའི་ཁྱད་པར་མ་གཏོགས་སྔར་བཞིན་ནོ། །ལྔ་བཅུ་པ། གནས་ངན་ལེན་གྱིས་ལྷུང་བ་འཆབ་པའི་དང་པོ་ནི། ཉེར་དགས་རྒྱལ་བྱེད་ཚལ་དུ་བུ་མོ་ཞིག་ལ་ལུས་ཀྱིས་རེག་པ་སྣ་ཚོགས་བྱས་པ་དགེ་སློང་ཆོས་ཀྱིས་མཐོང་ནས་ཉེར་དགས་སུ་ལའང་མ་སྨྲ་ཞེས་གསང་བཅུག་པ་ལ་བཅས་སོ། །གཉིས་པ་ནི། ལྟུང་བ་རང་ལ་བྱུང་བཞིན་འཆབ་པར་བྱེད་པའོ། །ང་གཅིག་པ། དགེ་སློང་ཟན་གཅོད་པའི་ལྟུང་བྱེད་ལ། དང་པོ་ནི། དགེ་སློང་ཆོས་ཀྱིས་ཉེར་དགའི་གནས་ངན་ལེན་བརྗོད་པ་ན་ཉེར་དགས་ཆོས་ལ་གནོད་པར་བརྩམས་ཏེ་དང་པོ་ཉེར་དགས་ཟས་ཟོས་ནས་དགེ་སློང་ཆོས་ལ་སྔ་དྲོའི་དུས་གདུགས་ཚོད་ལ་མ་བབ་ཟེར་ཏེ་ཟས་བཀག་གྲིབ་ཚད་གཞལ་ཏེ་བསོད་སྙོམས་ལ་འགྲོ་བར་བརྩམས་པས་ཉེར་དགས་ཕྱིད་དུས་མིན་དུ་ཟའམ་རང་གཉིས་ལྷན་ཅིག་འདུག་པས་བདེ་བ་མ་ཡིན་གྱི་གཞན་དུ་སོང་ཟེར་བས། ཆོས་ཀྱི་ཟན་

བཀག་པར་རིག་ནས་གཙུག་ལག་ཁང་དུ་སོང་སྟེ་ད་ལུས་མདངས་མ་ཉམས་བར་དགེ་སྦྱོར་བྱས་མ་
ནུས་པ་ན་བློ་ཐབ་སྟེ་ཉལ་བ་གཞན་གྱིས་འཕྱ་བ་ལ་བཅས་སོ། །གཉིས་པ་ནི། གནོད་སེམས་ཀྱིས་
རང་གི་གྲོགས་ལ་དུས་རུང་གི་ཟས་གཅོད་པར་བྱེད་པའོ། །ང་གཉིས་པ། མི་ལ་རེག་ཏུ་བཅུག་པའི་
དང་པོ་ནི། བྲུག་སྒྲེས་མེ་ཟོར་དུ་འཕངས་པ་དང་མི་མགལ་བསྐོར་བ་ལ་མུ་སྟེགས་འཕྱ་བ་ལ་བཅས་
སོ༑ ༑གཉིས་པ་ནི། རྒོད་བག་གི་བསམ་པས་མི་ལ་རེག་ཅིང་རྩེ་བའོ། །ང་གསུམ་པ། དགེ་འདུན་
ལས་ལ་འདུན་ཕྱུལ་ཕྱིར་ལྡོག་སྨྲ། དང་པོ་ནི། འཆར་ཀས་དགྲ་བཅོམ་ཐོབ། འདུན་པ་ཀཽ་ཤཱ་སྦྱིར་
ཐུགས་དམ་དལ་བར་འདུག །ནབས་སོ་དང་འགྲོ་མགྱོགས་འདས། དགའ་བོ་ཉེར་དགའ་གཉིས
དགེ་འདུན་གྱི་ནང་དུ་གནས་ཚེ་བཅུ་བདུན་སྡེས་སྟོན་བརྐུས་པ་དྲན་ཏེ་ཉེར་དགའ་གནས་ནས
འདོན་པའི་ཆེད་དུ་དགའ་བོ་ལ་ཆོས་དྲི་མ་ཅན་དགྲུ་བར་བྱ་ཟེར་ནས་འགྲུར་བྱེད་ཀྱི་རྒྱུར་སྤྱངས་པ་ན།
གཉི་བརྟུང་སྟེ་དགའ་བོ་ལ་དགེ་འདུན་འདུས་ཤིག་སྨྲས་པས་ཁོ་འདི་འདྲ་བར་གྱུར་པས་འདུན་པ་
འབུལ་ལོ་ཟེར་རོ། །དེ་ནས་བཅུ་བདུན་སྡེས་ཉེར་དགའ་ལ་བཅུ་བདུན་སྡེས་ལྟོ་བ་ཕྲལ་ཏེ་རྒྱུ་མས་
རྒྱལ་བྱེད་ཚལ་བསྐོར་རོ་ཟེར་བ་ལ་སོགས་དྲན་ནམ་ཟེར་ནས་གནས་ཕྱུང་བས་ཉེར་དགས་དགའ་
བོ་ལ་ཁོ་བོ་གནས་ནས་དབྱུང་ངོ་ཞེས་སྨྲེ་སྔགས་བྱས་པས། དགའ་བོས་གནས་ནས་འབྱིན་པ་ལ་
འདུན་པ་མི་གཏོང་བས་འདུན་པ་ཕྱིར་འབྱིན་ཞིག་སྨྲས་པ་ལ་གཞན་གྱིས་འཕྱ་བ་ལ་བཅས་སོ། །
གཉིས་པ་ནི། དགེ་འདུན་ལས་ལ་འདུན་པ་ཕྱུལ་རྗེས་སླར་ཡང་འདུན་པ་ཕྱིར་ཟློག་པར་བྱེད་པའོ། །
བཞི་པ། བསྙེན་མ་རྫོགས་དང་ནུབ་གཉིས་ལྷག་པར་ཉལ་བའི་དང་པོ་ནི། སྟོན་པས་བསྙེན་པར་མ་
རྫོགས་པ་དང་ལྷན་ཅིག་ནུབ་གཉིས་ལྷག་པར་མི་ཉལ་བར་བཅས་པ་ཉེར་དགས་རང་གི་དགེ་ཚུལ་
དང་ནུབ་གཉིས་ལྷག་པར་ཉལ་བ་གཞན་གྱིས་དེ་ལྟར་མི་རུང་བར་སྟོན་པས་མ་གསུང་ངམ་ཟེར་
བས། ནུབ་གཉིས་རུང་ན་གསུམ་པ་ཅིས་མི་རུང་གསུམ་པར་ཆང་འཐུང་ངམ་ཀུན་དོང་ཟོས་སམ་
ཟེར་བ་ལ་གཞན་མ་དད་པ་ལས་བཅས་སོ། །གཉིས་པ་ནི། ན་བ་ལ་སོགས་མིན་པར་བསྙེན་པར་
མ་རྫོགས་པ་དང་ནུབ་གཉིས་ལྷག་པར་ཉལ་བའོ། །ང་ལྔ་པ། སྡིག་ལྟའི་ཆོས་ལུགས་མི་གཏོང་བ་
ལ་དང་པོ་ནི། དགེ་སློང་འཆི་ལྟས་ཀྱིས་སྟོན་པས་གསུངས་པའི་ལས་འབྲས་ལ་ཡིད་མི་ཆེས་པའི་

སྡིག་ལྟ་བྱུང་བ་སྲུས་བཟློག་ཀྱང་མི་གཏོང་བ་ལ་བཅས་སོ། །གཉིས་པ་ནི། སྟོན་པས་གསུང་པའི་ལས་འབྲས་ལ་ཡིད་མི་ཆེས་ཏེ་བཟློག་ཀྱང་མི་གཏོང་བའོ། །ང་དྲུག་པ། ཕེབས་པར་སྨྲ། ཞེས་པ་ལ་གཉིས་ཏེ། དང་པོ་ནི། འཆི་ལྟས་དེ་གནས་ཕྱུང་པ་ཉེར་དགས་ལྡན་ཅིག་གནས་ནས་ཕེབས་པར་སྨྲས་ཏེ་མཐུན་པར་བྱེད་པ་ན་གཞན་འཕྱ་བ་ལ་བཅས་སོ། །གཉིས་པ་ནི། གནས་ནས་ཕྱུང་བའི་དགེ་སློང་དང་ལྡན་ཅིག་གམ་མཐུན་པར་བྱེད་པའོ། །ང་བདུན་པ། དགེ་ཚུལ་སྡིག་ལྟ་མི་གཏོང་ལྡན་ཅིག་ཉལ་བའི་གླེང་གཞི་ནི། ཉེར་དགའི་དགེ་ཚུལ་ཆོ་མ་ཧ་དང་ཆོ་མ་ཧ་ཆེན་པོ་གཉིས་ཀྱིས། འཕྱུར་གཡེང་གི་སྤྱོད་པ་བྱས་པས་གནས་ཕྱུང་པ་ཉེར་དགའི་སར་སོང་ནས་སླེ་སྤགས་བྱས་པས་ཉེར་དགས་ལྡན་ཅིག་ཉལ་ཏེ་སྤྱོད་ལམ་མཐུན་པར་བྱས་བས་གཞན་མ་དད་པ་ལས་བཅས་སོ། །ངོ་བོ་ནི༑ གནས་ཕྱུང་བའི་དགེ་ཚུལ་དང་ལྡན་ཅིག་སྤྱོད་ལམ་མཐུན་པར་འདུག་པའོ། །ང་བརྒྱད་པ། རྟུང་བའི་ཆོན་མིན་ཁ་དོག་ཅན་མིན་གྱོན་པའི་དང་པོ་ནི། དྲུག་སྡེས་གར་མཁན་གྱི་ཆ་ལུགས་བྱས་ནས་སྤྱོད་ལམ་སྣ་ཚོགས་བྱས་བས་གཞན་མ་དད་པ་ལ་བཅས་སོ། །ངོ་བོ་ནི། རྟུང་བའི་ཆོས་གསུམ་མ་ཡིན་པའི་གོས་ཁྲ་གང་ཡན་ཆད་དུ་ལོངས་པ་གོས་གཞན་གྱིས་གཡོགས་མེད་པར་གྱོན་པའོ། །དེ་ཡང་ཕྱི་རོལ་དུ་དུར་སྨྲིག་ཡོད་ན་ནང་དུ་དཀར་པོ་གོན་ཡང་ཉེས་པ་མེད་ལ་ཕྱི་གོས་ཆོན་ཆེན་གྱིས་ཁ་བསྒྱུར་བ་ལ་ཉེས་བྱས་སོ། །ང་དགུ་པ། རིན་ཆེན་དམག་ཆས་རོལ་མོའི་ཆས་ལ་རེག་པའི་གླེང་གཞི་ནི། དྲུག་སྡེས་བསོད་སྙོམས་སར་རོལ་མོའི་ཆ་བྱད་བླངས་ཏེ་བྲོ་བརྡུངས་པ་ན་སྐྱེ་བོ་དག་མ་དད་པ་ལ་བཅས་སོ། །ངོ་བོ་ནི། དགོས་པ་མེད་བཞིན་ནོར་བུ་ལ་སོགས་རིན་པོ་ཆེ་དང་མདའ་མདུང་རོལ་ཆ་ལ་རྒོད་བག་གིས་རེག་པའོ། །དྲུག་ཅུ་པ། ཚ་དུས་རང་གར་ཁྲུས་བྱེད་པའི་དང་པོ་ནི། རྒྱལ་པོ་གཟུགས་ཅན་སྙིང་པོས་སྟོན་པ་འཁོར་བཅས་ལ་ཁྲུས་ཀྱི་རྫིང་བུ་ཕུལ་ནས་དགེ་སློང་རྣམས་ཁྲུས་བྱེད་པར་ཞུས་ཚེ་དྲུག་སྡེས་ཡུན་རིང་ཁྲུས་བྱས་པས་རྒྱལ་པོའི་ཁྲུས་ཀྱི་བར་ཆད་དུ་གྱུར་པས་ཚ་དུས་ཟླ་གསུམ་མ་གཏོགས་པ་ཟླ་བ་ཕྱེད་ཕྱེད་འདས་དུས་སུ་ཁྲུས་བྱེད་པར་བཅས་པ་མཛད་དོ། །ངོ་བོ་ནི། དབྱར་སྟོན། ཆུ་སྟོད། གྲོ་བཞིན་ཏེ་ཚ་དུས་ཀྱི་ཟླ་བ་གསུམ་དང་། ན་བ་ལ་སོགས་པའི་དུས་མིན་པར་ཟླ་ཕྱེད་ཀྱི་སྔ་རོལ་དུ་ཁྲུས་བྱེད་པའོ། །རེ་གཅིག་པ། དུད་འགྲོ་གསོད་པའི་ལྟུང་བྱེད་ལ་

དང་པོ་ནི། འཆར་ཀས་མདའ་ལྟ་འཕངས་ཏེ་ནམ་མཁའ་ལ་བྱ་རོག་རྒྱ་བ་གསོད་པས་གཞན་མ་དད་པ་ལ་བཅས་སོ། །གཉིས་པ་ནི། གསོད་འདོད་ཀྱིས་དུད་འགྲོའི་རིགས་གསོད་པའོ། །རེ་གཉིས་པ། དགེ་སློང་ལས་ལ་འགྲོད་པ་བསྐྱེད་པའི་དང་པོ་ནི། བཅུ་བདུན་སྡེས་དགེ་སྦྱོར་ལ་བརྩོན་པ་ལ་འཆར་ཀས་ཅི་དེ་ལྟར་བརྩོན་པས་ཅི་བྱ་མང་དུ་ཐོས་པ་དང་དགྲ་བཅོམ་པར་ནི་ནམ་ཡང་མི་འགྱུར་ཅིའི་ཕྱིར་ལོ་ཉི་ཤུ་མ་ལོན་པ་ལ་བསྙེན་རྫོགས་བྱས་ན་བསྙེན་པར་ཡང་མི་རྫོགས་ལ་མཁན་པོ་ཡང་སྨད་པ་ཡིན་ནོ་ཟེར་བས་གཞོན་ནུ་དེ་དག་སེམས་ཁོང་དུ་ཆུད་པ་ལས་བཅས་སོ། །གཉིས་པ་ནི། དགེ་སློང་ལ་བསྙེན་རྫོགས་ཀྱིས་ཡོན་ཏན་སྨོད་པའི་སྒོ་ནས་ཡིད་དབྱུང་བའོ། །རེ་གསུམ་པ། གག་ཆིལ་སྒོག་པའི་དང་པོ་ནི། བཅུ་བདུན་སྡེས་རང་གིས་གྲོགས་དེའི་ཐུགས་དང་འགལ་བར་བྱས་པ་བཞགས་པ་ན། ཅང་མི་སྨྲ་བས་གཞོན་ནུ་ཞིག་གིས་གག་ཆིལ་བྱས་པས་རྒོད་པར་རྩོམ་པ་ན་ཐམས་ཅད་ཀྱིས་དེ་ལྟར་བྱས་པས་རླུང་གྱེན་དུ་འཚུབས་ཏེ་ཤི་བ་ལ་བཅས་སོ། །གཉིས་པ་ནི། དགེ་སློང་ལ་སྐྱི་གཡའ་བར་འདོད་པས་མཆན་ཁུང་ལ་སོགས་འབྲུ་ནས་གཡའ་སྒོག་པའོ། །རེ་བཞི་པ། ཆུར་རྩེ་བའི་དང་པོ་ནི; བཅུ་བདུན་སྡེ་ཆུར་ཞུགས་ཏེ་རྩེ་སྣ་མང་པོ་རྩེ་བ་ལ་རྒྱལ་པོ་གསལ་རྒྱལ་འཁོར་བཅས་མ་དད་པ་ལ་བཅས་སོ། །གཉིས་པ་ནི། རྒོད་བག་གི་བསམ་པས་ཆུ་ལ་རྩེ་བའོ། །རེ་ལྔ་པ་བུད་མེད་གནས་གཅིག་ཉལ་བ་དང་དེའི་གླེང་གཞི་ནི། མ་འགགས་པས་རི་རགས་སུ་ཁྱིའུ་སྦྱི་རྫོལ་གྱི་མ་བདེན་མཐོང་ལ་འགོད་ཕྱིར་དེ་དང་ལྷན་ཅིག་གནས་ནས་ཆོས་བསྟན། བདེན་མཐོང་ལ་བཀོད་ཀྱང་གཞན་མ་དད་པ་ལ་བཅས་སོ། །གཉིས་པ་ནི། མཚམས་ནང་གཅིག་ཏུ་ནུབ་གཅིག་བུད་མེད་དང་མཉམ་པོར་ཉལ་བའོ། །རེ་དྲུག་པ། དགེ་སློང་སྡངས་བྱེད་ཅེས་པའི་དང་པོ་ནི། འཆར་ཀས་མཚན་མོ་བཅུ་བདུན་སྡེ་ཡོད་སར་ལྭ་བ་ཕྱིར་ལོག་གྱོན་ཁར་མེ་བཟུང་ཏེ་འབྱུང་པོ་འབྱུང་པོ་སྨྲས་པས་གཞོན་ནུ་དག་སྐྲག་པ་ལ་བཅས་སོ། །ངོ་བོ་ནི། དགེ་སློང་ལ་ཐོ་འཚམ་པའི་བསམ་པས་འཇིགས་པ་སྣ་ཚོགས་སྟོན་པའོ། །རེ་བདུན་པ། དེའི་སྦྱོད་སྦེད་པའི་དང་པོ་ནི། དྲུག་སྡེས་བཅུ་བདུན་སྡེ་ལ་ཁྱེད་རྣམས་ང་ལ་རྒྱུན་དུ་འགྲན་པ་ཡིན་ན་ཆུ་ནང་དུ་ཡུན་རིང་བར་འདུག་གང་ནུས་འགྲན་ཟེར་ནས་ཐམས་ཅད་ཆུར་ནུབ་པ་དང་ཉེར་དགའ་ཆུ་ནང་ནས་ལངས་ཏེ་གཞོན་ནུ་རྣམས་ཀྱི་གོས་སྦས། དྲུག་

སྡེས་གོས་གྱོན་ནས་གཞན་དུ་སོང་། བཅུ་བདུན་སྡེས་དྲུག་སྡེ་དང་གོས་མ་རྙེད་ནས་ཐོ་བཙམས་པར་ཤེས་ནས་ཐང་ཅིག་ཏུ་བསྡད་ཤཱ་རིའི་བུ་བྱོན་ནས་གོས་གཏད་ཅི་ཉེས་དྲིས་པས་ལོ་རྒྱུས་བསྙད་པ་ན་གཞན་དག་འཕྱ་བ་ལ་བཅས་སོ། །གཉིས་པ་ནི། ཐོ་འཚམ་པའི་སེམས་ཀྱིས་དགེ་སློང་གི་ཡོ་བྱད་བསྐུང་པའོ། །རེ་བརྒྱད་པ། སྤར་བྱིན་གདེང་མེད་སླར་བླང་སྤྱོད་པ་དང་། དེ་ལ་དང་པོ་ནི། ཉེར་དགའ་ཀྲས་ཤིང་འཕོགས་པའི་ཚེ་གོས་དྲི་མ་ཅན་བཀྲུ་མ་ནུས་པས་ཐབས་ཤིག་བྱ་སྙམ་སྟེ། ཉེ་གནས་ལ་གོས་བྱིན་པས་དེས་བཀྲུས་ཤིང་ཁ་བསྒྱུར་ནས་ཉེར་དགའ་ལ་བཙོལ་བའི་ཚེ། ཉེར་དགས་གདེང་མེད་བཞིན་རང་གི་ཡོངས་སྤྱོད་པ་ན་གཞན་དག་འཕྱ་བ་ལ་བཅས་སོ། །གཉིས་པ་ནི། རང་གི་མིན་པའི་དགེ་སློང་གིས་གོས་སྦྱིན་པ་ལ་སོགས་ཀྱི་གདེང་མེད་བཞིན་དུ་ཡོངས་སྤྱོད་པའོ། །རེ་དགུ་པ། གཞི་མེད་བསྐུར་བཏབ་ཀྱི་དང་པོ་ནི། མཛའ་བོ་དང་ས་ལ་སྐྱེས་གཉིས་ཀྱིས་གྱད་བུ་ནོར་ལ་ལྷག་མས་སྐུར་པ་བཏབ་པ་ལ་བཅས་སོ། །གཉིས་པ་ནི། དགེ་སློང་མཐོང་ཐོས་དོགས་གསུམ་གྱི་གཞི་མེད་བཞིན་དུ་བསྐུར་བ་བཏབ་པའོ། །བདུན་བཅུ་པ། བུད་མེད་ལྷན་ཅིག་ཏུ། སྐྱེས་པ་མེད་པར་ལམ་འགྲོ། དེའི་གླེང་གཞི་ནི། ཐ་ག་པ་སྐྱི་ཐེར་བས་རང་གི་ཆུང་མ་ལ་བརྡུངས་འཆོག་བྱས་པས་བསོད་སྙོམས་པ་གཅིག་དང་འགྲོགས་ཏེ་མཉན་ཡོད་དུ་ཕྱིན་པ་ན། ཐ་ག་པས་གྲོགས་ལྔ་བརྒྱ་ཙམ་སྦྲན་ནས་བུ་མོ་དང་དགེ་སློང་གཉིས་བརྡུངས་ལྷུང་བཟེད་བཅག་ཆོས་གོས་རལ་བ་ལ་བཅས་སོ༔ །ངོ་བོ་ནི། བུད་མེད་དང་ལྷན་ཅིག་སྐྱེས་པ་མེད་པར་ལམ་རྒྱང་གྲགས་ལས་འདས་པར་ལྷན་ཅིག་འགྲོ་བའོ། །དོན་གཅིག་པ། རྐུན་མའང་མཚུངས། ཞེས་པས། དགེ་སློང་འགའ་དཔྱ་ཁྲལ་མ་བྱིན་པའི་ཚོང་པ་དང་ལྷན་ཅིག་ལམ་གོལ་བ་ལ་ཕྱིན་པ་ཤོ་གམ་པས་ཚོར་ཏེ་ཚོང་པ་དང་དགེ་སློང་རྣམས་བཅོམ་པ་ལ་བཅས་སོ། །ངོ་བོ་ནི། རྐུན་པོ་ལྟ་བུ་དང་ལྷན་ཅིག་རྒྱང་གྲགས་ལས་ལྷག་པར་འདའ་བའོ། །དོན་གཉིས་པ། ཉི་ཤུ་མ་ལོན་པ་ལ་བསྙེན་རྫོགས་ཕོག །དང་པོ་ནི། མོའུ་འགལ་གྱི་བུས་བཅུ་བདུན་སྡེ་ལ་བསྙེན་རྫོགས་མཛད་པས། དེ་དག་གིས་ཐོ་རངས་དུས་བཀྲེས་པས་སྨྲེ་སྔགས་བཏོན་པ་ལ་བཅས་སོ། །གཉིས་པ་ནི། བསྐྱབ་བྱ་ལོ་ཉི་ཤུ་མ་ལོན་པར་ཤེས་བཞིན་བསྙེན་པར་རྫོགས་པར་བྱེད་པའོ། །དོན་གསུམ་པ་ས་རྐོ་བའི་ལྟུང་བྱེད་ལ། དང་པོ་ནི། དྲུག་སྡེས་དགོས་མེད་

དུ་ས་རྐོས་ཡུར་བ་འདྲེན་པ་ལ་མུ་སྟེགས་ཅན་ལ་སོགས་མ་དད་པ་ལ་བཅས་སོ། །གཉིས་པ་ནི། སྲ་འཐས་པའི་ས་དགོས་པ་མེད་བཞིན་དུ་རྐོ་བའོ། །དོན་བཞི་པ། མགྲོན་པོས་ཟླ་བཞི་ལྷག་པར་ཟོས། དེ་ལ་དང་པོ་ནི། ཤཱཀྱ་མིང་ཆེན་གྱིས་སྟོན་པ་འཁོར་བཅས་ཟླ་བ་བཞི་མགྲོན་དུ་བོས་ཏེ་ཟས་བསོད་པ་བྲིམས་པ། དྲུག་སྡེས་ཟས་ཐོབ་པའི་ཐབས་ཤིག་བྱ་སྙམ་སྟེ། དགའ་བོ་ཉེར་དགའ་གཉིས་ན་ རྫུ་བྱས་ནས་སྨན་པ་ལ་བསྟེན་པ་ངེས་བརྟན་དུ་རིག་ནས་སྨྲུམ་བག་རྒྱ་ཆེན་པོ་གསོལ་ཟེར་བས་དྲུག་སྡེ་དགའ་ནས་སྨན་པ་ཁྱོད་ནི་མཁས་པའོ་ཟེར་ནས། གཉིས་ནད་པ། བཞི་ནད་གཡོག་བྱས་ནས་ཟླ་བ་བཞི་ལས་ལྷག་པར་ཟོས་པ་ན་གཞན་དག་འཕྱ་བ་ལ་བཅས་སོ། །གཉིས་པ་ནི། སྦྱིན་བདག་གིས་མགྲོན་དུ་གཉེར་བ་ལས་ལྷག་པར་གནས་ཏེ་ལོངས་སྤྱོད་པའོ། །དོན་ལྔ་པ། མི་ཤེས་བརྗོད་དང་ཞེས་པའི་དང་པོ་ནི། བསླབ་པའི་གཞི་བཅའ་བ་མཛད་ཚེ་དེ་ར་མ་འདུས་པ་ལ་སྒྲོགས་པར་བྱེད་པ་ཡིན་ཞིང་། ཀུན་དགའ་བོས་ལམ་པ་ལ་མགྲོན་དུ་གཉེར་བ་ལས་རིང་དུ་འདུག་ན་ལྟུང་བྱེད་དོ་ཞེས་བཅས་པས་དགེ་སློང་རྒྱུས་མེད་པ་རྣམས་ལ་སྒྲོགས་ཤིག་སྨྲས་པས། ལམ་པས་དགེ་སློང་མའི་དབྱར་ཁང་དུ་སོང་ནས་བཅུ་གཉིས་སྡེ་དང་དྲུག་སྡེ་ལ། དེ་དག་གིས་བཅས་པ་མ་ཐོས་སམ་སྙམ་ནས། བསླབ་པ་འདི་ལྟར་བཅས་པ་ལ་སློབ་པར་བྱའོ། །སྨྲས་པས། མི་མཁས་པ་ཁྱེད་ཅག་གིས་ཚིག་ཙམ་ལ་སློབ་པར་མི་བྱེད་དོ་ཟེར་བ་ན་གཞན་དག་འཕྱ་བ་ལ་བཅས་སོ། །གཉིས་པ་ནི། སྟོན་པས་བཅས་པའི་བསླབ་བྱ་ལ་སློབ་པའི་ཐབས་བརྗོད་པ་ཁྱད་དུ་བསད་ཅིང་སྤོང་བར་བྱེད་པའོ། །དོན་དྲུག་པ། འཐབ་པའི་ཉན་རྣ་བྱེད་པའི་དང་པོ་ནི། བཅུ་བདུན་སྡེ་སྡེ་སྟོད་འཛིན་པར་གྱུར་ནས་ཉེར་དགས་ཐོ་འཚམས་པ་འདི་ཙམ་སུས་ཀྱང་མ་བྱས་ང་གནས་ནས་དབྱུང་བར་བྱའོ་ཞེས་གྲོས་བྱེད་པ་ཉེར་དགའ་ཉན་རྣ་བྱས་པས་ཐོས་ཏེ་ཕན་ཚུན་མི་མཐུན་པར་གྱུར་པ་ལས་བཅས་སོ། །ངོ་བོ་ནི་ཕན་ཚུན་ཞེ་འཁོན་པས་ཕག་ཉན་བྱེད་པའོ། །དོན་བདུན་པ། ཉེས་མེད་མི་སྨྲ་འགྲོ་དང་ཞེས་པས་བཅུ་བདུན་སྡེས་དྲུག་སྡེས་ཉམ་ཆུང་དུས་གནས་ནས་དབྱུང་བར་བརྩམ་པ་དགའ་བོས་བཟློག་པར་བརྩམ་པས་གང་ཕྱིར་ཟློག་པ་དེ་ཡང་གནས་ཕྱུང་ངོ་ཟེར་བས་དགའ་བོ་སྐྲག་ནས་ཅང་མི་སྨྲ་བར་སོང་བ་དང་ཉེར་དགའ་གནས་ཕྱུང་བ་དགའ་བོའི་དྲུང་དུ་ཕྱིན་ནས་ངུས་པས་དགའ་བོས་ཉུ་བོ་

གནས་འབྲིན་པ་དེ་ཁམས་གསུམ་ནས་ཕྱུངས་ཤིག་ཟེར་བ་ལ་གཞན་འཕྲུ་བ་ལ་བཅས་སོ། །གཉིས་པ་ནི། ལས་གྲལ་དུ་དང་པོར་འདུས་ནས་འདུན་པ་མ་ཕུལ་བར་གཞན་དུ་འགྲོ་བའོ། །དོན་བརྒྱད་པ། མ་གུས་འགལ་བའི་དང་པོ་ནི། དགེ་སློང་མང་པོས་རྩོད་པ་ཞི་བར་བྱེད་པ་ན། དགེ་སློང་གླང་ཆེན་བྱ་བས་དགེ་སློང་མང་པོ་དང་མི་མཐུན་པར་བྱས་པ་གཞན་མ་དད་པ་ལ་བཅས་སོ། །གཉིས་པ་ནི། དགེ་འདུན་གྱིས་བཅས་པའི་ཆོས་ལྡན་གྱི་བྱ་བ་ལ་མི་གུས་པས་འདའ་བར་བྱེད་པའོ། །དོན་དགུ་པ། ཆང་བཏུང་བའི་དང་པོ་ནི། དགེ་སློང་ལེགས་འོངས་ཀྱིས་ཁྱིམ་བདག་གིས་ཆང་ཕུལ་བ་བཏུང་བས་ས་ལ་འགྱེལ་བ་སྟོན་པས་གཟིགས་ནས། དགེ་བསྙེན་ཡན་ཆད་ཀྱིས་ཆང་མི་བཏུང་བར་བཅས་སོ། །ངོ་བོ་ནི། མྱོས་ཤིང་འགྱེལ་བའི་ཆང་བཏུང་བའི་ སྤྱང་བའོ། །བཅུད་ཅུ་པ། དུས་མིན་ཕྱི་དྲོ་གྲོང་ལ་རྒྱུ་བའི་དང་པོ་ནི། འཆར་ཀས་ཤཱ་རིས་བུ་ལ་གདམས་ངག་ཞུས་དེ་བསྒོམ་པས་དགྲ་བཅོམ་ཐོབ་ཚེ། སྟོན་པས་ཁྱིམ་པ་འདུལ་བར་ལུང་བསྟན་པས་དྲིན་ལན་བསབ་ཕྱིར་གྲོང་དུ་ཕྱིན་ནས་སྐྱེ་བོ་མང་པོ་བདེན་པ་ལ་བཀོད། མཐར་ཁྱིམ་བདག་གི་ཆུང་མ་མ་རུངས་མོ་ཞིག་ཆོམ་རྐུན་པ་དང་འདོད་ལོག་སྤྱོད་པ་ལ་དེའི་ཉེས་པ་བཤད་པས་བུད་མེད་དེས་ཆོམ་རྐུན་པ་ལ་འདི་སོད་ཅིག་ཟེར་ནས་དེས་རལ་གྲིས་དབུ་བཅད་དེ་བཀྲོངས་པ་ལ་བཅས་སོ། །ངོ་བོ་ནི། ཉི་མིན་ཁྱིམ་པར་ཉིན་ཕྱེད་ནས་སྐྱ་རེངས་མ་ཤར་བར་གནས་པའོ། །གྱ་གཅིག་པ། ཟས་བཅས་ཕྱི་དྲོ་རྒྱུ་དང་ཁྱིམ་གསུམ་འདས། དེའི་གླེང་གཞི་ནི། སྦྱིན་བདག་གིས་ཉེར་དགའ་སྤྱན་ནས་སྟོན་པ་འཁོར་བཅས་གདུགས་ཚོད་ལ་སྤྱན་དྲངས་པ་ན། ཉེར་དགས་ངམ་འོང་བར་ལ་གདུགས་ཚོད་མ་དྲོང་བསྒོས་ནས་གྲོང་གཞན་གྱི་ཁྱིམ་གསུམ་ཙམ་འདས་ཏེ་ཡུན་རིང་དུ་འགོར་བ་སྟོན་པས་གདུགས་ཚོད་དྲོངས་གསུངས་ཀྱང་ཉེར་དགའ་མ་བྱུང་ཟེར་བས་སྟོན་པས་གཞན་དབང་ཐམས་ཅད་སྡུག་བསྔལ་ཡིན། རང་དབང་ཐམས་ཅད་བདེ་བ་ཡིན། གསུངས་ནས་བཅས་པ་མཛད་དོ། །ངོ་བོ་ནི། སྔ་དྲོ་ལ་གྲོང་གཞན་དུ་སོང་བས་སྦྱིན་བདག་གིས་གདུགས་ཚོད་དྲངས་བ་ལ་གནོད་པར་བྱེད་པའོ། །གྱ་གཉིས་པ། རྒྱལ་པོ་བཙུན་མོར་བཅས་བའི་ཁབ་ཏུ་ཉལ་བའི་དང་པོ་ནི། རྒྱལ་པོ་གསལ་རྒྱལ་གྱི་ཆུང་མ་ཕྲེང་ལྡན་མ་དང་དབྱར་ཚུལ་མའི་སློབ་དཔོན་དུ་ཤཱ་རའི་བུ་དང་འཆར་ཀ་གཉིས་གྱུར་ཏེ་ཕོ་བྲང་དུ་ཆོས་སྟོན་པ་ན་ཤཱ་རིའི་བུ་འཛུག་པ་ལ

མཁས་པས་དུས་སུ་འཇུག་ལ་འཆར་ཀ་མཚན་མོའི་དུས་བཙུན་མོ་འཁོར་བཅས་ལ་ཆོས་བསྟན་བསོད་སྙོམས་བླངས་ཏེ་སྐྱ་རེངས་མ་ཤར་གོང་དུ་ཕྱིར་ཕྱུང་པ་ལ་གཞན་མ་དད་པ་ལ་བཅས་སོ། །གཉིས་པ་ནི། མཚན་མོ་བཙུན་མོ་དང་བཅས་ཏེ་རྒྱལ་པོའི་ཕོ་བྲང་དུ་འཇུག་པའོ། །གསུམ་པ། མདོ་སོགས་འདོན་ལ་ད་གཟོད་ཤེས་ཟེར་དང་། དེ་ལ་དང་པོ་ནི། སོ་ཐར་གྱི་མདོ་འདོན་པ་ན། དྲུག་སྡེས་གུས་པར་མི་ཉན་ཞིང་འདི་ན་ལྟུང་བ་ཕྲ་མོ་འདི་འདྲ་ཡོད་པ་ད་གཟོད་ཤེས་ཟེར་ནས་བསླབ་པ་ཁྱད་དུ་བསད་པས་གཞན་མ་དད་པ་ལ་བཅས་སོ། །གཉིས་པ་ནི། གསོ་སྦྱོང་གི་དུས་སུ་འདུལ་བའི་བསླབ་བྱ་ཤེས་བཞིན་ཁྱད་དུ་གསོད་པའོ། །གྱ་བཞི་པ། རིན་ཆེན་ཁབ་རལ་ཞེས་པའི་གླེང་གཞི་ནི། བ་སོ་མཁན་ཆོས་ཤེས་བྱ་བ་བསོད་སྙོམས་པ་ཅིག་དད་པར་བྱས་ནས་དགེ་སློང་མང་པོས་བ་སོའི་ཁབ་རལ་བྱེད་བཅུག་སྟེ་སླངས་པས་དེའི་འཚོ་བ་ཆད་པ་ན་གཞན་མ་དད་པ་ལ་བཅས་སོ། །ངོ་བོ་ནི། ཉེ་མིན་ལ་བ་སོ་དང་རུས་པ་ལ་སོགས་རིན་པོ་ཆེ་ལས་ཁབ་རལ་བྱེད་བཅུག་ནས་སླང་བའོ། །གྱ་ལྔ་པ། ཁྲི་རྐང་ཚད་ལྷག་བཟོས་པའི་དང་པོ་ནི། དགེ་སློང་ཞིག་ཁྲི་རྐང་དམའ་བར་གཉིད་ལོག་པས་དྲུག་སྦྲུལ་གྱིས་དཔྲལ་བ་ནས་བཟུང་སྟེ་ཤི་བས། སྟོན་པས་ཁྲི་དམའ་བར་མི་ཉལ་གསུངས་པས་དྲུག་སྡེས་ཁྲི་རྐང་ཁྲུ་བཅུ་གཉིས་པ་ན་བྱེད་པ་གཞན་ཁ་ཟེར་བ་བཅས་སོ། །གཉིས་པ་ནི། ཁྲི་རྐང་ཁྲུ་གང་ལས་ལྷག་པར་བྱེད་པའོ། །གྱ་དྲུག་པ། ངན་སེམས་ཤིང་བལ་ཁྲི་སྟེང་གདབ་ཏེ་འགོས། དེ་ལ་དང་པོ་ནི། ཉེར་དགས་ཁྲི་གཞན་གྱིས་འཕྲོག་དོགས་ནས་བདག་འདུག་སྙམ་སྟེ། ཁྲིའི་ཁར་ཤིང་བལ་དཀྲམ་པ་ལ་དགེ་སློང་ཞིག་མ་བརྟགས་པར་ཉལ་བས་གོས་ཐམས་ཅད་སྐྱ་བོར་གྱུར་པས་གཞན་དག་ཁ་ལབ་པ་ལ་བཅས་སོ། །གཉིས་པ་ནི། དགེ་འདུན་གྱི་ཁྲི་ལ་ངན་སེམས་ཀྱིས་ཤིང་བལ་གྱིས་གཡོགས་པའོ། །གྱ་བདུན་པ། གདིང་བ་ཚད་ལྷག་བྱེད་པའི་ལྟུང་བྱེད་ལ་དང་པོ་ནི། དགེ་སློང་མང་པོས་གདིང་བ་ཤིན་ཏུ་རྒྱ་ཁྱོན་ཆེ་བར་བྱས་པ་ལ་གཞན་མ་དད་པ་ལ་བཅས་སོ། །ངོ་བོ་ནི། སྲིད་དུ་ཁྲུ་གསུམ་ཞེང་དུ་ཁྲུ་དོ་དང་སོར་དྲུག་ལས་ལྷག་པའི་གདིང་བ་འཆང་བའོ། །གྱ་བརྒྱད་པ། གཉན་པ་དགབ་པ་ཚད་ལྷག་གི་གླེང་གཞི་སྔ་མ་ལྟར་ལས། ངོ་བོ་ནི། སྲིད་དུ་ཁྲུ་དྲུག །ཞེང་དུ་ཁྲུ་གསུམ་ལས་ལྷག་པར་བྱེད་པའོ། །གྱ་དགུ་པ། དབྱར་གྱི་གོས། རས་ཆེན་ཚད་ལྷག་གི་དང་པོ་

སྤར་ལྟར་ལ། གཉིས་པ་ནི། སྲིད་དུ་ཁྲུ་དགུ། ཞིང་དུ་ཁྲུ་གསུམ་དང་སོར་བཅོ་བརྒྱད་ལས་ལྷག་པར་བྱེད་པའོ། །དགུ་བཅུ་པ། ཆོས་གོས་ཚད་ལྷག་གོ། །དེའི་གླེང་གཞི་ནི། ཉེར་དགས་སྟོན་པའི་ཆོས་གོས་ཀྱི་ཚད་དང་མཉམ་པའི་ཆོས་གོས་བྱས་ཏེ་གྱོན་པས་ལུས་ཀྱི་མ་རྫོགས་པས་གཞན་དག་འཕྱ་བ་ལ་བཅས་སོ། །ངོ་བོ་ནི། བདེ་བར་གཤེགས་པའི་ལུས་ཚད་དང་མི་ལྡན་བཞིན་དུ་བདེ་བར་གཤེགས་པའི་ཆོས་གོས་ཀྱི་ཚད་བྱས་ཏེ་གྱོན་པའི་ཁ་ན་མ་ཐོ་བའོ། །དེ་དག་གིས་ལྟུང་བྱེད་འབའ་ཞིག་པ་དགུ་བཅུ་གླེང་གཞི་དང་བཅས་པ་བཤད་ཟིན་ཏོ། །དེ་ཡང་བཤགས་པ་འབའ་ཞིག་གིས་དག་ནུས་པས་ལྟུང་བྱེད་འབའ་ཞིག་པ་ཞེས་བྱའོ། །བཞི་པ། སོ་སོར་བཤགས་བྱའི་སྡེ་ནི་བཞི་ཡིན་ཏེ། དེ་ལ་དང་པོ་ནི། དགེ་སློང་མ་ལས་གྲོང་དུ་ཟས་བསླངས་ཟོས། དེ་ལ་གཉིས་ཀྱི་དང་པོ་གླེང་གཞི་ནི། གྲོང་ཁྱེར་རྗེ་འཛོམ་ཏུ་ཕྱུག་པོ་ཞིག་ལ་བུ་མོ་འཛེས་མ་གཅིག་ཡོད་དེ་མིང་ཡང་ཨུཏྤལའི་མདོག་ཅན་ཞེས་བཏགས་སོ། །དེར་ཆེར་གྱུར་ཏེ་ཁྱིམ་ན་གནས་པ་མོའུ་འགལ་གྱིས་བརྟུལ་ཏེ་རྒྱུན་ཞུགས་ལ་བཀོད། དེ་སྐྱེ་དགུའི་བདག་མོས་རབ་ཏུ་བྱུང་སྟེ་བསྙེན་པར་རྫོགས་ནས་དགྲ་བཅོམ་ཐོབ། དེ་དུས་རྒྱུན་དུ་བསོད་སྙོམས་ཐོག་མར་བླངས་ནས་དགེ་འདུན་ལ་ཕུལ། ཁྱིམ་ཅུང་ཟད་རེ་རང་གི་འཚོ་བར་བྱེད་པ་ལ། ནམ་ཞིག་རང་འཚོ་བའི་བསོད་སྙོམས་བསླང་ནས་འོང་པ་དགེ་སློང་བསོད་སྙོམས་མ་རྙེད་པ་ཅིག་ལ་ཕུལ། དེའི་ནང་པར་རང་འཚོ་བའི་བསོད་སྙོམས་ཅུང་ཟད་བསླང་པ་ཉེར་དགས་བདག་ལ་བྱིན་ཟེར་ནས་བླངས་པས་ཉི་མ་གཉིས་སུ་ཁ་ཟས་ཆད་པས་དགེ་སློང་མ་དེ་འགྱེལ་བ་ན་གཞན་མ་དད་པ་ལ་བཅས་སོ། །གཉིས་པ་ནི། ཡུལ་དགེ་སློང་མ་ལ་དེས་རང་ཉིད་འཚོ་བའི་བསོད་སྙོམས་བསླང་ནས་སྤྱོད་པའོ། །གཉིས་པ་ཁྱིམ་དུ་དགེ་སློང་མ་བསྒོས་མི་ཟློག་ཟོས། དེ་ལ་དང་པོ་ནི། མུ་གེ་ཆེར་བྱུང་དུས་དྲུག་སྡེས་བཅུ་གཉིས་སྡེ་ལ་གང་དུ་དགེ་འདུན་སྤྱན་འདྲེན་དྲངས་པ་དེར་ཁྱོད་ཅག་གིས་ཞལ་ཏ་གྱིས་ལ་ངེད་ཅག་ལ་ཟས་མང་དུ་འགྲིམ་དུ་ཆུག་ཅིག་ཅེས་བགོས་པས། སྦྲམ་ཁ་མོ་ན་རེ། དེ་ལྟར་རུང་ན་བགྱིའོ་ཟེར་ནས་ཁ་ཟས་གྲལ་རིམ་དུ་མི་འགྲིམ་པར། སྦྱིན་བདག་ལ་འདི་ནི་འཕགས་པ་དགའ་བོ་ཡིན་ཏེ་སྡེ་སྣོད་གསུམ་ལ་མཁས་ཤིང་རིག་པ་དང་གྲོལ་བའི་སྤོབས་པ་ཅན་ཡིན་པས་ཟས་ཕུན་སུམ་ཚོགས་པར་བྱིན་ཅིག །དེ་བཞིན་དུ་ཉེར་དགའ་སོགས་ལ་སྨྲས་པས། དྲུག

སྡེས་དེ་དག་མ་བཟློག་པར་ཟློས་པས་གཞན་དག་འཕྲོ་བ་ལ་བཅས་སོ། །གཉིས་པ་ནི། སྦྱིན་བདག་གི་ཁྱིམ་དུ་དགེ་སློང་མར་བསྒོས་ནས་ཟས་ཆེར་བླངས་པ་ཟ་བའོ། །གསུམ་པ། བསླབ་སྡོམ་སྤྱི་ལས་ཐུང་མིན་བླངས་ཏེ་ཟོས་པའི་དང་པོ་ནི། དམག་དཔོན་སེང་གེ་བྱ་བ་མུ་སྟེགས་པ་ལ་དད་པ་གཅིག་སྟོན་པས་བདེན་མཐོང་ལ་བཀོད་པས་ལོངས་སྤྱོད་ཐམས་ཅད་དགེ་འདུན་ལ་བཏང་ནས་ཟད་པ་ན། མུ་སྟེགས་དག་དེད་ལ་དད་པའི་དུས་སུ་ལོངས་སྤྱོད་ཡོད་ལ་ད་ལྟ་ནོར་མེད་དོ་ཟེར་བ་ལ་བརྟེན་ནས་དེའི་ཁྱིམ་དུ་ཤཱ་རིའི་བུ་དང་མོའུ་འགལ་གྱི་བུ་གཉིས་ལས་གཞན་པས་ཟས་མི་བླངས་པར་བཅས་པས། དྲུག་སྡེས་ཡང་ཡང་ཟས་བླངས་པས་ཁྱིམ་བདག་འཁོར་བཅས་འཚོ་བར་མ་ནུས་པ་ལ་བཅས་སོ། །གཉིས་པ་ནི་ཁྱིམ་གྱི་བསླབ་པའི་སྡོམ་པ་བྱིན་པའི་སྦྱིན་བདག་ལས་ཟས་བླངས་ཏེ་ལོངས་སྤྱོད་པའོ། །བཞི་པ། ནགས་མ་ཞུས་པར་དགོན་པར་ཟས་བསླངས་བཞིའོ། །དེའི་དང་པོ་ནི། དགག་དབྱེའི་དུས་སུ་ཤཱཀྱའི་བུ་མོ་དག་གིས་ཟས་ཁྱེར་ཏེ་འོངས་པ་དྲུག་སྡེས་དེ་དག་བསྒུར་ཕྱིན་ནས་ནགས་ནང་ན་ཆོམ་རྐུན་ཡོད་མེད་མ་ཞུས་པར་ལམ་ཀ་ཞིག་ཏུ་འདུག་པ་ཆོམ་རྐུན་པས་བཅོམ་པ་ལ་བཅས་སོ། །གཉིས་པ་ནི། འཇིགས་བཅས་ཀྱི་སར་ཆོམ་རྐུན་ཡོད་མེད་མ་ཞུས་པར་ཟས་ལ་ལོངས་སྤྱོད་པའོ། །འདི་དག་སྤྱི་ཕྱགས་ཀྱི་སྒོ་ནས་སོ་སོར་བཤགས་དགོས་པས་ན་སོར་བཤགས་ཞེས་བྱ་སྟེ་བཞི་པོ་བཤད་ཟིན་ཏོ། །ལྟ་བ་ཉེས་བྱས་བརྒྱ་དང་བཅུ་གཉིས་ཞེས་གྲགས་པ་ལ་སྡེ་ཚན་བརྒྱད་དེ། གོས་བགོ་བའི་སྡེ། སྤྱོད་ཡུལ་དུ་འགྲོ་བའི་སྡེ། སྟན་ལ་འདུག་པའི་སྡེ། ཟས་སློང་བའི་སྡེ། ཟས་ཟ་བའི་སྡེ། ལྷུང་བཟེད་ལ་ལོངས་སྤྱོད་པའི་སྡེ། ཆོས་བཤད་པའི་སྡེ། སྒྲུབ་པའི་ཚུལ་ལས་གྱུར་པའི་སྡེའོ། །དང་པོ་ལའང་། ཤམ་ཐབས་དང་། སྟོད་གཡོགས་གཉིས་ལས། དང་པོ་ཤམ་ཐབས་ལ་བསླབ་པར་བྱ་བ་བདུན་ནི། ཤམ་ཐབས་ཟླུམ་མིན་བརྩེངས་འཛོལ་གླང་སྣ་འདྲ། །སྟེབ་དང་ཕུབ་མ་གདེངས་ཀ་ལྟ་བུ་བདུན་ཏེ་ཤམ་ཐབས་ཀྱི་ཡར་མཐའ་དང་མར་མཐའ་མདུན་རྒྱབ་གཉིས་མཐོ་དམན་མེད་པར་སྒོམ་པ་ཟླུམ་པོར་བགོ་བ་དང་། ཕུས་མོ་ཡན་ཆད་དུ་བརྩེངས་པ་མིན་པ་དང་། ལོང་བུ་མན་ཆད་དུ་ཧ་ཅང་འཛོལ་བ་མ་ཡིན་པ་དང་། མདུན་དུ་གྲ་གླང་པོ་ཆེའི་སྣ་ལྟར་འཕྱངས་པ་མ་ཡིན་པ་དང་། སྐ་རགས་ཀྱི་གོང་དུ་ཏཱ་ལའི་ལོ་མ་ལྟར་སྟེབ་པ་མ་ཡིན་པ་དང་སྐ་རགས་ཀྱིས་བར་ནས་འབྲུའི་ཕུབ་མ

ལྟར་ཕྱིར་འབུར་བ་མ་ཡིན་པ་དང་། སྐྲ་རགས་ཀྱི་སྟེང་དུ་སྦྲུལ་མགོའི་གདེངས་ཀ་ལྟར་མཐོ་དམན་དུ་འདུག་པ་མ་ཡིན་པའོ། །སྤྱོད་གཡོག་རྒྱབ་གསུམ་སྟེ། ཟླུམ་མིན་རིང་ཐུང་སྤྱོད་གསུམ་གོས་ཀྱི་བཅུའོ། །དེ་ཡང་ཆོས་གོས་མདུན་རྒྱབ་གཉིས་མཉམ་པར་ཟླུམ་པོར་བགོ་བ། ཧ་ཅང་ཕུས་མོ་ལས་ཡར་བརྫེངས་པ་མ་ཡིན་པ། ཧ་ཅང་ཕུས་མོ་ལས་མར་འཇོལ་བ་མ་ཡིན་པ་གསུམ་སྟེ་བསྡོམ་པས་གོས་ཀྱི་སྡེ་ལ་བཅུའོ། །གཉིས་པ་སྤྱོད་ཡུལ་དུ་འགྲོ་བའི་ཉེ་ཤུ་ནི། ལུས་ངག་མ་བསྡམས་པ་དང་སྤྱོད་གཡོགས་སོགས་ལེགས་པར་བགོ་བ་མ་ཡིན་པ་དང་། ཅ་ཅོའི་སྒྲ་དང་བཅས་པ་དང་། མིག་གཡས་གཡོན་དུ་གཡེངས་པ་དང་། མིག་གཉའ་ཤིང་གང་ལས་རིད༷་དུ་ལྟ་བ་དང་མགོ༷་བོ་གོས་ཀྱི་བསྒྲུམ༷་པ་གོས༷་ཤམ་ཐབས་སོགས་འདོམས་མཐོང་བར་བརྫེས་པ་དང་། སྤྱོད་གཡོགས་ཕྲག་པ་གཡོན་པ་ལ་གཟར་བ་དང་། ལག་པ་གཉིས་མདུན་ནས་གཉའ་གོང་དུ་བསྣོལ༷་བ་དང༷། ལག་གཉིས་རྒྱབ་ནས་ལྟག་པར་བསྣོལ་བ་དང་། འགྲོ་བ་ན་མཆོང་བ་དང་། འདུག་པ་ན་རྐང་པ་རྐྱང་བ་དང་། རྐང་པའི་རྟིང་པ་བཏེགས་ཏེ་བྲང་པས་འགྲོ་བ་དང་། རྐང་རྟིང་བཙུགས་ཏེ་ཙོག་པུས་འགྲོ་བ་དང་། ལག་པའི་གྲུ་བརྐྱངས་ཏེ་དཀུར་བརྟེན་ནས་འགྲོ་བ་དང་། ལུས་གཙུས་ཤིང་བསྒྱུར་བ་དང་། ལག་པ་ཤར་ཤར་གཡུག་པ་དང་། མགོ་བོ་བསྒྱུར་བ་དང་། གཞན་དང་ཕྲག༷་པ༷་སྤྲད་དེ་འགྲོ་བ་དང་། གཞན་དང་ལག༷་པ་སྦྲེལ༷་ཏེ་འགྲོ་བ་རྣམས༷། མི༷་བྱེད༷་པའི་ལས་ཏེ་ཁྱིམ་དུ་འགྲོ་བའི་སྤྱོད་ཡུལ་ཉེ་ཤུའོ། །གསུམ་པ་སྟན་ལ་འདུག་པའི་སྡེ་ལ་དགུ་ཡོད་དེ། སྟན་འདི་ལ་སྡོད་ཅེས་མ་བསྒོས་པར་འདུག་པ་དང་། མ་བརྟགས་པར་འདུག་པ་དང་། ལུས་ཀྱི་ལྗིད་ཕབ་འཕོང་བརྡེབ་སྟེ་འདུག་པ་དང་། རྐང་པ་བརྐྱངས་ནས་བསྣོལ་བ་དང་། བརླ་བསྣོལ་ནས་རྐྱང་བ་དང་། ལོང་བུའི་སྟེང་དུ་ལོང་བུ་བརྩེགས་ཏེ་འདུག་པ་དང་། ཁྲི་འོག་ཏུ་རྐང་པ་བཀུག་པ་དང་། རྐང་པ་ཕན་ཚུན་གདང་སྟེ་འདུག་པ་དང་། འདོམས་མཐོང་བར་འདུག་པ་རྣམས་སྤང་བ་འདུག་ཚུལ་དགུ་ཡིན་ནོ། །བཞི་པ་ཟས་བླང་བའི་སྡེ་ལ་བརྒྱད་དེ། ཟས་ལེགས་པར་ལྷུང་བཟེད་ཀྱི་ཁ་ལས་མཐོ་བར་མི་ལེན་འབྲས་ཆན་དང་ཚོད་མ་སོགས་མྱུ་དང་ཁ་དཆད་ལེན་པ་དང་། བཟང་ངན་མཉམ་པར་མི་ལེན་པ་དང་། མཐར་ཆགས་སུ་མི་ལེན་པར་ཐོད་རྒྱལ་དུ་ལེན་པ་ལྷུང་བཟེད་ཟུར་མིག་བལྟས་ཏེ་ལེན་པ་དང་། ལྷུང་བཟེད་ཟས་མ་བྱུང་བར་བཟེད་སྟེས

པ་དང་། སྦྱར་ཟས་བྱུང་བ་སྤྲས་ནས་སླར་བཟེད་པ་དང་། སློད་གཞན་བཟའ་བ་དང་བཅའ་བའི་སྙིང་དུ་ལྷུང་བཟེད་ཟེད་པ་སྟེ། དེ་དག་སྤྱངས་པ་རྣམས་ནི་ཟས་བླང་གི་བརྒྱད་དོ། །ལྔ་པ་ཟས་ཟ་བའི་སྡེ་ལ་ཉེར་གཅིག་ཡོད་དེ། དུས་དང་འགལ་བར་ཟ་བ་དང་། ཧ་ཅང་ཁམ་ཆེ་བར་ཟ་བ་དང་། ཧ་ཅང་ཆུང་བར་ཟ་བ་དང་། རན་པར་ཟ་བའང་མིན་པ་དང་། ཟས་ཟ་བར་རྩོམ་པ་བཞིན་དུ་ཁ་གདངས་པ་དང་། ཁ་བཀང་སྟེ་སྨྲ་བ་དང་། ཟས་ཟ་ཚེ་ཙུག་ཙུག་དང་ཅག་ཅག་དང་། ཧུ་ཧུ་དང་ཕུ་ཕུ་བྱ་བ་དང་། ལྕེ་ཕྱི་རོལ་ཏུ་ཕྱུང་སྟེ་ཟ་བ་དང་། འབྲུ་རེ་རེ་ནས་ཐ་དད་གུད་དུ་ཕྱེ་བ་དང་། ཟས་ལ་སྐྱོན་བལྟས་ཏེ་འཕྱ་བ་དང་། ཟས་ཁམ་གཅིག་ལ་མཁུར་བ་ཕན་ཚུན་སྤོ་བ་དང་། ཁམ་འཕྲོ་བཅད་པ་དང་། ཀྲན་མི་གཏོག །ལག་པ་ལ་ཟས་ཆགས་པ་ལྡག་པ་དང་། མཛུབ་མོས་ལྷུང་བཟེད་འབྱོག་པ་དང་། ལག་པ་སྤྲུག་པ་དང་། ལྷུང་བཟེད་སྐྱོམ་སྐྱོམ་བྱེད་པ་དང་། ཟས་ལ་མཆོད་རྟེན་འདྲ་བར་བྱེད་པ་སྟེ་ཉེར་གཅིག་ཟ་བའི་ཚེ་སྤྱང་བར་བྱའོ། །དྲུག་པ་ལྷུང་བཟེད་ལ་ལོངས་སྤྱོད་པའི་སྡེ་ལ་བཅུ་བཞི་སྟེ། གཞན་གྱི་ལྷུང་བཟེད་ལ་འཕྱས་མི་འདོགས། ཕྱིར་ལྡ་ཞིང་ལག་པ་ནི། ཟས་ཀྱི་སྦགས་པས་ཆུ་སྣོད་ལ་མི་རེག །གཞན་ལ་སྦགས་པ་ཅན་གྱི་ཆུ་མི་གཏོར། ཁྱིམ་པ་འདུག་པ་ལ་མ་དྲིས་པར་ཟས་ཀྱིས་སྦགས་པའི་ཆུ་མི་འབོ་བ་དང་། ལྷུང་བཟེད་ནང་དུ་ཟས་ཀྱི་ལྷག་མ་བཞག་སྟེ་མི་དོར། ལྷུང་བཟེད་འོག་གཞི་མེད་པར་ས་རྗེན་དང་། གད་ཁ་དང་། རི་གཟར་དང་། ས་ཆ་བང་རིམ་ཅན་དང་བཞིར་མི་བཞག་པ་དང་། གད་ཁ་དང་གཡང་ས་དང་ཀྲན་གཟར་དུ་ལྷུང་བཟེད་མི་འཁྲུ། ལངས་ནས་མི་འཁྲུ་བ་དང་། འབབ་ཆུ་དྲག་པོའི་རྒྱུན་ལས་ལྡོག་ཏེ་མི་འཁྲུ་བ་སྟེ་བཅུ་བཞིའོ། །བདུན་པ་ཆོས་སྟོན་པའི་སྡེ་ནི་ཉེར་དྲུག་སྟེ། མི་ན་བར་འདུག་པ་ལ་འགྲོགས་ཏེ་ཆོས་མི་བཤད། མི་ན་བར་ཉལ་བ་ལ་འདུག་སྟེ་ཆོས་མི་བཤད། མི་ན་བར་སྟན་མཐོན་པོ་ལ་འདུག་སྟེ་རང་དམའ་བར་འདུག་པ་ལ་ཆོས་མི་བཤད། མི་ན་བར་འདུག་ནས་འགྲོ་བ་ལ་ཕྱི་ནས་ཆོས་མི་བཤད། མི་ན་བར་ལམ་པོ་ཆེའི་འགྲམ་ནས་འགྲོ་བ་ལ་ལམ་གྱིས་འགྲམ་ནས་འགྲོ་ཞིང་ཆོས་མི་བཤད། མི་ན་བར་མགོ་གཡོགས་པ་དང་། སྐྲ་བརྫེས་བ་དང་། སྐྲ་གཟར་བ་དང་། ལག་པ་གཉའ་གོང་དུ་བསྣོལ་བ་དང་། རྒྱབ་ནས་ལྟག་པར་བསྣོལ་བ་དང་། ཏོ་གེར་ཅན་ཏེ་སྤྱི་གཙུག་ཏུ་སྐྲ་བསྡུས་ཏེ་ཐོར་ཚུགས་བྱས་པ་

དང་། ཉ་གྲོན་པ། མགོ་ལ་ཅོད་པན་བཏགས་པ། མགོ་ལ་མེ་ཏོག་གི་ཕྲེང་བ་བཏགས་པ་དང་། མགོ་ལྭ་ཐོད་དཀྲིས་པ་ལ་ཆོས་མི་འཆད། གླང་པོ་ཆེ་ལ་ཞོན་པ། རྟ་ལ་ཞོན་པ། ཁྲིགས་ཀྱི་སྟེང་ན་འདུག་པ་དང་། ཤིང་རྟའི་སྟེང་དུ་འདུག་པ་དང་། མཆིལ་ལྷམ་གྱོན་པ་དང་། མི་ན་བར་ལག་ན་མཁར་བ་ཐོགས་པ། གདུགས་ཐོགས་པ། རལ་གྲི་ཐོགས་པ། དགྲ་སྟ་ཐོགས་པ། མདའ་ཐོགས་པ། གོ་ཆ་གྱོན་པ་ལ་ཆོས་མི་བཤད་དེ་ཉེར་དྲུག་གོ། །བརྒྱད་པ་བསྒྲུབ་ཚུལ་གསུམ་ནི། མི་ན་བར་འགྲེང་སྟེ་བཤང་གཅི་མི་འདོར། ཆུའི་ནང་དང་རྩྭའི་ཁྲོད་ལ་བཤང་གཅི་དང་སྣབས་མི་འདོར། གནོད་པ་བྱུང་ན་མ་གཏོགས་པར་ཤིང་ལ་མི་གང་ལས་མཐོར་འཛེག་པ་ན་རྒྱུ་གཅིག་གོ། །འདི་དག་ཉེས་པ་ཕྲ་མོའི་རང་བཞིན་ཡིན་པས་ཉེས་བྱས་ཞེས་བྱའོ། །དེ་དག་གིས་དགེ་སློང་གི་ཁྲིམས་གཉིས་བརྒྱ་དང་ལྔ་བཅུ་རྩ་གསུམ་ལེགས་པར་གཏན་ལ་ཕབ་ཟིན་ཏོ། །བདུན་པ་དགེ་སློང་མའི་ཁྲིམས་ལ། རྩ་བ་ཕམ་པ་བརྒྱད། དགེ་འདུན་ལྷག་མ་ཉི་ཤུ། སྤང་ལྟུང་སུམ་ཅུ་སོ་གསུམ། ལྟུང་བྱེད་འབའ་ཞིག་པ་བརྒྱ་བརྒྱད་ཅུ། སོ་སོར་བཤགས་པ་བཅུ་གཉིས། ཉེས་བྱས་བརྒྱ་དང་བཅུ་གཉིས་ཏེ་བསྡོམ་པས་སུམ་བརྒྱ་དང་དྲུག་ཅུ་རྩ་བཞི་སྟེ། འདི་ནི་མདོ་ཙམ་མོ། །རྒྱས་པར་དགེ་སློང་མའི་སོ་ཐར་ལས་རྟོགས་པར་བྱའོ། །གཉིས་པ། བསྒྲུབ་པའི་བསླབ་བྱ་ཡོངས་སུ་སྦྱོངས་བའི་ཚུལ། གསོ་སྦྱོང་དབྱར་གནས་དགག་དབྱེ་གོས་ཀྱི་གཞི། ཀོ་ལྤགས་གནས་མལ་སྨན་སོགས་གཞན་དུ་ཤེས། ཞེས་སྨོས་ཏེ་ཐོབ་པ་མི་ཉམས་པར་བསྲུང་བ་བསྒྲུབ་པའི་བསླབ་བྱ་མདོ་ཙམ་བསྟན་པ་ལ་གསུམ་སྟེ། བསླབ་པ་ཡོངས་སྦྱོང་གི་གཞི་གསུམ། བདེ་བར་གནས་པའི་གཞི་ལ་གསུམ་སྟེ་ནང་ཚན་དུ་ལྔ། ཀུན་ལ་ཐུན་མོང་དུ་མཁོ་བ་ལས་ཀྱི་གཞིའོ། །དང་པོ་ལ། གསོ་སྦྱོང་། དབྱར་གནས། དགག་དབྱེ་གསུམ་ལས། དང་པོ་ནི། གཉེན་པོ་བསླབ་པ་གསོ་ཞིང་། སྤང་བྱ་སྡིག་པ་རྣམས་སྦྱོང་བས་ན་གསོ་སྦྱོང་ཞེས་བྱ་སྟེ། ལོ་དྲི་བར། དགེ་བ་མཐའ་དག་ཡང་དག་གསོ་བྱེད་ཅིང་། །སྡིག་པ་མཐའ་དག་ཡང་དག་འདིར་སྦྱོང་བ། །དགེ་གསོ་ཕྱིར་དང་སྡིག་པ་རྣམས་སྦྱོང་ཕྱིར། །དེ་བཞིན་གཤེགས་པས་གསོ་སྦྱོང་ཞེས་གསུངས་སོ། །དེ་ལ་དབྱེ་ན་བདུན་ཏེ། ཞི་གནས་ཀྱི་གསོ་སྦྱོང་། མཐུན་པའི། བཅུ་བཞི་པའི། བཅོ་ལྔ་པའི། གནོད་པ་བཟློག་པའི། བརྗོད་པ་ཟློག་པའི། བཀྲ་ཤིས་པའི་གསོ་སྦྱོང་ངོ་། །དེ་ཡང་རིགས་

སུ་བསྡུ་ན། ཞི་གནས་དང་མཐུན་པའི་གསོ་སྦྱོང་གཉིས་སུ་འདུས་ཏེ། ཕྱི་མ་ལྟ་མཐུན་པའི་གསོ་སྦྱོང་གི་ནང་ཚན་ཡིན་པའི་ཕྱིར་རོ། །དང་པོ་ཞི་གནས་ཀྱི་གསོ་སྦྱོང་ནི། ཚུལ་ཁྲིམས་ཀྱིས་གཞི་བཟུང་སྟེ་སྡེ་སྣོད་ལ་ཐོས་བསམ་བྱས་ནས་དེའི་དོན་བསྒོམ་པའི་ཉམས་ལེན་ཏེ། མཛོད་ལས། ཚུལ་གནས་ཐོས་དང་བསམ་གཏན་པས། །སྒོམ་པ་ལ་ནི་རབ་ཏུ་སྦྱོར། །ཞེས་པའི་ཚུལ་གྱིས་ཞི་གནས་ཀྱིས། འདོད་ཆགས་ཀྱི་གཉེན་པོར་མི་སྡུག་པ། ཞེ་སྡང་གི་གཉེན་པོར་བྱམས་སྙིང་རྗེ། གཏི་མུག་གི་གཉེན་པོར་རྟེན་འབྲེལ་གྱི་གནས་ཚུལ། ང་རྒྱལ་གྱི་གཉེན་པོ་ཁམས་ཀྱི་རབ་དབྱེ། ཕྲག་དོག་གི་གཉེན་པོར་དབུགས་དབྱུང་རྔུབ་དྲན་པ་བསྒོམ་སྟེ། དེ་ཉིད་ལས། གང་རུས་ཆགས་བཅས་ཐམས་ཅད་ལ། །ཞེས་སོགས་ཀྱི་དོན་ནོ། །ལྷག་མཐོང་གིས་དྲན་པ་ཉེར་བཞག་བཞི་སོགས་བྱང་ཆུབ་ཀྱི་ཆོས་རྣམས་མངོན་དུ་བྱའོ། །གཉིས་པ་མཐུན་པའི་གསོ་སྦྱོང་ནི། གང་དུ་གནས་མི་མཐུན་པ་མེད་པ། ཁྲིན་ཆུང་ཚད་གདིང་བ་བཞི་བཅུ་ཤོང་བ་ཆེ་ཚད་དབུས་ནས་གཡས་གཡོན་དུ་དཔག་ཚད་ཕྱེད་གསུམ་རེ་ཡོད་པ་མཚམས་བཞིར་ཤིང་དང་ཕ་བོང་ལ་སོགས་པས་མཚན་པར། གང་ཟག་རབ་ཏུ་བྱུང་བ་སྡེ་ལྔ་གས་ལྷུང་བ་ལ་བཤགས་བསྡོམ་ཚུལ་བཞིན་བྱས་ཏེ་བསླབ་པ་གོང་འཕེལ་དུ་བྱེད་དགོས་ཏེ་འདུན་པ་འབུལ་བ་དང་། ཡོངས་དག་འབུལ་བར་བྱའོ། །ཚིག་རང་ལ་ཐོག་མར་དགེ་འདུན་བསྡུ་བའི་བརྡ་སྤྲོད་པའི་གཎྜི་རྡུང་བའི་ཤིང་བཅུ་དྲུག་ལས་བྱ་བ་སྟེ། གཎྜིའི་མདོ་ལས། ཙནྡན་བིལ་བ་པ་ལ་ཤ །ཨ་ཤྭ་ཏ་དང་ཙནྡན་དམར། །ཀྱུ་སྟར་ཏ་ལ་ཀེ་ཤུ་ཀ །ཤིང་ཤ་པ་དང་ཏ་མ་ལ། །ཨ་སྨླ་སྟར་བུ་སྐྱུ་རུ་ར། །ཏིན་ཏི་པ་ར་ཨ་ཤྭ་ག་མ། །འདི་དག་ཐམས་ཅད་མེད་ན་ཡང་། །འོ་སེ་ལ་ནི་འབད་དེ་བྱ། །ཞེས་པས། གཎྜི་སྲིད་དུ་སོར་བརྒྱད་ཅུ་རྩ་བཞི་ཞེང་དུ་སོར་དྲུག་དཔངས་སུ་སོར་གཉིས་ཟུར་བཞིར་བརྒྱད་གཞོག་སོར་གཉིས་དང་ལྡན་པ་རྩེ་མོ་སྦལ་པའི་མགོ་འདྲ་བའོ། །གཎྜ་གཡོག་ཀྱང་ཤིང་དེ་ཉིད་ལས་བཅད་པ་གཎྜི་ལ་འཕོག་པའི་ཚད་སོར་བཅུ་གཉིས་ལག་པས་བཟུང་བར་བྱ་བའི་འཆང་ཟུང་ཡང་ཚད་དེ་དང་ལྡན་པ་རྩེ་མོ་གཉིས་ནེའུ་ལེའི་མགོ་བཞིན་ཡོད་པའོ། །དེ་ཉིད་དགེ་འདུན་བསྡུས་པའི་དུས་གཙུག་ལག་ཁང་གི་སྟེང་ལ་སོགས་ནས་བརྡུང་ངོ་། །དེ་ཡང་ལོ་གཅིག་ལ་གསོ་སྦྱོང་འབྱུང་བའི་དུས་ཉི་ཤུ་རྩ་བཞི་ཡོད་དེ། ཟླ་བ་བཅུ་གཉིས་ལ་ཡར་ངོ་དང་མར་ངོའི་གསོ་སྦྱོང་གཉིས

རི་འབྱུང་སྟེ། དེ་ལ་གསོ་སྦྱོང་གི་བསྡུགས་ཚིག་ལན་གསུམ་འདོན་ཅིང་། སོ་སོར་ཐར་པའི་མདོ་བློ་ལ་
ཡོད་པས་གླག་ཅིང་རྗེས་བསྔོ་བ་དང་བཀྲ་ཤིས་ལ་སོགས་པ་བྱེད་པའོ། །གཉིས་པ་དབྱར་གནས་ནི།
ཐོས་བསམ་འཕེལ་བ་དང་། གནས་ཁང་རལ་བ་དང་གྲུམ་པ་བཅོས་པ་གཞན་དག་དད་པར་བྱ་བའི་
ཕྱིར་དབྱར་ཟླ་གསུམ་དུ་གནས་པར་ཁས་བླངས་དགོས་ཏེ། མདོ་རྩ་ར། དབྱར་གནས་པ་ཁས་བླང་ངོ་། །
ཟླ་བ་གསུམ་དུའོ། །ཞེས་སོ། །གནས་དེར་ཡོད་པ་རྣམས་ཀྱི་མཐར་ཚུལ་ཤིང་དྲི་བཟང་གིས་བགོས་པ་
གཟེབ་ཀྱི་སྦྲུག་མར་རས་དཀར་པོ་བཏིང་པས་དཀྲིས་པ་གྲངས་ལས་མི་ཉུང་བ་རྒྱན་པའི་མཐའ་
ལོགས་སུ་བཞག་ནས། འདི་ན་གནས་པས་ཁྲིམས་འདི་དང་འདི་ཡོད་དེ། ཁྲིམས་འདི་ལ་གནས་
པར་སྤྲོ་བས་ཚུལ་ཤིང་ལོང་ཞིག་བགོས་ནས་འཁྲིམ་པས། ལེན་པ་པོས། དང་པོར་སྟོན་པ་སངས་
རྒྱས་ཀྱི་ཚུལ་ཤིང་ལེན། དེ་ནས་རང་རང་གི་ལེན། རྗེས་སུ་དགེ་ཚུལ་རྣམས་ཀྱི་ཚུལ་ཤིང་རང་རང་
གི་མཁན་སློབ་རྣམས་ཀྱིས་ལེན། མཇུག་ཏུ་གཞི་བདག་གཙུག་མར་གནས་པའི་ཚུལ་ཤིང་གནས་
བརྟན་གྱིས་ལེན། སླར་འཁྲིམ་པ་པོས་བསྡུས་ཏེ། དགེ་སློང་འདི་སྙེད་ཅིག་གིས་ཚུལ་ཤིང་བླངས་
སོ༑ ༑ཅེས་གྲངས་བཟུང་ངོ་། །ཐོས་བསམ་ལྟ་བ་ལ་བརྩོན་ཅིག་འབྲུག་ལོང་ལ་སོགས་སྤྱངས་ཏེ་
བྱིན་གྱིས་མ་བརླབ་པར་མཚམས་ཀྱི་ཕྱི་རོལ་དུ་ཞག་གཅིག་ཀྱང་གནས་མི་རུང་ལ། ཆོས་ཀྱི་དགོས་
པས། ཞག་བདུན་གྱིས་བརླབ་ཏུ་རུང་བར་གསུངས་སོ། །གསུམ་པ་དགག་དབྱེ་ནི། དབྱར་གནས་
ཀྱི་མཐར་དེར་ཚོགས་པ་རྣམས་དང་ རབ་བྱུང་གཞན་གློ་བུར་དུ་ལྷགས་པ་རྣམས་ཀྱིས་ཀྱང་བྱ་
དགོས་ཏེ། རྐྱེན་ངན་ལྷ་བུས་གཞན་དུ་འགྲོ་དགོས་ན་དབྱར་གནས་པའི་ཟླ་གཅིག་གམ་ཕྱེད་གཉིས་
ནས་ཀྱང་རུང་ལ། དགག་དབྱེའི་ཉིན་པར་དབྱར་གནས་པའི་རབ་བྱུང་རྣམས་ཀྱི་མཐོང་ཐོས་དོགས་
གསུམ་གྱི་སྒོ་ནས་ལྟུང་བ་གླེངས་ཏེ་ལྟུང་བ་གཏན་ལ་ཕབ་ནས། ལྟུང་བ་ཡོད་པ་རྣམས་བཤགས་
སྡོམ་བྱེད་དགོས་ཏེ། དགག་དབྱེར་བགོས་པའི་དགེ་སློང་གིས་གྲལ་རིམ་བཞིན་རྩྭ་ཟོར་པ་འཁྲིམས་
ཏེ་རེ་རེའི་མདུན་དུ་འདུག་སྟེ་དགག་དབྱེའི་ཚིག་བརྗོད་པའོ། །གཉིས་པ་བདེ་བར་གནས་པའི་གཞི་
ལ་གོས་སྨན་གནས་མལ་གསུམ་ལ་དབྱེ་བས་ལྔ་ཡོད་པའི་དང་པོ་གོས་མཐའ་གཉིས་སུ་མ་ལྟུང་
བར་བདེ་བར་གནས་པ་གོས་ཀྱི་གཞི་ལ་གསུམ་ཏེ། བག་ཡངས་དང་འབྲེལ་པ་སྲ་བརྒྱུད་གི་སྟེ་འཚོ་

བའི་ཡོ་བྱད་དང་འབྲེལ་བ་གོས་ཀྱི་གཞི། དམིགས་གསལ་དང་འབྲེལ་བ་ཀོ་ལྤགས་ཀྱི་གཞིའོ། །དང་པོ་ནི། སྲ་བརྒྱུད་ཞེས་ཆོས་གོས་ལ་དྲས་དྲུབ་བྱེད་པའི་ཤིང་གི་སྣན་ས་ཡིན་ཏེ། དེའི་སྟེང་དུ་ཆོས་གོས་དུ་མ་དྲས་དྲུབ་འདིང་བ་རྒྱང་བ་ལ་སོགས་པས་ཆོས་གོས་སུ་བྱིན་གྱིས་བརླབས་པ་སྟེ། དེ་ནི་སྨིན་དྲུག་ཟླ་བའི་ཚེས་བཅུ་དྲུག་ནས་དཔོ་ཟླའི་བཅུ་བཞི་བར་ཟླ་བ་ལྔ་ལ་ལོངས་སྤྱོད་རུང་སྟེ། དེའི་རྒྱུ་དང་ཁ་དོག་ཀྱང་། སྤྱི་ཆེ་བ་བཤད་རབ་བྱས་པ་མིན་པ། ཡ་ཡོ་དང་། སྲིན་ཟོས་སམ། ཟེགས་པ་མིན་པ། རུང་བའི་ཁ་དོག་ཅན་ལ། དབྱིབས་དང་ཚད་ནི། མཐུད་མ་དང་ལྷན་རིངས་དང་། ཆ་ག་ཅན། ཟུངས་ཅན། གཞན་གྱིས་སྤྲངས་པ། རྫ་མོའི་བལ་ལས་བྱས་པ་ལ་སོགས་མིན་པར། ཚད་ནི་དྲས་དྲུབས་ཟིན་པའི་སྲིད་དུ་ཁྲུ་ལྔ། དཔངས་སུ་ཁྲུ་གསུམ་མམ་དེ་ལས་ལྷག་ཀྱང་རུང་ངོ་། །གཉིས་པ་འཚོ་བའི་ཡོ་བྱད་དང་འབྲེལ་བར་གོས་ཀྱི་གཞི་ནི། དེ་ཡང་ཆོས་གོས་ཀྱི་རྒྱུ་མི་རུང་བ་ནི། ཁ་ཚར་དང་ཕན་ཚར་མ་བཅད་པ་དང་། དཔག་བསམ་གྱི་ཤིང་ལས་བྱུང་བ་རྫ་མོའི་བལ་ལས་བྱུང་བ། ཁྱིམ་པ་དང་མུ་སྟེགས་ཀྱི་གོས་ཀྱི་དབྱིབས་དང་ཁ་དོག་ཁྲ་བོའོ། །རུང་བའི་རྒྱུ་བདུན་ཏེ། ས་གའི་ལྷས། བལ་གོས་ཤ་ན་ཉི་འོག་དང་། །རས་གོས་དང་ནི་ཟར་མ་དང་། །ཀོ་ཏམ་པ་དང་དུ་གུ་ལ། །ཆོས་གོས་རྒྱུ་ནི་རྣམ་པ་བདུན། །ཞེས་སོ། །དེ་ཡང་ཁ་དོག་མི་རུང་བ་དང་རུང་བ་གཉིས་ལས། མི་རུང་བ་བརྒྱད་ནི། ས་གའི་ལྷས། རྒྱ་སྐྱོངས་ལོ་བཙན་རྩི་དང་གཙོད། །སྔོན་ཤིང་རྩི་དང་མཐིང་ཤུན་མཚལ། །སེཀྐྲ་ར་དང་གུར་གུམ་སྟེ། །འདི་དག་ཚོན་ཆེན་བརྒྱད་དུ་འདོད། །ཅེས་སོ། །རུང་བའི་ཚོན་གསུམ་ནི། ས་གའི་ལྷས། སྔོན་པོ་བཙག་དང་དུར་སྨྲིག་རྩི། །འདི་དག་རུང་བའི་ཚོན་གསུམ་སྟེ། །ཞེས་སོ། །དེ་ལ་སྣམ་སྦྱར་ནི་ངེས་པར་དྲས་དྲུབས་དགོས་ལ། བླ་གོས་མཐང་གོས་དགེ་སློང་མའི་ཤིང་དང་དཔྱུང་བཅད་དང་རྟུལ་གཟན་ལ། རབ་དྲས་དྲུབ། འབྲིང་ལྷན་ཐབས། ཐ་མ་ཐང་ཐང་པོར་བྱས་པ་ཡིན་ནོ། །གདིང་བ་ལ་གླེགས་བུར་ཕྱེད་གཉིས་ལས། གོས་གཞན་ལ་སྣམ་ཕྲན་དང་གླེགས་བུའི་བཤད་པ་མེད་དེ། དེ་ཉིད་ལས། སྣམ་སྦྱར་ངེས་པར་དྲས་ཏེ་བཅད། །གཞན་དག་མ་ངེས་གང་གི་ཕྱིར། །ཞེས་སོ། །དེ་ལ་གོས་བཅུ་གསུམ་ཡོད་དེ། མདོ་རྩ་ལས། སྣམ་སྦྱར་དང་། བླ་གོས་དང་། མཐང་གོས་དང་། ཤམ་ཐབས་དང་། ཤམ་ཐབས་ཀྱི་གཟན་དང་། རྟུལ་གཟན་དང་། རྟུལ་གཟན

གྱི་གཟན་གྱི་གཟན་དང་། གདོང་ཕྱིས་དང་། རྣག་གཟན་དང་། གཡན་པ་དགབ་པ་དང་། སྐྲ་གཟེད་དང་། གདིང་བ་དང་། དབྱར་གྱི་གོས་རས་ཆེན་བཅང་བ་བྱའོ། །ཞེས་པས། དབང་པོ་སྣམ་སྦྱར་ནི། རབ་ཀྱི་རབ་འབྲིང་ཐ་གསུམ་ནི། སྣམ་ཕྲན་ཉེར་ལྔ་མ། ཉེར་གསུམ་མ། ཉེར་གཅིག་མ་དང་། འབྲིང་གི་གསུམ། སྣམ་ཕྲན་བཅུ་དགུ། བཅུ་བདུན། བཅོ་ལྔ་ཅན་དང་། ཐ་མའི་གསུམ། བཅུ་གསུམ། བཅུ་གཅིག །དགུའི་བདག་ཉིད་ཅན་ནོ། །ཉེར་ལྔ་ལས་ལྷག་པ་མི་རུང་སྟེ་ཚེམ་བུའི་རང་བཞིན་ནོ། །དེ་ནི་གྲོང་ཁྱེར་དུ་བསོད་སྙོམས་དང་། དཀོན་མཆོག་གི་དྲུང་དང་། ཆོས་ཉན་བཤད་ཚེ་གྱོན་པར་བྱ་ཞིང་། ཤ་རྗེན་མཆན་ཁུང་གི་དྲོད་ཀྱིས་མི་གནོད་པའི་ཕྱིར་རྟུལ་གཟན་ཞིང་དུ་མཐོ་གང་དང་སྲིད་དུ་ཁྲུ་ཕྱེད་དོ་ཡོད་པའི་ལྷན་པ་མཆན་ཞབས་སུ་སྦྱར་ཏེ་ལོངས་སྤྱོད་པའོ། །བླ་གོས་ནི། གླེགས་བུ་ཕྱེད་དང་གསུམ་གསུམ་གྱི་བདག་ཉིད་ཅན་སྣམ་ཕྲན་བདུན་མ་ཡིན་ལ། རབ་འབྲིང་ཐ་མ་གསུམ་གྱིས་ཚད་སྣམ་སྦྱར་བཞིན་ནོ། །མཐང་གོས་ནི་དཔངས་སུ་ཁྲུ་དོ། །སྲིད་དུ་ཁྲུ་བཞིའམ་ལྔ། ཐ་མ་ལྟེ་བ་མན་ཆད། ཕུས་མོ་ཡན་ཆད་དེ་འཁོར་གསུམ་ཁེབས་པའི་ཚད་དོ། །ཁྲུའི་དོན་ནི་རང་གི་སྤྱི་གཙུག་ནས་རྐང་མཐིལ་བར་ཆ་བདུན་བྱས་པའི་ཆ་གཉིས་སོ། །ཤམ་ཐབས་ནི། ཉིན་མོ་མཐང་གོས་ཀྱི་འོག་ཏུ་གྱོན་པར་བྱ་བ་ཤམ་ཐབས་ཀྱི་གཟན་ནི། མཚན་མོ་མཐང་གོས་ཀྱི་འོག་ཏུ་གྱོན་པར་བྱ་བ་སྟེ་ཚད་མཐང་གོས་བཞིན་ནོ། །རྟུལ་གཟན་དང་པོ་དེའི་གཟན་ནི་ཉིན་མོ་དང་མཚན་མོ་བླ་གོས་ཀྱི་འོག་ཏུ་གྱོན་པར་བྱ་བ་ཚད་བླ་གོས་བཞིན་ནོ། །གདོང་ཕྱིས་ནི། ཆུ་ཞེང་ཁྲུ་གང་པའོ། །རྣག་གཟན་ནི། དགེ་སློང་རྣག་ནད་ཅན་གྱི་ཤ་ལ་སྦྱར་བ་སྟེ་ཚད་ཇི་ཙམ་དགོས་པའོ། །གཡན་དགབ་པ་ནི་གཡན་པའི་ནད་ཅན་གྱིས་ཤ་ལ་སྦྱར་བ་སྟེ་ཚད་ནི་སྲིད་དུ་ཁྲུ་དྲུག་དཔངས་སུ་ཁྲུ་གསུམ་མོ། །སྐྲ་གཟེད་ནི། སྐྲ་བྲེག་ཚེ་ཆོས་གོས་སྲུང་ཕྱིར་སྟོད་དུ་གྱོན་པ་སྟེ། ཞེང་དུ་ཁྲུ་ཕྱེད་གཉིས། སྲིད་དུ་ཁྲུ་གསུམ་མོ། །གདིང་བ་ནི། སྲིད་དུ་ཁྲུ་གསུམ་ཞེང་དུ་ཁྲུ་དོ་སོར་དྲུག་སྟེ་གནས་མལ་སྐྱབས་པའི་ཕྱིར་གདིང་བའོ། །དབྱར་གྱི་རས་ཆེན་ནི། དབྱར་ཆར་ཆུ་སྐྱབས་ཕྱིར་དུ་བགོ་བ། སྲིད་དུ་ཁྲུ་དགུ། ཞེང་དུ་ཁྲུ་གསུམ་དང་སོར་བཅོ་བརྒྱད་དོ། །དེ་དག་ཐམས་ཅད་རུང་བའི་ཚོན་གྱིས་ཁ་བསྒྱུར་བའོ། །གོས་འདི་དག་བྱིན་གྱིས་བརླབས་ཚུལ་གཞུང་ཚིག་གིས་གསལ་ལ་སྣམ་སྦྱར་གྲངས་མང་པོ་

ཡོད་ན་གཅིག་འཚོ་བའི་ཡོ་བྱད། གཞན་རྣམས་མགོ་བ་དང་ལྷག་པའི་ཡོ་བྱད་དུ་བྱིན་གྱིས་བརླབས་པར་བཤད་དོ། །གསུམ་པ་དམིགས་བསལ་དང་འབྲེལ་པ་ཀོ་ལྤགས་ཀྱི་གཞི་ནི། གོང་དུ་བསྟན་པའི་ཡུལ་དབུས་རྣམས་སུ་ལྷམ་སོགས་མ་གནང་ལ་མཐའ་འཁོབ་ཏུ་གནང་སྟེ། མདོ་རྩ་ར། མཐའ་འཁོབ་ཏུ་མཆིལ་ལྷམ་དག་བཅང་བར་བྱའོ། །ཞེས་པས་ལྷམ་ཡུ་མེད་པ་ཁྲ་བོ་མིན་པ་ལུག་རུ་ལྟ་བུ་མིན་པ། ཨ་ཤྭ་ཏ་དང་ཀ་ར་བི་རའི་འདབ་མ་ལྟར་མིན་པ། གསེར་དངུལ་ཅན་མིན་པ་བཅང་རུང་ཞིང་། ཁྱིམ་གཞན་དུ་གཞན་མེད་ན་ཀོ་ལྤགས་ལ་འདུག་རུང་ཞིང་ཉལ་བར་མི་བྱ་ཞེས་མདོར་རྩར་གསུངས་སོ། །གཉིས་པ་ཟས་མཐའ་གཉིས་སུ་མ་ལྟུང་བའི་སྒོ་ནས་བདེ་བར་གནས་པ་སྨན་གྱི་གཞི་ནི ། མདོ་རྩ་ལས། སྨན་བསྟན་པར་བྱའོ། །དེ་ནི་རྣམ་པ་བཞིའོ། །དུས་སུ་རུང་བ་དང་། ཐུན་ཚོད་དུ་རུང་བ་དང་། ཞག་བདུན་པ་དང་། འཚོ་བའི་བར་དུ་བཅང་བ་ཉིད་དོ། །ཞེས་པས་བཞི་ལས་དང་པོ་དུས་རུང་གི་སྨན་ནི། བཀྲེས་པ་སེལ་བའི་སྨན་དུ་གནང་བའི་བཟའ་བ་ལྔ་དང་། བཅའ་བ་ལྔ་ལས། དང་པོ་ནི། ས་གའི་ལྟས། སྣ་ཚོགས་འབྲས་ཆན་ཟན་དང་ཤ །ཁྲེ་དང་འཁྲུར་བ་བཟའ་བ་ལྔ། །ཞེས་སོ། །གཉིས་པ་ནི། འཇིག་རྟེན་ཁ་ཟས་སུ་གྲགས་པའི། །རྩ་བ་སྡོང་བུ་མེ་ཏོག་འབྲས། །ལོ་མ་ཡང་ནི་བཅའ་བ་ལྔ། །ཞེས་སོ། །གསུམ་པ་ཐུན་ཚོད་དུ་རུང་བ་ནི། ཉིན་མཚན་ཆ་དྲུག་གི་ཐ་མ་ལ་སྐོམ་པས་གདུང་ན། ཚགས་སུ་བཙགས་པའི་རྩམ་ཐང་སླ་བ་དང་བུ་རམ་གྱི་ཁུ་བ་སླ་བ་དང་། སྒྲུ་རུ་རའི་ཁུ་བ་བཏུང་བར་གནང་བའོ། །གསུམ་པ་ཞག་བདུན་པའི་སྨན་ནི། འདུས་པའི་ནད་སེལ་བར་གནང་བའི་སྨན། ཞུན་མར་འབྲུ་མར་སྦྲང་རྩི་བུ་རམ་བསྐོལ་ཞིང་བརྩིགས་པའི་ཧྭགས་ཞག་བདུན་གནང་བའོ། །བཞི་པ་འཚོ་བཅང་གི་སྨན་ནི། འདུས་པའི་ནད་སེལ་བའི་སྨན་རྩ་བ་སྡོང་པོ་འདབ་མ་མེ་ཏོག་འབྲས་བུ་ལྔ་བྱིན་གྱིས་བརླབས་པ་ཇི་སྲིད་འཚོ་བར་གནང་བའོ། །གཞན་ཡང་སྲོ་ཁང་བསྟེན་པ། ཁྲུས་བསྟེན་པ་མིག་ལ་ཕན་པའི་དོམ་ལྤགས་ཀྱང་བསྟེན་པར་གསུངས་སོ། །ཟས་དེ་དག་ཀྱང་ལུས་ལ་རྒྱགས་པ་དང་དྲེགས་པ་སྐྱེ་བའི་གཉེན་པོ་ཆོས་སྒྲུབ་རྟེན་ལུས་གནས་པའི་འདུ་ཤེས་དང་ལུས་ཀྱི་སྲིན་བུ་གསོ་བའི་འདུ་ཤེས་དང་ལྡན་པས་ལོངས་སྤྱོད་དེ། བཤེས་སྤྲིང་ལས། རྒྱགས་ཕྱིར་མ་ལགས་སྙེམས་པའི་ཕྱིར་མ་ལགས། །ཆགས་ཕྱིར་མ་ལགས་ལུས་གནས་འབའ་ཞིག

ཕྱིར། །ཞེས་སོ། །དེ་ཡང་སྔ་ཆབ་བླངས། དཀོན་མཆོག་རྗེས་དྲན་མདོ་ཁ་ཕྱུད་ལྟག་མ་དང་བཅས་ཏེ་ཡོངས་སྤྱོད་དེ། སྤྱོད་བསྡུས་སྤྱོན་མེར། དང་པོར་ལྷ་ལ་བཞོས་གཙང་འབུལ། །དེ་རྗེས་ཆོས་སྐྱོང་བསྲུང་མ་ལ། །གཏོར་མ་ཤིན་ཏུ་རྒྱ་ཆེན་བྱ། །རང་གིས་ཟོས་ཤིང་བཏུང་བ་ཡི། །ལྟག་མ་འབྱུང་པོ་རྣམས་ལ་བྱིན། །ཞེས་པ་ལྟར་རོ། །གསུམ་པ་གནས་མལ་མཐའ་གཉིས་སུ་མ་ལྟུང་བ་གནས་མལ་གྱི་གཞི་ནི། གང་དུ་ལོངས་སྤྱོད་པར་བྱ་བའི་གནས་མལ་གྱི་སྒོ་ཁང་དུ་སྲིད་པའི་འཁོར་ལོ་བྲི་སྟེ། མདོ་རྩ་བར་སྒོ་ཁང་དུ་འཁོར་བའི་འཁོར་ལོ་བྲིའོ། །ཆ་ལྔ་པར་བྱའོ། །སྟེང་དུ་ལྷ་དང་མི་རྣམས་སོ། །ཞེས་པས། དེ་ཡང་སྲིན་པོའི་གཟུགས་ཀྱི་ལྟོ་བ་ཡངས་པ་བཟླུམ་པོར་བསྐོར་བའི་དབུས་སུ། སྦྲུལ་དུག་གསུམ་སྟེ་ཀུན་འབྱུང་མཚོན། དང་ཕྱུག་རོན་གྱི་མཇུག་མ་ཕག་གིས་བཟུང་བ་བྲིས། དེ་རྒྱབ་སྟེང་དུ་སུམ་ཆ་དང་འོག་ཏུ་གསུམ་གཉིས་བྱས་པའི་སྟེང་གི་དུམ་བུ་གཉིས་བྱས་ལ་གཅིག་ལ་ལྷ་དང་ལྷ་མིན་གཅིག་ལ་མི་བྲི་འོག་མ་ཆ་གསུམ་བྱས་པའི་དབུས་མ་དམྱལ་བ། གཡས་གཡོན་དུ་ཡི་དྭགས་དང་དུད་འགྲོ་བྲི། དེའི་རྒྱབ་ཆ་བཅུ་གསུམ་ལ་མ་རིག་པ་སྡུག་བསྔལ་བདེན་པ་མཚོན། རྣ་མོ་ལོང་མ་ལྟ་བུ། འདུ་ཤེས་རྫ་མཁན་ལྟ་བུ། རྣམ་པར་ཤེས་པ་སྤྲེའུ་ལྟ་བུ། མིང་གཟུགས་གྲུར་ཞབ་ཞུག་སྟོང་པའི་རི་བོང་ལྟ་བུ་ཞེས་དགའ་ལྡན་པ་རྣམས་གསུངས་སོ། །ཞུགས་པ་ལྟ་བུ་སྐྱེ་མཆེད་དྲུག་གྲོང་སྟོང་ལྟ་བུ། རེག་པ་སྐྱེས་བུ་ཕན་ཚུན་རེག་པ་ལྟ་བུ། ཚོར་བ་མིག་ལ་མདའ་ཟུག་པ་ལྟ་བུ། སྲེད་པ་ཆང་འཐུང་བ་ལྟ་བུ། ལེན་པ་སྤྲེའུས་ཤིང་ཐོག་ལེན་པ་ལྟ་བུ། སྲིད་པ་བུ་སྒོང་ལ་གབ་པ་ལྟ་བུ། སྐྱེ་བ་སྐྱེ་བཞིན་པ་ལྟ་བུ། རྒས་པ་འཁར་བ་ལ་བརྟེན་པ་ལྟ་བུ། ཤི་བ་ནི་ཤི་བའི་རོ་ལྟ་བུ་བྲིའོ། །དེ་ལྟར་སྲིད་པའི་འཁོར་ལོ་ཆ་ལྔ་པའི་སྟེང་ནས། བརྩམ་པར་ལམ་བདེན་མཚོན། བྱ་ཞིང་དབྱུང་བར་བྱ། །སངས་རྒྱས་བསྟན་ལ་འཇུག་པར་བྱ། །འདམ་བུའི་ཁྱིམ་ལ་གླང་ཆེན་བཞིན། །འཆི་བདག་སྡེ་ནི་གཞོམ་པར་བྱ། །ཞེས་བྲི། དེའི་སྟེང་དུ། འཁོར་ལོ་དཀར་པོ་སངས་རྒྱས་འགོག་པའི་བདེན་པ་མཚོན། བཞེང་ཐབས་ཅན་བྲིས་འདུག་ཀྱི་ཕྱུག་གིས་ཉེ་བར་སྟོན་པ་བྲིའོ། །སྲིད་པའི་འཁོར་ལོ་ལ་རབ་གནས་མི་དགོས་པར་མཁས་པ་རྣམས་བཞེད་དོ། །གསུམ་པ་ཀུན་ལ་ཐུན་མོང་དུ་མཁོ་བ་ལས་ཀྱི་གཞི་ལ་འང་། དགེ་འདུན་དང་འབྲེལ་པའི་ལས་དངོས་དང་། ཞར་བྱུང་གང་ཟག་དང་འབྲེལ་པའི་ལས་ཀྱི་རྣམ་བཞག་མང་ན་འང་། འདིར་དགེ་སློང་གིས་བྱ་བའི

ལས་རིགས་ལ་བརྒྱ་རྩ་གཅིག་ཡོད་དེ། གསོལ་བ་འབའ་ཞིག་པའི་ལས་ཉེར་བཞི། གསོལ་བ་དང་གཉིས་ཀྱི་ལས་ཞེ་བདུན། གསོལ་བ་དང་བཞིའི་ལས་སུམ་ཅུའོ། །དང་པོ་ནི། ཇི་སྐད་དུ། གསང་དང་ནང་དུ་དྲི་ཕྱིར་དང་། །གསོ་སྦྱོང་དེ་ལ་ལྟུང་བཅས་དང་། །དེ་ལ་དགེ་འདུན་ཡིད་གཉིས་དང་། །རྩོད་དང་ངེས་ཉིད་མ་ཡིན་དང་། །དེ་ཡི་དོན་དུ་ལྔ་པོ་དག །ཐམས་ཅད་དགག་དབྱེར་གཏོགས་པ་ཡིན། །དབྱར་གནས་ཁས་བླངས་ཉིད་དང་ནི། །ཤི་བའི་རྫས་དང་ནོར་འདྲ་དང་། །ཆོས་གོས་སྲ་བརྐྱང་གཏད་པ་དང་། །ཆོས་གོས་སྦྱིན་པར་བྱ་བ་དང་། །གནས་ངན་ལེན་ནི་བཟོད་པ་དང་། །གྲངས་སུ་བཞུགས་པ་བཞི་ཞལ་ཏ་བ་ལ་བཤེས་ངོར་འཕྱ་བ། ཟུར་གྱིས་འཕྱ་བ། བསྒོ་བའི་ཚིག་གིས་གཞན་རྣ་ལ་གཟོན་པ། ཅི་ཡང་མི་སྨྲ་བས་གཞན་རྣ་ལ་གཟོན་པ་སྟེ། ངན་པའི་གྲངས་སུ་བཞུགས་པའི་ལས་བཞིའོ། །དག་དང་། །ཁྱིམ་གྱི་སྡོམ་དང་དེ་གཞི་དང་། །ལྟུང་བཟེད་ཁ་སྦྱུབ་བྱ་བ་དང་། །དེ་ཉིད་བཟློག་པར་བྱ་བ་དང་། །གསོལ་བ་འབའ་ཞིག་ལས་ཡིན་ནོ། །ཞེས་སོ། །གཉིས་པ་ནི། གནས་དང་མཚམས་ནི་གཉིས་པོ་དང་། །མི་འབྲལ་སྨྱོས་དང་དམག་དབྱེ་དང་། །གནས་མལ་སྟོབ་པར་བྱེད་པ་དང་། །རུང་བའི་ས་གཞི་སྐོ་བ་དང་། །སྲ་བརྐྱང་དང་ནི་དེ་འདིང་དང་། །སྤྱང་དང་ལག་གི་བླ་དང་ནི། །གནས་ཁང་བསྐོ་ལ་སོགས་པ་དང་། །གཟུ་དང་གསལ་དང་སྦྱིད་པ་དང་། །ཚུལ་ཤིང་འབྲིམ་པར་བྱེད་པ་དང་། །ཁང་པ་ཁང་ཆེན་བསྟན་པ་དང་། །གླིང་དང་འབྲལ་བར་མི་འགྱུར་དང་། །སྟན་དང་ལྷུང་བཟེད་འབྲིམ་པ་དང་། །མ་དད་གོ་བར་བྱ་བ་དང་། །སྟོན་པ་དང་ནི་ནགས་ཚལ་དང་། །ཕྱུག་མི་བྱ་དང་མང་ཕྱིར་དང་། །མཁར་བ་དྲ་བའི་ཕྱིར་དང་ནི། །རྟེད་པ་གཅིག་ཏུ་བྱ་ཕྱིར་དང་། །བསླབ་པ་སྦྱིན་དང་ཉེ་གནས་དང་། །བུ་དང་ཉེ་དུ་ཕྱིར་འགྲོ་བ། །གསོལ་དང་གཉིས་ཀྱི་ལས་ཡིན་ནོ། །ཞེས་སོ། །གསུམ་པ་ནི། བསྙེན་པར་རྫོགས་པར་བྱ་བ་དང་། །མུ་སྟེགས་གནས་དང་མཚམས་གྲོལ་དང་། །མཐུན་པའི་གསོ་སྦྱོང་སྦྱིན་ལ་སོགས་གསོ་སྦྱོང་བདུན་པོ་དང་། །བརྒྱད་སྤོ་སོགས་བརྒྱད་དེ། སྤོ་བ་གསུམ། སྤོ་བ་དཔྱད་ནས་རང་བཞིན་གྱི་གནས་སུ་དབྱུང་བ། སྲ་བརྐྱང་དབྱུང་བ་སྟེ་བརྒྱད་དོ། །དང་དྲན་དང་མ་སྨྱོས་དང་། །དེ་ཉིད་ཚོལ་དུ་བཞུགས་བསྙོ་བར་བྱ་བ་མི་མཐུན་པའི་ལས་བཅུ་གཅིག་སྟེ་དགེ་འདུན་དབྱེན་དང་། དེའི་རྗེས་ཕྱོགས། ཁྱིམ་སུན་འབྱིན་བཀའ་བློ། སྡིག་མི་གཏོང་། གནས་དབྱུང་རྗེས་ཕྱོགས། དཀོན་མཆོག་གཏོང་། འཐབས་ཀྲོལ། བདེ་གནས། བསྒོ་བསྒྱུར་ལས། སྡིག་ལྟ་དགེ་ཚུལ་བསྙིལ་མིའི་ལས་སོ། །པ་དང་། །བསྒོ་

བར་བྱ་བ་རྣམས་དང་ནི། །ཉམས་པ་སྤྲིན་པར་བྱ་བ་སྟེ། །གསོལ་དང་བཞིའི་ལས་ཡིན་ནོ། །ཞེས་སོ། །སྒྲུབ་པའི་བསླབ་བྱ་འདི་དག་ཕྲ་ཞིང་རྒྱ་ཆེ་བས་འདིར་ནི་ས་བོན་ཙམ་དུ་བསྟུས་ཏེ་རྒྱས་པར་གཞན་ནས་ཤེས་པར་བྱོས་ཤིག །གཉིས་པ་གནང་བཀག་གི་དོན་མདོར་བསྟན་པ་ནི། མདོར་ན་ཡེ་ནས་གནང་དང་བཀག་པ་མེད། །བྱར་རུང་དང་ཉེ་མི་རུང་ལྡོག་བྱེད་ན། །དེ་དག་སྤྱོད་ཅིང་མི་རུང་དང་ཉེ་ཞིང་། །རུང་བ་ལྡོག་ན་ཀུན་ཏུ་སྤང་ཞེས་གསུངས། །དེ་ལ་རྗེ་འབྲི་གུང་པ་ལ་སོགས་ཁ་ཅིག །གནང་བ་ཐམས་ཅད་ཡེ་ནས་གནང་བ་དང་། བཀག་པ་ཐམས་ཅད་ཡེ་ནས་བཀག་པ་ཡིན་ཞེས་གསུངས་ཀྱང་། དེ་ནི་མིན་ཏེ། རྗེ་ས་པཎ་གྱིས་སྡོམ་གསུམ་རབ་དབྱེར། ཡེ་བཀག་ཡེ་གནང་ཞེས་བྱ་བ། །སངས་རྒྱས་བསྟན་དང་མཐུན་པ་མིན། །ཉན་ཐོས་དང་ནི་ཐེག་ཆེན་གྱི། །གནང་བཀག་ཐམས་ཅད་གཅིག་ཏུ་མེད། །དེས་ན་ལ་ལའི་གནང་བ་ནི། །ལ་ལའི་བཀག་པ་ཉིད་དུ་འགྱུར། །ཞེས་སོ། །ཉན་ཐོས་རྩ་བའི་སྡེ་བཞི་གྱེས་པ་བཅོ་བརྒྱད་འདི་དག་གི་གནང་བཀག་མི་འདྲ་བ་རེ་རེ་ཡོད་དེ། ཡེ་ནས་བཀག་པ་དང་གནང་བ་ཡིན་ན་གཅིག་གི་སྡོམ་པ་གཅིག་གི་ལྟུང་བར་འགྱུར་ཏེ། དཔེར་ན་ཡོད་སྨྲས་མདོ་ལེགས་སྦྱར་ནས་འདོན་པ་ལ། གནས་བརྟན་པས་ལེགས་སྦྱར་དུ་འདོན་ན་ལྟུང་བར་འགྱུར་ལ། ཡོད་སྨྲས་སྨིན་སྲུ་བཞར་ན་ལྟུང་བར་གསུངས་ལ། སྡེ་པ་གཞན་འགའ་མ་བཞར་ན་ལྟུང་བར་གསུངས་པས། དཔེར་ན། བུ་རམ་ཕྱི་དྲོའི་ཁ་ཟས་ཡེ་གནང་ཡིན་ན་སྡེ་པ་གཞན་ལྟུང་བར་འགྱུར་ལ། ཡེ་བཀག་ཡིན་ན་ཡོད་སྨྲའི་དགེ་སློང་ལྟུང་བ་ཅན་དུ་འགྱུར་བར་གསུངས་པས། དེས་ན་གང་དུ་དགོས་པ་ཆེན་པོའི་དོན་ལ་སོགས་པར་སྤྱོད་དུ་རུང་བ་དང་ཕྱོགས་ཉེ་ཞིང་མི་རུང་བ་དེ་ལས་ལྡོག་པར་འདུག་ན་སྤྱོད་ཅིང་། མི་རུང་བ་དང་ཉེ་རུང་བ་ལས་ལྡོག་པར་སྣང་ན་རྣམ་པ་ཐམས་ཅད་དུ་སྤང་བར་རིགས་ཏེ། མདོ་རྩ་ལས། མི་རུང་བ་དང་མཐུན་ལ་རུང་བ་དང་འགལ་བ་ནི་རུང་བ་མ་ཡིན་པར་བསྟོའོ། །ཕྱི་མ་དང་མཐུན་ལ་སྔ་མ་དང་འགལ་བ་ནི་རུང་བར་རོ། །ཞེས་གསུངས་པའི་ཕྱིར་རོ། །གསུམ་པ་ཞར་ལ་སྡོམ་པའི་རྟེན་བཤད་པ། སྐྱེ་བའི་རྟེན་ནི་མུ་སྟེགས་མཚམས་མེད་བྱས། །སྒྲ་མི་སྙན་དང་ཟ་མའི་ཆེད་དུ་ལེན། །མ་ནིང་རིགས་ལྔ་མཚན་གསུམ་འགྱུར་བ་དང་། །སྤྲུལ་པ་མ་གཏོགས་གླིང་གསུམ་སྐྱེས་པ་ཡི། །སྐྱེས་པ་བུད་མེད་སྡོམ་པའི་རྟེན་དུ་འདོད། །དེ་དག་ནི་སྟར་བཤད་ཟིན་ཅིང་།

མཚམས་མེད་ལྔ་དང་ཉེ་བ་ལྔ་ནི་མ་བསད་པ་དེ་དང་ཉེ་བ་དགེ་སློང་མ་སུན་ཕྱུང་བ། ཕ་བསད་པ། དེ་དང་ཉེ་བ་བྱང་ཆུབ་སེམས་དཔའ་གསོད་པ། དགྲ་བཅོམ་བསད་པ། དེ་དང་ཉེ་བ་སློབ་པ་རྒྱུན་ཞུགས་གསོད་པ། དགེ་འདུན་གྱི་དབྱེན་བྱེད་པ། དེ་དང་ཉེ་བ་དགེ་འདུན་གྱི་སྒོ་འཕྲོག་པ། དེ་བཞིན་གཤེགས་པའི་སྐུ་ལ་ངན་སེམས་ཀྱི་ཁྲག་ཕྱུང་བ། དེ་དང་ཉེ་བ་མཆོད་རྟེན་བཤིག་པའོ། ། གཞན་ནི་གོ་བར་སླ་བ་ཉིད་དོ། །སྤྱི་དོན་བཞི་པ་ཐ་མ་ཉམས་ན་གསོ་བའི་ཚུལ་བཤད་པ་ལ་གསུམ། སྡོམ་པའི་གཏོང་མཚམས། བཤགས་ཤིང་གསོ་ཚུལ། ཕན་ཡོན་བཤད་པའོ། །དང་པོ་ལ་སྤྱི་དང་བྱེ་བྲག་གོ། །དང་པོ་ནི། གཏོང་བ་བསླབ་པ་ཕུལ་དང་ཤི་འཕོས་དང་། །མཚན་གཉིས་གཅིག་ཆར་བྱུང་དང་ལན་གསུམ་འགྱུར། །རྒྱུ་འབྲས་མེད་ལྟས་རྩ་བ་ཆད་རྣམས་ལྟི། །སོ་ཐར་གྱི་སྡོམ་པ་དེ། བསླབ་པ་ཕུལ་བས་གཏོང་སྟེ། སྡོམ་པའི་མི་མཐུན་ཕྱོགས་ཁས་བླངས་པའི་ཕྱིར། ཤི་འཕོས་པས་གཏོང་སྟེ་ཁས་བླངས་ལས་དུས་འདས་པའི་ཕྱིར། མཚན་གཉིས་གཅིག་ཆར་བྱུང་བ་དང་། ལན་གསུམ་འགྱུར་ན་གཏོང་སྟེ། རྟེན་ཉམས་པའི་ཕྱིར། རྒྱུ་འབྲས་མེད་པར་ལྟ་བའི་ལོག་ལྟ་བྱུང་ན་གཏོང་སྟེ། སྡོམ་རྟེན་གྱི་རྩ་བ་ཆད་པའི་ཕྱིར་ཏེ། མཛོད་ལས། བསླབ་པ་འཕུལ་དང་ཤི་འཕོས་དང་། །ཞེས་སོགས་ཀྱི་དོན་ནོ། །གཉིས་པ་བྱེ་བྲག་གི་གཏོང་མཚམས་ནི། ཉི་ཤུ་མ་ལོན་བསྙེན་རྫོགས་རྗེས་སུ་ཤེས། ། དགེ་སློང་སྡོམ་གཏོང་བརྟེན་ཕྱིར་ཁས་བླངས་འདས། །དགེ་སློབ་མའོ་མཚན་འདས་བསྙེན་གནས་ཀྱི། ། སྡོམ་པ་གཏོང་རྣམས་སོ་སོའི་ཐུན་མོང་མིན། །བསྙེན་རྫོགས་བྱེད་པ་ལ་བསྒྲུབ་བྱ་ལོ་ཉི་ཤུ་ལོན་པའམ་ལོན་པའི་འདུ་ཤེས་ཡོད་དགོས་པ་ལ། ཁ་ཅིག་གིས་ལོ་ཉི་ཤུ་ལོན་པའི་འདུ་ཤེས་ཀྱི་སྒོ་ནས་བསྙེན་རྫོགས་བླངས། ཕྱིས་ཉི་ཤུ་མ་ལོན་པར་ཤེས་ཚེ། མངལ་གྱི་ཟླ་བ་དང་ཤོལ་ཟླས་ཁ་བསྐང་བས་ཉི་ཤུ་ཚང་ན་བསྙེན་རྫོགས་མི་གཏོང་ལ། མ་ཚང་ན་དགེ་ཚུལ་དུ་འགྱུར་ཏེ། འདུལ་བ་ཚིག་ལེའུར་བྱས་པ་ལས། གང་དེ་ཉི་ཤུ་མ་ལོན་པའི། །ལོ་ཡིས་བསྙེན་པ་རྫོགས་གྱུར་ན། །ཟླ་ཤོལ་མངལ་གྱི་ཟླ་རྣམས་ཀྱིས། །མཁས་པ་ཡིས་ནི་དགང་བར་བྱ། །གལ་ཏེ་དེ་ལྟར་ན་ཡང་འདི། །ལོ་ནི་ཉི་ཤུ་མ་ལོན་ན། ། དགེ་ཚུལ་ཉིད་དུ་གནས་འགྱུར་གྱི། །དེ་ནི་བསྙེན་པར་རྫོགས་མིན་ཉིད། །ཅེས་སོ། །ཁས་བླངས་ལས་འདས་པས་དགེ་སློབ་མའི་སྡོམ་པ་གཏོང་ལ། མཚན་མོའི་སྐད་ཅིག་མ་འདས་པས་བསྙེན་

གནས་གཏོང་སྟེ། ཉིན་མཚན་གྱི་མཐའ་ཅན་ཡིན་པའི་ཕྱིར་རོ། །གཞན་ཡང་། རྒྱ་ལྷུང་བྱུང་དང་དམ་ཆོས་ནུབ་ནའང་གཏོང་། །ཁ་ཆེའི་ཡུལ་གྱི་བྱེ་བྲག་སྨྲ་བ་རྣམས། །སྡོམ་ལྡན་རྒྱ་ལྷུང་བྱུང་བ་གཉིས་ལྡན་ན། །ནོར་ལྡན་བུ་ལོན་ཅན་བཞིན་འདོད་པ་དང་། །དེ་ལ་མདོ་སྡེ་པ་ན་རེ། རྒྱ་ལྷུང་འཆབ་བཅས་བྱུང་ན་གཏོང་སྟེ། དེ་ངོ་ཚ་དང་ཁྲེལ་མེད་ཀྱིས་གསང་བའི་ཕྱིར། གོས་དམར་བའི་སྡེ་པ་ན་རེ། ལུང་གི་ཆོས་ནུབ་པས་གཏོང་སྟེ། དེ་ཚེ་བསླབ་པའི་མཚམས་རྣམ་པར་བཞག་པ་མེད་པའི་ཕྱིར། ཐོགས་མེད་སྐུ་མཆེད་ནི། ལུང་གི་ཆོས་ནུབ་པ་ཙམ་གྱིས་སྡོམ་པ་སྔར་ཡོད་མི་གཏོང་སྟེ། ལུང་གི་ཆོས་མེད་ཀྱང་རྟོགས་པའི་ཆོས་མ་ནུས་པའི་ཕྱིར། འོན་ཀྱང་དེ་ཚེ་སྡོམ་པ་སྔར་མེད་གསར་དུ་མི་སྐྱེ་སྟེ། སྡོམ་པ་འབོག་པའི་ཆོ་གའི་རྣམ་བཞག་མེད་པའི་ཕྱིར། ཞེས་གསུངས། ཁ་ཆེ་བྱེ་བྲག་ཏུ་སྨྲ་བ་ན་རེ། རྒྱ་ལྷུང་འཆབ་བཅས་བྱུང་བའི་དགེ་སློང་དེ་ཚུལ་ཁྲིམས་དང་ལྡན་པ་དང་འཆབ་པ་གང་ཡང་ཡིན་ཏེ། སྡོམ་པའི་རྫས་རང་རྒྱུད་ལ་ཚང་བར་ཡོད་པ་དང་། སེམས་རྒྱུད་ལ་རྒྱ་ལྷུང་འཆབ་བཅས་ཀྱི་གསོ་བའི་ཕྱིར། དཔེར་ན། མི་ཞིག་ལ་ནོར་ཡང་ཡོད། བུ་ལོན་ཡང་ཡོད་པ་བཞིན་ནོ། །དེ་ཡང་། མཛོད་ལས། ཁ་ཅིག་ལྷུང་བར་འགྱུར་ལས་སྨྲ། །གཞན་དག་དམ་ཆོས་ནུབ་པ་ལས། །ཁ་ཆེ་རྣམས་ནི་བྱུང་བ་ལ། །བུ་ལོན་ནོར་བཞིན་གཉིས་སུ་འདོད། །ཅེས་པའི་དོན་ནོ། །གཞན་ཡང་ཁ་ཅིག་རྒྱ་བཞི་གཅིག་སྤྱོད་ཀུན་ཉམས་ཟེར། དང་པོའི་ལས་ཅན་སེམས་འཁྲུག་འཚོར་བས་གཟིར། བསྒྲུབ་པར་མ་ནུས་པ་ཉེས་པ་མེད། དེ་ལ་འདུལ་འཛིན་ཁ་ཅིག །རྒྱ་བ་བཞི་པོ་གང་རུང་གཅིག་སྤྱད་ན་ཀུན་ཤོར་བ་ཡིན་ཞེའོ། །འོན་ཀྱང་མཛོད་འགྲེལ་ལས། ཕྱོགས་གཅིག་བླངས་པས་ཐམས་ཅད་བླངས་པར་མི་འགྱུར་ལ། ཕྱོགས་གཅིག་བཏང་བས་ཐམས་ཅད་བཏང་བར་མི་འགྱུར་རོ། །ཞེས་སོ། །གཞན་ཡང་ལས་དང་པོ་པ་གནང་བཀག་གི་མཚམས་མ་ཕྱེད་ཅིང་སེམས་འཁྲུག་པས་བསྒྲུབ་པར་མ་ནུས་པ་ལ་ཉེས་པ་མེད་ཅེས་བཤད་དོ། །འཆབ་པ་ཞེས་གྲགས་གསང་སྟེ་མི་བརྗོད་པ། །ཕམ་པ་འཆབ་བཅས་ཚེ་འདིར་གསོར་མི་རུང་། །རྒྱ་བ་ཕམ་པ་གསོད་རྐུ་རྫུན་དང་མི་ཚངས་སྤྱོད་བཞི་འཆབ་པ་བྱུང་ན་གསོར་མི་རུང་སྟེ། རྒྱུད་ངོ་ཚ་ཁྲེལ་མེད་ཀྱིས་གང་བའི་ཕྱིར། ལུང་ལས། དེས་དེ་བྱས་མ་ཐག་ཏུ་དགེ་སློང་དུ་མི་རུང་། །དགེ་སྦྱོང་དུ་མི་རུང་ངོ་། །ཤཱཀྱའི་སྲས་ནི་མི་རུང་ངོ་། །དགེ་སློང་གི་དངོས་པོ་

ལས་ཉམས་པ། བཅོམ་པ། ལྷུང་བ། ཕམ་པར་གྱུར་པ་སྟེ། དེའི་དགེ་སློང་གི་ཚུལ་ཁྲིམས་བླང་དུ་མེད་པར་འགྱུར་རོ། །དཔེར་ན་ཤིང་ཏ་ལའི་མགོ་བཅད་ན་སྔོན་པོར་རྒྱས་པར་མི་འགྱུར་བ་བཞིན་ནོ། །ཞེས་གསུངས་པས་སོ། །གཉིས་པ་བཤགས་ཤིང་གསོ་བའི་ཚུལ་ལ་འང་། བཤགས་ཚུལ་སྤྱིར་བསྟན་པ་དང་། བྱེ་བྲག་སྡོམ་བས་བཞིའི་བཤགས་ཚུལ་གཉིས་ལས། དང་པོ་ནི། ལྟུང་བ་གང་ཞིག་འཆབ་པ་མེད་ན་དངོས་པོ་བརྗོད་པ་ཡིས། །དགེ་འདུན་ལ་བཤགས་མཐོང་སྡོམ་བར་གྱིས་འདག །སྡོམ་པ་སླར་ནོད་ལྷག་མ་བཅུ་གསུམ་སོགས། །ལྟི་ཡང་ལ་ལྟོས་བཤགས་ཏེ་རིམ་པར་ལྟར། །དེ་སྐད་དུའང་། གལ་ཏེ་སེམས་ནི་གཅིག་གིས་ཀྱང་། །འཆབ་པ་མེད་པར་འཆགས་བྱེད་ན། །ཕམ་བྱུང་བར་གྱུར་ན་ཡང་། །དེ་ནི་ཕལ་པར་མི་འགྱུར་རོ། །ཞེས་པས། དགེ་འདུན་ལ་ལྟུང་བ་གང་ཡིན་གྱི་དངོས་པོ་བརྗོད་དེ་མི་འཆབ་བོ་འཆག་གོ་བྱས་ནས། དགེ་འདུན་གྱིས་ཁྱོད་ཀྱིས་དེ་ལྟུང་བར་མཐོང་ངམ་སླན་ཆད་སྡོམ་མམ་བརྗོད་དེ། མཐོང་ངོ། །སྡོམ་མོ་ལན་གསུམ་བྱས་ཏེ། ཕམ་པ་བཞི་ལ་སྡོམ་པ་སླར་ནོད། དེ་ལས་ལྷག་མས་ཡང་། དེ་ལས་སོར་བཤགས་ཀྱི་ཡང་། དེ་ལས་ཉེས་བྱས་ནི་བཤགས་བྱ་ཙམ་དང་། ཡིད་ཀྱིས་སྡོམ་བྱ་ཙམ་སྟེ། ལྟི་ཡང་གི་རིམ་པ་ལྟར་བཤགས་པས་འདག་གོ། །

གཉིས་པ་སྟོབས་བཞིའི་བཤགས་ཚུལ་བྱེ་བྲག་ཏུ་བསྟན་པ་ནི། ཆོས་བཞི་བསྟན་པའི་མདོ་ལས། བྱམས་པ། བྱང་ཆུབ་སེམས་དཔའ་ཆོས་བཞི་དང་ལྡན་ན་སྡིག་པ་བྱས་ཤིང་བསགས་པ་ཐམས་ཅད་ཟིལ་གྱིས་གནོན་པར་འགྱུར་རོ། །བཞི་གང་ཞེ་ན་འདི་ལྟ་སྟེ། རྣམ་པར་སུན་འབྱིན་པ་དང་། གཉེན་པོ་ཀུན་ཏུ་སྤྱོད་པ་དང་། སོར་ཆུད་པའི་སྟོབས་དང་། རྟེན་གྱི་སྟོབས་སོ། །དེ་ལ་དང་པོས་ནི་མི་དགེ་བའི་ལས་སྤྱོད་ནའང་དེ་ལ་འགྱོད་པ་མང་བ་ཡིན་ནོ། །གཉིས་པ་ནི་མི་དགེ་བའི་ལས་བྱས་ཀྱང་དགེ་བའི་ལས་ལ་ཤིན་ཏུ་བརྩོན་པ་ཡིན་ནོ། །གསུམ་པ་ནི་སྡོམ་པ་ཡང་དག་པར་བླང་ནས་སྡིག་པ་མི་བྱེད་པའི་སྡོམ་པ་ཐོབ་པ་ཡིན་ནོ། །བཞི་པ་ནི་སངས་རྒྱས་དང་། ཆོས་དང་། དགེ་འདུན་ལ་སྐྱབས་སུ་སོང་བ་དང་བྱང་ཆུབ་ཀྱི་སེམས་མི་གཏོང་བ་ཡིན་ནོ། །ཞེས་པས། མདོར་ན་སྟོབས་བཞིར་མ་འདུས་བཤགས་པ་མེད། །སྔར་བྱས་འགྱོད་བཤགས་དུག་འཐུང་སྐྱུག་པ་ལྟར། །འགྱོད་པ་སྙིང་ནས་རྣམ་པར་སུན་ཕྱུང་སྟོབས། །དེ་ཡང་སྔར་བྱས་ཀྱི་སྡིག་པ་ལ་དུག་ཁོང་དུ་སོང་བ་ལྟར་འགྱོད་པ་

དྲག་པོ་སྙིང་ནས་བསྐྱེད་དེ་བཤགས་པ་གལ་ཆེ་སྟེ། སྔོན་སོར་ཕྲེང་ཅན་གྱིས་མི་སྟོང་དུ་གཅིག་མ་ཚང་བ་གསོད་པ་སྲུན་འབྱིན་གྱི་སྟོབས་ཉམས་སུ་བླངས་པས་དགྲ་བཅོམ་ཐོབ་པ་ལྟ་བུའོ། །དུག་ལ་སྨན་བཞིན་འཇུག་པ་དྲག་པོ་ཡིས། །ཉེས་ཕྱིར་དགེ་བའི་གཉེན་པོ་ཀུན་སྤྱོད་སྟོབས། །དེ་ཡང་ཉེས་པ་དུག་དང་འདྲ་བ་ལ་དགེ་བ་སྨན་ལྟར་དུ་བསྟེན་པས་དག་སྟེ། ལུང་རྣམ་འབྱེད་ལས། གང་གིས་སྡིག་པའི་ལས་བྱས་པ། །དགེ་བ་ཡིས་ནི་མཐར་བྱེད་དེ། །ཉི་ཟླ་སྤྲིན་ལས་ཕྱུང་བ་བཞིན། །འཇིག་རྟེན་འདིར་ནི་སྣང་བར་འགྱུར། །ཞེས་སོ། །སྔོན་ཁྱེའུ་བདེ་བྱེད་བུ་བ་མ་བསད་པ་གཅིག་གིས་གཉེན་པོའི་སྟོབས་བསྟེན་པས་ལྷར་སྐྱེས་ནས་རྒྱུན་ཞུགས་ཐོབ་པ་ལྟ་བུའོ། །དུག་མི་འཐུང་ལྟར་ཕྱི་ནས་ཉེས་སྡོམ་པ། །ངེས་ཤེས་དྲག་པོ་རྣམ་པར་སོར་ཆུད་སྟོབས། །དེ་ཡང་ཕྱིས་ནས་སྲོག་ལ་བབ་ཀྱང་སྡིག་པ་མི་བྱེད་པ་དུག་མི་འཐུང་བ་ལྟར་སྡོམ་སྟེ་འཕྲོ་གཅོད་དགོས་པ་ནི། གསེར་འོད་ལས། འདྲེན་པ་རྣམས་ཀྱིས་བདག་གི་སྡིག །ཉོངས་པ་ལེགས་པར་བཟུང་དུ་གསོལ། །འདི་ནི་བཟང་པོ་མ་ལགས་པས། །ཕྱིན་ཆད་བདག་གིས་ཡོངས་མི་བགྱིད། །ཅེས་པས། སྔོན་གཙུང་དགའ་བོ་ཞེས་བུད་མེད་ལ་ཤིན་ཏུ་ཆགས་པ་ཞིག་ཡིན་ཀྱང་རྣམ་པར་སོར་ཆུད་པའི་སྟོབས་ཉམས་སུ་བླངས་པས་དགྲ་བཅོམ་ཐོབ་པ་ལྟ་བུའོ། །སྨན་པ་བསྟེན་ལྟར་སྐྱབས་སེམས་ལྟུང་བཤགས་སོགས། །དད་པ་དྲག་པོ་རྟེན་གྱི་སྟོབས་བཞི་སྤྱད། །དེ་ཡང་དུག་ལ་སྨན་བསྟེན་པ་ལྟར་སྡིག་པའི་གཉེན་པོར་སྐྱབས་འགྲོ་སེམས་བསྐྱེད་དང་དད་པ་དྲག་པོ་བསྐྱེད་དགོས་ཏེ། ཕག་མོའི་རྟོགས་བརྗོད་ལས། གང་དག་སངས་རྒྱས་སྐྱབས་སོང་བ། །དེ་དག་ངན་འགྲོར་འགྲོ་མི་འགྱུར། །ཞེས་དང་། སྤྱོད་འཇུག་ལས། སྡིག་པ་སྟོབས་ཆེན་ཤིན་ཏུ་མི་བཟད་པ། །དེ་ནི་རྫོགས་པའི་བྱང་ཆུབ་སེམས་མིན་པ། །དགེ་གཞན་གང་གིས་ཟིལ་གྱིས་གནོན་མི་འགྱུར། །ཞེས་དང་། གསེར་འོད་ལས། སྲིད་འགྲོ་ཉམ་ངར་བྱིས་པའི་བློ་ཡིས་ནི། །ཤིན་ཏུ་མི་བཟད་སྡིག་པ་གང་བགྱིས་པ། །སྟོབས་བཅུ་མངའ་བའི་སྤྱན་སྔར་བདག་མཆིས་ཏེ། །སྡིག་པ་དེ་ཀུན་སོ་སོར་བཤགས་པར་བགྱི། །ཞེས་པས། སྔོན་རྒྱལ་བུ་མཐོང་ལྡན་བྱ་བ་ཕ་གསོད་པ་ཞིག་གིས་རྟེན་གྱི་སྟོབས་ཉམས་སུ་བླངས་པས་བྱང་ཆུབ་སེམས་དཔར་གྱུར་པར་བཤད་དོ། །དེ་དག་ཀྱང་། བཤེས་སྤྲིང་ལས། གང་ཞིག་སྔོན་ཆད་བག་མེད་གྱུར་པ་ལས། །ཕྱིས་ནས་བག་དང་ལྡན

པར་གྱུར་ཏེ་ཡང་། །ཟླ་བ་སྤྲིན་བྲལ་ལྟ་བུར་རྣམ་མཛེས་ཏེ། །དགའ་བོ་སོར་ཕྲེང་མཐོང་ལྡན་བདེ་བྱེད་བཞིན། །ཞེས་སོ། །འོན་ཀྱང་སྡིག་ལྟུང་སྟོབས་ལྡན་རེས་སྤྱོད་ན། །ས་ཐོབ་ཡུན་དུ་འགོར་བས་མིག་ལྟར་བསྲུང་། །དེ་ཡང་བཅས་པའི་ཁ་ན་མ་ཐོ་བ་སྡོམ་པའི་ཞིག་རལ་དང་། རང་བཞིན་གྱི་ཁ་ན་མ་ཐོ་བ་མི་དགེ་བཅུ་ལ་སྤྱད་པས་དེ་དག་གི་ལས་འབྲས་དང་འཁོར་བར་འཁོར་བའི་ཉེས་དམིགས་སྡེ་སྣོད་རྣམས་ལས་རྒྱ་ཆེར་འབྱུང་བས་འདིར་འཆད་མི་དགོས་ལ་དེ་ཕྱིར་ཐར་པའི་ས་ལམ་ལ་སྒྲིབ་པར་འགྱུར་བས་མིག་ལྟར་དུ་བསྲུང་བ་གལ་ཆེ་སྟེ། སྤྱོད་འཇུག་ལས། དེ་ལྟར་ལྟུང་བ་སྟོབས་ལྡན་དང་། །བྱང་ཆུབ་སེམས་སྟོབས་ལྡན་པ་དག །འཁོར་བ་རེས་ཀྱིས་འགྲོ་བྱེད་ན། །ས་ཐོབ་པ་ལ་ཡུན་རིང་ཐོགས། །ཞེས་སོ། །གཉིས་པ་སྡོམ་པའི་ཕན་ཡོན་ལ་གཉིས་ཏེ། ཐུན་མོང་དང་། ཁྱད་པར་རོ། །དང་པོ་ནི། ཕན་ཡོན་ནད་དང་རྒྱལ་པོའི་ཆད་ཕྱིར་བླངས། །རྐྱེན་འགའ་སེལ་ཡང་འཇིགས་སྐྱོབ་ཚུལ་ཁྲིམས་ཡིན། །སྡོམ་པ་བླང་བ་ལ་ཡང་ཚེ་འདིའི་ལྟོ་གོས་ཀྱིས་ཕོངས་པ་སེལ་བའི་ཕྱིར་དང་། རྒྱལ་པོའི་ཆད་པས་འཇིགས་པ་ལས་སེལ་ཕྱིར་བླངས་ཀྱང་འཇིགས་སྐྱོབས་ཀྱི་ཚུལ་ཁྲིམས་ལས། ཕྱི་མའི་ཆེད་བླངས་ལེགས་སྨོན་ཚུལ་ཁྲིམས་ཞེས། །ལྷ་མིའི་བདེ་འབྲས་ཐོབ་ཀྱང་ཐར་པ་མིན། །རང་ཉིད་ཕྱི་མ་ལྷ་མིའི་བདེ་འབྲས་ཐོབ་པར་འདོད་པས་བླངས་ནའང་། ལེགས་སྨོན་གྱི་ཚུལ་ཁྲིམས་ཙམ་དུ་འགྱུར་གྱི་ཐར་པ་ཐམས་ཅད་མཁྱེན་པ་ཐོབ་པ་མ་ཡིན་ཏེ། འདུལ་བ་ལུང་ལས། ཀུན་དགའ་བོས་བྲམ་ཟེའི་བུ་མོ་ལ་མཐོ་རིས་ཀྱི་ཡོན་ཏན་སྐྱབས་སུ་འགྲོ་བ་ལས་བྱུང་བའི་ཚུལ་བཤད་པ། བཅོམ་ལྡན་འདས་ཀྱིས་བཀའ་སྩལ་པ། ཀུན་དགའ་བོ་དེ་ནི་མ་ལགས་ཏེ་སྲིད་པའི་བདེ་བ་གཉེར་བ་དེ་ནི་སྐྱེས་བུ་མ་རབས་ཞེས་བྱའོ། །དེ་བས་ན་ཐར་པའི་ཡོན་ཏན་ཡང་དག་པར་སྒྲོགས་ཤིག་ཅེས་གསུངས་སོ། །འོན་ཅི་ལྟར་ཡིན་ཞེ་ན། ངེས་པར་འབྱུང་བའི་ཚུལ་ཁྲིམས་སྡོམ་ལྡན་ན། །དགྲ་བཅོམ་ཐོབ་པ་དགའ་བོའི་རྣམ་ཐར་བཞིན། །དེ་ཡང་འཁོར་བའི་ཉེས་དམིགས་མཐོང་ནས་སྤང་ཚུལ་འདོད། ཐར་པའི་ཕན་ཡོན་མཐོང་ནས་བསྒྲུབ་འདོད་ཀྱི་བསམ་པ་དང་ལྡན་པའི་སྒོ་ནས་བྱང་ཆུབ་དོན་གཉེར་གྱི་ངེས་འབྱུང་བསམ་པས་ཟིན་པའི་སྡོམ་པ་དང་ལྡན་ན། སྟོན་གཅུང་དགའ་བོ་རང་གི་ཆུང་མ་ལ་ཆགས་པའི་དབང་གིས་གང་ལྟར་ཡང་ངེས་འབྱུང་བའི་བློས་རབ་ཏུ་མ་བྱུང་བ་ལ་བཅོམ་ལྡན་འདས་ཀྱིས་རྫུ་

འཕྲུལ་མངོན་པར་འདུ་མཛད་དེ་རིགས་དྲུག་གི་བདེ་སྡུག་མངོན་དུ་བསྟན་པས་འཁོར་བ་ལས་ངེས་
པར་འབྱུང་སྟེ་རབ་ཏུ་བྱུང་བ་ལ་དགྲ་བཅོམ་ཐོབ་པ་ལྔ་བྱུའོ། །གཉིས་པ་ཁྱད་པར་གྱི་ཡོན་ཏན་ནི།
དགེ་བསྙེན་གྱི་སྡོམ་པ། སྐྱབས་གསུམ་འཛིན་སོགས་ཡོན་ཏན་ཕྱི་མ་མཆོག །སྡོམ་པ་ཕྱི་མའི་ཐུན་མོང་
ལམ་ཡིན་ཞེས། །སེམས་བསྐྱེད་སྔགས་ཀྱི་འདུལ་བྱ་དེ་དང་མཚུངས། །དེ་ཕྱིར་ཡོན་ཏན་ཀུན་གྱི་
གཞི་རྟེན་ཡིན། །སངས་རྒྱས་ཀྱི་བསྟན་པའི་གཞི་མར་གྱུར་བ་ནི་དམ་པའི་ཆོས་འདུལ་བ་འདི་ཡིན་
ཞིང་། དེ་ལའང་སོ་སོར་ཐར་པ་རིགས་བདུན་པོ་དེའང་སྔ་མའི་སྡོམ་པ་དེ་དག་ཕྱི་མའི་སྡོམ་པའི་
རྟེན་ཡིན་ཏེ། བསྙེན་པར་རྫོགས་པའང་། ཐོག་མར་སྐྱབས་གསུམ་འཛིན་པའི་དགེ་བསྙེན་རིམ་
གྱིས་འཇུག་དགོས་ཏེ། མདོ་རྩ་ལས། དགེ་བསྙེན་ཉིད་དང་། དགེ་ཚུལ་ཉིད་དང་། དགེ་སློང་ཉིད་
དག་གིས་སྔ་མ་མ་བྱས་པ་ལ་ཕྱི་མ་མི་བྱའོ། །ཞེས་སོ། །བྱང་ཆུབ་ཏུ་སེམས་བསྐྱེད་པར་འདོད་པ་དེས་
ཀྱང་དང་པོ་སོ་སོར་ཐར་གྱི་སྡོམ་པ་ཐོབ་དགོས་ཏེ། ཇོ་བོ་རྗེས། སོ་སོར་ཐར་པ་རིགས་བདུན་གྱི། །
རྟག་ཏུ་སྡོམ་བརྩོན་ལྡན་པ་ལ། །བྱང་ཆུབ་སེམས་དཔའི་སེམས་བསྐྱེད་ཀྱི། །སྐལ་བ་ཡོད་ཀྱི་གཞན་
དུ་མིན། །ཞེས་སོ། །ཡང་སྔགས་ཀྱི་ལམ་ལ་ཞུགས་པར་འདོད་པ་དེས་ཀྱང་ཐོག་མར་འདུལ་བ་
ལས་རབ་ཏུ་བྱུང་དགོས་ཏེ། ཀྲི་ཡ་དཔུང་བཟང་གི་རྒྱུད་ལས། རྒྱལ་བ་ངས་གསུངས་སོ་སོར་ཐར་
པ་ཡི། །ཚུལ་ཁྲིམས་རྣམ་དག་འདུལ་བ་མ་ལུས་ལས། །སྔགས་པ་ཁྱིམ་པས་རྟགས་དང་ཆོ་ག་སྤངས། །
ལྷག་མ་རྣམས་ནི་ཉམས་སུ་བླང་བར་བྱ། །ཞེས་སོ། །དེའི་སྟེང་དུ་བྱང་སེམས་ཀྱི་བསླབ་བྱ་དང་ཡང་
ལྡན་པ་དགོས་ཏེ། གསང་བ་སྤྱི་རྒྱུད་ལས། གང་དག་བྱང་ཆུབ་སེམས་ནི་མ་བསྐྱེད་དང་། །གང་དག་
རིགས་དང་དབང་བསྐུར་ཆོ་ག་མེད། །གང་དག་དཀྱིལ་འཁོར་དུ་ནི་མ་ཞུགས་པས། །ང་ཡི་གསང་
སྔགས་བཟླས་ན་ཕུང་བར་འགྱུར། །ཞེས་སོ། །གསང་སྔགས་ནང་རྒྱུད་ལ་ཞུགས་པ་དེས་ཀྱང་ངེས་
པར་དགོས་ཏེ། དཀྱིལ་འཁོར་དུ་འཇུག་པའི་སྐབས་སུ་སོ་སོར་ཐར་པ་དང་། བྱང་སེམས་ཀྱི་སྡོམ་
པ་བཟུང་དགོས་པའི་ཕྱིར་ཐེག་པའི་མཐར་ཐུག་རྫོགས་པ་ཆེན་པོར་ཞུགས་པ་དེས་ཀྱང་ངེས་པར་
དགོས་ཏེ། ཆོས་ཐམས་ཅད་དེར་མ་འདུས་པའམ། ཁོང་དུ་མ་ཆུད་པའམ། མ་རྫོགས་པའམ། མ་
རྫོགས་པ་མེད་པས་རྫོགས་པ་ཆེན་པོ་ཞེས་བྱ་བ་དང་། ལམ་གྱི་ཆ་ལག་ཡིན་པའི་ཕྱིར་དེས་ན་བསྟན་

པའི་གཞི་མ་ནི་འདུལ་བའི་ཚུལ་ཁྲིམས་ཡིན་པས། མགོན་པོ་ཀླུ་སྒྲུབ་སྙིང་པོའི་ཞལ་སྔ་ནས། ཁྲིམས་ནི་རྒྱུ་དང་མི་རྒྱུའི་ས་བཞིན་དུ། །ཡོན་ཏན་ཀུན་གྱི་གཞི་རྟེན་ཐུབ་པས་གསུངས། །ཞེས་སོ། ། དེ་ལ་དེང་སང་ཁ་ཅིག་གསང་སྔགས་བླ་མེད་ཏུ་ཁས་བླངས་ཏེ་ཐེག་པ་ཆུང་ངུའི་ཆོས་སོ། །ཞེས་འདུལ་བ་ལ་རྟོག་དཔྱོད་ཙམ་ཡང་མི་གཏོང་བར་ཅེ་རེ་ལོང་དུ་སོང་བ་ནི་བློ་མིག་མ་རྒྱས་པ་སྟེ། སློབ་དཔོན་ཆེན་པོ་པད་མ་འབྱུང་གནས་ཀྱང་ཀུན་དགའ་བོ་ལས་རབ་ཏུ་བྱུང་བ་ནས་མཐར་གྲུབ་ཐོབ་རྣལ་འབྱོར་གྱི་དབང་དུ་གྱུར་པ་སོགས། རྒྱ་གར་གྱི་གྲུབ་ཆེན། བོད་ཀྱི་སྔ་དར་ཕྱི་དར་གྱི་གསར་རྙིང་ཐམས་ཅད་ཀྱིས་འདུལ་བ་ལ་གཅེས་སྤྲས་མི་མཛད་པ་མེད་ཅིང་། དམ་ཆོས་འདུལ་བ་མེད་ན་སངས་རྒྱས་བསྟན་པ་མེད། །ཅེས་དང་། བསྟན་པའི་གཞི་མ་ཡིན་པས་འདུལ་བ་སློབ། །ཅེས་འབྱུང་བ་ཡིན་ནོ། །

༄ གཞན་གནོད་གཞི་བཅས་རབ་སྤངས་སྐབས་གསུམ་ལམ། །རིགས་བདུན་སོ་ཐར་ཆུ་འཛིན་ལྡན་འཁྲུག་པ། །སྤངས་དང་སྒྲུབ་པའི་ཆུ་བསིལ་འཕྲོ་བ་ཡིས། །སྐྱེ་དགུའི་ཉོན་མོངས་མེ་ཚོགས་གཞིལ་བར་ཤོག །སངས་རྒྱས་བསྟན་པའི་གསེར་གཞི་ལས་བྱུང་ཞིང་། །མངོན་མཐོ་ངེས་ལེགས་རྒྱ་མཚོའི་དབུས་ན་བརྗིད། །ལྡན་དང་གྲོལ་བའི་ཉི་ཟླའི་སྐྲ་རགས་ཅན། །ཚུལ་ཁྲིམས་རིན་ཆེན་ལྷུན་པོ་ཐོབ་པར་ཤོག །ཉེས་ཚོགས་རྡུལ་གྱི་མིག་སྨན་རབ་དབེན་ཞིང་། །སྤངས་རྟོགས་ཕུན་ཚོགས་འོད་སྟོང་མཐར་ཕྱིན་པས། །རྒྱལ་བསྟན་སྤྲང་རྩེའི་ཁང་བཟང་རབ་རྒྱས་ནས། །གླིང་བཞིའི་འགྲོ་ཀུན་གསལ་བའི་དཔལ་འབར་ཤོག །རང་བཞིན་རྫོགས་པ་ཆེན་པོའི་ལམ་གྱི་ཆ་ལག་སྡོམ་པ་གསུམ་རྣམ་པར་ངེས་པའི་འགྲེལ་པ་རྣམ་གྲོལ་ལམ་བཟང་ལས། འདུལ་བ་སོ་ཐར་གྱི་རྣམ་པར་དབྱེ་བ་སྟེ། རིམ་པར་ཕྱེ་བ་གཉིས་པ་གཏན་ལ་དབབ་ཟིན་ཏོ། །

ད་ནི་རིམ་པར་ཕྱེ་བ་གསུམ་པ་བྱང་ཆུབ་སེམས་དཔའི་སེམས་བསྐྱེད་ཀྱི་བསླབ་པ་རྣམ་པར་དབྱེ་བ་ལའང་བཞི་སྟེ། བྱང་སེམས་ཀྱི་བསླབ་པའི་གླེང་གཞི། ཐོག་མར་སྡོམ་པ་ཐོབ་ཚུལ། བར་དུ་བསྲུང་ཐབས། ཐ་མ་ཉམས་ན་གསོ་ཚུལ་ལོ། །དང་པོ་ལའང་། སྟོན་པ་བྱོན་ཅིང་ཆོས་གསུངས་ཚུལ། དེའི་བསྟན་པ་ཤིང་རྟའི་སྲོལ་གཉིས་ཀྱི་རྣམ་བཞག །བྱང་སྡོམ་གྱི་ངོ་བོ། དེའི་དབྱེ་བ་དང་

བཞི་ལས། དང་པོ་ནི། བྱང་སེམས་ཀྱི་བསླབ་པའི་གླེང་གཞི། སྐལ་བཟང་འགྲོ་བའི་འདྲེན་པ་ཐུབ་ཆེན་དེས། །བྱ་རྒོད་ཕུང་སོགས་ཐེག་ཆེན་རིགས་རྣམས་ལ། །ཤིན་ཏུ་རྒྱས་པའི་སྡེ་སྣོད་དཔག་ཡས་གསུངས། །དེ་ལ་ཐེག་ཆེན་ཐུན་མོང་པ་ལྟར་ན། བདག་ཅག་གི་སྟོན་པ་འདིས་བསྐལ་པ་གྲངས་མེད་གསུམ་གྱི་གོང་དུ་དེ་བཞིན་གཤེགས་པ་ཐུབ་པ་ཆེན་པོ་ལས་སེམས་བསྐྱེད་ནས་གྲངས་མེད་གསུམ་དུ་ཚོགས་བསགས་ནས་མཐར་འོག་མིན་དུ་སངས་རྒྱས་ཏེ་སྤྲུལ་པས་མཛད་པ་བཅུ་གཉིས་བསྟན་ནས་དོན་མཛད་པར་འདོད་དེ། ཚོས་དང་ལོངས་སྤྱོད་མངོན་པར་སངས་རྒྱས་པའི་མདོ་ལས། རིན་ཆེན་སྣ་ཚོགས་མཛེས་པ་ཡིས། །འོག་མིན་གནས་ནི་ཉམས་དགའ་བར། །གཙང་མའི་གནས་ཀྱི་སྟེང་བཞུགས་ཏེ། །ཡང་དག་སངས་རྒྱས་དེར་སངས་རྒྱས། །སྤྲུལ་པ་པོ་ཞིག་འདིར་སངས་རྒྱས། །ཞེས་སོ། །ཐེག་ཆེན་ཐུན་མོང་མ་ཡིན་པ་ལྟར་ན། བསྐལ་པ་གྲངས་མེད་བསམ་གྱིས་མི་ཁྱབ་པའི་གོང་རོལ་དུ་སངས་རྒྱས་ནས། སླར་ཡང་གདུལ་བྱའི་དོན་དུ་སེམས་བསྐྱེད་ཚོགས་བསགས་མཛད་པ་བཅུ་གཉིས་ཀྱི་ཚུལ་སྟོན་པར་མཛད་པ་ནི། ཡབ་སྲས་མཇལ་བའི་མདོ་ལས། སྟོན་འདས་པའི་དུས་བསྐལ་པ་དཔག་ཏུ་མེད་པའི་གོང་རོལ་དུ་འཇིག་རྟེན་གྱི་ཁམས་གང་གཱའི་ཀླུང་གི་བྱེ་མ་སྙེད་ཀྱི་ཞིང་གཅིག་ཏུ་གྱུར་པ་དེར། དེ་བཞིན་གཤེགས་པ་དབང་པོའི་ཏོག་ཅེས་བྱ་བར་སངས་རྒྱས་ནས་དོན་མཛད་དེ། ཞེས་པ་ནས། དཔའ་བོ་ཆེན་པོ་ཐབས་མཁས་ཆེ། །སེམས་ཅན་ཡོངས་སུ་སྨིན་མཛད་ཕྱིར། །བྱེ་བ་ཕྲག་བརྒྱར་རྒྱལ་བ་ཉིད། །སངས་རྒྱས་ཉིད་དུ་བསྟན་གྱུར་ཀྱང་། །ད་དུང་དུ་ཡང་འདྲེན་པ་ཁྱོད། །སངས་རྒྱས་མང་པོ་བསྟན་པར་མཛད། །ཅེས་དང་། པད་མ་དཀར་པོ་ལས། རིགས་ཀྱི་བུ། ང་ནི་བསྐལ་བ་བྱེ་བ་ཕྲག་ཁྲིག་བརྒྱ་ཕྲག་མང་པོའི་གོང་རོལ་དུ་མངོན་པར་རྫོགས་པར་སངས་རྒྱས་སོ། །ཞེས་དང་། བསྐལ་པ་བྱེ་སྟོང་བསམ་གྱིས་མི་ཁྱབ་པ། །དེ་ཡི་ཚད་ནི་ནམ་ཡང་མེད་པས་ན། །བྱང་ཆུབ་མཆོག་རབ་འདི་ནི་ངས་ཐོབ་སྟེ། །ངས་ནི་རྟག་ཏུ་ཆོས་ཀྱང་རབ་འཆད་དོ། །ཅེས་སོ། །སྡོམ་ལས། འཕོ་དང་ལྷུམས་ཞུགས་བལྟམས་པ་དང་། །བཟོ་དང་རོལ་རྩེད་དེས་འབྱུང་དང་། །བཀའ་སྤྱོད་བྱུང་གཤེགས་བདུད་སྡེ་བཅོམ། །བྱང་ཆུབ་ཆོས་འཁོར་མྱ་ངན་འདས། །ཞེས་པའི་ཚུལ་ལོ། །དེ་ལ་ཆོས་ཀྱི་འཁོར་ལོ་ཇི་ལྟར་བསྐོར་ཞེ་ན། གནས་ཕུན་སུམ་ཚོགས་པ་བྱ་

ཀྲོད་ཕུང་པོའི་རི་བོ་ལ་སོགས་པར། སྟོན་པ་ཕུན་སུམ་ཚོགས་པ་ཤཱཀྱ་ཐུབ་པས། འཁོར་ཕུན་སུམ་ཚོགས་པ་ཐུན་མོང་གི་འཁོར་རྣམ་པ་བཞི་ལ། ཤཱ་རིའི་བུ་དང་མོའུ་འགལ་གྱི་བུ་ལ་སོགས་པར་དགྲ་བཅོམ་ལྔ་སྟོང་ཙམ་དང་། སྐྱེ་དགུའི་བདག་མོ་ལ་སོགས་དགེ་སློང་མ་ལྔ་བརྒྱ་ཙམ་དང་། ཁྱིམ་བདག་མགོན་མེད་ཟས་སྦྱིན་དང་། དགེ་བསྙེན་མ་ས་ག་བཟང་མོ་ལ་སོགས་དགེ་བསྙེན་ཕོ་མོ་དང་། ལྷ་ཀླུ་དྲི་ཟ་ལ་སོགས་རབ་ཏུ་མང་པོ་དང་། ཐུན་མོང་མིན་པའི་འཁོར་ས་ཐོབ་པའི་བྱང་ཆུབ་སེམས་དཔའ་བཟང་སྐྱོང་དང་། རིན་ཆེན་འབྱུང་ལྡན་དང་། དྲ་བས་བྱིན་ལ་སོགས་པ་ལ། ཆོས་ཕུན་སུམ་ཚོགས་པ་བཀའ་བར་པ་མཚན་ཉིད་མེད་པའི་ཆོས་ཀྱི་རྣམ་གྲངས་ཡུམ་སྲས་བཅུ་བདུན་ལ་སོགས་པ། དུས་ཕུན་སུམ་ཚོགས་པ་དགུང་ལོ་བཞི་བཅུ་ཞེ་གསུམ་ནས་བདུན་ཅུ་རྩ་གཉིས་ཀྱི་བར་དུ་གསུངས་སོ། །དེའང་མདོ་སྡེའི་སྡེ་སྣོད་གཙོ་བོར་སེམས་ཀྱི་བསླབ་པ་སྟོན་པ་ལས། མདོ་སྡེའི་འདུལ་བ་བྱང་ཆུབ་སེམས་དཔའི་སྡོམ་པའི་ཚོགས་རྣམ་པར་བཞག་པ་དང་། མདོ་སྡེའི་མདོ་སྡེ་ཏིང་ངེ་འཛིན་ཟབ་ཅིང་རྒྱ་ཆེ་བ་དང་། མདོ་སྡེའི་མངོན་པ་ས་ལམ་གཟུངས་དང་ཏིང་ངེ་འཛིན་གྱི་རབ་དབྱེ་ཇི་སྙེད་པ་རྣམས་སོ། །ཡུམ་སྲས་བཅུ་བདུན་ནི། དེ་ལ་ཡུམ་དྲུག་ནི། སྟོང་ཕྲག་བརྒྱ་པ། སྟོང་ཕྲག་ཉི་ཤུ་ལྔ་པ། ཁྲི་བརྒྱད་སྟོང་པ་སྟེ་རྒྱས་པ་སྐོར་གསུམ། ཤེས་རབ་ཁྲི་པ། བརྒྱད་སྟོང་པ། སྡུད་པ་སྟེ་བསྡུས་པ་སྐོར་གསུམ་མོ༑ ༑སྲས་བཅུ་གཅིག་ནི། ཤེར་ཕྱིན་བདུན་བརྒྱ་པ། ཤེར་ཕྱིན་སུམ་བརྒྱ་པ། བརྒྱ་ལྔ་བཅུ་པ། ཤེར་ཕྱིན་ལྔ་བཅུ་པ། སྒོ་ཉེར་ལྔ་པ། རབ་རྩལ་རྣམ་གནོན་གྱིས་ཞུས་པ། ཀོའུ་ཤི་ཀས་ཞུས་པ། ཡི་གེ་ཉུང་ངུ། ཡི་གེ་གཅིག་མ། རྡོ་རྗེ་གཅོད་པ། ཤེས་རབ་སྙིང་པོའོ། །ཡང་མདོ་སྡེ་ཆེ་གསུམ་ཞེས། ཕལ་ཆེན། དཀོན་མཆོག་བརྩེགས་པ། ཤེས་ཁྲི་གསུམ་སྟེ། དེ་དག་ལ་སོགས་པའོ། དེ་ཡང་བྱང་སེམས་ཀྱི་སྐབས་སུ་དོན་དམ་པའི་སེམས། སེམས་བསྐྱེད་ཀྱི་རྩ་བར་གྱུར་པ་སྟོང་ཉིད་སྙིང་རྗེའི་རང་བཞིན་རིགས་སམ་ཁམས་བདེ་བར་གཤེགས་པའི་སྙིང་པོ་མངོན་དུ་གསལ་བ་ནི་བཀའ་ཐ་མ་དོན་དམ་རྣམ་པར་ངེས་པའི་ཆོས་ཡིན་ཏེ། དེ་ཡང་འཕགས་པ་གཟུངས་ཀྱི་དབང་ཕྱུག་རྒྱལ་པོས་ཞུས་པའི་མདོ་དང་། དཔལ་ཕྲེང་སེང་གེའི་ང་རོ་སྒྲས་ཞུས་པའི་མདོ་དང་། བུ་མོ་རིན་ཆེན་གྱིས་ཞུས་པའི་མདོ་དང་། ལྷ་མོ་དྲི་མ་མེད་པས་ཞུས་པའི་མདོ་དང་། མིའུ་ཐུང་སོར་ཕྲེང་ཅན་གྱི་མདོ་དང་། སྒྱུ་

ངན་ལས་འདས་པའི་མདོ་དང་། བྱམས་པས་ཞུས་པའི་མདོ་དང་། དེ་བཞིན་གཤེགས་པའི་སྙིང་པོའི་མདོ་ལ་སོགས་པ་སྟེ། འདི་དག་གི་རྣམ་གྲངས་རྒྱས་པར་བཀའ་འགྱུར་གྱི་དཀར་ཆག་ལས་རྟོགས་པར་བྱའོ། །གཉིས་པ། དེའི་བསྟན་པ་ཤིང་རྟའི་སྲོལ་གཉིས་ཀྱི་རྣམ་བཞག་བསྟན་པ་ནི། དེ་ལྟར་སྟོན་པ་འདས་ནས་བྱང་ཆུབ་སེམས་དཔའི་སྡེ་སྣོད་དེ་དག་ཇི་ལྟར་བསྡུས་ན། ཁ་ཅིག་རྒྱ་གར་གྱི་ལྷོ་ཕྱོགས་ རྡོ་མ་སགླ་ཞེས་བྱ་བའི་རི་ལ་བྱམས་པ་དང་འཇམ་དབྱངས་ལ་སོགས་པ་དཔའ་བོ་བའི་སེམས་དཔའ་འདུ་མ་དང་། གྲུབ་པ་དང་། རིགས་སྔགས་འཆང་བ་ཇི་སྙེད་པ་འདུས་ནས་ཐེག་པ་ཆེན་པོ་སྔགས་དང་ཕ་རོལ་ཏུ་ཕྱིན་པ་གཉིས་ཀ་བསྡུ་བར་བཤད་པ་ཡང་ཡོད་ལ། འདི་ནི་བསྡུ་བ་རྣམ་པ་གསུམ་གྱི་དུས་འཇམ་དབྱངས་ཀྱིས་བསྡུས་པ་དབུ་མ་དང་། བྱམས་པས་བསྡུས་པ་སེམས་ཙམ་སྟེ་སྲོལ་གཉིས་ལས། དང་པོ་ནི། སྟོན་པས་གསུངས་པའི་བྱང་ཆུབ་སེམས་དཔའི་སྡེ་སྣོད་དེ་དག །འཇམ་དབྱངས་བཀའ་བསྡུས་ཀླུ་སྒྲུབ་སོགས་ཀྱིས་བཀྲལ། །ཞི་བ་ལྷས་སྤེལ་ཟབ་མོ་ལྟ་བའི་ལུགས། །དེ་ཡང་སངས་རྒྱས་འདས་ནས་ལོ་བཞི་བརྒྱ་ན་རྒྱ་གར་ལྷོ་ཕྱོགས། བི་དར་ཡུལ་དུ་སློབ་དཔོན་ཀླུ་སྒྲུབ་སྙིང་པོ་བྱོན་ཏེ་བཀའ་དང་པོའི་འགྲེལ་པ་གཏམ་གྱི་ཚོགས་དང་། བར་པའི་འགྲེལ་པ་རིགས་པའི་ཚོགས་དང་། ཐ་མའི་འགྲེལ་པ་བསྟོད་པའི་ཚོགས་དང་། གཞན་ཡང་བཤེས་སྤྲིང་དང་མདོ་ཀུན་ལས་བཏུས་པ་ལ་སོགས་པ་དུ་མ་མཛད་དོ། །དེའི་རྗེས་སུ་སློབ་དཔོན་ཞི་བ་ལྷ་བྱོན་ནས་བྱང་ཆུབ་སེམས་དཔའི་སྤྱོད་པ་ལ་འཇུག་པ་དང་། བསླབ་བཏུས་ལ་སོགས་པ་དུ་མ་མཛད་ནས་ཟབ་མོ་ལྟ་བའི་ལུགས་ཀྱི་ཤིང་རྟའི་སྲོལ་ཆེན་པོ་གསལ་བར་མཛད་དོ། །འདིའི་གཞུང་ནི། འཕགས་པ་དཀོན་མཆོག་དབྱུང་དང་། གླང་པོའི་རྩལ་དང་། ཀླུའི་རྒྱལ་པོ་རྒྱ་མཚོས་ཞུས་པའི་མདོ་དང་། ཡབ་སྲས་མཇལ་མདོ་དང་། སངས་རྒྱས་ཀྱིས་ཡང་དག་པར་སྡུད་པ་དང་། ཡེ་ཤེས་སྣང་བ་རྒྱན་གྱི་མདོ་དང་། བདེན་པ་གཉིས་ལ་འཇུག་པ་དང་། དཀོན་མཆོག་ཟ་མ་ཏོག་དང་། ཡུམ་སྲས་བཅུ་བདུན་ལ་སོགས་པར་པ་མཚན་ཉིད་མེད་པའི་ཆོས་ཀྱི་རྣམ་གྲངས་རྣམས་ཡིན་ནོ། །ཞེས་མཁས་གྲུབ་ཡེ་ཤེས་རྒྱལ་མཚན་པས་གསང་སྙིང་འགྲེལ་པར་བཤད་དོ། །དེ་ཡང་དབུ་མའི་ལུགས་ཟབ་མོ་ལྟ་བའི་རྒྱུད་པ་རང་ལ་ཇི་ལྟར་བརྒྱུད་ཞེ་ན། ཐུབ་པ་ཆེན་པོ། འཇམ་དཔལ།

འཕགས་པ་ཀླུ་སྒྲུབ། ཞི་བ་ལྷ། ཟླ་བ་གྲགས་པ། རིག་པའི་ཁུ་བྱུག །ཀུ་ས་ལི་ཆེ་བ། ཆུང་བ། ཇོ་བོ་རྗེ། བལ་པོ་ཐང་པ་ཛ། ཨ་བྷྱ་ཀ་ར། བྱང་སེམས་ཟླ་བ་རྒྱལ་མཚན། གྲོ་ལུང་པ་ཆེན་པོ་བློ་གྲོས་བྱང་ཆུབ། སྤྱི་བོ་ལྷས་པ་བྱང་ཆུབ་འོད། སྨར་ཤཱཀྱ་སེང་གེ། མཆིམས་ནམ་མཁའ་གྲགས། མཁན་པོ་སྨོན་ལམ་ཚུལ་ཁྲིམས། བློ་གྲོས་བྱང་ཆུབ་གྲུབ། སློབ་དཔོན་གཞོན་ནུ་རྡོ་རྗེ། ཀུན་མཁྱེན་ཀློང་ཆེན་རབ་འབྱམས། ཁྱབ་བདལ་ལྷུན་གྲུབ། གྲགས་པ་འོད་ཟེར། སངས་རྒྱས་དཔོན་པོ། ཟླ་བ་གྲགས་པ། ཀུན་བཟང་རྡོ་རྗེ། རྒྱལ་མཚན་དཔལ་བཟང་། སྤྲུལ་སྐུ་སྣ་ཚོགས་རང་གྲོལ། གྲུབ་མཆོག་བསྟན་འཛིན་གྲགས་པ། རྒྱལ་སྲས་པད་མ་ཕྲིན་ལས། ཀུན་མཁྱེན་ཚུལ་ཁྲིམས་རྡོ་རྗེ། དེས་རབ་འབྱམས་པ་པད་མ་བློ་གྲོས་ལའོ། །གཉིས་པ་རྒྱ་ཆེན་སྤྱོད་པའི་སྒྲོལ་ནི། སྟོན་པའི་བཀའ་དེ་དག །བྱམས་པས་བཀའ་བསྡུས་ཐོགས་མེད་སྐུ་མཆེད་བཀྲལ། །ཇོ་བོ་རྗེས་སྤེལ་རྒྱ་ཆེན་སྤྱོད་པའི་སྒྲོལ། །སངས་རྒྱས་ཀྱི་བཀའ་དེ་དག་བྱམས་པས་བསྡུས་ཏེ་གནས་པ་ན་སངས་རྒྱས་ཀྱི་བསྟན་པ་ལ་ཕྱི་པའི་དགྲ་ལན་གསུམ་བྱུང་ནས་ཤིན་ཏུ་ཉམས་སྨས་པ་ན། འདས་ལོ་དགུ་བརྒྱ་ལྷག་སྟོང་དུ་ཉེ་བ་ན། དགེ་སློང་མ་གསལ་བའི་ཚུལ་ཁྲིམས་བྱ་བ་དེས། རང་ནི་རྟེན་བུད་མེད་དུ་སོང་བས་སངས་རྒྱས་ཀྱི་བསྟན་པ་གསོ་བར་མི་ནུས་ཏེ། ཐབས་ཤིག་བྱ་སྙམ་ནས། རྒྱལ་རིགས་གཅིག་དང་བསྟོངས་པས་སློབ་དཔོན་ཐོགས་མེད་དང་། བྲམ་ཟེ་ཞིག་དང་བཤོས་པས་དབྱིག་གཉེན་འཁྲུངས་ཏེ། ཐོགས་མེད་ཀྱིས་ལོ་བཅུ་གཉིས་སུ་མགོན་པོ་བྱམས་པ་བསྒྲུབས་ནས་གྲུབ་ཏེ་དགའ་ལྡན་གྱི་གནས་སུ་ལྷའི་ཏྲོ་སྐད་ཅིག་མིའི་ལོ་ལྔ་བཅུར་བཞུགས་ནས། རྒྱན་གཉིས། འབྱེད་གཉིས་ཐེག་པ་ཆེན་པོའི་རྒྱུད་བླ་མ་དང་ལྔ། སྡོམ་པ་རྣམ་པ་གཉིས་ལ་སོགས་བྱམས་པ་དང་འབྲེལ་བའི་ཆོས་ཉི་ཤུ་དང་། ཐེག་བསྡུས་དང་། མངོན་པ་ཀུན་བཏུས་ལ་སོགས་མཛད་དོ། །དབྱིག་གཉེན་གྱིས་དེ་དག་གི་འགྲེལ་ཊཱི་ཀ་དུ་མ་དང་། མངོན་པ་མཛོད། དེའི་རང་འགྲེལ་དང་བཅས་པ། རྣམ་བཤད་རིག་པ་ལ་སོགས་མཛད་དོ། །ཕྱིས་ན་ཇོ་བོ་རྗེ་དཔལ་ཨ་ཏི་ཤ་ཞེས་སམ་དི་པཾ་ཀ་ར་བྱུང་ནས། དེ་བོད་དུ་འང་བྱོན་ལ། དེས་བྱང་ཆུབ་ལམ་རིམ་དང་སྤྱོད་བསྡུས་སྒྲོན་མ་ལ་སོགས་པ་དང་། མདོ་ཀུན་བཏུས་ཟེར་བ་ཞིག་ཀྱང་མཛད་དེ་སེམས་ཅན་གྱི་གཞུང་རྒྱ་ཆེན་སྤྱོད་པའི་སྒྲོལ་རྒྱས་པར་སྤེལ་བ་ཡིན་ནོ། །འདིའི་གཞུང་ནི། ཡང་

ཀར་གཤེགས་པ། དགོངས་པ་ངེས་འགྲེལ། ས་བཅུ་པ། རྒྱན་སྟུག་པོ་བཀོད་པ་ལ་སོགས་པ་བཀའ་ཐ་མ་དོན་དམ་ངེས་པ་སྟེ་ཆོས་མདོན་པའི་གསུང་རབ་རྣམས་ཡིན་ནོ་ཞེས་ཡེ་ཤེས་རྒྱལ་མཚན་གསུང་ངོ་། །དེའི་སྡོམ་རྒྱུན་གང་ཞེ་ན། ཐུབ་དབང་། བྱམས་པ། ཐོགས་མེད། དབྱིག་གཉེན། འཕགས་པ་རྣམ་གྲོལ་སྡེ། བཙུན་པ་རྣམ་གྲོལ་སྡེ། མཆོག་གི་སྡེ། དུལ་བའི་སྡེ། རྣམ་པར་སྣང་མཛད་སྡེ། སེང་གེ་བཟང་པོ། ཡེ་ཤེས་ཞབས། གུ་ཎ་མི་ཏྲ། རཏྣ་པར་པ་ཐྲ། འབུམ་ཕྲག་གསུམ་པ། བློ་ལྡན་ཤེས་རབ། འབྲེ་ཤེས་རབ་འབར། ཨར་བྱང་ཆུབ་ཡེ་ཤེས། ཁུ་ཤེས་རབ་བརྩོན་འགྲུས། དཀར་ཆུང་རིང་མོ། ཞང་གཡེ་པ། གཉལ་ཞིག་པོ། རྒྱ་ཕྱི་རུ་པ། ཆུ་མིག་པ་སེང་གེ་དཔལ། བློ་གྲགས་པ། བཙན་དགོན་པ་དང་དབེན་དགེ་བ་གཉིས། དེ་གཉིས་ལ་བླ་བྲང་བ་ཆོས་དཔལ་རྒྱལ་མཚན། ཀུན་མཁྱེན་ཀློང་ཆེན་རབ་འབྱམས་མན་གོང་བཞིན་ནོ། །ཁྱད་པར་དུ། གསང་སྔགས་གཏེར་མ་ལ་སོགས་པ་ནས་སེམས་བསྐྱེད་བླངས་པ་འདི་དག་སྲོལ་གཉིས་གང་གི་ལུགས་སུ་འདུ་ཞེ་ན། བདག་ཅག་གི་སྟོན་པ་རིག་འཛིན་ཆེན་པོ། པད་མའི་རིང་ལུགས་ནཱ་ག་རྫུ་ནར་མཐུན། དེའི་ཕྱིར་སླུ་སྒྲུབ་ལུགས། ཟབ་མོ་ལྟ་བརྒྱུད་དང་མཐུན་ཏེ་བརྒྱུད་པ་ནི་གཏེར་ཆོས་རང་རང་གི་མཚམས་ནས་བརྒྱུད་པར་ཤེས་སོ། །འདི་ནི་ཐེག་པ་ཐུན་མོང་བ་ཀུན་དང་གོ་བསྟུན་ཏེ་འཆད་པས་ཤེས་པར་བྱའོ། །

གསུམ་པ་བྱང་ཆུབ་སེམས་དཔའི་སྡོམ་པའི་ངོ་བོ་བྱམས་དང་སྙིང་རྗེས་རྒྱུད་བརླན་ཞིང་། གཞན་གྱི་དོན་དུ་བྱང་ཆུབ་ཐོབ་འདོད་པས། སྒོ་གསུམ་ཉེས་པ་སྤྱང་བའི་སེམས་དཔའོ། །དེ་ཡང་སེམས་བསྐྱེད་ཀྱི་ངོ་བོ་བྱམས་དང་སྙིང་རྗེས་རྒྱུན་བརླན་པ་སྟེ། ཀུན་མཁྱེན་ཆེན་པོས། འདི་ནི་སྙིང་རྗེའི་ལྡོན་ཤིང་སྙིང་པོ་ཅན། །འགྲོ་བའི་ཁུར་ཆེན་ལེགས་པར་ཁྱེར་བ་ནི། །ཞེས་སོགས་དང་། མདོན་རྟོགས་རྒྱན་ལས། སེམས་བསྐྱེད་པ་ནི་གཞན་དོན་ཕྱིར། །ཡང་དག་རྫོགས་པའི་བྱང་ཆུབ་འདོད། །ཅེས་དང་། བྱང་ཆུབ་ལམ་སྒྲོན་ལས། །བདག་གི་ལུས་དང་ངག་གི་ལས། །ཐམས་ཅད་དུ་ནི་དག་པར་བྱ། །ཡིད་ཀྱིས་ལས་ཀྱང་དག་བྱ་སྟེ། །མི་དགེའི་ལས་རྣམས་མི་བྱའོ། །ཞེས་པ་དང་། སྡུད་པ་ལས། བློ་ཆེ་བ་དང་གཏོང་བ་ཆེ་དང་སེམས་དཔའ་ཆེ། །གོ་ཆ་ཆེན་པོ་བགོས་ཤིང་བདུད་ཀྱི་རྒྱུ་འདུལ་བ། །རྒྱུ་དེས་དེ་ནི་བྱང་ཆུབ་སེམས་དཔའ་ཞེས་བརྗོད་དོ། །ཞེས་སོ། །བཞི་པ་དབྱེ་བ་

ལའང་གཉིས་ཏེ། རྒྱས་པར་བཤད་པ་དང་། མདོར་བསྟན་པའོ། །དང་པོ་ནི། དབྱེ་བ་ཀླུ་སྒྲུབ་ཐོགས་མེད་སྲོལ་གཉིས་གྲགས། །རེ་རེའང་གཅིག་ནས་དྲུག་པར་གཉིས་གཉིས་ཏེ། །ཟབ་མོ་ལྟ་བའི་རྒྱུད་གྱུར་ཀླུ་སྒྲུབ་ཡབ་སྲས་ཀྱི་རྗེས་སུ་འབྲང་བ་དབུ་མ་ལུགས་ཀྱི་སེམས་བསྐྱེད་དང་། རྒྱ་ཆེན་སྤྱོད་པའི་རྒྱུད་གྱུར་ཐོགས་མེད་སྐུ་མཆེད་ཀྱི་རྗེས་སུ་འབྲང་ནས་སེམས་ཙམ་ལུགས་ཀྱི་སེམས་བསྐྱེད་གཉིས་ཀ་ལའང་དབྱེ་བ་འདི་ཁྱད་མེད་དུ་སྐམ་སྟེ། དེ་ཡང་གཅིག་ནས་དྲུག་གི་བར་དང་ས་མཚམས་དཔེས་དབྱེ་བ་དང་བདུན་དུ་གནས་པ་ལས། དང་པོ་སེམས་བསྐྱེད་པའི་རྟེན་རིགས་ཀྱི་རང་བཞིན་དང་མཚུངས་པར། དང་པོ་སྟོང་ཉིད་སྙིང་རྗེའི་སྙིང་པོ་ཅན། དེ་ཡང་སྟོང་པོ་བཀོད་པ་ལས། ཀྱེ་རྒྱལ་བའི་སྲས་དག་བྱང་ཆུབ་སེམས་དཔའི་རིགས་ཞེས་བྱ་བ་དེ་ནི། ཆོས་ཀྱི་དབྱིངས་ལྟར་ལེན་པ། ནམ་མཁའ་ལྟར་ཡངས་པ་རང་བཞིན་གྱིས་འོད་གསལ་བ་སྟེ། དེ་ལ་གནས་པའི་བྱང་ཆུབ་སེམས་དཔའ་རྣམས་ནི་འདས་པ་དང་མ་འོངས་པ་དང་ད་ལྟར་བྱུང་བའི་སངས་རྒྱས་རྣམས་ཀྱི་རིགས་སུ་སྐྱེས་པ་ཡིན་ནོ། །ཞེས་དང་། རིན་ཆེན་ཕྲེང་བ་ལས། སྟོང་ཉིད་སྙིང་རྗེའི་སྙིང་པོ་ཅན། །བྱང་ཆུབ་བསྒྲུབ་པ་ཁ་གཅིག་ལའོ། །ཞེས་སོ། །དེ་ཡང་རིགས་སམ་ཁམས་བདེ་བར་གཤེགས་པའི་སྙིང་པོ་དེ་ཀུན་ལ་ཡོད་ཀྱང་རེ་ཞིག་རིགས་སད་པ་འདིའི་ཉེ་རྒྱུའི་རྟེན་ཏེ། མདོ་སྡེའི་རྒྱན་ལས། སྦྱོར་བའི་སྔོན་དུ་སྙིང་རྗེ་དང་། །མོས་པ་དང་ནི་བཟོད་པ་དང་། །དགེ་ལ་ཡང་དག་སྤྱོར་བ་ནི། །རིགས་ཀྱི་རྟགས་སུ་ཤེས་པར་བྱ། །ཞེས་སོ། །འདི་དག་གི་རྣམ་གཞག་རྒྱས་པར་ཤིང་རྟ་ཆེན་པོ་ལ་སོགས་སུ་རྟོགས་པར་བྱ་སྟེ། དོན་དམ་སེམས་བསྐྱེད་དེ་ཡང་ངོ་བོ་འདི་ལས་གཞན་པ་ཞིག་མེད་དོ། །གཉིས་པ། ཚོགས་གཉིས་བསླབས་པ་ཀུན་རྫོབ་དོན་དམ་གཉིས། ཞེས་གཉིས་ཚན་གྱི་དབྱེ་ན། ཀུན་རྫོབ་དོན་དམ་གཉིས་ཏེ། མྱ་ངན་འདས་མདོ་ལས། ཀུན་རྫོབ་དོན་དམ་དབྱེ་བ་ཡིས། །བྱང་ཆུབ་སེམས་དེ་རྣམ་པ་གཉིས། །ཞེས་སོ། །དེའང་བསོད་ནམས་དང་ཡེ་ཤེས་ཀྱི་ཚོགས་གཉིས་ལ་སློབ་པ་སོ་སྐྱེ་དང་མི་སློབ་པ་འཕགས་པའི་སེམས་བསྐྱེད་གཉིས་ལས། ཕྱི་རོལ་སེམས་ཅན་ལ་དམིགས་པ་དང་། ནང་སེམས་ཉིད་ལ་དམིགས་པ་གཉིས་ཀྱིས་ཀུན་རྫོབ་དོན་དམ་གྱི་སེམས་བསྐྱེད་གཉིས་སུ་བཞག་གོ། །གསུམ་པ། ཚུལ་ཁྲིམས་ཏིང་འཛིན་ཤེས་རབ་བསླབ་པ་གསུམ། གསུམ་ཚན་གྱིས་དབྱེ་ན། གླང་

ཆེན་རབ་འབྱམས་པས། དག་པར་བྱེད་པ་ཚུལ་ཁྲིམས་ཀྱི་བསླབ་པ། གནས་པར་བྱེད་པ་སེམས་ཀྱི་བསླབ་པ། གྲོལ་བར་བྱེད་པ་ཤེས་རབ་ཀྱི་བསླབ་པའི་སེམས་གསུམ་གྱི་རྣམ་པ་གསུམ་མོ། །ཞེས་སོ། །ཡང་ཚུལ་ཁྲིམས་གསུམ་གྱི་དབང་དུ་མཛད་ནས། ཡུམ་བར་མ་ལས། གང་ཁ་ན་མ་ཐོ་བ་སྡོམ་པའི་སེམས་དང་། དགེ་བའི་ཆོས་སྡུད་པའི་སེམས་དང་། སེམས་ཅན་སྨིན་པར་བྱེད་པའི་སེམས་ཏེ། སེམས་བསྐྱེད་པ་འདི་གསུམ་ལ་ནན་ཏན་དུ་བྱའོ། །ཞེས་སོ། །བཞི་པ། ཚོགས་སྦྱོར་མོས་པས་བསྐྱེད་པའི་སེམས་བསྐྱེད་དང་། །མ་དག་ས་བདུན་ལྷག་བསམ་དག་པ་དང་། །དག་པ་ས་གསུམ་རྣམ་པར་སྨིན་པ་དང་། །ཐུགས་རྗེ་ཆེན་པོའི་སྒྲིབ་ཀུན་སྤངས་པ་ནི། །སངས་རྒྱས་ས་ཡི་སེམས་བསྐྱེད་དག་དང་བཞི། །བཞི་ཚན་གྱི་དབྱེ་ན། མདོ་སྡེའི་རྒྱན་ལས། སེམས་བསྐྱེད་དེ་ནི་ས་རྣམས་ལ། །མོས་དང་ལྷག་བསམ་དག་པ་དང་། །རྣམ་པར་སྨིན་པ་གཞན་དུ་འདོད། །དེ་བཞིན་སྒྲིབ་པ་སྤངས་པའོ། །ཞེས་སོ། །མ་དག་ས་བདུན་ནི། དེ་ཡང་རབ་དགའ་དྲི་མེད་འོད་བྱེད་པ། །འོད་འཕྲོ་སྦྱང་དཀའ་མངོན་འགྱུར་རིང་དུ་སོང་། །ཞེས་སོ། །དག་པ་ས་གསུམ་ནི། མི་གཡོ་ལེགས་པའི་བློ་གྲོས་ཆོས་ཀྱི་སྤྲིན། །ཞེས་སོ། །ལྔ་བ་དང་། དྲུག་པ་ལྔ་ནི་ལམ་ལྔ། དྲུག་ནི་ཕར་ཕྱིན་དྲུག །ལྔ་ཚན་གྱིས་དབྱེ་ན། ཚོགས་སྦྱོར་མཐོང་སྒོམ་མི་སློབ་པའི་ལམ་ལྔའི་སེམས་བསྐྱེད་དོ། །ཉི་ཁྲི་ལས། ལས་དང་པོ་པའི་སེམས་བསྐྱེད་པ་དང་། ཡོངས་སུ་སྦྱོངས་བ་བྱས་པའི་སེམས་བསྐྱེད་པ་དང་། ཆོས་མཐོང་བའི་སེམས་བསྐྱེད་པ་དང་། རྣམ་པར་གྲོལ་བའི་སེམས་བསྐྱེད་པ་དང་། བསམ་གྱིས་མི་ཁྱབ་པའི་སེམས་བསྐྱེད་པ་སྟེ། རབ་འབྱོར་འདི་ལ་མ་ཞུགས་པ་གཞུག་པར་བྱའོ། །ཞུགས་པ་ཡོངས་སུ་སྦྱོང་བར་བྱའོ། །ལྷའི་མིག་བསྐྱེད་པར་བྱའོ། །འཕགས་པའི་ལམ་བདེན་བསྒོམ་པར་བྱའོ། །སངས་རྒྱས་ཀྱི་སྤྱན་སྒྲིབ་པ་མེད་པར་ཐོབ་པར་བྱའོ། །ཞེས་སོ། །དྲུག་ཚན་གྱིས་དབྱེ་ན། ཡུམ་བར་མ་ལས། ཕ་རོལ་ཕྱིན་དྲུག་དང་ལྡན་པའི་སེམས་བསྐྱེད་པ་དྲུག་དང་ལྡན་པས་ཞེས་སོ། །ཕར་ཕྱིན་བཅུ་ལ་ལྟོས་ནས་བཅུར་བཤད་པ་ཡང་ཡོད་དེ། དགེ་བའི་ལྷས། བྱང་ཆུབ་ཀྱི་སེམས་རྣམ་པ་བཅུ་བསྒོམ་ནས། ཞེས་སོ། །བདུན་པ་ས་མཚམས་ཀྱི་དབྱེ་ན། དཔེ་ས་གསེར་ཟླ་བ་མེ་སོགས་ཉེར་གཉིས་ནི། ས་མཚམས་ཀྱིས་དབྱེ་ས་བཅུའི་བར་དུའོ། །ཉི་ཤུ་རྩ་གཉིས་ཀྱི་དཔེས་བསྟན་པ་ཉིད། བློ་གྲོས་རྒྱལ་

མཆོས་ཞུས་པའི་མདོ་ལས་གསུངས་པ་ལྟར། མངོན་རྟོགས་རྒྱན་ལས། དེ་ཡང་ས་གསེར་ཟླ་བ་མེ། ། གཏེར་དང་རིན་ཆེན་འབྱུང་གནས་མཚོ། །རྡོ་རྗེ་རི་སྨན་བཤེས་གཉེན་དང་། །ཡིད་བཞིན་ནོར་བུ་ཉི་མ་གླུ། །རྒྱལ་པོ་མཛོད་དང་ལམ་པོ་ཆེ། །གཞོན་པ་བཀོད་མའི་ཆུ་དང་ནི། །སྒྲ་སྙན་ཆུ་བོ་སྤྲིན་རྣམས་ཀྱིས། །རྣམ་པ་ཉི་ཤུ་རྩ་གཉིས་སོ། །ཞེས་སོ། །དཔེ་དེ་དག་གི་དོན་ནི་རིམ་པ་ལྟར། དེའི་འགྲེལ་པ་ལས། འདུན་པ་དང་། བསམ་པ་དང་། ལྷག་པའི་བསམ་པ་དང་། ཞེས་སོགས་གསུངས་པ་འདིར་དཔེ་དོན་སྦྱར་ནས་སྟོན་པ་ནི། ཤིང་རྟ་ཆེན་པོ་ལས། འདུན་པ་ས་ལྟ་བུ་དང་། བསམ་པ་གསེར་ལྟ་བུ་དང་། ལྷག་པའི་བསམ་པ་ཟླ་བ་ཚེས་པ་ལྟ་བུ་གསུམ་ནི་རིམ་པ་ལྟར་ཚོགས་ལམ་ཆུང་འབྲིང་ཆེ་གསུམ་གྱི་སེམས་བསྐྱེད་ལ་དེ་སྐད་ཅེས་བཏགས་སོ། །སྦྱོར་བ་མེ་ལྟ་བུ་ནི་སྦྱོར་ལམ་བཞིའི་སེམས་བསྐྱེད་དོ། །སྦྱིན་པ་གསེར་ལྟ་བུ་དང་། ཚུལ་ཁྲིམས་རིན་པོ་ཆེའི་འབྱུང་གནས་ལྟ་བུ་དང་། བཟོད་པ་མཚོ་ལྟ་བུ་དང་། བརྩོན་འགྲུས་རྡོ་རྗེ་ལྟ་བུ་དང་། བསམ་གཏན་རི་ལྟ་བུ་དང་། ཤེས་རབ་སྨན་ལྟ་བུ་དང་། ཐབས་ལ་མཁས་པ་བཤེས་གཉེན་ལྟ་བུ་དང་། སྨོན་ལམ་ཡིད་བཞིན་གྱི་ནོར་བུ་ལྟ་བུ་དང་། སྟོབས་ཉི་མ་ལྟ་བུ་དང་། ཡེ་ཤེས་ཀྱི་ཕ་རོལ་ཏུ་ཕྱིན་པ་གླུ་དབྱངས་སྙན་པ་ལྟ་བུ་ནི་ས་དང་པོ་ནས་བཅུ་པའི་བར་ལ་རིམ་པ་བཞིན་ནོ། །མངོན་ཤེས་རྒྱལ་པོ་ལྟ་བུ་དང་། ཚོགས་གཉིས་མཛོད་ཁང་ལྟ་བུ་དང་། བྱང་ཆུབ་ཀྱི་ཕྱོགས་དང་མཐུན་པའི་ཆོས་ལམ་པོ་ཆེ་ལྟ་བུ་དང་། སྙིང་རྗེ་ལྷག་མཐོང་གཉིས་བཞོན་པ་བཟང་པོ་ལྟ་བུ་དང་། གཟུངས་སྤོབས་གཉིས་བཀོད་མའི་ཆུ་མིག་ལྟ་བུ་ལྔ་ནི་ས་བརྒྱད་པ། དགུ་པ་བཅུ་པ་གསུམ་ཀ་ལ་ཁྱབ་པར་ཡོད་དོ། །ཆོས་ཀྱི་དགའ་སྟོན་སྒྲ་སྙན་ལྟ་བུ་དང་། བགྲོད་པ་གཅིག་པའི་ལམ་ཆུ་བོ་ལྟ་བུ་དང་། ཆོས་ཀྱི་སྐུ་དང་མཚུངས་པར་ལྡན་པ་སྤྲིན་ལྟ་བུ་གསུམ་ནི། ས་བཅུ་པ་ལ་ཡོད་དེ་ཡེ་ཤེས་དང་ཕྲིན་ལས་ཆེན་པོ་སེམས་ཅན་གྱི་དོན་བྱེད་པའི་ཕྱིར་རོ། །ཞེས་སོ། །

འདི་དག་སློབ་དཔོན་ཆེ་བའི་སྡེ་ལ་སོགས་པས་འཇིག་རྟེན་པའི་ལམ་ཐམས་ཅད་སློན་པ་བདེན་མཐོང་ཡན་ཆད་འཇུག་པར་འདོད་པ་དང་། ཨ་བྷ་ཡ་ཀ་ར་ལ་སོགས་ཁ་ཅིག་ཚོགས་ལམ་མན་ཆད་སློན་པ། སྦྱོར་ལམ་ཡན་ཆད་འཇུག་པར་འདོད་ལ། རྒྱ་མཚོའི་སྤྲིན་ལ་སོགས་པ་བྱང་ཆུབ་ཐོབ་འདོད་ཀྱི་བློས་མ་བསྐྱེད་པ་སློན་པ། བསྐྱེད་པ་འཇུག་པར་འདོད་པ་ལ་སོགས་མང་ཡང་། ཀུན་

མཁྱེན་གླིང་ཆེན་པའི་བཞེད་པས་གྲུབ་མཐའ་མཛོད་ལས། འདིར་གཞན་དོན་དུ་བྱང་ཆུབ་འདོད་ལ་སྨོན་པ་དང་། སྦྱོར་བས་ཁྱབ་ན་ཞུགས་པ་ནི་འཇུག་པ་སྟེ། ངོ་བོ་གཅིག་ལ་ལྡོག་པ་ཐ་དད་དུ་འདོད་པ་ཡིན་ནོ། །ཞེས་གསུངས་སོ། །གཉིས་པ་མདོར་བསྟན་པ་ནི། ཀུན་ཀྱང་བསྡུ་ན་སྨོན་འཇུག་རྣམ་པ་གཉིས། །དེ་ཡང་བསམ་པས་སྨོན་དང་སྦྱོར་བས་ཁྱབ། །འགྲོ་བར་འདོད་དང་འགྲོ་བ་ཉིད་བཞིན་ནོ། །དེ་ཡང་སྔར་བཤད་པའི་སེམས་བསྐྱེད་ཀྱི་རྣམ་དབྱེ་ཇི་སྙེད་པ་དེ་དག་ཀྱང་སྨོན་འཇུག་གཉིས་སུ་འདུས་ཏེ། སྨོན་པ་ནི་བྱང་ཆུབ་ཐོབ་པར་འདུན་པ་བསམ་པས་སྨོན་པ་འགྲོ་བར་འདོད་པ་ལྟ་བུ་ཡིན་ལ། འཇུག་པ་ནི། དེའི་ཆོས་ལ་སྦྱོར་བ་འགྲོ་བཞིན་པ་ལྟ་བུ་སྟེ། སྤྱོད་འཇུག་ལས། བྱང་ཆུབ་སེམས་དེ་མདོར་བསྡུས་ན། །རྣམ་པ་གཉིས་སུ་ཤེས་བྱ་སྟེ། །བྱང་ཆུབ་སྨོན་པའི་སེམས་དང་ནི། །བྱང་ཆུབ་འཇུག་པ་ཉིད་ཡིན་ནོ། །འགྲོ་བར་འདོད་དང་འགྲོ་བ་ཡི། །བྱེ་བྲག་ཇི་ལྟར་ཤེས་པ་ལྟར། །དེ་བཞིན་མཁས་པས་འདི་གཉིས་ཀྱི། །བྱེ་བྲག་རིམ་བཞིན་ཤེས་པར་བྱ། །ཞེས་སོ། །སྤྱི་དོན་གཉིས་པ་ཐོག་མར་སྡོམ་པ་ཐོབ་པའི་ཚུལ་ལའང་གཉིས་ཏེ། ཀུན་རྫོབ་སེམས་བསྐྱེད་དང་། དོན་དམ་སེམས་བསྐྱེད་དོ། །དང་པོ་ལའང་གཉིས། ཀླུ་སྒྲུབ་ལུགས་དང་། ཐོགས་མེད་ལུགས་སོ། །དང་པོ་ནི། དང་པོ་སྡོམ་པ་མ་ཐོབ་ཐོབ་ཚུལ་ནི། ལེན་ཚུལ་སྡོམ་གནས་དགེ་བའི་བཤེས་གཉེན་ལ། །ཐེག་ཆེན་སྣོད་གྱུར་དད་ལྡན་སློབ་མ་ཡིས། །ཡན་ལག་བདུན་མཐར་སྨོན་འཇུག་སྐབས་གཅིག་ཏུ། །ལེན་ཞིང་རང་གཞན་དགའ་བ་བསྒོམ་པ་རྣམས། །ཀླུ་སྒྲུབ་ལུགས་ཡིན་ཐོགས་མེད་བཞེད་པ་ནི། །འོག་ཏུ་སྟོན་ལ། བྱང་སེམས་ཀྱི་སྡོམ་པ་འབོག་པར་བྱེད་པའི་དགེ་བའི་བཤེས་གཉེན་ནི། སྡོམ་པ་ཉི་ཤུ་པ་ལས། བླ་མ་སྡོམ་ལ་གནས་ཤིང་མཁས། །ནུས་དང་ལྡན་ལས་བླང་བར་བྱ། །ཞེས་དང་། སྤྱོད་འཇུག་ལས། རྟག་པར་དགེ་བའི་བཤེས་གཉེན་ནི། །ཐེག་ཆེན་དོན་ལ་མཁས་པ་དང་། །བྱང་ཆུབ་སེམས་དཔའི་བརྟུལ་ཞུགས་མཆོག །སྲོག་གི་ཕྱིར་ཡང་མི་གཏོང་ངོ་། །ཞེས་དང་། །སྤྱོད་བསྡུས་སྒྲོན་མ་ལས། བླ་མ་བཟང་ལས་སྡོམ་པ་བླང་། །སྡོམ་པའི་ཆོ་ག་ལ་མཁས་དང་། །བདག་ཉིད་གང་ཞིག་སྡོམ་པ་གནས། །སྡོམ་པ་འབོགས་བཟོད་སྙིང་རྗེར་ལྡན། །བླ་མ་བཟང་པོར་ཤེས་པར་བྱ། །ཞེས་སོ། །སློབ་མའི་མཚན་ཉིད་ནི། སེམས་ཉིད་ངལ་བསོ་ལས། བསྐལ་བཟང་སློབ་མ་དད་དང་

ཤེས་རབ་ཆེ། །བརྩོན་འགྲུས་བག་ཡོད་དྲན་དང་ཤེས་བཞིན་ལྡན། །བཀའ་ལས་མི་འདའ་སྡོམ་དང་དམ་ཚིག་བསྲུང་། །སྒོ་གསུམ་དུལ་ཞིང་སྙིང་རྗེ་ཕན་སེམས་ཆེ། །ཁོང་ཡངས་སྤྲོ་རིང་གཏོང་ཕོད་དག་སྣང་ཆེ། །བསྙེན་ཞིང་མོས་གུས་ཆེ་བ་དེ་དག་གིས། །ཞེས་པའི་ཚུལ་དེ་གཉིས་སྲོལ་གཉིས་ཀ་ལ་འདྲའོ། །དེ་ལྟ་བུའི་སློབ་མ་ལ་དབུམ་ལུགས་ལྟར་ན། ཕྱོགས་གང་དུ་གནས་གཙང་མཆོད་པས་མཛེས་ཤིང་ཉམས་དགའ་བར། རྒྱལ་བའི་སྐུ་གཟུགས་ལ་སོགས་སྟ་གོན་བྱ། །ཞེས་ངལ་གསོར་བཤད་པ་ལྟར་བསྟན་པ་དེས་མཆོན་ནས་ཚོགས་ཞིང་སྤྱལ་ཞིང་སྤྱན་འདྲེན་པ་སོགས་བྱའོ། །དེའི་འཐད་པ། དཀོན་མཆོག་བརྩེགས་པ་ལས། གང་ཞིག་རྒྱལ་བ་ཡིད་བྱེད་པ། །དེ་ཡི་མདུན་ན་དེ་བཞུགས་ཏེ། ། རྟག་པར་བྱིན་གྱིས་བརླབ་པར་བྱེད། །ཉེས་པ་ཀུན་ལས་རྣམ་པར་གྲོལ། །ཞེས་སོ། །དེ་ནས་ཡན་ལག་བདུན་པ་བྱ་བ་ནི། ཇི་སྐད་དུ། ཕྱག་འཚལ་བ་དང་མཆོད་ཅིང་བཤགས་པ་དང་། །རྗེས་སུ་ཡི་རངས་བསྐུལ་ཞིང་གསོལ་བ་ཡི། །དགེ་བ་ཅུང་ཟད་བདག་གིས་ཅི་བསགས་པ། །ཐམས་ཅད་རྫོགས་པའི་བྱང་ཆུབ་ཆེན་པོར་བསྔོ། །ཞེས་འཕགས་པ་བཟང་པོ་སྤྱོད་པ་ནས་བྱུང་བ་ལྟར་རམ་བདུན་རྣམ་དག་གང་ཡང་རུང་བ་དང་། ཡང་དེའི་སྟེང་དུ་སྐྱབས་སུ་འགྲོ་བ་དང་། སེམས་བསྐྱེད་པའི་ཡན་ལག་གཉིས་བསྣན་པས་ཡན་ལག་བཅུ་པ་ཞེས་བྱའོ། །གཞན་ཡང་ཡན་ལག་བཅུའི་ནང་ནས་ཆོས་ཀྱི་འཁོར་ལོ་བསྐོར་བར་བསྐུལ་བ་དང་། མྱ་ངན་ལས་མི་འདའ་བར་གསོལ་གཉིས་ཕྲི་བས་ཡན་ལག་བདུན་ཏེ། དེ་ཡང་སྟོན་པ་གཟུགས་ཀྱི་སྐུ་ལ་ཡན་ལག་དེ་གཉིས་དགོས་ཀྱི། ཆོས་ཀྱི་སྐུ་དང་། ཁྱད་པར་ལོངས་སྤྱོད་རྫོགས་པའི་སྐུ་ལ་མི་དགོས་ཏེ། ཆོས་ངེས་པ་ཐེག་པ་ཆེན་པོའི་ཆོས་ཀྱི་འཁོར་ལོ་དུས་ངེས་པར་རྟག་པ་རྒྱུན་གྱི་འཁོར་ལོར་བསྐོར་བ་ལ་སོགས་པ་ངེས་པ་ལྔ་ལྡན་དུ་བཞུགས་པའི་ཕྱིར་ཏེ། རྒྱ་གར་གྱི་སློབ་དཔོན་ངག་དབང་གྲགས་པས། གཟུགས་ཀྱི་སྐུ་ནི་མྱ་ངན་ལས། །འདའ་བར་བྱེད་ཀྱི་གཅིག་ཤོས་མིན། །ཞེས་གསུངས་སོ། །དེ་ལྟར་ཡན་ལག་བདུན་པ་ཕུལ་བའི་ཕན་ཡོན་ནི། དཔལ་སྤྲས་ཀྱིས་ཞུས་པའི་མདོ་ལས། །གང་ཞིག་ཕྱོགས་བཅུའི་སངས་རྒྱས་ལ། །དམིགས་ནས་ཐལ་མོ་སྦྱར་བྱས་ཏེ། །ཕྱག་འཚལ་དེ་ནི་མཆོད་ཕྱིར་རམ། །བསོད་ནམས་དག་ལ་ཡི་རངས་ཞིང་། ། སྡིག་པ་དག་ཀྱང་འཆགས་པར་བགྱིད། །བསྐུལ་དང་གསོལ་བ་འདེབས་གྱུར་པ། །དེ་ཡི་བསོད་

ནམས་ཕུང་པོ་ནི། ནམ་མཁའ་གང་བར་རྟག་ཏུ་འབྱུང་། །ཞེས་སོ། །དེ་ལྟར་ལེགས་པར་གྲུབ་པའི་རྗེས་སུ། འོག་ནས་འབྱུང་བའི་ཆོ་གའི་ཚིག་བརྗོད་དེ་སྨོན་འཇུག་གི་སེམས་བསྐྱེད་གཉིས་ཀ་བླང་ངོ་། །དེའི་རྗེས་སུ་རང་དགའ་བ་བསྒོམ་པས། གཞན་དགའ་བ་བསྒོམ་པ། མིང་དོན་བརྗེ་བ་གསུམ་ལས། དང་པོ་ནི། སྤྱོད་འཇུག་ལས། སེམས་ནི་འདི་ལྟར་གཟེངས་བསྟོད་དེ། །དེང་དུས་བདག་ཚེ་འབྲས་བུ་ཡོད། །མི་ཡི་སྲིད་པ་ལེགས་པར་ཐོབ། །དེ་རིང་སངས་རྒྱས་རིགས་སུ་སྐྱེས། །སངས་རྒྱས་སྲས་སུ་ད་གྱུར་ཏོ། །ད་ནི་བདག་གིས་ཅི་ནས་ཀྱང་། །རིགས་དང་མཐུན་པའི་ལས་བརྩམས་སྟེ། །སྐྱོན་མེད་བཙུན་པའི་རིགས་འདི་ལ། །རྙོག་པར་མི་འགྱུར་དེ་ལྟར་བྱ། །ལོང་བས་ཕྱག་དར་ཕུང་པོ་ལས། །ཇི་ལྟར་རིན་ཆེན་རྙེད་པ་ལྟར། །དེ་བཞིན་ཇི་ཞིག་ལྟར་སྟེས་ནས། །བྱང་ཆུབ་སེམས་ནི་བདག་ལ་སྐྱེས། །ཞེས་སོ། །གཉིས་པ་ནི། དེ་ཉིད་ལས། བདག་གིས་དེ་རིང་སྐྱོབ་པ་ཐམས་ཅད་ཀྱི། །སྤྱན་སྔར་འགྲོ་བ་བདེ་གཤེགས་ཉིད་དང་ནི། །བར་དུ་བདེ་ལ་མགྲོན་དུ་བོས་ཟིན་གྱི། །ལྷ་དང་ལྷ་མིན་ལ་སོགས་དགའ་བར་གྱིས། །ཞེས་སོ། །གསུམ་པ་སེམས་བསྐྱེད་ཐོབ་མ་ཐག་ཏུ་སོ་སྐྱེའམ་ཉན་ཐོས་རང་རྒྱལ་ཞེས་པའི་མིང་དང་མི་ལྡན་བྱང་ཆུབ་སེམས་དཔར་འགྱུར་ལ། དེ་ཡང་མིང་གི་རྣམ་གྲངས་བཅུ་དྲུག་ཡོད་དེ། མདོ་སྡེའི་རྒྱན་ལས། བྱང་ཆུབ་སེམས་དཔའ་སེམས་དཔའ་ཆེ། །བློ་ལྡན་ཉིད་དང་གསལ་བའི་མཆོག །རྒྱལ་སྲས་རྒྱལ་བའི་གཞི་དང་ནི། །རྒྱལ་བྱེད་རྒྱལ་བའི་མྱུ་གུ་དང་། །རྩལ་ལྡན་དང་ནི་འཕགས་མཆོག་དང་། །དེད་དཔོན་དང་ནི་གྲགས་མཆོག་དང་། །སྙིང་རྗེ་ཆེ་དང་བསོད་ནམས་ཆེ། །དབང་ཕྱུག་དེ་བཞིན་ཆོས་དང་ལྡན། །ཞེས་སོ། །མིང་དུ་མ་ཟད་དོན་ཀྱང་འཕོ་སྟེ། སྤྱ་མ་ལས། བྱང་ཆུབ་སེམས་བསྐྱེད་གྱུར་པའི་སྐད་ཅིག་ལ། །འཁོར་བའི་བཙོན་རར་བསྡམས་པའི་ཉམས་ཐག་རྣམས། །བདེ་གཤེགས་རྣམས་ཀྱི་སྲས་ཞེས་རབ་བརྗོད་ཅིང་། །འཇིག་རྟེན་ལྷ་མིར་བཅས་པས་ཕྱག་བྱར་འགྱུར། །ཞེས་སོ། །གཉིས་པ་སློབ་དཔོན་ཐོགས་མེད་ཀྱི་ལུགས་ལ། སྨོན་སེམས་ལེན་ལ་སོ་ཐར་མི་དགོས་ཀྱང་། །ཡང་དག་བླང་བ་རིགས་བདུན་སྟོན་སོང་ནས། །བར་ཆད་དྲི་དང་བསླབ་པ་ཁས་ལེན་པ་སོགས། །སྨོན་འཇུག་ཆོ་ག་སོ་སོའི་སྒོ་ནས་ལེན། །འདི་ལྟར་སྨོན་པ་སེམས་བསྐྱེད་རྐྱང་པ་ལེན་པ་ལ་སོ་ཐར་མི་དགོས་ཀྱང་། སྨོན་འཇུག་གཉིས་ཀ་ཡང་དག་པར་ལེན་པའི་རྟེན་དེ།

སོ་ཐར་རིགས་བདུན་གྱི་སྡོམ་པ་དང་ལྡན་པ་ཞིག་ངེས་པར་དགོས་ཏེ། ཇོ་བོ་རྗེས་བྱང་ཆུབ་ལམ་སྒྲོན་ལས། སོ་སོ་ཐར་པ་རིགས་བདུན་གྱི། །རྟག་ཏུ་སྡོམ་གཞན་ལྡན་པ་ལ། །བྱང་ཆུབ་སེམས་དཔའི་སེམས་བསྐྱེད་ཀྱི། །སྐལ་བ་ཡོད་ཀྱི་གཞན་དུ་མིན། །ཞེས་སོ། །དེ་ལྟ་བུའི་གང་ཟག་དེ་ལ་ཉེས་པ་དང་མཐུན་པར་བར་ཆད་དྲི་བ་དང་བསླབ་པ་ལ་སློབ་པར་ཁས་ལེན་པ་སོགས་བྱས་ནས། དངོས་ནི་སྨོན་སེམས་སྔོན་ལ་བླང་། །དེ་རྗེས་འཇུག་པ་བླང་སྟེ་ཚིག་ལྟར་བྱའོ། །དེ་ལྟར་བླང་བའི་ཡུལ་དགེ་བའི་བཤེས་གཉེན་མེད་ན། རྒྱལ་བའི་རྟེན་ལ་རུང་བར་གྲོལ་གཉིས་མཐུན། །ཐོབ་མཚམས་བརྗོད་པ་གསུམ་གྱི་ཐ་ལའོ། །དེ་ཡང་ཟབ་པ་དང་རྒྱ་ཆེ་བའི་ལུགས་གང་ལའང་། རང་སྟོབས་ཀྱི་ནུས་པ་ཡོད་ན་མདུན་གྱི་ནམ་མཁར་སངས་རྒྱས་དང་བྱང་ཆུབ་སེམས་དཔའི་ཚོགས་བསམ་པ་ལ་ལེན་ཏེ། འཇམ་དཔལ་ཞིང་གི་ཡོན་ཏན་བཀོད་པའི་མདོ་ལས་གསུངས་པ་ལྟར་བྱང་ཆུབ་ལམ་སྒྲོན་ལས། གལ་ཏེ་བླ་མ་མ་རྙེད་ན། །དེ་ལ་གཞན་སྡོམ་ཆོད་པ་ཡི། །ཆོ་ག་ཡང་དག་བཤད་པར་བྱ། །ཞེས་དང་། མགོན་པོ་རྣམས་ཀྱི་སྤྱན་སྔར་ནི། །རྫོགས་པའི་བྱང་ཆུབ་སེམས་བསྐྱེད་ཅིང་། ། ཞེས་སོགས་ཚིག་ལྟར་གསུངས་སོ། །ཚིགའི་ངག་འདོན་ནི། སྤྱོད་འཇུག་ལ་སོགས་ནས་གསུངས་པའང་ཡོད་ལ། འདིར་ནི་ཀུན་མཁྱེན་ཆེན་པོས་འགྲེལ་ཆེན་ཤིང་རྟ་ཆེན་པོར་གསུངས་པ་ལྟར་འདོན་ཏེ། དེ་ཡང་ཡུལ་དགེ་བའི་བཤེས་གཉེན་ནམ། རྒྱལ་བའི་རྟེན་གང་ཡང་རུང་བའི་མདུན་དུ་བདག་ཉིད་ཕྱག་བཙུགས་ཐལ་མོ་སྦྱར་ཏེ། བདག་མིང་འདི་ཞེས་བགྱི་བ། དུས་འདི་ནས་བཟུང་སྟེ་ཇི་སྲིད་བྱང་ཆུབ་སྙིང་པོ་ལ་མཆིས་ཀྱི་བར་དུ་རྐང་གཉིས་རྣམས་ཀྱི་མཆོག །སངས་རྒྱས་བཅོམ་ལྡན་འདས་རྣམས་ལ་སྐྱབས་སུ་མཆིའོ། །འདོད་ཆགས་དང་བྲལ་བ་རྣམས་ཀྱི་མཆོག །དམ་པའི་ཆོས་རྣམས་ལ་སྐྱབས་སུ་མཆིའོ། །ཚོགས་རྣམས་ཀྱི་མཆོག །འཕགས་པ་ཕྱིར་མི་ལྡོག་པའི་དགེ་འདུན་རྣམས་ལ་སྐྱབས་སུ་མཆིའོ། །ཞེས་ལན་གསུམ་དང་། ཕྱོགས་བཅུ་ན་བཞུགས་པའི་སངས་རྒྱས་བཅོམ་ལྡན་འདས་ཐམས་ཅད་བདག་ལ་དགོངས་སུ་གསོལ། ས་བཅུ་ལ་གནས་པའི་བྱང་ཆུབ་སེམས་དཔའ་རྣམས་བདག་ལ་དགོངས་སུ་གསོལ། བླ་མ་རྡོ་རྗེ་འཛིན་པ་ཆེན་པོ་རྣམས་བདག་ལ་དགོངས་སུ་གསོལ། ཇི་ལྟར་སྔོན་གྱི་སངས་རྒྱས་བཅོམ་ལྡན་འདས་རྣམས་དང་། བྱང་ཆུབ་སེམས་དཔའ

སེམས་དཔའ་ཆེན་པོ་རྣམས་ཀྱིས་བྱང་ཆུབ་ཆེན་པོར་ཐུགས་བསྐྱེད་པ་དེ་བཞིན་དུ། བདག་མིང་འདི་ཞེས་བགྱི་བས་ཀྱང་། སེམས་ཅན་མ་བསྒྲལ་བ་རྣམས་བདག་གིས་བསྒྲལ་བ་དང་། མ་གྲོལ་བ་རྣམས་གྲོལ་བ་དང་། དབུགས་མ་དབྱུང་བ་རྣམས་དབུགས་དབྱུང་བ་དང་། ཡོངས་སུ་མྱ་ངན་ལས་མ་འདས་པ་རྣམས་ཡོངས་སུ་མྱ་ངན་ལས་འདའ་བའི་ཕྱིར། དུས་འདི་ནས་བཟུང་སྟེ། བྱང་ཆུབ་སྙིང་པོ་ལ་མཆིས་ཀྱི་བར་དུ་བྱང་ཆུབ་ཆེན་པོར་སེམས་བསྐྱེད་པར་བགྱིའོ། །ཞེས་ལན་གསུམ་བརྗོད་པའོ། །གསུམ་པ་བརྗོད་དགོས་པའི་རྒྱུ་མཚན། ངལ་གསོ་ལས། བརྗོད་པ་དང་པོས་སྨོན་པ་སེམས་བསྐྱེད་ལ། །གཉིས་པས་འཇུག་པ་སེམས་བསྐྱེད་གསུམ་པ་ཡིས། །གཉིས་ཀ་བརྟན་ཞིང་དག་པ་ཐོབ་པར་འགྱུར། །ཞེས་དང་། རྒྱ་མཚོའི་སྤྲིན་གྱིས། བརྗོད་པ་དང་གཉིས་པ་གསུམ་པ་དག་གིས་སྨོན་པ་དང་འཇུག་པ་གཉིས་ཀ་ཆོས་བརྟན་པའི་མཆོག་ཉིད་ཐོབ་པར་འགྱུར་ཏེ། ཞེས་སོ། །དེ་ཡང་སྨོན་འཇུག་ངོ་བོ་ཐ་དད་པ་མེད་དེ་བརྗོད་པ་གསུམ་ལས་ལྡོག་པ་ཐ་དད་པར་སྟོན་ཀྱང་ངོ་བོ་གཅིག་ཡིན་ཏེ། བྱང་ས་ལས། སྨོན་པ་དང་འཇུག་པ་འདི་གཉིས་ནི། ངོ་བོ་དབྱེར་མེད་པས་གཞན་གྱི་དོན་དུ་བྱེད་པ་གཅིག་པ་ཉིད་དང་། ཐ་མི་དད་པའི་རང་བཞིན་དུ་ཤེས་པར་བྱ་བ་ཉིད་དོ། །ཅེས་སོ། །

གཉིས་པ་དོན་དམ་སེམས་བསྐྱེད་ནི། དོན་དམ་སེམས་བསྐྱེད་ཆོག་བླང་ཐོབ་པ། །གསང་སྔགས་ལུགས་ཡིན་མདོ་ལས་བཤད་སྲིད་ན། །དམ་བཅའ་ཉིད་ཡིན་བསྒོམ་པའི་སྟོབས་ལས་སྐྱེས། །དེ་ཡང་དོན་དམ་སེམས་བསྐྱེད་ཀྱི་ངོ་བོ་གཤིས་ཀྱི་རང་བཞིན་ཏེ། དེ་གསང་སྔགས་ལས་རྐྱེན་ཀུན་རྫོབ་སེམས་བསྐྱེད་ཆོག་བླང་ནས་རྒྱུ་དོན་དམ་སེམས་བསྐྱེད་མངོན་དུ་བྱེད་པ་དང་། དབང་གཉིས་པ་དང་གསུམ་པར་ཀུན་རྫོབ་དང་དོན་དམ་བྱང་ཆུབ་ཀྱི་སེམས་མངོན་དུ་བྱེད་པ་སྟེ་རྒྱས་པར་སླད་ནས་འཆད་པར་འགྱུར་ལ། འདིའི་དོན། སེམས་བསྐྱེད་ཆེན་པོའི་མདོ་ལས་ཀྱང་། །བྱང་ཆུབ་ཏུ་སེམས་ཇི་ལྟར་བསྐྱེད་ཅེ་ན་ཐམས་ཅད་ནམ་མཁའ་ལྟར་མཚན་ཉིད་མེད་ཅིང་ཡེ་ནས་འོད་གསལ་བ་རྣམ་པར་དག་པ་དེ་ལ་ནི་བྱང་ཆུབ་ཅེས་བྱའོ། །དེ་དང་མཐུན་པའི་སེམས་སྔོན་མ་སྐྱེས་པའི་སེམས་རིན་པོ་ཆེ་སྐྱེས་པ་ལ་ནི་བྱང་ཆུབ་ཏུ་སེམས་བསྐྱེད་པ་ཞེས་བྱའོ། །ཞེས་སོ། །མདོ་ལས་དོན་དམ་སེམས་བསྐྱེད་སྒོམ་པ་ལས་སྐྱེ་ཡང་ཆོག་ས་སྐྱེ་བར་བཤད་པ་མེད་དེ། ཀླུ་སྒྲུབ་ཀྱིས་བྱང་

ཆུབ་ཀྱི་སེམས་རྣམ་པར་བཤད་པ་ལས། དེ་ལྟར་བྱང་ཆུབ་ཀྱི་སེམས་བསྐྱེད་པ་ནི་སྨོན་ལམ་གྱི་རང་བཞིན་ཀུན་རྫོབ་ཀྱི་རྣམ་པའོ། །བྱང་ཆུབ་སེམས་དཔའི་གསང་སྔགས་ཀྱི་སྒོའི་སྤྱད་པ་སྤྱོད་པར་འདོད་པ་རྣམས་ཀྱིས། མ་བསྒྲིབ་ཡང་དོན་དམ་ཡང་བསྒོམ་པའི་སྟོབས་ཀྱིས་བསྐྱེད་པར་བྱའོ། །ཞེས་སོ། །ཇི་ལྟར་ཞེ་ན། སངས་རྒྱས་བརྒྱ་ལས་མི་ཉུང་བའི་ཞལ་མཐོང་ནས་ལུང་གི་ཆོས་ཐོས་པས། ཡོངས་སུ་འཛིན་པ་དམ་པ་དང་། བསྐལ་པ་བརྒྱ་ལས་མི་ཉུང་བར་ཚོགས་གཉིས་བསགས་པས་བསྒྲུབ་པའི་ཆོས་འཛིན་པས་སྒྲུབ་པ་དམ་པ་དང་། མཉམ་གཞག་ནས་རྣམ་པར་མི་རྟོག་པའི་ཡེ་ཤེས་སྐྱེས་པས་རྟོགས་པའི་ཆོས་འཛིན་པས། རྟོགས་པ་དམ་པ་སྟེ། དམ་པ་གསུམ་གྱིས་ཟིན་པ་ནི་དོན་དམ་སེམས་བསྐྱེད་དོ། །དེ་ཡང་། མདོ་སྡེ་རྒྱན་ལས། རྫོགས་པའི་སངས་རྒྱས་རབ་མཉེས་བྱ། །བསོད་ནམས་ཡེ་ཤེས་ཚོགས་རབ་བསགས། །ཆོས་ལ་མི་རྟོག་ཡེ་ཤེས་ནི། །སྐྱེ་ཕྱིར་དེ་ནི་དོན་དམ་འདོད། །ཅེས་པས། ས་དང་པོའི་ཡོན་ཏན་སྐྱེས་པ་ནི་དོན་དམ་སེམས་བསྐྱེད་ཀྱི་ཐོག་མ་ཡིན་ལ། སོ་སོའི་སྐྱེ་བོའི་གནས་སྐབས་ན་དོན་དམ་སེམས་བསྐྱེད་མཚན་ཉིད་པ་མེད་པར་ས་པཎ་ལ་སོགས་བློ་གྲོས་མངའ་བ་ཀུན་བཞེད་དོ། །རྣལ་འབྱོར་རྣག་ཨ་སྲུ་ནི་ཀུན་རྫོབ་བྱང་ཆུབ་ཀྱི་སེམས་བསྒོམ་པ་ན་རྣམ་པར་མི་རྟོག་པའི་ཡེ་ཤེས་ལ་མཉམ་པར་བཞག་པས་དོན་དམ་སེམས་བསྐྱེད་ཀྱང་ངེས་གྲུབ་པོ་གསུངས་པའང་འགལ་བ་ཆེར་མ་མཐོང་ངོ་། །སྤྱི་དོན་གསུམ་པ་བར་དུ་ཐོབ་པ་མི་ཉམས་པར་བསྲུང་བའི་ཐབས་ལའང་གཉིས་ཏེ། བསླབ་བྱ་དངོས་དང་། དེ་སྐྱེ་བའི་རྟེན་བཤད་པའོ། །དང་པོ་ལའང་གཉིས་ཏེ། དབྱེ་བ་རྒྱས་པར་བཤད་པ་དང་། གཅེས་པའི་སྡོམ་པས་འགགས་བསྡུ་བའོ། །དང་པོ་ལའང་གསུམ་སྟེ། ཉེས་སྤྱོད་སྡོམ་པ། དགེ་བ་ཆོས་སྡུད། སེམས་ཅན་དོན་བྱེད་དོ། །ཅིའི་ཕྱིར་ཞེ་ན། བར་དུ་མི་ཉམས་བསྲུང་བའི་ཐབས་བཤད་པ། །བྱང་ཆུབ་སེམས་དཔའི་ཚུལ་ཁྲིམས་གསུམ་ཡིན་ཏེ། ཉེས་སྤྱོད་སྡོམ་དང་དགེ་བ་ཆོས་སྡུད་དང་། །སེམས་ཅན་དོན་བྱེད་གསུམ་ལས་དང་པོ་ནི། ཞེས་སྨོས་པས་དང་པོ་ཉེས་སྤྱོད་སྡོམ་པའི་ཚུལ་ཁྲིམས་ལའང་གཉིས་ཏེ། དབུ་མའི་ལུགས་དང་། སེམས་ཙམ་པའི་ལུགས་སོ། །དང་པོ་ལའང་གཉིས། རྩ་བའི་ལྟུང་བ་དང་། ཡན་ལག་གི་ཉེས་བྱས་སོ། །དང་པོ་ལ་གསུམ་རྒྱལ་པོ་ལ་ངེས་པ་ལྔ། བློན་པོ་ལ་ལྔ། ཐལ་པ་ལ་བརྒྱད་དོ། །དང་པོ་ནི།

དཀོན་མཆོག་དཀོར་འཕྲོག་དང་ནི་ཆོས་སྤངས་ལས། །ཚུལ་ལྡན་ཚུལ་འཆལ་ཁྲིམས་གཅོད་བསླབ་འབེབས་སོགས། །མཚམས་མེད་ལས་བྱེད་ལོག་ལྟ་ལྔ་རྒྱལ་པོ། །དེ་ལྟར་རྒྱལ་པོ་ལ་འབྱུང་དུ་ཉེ་བ་སྟེ། འདི་དག་ནམ་མཁའི་སྙིང་པོའི་མདོ་ལས། གསུངས་པ་ལྟར་བསླབ་བཏུས་སུ་ཚིགས་སུ་བཅད་དེ། །དཀོན་མཆོག་གསུམ་གྱི་དཀོར་འཕྲོག་པ། །ཕས་ཕམ་པ་ཡི་ལྟུང་བར་འདོད། །དམ་པའི་ཆོས་ནི་སྤོང་བྱེད་པ། །གཉིས་པ་ཐུབ་པས་གསུངས་པ་ཡིན། །ཚུལ་ཁྲིམས་འཆལ་བའི་དགེ་སློང་ལ། །ངུར་སྨྲིག་འཕྲོག་དང་བརྡེག་པ་དང་། །བཙོན་རར་འཇུག་པར་བྱེད་པ་དང་། །རབ་ཏུ་བྱུང་བ་འབེབས་པ་དང་། །སྲོག་དང་བྲལ་བྱེད་གསུམ་པ་ཡིན། །མཚམས་མེད་ལྔ་པོ་བྱེད་པ་དང་། །ལོག་པར་ལྟ་བ་འཛིན་པ་དང་། །ཞེས་སོ། །གཉིས་པ་ནི། གྲོང་ལྗོངས་གྲོང་ཁྱེར་གྲོང་རྡལ་ཡུལ་འཁོར་རྣམས། །འཇོམས་པར་བྱེད་པའང་བློན་པོར་ངེས་པ་ལྔ། །དེ་ཡང་སྔ་མ་ལས། གྲོང་ལ་སོགས་པ་འཇོམས་པ་ཡང་། །རྩ་བའི་ལྟུང་བར་རྒྱལ་བས་གསུངས། །ཞེས་པས། གྲོང་ནི་ཡུལ་ཆུང་ངུ། གྲོང་ཁྱེར་ནི་འབྲིང་པོ། གྲོང་རྡལ་ནི་ཆེན་པོ། ལྗོངས་ནི་ཡུལ་གྲུ་ཐ་དད་པ། ཡུལ་འཁོར་ནི་ཆེར་གྲངས་སུ་ལངས་པ་ཡིན་པར་གྲགས་སོ། །གསུམ་པ་ནི། མ་སྦྱངས་སྟོང་ཉིད་བརྗོད་སྨྲས་ཉན་ཐོས་སློན། །རྫོགས་བྱང་ཕྱིར་ལྡོག་ཐེག་དམན་སེམས་བསྐྱེད་དང་། །སོ་ཐར་སྤངས་ནས་ཐེག་ཆེན་སློབ་པ་དང་། །ཉན་ཐོས་ཐེག་པས་ཆགས་སོགས་མི་ལྡོག་པས། །དེ་ལྡོག་དེ་ཡི་འབྲས་བུ་མེད་པར་བྱས། །ཕྲག་དོག་དབང་གིས་བདག་བསྟོད་གཞན་སྨོད་དང་། །དགེ་སློང་ཆད་པས་གཅོད་བཅུག་ཤུག་འབུལ་དང་། །སྤངས་བའི་ལོངས་སྤྱོད་ཁ་ཏོན་པ་ལ་བྱིན། །ཞི་གནས་འདོར་བཅུག་ཕལ་ལ་ལྟུང་ངེས་བརྒྱད། །དེ་སྐད་དུ་སྔ་མ་ལས། བློ་སྦྱངས་མ་བྱས་སེམས་ཅན་ལ། །སྟོང་པ་ཉིད་ནི་སྟོན་པ་དང་། །སངས་རྒྱས་ཉིད་ལ་ཞུགས་པ་དག །རྫོགས་པའི་བྱང་ཆུབ་བཟློག་པ་དང་། །སོ་སོར་ཐར་པ་ཡོངས་སྤངས་ཏེ། །ཐེག་པ་ཆེ་ལ་སྦྱོར་བ་དང་། །སློབ་པའི་ཐེག་པས་ཆགས་ལ་སོགས། །སྤངས་བར་འགྱུར་བ་མིན་ཞེས་བརྗོད། །ཕ་རོལ་དག་ཀྱང་འཛིན་འཇུག་དང་། །རང་གི་ཡོན་ཏན་བརྗོད་པ་དང་། །རྙེད་པ་དང་ནི་བཀུར་སྟི་དང་། །ཚིགས་བཅད་རྒྱུ་ཡིས་གཞན་སྨོད་དང་། །བདག་ནི་ཟབ་མོ་བཟོད་པའོ་ཞེས། །ལོག་པ་ཉིད་ནི་སྨྲ་བ་དང་། །དགེ་སྦྱོང་ཆད་པས་གཅོད་འཇུག་དང་། །དཀོན་མཆོག་གསུམ་གྱི་སྦྱིན་བྱེད་དང་། །

སྤྲིན་པ་ལེན་པར་བྱེད་པ་དང་། །ཞི་གནས་འདོར་བར་བྱེད་པ་དང་། །ཡང་དག་འཇོག་གི་ཡོངས་སྤྱོད་རྣམས། །ཁ་ཏོན་བྱེད་ལ་སྤྲིན་པ་རྣམས། །དེ་དག་རྩ་བའི་ལྟུང་བ་སྟེ། །སེམས་ཅན་དམྱལ་བ་ཆེན་པོའི་རྒྱུ། །ཀྱེ་ལམ་འཕགས་པ་ནམ་སྙིང་པོའི། །མདུན་དུ་འདུག་སྟེ་བཤགས་པར་བྱ། །ཞེས་སོ། །དེ་ཡང་རྒྱལ་པོ་ལ་སོགས། དེ་དེར་འབྱུང་ཞེས་བཞག་གི་ཀུན་ལ་ཀུན། །མིང་དུ་བཅོ་བརྒྱད་རྫས་སུ་བཅུ་བཞི་སྟེ། །སྨོན་འཇུག་སེམས་གཏོང་དེ་རྣམས་རྩ་ལྟུང་ཡིན། །འདི་དག་བྱང་ཆུབ་སེམས་དཔའ་རྒྱལ་པོའི་ཚུལ་དང་། བློན་པོ་དང་། ཕལ་པའི་ཚུལ་ཅན་དེ་དག་ལ་འབྱུང་དུ་ཉེ་བའི་ཆ་ནས་རྒྱལ་པོ་ལ་ངེས་པ་ལྔ་ལ་སོགས་པར་བརྗོད་ཀྱི། དོན་ལ་གང་ཟག་གཅིག་གི་རྒྱུད་ལའང་དེ་དག་ཐམས་ཅད་བསྲུང་དགོས་སོ། །འདི་དག་མིང་གི་སྒོ་ནས་བཅོ་བརྒྱད་ཡོད་ཀྱང་། རྫས་སུ་བསྡུ་ན། རྒྱལ་པོའི་དང་པོའི་བཞི་དང་བློན་པོའི་ལྔ་པོ་གཅིག་པས་ལྔ། ཕལ་པའི་བརྒྱད་དང་བཅུ་བཞི་རུ་འདུའོ། །ཐུན་མོང་པ་སྨོན་སེམས་བཏང་བ་དང་བཅུ་དགུ། དེའི་སྟེང་དུ་དཀོན་མཆོག་བརྩེགས་པ་ལས། འཇུག་པའི་སེམས་སྤངས་ཏེ། དགེ་བ་ལ་མི་སྤྱོར་བ་དང་ཉི་ཤུའོ། །ཟླ་བ་སྙིང་པོའི་མདོ་དང་། ནམ་མཁའི་སྙིང་པོའི་མདོ་ལས་ཀྱང་འཇུག་སེམས་སྤོང་བ་ཉིད་ལྟུང་བྱེད་དུ་གསལ་ལོ། །གཉིས་པ་ཡན་ལག་གི་ཉེས་བྱས་ནི། ཡན་ལག་ཉེས་བྱས་བརྒྱད་ཅུ་ལ་སོགས་པ། །ཕྲ་ཕྱིར་འདིར་ནི་མ་བཤད་བསླབ་བཏུས་བལྟ། །དེ་ཡང་ཉེས་བྱས་བརྒྱད་ཅུ་ཞེས་པ། སློབ་དཔོན་ཞི་བ་ལྷས་མཛད་པའི་བསླབ་བཏུས་སུ་གསུངས་ནའང་འདིར་སླས་པ། དབང་གི་འབྲས་རྒྱུའི་མཐའ་འཁོབ་ལྐོར་གཞན་ཕུག །འཚོས་སྐྱོབ་གང་གི་བདུན་གྱི་བདུན་པས་དབེན། །བློ་རྟོག་དུས་ཀྱི་མྱུ་གུས་ཡིད་བྱེད་ཀྱང་། །དབྱིག་ལྡན་ཤེད་བུ་སྦོའུ་ཅན་ཕོངས་བཞིན། །ཞེས་བྱའོ། །གཉིས་པ་སེམས་ཙམ་པའི་ལུགས་ལའང་གཉིས་ཏེ། སྨོན་པ་དང་། འཇུག་པའི་བསླབ་བྱ་གཉིས་ལས། དང་པོ་ལའང་། མདོར་བསྟན་པ་དང་། རྒྱས་པར་བཤད་པ་གཉིས་ལས། དང་པོ་ནི། ཐོགས་མེད་ལུགས་ནི་སྨོན་པའི་བསླབ་བྱ་ལ། །སེམས་ཅན་བློས་མི་གཏོང་དང་ཕན་ཡོན་དྲན། །ཚོགས་བསགས་བྱང་སེམས་སྦྱངས་ལ་བརྩོན་པ་དང་། །དཀར་ནག་ཆོས་བརྒྱད་བླང་དོར་སྨོན་པའི་ཡིན། །དེ་ཡང་སེམས་ཅན་བློས་མི་གཏོང་བ་ནི། མདོ་སྡེའི་རྒྱན་ལས། ཕ་རོལ་སེམས་ཅན་གཅིག་གི་ཕྱིར་ཡང་ནི། །བསྐལ་པ་བྱེ་བ་བརྒྱར་ཡང་མི་སྐྱོ་བ། །ཞེས་སོ། །ཕན་

ཡོན་ཏན་པར་བྱ་སྟེ། སྤྱོད་འཇུག་ལས། བྱང་ཆུབ་སེམས་ཀྱི་བསོད་ནམས་གང་། །གལ་ཏེ་དེ་ལ་གཟུགས་མཆིས་ན། །ནམ་མཁའི་ཁམས་ནི་ཀུན་བཀང་ཡང་། །དེ་ནི་དེ་ལས་ལྷག་པར་འགྱུར། །ཞེས་པ་ལ་སོགས་པའོ། །ཚོགས་གཉིས་བསགས་དགོས་པར་ཡང་། ཀླུ་སྒྲུབ་ཀྱིས། ཚོགས་གཉིས་ལམ་ལ་མ་བརྟེན་པར། །མཐར་ཕྱིན་འབྲས་བུ་ཐོབ་མ་ཡིན། །ཞེས་སོ། །བྱང་ཆུབ་ཀྱི་སེམས་སྦྱངས་དགོས་ཏེ་ཞི་བ་ལྷས། སེམས་ནི་བསྐྱེད་པར་མ་བྱས་ན། །སངས་ནི་རྒྱ་བར་མི་འགྱུར་རོ། །ཞེས་པའི་ཚུལ་གྱིས་དཀར་ནག་ཆོས་བརྒྱད་བླང་དོར་དུ་བྱའོ། །

གཉིས་པ་རྒྱས་པར་བཤད་པ་ནི། མཆོད་འོས་བསླུ་དང་འགྱོད་མེད་འགྱོད་པ་བསྐྱེད། །དམ་པར་སྐུར་འདེབས་འགྲོ་ལ་གཡོ་སྒྱུས་སྤྱོད། །ནག་པོའི་ཆོས་བཞི་སྤངས་ཞིང་བཟློག་པ་ནི། །དཀར་པོའི་ཆོས་བཞི་ཡིན་པས་ཀུན་ཏུ་སྤྱོད། །སྤངས་པར་བྱ་བ་ནག་པོའི་ཆོས་བཞི་ནི། དཀོན་མཆོག་བརྩེགས་པ་ལས། འོད་སྲུང་ཆོས་བཞི་དང་ལྡན་ན་བྱང་ཆུབ་ཀྱི་སེམས་བརྗེད་པར་འགྱུར་ཏེ། བཞི་གང་ཞེ་ན། བླ་མ་དང་མཆོད་པར་འོས་པ་བསླུས་པ་དང་། གཞན་འགྱོད་པའི་གནས་མ་ཡིན་པ་ལ་འགྱོད་པ་བསྐྱེད་པ་དང་། སེམས་བསྐྱེད་པའི་བྱང་ཆུབ་སེམས་དཔའ་ལ་ སྡང་སེམས་ཀྱིས་སྐྱོན་བརྗོད་པ་དང་། སེམས་ཅན་ལ་གཡོ་དང་སྒྱུས་སྤྱོད་པའོ། །ཞེས་སོ། །བླང་བྱ་དཀར་པོའི་ཆོས་བཞི་ཡང་དེ་ཉིད་ལས། འོད་སྲུང་བྱང་ཆུབ་སེམས་དཔའ་ཆོས་བཞི་དང་ལྡན་ན་སྐྱེ་བ་ཐམས་ཅད་དུ་སྐྱེས་མ་ཐག་ཏུ་བྱང་ཆུབ་ཀྱི་སེམས་མངོན་དུ་འགྱུར་ཞིང་། བྱང་ཆུབ་ཀྱི་སྙིང་པོ་ལ་འདུག་གི་བར་དུ་བར་མ་དོར་བརྗེད་པར་མི་འགྱུར་རོ། །བཞི་གང་ཞེ་ན། སྲོག་གི་ཕྱིར་རམ། ཐ་ན་བཞད་གད་ཀྱི་ཕྱིར་ཡང་རྫུན་དུ་མི་སྨྲ་བ་དང་། གཡོ་སྒྱུ་མེད་པར་སེམས་ཅན་ཐམས་ཅད་ཀྱི་མདུན་ན་གནས་པ་དང་། བྱང་ཆུབ་སེམས་དཔའ་ལ་སྟོན་པའི་འདུ་ཤེས་ཀྱིས་བསྔགས་པས་ཕྱོགས་བཅུར་བརྗོད་པ་དང་། སེམས་ཅན་ཐམས་ཅད་ཐེག་པ་ཆེན་པོ་ལ་འགོད་ཅིང་འཛིན་དུ་འཇུག་པ་སྟེ། ཞེས་སོ། །གཞན་ཡང་། མདོ་ཏིང་ངེ་འཛིན་རྒྱལ་པོ་ལས། གཞོན་ནུ་འདུ་ཤེས་བཞི་དང་ལྡན་ན་བྱང་ཆུབ་ཀྱི་སེམས་བརྟན་པོར་འགྱུར་ཏེ། བཞི་གང་ཞེ་ན་ཡང་དག་པའི་དགེ་བའི་བཤེས་གཉེན་ལ་སངས་རྒྱས་ཀྱི་འདུ་ཤེས་དང་། དེས་བསྟན་པའི་ཆོས་ལ་ལམ་གྱི་འདུ་ཤེས་དང་། དེ་བསྒྲུབ་པ་རྣམས་ལ་ལམ་གྲོགས་ཀྱི་འདུ་ཤེས་དང་།

སེམས་ཅན་ཐམས་ཅད་ལ་བུ་གཅིག་པའི་འདུ་ཤེས་སོ། །ཞེས་སོ། །གཉིས་པ་འཇུག་པའི་བསླབ་བྱ་ལ་གཉིས། རྩ་བའི་ལྟུང་བ་དང་། ཡན་ལག་གི་ཉེས་བྱས་སོ། །དང་པོ་ནི། རྙེད་བཀུར་ལྷག་ཞེན་བདག་བསྟོད་གཞན་སྨོད་དང་། །སེར་སྣས་ཟང་ཟིང་ཆོས་ནོར་མི་སྟེར་དང་། །ཁྲོ་བས་གཞན་འཚེ་བཤགས་སྦྱོང་གིས་མི་ལྡོག །གཡོམ་ལས་ཆོས་ལྟར་བཅོས་མོས་སྟོན་པ་བཞི། །རྩ་ལྟུང་བཞི་སྟེ་འཇུག་པའི་བསླབ་བྱའོ། །དེ་ཡང་ཇི་སྐད་དུ། སྡོམ་པ་ཉི་ཤུ་པ་ལས། རྙེད་དང་བཀུར་སྟི་ཆགས་པ་ཡིས། །བདག་བསྟོད་གཞན་ལ་སྨོད་པ་དང་། །སྡུག་བསྔལ་མགོན་མེད་གྱུར་པ་ལ། །སེར་སྣས་ཆོས་ནོར་མི་སྟེར་དང་། །གཞན་གྱི་བཤགས་ཀྱང་མི་ཉན་པར། །ཁྲོས་པས་གཞན་ལ་འཚོག་པ་དང་། །ཐེག་པ་ཆེན་པོ་སྤང་བྱེད་ཅིང་། །དམ་ཆོས་འདྲར་སྣང་སྟོན་པའོ། །ཞེས་རྩ་བའི་ལྟུང་བ་ཕམ་འདྲ་བཞི་ཞེས་བྱའོ། །གཉིས་པ་ཡན་ལག་གི་ཉེས་བྱས་བཞི་བཅུ་ཞེ་དྲུག་ནི། ཉེས་བྱས་ཕྲ་བ་ཞེ་དྲུག་གཞན་དུ་ཤེས། །གཞན་གང་ལས་ཞེ་ན། སྡོམ་པ་ཉི་ཤུ་པ་དེ་ཉིད་ལས། སེམས་ཅན་དོན་བྱེད་འགལ་བ་སོ་བཞི་ནི། །དང་པོ་སྦྱིན་པ་དང་འགལ་བ་བདུན་ནི། དཀོན་མཆོག་གསུམ་ལ་གསུམ་མི་མཆོད། །འདོད་པའི་སེམས་ཀྱི་རྗེས་སུ་འཇུག །རྒན་པ་རྣམས་ལ་གུས་མི་བྱེད། །དྲིས་པ་ལ་ནི་ལན་མི་འདེབས། །མགྲོན་པོས་བདག་གིར་མི་བྱེད་དང་། །གསེར་ལ་སོགས་པ་ལེན་མི་བྱེད། །ཆོས་འདོད་རྣམས་ལ་སྦྱིན་མི་བྱེད། །ཚུལ་ཁྲིམས་དང་འགལ་བ་དགུ་ནི། ཚུལ་ཁྲིམས་འཆལ་བ་ཡལ་བར་འདོར། །ཕ་རོལ་དད་ཕྱིར་སློབ་མི་བྱེད། །སེམས་ཅན་དོན་ལ་བྱ་བ་ཆུང་། །སྙིང་རྗེར་བཅས་ན་མི་དགེ་མེད། །འཚོ་བ་ལོག་པ་དང་དུ་ལེན། །འཕྱུར་ནས་རབ་ཏུ་ཀྲོད་ལ་སོགས། །འཁོར་བ་གཅིག་ཏུ་བགྲོད་པར་བསམ། །གྲགས་པ་མ་ཡིན་མི་སྤོང་བ། །ཉོན་མོངས་བཅས་ཀྱང་འཆོས་མི་བྱ། །བཟོད་པ་དང་འགལ་བ་བཞི་ནི། གཤེ་ལ་ལན་དུ་གཤེ་ལ་སོགས། །ཁྲོས་པ་རྣམས་ནི་ཡལ་བར་དོར། །ཕ་རོལ་ཤད་ཀྱིས་ཆགས་པ་སྤྱད། །ཁྲོས་པའི་སེམས་ཀྱིས་རྗེས་སུ་འཇུག །བརྩོན་འགྲུས་དང་འགལ་བ་གསུམ་ནི། རྙེད་བཀུར་འདོད་ཕྱིར་འཁོར་རྣམས་བསྡུ། །ལེ་ལོ་ལ་སོགས་སེལ་མི་བྱེད། །ཆགས་པ་བྲེ་མོའི་གཏམ་ལ་བརྟེན། །བསམ་གཏན་དང་འགལ་བ་གསུམ་ནི། ཏིང་ངེ་འཛིན་གྱི་དོན་མི་འཚོལ། །བསམ་གཏན་སྒྲིབ་པ་སྤངས་མི་བྱེད། །བསམ་གཏན་རོ་ལ་ཡོན་ཏན་ལྟ། །ཤེས་རབ་དང་འགལ་བ་བརྒྱད་ནི། ཉན་ཐོས་ཐེག་པ་ལྟང་བར

བྱེད། །རང་ཚུལ་ཡོད་བཞིན་དེ་ལ་བརྟེན། །བརྟེན་མིན་ཕྱི་རོལ་བསྟན་བཅོས་བརྟེན། །བརྟེན་པ་བྱས་ཀྱང་དེ་ལ་དགའ། །ཐེག་པ་ཆེན་པོ་སྤྱངས་བར་བྱེད། །བདག་ལ་བསྟོད་ཅིང་གཞན་ལ་སྨོད། །ཆོས་ཀྱི་དོན་དུ་འགྲོ་མི་བྱེད། །དོན་ལ་སྨོད་ཅིང་ཡི་གེ་སྟོན། །སེམས་ཅན་དོན་བྱེད་དང་འགལ་བ་བཅུ་གཉིས་ནི། དགོས་པའི་གྲོགས་སུ་འགྲོ་མི་བྱེད། །ནད་པའི་རིམ་འགྲོ་བྱ་བ་སྤྱངས། །སྡུག་བསྔལ་སེལ་བར་མི་བྱེད་དང་། །བག་མེད་རྣམས་ལ་རིག་མི་སྟོན། །བྱས་ལ་ལན་དུ་ཕན་མི་འདོགས། །གཞན་གྱི་མྱ་ངན་སེལ་མི་བྱེད། །ནོར་འདོད་པ་ལ་སྦྱིན་མི་བྱེད། །འཁོར་རྣམས་ཀྱི་ནི་དོན་མི་བྱེད། །གཞན་གྱི་བློ་དང་མཐུན་མི་འཇུག །ཡོན་ཏན་བསྔགས་པ་བསྔ་མི་བྱེད། །རྒྱུན་དུ་འཚམས་པ་ཚར་མི་གཅོད། །རྫུ་འཕྲུལ་ལ་སོགས་སྡིག་མི་བྱེད། །ཅེས་གསུངས་པ་དག་གོ། །གཉིས་པ་དགེ་བ་ཆོས་སྡུད་ཀྱི་ཚུལ་ཁྲིམས་ལ་འཇང་། སྤྱི་དོན་མདོར་བསྟན་པ་དང་། སོ་སོའི་དོན་རྒྱས་པར་བཤད་པའོ། །དང་པོ་ནི། དགེ་བ་ཆོས་སྡུད་ཕར་ཕྱིན་དྲུག་བསླབ་སྟེ། དེ་ཡང་ཕ་རོལ་ཏུ་ཕྱིན་པ་དྲུག་པོ་འདི་ནི་རྒྱལ་སྲས་རྣམས་ཀྱི་ཐར་ལམ་ཆེན་པོ་ཡིན་པས་བསླབ་པར་བྱ་དགོས་པ་ནི། ཀུན་མཁྱེན་ཆེན་པོས། རྒྱལ་སྲས་རྣམས་ཀྱིས་ཀུན་ལ་བསླབ་བྱ་སྟེ། །གཙོ་བོ་ཕ་རོལ་ཕྱིན་པ་དྲུག་ལ་བསླབ། །ཅེས་དང་། བཤེས་སྤྲིང་ལས། སྦྱིན་དང་ཚུལ་ཁྲིམས་བཟོད་བརྩོན་བསམ་གཏན་དང་། །དེ་བཞིན་ཤེས་རབ་གཞལ་མེད་ཕ་རོལ་ཕྱིན། །འདི་དག་རྒྱས་མཛད་སྲིད་པའི་རྒྱ་མཚོ་ཡི། །ཕ་རོལ་ཕྱིན་པ་རྒྱལ་བའི་དབང་པོ་མཛོད། །ཅེས་སོ། །ཕ་རོལ་དུ་ཕྱིན་པ་དྲུག་གི་ངོ་བོ་ནི། ཤིང་རྟ་ཆེན་པོ་ལས། འཁོར་གསུམ་དུ་མི་རྟོག་པས་རང་གི་བདོག་པ་གཞན་ལ་གཏོང་སེམས་དགེ་བ་ས་བོན་དང་བཅས་པ་ནི་སྦྱིན་པའི་ཕ་རོལ་དུ་ཕྱིན་པའོ། །དེའི་བྱེད་ལས་གཞན་གྱི་དབུལ་བ་སེལ་བའོ། །འཁོར་གསུམ་མི་རྟོག་པས་སྲིད་ཞིའི་སྐྱོན་སྤྱངས་བའི་སེམས་པ་ས་བོན་དང་བཅས་པའི་ཚུལ་ཁྲིམས་སོ། །བྱེད་ལས་འཆེ་བ་ལས་ལོག་པའོ། །འཁོར་གསུམ་མི་རྟོག་པས་གནོད་པ་དང་སྐྱོ་ངལ་བཟོད་ཅིང་ཆོས་ཉིད་ལ་མི་སྐྲག་པ་ནི་བཟོད་པའོ། །དེའི་བྱེད་ལས་ཁྲོ་བ་མེད་པའོ། །འཁོར་གསུམ་མི་རྟོག་པས་དགེ་བ་ལས་སྤྲོ་བ་བརྩོན་འགྲུས་སོ། །བྱེད་ལས་དགེ་བ་འཕེལ་བའོ། །འཁོར་གསུམ་མི་རྟོག་པས་སེམས་རྩེ་གཅིག་བསམ་གཏན་ནོ། །བྱེད་ལས་ཉོན་མོངས་པ་ཞི་བའོ། །འཁོར་གསུམ་མི་རྟོག་པས་ཆོས་ཉིད་རང་བཞིན་རྟོགས་པ་ནི་ཤེས

རབ་བོ། །བྱེད་ལས་ཤེས་བྱ་རྟོགས་ཤིང་འཁོར་བ་ལས་སྒྲོལ་བའོ། །ཞེས་སོ། །ཕ་རོལ་ཏུ་ཕྱིན་པ་དེ་དག་གི་ཡོན་ཏན་ནི་བཞི་སྟེ། གཞན་དོན་བྱང་ཆུབ་ལ་དམིགས་པས་རྒྱ་ཆེ་བ་དང་། མངོན་མཐོ་ངེས་ལེགས་འགྲུབ་པས་དོན་ཆེ་བ་དང་། འཇིག་རྟེན་ལས་འདས་པས་ཟང་ཟིང་མེད་པ་དང་། དགེ་བ་གོང་དུ་འཕེལ་བས་མི་ཟད་པ་སྟེ། མདོ་སྡེའི་རྒྱན་ལས་རྒྱ་ཆེ་བ་དང་ཟང་ཟིང་མེད། དོན་ཆེ་བ་དང་མི་ཟད་པ། སྦྱིན་པ་ལ་སོགས་ཐམས་ཅད་ཀྱི། །ཡོན་ཏན་བཞི་ནི་ཤེས་པར་བྱ། །ཞེས་སོ། །གྲངས་ངེས་པ་ལ་གསུམ་ལས། དང་པོ་མངོན་མཐོ་འགྲུབ་པ་དང་ཉོན་མོངས་པ་སྤངས་པ་ལ་ལྟོས་ནས། དྲུག་ཏུ་ངེས་པར་ཡང་། དེ་ཉིད་ལས། ལོངས་སྤྱོད་དང་ལུས་ཕུན་སུམ་ཚོགས་པ་དང་། །འཁོར་རྫོམ་ཕུན་སུམ་ཚོགས་པས་མངོན་མཐོ་དང་། །རྟག་ཏུ་ཉོན་མོངས་དབང་ཉིད་མི་འགྲོ་དང་། །བྱ་བ་རྣམས་ལ་ཕྱིན་ཅི་མ་ལོག་པའོ། །ཞེས་སོ། །གཉིས་པ་གཞན་དོན་བྱས་པས་རང་དོན་འགྲུབ་པ་ལ་ལྟོས་ཏེ་དྲུག་ཏུ་ངེས་པར། དེ་ཉིད་ལས། མི་ཕོངས་པ་དང་རྣམ་པར་མི་འཚེ་དང་། །རྣམ་འཚེ་བཟོད་དང་བྱ་བས་མི་སྐྱོ་དང་། །དགའ་བྱེད་ལེགས་པར་བརྗོད་པ་དེ་ཡི་ཕྱིར། །གཞན་གྱི་དོན་ནི་རང་གི་དོན་ཡིན་ནོ། །ཞེས་སོ། །གསུམ་པ་བསླབ་པ་གསུམ་གྱི་དབང་དུ་བྱས་ནས། དེ་ཉིད་ལས། བསླབ་གསུམ་དབང་དུ་མཛད་ནས་ནི། །རྒྱལ་བས་ཕ་རོལ་ཕྱིན་པ་དྲུག །ཡང་དག་བཤད་དེ་དང་པོ་གསུམ། །ཐ་མ་གཉིས་ཀྱིས་རྣམ་པ་གཉིས། །གཅིག་ནི་གསུམ་ཆར་ལ་ཡང་གཏོགས། །ཞེས་པས། དང་པོ་གསུམ་ཚུལ་ཁྲིམས། བསམ་གཏན་སེམས། ཤེས་རབ་ནི་ཤེས་རབ་ཀྱི་བསླབ་པ། བརྩོན་འགྲུས་ནི་གསུམ་ཀའི་གྲོགས་སུ་བསྡུས་པའོ། །གོ་རིམ་ངེས་པ་ནི། དེ་ཉིད་ལས། སྔ་མ་ལ་བརྟེན་ཕྱི་མ་སྐྱེ། །དམན་དང་མཆོག་ཏུ་གནས་ཕྱིར་དང་། །རགས་པ་དང་ནི་ཕྲ་བའི་ཕྱིར། །དེ་དག་གོ་རིམ་བསྟན་པ་ཡིན། །ཞེས་པས། སྔ་མ་སྔ་མ་ལས་ཕྱི་མ་ཕྱི་མ་སྐྱེ་བས་རྒྱུ་དང་འབྲས་བུ་རིམ་པ་དང་། སྦྱིན་པ་ལས་ཚུལ་ཁྲིམས་བཟང་བས་མཆོག་དམན་དང་། སྔ་མ་སྔ་ཞིང་རྟོགས་སླ་ལ་ཕྱི་མ་དཀའ་བས་ཕྲ་རགས་ཀྱི་རིམ་པ་སྟེ་གསུམ་ལ་ལྟོས་ནས་ངེས་པ་ཡིན་ནོ། །བསྒྲུབ་ཚུལ་ནི། དེ་ཉིད་ལས། རེ་བ་མེད་པའི་སྦྱིན་པ་དང་། །ཡང་སྲིད་མི་འདོད་ཚུལ་ཁྲིམས་དང་། །ཐམས་ཅད་པ་ལ་གཟོད་པར་དང་། །ཡོན་ཏན་ཀུན་སྡུད་བརྩོན་འགྲུས་དང་། །དེ་བཞིན་བསམ་གཏན་གཟུགས་མེད་མིན། །ཤེས་རབ་ཐབས

དང་ལྡན་པ་ཡི། །ཕ་རོལ་ཕྱིན་པ་དྲུག་པོ་ལ། །བརྟེན་པ་རྣམས་ཀྱི་ཡང་དག་སྦྱོར། །ཞེས་སོ། །ངེས་ཚིག་ནི། དེ་ཉིད་ལས། དབུལ་བ་སེལ་བར་བྱེད་པ་དང་། །བསིལ་བ་ཐོབ་དང་ཁྲོ་བཟོད་དང་། །མཆོག་ལ་སྦྱོར་དང་ཡིད་འཛིན་དང་། །དོན་དམ་ཤེས་པའི་ཕྱིར་བཤད་དོ། །ཞེས་པའི་དོན་ནོ། །

གཉིས་པ་སོ་སོའི་རང་བཞིན་རྒྱས་པར་བཤད་པ་ལའང་དྲུག་ལས། དང་པོ་སྦྱིན་པའི་ཕ་རོལ་ཏུ་ཕྱིན་པ་ནི། འགྲོ་བ་རྣམས་ཀྱི། དབུལ་བ་སེལ་ཕྱིར་ཆོས་ནོར་མི་འཇིགས་སྦྱིན། །དེ་ལ་ཆོས་ཀྱི་སྦྱིན་པ། ཟང་ཟིང་ནོར་གྱིས་སྦྱིན་པ། མི་འཇིགས་པ་སྐྱབས་ཀྱི་སྦྱིན་པ་གསུམ་སྟེ། འཕགས་པ་འཇིག་རྟེན་འཛིན་གྱིས་དྲིས་པས་ལུང་བསྟན་པའི་མདོ་ལས། དེ་ལ་ཆོས་ཀྱི་སྦྱིན་པ་གང་ཞེ་ན། མྱུ་གུ་དང་། སྣག་ཚ་དང་། གླེགས་བམ་སྦྱིན་པ་ནི་ཆུང་ངུའོ། །སྐལ་པ་ཇི་ལྟ་བ་བཞིན་དུ། ཉན་ཐོས་དང་། རང་སངས་རྒྱས། བླ་ན་མེད་པའི་ཆོས་སྟོན་པ་ནི་ཆེན་པོའོ། །བླ་ན་མེད་པའི་བྱང་ཆུབ་འཛིན་དུ་འཇུག་ཅིང་། ནམ་མཁའ་ལྟར་བསམ་གྱིས་མི་ཁྱབ་པའི་ཆོས་སྟོན་པ་ནི་ཤིན་ཏུ་ཆེན་པོའོ། །དེ་ལ་ཟང་ཟིང་གི་སྦྱིན་པ་གང་ཞེ་ན། གཏོང་བ་དང་། གཏོང་བ་ཆེན་པོ་དང་། ཤིན་ཏུ་གཏོང་བའོ། །དེ་ལ་གཏོང་བ་ཞེས་པ་ནི། ཟས་དང་། གོས་དང་། ཤིང་རྟ་དང་། དགེ་སློང་གཞན་ལ་སྦྱིན་པའོ། །གཏོང་ཆེན་པོ་ཞེས་བྱ་བ་ནི། བུ་དང་། བུ་མོ་དང་། ཁྱིམ་ཐབ་སྦྱིན་པའོ། །ཤིན་ཏུ་གཏོང་བ་ཞེས་བྱ་བ་ནི། མགོ་དང་། མིག་དང་། ལག་པ་དང་། རྐང་པ་ལ་སོགས་གཏོང་བ་བྱ་དཀའ་བའོ། །ཞེས་སོ། །མི་འཇིགས་པའི་སྦྱིན་པ་ནི། འཇིགས་པར་སྐྱེལ་མ་དང་། མཐུ་དང་ལྡན་པས་རི་རྒྱ་གླང་རྒྱ་སྡོམ་པ་ལ་སོགས་པ་སྟེ། བྱང་ས་ལས། སེང་གེ་དང་། སྟག་དང་། ཆུ་སྲིན་འཛིན་ཁྲི་དང་། རྒྱལ་པོ་དང་། ཆོམ་རྐུན་དང་། ཆུ་ལ་སོགས་པའི་འཇིགས་པ་ལས་ཡོངས་སུ་སྐྱབས་པ་ཡིན་པར་རིགས་པར་བྱའོ། །ཞེས་སོ། །གཉིས་པ་ཚུལ་ཁྲིམས་ནི། སྤངས་པའི་སེམས་ཀྱིས་ཚུལ་ཁྲིམས་རྣམ་གསུམ་སྲུང་། །དེ་ལའང་གསུམ་སྟེ། དཀོན་མཆོག་བརྩེགས་པ་ལས། འོད་སྲུང་དེ་ལ་བྱང་ཆུབ་སེམས་དཔའི་ཚུལ་ཁྲིམས་ནི་རྣམ་པ་གསུམ་སྟེ། སྡོམ་པའི་ཚུལ་ཁྲིམས་དང་། དགེ་བའི་ཆོས་རྣམས་སྡུད་པའི་ཚུལ་ཁྲིམས་དང་། སེམས་ཅན་གྱི་དོན་བྱེད་པའི་ཚུལ་ཁྲིམས་སོ། །དེ་ལ་སྡོམ་པའི་ཚུལ་ཁྲིམས་ཀྱིས་ནི་མི་དགེ་བ་ལས་སེམས་བསྲུང་བ་ཡིན་ནོ། །དགེ་བ་ཆོས་སྡུད་ཀྱི་ནི། དགེ་བའི་རྩ་བ་མངོན་པར་བསྒྲུབ་པ་ཡིན་ནོ། །སེམས་

ཅན་དོན་བྱེད་ཀྱིས་ནི་གཞན་ལ་ཕན་པ་ལྷུར་ལེན་པ་ཡིན་ནོ། །ཞེས་སོ། །དང་པོ་ནི་ཉེས་སྤྱོད་སྡོམ་པའི་ཚུལ་ཁྲིམས་ནི། ཁྲིམས་པ་དང་རབ་ཏུ་བྱུང་བའི་ཕྱོགས་གཉིས་ཀྱི་སོ་སོར་ཐར་པ་རིགས་བདུན་གྱི་སྡོམ་པའོ། །དེ་ཡང་སས་སྐྱེ་ལས། རབ་ཏུ་བྱུང་བའི་བསླབ་པར་བརྗོད་པ་དེ་དག་གི་སྟེང་དུ་སྨོན་འཇུག་གི་སེམས་བསྐྱེད་ཐོབ་ལ་མ་ཉམས་པར་ཡོད་པ་ནི་བྱང་ཆུབ་སེམས་དཔའ་རབ་ཏུ་བྱུང་བ་ཡིན་པར་གསུངས་ལ། མདོ་ལས། བྱང་ཆུབ་སེམས་དཔའི་ཁྲིམས་པ་དང་། རབ་ཏུ་བྱུང་བ་དང་། ཁྱེའུ་དང་བུ་མོའི་གཟུགས་སུ་འདུག་པ་བྱེ་བ་ཁྲི་རབ་ཏུ་མང་པོ་དག་དང་ཐབས་ཅིག་ཏུ། ཞེས་གསུངས་པ་ཡིན་ནོ། །དགེ་བ་ཆོས་སྡུད་ནི་ཕ་རོལ་ཏུ་ཕྱིན་པ་དྲུག་གིས་བསྡུས་པའི་ཡོན་ཏན་མ་སྐྱེས་པ་བསྐྱེད། སྐྱེས་པ་སྤེལ་བའོ། །སེམས་ཅན་དོན་བྱེད་ནི་ཐབས་ལ་མཁས་པས་དངོས་སམ་བརྒྱུད་ནམ་སེམས་ཅན་ལ་ཕན་འདོགས་ཤིང་། བསྡུ་དངོས་བཞིས་གདུལ་བྱ་རྣམས་མངོན་མཐོ་དང་ངེས་ལེགས་ལ་བཀོད་པའོ། །གསུམ་པ་བཟོད་པ་ནི། ཁོང་ཁྲོ་ཟབ་མོ་སྡུག་བསྔལ་བཟོད་པ་བྱ། དེ་སྐད་དུའང་། མདོ་སྡེའི་རྒྱན་ལས། མི་བཟད་ཐེ་མི་སྙམ་ཤེས་དང་། །སྙིང་རྗེས་ཆོས་ལ་བརྟེན་པའི་ཕྱིར། །ཞེས་པས། བཟོད་པ་གསུམ་སྟེ། འདི་ལྟར་ཕ་རོལ་གྱིས་གནོད་པའི་འཚེ་བ་སོགས་པ་བྱས་པ་ལ་ཁོང་ཁྲོ་མི་བསྐྱེད་པ་ནི་མི་མཐེད་པའི་བཟོད་པའོ། །ཐར་པ་དང་རང་གཞན་གྱི་དོན་བསྒྲུབ་པའི་དཀའ་སྤྱད་བཟོད་པ་ནི་སྡུག་བསྔལ་དང་ལེན་ཐེ་མི་སྙམ་པའི་བཟོད་པའོ། །སྙིང་རྗེས་གཞན་གྱི་དོན་ལ་སྐྱོ་ངལ་མེད་པ་དང་སྟོང་ཉིད་ཟབ་མོ་ལ་མི་སྐྲག་པ་ནི་ཆོས་ཉིད་དམིགས་པ་མེད་པའི་བཟོད་པའོ། །བཞི་པ་བརྩོན་འགྲུས་ནི། གསུམ་སྟེ། གོ་ཆ་དགེ་སྡུད་གཞན་ཕན་བརྩོན་འགྲུས་བརྩམས། །དེ་ཡང་དགེ་བ་བསྒྲུབ་ཅིང་བདུད་བཞི་འཇོམས་པའི་རྒྱུ་གོ་ཆའི་བརྩོན་འགྲུས་དང་། ལམ་ལྔ་ས་བཅུ་ལ་སོགས་པའི་དགེ་བའི་ཆོས་སྡུད་པའི་བརྩོན་འགྲུས་དང་། རང་དང་གཞན་གྱི་དོན་གྱི་ཕྱིར་གཞན་ཕན་གྱི་བརྩོན་འགྲུས་གསུམ་སྟེ། མདོ་སྡེའི་རྒྱན་ལས། རྒྱལ་བའི་སྲས་རྣམས་གོ་ཆ་སྦྱོར་བའི་བདག་ཉིད་བརྩོན་འགྲུས་དཔེ་མེད་བྱས། །རང་དང་གཞན་གྱི་ཉོན་མོངས་ཚོགས་གཞོམ་བྱང་ཆུབ་དམ་པ་ཐོབ་པར་བྱེད། །ཅེས་སོ། །ལྔ་པ་བསམ་གཏན་ནི། འཇིག་རྟེན་འཇིག་རྟེན་འདས་པའི་བསམ་གཏན་བསྒོམ། འཇིག་རྟེན་པ་དང་འཇིག་རྟེན་ལས་འདས་པ་གཉིས་ཀྱི་བསམ་གཏན་ལས་ནང་ཚན་དུ་དབྱེ་ན

གསུམ་སྟེ། ལམ་དུ་མ་ཞུགས་པའི་རྒྱུད་ཀྱི་ཏིང་ངེ་འཛིན་བསམ་གཏན་བཞི་ལ་བྱིས་པ་ཉེར་སྤྱོད་ཀྱི་བསམ་གཏན་ཞེས་བྱ་ལ། ལམ་དུ་ཞུགས་པ་ཚོགས་སྦྱོར་གྱི་ཏིང་ངེ་འཛིན་གྱིས་ཐར་པའི་ལམ་དུ་བྱེད་ཅིང་དོན་རབ་ཏུ་འབྱེད་པས་ན་དོན་རབ་འབྱེད་པའི་བསམ་གཏན་ཞེས་བྱའོ། །ས་དང་པོ་ཡན་ཆད་འཕགས་པའི་ཏིང་ངེ་འཛིན་རྣམས་ལ་ཟག་པ་མེད་པའི་དེ་བཞིན་གཤེགས་དགེའི་བསམ་གཏན་ཞེས་བྱ་སྟེ། ལང་ཀར་གཤེགས་པ་ལས། བྱིས་པ་ཉེར་སྤྱོད་བསམ་གཏན་དང་། །དོན་རབ་འབྱེད་པའི་བསམ་གཏན་དང་། །དེ་བཞིན་གཤེགས་དགའི་བསམ་གཏན་ཏེ། །ཞེས་སོ། །དྲུག་པ་ཤེས་རབ་ཀྱི་ཕ་རོལ་དུ་ཕྱིན་པ་ནི། ཐོས་བསམ་བསྒོམ་པའི་ཤེས་རབ་ཟབ་མོ་སྐྱེད། །དེ་ཡང་གསུམ་སྟེ། འགྲེལ་ཆུང་ལས། ཐོས་པ་དང་། བསམ་པ་དང་། སྒོམ་པ་ལས་བྱུང་བ་དག་གམ། ཏིང་ངེ་འཛིན་གྱི་སྦྱོར་བ་དང་དངོས་དང་། རྗེས་ལས་བྱུང་བའི་ཤེས་རབ་དག་གིས། ཞེས་སོ། །དེ་ཡང་བསམ་གཏན་ནི་ཞི་གནས་ཀྱི་ཏིང་ངེ་འཛིན་ཡིན་ལ། ཤེས་རབ་ནི་ཕ་རོལ་དུ་ཕྱིན་ལྔའི་མཆོག་ཏུ་གྱུར་པ་ལྷག་མཐོང་གི་ཡེ་ཤེས་ཉིད་དེ་མདོན་དུ་བྱ་བ་ལའང་། ཐོག་མར་ཐོས་པ་དགོས་ཏེ། རྒྱུད་བླ་མ་ལས། གང་ཕྱིར་ཤེས་རབ་མཆོག་ཡིན་དེ་ཡི་རྒྱུ་ནི་ཐོས་པ་ཡིན། །ཞེས་སོ། །བར་དུ་བསམ་བྱུང་གི་ཤེས་རབ་ཀྱིས་གཏན་ལ་དབབ་པ་དགོས་ཏེ། བྱང་ཆུབ་སེམས་དཔའི་སྡེ་སྣོད་ལས། ཐོས་པས་དོན་མ་ཡིན་པ་སྤངས། །ཐོས་པས་སྡིག་ལས་ལྡོག་པར་བྱེད། །ཅེས་སོ། །བསྒོམ་བྱུང་གི་ཤེས་རབ་སྟོང་ཉིད་སྙིང་རྗེ་ཐབས་ཤེས་དབྱེར་མེད་ཀྱི་ངང་ལ་ཉམས་སུ་ལེན་དགོས་ཏེ། བཀའ་ཐང་ལས། ཚིག་ལ་མཁས་ན་མཁས་པ་མ་ཡིན་ཏེ། །མི་གཡོ་དོན་ལ་མཁས་ན་མཁས་པ་ཡིན། །ཞེས་སོ། །གསུམ་པ་སེམས་ཅན་དོན་བྱེད་ཀྱི་ཚུལ་ཁྲིམས་ལའང་། བསྡུ་དངོས་བཞི་སྦྱིར་བསྟན་པ་དང་། བསླབ་བྱ་གཞན་དག་བྱེ་བྲག་ཏུ་བཤད་པ་གཉིས་ལས། དང་པོ་ནི། སེམས་ཅན་དོན་བྱེད་ཚུལ་ཁྲིམས་བསྡུ་དངོས་བཞི། །ཐོག་མར་སྦྱིན་པས་གདུལ་བྱ་རབ་བསྡུས་ནས། །སྙན་པར་སྨྲ་བའི་གཏམ་གྱིས་ཡིད་དྲང་ནས། །ཐེག་པ་རིམ་དགུར་དགྲི་བ་དོན་སྤྱོད་དེ། །དེ་དག་འདྲེན་ཕྱིར་རང་ཡང་དོན་དེ་སྤྱོད། །དེ་སྐད་དུའང་། སྐྱེས་རབས་ལས། སྦྱིན་པའི་གཡབ་མོས་ལེགས་བོས་ནས། །སྙན་པར་སྨྲ་བའི་གཏམ་བྱས་ཏེ། །དོན་མཐུན་པ་ཡིས་བག་ཕབ་ལ། །དོན་སྤྱོད་གྲོས་ཆེན་གདབ་པར་བྱ། །ཞེས་དང་། མདོ་སྡེའི་རྒྱན་

ལས། སྦྱིན་མཚུངས་དེ་སྟེན་ལེགས་འདུག་དང་། །བདག་ཉིད་རྗེས་སུ་འདུག་རྣམས་ཀྱིས། །སྔན་པར་སྨྲ་དང་དོན་སྤྱོད་དང་། །དོན་མཐུན་ཉིད་དུ་འདོད་པ་ཡིན། །ཞེས་སོ། །དེ་ཡང་སྦྱིན་པ་དང་། ཚིག་སྙན་པ་དང་། དོན་སྤྱོད་པ་དང་། དོན་མཐུན་པ་བཞི་ལས། དང་པོ་ནི། སྦྱིན་པ་དེ་ཡང་ཀུན་སློང་མ་དག་པ་ཚེ་འདིའི་ཆེ་གྲགས་དང་། ལན་དང་རྣམ་པར་སྨིན་པ་ལ་རེ་བ་དང་། ཡུལ་མ་དག་པ། ཕྱུག་པོ་དང་། རྒྱལ་པོ་དང་། སྨད་འཚོང་མ་ལྟ་བུ་མ་ཡིན་པ་ལ། དང་པོ་མ་དག་པ་སུམ་ཅུ་རྩ་གཉིས་སྦྱིན་པ་མ་ཡིན་པར་ལན་དང་རེ་བ་མེད་པར་གཏོང་བའོ། །མ་དག་པའི་སྦྱིན་པ་སུམ་ཅུ་རྩ་གཉིས་ནི། དྲང་སྲོང་རྒྱལ་བས་ཞུས་པའི་མདོ་ལས་གསུངས་པ། གསོད་ཤ་དུག་དང་མཚོན་ཆ་ཆང་། །གཞན་ནོར་མཛའ་ལ་སྟེར་བ་དང་། །ཕྱིན་ན་རྙེད་ཕྱིར་དམ་པ་རྣམས། །པོར་ནས་ཕྱུག་པོ་རྣམས་ལ་སྟེར། །མཐུ་དང་འཇབ་བུ་གཡོ་ཐབས་ཀྱིས། །ནོར་བླང་དགེ་བ་བྱེད་པ་དང་། །གཞན་གྱི་གདམ་པ་སྦྱིན་པ་དང་། །ལོག་ལྟ་མ་དང་ཕན་བདག་ལན། །མི་ཆུ་རྒྱལ་གཏེར་འཇིགས་ཕྱིར་སྟེར། །བསྒྲུ་ཕྱིར་བསྟོད་ཕྱིར་རོལ་མོ་མཁན། །སྐར་མཁན་ནད་ཕྱིར་སྨན་པ་བཀྲུང་ནས་སྟེར། །རྣམ་སྨིན་རང་ཉིད་ལང་འཚོ་ཀས། །ནད་དང་འཆི་ཆེ་རྐུས་ནས་མཆོད། །ཡུལ་གཞན་གྲགས་ཕྱིར་ཕོད་བསྟན་ཕྱིར། །བུད་མེད་ཕྱིར་དང་བུད་མེད་ཕྱིར། །འདི་དག་མ་དག་སྦྱིན་པ་ཡིན། །ཅེས་སོ། །གཉིས་པ་ཚིག་སྙན་པར་སྨྲ་བས་བསྡུ་དགོས་པ་ནི། ཟླ་བ་སྒྲོན་མ་ལས། ཟླ་རྒྱས་བཞིན་འཛུམ་དུལ་བ་དང་། །རྒན་རབས་དང་ནི་གསར་བུ་ལ། །རྟག་ཏུ་གསོང་པོར་སྨྲ་བ་དང་། །ངེས་ཤིང་ང་རྒྱལ་མེད་པར་བྱ། །འཇིག་རྟེན་ཡིད་དུ་འོང་བའི་གདམ། །རིགས་པས་དུས་སུ་སྨྲ་བར་བྱ། །སྨྲ་ཚིག་གཡེངས་པར་འགྱུར་བའི་ཚིག །འཇིགས་པས་ནམ་ཡང་སྨྲ་མི་བྱ། །ཞེས་དང་། སྤྱོད་འཇུག་ལས། སྨྲ་ན་ཡིད་ཕེབས་འབྲེལ་བ་དང་། །དོན་གསལ་ཡིད་དུ་འོང་བ་དང་། །ཆགས་དང་ཞེ་སྡང་སྤངས་པ་དང་། །འཇམ་ཞིང་རན་པར་སྨྲ་བར་བྱ༔ ༔ཞེས་པའི་ཚུལ་གྱིས་སོ། །གསུམ་པ་དོན་སྤྱོད་པས་བསྡུ་བ་ཡང་། དེ་ལྟར་གདུལ་བྱའི་བློ་རིགས་ཆེན་པོའི་ཆེན་པོ་དང་། ཆེན་པོའི་འབྲིང་དང་། ཆེན་པོའི་ཆུང་ངུ་ལ་སོགས་ཐ་དད་པ་ཇི་སྙེད། ཡོད་པས་ཐེག་པ་རིམ་པ་དགུ་ལ་སོགས་རང་རང་དང་འཚམས་པའི་ཆོས་བསྟན་དགོས་ཏེ། གཞན་དུ་ན་བློ་ཆུང་ལ་ཐེག་ཆེན་སྟོན་ན་ཆོས་སྤངས་པས་ངན་འགྲོར་འགྲོ་སྟེ། སྟུད་པ་ལས། ཐོས་ནས་བློ

ཆུང་དེ་ཡིས་འདི་ནི་སྤང་བྱེད་དེ། །སྤངས་ནས་སྐྱབས་མེད་གྱུར་པ་དེ་ནི་ངན་འགྲོར་འགྲོ། །ཞེས་སོ། ། ཆེན་པོ་ལ་ཆུང་ངུ་མི་བཤད་དེ། སྤྱོད་འཇུག་ལས། རྒྱ་ཆེན་ཆོས་ཀྱི་སྣོད་གྱུར་པ། །དམན་པའི་ཆོས་ལ་སྦྱར་མི་བྱ། །ཞེས་སོ། །བཞི་པ་དོན་མཐུན་པས་བསྡུ་བ་ནི། རང་ཉིད་མ་ཞི་མ་དུལ་བར་གཞན་དུལ་བར་མི་ནུས་པས་ཐོག་མར་རང་ཉིད་ཞི་དུལ་ལ་སོགས་པ་དང་ལྡན་པར་བྱ་སྟེ། ཡོན་ཏན་མཐའ་ཡས་པར་བསྟོད་པ་ལས། འགའ་ཞིག་རང་ཉིད་མ་དུལ་བཞིན་དུ་རིགས་པར་ལྡན་པའི་ཚིག་སྨྲ་ཡང་། རང་གི་ཚིག་དང་འགལ་བར་སྤྱོད་པས་གཞན་དག་འདུལ་བར་མི་ནུས་ཞེས། ཁྱོད་ཀྱིས་དགོངས་ཏེ་དེ་སྐད་འགྲོ་བ་མཐའ་དག་ཐུགས་ལ་བཞག་མཛད་ནས། རེ་ཞིག་བདག་ཉིད་མ་དུལ་བ་དག་དུལ་བར་མཛད་ཕྱིར་བརྩོན་པ་ལགས། །ཞེས་པ་དང་། དཀོན་མཆོག་བརྩེགས་པ་ལས། མ་བསྒྲལ་བས་ནི་བསྒྲལ་མི་ནུས། །མ་གྲོལ་བས་ནི་དགྲོལ་མི་ནུས། །ལོང་བས་ལམ་ཡང་སྟོན་མི་ནུས། ། གྲོལ་བས་དགྲོལ་བར་བྱེད་པར་ནུས། །མིག་ལྡན་ལོང་ལ་ལམ་སྟོན་ནུས། །ཞེས་དང་། ཆོས་བཅུ་པ་ལས། ཇི་ལྟར་བདག་གིས་སེམས་ཅན་ཐམས་ཅད་བསྒྲལ་བའི་ཕྱིར། བདག་ཉིད་མ་དུལ་བ་དང་མ་ཞི་བ་དང་། མ་བསྲུངས་པས་ནི་བདག་གི་ཆ་མ་ཡིན་པས་ཞི་བ་དང་། དུལ་བ་དང་། བསྲུང་བར་བྱའོ། །ཞེས་དང་། ཡུམ་བར་མ་ལས། བདག་ཉིད་ཀྱང་སྲོག་གཅོད་པ་སྤངས་པ་ཡིན། གཞན་ཡང་སྲོག་གཅོད་པ་སྤང་བ་ལ་བསྐུལ་བ་ཡིན། སྲོག་བཅད་པ་སྤང་བའི་ལེགས་པ་བརྗོད་པ་ཡིན། སེམས་ཅན་གཞན་དག་གང་སྲོག་གཅོད་པ་སྤངས་པ་དེ་དག་གི་ལེགས་པ་བརྗོད་ཅིང་མཐུན་པས་དགའ་བ་ཡིན། ཞེས་སོགས་དང་། བདག་ཉིད་ཀྱང་སྦྱིན་པ་གཏོང་བ་ཡིན། ཞེས་པ་ལ་སོགས་པ་གསུངས་པ་བཞིན་ནོ། །

གཉིས་པ་བསླབ་བྱ་གཞན་བྱེ་བྲག་ཏུ་བཤད་པ་ནི། དེ་ལྟར་བཤད་པའི་བྱང་ཆུབ་སེམས་དཔའ་དང་། །མཐུན་ཕྱོགས་ཀུན་སློབ་མི་མཐུན་མཐའ་དག་སྤངས། །རྟག་ཏུ་དྲན་དང་ཤེས་བཞིན་བག་ཡོད་བསྟེན། །དེ་ཡང་བསླབ་པར་བྱ་བ་རིག་པའི་གནས་ལྔ་ལ་སོགས་པ་སློབ་དགོས་ཏེ། ཀླུ་སྒྲུབ་ཀྱིས། རྒྱལ་བའི་སྲས་ཀྱིས་མི་བསླབ་པ། །དེ་ནི་འགའ་ཡང་ཡོད་མ་ཡིན། །ཞེས་དང་། མདོ་སྡེ་རྒྱན་ལས། རིག་པའི་གནས་ལྔ་དག་ལ་བརྩོན་པར་མ་བྱས་ན། །འཕགས་མཆོག་གིས་ཀྱང་ཐམས

ཅད་མཁྱེན་ཉིད་ཐོབ་མི་འགྱུར། །དེ་བས་གཞན་དག་ཚར་བཅད་པ་དང་རྗེས་བཟུང་དང་། །རང་ཉིད་ཀུན་ཤེས་བྱ་ཕྱིར་དེ་ལ་དེ་བརྩོན་བྱ། །ཞེས་སོ། །དེའི་རྒྱུ་མཚན། སངས་རྒྱས་དྲིན་ལན་བསབ་པའི་མདོ་ལས། སངས་རྒྱས་ཀྱི་ཆོས་ཚོལ་བ་ནི་སེམས་ཅན་ཐམས་ཅད་དད་པ་བསྐྱེད་པའི་ཕྱིར། རྒྱུའི་རིག་པའི་བསྟན་བཅོས་སློབ་པར་བྱེད་དོ། །ཞེ་ན། ཉེས་པའི་སྐྱོན་ཐམས་ཅད་ཤེས་པར་བྱ་བའི་ཕྱིར་དང་། མུ་སྟེགས་ཅན་གྱི་ལྟ་བ་ངན་པར་ལྟ་བའི་གཙུག་ལག་ཞིག་པར་བྱ་བ་དང་། སེམས་ཅན་གདུལ་བའི་ཐབས་མཁས་པར་ཤེས་པར་བྱ་བ་དང་དེ་བཞིན་གཤེགས་པས་གསུངས་པའི་ཚིག་གི་དོན་དང་། འཇིག་རྟེན་པའི་ཚིག་གི་དོན་རྣམ་པར་དབྱེ་བར་བྱ་བའི་ཕྱིར། བྱང་ཆུབ་སེམས་དཔའི་སྒྲ་རིག་པའི་བསྟན་བཅོས་སློབ་པར་བྱེད་དེ། བྱང་ཆུབ་སེམས་དཔའ་ཅིའི་ཕྱིར་སྒྲ་རིག་པའི་བསྟན་བཅོས་སློབ་ཅེ་ན། སྨྲས་པའི་ཚིག་ཡོངས་སུ་དག་པར་བརྒྱན་པ་དང་། ཡོངས་སུ་མ་དག་པའི་ཚིག་གིས་དོན་གསལ་བར་སྟོན་མི་ནུས་པ་དང་། དོན་ཐམས་ཅད་ཤེས་ཤིང་ཁོང་དུ་ཆུད་པར་བྱ་བ་དང་། ཡང་དག་པའི་ཚིག་མ་ཉམས་པས་ང་རྒྱལ་གྱིས་མི་ཤིག་པ་དང་། ངན་པར་ལྟ་བ་ལས་ཟློག་ཅིང་སེམས་ཅན་གདུལ་བའི་ཐབས་མཁས་པ་ཤེས་པར་བྱ་བའི་ཕྱིར། བྱང་ཆུབ་སེམས་དཔའ་སྒྲ་རིག་པའི་བསྟན་བཅོས་ལ་སློབ་པར་བྱེད་དོ། །བྱང་ཆུབ་སེམས་དཔའི་ཅིའི་ཕྱིར་སྨན་དཔྱད་ཀྱི་རིག་པའི་བསྟན་བཅོས་ལ་སློབ་ཅེ་ན། སེམས་ཅན་རྣམས་མི་དགེ་བའི་ནད་བཞི་བརྒྱ་རྩ་བཞི་དང་བྲལ་བར་བྱེད་པ་དང་། སེམས་ཅན་ཐམས་ཅད་ལ་བྱམས་ཤིང་བརྩེ་བའི་ཕྱིར། སེམས་ཅན་རྣམ་པ་ཐ་དད་པ་རྣམས་ལ་སེམས་བསྐྱེད་པར་བྱ་བ་དང་། དེ་ལྟར་ནད་དང་བྲལ་བའི་སེམས་བསྐྱེད་པར་བྱ་བ་དང་། དེ་ལྟར་དགའ་བའི་སེམས་བསྐྱེད་པས་རྟག་ཏུ་སངས་རྒྱས་དྲན་པར་འགྱུར་ཏེ། སྙིང་རྗེ་ཆེན་པོས་སེམས་ཅན་རྣམས་ཕ་རོལ་ཏུ་ཕྱིན་པར་བྱ་བའི་ཕྱིར། བྱང་ཆུབ་སེམས་དཔའ་སྨན་དཔྱད་ཀྱི་རིག་པ་སློབ་པར་བྱེད་དོ། །བྱང་ཆུབ་སེམས་དཔའ་ཅིའི་ཕྱིར་འཇིག་རྟེན་པའི་བཟོའི་རིག་པ་སློབ་ཅེ་ན། སེམས་ཅན་ལ་ཕན་པར་བྱ་བའི་ཕྱིར། དོན་ཟང་ཟིང་རྙེད་སླ་བས་སེམས་ཅན་རྣམས་དད་པ་བསྐྱེད་པར་བྱ་བ་དང་། འཇིག་རྟེན་གྱི་བྱ་བའི་དངོས་པོ་ཀུན་ཤེས་པས་ང་རྒྱལ་གཞོམས་པ་དང་། སེམས་ཅན་གདུལ་བ་དང་། སྲིད་པའི་ཆོས་ཐམས་ཅད་ཀྱི་སྒྲིབ་པ་ཀུན་བསལ་བའི་ཕྱིར། བྱང་ཆུབ་སེམས

དཔའ་བཟོའི་རིག་པ་སློབ་པར་བྱེད་དོ། །གལ་ཏེ་བྱང་ཆུབ་སེམས་དཔའ་རིག་པའི་དངོས་པོ་ལྔ་ལ་མ་བསླབས་ན། ནམ་དུ་ཡང་བླ་ན་མེད་པ་ཡང་དག་པར་རྫོགས་པའི་བྱང་ཆུབ་ཏུ་ཐམས་ཅད་མཁྱེན་པའི་ཡེ་ཤེས་ཐོབ་པར་མི་ནུས་སོ། །ཞེས་གསུངས་སོ། །སྤྱང་བླང་གི་གནས་གཞན་ཡང་། སྤྱོད་འཇུག་ལས། དེ་ལྟར་རང་དབང་ཡོད་ཀྱི་སྐྱེ། །རྟག་ཏུ་འཛུམ་པའི་བཞིན་གྱིས་བལྟ། །ཁྲོ་གཉེར་ངོ་གནག་པ་ཡང་སྤངས། །འགྲོ་བའི་བཤེས་དང་གསོང་པོར་བགྱི། །མིག་གིས་སེམས་ཅན་བལྟ་ན་ཡང་། །འདི་དག་ཉིད་ལ་བརྟེན་ནས་ནི། །སངས་རྒྱས་ཉིད་དུ་འགྱུར་རོ་ཞེས། །དྲང་ཞིང་བྱམས་པའི་ཚུལ་གྱིས་བལྟ། །རྐང་པ་བརྐྱང་སྟེ་མི་འདུག་ཅིང་། །ལག་པ་མཉམ་པར་མི་མཉེའོ། །ཁ་བགང་བ་དང་སྒྲ་བཅས་དང་། །ཁ་གདངས་ནས་ནི་ཟ་མི་བྱ། །ཁྲི་ལ་སོགས་པར་བབ་ཅོལ་དུ། །སྒྲ་དང་བཅས་པ་མི་འདུག་ཅིང་། །སྒོ་ཡང་དྲག་ཏུ་མི་དབྱེ་སྟེ། །རྟག་ཏུ་བཅོམ་སྐྱུངས་དགའ་བར་བྱ། །མགོན་པོ་མྱ་ངན་འདས་གཟིམས་ལྟར། །འདོད་པའི་ཕྱོགས་སུ་ཉལ་བར་བྱ། །ཞེས་དང་། ལྷག་པའི་བསམ་པས་བསྐུལ་བའི་མདོ་ལས། རྙེད་པ་དང་། བཀུར་སྟིས་ནི་འདོད་ཆགས་བསྐྱེད་པར་རིགས་པར་བྱའོ། །དེ་བཞིན་དུ། ཞེ་སྡང་དང་། གཏི་མུག་བསྐྱེད་པར། དགེ་བའི་ཆོས་འཕྲོག་པར་རིགས་པར་བྱའོ། །ཞེས་དང་། བསླབ་པ་ཀུན་ལས་བཏུས་པར། དེ་ཕྱིར་རྒྱལ་བའི་སྡོམ་པའི་མདོ། །གང་གི་སེམས་ཅན་མ་དད་གྱུར། །དེ་ནི་བསྒྲིམ་ཏེ་རྣམ་སྤང་ཞེས། །དཀོན་མཆོག་སྤྲིན་ལས་བཀའ་སྩལ་ཏོ། །ཞེས་སོ། །དཀོན་མཆོག་སྤྲིན་ལས། བྱང་ཆུབ་སེམས་དཔའ་གང་གི་ཕྱིར་སེམས་ཅན་རྣམས་མ་དད་པར་འགྱུར་བའི་གནས་མ་ཡིན་པར་མི་སྤྱོད། ཡུལ་མ་ཡིན་པར་མི་སྤྱོད། དུས་མ་ཡིན་པར་མི་སྨྲ་བ་ཡིན་ནོ། །ཞེས་དང་། བསླབ་བཏུས་ལས། དེ་ལྟར་ན་ལོངས་སྤྱོད་དུ་བྱ་བ་ཆུ་འམ་ཐང་ལ་གཅིན་དང་ཕྱི་ས་དང་། མཆིལ་མ་དང་། རྣག་ལ་སོགས་པ་སྨད་པ་རྣམས། དབེན་ཡང་རུང་མི་དབེན་ཡང་རུང་སྟེ་ལྷ་དང་མིའི་སེམས་བསྲུང་བའི་ཕྱིར་མི་དོར་རོ། །ཞེས་དང་། གཞན་ཡང་དྲིན་ལན་བསབས་མདོ་ལས། ཚོང་སྐྱོགས་ཀྱི་ལས་རྣམ་པ་ལྔ་ནི་མི་བྱའོ། །རྐང་འགྲོས་ཕྱུགས་ཀྱི་ཚོང་སྐྱོགས་ཀྱི་ལས་མི་བྱའོ། །བདག་ཉིད་ཀྱི་ཕྱུགས་ཡོད་ན་འཚོང་དུ་གནང་གི། ཤན་པ་ལ་བཙོང་དུ་མི་རུང་ངོ་། །མདའ་གཞུ་དང་མཚོན་ཆའི་བག་ཚོང་སྐྱོགས་ཀྱི་ལས་བྱར་མི་རུང་ངོ་། །ཆང་གི་ཚོང་སྐྱོགས

ཀྱི་ལས་བྱར་མི་རུང་ངོ་། །སྲིན་བུ་མང་དུ་འཆི་བས་འབྲུ་མར་བཙིར་མི་རུང་ངོ་། །ཁ་དོག་ཚོན་ཆེན་པོ་ལྔ་བཙོ་བླག་བྱར་མི་རུང་སྟེ་སྲིན་བུ་མང་དུ་འཆི་བའི་ཕྱིར་རོ། །ཞེས་དང་། སྡོམ་པ་མ་ཡིན་པའི་ཚུལ་ཁྲིམས་བཅུ་གཉིས་ཞེས་བྱ་བ་ནི། འདི་ལྟ་སྟེ་ཤན་པ་དང་། གཤེད་མ་དང་། ཕག་གསོ་བ་དང་། བྱ་གསོ་བ་དང་། ཉ་གཤོར་བ་དང་། རྔོན་པ་དང་། བྱ་གཤོར་བ་དང་། སྦྲུལ་གཤོར་བ་དང་། གླུ་ལ་སྟགས་འདེབས་པ་དང་། བཙོན་རྫི་བྱེད་པ་དང་། རྐུན་པོ་བྱེད་པ་དང་། རྐུན་པོ་འཛིན་པའོ། །ཞེས་བྱ་བ་སོགས་གསུངས་སོ། །དེ་ཡང་སྤང་བླང་གི་གནས་དེ་དག་ལ་དུས་ཐམས་ཅད་དུ་དྲན་པ་དང་ཤེས་བཞིན་དང་བག་ཡོད་པ་གསུམ་གྱིས་བསྲུང་དགོས་ཏེ། སྤྱོད་འཇུག་ལས། སེམས་བསྲུང་འདོད་པ་རྣམས་ལ་ནི། །དྲན་དང་ཤེས་བཞིན་བག་ཡོད་དག །སྲོག་ལ་བབ་ཀྱང་བསྲུངས་ཤིག་ཅེས། །བདག་ནི་དེ་ལྟར་ཐལ་མོ་སྦྱོར། །ཞེས་དང་། ཤེས་བཞིན་མེད་པའི་ཆོམ་རྐུན་དག །དྲན་པ་ཉམས་པའི་རྗེས་འབྲངས་པས། །བསོད་ནམས་དག་ནི་ཉེར་བསགས་ཀྱང་། །རྐུན་པོས་གཏོང་བཞིན་ངན་འགྲོར་འགྲོ། །ཞེས་སོ། །དེ་ཡང་བླང་དོར་རྣམས་ལ་དྲན་པ་དང་ཤེས་བཞིན་བག་ཡོད་པས་སེམས་ནང་དུ་ལེགས་པར་བརྟགས་གཞིག་གལ་ཆེ་སྟེ། སྤྱི་མ་ལས། ལུས་དང་སེམས་ཀྱི་གནས་སྐབས་ལ། །ཡང་དང་ཡང་དུ་བརྟགས་བྱ་བ། །དེ་ཉིད་ཁོ་ན་མདོར་ན་ནི། །ཤེས་བཞིན་བསྲུང་བའི་མཚན་ཉིད་དོ། །ཞེས་དང་། ཏིང་འཛིན་རྒྱལ་པོ་ལས། སྦྱིན་དང་ཚུལ་ཁྲིམས་དེ་བཞིན་བཟོད་ལ་སོགས། །དགེ་བའི་ཆོས་སུ་བརྗོད་པ་གང་ཡིན་པ། །ཀུན་གྱི་རྩ་བ་བག་ཡོད་འདི་ཡིན་ཏེ། །ཞེས་སོ། །འདི་ལྟར་དྲན་ཤེས་བག་ཡོད་གསུམ་གྱིས་མ་ཟིན་ན་སྟོན་ཡོད་པའི་ཐོས་པ་ལ་སོགས་ཉམས་ཤིང་། དད་ཙམ། བརྩོན་ཙམ། ཐོས་ཙམ་ཡོད་ཀྱང་ལྟུང་བའི་རྙོག་པས་གོས་ཏེ་འཁོར་བ་ལས་མི་ཐར་བ་ཉིད། སྤྱོད་འཇུག་ལས། ཤེས་བཞིན་མེད་པའི་སེམས་ལྡན་པའི། །ཐོས་དང་བསམ་དང་སྒོམ་པ་རྣམས། །གློ་རྡོལ་བུམ་པའི་ཆུ་བཞིན་དུ། །དྲན་པ་ལ་ནི་དེ་མི་གནས། །ཐོས་ལྡན་དད་པ་ཅན་དང་ནི། །བརྩོན་པ་ལྷུར་ལེན་དུ་མ་ཡང་། །ཤེས་བཞིན་མེད་པའི་སྐྱོན་ཆགས་པས། །ལྟུང་བའི་རྙོག་དང་བཅས་པར་འགྱུར། །ཞེས་སོ། །གཞན་དུ་ན་ཕྱོགས་ཙམ་དུ་བག་མེད་སྤྱོད་པ་འང་ཤིན་ཏུ་མི་རིགས་ཏེ། ལྷའི་མིག་དང་ལྡན་པའི་གྲུབ་པ་རིག་འཛིན་རྒྱལ་སྲས་རྣམས་སྤྲིབ་བྱེད་དེ་མེད་པའི་ཕྱིར། སྐྱེས་རབས་ལས། མ་

མཐོང་བར་ནི་སྡིག་པ་བྱེད་པ་དག །དུག་ཟློས་བཞིན་དུ་བདེ་བར་ག་ལ་འགྱུར། །ལྷ་དང་རྣལ་འབྱོར་དག་གི་མི་དག་གི། །རྣམ་དག་མིག་གིས་མི་མཐོང་མི་སྲིད་དོ། །ཞེས་སོ། །གཞན་དུ་མི་གཞན་གྱིས་མ་མཐོང་བའམ། རང་གཅིག་པུ་ལ་སོགས་པར་ཡང་བག་མེད་པའི་ལས་བྱས་ན། མིས་མ་མཐོང་རུང་སངས་རྒྱས་དང་བྱང་ཆུབ་སེམས་དཔའ་རྣམས་ཀྱིས་མཁྱེན་པས་ཁྲེལ་ཏེ། སྤྱོད་འཇུག་ལས། སངས་རྒྱས་བྱང་ཆུབ་སེམས་དཔའ་དག །ཀུན་ཏུ་ཐོགས་མེད་ནུས་པར་ལྡན། །དེ་དག་ཐམས་ཅད་སྤྱན་སྔ་ན། །བདག་ནི་རྟག་པར་གནས་སོ་ཞེས། །དེ་ལྟར་བསམ་ནས་ངོ་ཚ་དང་། །ཁྲེལ་དང་འཇིགས་ལྡན་དེ་དག་གནས། །ཞེས་གསུང་པའི་ཕྱིར་རོ། །གཞན་ཡང་བྱ་བ་དང་སྤྱོད་པ་ཐམས་ཅད་དགེ་བའི་རྣམ་པ་འབའ་ཞིག་གིས་དུས་འདའ་བར་བྱ་སྟེ། འགྲོ་འདུག་ཟ་འཆག་སྤྱོད་ལམ་རྣམ་པ་བཞི། །སྤྱོད་ཡུལ་ཡོངས་སུ་དག་པའི་མདོ་སྡེ་ལྟར། །གང་བྱེད་རིགས་མཐུན་ཚིག་གིས་སྨོན་ལམ་འདེབས། །དེའི་དོན་མདོ་སྡེ་རྒྱན་ལས། རྒྱལ་སྲས་སྤྱོད་ཚེ་ཇི་ལྟ་ཇི་ལྟ་བུ། །དབང་པོའི་སྤྱོད་ཡུལ་སྣ་ཚོགས་འཇུག་འགྱུར་བ། །དེ་ལྟ་དེ་ལྟར་རིགས་ཤིང་མཐུན་ཚིག་གིས། །སེམས་ཅན་དོན་ཕྱིར་དེ་སྟོན་འདུ་བྱེད་དོ། །ཅེས་པའི་ཚུལ་ཏེ། རྒྱས་པར་སངས་རྒྱས་ཕལ་མོ་ཆེའི་སྤྱོད་ཡུལ་ཡོངས་སུ་དག་པ་ལས་གསུངས་པ། བྱང་ཆུབ་སེམས་དཔའི་ཁང་བུའི་ནང་དུ་འཇུག་པའི་ཚེ། སེམས་ཅན་གྱིས་ཐར་པའི་གྲོང་ཁྱེར་ཐོབ་པར་གྱུར་ཅིག་སྙམ་དུ་སེམས་བསྐྱེད་དོ། །ཉལ་བའི་ཚེ་སངས་རྒྱས་ཀྱི་ཆོས་སྐུ་ཐོབ་པར་གྱུར་ཅིག་སྙམ་དུ་སེམས་བསྐྱེད་དོ། །རྨི་ལམ་རྨིས་པ་ན་ཆོས་ཐམས་ཅད་རྨི་ལམ་ལྟ་བུར་རྟོགས་པར། གཉིད་སད་པ་ན་མ་རིག་པ་ལས་སད་པར། ལྡང་བ་ན་སངས་རྒྱས་ཀྱི་སྐུ་ཐོབ་པར། གོས་གྱོན་པ་ན་ངོ་ཚ་དང་ཁྲེལ་ཡོད་ཀྱིས་གོས་གྱོན་པར་སྐྲ་རགས་འཆིང་བ་ན་དགེ་བའི་རྩ་བ་དང་འབྲེལ་བར། སྟན་ལ་འདུག་པ་ན་རྡོ་རྗེའི་གདན་ཐོབ་པར། རྒྱབ་བརྟེན་པ་ན་བྱང་ཆུབ་ཀྱི་ཤིང་ཐོབ་པར། མེ་བཏང་བ་ན་ཉོན་མོངས་པའི་བུད་ཤིང་སྲེག་པར། འབར་བ་ན་ཡེ་ཤེས་ཀྱི་མེ་འབར་བར། གཡོས་ཟིན་པ་ན་ཡེ་ཤེས་ཀྱི་བདུད་རྩི་ཐོབ་པར། ཁ་ཟས་བཟའ་བ་ན་བསམ་གཏན་གྱི་ཟས་ཐོབ་པར། འགྲོ་བ་ན་འཁོར་བའི་གྲོང་ལས་ཐར་བར། སྐས་ལས་འབབ་པ་ན་སེམས་ཅན་གྱི་དོན་ལ་འཁོར་བར་འཇུག་པར། སྒོ་འབྱེད་པ་ན་ཐར་པའི་གྲོང་གི་སྒོ་འབྱེད་པར། སྒོ་གཅོད་པ་ན་ངན་སོང་གི་སྒོ་གཅོད་

པར། ལམ་དུ་འཇུག་པ་ན་འཕགས་པའི་ལམ་དུ་འཇུག་པར། གྱེན་ལ་འགྲོ་བ་ན་སེམས་ཅན་ཐམས་ཅད་མཐོ་རིས་ཀྱི་བདེ་བ་ལ་འགོད་པར། ཐུར་ལ་འབབ་པ་ན་ངན་སོང་གསུམ་རྒྱུན་གཅོད་པར་གྱུར་ཅིག །སེམས་ཅན་དང་འཕྲད་པ་ན་སངས་རྒྱས་དང་མཇལ་བར། རྐང་པ་འཇོག་པ་ན་སེམས་ཅན་ཐམས་ཅད་ཀྱི་དོན་ལ་འགྲོ་བར། རྐང་པ་འདེགས་པ་ན་འཁོར་བ་ལས་འདོན་པར། རྒྱན་དང་ལྡན་པ་མཐོང་ན་མཚན་དཔེའི་རྒྱན་ཐོབ་པར། རྒྱན་མེད་པ་མཐོང་བ་ན་སྦྱངས་པའི་ཡོན་ཏན་དང་ལྡན་པར། སྣོད་གང་བ་མཐོང་ན་ཡོན་ཏན་གྱིས་གང་བར། སྟོང་པ་མཐོང་ན་སྐྱོན་གྱིས་སྟོང་པར། སེམས་ཅན་དགའ་བ་མཐོང་ན་ཆོས་ལ་དགའ་བར། མི་དགའ་བ་མཐོང་ན་འདུས་བྱས་དངོས་པོ་ལ་མི་དགའ་བར། སེམས་ཅན་བདེ་བ་མཐོང་ན་སངས་རྒྱས་ཀྱི་བདེ་བ་ཐོབ་པར། སྡུག་བསྔལ་བ་མཐོང་ན་སེམས་ཅན་གྱི་སྡུག་བསྔལ་ཐམས་ཅད་ཞི་བར། ནད་པ་མཐོང་ན་ནད་ལས་གྲོལ་བར། དྲིན་དུ་གཟོ་བ་མཐོང་ན་སངས་རྒྱས་དང་བྱང་ཆུབ་སེམས་དཔའ་ཐམས་ཅད་ལ་དྲིན་ལེན་ལྡོན་པར། དྲིན་དུ་མི་གཟོ་བ་མཐོང་ན་ལྟ་བ་ལོག་པ་ལ་དྲིན་དུ་མི་གཟོ་བར། རྩོལ་བ་མཐོང་ན་ཕལ་གྱི་རྩོལ་བ་ཐམས་ཅད་ཚར་གཅོད་པར། བསྟོད་པ་མཐོང་ན་སངས་རྒྱས་དང་བྱང་ཆུབ་སེམས་དཔའ་ཐམས་ཅད་ལ་བསྟོད་པར། ཆོས་ཀྱིས་གཏམ་བྱེད་པ་མཐོང་ན་སངས་རྒྱས་ཀྱི་སྤོབས་པ་ཐོབ་པར། སྐུ་གཟུགས་མཐོང་ན་སངས་རྒྱས་ཐམས་ཅད་མཐོང་བ་ལ་སྒྲིབ་པ་མེད་པར། མཆོད་རྟེན་མཐོང་ན་འགྲོ་བ་ཐམས་ཅད་ཀྱི་མཆོད་རྟེན་དུ་འགྱུར་བར། ཚོང་བྱེད་པ་མཐོང་བ་ན་འཕགས་པའི་ནོར་བདུན་ཐོབ་པར། ཕྱག་འཚལ་བ་མཐོང་བ་ན་ལྷ་དང་བཅས་པའི་འཇིག་རྟེན་གྱིས་སྤྱི་གཙུག་བལྟར་མི་མངོན་པ་ཐོབ་པར་གྱུར་ཅིག་སྙམ་དུ་སེམས་བསྐྱེད་པར་བྱའོ། །ཞེས་སོ། །གངས་ཅན་གྱི་མཁས་པ་ཐམས་ཅད་ཀྱི་གཙུག་རྒྱན་ཀུན་མཁྱེན་ངག་གི་དབང་པོ་ཞེས། མཁྱེན་རབ་དབང་ཕྱུག་ཀློང་ཆེན་རབ་འབྱམས་ནི། །སྨོན་པའི་བསླབ་བྱ་ཚད་མེད་བཞི་བསྒོམ་ཞིང་། །འཇུག་པའི་བསླབ་བྱ་ཕ་རོལ་ཕྱིན་དྲུག་སྤྱོད། །བསྟུ་ན་དཀར་ནག་ཆོས་བརྒྱད་འདུ་ཞེས་གསུངས། དེ་ཡང་སེམས་ཉིད་ངལ་གསོའི་ལེའུ་བརྒྱད་པར། སྨོན་པའི་བསླབ་བྱ་ཚད་མེད་བཞི་པོ་བསྒོམ། །དེ་ཡི་མི་མཐུན་ཕྱོགས་སྤངས་སེམས་བསྲུང་བྱ། །འཇུག་པའི་བསླབ་བྱ་ཕ་རོལ་ཕྱིན་དྲུག་སྤྱོད། །དེ་ཡི་མི་མཐུན་ཕྱོགས

སྤྱངས་བརྩོན་པར་བྱ། །ཞེས་དང་། མདོར་ན་ནག་པོའི་ཆོས་བཞི་སྤྱངས་བྱ་ཞིང་། དཀར་པོའི་ཆོས་བཞི་དག་ལ་ནན་ཏན་བྱ། ཞེས་གསུངས་པའི་དོན། བྱམས་པས་ཞུས་པའི་མདོ་ལས། བྱམས་པ། དེ་ལས་གཞན་གྱི་དོན་དུ་སྨོན་པ་དེ་ཡང་། བྱམས་པ་ཆེན་པོ་དང་། སྙིང་རྗེ་ཆེན་པོ་དང་། དགའ་བ་ཆེན་པོ་དང་། བཏང་སྙོམས་ཆེན་པོ་ཡིན་ལ། ཡང་དག་པར་སྤྱོད་པ་དེ་ཡང་ཕ་རོལ་ཏུ་ཕྱིན་པ་དྲུག་སྟེ། ཞེས་སོ། །དེ་ཡང་ཚད་མེད་པ་བཞི་པོ་ཡང་ཐར་པའི་ལམ་དང་མ་འབྲེལ་ན། ཚངས་པའི་གནས་བཞི་ཞེས་བསམ་གཏན་བཞིའི་ཉེ་རྒྱུ་ཡིན་ཏེ་སྲིད་པར་འདུ་བྱེད་པའི་ཕྱིར། ཡུམ་སྙིང་པོ་མཆོག་ལས། ཤཱ་རིའི་བུ་འདི་ལ་སེམས་ཡང་དག་པར་མ་བསྐྱེད་རྗེས་སུ་མ་བསྐྱེད་པའི་བྱམས་པ་དང་། སྙིང་རྗེ་དང་། དགའ་བ་དང་། བཏང་སྙོམས་བཞི་ནི་ཚངས་པའི་གནས་བཞི་སྟེ། སྲིད་པ་མངོན་པར་འདུ་ཤེས་པ་དང་བཅས་པའོ། །སེམས་ཡང་དག་པར་བསྐྱེད། རྗེས་སུ་བསྐྱེད་པའི་བྱམས་པ་དང་། སྙིང་རྗེ་དང་། དགའ་བ་དང་། བཏང་སྙོམས་བཞི་ནི། ཚད་མེད་པ་བཞི་སྟེ། མྱ་ངན་ལས་འདས་པའི་ལམ་དུ་འདུ་བྱེད་པའི་ཕྱིར་རོ། །ཞེས་སོ། །དེ་ཡང་ཚད་མེད་བཞིའི་དམིགས་ཡུལ་སེམས་ཅན་ལ་དམིགས་པའི་ཚད་མེད་པ་བཞི་དང་། ཆོས་ཉིད་དེ་བཞིན་ཉིད་ལ་དམིགས་ནས་དམིགས་པ་མེད་པའི་ཚད་མེད་བཞི་དང་དབྱེ་ན་གཉིས་ཏེ། ས་སྡེ་ལས། སེམས་ཅན་དང་ཆོས་ཉིད་ལ་བརྟེན་ནས་དམིགས་པ་དང་བཅས་པ་དང་། དམིགས་པ་མེད་པའི་ཚད་མེད་པ་རྣམ་པ་བཞི་ཉིད་སྐྱེ་སྟེ། ཞེས་སོ། །གཞན་ཡང་ཚད་མེད་བཞི་པོ་རེ་རེ་ལའང་སེམས་ཅན་དང་། ཆོས་དང་། དམིགས་པ་མེད་པ་གསུམ་ལ་བརྟེན་ནས་སྐྱེ་བར། བྱང་ལས། སེམས་ཅན་ལ་དམིགས་པ་ནི་མུ་སྟེགས་ཅན་རྣམས་དང་མཐུན་པ་ཡིན་ནོ། །ཆོས་ལ་དམིགས་པ་ནི་ཉན་ཐོས་དང་རང་སངས་རྒྱས་ཐམས་ཅད་དང་ཐུན་མོང་བ་ཡིན་ནོ། །དམིགས་པ་མེད་པ་ནི་དེ་ཐམས་ཅད་དང་ཐུན་མོང་མ་ཡིན་པའོ། །ཞེས་སོ། །

དེ་ཡང་ཐུན་མོང་གི་སེམས་སྦྱོང་བསྒོམ་ཚུལ་ནི། དང་པོ་བྱམས་པ་བསྒོམ་པ་ནི། ཀྱེ་མ་སེམས་ཅན་འདི་དག་ཐམས་ཅད་སྔ་ཕྱི་མེད་པར་ཐུན་མོང་ལྷ་མིའི་བདེ་བ་དང་ཁྱད་པར་རྒྱལ་བ་སྲས་དང་བཅས་པའི་དགའ་བདེའི་བར་ལ་སྤྱོད་པར་གྱུར་ན་ཅི་མ་རུང་། དེའི་ཕྱིར་བདེ་བའི་རྒྱུ་ཐར་པ་དང་ཐམས་ཅད་མཁྱེན་པའི་གོ་འཕང་སྒྲུབ་པར་གྱུར་ཅིག་གུ་བསམ་པར་བྱ་སྟེ། ཡུམ་བར་མ་

ལས། སེམས་ཅན་བདེ་བ་དང་མི་ལྡན་པ་མཐོང་བ་དེའི་ཚེ་འདི་ལྟར་ཡོངས་སུ་བརྟག་པར་བྱ་སྟེ། སེམས་ཅན་འདི་དག་ནི་ལྷ་ཡུལ་བའི་ལྷའི་བདེ་བ་དང་ཕུན་སུམ་ཚོགས་པ་དང་ལྡན་པར་གྱུར་ཅིག་སྙམ་དུ་ཡིད་ལ་བྱའོ། །ཞེས་སོ། །གཉིས་པ་སྙིང་རྗེ་ནི། སེམས་ཅན་འདི་དག་སྡུག་བསྔལ་དང་འདུ་བྱེད་འགྱུར་བའི་སྡུག་བསྔལ་ལས་མ་འདས་པ་འདི་དག་བདག་གིས་དྲངས་ཏེ་ཕྱིན་ཆད་སྡུག་བསྔལ་བའི་རྒྱུ་མི་དགེ་བ་ཐམས་ཅད་དང་བྲལ་བར་བྱའོ་སྙམ་དུ་བྱ་སྟེ། དེ་ཉིད་ལས། སེམས་ཅན་སྡུག་བསྔལ་བ་དག་མཐོང་ན་འདི་སྙམ། སེམས་ཅན་འདི་དག་སྡུག་བསྔལ་དང་བྲལ་བར་གྱུར་ཅིག་ཅེས་སེམས་པ་ཡིན་ནོ། ། ཞེས་སོ། །གསུམ་པ་དགའ་བ་ནི། སེམས་ཅན་དགའ་བདེར་གནས་པ་མཐོང་ན་འདི་དག་ད་ནས་བདེ་བ་འདི་ལྷ་བུའི་རྒྱུ་ཐར་པའི་ལམ་ལ་སྦྱོད་པས་རྣམ་པ་ཐམས་ཅད་དུ་བདེ་སྐྱིད་ཕོ་ན་ལ་སྤྱོད་ན་རེ་དགའ་སེམས་པ་སྟེ། ཉི་ཁྲི་ལས། སེམས་ཅན་གང་དག་རང་རང་གི་བདེ་བས་འབྱོར་པ་མཐོང་ན་འདི་སྙམ་དུ་སེམས་ཏེ། བདེ་བ་འདི་དང་མི་འབྲལ་བར་ཤོག་ཅིག །ལྷ་དང་མིའི་བདེ་བ་ལས་འདས་པ་རྣམ་པ་ཐམས་ཅད་མཁྱེན་པའི་བདེ་བ་དང་ལྡན་པར་གྱུར་ཅིག་སྙམ་མོ། ། ཞེས་སོ། །བཞི་པ་བཏང་སྙོམས་ནི། དེ་ཡང་སེམས་ཅན་ཉེ་བ་ལ་བྱམས་པ་དང་། རིང་བ་ལ་སྡང་བ། བར་མ་ལ་བཏང་སྙོམས་སུ་མི་བྱ་བར་ཐམས་ཅད་ཕ་མར་ཤེས་པས་བདག་གིས་འདི་ཀུན་འཁོར་བ་ལས་གྲོལ་བར་སེམས་པ་སྟེ། འདུལ་བ་ལུང་ལས། ཕན་པའི་ལན་དུ་ཕན་པ་མཆོག །གནོད་པའམ་བར་མ་རིགས་པ་མིན། ཞེས་གསུང་པ་བཞིན་དུ་བྱའོ། །ཕ་རོལ་དུ་ཕྱིན་པ་དྲུག་དང་། དཀར་ནག་ཚོས་བརྒྱད་ལ་སོགས་པ་གོང་དུ་བསྟན་ཟིན་ཏོ། །

གཉིས་པ་གཅེས་པའི་གདམས་པས་འགག་བསྡུ་བ་ནི། དེ་ལྟར་བཤད་པའི་བསླབ་སྡོམ་ཀུན་ཀྱང་མདོར་དྲིལ་ན། །འདི་ནི་ཕན་དང་བདེ་བ་རྣམས་བྱ་ཞིང་། །འདིར་ཡང་མི་ཕན་ཕྱི་མར་གནོད་པ་སྤྲངས། །ཁྲོལ་གཉིས་བསླབ་བྱར་མ་འདུས་མེད་ཅེས་སྨྲ། དེ་ཡང་སེམས་ཅན་ཐམས་ཅད་ལ་གང་ཕན་པ་དང་། གང་བདེ་བའི་སྤྱོད་པ་བརྩམ་པ་ནི་བྱང་ཆུབ་སེམས་དཔའ་གཞུང་ལམ་ཆེན་པོ་ཡིན་ཞིང་། འོན་ཀྱང་རེ་ཞིག་བདེ་བར་སྣང་ཡང་ཕུགས་སུ་གནོད་པར་འགྱུར་བ་དང་། ཚེ་འདིར་ཕན་བདེའི་རྣམ་པར་སྣང་ཡང་ཚེ་ཕྱི་མར་གནོད་འགྱུར་གྱི་ལས་དེ་དག་བྱར་མི་རུང་སྟེ། ཐབས

མཁས་པ་མ་ཡིན་པའི་ཕྱིར་ཏེ། ཞི་བ་ལྷས། གཞན་རྣམས་དང་ནི་བདག་ལའང་རུང་། །སྡུག་བསྔལ་ཡིན་ཡང་གང་ཕན་བྱ། །ཕན་དང་བདེ་བ་རྣམས་བྱ་སྟེ། །བདེ་ཡང་མི་ཕན་མི་བྱའོ། །ཞེས་སོ། །དེ་ཡང་དཔེར་ན་སྦྱིན་པ་བྱིན་པར་བྱེད་ནའང་། ཆང་དང་དུག་དང་མཚོན་ཆ་དང་། གསོད་སར་ཕྱུགས་མ་བྱིན་པ་ལ་སོགས་པ་རེ་ཞིག་སེམས་ཅན་གཅིག་གི་རེ་བ་སྐོངས་ཀྱང་དེ་ལས་བྱུང་བའི་མི་དགེ་བ་ཆེར་འབྱུང་བ་དང་། ནད་པ་ལ་དགའ་བའི་ཟས་བྱིན་ཀྱང་། དེ་བཟའ་མི་རུང་བས་སྲོག་གི་བར་ཆད་དུ་འགྱུར་བ་དང་། སྤངས་པ་པའི་ལོངས་སྤྱོད་ཁ་བསྐོམ་པ་ལ་སྟེར་བ་དང་། དགེ་འདུན་གྱི་དཀོར་སོ་སོའི་སྐྱེ་བོ་ལ་སྟེར་བས་ཕྱི་མར་འབྲས་བུ་མི་བཟད་པ་མྱོང་བར་འགྱུར་བ་དང་། དེ་བཞིན་དུ་རང་ཚུལ་ཁྲིམས་བསྲུང་ཡང་། དེས་རྒྱགས་པས་གཞན་ཁྱད་དུ་གསོད་པ་དང་། སངས་རྒྱས་ཀྱི་བསྟན་པ་དང་སེམས་ཅན་ལ་གནོད་པའི་སྐྱེ་བོ་འདུལ་ནུས་བཞིན་དུ་བཟོད་པ་བསྒོམ་པ་དང་། ལོག་པའི་ཆོས་ལ་བརྩོན་འགྲུས་བརྩམ་པ་དང་། སངས་རྒྱས་ཀྱི་གསུངས་དང་མི་མཐུན་པའི་བསྟན་བཅོས་བརྩམ་པ་དང་། འཆད་པ་དང་། ངན་པར་སྤྱོད་པའི་སྐྱེ་བོ་ཚར་གཅོད་པའི་འཆོས་པར་ནུས་ཀྱང་མི་བྱེད་པ་ལ་སོགས་པའོ། །འདི་དག་རེ་རེ་བཞིན་ལུང་རིགས་ཀྱི་བསྒྲུབ་ཏུ་ཡོད་ཀྱང་ཡི་གེས་འཇིགས་སོ། །དེ་ལྟར་བྱང་ཆུབ་སེམས་དཔའི་བསླབ་བྱའི་རིམ་པ་ཇི་སྙེད་པ་ཐམས་ཅད་ཀྱང་། གོང་དུ་བཤད་པའི་ཟབ་མོ་ལྟ་བའི་སྲོལ་དང་། རྒྱ་ཆེན་སྤྱོད་པའི་སྲོལ་གཉིས་ཀྱི་བསླབ་བྱར་མ་འདུས་པ་མེད་དོ། །ཞེས་མཁས་པ་ཐམས་ཅད་ངག་མཐུན་པར་སྨྲོའོ། །

གཉིས་པ་སྡོམ་པ་སྐྱེ་བའི་རྟེན་བཤད་པ་ལ་གཉིས་ཀྱི་དབུ་མ་པའི་ལུགས་ལ། སྐྱེ་བའི་རྟེན་ནི་ལྷ་ཀླུ་འཕྲོག་མ་སོགས། །ཕྱིག་ཅན་ལའང་སྐྱེ་བར་ཀླུ་སྒྲུབ་བཤད། །གང་ཐེག་ཆེན་ལ་མོས་ཤིང་སངས་རྒྱས་ཐོབ་འདོད་ཀྱི་ལྷ་ཀླུ་སོགས་ལའང་སྐྱེ་བར། བརྒྱད་སྟོང་པ་ལས། དེའི་ཚེ་ལྷའི་བུ་ཉི་ཁྲི་བླ་ན་མེད་པའི་བྱང་ཆུབ་ཏུ་སེམས་བསྐྱེད་དོ། །ཞེས་དང་། རྒྱ་མཚོས་ཞུས་པ་ལས། ཀླུ་ཁྲི་ཉིས་སྟོང་གིས་བྱང་ཆུབ་ཏུ་སེམས་བསྐྱེད་དོ། །ཞེས་པ་དང་། ཡུམ་བར་མ་ལས། དེའི་ཚེ་ལྷ་དང་ཀླུ་དང་ལྷ་མ་ཡིན་དང་ནམ་མཁའ་ལྡིང་དང་མིའམ་ཅི་དང་ལྟོ་འཕྱེ་ཆེན་པོ་བགྲངས་ལས་འདས་པ་དག་གིས་བླ་ན་མེད་པའི་བྱང་ཆུབ་ཏུ་སེམས་བསྐྱེད་དོ། །ཅེས་སོ། །སེམས་ཙམ་པ་ལྟར་ན། ཐོགས་མེད་དེ་སྙིང་སོ་

ཐར་དགོས་ཞེས་གསུངས། སོ་ཐར་རིགས་བདུན་གང་རུང་དང་ལྡན་ན་ལུས་ཀྱི་རྟེན་དུ་དགོས་ཏེ། ལམ་སྒྲོན་ལས། སོ་སོར་ཐར་པ་རིགས་བདུན་གྱི། རྟག་ཏུ་སྡོམ་གཞན་ལྡན་པ་ལ། །བྱང་ཆུབ་སེམས་དཔའི་སེམས་བསྐྱེད་ཀྱི། །སྐལ་པ་ཡོད་ཀྱི་གཞན་དུ་མིན། །ཞེས་སོ། །སྐྱེས་པ་གནས་པའི་རྟེན་ནི། གྲོགས་དགེ་བའི་བཤེས་གཉེན་གྱི་སྟོབས། རྒྱུ་རིགས་ཀྱི་སྟོབས། དགེ་བའི་རྩ་བ་རིགས་རྒྱས་པའི་སྟོབས། ཐེག་ཆེན་གྱི་ཆོས་ཐོས་པའི་སྟོབས། །ཚེ་འདིར་ཉན་པ་འཛིན་པ་འཆད་པ་ལ་སོགས་དགེ་བ་གོམས་པའི་སྟོབས་ལྔ་སྟེ། མདོ་སྡེ་རྒྱན་ལས། གྲོགས་སྟོབས་རྒྱུ་སྟོབས་རྩ་བའི་སྟོབས། །ཐོས་སྟོབས་དགེ་བ་གོམས་པ་ལས། །མི་བརྟན་པ་དང་བརྟན་འབྱུང་བ། །གཞན་གྱིས་བསྟན་པའི་སེམས་བསྐྱེད་བཤད། །ཅེས་པས་དང་པོ་བཞི་ནི་མི་བརྟན་པ་ལ་ཕྱི་མ་ནི་བརྟན་པའོ། །དེ་དག་ནི་སྨོན་གཉིས་ཀྱི་ལུགས་དང་། །སྤྱིར་ན་སངས་རྒྱས་ཆོས་ལ་དད་བྱེད་ཅིང་། །འབྲས་བུ་བླ་མེད་བྱང་ཆུབ་ལ་དད་དང་། །རྒྱལ་སྲས་སྤྱོད་པ་རྒྱ་མཚོར་དད་བྱེད་ན། །བྱང་སེམས་སྐྱེ་བར་དཀོན་མཆོག་ཏ་ལར་གསུངས། །མདོ་དེ་ཉིད་ལས། རྒྱལ་དང་རྒྱལ་བའི་ཆོས་ལ་དད་གྱུར་ཅིག །མཐར་ཐུག་བླ་ན་མེད་ལ་དད་གྱུར་ལ། །རྒྱལ་སྲས་རྣམས་ཀྱི་སྤྱོད་ལ་དད་བྱེད་ན། །བློ་དང་ལྡན་པ་རྣམས་ཀྱི་སེམས་སྐྱེའོ། །ཞེས་གསུངས་པ་བཞིན་ནོ། །སྤྱི་དོན་བཞི་པ་ཉམས་ན་གསོ་བའི་ཐབས་བཤད་པ་ལའང་། ལྟུང་བ་ངོས་བཟུང་བ། གནང་བཀག་ངེས་པ། བཤགས་ཚུལ་བསྟན་པ། ཕན་ཡོན་བཤད་པ་དང་བཞི་ལས། དང་པོ་ནི། ཐ་མ་ཉམས་ན་གསོ་བའི་ཚུལ་བཤད་པ། །གང་གིས་རིགས་དང་མི་རིགས་མ་བརྟགས་པར། །བརྩོམ་མམ་བཟློག་གམ་བཏང་སྙོམས་འཛོག་ཀྱང་རུང་། །འོས་ལས་འདས་བྱེད་ཐམས་ཅད་ལྟུང་བའི་སྡེ། །དོན་ཆེན་བསྒྲུབ་ལ་ཆུང་བཏང་གཟུགས་བརྙན་ཏེ། །ནུས་པའི་ཡུལ་མིན་ཐམས་ཅད་ལྟུང་མེད་དོ། །མི་ནུས་དེར་བརྩོན་དེ་ཡི་གཟུགས་བརྙན་ཡིན། དེ་ཡང་བླང་དོར་གྱི་གནས་ལ་རྣམ་པར་དཔྱོད་པ་མ་ཡིན་པར་མི་རིགས་པའི་ཆ་བརྩོན་པ་དང་། རིགས་པའི་ཆ་བཟློག་པ་དང་། དེ་གཉིས་གང་ཡང་བྱེ་བྲག་མི་ཕྱེད་པར་བཏང་སྙོམས་སུ་ལུས་པ་ལྟ་བུ་ནི་ལྟུང་བའི་སྡེའོ། །དེ་ཡང་བྱ་བ་གང་ཞིག་བསྒྲུབ་པར་ནུས་སམ་མི་ནུས་ལ་མ་དཔྱད་པར་མིན་ཏེ། སྤྱོད་པ་བརྩམ་པ་དེ་བཟློག་པར་མི་བྱ་སྟེ། བདག་བྱང་ཆུབ་ཏུ་སེམས་བསྐྱེད་པའི་ཕྱིར། སྤྱོད་འཇུག་ལས། རྡོ་རྗེ་རྒྱལ

མཚན་ཆོག་ཡིས། །བརྩམ་ནས་ང་རྒྱལ་བསྒོམ་པར་བྱ། །དང་པོར་འགྱོར་པ་བརྟགས་ནས་ནི། །བརྩམ་མམ་ཡང་ན་མི་བརྩམ་བྱ། །བརྩམ་ནས་ཟློག་པར་མི་བྱའོ། །ཞེས་སོ། །ལྟུང་བའི་རྣམ་བཞག་མུ་བཞི་པོ་ཡང་། ས་སྐྱའི་སྡོམ་གསུམ་རབ་དབྱེ་ལས། །བསམ་པ་དག་པའི་སྦྱིན་པ་སོགས། །རྣམ་པ་ཀུན་ཏུ་ལྟུང་བ་མེད། །བསམ་པ་ངན་པས་སྲོག་གཅོད་སོགས། །རྣམ་པ་ཀུན་ཏུ་ལྟུང་བར་འགྱུར། །དགེ་བའི་སེམས་ཀྱིས་གསོད་པ་སོགས། །ལྟུང་བའི་གཟུགས་བརྙན་ཡིན་ཞེས་གསུངས། །གཞན་ལ་གནོད་ན་རྫུན་མིན་ཡང་། །ལྟུང་བ་མེད་པའི་གཟུགས་བརྙན་ཡིན། །ཞེས་པའི་ཚུལ་གྱིས་ཤེས་པར་བྱའོ། །

གཉིས་པ་གནང་བཀག་ངེས་པ་ནི། །གཞན་ཕྱིར་ཕན་ན་ལུས་ངག་མི་དགེ་བདུན། །གནང་བའི་སྐབས་ཡོད་དོན་ལ་དགེ་བ་ཡིན། །ཡིད་གསུམ་ནམ་ཡང་གནང་བའི་སྐབས་མེད་དོ། །དེ་ཡང་འདི་སྐད་ཐོས་ཏེ། ལུས་ངག་གི་མི་དགེ་བདུན་གནང་བའི་སྐབས་ཡོད་དེ། གཞན་དོན་དུ་འགྱུར་བ། འགྱུར་བར་ཤེས་པ། རང་གི་དགེ་བ་དེ་ལས་ཆེ་བ་མི་སྲིད་པའི་སྟེང་དུ་འཕེལ་བ་གསུམ་གྱི་གནས་སྐབས་ལ་བརྟགས། སེམས་དཔའ་ཆེ་ལ་མི་དགེ་བདུན་གནང་ངོ་། །ཞེས་བྱུང་བ་ཡིན་ནོ། །དེས་ན་བྱང་ཆུབ་སེམས་དཔའི་སྡེ་སྣོད་ལས། ཐུན་གྱི་འཇིགས་པ་སྐྱབས་པའི་ཕྱིར། །བསམ་པ་དག་པས་མཆིལ་ལྷམ་གཉིས། །ཐུབ་པའི་དབུ་ལ་བཞག་པ་དང་། །དེ་ནི་གཞན་ཞིག་བསལ་བྱས་པས། །གཉིས་ཀས་རྒྱལ་སྲིད་ཐོབ་ཅེས་གྲགས། །དེ་ཕྱིར་བསམ་པའི་ཁྱད་པར་ལས། །བསོད་ནམས་སྡིག་པ་རྣམ་པར་གནས། །ཞེས་དང་། བྱང་ཆུབ་སེམས་དཔའི་སེམས་སྦྱོང་ལ། །སྦྱོར་བ་ལས་ཀྱང་བསམ་པས་གཙོ། །ཞེས་སོ། །ཅི་ལྟ་བུ་ཞེ་ན། མི་ནག་མདུང་ཐུང་ཅན་གྱིས་མི་མང་པོ་རང་འདོད་ཀྱིས་གསོད་པར་མཐོང་ནས་དེད་དཔོན་སྙིང་རྗེ་ཆེན་པོས་འཁོར་བ་ལས་འདོན་པའི་ཕྱིར་སྲོག་གཅོད་པ་ལྟ་བུ་དང་། འགའ་ཞིག་འགྲོར་ཡང་སེར་སྣས་མི་སྦྱིན་པ་དང་། མུ་གེའི་ཚེ་གང་ཞིག་སྲོག་ལ་ཐུག་ན། གཉིས་ཀའི་དོན་དུ་ཕྱུག་པོ་ལས་མ་བྱིན་པར་བླངས་ནས་དབུལ་པོ་ལ་བྱིན་པ་ལྟ་བུ་དང་། བྲམ་ཟེའི་ཁྱེའུ་སྐར་མ་ལ་དགའ་བས་གཞན་འདོད་པས་གདུང་སྟེ་འཆི་ངེས་པ་བཟློག་པའི་དོན་དུ་འདོད་ལོག་སྤྱོད་པ་ལྟ་བུ། གསོད་ངེས་པ་ཐར་བར་བྱ་བའི་ཕྱིར་རྫུན་སྨྲ་བ་ལྟ་བུ། སྡིག་པའི་

གྲོགས་པོས་བསླུས་ནས་ངན་འགྲོ་ལས་བཟློག་པའི་དོན་དུ་དེ་གཉིས་ཕྲ་མས་ཕྱེ་བ་ལྟ་བུ། སྒྱུ་ངན་ཅན་གྱི་སྒྱུ་ངན་སེལ་ཕྱིར་གདམ་རྒྱུད་ཀྱི་སྒྲུང་འཆད་པའམ། བཤད་གད་བྱ་བ་ལ་སོགས་པའི་ངག་འཆལ་ལྟ་བུ། སྡིག་པ་ལ་འཇུག་ངེས་པ་བཟློག་པའི་ཕྱིར། ཚིག་རྩུབ་མོ་སྨྲ་བ་ལྟ་བུ་ནི་གནང་བའི་སྐབས་ཡོད་དེ་དོན་ལ་དགེ་བ་ཡིན་པའི་ཕྱིར་རོ། །ཡིད་ཀྱི་གསུམ་ནི་ནམ་ཡང་གནང་བའི་སྐབས་མེད་དེ་མི་དགེ་བ་ཁོ་ནའོ། །དཀོན་མཆོག་སྤྲིན་ལས། དགེ་འམ་འོན་ཏེ་མི་དགེ་བའི། །ལས་ནི་སེམས་ཀྱིས་བསགས་པ་ཡིན། །ཞེས་དང་། སེམས་ཀྱི་སྒྲིབ་པ་སྦྱོང་བའི་མདོ་ལས། ཆོས་ཀྱི་གཏྟི་བཏྟང་བའི་ཚེ། །དགེ་སློང་རང་གི་ཕ་རྒན་ལ། །མྱུར་འདོད་ཞེས་ནི་བསྐྱལ་བྱས་ནས། །འཕྲུལ་བས་དེ་ནི་ཤི་གྱུར་པ། །མཚམས་མེད་པར་ནི་དེ་མ་ཡིན། །ཞེས་གསུངས་སོ། །གསུམ་པ་བཤགས་ཚུལ་བསྟན་པ་གཉིས་ཏེ། ཟབ་མོ་ལྟ་བའི་ལུགས་དང་། རྒྱ་ཆེན་སྤྱོད་པའི་ལུགས་སོ། །དང་པོ་ལའང་རྩ་ལྟུང་ཞི་བྱེད་ནི། ཐུན་འདས་ཉམས་ན་འཕགས་པ་ནམ་སྙིང་ལ། །ཐོ་རངས་གསོལ་གདབ་རྨི་ལམ་ལྟུང་བ་འཆགས། །ཉིན་མཚན་ཐུན་ཚོད་དྲུག་ལས་འདས་ན་རིགས་སྔགས་སྤྱིའི་ལྷ་ནམ་མཁའི་སྙིང་པོའི་མདུན་དུ་བཤགས་ཏེ། ནམ་མཁའི་སྙིང་པོའི་མདོ་ལས། བྱང་ཆུབ་སེམས་དཔའ་ལས་དང་པོ་ཉེས་པ་དང་བཅས་པ་དེ་ཐོ་རངས་ལངས་ལ་ཤར་ཕྱོགས་སུ་བལྟས་པས་འདུག་ནས། སྐྱ་རེངས་ཀྱི་ལྷའི་བུ་ལ་གསོལ་བ་གདབ་པར་བྱ་སྟེ་ཚིག་འདི་སྐད། སྐྱ་རེངས་སྙིང་རྗེ་ཆེན་པོ་ལེགས་པ་ཆེན་པོ་ཁྱོད་ཛམ་བུའི་གླིང་དུ་ཤར་མ་ཐག་ཏུ་སྙིང་རྗེས་བདག་ལ་ཁེབས་པར་མཛད་དུ་གསོལ། ནམ་མཁའི་སྙིང་པོ་སྙིང་རྗེ་ཆེན་པོ་དང་ལྡན་པ་ལ་ཡང་བདག་གི་ཚིག་གིས་མྱུར་དུ་བསྐུལ་ཏེ་ཐབས་གང་གིས་བདག་གི་ལྟུང་བ་འཆགས་པར་འགྱུར་བ་དང་། ཐེག་པ་ཆེན་པོ་འཕགས་པ་ལ་ཐབས་དང་ཤེས་རབ་ཐོབ་པར་འགྱུར་བའི་ཐབས་དེ་དག་གི་རྨི་ལམ་དུ་བསྟན་དུ་གསོལ། ཞེས་སྨོས་ལ་དེའི་ཚེ་དེ་གཉིད་ལོག་ལ་ཉལ་ཞིག་དང་འཛམ་གླིང་འདིར་ཉི་མ་འཆར་མ་ཐག་ཏུ་བྱང་ཆུབ་སེམས་དཔའ་ནམ་མཁའི་སྙིང་པོ་དང་འཕྲད་པར་འགྱུར་ཏེ། ཞེས་གསུངས་པའི་ཚུལ་གྱིས་ལན་གསུམ་བཤགས་པས། ཉི་མ་འཆར་ཁ་ན་ཉེས་ལྟུང་དག་པའི་རྟགས། ལུས་སེམས་སྟོན་བས་བདེ་བ་དང་། ཉི་མ་འཇམ་པོར་འཆར་བ་དང་། ནམ་མཁའ་དག་པ་དང་། རྨི་ལམ་དགེ་བར་སྟོན་པར་གསུངས་སོ། །གཉིས་པ་ལྷག་

མ་ཞི་བྱེད་ནི། ལྷག་མ་ཕུང་པོ་གསུམ་པ་ཉིན་མཚན་དུ། ལན་གསུམ་འདོན་པས་གཞིལ་བ་གླུ་སླབ་ལུགས། དེའང་ཉིན་མོ་སྔ་དྲོ་གུང་། ཕྱི་དྲོ་གསུམ། མཚན་མོ་སྲོད། གུང་ཐོ་རངས་གསུམ་ལ་ཕྱག་འཚལ་བའི་ཕུང་པོ། སྡིག་པ་བཤགས་པའི་ཕུང་པོ། བསྔོ་བའི་ཕུང་པོ་སྟེ་ཕུང་པོ་གསུམ་པའི་མདོ་བྱང་ཆུབ་ལྟུང་བཤགས་ལྟ་བུ་འདོན་པར་བྱ་སྟེ། སྤྱོད་འཇུག་ལས། ཉིན་དང་མཚན་མོ་ལན་གསུམ་དུ། །ཕུང་པོ་གསུམ་པ་འདོན་བྱ་ཞིང་། །རྒྱལ་དང་བྱང་ཆུབ་སེམས་བརྟེན་པས། །ལྟུང་བའི་ལྷག་མ་དེ་ཞི་བྱ། །ཞེས་སོ། །

གཉིས་པ་སྤྱོད་པའི་བཤགས་ཚུལ་ནི། སྨོན་པའི་སེམས་ནི་ནག་པོའི་ཆོས་བཞི་སྤྱོད། །སེམས་ཅན་སྙིང་ནས་བློས་བཏང་དེ་གཏོང་འགྱུར། །ཕས་ཕམ་བྱུང་ན་སླར་བླང་འབྲིང་ནི་གསུམ། །ཐ་མ་གཅིག་མདུན་དངོས་པོ་བརྗོད་པས་བཤགས། །མཐུན་པའི་གང་ཟག་མེད་ན་ཡིད་ཀྱིས་སྡོམ། །རྒྱ་ཆེན་སྤྱོད་པའི་རིང་ལུགས་ཟླ་མེད་དོ། །དེ་ཡང་སྨོན་པའི་སེམས་བསྐྱེད་གཏོང་རྒྱུ་ནི། གོང་དུ་བཤད་པའི་ནག་པོའི་ཆོས་བཞི་སྤྱོད་པ་དང་། སྙིང་ཐག་པ་ནས་སེམས་ཅན་བློས་གཏོང་བའོ། །འདུག་སེམས་གཏོང་རྒྱུ་ཕས་ཕམ་བཞི་ལ་སོགས་པའོ། །བཤགས་ཚུལ་སྡོམ་པ་ཉི་ཤུ་པ་ལས། སྡོམ་པ་སླར་ཡང་བླང་བར་བྱ། །ཟག་པ་འབྲིང་ནི་གསུམ་ལ་བཤགས། །གཅིག་གི་མདུན་ན་ལྷག་མ་རྣམས། །ཉོན་མོངས་མི་མོངས་བདག་སེམས་བཞིན། །ཞེས་པས་ཀུན་དཀྲིས་ཆེན་པོས་བསླང་བའི་ཕས་ཕམ་བཞི་བྱུང་ན་སྡོམ་པ་གཏང་བས། སྡོམ་ལྡན་ནམ་དཀོན་མཆོག་གི་རྟེན་དྲུང་དུ། ཆེ་གེ་མོ་བྱ་བའི་སེམས་དཔའ་ཆེན་པོ་བདག་ལ་དགོངས་སུ་གསོལ། བདག་མིང་འདི་ཞེས་བྱ་བ་ལྟུང་བ་འདི་ཞེས་བྱུང་བ་དེ་སེམས་ཅན་ཐམས་ཅད་ཀྱི་ཕྱིར་བཤག་གིས་དག་པར་མཛད་དུ་གསོལ་ཞེས་ལན་གསུམ་བརྗོད་ནས། ཕ་རོལ་པོས་ཉེས་ལྟུང་དེ་དག་ལ་ཉེས་ལྟུང་དུ་གཟིགས་སམ། ཕྱིན་ཆད་སྡོམ་མམ་ཞེས་པའི་ལན་དུ་མཐོང་ལགས། སྡོམ་ལགས་སོ། །ཞེས་བྱའོ། །ཀུན་དཀྲིས་འབྲིང་དང་ཆུང་ངུས་བསླང་བའི་ཕམ་འདྲ་རྣམས་སྡོམ་ལྡན་གཅིག་གི་མདུན་དུ་ལྟུང་བའི་དངོས་པོ་བརྗོད་དེ་བཤག་གོ། །བདག་སེམས་བཞིན་ཞེས་པས་ཉེས་བྱས་ཞེ་གཉིས་ལ་སོགས་ལྷག་མ་རྣམས། ཡུལ་གང་ཟག་མ་འཛོམས་ན་རང་སེམས་དཔང་པོར་བྱས་པས། བདག་ལ་དེ་དག་གི་གྲངས་ཀུང་གསུམ་

ཡན་བླང་དུ་མེད་པར་བྱུང་ས་ལས་བཤད་དོ། །ཀུན་དགྲིས་ཞེས་པ་ནི། ཉོན་མོངས་པའི་ཆ་སྟེ། རྒྱུན་མི་ཆད་སྤྱོད་ངོ་ཚ་ཁྲེལ་མེད་དང་། །དེས་མགུ་དགའ་དང་དེ་ཉིད་ཡོན་ཏན་དུ། །བལྟ་བ་དེ་ལ་ཀུན་དགྲིས་ཆེན་པོ་ཟེར། །ཞེས་སོ། །བཞི་པ་ཕན་ཡོན་བཤད་པ། འདི་འདྲའི་བྱང་ཆུབ་སེམས་ཀྱིས་རྟེས་ཟིན་ན། །གཉིད་སོགས་བག་མེད་གྱུར་ལའང་བསོད་ནམས་ཤུགས། །རྒྱུན་མི་ཆད་འབྱུང་རྒྱལ་བའི་སྲས་སུ་འགྱུར། །གྲངས་མེད་གསུམ་བདུན་སོ་གསུམ་བྱང་ཆུབ་ཐོབ། །དེ་སྐད་དུ་སྤྱོད་འཇུག་ལས། གང་ནས་བཟུང་སྟེ་སེམས་ཅན་ཁམས། །མཐའ་ཡས་རབ་ཏུ་གྲོལ་བའི་ཕྱིར། །མི་ལྡོག་པ་ཡི་སེམས་ཀྱིས་སུ། །སེམས་དེ་ཡང་དག་བླང་གྱུར་པ། །དེ་ནས་བཟུང་སྟེ་གཉིད་ལོག་གམ། །བག་མེད་གྱུར་ཀྱང་བསོད་ནམས་ཤུགས། །རྒྱུན་མི་ཆད་པར་དུ་མ་ཞིག །ནམ་མཁའ་མཉམ་པར་རབ་ཏུ་འབྱུང་། །ཞེས་སོ། །མདོར་བསྡུ་ན་སྨོན་པའི་ཕན་ཡོན་ནི། སྤྱི་དང་ལས་འདས་མདོ་ལས། གང་གིས་སངས་རྒྱས་ཐམས་ཅད་ལ། །རིན་ཆེན་བདུན་དང་གཟིམ་ཆ་དང་། །ཞལ་ཟས་ལྷ་རྫས་དཔག་མེད་ཀྱིས། །ནམ་འཚོའི་བར་དུ་མཆོད་པ་བས། །སྐད་ཅིག་ཙམ་ཞིག་སེམས་ཅན་གྱི། །དོན་དུ་བྱང་ཆུབ་སྨོན་པ་མཆོག །དེ་ལ་ཚད་ནི་མ་མཆིས་སོ། །ཞེས་སོ། །འཇུག་པའི་ཕན་ཡོན་ནི། བུ་མོ་ཟླ་མཆོག་གི་ཞུས་པའི་མདོ་ལས། གཞན་ལ་ཕན་པའི་སེམས་ཙམ་ལའང་། །ཕན་ཡོན་ཤིན་ཏུ་ཚད་མེད་ན། །ཕན་པར་མཛད་རྣམས་སྨོས་ཅི་དགོས། །ཞེས་སོ། །གཞན་ཡང་སྡིག་པ་ཐམས་ཅད་ཟད་པར་བྱེད་དེ། སྤྱོད་འཇུག་ལས། སྡིག་པ་སྟོབས་ཆེན་ཤིན་ཏུ་མི་ཟད་པ། །དེ་ནི་རྫོགས་པའི་བྱང་ཆུབ་སེམས་མིན་པ། །དགེ་གཞན་གང་གིས་ཟིལ་གྱིས་གནོན་མི་འགྱུར། །ཞེས་སོ། །དགེ་བ་རྣབས་པོ་ཆེ་འཕེལ་བར་ཡང་། ངལ་གསོ་ལས། དགེ་གཞན་འབྲས་བུ་དམན་ཏེ་ཟད་པ་ལྟར། །རིན་ཆེན་སེམས་ཟིན་དགེ་བ་མི་ཟད་འཕེལ། །ཇི་ལྟར་རྒྱ་མཚོ་དྭངས་པའི་ཆུ་འབབ་དང་། །ས་གཞི་བཟང་པོ་ལོ་ཐོག་ཕུན་ཚོགས་བཞིན། །ཞེས་སོ། །མཐར་ཐུག་གི་ཕན་ཡོན་བྱང་ཆུབ་མངོན་དུ་བྱེད་དེ། སྡོང་པོ་བཀོད་པ་ལས། མྱུར་དུ་བླ་ན་མེད་པའི་བྱང་ཆུབ་ཏུ་འཚང་རྒྱ་བར་འདོད་ན་བླ་ན་མེད་པའི་བྱང་ཆུབ་ཏུ་སེམས་བསྐྱེད་པར་བྱའོ། །ཞེས་དང་། སྤྱོད་འཇུག་ལས། གསེར་འགྱུར་རྩི་ཡི་རྣམ་པ་མཆོག་ལྟ་བུར། །མི་གཙང་ལུས་འདི་བོར་ནས་རྒྱལ་བའི་སྐུ། །རིན་ཆེན་རིན་ཐང་མེད་པར་བསྒྱུར་བས་ན། །བྱང་ཆུབ་སེམས

ཞེས་བྱ་བ་རབ་བཏྲན་བཟུང་། །ཞེས་སོ། །འབྲས་བུ་ཇི་ཙམ་ན་ཞེ་ན། དཀོན་མཆོག་བརྩེགས་པ་ལས། དེ་ལ་འདོད་ཆེན་པོའི་སེམས་བསྐྱེད་པས་ནི་གྲངས་མེད་སུམ་ཅུ་རྩ་གསུམ་ན་མངོན་པར་འཚོར་བ་ལས་ཐར་བ་ཡིན་ནོ། །ཡེ་ཤེས་དམ་པའི་སེམས་བསྐྱེད་པས་ནི་གྲངས་མེད་བདུན་གྱིས་ཚར་ཕྱིན་པ་ཡིན་ནོ། །དཔེ་མེད་པའི་སེམས་བསྐྱེད་པས་ནི་གྲངས་མེད་གསུམ་ན་མངོན་པར་རྫོགས་པར་ཆུབ་པ་ཡིན་ནོ། །ཅིའི་ཕྱིར་ཞེ་ན། སེམས་སྟོབས་ཆུང་དུ་དང་། འབྲིང་དང་ཆེན་པོར་འགྱུར་བའི་ཕྱིར་ཏེ། འདི་དག་དཔེར་བྱས་ན། འཁོར་ལོས་བསྒྱུར་བའི་རྒྱལ་པོ་དང་། གྲུའི་ཁ་ལོ་པ་དང་། སྐྱོང་བྱེད་ལྟ་བུའོ། །ཞེས་གསུངས་པས། རང་ཐོག་མར་སངས་རྒྱས་ནས་ཕྱིས་གཞན་སྒྲོལ་བ་ནི་འདོད་ཆེན་པོའི་སེམས་བསྐྱེད་དེ། རྒྱལ་སྲིད་ཐོབ་ནས་རྒྱལ་འབངས་བདེ་ལ་བཀོད་པ་ལྟ་བུའོ། །རང་གཞན་མཉམ་དུ་གྲོལ་བར་འདོད་པ་ནི་ཡེ་ཤེས་དམ་པའི་སེམས་བསྐྱེད་ཅེས་གསུངས་ཏེ། མཉན་པ་ལྟར་རང་དང་གྲུ་ནང་པ་མཉམ་དུ་སྒྲོལ་བ་ལྟ་བུའོ། །ཐོག་མར་སེམས་ཅན་བསྒྲལ་ནས་གདོད་རང་ཉིད་གྲོལ་བར་འདོད་པ་ནི་དཔེ་མེད་པའི་སེམས་བསྐྱེད་བྱ་སྟེ། རྫི་བོ་དག་གིས་ཕྱུགས་རྣམས་སྔོན་ལ་སྐྱོངས་བ་ལྟ་བུའོ། །དེ་ཡང་སེམས་སྟོབས་ཆེ་ན་སྐད་ཅིག་རེ་རེ་ལ་ཚོགས་བསྐལ་པ་མང་པོ་བཟླུམ་པར་བཤད་དེ་མི་ནག་མདུང་ཐུང་ཅན་གསོད་པས་བསྐལ་པ་བཞི་ཁྲི་དང་། ཁྱེའུ་སྐར་དགས་སེམས་བསྐྱེད་ནས་ཁྲིམ་ཐབ་བྱས་པས་ཉི་ཁྲི་བཟླུམ་པར་གསང་ཆེན་ཐབས་ལ་མཁས་པའི་མདོ་ལས་བཤད་པས་བསྐལ་པ་མཚན་ཉིད་པ་ཁོ་ན་མི་དགོས་ཤིང་། དབང་པོ་ཤིན་ཏུ་རྣོ་ཞིང་སེམས་སྟོབས་ཆེན་པོས་བསྐལ་པ་དཔག་ཏུ་མེད་པ་སྐད་ཅིག་ལ་བཟླུམ་པར་བཤད་དོ། །འདིར་དབང་པོ་རབ་འབའ་གྲངས་མེད་ཀྱི་ངེས་པ་ནི་ས་ལམ་མངོན་དུ་བྱེད་ཚུལ་གྱི་ཆ་བཞག་པ་སྟེ། བརྒྱད་སྟོང་འགྲེལ་ཆེན་ལས། གྲངས་མེད་དང་པོ་ནི་ཚོགས་ཀྱི་ལམ་ནས་བཙམ་སྟེ་ས་དང་པོའི་བར་དུ་རྫོགས་པར་འགྱུར་རོ། །གཉིས་པ་ནི་ས་དྲི་མ་མེད་པ་ནས་བདུན་པའི་བར་རོ། །གསུམ་པ་ནི་མི་གཡོ་བ་ནས་སངས་རྒྱས་པའི་བར་རོ། ། ཞེས་སོ། །འབྲིང་པོའི་བདུན་ནི། ཚོགས་སྦྱོར་གཉིས་ལ་གཉིས་གཉིས་མཐོང་ལམ་གཅིག །བསྒོམ་ལམ་དུ་གཉིས་སོ། །ཆུང་དུའི་སོ་གསུམ་ནི། ཚོགས་སྦྱོར་གཉིས་སུ་གསུམ། ས་བཅུ་པོ་རེ་རེ་ལའང་གསུམ་གསུམ་མོ་ཞེས། ཀུན་མཁྱེན་ཆེན་པོའི་ཞལ་སྔ་ནས་གསུངས་པ་བཞིན་བློ་གྲོས་དང་ལྡན་པ་

རྣམས་ཀྱིས་རྫོགས་པར་བྱའོ། །དེ་ལྟར་བྱང་ཆུབ་སེམས་དཔའི་བསླབ་བྱ་འདི་དག་ནི། དུས་གསུམ་གྱི་རྒྱལ་བ་སྲས་ཕྱིར་གཤེགས་པ་རྣམས་ཀྱི་བགྲོད་པ་གཅིག་པའི་ལམ་ཡིན་ཏེ། བསྐལ་པ་བཟང་པོ་འདི་ཉིད་ཀྱི་སངས་རྒྱས་སྟོང་རྩ་གཉིས་པོ་དེ་དག་ཀྱང་། དང་པོར་བྱང་ཆུབ་མཆོག་ཏུ་སེམས་བསྐྱེད་པར་དུ་བསྐལ་པ་གྲངས་མེད་པར་བྱང་ཆུབ་ཀྱི་སྤྱོད་པ་རླབས་པོ་ཆེ་སྤྱད་ནས་རྣམ་པར་གྲོལ་བའི་བདུད་རྩི་བརྙེས་པ་ཡིན་ནོ་ཞེས་འཕགས་པ་བསྐལ་པ་བཟང་པོའི་མདོ་ལས་གོས་པས། འོ་སྐོལ་ཐར་པ་དང་ཐམས་ཅད་མཁྱེན་པ་དོན་དུ་གཉེར་ཞིང་ཐེག་པ་ཆེན་པོའི་སྒོར་ཞུགས་སོ་ཅོག་རྣམས་ཀྱིས་བསྟན་པའི་གཞུང་ལམ་ཆེན་པོ་བྱང་ཆུབ་མཆོག་ཏུ་སེམས་བསྐྱེད་པ་ལ་ནན་ཏན་བྱ་དགོས་ཏེ། ཐེག་པ་ཆེ་ཆུང་སེམས་བསྐྱེད་ཁྱད་ཅེས་དང་། སྤྱོད་འཇུག་ལས། མང་དུ་བཤད་ལྟ་ཅི་ཞིག་དགོས། །བྱིས་པས་རང་གི་དོན་བྱེད་དང་། །ཐུབ་པས་གཞན་གྱི་དོན་མཛད་གཉིས། །འདི་གཉིས་ཀྱི་ནི་ཁྱད་པར་ལྟོས། །ཞེས་དང་། ཀླུ་དབང་གིས། འདི་ལས་ལྷག་པའི་མཉན་བྱ་གཞན་དག་ཡོད་མིན་པས། །དབང་པོའི་རྟ་ནི་ལེགས་པར་ཐུལ་ལ་ཐུབ་པའི་གསུང་མཉན་གྱིས། །ཞེས་གསུངས་པ་ལྟ་བུའོ། །དེའི་ཕྱིར་བསྟན་པའི་གཞུང་ལམ་ཡིན་པས་ཕར་ཕྱིན་སློབ། ཅེས་འབྱུང་བ་ཡིན་པས་ཚུལ་འདི་ཉིད་བརྩོན་པ་རྒྱ་མཚོས་དང་དུ་བླང་བར་བྱའོ། །ཏྲ་བདུན་དབང་པོ་མཁའ་ལ་རྒྱུ་བ་བཞིན། །ཟབ་དང་རྒྱ་ཆེའི་འོད་སྟོང་རབ་འཕྲོ་བས། །བློ་གསལ་འདབ་སྟོང་ཆེས་ཆེར་རྣམ་བཀྲ་བས། །མཐའ་ཡས་འགྲོ་བའི་བློ་མིག་རྒྱས་གྱུར་ཅིག །བྱང་ཆུབ་མཆོག་སེམས་པད་མོས་གངས་ཆེན་མཚོ། །སྟོང་ཉིད་སྙིང་རྗེའི་དང་ཚོགས་ཉེར་བསྟན་ཞིང་། །གཞན་དོན་སྤྱོད་པའི་རླབས་ཕྲེང་རབ་གཡོ་བའི། །དཔལ་ལྡན་ཚོགས་གཉིས་ཆུ་གཏེར་ཐོབ་པར་ཤོག །སྡུག་བསྔལ་ཁྲི་མུན་སྲིད་པའི་དགོན་པ་རུ། །མི་རྟག་མི་གཙང་སྡུག་བསྔལ་གྱིས་གདུང་ཞིང་། །བདག་འཛིན་སྒྲོག་གིས་དམ་བཅིངས་འགྲོ་འདི་དག །བདག་གི་དགེ་བས་སྐད་ཅིག་ཡོངས་གྲོལ་ཤོག །རང་བཞིན་རྫོགས་པ་ཆེན་པོའི་ལམ་གྱི་ཆ་ལག་སྡོམ་པ་གསུམ་རྣམ་པར་ངེས་པའི་འགྲེལ་པ་རྣམ་གྲོལ་ལམ་བཟང་ལས་བྱང་ཆུབ་སེམས་དཔའི་སེམས་བསྐྱེད་ཀྱི་བསླབ་བྱ་བཤད་པ་སྟེ་རིམ་པར་ཕྱེ་བ་གསུམ་པ་བཤད་ཟིན་ཏོ། །

༄། ད་ནི་རིམ་པར་ཕྱེ་བ་བཞི་པ་རིག་པ་འཛིན་པ་སྔགས་ཀྱི་དམ་ཚིག་བསྟན་པར་བྱ་བ་

ལའང་བཞི་སྟེ། གསང་སྔགས་ཀྱི་གླེང་གཞི། ཐོག་མར་ཇི་ལྟར་ཐོབ་ཚུལ། བར་དུ་བསྲུང་ཐབས། ཐ་མ་ཉམས་ན་གསོ་ཐབས་སོ། །དང་པོ་ལའང་བཞི་སྟེ། སྟོན་པས་ཇི་ལྟར་གསུངས་ཚུལ། གསང་སྔགས་གསར་སྙིང་གི་རང་བཞིན། །སྔགས་སྡོམ་གྱི་ངོ་བོ། དེའི་དབྱེ་བའོ། །དང་པོ་ནི། ཀུན་བཟང་རྡོ་རྗེ་འཆང་དབང་སྟོན་པ་དེས། །འོག་མིན་ཆེན་པོར་རྒྱུད་སྡེ་རྒྱ་མཚོ་གསུངས། །ཞེས་སྨོས་ཏེ། དེ་ཡང་བདག་ཅག་གི་སྟོན་པ་འདི་ཉིད་གདོད་མའི་གནས་སུ་རྡོ་རྗེ་དབྱིངས་སུ་མངོན་པར་བྱང་ཆུབ་ནས། ཆོས་ཀྱི་སྐུ་ལས་མ་གཡོས་བཞིན་དུ། ལོངས་སྤྱོད་རྫོགས་པའི་སྐུ་དང་། རང་བཞིན་སྤྲུལ་སྐུ་དང་། འགྲོ་འདུལ་སྤྲུལ་སྐུ་དང་། སྣ་ཚོགས་སྤྲུལ་སྐུ་ལ་སོགས་པ་ཡེ་ཤེས་སྒྱུ་མའི་རྣམ་པར་རོལ་པ་དཔག་ཏུ་མེད་པས། ཡོག་རྟོག་སྒྱུ་མ་མེད་བཞིན་དུ་སྣང་བའི་འགྲོ་བ་འདི་དག་སླར་གདོད་མའི་དབྱིངས་སུ་གཞོལ་བའི་ཕྲིན་ལས་མཛད་པ་ཡིན་ཏེ། གསང་བ་ཡིད་བཞིན་རིན་པོ་ཆེ་བཀོད་པའི་རྒྱུད་ལས། ཀུན་གྱི་སྟོན་རོལ་སངས་རྒྱས་པ། །རྡོ་རྗེ་འཛིན་རྒྱལ་གསང་བ་ཆེ། །ཐབས་ཡས་ཞིང་དུ་རྣམ་པར་རོལ། །གྲངས་མེད་སྟ་ཕྱིའི་དུས་ཀུན་ཏུ། །ཞི་དང་ཁྲོ་ཚུལ་དཔག་མེད་ཅིང་། །རྟོན་དང་སླད་འཚོང་ལ་སོགས་གཟུགས། །སྣ་ཚོགས་ཚུལ་གྱིས་དོན་མཛད་ཀྱང་། །དུ་དུང་བསྐལ་པ་བཟང་པོ་འདིར། །འདྲེན་པ་སྟོང་དུ་བསྒྱུར་མཛད་ཅིང་། །དེ་བཞིན་སྣ་ཚོགས་ཚུལ་འཆང་བས། །དཔག་མེད་འགྲོ་བའི་དོན་མཛད་དོ། །ཞེས་སོ། །དེ་ཡང་ཆོས་སྐུའི་གནས་སྐབས་ན་དཔལ་ཀུན་ཏུ་བཟང་པོ་ཉིད་ཀྱིས་དོན་གྱི་འོག་མིན་ཆོས་ཀྱི་དབྱིངས་སུ་རང་རྩལ་གྱི་འཁོར་ལ་རྫོགས་པ་ཆེན་པོ་ནང་རྒྱུད་སྡེ་གསུམ་སྟོན་ཅིང་། དེ་ཉིད་ལོངས་སྐུའི་གནས་སྐབས་ན་རིགས་ལྔའི་སངས་རྒྱས་སུ་བཞེངས་ནས་འོག་མིན་ཆེན་པོར་རང་སྣང་གི་འཁོར་ལ་རྣལ་འབྱོར་བླ་མེད་ཀྱི་རྒྱུད་སྡེ་སྟོན་ཅིང་། སྤྲུལ་སྐུའི་གནས་སྐབས་ན་གཙང་མ་རིས་འོག་མིན་རྡོ་རྗེ་འཆང་དུ་སྟོན་ནས་ས་ལ་གནས་པའི་སེམས་དཔའ་རྣམས་ལ་བྱ་སྤྱོད་རྣལ་འབྱོར་གྱི་རྒྱུད་ལ་སོགས་པ་སྟོན་ཅིང་། འགྲོ་དྲུག་གི་གནས་སུ་ཤཱཀྱ་ཐུབ་པ་ལ་སོགས་སུ་སྤྲུལ་ནས་གདུལ་བྱ་དང་རྗེས་སུ་མཐུན་པའི་ཆོས་གསུངས་པར་མཛད་དེ། དེ་སྐད་དུ་སྒྱུ་འཕྲུལ་གསང་སྙིང་ལས། ཐུགས་རྗེ་ཆེན་པོའི་བྱིན་རླབས་ཞེས་བྱ་བ་རིག་པའི་སྐྱེས་བུ་ཐུབ་པ་དྲུག་པ་དེ་བཞིན་གཤེགས་པའི་སྐུ་དང་གསུང་དང་ཐུགས་རྡོ་རྗེ་ལས་འཐོན་ཏེ། འཐོན་ནས་ཀྱང་ལས་ཀྱི་དབང་

གིས་སྤྲུལ་ཞི་དང་ཡས་མན་གྱི་འཇིག་རྟེན་དྲུག་གི་ཕྱོགས་བཅུ་མཐའ་ཡས་མུ་མེད་པའི་སྟོང་གསུམ་གྱི་སྟོང་ཆེན་པོའི་འཇིག་རྟེན་གྱི་ཁམས་རེ་རེར། ཐུབ་པ་བཅོམ་ལྡན་འདས་རེ་རེས་འདུལ་བ་རྣམ་པ་བཞིས་འགྲོ་བ་ལྡིའི་དོན་མཛད་དེ། ཞེས་སོ། །ཚུལ་དེ་ལྟར་རྒྱུད་བླ་མ་ལས། ཆོས་ཀྱི་སྐུ་ལས་མ་གཡོས་པར། །སྤྲུལ་པའི་རང་བཞིན་སྣ་ཚོགས་ཀྱིས། །ཞེས་སོ། །གཞན་ཡང་ཐུབ་དབང་འདི་ཐོག་མར་གཙང་གནས་སུ་སངས་རྒྱས་པར་འདོད་པ་དང་། རི་རབ་ཀྱི་རྩེ་ནས་གཤེགས་པར་འདོད་པ། ལོ་དྲུག་དཀའ་སྤྱད་ཀྱིས་མཐར་འོག་མིན་དུ་འོད་ཟེར་ཆེན་པོས་དབང་བསྐུར་ནས་སངས་རྒྱས་པར་འདོད་པ་ལ་སོགས་རྣམ་བཞག་མང་པོ་དེ་དག་ཀྱང་སངས་རྒྱས་ཀྱི་རྣམ་པར་རོལ་པ་ལ་ཚད་བཟུང་དུ་མེད་པས་གང་ལྟར་ཡང་མི་འགལ་བ་སྟེ། རྒྱུད་བླ་མ་ལས། སངས་རྒྱས་ཁམས་དང་སངས་རྒྱས་བྱང་ཆུབ་དང་། །སངས་རྒྱས་ཡོན་ཏན་སངས་རྒྱས་ཕྲིན་ལས་ཏེ། །དག་པའི་སེམས་ཅན་གྱིས་ཀྱང་གཞལ་བྱ་མིན། །འདི་ནི་འདྲེན་པ་རྣམས་ཀྱིས་སྤྱོད་ཡུལ་ཡིན། །ཞེས་སོ། །དེ་ཡང་འོག་མིན་ཆེན་པོ་ཞེས་བྱ་བ་ནི། རང་སྣང་ལོངས་སྤྱོད་རྫོགས་སྐུའི་ཞིང་ཁམས་རང་བྱུང་འོད་ཀྱི་གཞལ་ཡས་ཁང་ལྷུན་གྱིས་གྲུབ་ཅིང་འཕོ་འགྱུར་མེད་པ་སངས་རྒྱས་གང་ན་བཞུགས་པའི་རང་སྣང་གི་རོལ་པ་ལ་གཞན་གྱི་སྤྱོད་ཡུལ་དུ་མ་གྱུར་པས་གནས་ཀྱི་ཕྱོགས་བློས་བཙལ་དུ་མེད་པ་སྟེ་དེ་ནི་འོག་མིན་ཆེན་པོ་ཡིན་ནོ་ཞེས་ཀུན་མཁྱེན་དྲི་མེད་འོད་ཟེར་གྱིས་གསུངས་སོ། །གཞན་ཡང་སློབ་དཔོན་སངས་རྒྱས་གསང་བས། དོན་གྱི་འོག་མིན། རྟགས་ཀྱི་འོག་མིན། རིག་པའི་འོག་མིན། གསང་བའི་འོག་མིན། རྟོག་པའི་འོག་མིན། གནས་ཀྱི་འོག་མིན་དང་དྲུག་ཏུ་བཤད་པའང་། དོན་དང་རིག་པའི་འོག་མིན་ཆོས་སྐུ། རྟགས་ལོངས་སྐུ། གཞན་གསུམ་སྤྲུལ་སྐུའི་གནས་སུ་འདུའོ། །རྒྱས་པར་ནི་ཕྱོགས་བཅུ་མུན་སེལ་དུ་ཤེས་པར་ནུས་སོ། །དེ་ཡང་ཐོག་མ་དང་ཐ་མ་མེད་པའི་དུས་ནས་གྲངས་མེད་པའི་རྡོ་རྗེ་འཛིན་རྣམས་ཀྱིས་སྔར་གསུངས་ད་ལྟ་གསུང་ཕྱིས་གསུང་བར་འགྱུར་བ་སྟེ། དུས་འདི་ཙམ་ནས་གསང་སྔགས་བྱུང་། རྒྱུད་འདི་ཙམ་ལས་མེད་ཅེས་རིས་ཆད་པ་འགའ་ཡང་མེད་དེ། ཞིང་ཁམས་དང་ཞིང་ཁམས་གཞན་དུ་ཀུན་བཟང་རྡོ་རྗེ་འཆང་སྟོ་ཕྱིར་གཤེགས་ཤིང་འཁོར་པ་དག་གི་མདུན་ན་འབྲས་བུའི་སེམས་དཔའ་ཕྱག་ན་རྡོ་རྗེ། སྤྱན་རས་གཟིགས། འཇམ་དཔལ་ལ་སོགས་པས་བཟུང

བའི་ཕྱིར་མཚན་བརྗོད་ལས། འདས་པའི་སངས་རྒྱས་རྣམས་ཀྱིས་གསུངས། །མ་འོངས་རྣམས་ཀྱང་གསུང་འགྱུར་ལ། །ད་ལྟར་བྱུང་བའི་རྫོགས་སངས་རྒྱས། །ཡང་ནས་ཡང་དུ་གསུངས་པ་གང་། །ཞེས་སོ། །དེ་ལྟ་བུ་རྒྱུད་སྡེ་རྒྱ་མཚོ་རྣམས་ཀྱི་དཀྱིལ་འཁོར་འཁོར་ལོའི་གཙོ་བོར་སྟོན་ནས་གསུངས་པ་དང་། སྟོད་པ་པོ་དག་ཏུ་སྟོན་པའང་དཔལ་ཀུན་ཏུ་བཟང་པོ་གཅིག་གི་རོལ་པ་ལས་མ་འདས་ཏེ། ཏེ་བརྒྱ་ལས། འཆད་པ་པོ་ང་ཆོས་ཀྱང་ང་། །རང་གི་ཚོགས་བསྡུད་འཁོར་ཀྱང་ང་། །འཇིག་རྟེན་འཇིག་རྟེན་འདས་པའང་ང་། །ཞེས་གསུངས་སོ། །དེ་ལྟར་གསུངས་པའི་རྒྱུད་ཀྱང་སྟོན་བསྐལ་པ་དང་པོ་ནས་ད་ལྟའི་བར་ལ་ཕྱག་ན་རྡོ་རྗེ་དང་དབང་ཐོབ་པའི་སེམས་དཔའ་དང་། གྲུབ་པ་དང་། རིག་སྔགས་འཆང་དང་། མཁའ་འགྲོ་མ་རྣམས་ཀྱིས་བཟུང་ནས་ལྷ་ཀླུ་གནོད་སྦྱིན་དྲི་ཟ་དང་། མཁའ་འགྲོའི་གནས་སུ་དར་ཞིང་རྒྱས་པ་དང་འཛམ་གླིང་གི་འང་། ཟ་ཧོར་དང་། སེང་ག་ལ་དང་ཨོ་རྒྱན་ལ་སོགས་པར་བཞུགས་པ་དེ་དག །སློབ་དཔོན་ཆེན་པོ་ཀླུ་སྒྲུབ་སྙིང་པོ་དང་པད་མ་འབྱུང་གནས་དང་བི་མ་ལ་ལ་སོགས་པས་སྤྱན་དྲངས་པ་སྐལ་ལྡན་སོ་སོ་ལ་བརྒྱུད་དེ་ཉམས་སུ་བླངས་པས་གྲུབ་པ་བརྙེས་པའི་སློབ་དཔོན་བརྒྱད་བཅུ་ལ་སོགས་པ་རྒྱ་གར་དུ་བྱོན་པ་དང་། བོད་དུའང་རྒྱལ་བློན་སྔ་དར་གྱི་དུས་ན་མང་ཞིག་བྱོན་པར་སྣང་ངོ་། །གསར་མ་ཁ་ཅིག་རྙིང་མའི་རྒྱུད་འདི་དག་རྒྱ་གར་ན་མི་འདུག་པས་ཡང་དག་པ་མིན་ནོ། །ཞེའོ། །གསང་སྔགས་མཁའ་འགྲོའི་སྙིང་ཁྲག་ཡང་གསང་རྫོགས་ཆེན་གྱི་རྒྱུད་འདི་དག་ལ་སོགས་པ་ནི། ཨོ་རྒྱན་དང་། ཤམ་བ་ལ་དང་། བསིལ་བའི་ཚལ་དང་། སུ་ཟ་གླིང་དང་། མ་ལ་ཡ་ལ་སོགས་པར་མཁའ་འགྲོ་དང་གྲུབ་པ་དག་གིས་མཆོད་དེ་གནས་པ་ལ། ཁྱེད་ཅག་ཡུལ་ཟུར་ཙམ་ལ་ལན་རེ་ཕྱིན་པས་ཟབ་མོའི་རྒྱུད་སྡེ་དེ་དག་དང་མཇལ་བའམ། ཕྲད་པའི་སྐལ་བ་མེད་པ་རེ་བདེན། ཅིའི་ཕྱིར་བཤགས་རྒྱུད་དྲི་མེད་རྒྱལ་པོ་ལས། འདི་ལྟ་བུའི་སྐོར་ཞུགས་པ་ནི་བསྐལ་པ་དཔག་ཏུ་མེད་པའི་སྔོན་རོལ་ནས་སྦྱང་སྦྱང་པའི་ལས་འཕྲོ་དང་ལྡན་པའི་སྐལ་བ་ཅན་འགའ་དང་འགའི་སྤྱོད་ཡུལ་ཡིན་གྱི་གང་རུང་རུང་ཀུན་གྱི་ཐུན་མོང་ནི་མ་ཡིན་ནོ། །ཞེས་གསུངས་པའི་ཕྱིར། བོད་འདིར་རྒྱ་གར་ན་མ་གྲགས་པ་རྣམས་ནི། དགའ་རབ་རྡོ་རྗེ་ཤྲཱི་སེང་ཧ། པད་མ་འབྱུང་གནས་བི་མ་ལ་ལ་སོགས་པས་དྲུར་ཁྲིད་བརྒྱུད་ལ་སོགས་སུ་དཔའ་བོ་དང་མཁའ

འགྲོའི་ཚོགས་དཔོན་མཛད་དེ། མཁའ་འགྲོའི་གན་མཛོད་ཟབ་མོ་བསྡམས་ནས་བོད་དུ་སྣང་བར་མཛད་པ་ཡིན་པས་གོ་བར་བྱའོ། །རེ་ཞིག་བསྐལ་པ་བཟང་པོ་འདི་ལ་འང་ཡ་ཐོག་རིང་མོ་ཐོག་མ་ནས་སྟོན་པ་གཅིག་གཉིས་ལ་སོགས་བྱོན་ནས་མཚན་ཉིད་སྡེ་གསུམ་རྒྱུད་སྡེ་ཕྱི་ནང་གསུངས་ཤིང་སངས་རྒྱས་རྣམ་པར་གཟིགས་ཀྱིས་ཕྱིའི་རྒྱུད་སྡེ་འགའ་གསུངས་པ་དང་། རྫོགས་ལྡན་དང་པོ་བྱ་བའི་རྒྱུད། །གཉིས་ལྡན་གཉིས་པ་སྤྱོད་པའི་རྒྱུད། །གསུམ་ལྡན་གསུམ་པ་རྣལ་འབྱོར་རྒྱུད། །རྩོད་ལྡན་བཞི་པ་བླ་མེད་རྒྱུད་ཅེས། ལྷ་ཐམས་ཅད་ཡང་དག་པར་འདུས་པའི་རྒྱུད་ལས་གསུངས་ཤིང་། ཐོག་མེད་དུས་ནས་གསུངས་པ་ཡིན་ཀྱང་རེ་ཞིག་ཤཱཀྱ་ཐུབ་པས། ཕྱིས་ནས་འབྲས་སྤུང་སོགས་སུ་བཟླས་ཏེ་བསྟན། །ཕྱག་རྡོར་དང་ནི་ཞུ་བའི་འཁོར་གྱིས་བསྡུས། །གྲུབ་ཐོབ་བརྒྱད་སོགས་རྒྱ་བོད་མཁས་པས་བཀྲལ། །དེ་ཡང་བཅོམ་ལྡན་འདས་ཤཱཀྱ་ཐུབ་པ་སེར་སྐྱའི་གྲོང་ཁྱེར་དང་ཐག་མི་རིང་བ་ཞིག་ན་བཞུགས་པའི་དུས་སུ། ཨོ་རྒྱན་གྱི་ཡུལ་དང་ཉེ་བ་གྲོང་ཁྱེར་ཤམ་པ་ལ་ཞེས་བྱ་བའི་ཕོ་བྲང་གི་ཡང་ཐོག་རྣམ་རྒྱལ་པོ་ཨིནྡྲ་བྷུ་ཏི་ཞེས་བྱ་བ་བཞུགས་པ་ལ་དགེ་སློང་གི་དགེ་འདུན་མང་པོ་ཉི་ཟེར་ལ་བཅིབས་ནས་བཞུད་པ་མཐོང་ནས་ཁྱིམ་བདག་མྱེས་སྦྱིན་གྱིས་གདུགས་ཚོད་དྲངས་དགོང་མོ་ཤར་ལ་བཞུད་པ་མཐོང་བ་ལ་རྒྱལ་པོ་དང་དེ་ཀུན་ལ་དྲིས་པས་བློན་པོ་ཟླ་བ་བཟང་པོས་འདི་ནི་ཤར་ཕྱོགས་ཡོགས་ན་བཅོམ་ལྡན་འདས་ཤཱཀྱ་ཐུབ་པ་ཞེས་བྱ་བ་བཞུགས་ཏེ། དེའི་དགེ་སློང་རྫུ་འཕྲུལ་དང་ལྡན་པ་རྣམས་གཤེགས་བཞུགས་མཛད་པ་ཡིན་ནོ་སྨྲས་པས། རྒྱལ་པོས་དེ་འདིར་བྱོན་པར་ཞུར་ཅིག་ཞེས་སྨོན་ལམ་བཏབ་པས་བཅོམ་ལྡན་འདས་འཁོར་དང་བཅས་པ་བྱོན་ནས་ཉོན་མོངས་སྤངས་པའི་ཆོས་བསྟན་པས། རྒྱལ་པོའི་ཞལ་ནས། ལུམ་པའི་ཚལ་ནི་ཉམས་དགའ་བར། །ཕ་སྐྱེས་སེང་གེར་གྱུར་ཀྱང་སླའི། །འདོད་པ་སྤངས་པའི་ཐར་པ་ནི། །བཅོམ་ལྡན་ནམ་ཡང་མི་འཚལ་ལོ། །ཞུས་པས། སྟོན་པས་འདུལ་བའི་དུས་ལ་བབ་པར་མཁྱེན་ནས་རྡོ་རྗེ་འཆང་གི་སྐུར་བཞེངས་ཏེ་འཁོར་རྣམས་དཀྱིལ་འཁོར་གྱི་ལྷ་ཚོགས་སུ་བྱིན་གྱིས་བརླབས་ནས་གསང་བ་འདུས་པ་སྒྱུ་འཕྲུལ་དྲ་བ། ཟླ་གསང་ཐིག་ལེ་ལ་སོགས་པ་གསུངས་པར་རྒྱབ་ཆོས་སྤྱར་ཁབ་མདོ་འཛིན་ལས་གསུངས། སྔགས་གསར་མའི་ལོ་རྒྱུས་ཁ་ཅིག་ལས། སྟོན་པ་དགུང་ལོ་བདུན་ཅུ་རྩ་དགུའི་ནག་ཉ

ལ་དཔལ་འབྲས་སྤུང་དུ་དཔལ་ལྡན་རྒྱུ་སྐར་གྱི་དཀྱིལ་འཁོར་དུ་ཤམ་པ་ལའི་རྒྱལ་པོ་ཟླ་བ་བཟང་པོ་འཁོར་དང་བཅས་པ་ལ་དཔལ་དུས་ཀྱི་འཁོར་ལོའི་རྒྱུད་གསུངས་སོ་ཞེས་འབྱུང་ལ། འབྲས་སྤུང་དེ་ཡང་། སྔ་རབས་པ་རྣམས་ནི་སངས་རྒྱས་གསེར་ཐུབ་ཀྱི་དུང་སྒྲོང་གྲུབ་པ་བརྙེས་པ་ཞིག་གིས་འབྲས་སོ་བའི་ཆར་ཕབ་པས་སྤུང་ལྐས་བཏིང་། སྟོད་མི་ཛྙ་འཕྲུལ་གྲུབ་པ་རྣམས་ཀྱིས་བཞེངས་པས་དཔལ་ལྡན་འབྲས་སྤུང་གི་མཆོད་རྟེན་ཞེས་བཞེད་ལ། རྡོ་རྗེ་གདན་ས་ཆེ་ཆུང་གིས་ནི། སྔོན་རྒྱལ་པོ་གསེར་མདོག་གི་དུས་སུ་འབྲས་སོ་བའི་ཆར་ཕབ་པ་འབྲས་སྤུང་ཞེས་གྲགས་པའོ། །ཞེས་འདོད་དོ། །སྔགས་རྙིང་མ་ལས་ནི། མདོ་སྡེ་གདམས་ངག་འབོག་པའི་རྒྱལ་པོའམ། གསང་བ་ལུང་བསྟན་པའི་མདོ་ལས། །འདྲེན་པའི་ཐེག་པ་གསུམ་པོ་དག །བཅོམ་ལྡན་ངེས་པར་གསུངས་ལགས་ན༑ ༑རྒྱུ་འབྲས་ལྷུན་གྲུབ་དུ་སྤྱོད་ཅིང་། །སངས་རྒྱས་གཞན་ནས་མི་ཚོལ་བའི། །ངེས་པའི་ཐེག་པ་གཅིག་མ་གསུངས། །ཞེས་ཞུས་ལན་དུ། རྒྱུ་ལ་མོས་པ་རྒྱུ་ཆོས་ཀྱི། །འཁོར་ལོ་རབ་ཏུ་བསྐོར་ནས་ནི། །རྡོ་རྗེ་ཐེག་པའི་ཉེ་ལམ་ཞིག །མ་འོངས་དུས་ན་འབྱུང་བར་འགྱུར། །ཞེས་སྤྱིར་བསྟན་ནས། ཁྱད་པར་དུ། དགོངས་པ་ལུང་སྟོན་ལས། འཛམ་གླིང་ཤར་ལྷོའི་ཕྱོགས་འཚམས་ཀྱི། །མི་ལས་སྐལ་ལྡན་དྲ་མ་ཆེ། །རྒྱལ་པོ་ཛཿཞེས་བྱ་གསར་མ་པ་ཁ་ཅིག་རྒྱལ་པོ་འདི་རབ་གསལ་ཟླ་བ་ཡིན་པར་བཞེད། བ་ལ། །ཕྱག་ན་རྡོ་རྗེས་སྟོན་པར་འགྱུར། །ཞེས་ལུང་བསྟན་པ་ལྟར་དམ་པའི་རིགས་ཅན་ལྔས་རི་མ་ལ་ཡའི་རྩེ་མོ་ནས་གདུང་ཚིག་ཉེར་ལྔས་གསོལ་བ་བཏབ་པས་རྒྱལ་པོ་ཛཿལ་ཕྱག་ན་རྡོ་རྗེས་དབང་བསྐུར་ཞིང་དེའི་ཁང་ཐོག་ཏུ་ཏནྟྲ་སྡེ་བཅོ་བརྒྱད་བབས་པ་ཉམས་སུ་བླངས་པས་ཡུལ་དེ་སྟོངས་ནས་མཚོ་གཅིག་ཏུ་གྱུར་ནས་ཐམས་ཅད་དཔའ་བོ་དང་རྣལ་འབྱོར་མར་གྱུར་ཏོ། །ཞེས་གྲགས་སོ། །འདི་དག་གི་རྒྱུད་རྣམས་མཁའ་འགྲོ་གྲུབ་རྣམས་དང་ཁྱད་པར་གསང་བའི་བདག་པོས་བསྡུས་ཏེ། དཔལ་ཡེ་ཤེས་ཐིག་ལེའི་རྒྱུད་ལས། མ་འོངས་དུས་ན་གསང་བའི་རྒྱུད་སྐལ་བ་དང་ལྡན་པའི་སེམས་ཅན་རྣམས་ལ་སྲུས་བཤད་པར་བྱེད་བཀའ་སྩལ་པ། ཕྱག་ན་རྡོ་རྗེ་མགོན་པོས་བཤད་པར་བྱེད་དོ། །ཞེས་དང་། མ་རྒྱུད་གསང་བའི་སྒྲོན་མ་ལས། །གསང་བ་ཆེན་པོའི་རྒྱུད་ཤེས་པ་དང་བཤད་པ་སྲུས་བྱེད་ཞུས་པས། བྱང་ཕྱོགས་སུ་ཨོ་རྒྱན་གྱི་ཡུལ་དཔལ་རྡོ་རྗེ་ཆེན་པོའི་གནས་སུ། ཨོ་རྒྱན་གྱི་རྒྱལ་པོ

ཨིནྡྲ་བྷཱུ་ཏི་ཞེས་བྱ་བས་ཞུས་པ་དང་བཤད་པ་དང་། གསལ་བར་སེམས་ཅན་ལ་སྟོན་ཏོ། །གསོལ་པ། རྒྱལ་པོ་ཨིནྡྲ་བྷཱུ་ཏི་དེ་ས་བཅུའི་དབང་ཕྱུག་ལགས་སམ། བཀའ་སྩལ་པ། ཕྱག་ན་རྡོ་རྗེ་ཡེ་ཤེས་ཀྱི་སྐུ་ས་བཅུའི་དབང་ཕྱུག་དེ་ཉིད་ཀྱི་སྤྲུལ་པའི་སྐུ་སྟེ་ས་བཅུའི་དབང་ཕྱུག་གོ། །ཅེས་སོ། །དེ་ལྟར་གསང་སྔགས་ཀྱི་རྒྱུད་སྡེ་འཛིན་པའི་གྲུབ་ཐོབ་ཆེན་པོ་བརྒྱད་ནི། སྐུའི་རིག་འཛིན་འཇམ་དཔལ་བཤེས་གཉེན། གསུང་གི་རིག་འཛིན་ཀླུ་སྒྲུབ་སྙིང་པོ། ཐུགས་ཀྱི་རིག་འཛིན་ཧཱུྃ་ཆེན་ཀ་ར། ཡོན་ཏན་གྱི་རིག་འཛིན་བི་མ་ལ་མི་ཏྲ། ཕྲིན་ལས་རིག་འཛིན་པྲ་ཧསྟི། མ་མོའི་རིག་འཛིན་དྷ་ན་སཾ་གྲི་ཏ། མཆོད་བསྟོད་རིག་འཛིན་རབ་ལྷུ་ལྷུ་ཧྱ་དེ་བ་ཙནྡྲ། དྲག་སྔགས་རིག་འཛིན་ཤཱནྟིཾ་གརྦྷ་དང་། ཁྱད་པར་རིག་འཛིན་པད་མ་འབྱུང་གནས་ལ་སོགས་པས་བཀྲལ་ཏེ་རྒྱ་གར་གྱི་གྲུབ་ཆེན་བརྒྱད་ཅུ་བོད་ཀྱི་བཀའ་བབ་བརྒྱད་ལ་སོགས་པ་མཐའ་ཡས་པས་འཛིན་པའོ། །གསར་མ་ལྟར་ན། ཨིནྡྲ་བྷཱུ་ཏི། ཀླུ་སྒྲུབ། པད་མ་བཛྲ། ས་ར་ཧ། ལཱུ་ཧི་པ། ཌོཾ་བྷི་ཧེ་རུ་ཀ །ཀུ་ཀུ་རི་པ། རྡོ་རྗེའི་དྲིལ་བུ་པ་དང་གྲུབ་ཆེན་བརྒྱད་དུ་བཤད་དོ། །

གཉིས་པ་གསར་སྙིང་གི་རང་བཞིན་བསྟན་པ། སྔ་འགྱུར་རང་ལུགས་བཀའ་གཏེར་གྲགས་པ་དང་། །གསར་མའི་བཞེད་སྒྲོལ་དཔག་ཏུ་མེད་ན་ཡང་། །རྒྱུད་སྡེ་སྤྱིའི་དམ་ཚིག་འདིར་འཆད་དོ། །དེ་ལ་ཀུན་མཁྱེན་ཆེན་པོའི་ཞལ་སྔ་ནས། །དེ་ཡང་རྒྱ་གར་ན་གསང་སྔགས་ཞེས་པ་ཙམ་ལས། འདི་ནི་གསར་མའོ། །འདི་ནི་སྙིང་མའོ། །ཞེས་སོ་སོར་ཕྱེ་བ་མེད་ནའང་། བོད་འདིར་འགྱུར་སྔ་ཕྱིས་དབང་གིས། གྲགས་པ་སྟེ། ཞེས་དང་། རྒྱལ་པོའི་བཀའ་ཆེམས་ལས། སྙིང་མའི་འགྱུར་གཞུག་ཙནྡྲ་གོམིས་བཅད། །གསར་མའི་འགྱུར་མགོ་ཇོ་བོ་སྨྲྀ་ཏིས་བཙུག །ཅེས་པས་རྒྱལ་བློན་སྔ་དར་གྱི་དུས་སུ་བཻ་རོ་ཙ་ན་ལ་སོགས་པས་བསྒྱུར་བ་ནས་བཟུང་སྟེ། རྒྱ་གར་གྱི་པཎྜི་ཏ་ཙནྡྲ་གོ་མི་ཞེས་སློབ་དཔོན་ཧཱུྃ་མཛད་རྡོ་རྗེའི་སློབ་མ་ཡིན་ཏེ། དེ་ཉིད་ནི། གཉགས་ཛྙཱ་ན་ཀུ་མ་རའི་སློབ་མ་ཨོ་བྲན་དཔལ་གྱི་གཞོན་ནུ། དེའི་སྲས་པད་མ་འབྱུང་གནས། དེའི་སྲས་བློ་གྲོས་འབྱུང་གནས་ཀྱི་སྐུ་རིང་ལ་བོད་དུ་བྱོན་ནས་སྒྲུབ་ཐབས་དང་བསྟན་བསྲུང་མང་པོ་བསྒྱུར་ཞིང་། ལོ་ཙཱ་བ་འབྲོག་མའི་ཡང་དག་གི་ལས་ཚོགས་དབང་ཕྱུག་མའི་ཟོར་མདོས་བསྒྱུར་བ་ཡན་ནི་སྙིང་མའི་འགྱུར་ཕྱི་ཤོས་ཡིན་ལ། པཎ་ཆེན་སྨྲྀ

ཏེ་དང་ལོ་ཙཱ་བ་རིན་ཆེན་བཟང་པོས་འགོས་བྱས། ལྷ་བླ་མ་བྱང་ཆུབ་འོད་མན་ཆད་དུ་གང་འགྱུར་བ་ལ་གསར་མ་ཞེས་རྣ་གླེང་པས་གསུངས་སོ། །ཁ་ཅིག་བྱ་སྤྱོད་ཀྱི་རྒྱུད་འཛིན་པ་ལ་གསར་མ་བ་གསང་སྔགས་ནང་རྒྱུད་གསུམ་འཛིན་པ་རྙིང་མ་བ་ཡིན་པར་འདོད་པ་ནི་གསང་སྔགས་ཀྱི་ཚུལ་ལ་བློ་ཁ་ཙམ་ཡང་མ་ཕྱོགས་པར་ཟད་དོ། །སྒྱུ་འཕྲུལ་སྙིང་མ་ལ་འང་། མདོ་སྒྱུ་སེམས་གསུམ་བཀའ་བརྒྱུད་ལ་སོགས་པ་བཀའ་མ་སྟེ་སོ་ཟུར་གནུབས་གསུམ་ལ་སོགས་ནས་ད་ལྟའི་བར་དུ་རྒྱུད་པ་དང་། གཏེར་སྟོན་སངས་རྒྱས་བླ་མ་ནས་བཟུང་སྟེ་གཏེར་སྟོན་མཐའ་ཡས་པ་བྱུང་དང་འབྱུང་འགྱུར་དེ་དག་གཏེར་རྒྱུད་དེ་འདི་གཉིས་ལའང་རང་རང་གི་གཞུང་ལུགས་ཀྱི་དམ་ཚིག་རྣམ་བཞག་མཐའ་ཡས་ཤིང་། སྔགས་གསར་མ་ལྟར་རྒྱུད་སྡེ་དྲུག་གི་སྒོ་ནས་རང་རང་གི་དམ་ཚིག་གི་རྣམ་བཞག་དཔག་ཏུ་མེད་པ་དཀྲུས་མ་ནས་ཤེས་པར་ནུས་ལ། འདིར་ནི་གསར་སྙིང་གི་རྒྱུད་སྡེ་སྤྱི་དང་མཐུན་པར་སྟོན་པ་ཡིན་ནོ། །གསུམ་པ་སྔགས་སྡོམ་གྱི་ངོ་བོ་སྒོ་གསུམ་ཐབས་ཤེས་ཀྱིས་ཟིན་པའི། བསྡམས་པའི་ཚུལ་ཁྲིམས་སོ་སོའི་རིང་ལུགས་བཞིན། དེ་ཡང་ལུས་ངག་ཡིད་གསུམ་ཐ་མལ་དུ་མ་ཡིན་པར་ཐབས་སྙིང་རྗེ་ཆེན་པོ་དང་ཤེས་རབ་སྟོང་པ་ཉིད་ཀྱིས་ཟིན་པ་གང་ཞིག་གསང་སྔགས་ཀྱི་སྡོམ་པའི་ངོ་བོ་ཡིན་ཏེ། དབང་ཡོན་ཏན་རིམ་པ་ལས། །སྟོང་པ་དང་ནི་སྙིང་རྗེ་ཉིད། །གཉིས་སུ་མེད་དང་གཉིས་མིན་ཚུལ། །གསང་སྔགས་ཞེས་ནི་དེ་ལ་བཤད། །ཅེས་དང་། འདུལ་བའི་རྒྱུད་ཕྱི་མར། ཐབས་དང་ཤེས་རབ་ལས་བྱུང་བའི། །རྫོགས་པའི་རིམ་པའི་སྦྱོར་བ་ཡིས། །ཕུང་པོ་ཁམས་དང་སྐྱེ་མཆེད་གཟུགས། །སྔགས་ལས་སྦྱོར་བ་ངེས་བྱས་ལ། །ཞེས་པའི་ཚུལ་དུ་རང་རང་གི་དམ་ཚིག་གིས་རྒྱུད་སྡོམ་པའོ། །བཞི་པ་དབྱེ་བ་ལ་འང་གཉིས་ཏེ། རྒྱུད་སྡེ་བཞིའི་རྩ་ལྟུང་མདོར་བསྟན། རྣལ་འབྱོར་བླ་མེད་ཀྱི་དམ་ཚིག་རྒྱས་པར་བཤད་པའོ། །དང་པོ་ནི། དབྱེ་བ་བྱ་སྤྱོད་རྣལ་འབྱོར་བླ་མེད་བཞིར། །རྩ་ལྟུང་བཅུ་གསུམ་སོ་སོར་གྲངས་ངེས་པར། །དུས་ཀྱི་འཁོར་ལོར་བཤད་པ་གཞན་དུ་བལྟ། དེ་ཡང་དབང་དང་བྱིན་རླབས་ཀྱི་གནས་ལུགས་དང་། དེ་ལས་བྱུང་བའི་དམ་ཚིག་གཉིས་ལས། དང་པོ་ནི། དམ་ཚིག་འདི་དག་ཀུང་དབང་ལས་བྱུང་བ་ཡིན་པའི་ཕྱིར། དབང་གི་གནས་ལུགས་རྒྱུད་སྡེ་བཞི་ལ་ཐ་དད་པ་རེ་ཡོད་དེ། དཔལ་ཡེ་ཤེས་ཐིག་ལེའི་རྒྱུད་ལས། ཆུ་ཡིས་དབང་བསྐུར་ཅོད་པན

དབང་། །བྱ་བའི་རྒྱུད་ལས་རབ་ཏུ་གྲགས། །རྡོ་རྗེ་དྲིལ་བུ་དེ་བཞིན་མིང་། །སྤྱོད་པའི་རྒྱུད་ལ་རབ་ཏུ་གསལ། །ཕྱིར་མི་ལྡོག་པ་ཡི་ནི་དབང་། །རྣལ་འབྱོར་རྒྱུད་དུ་གསལ་བར་བྱས། །དེ་ནི་དྲུག་གི་བྱེ་བྲག་དབང་། །དེ་ནི་སློབ་དཔོན་དབང་ཞེས་བྱ། །རྣལ་འབྱོར་བླ་མ་ཡི་ནི་མཚན། །གསང་བ་ཡི་ནི་དབང་རྒྱལ་བཤད། །གསུམ་པ་ཤེས་རབ་ཡེ་ཤེས་ཏེ། །བཞི་པ་དེ་ཡང་དེ་བཞིན་ནོ། །ཞེས་གསུངས་པས། ཐུན་མོང་རིག་པའི་དབང་ལྔ། རྡོ་རྗེ་བརྟུལ་ཞུགས་ཀྱི་དབང་དང་དྲུག་ནི་རྡོ་རྗེ་སློབ་མའི་དབང་ཡིན་ལ། དེ་ཐོབ་པས་བྱ་སྤྱོད་ཀྱི་རྒྱུད་འཆད་དུ་རུང་ལ། རྣལ་འབྱོར་རྒྱུད་ནི་ཉན་དུ་རུང་ཞིང་། དེའི་སྟེང་དུ་བུམ་དབང་ཡན་ཐོབ་ན་རྣལ་འབྱོར་ལུགས་ཀྱི་སློབ་དཔོན་གྱི་དབང་ཡིན་ཏེ། རྣལ་འབྱོར་རྒྱུད་མན་ཆད་འཆད་པ་དང་། བླ་མེད་ཀྱི་རྒྱུད་ཉན་དུ་རུང་བར་གསུངས་ཤིང་། རྣལ་འབྱོར་བླ་མེད་ལས་བུམ་དབང་ཡན་ཆད་སློབ་མའི་དབང་དང་། དབང་གོང་མ་གསུམ་རྡོ་རྗེ་སློབ་དཔོན་གྱི་དབང་དུ་གསུངས་སོ། །དེའི་ཕྱིར་ན་ཤིང་རྟ་ཆེན་པོ་ལས། ཀྲི་ཡའི་རྒྱུད་ལས་རིགས་གཏད་པ་དང་། རྗེས་སུ་གནང་བ་དང་། མཚལ་ཙམ་ལ་བརྟེན་ནས་བུམ་པའི་ཆུས་དབང་བསྐུར་རམ། སྔགས་ཀྱི་རྗེས་གནང་། སྨིན་པ་ཙམ་གྱིས་ལྷ་བསྒོམ་པའི་སྣོད་རུང་དུ་གསུངས་ལ། སྤྱོད་པའི་རྒྱུད་ནས་རིག་པའི་དབང་ལ། རྡོ་རྗེ་བརྟུལ་ཞུགས་ཀྱི་དབང་དང་དྲུག་བསྐུར་བས་སྣོད་རུང་དུ་བཤད་ལ། རྣལ་འབྱོར་གྱི་རྒྱུད་ནས་རིག་པའི་དབང་ལྔས་ཐོག་དྲངས་སློབ་མའི་དབང་དང་། རྡོ་རྗེ་སློབ་དཔོན་གྱི་རྫོགས་པར་བསྐུར་བས་སྣོད་ཏུ་རུང་བར་བཤད་ཅིང་། བླ་མེད་ཀྱི་རྒྱུད་ལས་བུམ་དབང་ལ་སོགས་བཞི་ཀ་བསྐུར་བས་ལམ་རིམ་གཉིས་བསྒོམ་པའི་སྣོད་དུ་རུང་བར་བཤད་དོ། །ཞེས་གསུངས་སོ། །གཉིས་པ་དེ་ལས་བྱུང་བའི་དམ་ཚིག་འཆང་། བྱ་རྒྱུད། སྤྱོད་རྒྱུད། རྣལ་འབྱོར་རྒྱུད་གསུམ་ལས། དང་པོ་བྱ་རྒྱུད་ཀྱི་རྩ་ལྟུང་བཅུ་གསུམ་ནི། གསང་བ་སྤྱི་རྒྱུད་ལས། དེ་རིང་ཕན་ཆད་ཁྱེད་རྣམས་ཀྱི། ༡ །སངས་རྒྱས་ཆོས་དང་དགེ་འདུན་དང་། །རིགས་སྔགས་གསང་སྔགས་ཚོགས་རྣམས་ལ། །དད་པས་རབ་ཏུ་བརྟེན་པར་བྱ། ༢ །ཐེག་པར་ཕྱག་རྒྱ་ཆེན་པོ་ལ། །ཁྱད་པར་དུ་ནི་མོས་པར་བྱ། ༣ །དམ་ཚིག་ཅན་དང་མཛའ་བ་དང་། །བླ་མ་ལ་ནི་བཀུར་བར་བྱ། ༤ །ལྷ་རྣམས་ཀུན་ལ་སྡང་མི་བྱ། ༥ །དུས་མཚམས་དག་ཏུ་མཆོད་པར་བྱ། ༦ །སྟོན་པ་གཞན་གྱི་གཞུང་མི་མཆོད། ༧ །རྟག་ཏུ་བླང་དོར

མགྲོན་མཆོད་བྱ། ༨ །སྲོག་ཆགས་རྣམས་ལ་བྱམས་པའི་སེམས། །རྟག་ཏུ་བརྟེན་པར་ཉེ་བར་བཞག༩། ཐེག་པ་ལ་ནི་དགའ་རྣམས་ཀྱི། །བསོད་ནམས་དག་ལ་ནན་ཏན་བསྐྱེད། ༡༠ །བཟླས་བརྗོད་བྱེད་ལ་འབད་པ་ཡི། །གསང་སྔགས་སྤྱོད་ལ་བརྩོན་པར་བྱ། ༡༡ །གསང་སྔགས་རྒྱུད་ལས་བསྟན་པ་ཡི། །དམ་ཚིག་རྣམས་ཀྱང་བསྲུང་བར་བྱ། ༡༢ །དམ་ཚིག་མེད་པ་རྣམས་ལ་ནི། །སྔགས་དང་ཕྱག་རྒྱ་མི་སྦྱིན་ནོ། ༡༣ །གསང་སྔགས་རྒྱུད་ནི་ལེགས་བསྲུང་ཞིང་། །དེ་ཡང་བདག་གིས་རྟོགས་པར་བྱ། །ཞེས་སོ། །གསུམ་པ་སྤྱོད་རྒྱུད་ཀྱི་རྩ་ལྟུང་བཅུ་བཞི་ནི། །རྣམ་སྣང་མངོན་བྱང་ལས། དེ་རིང་ཕྱིན་ཆད་བུ་ཁྱོད་ཀྱིས། །དམ་ཆོས་སྤང་དང་བྱང་ཆུབ་གཏོང་། །སེར་སྣ་དང་ནི་སེམས་ཅན་ལ། །མནར་སེམས་གནོད་བྱེད་བཞི་པོ་ནི། །རྩ་ལྟུང་ཡིན་ནོ་ཐུན་མོང་དུ། །མི་དགེ་བཅུ་ནི་སྤངས་པ་དང་། །སྨོན་འཇུག་སྡོམ་པ་མ་ལུས་པ། །སྔགས་པས་འབད་དེ་བཟུང་བར་བྱ། །ཞེས་པས་རྩ་ལྟུང་བཞིའི་སྟེང་དུ་མི་དགེ་བཅུ་སྤངས་པ་བསྣན་པས་བཅུ་བཞི་ཡིན་ལ། སྨོན་འཇུག་གཉིས་ནི་སྔགས་ཐུན་མོང་དུ་བཤད་པས་མཉམ་དུ་མི་བསྒྲང་ངོ་། །ཐེག་ཆེན་མཚུངས་ལྡན་ཡིན་པས་གུད་དུ་མི་བརྩིའོ། །ཞེས་མངའ་རིས་པ་ཚུལ་ཁྲིམས་འོད་ཟེར་གྱིས་བཤད་དོ། །

གསུམ་པ་རྣལ་འབྱོར་རྒྱུད་ཀྱི་རྩ་ལྟུང་བཅུ་བཞི་ནི། རྡོ་རྗེ་རྩེ་མོ་རྣམ་པར་བཀོད་པའི་རྒྱུད་ལས། དེ་ལས་གཞན་ཡང་བཅུ་བཞི་ནི། །ཕས་ཕམ་པ་ནི་རབ་ཏུ་བཤད། །སྤངས་ཤིང་འདོར་བར་མི་བྱ་སྟེ། །རྩ་བའི་ལྟུང་བ་ཞེས་བཤད་ཀྱི། ༡ །ཁྱོད་ཀྱིས་སྲོག་ཆགས་བསད་མི་བྱ། ༢ །མ་བྱིན་པར་ཡང་མི་བླང་ངོ་། ༣ །འདོད་ལ་ལོག་པར་མི་སྤྱོད་ཅིང་། ༤ །རྫུན་དུ་སྨྲ་བར་མི་བྱའོ། ༥ །ཕུང་ཁྲོལ་ཀུན་གྱི་རྩ་བ་ཡི། །ཆང་ནི་རྣམ་པར་སྤང་བར་བྱ། ༦ །སེམས་ཅན་འདུལ་ཕྱིར་མ་གཏོགས་པའི། །བྱ་བ་མ་ཡིན་ཐམས་ཅད་སྤངས། ༧ །དམ་པ་མཉེས་པར་བསྟེན་བྱ་ཞིང་། ༨ །རྣལ་འབྱོར་པ་རྣམས་བསྙེན་བཀུར་བྱ། ༩ །ཐེག་པ་དམན་ལ་འདོད་མི་བྱ། ༡༠ །སེམས་ཅན་དོན་ལ་རྒྱབ་མི་ཕྱོགས། །འཁོར་བ་དག་ཀྱང་སྤངས་མི་བྱ། ༡༢ །རྟག་ཏུ་མྱ་ངན་འདས་མི་ཆགས། ༡༣ །ལྷ་དང་ལྷ་མིན་གསང་བ་པ། །ཁྱོད་ཀྱིས་བརྙས་པར་མི་བྱ་ཞིང་། ༡༤ །ཕྱག་རྒྱ་གཞོན་པ་མཚོན་ཆ་སོགས། །མཚན་མ་འགོད་པར་མི་བྱའོ། །འདི་དག་དམ་ཚིག་ཡིན་པར་བཤད། །ཅེས་སོ། །བླ་མེད་ཀྱི་རྩ་ལྟུང་བཅུ་བཞི

ནི་འོག་ཏུ་སྟོན་ནོ། །གཉིས་པ་རྣལ་འབྱོར་བླ་མེད་ཀྱི་དམ་ཚིག་རྒྱས་པར་བཤད་པ་ལའང་། མདོར་བསྟན་པ་དང་། རྒྱས་པར་བཤད་པའོ། །དང་པོ་ནི། བླ་མེད་ལུགས་ལ་བརྟུལ་ཞུགས་ཉི་ཤུ་ལྔ། །རིགས་ལྔའི་སྡོམ་པ་རྩ་ལྟུང་བཅུ་བཞི་དང་། །སྦོམ་པོ་དང་ནི་རྫོགས་པ་ཆེན་པོའི་སྲོལ། །ཞེས་པ་ནི་འཆད་པར་འགྱུར་བའི་བསྡོམས་སུ་གནས་པའོ། །

གཉིས་པ་རྒྱས་པར་བཤད་པ་ཇི་ལྟར་ཐོབ་ཚུལ་བཤད་པ། དང་པོ་སྡོམ་པ་མ་ཐོབ་ཐོབ་ཚུལ་ནི༔ ༔རྟུལ་ཆོན་དང་ནི་དེ་བཞིན་ཧྨ་ག་དང་། །ཀུན་རྫོབ་དོན་དམ་བྱང་སེམས་དཀྱིལ་འཁོར་བཞིར། །སྐུ་བཞིའི་ངོ་བོ་སྒྱུར་པའི་བླ་མ་བཞིས། །བུམ་པ་གསང་བ་ཤེས་རབ་བཞི་པའི་དབང་། །མཚན་ཉིད་ལྡན་པའི་སློབ་བུར་རིམ་བཞིན་བསྐུར། །སད་རྨི་གཉིད་འཐུག་སྙོམས་འཇུག་གནས་སྐབས་བཞིས། །བསྐྱེད་པའི་སྒྲོ་གསུམ་ཤེས་བྱའི་དྲི་མ་སྦྱངས། །བསྐྱེད་རིམ་གཏུམ་མོ་དཔེ་དོན་ཡེ་ཤེས་གཉིས། །བསྒོམ་དང་སྐུ་བཞི་ཐོབ་པའི་ནུས་རུང་བྱ། །ཞེས་སྨོས་ཏེ། འདི་ལྟར་གསང་སྔགས་ཀྱི་རྩ་བ་དབང་ཡིན་ཏེ། སྙིང་གི་མེ་ལོང་ལས། གསང་སྔགས་དབང་ལ་མ་བརྟེན་འགྲུབ་པར་ག་ལ་འགྱུར། །ཞེས་དང་དམ་པ་དང་པོའི་རྒྱུད་ལས། དབང་བསྐུར་མེད་པར་རྒྱུད་འཆད་དང་། །ཟབ་མོའི་དེ་ཉིད་བསྒོམ་བྱེད་པ། །དེ་དོན་ལེགས་པར་ཤེས་ན་ཡང་། །དམྱལ་བར་འགྱུར་གྱི་གྲོལ་བ་མེད། །ཅེས་པ་ལ་སོགས་ལུང་མཐའ་ཡས་སོ། །དམ་ཚིག་གི་རྣམ་བཞག་ཐམས་ཅད་ཀྱང་དབང་ལས་བྱུང་བ་ཡིན་ཏེ། རྩ་རྒྱུད་པད་སྡོང་བརྩེགས་པ་ལས། དབང་བརྟེན་པ་ཡི་དམ་ཚིག་བཤད། །ཅེས་སོ། །དེ་ཡང་གསང་སྔགས་བླ་མེད་དུ་དབང་བཞི་ཀ་སྟོན་ཏེ། གསང་འདུས་ལས། བུམ་པའི་དབང་བསྐུར་དང་པོ་སྟེ། །གཉིས་པ་གསང་བའི་དབང་བསྐུར་དང་། །གསུམ་པ་ཤེས་རབ་ཡེ་ཤེས་ཏེ། །བཞི་པ་དེ་ཡང་དེ་བཞིན་ནོ། །ཞེས་སོ། །དབང་བཞི་ལས། དང་པོ་ནི། ལས་དང་པོ་པའི་གང་ཟག་ལ་རྟུལ་ཆོན་གྱི་དཀྱིལ་འཁོར་དུ། སྤྲུལ་པའི་སྐུའི་ངོ་བོར་སྒྱུར་པ་ཕྱི་སྒྲོ་འདོགས་སློབ་

དཔོན་བཞི་ནི། དབང་དང་པོ་ཕུང་ཁམས་ལྷར་ངོ་སྤྲོད་པས་བླ་མ་རྡོ་རྗེ་སློབ་དཔོན། གཉིས་པ་བྱང་སེམས་སློབ་མའི་ལྕེ་ལ་བཞག་པས་དོན་དམ་པ་ཡེ་ཤེས་སྐྱེ་བར་བྱེད་པས་བྱང་སེམས་རྡོ་རྗེ་སློབ་དཔོན། གསུམ་པ་བླ་མ་ཡབ་ཡུམ་སྙོམས་འཇུག་གི་བྱང་སེམས་སློབ་བུའི་གནས་གསུམ་དུ་ཕབ་པས་བདེ་སྟོང་བསྐྱེད་ཕྱིར་རིག་མ་རྡོ་རྗེ་སློབ་དཔོན། བཞི་པ་རང་བྱུང་གི་ཡེ་ཤེས་ངོ་སྤྲོད་པས་རང་རིག་རྡོ་རྗེ་སློབ་

དཔོན་བཞི་ཡིན་ཞེས་མཁས་གྲུབ་ཡེ་ཤེས་རྒྱལ་མཚན་པས་གསུངས་པ་པའང་དོན་འདི་ཉིད་དང་མཐུན་པ་ཉིད་དོ། |ཡོངས་སུ་གཙོད་པར་བྱེད་པའི་བླ་མས། སློབ་བཅས་བུམ་པའི་དབང་བསྐུར་བས། རགས་པ་ཕྱིའི་དོན་དུ་ཞེན་པ་སད་པའི་བག་ཆགས་ལུས་ཀྱི་སྒྲིབ་པ་སྦྱང་བསྐྱེད་རིམ་སྣང་སྟོང་ཟུང་འཇུག་བསྒོམ་པ་ལ་དབང་། སྤྱོད་པ་ཀུན་ཏུ་བཟང་པོ་སྐྱོངས་འབྲས་བུ་སྤྲུལ་སྐུ་ཐོབ་པའི་ནུས་རུང་དུ་བྱ་སྟེ། དབང་བཞི་མདོར་བསྟན་ལས། ལས་དང་པོ་ཡི་གང་ཟག་ལ། |རྟེན་ཚོན་ས་ཡི་དཀྱིལ་འཁོར་དུ། |བསྐུར་བྱ་བུམ་པའི་དབང་བསྐུར་མཆོག |སྣང་སྲིད་ལྷ་དང་ཐ་དད་མེད། |སྒོམ་པ་བསྐྱེད་པའི་རིམ་པ་བསྒོམ། |ཀུན་ཏུ་བཟང་པོའི་སྤྱོད་པ་སྐྱོངས། |ལུས་ཀྱི་དྲི་མ་དག་པར་བྱེད། |འབྲས་བུ་སྤྲུལ་པའི་སྐུ་ཐོབ་འགྱུར། |ཞེས་པའི་དོན་ནོ། |དབང་གཉིས་པ་ནི། མཚན་མ་ཐོབ་པའི་གང་ཟག་ལ་ལུས་གནས་ཡི་གེ་ཟླ་གའི་དཀྱིལ་འཁོར་དུ། སྐུའི་ངོ་བོ་ནང་རང་བྱུང་གི་ཡེ་ཤེས་སྟོན་པའི་བླ་མས་སྤྲོས་མེད་གསང་བའི་དབང་བསྐུར་བས་སེམས་སྣང་ཙམ་དུ་ཞེན་པ་རྨི་ལམ་གྱི་བག་ཆགས་ཕྱེད་སྣང་གི་སྒྲིབ་པ་སྦྱང་གཏུམ་མོ་ཙཎྜ་ལི་ཡི་གེ་འཁོར་ལོ་གསལ་སྟོང་ཟུང་འཇུག་བསྒོམ་པ་ལ་དབང་གསང་སྤྱོད་སྐྱོངས་འབྲས་བུ་ལོངས་སྐུ་ཐོབ་པའི་ནུས་རུང་བྱེད་པ་སྟེ། དེ་ཉིད་ལས། མཚན་མ་ཐོབ་པའི་གང་ཟག་ལ། |སློབ་དཔོན་ལུས་ཀྱི་དཀྱིལ་འཁོར་དུ། |དབང་བསྐུར་གསང་བའི་དབང་བསྐུར་མཆོག |བདེ་སྟོང་དབྱེར་མེད་ལྷ་བ་ལ། |བསྒོམ་པ་རྩ་རླུང་ཐིག་ལེ་སྟེ། |གསང་སྤྱོད་སྤྲས་པའི་སྤྱོད་པ་སྐྱོངས། |ངག་བྱ་ངག་གི་དྲི་མ་དག |འབྲས་བུ་ལོངས་སྤྱོད་རྫོགས་སྐུ་ཐོབ། |ཅེས་སོ། |དབང་གསུམ་པ་ནི། བརྟན་པ་ཐུང་ཟད་ཐོབ་པའི་གང་ཟག་ལ་ཀུན་རྫོབ་བྱང་ཆུབ་སེམས་ཀྱི་དཀྱིལ་འཁོར་དུ། ཆོས་སྐུའི་ངོ་བོར་གྱུར་པའི་བླ་མ་གསང་བ་ལྷན་སྐྱེས་ཀྱི་ཡེ་ཤེས་སྟོན་པའི་བླ་མས་ཤིན་ཏུ་སྤྲོས་མེད་ཤེས་རབ་ཡེ་ཤེས་ཀྱིས་དབང་བསྐུར་བས། ཕྱིའི་རྟོག་པ་ནུབ་མི་རྟོག་པར་ཞེན་པའི་གཉིད་འཐུག་གི་བག་ཆགས་ཡིད་ཀྱི་སྒྲིབ་པ་སྦྱང་། ལམ་དཔེའི་ཡེ་ཤེས་བདེ་སྟོང་ཟུང་འཇུག་བསྒོམ་པ་ལ་དབང་རིག་པ་བརྟུལ་ཞུགས་ཀྱི་སྤྱོད་པ་སྐྱོངས་འབྲས་བུ་ཆོས་སྐུ་ཐོབ་པའི་ནུས་རུང་དུ་བྱེད་པ་སྟེ། དེ་ཉིད་ལས། ཐུང་ཟད་ཡེ་ཤེས་དབང་བ་ལ། |ཕྱག་རྒྱ་ཟླ་གའི་དཀྱིལ་འཁོར་དུ། |ཤེས་རབ་ཡེ་ཤེས་དབང་མཆོག་བསྐུར། |སྒོམ་པ་ལྷན་གཅིག་སྐྱེས་པ་བསྒོམ། |རིག་པ་བརྟུལ་ཞུགས་སྤྱོད་པ་སྐྱོངས། |ཡིད་ཀྱི་དྲི་མ་དག་པར་

བྱེད། །འབྲས་བུ་ཆོས་སྐུ་ཐོབ་པར་འགྱུར། །ཞེས་སོ། །དབང་བཞི་པ་ནི། ཤིན་ཏུ་བརྟན་པའི་གང་ཟག་ལ་དོན་དམ་བྱང་ཆུབ་སེམས་ཀྱི་དཀྱིལ་འཁོར་དུ། ངོ་བོ་ཉིད་སྐུའི་བདག་ཉིད་མཐར་ཕྱུག་དེ་ཁོ་ན་ཉིད་ཀྱི་དོན་སྟོན་པར་བྱེད་པའི་བླ་མས་རབ་ཏུ་སྤྲོས་མེད་ཚིག་དབང་རིན་པོ་ཆེ་བསྐུར་བས་བདེ་བའི་རོ་ལ་ཞེན་པ་སྐྱོམས་འཇུག་གི་བག་ཆགས་སེམས་ཀྱི་སྒྲིབ་པ་སྦྱངས། དོན་གྱི་ཡེ་ཤེས་རིག་སྟོང་ཟུང་འཇུག་བསྒོམ་པ་ལ་དབང་། མཉམ་གཞག་གི་སྤྱོད་པ་སྐྱོངས་འབྲས་བུ་ངོ་བོ་ཉིད་སྐུ་ཐོབ་པའི་ནུས་རུང་སྟེ། དེ་ཉིད་ལས། སློབ་པའི་ཟུང་འཇུག་ཐོབ་པ་ལ། །དེ་བཞིན་ཁོ་ནའི་དཀྱིལ་འཁོར་དུ། །བཞི་པ་ཚིག་དབང་རིན་ཆེན་བསྐུར། །མཐའ་བྲལ་ཡིད་ལ་མི་བྱེད་པར། །སྒོམ་པ་ཕྱག་རྒྱ་ཆེན་པོ་བསྒོམ། །མཉམ་གཞག་ཆེན་པོའི་སྤྱོད་པ་སྐྱོངས། །ཐ་དད་འཛིན་པའི་དྲི་མ་དག །འབྲས་བུ་ངོ་བོ་ཉིད་སྐུ་ཐོབ། །ཅེས་སོ། །དེ་ཡང་དབང་དང་པོ་གསུམ་གྱིས་ཉོན་མོངས་པའི་སྒྲིབ་པ་སྦྱངས་བསོད་ནམས་ཚོགས་བསགས། ཕྱི་མས་ཤེས་བྱའི་སྒྲིབ་པ་སྦྱང་ཡེ་ཤེས་ཀྱི་ཚོགས་རྫོགས་པར་བྱེད་དེ་འདི་དག་གི་རྣམ་བཞག་རྒྱས་པར་ཉི་ཟླ་འོད་ཀྱི་དབང་དོན་རབ་དབྱེ་ལ་སོགས་པར་གཟིགས་ནས་ཞུལ་དུ་ཕྱིན་པ་གཅིག་ཤེས་དགོས་པ་གལ་ཆེ་སྟེ། དབང་དོན་མ་ཤེས་སྔགས་པའི་ཐ་སྙད་མེད། །ཅེས་གསུངས་པའི་ཕྱིར་རོ། །འདི་ན་ཡི་གེ་མང་བ་དང་བསྟན་བཅོས་ཉོག་ཉོག་པོར་འགྱུར་ཕྱིར་རྒྱ་ཚིག་གི་འབྲུ་ནོན་ཙམ་དུ་བསྡུས་སོ། །རིག་འཛིན་སྔགས་ཀྱི་སྡོམ་པའི་ཐོབ་མཚམས་གང་ཞེ་ན། དང་པོ་གནས་གསུམ་ཧཱུྃ་རྡོ་རྗེ་གསུམ་བསྐྱེད་ནས། །ཐ་མ་དབང་བཞི་ཡོངས་སུ་རྫོགས་པའི་ཚེ། །རིག་འཛིན་སྡོམ་པ་ཐོབ་ཅིང་དེ་ཡི་རྗེས། །ཁས་བླངས་སྡོམ་དང་དམ་ཚིག་བསླབ་ལ་འབད། །ཐོག་མར་ལུས་ལྷ་ངག་སྔགས་སེམས་ཏིང་ངེ་འཛིན་གྱི་ཧཱུྃ་རྡོ་རྗེ་དང་ལྡན་པས་དབང་བཞི་རྫོགས་པའི་རྗེས་ཐོག་ཉིད་དུ་དབང་ཚིག་ལས། དེ་ལྟར་དབང་ལེགས་པར་ཐོབ་ནས། ད་ནི་དབང་བརྟན་པ་ཡི་དམ་ཚིག་བཤད། །ཅེས་པས་དམ་ཚིག་དང་སྡོམ་པ་འདི་ལྟར་བསླབ་དགོས་ཏེ། ཞེས་པས་བཀྲོལ་ཏེ་བཤད་ནས་སླར་ཡང་ཁས་བླང་བའི་སྔགས་ཚིག །གཙོ་བོས་ཇི་ལྟར་བཀའ་སྩལ་པ། །དེ་དག་ཐམས་ཅད་བདག་གིས་བགྱི། །ཞེས་པ་ལ་སོགས་པ་བྱས་ནས་དམ་ཚིག་ལ་འབད་དེ་བསླབ་པར་བྱ་བ་ཉིད་དོ། །

གསུམ་པ་བར་དུ་མི་ཉམས་པར་བསྲུང་བའི་ཐབས་བཤད་པ་ལ་གཉིས་ཏེ། དམ་ཚིག་དངོས་དང་།

དེ་ཉིད་སྐྱེ་བའི་རྟེན་ནོ། །དང་པོ་ལ་འཆད། བླ་མེད་ཀྱི་དམ་ཚིག་སྤྱིར་བསྟན། ཡང་གསང་རྫོགས་ཆེན་གྱི་དམ་ཚིག་བྱེ་བྲག་ཏུ་བཤད་པ་གཉིས་ལས། དང་པོ་ལ་འཆད་བཞི་སྟེ། བརྟུལ་ཞུགས་ཉེར་ལྔ་རིགས་ལྔའི་དམ་ཚིག །རྩ་ལྟུང་བཅུ་གསུམ། ཡན་ལག་སྡོམ་པོ་བཤད་པའོ། །དང་པོ་ནི། བར་དུ་མི་ཉམས་བསྲུང་བའི་ཐབས་བཤད་པ། །ཐོག་མའི་བརྟུལ་ཞུགས་དུས་ཀྱི་འཁོར་ལོ་ལས། །གསོད་རྫུན་རྐུ་དང་འདོད་ལོག་ཆང་འཐུང་བ། །སྤང་བྱ་བསླབ་པའི་གཞི་ལྔ་ཞེས་སུ་གསུངས། །ཅོ་ལོ་ཁ་ན་མཐོའི་ཟས་ཟ་བ། །ངན་ཚིག་འབྱུང་པོ་ལྷ་མིན་ཆོས་བསླབ་པ། །རྣམ་པ་ལྔ་ནི་བྱ་བ་མིན་ལྔའོ། །བ་གླང་སྐྱེས་པ་བུད་མེད་བྱིས་པ་དང་། །མཆོད་རྟེན་བསྟན་པ་གསོད་པ་ལྔ་རུ་གྲགས། །དགེ་གྲོགས་རྗེ་བོ་སངས་རྒྱས་དགེ་འདུན་དང་། །བླ་མར་ཁོང་ཁྲོ་བསྒོམ་རྣམས་འཕྲུ་བ་ལྔ། །གཟུགས་སྒྲ་དྲི་རོ་རེག་བྱ་ཡུལ་ལྔ་ལ། །མིག་དང་རྣ་བ་སྣ་ལྕེ་ལུས་དབང་ལྔ། །ཞེན་པར་མི་བྱེད་བརྟུལ་ཞུགས་ཉེར་ལྔའོ། །འདི་དག་ནི་གཞུང་ཚིག་གིས་གསལ་ཞིང་སྐབས་ནས་དམ་ཚིག་ཉི་ཤུ་རྩ་ལྔའི་སྐབས་སུ་འང་འགའ་ཞིག་ཚུལ་མཐུན་པར་འཆད་པས་ཤེས་སོ། །

གཉིས་པ་རིགས་ལྔའི་དམ་ཚིག་ལ་འཆད། སྤྱི་དང་ཁྱད་པར་གཉིས་ལས། དང་པོ་ནི། ཐུན་མོང་གྱུར་པ་རིགས་ལྔའི་སྡོམ་པ་ལྔ། །དེ་ལ་དང་པོ་སངས་རྒྱས་རིགས་ཀྱི་དམ་ཚིག་ནི། །གོང་གི་བྱང་སྡོམ་སྐབས་སུ་བཤད་པ་ལྟར། །སྨོན་འཇུག་གཉིས་དང་ཚུལ་ཁྲིམས་རྣམ་པ་གསུམ། །སློབ་པ་སངས་རྒྱས་རྣལ་འབྱོར་སྡོམ་པའོ། །དེ་སྐད་དུའང་སྤྱོད་རྒྱུད་ལས། སངས་རྒྱས་རྣལ་འབྱོར་ལས་སྐྱེས་པའི། །སྡོམ་པ་དེང་ནས་བརྟན་པོ་བཟུང་། །ཞེས་སོ། །རྡོ་རྗེ་རིགས་ཀྱི་དམ་ཚིག་ནི། །རྡོ་དྲིལ་ཕྱག་རྒྱ་བླ་མ་བཟུང་རྡོ་རྗེ། །དེ་ཡང་རྡོ་རྗེ་མཁའ་འགྲོ་ལས། །དེ་བཞིན་གཤེགས་གང་དེ་རྡོ་རྗེ། །ཤེས་རབ་དྲིལ་བུ་ཞེས་བརྗོད་དོ། །ཞེས་པས་རྡོ་རྗེ་ནི་བྱང་ཆུབ་ཀྱི་སེམས་ཐབས་སྙིང་རྗེ་ཆེན་པོ་ཆོས་ཉིད་ཀྱི་རྡོ་རྗེ་དེ་མཚོན་བྱེད་དུ་མཚན་མ་རྫས་ཀྱི་རྡོ་རྗེ་དང་ཤེས་རབ་སྟོང་པ་ཉིད་སྤྲོས་པ་ཐམས་ཅད་ཉེ་བར་ཞི་བའི་ཀུན་ནས་ཟླུམ་པའི་དྲིལ་བུ་དེ་མཚོན་བྱེད་རྫས་ཀྱི་དྲིལ་བུ་བཟུང་བ་དང་། གཞི་དོན་ཇི་བཞིན་སྟོན་པའི་བླ་མ་དང་ལམ་དང་འབྲས་བུའི་ཉེ་རྒྱུ་ཕྱག་རྒྱ་བཟུང་བ་སྟེ་དེ་ཉིད་ལས། རྡོ་རྗེ་རིགས་མཆོག་ཆེན་པོ་ཡི། །རྡོ་རྗེ་དྲིལ་བུའི་ཕྱག་རྒྱ་ཡང་། །ཡང་དག་ཉིད་དུ་བཟུང་བར་བགྱི། །

ཞེས་སོ། །རིན་ཆེན་རིགས་ཀྱི་དམ་ཚིག་ནི། །ནོར་ཆོས་མི་འཇིགས་བྱམས་སྦྱིན་རིན་ཆེན་འབྱུང་། །
སྒྲ་མ་ལས། རིན་ཆེན་རིགས་མཆོག་ཆེན་པོ་ཡི། །དམ་ཚིག་ཡིད་དུ་འོང་བ་ལ། །ཉིན་རེ་བཞིན་དུ་ལན་
དྲུག་ཏུ། །སྦྱིན་པ་རྣམ་བཞི་རྟག་ཏུ་སྦྱིན། །ཞེས་པས་ཡུལ་བླ་མ་དང་མཆེད་གྲོགས་ལ་སོགས་པ་ལ།
ཟང་ཟིང་ཆོས་མི་འཇིགས་པ་བྱམས་པའི་སྦྱིན་པ་བཞི་གཏོང་བའོ། །པདྨ་རིགས་ཀྱི་དམ་ཚིག་ནི། ཕྱི་
ནང་གསང་བའི་ཐེག་འཛིན་པདྨའི་རིགས། དེ་ཡང་ཕྱི་འདུལ་བ་མདོ་སྡེ་མངོན་པ་སྡེ་སྣོད་གསུམ།
ནང་བྱ་སྤྱོད་རྣམ་འབྱོར་སྔགས་ཀྱི་རྒྱུད་གསུམ། གསང་བ་ཕ་རྒྱུད་མ་རྒྱུད་གཉིས་མེད་རྒྱུད་དེ་ནང་
རྒྱུད་གསུམ་སྟེ་ཐེག་པ་དགུའི་ཆོས་འཛིན་པ་སྟེ། དེ་ཉིད་ལས། པད་མའི་རིགས་མཆོག་ཆེན་པོ་ལ། །
ཕྱི་ནང་གསང་བའི་ཐེག་པ་གསུམ། །དམ་པའི་ཆོས་ནི་བཟུང་བར་བྱ། །ཞེས་སོ། །ལས་ཀྱི་རིགས་
ཀྱི་དམ་ཚིག་ནི། །མཆོད་བསྟོད་ལས་རིམ་འཛིན་པ་ལས་ཀྱིའོ། །དེ་ཡང་། སྒྲ་མ་ལས། ལས་ཀྱི་
རིགས་མཆོག་ཆེན་པོ་ལ། །སྡོམ་པ་ཐམས་ཅད་ལྡན་པ་ནི། །ཡང་དག་ཉིད་དུ་བཟུང་བར་བྱ། །
མཆོད་པའི་ལས་ཀྱང་ཅི་ནུས་བགྱི། །ཞེས་པས་མཆོད་བསྟོད་ལས་སྦྱོར་གྱི་རིམ་པ་འཛིན་པའོ། །
གཉིས་པ་ཁྱད་པར་དུ་བཤད་པ་ལའང་། དང་པོ་རྡོ་རྗེའི་རིགས་ལ། ཁྱད་པར་སྲོག་གཅོད་རྡོ་རྗེའི་
རིགས་ཡིན་ཏེ། །ཞིང་བཅུ་ཚང་དང་རླུང་དང་རྟོགས་པ་ཡིན། །དེ་ཡང་རྐ་བཞི་ཚང་ལྔ་བླང་བ་རིགས་
ལྔའི་སྤྱད་བྱ་ཡིན་ཏེ། སྲོག་གཅོད་ལའང་། ཐུན་མོང་དུ་བསྒྲལ་བའི་ཞིང་བཅུ་ཚང་བ་ཡུལ་ཡིན། དེ་
ཡང་སྤྱང་བླང་གི་ཚུལ་ཇི་ལྟར་ཞེ་ན། མ་མོ་སྲིད་པའི་རྫོགས་ལུང་ཆེན་མོ་ལས། །བསྒྲལ་བའི་ལས་
འདི་བརྩམ་པ་ཡང་། །ཀུན་ལ་བྱ་བར་མ་གསུངས་ཏེ། །མཚན་དང་ལྡན་པའི་སྐྱེས་བུ་དང་། །གཞུང་
དང་ལྡན་པའི་སྐྱེ་བོ་དང་། །དོན་དང་ལྡན་པའི་དགེ་འདུན་དང་། །ལུང་དང་ལྡན་པའི་མཁན་སློབ་
དང་། །ཆོས་དང་ལྡན་པའི་རྒྱལ་པོ་དང་། །ཁྲིམས་དང་ལྡན་པའི་བྲམ་ཟེ་དང་། །རྟགས་དང་ལྡན་
པའི་བུད་མེད་ལ། །ལས་འདི་བརྩམ་པར་མ་གསུངས་སོ། །བརྩམ་ཀྱང་མི་འགྲུབ་རང་ཉིད་ཕུང་། །
གཉེན་གྱི་དོན་དུ་གཉེར་བ་དང་། །རོག་འབྲེལ་དོན་དུ་བརྩམ་པ་དང་། །རང་ནོར་རང་གིས་བླང་བ་
དང་། །ངེངས་པར་ཟ་བར་བསྙོས་པ་དང་། །ཉམ་ཐག་ཕོངས་པར་གྱུར་པ་དང་། །མ་རྟོགས་གླེན་
པའི་མཚན་ཉིད་ལ། །ལས་འདི་བརྩམ་པར་ངས་མ་གསུངས། །བརྩམས་ཀྱང་སྡིག་ཁྲིན་ཆེ་བར་

གསུངས། །ལེན་པ་རང་གིས་ཆེ་བ་དང་། །འཁན་འཁོན་ཕྲན་ཚེགས་ཡོད་པ་དང་། །ཁ་སྐྱད་ཆགས་པ་ཕྲ་མོ་དང་། །ཆང་དབང་གདོན་བསླུས་བཀའ་སྐྱོལ་བ། །ལས་འདི་བརྩམ་པར་ངེས་མ་གསུངས། །བརྩམ་ན་ངན་སོང་གསུམ་དུ་ལྟུང་། །འདི་དག་བརྩམ་པའི་མཚན་ཉིད་ནི། །མཚམས་མེད་ལྔ་པོ་བྱེད་པ་དང་། །ཐེག་པ་ཆེན་པོ་སྨད་པ་དང་། །བསྟན་པ་གཉན་པོ་བཤིག་པ་དང་། །མངའ་རབ་ཆད་པའི་སྐུ་དགྲ་དང་། །བཀའ་རྒྱུན་འགལ་བར་བྱེད་པ་དང་། །ཆ་ཡོད་བཞིན་དུ་འཇོམས་ཆེ་དང་། །རང་ཚོགས་ཡོད་ཀྱང་གཞན་ལ་འཕྲོག །མ་ཉེས་ཡོངས་ཀྱི་མཉའ་བ་གནོན། །ཉམ་ཐག་ཀུན་ལ་སྙིང་རྗེ་མེད། །སྡིག་པའི་ཕྱོགས་བསྟོངས་དགེ་ལ་སྨོད། །ཡོན་ཏན་ཅན་དང་མཁས་པ་གསོད། །རྣལ་འབྱོར་བར་ཆོད་རྒྱུ་འཕྲོག་བྱེད། །ཞུད་དང་བསླབ་པའི་ལོངས་སྤྱོད་ཟ། །སྙིང་ནས་ཟ་བར་ཤོམ་པ་དང་། །ཁྲིལ་འཛོམ་ངོ་ཚ་བྲལ་བ་དང་། །རྒྱལ་ཁམས་ནག་པོར་བྱེད་པ་དང་། །བདག་དང་ཡོངས་ལ་འཇུག་པ་དང་། །ཞིབ་པར་སླས་ཀྱང་མི་ཉན་ཞིང་། །བདེན་པས་བཀྲོལ་ཡང་མི་གོ་བ། །འདི་དག་བསྒྲལ་བའི་རྒྱུ་ཡིན་པས། །ཕྲིན་ལས་དུས་ལ་བབ་པ་ཡིས། །བསྒྲལ་བའི་ཞིང་བཅུར་གྱུར་པ་སྟེ། །ཞེ་སྡང་མེ་ལྟར་འབར་དང་གཅིག །ཕྲག་དོག་རླུང་དམར་འཚུབ་དང་གཉིས། །འདོད་ཆགས་ཞིང་ལྟར་གཏམས་སྟེ་གསུམ། །གཏི་མུག་རི་ལྟར་སྤུང་སྟེ་བཞི། །ང་རྒྱལ་སེར་ལྟར་ཁེངས་ཏེ་ལྔ། །སེར་སྣ་རྩི་ལྟར་འབུར་སྟེ་དྲུག །གཏུམ་ཁྲོ་ཁྲོ་ཆུང་འདྲ་སྟེ་བདུན། །གསོད་གཅོད་སྲིན་པོ་འདྲ་སྟེ་བརྒྱད། །འཕྲོག་རློམ་སྲིན་པོ་འདྲ་སྟེ་དགུ། །ཆོས་ལོག་ཁ་དཔོན་བྱེད་དེ་བཅུ། །འདི་དག་བསྒྲལ་བའི་དམིགས་ཡིན་ཏེ། །འདི་ལ་བསྒྲལ་བའི་ལས་བརྩམ་ན། །རྣལ་འབྱོར་དབུ་རྨོག་མཐུ་དཔུང་བཙན། །སྒྲུབ་ལ་བར་ཆད་བྱེད་པ་མེད། །ལས་ངན་འཁྲོ་བཅད་དམྱལ་ཡུན་ཐུང་། །བླ་མེད་ཐར་པའི་བདེ་སྒོ་འབྱེད། །ངན་སོང་འཁོར་བ་གཏིང་ནས་འབྱིན། །བསྟན་པ་བསྲུང་ཞིང་གང་ཟག་བཙུན། །ངེས་པར་ལེགས་པའི་དགོངས་པ་འགྲུབ། །ཅེས་སོ། །བསྒྲལ་བའི་ཞིང་བཅུ་རྡོ་རྗེ་གསལ་བཀྲ་ལས། དཀོན་མཆོག་སློབ་དཔོན་སྡྱི་དགྲ་དང་། །དམ་ཉམས་ལོག་ལྟ་འཁྲུས་པ་དང་། །འདུལ་བར་འོས་མིན་ཡོངས་ལ་གནོད། །དམ་དགྲ་ངན་པའི་ངང་ཚུལ་ཅན། །ངན་སོང་གསུམ་དང་བཅུ་པོ་ནི། །རྣལ་འབྱོར་རྣམས་ཀྱི་ཡོངས་སུ་བླངས། །ཞེས་སོ། །ཡང་དཔལ་མགོན་གྱི་བསྙུལ་བྱང་ལས་ནི། སངས་རྒྱས་བསྟན་པ་

གཤིག་པ་དང་། །བླ་མའི་སྐུ་ལ་བསྡོ་བ་དང་། །དབེན་གནས་གཉན་པོ་འཇོམས་པ་དང་། །དགེ་འདུན་པ་ཡི་དབྱེན་བྱེད་དང་། །སེམས་ཅན་ཡོངས་ལ་འཚེ་བ་དང་། །གསང་སྔགས་ཆོས་ལ་སྨད་པ་དང་། །སྡེ་དགོན་ཡོ་བྱད་རྐུ་བ་དང་། །བསམ་གཏན་པ་ཡི་སེམས་དཀྲུག་དང་། །སྐྱེ་བོ་སྡིག་ལ་དགའ་བ་དང་། །དགེ་བ་སྡིག་པར་བསྒྱུར་བྱེད་པའི། །བསྒྲལ་བའི་ཞིང་བཅུ་ཚང་བ་ཡིས། །ཞེས་གསུངས་སོ༔ །སྐུ་དགྲ་རྣམ་ལྔ་ནི། གསལ་བཞག་ལས། རྡོ་རྗེ་སློབ་དཔོན་སྐུ་དགྲ་དང་། །རྡོ་རྗེའི་མཆེད་ལ་འཁུ་བ་དང་། །ཐེག་པ་ཆེན་པོའི་སྤྱི་དགྲ་དང་། །རྡོ་རྗེ་ཐེག་པ་དམོད་པ་དང་། །རྒྱལ་ཁམས་ཡོངས་ལ་འཚེ་བ་དང་། །རྣལ་འབྱོར་འདི་སློས་གནོད་པ་ཡི། །ཞེས་སོ། །ཉམ་པ་བདུན་ནི། ཐུན་མོང་ལྟར་ན། རྡོ་རྗེ་སློབ་དཔོན་སྐུ་དགྲ་དང་། །རྡོ་རྗེ་མཆེད་ལ་འཁུ་བ་བྱེད། །གསང་བའི་ཐེག་པ་སྨོད་པ་དང་། །སངས་རྒྱས་བསྟན་པ་འཇིག་བྱེད་དང་། །རྒྱལ་ཁམས་ཡོངས་ལ་གནོད་བྱེད་དང་། །རྣལ་འབྱོར་སྤྱི་ཡི་དགྲར་གྱུར་དང་། །དམ་ལྡན་བདག་གི་སློས་དགྲའོ། །ཁྱད་པར་ཉམ་པ་བདུན་དག་ནི། །སྲོག་དོན་བཀའ་དམ་ལས་ཀྱི་ཉམ། །མཚན་མ་འདོད་པ་ཉམ་པ་བདུན། །ཞེས་ཕུར་པ་རྩ་རྒྱུད་ལས་གསུངས་སོ། །དེ་ལྟར་སངས་རྒྱས་ཀྱི་བསྟན་པ་དང་། སེམས་ཅན་གྱི་བདེ་དཔལ་ལ་དམིགས་ནས་ངན་སོང་མྱུར་དུ་སྦྱོང་ཕྱིར། གནུབས་སངས་རྒྱས་ཡེ་ཤེས་ཀྱིས་དཀྱུང་ལོ་རྒྱུད་པར་གྱུར་ཀྱང་། གླང་དར་མས་བསྟན་པ་བསྣུབ་པ་བསྒྲལ་ཕྱིར་རྒྱ་གར་དུ་བྱོན་ནས་ངན་སྔགས་སློབ་པ་ན། བར་དེར་སེམས་དཔའ་ཆེན་པོ་ལྷ་ལུང་དཔལ་རྡོར་གྱིས་སྡིག་ཅན་གྱི་རྒྱལ་པོ་བསྒྲོངས་པ་དེ་ལྟ་བུ་ནི། དེང་སང་སྐབས་སུ་གོང་དུ་བཤད་པའི་བླང་དོར་ལ་མི་དམིགས་པར་རང་གི་ཞེ་འཁོན་དང་གཉེན་འབྲེལ་ལ་ཆགས་སྡང་གི་དམིགས་པའི་སྒྲོལ་བ་ལམ་བྱེད་འདི་ནི་སྔགས་དང་ཕ་རོལ་ཏུ་ཕྱིན་པའི་གཞུང་གང་དང་ཡང་མཐུན་པར་འདུག་གམ་རྟོག་པར་བྱའོ། །དེ་དག་ནི་ཐུགས་རྗེས་གཞན་བསྒྲལ་བ་ཞེས་བྱ་ལ། ད་ནི་རྟོགས་པས་བདག་བསྒྲལ་བ་འདི་ནི་གསང་སྔགས་ཀྱི་གནད་གལ་པོ་ཆེ་ཡིན་ཏེ། དང་པོ་ཉམས་ཀྱི་གནས་སྐབས་ན་ཉོན་མོངས་པའི་རླུང་རྟ་ལོང་བ་རྐང་ཅན་ལྟ་བུ་ལ། སེམས་འགྱུ་རང་གི་ངོ་བོ་འདི་མི་འཕྲེ་བོ་མིག་ཅན་ལྟ་བུས་ཞོན་ནས་ཚོགས་དྲུག་གི་ཡུལ་བདེན་པར་བཟུང་སྟེ་ཞེན་པ་ཡེ་ཤེས་ཀྱི་རླུང་སྟོང་གསལ་སྤྲོས་བྲལ་ཇི་བཞིན་པའི་སྲོག་གིས་བསྡམ་པས་མི་དང་འདྲ་བའི་

སེམས་དང་སེམས་བྱུང་རྟོག་ཚོགས་ཀྱིས་རྟ་དང་ཁྲལ་ཏེ་སྲོག་གཅོད་པ་ཞེས་བརྗོད་ལ། དོན་དམ་པར་འཁོར་བ་དང་མྱ་ངན་ལས་འདས་པའི་ཆོས་ཐམས་ཅད་མཉམ་པ་ཉིད་དུ་གནས་པར་མ་ཤེས་ཏེ། ང་དང་གཞན་ནོ་ཞེས་པའི་བདག་ཏུ་འཛིན་པའི་རྟོག་པ་དེ། གཞི་མེད་འཁྲུལ་ཟད་ཆེན་པོར་བསྒྲལ་བ་ནི་སྒྲོལ་བ་ལས་བྱེད་ཀྱི་དགོངས་པའི་མཐར་ཐུག་པ་ཡིན་ཏེ། ཐམས་ཅད་གསང་བའི་རྒྱུད་ལས། །སེམས་ཅན་ཀུན་གྱི་དངོས་པོ་ཀུན། །རང་སེམས་ཆོས་ནི་བསྡུས་པ་ཡིན། །ཆོས་བདག་མེད་པའི་སྦྱོར་བ་ཡིས། །བསད་ན་རང་ཉིད་འཆི་བར་འགྱུར། །ཞེས་སོ། །གཞན་ཡང་རྟོགས་པས་བདག་འཛིན་མ་བསྒྲལ་ན། །ཐུགས་རྗེས་གཞན་བསྒྲལ་མི་ནུས་ཏེ། །ཞེས་སུཀྲྀ་ཙནྟས་གསུངས་པ་ལྟར། བདག་འཛིན་དགྲ་བོ་འདི་ནི་ལེགས་པའི་ཆོས་ཐམས་ཅད་ཀྱི་སྲོག་གཅོད་པ་ཡིན་པས། འདི་ཉིད་ཆོས་དབྱིངས་སྤྲོས་བྲལ་གྱི་ཀློང་དུ་སྒྲོལ་དགོས་ཏེ། དཀོན་མཆོག་བརྩེགས་པ་ལས། དེ་བཞིན་ལྟར་གྱུར་ནང་ནས་བདག་ལྟ་བ། །དེས་ནི་ཆོས་སྲོག་རྣམ་པར་འཇིག་པར་བྱེད། །ཅེས་དང་། རྒྱུད་ལས། སྲིད་པའི་རྩ་བ་བདག་འཛིན་ཉིད། །ཕྱི་ནང་ཀུན་བརྟགས་ཡེ་སྟོང་གྲོལ། །ཞེས་དང་། ཟླ་བ་གྲགས་པས། གང་གི་ཕུང་པོ་དངོས་མེད་པར། །ཞི་གནས་ལས་བྱུང་སེམས་ཀྱིས་བྱས། །དེ་ནི་སྲོག་གཅོད་བྱེད་པ་སྟེ། །ཐེག་པ་མཆོག་ལ་གནས་པ་ཡིན། །ཞེས་དང་། དཔང་རིན་ཆེན་འཁོར་ལོའི་རྒྱུད་ལས། མིག་གཅིག་ཕུའི་སྲོག་ལ་གདབ། །ཐམས་ཅད་བསད་པས་ག་ལ་ལོངས། །གཅིག་གཅོད་པས་ནི་ཁམས་གསུམ་སྒྲོལ། །སྲོག་གི་ངོ་བོ་འཛིན་པ་ཡིན། །ཞེས་པས་ཁམས་གསུམ་དུ་འཁོར་བའི་རྒྱུ་ལུས་ཀྱི་བདག་འཛིན་ཨ་ཀར་ཤ་རུ་ཏ། ངག་གི་བདག་འཛིན་ཁ་ཧུཾ་ཀ་རུ་ཏ། ཡིད་ཀྱི་བདག་འཛིན་མ་ཧུཾ་ཀ་རུ་ཏ་གསུམ་པོ་འདི་བསྒྲལ་བ་ནི་རྟོགས་པས་བདག་བསྒྲལ་བ་ཞེས་བྱའོ། །གཉིས་པ། རིན་ཆེན་རིགས་ལ་མ་བྱིན་ལེན་པ་ནི། །ནོར་དང་བུད་མེད་ཐེག་ཆེན་ཟབ་མོའི་ཆོས། །རང་དང་གཞན་དོན་བསྒྲུབ་ལ་དགོངས་པས་གསུངས། །དེ་ཡང་བཤགས་པའི་རྒྱུད་དྲི་མ་མེད་པའི་རྒྱལ་པོ་ལས། །སེར་སྣ་འཇུར་གེགས་ཅན་གྱི་ཟས་དང་ནོར། །ཐབས་མཁས་འོད་ཟེར་ཚུལ་དུ་མ་བྱིན་བླངས། །སེམས་ཅན་དོན་ཕྱིར་འཕགས་པ་མཆོད་པ་དང་། །ཞེས་དང་། དགོངས་པ་ལུང་སྟོན་པའི་རྒྱུད་ལས། རྫོགས་སངས་རྒྱས་ཀྱི་ཡེ་ཤེས་གང་། །དེ་ཡི་རྫས་སུ་ཤེས་བྱ་སྟེ། །དེ་འཕྲོག་བྱེད་པ་གང་ཡིན་པ། །གཞན་

གྱི་ནོར་ལ་ཆགས་པར་འདོད། །ཅེས་དང་། གསང་འདུས་ལས། བུད་མེད་གཟུང་དང་མདངས་བཟང་མ། །ལོ་གྲངས་བཅུ་དྲུག་ལོན་པ་ལ། །བྱིན་གྱིས་བརླབས་ཏེ་གནས་གསུམ་དུ། །དབེན་པར་མཆོད་པར་རབ་བརྩམ་ནས་ཞེས་པའི་ཚུལ། ཕྱག་རྒྱའི་དྭངས་མ་རང་སྟོབས་ཀྱིས་ལེན་ཏེ་རྩ་གནས་དང་བཅས་པར་མཆོད་པ་དང་གཞན་ཡང་ཡོན་ཏན་མང་དུ་གསུངས་པ་བཞིན་ནོ། །ཐོས་བསམ་བསྒོམ་པའི་ཤེས་རབ་ཀྱི་སྒོ་མོ་ཀུན་ནས་བསྟུར་བ་བྱུང་བ་ཚང་འཚོལ་བ་ལྟ་བུས། ཆོས་ཐམས་ཅད་ཁོང་དུ་ཆུད་པར་དབང་དུ་བྱེད་པ་སྟེ། ཀླུ་སྒྲུབ་སྙིང་པོས། སྒྲ་དཀར་གཉེར་མ་ལྟགས་དུས་སུའང་། །ཐོས་པ་བསགས་པར་བྱ་བ་སྟེ། །གང་དུ་ཐོས་མང་འགྲོ་གྱུར་ཡང་། །དེར་ནི་ཕུང་པོ་འགྲོ་མི་འགྱུར། །ཞེས་དང་། སློབ་དཔོན་འཇམ་དཔལ་སྙིང་པོས། རང་དང་གཞན་ལ་ཕན་པའི་ཕྱིར། །ཐོས་པས་ངོམས་པར་མི་བྱ་སྟེ། །ས་གསུམ་བརྙེས་པའི་སེམས་དཔའ་ཡང་། །ཐོས་པས་ངོམས་པ་མེད་ལ་ལྟོས། །ཞེས་གསུངས་པ་ལྟར་རོ། །གསུམ་པ། པདྨའི་རིགས་ལ་ལས་ཆོས་དམ་ཚིག་དང་། །ཕྱག་རྒྱ་ཆེ་སྟེ་བླ་མེད་བསྟན་པར་གསུངས། །ངོ་ཏ་ལས། བཅུ་དྲུག་ལོ་ལོན་རབ་ཏུ་མཛེས་ཤིང་སྒྲ་སེར་ལི། །ཨུཏྤལ་དྲིས་ཁྱབ་ནུ་མ་སྲ་མཁྲེགས་སྐེད་པ་ཕྲ། །སྨད་ཀྱི་ཞིང་རྒྱས་ཧྲ་ག་རུབ་ཅིང་ཆགས་པའི་མདངས། །རྐྱང་མ་དང་བཅས་གསང་ཐུབ་རབ་ཏུ་གཞོལ། །དད་པ་རབ་ཏུ་བརྟན་ཞིང་རྟོག་པ་ཆུང་གྱུར་པ། །རྟགས་གསུམ་ལྡན་པའི་ཕྱག་རྒྱ་དབང་གིས་སྨིན་པར་མཛད། །ཡོངས་སུ་བཟུང་ནས་རང་གི་རིག་པའི་ཡེ་ཤེས་སྤྲིན། །སྐབས་སུ་རོ་སྙོམས་གཉུག་མའི་ཕྱག་རྒྱ་བཟུང་། །ཞེས་པས་མཚན་ལྡན་གྱི་རིག་མ་ལ་མས་བརྟེན་གྱི་དགའ་བ་འོག་སྒོ་བདེ་ཆེན་ནི། གསུང་ལས་ཀྱི་ཕྱག་རྒྱ། ཡབ་ཡུམ་ལྷའི་བསྐྱེད་རིམ་ལ་གནས་ས་ནི་ཐུགས་ཆོས་ཀྱི་ཕྱག་རྒྱ། ཡས་བབས་ཀྱི་དགའ་བ་སྟེང་སྒོ་རྣམ་གྲོལ་ནི་ཡོན་ཏན་དམ་ཚིག་གི་ཕྱག་རྒྱ། ལྷན་སྐྱེས་གཉུག་མའི་ཡེ་ཤེས་རྫོགས་རིམ་ནི་ཕྲིན་ལས་ཕྱག་རྒྱ་ཆེན་པོ་མངོན་དུ་བྱེད་པའོ། །དེ་ཡང་དགོངས་པ་ལུང་སྟོན་གྱི་རྒྱུད་ལས། གང་ཞིག་དོན་ནི་དངོས་གཅིག་པ། །དེ་བཞིན་ཉིད་ལ་རྟག་སྦྱོར་བ། །སེམས་ཅན་དེ་ཉིད་འདོད་ལ་དགའ། །སྒྲུབ་པ་མཆོག་ལ་ཆགས་པར་འགྱུར། །ཞེས་གསུངས་པ་བཞིན་ནོ། །བཞི་པ། ལས་ཀྱི་རིགས་ལ་རྫུན་དུ་སླ་གསུངས་པ། །བདག་དང་སེམས་ཅན་མི་དམིགས་བདེན་མེད་སྟོན། དེ་ཡང་རྒྱུད་དེ་ཉིད་ལས།

ནང་དང་དེ་བཞིན་ཕྱི་རོལ་དག །རྟེན་འབྱུང་གཉིས་སུ་བརྟེན་པ་ནི། །དེ་ནི་རྫུན་སྣ་དགའ་བ་སྟེ། །གནས་མེད་ལ་གནས་རྣལ་འབྱོར་པའོ། །ཞེས་དང་། ཡུམ་བར་མ་ལས། རབ་འབྱོར་ཆོས་ཐམས་ཅད་ནི་རྨི་ལམ་ལྟ་བུ་སྒྱུ་མ་ལྟ་བུ། མྱ་ངན་ལས་འདས་པ་ཡང་རྨི་ལམ་ལྟ་བུ་སྒྱུ་མ་ལྟ་བུ། མྱ་ངན་ལས་འདས་པ་ལས་ལྷག་པའི་ཆོས་ཞིག་ཡོད་ན་འང་དེ་ཡང་རྨི་ལམ་ལྟ་བུ་སྒྱུ་མ་ལྟ་བུའོ། །ཞེས་དང་། ཏིང་འཛིན་རྒྱལ་པོ་ལས། ཇི་ལྟར་མི་དག་བྲག་རིའི་དྲུང་འདུག་སྟེ། །གླུ་ལེན་སྨྲ་དང་རྒོད་དང་ངུ་བ་ལས། །རྐྱེན་ལ་བརྟེན་ནས་བྲག་ཅ་འབྱུང་མོད་ཀྱི། །སྒྲ་ལས་དབྱངས་དེ་ནམ་ཡང་འཕོས་པ་མེད། །ཆོས་རྣམས་ཐམས་ཅད་དེ་བཞིན་ཤེས་པར་གྱིས། །ཞེས་སོ། །དེ་ལྟར་འཁོར་འདས་ཀྱིས་བསྡུས་པའི་ཆོས་ཐམས་ཅད་མ་བརྟགས་པའི་སྣང་ངོར་བདེན་བདེན་པོར་གྲུབ་ཀྱང་བརྟགས་པའི་སྣང་ངོར་གང་ཡང་གྲུབ་པ་མེད་པ་བདེན་མེད་དུ་སྟོན་པ་ལ་རྫུན་དུ་སྣ་བ་ཞེས་བྱའོ། །ལྔ་པ་ནི། འཁོར་ལོའི་རིགས་ལ་ཆང་དང་ཤ་ལྔ་དང་། །ཡུལ་ཀུན་བརྟེན་བསྲུང་ཕྱི་ནང་གསང་བའི་ཐེག །རིམ་པ་མ་ཉམས་སྤྱོད་པ་བླ་མེད་ལུགས། །དེ་ཡང་ཆང་དང་ཤ་ལྔ་བདུད་རྩི་ལྔ་ནང་གཟུགས་སྒྲ་ལ་སོགས་ཡུལ་ཀུན་བསྟན་པར་བཤད་དེ། ཇི་སྐད་དུ། ཆང་འཐུང་ཡེ་ཤེས་ཅིས་མི་སྐྱེ། །ཆང་ནི་ཡེ་ཤེས་སྐྱེ་བའི་རྒྱུ། །ཞེས་དང་། གསང་འདུས་ལས། ཤ་ཆེན་དམ་ཚིག་མཆོག་གིས་ནི། །རྡོ་རྗེ་གསུམ་མཆོག་བསྒྲུབ་པར་བྱ། །བཤང་གཅིའི་དམ་ཚིག་མཆོག་གིས་ནི། །རིག་པ་འཛིན་པ་གཙོ་བོར་འགྱུར། །གླང་པོའི་ཤ་ཡི་དམ་ཚིག་གིས། །མངོན་ཤེས་ལྔ་དག་ཐོབ་པར་འགྱུར། །རྟ་ཤ་དག་གི་དམ་ཚིག་གིས། །མི་སྣང་བ་ཡི་བདག་པོར་འགྱུར། །ཁྱི་ཤ་དག་གི་དམ་ཚིག་གིས། །དངོས་གྲུབ་ཐམས་ཅད་འབྱུང་བར་འགྱུར། །བ་ལང་ཤ་ཡི་དམ་ཚིག་གིས། །རྡོ་རྗེ་འགུགས་པའི་མཆོག་ཏུ་འགྱུར། །ཞེས་དང་། བཤང་གཅི་ཁུ་བ་ཁྲག་ལ་སོགས། །ལྷ་རྣམས་ལ་ནི་དབུལ་བར་བྱ། །དེ་ལྟར་བྱས་ནས་སངས་རྒྱས་དང་། །བྱང་ཆུབ་སེམས་དཔའ་གྲགས་ཆེན་བཉེས། །ཞེས་སོ། །བཞི་པ། རྩ་བའི་ལྟུང་བ་བཅུ་བཞི་བསྟན་པ་ནི། འདི་ལྟར་འཕགས་པ་ཀླུ་སྒྲུབ་ཡབ་སྲས་དང་བི་རྺ་པ་ལ་སོགས་པའི་གྲུབ་ཆེན་རྣམས་ཀྱིས་གསང་སྔགས་བླ་མེད་ཀྱི་རྒྱུད་གསང་བ་འདུས་པ་དམ་པ་དང་པོ། མཁའ་འགྲོ་མ་རྡོ་རྗེ་གུར། དགྲ་ནག་ལ་སོགས་པའི་རྒྱུད་ནས་གསུང་སྟེ་རྩ་ལྟུང་བཅུ་བཞི་སྡོམ་པོ་དགུ་དང་བཅས་པ་བཀོད་པ་ནི་རྩ་ཚིག་ལས

བྱུང་བ་བཞིན་ནོ། །དེ་ལ་བཅུ་བཞིའི་དང་པོ་ནི། སློབ་དཔོན་རྣམ་གསུམ་སྙིང་ནས་སྨོད་པ་དང་། །བརྙས་དང་ཐུགས་དཀྲུག་ལྟུང་བའི་སྒོ་ཀུན་ལས། །ཤིན་ཏུ་ལྕི་ཕྱིར་འདི་ཉིད་དང་པོར་བཤད། །དེ་བཞིན་དུ་རྩ་ཚིག་ལས། གང་ཕྱིར་རྡོ་རྗེ་སློབ་དཔོན་གྱིས། །དངོས་གྲུབ་སློབ་དཔོན་རྗེས་འབྲངས་གསུངས། །དེ་བས་དེ་ལ་བརྙས་པ་ནི། །རྩ་བའི་ལྟུང་བ་དང་པོར་བཤད། །ཅེས་སོ། །དེ་ཡང་མེ་ཏོག་དང་ལོ་འབྲས་ཐམས་ཅད་འབྱུང་བའི་རྒྱུ་ལྗོན་ཤིང་གི་རྩ་བ་ཡིན་པ་བཞིན་དུ། ཚེ་འདི་ཕྱིའི་བདེ་སྐྱིད་མཆོག་དང་ཐུན་མོང་གི་དངོས་གྲུབ་ཐམས་ཅད་དང་བསྒྲུབ་པར་བྱ་བ་ཐམས་ཅད་ཀྱི་རྩ་བ་ནི་བླ་མ་ཡིན་ཏེ། དེ་ཡང་དབྱེ་ན་དྲུག་སྟེ། རྡོ་རྗེ་གསལ་བཀྲ་ལས། སྤྱི་དང་འདྲེན་དང་དམ་ཚིག་དང་། །ཆགས་ཉམས་བསྐང་དང་ཤེས་རྒྱུད་གྲོལ། །མན་ངག་ལུང་གི་སློབ་དཔོན་ཏེ། །ཞེས་སོ། །གསར་མ་ལྟར་ན་དགྲ་ནག་གི་འགྲེལ་པ་ལྷན་སྐྱེས་སྣང་བར། དམ་ཚིག་གློག་པ་སྦྱིན་པ་དང་། །འཆད་དང་མན་ངག་སྟོན་པ་དང་། །དབང་བསྐུར་བ་དང་ལས་བྱེད་དང་། །དེ་རྣམས་སློབ་དཔོན་ཞེས་བཤད་དོ། །ཅེས་སོ། །བསྡུ་ན། དབང་བསྐུར་བ་རྒྱུད་བཤད་པ་མན་ངག་སྟོན་པའི་བླ་མ་གསུམ་དུ་འདུས་སྟེ་དེ་ལ་བརྙས་པ་ལ་སོགས་བྱ་མི་རུང་སྟེ། བླ་མ་ལྔ་བཅུ་པ་ལས། དེ་འདྲའི་མགོན་ལ་བསམ་བཅུམ་པས། །སློབ་མར་གྱུར་ནས་བརྙས་ན་ནི། །སངས་རྒྱས་ཐམས་ཅད་བརྙས་པས་ན། །དེས་ནི་རྟག་ཏུ་སྡུག་བསྔལ་ཐོབ། །ཅེས་སོ། །གཉིས་པ་ནི། བླང་དོར་གནས་སྟོན་བདེ་བར་གཤེགས་པའི་བཀའ། །བླ་མས་གསུངས་ཤིང་རང་གི་གོ་བཞིན་དུ། །ཁྱད་བསད་མི་མཐུན་སྤྱོད་འབྲེལ་བཀའ་འདས་གཉིས། །དེ་ཡང་བདེ་བར་གཤེགས་པས་གསུངས་ཤིང་བླ་མས་ཡང་དག་པར་བསྟན་པའི་གནས་རྣམས་ལ་རང་གིས་བླང་དོར་ཤེས་བཞིན་དུ་མི་བྱེད་པ་དེ། བཀའ་ལས་འདས་པ་ཡིན་ཏེ། །བདེ་གཤེགས་བཀའ་ལས་འདས་པ་ནི། །ལྟུང་བ་གཉིས་པ་ཡིན་པར་བརྗོད། །ཅེས་དང་། རྒྱུད་བླ་མ་ལས། གང་ཕྱིར་རྒྱལ་ལས་ཆེས་མཁས་འགའ་ཡང་འཇིག་རྟེན་འདི་ན་ཡོད་མིན་ཏེ། །མ་ལུས་དེ་ཉིད་མཆོག་གི་ཚུལ་བཞིན་ཀུན་མཁྱེན་གྱིས་མཁྱེན་གཞན་མིན་པ། །དེ་ཕྱིར་དྲང་སྲོང་རང་ཉིད་ཀྱིས་བཞག་མདོ་སྡེ་གང་ཡིན་དེ་མི་དཀྲུག །ཐུབ་ཚུལ་བཤིགས་ཕྱིར་དེ་ཡང་དམ་ཆོས་ལ་ནི་གནོད་པར་བྱེད་པར་འགྱུར། །ཞེས་སོ། །འོ་ན་བསྟན་བཅོས་རྩོམ་པ་འང་ཐུབ་པའི་བཀའ་ལས་འདས་པར་མི་འགྱུར་རམ་ཞེ་ན། དེ་

ནི་རྒྱལ་བའི་བཀའ་དེ་རྟོགས་པར་སླ་བའི་ཆེད་དུ་དོན་དང་ལྡན་པར་བཤད་པ་ལ་སྐྱོན་མེད་དེ། དེ་ཉིད་ལས། གང་ཞིག་སྟོན་པ་རྒྱལ་བ་འབའ་ཞིག་གིས། །དབང་བྱས་རྣམ་གཡེངས་མེད་ཡིད་ཅན་གྱིས་སྨྲར། །ཐར་བ་ཐོབ་པའི་ལམ་དང་རྗེས་མཐུན་པ། །དེ་ཡང་དྲང་སྲོང་བཀའ་བཞིན་སྤྱི་བོས་བླངས། །ཞེས་སོ། །གསུམ་པ། སྤྱི་དང་ཉེ་དང་ནང་འདྲེས་སྤྱན་ལ་ཕྲིས། །འགོན་འཛིན་ཕྲག་དོག་བརྣས་སོགས་གསུམ་པའོ། །དེ་ཡང་སངས་རྒྱས་ཀྱི་བསྟན་པ་དང་ཁྱད་པར་གསང་སྔགས་ཀྱི་སྒོར་ཞུགས་པ་ཐམས་ཅད་ནི་སྤྱིའི་མཆེད། ཆོས་རིགས་གཅིག་པ་ཉེ་བའི་མཆེད། བླ་མ་གཅིག་གི་བསྡུས་པ་ནང་གི་མཆེད། དཀྱིལ་འཁོར་གཅིག་དུ་མར་མེ་གཅིག་བུམ་པ་གཅིག་གིས་དུས་གཅིག་ལ་དབང་ཐོབ་པ་རྣམས་ནི་འདྲེས་པའི་མཆེད་དེ། དེ་ལ་ཕྲག་དོག་དང་ཁྲོ་བ་ལ་སོགས་བྱར་མི་རུང་སྟེ། རྡོ་རྗེ་སྤྱན་ལ་ཕྲིས་པ་ནི། །ཉེས་པར་བརྗོད་པ་གསུམ་པ་ཡིན། །སྡུད་པ་ལས་ཀྱང་། གང་ཚེ་བྱང་ཆུབ་སེམས་དཔའ་འཐབ་དང་རྩོད་གྱུར་ཅིང་། །ཕྱུན་ཚུན་མི་མཐུན་ཁྲོ་བོའི་སེམས་དང་ལྡན་གྱུར་པ། །དེ་ཚེ་བདུད་ནི་དགའ་ཞིང་མཆོག་ཏུ་ཉམས་བདེར་འགྱུར། །དེ་གཉིས་རྒྱལ་བའི་ཤེས་རབ་ལ་ནི་རིང་གྱུར་ཉམས། །ཞེས་སོ། །བཞི་པ་སེམས་ཅན་བདེ་བ་ཀུན་དང་བྲལ་ན་བསམ། །སྙིང་ནས་བྱམས་པ་བཏང་བ་བཞི་པའོ། །དེ་ཡང་སེམས་ཅན་རྣམས་ལ་བྱམས་པ་སྤྱངས། །བཞི་པ་ཡིན་པར་རྒྱལ་བས་གསུངས། །ཞེས་དང་། བྱམས་པའི་སྟོབས་བསྐྱེད་པའི་མདོ་ལས། །གང་བྱམས་པ་བཏང་བ་དེ། སངས་རྒྱས་ཀྱི་ཆོས་ཐམས་ཅད་གཏོང་བ་ཡིན་ནོ། །ཞེས་སོ། །འོ་ན་ལྷ་ཁྲོ་བོ་རྣམས་ཀྱང་འཇིགས་རྔམ་མཛད་པ་གང་ཞེ་ན། དེ་དག་ཞེ་སྡང་དང་ལྡན་པ་མ་ཡིན་ཏེ་གང་འདུལ་ཏུ་སྐྱུར་བཞེངས་པ་སྟེ། བདེ་མཆོག་ལས། ཇི་ལྟར་རྒྱ་མཚོ་ཆེན་པོ་ནི། །གང་ལྟར་ནང་གྲང་ཕྱི་རོལ་ཚ། །དེ་བཞིན་ཁྲོ་བོའི་སྐྱུར་བསྟན་པ། །ཐུགས་ནི་ཞི་བར་ཤེས་པར་བྱ། །ཞེས་སོ། །ལྔ་པ། འདོད་ཆགས་སེམས་ཀྱིས་གནས་སྐབས་མ་ཡིན་པར། །བསམ་ཞིང་ཁུ་བ་འབྱིན་པའི་སེམས་ཅན་ལ། །བྱང་ཆུབ་སེམས་བསྐྱེད་བཏང་ན་ལྔ་པ་ཡིན། །དེ་ཡང་གསང་བའི་དབང་བསྐུར་བའི་སྐབས་དང་། དམ་རྫས་བདུད་རྩི་བསྒྲུབ་པའི་སྐབས་དང་། རིགས་རྒྱུད་སྤྱེལ་སྐྱའི་འཇོག་པའི་སྐབས་མ་ཡིན་པར། འདོད་ཆགས་ཀྱི་བསམ་པས་ཁུ་བ་འབྱིན་པར་མི་བྱ་སྟེ་གལ་ཏེ་ཞུགས་འབྲུ་ཙམ་ཞིག་ཉམས་ན་འང་། ལུས་གནས་རྩ་དང་བ

སྤྱིའི་གྲོང་ཁྱེར་གྱི་དཔའ་བོ་དཔའ་མོ་ཐམས་ཅད་དུ་གཙོང་འབྱིན་པར་འགྱུར་ཏེ། དེའི་རྐྱེན་གྱིས
ཤེས་པ་མི་གསལ། དྲན་པ་ཉམས་བྱང་ཆུབ་ལ་སྐྱིད་ལུགས། བརྩོན་པའི་སྤྲོ་བ་ཉམས་ཏེ། རྒྱུ་དེས
བྱང་ཆུབ་ཀྱི་སེམས་རིན་པོ་ཆེ་བསྐྱེད་པ་ཡང་ནི་སྨས་པར་འགྱུར་བ་སྟེ། ཆོས་ཀྱི་རྩ་བ་བྱང་ཆུབ
སེམས། །དེ་སྤང་བ་ནི་ལྟུང་བ་ཡིན། །ཞེས་དང་། སྤྱོད་པ་ལས། གལ་ཏེ་བསྐལ་པ་དུ་མར་དགེ་བའི
ལས་ལམ་བཅུ། །སྤྱོད་ཀྱང་ཉན་ཐོས་རང་རྒྱལ་ཉིད་ལ་འདོད་བསྐྱེད་ན། །དེ་ཚེ་ཚུལ་ཁྲིམས་སྐྱོན
བྱུང་ཚུལ་ཁྲིམས་འཆལ་བ་ཡིན། །སེམས་བསྐྱེད་དེ་ནི་ཕས་ཕམ་བས་ཀྱང་ཤིན་ཏུ་ལྕི། །ཞེས་པ
བཞིན་ནོ། །དྲུག་པ། ལམ་ཆོལ་མུ་སྟེགས་ལམ་ཞུགས་ཉན་རང་དང་། །ལམ་ཆེན་ཐེག་ཆེན་གྲུབ
མཐར་སྨོད་ན་དྲུག །དེ་ཡང་ལམ་ཆོལ་མུ་སྟེགས། ལམ་ཞུགས་ཉན་རང་། ལམ་ཆེན་སྔགས་དང་ཕ
རོལ་ཕྱིན་པའི་གཞུང་དང་གྲུབ་མཐའ་ལ་སྨད་པར་མི་བྱ་སྟེ། རང་ངམ་གཞན་གྱི་གྲུབ་པའི་མཐའ། །
ཆོས་ལ་སྨོད་ན་དྲུག་པ་ཡིན། །ཞེས་དང་། འཕགས་པ་རྣམ་པར་འཐག་པ་སྤྱོད་པའི་མདོ་ལས།
འཇམ་དཔལ་གང་དེ་བཞིན་གཤེགས་པའི་ཆོས་ལ་ལ་བཟང་པོར་འདུ་ཤེས། ལ་ལ་ནི་ངན་པར
འདུ་ཤེས་ན། དམ་པའི་ཆོས་སྤང་བའོ། །ཞེས་དང་། དཀོན་མཆོག་བརྩེགས་པ་ལས། འོད་སྲུང
ངའམ་ང་དང་འདྲ་བས་ཆོས་དང་གང་ཟག་གི་ཚོད་དུ་བཟུང་རུང་གི་གཞན་དག་གིས་ནི་མ་ཡིན་ཏེ
ཡོག་པར་ལྟུང་བའི་ཕྱིར་རོ། །ཞེས་སོ། །མུ་སྟེགས་ཀྱི་ཆོས་ལ་སྨོད་ནའང་རང་གི་རྒྱུད་མ་རུང་བས
བཤགས་བྱར་གསུངས་ཏེ། རྣམ་སྣང་མངོན་བྱང་ལས། རྣམ་པར་སྣང་མཛད་རིང་བའི་རྒྱུ། །མུ
སྟེགས་ཅན་ལ་སྨད་མི་བྱ། །འོན་མུ་སྟེགས་ཀྱི་གྲུབ་མཐའ་སུན་འབྱིན་པ་མ་ཡིན་ནམ། ཞེ་ན། དེ་ནི
གནོད་སེམས་ཀྱིས་སྨོད་པ་མ་ཡིན་ཏེ། བརྩེ་བས་རྗེས་སུ་འཛིན་ཞིང་དགྲི་བའི་ཐབས་ཡིན་པའི
ཕྱིར་རོ། །ཞེས་སོ། །བདུན་པ། སྣོད་དང་ཆོ་ག་མ་བྱས་མ་རྫོགས་དང་། །ཉམས་དང་ཟབ་མོས
འཇིགས་ལྔར་གསང་སྒྲོགས་བདུན། །དད་མོས་མེད་པ་ལ་སོགས་སྣོད་མིན་དང་། གསང་སྔགས་ཀྱི
སྣོད་དུ་རུང་བའི་ཕྱིར་དབང་ལ་སོགས་པའི་ཆོ་ག་མ་བྱས་པ་དང་། བྱས་ཀྱང་མ་རྫོགས་པ་དང་།
དམ་ཚིག་ཉམས་པ་ཅན་དང་། གསང་བ་ཟབ་མོ་ལ་འཇིགས་པའི་གང་ཟག་ལྔ་པོ་དེ་དག་ལ་གསང
སྔགས་ཀྱི་ཆོས་བསྒྲག་ཏུ་མི་རུང་སྟེ། ཡོངས་སུ་མ་སྨིན་སེམས་ཅན་ལ། །གསང་བ་སྒྲོགས་པ་བདུན

པ་ཡིན། །ཞེས་དང་། ཀྲི་ཡ་དཔུང་བཟང་ལས། གང་དག་རིགས་དང་དབང་བསྐུར་ཚོག་མེད། །གང་དག་དཀྱིལ་འཁོར་དུ་ནི་མ་ཞུགས་དང་། །གང་དག་བྱང་ཆུབ་སེམས་ནི་མ་བསྐྱེད་པས། །ང་ཡི་གསང་བསྔགས་བཟླས་ན་ཕུང་བར་འགྱུར། །ཞེས་དང་། བསླབ་བཏུས་ལས། བློ་སྦྱང་མ་བྱས་སེམས་ཅན་ལ། །སྟོང་པ་ཉིད་ནི་བརྗོད་པ་དང་། །ཞེས་དང་། མདོ་ལས། ཤེས་རབ་ཀྱི་ཕ་རོལ་ཏུ་ཕྱིན་པ་འདི་ནི་ཉན་ཐོས་དང་རང་སངས་རྒྱས་དང་བྱང་ཆུབ་སེམས་དཔའ་ལས་དང་པོ་པའི་མདུན་དུ་བརྗོད་པར་མི་བྱ་སྟེ། སྐྲག་ཅིང་དངངས་པས་ཆོས་སྤང་བར་འགྱུར་བའི་ཕྱིར་རོ། །ཞེས་སོ། །དམ་ཉམས་པ་དང་གཏམ་འདྲིས་པ་དང་། ལུང་གཅིག་ཆུ་ལ་མི་བཏུང་བར་རྒྱུད་སྡེ་ཀུན་ནས་གསུངས་སོ། །གསང་བར་བྱ་བ་གསང་བ་བཅུ་ནི། དེ་ཡང་ལྷ་བ་ཟབ་མོ། སྤྱོད་པ་བརླང་པོ། ལྷའི་མིང་གཟུངས། གྲུབ་རྟགས་བཞི་ནི་ཕྱི་གསང་བཞིའོ། །བསྒྲུབ་པའི་གནས་དུས། གྲོགས། རྫས་གསང་བ་བར་གསང་བཞིའོ། །གསང་བར་འོས་པ་ནི། རིགས་པས་འཐད་པའོ། །གསང་བར་གཉེར་གཏད་པ་ནི་གསང་ཞིག་པར་གསུང་པ་ལྔ་བུ་སྟེ་བཅུའོ། །དེ་དང་དོན་མཐུན་པར། རྗེ་ས་སྐྱ་པ་ཆེན་པོས། ཐོག་མར་བླ་མའི་མཛད་སྤྱོད་གསང་། །རྗེས་གནང་མན་ངག་བསྐྱེད་རྫོགས་གསང་། །བླ་མས་བཏགས་པའི་གསང་མཚན་གསང་། །དངོས་གྲུབ་སྟེར་བའི་ཡི་དམ་གསང་། །མཁའ་འགྲོས་ལུང་བསྟན་མཚན་མ་གསང་། །བདུད་རྩི་ལྷ་ཡི་དམ་ཚིག་གསང་། །ཉམས་ལས་བྱུང་བའི་དྲོད་རྟགས་གསང་། །བྱིན་རླབས་ཞུགས་པའི་དུས་ཚོད་གསང་། །གྲོལ་བྱེད་ལྷན་སྐྱེས་ཡེ་ཤེས་གསང་། །རྟོགས་བྱེད་སྤྱོད་པ་ཤུགས་འབྱུང་གསང་། །ཞེས་སོ། །བརྒྱད་པ། ཕུང་ལྔ་སངས་རྒྱས་ལྔ་ལ་བརྙས་པ་ཡིས། །སྨོད་དང་གདུང་བ་བསྐྱེད་ན་བརྒྱད་པ་ཡིན། །བདག་གི་ལུས་ཉིད་ཕུང་པོ་ལྔ་རིགས་ལྔ་སྐྱེ་མཆེད་སེམས་དཔའ་སེམས་མ། འབྱུང་བ་ལྔ་ཡུམ་ལྔའི་རང་བཞིན་དུ་གནས་པ་ཡིན་ཏེ། གསང་འདུས་ལས། མདོར་ན་ཕུང་པོ་རྣམ་ལྔ་ནི། །སངས་རྒྱས་ལྔར་ནི་རབ་ཏུ་བཤད། །རྡོ་རྗེ་སྐྱེ་མཆེད་ཉིད་དག་ནི། །བྱང་ཆུབ་སེམས་དཔའི་དཀྱིལ་འཁོར་མཆོག །ས་ནི་སྤྱན་ཞེས་བྱ་བ་སྟེ། །ཞེས་སོགས་དང་། དེས་ན་ཁྲོ་བོའི་དབང་མཆོག་ལས། དེས་ན་ལུས་འདི་ནི་རྒྱལ་བ་ཞི་ཁྲོ་རབ་འབྱམས་ཀྱི་དཀྱིལ་འཁོར་ཡིན་པས། འདི་ལ་གནོད་པ་དང་བཅད་པ་དང་། བརྡུངས་པ་དང་། དཀའ་ཐུབ་ལ་སོགས་པས་རྒྱུད་དུ་མ

བཅུག་པར། བཟའ་བཏུང་ཐམས་ཅད་ཚོགས་འཁོར་གྱི་ཚུལ་དུ་མཆོད་ཅིག །རྒྱན་དང་གོས་ཀྱི་རྣམ་པ་མཛེས་ཤིང་ཡིད་དུ་འོང་བ་དག་ཀྱང་ཞེན་པ་མེད་པའི་ཚུལ་གྱིས་མཆོད་པ་རྒྱན་མི་ཆད་པར་གྱིས་ཤིག །ཅེས་དང་། སྡུད་པ་ལས། སེམས་ཅན་འདི་དག་ནི་རྟག་ཏུ་དེ་བཞིན་གཤེགས་པའི་སྙིང་པོ་ཅན་ནོ། །ཞེས་གསུངས་པས། ཕུང་པོ་སངས་རྒྱས་ལྔའི་བདག་ཉིད། །དེ་ལ་སྨོད་པ་བརྒྱད་པ་ཡིན། །ཞེས་ལྟུང་བ་བརྒྱད་པར་བཞག་པའོ། །དགུ་པ་གཞི་ལམ་འབྲས་བུའི་རང་བཞིན་དག་པ་ལ། དགྲེ་བར་ཐེ་ཚོམ་ཟ་བ་དགུ་པར་བཤད། །གཞི་ལམ་འབྲས་བུའི་རང་བཞིན་རྣམ་པར་དག་པའི་ཆོས་ལ་རང་འཇུག་པ་དང་། གཞན་འཇུག་པ་ལ་ཐེ་ཚོམ་ཟ་བ་སྟེ། རང་བཞིན་དག་པའི་ཆོས་རྣམས་ལ། སོམ་ཉི་ཟ་བ་དགུ་པ་ཡིན། །ཞེས་དང་། སྡུད་པ་ལས། འདི་བཤད་ཆེན་ཁ་ཅིག་སོམ་ཉི་ཟ་འགྱུར་ཏེ། །འདྲེན་པས་འདི་ར་ནི་བདག་གི་མིང་ཡང་ཡོངས་མ་བརྗོད། །རིགས་དང་ས་དང་རུས་ཀྱང་ཡོངས་སུ་མ་བརྗོད་ཅེས། །དེ་ནི་མཉམ་པར་མི་འགྱུར་བདུད་ཀྱི་ལས། །ཞེས་སོ། །བདེ་བར་གཤེགས་པའི་བཀའ་ལ་ཐེ་ཚོམ་ཟ་མི་དགོས་ཏེ། གསེར་འོད་ལས། ས་ནི་ནམ་མཁའ་ལ་འཕགས་ཀྱང་སྲིད། ནམ་མཁའ་ནི་ས་དང་ཆུར་འགྱུར་ཡང་སྲིད། བདེ་བར་གཤེགས་པའི་བཀའ་ནི་ནམ་ཡང་འགྱུར་བ་མེད་དེ། ཞེས་དང་། བཅུ་པ། བསྒྲལ་བའི་ཞིང་བཅུ་ཚང་བར་ནུས་བཞིན་དུ། །མི་སྒྲོལ་བ་དང་བྱམས་པར་བྱེད་ན་བཅུ། །དེའི་ཕྱིར་གདུག་ལ་རྟག་ཏུ་བྱམས་ལྡན་པ། །བྱེད་པ་དེ་ནི་བཅུ་པ་ཡིན། །ཞེས་པས་བསྟན་པ་དང་སེམས་ཅན་ལ་གནོད་པ་ལ་བྱམས་པའི་སེམས་མི་བྱ་སྟེ། ངེས་བརྗོད་བླ་མ་ལས། སངས་རྒྱས་བསྟན་ལ་གནོད་བྱེད་ལ། །བླ་མ་སྨོད་བརྩོན་མ་རུངས་དང་། །རྟག་ཏུ་སེམས་ཅན་གནོད་བརྩོན་པ། །མཁས་པས་བསྒྲིམ་ཏེ་བསད་པར་བྱ། །ཞེས་གསུངས་སོ། །བཅུ་གཅིག་པ། མིང་སོགས་བྲལ་ལ་དངོས་དང་དངོས་མེད་རྟོག །རྟོག་གེས་འཇལ་བར་བྱེད་ན་བཅུ་གཅིག་པ། ཆོས་ཐམས་ཅད་གདོད་མ་ནས་ངོ་བོ་ཉིད་ཀྱི་རྣམ་པར་དག་པ་ལ་མིང་དང་དངོས་པོ་མེད་པ་ལ་སོགས་པ་རྟོག་གེའི་རིགས་པ་ཕྲ་མོས་གཞལ་བྱར་བྱ་མི་ནུས་ཏེ། མིང་སོགས་བྲལ་བའི་ཆོས་རྣམས་ལ། །དེར་རྟོག་པ་ནི་བཅུ་གཅིག་པ། །ཞེས་དང་། ཡུམ་བར་མ་ལས། གཟུགས་ནས་རྣམ་པ་ཐམས་ཅད་མཁྱེན་པའི་བར་ལ་རང་བཞིན་མེད་དེ་དེ་ནི་བརྗོད་དུ་མེད་པའོ། །ཞེས་དང་། ཐབས་མི་མཁས་པས་གཟུགས

ནས་རྣམ་པ་ཐམས་ཅད་མཁྱེན་པའི་བར་དངོས་པོ་ཡོད་ཅེས་བྱ་བའམ། དངོས་པོ་མེད་ཅེས་བྱ་བར་སྤྱོད་ན་མཚན་མ་ལ་སྤྱོད་དོ། །ཞེས་པ་དང་། སྡུད་པ་ལས། ཕུང་འདི་སྟོང་ཞེས་རྟོགས་ནའང་བྱང་ཆུབ་སེམས་དཔའ་ནི། །མཚན་མ་ལ་སྤྱོད་སྐྱེ་མེད་གནས་ལ་དད་མ་ཡིན། །ཞེས་གསུངས་སོ། །བཅུ་གཉིས་པ། དང་བའི་དད་པ། མོས་པའི་དད་པ། ཡིད་ཆེས་པའི་དད་པ་སྟེ། དད་གསུམ་ལྡན་པའི་སེམས་ཅན་དོན་མི་བྱེད། །སེམས་མི་བསྲུང་དང་བསླུ་བ་བཅུ་གཉིས་པ། །དེ་སྐད་དུ། སེམས་ཅན་དད་དང་ལྡན་པ་ལ། སེམས་སྲུན་འབྱིན་པ་བཅུ་གཉིས་པ། །ཞེས་དང་། བསླབ་བཏུས་ལས། དེ་ཕྱིར་རྒྱལ་བའི་སྡོམ་པའི་མདོར། གང་གིས་སེམས་ཅན་མ་དད་གྱུར། །དེ་ནི་བསྒྲིམ་ཏེ་རྣམ་སྤང་ཞེས། །དཀོན་མཆོག་སྤྲིན་ལས་བཀའ་སྩལ་ཏོ། །ཞེས་དང་། འགྲེལ་པ་པདྨ་དཀར་པོ་ལས། དག་པའི་སེམས་ཅན་ལ་རྣལ་འབྱོར་པས་སྨྲོན་བརྗོད་པ་ནི་ཉི་མ་ཞེས་བྱ་བ་བཅུ་གཉིས་པར་འགྱུར་རོ། །ཞེས་གསུངས་སོ། །བཅུ་གསུམ་པ། སྐབས་བབ་ཡོ་བྱད་ལོངས་སྤྱོད་དམ་ཚིག་རྫས། །དུས་ཚོད་འབྲེལ་ཀྱང་མི་བརྟེན་བཅུ་གསུམ་པ། །དེ་ཡང་དམ་ཚིག་རྫས་ནི་ཇི་བཞིན་རྙེད། །མི་བསྟེན་པ་ནི་བཅུ་གསུམ་པ། །ཞེས་སོ། །དེ་ཡང་སྟོན་ཡུལ་རྫོལ་ཞེས་བྱར་བྲམ་ཟེ་མོ་མཁའ་འགྲོ་མ་ཞིག་གི་མཆོད་གནས་བྲམ་ཟེ་གཅིག་ཡོད་པ། མོ་དུར་ཁྲོད་དུ་ཚོགས་འཁོར་ལ་འགྲོ་བ་རིགས་ནས་ཁོ་ཡང་ཐབས་ཀྱི་བྱས་ཏེ་གཉིས་ཀ་དུར་ཁྲོད་དེ་ཝི་ཀོ་ཊར་ཕྱིན་པ་ན། མཁའ་འགྲོ་མ་རྣམས་ཀྱིས་ཚོགས་འཁོར་བསྐོར་ནས་མི་རོ་གཅིག་གི་ཐོད་པ་བཀང་སྟེ་ཆང་ལ་སོགས་པ་རིམ་པར་འདྲེན་པ་བྲམ་ཟེས་མ་ཟོས་པས་ཕྱིར་བསྐྲད་དེ་ཞག་བདུན་ན་ཤོག་གསུངས་པས་དེ་ཉིད་དུ་ཤི་བར་གསུངས་པ་ལྟར། ཚོགས་ཀྱི་འཁོར་ལོའི་སྐབས་ལ་སོགས་པར་ཤ་ལྔ་བདུད་རྩི་ལྔ་ལ་སོགས་པ་ཡོད་བཞིན་དུ། ཚུལ་ཆོས་སམ། རྟོག་པས་ཐེ་ཚོམ་ནས་མི་བསྟེན་པ་ནི་རུང་བ་མ་ཡིན་ཏེ། ཡེ་ཤེས་ཐིག་ལེ་ལས། ཡིད་འཕྲོག་རྡོ་རྗེའི་གླུ་ལེན་ཞིང་། །ཐེ་ཚོམ་དང་ནི་ཆགས་བཅད་མེད། །ཞེས་སོ། །བཅུ་བཞི་པ། སྐྱེ་དང་བྱེ་བྲག་ལ་ལྟོས་ཤེས་རབ་མ། །ངོས་ལྐོག་སྨྲིང་ཚིམ་སྨད་གོ་བཅུ་བཞི་པ། །སྤྱིར་ན་ཤེས་རབ་སྟོང་པ་ཉིད་ལ་བུད་མེད་ཞེས་བརྗོད་དེ་དུས་གསུམ་གྱི་རྒྱལ་བ་རྣམས་ཀྱི་ཡུམ་ཡིན་པས་སྨད་པར་མི་བྱ་སྟེ། ཤེས་རབ་རང་བཞིན་བུད་མེད་ལ། །སྨད་པར་བྱེད་པ་བཅུ་བཞི་པ། །ཞེས་དང་། དེ་བཞིན་ཤེས་རབ་

དྲིལ་བུར་བརྗོད། །ཅེས་པ་ལྟར། སྣང་བ་ལས། དེ་བཞིན་ཕྱོགས་བཅུའི་འཇིག་རྟེན་ཁམས་ཀྱི་སངས་རྒྱས་ཀུང་། །ཡུམ་གྱུར་ཤེས་རབ་དམ་པ་འདི་ལ་དགོངས་པ་མཛད། །ཅེས་སོ། །དྲི་བྲག་ཏུ་རང་བྱུང་ཤེས་རབ་སྟོང་ཉིད་དམ་པ་གང་ཡིན་པ་དེ་མཚོན་དུ་བྱ་བ་དཔེའམ་དོན་གྱི་ཡེ་ཤེས་སྟོན་པར་བྱེད་པ་ནི་བུད་མེད་ཉིད་དེ་སྨད་པར་མི་བྱ་སྟེ། རྒྱུད་ལས། བུད་མེད་སྨད་ཅིང་མཁའ་ལ་གཤེ། །བདེ་དང་རྟག་བྲལ་སྡུག་བསྔལ་ཉིད། །ཅེས་གསུངས་སོ། །བཞི་པ། ད་ནི་ཡན་ལག་སྦོམ་པོའི་ལྟུང་བ་བཤད། །དེ་ལའང་བརྒྱད་ལས། དང་པོ་ནི། དབང་དང་དམ་ཚིག་མ་སྨིན་རིག་མ་བསྟེན། །དེ་ཡང་རིག་མ་དབང་དང་དམ་ཚིག་མེད་པའམ། ཉམས་པ་བསྟེན་མི་རུང་སྟེ། དམ་ཚིག་དང་ནི་མི་ལྡན་པའི། །རིག་མ་བསྟེན་པར་དགའ་བ་དང་། །ཞེས་སོ། །གཉིས་པ། ཚོགས་ཀྱི་འཁོར་ལོའི་དུས་སུ་ལུས་ངག་རྩོད། །ཚོགས་ཀྱི་འཁོར་ལོའི་དུས་སུ་འཐབས་རྩོད་ལ་སོགས་པ་མི་རུང་སྟེ། ཚོགས་ཀྱི་འཁོར་ལོའི་རྩོད་པ་དང་། ཞེས་སོ། །གསུམ་པ། མ་གསུངས་རིག་མར་རང་སྟོབས་བདུད་རྩི་ལེན། །ཚོགས་ཀྱི་འཁོར་ལོའི་དུས་མ་ཡིན་པར། དུས་གཞན་དུ་དབང་མ་ཐོབ་པའི་རིག་མར་དམ་ཚིག་གི་རྫས་གསང་བ་བརྟེན་སྙད་ཀྱིས་ལེན་པར་འདོད་པ་སྟེ། གསང་བའི་ཆོས་ནི་སྟོན་པ་དང་། །ཞེས་སོ། །བཞི་པ། སྣོད་ལྡན་སློབ་མར་གསང་སྔགས་མི་སྟོན་དང་། །ལྟ་བ་དད་ལྡན་ཆོས་འདྲི་བ་ལ་ཆོས་གཞན་སྟོན། །འདི་ལྟར་སེམས་ཅན་དད་དང་ལྡན་པ་ལ། །དམ་ཆོས་གཞན་དུ་སྟོན་པ་དང་། །ཞེས་སོ། །ལྔ་པ། ཉན་ཐོས་ནང་དུ་ཞག་བདུན་ལོངས་པར་བསྡད། །རང་གི་ལུགས་དང་མི་མཐུན་པའི་ཚུལ་ཁྲིམས་དང་ལྟ་བ་མཆོག་འཛིན་ཅན་ལ་ཉན་ཐོས་བྱ་སྟེ། དེའི་ནང་དུ་གནས་ན་ཐུན་མཚམས་ཀྱི་གཏོར་མ་ལ་སོགས་ཆགས་པས། དེའི་ཕྱིར་ཞག་བདུན་ལས་འདའ་ན་ཉམས་པ་སྟེ། ཉན་ཐོས་དག་ཏུ་སྙོམས་བྱེད་ནི། །ནང་དུ་ཞག་བདུན་གནས་པ་དང་། །ཞེས་སོ། །བདུན་པ། རྣལ་འབྱོར་ཡེ་ཤེས་མི་ལྡན་སྔགས་པར་སྙོམས། །རང་ལ་རྣལ་འབྱོར་གྱི་ཡེ་ཤེས་མེད་བཞིན་དུ་སྔགས་པ་ཡིན་པར་སྙོམས་པའོ། །བརྒྱད་པ། སྣོད་མིན་ལ་བཤད་ཡན་ལག་ལྟུང་བ་བརྒྱད། །དབང་གིས་མ་སྨིན་པ་ལ་སྔགས་སྟོན་མི་རུང་སྟེ། སྦྱོར་བ་ངེས་པར་མ་བྱས་པར། །སྐལ་མེད་གསང་བ་སྟོན་པ་དང་། །ཞེས་གསུངས་སོ། །གཞན་ཡང་། བསྟེན་སོགས་མ་བྱས་དབང་རབ་ལས་སོགས་འཇུག །ཕྱི་ཆོས་མོས་ལ་ལུས་ཀྱི་ཕྱག

རྒྱ་བསྟན། །སྡོམ་པ་གཉིས་ཀྱི་བཅས་ལས་དགོས་མེད་འདའ། །ཞེས་སོགས་སྤྱོམ་པོའི་ལྟུང་བ་དུ་མ་རྣམས། ཡོད་ཀྱང་ཉེས་པ་ཆུང་ཞེས་དུས་འཁོར་བཤད། དེ་སྐད་དུ། བསྙེན་སོགས་དག་པར་མ་བྱས་པར། །དཀྱིལ་འཁོར་ལས་ལ་འཇུག་པ་དང་། །ཞེས་པས། བྱིན་རླབས་ཁོ་ན་ཙམ་ལ་ལྟའི་སྙིང་པོ་ཁྲི་དང་། སློབ་མ་ལ་དབང་དང་། རབ་གནས། སྦྱིན་བསྲེག་ལ་སོགས་དཀྱིལ་འཁོར་དང་འབྲེལ་བའི་སྒྲུབ་པ་ལ་བསྙེན་པ་འབུམ་དགོས་ཏེ། རྡོ་རྗེ་གུར་ལས། དཀྱིལ་འཁོར་བདག་པོ་བསྙེན་པ་འབུམ། །རྡོ་རྗེ་ཅན་ནི་དེ་བཞིན་ཁྲི། །ཞེས་སོ། །གང་ཞིག་དབང་ཐོབ་ཀྱང་ཕྱག་རྒྱ་ལ་མི་མཁས་ཤིང་། དེ་ཁོ་ན་ཉིད་མི་ཤེས་པ་རྣམས་ཀྱི་དྲུང་དུ་རས་ལ་སོགས་པས་མ་གཡོགས་པར་ལུས་ཀྱི་ཕྱག་རྒྱ་བཅའ་བ་སྟེ། གང་ཞིག་ཕྱག་རྒྱ་མི་མཁས་ལ། ལུས་ཀྱི་ཕྱག་རྒྱ་བསྟན་པ་དང་། །སྡོམ་པ་གཉིས་ཀྱི་བཅས་པ་ལས། །དགོས་པ་མེད་པར་འདའ་བ་དང་། །ཞེས་སོ། །སྡོམ་པ་གཉིས་ནི། ཉན་ཐོས་དང་བྱང་ཆུབ་སེམས་དཔའི་བཅས་པའི་ཕྲ་མོ་ཏེ་ཐབས་ཁྱད་པར་ཅན་མེད་བཞིན་དུ་འདའ་བར་མི་བྱའོ། །དེ་དག་ལ་སོགས་པའང་ཡན་ལག་གི་འཁྲུལ་ཏེ། མེད་ནའང་བཀུབ་པར་དུས་འཁོར་ལས་བཤད་པར་གྲགས་སོ། །ཡན་ལག་གི་ལྟུང་བ་འདི་དག་ནི། གཞུང་གི་རྩ་ཚིག་དང་ཡང་ཟུང་མ་མཐུན་པར་དཔྱད་དགོས་ལ། རྗེ་བཙུན་གྲགས་པས་རྩ་ལྟུང་འགྲེལ་སྤྱང་དུ་རྩ་ཚིག་དང་མཐུན་པར། དམ་མེད་རིག་མ་བསྟེན་པ་དང་། །ཚོགས་ཀྱི་འཁོར་ལོར་རྩོད་པ་དང་གཉིས། བརྡའི་གསང་བ་སྟོན་པ་དང་གསུམ། ཆོས་གཞན་ལ་སྟོན་པ་དང་བཞི། ཉན་ཐོས་ནང་དུ་གནས་པ་དང་ལྔ། སྣོད་མིན་གསང་བ་སྟོན་པ་དང་དྲུག །ཕྱག་རྒྱ་སྟོན་པ་དང་བརྒྱད། བསྙེན་སོགས་མ་བྱས་པ་དང་དགུ། བརྒྱད་དུ་བསྡུ་ན་གསང་བའི་ཆོས་སྟོན་པ་དང་། ལུས་ཀྱི་ཕྱག་རྒྱ་སྟོན་པ་གཉིས། ལུས་ངག་གི་བྱེད་པ་ཙམ་ལས་འདྲ་བས་གཅིག་ཏུ་འདུ་ཞེས་གསུངས་པ་འདི་ནི་ཤིན་ཏུ་དག་པར་སེམས་སོ། །གཉིས་པ་ཡང་གསང་རྫོགས་ཆེན་གྱི། དམ་ཚིག་བྱེ་བྲག་ཏུ་བཤད་པ་ལ་གཉིས་ཏེ། རྩ་བ་དང་ཡན་ལག་གི་དམ་ཚིག་གོ། །དང་པོ་ནི། ཁྱད་པར་སྔ་འགྱུར་རྫོགས་པ་ཆེན་པོའི་སྲོལ། །རྩ་བ་བླ་མའི་སྐུ་གསུང་ཐུགས་གསུམ་ལ། །དགུར་དགུར་ཕྱེ་བས་ཉི་ཤུ་རྩ་བདུན་དང་། །ཞེས་སྨོས་ཏེ། དམ་ཚིག་རྣམ་པར་བཀོད་པ་ལས། འགྲོ་བའི་སྨིན་སོ་གསུམ་དག་ལས། །སྤྱོགས་ཀྱི་དམ་ཚིག་གསུམ་དུ་བཤད། །དེ་ལ་ཁྱད་པར་ངེས་ཕྱེ་བས། །སྐུ་དང་

གསུང་དང་ཐུགས་དག་ལས། །རེ་རེ་ལ་ཡང་དགུ་དགུ་སྟེ། །འདུག་དང་ལས་ཀྱི་རྣམ་པས་ཤེས། །
ཞེས་པས། ལུས་ཀྱི་བསྲུང་བར་བྱ་བ་སྐུའི་དམ་ཚིག་ལའང་ཕྱི་ནང་གསང་བ་གསུམ་ལས། དང་པོ་
ཕྱི་ལའང་ཕྱི་ནང་གསང་གསུམ་གྱི་དམ་ཚིག་ནི། རྡོ་རྗེ་སྙིང་པོ་ཁོང་བུ་བརྩེགས་པའི་རྒྱུད་ལས། སྐུ་
ཡི་ཕྱི་ཡི་དམ་ཚིག་ལ། །རྣམ་པ་གསུམ་དུ་རབ་ཕྱེ་སྟེ། །མ་བྱིན་བླངས་པས་ཕྱི་ཡི་ཡང་། །སྐུ་ཡི་དམ་
ཚིག་ཉམས་པར་འགྱུར། །དེ་ཡི་རྟགས་སུ་ཡན་ལག་ནད། །མི་བཟད་སྣ་ཚོགས་ལུས་ལ་འབྱུང་། །
མི་ཚངས་སྤྱོད་པ་ནང་ཡིན་ཏེ། །རྟགས་སུ་དབང་པོའི་ནད་རྣམས་སོ། །སྲོག་གཅོད་པ་ནི་གསང་བ་སྟེ། །
དེ་ཡི་རྟགས་སུ་དོན་སྙིང་ནད། །རྣལ་འབྱོར་པ་ཡི་མྱོང་བའོ། །ཞེས་སོ། །དེ་དག་གི་བསྲུང་ཐབས་
ཀྱང་ཞར་ལ་སྨོན་ཏེ་དམ་ཚིག་མཆོག་གི་རྒྱུད་ལས། རྟགས་དང་ལྡན་པའི་རྣལ་འབྱོར་པས། །ཕྱི་ཡི་
ཕྱི་ལ་ལྟེར་ཚོ་དང་། །རི་མོའི་ལས་ནི་ལན་བདུན་གྱིས། །དེ་ཡི་སྡིག་ལས་གྲོལ་བའོ། །ཞེས་གསང་
སྔགས་ཕྱི་ཡི་ལྷ་སྐུའོ། །ཕྱི་ཡི་ནང་ལ་ལུགས་སྐུ་བདུན། །རབ་ཏུ་གནས་པ་རྫོལ་བས་བཞེངས། །བླ་
མ་མཆོག་ལ་འབུལ་བར་བྱ། །གསང་སྔགས་ནང་གི་ལྷ་སྐུའོ། །ཕྱི་ཡི་གསང་བའི་རྟགས་བྱུང་ན། །
རྡོ་རྗེ་དང་ནི་དྲིལ་བུ་ཉིད། །དགུའམ་བཅུ་གཅིག་བླ་མ་ལའོ། །ཞེས་སོ། །སྐུའི་ནང་གི་ཕྱི་ནང་གསང་
གསུམ་ནི། །གསེར་གྱི་ཁོང་བུ་བརྩེགས་པའི་རྒྱུད་ལས། ནང་གི་ཕྱི་ནི་སྤུན་དང་ཡང་། །གང་གི་ཕ་
དང་མ་ཉིད་དང་། །རང་གི་ལུས་ལ་མི་སྨད་དོ། །ནང་གི་ནང་ཉིད་ཐེག་པའི་ཕྱིར། །འདུག་པར་
འདོད་དང་ཞུགས་པ་དང་། །ཞུགས་ཏེ་གཟུགས་བརྙན་འཛིན་པའི་ལུས། །སྨད་ཅིང་ཐོ་བརྩམ་རྒྱན་
སྨད་ན། །སངས་རྒྱས་སྐུ་ནི་བརྒྱ་ཕྲག་བསླུས། །ནང་གི་གསང་བར་རང་གི་ལུས། །ལྷ་ཡི་དཀྱིལ་
འཁོར་ཡིན་པའི་ཕྱིར། །སྨན་དང་ཟས་དང་དུག་འདྲེས་ཟོས། །གལ་ཏེ་མཚོན་གྱིས་བཏབ་ན་ཡང་། །
ཟག་པའི་ལམ་མེད་ལུས་བརྒྱ་བླངས། །དེ་འོག་ཚ་བའི་དམྱལ་བར་སྐྱོང་། །ཞེས་སོ། །དེ་ལ་འགྱོད་
བཤགས་ཀྱིས་བསྐང་བར་བྱའོ། །སྐུའི་གསང་བ་ནི། དཔལ་ཉི་ཟླ་བརྩེགས་པའི་རྒྱུད་ལས། །རྡོ་རྗེ་
སྤུན་ནམ་སྲིང་མོ་ཡི། །ལུས་ཀྱི་རྒྱན་ལ་དཔྱས་པ་དང་། །ཐོ་བརྩམ་ལག་གིས་བརྡེག་པའི་ཚུལ། །
གལ་ཏེ་གཞན་གྱིས་བྱེད་བཅུག་ན། །འདི་ཡང་མནར་མེད་རྒྱུར་འཕེལ་འགྱུར། །ནང་གི་ཤིན་ཏུ་
འདྲེས་པའི་མཆེད། །ཀུ་རེ་རྩེད་མོའི་ཚུལ་ཙམ་ཡང་། །བརྡེག་གམ་བརྩམ་པ་བརྩམ་པའམ། །ཁྲི་

ལམ་ནའང་ཡུལ་ལ་གཅེས། །དེ་མ་ཐག་ཏུ་མ་བཤགས་ན། །འདི་ཡང་སྟར་དང་སྡིག་མཉམ་མོ། །གསང་བའི་གསང་བ་བླ་མ་ཡི། །སྐུ་ཡི་གྲིབ་མ་མི་འགོང་ལ། །བླ་མའི་སྤྱན་ལམ་དག་ཏུ་ཡང་། །མཆོན་ཆ་བཟུང་བར་མི་བྱའོ། །རྐང་ལག་བརྐྱང་དང་ཉལ་མི་བྱ། །སྐྱིལ་ཀྲུང་འདུག་དང་རྐྱབ་མི་བསྟན། །ལྷམ་དང་སྟན་དང་བཞོན་པ་དང་། །གདུགས་སོགས་སྙེག་པའི་རྒྱན་རྣམས་སྤང་། །བླ་མའི་གཟིམ་ཁང་དག་ལ་ཡང་། །ལག་པས་མཆོན་ནམ་རྡོ་དག་གིས། །བརྒྱམ་པར་བྱ་བ་མ་ཡིན་ནོ། །དེ་དག་ལས་ནི་འབུམ་འགྱུར་དུ། །བླ་མའི་གནས་ཁང་བཤིག་པ་དང་། །སྐུ་ལ་བརྒྱམ་ཞིང་སྡིག་བྱས་པ༔ ༔དེ་ཡི་སྡིག་པ་ཕ་མཐའ་ཡས། །གལ་ཏེ་བླ་མར་བག་མེད་པས། །མ་དཔྱད་སྟངས་ནའང་ཕ་མཐའ་ཡས། །མཆོག་ཏུ་སྐུ་ལ་བརྣས་བྱས་ན། །དེ་ཡི་རྣམ་སྨིན་བརྗོད་མི་ལངས། །ཞེས་སོ། །དེ་དག་ནི་བླ་མ་བཞུགས་ན་ཉིན་ཞག་གིས་བར་མ་ཆོད་པར་བཤགས། མི་བཞུགས་ན་སྐུ་འབག་ལ་སོགས་པའི་དྲུང་དུ་བཤགས་པའོ། །གསུང་གི་དམ་ཚིག་ཀྱང་ཕྱི་ནང་གསང་བ་གསུམ་གསུམ་སྟེ། དང་པོ་ཕྱིའི་ཕྱི་རྫུན་སྤང་བ་སྟེ། འཁོར་ལོ་རྣམ་པར་བརྩེགས་པའི་རྒྱུད་ལས། སྔགས་ཀྱི་མོས་པ་སྤྱོད་པ་ཡིས། །འགྲོ་བ་ཕལ་པ་དག་ལ་ཡང་། །བརྫུན་པའི་ཚིག་ནི་རང་འདོད་ཀྱིས། །རྟག་ཏུ་སླུ་བ་དགའ་བ་ལ། །སྔགས་རྫས་ནུས་པ་མི་འབྱུང་ཞིང་། །གཞན་ལ་སླུ་བ་བཙུན་པ་མིན། །རང་གི་ངག་ཉིད་ཉམས་པ་ཡིས། །འགྲོ་བ་གཞན་གྱི་ལྕེ་འབབ་འགྱུར། །མ་འོངས་དུས་ན་དམེ་ཤའི་ལུས། །བྱང་གི་ཕྱོགས་སུ་ཕྱོགས་པར་འགྱུར། །དེ་འོག་ངན་སོང་སྡུག་བསྔལ་ཡང་། །རྣམ་པ་སྣ་ཚོགས་མྱོང་བར་འགྱུར། །ཞེས་སོ། །ཕྱིའི་ནང་ཕྲ་མ་སྤྱངས་ཏེ། དེ་ཉིད་ལས། སྟར་ལས་ཞུགས་པའི་གང་ཟག་དང་། །གཞན་གཉིས་དབྱེར་འཇུག་ཕྲ་མ་སྨྲ། །ཆོས་སྨྲས་འཁོར་རྣམས་མི་འདུ་དང་། །ཅི་བྱས་ལོག་པར་འགྱུར་བ་དང་། །མ་དཔྱད་པ་རྣམས་དགྲར་འགྱུར་དང་། །ལུས་ལ་མཚོན་གྱིས་འདེབས་པ་དང་། །ཤི་འཕོས་ནས་ནི་སྟེར་ཅན་ལུས། །དེ་ནས་ངན་སོང་རིམ་གྱིས་མྱོང་། །ཞེས་སོ། །ཕྱིའི་གསང་བར་ཚིག་རྩུབ་སྤྱངས་ཏེ། དེ་ཉིད་ལས། རྟག་ཏུ་ཞེ་གཅོད་ཚིག་སླུ་བ། །སྔ་མའི་ལས་དང་ཕྱི་མའི་རྟགས། །འགྲོ་བ་བཤེས་བྲལ་གཉེན་ཀྱང་སྡང་། །ཆོས་ཀྱི་ཚིག་ཀྱང་འཚོལ་བར་འགྱུར། །ཤི་འཕོས་རབ་ཏུ་དྲེགས་པའི་ལུས། །དེ་ནས་ངན་སོང་གསུམ་དུ་འཁོར། །ཞེས་སོ། །གསུང་གི་ནང་གི་གསུམ་ནི།

ཆོས་སྨྲ་བ་ལ་སྨད་ན་ཕྱི། སྒྲུབ་པ་ལ་སྨད་ན་ནང༌། སྒོམ་པ་ལ་སྨད་ན་གསང་བ་སྟེ། དམ་ཚིག་རྣམ་
པར་བཀོད་པའི་རྒྱུད་ལས། སྔགས་པ་སྒོམ་ལ་གནས་པ་ཡིས། །ཆོས་སྨྲ་རྣམས་དང་ཆོས་སྒྲུབ་དང༌། །
ཆོས་ནི་སྒོམ་པའི་གང་ཟག་ལ། །སྒྲོ་ཞིང་སྐུར་བ་བཏབ་པ་དང༌། །གཤེ་ཞིང་སྨོད་པའི་ཚིག་སྨྲ་ན། །
གཞན་གྱི་མོས་པ་ཉམས་པ་དང༌། །རང་གི་བདག་པ་ཉམས་པ་དང༌། །རང་གི་ཆོས་རང་བརྗེད་
ངས་ཏེ། །ཡིད་དཔྱོད་འདྲ་མིན་འཚོལ་བར་འགྱུར། །ངན་སོང་སྡུག་བསྔལ་ཚད་མེད་མྱོང༌། །ཞེས་སོ། །
གསང་བའི་ཕྱི་ནང་གསུམ་ནི། ཕྱི་ནི་ཕྱག་རྒྱ་གཉིས་སྦྱོར་གྱི་རྒྱུད་ལས། རྡོ་རྗེའི་མཆེད་དང་ལྷན་
དྲལ་ལ། །ཚིག་གིས་སྨྲས་དང་ངག་བཅག་ན། །བསྐལ་པ་བརྒྱ་ཕྲག་བྱེ་བ་ནི། །ཁྱད་པར་ངན་སོང་
གསུམ་པོ་ཡི། །སྡུག་བསྔལ་མི་བཟད་དྲག་པོ་ཉིད། །གང་ཟག་དེ་ཡིས་མྱོང་བར་འགྱུར། །ནང་ནི།
བླ་མའི་བུ་དང་ཆུང་མ་དང༌། །གང་དག་ཉེར་གནས་དག་ཀྱང་རུང༌། །བཀའ་ལས་འདས་ཤིང་ངག་
བཅག་ན། །སྔ་མ་ལས་ནི་གཉིས་འགྱུར་རོ། །གསང་བ་ནི་བླ་མ་ལ་སྨོད་པ་སྟེ། ཡང་ན་བླ་མའི་བྱེ་
བྲག་གིས། །རྩ་བ་དང་ནི་ཡན་ལག་གི། །ངག་འདས་ངག་ཏུ་སྨྲས་པ་དང༌། །སྒྲོ་སྐུར་འདོད་ཚིག་
སྨྲས་བྱས་ན། །སྔ་མ་ལས་ནི་སྟོང་ཕྲག་འགྱུར། །ཞེས་སོ། །ཐུགས་ཀྱི་དམ་ཚིག་ལའང་གསུམ་ལས།
དང་པོའི་ཕྱིའི་ཕྱི་ནི། སྙིང་པོའི་དོན་རྣམ་པར་ལེན་པའི་རྒྱུད་ལས། ཡང་དག་སྔགས་པ་རྡོ་རྗེ་འཛིན། །
སེམས་ཅན་གཞན་ནམ་རང་ཡང་རུང༌། །གནོད་པར་བྱ་བའི་ལས་འཆང་ན། །འདི་ནི་ཤ་བ་ཅན་གྱི་
ལུས། །གྲང་བའི་རེག་པར་ལྡན་པ་ཡི། །ལུས་ནི་སྟོང་ཕྲག་ལྔ་བླངས་ནས། །གྲང་བའི་དམྱལ་བར་
ངེས་པར་སྐྱེ། །ཞེས་སོ། །ནང་བརྣབ་སེམས་གནོད་སེམས་སྤྱངས་བ་སྟེ། གནམ་ལྕགས་མེ་ལྷར་
འབར་བའི་རྒྱུད་ལས། གལ་ཏེ་སེམས་ཅན་ཕལ་པ་ལ། །ཡུལ་འགྱུར་གནོད་པའི་སེམས་སྐྱེས་ན། །
འགྲོ་བ་ཐུན་མོང་ལུས་ཅན་ནི། །བརྒྱ་ཕྲག་གསུམ་གྱི་སྲོག་བཅད་པ། །འདི་ནི་སྡིག་པའི་ཆ་དང་
མཉམ། །གལ་ཏེ་བསྟན་པའི་རྟགས་འཛིན་པའི། །གཟུགས་ཅན་རྣམས་ལ་ལོག་འགྱུར་རོ། །སྔགས་
ལ་ཞུགས་པས་བརྒྱ་ཕྲག་འགྱུར། །བརྒྱུད་པའི་བླ་མ་བརྒྱ་ཕྲག་གོ། །རྩ་བའི་བླ་མ་འབུམ་ཕྲག་འགྱུར། །
ཞེས་སོ། །གསང་བ་ལོག་ལྟ་སྤྱངས་ཏེ། བཀོད་པ་ཆེན་པོ་ལས། རང་ངམ་གཞན་གྱི་གྲུབ་མཐའ་
ཡི༑ ༑ཆོས་ལ་སྨོད་པ་ལོག་པའི་ལམ། །རྩ་བའི་དམ་ཚིག་ལས་འདས་ན། །ས་སྤྱོད་མེ་ཡི་སྡུག

བསྟལ་ལས། །ཡུན་རིང་བར་དུ་གནས་པར་འགྱུར། །ཞེས་སོ། །ཐུགས་ཀྱི་ནང་གི་གསུམ་ནི། ཕྱི་སྤྱོད་པ། ནང་སྒོམ་པ། གསང་བ་ལྟ་བ་ལོག་པ་སྤང་སྟེ། ཤེལ་གྱི་ཁང་བུ་བརྩེགས་པའི་རྒྱུད་ལས། ལྟ་བ་ནྱི་པ་སྤྱོད་པ་ལོག །འདི་ནི་ལམ་ལོག་ཆེན་པོ་སྟེ། །སེམས་ཅན་ཀུན་གྱི་སྡུག་བསྟལ་ཡང་། །འདི་ཡི་སེམས་ལ་སྨིན་པར་ངེས་ཞེས་སོ། །གསང་བའི་གསུམ་ལ། ཕྱི་ལྟ་ནྱི་སྤྱོད་པ། ནང་ཡི་དམ་ལྷ། གསང་བ་བླ་མ་དང་རྡོ་རྗེ་སྤུན་སྲིང་ཡིད་ལ་མ་བྱས་པ་སྟེ། པདྨ་གླིང་ཡངས་ལས། སུ་ཡི་ཡིད་ཀྱི་ལ་འཁྲུལ་ཏེ། །ཡིད་ལ་བྱ་བའི་ཆོས་རྣམས་ལ། །ཡིད་ལ་མ་བྱས་ཉམས་པ་དང་། །འདས་དང་ཞིག་པའི་ལས་ཀྱི་མཐའ། །མནར་མེད་སྡུག་བསྟལ་མྱོང་བའོ། །ཞེས་སོ། །དེ་ལྟར་ལྡོན་ཤིང་གི་རྩ་བ་ལྟར་བསྲུང་ཤིང་བསྐྱེད་ན་ཡོན་ཏན་གྱི་འབྱུང་གནས་ཡིན་ཞིང་མ་བསྲུང་ན་མི་འབྱུང་ཞིང་རྩ་བ་བརྟེན་པ་འདྲ་བས་ན་རྩ་བའི་དམ་ཚིག་ཅེས་བྱའོ། །གཉིས་པ་ཡན་ལག་གི་དམ་ཚིག་ལའང་། ཐུན་མོང་དང་། ཐུན་མོང་མ་ཡིན་པ་ལས། དང་པོ་ནི། བདག་དོན་ཉེར་གཅིག །གཞན་དོན་ཞེ་གཉིས་སྟེ་དྲུག་ཅུ་རྩ་གསུམ་དུ་དམ་ཚིག་ནི་རྡོ་རྗེ་གསལ་བཀྲ་ལས་གསུངས་པ། ཐུན་མོང་དམ་ཚིག་མདོར་བསྡུ་ན། །བདག་གཞན་དོན་གཉིས་ཤེས་པར་བྱ། །རྒྱན་འཁྱེད་ལུས་མཛེས་འདུས་པ་དང་། །ཆང་དང་དྲེགས་སོགས་ཁེངས་སེམས་དང་། །རྡོ་རྗེ་གསུམ་པོས་ཕྱག་བྱེད་དང་། །ཚེ་ངག་དགེ་སྦྱོད་སྡིག་བསྟོད་དང་། །ལེ་ལོ་སེར་སྣ་གཉིད་གཡེངས་དང་། །ཁྲོ་གཏུམ་ཡེ་ཤེས་སྟོན་མི་གཏོང་། །བཀའ་གཅོག་སྡིག་པའི་གྲོགས་བསྟེན་དང་། །བག་མེད་སྤྱོད་དང་དམ་བཅའ་འདོར། །ཚིག་མི་ཤེས་དང་ངོམས་ལ་དགའ། །སྤང་བྱ་ཉི་ཤུ་གཅིག་བཟློག་པ། །བདག་དོན་མཆོག་ཏུ་གྱུར་བ་སྟེ། །ཀུན་གྱིས་བདག་ཉིད་བསྐྱུར་བར་འགྱུར། །ཕ་རོལ་ཕྱིན་དྲུག་ཆོས་སྤྱོད་བཅུ། །རྣམ་བཞི་ལས་ཀྱི་སྤྱོད་པ་དང་། །མཐུན་འཇུག་ཐབས་ཀྱི་སྤྱོད་པ་ནི། །ཐེག་པ་དགུ་དང་མུ་སྟེགས་དགུ། །འགྲོ་བ་དྲུག་གི་སྤྱོད་པ་རྣམས། །འཛིན་དང་ཉམས་ང་མེད་པར་སྤྱོད། །དོན་འགྱུར་ཅི་ཡང་ཉམས་སུ་བླང་། །ཞེས་སོ། །དེ་དག་ལས། རྒྱན་འཁྱེད། ཅེས་པ་ནི། མདའ་དང་། ཤོ་དང་རྒྱན་དང་ཚོ་ལོ་རྩེ་བ་ལ་སོགས་པའོ། །རྡོ་རྗེ་གསུམ་པོ་དང་། ཕྱག་བྱེད་ན། ལུས་ལྷ། ངག་སྔགས། སེམས་ཏིང་ངེ་འཛིན་གསུམ་དང་ལྡན་པས་ཕྱག་འཚལ་ན་ཡུལ་དེ་ལའང་མི་རུང་བ་དང་རང་མི་གུས་པའི་རང་བཞིན་ཏུ་འགྱུར་རོ། །ཡེ་

ཤེས་སྟོན་མི་གཏོང་ནི། བསྙེན་བསྒྲུབ་ལ་སོགས་པ་ལ་མ་ཞུགས་པའི་སྔ་རོལ་ནས་བདག་གི་ནི་འདི་བྱའོ་ཞེས་སྒྲོགས་པ་སྟེ་དེ་ལ་མཚམས་སུ་བར་ཆད་ཞུགས་པར་འགྱུར་བས་སོ། །ཐེག་པ་དགུ་དང་མུ་སྟེགས་དགུ། །ཞེས་པ་ནི། ཉན་ཐོས་དང་མགོ་སྐྱེམས་པ་མུ་སྟེགས་ཐ་སྙད་པ། རང་རྒྱལ་དང་མགོ་སྐྱེམས་པ་ཟ་བ་དང་། བྱང་སེམས་དང་མགོ་སྐྱེམས་པ་ཕྲ་བ་དང་ཆེ་སྟེའོ། །སྟགས་ཀྱི་ཀྲི་ཡ་དང་སྐྱེམས་པ་རིགས་བྱེད་པ། ཨུ་པ་དང་རིགས་སྤྱོད་པ། ཡོ་ག་དང་རིགས་སྦྱོར་བའོ། །མ་ཧཱ་ཡོ་ག་དང་བརྟུལ་ཞུགས་ཆེར་སྤྱོད་པ། ཨ་ནུ་དང་རྒྱལ་དཔོག་པ། ཨ་ཏི་དང་མགོ་སྐྱེམས་པ་རྒྱལ་ཐོབ་པའོ། །གཞན་ནི་གོ་བར་སླའོ། །

གཉིས་པ་ཐུན་མོང་མ་ཡིན་པའི་ཡན་ལག་གི་དམ་ཚིག་ལ། སྤྱི་དང་ཁྱད་པར་ལྷག་པའི་དམ་ཚིག་གསུམ་ལས། དང་པོ་ནི། ཡན་ལག་དམ་ཚིག་ཉི་ཤུ་རྩ་ལྔ་ནི། དང་པོ་སྤྱད་པར་བྱ་བའི་དམ་ཚིག་ལྔ་ནི། ཏ་ན་ག་ན་མ་བྱིན་ལེན་དང་རྫུན། །ངག་འཆལ་རྣམས་ནི་སྤྱད་པར་བྱ་བ་ལྔ། །དེ་ཡང་རྩ་བཞི་ཚིག་རྩུབ་ལྔ་སྟེ། རང་དོན་གྱི་འཁྲིས་མེད་པར་གཞན་དོན་དུ་གནང་བ་སྟར་བསྟན་པ་ལྟར། དྲི་མེད་བཤགས་རྒྱུད་ལས། སྐྱེ་ཤི་མེད་པར་རྟོགས་པའི་ལྟ་བ་དང་། །གནས་དང་དུས་དང་ཏིང་འཛིན་གསལ་བ་དང་། །ཁམས་གསུམ་མ་ལུས་གནས་ནས་བསྒྲལ་བ་དང་། ༡ །དུས་གསུམ་འདུ་འབྲལ་མེད་པའི་ལྟ་བ་དང་། །སྔགས་དང་ཕྱག་རྒྱ་ཏིང་འཛིན་གསལ་བ་དང་། །ཐབས་དང་ཤེས་རབ་མངོན་སྤྱོད་སྦྱོར་བ་དང་།༢ །སེར་སྣ་འདུར་གེགས་ཅན་གྱི་ཟས་དང་ནོར། །ཐབས་མཁས་འོད་ཟེར་ཚུལ་དུ་མ་བྱིན་བླངས། །སེམས་ཅན་དོན་དུ་འཕགས་པ་མཆོད་པ་དང་། ༣ །གསང་སྔགས་ལྟ་སྤྱོད་གཞན་གྱིས་མ་རིག་ཅིང་། །གཏིང་དཔག་དཀའ་ཕྱིར་རྫུན་དུ་སྨྲ་བ་དང་། ༤ །ཞིང་བཅུ་ཞེ་གཅོད་དྲག་ཤུལ་སྤྱོད་པའི་བསྡུགས། ༥ །ཞེས་སོ། །རྒྱས་པར་རིམ་པར་ཕྱེ་བ་ཐ་མར་འབྱུང་ངོ་། །གཉིས་པ་མི་སྤང་བའི་དམ་ཚིག་ལྔ་ནི། འདོད་ཆགས་ཞེ་སྡང་གཏི་མུག་ང་རྒྱལ་དང་། །ཕྲག་དོག་རྣམས་ནི་མི་སྤང་དམ་ཚིག་ལྔ། །དུག་ལྔ་ཉན་ཐོས་ལྟར་དགྲར་མི་བལྟ་བས། །ཡེ་ཤེས་ཀྱི་ངོ་བོ་ལམ་དུ་བྱེད་པའོ། །ཅིའི་ཕྱིར་མི་སྤང་ཞེ་ན། དེའི་རང་བཞིན་ཤེས་པ་ན་དབྱིངས་ཡེ་ནས་མ་སྐྱེས་པས་མི་སྤངས་ཏེ། སྒྱུ་འཕྲུལ་རྡོ་རྗེའི་རྒྱུད་ལས། ཉོན་མོངས་རྣམས་ནི་སྒྱུ་འདྲ་ངོ་བོས་སྟོང་། །

རང་གི་མི་རྟག་རང་བཞིན་ཤེས་པས་གྲོལ། །ཞེས་སོ། །ཐབས་ཀྱི་ཟིན་ན་གྲོགས་སུ་འགྱུར་བས་མི་སྤང་ངོ། ཐེག་བསྡུས་ལས། ཐབས་ཆེན་རྣམས་དང་ལྡན་པ་ལ། །ཉོན་མོངས་བྱང་ཆུབ་ཡན་ལག་འགྱུར། །ཞེས་སོ། །སྐུ་དང་ཡེ་ཤེས་ཡིན་པས་མི་སྤང་སྟེ། དམ་ཚིག་གསུམ་བཀོད་ལས། ཉོན་མོངས་ལྔ་བསྒྱུར་ཡེ་ཤེས་རྣམ་པ་ལྔ། །དུག་ལ་མི་སྤངས་ཡེ་ཤེས་རྣམ་ལྔ་ལེན། །ཞེས་སོ། །

གསུམ་པ་དང་དུ་བླང་བའི་དམ་ཚིག་ལྔ་ནི། དྲི་ཆེན་དྲི་ཆུ་རཀྟ་མཾ་ས་དང་། །རྡོ་རྗེ་ཟིལ་པ་དང་དུ་བླང་བ་ལྔ། དེ་བསྟན་པའི་ཚུལ། དམ་ཚིག་ཉེར་བརྒྱད་པ་ལས། མཾ་ས་བཤང་གཅི་ཁུ་བ་རཀྟ་རྣམས། །ཡེ་ནས་བདུད་རྩི་ལྔ་ཡི་རང་བཞིན་ཏེ། །དུས་གསུམ་སངས་རྒྱས་རྣམས་ཀྱི་བསྙུབ་པའི་རྫས། །རྒྱལ་བ་རྒྱ་མཚོ་རྣམས་ཀྱི་གཤེགས་པའི་ཞལ། །ཡེ་ནས་རྣམ་པར་དག་པའི་རང་བཞིན་ལ། །གཙང་སྨེ་རྣམ་རྟོག་བརྟུལ་ཞུགས་ཆུང་པ་ཡིས། །ཆོས་ཉིད་མཉམ་པའི་ངང་དུ་མ་རྟོགས་ཏེ། །དམ་རྫས་དང་དུ་མ་བླངས་བཟོད་པར་གསོལ། །ཞེས་སོ། །དེའི་ཡོན་ཏན་ནི། མཁའ་འགྲོ་མ་རྡོ་རྗེ་གུར་ལས། མི་བསྐྱོད་བསྟེན་པའི་རྣལ་འབྱོར་པས། །ནད་ཀུན་རྣམ་པར་སྤང་བར་འགྱུར། །རྟག་པ་ཡིས་ནི་མདངས་ཆེན་འགྱུར། ། རྡོ་རྗེ་ཉི་མ་རྒྱས་པ་མེད། །རྡོ་རྗེ་ཆོས་ནི་བསྟེན་པ་ཡིས། །ཕྱུད་མེད་ཀུན་ལ་ལོངས་སྤྱོད་དོ། །སྲོག་ཆགས་ལུས་འབྱུང་རྡོ་རྗེ་དག །དོན་ཡོད་རྒྱལ་པོ་ཆེན་པོ་སྟེ། །དཔལ་ལྡན་དོན་ཀུན་འགྲུབ་པ་དང་། །རྣལ་འབྱོར་པ་དེས་ཞི་བར་གཏོང་། །མི་བསྐྱོད་བཏུང་བའི་སྦྱོར་བ་ཡིས། ། སྟོང་ཕྲག་ལྔར་ནི་འཚོ་བར་འགྱུར། །རྟག་པ་ཡི་ནི་ཁྲི་རུ་བརྗོད། །རྡོ་རྗེ་ཉི་མས་བྱེ་བ་སྟེ། །ཚེ་དཔག་མེད་ཀྱིས་གྲངས་མེད་ཚེ། །ནམ་མཁའ་ཇི་སྲིད་རྟ་བདུན་པས། །དཔག་མེད་རྡོ་རྗེ་ཉི་མ་གཉིས། །འཁོར་བ་བསྒྲུབ་པའི་རྒྱ་བ་སྟེ། །འདི་དག་རྣལ་འབྱོར་པས་བསྟེན་ན། །སྐལ་བཟང་རྣམས་དང་མཉམ་པར་འགྱུར། །ཞེས་སོ། །བཞི་པ་ཤེས་པར་བྱ་བའི་དམ་ཚིག་ལྔ་ནི། ཕུང་ལྔ་འབྱུང་ལྔ་ཡུམ་ལྔ་དབང་པོ་ལྔ། །ཁ་དོག་ལྔ་རྣམས་ལྷ་རུ་ཤེས་པ་ལྔ། །ཡེ་ནས་ཆོས་ཐམས་ཅད་སངས་རྒྱས་པས། གཟུགས་ཚོར་བ། འདུ་ཤེས་འདུ་བྱེད། རྣམ་ཤེས་ཏེ་ཕུང་པོ་ལྔ་རིགས་ཀྱི་ཡབ་ལྔ། ཕྱིས་ཆུ་མེ་རླུང་ནམ་མཁའ་ནང་ཤ་ཁྲག་དྲོད་དབུགས་སེམས་ཏེ་འབྱུང་བ་ལྔ་ཡུམ་ལྔ། གཟུགས་སྒྲ་དྲི་རོ་རེག་བྱ་ཡུལ་ལྔ་ནི་སེམས་མ་ལྔ། མིག་རྣ་བ་སྣ་ལྕེ་ལུས་ཏེ་དབང་པོ་ལྔ་བྱང་ཆུབ་སེམས་དཔའ་ལྔ། དཀར

སེར་དམར་ལྗང་མཐིང་ཁའི་ཁ་དོག་ལྔར་སྣང་བ་ཐམས་ཅད་རྡོ་རྗེ་རིན་ཆེན་པད་མ་ལས་དང་། དེ་བཞིན་གཤེགས་པའི་རང་བཞིན་དུ་ཤེས་པར་བྱ་སྟེ་འདི་ནི་གསང་སྔགས་ཀྱི་གནད་གལ་པོ་ཆེ་ཡིན་ནོ། །གསང་སྙིང་ལས། རྡོ་རྗེ་ཕུང་པོའི་ཡན་ལག་ནི། །རྫོགས་པའི་སངས་རྒྱས་ལྔ་རུ་གྲགས། །ས་ཆུ་སྤྱན་དང་མཱ་མ་ཀཱི། །མེ་རླུང་གོས་དཀར་དམ་ཚིག་སྒྲོལ། །ནམ་མཁའ་དབྱིངས་ཀྱི་དབང་ཕྱུག་མ། །སྲིད་གསུམ་ཡེ་ནས་སངས་རྒྱས་ཉིད། །ཁམས་གསུམ་མ་ལུས་ཆོས་སོ་ཅོག །སངས་རྒྱས་ཉིད་ལས་གཞན་པའི་ཆོས། །སངས་རྒྱས་ཉིད་ཀྱིས་མི་བརྙེས་སོ། །ཞེས་སོ། །དེས་ན་དམ་ཚིག་གསུམ་བཀོད་ལས། ཕུང་པོ་ལྔ་དང་འབྱུང་བ་རྣམ་པ་ལྔ། །རྣམ་ཤེས་དབང་པོ་ཡུལ་ལ་སོགས་པ་རྣམས། །ལྷ་དང་དཀྱིལ་འཁོར་རང་བཞིན་ཤེས་པར་བྱ། །ཞེས་གསུངས་སོ། །ལྔ་པ་བསྒྲུབ་པར་བྱ་བའི་དམ་ཚིག་ལྔ་ནི། །དེ་བཞིན་གཤེགས་དང་རྡོ་རྗེ་རིན་པོ་ཆེ། །པད་མ་ལས་རིགས་བསྒྲུབ་བྱ་ལྔ་རྣམས་ནི། །དུས་ཚོད་འབྲེལ་བའི་སྤྱོད་པས་དགོངས་པ་བླངས། །སྔར་གྱི་ཤེས་བྱ་ལྔ་དེ་རང་རྒྱུད་ལས་དངོས་སུ་གྲུབ་པར་བྱེད་པ་ལ་བརྩོན་པ་སྟེ། དེ་ཉིད་ལས། ཕུང་པོ་ལྔ་དང་འབྱུང་བ་ལྔ་རྣམས་དང་། །རྣམ་ཤེས་ཡུལ་རྣམས་དཀྱིལ་འཁོར་སྒྲུབ་བྱེད་པ། །ཏིང་འཛིན་གསུམ་དང་ཚོག་ལྔ་རྫོགས་ནས། །རྒྱལ་བ་རིགས་ལྔའི་དཀྱིལ་འཁོར་སྒྲུབ་བྱེད་པ། །ཏིང་འཛིན་ཚོག་ལྔ་ཡི་སེམས་རྩོལ་བྱེད། །ཅེས་སོ། །འདི་ནི་བསྐྱེད་པ་མ་ཧཱ་ཡོ་གའི་དམ་ཚིག་གི་ཕྱོགས་སོ། །གཉིས་པ་ཁྱད་པར་གྱི་དམ་ཚིག་ཉི་ཤུར་གསུངས་ཏེ། ཀུན་འདུས་རིག་པ་ལས། མི་ཤིག་པ་ནི་སེང་གེ་སྟེ། །གཅན་གཟན་རྒྱལ་པོ་ཡིན་པས་སོ། །ཞེས་སློབ་དཔོན་མི་སྨད། ཟ་མ་ཏོག་ནི་འདོད་པའི་གཏེར། །དུག་སྦྱོ་བ་ནི་དེ་མི་རིགས། །ཞེས་བླ་མའི་ཡུམ་ལ་མི་སྤྱད། རིན་ཆེན་སྦུ་གུའི་ལྷུག་ཕྲན་ནི། །འབྲོག་པར་བྱ་བ་རིགས་མ་ཡིན། །ཞེས་དད་ཅན་གྱི་ཚོགས་དང་དུས་མཆོད་མི་བཅག །གདངས་ཀྱི་ཞུན་ཆུ་ཁོལ་མ་དག །མཁས་པས་བཏུང་བར་བྱ་བ་མིན། །ཞེས་དཀོན་མཆོག་གི་དཀོར་དང་བླ་མའི་རྫས་མི་སྤྱད། པད་མོའི་ཟེའུ་འབྲུ་ཁ་མ་བྱེ། །ཟླ་ཟེར་མ་ཡིན་ཁ་མ་དབྱེ། །ཞེས་རྡོ་རྗེ་སྤུན་གྱི་ཡུམ་ལ་མི་སྤྱད། མ་བརྟགས་ཤུགས་རྫོལ་ཅན་གྱི་སྣོད། །ཁ་མི་དབྱེ་ཞིང་བཅུད་མི་བླུག །ཅེས་མཚན་ངན་གྱི་རིག་མ་མི་བསྟེན། དོན་དང་མི་ལྡན་བཅོས་པའི་རྫས། །བསྲེལ་ཞིང་སྤྱད་པར་བྱ་བ་ན། །ཞེས་སློབ་མ་སྣོད་ངན་དང་བཀྲ་མི་ཤིས་

པའི་རྫས་མི་བཟུང་། ཤེལ་དཀར་རིན་ཆེན་སྒོ་ལྔ་དག །འདམ་ཁྲུང་རྫབས་སུ་བསྒྲུབ་མི་བྱ། །ཞེས་ཤེས་རབ་ཅན་གྱི་གང་ཟག་མི་སྨད། སེང་གེ་དཀར་མོའི་འོ་མ་དག །དུག་ཅན་དག་ཏུ་བླུག་མི་བྱ། །ཞེས་སྔགས་ཀྱི་དབང་ཆོག་དམ་ཉམས་པ་ལ་མི་བཤད། ཡིད་བཞིན་ནོར་བུ་རིན་པོ་ཆེ། །བསྲེག་པར་བྱ་བ་ཡོངས་མ་ཡིན། །ཞེས་སྔགས་ལས་ལོག་ནས་ཐེག་དམན་ལ་མི་འཇུག །ཁྲུང་ཆེན་གཤོག་པ་མཁར་བརྒྱུད་ནས། །དེ་དག་བཅག་པར་བྱ་བ་མིན། །ཞེས་ཐབས་ཤེས་བསྐྱེད་རྫོགས་མི་བྲལ། གནམ་ལྕགས་མེ་ཡི་དུར་མོ་དག །བརྡབ་པར་བྱ་བ་མ་ཡིན་ནོ། །ཞེས་སྔགས་པ་ནང་དམ་མི་བྱ། །སྟག་གཟིག་རོལ་བས་ལས་བྱས་པའི། །ཟས་ཀྱི་ལྷག་མ་བསྐུ་མི་བྱ། །ཞེས་དམ་ཉམས་དང་ཡུག་སའི་ཟས་མི་ཟ། རྡོ་རྗེ་བྲག་ཆེན་གཏམས་པའི་གཞི། །དེ་དག་གཞིག་པར་བྱ་བ་མིན། །ཞེས་སློབ་དཔོན་གྱི་སྟན་མི་འགོང་། རྡོ་རྗེ་ར་བའི་གོ་ཚགས་ནི། །བསྣུམ་བྱ་དྲལ་བར་བྱ་བ་མིན། །ཞེས་བསྒྲུབ་པའི་མཚམས་མི་ཧྲལ། །བུད་ཤིང་བསྲེགས་པའི་སྒྲོན་མ་དག །གཡེང་བའི་རླུང་གིས་སྐྱོད་མི་བྱ། །ཞེས་བསྐྱེད་རྫོགས་ཐྱི་དུས་བྱིང་རྨུགས་སྤངས། རྡོ་རྗེའི་ཚིག་གི་ཆུ་རྒྱུན་དག །འོལ་ཀར་གཅོད་པར་བྱ་བ་མིན། །ཞེས་འཛབ་བརྒྱུད་མི་བཅད། རྒྱལ་པོའི་བཀའ་རྟགས་ཕྱག་རྒྱ་དག །ནམ་ཞར་དབྱི་བར་མི་བྱའོ། །ཞེས་བསྒྲུབ་རྫས་མི་སྦྱིན། རྡོ་རྗེ་ཕ་ལམ་གཏམས་པའི་མཁར། །རྨང་ནས་བཟློག་པར་མི་བྱའོ། །ཞེས་རྩ་བ་ཡན་ལག་གི་དམ་ཚིག་ཉམས་པར་མི་བྱ། གཙུག་གི་ནོར་བུ་འབར་བ་དག །རྒྱལ་མཚན་རྩེ་ལས་དབབ་མི་བྱ། །ཞེས་སློབ་དཔོན་ལ་མ་གུས་པ་སྤང་ལ་སྤྱི་བོར་བསྒོམ། སྐལ་ལྡན་རྣམས་ཀྱི་དམ་ཚིག་སྟེ། །སྐལ་བ་ལྡན་པའི་ནོར་མཆོག་ཡིན། །ཞེས་གསུངས་ཏེ། དེ་དག་ནི་ལུང་ཨ་ནུ་ཡོ་གའི་དམ་ཚིག་གི་ཕྱོགས་སུ་གཏོགས་པའོ། །གསུམ་པ་ལྷག་པའི་དམ་ཚིག་ལ་གསུམ་སྟེ། རང་བཞིན་ལྟ་བའི་དམ་ཚིག །སྤྱོད་པ་རྒྱུན་གྱི་དམ་ཚིག །གལ་མདོ་ངེས་པའི་དམ་ཚིག་གོ། །དང་པོ་ལ། ཁམས་གསུམ་ཞིང་འགྱུར། དུག་གསུམ་རྩེར་འགྱུར། འཁོར་བ་གནས་འགྱུར། སྲིད་གསུམ་ཡོངས་སྒྲོལ་དུ་ལྟ་བ་བཞིའོ། །

གཉིས་པ་སྤྱོད་པ་རྒྱུན་གྱི་དམ་ཚིག་ལ་དགྲ་བཞི་འདུལ་བ། བདུད་ལྔ་བཟློག་པ་གཉིས་ལས། དང་པོ་ནི། དེ་ཉིད་ལས། རྡོ་རྗེ་བརྟག་པ་གསང་འཕེལ་བས། ངག་གི་དབང་པོ་ཉམས

འགྱུར་ཏེ། །ཁ་ན་མ་ཐོ་ཐོག་པར་འགྱུར། །དེ་དག་བཅས་ཀར་འགྱུར་བའི་དགྲ། །ལྷ་དམན་སྤྱོད་ཅིང་འཚོལ་བ་ཡིས། །བཀའ་ཡི་གཞུང་བོར་ལོག་པར་སྤྱད། །ནོར་བས་བར་ཆད་འབྱུང་བའི་དགྲ། །དམ་གཙོར་སྤྱོད་པའི་ལས་རྣམས་ཡིན། །འདའ་ཀ་རྡོ་རྗེ་མཆོག་གསུམ་པོ། །བཏང་སྙོམས་ཞུམ་བར་ཤོར་བ་ནི། རྒྱ་བ་རྒུལ་བའི་ལྷོན་ཤིང་བཞིན། །བཀའ་ཆད་ཆེན་པོ་འབབ་པའི་དགྲ། །བརྒྱམ་པ་ལས་ལ་སྦྱོར་བའི་ཚེ། །འབད་པའི་རྒྱལ་ཤུགས་ཆུང་བ་ཡིས། །དོན་རྣམས་གྲུབ་པ་མ་ཡིན་ཏེ། །འགྲུབ་པར་མི་འགྱུར་འཕྲོག་པའི་དགྲ། །རྣལ་འབྱོར་ཆེན་པོས་སྤྱོད་པ་ལ། །འདོད་པའི་ནོར་མཆོག་འཕྲོག་པའི་དགྲ། །ཐབས་ལ་མཁས་པའི་སྐྱེ་བོ་ཡིས། །སྐྱོན་གྱི་དགྲ་བཞི་སྤང་བར་བྱ། །ཞེས་སོ། །བདུད་ལྔ་ནི། དེ་ཉིད་ལས། རྣམ་རྟོག་འཁྲིད་པའི་བདུད་ཉིད་དང་། །དེ་བཞིན་བཏང་སྙོམས་ལེ་ལོའི་བདུད། །ཚིག་རྒྱུབ་མཚོན་ཆ་རྣོན་པོའི་བདུད། །ཁྲོ་གཏུམ་དང་འབྱུང་འཕྲུག་པའི་བདུད། །རྣལ་འབྱོར་ཆེན་པོའི་བདུད་ལྔ་པོ། །ཡང་དག་དོན་ལ་སྒྲིབ་པ་སྟེ། །གཉེན་པོ་བྱང་ཆུབ་སེམས་མཆོག་གིས། །ཞི་བ་ཆེན་པོའི་ངང་དུ་བཟློག །ཅེས་སོ། །གསུམ་པ་གལ་མདོ་ངེས་པའི་དམ་ཚིག་ལ་བཅུ་གཉིས་ཏེ། མ་ཉམས་པའི་མདོ་བཞི། མ་ཁྲེལ་བའི་ཚུལ་བཞི། མཐར་ཕྱིན་པའི་རྟགས་བཞིའོ། །དང་པོ་ནི། རྒྱ་བ་ཡན་ལག་ཟས་ཞར་གྱིས་མ་ཉམས་པ་བཞིའོ། །གཉིས་པ་ནི་སློབ་དཔོན། མཆེད་ལྕམ། ཡི་དམ་ལྷས། རང་སེམས་ཀྱིས་མ་ཁྲེལ་བ་བཞིའོ། །གསུམ་པ་ནི། དམ་ཅན་འདུ་ཞིང་མཐུ་རྒྱལ་ཆེ་བ་དང་། །བྱིན་རླབས་ཆེ་ཞིང་རིག་པ་ཆགས་པ་གཉིས། །ཡིད་འདོད་འབྱུང་ཞིང་འདོད་པ་འགྲུབ་པ་དང་། །མང་པོས་བསྐུར་ཞིང་གྲགས་པ་ཐོབ་པ་བཞིའོ། །འདི་དག་རྫོགས་པ་ཆེན་པོ་ཨ་ཏི་ཡོ་གའི་དམ་ཚིག་གི་ཕྱོགས་སོ། །རྫོགས་པ་ཆེན་པོ་འོད་གསལ་རྡོ་རྗེའི་སྙིང་པོའི་དམ་ཚིག་ཏུ་མེད་པ། ཕྲལ་བ། གཅིག་པུ། ལྷུན་གྱིས་གྲུབ་པ་བཞིས་སྟོན་ཏེ། ཐིག་ལེ་ཀུན་གསལ་ཆེན་པོའི་རྒྱུད་ལས། ང་ཡི་དམ་ཚིག་གསང་བ་ནི། །རང་རིག་ཡེ་ཤེས་ཆེན་པོ་ལ། །བསྲུང་བྱ་སྲུང་བྱེད་གཉིས་མེད་པས། །ཉམས་དང་མི་ཉམས་གཉིས་སུ་མེད། །ཐིག་བརྒྱད་བཅོས་པའི་དམ་ཚིག་གྲངས། །ང་ཡི་བསྲུང་བས་མེད་ཅེས་བྱ། །འོག་མའི་དམ་ཚིག་ལས་གྲོལ་ཅིང་། །རང་གི་སྒོ་བསྲུང་ཡངས་བས་ན། །ཕྲལ་བ་ཞེས་སུ་གྲགས་པ་ཡིན། །བསྲུང་དུ་མེད་པའི་དམ་ཚིག་ལ། །འདའ་མི་སྲིད་པའི་བསྲུང་ཐབས་ནི། །རང་

རིག་ཡེ་ཤེས་གཅིག་པུ་བས། །བྱ་བརྩལ་མེད་པས་ཡེ་བསྒྲུབ་བས། །ལྷུན་གྲུབ་ཅེས་སུ་བརྟགས་པ་ཡིན། །ཞེས་གསུངས་པས། དེ་ཡང་སྣང་སྲིད་འཁོར་འདས་ཀྱི་བསྡུས་པའི་ཆོས་ཐམས་ཅད་མེད་བཞིན་སྣང་བ་སྒྱུ་མའི་དཔེ་བརྒྱད་ཀྱི་རང་བཞིན་དུ་སྣང་ནའང་། རང་རིག་སྟོང་གསལ་སྤྲོས་པའི་མཐའ་ཐམས་ཅད་དང་བྲལ་བ་འདིའི་ངོས་ན་དམ་ཚིག་དང་བསྲུང་བྱ་བསྲུང་བྱེད་ཐམས་ཅད་བློས་བརྟགས་པ་ཙམ་ལས་དོན་དམ་པར་གང་ཡང་གྲུབ་པ་མེད་པའི་ཕྱིར་མེད་པ་ཞེས་བྱ་ལ། དེ་ལྟར་ནའང་སེམས་འཛུར་འཛིན་གྱིས་མ་བཅིངས་པར་གང་ཤར་གཏད་མེད་འཛིན་མེད་འདི་ཞེས་སྨྲོད་པ་ཚད་བཟུང་མེད་པས་ཕྱལ་བ་ཞེས་བྱ་ལ། རང་བྱུང་ཡེ་ཤེས་སྟོང་ལ་གོ་འབྱེད་པ་ཡེ་སངས་རྒྱས་པའི་རང་ངོ་འདི་ན་བསྲུང་རྒྱུ་དང་དོར་རྒྱུ་མི་འདུག་སྟེ་ཡེ་ནས་རང་ཆས་སུ་མ་བསྲུང་བའི་སྡོམ་པ་ཆེན་པོ་གནས་པས་བློས་འཛིན་ཞེན་གྱི་དམ་ཚིག་ཅི་བྱར་ཡོད། སོ་མ་གཉུག་མ་མ་བཅོས་མ་བསླད་པའི་ཤེས་པ་འདི་རང་ལས་མེད་པས་གཅིག་པུ་ཞེས་བརྗོད། འདིའི་ངོས་ནས་གཞི་ལམ་འབྲས་བུའི་ཆོས་ཐམས་ཅད་ཀྱང་ཡེ་ནས་རང་ཆས་སུ་འདུག་ན་ད་གདོད་ཚོགས་ཀྱི་ཕྲེང་བས་རེ་དོགས་དང་སྤང་གཉེན་རྩོལ་སྒྲུབ་བྱར་མེད་དེ། མ་བསྲུང་བར་ཡེ་བསྲུང་མ་བསྒྲུབ་པར་ཡེ་གྲུབ་མ་བྱས་པར་ཡེ་ཟིན་དུ་ལྷུན་གྱིས་གྲུབ་པར་གནས་པས་ན་ལྷུན་གྱིས་གྲུབ་པའི་དམ་ཚིག་ཅེས་བྱའོ། །རྡོ་རྗེ་སྙིང་པོའི་གནད་དམ་པའོ། །དེ་ལྟ་གང་དུ་བཤད། དེ་སོགས་དམ་ཚིག་རྣམ་བཞག་མང་གསུངས་པ༑ ༑རྩ་བ་ཡན་ལག་བཅས་འདིར་མ་འདུས་མེད། །མདོར་ན་གནས་གསུམ་རྡོ་རྗེ་གསུམ་ཤེས་ན། །སྔགས་ཀྱི་དམ་ཚིག་ས་ཡ་འབུམ་སྡེ་འདུས། །དམ་ཚིག་གི་རྣམ་བཞག་ས་ཡ་འབུམ་སྡེ་ལ་སོགས་པ་དཔག་ཏུ་མེད་པ་ཞིག་གསུངས་ཀྱང་། མདོར་ན་ལུས་སྣང་སྲིད་གཟུགས་སྣང་ཐམས་ཅད་སྣང་སྟོང་འཛིན་མེད་སྐུའི་རྡོ་རྗེ། །ངག་སྒྲ་གྲགས་ཐམས་ཅད་གྲགས་སྟོང་འགག་མེད་གསུང་གི་རྡོ་རྗེ། ཡིད་དྲན་རྟོག་ཐམས་ཅད་གསལ་སྟོང་སྐྱེ་མེད་ཐུགས་ཀྱི་རྡོ་རྗེ་གསུམ་དུ་ཤེས་པས་ཐམས་ཅད་དེར་འདུ་བ་སྟེ། ཕྲ་རྒྱས་ལས། དེ་ལྟ་ས་ཡ་འབུམ་སྡེ་རྣམས། །བདག་ནི་རྡོ་རྗེ་མཆོག་གསུམ་པོ། །ལོག་པར་མི་བཏང་སྡོམ་པ་དངོས། །ས་གཞི་ལྟ་བུར་གསུང་བ་ཡིན། །ཞེས་དང་། རྡོ་རྗེ་གུར་ལས། ཕྱག་རྒྱ་ཆེན་པོར་རབ་སྦྱོར་བས། །རྡོ་རྗེའི་སྐུ་ནི་རབ་ཏུ་འགྲུབ། །རིན་ཆེན་བཟླས་པའི་ཁྱད་པར་གྱིས། །དྲི་

མེད་རྡོ་རྗེའི་གསུངས་པ་ཡིན། །བསམ་གཏན་རྡོ་རྗེ་རབ་བསམ་ནས། །རིན་ཆེན་སེམས་སུ་རབ་ཏུ་འགྱུབ། །ཅེས་གསུངས་པ་བཞིན་ནོ། །གཉིས་པ་དེ་ཉིད་སྐྱེ་བའི་རྟེན་བཤད་པ་ནི། །གསང་སྔགས་རྡོ་རྗེ་ཐེག་པའི་དམ་ཚིག་གི། །སྐྱེ་བའི་རྟེན་ནི་ཉིན་བཞིན་བྲམ་ཟེ་གསོད། །མཚམས་མེད་ལྔ་བྱེད་ལ་སོགས་ཀུན་ལའོ། །དེ་སྐད་དུའང་། རྡོ་རྗེ་གདན་བཞི་ལས། ཉིན་བཞིན་བྲམ་ཟེ་གསོད་པ་དང་། །མཚམས་མེད་ལྔ་ནི་བྱེད་པ་དང་། །ཆོམ་རྐུན་ལས་ཀྱི་ལོངས་སྤྱོད་པ། །འདི་ཡི་ལམ་གྱིས་གྲོལ་འགྱུར་ཏེ། །སྡིག་པས་གོས་པར་མི་འགྱུར་རོ། །ཞེས་དང་། དུས་འཁོར་ལས། གདོལ་པ་མི་མཁས་ལ་སོགས་དང་། །མཚམས་མེད་ལྔ་ནི་སྤྱོད་པས་ཀྱང་། །སྔགས་ཀྱི་སྦྱོར་བས་རྗེས་སྤྱད་ན། །སྐྱེ་བ་འདི་ལ་སངས་རྒྱས་འགྱུར། །ཞེས་པས་མཚམས་མེད་ལ་སོགས་པ་སྤྱོད་པ་ཡིན་ནའང་། མི་ཕྱེད་པའི་དད་པ་དང་གསང་སྔགས་ཀྱི་གནས་ལ་བློ་འདུན་ཞིང་སྒྲག་པར་མི་འགྱུར་བ་ནི་དམ་ཚིག་གི་རྟེན་དུ་བཤད་པ་ཡིན་ནོ། །སྤྱི་དོན་བཞི་པ། ཐམ་ཉམས་ན་གསོ་བའི་ཚུལ་བཤད་པ། འདི་ལའང་ལྔ་སྟེ། ལྟུང་བ་འབྱུང་བའི་རྒྱུ། ལྟུང་བ་དངོས། གནང་བཀག་བཤགས་ཚུལ་ཕན་ཡོན་ནོ། །དང་པོ་ནི། ལྟུང་མཚམས་མི་ཤེས་བླ་མ་སོགས་མི་གུས། །བག་མེད་སྤྱོད་ཅིང་ཉོན་མོངས་མང་བ་བཞི། །ལྟུང་བ་འབྱུང་བའི་སྒོ་བཞིར་ཐོགས་མེད་བཞེད། །སློབ་དཔོན་དེ་ཉིད་ཀྱི་ཞལ་སྔ་ནས། །ལྟུང་བའི་རྒྱུ་ནི་རྣམ་བཞི་སྟེ། །མི་ཤེས་པ་དང་བག་མེད་དང་། །ཉོན་མོངས་མང་དང་མ་གུས་པའོ། །ཞེས་པས། བླང་དོར་གྱི་གནས་ལ་བློ་གྲོས་ཞན་པས་མི་ཤེས་པ་དང་། འདུ་འཛི་རྣམ་གཡེང་ལ་སོགས་པ་བག་མེད་པས་གཉིད་ཆང་ལ་སོགས་པས་བྲེལ་བ་དང་། བདག་གི་རྒྱུད་ཉོན་མོངས་མང་བ་དང་། བླ་མ་དང་མཆེད་ལྕམ་རྣམས་ལ་རང་རྒྱུད་ངན་པས་མ་གུས་པ་བཞི་པོ་ནི། སྔགས་དང་བྱང་སྡོམ་གཉིས་ཀའི་ལྟུང་བ་འབྱུང་བའི་སྒོ་ཡིན་ཏེ། འདི་བཞིའི་དོན་བདེ་གཤེགས་འདུས་པའི་བསྐྱེད་རྫོགས་འབྲིང་པོ་ལས། བདག་ཅག་མ་རིག་ལུས་དང་ངག་སེམས་ཀྱིས། །བག་མེད་ཚུལ་གྱིས་དམ་ལས་འགལ་གྱུར་ཅིང་། །འདོད་ཁྲོ་གཏི་མུག་དབང་གིས་ནོངས་གྱུར་པ། །ཞི་ཁྲོའི་ལྷ་ཚོགས་ཐུགས་དང་ཅི་འགལ་བ༑ ༑ཞེས་གསུངས་པའི་དོན་ནོ། །ལྟུང་བའི་སྒོ་བཞི་པོ། དེ་ཡི་གཉེན་པོ་བསླབ་བྱ་སློབ་པ་དང་། །ཀུན་ལ་གུས་བསྐྱེད་དྲག་པར་དྲན་ཤེས་བསྟེན། །ཉོན་མོངས་གང་ཆེའི་གཉེན་པོར་འབད་དེ་བསླབ། །

མི་ཤེས་པའི་གཉེན་པོར་བླང་དོར་གྱི་གནས་དེ་དག་ལ་ཐོས་བསམ་གྱིས་ལེགས་པར་ཁོང་དུ་ཆུད་པར་བྱ་བ་དང་། བག་མེད་པའི་གཉེན་པོར་སྔར་བྱས་སྡོམ་སྐབས་སུ་བཤད་པ་ལྟར་དྲན་ཤེས་བཞིན་བག་ཡོད་གསུམ་བསྟེན་པ་དང་། ཉོན་མོངས་པ་གང་ཆེ་བའི་གཉེན་པོར་རང་བྱུང་གི་ཡེ་ཤེས་ལ་བལྟས་པས་གཞི་མེད་རྩ་བྲལ་དུ་རྟོགས་པ་དང་། མ་གུས་པའི་གཉེན་པོར་ཀུན་ལ་གུས་པར་བསླབ་པའོ། །དེ་ལྟར་མི་ཤེས་པ་དང་མ་གུས་པ་ལ་སོགས་པ། སྤང་བྱ་བཞི་སྟེང་བརྗོད་ངས་དྲན་མི་གསལ། །གཉིས་བསྟན་དམ་ཚིག་ཉམས་པའི་རྒྱུ་དྲུག་ཅེས། དཔལ་ལྡན་སྡོམ་པའི་རྒྱུད་ལས་གསལ་བར་གསུངས་དེ་དག་ཚུལ་མཐུན་པར། རྡོ་རྗེ་གསལ་བཀྲ་ལས། ཉམས་པར་འགྱུར་བའི་རྒྱུ་དག་ནི། །མི་ཆོས་བློན་པོའི་ལས་བྱེད་དང་། །བདག་བསྟོད་གཞན་སྨད་ཟུར་ཟ་མཁས། །ཁེ་དྲག་ཉིད་ཕྱིར་འདུ་བ་བསྟན། །རྫས་ལ་ཆགས་སེམས་རང་ཕྱོགས་ཆེ། །ཆགས་དང་རང་མཐོང་ལྟ་སྤྱོད་ཉམས། །ཆོས་ལ་ཕྱོགས་རིས་ངོམ་སྒྲོན་དང་། །གསང་ཆུང་ལེ་ལོ་གཙང་སྦྲེ་ཆེ། །སྒྲོ་བསྐུར་གྲོགས་ཀྱི་ཉམས་ལེན་དང་། །འཁོར་བའི་རིགས་བརྒྱུད་འཕེལ་འདོད་ཅིང་། །གཅིག་པུར་མི་གནས་འདུ་ལ་དགའ། །ཉི་ཤུས་ཉམས་པའི་རྒྱུར་འགྱུར་རོ། །ཞེས་དང་། རྣལ་འབྱོར་གདོར་རྒྱུད་ལས་བཀའ་མནོས་པའི་སློབ་དཔོན་ཁྲུངས་བསྒྲུབ་ནས་རང་དད་པའི་ཕྱོགས་ནས་ཁྲུངས་འཛིན་པར་བྱེད་ན་ཡང་། དམ་ཚིག་ཉམས་པའི་སྤྱོད་པ་བྱེད་པ་ཡིན་ནོ། །གཞན་གྱི་ཡོན་ཏན་ཅི་ཡོད་པ་མ་གྲགས་ཤིང་སྲུབ་པར་དགའ་ལ་སྐྱོན་ཅི་ཡོད་བརྗོད་པར་བྱེད་ན་ཉམས་པར་འགྱུར་བའི་སྤྱོད་པ་ཡིན་ནོ། །ཞེས་སོགས་རྒྱ་ཆེར་གསུངས་པ་བཞིན་ནོ། །

གཉིས་པ་ལྟུང་བ་དངོས་ངོས་བཟུང་བ་ནི། ཀུན་ལ་ཡུལ་བསམ་སྦྱོར་བ་མཐར་ཐུག་གིས། །ཀུན་བསླངས་ཉོན་མོངས་རང་དགའ་དེར་ཤེས་དང་། །ལུས་ངག་སྦྱོར་བྱས་དངོས་གཞིའི་བར་མ་ཆད། །མ་འཁྲུལ་སྤྱད་དང་འགྱོད་མེད་ཐུན་ཚོད་འདས། །ཕམ་པ་ཞེས་བརྗོད་དངོས་གཞི་མ་ཚང་ན། །ཐུན་འདས་ལྟུང་བ་ཞེས་བརྗོད་ལྷག་མ་ལྟར། །རིམ་པས་དམན་ན་སྡོམ་པོ་ལྟུང་བྱེད་དང་། །ཉེས་བྱས་ལྟུང་བའི་གཟུགས་བརྙན་ཤེས་པར་བྱ། །ཞེས་པས་ཕམ་པ། ལྟུང་བ། སྡོམ་པོ། ལྟུང་བའི་གཟུགས་བརྙན་དང་བཞི་སྟེ། དང་པོ་ནི། དཔེར་ན་རྡོ་རྗེ་སྤུན་གྲོགས་ལ་ཁོང་ཁྲོ་དང་སྨོད་པ་ལྟ་བུ་དང་སྦྱར་ན།

ཡུལ་དབང་དང་དམ་ཚིག་གིས་སྡོམ་པའི་རྣལ་འབྱོར་པ་ཤེས་པ་རང་བཞིན་དུ་གནས་པས། དེ་བཞིན་དུ་རྡོ་རྗེ་སྤུན་སྲིང་ལ་སོགས་པ། བསམ་པས་བརྩེ་ནས་དགྲི་བའི་ཐབས་ལ་སོགས་པ་མ་ཡིན་པར་ངན་སེམས་ཁོང་ཁྲོ་བས། སྦྱོར་བ་ལུས་ངག་གི་སྒོ་ནས་ངན་དུ་སྨྲ་བ་དང་། ཁྲོ་བ་དང་བརྡེག་གམ་བརྡེག་པར་གཟས་པ་ལ་སོགས་པ་དངོས་གཞི་གང་དེ་བར་མ་ཆད་པར་སྤྱད་ཅིང་། མཐར་ཐུག་དེ་ལ་འགྱོད་སེམས་མེད་པར་བཤགས་སྡོམ་མ་བྱས་པར་ཐུན་ཚད་ལ་འདས་པའོ། །གཉིས་པ་ནི། གཞན་ཚང་ཡང་དངོས་གཞི་སྨད་པ་དང་ཁྲོ་བ་དང་བརྡེག་པ་ལ་སོགས་མ་བྱས་པ་སྟེ། ལྔི་ཡང་གི་དཔེས་མཚོན་ན་འདུལ་བར་བཤད་པ་ལྟར་ལྟུག་མ་ལྟ་བུའོ། །གསུམ་པ་ནི། དེ་ལས་བསམ་པ་དང་སྦྱོར་བ་མ་ཚང་བ་ལྟ་བུ་སྟེ་ལྟུང་བྱེད་ལྟ་བུའོ། །བཞི་པ་ནི། ཡུལ་བསམ་གཉིས་ཙམ་ལས་མ་ཚང་བ་སྟེ། ཉེས་བྱས་ཀྱི་ཕྱོགས་ཙམ་དུ་གནས་སོ། །འདི་དག་གོང་དུ་བཤད་པའི་དམ་ཚིག་དེ་དག་གི་རང་བཞིན་ལ་མཚོན་པར་བྱེད་པ་ཙམ་སྟེ། རྩ་ལྟུང་རྣམས་ནི་ཐོག་མ་རྩ་ལྟུང་དུ་གནས་པས། ལྟུང་བ་དང་སྦོམ་པོ་ལ་སོགས་བརྩི་ར་མེད་ཅིང་། ཡན་ལག་གི་ལྟུང་བ་རྣམས་ལ་སྦོམ་པོ་ཞེས་བྱ་སྟེ། དེ་དག་ལ་ལྔི་ཡང་གི་རིམ་པ་ཤེས་པར་བྱའོ། །གསང་སྔགས་ཀྱི་དོན་ཇི་ལྟ་བ་ནི་ཁོང་དུ་མ་ཆུད་ཅིང་ཚེ་འདིར་ཉོན་མོངས་པའི་དབང་དུ་སོང་བ་ཁ་ཅིག །འདུལ་བའི་ཁྲིམས་ལ་སོགས་པ་ནི་ཤིན་ཏུ་དཀའ་ཚེགས་ཆེ་བས་བསྲུང་བར་ག་ལ་ནུས། ཉམས་པར་འགྱུར་བའི་ཆོས་ལས་མ་འདས་ལ། གསང་སྔགས་འདི་ནི་ཤ་ཟ་ཆང་འཐུང་། སྲོག་གཅོད་མ་བྱིན་པར་བླང་། བུད་མེད་སྤྱོད། རྫུན་སྨྲ་བ་ལ་སོགས་གང་དགར་ཚོག་པར་འདུག་སེམས་པ་ལ་སོགས་དེ་ལའང་གསང་སྔགས་ལས་རྩ་བ་བཞི་སྤྱད་པར་གསུངས་པ་དེའང་ཡུལ་དང་བསམ་པ་དང་སྦྱོར་བ་དང་། མཐར་ཐུག་གི་ཐབས་ཆེ་བ་དང་། མཁས་པ་དང་། མང་བ་དང་། ཁྱད་པར་ཅན་ལ་སོགས་གོང་དུ་བཤད་པ་ལྟར་གནད་དཔག་ཏུ་མེད་པས་སྤྱོད་པ་ཡིན་གྱི་སྨྲ་ཇི་བཞིན་པར་སྤྱད་ན། དགེ་སློང་ཐར་པ་ནག་པོ་ཡང་། རྩ་བ་བཞི་སྤྱད་ས་བདུད་དུ་སྐྱེས་པ་ཡིན་ཏེ། དངོས་པོ་བཞི་ལ་ཞེན་འཛིན་བྱས་པ་ཡིས། །ལུས་ནི་དམ་པའི་ཆས་ཞུགས་སེམས་ངན་འགྲོ། །ཞེས་འབྱུང་ངོ་། །དེ་ར་མ་ཟད་ཕྱི་རོལ་སྣོད་བཅུད་སྣང་ལ་རང་བཞིན་མེད་པའམ། གཞལ་ཡས་ཁང་དུ་མ་ཤེས་པ་དང་། ལུས་འདི་ལའང་སངས་རྒྱས་ཀྱི་རང་བཞིན་དུ་

མ་ཤེས་ན་ཤེས་བྱའི་དམ་ཚིག་ཉམས་ལ། བཤང་གཅི་སོགས་པ་ལ་མི་གཙང་བའི་འདུ་ཤེས་ཙམ་སྐྱེས་ནའང་དང་བླང་གི་དམ་ཚིག་ཉམས་པ་ལ་སོགས་བསམ་གྱིས་མི་ཁྱབ་པས། དེའི་ཕྱིར་ཅི་རེ་ལོང་དུ་མ་སོང་བར་གསལ་ལ་མ་འདྲིས་པར་ཤེས་པ་གནད་ཆེ་སྟེ། ཛོ་བོ་རྗེའི་ཞལ་ནས། དེ་ལ་གསང་སྔགས་ནི་ལྟུང་བའི་སྒོ་བསམ་གྱིས་མི་ཁྱབ་པས། དཔེར་ན་བུམ་པ་ལྟ་བུ་ཞིག་ལའང་། དངོས་པོ་ཐ་མལ་པར་བཟུང་ན་ལྟུང་བར་འགྱུར་ཏེ། ས་ཕྱོགས་རྡུལ་ཤིན་ཏུ་ཆེ་བ་ཞིག་ཏུ་མཆྲུལ་ཞིག་ཕྱིས་ཏེ་བཞག་ན། དེ་མ་ཁད་རྡུལ་ཆགས་ནས་འོང་བ་དང་འདྲ་གསུངས། དེ་ལྟར་ན་སངས་རྒྱས་མྱུར་དུ་འགྲུབ་པ་རང་དཀའ་འདྲ་ཞུས་པས། དེ་སྲུང་བའི་ཐབས་བྱ་བརྒྱ་འུར་རྡོ་གཅིག་གིས་དེད་པ་ལྟ་བུའི་གདམས་པ་རྡོ་རྗེ་སེམས་དཔའི་བསྒོམ་བཟླས་བྱ་བ་གསང་སྔགས་པ་ལ་ཡོད། ཅེས་གསུངས་པ་བཞིན་នོ། །

གསུམ་པ་གནང་བཀག་གི་ཚུལ་དཔྱད་པ་ནི། ཀུན་ལ་དབང་ཉམས་བྱ་བ་གཞན་གྱིས་ན། ། དོན་ཆེན་བསྐྱེད་ཕྱིར་བརྟན་དང་དགོས་ལྡན་དང་། །ནུས་རྙེད་གནང་དང་བཀའ་བསྒྲ་བར་ཆད་ལ། ། ཉེས་པ་མེད་ཅེས་སྙིང་པོ་རྒྱན་ལས་གསུངས། དེ་བཞིན་དུ་རྩ་ལྟུང་འགྲེལ་སྤྱང་ལས། དེ་ལ་ཉེས་པ་མེད་པར་དམིགས་ཀྱིས་བསྟན་པ། ན་བ་དང་བླ་མའི་བྱ་བ་ལ། འདི་སྐད་དུ་བདག་ནི་ན་བས་གཟེར་བའི་ཕྱིར་རམ། བླ་མའི་བྱ་བ་འདི་ལྟ་བུ་བྱེད་པའི། སྤྱོད་ལམ་ཅི་བདེ་བར་ཞུའོ། །ཞེས་པ་ནས་གནང་ན་ཉེས་པ་མེད་དོ། །བླ་མ་ཉིད་དགྱེས་པར་གྱུར་ན། སྤྱོད་ལམ་ཅི་ལྟ་བུ་ལ་ཡང་ལྟུང་བ་དང་བོའི་ཕྱོགས་ནས་ཉེས་པ་མེད་དོ། །ཚུལ་གཞན་དུ་བག་ཡོད་པར་སྤྱོད་པར་བྱའོ། །ཞེས་རྩ་ལྟུང་དང་བོའི་སྐབས་སུ་བཤད་པ་ལྟ་བུས་ཀུན་ལ་ཤེས་པར་བྱའོ། །དམ་ཚིག་གི་བསྲུང་སྡོམ་རྣམས་ལ་ཉེན་ལན་གསུམ་མཚན་ལན་གསུམ་དྲན་དང་ཤེས་བཞིན་གྱིས། དེ་ལྟར་ཉིན་མཚན་ཐུན་ལ་དུས་དྲུག་ཏུ། སྤང་བླང་དམ་ཚིག་གནས་ལ་བསྒྲིམས་ཏེ་དཔྱད། དེ་ཡང་དཔལ་སྡོམ་པ་འབྱུང་བའི་རྒྱུད་ལས། རྫེ་སྲིད་དངོས་གྲུབ་མཆོག་འདོད་ན། །སྲོག་ནི་ཡོངས་སུ་བཏང་ཡང་སླ། །འཆི་བར་མཉམ་སར་འགྲོ་ཡང་སླའི། །རྟག་ཏུ་དམ་ཚིག་བསྲུང་བར་བྱ། །ཞེས་གསུངས་པའི་ཚུལ་ལྟར་རོ། །

བཞི་པ་བཤགས་ཚུལ་བསྟན་པ་ནི། དེ་ཡང་ཉིན་ཐུན་གསུམ་མཚན་ཐུན་གསུམ་སྟེ་དྲུག་གི

ཆ་གཅིག་ལ་ཐུན་ཚོད་ཅེས་བྱ་སྟེ། དྲུག་ཆ་འདས་ན་ཐུན་ཚོད་འདས་ཞེས་བྱ། ཞག་གཅིག་ཟླ་གཅིག་ལོ་གཅིག་ལོ་གཉིས་འདས། །འགལ་ཉམས་འདས་རལ་ཞེས་བྱ་དེ་དག་ཀྱང་། ། སྟེང་ནས་བཤགས་ན་གསོར་རུང་ཕྱི་རིམ་ལྟེ། དེ་ཡང་དམ་ཚིག་བཀོད་པ་ལས། སྤྱིར་ན་དམ་ཚིག་ཁྱད་པར་ལས། །དུས་ལས་འགལ་ཞེས་ཉེས་བྱས་གང་། །ཞག་གི་བར་མ་ཆོད་པ་ནི། དམིགས་པའི་ཡུལ་ལ་བཤགས་བྱས་ན། །དེ་ནི་སོར་ཡང་ཆུད་པའོ། །ཉམས་ཞེས་ཟླ་བས་མ་ཆོད་པར། །འགྱོད་པ་དྲག་པོས་བཤགས་པས་སོ། །དམ་ལས་འདས་ནས་ལོ་དག་གིས། །བར་དུ་མ་ཆོད་བཤགས་པས་སོ། །ལོ་ནི་གཅིག་དང་གསུམ་དག་ལས། །དམ་ཚིག་རལ་བ་ཞེས་བྱ་བ། །མཆོག་ཏུ་དྲག་ན་གསོ་རུ་རུང་། །ལོ་གསུམ་དག་ལས་འདས་པ་ནི། །དེ་ནས་གསོ་རུང་མི་རུང་སྟེ། །གལ་ཏེ་བླང་ན་གཉིས་ཀ་འཚིག །ངེས་པར་ས་སྤྱོད་སྡུག་བསྔལ་ལ། །རྒྱུན་དུ་སྤྱོད་པ་ཁོ་ནའོ། །ཞེས་གསུངས་སོ། །བཤགས་ཐབས་དངོས་ལ། སྤྱིར། དབང་བདུན་ཐོབ་ལ་ལྷ་གྲངས་རེ་རེ་ལ། །བཟླས་པ་སུམ་ཁྲི་དྲུག་སྟོང་བྱས་པས་སྦྱོང་། །དེ་ཡང་དབང་གང་ཡིན་པའི་ལྷ་རེ་རེ་ལ་བསྙེན་པ་ཁྲི་ཕྲག་གསུམ་དང་སྟོང་ཕྲག་དྲུག་བཟླས་པས་འབྱོང་ངོ་། །ཁྲི་ཕྲག་ཏུ། ཐུམ་གསང་ཐོབ་ཉམས་སྟོན་དུ་ཆད་ལས་སྤྱད། །དེ་རྗེས་དལ་དུ་ཞུགས་ལ་དབང་བཞི་ལེན། །དབང་གོང་མ་གཉིས་པོ་ཐོབ་ནས་ཉམས་ན་ཐོག་མར་རྡོ་རྗེ་སེམས་དཔའི་བསྒོམ་བཟླས་དང་། སྦྱིན་བསྲེག་ཚོགས་འཁོར་ལ་སོགས་པས་ཉམས་པ་བཤགས་ཤིང་སྣོད་རུང་དུ་བྱས་ནས། སླར་དཀྱིལ་འཁོར་དུ་ཞུགས་ནས་བླ་མ་ལས་དབང་དང་དམ་ཚིག་བླང་བར་བྱ་སྟེ། དམ་པ་དང་པོའི་རྒྱུད་ལས། རྩ་བའི་ལྟུང་བ་བྱུང་གྱུར་ན། །སླར་ཡང་དཀྱིལ་འཁོར་འདི་རུ་ནི། །དག་པ་རྒྱུ་རུ་འཇུག་པར་བྱ། །སླར་ཡང་གནང་བ་ཐོབ་པ་ནི། །ཚོགས་ཀྱི་ནང་དུ་འགྲོ་བ་ན། །རྒན་པའི་མིང་ནི་གཞོན་པ་ཞེས། །ཞེས་དང་རྩ་ལྟུང་བཅུ་བཞི་པར། །གསུམ་ལ་སྐྱབས་འགྲོ་ནས་བརྩམ་སྟེ། བྱང་ཆུབ་སེམས་སོགས་སྡོམ་པ་ནི། །གལ་ཏེ་བདག་ལ་ཕན་འདོད་ན། །སྔགས་པས་འབད་དེ་བཟུང་བར་བྱ། །ཞེས་སོ། །དབང་འོག་མ། ཤེར་དབང་ཚིག་དབང་ཐོབ་ཉམས་བསྙེན་རིམ་དང་། །འཕོ་མེད་ཚུལ་ཁྲིམས་རྫོགས་པའི་རིམ་པ་དག །རང་རྒྱུད་བྱིན་རླབས་མ་གཏོགས་གཞན་མི་འདག །རིམ་པ་གཉིས་བསྒོམ་ནས། རང་གི་སེམས་རྒྱུད་བྱིན་གྱིས་བརླབ་པའི་རིམ་པས་ཏེ། རྡོ་རྗེ་གསལ་

བཀྲ་ལས། དམ་ཚིག་དམ་ཚིག་ཅེས་བྱ་བ། །གྲུད་ན་ཡོད་པ་མ་ཡིན་ཏེ། །རང་གི་སེམས་ཉིད་དམ་ཚིག་ཡིན། །ཇི་སྙེད་སྣང་བའི་ཆོས་རྣམས་ཀུན། །རང་རིག་ཀུན་བྲལ་ཉིད་སྣང་བས། །ཅི་སྣང་ཇི་སྲིད་རང་རིག་ཉིད། །འདྲེ་ལྡོག་སྤྱི་ཚུགས་གར་སོང་ཡང་། །སྙིང་པོའི་དོན་ལས་འདས་མི་སྲིད། །རང་བཞིན་དམ་ཚིག་ཆེན་པོའོ། །ཞེས་པའི་ཚུལ་གྱིས་སྲུང་ངོ་། །དུས་ཀྱི་དབང་དུ། འགལ་ན་ཚོགས་འཁོར་ཉམས་ན་བདོག་པས་བསྐང་། །འདས་ན་བུ་དང་ཆུང་མ་ནོར་སོགས་དང་། །རལ་ན་རང་གི་སྲོག་གིས་གསོ་བར་བཤད། །དེ་ཡང་དམ་ཚིག་བཀོད་པའི་རྒྱུད་ལས། །འགལ་ན་ཚོགས་ཀྱི་འཁོར་ལོས་བཤགས། །ཉམས་ན་རང་གི་བདོག་པས་བཀང་། །འདས་པ་བུ་དང་ཆུང་མ་དང་། །ཉེ་འཁོར་ལུས་དང་ངག་དག་དང་། །ཡིད་དང་བདོག་པར་བཅས་པས་བསྐང་། །རལ་ན་རང་གི་སྲོག་གིས་བསྐང་། །ཞེས་སོ། །གཞན་ཡང་། སྙིང་པོ་རྒྱན་ལས་གསོ་བའི་ཆོ་ག་ནི། །ཚོགས་ཞིང་ལ་བཤགས་དྲལ་བའི་སྔགས་རྒྱ་དང་། །བཀྲུ་བའི་རིམ་པས་གཏུམ་མོའི་མེར་བསྲེག་དང་། །མི་དམིགས་སྒོམ་དང་དབང་བཞི་བླང་བ་ལྔ། །ཚོགས་སུ་ཞུགས་དང་རྟེན་ལ་སྨྱི་བ་དང་། །མཆོད་འབུལ་དང་མཆོད་རྟེན་བྱ་བ་དང་། །མེ་ལ་སྦྱོང་དང་གཏོར་མ་གཏོང་བ་དང་། །གསང་སྔགས་བཟླ་དང་ཟབ་མོའི་བསམ་གཏན་དང་། །སྲོག་སྐྱབ་བཀའ་གློག་བླ་མ་བསྟེན་པ་དང་། །བདག་འཇུག་རྒྱལ་བའི་ཡིག་བརྒྱ་དུས་བཟང་བཟླས། །ཕུང་པོ་གསུམ་པ་ཇོར་སེམས་བླ་མ་དང་། །ཐིག་ལེ་ཕྲ་མོའི་རྣལ་འབྱོར་སྒོམ་པས་གསོ། །དེ་ལྟར་རྡོ་རྗེ་སྙིང་པོའི་རྒྱན་གྱི་རྒྱུད་ལས། གསོ་ཐབས་ཉེར་ལྔ་གསུངས་པའི། ཐོག་མར་ཚོགས་གཉིས་བསགས་པའི་ཞིང་དཀོན་མཆོག་གསུམ་གྱི་སྤྱན་སྔར་བཤགས་པས་འདག་སྟེ། གསེར་འོད་ལས། སྲིད་འགྲོ་ཉམས་ངར་བྱིས་པའི་བློ་ཡིས་ནི། །ཤིན་ཏུ་མི་བཟད་སྡིག་པ་གང་བགྱིས་པ། །སྟོབས་བཅུ་མངའ་བའི་སྤྱན་སྔར་བདག་མཆིས་ཏེ། །སྡིག་པ་དེ་ཀུན་སོ་སོར་བཤགས་པར་བགྱི། །ཞེས་གསུངས་པ་བཞིན་ནོ། །སྡིག་པ་དྲལ་བའི་སྔགས་དང་ཕྱག་རྒྱས་སྦྱོང་སྟེ། སྔགས་ནི་སུ་ཏིག་ཁད་ཀ་ལ་སོགས་སྦྱོང་རྒྱུད་ལྟར་ལ་ཕྱག་རྒྱ་ནི། གཙུག་དགུའི་རྒྱུད་ལས། རྡོ་རྗེ་བསྣམ་པ་དམ་བྱས་ཏེ། །གྲུང་མོ་གཉིས་ནི་ངོས་སྤྲུར་ནས། །ཐ་མ་བཞི་ཡི་རྩེ་སྦྲད་པ། །སྐད་ཅིག་ཏུ་ནི་སྡིག་བྲལ་ལོ། །ཞེས་གསུངས་སོ། །བཀྲུ་བའི་རིམ་པ་ནི། ཉམས་སྒྲིབ་དག་པའི་ཁྲུས་སམ། ཡོ་

གའི་རྡོ་རྗེ་རྩེ་མོ་ལས། །སྡོམ་པ་ལ་གནས་པ་ནི་ནང་གི་ཁྲུས། །ཡན་ལག་བདུན་པས་རྒྱུད་སྦྱོང་གསང་བའི་ཁྲུས། །ཕྱག་རྒྱ་བཅིངས་བཀྲོལ་རྣལ་འབྱོར་ཁྲུས་ཞེས་བྱ། །ཞེས་གསུངས་སོ། །གཏུམ་མོའི་མེར་བསྲེག་པ། ཡུམ་ལྔའི་རང་བཞིན་ཁ་དོག་ལྔའི་མེ་སྦར་བས་འཁོར་ལོ་ལྔའི་དུག་ལྔའི་རྣམ་པ་འགྲོ་བ་ལྔའི་བག་ཆགས་བསྲེགས་ནས་ཞིང་ཁམས་ལྔ་མངོན་དུ་བྱེད་པའོ། །མི་དམིགས་བསྒོམ་པས་གསོ་སྦྱོང་བྱ་སྟེ། བང་མཛོད་ལས། ཇི་བཞིན་པ་ཡི་སེམས་ཡིད་ལ། །མ་བཅོས་པ་ཡི་བློ་བཞག་སྟེ། །དེ་ལ་གཡོ་བ་མེད་གྱུར་ན། །དམ་ཚིག་ཐམས་ཅད་བསྐང་པ་ཡིན། །ཉམས་པའི་ཆད་པ་བྱུང་ན་ཡང་། །མགོན་སྐྱབས་དེ་ལས་ཆེ་བ་མེད། །ཅེས་སོ། །དབང་བཞི་བླང་བས་སྒྲིབ་གཉིས་དག་པ་དང་། རྣལ་འབྱོར་གྱི་ཚོགས་འདུས་པར་ཚོགས་ཀྱི་འཁོར་ལོ་བསྐོར་ཏེ་ཉམས་པ་འདི་ཞེས་གླེང་སྟེ་མཐོང་སྡོམ་བྱ་བ་དང་། རྟེན་གྱི་དྲུང་དུ་སྨྲེ་སྔགས་ཀྱིས་བཤགས་ཏེ། དུང་དུང་གདུང་བའི་སྨྲེ་སྔགས་འདི་འདོན་ཞིང་། །ཉམ་ཐག་ཕོངས་པའི་ང་ངོ་འདོན་ལགས་ན། །ཞེས་གསུངས་པ་དང་། མཎྜལ་འབུལ་བས་སྡིག་པས་འདག་པར་མཎྜལ་གྱི་ཚོ་གར་གསུངས་པ་དང་། མཆོད་རྟེན་བྱས་པས་བྱང་བར་དེ་བཞིན་གཤེགས་པའི་མཆོད་རྟེན་གྱི་ལེའུ་ལས་བཤད་ཅིང་། ཏིལ་ལ་སྡིག་སྒྲིབ་བསྲིམ་ནས་མེར་སྲེག་པར་སྦྱོང་རྒྱུད་ལས་གསུངས། འབྱུང་པོ་དང་ཡི་དྭགས་ལ་གཏོར་མ་བཏང་བ་དང་། གསང་སྔགས་བཟླས་པས་སྦྱོང་བར་དཔུང་བཟང་ལས་བཤད་དོ། །བསམ་གཏན་ཕྱི་པས་འདག་པ་དེ་བཞིན་གཤེགས་པའི་མདོ་ལས་བཤད་ཅིང་། གཞན་གྱི་སྲོག་སྐྱབས་པས་བྱང་སྟེ་ཉེའུ་འདོན་ཞེས་བྱ་ལ། གསུང་རབ་ཀླག་པ་དང་། བླ་མ་བསྟེན་པ་དང་། སློབ་མ་འཛུག་པའི་ཚུལ་གྱིས་ནི། །ཐོག་མར་སློབ་དཔོན་འཛུག་པར་བྱ། །ཞེས་པས་བདག་འཇུག་བླང་བ་དང་། རྒྱལ་བའི་ཡིག་བརྒྱ་དང་། དུས་ཀྱི་ལྷ་ལ་ཕྱག་འཚལ་ཞིང་སྔགས་བཟླས་པ་དང་། ཕུང་པོ་གསུམ་པའི་མདོ་འདོན་པ་དང་། བླ་མ་རྡོར་སེམས་སྒོམ་བཟླས་ཕྲ་མོའི་རྣལ་འབྱོར་དང་བཅས་པས་སྐོང་བར་བྱ་སྟེ། དགོངས་ཚིག་གསུམ་པའི་རྒྱུད་ལས། རྡོ་རྗེ་སེམས་དཔའ་ཕྱི་ནས་ནི། །སྔགས་ཀྱང་རབ་ཏུ་བཟླས་བྱེད་པ། །དེ་ཡི་སྡིག་ཀུན་བྱང་ནས་ནི། །རྡོ་རྗེ་སེམས་དཔའ་འདྲ་བར་འགྱུར། །ཞེས་གསུངས་སོ། །འདི་དག་གསང་སྔགས་སྤྱིའི་གསོ་ཐབས་སུ་གནས་ལ༑ ཁྱད་པར་དུ། གླང་ཆེན་རབ་འབོག་རྒྱུད་ལས་གསུངས་པ་ཡི། །རྣལ་འབྱོར་སྤྱི་ཁྲུས་འགྲོད

ཚངས་དོང་སྤྲུགས་ཀྱིས། །བཤགས་པས་མི་འདག་མེད་ཕྱིར་ཉམས་སུ་བླང་། །འདི་ནི་གཞི་དམ་ཚིག་གིས་བཟུང་བའི་རིམ་པ་དབང་གི་ལས་ཀྱི་གླང་ཆེན་རབ་འབོག་གི་གསུང་གི་ངེས་པ་རྩ་བའི་རྒྱུད་གསུམ་གྱི་བར་བ་ནས་འབྱུང་བ་དང་། རྒྱུད་ཀུན་འདུས་རིག་པའི་ལེའུ་བརྒྱད་པ་དང་། ཨ་ནུ་ལུང་གི་མ་མོའི་ལེའུ་བཞི་པ་དང་བཤགས་པའི་རྒྱུད་དྲི་མེད་རྒྱལ་པོའི་ལེའུ་བཞི་པ་ནས་འབྱུང་ཞིང་། ཡེ་ཤེས་སྐུ་མཆོག་རང་བཞིན་དཀྱིལ་འཁོར་ནི། །ཞེས་སོགས་ངག་འདོན་དང་དེའི་དགོངས་པ་གསལ་བའི་འགྲེལ་ཏིཀ་ལ་སོགས་པ་ནི་གཞན་དུ་འདུག་པ་ལས་རྟོགས་པར་བྱའོ། །དེ་ཡང་ངེས་ཚིག་ས་མ་ཡའི་སྒྲ་ལས་དམ་ཚིག་ཅེས་བྱ་སྟེ། ཐུན་མོང་ལྟར་ན་དམ་བཅའ་བའི་ཚུལ་གྱིས་འཛུག་སྟེ། ཡེ་ཤེས་དམ་པ་ལས། རྒྱལ་བའི་གསང་ཆེན་རྨད་པའི་ཆོས། །མ་ཉམས་དམ་དུ་འཛིན་པའི་ཕྱིར། །བླ་མས་ཇི་སྐད་བསྟན་པ་བཞིན། །དམ་བཅའ་ཚིག་ན་བསྟན་པ་འདིག །དམ་ཚིག་ཅེས་སུ་བསྟན་པ་ཡིན། །ཞེས་སོ། །ཁྱད་པར་མ་བསྲུང་ན་ཉེས་དམིགས་ཐོབ་པས་དམ་ཚིག་ཅེས་བྱ་སྟེ། སྒྱུ་འཕྲུལ་རྡོ་རྗེ་ལས། དམ་པ་རྣམས་ཀྱི་བཀའ་བཅག་ཅིང་། །དམ་པ་འདི་ལས་གང་འདས་པ། །རྡོ་རྗེ་ཅན་ཡང་ཆག་པར་འགྱུར། །ཞེས་གསུངས་པས། མ་བཤགས་ཚེ་འདིར་ཡིད་མི་འོང་བས་མནར། །ཕྱི་མ་རྡོ་རྗེའི་དམྱལ་བ་ཞེས་བྱ་བ། །མནར་མེད་དོ་ཟླ་མེད་པའི་གནས་སུ་སྐྱེ། །ཞེས་པ་ནི། དམ་ཚིག་གསུམ་བཀོད་ལས། དམ་ཚིག་ལ་ནི་འདའ་གྱུར་ན། །འདི་ཕྱིའི་བདེ་ལེགས་ཉམས་པ་དང་། །ཡིད་དུ་མི་འོང་སྣ་ཚོགས་མྱོང་། །ས་སྤྱོད་མེ་ཡི་སྡུག་བསྔལ་ལ། །བསྐལ་པ་བྱེ་བ་གྲངས་མེད་གནས། །ཞེས་གསུངས་པའི་ཕྱིར་རོ། །ལྔ་པ་ཕན་ཡོན་བསྟན་པ་ནི། མ་ཉམས་པར་བསྲུང་བས་ཕན་ཡོན་ཐོབ་པས་དམ་ཚིག་ཅེས་བྱ་སྟེ། སྔ་མ་ལས། དམ་པ་རྣམས་ཀྱི་དགོངས་པ་ལ། །དབང་དང་བྱིན་རླབས་ཐོབ་པ་ཡི། །དམ་པའི་ཚུལ་བཞིན་ངེས་སྤྱད་ན། །མི་མཐུན་ཕྱོགས་རྣམས་ཆག་པར་འགྱུར། །ཞེས་གསུངས་པས་གོང་དུ་བཤད་པའི་དམ་ཚིག་དེ་དག་ལས། མ་ཉམས་རིང་མཐའ་སྐྱེ་བ་བཅུ་དྲུག་གམ། །མྱུར་ན་འདིའམ་འཆི་ཁ་བར་དོ་རུ། །ཐུན་མོང་གྲུབ་པ་བརྒྱད་དང་དབང་ཕྱུག་བརྒྱད། །མཆོག་གི་དངོས་གྲུབ་ཁ་སྦྱོར་བདུན་ལྡན་ཐོབ། །དེ་ཕྱིར་རང་གཞན་དོན་གཉིས་ལྷུན་གྱིས་གྲུབ། །དེ་ཡང་གསང་སྔགས་ཀྱི་སྒོར་ཞུགས་ནས་དམ་ཚིག་མ་ཉམས་ན། དབང་པོ་ཐ་མའི་ཐ་མ་ཡང་རིང་

མཐའ་སྐྱེ་བ་བཅུ་དྲུག་ནས་གྲོལ་ཏེ། རྡོ་རྗེ་རྩེ་མོ་ལས། གལ་ཏེ་རྣལ་འབྱོར་དེ་བརྩོན་ནས། །ཚེ་འདི་ཉིད་ལ་མྱ་ངན་འདའ། །ཡང་ན་མཐོང་བ་ཙམ་གྱིས་ནི། །སྐྱེ་བ་བཅུ་དྲུག་མྱ་ངན་འདས། །སོ་སོ་སྐྱེ་བོ་སངས་རྒྱས་ཉིད། །འགྲུབ་པར་འགྱུར་གྱི་གཞན་དུ་མིན། །ཞེས་སོ། །དབང་པོ་དང་བརྩོན་པ་རབ་ཏུ་གྱུར་བས་ཚེ་འདི་ལ་སངས་རྒྱས་ཐོབ་སྟེ། སངས་རྒྱས་མཉམ་སྦྱོར་ལས། བསྐལ་པ་སྐྱེ་བ་དུ་མ་རུ། །སངས་རྒྱས་སྒྲུ་དངོས་མི་མཐོང་བ། །གསང་སྔགས་ཆེ་འདིའི་ཆོ་ག་ཡིས། །ཚེ་འདི་ཉིད་ལ་ཐོབ་པར་འགྱུར། །ཞེས་སོ། །དམ་ཚིག་དང་ལྡན་ཞིང་བརྩོན་པ་འབྲིང་ཡང་འཆི་ཁའི་བར་དོ་ལ་གྲོལ་ཏེ། འཇམ་དཔལ་ཞལ་ལུང་ལས། གཟུགས་ཅན་ཕུང་པོ་རང་ལུས་འདི། །ཚེ་འདི་ཉིད་ལ་མ་འགྲུབ་ཀྱང་། །ཡིད་ནི་རྡོ་རྗེའི་སྐུར་འགྱུར་ན། །བར་དོར་ཡང་དག་འགྲུབ་པར་འགྱུར། །ཞེས་དང་། ཡེ་ཤེས་ཐིག་ལེ་ལས། ཡང་ན་ལུས་འདི་སྤངས་མ་ཐག །བླ་ན་མེད་པའི་ཡེ་ཤེས་སྐུ། །བརྩོན་པ་མི་ལྡན་པས་ཀྱང་འགྲུབ། །བརྩོན་འགྲུས་ལྡན་པས་སློབས་ཅི་དགོས། །ཞེས་དུས་ཉེ་བར་བསྟན་ནས། གྲུབ་པར་བྱ་བ་དངོས་གྲུབ་མཆོག་ཐུན་གཉིས་ལས། ཐུན་མོང་དངོས་གྲུབ་གྲུབ་པ་བརྒྱད་དང་དབང་ཕྱུག་བརྒྱད་ཐོབ་སྟེ། གྲུབ་པ་བརྒྱད་ནི། རྡོ་རྗེ་གུར་ལས། མིག་སྨན་དང་ནི་རྐང་མགྱོགས་དང་། །རལ་གྲི་དང་ནི་ས་འོག་འགྲུབ། །རིལ་བུ་དང་ནི་མཁའ་སྤྱོད་ཉིད། །མི་སྣང་བ་དང་བཅུད་ཀྱི་ལེན། །གང་ཕྱིར་དེ་ནི་རྡོ་རྗེ་འཛིན། །མཉེས་པར་བྱས་པས་མྱུར་དུ་ཐོབ། །ཅེས་སོ། །དེ་ལ་མིག་སྨན་ནི། མིག་ལ་རྫས་སོགས་བྱུག་པས་ས་འོག་གི་གཏེར་ལ་སོགས་པ་མཐོང་བའོ། །རྐང་མགྱོགས་ནི་མཆིལ་ལྷམ་འགྲུབ་སྟེ་གོན་པས་རྒྱ་མཚོའི་མཐའ་འཁོར་བའོ། །རལ་གྲི་ནི་དེས་ཕ་རོལ་གྱི་དགྲ་འཇོམས་པའོ། །ས་འོག་ནི་ས་སྤྱོད་འགྲུབ་པའོ། །རིལ་བུ་ནི་དེས་གནོད་སྦྱིན་ལ་སོགས་ལས་ལ་འཁོར་ཏེ་གང་བསམ་འགྲུབ་པའོ། །མཁའ་སྤྱོད་ནི་མཁའ་ལ་འགྲོ་བའོ། །མི་སྣང་བ་ནི་ལུས་མི་མངོན་པའོ། །བཅུད་ཀྱིས་ལེན་པས་ཚེ་ཉི་ཟླ་དང་མཉམ། སྟོབས་གླང་པོ་ཆེ་དང་མཉམ། མདངས་པད་མ་དང་མཉམ། ལྡང་བ་ཤིང་བལ་ལས་ཡང་བའོ། །དབང་ཕྱུག་བརྒྱད་ནི། ཐུགས་གསང་ལས། སྐུ་ཡི་དབང་ཕྱུག་གསུང་གི་དབང་ཕྱུག་དང་། །ཐུགས་ཀྱི་དབང་ཕྱུག་ཡོན་ཏན་ཕྲིན་ལས་དང་། །རྫུ་འཕྲུལ་ཀུན་ཏུ་འགྲོ་བའི་དབང་ཕྱུག་དང་། །གང་འདོད་གནས་དང་དབང་ཕྱུག་དོན་བརྒྱད་དོ། །ཅེས་སོ། །

དེ་ཡང་གང་འདུལ་གྱི་སྐུར་སྤྲུལ་བ་སྐུའི་དབང་ཕྱུག །ཆོས་འཁོར་རྒྱུན་ཆད་མེད་པ་གསུང་གི་དབང་ཕྱུག །རྟོག་མེད་ཐུགས་རྗེ་མངའ་བ་ཐུགས་ཀྱི་དབང་ཕྱུག །རྫུ་འཕྲུལ་ཐོགས་པ་མེད་པ་རྫུ་འཕྲུལ་གྱི་དབང་ཕྱུག །དུས་གསུམ་རེ་གཅིག་པར་བྱང་ཆུབ་པ་ཀུན་འགྲོའི་དབང་ཕྱུག །རི་རབ་སོ་གཉིས་ཀྱི་རྡུལ་སྙེད་ཀྱི་ལྷ་མོས་མཆོད་ཀྱང་འདོད་པས་གོས་པ་མེད་པ་འདོད་པའི་དབང་ཕྱུག །ནོར་བུ་ལྟར་འགྲོ་བའི་རེ་འདོད་བསྐང་བས་གང་འདོད་བསྐྱེད་པའི་དབང་ཕྱུག །འོག་མིན་གྱི་གནས་ན་ཁམས་གསུམ་ཆོས་ཀྱི་རྒྱལ་པོ་རྟག་ཏུ་བཞུགས་པ་ནི་གནས་ཀྱི་དབང་ཕྱུག་སྟེ་བརྒྱད་དོ། །མཆོག་གི་དངོས་གྲུབ་ཁ་སྦྱོར་བདུན་ལྡན་ཐོབ་སྟེ། སློབ་དཔོན་ངག་གྲགས་པས། ལོངས་སྤྱོད་རྫོགས་དང་ཁ་སྦྱོར་བདེ་ཆེན་རང་བཞིན་མེད། །སྙིང་རྗེས་ཡོངས་གང་རྒྱུན་མི་འཆད་དང་འགོག་པ་མེད། །ཡན་ལག་འདུན་དང་ལྡན་པའི་བསྒྲུབ་བྱ་འདི། །ཞེས་སོ། །དེའང་འོག་མིན་དུ་སེམས་དཔའ་ཆེན་པོ་རྣམས་ལ་ཟབ་རྒྱས་གསང་སྔགས་ཀྱི་ཆོས་འཁོར་ལ་རྒྱུན་དུ་ལོངས་སྤྱོད་པས་ལོངས་སྤྱོད་ཀྱི་ཡན་ལག །མཚན་དཔེ་རྫོགས་པའི་ཡེ་ཤེས་ཀྱི་སྐུ་ཉིད་རང་འོད་ཡུམ་དང་སྦྱོར་བས་ཁ་སྦྱོར་གྱི་ཡན་ལག་དང་། རྒྱུན་ཆད་མེད་པ་ཟག་མེད་བདེ་བ་ཆེན་པོའི་ཡན་ལག་གསུམ་ནི་ལོངས་སྐུའི་ཁྱད་ཆོས་ཡིན་ལ་དམིགས་མེད་ཀྱི་ཐུགས་རྗེ་མཁའ་ལྟར་ཁྱབ་པ་ནི། སྙིང་རྗེས་ཡོངས་སུ་གང་བའི་ཡན་ལག །འཕྲིན་ལས་རྒྱ་ཆེན་པོས་འགྲོ་བའི་དོན་རྟག་ཏུ་མཛད་པ་ནི་རྒྱུན་མི་ཆད་པའི་ཡན་ལག་དང་། མྱང་འདས་ཞི་བའི་མཐའ་ལ་མི་གནས་པ་འགོག་པའི་ཡན་ལག་གསུམ་ནི་སྤྲུལ་སྐུའི་ཁྱད་ཆོས་ཡིན་ལ། སྟོང་ཉིད་སྙིང་རྗེ་ཟུང་དུ་འཇུག་པ་སྤྲོས་པ་ཐམས་ཅད་དང་བྲལ་བའི་རང་བཞིན་མེད་པའི་ཡན་ལག་སྟེ་ཆོས་སྐུའི་ཁྱད་ཆོས་སུ་གནས་པའོ། །དེ་ལྟར་རང་དོན་ཆོས་ཀྱི་སྐུ་ལས་མ་གཡོས་བཞིན་དུ། གཞན་དོན་གཟུགས་སྐུའི་རྣམ་པར་འཕྲུལ་པས་འཁོར་བ་ཇི་སྲིད་བར་དོན་མཛད་པ་སྟེ། འཇུག་པ་ལས། ཞི་སྐུ་དཔག་བསམ་ཤིང་ལྟར་རྣམ་དག་ཅིང་། །ཡིད་བཞིན་ནོར་བུ་ལྟ་བུར་རྣམ་མི་རྟོག །འགྲོ་གྲོལ་བར་དུ་འཇིག་རྟེན་འབྱོར་སླད་རྟག །འདི་ནི་སྤྲོས་དང་བྲལ་ལ་སྣང་བ་ཡིན། །ཅེས་སོ། །དེ་ལྟར་ན་ཆོས་ཐམས་ཅད་ཀྱི་མཐར་ཐུག་པ་གསང་སྔགས་རྡོ་རྗེ་ཐེག་པ་ཡིན་ཏེ། བསྟན་པའི་སྙིང་པོ་ཡིན་པས་གསང་སྔགས་སློབ། །ཅེས་འབྱུང་བ་ཡིན་པས་འོ་སྐོལ་རྣམས་སེམས་རབ་ཏུ་དང་བས། བླ་མེད་

རྡོ་རྗེ་ཐེག་པ་ལ་ཡི་དམ་བྱ་བར་རིགས་སོ། །ཐེག་མཆོག་སྙིང་པོའི་ཆུ་འཛིན་འབྲུག་པོ་ལས། །བླ་མེད་དབང་བཞིའི་སྤྲིན་ཟེག་འཐུལ་བ་དང་། །མཉམ་དུ་རིམ་གཉིས་སྒྲ་བརྒྱ་ཆེར་སྒྲོག་པས། །མཆོག་མཐུན་དངོས་གྲུབ་ལོ་ཐོག་རྒྱས་པར་ཤོག །དལ་འབྱོར་གྲུ་ཆེན་རྡོ་རྗེ་གསུམ་གྱིས་བཅིངས། །དཔལ་ལྡན་བླ་མའི་མཉན་པས་ལེགས་བཟུང་བར། །སྣང་གྲགས་སྲིད་ཞིའི་མགྲོན་ཚོགས་ཀྱིས་གང་བས། །འཁོར་བའི་གཞོལ་འགྲོ་སྐད་ཅིག་སྒྲོལ་བྱེད་ཤོག །ཧྲ་བདུན་དབང་པོ་ཤར་རིའི་རྩེར་སོན་བཞིན། །སྒྲ་གཅན་ལམ་བསལ་འབྱུང་པོའི་བྱ་རྣམས་ཡིབས། །ལེགས་བཤད་སྣང་བ་བློ་རྒྱུད་འཆར་བའི་མོད། །ཐར་ལམ་མངོན་བྱེད་ངན་འགྲོ་རྣམས་ཅད་ཤོག །

༄ རང་བཞིན་རྫོགས་པ་ཆེན་པོའི་ལམ་གྱི་ཆ་ལག་སྡོམ་པ་གསུམ་རྣམ་པར་ངེས་པའི་འགྲེལ་པ་རྣམ་གྲོལ་ལམ་བཟང་ལས། གསང་སྔགས་རིག་འཛིན་གྱི་སྡོམ་པའི་རྣམ་པར་དབྱེ་བ་སྟེ། རིམ་པར་ཕྱེ་བ་བཞི་པ་གཏན་ལ་དབབ་ཟིན་ཏོ། །

༄ དེ་ལྟར་སྡོམ་པ་གསུམ་གྱི་རྣམ་དབྱེ་བསྟན་ནས། ད་ནི་རིམ་པར་ཕྱེ་བ་ལྔ་པ་སྡོམ་གསུམ་གང་ཟག་གཅིག་གིས་ཇི་ལྟར་ཉམས་སུ་བླང་བའི་ཚུལ་བསྟན་པ་ལ་འདང་། རྣམ་དབྱེ་སྤྱིར་བསྟན་པ་དང་། ངོ་བོ་མདོར་བསྟན་པ། འབྲས་བུ་ངེས་པས་འགག་བསྡུམ་པ་གསུམ་ལས། དང་པོ་ནི། སོ་ཐར། བྱང་སེམས། སྔགས་སྡོམ། དེ་ལྟར་སྡོམ་གསུམ་གང་ཟག་རྒྱུད་གཅིག་ལ། རང་ལྡོག་མ་འདྲེས་དགག་དགོས་ཡོངས་སུ་རྫོགས། །ངོ་བོ་གནས་འགྱུར་ཡོན་ཏན་ཡར་ལྡན་པས། །གནད་ཀྱིས་མི་འགལ་དུས་སྐབས་གང་གཙོར་སྤྱོད། །ཅེས་པ་ནི་བསྡུས་དོན་ས་བཅད་ཀྱི་བསྡོམས་སུ་གནས་པ་སྟེ། དེ་ལའང་དྲུག །རང་ལྡོག་མ་འདྲེས། དགག་དགོས། ཡོངས་རྫོགས། ངོ་བོ་གནས་འགྱུར། ཡོན་ཏན་ཡར་ལྡན། གནད་ཀྱི་མི་འགལ། དུས་སྐབས་གང་གཙོའོ། །དང་པོ་ནི། དེ་ཡང་བླང་ཡུལ་བསམ་པ་ཆོ་ག་རྣམས། །སོ་སོར་ངེས་ཕྱིར་རང་ལྡོག་མ་འདྲེས་ཡིན། །འདི་ལྟར་གོང་དུ་བཤད་པ་ལྟར་སྡོམ་པ་གསུམ་པོ་རེ་རེ་བཞིན། བླང་བའི་ཡུལ། ལེན་པའི་གང་ཟག །བསམ་པའི་ཁྱད་པར། ལེན་པའི་ཚུལ་ཆོ་ག་བསྒྲུབ་ཐབས་དང་བཅས་པ་སོ་སོར་མ་འདྲེས་པ་ཡོད་པས་ན་རང་ལྡོག་མ་འདྲེས་ཞེས་བྱའོ། །གཉིས་པ་དགག་དགོས་ཡོངས་རྫོགས་ནི། དགག་བྱ་ཉོན་མོངས་དགོས་པ་མི་འཆིང་བར། །

རང་རང་ལམ་གྱི་ངོས་ནས་ཡོངས་སུ་རྫོགས། །སྤྱང་བསྒྱུར་ལམ་དུ་ཁྱེར་བ་སོ་སོ་ཡང་། །ཉོན་མོངས་རང་མཚན་སྤྱང་བར་མཁས་རྣམས་མཐུན། །དེ་ལ་རྣམ་པ་ཐམས་ཅད་དུ་དགག་པར་བྱ་བ་ནི། ཐབས་དང་མི་ལྡན་པའི་ཉོན་མོངས་པ་རང་ཁ་མ་ཉིད་ཡིན་ལ། དགོས་པ་གང་གིས་ཉོན་མོངས་པས་མི་འཆིང་ཞིང་ཡེ་ཤེས་བསྐྱེད་པར་འགྱུར་བ་ནི་ཡང་དག་པའི་ལམ་སྟེ། དགག་དགོས་ཡོངས་རྫོགས་ཞེས། དཔེར་ན་ཐམས་ཅད་འདུས་ལ་མཁར་བརྩིག་ཟེར་བ་བཞིན། སྡོམ་པ་གསུམ་ཀས་རྒྱུད་གཅིག་པུ་དེའི་མི་དགེ་བ་སྤོམ་པ་གཅིག་སྟེ། འདུལ་བ་ལས། ཆོས་གང་ཞིག་དངོས་དང་རྒྱུད་ནས་ཀུན་ཏུ་འདོད་ཆགས་པའི་རྒྱུར་འགྱུར་ལ། ཀུན་ཏུ་འདོད་ཆགས་དང་བྲལ་བར་མི་འགྱུར་བ་འདི་ནི་ཆོས་མ་ཡིན། འདུལ་བ་མ་ཡིན། སྟོན་པའི་བསྟན་པ་མ་ཡིན་པར་ཤེས་པར་གྱིས་ཤིག །ཆོས་གང་ཞིག་དངོས་དང་བརྒྱུད་ནས་ཀུན་ཏུ་འདོད་ཆགས་དང་བྲལ་བའི་རྒྱུར་འགྱུར་གྱི་ཀུན་ཏུ་འདོད་ཆགས་པའི་རྒྱུར་མི་འགྱུར་བ་འདི་ནི་ཆོས་ཡིན། འདུལ་བ་ཡིན། སྟོན་པའི་བསྟན་པ་ཡིན་པར་ཤེས་པར་གྱིས་ཤིག །དེ་བཞིན་དུ་ཞེ་སྡང་ལ་སོགས་པའི་བར་མང་དུ་གསུངས་སོ། །གཞན་ཡང་། དཀོན་མཆོག་བརྩེགས་པ་ལས། ཞེན་པ་མེད་ཅིང་རློམས་པ་མེད། །གང་ཟག་དེ་ནི་ཉོན་མོངས་རྣམས། །ལེགས་པར་ཉིད་དུ་རྟོགས་པར་འགྱུར། །ཞེས་སོ། །འོ་ན་གསང་སྔགས་ལས་ཉོན་མོངས་ལྷ་མི་སྤྱངས་པར་བཤད་པས། དེ་མ་སྤྱང་ན་ཡོན་ཏན་མི་སྐྱེ་ཞིང་སངས་རྒྱས་མི་ཐོབ་བོ། །ཞེ་ན། ལམ་དང་འབྲས་བུའི་ཡོན་ཏན་ནི་ཉོན་མོངས་པའི་རྒྱུ་ཁོ་ན་ལས་ཐོབ་སྟེ། ཡེ་ཤེས་ཡིན་ཞིང་དེ་གོམས་པར་བྱ་བའི་ཕྱིར་ཏེ། མདོ་དེ་ཉིད་ལས། དཔེར་ན་ལུད་བཅས་ཚན་དང་བཅས་པ་ལ། །ས་བོན་སྐྱེ་ཡི་ཚ་སྒྲོས་གདུང་ལ་མིན། །དེ་བཞིན་ཉོན་མོངས་ལ་སོགས་སྐྱེས་པ་ལ། །རྒྱལ་སྲས་རྣམས་ཀྱི་རྒྱལ་བའི་ཆོས་རྣམས་སྐྱེ། །ཞེས་སོ། །ཅི་དེ་ན་འགྲོ་ལོག་པར་བརྒྱུད་ཅིང་འཆིང་བ་མ་ཡིན་ནམ། ཞེ་ན། ཉོན་མོངས་པའི་རང་བཞིན་ཤེས་ནས་གོམས་པ་དེས་ཉེས་པས་མི་གོས་ཤིང་བདེ་འགྲོའི་ལུས་དང་འབྲས་བུ་འཛིན་པ་ཁོ་ནའོ། །དེ་ཉིད་ལས། སངས་རྒྱས་ལམ་ནི་ཐམས་ཅད་ཀུན། །ཉོན་མོངས་ལས་ནི་བརྩམ་པར་བྱ། །ཞེས་སོ། །དེ་ཡང་རྩ་བ་ཟམ་པ་བཞི་ལྟ་བུ་ལ་མཚོན་ན། འདུལ་བ་ནས་སྲོག་གཅོད་པ་ལ་ཡུལ་བསམ་སྦྱོར་བ་མཐར་ཐུག་བཞི་ཉོན་མོངས་པ་རང་མཚན་པ་དགོས་ལ།

བྱང་སེམས་ལས་ཐབས་ལ་མཁས་པ་མ་ཡིན་ན། ཉམས་པར་གསུངས་པ་ལས། གསང་སྔགས་སུ་དོན་དམ་པར་རྟག་ཆད་ཀྱི་མཐའ་དང་བྲལ་ཞིང་། ཀུན་རྫོབ་ཏུ་བདག་ཉིད་སྒྱུ་མ་དང་། སེམས་ཅན་མིག་ཡོར་ལྷ་བུའི་སྒྲོལ་བ་ལྟར་སྣང་ཡང་། སྣང་དུས་ནས་སེམས་ཅན་རང་མཚན་དུ་མ་གྲུབ་པས་སྲོག་བཅད་དུ་མེད་དེ། རྨི་ལམ་སྒྱུ་མ་བཞིན་ནོ། །སྲོག་གཅད་བྱ་དང་གཅོད་བྱེད་དུ་སྣང་བ་སེམས་འཁྲུལ་པའི་ལོག་རྟོག་ཙམ་ལས་དོན་ལ་གཉིས་སུ་འགྲུབ་པ་མེད་དེ། རྒྱུད་གསང་སྙིང་ལས། སྒྱུ་མ་མིག་ཡོར་ལྷ་བུའི་ཚུལ། །སྲོག་མེད་སྲོག་ཀྱང་བཅད་དུ་མེད། །སྲོག་ཀྱང་སྐྱེས་བུའི་ལོག་རྟོག་ཙམ། །བདེན་པ་གཉིས་ཀ་དབྱེར་མེད་ཅིང་། །ཞེས་དང་། ཡུལ་འཁོར་སྐྱོང་གིས་ཞུས་པའི་མདོ་ལས། བདག་དང་གཞན་དང་སྲོག་ཀྱང་སྐྱེས་བུ་རྣམས། །མེད་པར་སྣང་ལ་རང་བཞིན་གཉིས་མེད་པ། །ཕྱིན་ཅི་ལོག་ཙམ་ཉིད་ལས་གཞན་མེད་དེ། །ཡང་དག་ཀུན་བརྟགས་སྒྱུ་མའི་ཚུལ། །ཞེས་དང་། དཀོན་མཆོག་བརྩེགས་པ་ལས། ཇི་ལྟར་སྒྱུ་མ་མཁན་གྱིས་འཇིག་རྟེན་ན། །སེམས་ཅན་བརྒྱ་ཕྲག་མང་པོ་སྤྲུལ་བྱས་ཏེ། །སྤྲུལ་པ་དེ་དག་ཐམས་ཅད་བསད་གྱུར་ཀྱང་། །སྒྱུ་མ་དེ་དག་བསད་པ་ཡོད་མིན་ལྟར། །འགྲོ་བ་འདི་དག་སྒྱུ་མའི་རང་བཞིན་ཏེ། །འདི་ལ་མཐའ་ནི་ནམ་ཡང་དམིགས་སུ་མེད། །གང་དག་དེ་ལྟར་མཐའ་ཡས་མོས་བྱེད་པ། །དེ་དག་འཇིག་རྟེན་ན་ནི་ཆོར་བ་མེད། །གང་དག་རང་བཞིན་མེད་ཆོས་འདི་ཞེས་པ། །དཔའ་བ་དེ་དག་འཇིག་རྟེན་མྱ་ངན་འདའ། །འདོད་པའི་ཡོན་ཏན་སྤྱོད་ཀྱང་ཆགས་མེད་ཅིང་། །ཆགས་པ་རྣམས་སྤྱང་སེམས་ཅན་འདུལ་བར་བྱེད། །མི་དབང་རྣམས་ནི་སེམས་ཅན་ཕན་པར་མཛད། །ཅེས་སོ། །མ་བྱིན་པར་ལེན་པ་ལའང་། གསང་སྔགས་ཀྱི་ལམ་འདིར་ཆོས་ཐམས་ཅད་བདེན་གཉིས་དབྱེར་མེད་དོན་ལ་རང་བཞིན་མ་གྲུབ་ཅིང་ཐ་སྙད་དུའང་གྲུབ་པ་མེད་དེ། སྒྱུ་མ་མཁན་རང་གི་སྤྲུལ་པའི་ནོར་རང་གིས་ལོངས་སྤྱོད་པ་ལྟར། གཞན་གྱི་རྫས་དང་ནོར་ལེན་པ་པོ་ཐ་དད་མེད་པར་རང་བཞིན་གཅིག་ཏུ་ཤེས་ན། རང་སྣང་གི་རྫས་ལ་རང་སྣང་གི་ལེན་པའི་ཚུལ་གྱིས་མ་བྱིན་པར་བླངས་ཀྱང་བླང་བྱ་བླང་བྱེད་བླང་རྒྱུའི་མཚན་མའི་འཁོར་གསུམ་གྱི་ཆོས་ཐམས་ཅད་ཡེ་ནས་རྣམ་པར་དག་པ་ནམ་མཁའ་ལྟ་བུའི་རང་བཞིན་ཡིན་ཏེ། དེ་ཉིད་ལས། ཇི་ལྟར་སྒྱུ་མས་སྒྱུ་མའི་ནོར་བླང་སྟེ། །རྨི་ལམ་ནང་བཞིན་དགོས་པ་དེ་སྤྱོད་ཀྱང་། །དེ་ལ་

ལས་མེད་རྣམ་པར་སྨིན་པ་མེད། །དེ་བཞིན་ཆགས་སེམས་ཡེ་ཤེས་འདིར་བསླབ་ཏེ། །མྱ་ངན་འདས་པ་དམ་པའི་མཆོག་ཞིར་འགྲོ། །ཞེས་སོ། །རྟེན་དུ་སླུ་བ་ལའང་། གཞན་དོན་དུ་གྱུར་པའི་དགོས་པ་ཁྱད་པར་ཅན་ཡོད་ན། ཇི་ལྟར་ཕན་པ་དེ་ལྟར་སླུས་ན་ཉེས་པ་མེད་དེ། འདི་ལྟར་འཁོར་འདས་ཀྱིས་བསྡུས་པའི་ཆོས་ཐམས་ཅད་རྨི་ལམ་སྒྱུ་མ་ལྟ་བུའི་རང་བཞིན་ཡིན་ལ། དེ་དག་སོ་སོའི་མིང་དང་ཚིག་ཏུ་བཏགས་པ་དེ་ཡང་སོ་སོའི་རྟོག་པས་གློ་བུར་དུ་བཏགས་པའི་ཕྱིར་རྫུན་ནོ། །དེ་ལྟར་རྟོགས་ན་རྫུན་གྱི་ཚིག་གཏང་ཡུལ་གཏོང་བྱེད་གཏང་རྒྱུ་དང་བཅས་པ་ཆོས་སུ་གྲུབ་པ་མིང་ཙམ་བཏགས་པ་ཙམ་དུའང་ཡོད་པ་མ་ཡིན་ཏེ་སྒྲ་དེ་ཉིད་ཀྱང་ཕྱི་ནང་གང་དུའང་མེད་པས་གྲགས་སྟོང་སྐྱེ་མེད་ཡིན་པའི་ཕྱིར་རོ། །ཉེ་བར་འཁོར་གྱི་ཞུས་པའི་མདོ་ལས། ཇི་ལྟར་ཚངས་པས་བཙངས་ཏེ་བྲིས་པ་ལ། །སྟོན་ཅིང་དག་ཏུ་ཡོད་ཅེས་བརྗོད་བྱས་ནས། །དེ་ཡི་ཚངས་པ་སྟོང་པར་མཐོང་ནས་ནི། །བྲིས་པ་དེ་ནི་ཚེ་རིས་དུ་བ་ལྟར། །དེ་བཞིན་སངས་རྒྱས་བསམ་གྱིས་མི་ཁྱབ་པར། །སེམས་ཅན་ཚུལ་ལ་མཁས་ཤིང་མཁྱེན་པ་རྣམས། །ཆོས་རྣམས་འདི་ཀུན་གསོག་གསོབ་མཁྱེན་གྱུར་ནས། །འཇིག་རྟེན་དག་ལ་ཡོད་དང་མེད་ཅེས་སྟོན། །ཅེས་སོ། །མི་ཚངས་པར་སྤྱོད་པའང་། ཉོན་མོངས་པ་འདོད་ཆགས་རང་ཁ་མའི་རྟོག་པ་ལོག་ནས་བདེ་སྟོང་ཟག་པ་མེད་པའི་ཡེ་ཤེས་རྒྱུད་ལ་བསྐྱེད་པའི་ཐབས་ལམ་ལ་ཉེས་པ་མེད་དེ། འདི་ནི་ཆོས་ཐམས་ཅད་ཀྱི་རང་བཞིན་གང་དུའང་མ་ཆགས་པ་དངོས་པོ་དང་མཚན་མ་གང་དུའང་མ་གྲུབ་པའི་གནས་ལུགས་སྟོང་པ་ཉིད་རྟོགས་པ་ནི་ཆགས་པ་སྟེ་ཤེས་རབ་མཐའ་གཉིས་ལ་མི་གནས་པའི་ངང་ནས། ཡབ་ཡུམ་སྙོམས་པར་འཇུག་པའི་ཡེ་ཤེས་ལ་ཆགས་པ་ཉིད་ལ་ཐ་མལ་གྱི་འདོད་ཆགས་མེད་པ་ནི་ཐབས་སྙིང་རྗེ་ཆེན་པོའི་རང་བཞིན་ཏེ། ཐ་མལ་གྱི་འདོད་ཆགས་ལས་མཆོག་ཏུ་གྱུར་པ་བདེ་སྟོང་གཉིས་མེད་ཀྱི་ཡེ་ཤེས་ལ་རོལ་པ་སྟེ། ཚངས་པར་སྤྱོད་པ་རྣམ་པར་དག་པའི་ཆགས་པ་ཆེན་པོ་སྟེ། དགོན་མཆོག་བརྩེགས་པ་ལས། ཇི་ལྟར་རྨི་ལམ་སྒྱུ་མའི་རང་བཞིན་དུ། །སྐྱེས་བུ་འདོད་བསྟན་དེ་ཡང་དེ་འདྲ་ཞེས། །ངོ་བོ་ཉིད་ཀྱིས་སྟོང་གསལ་དངོས་པོ་མེད། །ལས་མེད་རྣམ་པར་སྨིན་པ་དེ་ཡོད་མིན། །ཞེས་དང་། དེས་ན་འདོད་ཆགས་སངས་རྒྱས་ལམ། །རང་བཞིན་དབྱེར་མེད་ཡིན་པར་ནི། །རབ་ཏུ་རྟོགས་པར་གྱུར་པས་ན། །

འདོད་ཆགས་ལས་ནི་ཞེན་པ་མེད། །ཅེས་དང་། དེ་བཞིན་འདོད་ཆགས་གང་མཆོད་པ། །དེ་ནི་སངས་རྒྱས་མཆོད་པ་ཡིན། །ཞེས་དང་། ཀུན་ནས་སྐྱོའི་ལེའུ་ལས། འདོད་ཆགས་དང་ནི་སྟོང་པ་ཉིད། །དེ་གཉིས་གཉིས་སུ་ཡོད་མ་ཡིན། །ཞེས་དང་། དུས་འཁོར་གྱི་རྒྱུད་དོན་དམ་བསྙེན་པ་ལས། འདོད་ཆགས་གང་ཞིག་གིས་ནི་སེམས་ཅན་གདུལ་བྱ་རབ། །དེ་ཉིད་ཀྱིས་ནི་རྣལ་འབྱོར་སྲིད་པའི་ཕ་རོལ་བསྒྲོད། །དུག་གང་གིས་ནི་སེམས་ཅན་འཆིང་བར་འགྱུར་བ་ཡིས། །དུག་སྔགས་ཤེས་པ་དེ་ཉིད་ཀྱིས་ནི་ནད་འཕྲོག་བྱེད། །ཅེས་དང་། བརྟག་གཉིས་ལས། ཇི་ལྟར་ཚད་པས་ཚིག་པ་ཡང་། །མེ་ཉིད་ལ་ནི་གདུང་བར་བྱ། །དེ་བཞིན་འདོད་ཆགས་མེས་ཚིག་པ། །འདོད་ཆགས་ཉིད་ཀྱིས་གྲོལ་བར་འགྱུར། །སྙི་བོ་མི་བཟད་པ་ཡི་ལས། །གང་དང་གང་གིས་འཆིང་གྱུར་པ། །ཐབས་དང་ལྡན་ན་དེ་ཉིད་ཀྱིས། །སྲིད་པའི་འཆིང་བ་ལས་གྲོལ་འགྱུར། །ཆགས་པས་འཇིག་རྟེན་འཆིང་འགྱུར་པ། །འདོད་ཆགས་ཀྱིས་ནི་རྣམ་གྲོལ་འགྱུར། །བཟློག་པའི་བསྒོམ་པ་འདི་ཉིད་ནི། །སངས་རྒྱས་མུ་སྟེགས་ཀྱིས་མི་ཤེས། །ཞེས་སོ། །དེས་ན་ཚངས་སྤྱོད་ལ་གནས་པ་དང་དབང་གསུམ་པའི་རྣལ་འབྱོར་པ་གཉིས་གནད་གཅིག་སྟེ་ཉོན་མོངས་པ་རང་མཚན་པས་མ་གོས་པའི་ཕྱིར་རོ། །རྣམ་པ་ཐམས་ཅད་དུ་མི་སྤྱོད་པ་ཉིད་གཙོ་ན། བྱ་ཆུང་དང་མ་ནིང་ལ་སྡོམ་པ་ལྷག་པར་སྐྱེ་བ་རིགས་སོ། །ཡང་སོ་ཐར་དང་། དབང་གསུམ་པོ་དངོས་འགལ་དུ་གནས་པ་ཡིན་ན། སྔགས་ཀྱི་རྟེན་ཁྱིམ་པ་ཁོ་ན་འོང་བར་རིགས་པ་ལས། རྟེན་ནི་གསུམ་ལས་དགེ་སློང་མཆོག །ཅེས་དང་། སྡོམ་འབྱུང་ལས། ཡོན་ཏན་ཐམས་ཅད་ཀྱི་གཞི་མ་དམ་པའི་ཆོས་འདུལ་བ་ལས་རབ་ཏུ་བྱུང་བ། སོ་སོར་ཐར་པའི་སྡོམ་པ་ལ་གནས་པ། གསུམ་ལ་སྐྱབས་སུ་འགྲོ་བའི་ཡིད་ཀྱིས་སྔར་བརྟེན་ཏམ། ད་བརྟེན་པར་སྤྲོའམ། ཞེས་གསུངས་པའི་ཕྱིར་རོ། །གསང་སྔགས་ལས་མི་སྤང་བར་བཤད་པའང་། ཉོན་མོངས་པ་རྣམས་ཀུན་རྫོབ་ཏུ་སྨིག་རྒྱུ་དང་འདྲ་སྟེ་སྣད་ཅིག་གིས་མི་རྟག་པས་རང་གི་རང་སྤྱངས་ཤིང་། དོན་དམ་པར་གང་གིས་དངོས་པོར་ཡང་མ་གྲུབ་པས་ཀུན་ཏུ་བཙལ་ན་ཡང་མི་རྙེད་པའི་ཕྱིར་སྤང་དུ་མེད་དེ། ཕྱིར་མི་ལྡོག་པ་འཁོར་ལོའི་མདོ་ལས། མ་རིག་ནམ་མཁའ་ཇི་བཞིན་ཏེ། །ཆོས་རྣམས་ཐམས་ཅད་མཚན་ཉིད་མེད། །འདོད་ཆགས་མེད་ཅིང་ཞེ་སྡང་མེད། །ང་རྒྱལ་དང་ནི་ཕྲག་དོག་ཀུན། །སྒྱུ་འདྲ

ངོ་བོ་ཉིད་མེད་དེ། །ཡོད་མེད་མི་དམིགས་རྟེན་དང་བྲལ། །ཞེས་དང་། སྤྱོད་འཇུག་ལས། ཉོན་མོང་རྣམས་ནི་ཡུལ་ན་མི་གནས་དབང་སོགས་ལ་མིན་བར་ནའང་མིན། །དེ་ལས་གཞན་ནའང་མིན་ན་འདི་དག་གར་གནས་འགྲོ་བ་ཀུན་གནོད་དེ། །འདི་ནི་སྒྱུ་འདྲ་དེ་ཕྱིར་སྙིང་ལ་འཇིགས་སྤང་ཤེས་ཕྱིར་བརྩོན་པ་བསྟེན། །ཞེས་དང་། ཡེ་ནས་སྟོང་པའི་དངོས་འདི་ལ། །ཐོབ་པ་ཅི་ཡོད་ཤོར་ཅི་ཡོད། །མི་དགར་ཅི་ཡོད་དགར་ཅི་ཡོད། །ཐམས་ཅད་ནམ་མཁའ་འདྲ་བར་ནི། །བདག་འདྲས་ཡོངས་སུ་བཟུང་བར་བགྱི། །ཞེས་སོ། །ཐབས་ཀྱི་ཟིན་ན་ལམ་གྱི་གྲོགས་ཡིན་ཏེ། སྒྱུ་འཕྲུལ་རྒྱ་མཚོ་ལས། ཉོན་མོངས་ལམ་ནི་དག་པ་ཆེ། །ཐབས་ཀྱི་འདོད་ཡོན་རྒྱན་གྱི་མཆོག །ཐམས་ཅད་ཐམས་ཅད་རོལ་པ་ལས། །སྨུར་དུ་ཧེ་རུ་ཀ་དཔལ་འགྱུར། །ཞེས་དང་། དཀོན་མཆོག་བརྩེགས་པ་ལས། ཇི་ལྟར་གྲོང་ཁྱེར་རྣམས་ཀྱི་མི་གཙང་ལུད། །དེ་ནི་བུ་རམ་ཤིང་པའི་ཞིང་ལ་ཕན། །དེ་བཞིན་བྱང་ཆུབ་སེམས་དཔའི་མི་གཙང་ལུད། །དེ་ནི་རྒྱལ་བའི་ཞིང་གི་ཆོས་ལ་ཕན། །ཞེས་སོ། །དེ་ཡང་ཉོན་མོངས་པ་ལམ་དུ་ཁྱེར་ཚུལ་ཡང་། རྗེ་གོང་བུ་བ་སྐྱོ་སྟོན་ཤཱཀྱ་ཡེ་ཤེས་ཀྱིས་ཞལ་ནས། སྐད་ཅིག་མ་དང་པོ་ལ་ཉོན་མོངས་པ་གཅིག་ཐོལ་གྱིས་སྐྱེས་པ་ལ། སྐད་ཅིག་མ་གཉིས་པ་ལ་ཆོས་ཉིད་དུ་ཤེས་པས་ལམ་དུ་བྱེད་པར་གསུངས་ཀྱང་། དེ་ལྟར་ན་ཉོན་མོངས་པ་ལམ་དུ་བྱེད་པ་མིན་ཏེ། དེའི་རྗེས་ཐོག་གི་ཤེས་པ་ལམ་བྱེད་ཡིན་པའི་ཕྱིར། རྗེ་གསང་བདག་སྒྲོ་ཕུག་པ་ནི། ཉོན་མོངས་པ་ཀམ་གྱིས་སྐྱེས་པ་ལ་ལམ་དུ་བྱེད་དེ། དེ་ཡང་རྟོགས་པ་ལྷ་བུའི་རྩིས་ཟིན་པ། རང་རྒྱུད་དུ་མ་ཤོར་བ། ཉོན་མོངས་པ་རང་གི་མཐའ་ལ་མ་ཞེན་པ་སྟེ་ཆོས་གསུམ་ལྡན་ཞིག་ལམ་དུ་བྱེད་གསུངས་པ་འདི་ནི་འཐད་དེ། ཀུན་མཁྱེན་ཀློང་ཆེན་རབ་འབྱམས་ཀྱི་བཞེད་པ། ཉོན་མོངས་པ་ཞེ་སྡང་ལྟ་བུ་གཅིག་སལ་གྱིས་སྐྱེས་ཚེ། གཏི་མུག་གི་སྒྲིབ་པས་ལུང་མ་བསྟན་དུ་མ་སོང་བར་གསལ་ལེ་ཧྲིག་གེ་འཆར་བ་དེ་ཀ་ལམ་དུ་བྱེད་དེ། དེ་ལས་གཞན་རྗེས་ཤེས་ཀྱི་གཉེན་པོ་བསྟེན་པ་ལྟ་བུ་ནི་རྟོག་པའི་འཕྲོ་མཐུད་པ་སེམས་ཀྱི་ཆ་ལ། དེ་དུས་ཀྱི་གསལ་ལེ་བ་རང་ནི་གནས་པའི་ཆ་ཡིན་པས་བཞག་ལ། གཏིང་གསལ་གྱི་ཡེ་ཤེས་རིག་པ་སྐད་གཅིག་མ་རྗེན་ཅེ་རེ་བ་དེ་ཀ་སྐྱོང་བར་གསུངས་ཤིང་། དེ་ཡང་ཞེ་སྡང་གི་གསལ་ངར་དེས་ལུང་མ་བསྟན་གྱི་རྟེན་ནམ་སྟེངས་སོ་མེད་པར་ཆེས་དངོས་སུ་གསལ་བའི་ཕྱིར

ཉོན་མོངས་ཡེ་ཤེས་སྐྱེ་བའི་རྒྱུར་བཤད་དེ་སྨད་བྱུང་རྒྱལ་པོ་ལས། སྟོང་པ་བསྒོམ་པས་ཡེ་ཤེས་སྐྱེ་མི་འགྱུར། །སྣང་བ་འདི་ལ་ཞེན་པ་དྲག་བྱས་ན། །ཉོན་མོངས་ཤས་ཆེའི་ས་ནས་ཡེ་ཤེས་འཆར། །དཔེར་ན་ཆུ་བོ་ཆེན་པོ་བྲུག་པ་བཞིན། །ཞེས་དང་། མེ་ཏྲི་ལས། དགེ་དང་མི་དགེའི་ལས་རྣམས་ཀུན། །དེ་ཉིད་ཤེས་པས་གྲོལ་བར་འགྱུར། །ཉོན་མོངས་ཡེ་ཤེས་ཆེན་པོ་སྟེ། །ནགས་ལ་མེ་བཞིན་རྣལ་འབྱོར་གྲོགས། །ཞེས་དང་། ཐེག་བསྡུས་ལས། ཐབས་ཆེན་རྣམས་དང་ལྡན་པ་ལ། །ཉོན་མོངས་བྱང་ཆུབ་ཡན་ལག་འགྱུར། །ཞེས་སོ། །ཁ་ཅིག་ན་རེ། དེ་ལྟར་ན་ཉོན་མོངས་པ་ལམ་དུ་བྱས་པ་མ་ཡིན་ཏེ་ཐབས་ལམ་དུ་བྱས་པའི་ཕྱིར་རོ། །ཞེ་ན། ནས་ལས་ཟན་དུ་བྱེད་པར་འདོད་དམ་ཕྱེ་ལས་ཟན་དུ་བྱེད། རྫོ་བདག་བྱས་ན་ཕྱེའི་ཟན་དུ་འགྱུར་གྱི་ནས་ཀྱི་ཟན་དུ་མི་འགྱུབ་བོ། །རྒྱུ་ནས་ལ་རྐྱེན་རྫོ་བདག་བྱས་པས་ཟན་དུ་འགྱུབ་བོ། །ཞེ་ན། འདིར་ཡང་རྒྱུ་ཉོན་མོངས་པ་ལས་རྐྱེན་ཐབས་ཀྱིས་ལམ་དུ་བྱེད་པ་ཁོ་ན་ཏེ། དེ་ཡང་མན་ངག་རིན་པོ་ཆེའི་མཛོད་ལས། གཉེན་པོས་རྐྱེན་ངན་ཐུབ་པའི་ཆོས་དྲུག་ནི། །ཉན་ཐོས་བཞིན་དུ་དགྲ་ལྟར་སྤང་བ་དང་། །ཕ་རོལ་ཕྱིན་ལྟར་ཡོངས་སུ་སྦྱངས་བ་དང་། །སྔགས་ལྟར་ཐབས་ཀྱི་ལམ་དུ་བསྒྱུར་བ་དང་། །ཡང་ཟབ་གནད་ཀྱིས་རང་སར་གྲོལ་བ་དང་། །མཐའ་བྲལ་དང་དུ་རང་ཞིར་བཏང་བ་དང་། །བྱ་བརྩལ་མེད་པར་ཡང་ལ་ལ་བཟླ་སྟེ། །བློ་རིག་བསྟུན་ནས་གང་ལྟར་སྒོམ་བྱེད་ཀྱང་། །འགག་ལ་ཉོན་མོངས་རང་གར་མ་སོང་གཅེས། །ཞེས་སོ། །དེ་ལྟར་ཉོན་མོངས་པའི་དངོས་པོ་གཅིག་ལ་སྤང་བསྒྱུར་ལམ་ཁྱེར་གང་བྱས་ཀྱང་ཉོན་མོངས་པ་རང་མཚན་པ་སྤང་བར་དོན་མཐུན་ཏེ། གསེར་ལས་བྱས་པའི་རང་བཞིན་གཅིག་ལ། ཚོལ་ཟང་དུ་བྱས་པའི་ཚེ་རྔོག་པ་དང་། གཞོང་བར་བྱས་པའི་ཚེ་གཙང་བ་དང་། གདུ་བུར་བྱས་པའི་ཚེ་རྒྱན་དང་། ལྷའི་སྐུ་གཟུགས་སུ་བྱས་པའི་ཚེ་མཆོད་པའི་རྟེན་དུ་བྱེད་བཞིན་དུ་རྐྱེན་གྱིས་ཐེག་པ་རང་རང་གིས་དེ་ལྟར་མཐོང་ཡང་། ཡེ་ནས་དག་པའི་ཡེ་ཤེས་ཡིན་པས། གཞི་ལམ་འབྲས་བུའི་ཆོས་སུ་ཉོན་མོངས་པ་དེ་ཉིད་འགྱུར་བའི་སྤྱང་བྱ་མ་ཡིན་པའི་རྒྱུ་མཚན་འཐད་པ་དང་བཅས་པའོ། །གསུམ་པ་ངོ་བོ་གནས་འགྱུར་ནི། སྡོམ་པ་གསུམ་པོ་དེ་ཡང་། སོ་ཐར་ཀུན་བསླངས་སེམས་བསྐྱེད་ཀྱིས་ཟིན་ན། །ཞེས་སྦྱོད་སྡོམ་པ་ཞེས་བྱའི་ཚུལ་ཁྲིམས་ཡིན། །དབང་ཐོབ་རྡོ་རྗེ་འཛིན་པའི་སྡོམ་པར་འགྱུར། །དེ་ཕྱིར་ངོ་བོ་

གནས་འགྱུར་ཡིན་ནོ་ཞེས། །འབུམ་ཕྲག་ལྔ་པའི་ལུང་གིས་གསལ་བར་གྲུབ། །དེ་ཡང་བྱང་ཆུབ་ཏུ་སེམས་བསྐྱེད་པའི་རྗེས་ཟིན་པ་ན་ཉན་ཐོས་སོ་ཐར་ཐམས་ཅད་བྱང་སེམས་སོ་ཐར་དུ་གནས་འགྱུར། དབང་ཐོབ་པ་ན་གཉིས་ཀ་རིག་འཛིན་སྔགས་ཀྱི་སྡོམ་པའི་ངོ་བོར་གནས་འགྱུར་བ་ཡིན་ནོ། །ཞེས། རྒྱུད་འབུམ་ཕྲག་ལྔ་པའི་ལུང་དེ་ཁོ་ན་ཉིད་ཀྱི་ཡེ་ཤེས་གྲུབ་པ་ཞེས་བྱ་བ་ལས་བྱུང་བ། རྡོ་ཡི་རིགས་ཀྱི་བྲེ་བྲག་བཞུས། །ལྕགས་དང་ཟངས་དང་དངུལ་དུ་འབྱུང་། །གསེར་འགྱུར་རྩི་ཡི་དངོས་པོ་ཡིས། །ཀུན་ཀྱང་གསེར་དུ་བསྒྱུར་བར་བྱེད། །དེ་བཞིན་སེམས་ཀྱི་བྲེ་བྲག་གིས། །རིགས་ཅན་གསུམ་གྱི་སྡོམ་པ་ཡང་། །དཀྱིལ་འཁོར་ཆེན་པོ་འདིར་ཞུགས་ན། །རྡོ་རྗེ་འཛིན་པ་ཞེས་བྱའོ། །ཞེས་སོ། །འདི་སྐད་ཡང་དྲངས་པས་ཟློས་སྐྱོན་དུ་སེམས་པར་མི་བྱ་སྟེ། ཀུན་བྱེད་ཀྱི་ལུང་ཁུངས་གཅིག་གླེང་ཆེན་པས་གནས་ལུགས་མཛོད་འགྲེལ་དུ་ལན་གསུམ་དྲངས་པ་བཞིན་ནོ། །ཁ་ཅིག་ན་རེ། རིག་པ་འཛིན་པ་དང་བྱང་ཆུབ་སེམས་པའི་སྡོམ་པ་གཉིས་ནི་ནང་མི་འགལ་མོད། སོ་སོར་ཐར་པ་འདི་ནི་བྱང་སྡོམ་གྱི་རྟེན་དུ་མི་རུང་སྟེ། སོ་སོ་ཐར་པ་ནི་གླིང་གསུམ་གྱི་སྐྱེས་པ་བུད་མེ་ལས་གཞན་ལ་མི་སྐྱེ་ལ། བྱང་སེམས་ནི་འགྲོ་བ་ཀུན་ལ་སྐྱེ་བའི་ཕྱིར་དང་། གནས་པའི་རྟེན་ཡང་སོ་ཐར་ནི་ཤི་འཕོས་ལ་སོགས་པས་གཏོང་ལ། བྱང་སེམས་ནི་བྱང་ཆུབ་བར་མི་གཏོང་བའི་ཕྱིར་ཞེ་ན། ཉན་ཐོས་དང་ཐུན་མོང་བའི་སོ་སོར་ཐར་པ་ནི་དེ་ལྟར་ཁོ་བོ་ཡང་འདོད་ལ། ཐེག་ཆེན་སོ་སོར་ཐར་པ་ནི་ཇི་སྲིད་འཚོ་བའི་བར་ཁས་བླངས་ཀྱི། སྔགས་ཐོབ་དུས་གཏོང་རྒྱུ་མ་བཤད་པའི་ཕྱིར་དང་། བྱང་སེམས་བྱང་ཆུབ་བར་ཁས་བླངས་ཀྱི་སྔགས་ཐོབ་དུས་གཏོང་རྒྱུར་མ་བཤད་པའི་ཕྱིར་རོ། །

འོན་གསུམ་ལྡན་གྱི་ཐ་སྙད་མེད་དེ་སྔགས་སྡོམ་གཅིག་པུ་ཐལ་ཞེ་ན། དེས་ན་ངོ་བོ་སྔགས་སུ་གཅིག་པས་གཞན་གཉིས་གནས་འགྱུར་ཡིན་ལ། ལྡོག་ཆ་སོ་སོར་མ་འདྲེས་ཏེ་ཁས་བླངས་པའི་ཆ་ལས་ཉམས་རྐྱེན་མ་བྱུང་བར་སོ་སོར་གནས་པའི་ཕྱིར་རོ། །ཞེས་ཤིང་རྟ་རྣམ་དག་ནས་གསུངས་སོ། །གཞན་ནས་ཐུན་མོང་སོ་ཐར་ཁས་བླངས་པའི་དགེ་སློང་དེས་སེམས་བསྐྱེད་ནས་དཀྱིལ་འཁོར་དུ་ཞུགས་པ་ན་གསུམ་ལྡན་དུ་ཅི་ལྟར་འགྱུར་ཞེ་ན། དགེ་སློང་དེས་སེམས་བསྐྱེད་པ་ན་སོ་ཐར་ཐམས་ཅད་བྱང་ཆུབ་སེམས་དཔའ་ཉེས་སྤྱོད་སྡོམ་པའི་ཚུལ་ཁྲིམས་སུ་འགྱུར་ལ། དཀྱིལ་འཁོར་དུ་ཞུགས

པས་སྡོམ་པ་ཐམས་ཅད་རིག་པ་འཛིན་པའི་སྡོམ་པར་འགྱུར་ཏེ། གསང་བ་ཅོད་པན་ལས། དཔེར་ན་རྫོ་ལས་ཟངས་སུ་འགྱུར། །ཟངས་ལས་གསེར་གྱི་རྣམ་པ་སྐྱེ། །ཟངས་ཀྱི་དུས་ན་རྫོ་མེད་ཅིང་། །གསེར་དུ་གྱུར་པས་ཟངས་མི་སྣང་། །རིག་འཛིན་ནང་གི་དགེ་སློང་ལ། །སོ་སོར་ཐར་དང་བྱང་ཆུབ་སེམས། །གཉིས་པོ་གནས་པ་ཉིད་དུ་ནི། །སངས་རྒྱས་ཀྱིས་ཀྱང་མ་གསུངས་སོ། །ཞེས་པས། རིག་འཛིན་སྔགས་ཀྱི་རང་དུས་ན་སོ་སོར་ཐར་དང་བྱང་སེམས་རྫས་གཞན་ཐ་དད་པ་མེད་དོ། །སྔགས་ཀྱི་སྡོམ་པ་རྫས་སུ་ངོ་བོ་གནས་འགྱུར་དུ་ཡོད་པའི་ཕྱིར་ལ། ལྡོག་པ་མ་འདྲེས་པར་ཡོད་དེ། སློབ་དཔོན་སླེག་པའི་རྡོ་རྗེས། ཐེག་ཆེན་དམ་ཚིག་ལ་གནས་ན། །དགེ་སློང་བྱང་ཆུབ་སེམས་དཔའ་དང་། །རྣལ་འབྱོར་རྣལ་འབྱོར་ཆེན་པོ་ཡིན། །ཞེས་གསུངས་སོ། །བཞི་པ་ཡོན་ཏན་ཡར་ལྡན་ནི། །འཇིག་རྟེན་རྣལ་འབྱོར་རྣལ་འབྱོར་བློ་ཁྱད་ཀྱིས། །གོང་མ་གོང་མས་གནོད་ཕྱིར་འོག་མ་ཡི། །ཡོན་ཏན་ཡར་ལྡན་འོག་མ་ཟིལ་གྱིས་གནོན། །དེ་སྐད་དུའང་། ཡོངས་རྫོགས་གསང་བའི་རྒྱུད་ལས། རྒྱལ་དགོངས་ཐེག་པ་མཐའ་ཡས་པ། །རྣལ་འབྱོར་པ་ཡང་བློ་ཁྱད་ཀྱིས། །གོང་མ་གོང་མའི་ལྟ་བ་ཡིས། །འོག་མ་འོག་མ་རྣམས་ལ་གནོད། །དེ་ཕྱིར་གོང་མས་ཁྱད་པར་འཕགས། །ཞེས་པས། གོང་དུ་རིམ་པར་ཕྱེ་བ་དང་པོར་བཤད་པ་ལྟར་ཉན་ཐོས་ནས་ཨ་ཏིའི་བར་གཅིག་ནས་གཅིག་ཏུ་ཁྱད་པར་དུ་འཕགས་པ་ཁོ་ན་ཡིན་ཞིང་། འདི་ལྟར་སོ་སོར་ཐར་པའི་སྡོམ་པར་ནི་བྱང་སེམས་དང་སྔགས་སྡོམ་མེད་ལ། བྱང་སེམས་སོ་ཐར་འདུས་ཀྱང་སྔགས་སྡོམ་མེད་པ་དང་། སྔགས་སྡོམ་དུ་སྡོམ་པ་འོག་མ་གཉིས་ཀ་འདུས་ཏེ། བྲེ་གསུམ་གྱི་ནང་དུ་བྲེ་དོ་འདུ་བ་ལྟར་ཡོན་ཏན་ཡར་ལྡན་དུ་འདུས་པས་འོག་མ་ཟིལ་གྱིས་གནོན་ཏེ། ཉེ་བ་འཁོར་གྱིས་ཞུས་པའི་མདོ་ལས། ཉེ་བ་འཁོར་ཉན་ཐོས་ཀྱི་ཐེག་པ་པ་རྣམས་ཀྱི་སྲུང་བ་ཡང་གཞན། ལྷག་པའི་བསམ་པ་ཡང་གཞན། ཐེག་པ་ཆེན་པོ་ལ་ཡང་དག་པར་ཞུགས་པ་རྣམས་ཀྱིས་སྲུང་བ་ཡང་གཞན་ལྷག་པའི་བསམ་པ་ཡང་གཞན་ཡིན་ནོ། །ཉེ་བར་འཁོར་དེ་ལ་ཉ་ཐོས་ཀྱི་ཐེག་པ་པའི་ཚུལ་ཁྲིམས་ཡོངས་སུ་དག་པ་གང་ཡིན་པ་དེ་ནི་བྱང་ཆུབ་སེམས་དཔའི་ཚུལ་ཁྲིམས་ཡོངས་སུ་མ་དག་པ་ཡིན་ལ། བྱང་ཆུབ་སེམས་དཔའི་ཚུལ་ཁྲིམས་ཡོངས་སུ་དག་པ་ནི། ཉན་ཐོས་ཀྱི་ཐེག་པ་པའི་ཚུལ་ཁྲིམས་ཡོངས་སུ་དག་པ་ཉིད་ཡིན་ནོ། །དེ་ཅིའི་ཕྱིར་ཞེ་ན།

ཉན་ཐོས་ཀྱི་ཐེག་པ་ནི་སྐད་གཅིག་ཙམ་སྲིད་པར་སྐྱེ་བར་ལེན་པར་སྤྲོ་ནའང་ཉེས་པ་ཡིན་ལ། བྱང་ཆུབ་སེམས་དཔའ་ནི་སེམས་ཅན་གྱི་དོན་ལ་བསྐལ་པ་དཔག་ཏུ་མེད་པར་འཁོར་བར་གནས་པ་ལ་མི་སྐྱོ་བ་ཡིན་ནོ། །ཞེས་གསུངས་པ་བཞིན་ནོ། །སྒྱུ་འཕྲུལ་དྲ་བ་ཆེན་པོ་ལས། བླ་མེད་མཆོག་གི་སྡོམ་པ་སྲུ །འདུལ་བའི་དབང་གིས་ཚུལ་ཁྲིམས་དང་། །མ་ལུས་ཀུན་འདུས་རྣམ་པར་དང་། །ཞེས་པ་དང་། པད་མ་ཅོད་པན་ལས། དབང་གསུམ་བགྲོད་པའི་རྣལ་འབྱོར་པ། །དེ་ནི་དགེ་སློང་ཆེན་པོར་གསུངས། །དེ་ཡིས་ཐམས་ཅད་བྱ་བ་ཉིད། །ཅེས་དང་། པད་མ་ཉིང་གུང་བརྩེགས་པའི་རྒྱུད་ལས། མི་དགེ་སྤྱངས་ཤིང་བག་ཡོད་བརྟེན་ལ་སོགས། །བརྟན་ཁྲིམས་རབ་འབྲིང་ཐ་མའི་སྡོམ་པ་ཡང་། སྟོང་ཉིད་སྙིང་རྗེ་ལྡན་ན་བསྲུང་མི་དགོས། །མ་བསྲུངས་སྡོམ་པ་ཆེན་པོ་དེ་ལ་གནས། །སྙིང་རྗེ་བྱང་ཆུབ་སེམས་དང་ལྡན་པ་ཡི། །རང་ལས་གཞན་གཅེས་དོན་དུ་སྲོག་ཡང་བཅད། །སྟོང་ཉིད་དམ་ཚིག་ཆེན་པོའི་རྣལ་འབྱོར་པ། །ཅི་ལྟར་སྤྱད་ཀྱང་བདེ་བ་ཆེན་པོ་ཉིད། །ཅེས་གསུངས་སོ། ། དེས་ན་ཉན་ཐོས་ཀྱི་སོ་ཐར་ཡང་འདིར་འདུས་ཏེ། གཙོ་བོ་རང་དོན་སྒྲུབ་པའི་སྡོམ་པ་དེའང་རྣལ་འབྱོར་པས་རང་ཉིད་སྡུག་བསྔལ་ལས་ཐར་པའི་ཕྱིར་རྒྱུད་སྡོམ་པར་འདུས་ཏེ། སྲོག་གཅོད་དུས་ཉིད་ན་སེམས་ཀྱི་ཞེ་སྡང་ལ་སོགས་པའི་མི་དགེ་བ་མེད་པས་རང་གི་ཟག་པ་རང་མིན་པ་བསྡོམ་པའི་ཕྱིར། སྲོག་གཅོད་སྤྱངས་པའི་སྡོམ་པར་འདུས་ཏེ། རྡམ་གློག་ལས། ཆོས་ཀུན་ཡེ་ནས་དག་པའི་ཕྱིར། །ལོག་རྟོག་ཡེ་ནས་རྣམ་པར་དག །དམ་ཚིག་འདི་ནི་རྨད་པོ་ཆེ། །ཞེས་སོ། །དེ་ལྟར་གཞན་ཀུན་ལའང་སྦྱར་རོ། །བྱང་སེམས་ཀྱི་བསླབ་བྱ་ཡང་ཡར་ལྡན་དུ་འདུས་ཏེ། སྤྱོད་པ་གང་ཞིག་ཉོན་མོངས་པ་རང་ཁ་མ་བསྡམས་སམ་སྡོམ་པའི་ཚུལ་ཁྲིམས། དེ་ལ་བརྟེན་ནས་ཡོན་ཏན་གོང་འཕེལ་དུ་སྟོན་པས་དགེ་བ་ཆོས་སྡུད། ཐབས་དེས་གཞན་དོན་འབའ་ཞིག་བྱེད་པས་སེམས་ཅན་དོན་བྱེད་ཀྱི་ཚུལ་ཁྲིམས་འདུས་ཏེ། ཐབས་ཆེན་རྣམས་དང་ལྡན་པ་ལ། །ཉོན་མོངས་བྱང་ཆུབ་ཡན་ལག་འགྱུར། །ཞེས་སོ། །ལྟ་བ་གནད་ཀྱི་མི་འགལ་བ་ནི། རྩ་བ་བཞི་ལ་སོགས་པ་ཕམ་ལྟུང་ཐམས་ཅད་ལའང་། ལྷ་དང་སྔགས་དང་ཆོས་ཀྱི་འདུ་ཤེས་གསུམ་གྱིས་འཁྲིག་ན་རྣལ་འབྱོར་དེ། །ཡུལ་བསམ་སྦྱོར་བ་མཐར་ཐུག་མ་ཚང་བས། །སྨི་ལམ་ཇི་བཞིན་གནད་ཀྱིས་འགལ་མི་སྲིད། །དེ་ཡང་མི་

ཚངས་པར་སྤྱོད་པ་ལྷ་བུ་ལ་མཚོན་ན། སོ་སོར་ཐར་པ་ལས་ནི། བདག་ཉིད་དགེ་སློང་ཡིན་པ། ཡུལ་ཁམས་དྲུག་ལྡན་གྱི་མིའི་བུད་མེད་དགོས་པ་ལ། འདིར་བདག་དང་ཕྲུག་གྲུར་ལྷར་བསྐྱེད་པས་ལུས་ངག་ལྷའི་འདུ་ཤེས། བསམ་པ་འདོད་ཆགས་རང་ཁ་མས་བསླངས་ཏེ་ངོ་ཚ་མེད་པར་མ་འཁྲུལ་བ་དགོས་པ་ལས། འདིར་དཀྱིལ་འཁོར་གསུམ་དུ་ཤེས་པའི་ངང་ནས་རིག་པ་སྐད་ཅིག་མར་ངོས་འཛིན་པར་འདོད་པ་དང་། སྦྱོར་བའང་ཟག་བྱེད་དུ་ནོར་བུ་བཅུག་ནས་པགས་རིམ་ལས་འདས་པ་དགོས་པ་ལས། རྡོ་རྗེ་དང་པད་མར་གསལ་བས་དེ་གཉིས་རང་མཚན་པ་མེད་པས་བྱིན་རླབས་ཆོས་ཀྱི་འདུ་ཤེས། མཐར་ཐུག་བདེ་བ་བདག་གིར་བ་མྱོང་དགོས་པ་ལས། བདེ་སྟོང་ཟུང་འཇུག་གི་ཡེ་ཤེས་དགའ་བ་བཞིའི་རིམ་པས་རྣམ་བྱང་གི་ཆོས་ཐམས་ཅད་རྒྱུད་ལ་མངོན་དུ་བྱེད་པ་ནི་འདོད་པ་ཆོས་ཀྱི་འདུ་ཤེས་དང་གསུམ་གྱིས་ཟིན་པས། ཡུལ་བསམ་སྦྱོར་བ་མཐར་ཐུག་བཞི་མ་ཚང་བས་ རྩ་ལྟུང་དང་འདྲ་སྟེ། རྩ་ལྟུང་ནི་བཀག་བྱར་མེད་དེ། འདུལ་བ་ལུང་ལས། རྩ་ལྟུང་ནི་མེད་པ་དང་འདྲའོ། །ཞེས་སོ། །བྱང་ཆུབ་སེམས་དཔའི་སྡོམ་པ་དང་འགལ་བ་མེད་དེ། གཞན་ལ་ཕན་འདོད་ཀྱི་ཐབས་ཁྱད་པར་ཅན་གྱིས་ཟིན་པའི་ཕྱིར། སྟོང་ཉིད་སྙིང་རྗེ་གཉིས་དང་ལྡན་པ་ནི་གནང་བ་སྟེ། ཕལ་པོ་ཆེ་ལས། གང་དག་སེམས་ཅན་དོན་འགྱུར་བའོ། །ཐབས་དེ་རྒྱལ་སྲས་བསླབ་པའི་མཆོག །སྤྱིན་ལས་ཆར་ཆེན་འབབ་པ་ཡིས། །ལོ་ཐོག་ཕུན་ཚོགས་བྱེད་པ་བཞིན། །ཞེས་པ་ཀུན་ལ་སྦྱར་རོ། །

དེས་ན། ས་ར་ཧས། མདའ་མཁན་མོ་ལ་ཕྲུག་གྲུར་མཛད་ནས། ཁར་སང་ཕན་ཆད་དགེ་སློང་མིན། །ཁར་སང་ཕན་ཆད་བྲམ་ཟེ་ཡིན། །དེ་རིང་ཚུན་ཆད་དགེ་སློང་ཡིན། །ཧེ་རུ་ཀ་དཔལ་དགེ་སློང་མཆོག །ཅེས་གསུངས་ནས་དེའི་རྗེས་ལ་ཀླུ་སྒྲུབ་ཀྱི་མཁན་པོ་མཛད་དོ། །ཤྲཱི་གཅོད་ལྷ་བུ་ལའང་། བདག་དགེ་སློང་། ཡུལ་མི། བསམ་པ་ཞེ་སྡང་གིས་གསོད་སེམས་སྦྱོར་བ་མཚོན་སོགས། མཐར་ཐུག་ཡི་རངས་དགོས་པ་ལས། འདིར་བདག་ཧེ་རུ་ཀར་གསལ། ཡུལ་ནི། བདུད་རྩི་ལྔ་འམ་ཟག་རྫས་ལ། གཟུགས་དང་མིང་རུས་བཅས་པ་ལ། །ཞེས་པས་མི་དང་མི་ལས་གཞན་པའི་དུད་འགྲོ་ལ་སོགས་མ་ཡིན་ལ། རྣམ་ཤེས་ཧཱུྃ་དུ་གསལ་བ། སྡིག་བསྔལ་བྲལ་འདོད་ཀྱི་བསམ་པས་ཆོས་དབྱིངས་སུ་སྤར་ཏེ། སངས་རྒྱས་ཀྱི་སར་བཀོད་པ་ནི་མཐར་ཐུག་སྟེ་འགལ་བ་མེད་དེ། སྔུད་པ་ལས། དཔེར་

ན་སྒྱུ་མ་མཁན་གྱིས་བཞི་མདོར་སྤྲུལ་བྱས་ཏེ། །སྐྱེ་བོ་ཕལ་ཆེར་མགོ་མང་བྱེ་བ་གཅོད་བྱེད་པ། ། བསད་བྱ་དེ་དག་ཅི་འདྲ་དེ་འདྲ་བྱང་ཆུབ་སེམས། །འགྲོ་ཀུན་སྤྲུལ་འདྲར་རབ་ཤེས་དེ་ལ་འཇིགས་པ་མེད། །ཅེས་སོ། །མ་བྱིན་པར་ལེན་པ་ལའང་། ཡུལ་མིས་བདག་ཏུ་བཟུང་བའི་ལོངས་སྤྱོད་བསམ་པ་རྐུ་སེམས། སྦྱོར་བ་རིན་ཐང་ཚང་བ། མཐར་ཐུག་ཐོབ་བློ་དགོས་པ་ལས། འདིར་བདག་གཞན་གཉིས་སུ་མེད་པར་རྟོགས་པས་རང་སྣང་གི་རྫས་སྐྱི་ལམ་ལྟ་བུ་ལེན་པ་དང་། རང་སྣང་ལ་ལོངས་སྤྱོད་པ་ལས་རྐུ་སེམས་མེད་ལ། སྦྱོར་བ་རྨི་ལམ་རྒྱུ་མ་ལྟར་རྟོགས་པས། མཐར་ཐུག་ཐོབ་བྱ་ཐོབ་བྱེད་མེད་པས་འགལ་བ་མེད་དེ། དགོན་བརྩེགས་སུ། ཇི་ལྟར་སྒྱུ་མས་སྒྱུ་མའི་ནོར་བླངས་ཏེ། །རྨི་ལམ་ནང་བཞིན་དགོས་པ་དེ་སྤྱོད་ཀྱང་། །དེ་ལ་ལས་མེད་རྣམ་པར་སྨིན་པ་མེད། །ཅེས་སོ། །ལུང་འདིར་སྟར་ཡང་དྲངས་པས་བློས་སོ་ཞེ་ན། སྐབས་ཀྱིས་མི་བློས་ཏེ། དུས་འཁོར་གྱི་འགྲེལ་ཆེན་པད་མ་དཀར་པོར་མཆན་བརྗོད་ཚར་གསུམ་དྲངས་པ་དང་། ཚིག་གསལ་དུ་ཏིང་འཛིན་རྒྱལ་པོའི་མདོ་ལུང་རེ་རེའང་དུ་མ་དྲངས་པ་ལྟ་བུའོ། །རྟེན་དུ་སྨྲ་བ་ཡང་ཡུལ་མིའི་འགྲོ་བ་ལ་འདུ་ཤེས་བསྒྱུར་ཕྱིར་ལྟ་ལ་སོགས་པ་མ་མཐོང་བཞིན་དུ་མཐོང་ངོ་། །ཞེས་པ་ལ་སོགས་དགོས་པ་ལ། ཆོས་ཐམས་ཅད་རྟེན་མཉམ་དུ་ཤེས་ནས་ཕན་པའི་ཡན་ལག་ཏུ་སྨྲ་བའི་ཕྱིར་ན་འགལ་བ་མེད་དེ། མདོ་དགོངས་འདུས་ལས། དངོས་པོ་མེད་ལ་དངོས་པོར་སྟོན། །དངོས་པོར་སྣང་ལ་མེད་སྨྲ་བ། །རྒྱལ་བ་ཀུན་གྱི་བཀའ་ཡིན་ཏེ། །བསླུ་བའི་དམ་ཚིག་ཆེན་པོ་ཡིན། །ཞེས་སོ། །གཞན་ཡང་། དཔེར་ན་སྟགས་ཀྱི་ཀུན་ཏུ་སྤྱོད་པའི་སྐབས་སུ་ཆང་འཐུང་པ་ལ། ཉན་ཐོས་པས་ནི་ལྟུང་བ་དང་། བྱང་སེམས་པས་ཕྱོགས་མཐུན་གྱི་ཉེས་པར་བཤད་ཀྱང་ཉེས་པར་མི་འགྱུར་ཏེ། དེའི་ཚེ་བདག་ཉིད་དགེ་སློང་དམ། བྱང་ཆུབ་སེམས་དཔའ་ཡིན་དགོས་པ་ལ། ལྟར་བསྐྱེད་པས་གཞི་གཞན་དུ་འགྱུར། དངོས་པོ་མྱོས་བྱེད་ཆང་ཡིན་དགོས་པ་ལ། སྔགས་དང་ཕྱག་རྒྱ་ཏིང་ངེ་འཛིན་གྱིས་བདུད་རྩིར་བྱིན་གྱིས་བརླབས་ཏེ་ལོངས་སྤྱོད་པར་གསུངས་པ་དང་། བསམ་པ་དང་འདུ་ཤེས་གཞན་དུ་མ་འགྱུར་བ་དགོས་པ་ལ། ལྷ་དཀྱིལ་འཁོར་བདུད་རྩིར་འདུ་ཤེས་གནས་འགྱུར་པས་ཉེས་པ་མེད་པའི་སྟེང་དུ་ལྷ་མཉེས་པ་དང་། ལྟ་བ་ཏིང་འཛིན་བསྒོམ་པའི་གྲོགས་སུ་འཆར་བས་ཡོན་ཏན་ཡར་ལྡན་དུ་ཡོད་པ་བཞིན་ནོ། །

དེ་བཞིན་དུ་བསླབ་པའི་ཆ་ཤས་ཀུན་ལ་སྦྱར་བར་བྱའོ། །མདོར་ན་ཉེས་པ་བསྐྱེད་ན་སྡོམ་པ་གསུམ་ཀར་བཀག་ལ། ཡོན་ཏན་བསྐྱེད་ན་གང་ནས་ཀྱང་བཀག་པ་མེད་པས་བསླབ་པ་རྣམས་ཀྱི་ཆེ་འབྲིང་དང་གནང་བཀག་ཤེས་ཤིང་སྤྱོར་བཏང་བ་དང་དམིགས་ཀྱིས་བསལ་བ་ཤེས་པ་གལ་ཆེའོ། །ཞེས་ཀུན་མཁྱེན་རིན་པོ་ཆེས་ངེས་དོན་ཤིང་རྟ་ཆེན་པོར་གསུངས་སོ། །གཞན་ཡང་། དམ་པ་རིན་པོ་ཆེ་ལ་ཀུན་དགས་ཞུས་པ། ཉན་ཐོས་ཀྱི་ཚུལ་ཁྲིམས་སྣ་གཅིག་ལ་བརྟེན་འཚོལ་ལམ་ཞུས་པས། བརྟེན་ན་ཡང་བཟང་སྟེ་ཐར་པའི་སྐས་ཡིན། ལར་མང་པོ་མང་པོ་ཉུང་དུ་ཉུང་དུའི་ནང་དུ་འདུ་བ་ཡིན། གསང་སྔགས་ཀྱི་དམ་ཚིག་གཙང་མར་བསྲུང་ན། འོག་མའི་བསླབ་པ་མ་བསྲུངས་ཀྱང་དེར་འདུ་བ་ཡིན། སྡོམ་པ་གསུམ་ལ་རྫས་ཐ་དད་པ་མེད། ཐ་དད་དུ་བསྲུང་བ་ཡང་ཡོད་དེ་ཡར་ལྡན་ཡིན་གསུངས་སོ། །དེས་ན་སྡོམ་པ་གསུམ་གྱི་སྲུང་བླང་གང་ཞིག །ཐབས་སྙིང་རྗེ་ཆེན་པོ་དང་ཤེས་རབ་སྟོང་པ་ཉིད་ཀྱིས་ཟིན་པའི་ཚེ་འགལ་འདུའི་རྣམ་པར་མི་འགྱུར་ཏེ། ཏིང་འཛིན་རྒྱལ་པོའི་མདོ་ལས། ལུས་ཀྱི་སྡོམ་པ་དག་ནི་དབེན་ཞིང་སྟོང་། །དེ་དག་མཚན་ཉིད་མེད་པར་བར་སྣང་བཞིན། །སྡོམ་པའི་མཚན་ཉིད་འདི་འདྲ་སྲུས་ཤེས་པ། །དེ་ལ་སྡོམ་པ་ནམ་ཡང་མེད་མི་འགྱུར། །ངག་གི་སྡོམ་པ་གང་གིས་བསླབ་ལྡན་པ། །ཚིག་དང་སྒྲ་རྣམས་བྲག་ཆ་འདྲ་བར་ཤེས། །མི་ལམ་ལྟ་བུར་འཛིགས་པ་མེད་པར་འཇུག །དེ་ནི་ངག་གི་སྡོམ་པ་དབེན་ཞེས་བྱ། །ཡིད་ཀྱི་སྡོམ་པ་ནམ་ཡང་མི་དམིགས་ཤིང་། །རྟོག་པ་མེད་ལ་རློམས་སེམས་མི་བྱེད་དེ། །དེ་ཡང་མི་ལྟ་མངོན་པར་མི་བྱེད་དེ། །དེ་ནི་ཡིད་ཀྱི་སྡོམ་པ་མཆོག་ཏུ་བརྗོད། །ཟག་མེད་སྡོམ་པ་གང་ཞིག་སྲུས་ཤེས་པ། །དེ་ལ་སྐྱེ་བ་ནམ་ཡང་ཡོད་མི་འགྱུར། །ཞེས་སོ༔ ༔དེས་ན་ཆོས་གང་ལའང་ཐབས་དང་ཤེས་རབ། སྟོང་ཉིད་སྙིང་རྗེ་ཟུང་དུ་འཇུག་པ་དགོས་ཏེ། སྲིད་པ་ཞི་བའི་མཐའ་གཉིས་ལ་མི་གནས་པའི་མྱ་ངན་ལས་འདས་པ་ཡིན་པའི་ཕྱིར། དོ་ཧ་ལས། སྙིང་རྗེ་དང་བྲལ་སྟོང་པ་ཉིད་ཞུགས་གང་། །དེས་ཀྱང་ལམ་མཆོག་རྙེད་པ་མ་ཡིན་ནོ། །འོན་ཏེ་སྙིང་རྗེ་འབའ་ཞིག་བསྒོམ་ན་ཡང་། །འཁོར་བ་འདིར་གནས་ཐར་པ་ཐོབ་མི་འགྱུར། །གང་དག་གཉིས་པོ་སྦྱོར་བར་នུས་པ་དེ། །འཁོར་བ་མི་གནས་མྱ་ངན་འདས་མི་གནས། །ཞེས་དང་། སེམས་ཉིད་ངལ་གསོའི་ལེའུ་བརྒྱད་པར། ཤེས་རབ་ལྡན་པ་ཐབས་ཀྱིས་གྲོལ་འགྱུར་ཏེ། ཇི་ལྟར་དུག་ལ་སྔགས

གྱིས་བཏབ་པ་བཞིན། ཤེས་རབ་མེད་ན་ཐབས་ཀྱིས་འཆིང་འགྱུར་ཏེ། དེ་ཕྱིར་གནས་ལུགས་རྟོགས་པའི་ཤེས་རབ་བསྐྱེད། །ཅེས་དང་། དཀོན་མཆོག་བརྩེགས་པ་ལས། འོད་སྲུང་། ཤེས་རབ་དང་ལྡན་པ་རྣམས་ནི་ཐབས་ཀྱི་རྣམ་པར་གྲོལ་ལོ། །ཤེས་རབ་དང་མི་ལྡན་པ་རྣམས་ནི་ཐབས་ཀྱིས་ཡོངས་སུ་འཆིང་ངོ་། །ཞེས་དང་། དོ་ཧ་ལས། བླུན་པོ་གང་གིས་འཆིང་འགྱུར་བ། །མཁས་རྣམས་དེ་ཡིས་མྱུར་དུ་གྲོལ། །ཞེས་སོ། །དེ་ཡང་སྡོམ་པ་གསུམ་གྱི་སྣང་བླང་གི་སྤྱོད་པ་རྣམས་ལ་ཐབས་ཞེས་བྱ་སྟེ། སྙིང་རྗེ་ཆེན་པོས་ཟིན་པ་ལ། སྤྱོད་དུས་ཀྱི་ཤེས་པ་སྤང་བླང་རེ་དོགས་ཀྱི་འཆིང་བས་མ་བཅིངས་པར་རང་བྱུང་གི་ཡེ་ཤེས་གཟུང་བ་ཆོས་ཀྱི་བདག་དང་འཛིན་པ་གང་ཟག་གི་བདག་གི་མཐའ་དང་བྲལ་བར་རྒྱུ་འབྲས་བྱ་རྩོལ་ལས་འདས་པའི་རིག་པ་ཀ་དག་གི་ཡེ་ཤེས་རྗེན་ཧུ་རེ་བ་འདི་ཀ་ཤེས་རབ་སྟོང་པ་ཉིད་ཡིན་ཏེ། དེ་ལྟར་སྟོང་ཉིད་སྙིང་རྗེ་ཟུང་འཇུག་གི་ངང་ནས་གང་ལྟར་སྤྱོད་ཀྱང་རང་བཞིན་མེད་པར་སྒྱུ་མའི་དཔེ་བརྒྱད་ཀྱི་རྣམ་པར་རང་གྲོལ་བ་ཉིད། དོ་ཧ་ལས། མཐོང་དང་ཐོས་དང་རེག་དང་དྲན་པ་དང་། །ཟས་སྐོམ་འཐུམ་དང་འགྲོ་དང་འདུག་པ་དང་། །ཅལ་ཅོལ་གཏམ་དང་ལན་སླར་གྱུར་པ་ལ། །སེམས་སུ་ཤེས་ན་གཅིག་གི་རྣམ་པ་ལས་མི་སྤྱོད། །ཅེས་སོ། །དེས་ན་རིག་པ་སྟོང་གསལ་བར་མེད་ཡུལ་བྲལ་འདི་ཉིད་ཀྱི་ངོར། དགག་སྒྲུབ་སྤང་བླང་དུ་སྣང་བའི་སྤྱོད་པ་ཀུན་ཀྱང་མེད་བཞིན་དུ་སྣང་བ། སྣང་བཞིན་དུ་སྟོང་པ། བན་མ་བུན། ཁྲལ་མ་ཁྲོལ། འལ་མ་འོལ། ར་མ་རི། བདེན་མེད་སྒྱུ་མ། ཡེ་གྲོལ་ཀློང་ཡངས་པར་བརྡལ་བ་ནི། ཅི་སྣང་ཞིག་འཁྲུལ། འཁྲུལ་པ་གང་། སྤང་བྱ་གང་། བླང་བྱ་གང་། ངོ་མཚར་བའི་དགོད་པོ་འཚོར་ཏེ། ས་ར་ཧས། ཧེ་སྲིད་དབང་པོ་ཡུལ་གྱི་གྲོང་ལ་ལྷུང་བ་ན། །དེ་སྲིད་རང་ཉིད་ལས་མེད་རབ་ཏུ་རྒྱས། །ཁྱེད་ཅག་ད་ལྟ་ཅི་བྱེད་གར་འགྲོ་སེམས་དང་ཀྱི། །དེ་ནི་ཤིན་ཏུ་དཀའ་བའི་དགོངས་པས་འཇུག །ཅེས་སོ། །གཟུང་འཛིན་མེད་པའི་སྤྱོད་པ་ལ་འགལ་བྱར་མི་རུང་སྟེ། ཉི་མ་འཁོར་ལོའི་མདོ་ལས། རླུང་གིས་ཤིང་བཅག་ལྟ་བུ་ན། །སྲོག་བཅད་པ་ཡང་མི་འགལ་ལོ། །ཆུ་ཡིས་ས་ཁྲེར་ལྟ་བུ་ན། །མ་བྱིན་ལེན་ཡང་མི་འགལ་ལོ། །ཆུ་མིག་རླུང་ཁུག་ལྟ་བུ་ན། །མི་ཚངས་སྤྱོད་ཀྱང་མི་འགལ་ལོ། །བྲག་གི་བྲག་ཆ་ལྟ་བུ་ན། །རྫུན་དུ་སྨྲས་ཀྱང་མི་འགལ་ལོ། །ཞེས་གསུངས་སོ། །དྲུག་པ་དུས་སྐབས་གང་

གཙོའི་དབང་དུ་བསྒྲུང་བ་ནི། སྤྱི་དང་བྱེ་བྲག་གཉིས་ལས། དང་པོ་ནི། སྡིག་ཏོ་མི་དགེའི་ཕྱོགས་དང་རྩོགས་པའི་གསེབ། འོག་མ་གཙོར་བྱེད་འདོད་པས་འཕེན་པ་དང་། །སྤྱོད་པའི་དུས་དང་དབེན་པར་གསང་སྔགས་སྤྱད། །ནང་མ་འདོམ་ན་མ་འདྲེས་ཡོངས་རྫོགས་བསྲུང་། །འདོམ་ན་དགག་དགོས་རྩེ་ཞེས་མཁས་རྣམས་བཞེད། །དེ་ཡང་སྡིག་ཏོ་མི་དགེ་བ་དང་འདོད་པས་དབེན་པའི་ཕྱོགས་གཉིས་ལས། དང་པོ་ནི། ལྟུང་བ་ནང་འཛོམ་ན། སྐྱེ་བོ་ཕལ་པ་གང་ཟག་སྡིག་ཏོ་ཅན་གྱི་ཁྲོད་དང་། མང་དུ་འདུས་པའི་རྩོགས་གསེབ་ལ་སོགས་པར་སོ་ཐར་དང་བྱང་སེམས་གཙོར་བསྲུང་དགོས་ཏེ། གསང་སྔགས་ཀྱི་སྤྱོད་པ་རྣམ་པོ་ཆེ་ལ་གཞན་མི་དད་ཅིང་སྒྲོ་སྐུར་གྱི་གཞིར་འགྲོ་བ་དང་། བློ་ཆུང་རྣམས་སྐྲག་སྟེ་ཆོས་སྤང་གི་ལས་སོགས་པ་དང་། སྔགས་ཀྱི་གསང་སྒོ་འཚོལ་བར་འགྱུར་ཏེ། བསླབ་བཏུས་ལས། གང་གིས་སེམས་ཅན་མ་དད་གྱུར། །དེ་ནི་སྤྲིམ་ཏེ་རྣམ་སྤང་ཞེས་དང་། རྒྱ་ལྟུང་ལས། གསང་བ་སྒྲོགས་པ་བདུན་པ་ཡིན། །ཞེས་སོ། །གཉིས་པ་འདོད་པས་དབེན་པའི་ལྟུང་བ་རྣམས་ནི་སྤྱོད་པ་ལ་ཞུགས་པའི་དུས་དང་། དབེན་པའི་གསང་སྔགས་ཀྱི་སྤྱོད་པས་སྐྱོངས་ཏེ། གསང་འདུས་ལས། དབེན་པར་སྤྱོད་ལ་རབ་ཏུ་བརྩོམ། །ཞེས་སོ། །འཇིག་རྟེན་མ་དད་པའི་ཕྱོགས་གཉིས་ཀར་བཀག་པ་རྣམས་ཐམས་ཅད་དུ་འབད་དེ་བསྲུང་བར་བྱའོ། །ལྟུང་བ་ནང་མ་འདོམ་པར་སྔོམ་ལྡན་གྱི་གང་ཟག་རང་བཞིན་དུ་གནས་པ་ན། གང་དུ་བཤད་པའི་མ་འདྲེས་ཡོངས་རྫོགས་སུ་བསྲུང་། ནང་འདོམ་ན་དགག་དགོས་ཡོངས་རྫོགས་ཀྱི་བསྲུང་ཚུལ་བཤད་པ་ཉིད་ཤེས་པར་བྱའོ། །

གཉིས་པ་བྱེ་བྲག་ཏུ། ལས་དང་པོ་དང་རྣལ་འབྱོར་གྲུབ་ཐོབ་དང་། །ཐམས་ཅད་མཁྱེན་པའི་སྤྱོད་པ་གང་ཡིན་པ། །དུས་ཚོད་འབྲེལ་པ་དགོས་ཞེས་དུས་འཁོར་བཤད། །དེ་ལ་ལས་དང་པོ་པ་དང་། རྣལ་འབྱོར་པ་དང་། གྲུབ་ཐོབ་དང་། ཐམས་ཅད་མཁྱེན་པའི་སྤྱོད་པ་བཞི་ལས། དང་པོ་ནི་ཐུན་མཚམས་ཀྱི་བྱ་བ་གཙོ་བོར་བྱེད་པ་སྟེ། ཟས་ཀྱི་རྣལ་འབྱོར། གཏོར་མ། ཚཚ། ཆུ་སྦྱིན། མདོ་འདོན་པ། ཡན་ལག་བདུན་པ། ཆོས་སྤྱོད་བཅུ། སྨོན་པ་སེམས་བསྐྱེད། དངོས་གཞི་དམིགས་མེད། རྗེས་བསྔོ་བས་ཟིན་པར་སྤྱོད་པའོ། །ཆོས་སྤྱོད་བཅུ་ནི། མགོན་པོ་བྱམས་པས། ཡི་གེ་འབྲི་མཆོད་སྦྱིན་པ་དང་། །ཉན་དང་ཀློག་དང་འཛིན་པ་དང་། །འཆད་དང་ཁ་ཏོན་བྱེད་པ་དང་། །དེ་

སེམས་པ་དང་བསྒོམ་པ་སྟེ། །ཆོས་སྤྱོད་བཅུ་ཡི་བདག་ཉིད་འདིའི། །བསོད་ནམས་ཕུང་པོ་དཔག་ཏུ་མེད། །ཅེས་སོ། །སྤྱན་རས་གཟིགས་ཀྱི་ཞལ་ནས། རྟེན་གསུམ་བཞེངས་དང་སྒྲོག་འདོན་ཟམ་པ་འཛུག །མཆོད་སྦྱིན་ཁྲུས་དང་བསྐོར་བ་ཚུལ་ཁྲིམས་རྣམས། །འགྲོ་བའི་དོན་ལ་བརྩོན་པ་ང་ཡི་སྲས། །ལུས་དེ་བོར་ནས་བདེ་བ་ཅན་དུ་འགྲོ། །ཞེས་སོ། །ཡང་མི་དགེ་བཅུ་སྤང་བ་དང་། ཕར་ཕྱིན་བཅུ་ལ་འཇུག་པར་འདོད་པའང་ཡོད་དོ། །སྡོམ་པ་འོག་མ་གཙོར་བྱེད་དེ་ཀུན་ཏུ་བཟང་པོའི་སྤྱོད་པ་ཞེས་བྱའོ། །གཉིས་པ་ཉམས་མྱོང་ཙུང་ཟད་སྐྱེས་པས་སྤྱོད་པ་ཕྱི་ནང་གཉིས་སུ་ཕྱེ་ལ། གསང་སྤྱོད་ཀྱི་དུས་སུ་དབང་། ཚོགས་འཁོར། བསྙེན་སྒྲུབ་གཉིས། རང་གཞན་བྱིན་གྱིས་རླབས་པའི་དུས་བཞིར་སྔགས་ཀྱི་སྡོམ་པ་གཙོ་བོར་བླང་བས་འོག་མ་གཉིས་ཀྱི་ཡོན་ཏན་ཡར་ལྡན་དུ་འགྲོ་སྟེ། གསང་སྤྱོད་དམ། རིག་སྤྱོད་ཅེས་བྱའོ། །

གསུམ་པ་བརྟན་པ་ཙུང་ཟད་ཐོབ་པས། རིག་པ་བརྟུལ་ཞུགས་ཀྱི་སྤྱོད་པ་སྦྱོར་སྒྲོལ་ཚོགས་དང་གླུ་གར་དངོས་དང་ཡིད་ཀྱི་ཕྱག་རྒྱ་བཅས་ཏེ་སྤྲོས་བཅས་སྤྲོས་མེད་ཀྱི་སྤྱོད་པ་ཚད་བཟུང་མེད་པར་སྤྱོད་དེ། དོ་ཧ་ལས། རེ་འགའ་དུར་ཁྲོད་ཞུགས་ནས་སྒྲོན་མ་དག་ལ་སྤྱད། །ཉམ་ང་མེད་པའི་སེམས་ཀྱིས་ཡི་དྭགས་གནས་སུ་ཉལ། །གདོལ་པ་རྣམས་དང་འགྲོགས་ཏེ་རོ་ཡི་འཁོར་ལོ་དྲངས། །འདིར་བྱ་འདི་བྱེད་མེད་པའི་སྤྱོད་པ་ཚད་དུ་བཟུང་མི་བྱ། །གླུ་གར་གླིང་བུ་རྔ་ཅང་ཏེ་འཛོ་རོལ་མོའི་ཚོགས་སུ་འཇུག །ཧེ་རུ་ཀ་ཡི་གར་དང་དྲུག་ལས་སྐྱེས་ཚོགས་གླུས། །སེམས་ནི་གཟེངས་བསྟོད་ཙུང་ཟད་སྐྱོ་བར་མི་བྱའོ། །རྒྱབ་ཏུ་ལ་བ་བགོས་ཤིང་ཡན་ལག་ཟངས་མས་སྤྲས། འཁོར་ལོ་ལྡན་པའི་ཐོར་ཚུགས་སྤྱི་བོ་དག་ཏུ་བཟུང་། །རུས་པའི་དུམ་བུས་ཡན་ལག་ཐམས་ཅད་བརྒྱད་བྱས་ནས། །གླང་ཆེན་སྟག་གི་ལྤགས་པས་སྟོད་དང་སྨད་དཀྲིས་ཏེ། །ཁ་ཊྭཾ་དྲིལ་བུ་ལྡན་པ་ལག་ཏུ་ཐོགས་པར་བྱེད། །གསང་ཆེན་སྨྲོན་པའི་སྤྱོད་པ་ལྷག་པར་བྱས་ནས་ནི། །བྱི་མིན་མི་བྱ་མིན་པ་སྤྱོད་པ་རང་ཤུགས་ཀྱིས། །གླང་ཆེན་མཚོ་རུ་འཇུག་འདྲ་རྟག་ཏུ་སྨྱོན་སེམས་ཀྱིས། །སྨད་པའི་ཆོས་རྣམས་སྤྱད་ན་གྲོལ་བར་འདོད་འ་བསྟན་སྣ། །ཞེས་སོ། །འདི་ལ་མགོན་པོ་ཀུན་ཏུ་སྤྱོད་པ་ཞེས་བྱའོ། །བཞི་པ་ནི། དེ་ལྟར་ལས། དུག་ལས་བདུད་རྩིར་བསྒྱུར་བ་དང་། །བསད་པ་གསོ་བར་ནུས་པ་སྟེ། །ཕྱོགས་ལས་རྣམ་

པར་རྒྱལ་བའི་སྤྱོད་པ་ཞེས་བྱའོ། །གསང་འདུས་ལས། དཀའ་ཐུབ་སྡོམ་པ་མི་བཟད་པ། །བརྟེན་
པས་འགྲུབ་པར་མི་འགྱུར་ཏེ། །འདོད་པའི་ཡོན་ཏན་ཐམས་ཅད་ལ། །བརྟེན་ན་མྱུར་དུ་འགྲུབ་པར་
འགྱུར། །ཞེས་སོ། །གཉིས་པ་ངོ་བོ་མདོར་བསྟན་པ་ནི། །ཡོན་ཏན་གཞི་རྟེན་སོ་ཐར་གང་རུང་སྟེ། །
བྱང་ཆུབ་སེམས་བསྐྱེད་སྔགས་ཀྱི་ཡན་ལག་ཡིན། །སྨིན་བྱེད་དབང་ཐོབ་སྡོམ་གསུམ་མིག་ལྟར་
བསྲུང་། །གདན་གསུམ་ལྷ་རུ་ཤེས་པའི་བསྐྱེད་རིམ་དང་། །མཚན་བཅས་མཚན་མ་མེད་པའི་རྫོགས
རིམ་བསྒོམ། །དེ་ཡང་བྱང་ཆུབ་ཏུ་སེམས་བསྐྱེད་པས་སོ་ཐར་གྱི་སྡོམ་པ་ཅི་རིགས་པ་བསྲུང་བའི་སྟེང་
དུ་གསང་སྔགས་ཀྱི་དམ་ཚིག་མ་ཉམས་པར་སྡོམ་པ་གསུམ་ལྡན་དུ་གོང་དུ་བཤད་པའི་ཚུལ་གྱིས
དཔྲལ་བའི་མིག་བཞིན་དུ་བསྲུང་བར་བྱ་སྟེ། མན་ངག་རིན་པོ་ཆེའི་མཛོད་ལས། བསྲུང་སྡོམ་ངོ་
ལྐོག་མེད་པའི་ཆོས་དྲུག་ནི། །བསྟན་པའི་རྩ་བ་ཚུལ་ཁྲིམས་ཤེས་པ་དང་། །ངན་སོང་སྣ་ཁྲིད་སྡིག་
པར་ཤེས་པ་དང་། །སྲུང་སྡོམ་མེད་ན་ཆོས་རྩ་རུལ་བ་དང་། །ཡོན་ཏན་ཀུན་གྱི་རྟེན་དུ་ཤེས་པ་དང་། །
མཐོ་རིས་འཛེགས་པའི་སྐས་སུ་ཤེས་པ་དང་། །ཐར་བར་བསྒྲོད་པའི་བཞོན་པར་ཤེས་པ་ཡིས། །
ཁྲིམས་གཙང་སྲུང་ལ་ནན་ཏན་གཅེས་སྤྲས་བྱ། །ཞེས་སོ། །གཞན་ཡང་། རང་གི་གོ་ཡུལ་ཙམ་གྱིས
ལྟ་བ་ལ་ཁ་གཡར། གསང་སྔགས་ལས་འདི་ལྟར་བཤད་དོ་ཞེས་སྐད་ཆོལ་ཏེ། སྤྱོད་པ་བག་མེད་པོ་
ཅོ་རྩིང་པོས་སྐད་མུ་གེ་ལ་བཀལ་ནས་སྣམ་བུ་བོར་ཚང་བྱེད་པ་ལྟ་བུ་ནི། རྣམ་པ་ཐམས་ཅད་དུ་མི་
བྱ་སྟེ། བདེ་བར་གཤེགས་པའི་བཀའ་མདོ་རྒྱུད་བསྟན་བཅོས་ཐམས་ཅད་ནས་ལྟ་བ་མཐོ་དགོས
སྤྱོད་པ་ཞིབ་དགོས་པར་བཤད་པ་ལས། ལྟ་བ་དམའ་སྤྱོད་པ་རྩིང་དགོས་པར་བཤད་པ་གཅིག་ཀྱང་
མེད་དེ། སློབ་དཔོན་པདྨས་གཙོད་འགྲེལ་འཕྲུལ་གྱི་བང་མཛོད་དུ། ལྟ་བ་མཐོ་རུ་མི་བཀྲི་སྲུ །
ཆོས་ཀྱི་དབྱིངས་ལ་ཡངས་དོག་མེད། །སྒོམ་པ་སྲང་ལ་མི་འཇུར་རྒྱུ། །དབང་པོ་ཚོགས་དྲུག་རྟོག
འདོད་ཆེ། །སྤྱོད་པ་ཞིབ་ཏུ་མི་ལེན་རྒྱུ། །ཁམས་གསུམ་འཁོར་བ་གཡང་ས་ཆེ། །ཞེས་དང་། སྤྱོད་པ
བླང་དོར་ཐལ་བའི་དོན་རྟོགས་ཀྱང་། །འབྲས་བུ་རྒྱུད་ལ་མངོན་དུ་མ་གྱུར་བར། །མཛད་སྤྱོད་འདི
ལྟར་བགྱིས་ན་ལེགས། །ཐུགས་དགོངས་སངས་རྒྱས་འདྲར་གྱུར་ཀྱང་། །མཛད་སྤྱོད་མི་དང་མཐུན
པར་མཛོད། །ཅེས་སོགས་རྒྱ་ཆེར་གསུངས་པ་དང་། དགོངས་འདུས་ལྷ་སྲས་ཞལ་གདམས་ལས། །

ལྟ་བ་རྒྱ་མཚོ་ཡངས་པའི་དོན་རྟོགས་ཀྱང་། །སྤྱོད་པ་ཀུན་རྫོབ་ལས་འབྲས་ཞིབ་ཏུ་གཟོབ། །སེམས་ཉིད་ཡངས་པ་རྣལ་མའི་དོན་རྟོགས་ཀྱང་། །དམ་ཚིག་བསྲུང་སྡོམ་འདུལ་ཁྲིམས་མ་ཉམས་སྲུངས། །ཞེས་དང་། ལྟ་བ་འཕང་མཐོ་སྤྱོད་པ་རྩིང་གྱུར་ན། །མུ་སྟེགས་རྒྱང་འཕེན་ལྟ་བར་མཚེས་ཉེན་ཡོད། །ཁ་ལྟ་མཐོ་ལ་ཆོས་སྤྱོད་ཁྲིད་དུ་གསོད། །གཏན་སྡུག་དམྱལ་བའི་གནས་སུ་གོལ་བར་མཆི། །ཞེས་དང་། རྣལ་འབྱོར་པ་བྱ་བ་དོན་ཆོས་ཉིད་ལ་བློ་འབྱོར་བ་ལ་ཟེར་བ་ཡིན། ཐོ་ཅོའི་སྨྱོན་སྤྱོད་གང་རུང་རུང་བྱེད་པ་རྣམས་རྣལ་འབྱོར་པའི་མིང་མེད། སྔགས་པ་བྱ་བ་ཐབས་དང་ཤེས་རབ་ཟུང་དུ་འབྲེལ་པའི་ལམ་གྱིས་མྱུར་དུ་སངས་རྒྱ་བ་ལ་ཟེར་བ་ཡིན། བརྣག་སེམས་ཅན་ཁ་ཆོས་བོན་གྱིར་བྱེད་པ་སྔགས་པའི་གྲལ་ཁྱུར་མི་རུང་། ཅེས་ཨོ་རྒྱན་ཆེན་པོས་གསུངས་སོ། །འོ་ན་ལྟ་བའི་བོགས་སྤྱོད་པས་འདོན་པ་མ་ཡིན་ནམ་ཞེ་ན། དེ་ལྟར་ལགས་ཀྱང་། སྤྱོད་པ་དུས་ཚོད་དང་འབྲེལ་བ་གཙོ་ཆེ་ལ། གཞན་དུ་སྤྱོད་པ་སྔས་པས་དངོས་གྲུབ་ལ་རིང་བར་འགྱུར་ཏེ། རྒྱ་གར་གྱི་གྲུབ་ཆེན་ཌོཾ་ལེཀྐ་རིའི་སློབ་མ་ཙཀྵི་པ་རུས་པའི་རྒྱན་དྲུག་བགོས་ཏེ་སྤྱོད་པ་ལ་ཞུགས་པ། སློབ་དཔོན་གྱིས་ད་རུང་མ་རན་གསུངས་ཀྱང་མ་ཉན་པར་སོང་བས་རི་བོ་ཞིག་ཏུ་སྙོམ་པས་ཉེན་པ་ན། མི་ཞིག་ཐོད་པ་ཁྱེར་གླང་པོ་ཆེ་གཉིས་དེད་བྱུང་བ་ལ་ཆུ་སླངས་པས། གླང་འདི་སྟག་ལ་ཟ་མ་ཤོར་ང་ཆུ་ལེན་དུ་འགྲོ་ཟེར་ཏེ་སོང་བ་ན། སྟག་བྱུང་སྟེ་མ་ཐུབ་པར་གླང་ཟོས། མི་དེ་བྱུང་བ་ན་སློབ་དཔོན་དུ་གྱུར་ཏེ་སྤྱོད་པ་མ་རན་པ་དེ་ལྟར་ཡིན་གསུངས་ནས་ཡལ། ཡང་བྱོན་པ་ན་བཀྲེས་པས་མི་རོ་གཅིག་འདུག་པ་ཟ་བསམ་ནས་མི་ཞིག་ལ་གྲི་གཡར་བས། སྤྱོད་པ་བྱེད་ན་འདི་ལྟར་གྱིས་ཞེས་མི་དེ་བྱ་རོག་ཏུ་བྱས་ནས་ཟོས་པ་དང་སློབ་དཔོན་དུ་གྱུར་ཏེ་ཡལ། ཡང་ཆུ་བོ་ཆེན་པོ་གཅིག་གི་འགྲམ་དུ་མཛེ་མོ་ཉམ་ཐག་གཅིག་གིས་སྤྱོད་པ་བ་ང་ཁྱུར་ཟེར་བས་ཁྱུར་མ་ནུས། སྨོམ་བུ་པ་གཅིག་གིས་ཁྱུར་བས་ཆུའི་དབུས་སུ་ཕྱིན་པ་ན། རྡོ་རྗེ་རྣལ་འབྱོར་མར་གྱུར། ཁྱུར་བ་པོ་གྲུབ་ཐོབ་ཙ་ཕུ་བ་ཡིན། དུར་ཁྲོད་དུ་ཚོགས་འཁོར་བྱེད་པ་ན། མི་ནག་པོ་གཅིག་གིས་ངས་ཚོགས་དཔོན་བྱེད་ཟེར་བ་ལ་མ་བཅོལ་བས། ཚོགས་གྲོལ་ཁར་བདེ་མཆོག་ཏུ་གྱུར་ནས། བླ་མ་ཡི་དམ་མཁའ་འགྲོས་མ་གནང་བར་སྤྱོད་པ་མི་འགྲུབ། སྐྱེ་བ་འདིར་མཆོག་མི་འགྲུབ་པར་དོར་གྲོལ་གསུངས་ནས་མི་སྣང་བར་བཤད་པ་བཞིན་ནོ། །སེང་གེས

མཆོང་སར་ཕ་མཆོང་པས་གཡང་དུ་ལྷུང་བར་གྲགས་སོ། །དེ་ལྟར་སྡོམ་པ་གསུམ་གྱི་སྤྱིར་བཏང་བ་དང་དམིགས་ཀྱིས་བསལ་བ་ཤེས་པ་དེས། ལམ་བསྐྱེད་པ་དང་རྫོགས་པའི་རིམ་པ་གཉིས་བསྒོམ་པར་བྱ་སྟེ། རྡོ་རྗེ་གུར་ལས། བསྐྱེད་པ་ཡི་ནི་རིམ་པ་དང་། །རྫོགས་པའི་རིམ་པ་རྣམ་པ་གཉིས། །ཐབས་འདི་རྫོགས་པའི་སངས་རྒྱས་ཀྱིས། །སྐྲས་ཀྱི་རིམ་པ་ལྟ་བུར་གསུངས། །ཞེས་རིམ་གཉིས་ཐ་དད་པར་སྣ་མ་ཕྱི་མའི་ལམ་དུ་འདོད་པ་དང་། ཀྱེ་རྡོ་རྗེ་ལས། བསྐྱེད་བ་ཡི་ནི་རིམ་པ་དང་། །དེ་བཞིན་རྫོགས་པའི་རིམ་པ་སྟེ། །རིམ་གཉིས་མཉམ་པར་བཞག་ནས་ནི། །རྡོ་རྗེ་ཅན་གྱི་ཆོས་འཆད་དོ། །ཞེས་བསྐྱེད་རྫོགས་ཟུང་འཇུག་ཏུ་བསྒོམ་པར་གསུངས་པ་སྟེ། དང་པོ་ནི། ལས་དང་པོ་ལ་དང་། གཉིས་པ་ནི་བརྟན་ཐོབ་ལ་དགོངས་པའོ། །བསྒོམ་ཚུལ་དང་པོ་ནི། རྒྱུ་སྡེའི་དགོངས་པས་ཐ་དད་པ་མང་ནའང་། གསང་སྔགས་བླ་མེད་ནང་རྒྱུད་ཀྱིས་བསྒོམ་ཚུལ་ལའང་། སྔགས་གསར་མ་ལྟར་ན་ཉིང་ངེ་འཛིན་གསུམ་གྱིས་བསྒོམ་པར་འདོད་པ་ཡོད་དེ། རྡོ་རྗེ་རྩེ་མོ་ལས། སྦྱོར་བ་ཡི་ནི་སྒོམས་འཇུག་བྱ། །དེ་ནས་དཀྱིལ་འཁོར་རྒྱལ་པོ་མཆོག །དེ་ནས་ཡང་ནི་ལས་རྒྱལ་མཆོག །དེ་ལྟར་སོ་ཐྱི་ཉེར་ཡང་བཤད་དེ། གཞལ་ཡས་ཁང་ནས་གཙོ་བོ་བསྐྱེད་པའི་བར་སྦྱོར་བ། འཁོར་སྤྲོ་བ་ནས་མཆོད་བསྟོད་བར་དཀྱིལ་འཁོར་རྒྱལ་མཆོག །འཁོར་གྱི་བསྟེན་པའི་མན་ངག་སོགས་ལས་རྒྱལ་མཆོག་གོ། །ཡང་། རྣལ་འབྱོར་ཡན་ལག་དྲུག་གིས་བསྐྱེད་པའང་ཡོད་དེ། རྡོ་རྗེ་གུར་ལས། སངས་རྒྱས་གནས་ནི་རྫོགས་པ་དང་། །ཀུན་ཏུ་བཟང་པོའི་རང་བཞིན་དང་། །རང་གི་ལྷག་པའི་ལྷར་བསྒྲུབ་དང་། །མཆོད་བསྟོད་འདུད་རྩི་མྱོང་ལ་སོགས། །རྣལ་འབྱོར་ཡན་ལག་དྲུག་ཏུ་འདོད། །ཅེས་གཞལ་ཡས་ཁང་དང་གདན་བསྐྱེད་པར་རྣམ་སྣང་གི་ཡན་ལག་ལྷ་བསྐྱེད་ནས་སྤྱན་འདྲེན་རྗེས་སུ་ཆགས་པ་རྡོ་རྗེ་སེམས་དཔའི་ཡན་ལག་དབང་བསྐུར་རྒྱས་གདབ་པ་མི་བསྐྱོད་པའི་ཡན་ལག་བདུད་རྩི་ལ་ལོངས་སྤྱོད་པ་དོན་འགྲུབ་ཀྱི་ཡན་ལག །བདུད་རྩི་མྱོང་བ་ཐིག་པ་མྱོང་བ་འོད་དཔག་མེད་ཀྱི་ཡན་ལག །ཡོན་ཏན་བསྟོད་པ་རིན་འབྱུང་གི་ཡན་ལག་ཞེས་བྱའོ། །ཡང་། བརྟགས་གཉིས་ལས། གོང་བུ་ཆུ་དང་གཟུགས་སུ་གནས། །གཟུགས་ལ་འདས་བཞིས་རྟོགས་པར་བྱ། །ཞེས་པས་ལྷའི་ས་བོན་གོང་བུར་གནས་པ། དེས་དོན་གཉིས་བྱས་འོད་ཀྱི་ཐིག་ལེར་སྣང་བ་ཆུར་གནས་པ། ལྷ་བསྐྱེད

ནས་རྒྱས་གདབ་པར་གཟུགས་སུ་གནས་པ། དེས་ན་ཏིང་ངེ་འཛིན་གསལ་བ་རྫོགས་རིམ་དུ་བསྡུ་
བ་གཟུགས་ལས་འདས་པ་སྟེ། གནས་པ་བཞིའི་ཚིངས་འདི་འབྲོག་མི་ལྷོག་རྗེས་འབྲངས་དང་བཅས་
པས་རྩིས་ཆེར་མཛད་དོ། །ཡང་རྣལ་འབྱོར་གྱི་རྒྱུད་རྣམས་སུ་མངོན་བྱང་ལྔས་བསྐྱེད་པར་གསུངས་ཏེ།
ཐོག་མར་གདན་པད་མ་ལས་མངོན་པར་བྱང་ཆུབ་པ། གདན་གྱི་སྟེང་དུ་ལྷའི་ཕྱག་མཚན་འགོད་པ་
ཐུགས་ཕྱག་མཚན་ལས་མངོན་པར་བྱང་ཆུབ་པ། དེ་ལ་ས་བོན་གྱིས་མཚན་པས་གསུང་ཡིག་འབྲུ་
ལས་མངོན་པར་བྱང་ཆུབ་པ། དེ་ལས་ལྷ་བསྐྱེད་པ་སྐུ་ཡོངས་སུ་རྫོགས་པ་ལས་མངོན་པར་བྱང་
ཆུབ་པ། དེ་ལ་ཡེ་ཤེས་པ་བསྟིམས་ཏེ་ལྷ་ཡེ་ཤེས་སེམས་དཔའ་ལས་མངོན་པར་བྱང་ཆུབ་པ་སྟེ་ཕུན་
སུམ་ཚོགས་པ་ལྔའི་བཀོད་པ་རྫོགས་པར་བྱེད་པའོ། །ཡང་རྣལ་འབྱོར་ཆེན་པོའི་གཞུང་འགའ་ཞིག་
ལས། རིམ་ལྔའི་མན་ངག་གིས་བསྐྱེད་རྫོགས་ཟླི་བར་གསུངས་ཏེ། དེ་ཡང་ལྷ་བསྐྱེད་དེ། རླུང་
འབྲིན་འཛུག་ནི་བདག་བྱིན་གྱིས་བརླབས་པའི་རིམ་པ། འཁོར་ལོ་ལྔར་རིགས་ལྔའི་ཕྱག་མཚན་ལས
འོད་ཟེར་སྤྲོ་བསྡུ་ནི་སྣ་ཚོགས་རྡོ་རྗེའི་རིམ་པ། འཁོར་ལོ་བཞིར་བདེ་བ་རྒྱས་པས་དགའ་བཞིའི་ཡེ་ཤེས་
བསྐྱེད་པ་ནི་ནོར་བུ་འགེངས་པའི་རིམ་པ། ཕྱག་མཚན་ལྔ་རིགས་ལྔ་ཡབ་ཡུམ་དུ་གྱུར་ཏེ་སྦྱོར་མཚམས་
ནས་བདུད་རྩིས་ལུས་ཁེངས་པར་བསམ་སྟེ་གཏུམ་མོ་བསྒོམ་པ་ནི་ཛཱ་ལནྡྷ་རིའི་རིམ་པ། སྐུ་དང་ས་
བོན་བསྡུས་ཏེ་མི་དམིགས་པའི་ངང་ལ་བཞག་པ་ནི་བསམ་གྱིས་མི་ཁྱབ་པའི་རིམ་པ་ཞེས་བྱའོ། །
གསང་སྔགས་རྙིང་མ་ལྟར་ན་འང་བསྐྱེད་པ་མ་ཧཱ་ཡོ་ག་ལ། ཕྱི་སྣོད་གཞལ་ཡས་ཁང་དུ་གསལ། །
ནང་བཅུད་ལྷ་དང་ལྷ་མོར་གསལ། །ཞེས་ཕྱི་སྣོད་འཇིག་རྟེན་འབྱུང་བ་རིམ་བརྩེགས་དང་བཅས་ཏེ་
རྟེན་གཞལ་ཡས་ཁང་དང་། ནང་བཅུད་ཀྱི་སེམས་ཅན་སྣང་གྲགས་ཐམས་ཅད་བརྟེན་པ་ལྷར་གསལ་
བ་དང་། ལུང་ཨ་ནུ་ཡོ་ག་ལྟར་ན། ལས་བྱང་མེ་ཕྲེང་ལས། གདལ་ཁྱབ་ལྷུགས་པས་རབ་གཡོགས་
གེང་རུས་མཁར། །ཤ་ཁྲག་ཕུང་པོ་འདུས་པའི་གཞལ་ཡས་ཁང་། །ཞེས་ལུས་གཞལ་ཡས་ཁང་དང་།
སྣང་བའི་ངོ་བོ་པདྨ་བཛྲ་རྩལ། །སྟོང་པའི་བདག་ཉིད་ལྷ་ལྷུམ་གསང་བའི་ཡུམ། །ཞེས་སེམས་དང་
སེམས་བྱུང་ལྷར་གསལ་བ་དང་། །རྫོགས་པ་ཆེན་པོ་ཨ་ཏི་ཡོ་ག་ལྟར་ན། །རྒྱུད་བཅུ་བདུན་ལ་སོགས་
པར། །རིག་པ་ཡེ་ཤེས་དཀྱིལ་ཡིན་ཏེ། །སེམས་བྱུང་རྟོག་ཚོགས་འཁོར་དུ་གསལ། །ཞེས་རིག་པ་

སྐད་ཅིག་མ་ལྷ་དང་། སེམས་བྱུང་རྣམས་འཁོར་དང་གཞལ་ཡས་ཁང་དུ་གསལ་བའོ། །དེ་དག་ཐམས་ཅད་ལའང་། སྟོན་དུ་དེ་བཞིན་ཉིད་དང་། ཀུན་ཏུ་སྣང་དང་། རྒྱུའི་ཏིང་ངེ་འཛིན་གསུམ་གྱིས་ཁོག་ཕུབ་ཏེ་མངོན་བྱང་ལྔས་རྟེན་དང་བརྟེན་པའི་དཀྱིལ་འཁོར་འཁོར་ལོ་གསལ་བཏབ་ནས་སྤྱན་འདྲེན་མཆོད་བསྟོད་ལ་སོགས་ཆོ་ག་ལྔས་གཞུང་བསྲང་བའོ། །ཆོ་ག་ལྔ་ནི། ལྷ་བསྐྱེད་པ། སྔགས་བཟླས་པ། ཏིང་ངེ་འཛིན་བསྒོམ་པ། དམ་ཚིག་ལ་གནས་པ། མཆོད་གཏོར་ལ་བརྩོན་པའོ། །དངོས་ཀྱི་རྣམ་པ་གསལ་བ་རྣམ་དག་དྲན་པ་སྟེ། ང་རྒྱལ་བརྟན་པ། རྟེན་དང་བརྟེན་པ་གསལ་ལ་མ་འདྲེས་པར་བསྐྱེད་པ་ལ། བཟ་དང་དོན་གྱི་རྣམ་དག་དྲན་པས་ཨ་འཐས་དང་འབྲུལ་འཛིན་ལས་གྲོལ་བ། རྗེས་ང་རྒྱལ་བརྟན་པས། སྣང་བ་སྐུ། སྒྲ་གྲགས་གསུང་། དྲན་རྟོག་ཐུགས་ཀྱི་ཁྱེར་སོ་གསུམ་དང་མ་བྲལ་བའི་བསྐྱེད་རྫོགས་ཟུང་འཇུག་ཏུ་ཉམས་སུ་ལེན་པའོ། །དེ་ཡང་བསྙེན་བསྒྲུབ་ཡན་ལག་བཞིས་བསྐྱེད་ཚུལ་གསར་རྙིང་མཚུངས་ཏེ། འདུས་པའི་རྩ་རྒྱུད་ལས། བསྙེན་པའི་དམ་ཚིག་རབ་སྦྱོར་བ། །བྱང་ཆུབ་མཆོག་ནི་བསྒོམ་པར་བྱ། །ཉེ་བར་བསྒྲུབ་པ་སྒྲུབ་མཆོག་ལ། །རྡོ་རྗེའི་སྐྱེ་མཆེད་རྣམ་པར་དཔྱད། །སྔགས་ཀྱི་བདག་པོ་བསྒོམ་པ་ཡིས། །བསྒྲུབ་པའི་ཚེ་ན་བསྐུལ་བར་བྱ། །སྒྲུབ་པ་ཆེན་པོ་བྱེད་པའི་ཚེ། །དབུ་རྒྱན་ལ་ནི་རིགས་བདག་བསམ། །རྡོ་རྗེ་རྣམ་བཞི་འདི་དག་གིས། །ཐ་མལ་པ་ཡི་བསྙེན་པ་བྱ། །ཞེས་སོ། །གསལ་བར་བྱེད་ན། མངའ་རིས་པ་པདྨ་དབང་རྒྱལ་འདི་ཉིད་ཀྱི་ཞལ་ནས། བདག་ཉིད་ལྷ་རུ་གསལ་བ་ནི། བསྙེན་པའི་ཡན་ལག་དང་པོ་ཡིན། །སྐྱེ་མཆེད་མཁའ་གསང་བྱིན་བརླབས་པ། །ཉེ་བར་བསྙེན་ཅིང་བསྒྲུབ་པ་ཡིན། །དེ་ལ་ཡེ་ཤེས་སྤྱན་དྲངས་པ། །དེ་ཉིད་དབང་བསྐུར་རིགས་རྒྱས་གདབ། །སྒྲུབ་པ་ཆེན་པོ་བཤད་པ་ཡིན། །ཞེས་སོ། །དེ་ཡང་གདན་གསུམ་ཚང་བའི་ལྷ་ནི་ནང་རྒྱུད་གསུམ་ལ་ཡོད་དེ། གསང་བའི་སྙིང་པོ་དེ་ཁོ་ན་ཉིད་ངེས་པ་ལས། རྡོ་རྗེ་ཕུང་པོའི་ཡན་ལག་ནི། རྫོགས་པའི་སངས་རྒྱས་ལྔ་རུ་གྲགས། །ཞེས་ཕུང་པོ་ལྔ་རིགས་ལྔར་གསལ་བ་དེ་བཞིན་གཤེགས་པའི་གདན། ས་ཆུ་སྤྱན་དང་མཱ་མ་ཀཱི །མེ་རླུང་གོས་དཀར་དམ་ཚིག་སྒྲོལ། །ནམ་མཁའ་དབྱིངས་ཀྱི་དབང་ཕྱུག་མ། །ཞེས་འབྱུང་བ་ལྔ་ཡུམ་ལྔར་འདུ་ཤེས་པ་རིག་མའི་གདན། སྐྱེ་མཆེད་ཁམས་རྣམས་མང་པོ་ཀུན། །ལྷ་དང་ལྷ་མོའི་ངོ་བོ་ཉིད། །ཅེས་མིག་སོགས་སྐྱེ་

མཆེད་རྣམས་ས་སྙིང་ལ་སོགས་པར་གསལ་བྱང་ཆུབ་སེམས་དཔའི་གདན་ཏེ་གཞན་ལའང་དེ་བཞིན་དུ་ཤེས་པར་བྱ་སྟེ་འདི་ནི་དཔལ་ས་སྐྱ་བ་རྗེས་འབྲང་དང་བཅས་པའི་ཆོས་སྐད་ཡང་དག་པའོ། །དེ་ཡང་ལྷ་ལོངས་སྤྱོད་རྫོགས་སྐུ་གདན་གསུམ་ཚང་བའི་སྒོ་ནས་སྨིན་བྱེད་རྣམས་ལ་དབང་དང་མ་ཚང་བའི་སྒོ་ནས་རྗེས་གནང་ཡིན་ཞེས་མཁས་གྲུབ་ཡེ་ཤེས་རྒྱལ་མཚན་གསུངས་སོ། །རྫོགས་རིམ་ལའང་མཚན་མ་དང་བཅས་པ་ཞི་གནས་ཀྱི་བསམ་གཏན་དང་། མཚན་མ་མེད་པ་ལྷག་མཐོང་གི་ཤེས་རབ་གཉིས་ཟུང་འཇུག་ཏུ་ཉམས་སུ་ལེན་པར་བྱ་སྟེ་སྤྱོད་འཇུག་ལས། ཞི་གནས་རབ་ཏུ་བརྟན་པའི་ལྷག་མཐོང་གིས། །ཉོན་མོངས་རྣམ་པར་རྟོག་པ་གཞིལ་བྱེད་དེ། །ཐོག་མར་ཞི་གནས་བཙལ་བྱ་དེ་ཡང་ནི། །འཇིག་རྟེན་ཞེན་པ་མེད་ལ་མངོན་དགས་འགྲུབ། །ཅེས་གསུངས་པས། ཞི་གནས་ནི་སྣ་ཕྱིའི་རྟོགས་པ་འགག་པའི་བར་གྱི་རྟོག་མེད་ཀྱི་བསམ་གཏན་མར་མེ་རླུང་གིས་མ་བསྒྱོད་པ་ལྟར་གར་གཏད་དུ་སེམས་ཡེར་གནས་པ་ནི་སེམས་ལས་སུ་རུང་བའི་ཞི་གནས་བདེ་གསལ་མི་རྟོག་པའི་ཉམས་དང་བཅས་པ་སྟེ། དེ་ལའང་ཞེན་པ་དང་ཆགས་པ་མེད་པར་གནས་པའོ། །ལྷག་མཐོང་ནི་དེ་དུས་ཀྱི་རིག་པ་དྲི་མ་མེད་པ་སྟོང་གསལ་ནམ་མཁའ་ལྟར་སྒྲིབ་བྱེད་དང་བྲལ་བ་རྗེན་ནེ་ཧྲིག་གེ་སལ་ལེ་བ་འདི་ཡིན་ཏེ། འདིའི་གདངས་སམ་རྩལ་ལས་སེམས་བྱུང་ཉོན་མོངས་པའི་རྟོག་ཚོགས་ཇི་ལྟར་ཤར་ཡང་རྗེས་སུ་མི་མཐུད། ཆེད་དུ་མི་དགག་པར་རིག་པ་དྲི་མ་མེད་པའི་རང་ཞལ་རང་གིས་བལྟ་བ་ན། རྣམ་རྟོག་རྟེན་མེད་རང་སང་རང་ཡལ་ལ་སོགས་ཏེ་ཐ་རླབས་རྒྱ་མཚོར་ཡལ་བ་ལྟར་འགྱུར་ཏེ། དེ་ལྟར་སལ་ལེར་གནས་པའི་ཆ་ནི་བསམ་གཏན་ཡིན་ཏེ། ཁམས་གོང་མར་སྐྱེ་བའི་རྒྱུ་ལས་མ་ཡིན་པས། གནས་བདེ་བའི་རིག་པ་ངོ་བོ་སྟོང་སང་ངེ། རང་བཞིན་གསལ་ཧྲིག་གེ། གསལ་སྟོང་དུ་རྗེན་ནེ་ཧུ་རེ་བ་རང་གནས་ཀྱི་བསམ་གཏན་དང་ལྡན་པ་དེ་ཉིད་ཤེས་རབ་སྟོང་པ་ཉིད་ཅེས་བྱ་བ་སྟེ་དེའི་ངང་ལ་བཟོ་བཅོས་དང་འཛིན་ཞེན་མེད་པར་བཞག་པས་སྐུ་གསུང་ཐུགས་རང་ཆས་ལྷུན་གྲུབ་ཀྱི་ས་ལ་གཏན་སྲིད་ཟིན་པར་འགྱུར་རོ། །གསུམ་པ་འབྲས་བུ་རིམ་པས་འགག་བསྡམ་པ་ནི། འབྲས་བུ་ལ། ཉེ་རྒྱུའི་སྤྱོད་པས་རིམ་བཞིན་མཚམས་སྦྱོར་ན། །འདི་འམ་འཆི་ཁ་དང་ནི་བར་དོ་དང་། །རང་བཞིན་སྤྲུལ་སྐུའི་ཞིང་དུ་རྫོགས་སངས་རྒྱས། །བྱང་ཆུབ་ལ་ཉེ་རྒྱུའི་

སྤྱོད་པ་གང་གིས་སྒྲུབ་པ་ཚོ་གའི་ཡན་ལག་ཐེག་ཆེན་ལ་མོས་ཤིང་བློ་གྲོས་དང་བརྩོན་འགྲུས་ལྡན་པས། ཇི་ལྟར་སྒྲུབ་པ་ཐབས་ཀྱི་ཡན་ལག་ཞི་གནས་དང་ལྷག་མཐོང་། གཉིས་མེད་སྒྲུབ་པ་ངོ་བོའི་ཡན་ལག་ཞི་ལྷག་ཟུང་འཇུག་གི་ཉམས་ལེན་དབང་པོ་དང་བརྩོན་འགྲུས་རབ་འབྲིང་ཐ་མས་ཏེ། ཡང་རབ་ཚེ་འདིར་གྲོལ་བ་སྟེ། གསང་སྔགས་ཐུན་མོང་ལྟར་ན་དག་པ་མཁའ་སྤྱོད་དང་། སྙིང་མ་ལྟར་ན་འཕོ་བ་ཆེན་པོའི་སྐུ་འགྲུབ་པའོ། །དབང་པོ་རབ་འབྲིང་ཐ་གསུམ་འཆི་ཁ་དང་། ཆོས་ཉིད་སྲིད་པའི་བར་དོ་ལ་ཇི་ལྟར་གྲོལ་བའི་ཚུལ་བསྟན་པ་གསུམ་ལས། དང་པོ་ནི། སྐྱེས་བུ་གང་ཞིག་འབྱུང་བའི་ཐིམ་རིམ་རྣམས་རྫོགས་ནས་ཁམས་དཀར་དམར་དང་སྲོག་རླུང་གསུམ་སྙིང་ཁར་འདུས་པས་ཉོན་མོངས་པ་རང་བཞིན་གྱི་རྟོག་པ་བརྒྱད་ཅུ་འགག་སྟེ་བདེ་གསལ་མི་རྟོག་པའི་ཡེ་ཤེས་རང་རིག་རྗེན་ཅེ་རེ་བ་རྣམ་རྟོག་ཐམས་ཅད་བྲལ་བ་འཆར་ཏེ་ངོས་ཟིན་པས་བར་དོ་མེད་པར་ཆོས་ཀྱི་སྐུར་སངས་རྒྱ་བ་སྟེ། དུས་འཁོར་རྩ་རྒྱུད་ལས། ལུས་ཅན་རྣམས་ནི་འཆི་བའི་ཚེ། །བདུད་རྩི་ཟླ་བ་ཐུར་དུ་འགྲོ། །སྙིང་དུ་ཉི་རྡུལ་སྦྲ་གཅན་དང་། །རྣམ་ཤེས་སྲིད་པའི་མཚན་ཉིད་དོ། །ཅེས་དང་། འོད་གསལ་དེ་ལ་སེམས་ཟིན་ན། །བར་དོ་མེད་པར་མྱ་ངན་དང་། །སྡུག་བསྔལ་ཀུན་ལས་ངེས་པར་གྲོལ། །ཞེས་སོ། །གཉིས་པ་ནི། བར་དོ་དང་པོ་ངོས་མ་ཟིན་ན། རིག་པ་དབང་པོའི་སྒོ་ལས་ཕྱིར་ཐོན་པ་དང་མཉམ་དུ་གཞི་སྣང་ལྷུན་གྲུབ་ཆོས་ཉིད་བར་དོའི་སྣང་བ་འཆར་ཏེ། འཇའ་འོད་ཟེར་གསུམ་གྱི་ཀློང་ནས་རྒྱལ་བའི་དཀྱིལ་འཁོར་བསམ་གྱིས་མི་ཁྱབ་པ་འཆར་བ་དེ་དག་རང་སྣང་དུ་ངོ་ཤེས་པས་སྐད་ཅིག་ལ་བར་དོ་དག་པ་ལོངས་སྤྱོད་རྫོགས་པའི་སྐུར་སངས་རྒྱ་བའོ། །གསུམ་པ་ནི། དེ་ལས་ངོས་མ་ཟིན་པ་ན། དག་པའི་སྣང་བ་དེ་དག་འཇའ་ལྟར་དུ་ཡལ་བའི་མོད་ལས། རང་གར་འཆི་བའི་གནས་ཁང་ཡོ་བྱད་ནོར་རྫས་ལ་སོགས་པ་ད་ལྟ་བཞིན་དུ་མཐོང་སྟེ། ཤི་བར་ཤེས་ནས་སྡུག་བསྔལ་དཔག་ཏུ་མེད་ཅིང་། མ་ངེས་པའི་རྟགས་དྲུག །འཇིགས་པའི་དགྲ་བཞི། ཡ་ང་བའི་གཡང་ས་གསུམ་ལ་སོགས་པས་མནར་བ་ན། དག་པའི་ཞིང་ཁམས་ལྷ་དང་མཁའ་སྤྱོད་འོག་མིན་སྤྲུལ་སྐུའི་ཞིང་དུ་འདུན་པ་གཏད་པས་ཞིང་དེར་བརྫུས་ཏེ་སྐྱེས་ནས་ས་ལམ་རྣམས་རིམ་གྱིས་བསྒྲོད་དེ་སྤྲུལ་པའི་སྐུར་སངས་རྒྱ་བའོ། །འདི་དག་གི་རྣམ་བཞག་རྒྱས་པར་བླ་མ་དམ་པས་མཛད་

པའི་བར་དོའི་དམར་ཁྲིད་ལས་རྟོགས་པར་བྱའོ། །གཞན་ཡང་སངས་རྒྱས་ཀྱི་ཡོན་ཏན་སྐུ། བརྟེན་པ་ཡེ་ཤེས་ཀྱི་རྣམ་བཞག་ལ་སོགས་པའང་གཞན་དུ་ཤེས་པར་བྱའོ། །

༄ དེ་ལྟར་ལེགས་བཤད་ཚངས་པའི་མདུན་དུ་ཧཱུྃ། །འགྲོ་ཁམས་རྒྱ་མཚོའི་བར་དུ་སྒྲོག་པ་ཡིས། །ཚིག་དོན་གནས་ལ་རྨོངས་པས་གཉིད་ལོག་པ། །དེ་དག་རིགས་ཀྱི་ཡོན་ཏན་སད་པར་ཤོག ། ཚུལ་ཁྲིམས་ཕུན་ཚོགས་ཆོས་འདུལ་ཁང་བཟང་རྩེར། །རྒྱལ་སྲས་སྤྱོད་པའི་རྒྱལ་མཚན་ནམ་མཁར་སྒྲེགས། །གསང་སྔགས་ཟབ་དོན་ཡིད་བཞིན་ཏོག་གིས་སྤྲས། །གང་གི་དཔལ་ལ་དགོས་འདོད་ཆར་དབབ་ཤོག །རྣམ་གྲོལ་སྡོམ་གསུམ་ཡིད་འོང་པུཎྜ་རི། །དོན་གཉིས་སྦྲང་རྩིའི་ལྡིང་ཁང་ཀུན་ནས་བཀྲམ། །མཆོག་ཐུན་མ་ལ་ཡའི་བསུང་ལས་དགེངས་པས། །སྐལ་ལྡན་བྷྲ་མ་ར་ཀུན་ཆེམ་བྱེད་ཤོག ། རང་བཞིན་རྫོགས་པ་ཆེན་པོའི་ལམ་གྱི་ཆ་ལག་སྡོམ་པ་གསུམ་རྣམ་པར་ངེས་པའི་འགྲེལ་པ་རྣམ་གྲོལ་ལམ་བཟང་ལས། སྡོམ་གསུམ་སྤྱིར་བཤད་པའི་རིམ་པར་ཕྱེ་བ་ཞེས། ཐ་མ་སྟེ་ལྔ་པ་གཏན་ལ་དབབ་ཟིན་ཏོ། །

༄ སྤྱི་དོན་གསུམ་པ་ད་ནི་མཐར་ཕྱིན་པ་མཇུག་གི་དོན་ལ་གསུམ་སྟེ། གཞན་ལུགས་ཐལ་ཆེར་མ་དག་པར་བསྟན་པ། རང་ལུགས་དག་པར་བསྟན་ཅིང་དགེ་བ་བསྔོ་བ། མཚན་བསྟན་པས་མཐའ་བསྡུ་བའོ། །དང་པོ་ནི། སྙིགས་མ་ལྔ་བདོ་བའི་དུས། དེང་སང་མ་སྦྱངས་མུ་ཅོར་སྨྲ་བ་བརྒྱུས། ། རང་གི་ཡེ་ཤེས་རྟུལ་ཙམ་མ་རྟོགས་པར། །རང་བཟོའི་ཚིགས་རྨོངས་རྣམས་ཆེམ་པའི་དུས། །སྐྱབས་དེ་བསམ་གྱིན་སྙིང་ནས་མཆི་མ་དགུ། །དེ་ཡང་དེང་སང་གི་དུས་གངས་ཅན་གྱི་ལྗོངས་འདིར་མདོ་རྒྱུད་དང་མི་མཐུན་པའི་རང་བཟོའི་ཚིག་སྡོམ་གསུམ་གྱི་གཞུང་དང་མི་མཐུན་པ་དུ་མ་འདུག་ཅེས། བདག་ཉིད་ཆེན་པོ་ས་སྐྱ་པཎྜི་ཏས་སྡོམ་གསུམ་རབ་དབྱེར་གསུངས་པ་ཡང་། འབྲི་ཁུང་གི་བཞེད་པས། ལུས་སེམས་གཉིས་ཧེ་སྲིད་འཚོ་བའི་བར་ཞེས་དང་། ཡོད་པའི་དགེ་བ་ཞེས་དང་། དཀར་ནག་ཟང་ཐལ་དང་། ཡི་བཀག་ཡི་གནང་དང་། བཅས་པ་དང་རང་བཞིན་གྱི་ཁ་ན་མ་ཐོ་བ་གཉིས་གཅིག་པར་འདོད་པ་དང་། བཀའ་གདམས་པས། བསྙེན་གནས་ཉིན་པར་བསྲུངས་བ་སང་ཉིན་འབུལ་ཞེས་པ་དང་། བཀའ་གདམས་བྱ་ཡུལ་བས། བསྙེན་གནས་ལྷ་བསྒོམ་དང་། བྱམས་སྙིང་རྗེ

ཐབས་མཁས་ལ་མ་ལྟོས་པར་གཤིས་ཀྱི་དགེ་བ་ཡིན་ཞེས་པ་དང་མདོ་བསྐུལ་རིང་མོ་དང་། ཞང་གཡུ་བྲག་པས་རྒྱུ་ལ་འབྲས་གནས་དང་། ཆོས་དབྱིངས་བསྔོ་རྒྱུར་འདོད་པ་དང་། རྔོད་ཚང་བས་གནས་པའི་དགེ་བ་ཞེས་དང་། སྣག་ལུང་པས་རང་བཞིན་གྱི་དགེ་བ་ཞེས་དང་། ཞང་མཚལ་པ་དང་བཀག་ཕྱག་པ་ལ་གསུང་རབ་ཆོག་གི་ན་ཡ་ཞེས་དང་། བལ་པོའི་འདུལ་འཛིན་དང་འདུལ་བསྟོད་ལུགས་པ་ཁ་ཅིག །བསྔོ་བ་བྱེད་ཚེ་རིལ་བས་ཆུ་སྦྲིང་བ་དང་། དགེ་བཤེས་ཕྱག་སོར་བ་ལ་སོགས་པས་རྨི་ལམ་དུ་སེམས་བསྐྱེད་བླང་ཞེས་པ་དང་། འབྲི་ཁུང་བས་བདག་གཞན་བརྗེ་མི་རུང་དང་། དོན་དམ་སེམས་བསྐྱེད་ཆོ་གས་བླང་བ་དང་། བཀའ་བརྒྱུད་པ་ཕག་མོའི་བྱིན་རླབས་ཀྱི་ཆོས་སྒོ་འབྱེད་པ་དང་། ཡི་གསང་ཡིན་ཞེས་པ་ལ་སོགས་ཏེ་མ་དག་པ་དུ་མ་དང་། ཐ་ན་ཙ་རི་ཊ་དང་། རི་བོ་གངས་ཅན་ཏེ་སེར་འདོད་པ་བཀག་པ་ལ་སོགས་པ་མཐའ་ཡས་པ་གསུངས་པ་ལྟར། མ་དག་པ་དུ་མ་མཐོང་བས་ཡིད་སྐྱོ་བས་མཆི་མ་འཁྲུག་སྟེ་སངས་རྒྱས་འབའ་ཞིག་ལ་ར་མདར་འབོད་པ་ལགས་ཏེ། སྤྱོད་འཇུག་ལས། བདག་ནི་འཇིགས་པས་རྣམ་སྐྲག་ནས། །ཀུན་ཏུ་བཟང་ལ་བདག་ཉིད་འབུལ། །འཇམ་དཔལ་དབྱངས་ལའང་བདག་ཉིད་ཀྱི། །བདག་གི་ལུས་ནི་འབུལ་བར་བགྱི། །ཐུགས་རྗེའི་སྤྱོད་པ་མ་འཁྲུལ་བ། །སྤྱན་རས་གཟིགས་དབང་དེ་ལ་ཡང་། །ཉམ་ཐག་ང་རོས་འོ་དོད་འབོད། །ཅེས་པ་ལྟར་དང་། ས་པཎ་གྱིས་ཕྱོགས་བཅུའི་སངས་རྒྱས་ལ་འཕྲིན་ཡིག་མཛད་པ་ལྟ་བུའི་རང་བཞིན་ནོ། །འོན་ཐམས་ཅད་མཁྱེན་པ་ས་པཎ་གྱིས་མཛད་པའི་སྡོམ་གསུམ་རབ་དབྱེ་ལྟ་བུས་ཆོག་མོད། འདི་བརྩམས་མི་དགོས་སོ་ཞེ་ན། བདག་ཉིད་ཆེན་པོ་དེས་ནི་རྒྱུ་མཚན་ཉིད་དང་། འབྲས་བུ་གསང་སྔགས་ཀྱི་ཆོས་ཐམས་ཅད་སྡོམ་པ་གསུམ་དང་མ་འབྲེལ་བ་མེད་པས། དེའི་སྐབས་ཀྱི་མ་དག་པ་ཐམས་ཅད་སུན་ཕྱུང་བ་ཆོས་དང་ཆོས་མ་ཡིན་པར་རྣམ་པར་འབྱེད་པའི་སྤྱི་ཚིངས་སུ་མཛད་པ་ལས། ཆོ་ག་དང་། སྡོམ་པའི་རྣམ་གྲངས་ལ་སོགས་པ་ལས་ཆོག་དང་། ཐུགས་བསྐྱེད་ཆེན་མོ་དང་། དབང་བཞིའི་གཞུང་ལ་སོགས་ནས་རྟོགས་དགོས་པར་མཛད་པའི་ཕྱིར་རོ། །འོན་ཀྱང་སྡོམ་གསུམ་གྱི་བཀའ་དང་བསྟན་བཅོས་ཇི་སྙེད་མཆིས་ན་འདིས་ཅི་བྱ་ཞེ་ན། དེ་ལྟར་ལགས་ཀྱང་བདེ་བླག་ཏུ་རྟོགས་པའི་ཆེད་དུ་ཚིག་ལ་དོན་འདུས་པར་བཤད་ཀྱི། གཞན་དུ་བདེ་བར་གཤེགས

པས་སྤྱར་མ་བསྟན་པའི་གཞུང་གཅིག་འདིར་འཆད་པ་མིན་ཏེ། དེ་ཡིན་ན་ནང་པ་སངས་རྒྱས་པའི་ལུགས་ལས་གཞན་ཞིག་ལགས་པར་མི་འགྱུར་རམ། ཇི་སྐད་དུ། སྤྱོད་འཇུག་ལས། སྔོན་ཆད་མ་གྲགས་པའང་འདིར་བརྗོད་མིན། །སྡེབ་སྦྱོར་མཁས་པའང་བདག་ལ་ཡོད་མིན་ཏེ། །དེ་ཕྱིར་གཞན་དོན་བདག་གིས་འདིར་མ་བྱས། །རང་གི་ཡིད་ལ་བསྒོ་ཕྱིར་ངས་འདི་བརྩམས། །ཞེས་གསུངས་པ་བཞིན་ནོ༔ །དེས་ན་རྒྱུ་མཚན་གཞན་ཡང་། མདོ་སྔགས་ལམ་རྣམས་མ་མེད་འགྲོ་བའི་ཕྱིར། །ཚང་ལ་མ་ནོར་ལམ་འདི་རྒྱལ་བས་གསུངས། །གངས་ཅན་འདི་ན་དེ་དག་ཕྱོགས་རེར་འཛིན། །གཅིག་ཏུ་སེམས་ཀྱང་སྡོམ་གསུམ་མིང་ཙམ་ལུས། །མདོ་སྔགས་མ་མེད་པ་དག་ཀྱང་གང་ཟག་གཅིག་གི་ལམ་གྱི་ཆོས་སུ་མ་ཚང་བ་མེད་པར་འདུས་པ་ལས། ལ་ལ་ཞིག་འདུལ་བ་ལ་ཞུགས་ཀྱང་བྱང་སེམས་བསྲུས་མི་ཤེས། དེ་བཞིན་དུ་བྱང་ཆུབ་སེམས་དཔའི་ཐེག་པར་ཞུགས་ཀྱང་གསང་སྔགས་ལ་སོགས་པ་ཀུན་འགལ་བར་འཛིན་ནས་གཅིག་ཏུ་བསྲུས་མི་ཤེས་པ་དག་ལ་ཕན་པའི་ཕྱིར། གང་ཟག་གཅིག་གིས་ཇི་ལྟར་ཉམས་སུ་བླང་ཚུལ་སྟོན་པ་ཡིན་ཏེ། རྫོགས་པ་ཆེན་པོ་སེམས་ཉིད་ངལ་གསོ་ལས། དེང་སང་ཕལ་གྱི་བློ་མིག་མ་དག་པས། །སྔགས་དང་ཕ་རོལ་ཕྱིན་གཞུང་སོ་སོའི་ལམ། །འགལ་བར་འཛིན་ནས་གཅིག་ཏུ་སྤྱད་མི་ཤེས། །དེ་ཕྱིར་དེ་དག་ཕྱོགས་རིས་མིག་ཅན་ཡིན། །འདིར་ནི་རྒྱུ་འབྲས་ཐེག་པའི་ཟབ་དོན་མཆོག །གཅིག་ཏུ་བསྲུས་ནས་ཉམས་སུ་ལེན་པའི་ཐབས། །ཞེས་གསུངས་པ་བཞིན་ནོ། །གཉིས་པ་ནི། བསྟན་བཅོས་འདི་ནི་མཁས་གྲུབ་དུ་མའི་ལེགས་བཤད་ལས། སྒྲིམ་པོའི་བློ་ཡིས་ཕྱོགས་གཅིག་དག་ཏུ་བཀོད། །དེ་ཕྱིར་ནོངས་པའི་དྲི་མ་མེད་སྙམ་རློམས། །དགེ་དེས་ཀུན་གཟིགས་གོ་འཕང་མྱུར་ཐོབ་ཤོག །ཅེས་སྨོས་ཏེ། བསྟན་བཅོས་འདིར་ནི་མ་རྟོགས་པ་དང་ལོག་པར་རྟོག་པ་འགའ་ཡང་མེད་དེ། བདེ་བར་གཤེགས་པའི་བཀའ་དང་། མཁས་ཤིང་གྲུབ་པ་བརྙེས་པའི་བསྟན་བཅོས་དུ་མ་ལ་ཐོས་བསམ་བྱས་པའི་མཐུ་ལས་བྱུང་བའི་ཕྱིར། དེས་ན་དགེ་བ་འདིས་འགྲོ་བ་སེམས་ཅན་ཐམས་ཅད་ཀྱིས་མྱུར་དུ་རྣམ་པ་ཐམས་ཅད་མཁྱེན་པ་སངས་རྒྱས་ཀྱི་གོ་འཕང་ཐོབ་པར་གྱུར་ཅིག་ཅེས་པ་སྟེ། རྒྱུད་བླ་མ་ལས། དེ་ལྟར་ཡིད་ཆེས་ལུང་དང་རིག་པ་ལ། །བརྟེན་ནས་བདག་ཉིད་འབའ་ཞིག་དག་ཕྱིར་དང་། །གང་དག་མོས་དགེ་ཕུན་ཚོགས་དང་ལྡན་བློ། །

དེ་དག་རྗེས་སུ་བཟུང་ཕྱིར་འདི་བཤད་དོ། །ཞེས་ལེགས་པར་གསུངས་སོ། །གསུམ་པ་ནི། དེ་ལྟར། སྡོམ་གསུམ་རྣམ་ངེས་ཚིག་གི་རིམ་པར་ཕྱེ་བ་འདི་ཡང་། གངས་རིའི་ཕྲེང་བས་བསྐོར་བའི་ཡུལ་ལྗོངས། ལྷོ་ཕྱོགས་ཀྱི་རྒྱུད་དུ་ངེས་པར་འབྱུང་བའི་བསམ་པ་ཅན། བོད་ལའང་ཡུལ་གླིང་ཆེན་པོ་གསུམ་ལས། སྟོད་མངའ་རིས་སུ་བྱོན་པའི་གཏེར་སྟོན། པདྨ་དབང་གི་རྒྱལ་པོས་བཀོད་པ་ཡོངས་སུ་རྫོགས་སོ། ། ཞེས་པའོ། །ཐོག་མ་བར་དང་མཐར་དགེ་བ་ཞེས་དགེའོ་གསུམ་གཞན་དུ་འབྱུང་བ་ལས། འདིར་སྡོམ་གསུམ་རྣམ་ངེས་ལ་དགེའོ། །ཞེས་གཉིས་བྱུང་བ་ནི། སྤེལ་སྦྱོར་རིན་ཆེན་འབྱུང་གནས་ལས། ། ཤིན་ཏུ་དོན་དང་ལྡན་པ་ལ། །ཚིག་གཅིག་ལན་གཉིས་བརྗོད་པར་བྱ། །ཞེས་པ་ལྟར་རམ། རང་དོན་ཆོས་སྐུ་འགྲུབ་པས་དགེ་བ་དང་། གཞན་དོན་གཟུགས་སྐུ་འགྲུབ་པས་དགེ་བ་གཉིས་ཡིན་པར་དམ་ཆོས་པདྨ་དཀར་པོ་ལས་གསུངས་སོ། །

དེ་ལྟར་རྒྱལ་བའི་གསུང་རབ་རབ་འབྱམས་རྒྱ་མཚོའི་སྙབས་གསུམ་ལམ་ཡངས་པར། ། ལེགས་བཤད་སྡོམ་གསུམ་རྟ་བདུན་དབང་པོ་མ་ལུས་སྐྱེ་དགུའི་འདྲེན་བྱེད་མཆོག །རབ་གསལ་ཚིག་དོན་སྒྲིབ་མེད་རྣམ་བཀྲའི་སྣང་བ་ཕྱོགས་ཀྱི་མཐར་ཁྱབ་པས། །སྐལ་བཟང་བློ་ཡི་པདྨོ་ཆེས་ཆེར་རབ་བཞད་ཐར་གླིང་སྣང་བྱེད་ཡིན། །གྲངས་མེད་རྒྱལ་བ་སྤྲ་ཕྱིར་གཤེགས་པའི་ཤུལ། །རྒྱུ་འབྲས་ཐེག་པ་ཀུན་གྱི་ཉམས་ལེན་གནད། །རྣམ་གྲོལ་བྱང་ཆུབ་བསྒྲོད་པའི་ལམ་བཟང་མཆོག །སྡོམ་གསུམ་རྣམ་ངེས་རྣམ་བཤད་འདི་བྱས་སོ། །གང་ཞིག་རྩོམ་པ་པོ་དག་ཆོས་ཉིད་བདེན་མཐོང་མིན་ཡང་རང་ངོ་མཐོང་ལོ་ཙམ། །ཡི་དམ་གནང་བ་མ་ཐོབ་ནའང་པད་འབྱུང་གཉིས་པའི་བཀའ་ཡི་གནང་བ་ཐོབ། །རིག་གནས་ལྔ་མཁས་མིན་ཀྱང་གསུང་རབ་རྒྱ་མཚོའི་གནས་ལ་བློ་ཁ་འདུད་པ་སྐད། ། མཁས་གྲུབ་བཤེས་གཉེན་མང་པོའི་ཞབས་པད་བརྟེན་བྱས་བརྒྱུད་པའི་མན་ངག་ཡོད་མཆིས་གྲགས། །བདག་བློའི་རྣམ་དཔྱོད་ཡིད་མཁར་ཐོས་བསམ་ཆུ་ཡི་ཤིང་རྟ་རབ་ཏུ་འཁྲིགས། །དོན་ཟབ་དབྱར་གྱི་རྔ་གསང་ཆེར་སྒྲོག་མོས་དགེ་ཕུན་ཚོགས་གློག་ཕྲེང་ཅན། །ལེགས་བཤད་བདུད་རྩིའི་ཟེགས་མས་སྐལ་བཟང་བློ་གྲོས་སྨྱུ་གུ་རབ་རྒྱས་ནས། །གང་ཞིག་ཆོས་ཀྱི་ཕོངས་པའི་བྲེ་ཚ་བ་དག་མིང་གི་མཐར་བྱེད་ཡིན། །བརྩོན་པ་རྒྱ་མཚོའི་ནོར་འཛིན་ལས་འཐོན་རྣམ་དཀར་བསོད་ནམས

ཀྱང་འཐུང་མཆོག །ལྷག་བསམ་ཡལ་འདབ་རབ་རྒྱས་རང་གཞན་དོན་གཉིས་གྲིབ་བསིལ་ཀུན་ནས་གཡོ། །ཟབ་དོན་འབྲས་མང་དང་བཅས་ཀུན་ནས་དགའ་བའི་པདྨོ་འཛུམ་པ་ཅན། །དོན་གཉིས་འདབ་བཟང་ཡོངས་ཀྱིས་དགའ་བས་བསྟན་སྐྱོད་ཁོ་བོས་འདི་སྐད་དོ། །དགེ་བ་དེ་ཡིས་འདི་ནས་ཆོས་བཟོད་མ་ཐོབ་བར། །བདེ་གཤེགས་གསུང་རབ་མཛོད་དང་ནམ་ཡང་མི་འབྲལ་ཞིང་། །རྒྱལ་དང་རྒྱལ་བའི་སྲས་ཀྱིས་རྣམ་ཀུན་རྗེས་བཟུང་སྟེ། །སྐྱེ་དགུ་འདྲེན་པའི་དཔལ་དང་མགོན་དུ་བདག་གྱུར་ཅིག །གང་ཡང་བཅས་དང་རང་བཞིན་ཁ་ན་མ་ཐོ་བ། །སྡོམ་པ་གསུམ་དང་འགལ་བའི་ལས་རྣམས་ཀུན་བྱང་ནས། །བསླབ་གསུམ་སྤྱང་རྟོགས་རབ་རྒྱས་མཆོག་མཐུན་གྲུབ་བརྙེས་ནས། །ཚེ་དེས་བྱང་ཆུབ་མཆོག་གི་གོ་འཕང་ཐོབ་པར་ཤོག །སླར་ཡང་འགྲོ་ཁམས་ཇི་སྲིད་བར། །སྤྲུལ་དང་ཡང་སྤྲུལ་སྒྱུ་མའི་གར། །འགྲོ་རེའི་དོན་དུ་བདག་མཆིས་ཏེ། །ཀུན་མཁྱེན་ས་ལ་དགྲི་བར་ཤོག །སངས་རྒྱས་བསྟན་པའི་རྫིང་བུ་བསྟན་འཛིན་པདྨོའི་ཚོགས་ཀྱིས་ཡོངས་གང་ཞིང་། སྐྱེ་དགུ་ངང་མོའི་ཚོགས་རྣམས་ཉེར་འཚོ་མེད་པར་ཆོས་བཞིན་སྤྱོད་པས་རྒྱ། ལེགས་ཚོགས་རྟེན་འབྲེལ་རྣམ་དག་དབང་པོའི་གཞུ་སྦྲིང་རང་གཞན་རྒྱུད་ལ་བཀྲམ། དོན་གཉིས་ལྷུན་གྲུབ་སྦྲང་ཆར་སིལ་མས་འགྲོ་ཀུན་དགའ་བའི་དཔལ་བསྐྱེད་ཤོག །

ཅེས་སྡོམ་པ་གསུམ་རྣམ་པར་ངེས་པའི་འགྲེལ་པ་རྣམ་གྲོལ་ལམ་བཟང་ཞེས་བྱ་བ་འདི་ཡང་། རིག་འཛིན་ཆེན་པོ་པད་མ་སམ་བྷ་ཝ་དང་དབྱེར་མ་མཆིས་པའི། དཔའ་བོ་དང་ཌཱཀྐིའི་ཚོགས་དཔོན་གྲུབ་པའི་དབང་ཕྱུག་རིག་འཛིན་བདུད་འདུལ་རྡོ་རྗེ་དང་། མཐུ་སྟོབས་དབང་ཕྱུག་ཀློང་གསལ་སྙིང་པོ་དང་། བཻ་རོ་ཙ་ན་དང་ངོ་ཉིད་དབྱེར་མེད་པ་པད་མ་གར་དབང་འགྱུར་མེད་རྡོ་རྗེ་དང་། སྤྲུལ་པའི་སྐུ་མཆོག་མི་འགྱུར་རྡོ་རྗེ་སྟེ། གཏེར་སྟོན་བཞིའི་ཞབས་ཀྱི་པད་མོ་ལ་སྤྱི་བོས་བཏུད་ཅིང་། སྨིན་གྲོལ་གྱི་བདུད་རྩི་ཐོབ་པ། གཞན་ཡང་མཁས་གྲུབ་དུ་མའི་གསུང་གི་བདུད་རྩིས་ལེགས་པར་འཚོར་བ། ཀུན་མཁྱེན་པད་མ་བློ་གྲོས་ཀྱི་རིགས་ཆོས་ཀྱི་བརྒྱུད་པ་འཛིན་པ། ཤར་ཕྱོགས་མདོ་ཁམས་སྨག་བུའི་ཡུལ་དུ་སྐྱེས་པའི་ཚངས་སྤྱོད་ཀྱི་དགེ་བསྙེན་སེམས་དཔའ་ཆེན་པོ་གསུམ་ལྡན་རྡོ་རྗེ་འཛིན་པ། པད་མ་བློ་ལྡན་གྱིས། རང་གིས་བརྗེད་ཐོ་ཟིན་བྲིས་འགའ་ཞིག་སྔ་སོར་བྲིས་པ་ལས།

རིག་འཛིན་བདུད་འདུལ་རྡོ་རྗེ་དང་། རྩ་བའི་བླ་མ་ཀུ་མ་ལ་བིཀྵ་ཏ་རས། གསུང་གིས་མཐར་ཕྱུག་པར་བྲིས་ཞེས་ཡང་ཡང་བཀའ་སྩལ་པ་སྐྱོ་བོར་མནོས་ཏེ། བར་ཁྲོད་སླེན་གྲོལ་ཆོས་ལྷིང་གི་གཙུག་ལག་ཁང་ཆེན་པོར་སྦྱར་བ་དགེའོ། །དགེའོ། །

བསྟན་བཅོས་རྩ་བའི་བརྒྱུད་པ་ནི། མངའ་རིས་པ་པད་མ་དབང་རྒྱལ། གནུབས་དབོན་བྱམས་པ་ཆོས་ཀྱི་རྒྱལ་མཚན། རིག་འཛིན་སྟོབས་ཆེན་གྲུབ་པ། དགེ་སློང་སངས་རྒྱས་རྡོ་རྗེ། སྟག་བླ་པད་མ་རྡོ་རྗེ་དང་པད་མ་རིག་འཛིན་གཉིས་ཀ་ལ་ཁོ་བོ་པདྨ་བློ་ལྡན་གྱིས་ཞུས་པ་ལགས།། །།

༄༅། །སྡོམ་པ་གསུམ་རྣམ་པར་ངེས་པའི་མཆན་འགྲེལ་བློ་གྲོས་གསར་བུ་རྣམས་ཀྱི་དགའ་སྟོན་ཞེས་བྱ་བ་བཞུགས་སོ། །

འབད་མེད་གཞི་གྲོལ།

ན་མོ་གུ་རུ་མཉྫུ་གྷོ་ཥ་ཡ། ངེས་འབྱུང་གངས་ཀྱི་རི་ལས་ལེགས་འོང་བའི། །རྣམ་དག་བྱང་ཆུབ་སེམས་ཀྱི་ཆུ་རྒྱུན་གྱིས། །རིམ་གཉིས་ཏིང་འཛིན་ལྗོན་བཟང་ཆེར་སྨིན་པས། །རྣམ་དག་སྐུ་བཞིའི་འབྲས་བཟང་སྤྱོལ་ལ་འདུད། །

དེ་ཡང་སེམས་ཀྱི་**རང་བཞིན**་ཡེ་ནས་སངས་རྒྱས་པའི་བདག་ཉིད་དུ་གནས་པ་གཞི་རྫོགས་ཆེན། དེ་རྟོགས་བྱེད་ལམ་རྫོགས་ཆེན། གཞིའི་ཡོན་ཏན་མངོན་དུ་གྱུར་པ་འབྲས་བུ་རྫོགས་ཆེན་སྟེ། མདོར་བསྡུ་ན་**རྫོགས་པ**་ནི་རྟོགས་བྱ་ཐམས་ཅད་ཀྱི་མཆོག་ཡིན་པས་**ཆེན**་པོའི་དེ་རྟོགས་བྱེད་**ལམ་གྱི་ཆ་ལག**་རྩེ་མོ་ལས། སོ་སོར་ཐར་དང་བྱང་ཆུབ་སེམས། །རིག་འཛིན་སྔགས་ཀྱི་སྡོམ་པའོ། །ཅེས་པ་ལྟར་**སྡོམ་པ་གསུམ**་གྱི་སྤང་བླང་**རྣམ་པར་ངེས་པ**་སྒྲོ་སྐུར་དང་བྲལ་བར་གཏན་ལ་ཕབ་པས་ན་དོན་དེ་ལ་མིང་དེ་ལྟར་བཏགས་པས་**ཞེས་བྱ་བའི་བསྟན་བཅོས།** རྣམ་བཤད་རིག་པ་ལས། ཉོན་མོངས་དགྲ་རྣམས་མ་ལུས་འཆོས་པ་དང་། །ངན་འགྲོའི་སྲིད་ལས་སྐྱོབས་པ་གང་ཡིན་པ། །འཆོས་སྐྱོབས་ཡོན་ཏན་ཕྱིར་ན་བསྟན་བཅོས་ཏེ། །གཉིས་པོ་འདི་དག་གཞན་གྱི་ལུགས་ལ་མེད། །ཅེས་གསུངས་པ་ལྟར་**བཞུགས་སོ།** །

ན་མོ་ཕྱག་འཚལ་ལོ། །**གུ་རུ**འི་སྒྲ་ལྡི་བ་ལ་འཇུག་ཀྱང་འདིར་དོན་འགྱུར་གྱི་དབང་གིས་བླ་མ་ལ་འཇུག་སྟེ་ཡོན་ཏན་གྱི་ཁུར་གྱིས་ལྡི་བས་ཕྱིར་རོ། །**ཤྲཱི།** སྲིད་ཞིའི་ལེགས་ཚོགས་ཐམས་ཅད་ཀྱི་**དཔལ་དང་ལྡན**་པའི་**ཚོགས་གཉིས**་ཡེ་ཤེས་ཀྱི་ཚོགས་ཟབ་པ། བསོད་ནམས་ཀྱི་ཚོགས་རྒྱ་ཆེ་བའི་

རྒྱུ་གཏེར་བསྡུབ་པ་ལས། ཆོས་ཐམས་ཅད་ཆགས་ཐོགས་མེད་པར་**མཁྱེན**་པ་དང་དམིགས་མེད་ཀྱིས་**བརྩེ་བའི་འོད་དཀར**་མཁྱེན་བརྩེ་གཉིས་ཀྱི་ནུས་པས་**ངེས**་དོན་**གསང**་བ་བླ་ན་མེད་པའི་ཕྱོགས་ཀྱི་ཐ་**གྲུ**་ཁྱབ་པས་**ཆར་འབེབས།** **གངས་ཅན**་ཞེས་གདུལ་བྱ་དམིགས་ཀྱིས་བཀར་བའི་སའི་ཕྱོགས་ཀྱི་**མཁས**་ཤིང་**གྲུབ**་པ་**ཡོངས་ཀྱི་གཙུག**་གི་**རྒྱན་མཆོག**་ཏུ་གྱུར་པ་ཕའི་རྒྱུ་དང་མའི་རྐྱེན་གྱིས་མ་བསྐྱེད་པར་རིག་པ་ཐོལ་སྐྱེས་ཀྱི་ཚུལ་དུ་འོ་མ་ཅན་གྱི་**མཚོ**་ལས་སྐྱེས་པས་ན་**མཚོ་སྐྱེས**་དང་སྐྱེ་འཆི་བསྒྲེས་རྒྱུད་དང་བྲལ་བས་ན་**རྡོ་རྗེ་འགྲོ་བའི**་སྟེ་འགྲོ་བ་ཐམས་ཅད་ཀྱི་རང་སྐལ་དང་མཚམས་པར་ལམ་གྱི་རྟེན་ལ་འགོད་པར་མཛད་པས་ན་**བླ་མར**་སྒོ་གསུམ་གུས་པས་**འདུད།** **འགྲོ་བློའི**་ལས་ཉོན་གྱི་དབང་གིས་**དྲི་མ་འབྱུང**་པར་**མཁས**་པ་རྩོམ་པ་པོ་རང་ཉིད་འཇིག་རྟེན་ན་ཡོན་ཏན་དང་ལྡན་པར་གྲགས་པ་**དྲང་སྲོང་གིས**་གཟུགས་སུ་བཀོད། གསུང་རབ་དགོངས་འགྲེལ་དང་བཅས་པའི་དོན་ཕྱིན་ཅི་མ་ལོག་པར་རྟོགས་པའི་**བློ་གྲོས**་ནི་**པདྨ**འི་**ཐུམ**་པ་**བཟང**་པོ་**རབ**་ཏུ་**ཐོགས་ནས།** གང་རྩོམ་རྒྱུ་ཉེས་བཤད་དང་བྲལ་བས་**ལེགས་བཤད་སྡོམ་གསུམ**་འཁོར་བའི་སྡུག་བསྔལ་འཇོམས་པའི་**བདུད་རྩིའི་རྒྱུ་སྦྱིན་གྱིས།** ཐར་པ་**དོན་གཉེར**་གྱི་སྐལ་བཟང་**སྐྱེ་བོའི་ཚོགས་རྣམས་འདིར་འདུས**་ལ་ལོངས་སྤྱོད་པར་གྱིས་**ཤིག** །བརྗོད་བྱ་འདིས་དགོས་སོགས་ཆོས་བཞི་སྟོན་ཏེ་རྗོད་བྱེད་དགོས་པ། ཉིང་དགོས། འབྲེལ་བ་ཅན་ནོ། །ཐོགས་མེད་ཀྱིས། དམ་པས་མང་པོ་ཁས་འཆེ་མི་བྱ་སྟེ། །གལ་ཏེ་དཀའ་བ་ཁས་ནི་བླང་གྱུར་ན། །རྡོ་ལ་རི་མོ་བྲིས་པ་ཇི་བཞིན་དུ། །ཤི་ཡང་གཞན་དུ་འགྱུར་བ་མ་ཡིན་ནོ། །ཞེས་སོ༔ ༔

མི་འགྱུར་བའི་བདེ་ཆེན་དང་རྣམ་ཀུན་མཆོག་ལྡན་གྱི་སྟོང་ཉིད་དབྱེར་མེད་པའི་སེམས་ཉིད་ཡེ་ནས་སྐུ་དང་ཡེ་ཤེས་ཀྱི་དཀྱིལ་འཁོར་དུ་ལྷུན་གྱིས་གྲུབ་ཅིང་ཡོངས་སུ་རྫོགས་པས་ན་**རྫོགས་པ་ཆེན་པོ**་དེ་ཉིད་སྲིད་ཞི་ཀུན་ཁྱབ་ཀྱི་**ཡེ་ཤེས**་ཡིན་པས་ན་ཡེ་ཤེས་**སྒྱུ་ཡི་གཟུགས།** ཀུན་བཏགས་བློ་བུར་གྱི་དྲི་མ་ལམ་གྱི་མཐུས་**ཡོངས་སུ་དག**་པའི་འབྲས་བུ་**སྐུ**་དང་ཡེ་ཤེས་དབྱེར་མི་ཕྱེད་པས་**རྡོ་རྗེ་འཆང་ཆེན་པོ།** བླ་ན་མེད་པའི་བྱང་ཆུབ་དོན་དུ་གཉེར་བ་རྣམས་ཀྱི་བསམ་པ་ཡོངས་སུ་རྫོགས་པས་**འབྲས་བུའི་མཐར་ཐུག**་ཏུ་ངེས་པ་**སངས་རྒྱས་ཞག་གཅིག་སྟེ།** **ཟབ**་པ་ཇི་ལྟ་བ། **རྒྱས**་པ་ཇི་སྙེད་པ

ཆོས་ཀྱི་སྒོ་འཕར་བགྲང་བ་ལས་འདས་པ་སྟེ་མཐའ་ཡས་པ་ཡོད་ཀྱང་། གསང་ཆེན་རྡོ་རྗེ་ཐེག་པའི་སྨིན་གྲོལ་གྱི་ལམ་མཆོག་ལ་མ་བསྟེན་པར། ལམ་གཞན་གྱིས་ཐོབ་པ་མིན་ནོ། །སྣང་གསུམ་འཕོ་བའི་བག་ཆགས་སྤྱང་མི་ནུས་པས་སོ་ཞེས་རྫོགས་པའི་སངས་རྒྱས་དེས་གསུངས། གསང་སྙིང་ལས། འཇིག་རྟེན་དྲུག་གི་ཕྱོགས་བཅུ་ན། །འདས་དང་ད་ལྟ་བྱུང་བ་ཡི། །རྒྱལ་བའི་དཀྱིལ་འཁོར་མ་ལུས་པ༑ ༑བསྟེན་ནས་སྐུ་ལྔ་ལྷུན་གྱིས་རྫོགས། །ཞེས་སོ། །ཇི་སྲིད་སེམས་དང་སེམས་བྱུང་གི་རྒྱུ་བའམ་ཡུལ་གྱི་འཛུག་པ་མ་ཟད་པར། དེ་འདུལ་བྱེད་ཀྱི་གཉེན་པོ་བསམ་ཡས་ཐེག་པའི་གྲངས་མཐར་ཐུག་པ་མེད་པ་ཡོད་ཀྱང་སངས་རྒྱས་ཐམས་ཅད་ཀྱི་མཐར་ཐུག་བགྲོད་པ་གཅིག་པའི་ལམ་གསང་སྔགས་རྡོ་རྗེ་ཐེག་པ་མཆོག་ལ་དགྲི་བའི་ཆེད་དུ་སྲིད་པའི་ལམ་གྱིས་དུབ་པ་རྣམས་ལ་ངལ་བསོ་བའི་འཕོང་སྐེགས་ཏེ། ལམ་འོག་མ་རྣམས་རང་རང་དང་རྗེས་སུ་མཐུན་པའི་འབྲས་བུ་བླ་སྟེ་གོང་དུ་བགྲོད་བྱ་དང་བཅས་པ་རེ་ཐོབ་ཀྱང་ཐེག་པ་སོ་སོའི་རང་རང་གི་མི་མཐུན་ཕྱོགས་འཁོར་བ་སོགས་ལས་ངེས་པར་འབྱུང་བ་ཙམ་ལས། མཐར་ཐུག་འབྲས་བུ་ཐེག་པ་གཅིག་པུར་གྱུར་བ་སྔགས་བླ་མེད་ཀྱི་ལམ་ལ་མ་ཞུགས་པར་མཐར་ཐུག་གི་འབྲས་བུ་ཐོབ་པ་ཅི་ཞིག་ཡོད་དེ་མེད། རྫོགས་པའི་སངས་རྒྱས་སྔགས་ཀྱི་ཐེག་མཆོག་ལས་འབྱུང་དགོས་པའི་ཕྱིར་རོ། །

སྐབས་ འདིར་ ནི་ པད་ འབྱུང་ དང་ བྲི་ མ་ སོགས་ རྫོགས་ པ་ ཆེན་ པོའི་ རིང་ ལུགས་ ལྟར་ ན་ གདམས་ངག་གཅིག་ལས་ཉན་ཞིང་གཞན་ལ་ཐོས་པར་བྱེད། སྲིད་པ་ཐ་མའི་ཚེ་སློབ་དཔོན་མེད་པར་སྤྱང་བྱ་ལས་རང་རྒྱལ་བར་བྱེད། གཞན་དོན་དུ་བྱང་ཆུབ་ཆེན་པོ་ཐོབ་ཕྱིར་སེམས་ཀྱི་དཔའ་མི་ཞུམ་པས། བྱང་ཆུབ་སེམས་དཔའ་ལ་འབྲས་བུ་ལ་སྦྱོར་བའི་ལམ་མཆོན་པས་མཚན་ཉིད་རྒྱུ་ལམ་དུ་བྱེད་པའི་རྒྱུ་ཡི་ཐེག་པ་གསུམ་ཞེས་གསུངས། གཙང་སྦྲ་ལ་སོགས་ལུས་ངག་གི་བྱ་བ་གཙོ་བོར་སྟོན་པས་ན་ཀྲི་ཡ་སྟེ་བྱ་རྒྱུད། ལྟ་སྤྱོད་ཆ་མཉམ་དུ་སྟོན་པས་ཨུ་པ་སྟེ་སྤྱོད་པའི་རྒྱུད། ནང་ཏིང་ངེ་འཛིན་གཙོ་བོར་སྟོན་པས་ཡོ་ག་སྟེ་རྣལ་འབྱོར་རྒྱུད། བླང་དོར་དང་སྤྱང་གཉེན་སོགས་མཚན་ཉིད་ཐེག་པ་དང་ཆ་འདྲ་བས་ཕྱི་རྒྱུད་གསུམ། ཐབས་ཤེས་ཀྱི་རྣལ་འབྱོར་གོང་ན་མེད་པས་བླ་མེད། ཐབས་བསྐྱེད་རིམ་གཙོ་བོར་སྟོན་པ་ཕ་རྒྱུད་མ་ཧཱ་ཡོ་ག་དང་། ཤེས་རབ་རྫོགས་རིམ་གཙོ་བོར་སྟོན་པ་མ་

རྒྱུད་ཨ་ནུ་ཡོ་གར་གྲགས་པ་དང་། བསྐྱེད་རྫོགས་**གཉིས་མེད་**འོད་གསལ་ཆེན་པོ་གཙོ་བོར་སྟོན་**རྒྱུད་སྡེ་ཨ་ཏི་ཡོ་ག་ལ།** དངོས་གྲུབ་གཞན་ནས་མི་འཚོལ་བར་ནང་རང་བྱུང་གི་ཡེ་ཤེས་སུ་མཐོང་བས་ན་**ནང་རྒྱུད་གསུམ་ཞེས།** ཡ་ནའི་སྦྲའི་ཁྱོགས་སམ་བཞོན་པ་ལ་འཇུག་པས་ལམ་གོང་ནས་གོང་དུ་བགྲོད་པར་བྱེད་པའི་རྣམ་གྲོལ་གྱི་ལམ་ཐམས་ཅད་**ཐེག་པ་རིམ་དགུར་**གྲུབ་དོན་**བསྡུ་**བའོ། །**ཉན་རང་བྱང་སེམས་རིགས་ཅན་སོ་སོ་ལ།** སྔགས་ཀྱི་དཀྱིལ་འཁོར་དུ་བཅུག་ནས་དབང་བསྐུར་ན་གསུམ་ཀ་ལ་**རྡོ་རྗེ་**འཛིན་པའི་ལམ་ལ་**ཞུགས་**པ་**ཡོད་དོ་ཞེས།** **འབུམ་ལྔའི་རྒྱུད་ཀྱི་ལུང་ལས་གསལ་བར་གྲུབ་**པོ། །**བསམ་པའི་**སྐྱེ་བློ་ཆེ་ཆུང་གིས་**དབྱེ་བས་སྔགས་ལ་**གཞི་ལམ་འབྲས་གསུམ་ནས་**འཇུག་པའི་ཚུལ་**ལ་**ཆོས་སྒོ་མང་**དུ་ཡོད་ཀྱང་**ཡང་དེ་དག་**སྐབས་འདིར་**སྤྲོ་**བར་**བྱ་**བ་**མིན་**ནོ། །

བསྟན་བཅོས་**འདིར་ནི་དབང་པོ་རབ་འབྲིང་ཐ་གསུམ་**སྡོམ་པ་གསུམ་ལ་དཀྲི་བའི་ཚུལ་འཆད་པ་**ལས།** དང་པོ་དབང་པོ་**རབ་**ཀྱི་**མཆོག་**ཆེ་རབས་སྔོན་མ་རྣམས་སུ་ཐུན་མོང་ཐེག་པས་རྒྱུད་**སྦྱངས་པ་མཐར་སོན་**པས་དངོས་གྲུབ་ཀྱི་**སྐལ་**པ་དང་**ལྡན་**པ་**དེས།** ཕྱག་རྒྱ་ཆེན་པོ་ལ་ཡིད་ཆེས་པའི་སྒོ་ནས་**དབང་བསྐུར་**བ་**ཐོབ་པས་**སྔགས་སྡོམ་ལས་ཕྱེ་བས་**སྡོམ་**པ་**གསུམ་ཅིག་ཆར་**དུ་**སྐྱེས་**པ་ནི་དབང་དོན་གྱི་ཡེ་ཤེས་དངོས་སུ་**རྟོགས་**པ་དང་**གྲོལ་**བ་ཐོབ་པ་**དུས་མཉམ་ཨིནྡྲ་བྷཱུ་ཏི་བཞིན་**ནོ། །

དབང་པོ་**འབྲིང་ནི་སྡོམ་**པ་**གསུམ་**རང་རང་**སོ་སོའི་**ལུགས་ཀྱི་ཉན་ཐོས་ཀྱི་འདུལ་བའི་ཆོ་ག་ལ་བརྟེན་ནས་སོ་ཐར། ཕ་རོལ་དུ་ཕྱིན་པའི་སྲོལ་གཉིས་གང་རུང་གི་ཆོ་གའི་བྱང་སྡོམ། སྔགས་ཀྱི་རྒྱུད་སྡེ་ཕྱི་ནང་གང་རུང་གི་དབང་གིས་སྔགས་སྡོམ་ལེན་པའི་**ཆོ་ག་ལ་བརྟེན་ནས་**སྡོམ་པ་གསུམ་**རིམ་**གྱིས་**ཐོབ་**པ་དཔལ་ལྡན་**ནཱ་གརྫུ་ན་ལྟར།** དབང་པོ་**ཐ་མ་**དངོས་གྲུབ་ཀྱི་**སྐལ་**བ་**དམན་**པ་**ཤིན་ཏུ་**རྒྱུད་དམན་པས་**གདུལ་དཀའ་བ་དེ།** ལམ་ལ་རིམ་གྱིས་དཀྲི་དགོས་པས་འཁོར་འདས་ཀྱི་སྐྱོན་ཡོན་བཤད་པས་བློ་བཅོས་སྟེ་དང་པོར་**གསོ་སྦྱོང་**དགེ་བསྙེན་དང་དགེ་ཚུལ་གྱི་**བསླབ་པའི་གནས་བཅུ་**དགེ་སློང་གི་བསླབ་པ་རྣམས་བྱིན་ནས་**གྲུབ་མཐའ་བཞིའི་**ལྟ་བ་བསྟན་ནས་ཤེས་པའི་འོག་ཏུ་སྔགས་ལ་རིམ་པར་སློབ་སྟེ། རང་རང་གི་དབང་བསྐུར་སྔོན་དུ་འགྲོ་བའི་སྒོ་ནས་**བྱ་སྤྱོད་རྣལ་འབྱོར་རྒྱུད་ཀུན་རིམ་**པ་བཞིན་དུ་**ཤེས་ནས།** ཐབས་བདེ་བ་ཆེན་པོའི་ཁྱད་པར་དུ་འཕགས་པའི་རྣལ་འབྱོར་**བླ་མེད་**

བསྐྱེད་རྫོགས་གསུམ་ལ་འཇུག་པ་བརྟག་པ་གཉིས་པར་ཞེས་ཕྱི་མ་འདུལ་བའི་ལེའུ་ལས་གསུངས། བསྟན་བཅོས་འདིར་ནི་དབང་པོ་འབྲིང་གི་སྡོམ་པ་གསུམ་བསྲུང་ཚུལ་འཆད་དེ། དགེ་སློང་དགེ་ཚུལ་དགེ་བསྙེན་སྡོམ་ལྡན་གྱི་རྟེན་དེ། རྡོ་རྗེ་འཛིན་པའི་རྟེན་རབ་འབྲིང་ཐ་ཡིན་ཞེས། ཕྱུར་བའི་རྒྱུད་དང་དུས་འཁོར་ལས་གསུངས་ཤིང་། །འོན་ཀྱང་རྟེན་ཁྱིམ་པ་ཡིན་ཀྱང་ཡེ་ཤེས་དང་ལྡན་པ་སྐྱེ་ས་ཐོབ་པ་ཡིན་ན་དེ་ཉིད་གཙོ་བོར་བཟུང་དགོས། སྒྱུ་འཕྲུལ་རྒྱུད་སྡེའི་རྩ་བ་ཀུན་འདུས་རིག་པའི་མདོ་ལས། དེ་ལྟར་སྡོམ་པ་གསུམ་པོ་ཡང་། །རང་དང་གཞན་དོན་ཕན་པ་ཆེ། །ཞེས་སོ། །

རང་ཉིད་ཞི་བདེའི་བསམ་པ་ཅན་དང་གཞན་དོན་རྫོགས་བྱང་སྒྲུབ་པའི་བསམ་པ་ཅན་དང་མཉམ་པ་ཆེན་པོའི་ཐབས་ཀྱིས་གཞན་ལ་ཕན་པ་རླབས་པོ་ཆེ་བཤད་པ། རིམ་པ་བཞིན་སོ་ཐར་དང་། སེམས་བསྐྱེད་དང་། དབང་བསྐུར་བ་ཉིད་ཡིན་ཏེ། སྡེ་སྣོད་སོ་སོའི་བསྟན་དོན་ལྟར་སྡོམ་པ་གསུམ་པོ་དེ་རང་རང་སོ་སོར་འཛིན་ན་སོ་ཐར་ཉན་ཐོས་སེམས་བསྐྱེད་བྱང་སེམས་དང་། དབང་བསྐུར་རིག་པ་འཛིན་པ་ཞེས་སུ་མཁས་པ་རྣམས་ལ་གྲགས་མོད་ཀྱང་མཐའ་གཅིག་ཏུ་མ་ངེས་ཏེ་བྱང་སེམས་ཀྱི་སོ་ཐར་དང་། སྔགས་ཐུན་མོང་མ་ཡིན་པའི་སོ་ཐར་གྱི་སྡོམ་པ་ཡོད་པར་གསུངས་པའི་ཕྱིར། དེ་ལྟར་ཐེག་པ་དམན་མཆོག་གཉིས་ལས་ཐུན་མོང་གི་སྡོམ་པ་འོག་མ་སོར་བྱང་གཉིས། བསྟན་བཅོས་འདིར་ནི་སྔགས་བླ་མེད་ཀྱི་དབང་གི་ཡན་ལག་ཏུ་འགྲོ་སྟེ་སོ་བྱང་གི་སྡོམ་ལྡན་དེའི་སྔགས་སྡོམ་བླང་བའི་ཚེ་རིམ་བཞིན་སྔགས་ཀྱི་ཉེས་སྤྱོད་སྡོམ་པ་དང་རྣམ་སྣང་གི་དམ་ཚིག་ཏུ་འགྱུར་ཞིང་། རྒྱུའི་སྡེ་སྣོད་དུ་མ་གྲགས་པས་འབྲས་བུའི་སྡེ་སྣོད་རྒྱུད་སྡེ་རྒྱ་མཚོར་སྟེ།

གསང་སྙིང་ལས། བླ་མེད་མཆོག་གི་དམ་ཚིག་ཏུ། །འདུལ་བའི་དབང་གིས་ཚུལ་ཁྲིམས་དང་། །ཇི་སྙེད་སྡོམ་པ་བསམ་ཡས་པ། །མ་ལུས་ཀུན་འདུས་རྣམ་པར་དག །བཤད་པ་ལྟར་འདིར་འཆད་དོ༑ ༑སྡོམ་གསུམ་སོ་སོར་ཕོག་དབུབ་གླེང་གཞི་དང་། །དང་པོ་སྡོམ་པ་མ་ཐོབ་ཐོབ་པའི་ཚུལ། །བར་དུ་ཐོབ་པ་མི་ཉམས་བསྲུང་བའི་ཐབས། །ཐ་མར་ཉམས་ན་གསོ་ཚུལ་བཞི་རིམ་སྡོམ། གཞི་འབྲས་ཀྱི་མཚམས་སྦྱོར་ལམ་ཐམས་ཅད་ཀྱི་གནད་སྡོམ་པ་གསུམ་དུ་བསྡུ་བའི་འབྲེལ་སྤྱིའི་ཕྱིར་བསྟན་པའི་སྒོ་ནས་བཤད་བྱའི་གཞི་རིམ་པར་ཕྱེ་བ་སྟེ་ལེའུ་དང་པོའོ༎ ༎

དམ་ཆོས་འདུལ་བ་གང་ལ་བརྟེན་ནས་**གླིང་**བར་བྱ་བའི་**གཞི་**འམ་རྒྱུ་ནི་**སྟོན་**པ་ཤཱཀྱ་ཐུབ་**པས་**གནས་**ལྷ་ར་ཊ་ཤི་ར།** ཆོས་**ལྷག་པའི་ཚུལ་ཁྲིམས་**ཀྱི་བསླབ་པ་བརྗོད་བྱའི་**གཙོ་བོར་སྟོན་**པ་**བདེན་པ་བཞི་**ལ། བདེན་བཞི་ལན་གསུམ་དུ་བཟླས་པ་ནི། འདི་ནི་སྡུག་བསྔལ་འཕགས་པའི་བདེན་པའོ་སོགས་ངོ་བོ་ལ་བཟླས་པ། སྡུག་བསྔལ་ཤེས་པར་བྱ་སོགས་བྱ་བ་ལ་བཟླས་པ། སྡུག་བསྔལ་ཤེས་པར་བྱས་ཟིན་ཤེས་པར་བྱ་བ་གཞན་མེད་སོགས་བྱེད་པ་ལ་བཟླས་པའི་ཆོས་འཁོར་འཁོར་**ལྔ་སྡེར་**དེ་ལྔ་སྡེ་བཟང་པོ་ལྷ་བརྒྱད་ཁྲི་དང་བཅས་པ་ལ་**གསུངས་པ་**ཀུན་དགའ་བོ་ཉེ་བ་འཁོར་**འོད་སྲུང་སོགས་**དགྲ་བཅོམ་པ་ལྔ་བརྒྱས་བཀའ་བསྡུ་དང་པོ། གྲགས་པ་སོགས་བདུན་བརྒྱས་བཀའ་བསྡུ་གཉིས་པ། རྩིབ་ལོགས་དང་བ་སུ་མི་ཏྲ་སོགས་དགྲ་བཅོམ་པ་དང་། སོ་སྐྱེས་སོགས་སྟོང་དང་བཞི་བརྒྱས་བཀའ་བསྡུ་ཐ་མ་མཛད་པ་རྣམས་**ཀྱིས་བསྡུས། བྱེ་བྲག་བཤད་མཛོད་**ཉེར་སྦྱར་ཀྱི་དུས་དགྲ་བཅོམ་རྣམས་ཀྱིས་སྤྱི་མཐུན་དུ་བརྩམ་པ་**ལ་སོགས་འཕགས་པས་བརྩམས་**པ་དང་། ས་གསུམ་བརྙེས་པ་**ཡོན་ཏན་འོད་**ཀྱིས་མདོ་རྩ་བ། དེའི་རང་འགྲེལ་སོགས་**དང་ཤཱཀྱ་འོད་ཀྱིས་**སུམ་བརྒྱ་བ་རྩ་འགྲེལ་སོགས་མཛད་ཅིང་**སྤེལ།** གངས་ཅན་འདིར་**སྨད་འགྱུར་**གྱི་**སྡོམ་རྒྱུན་ཞི་བ་འཚོ་**སྐྱེ་བོ་ཧི་ས་ཏྲ་ཤཱནྟ་དེ་བས་སྨད་འདུལ་བའི་སྡོམ་རྒྱུན་**དང་ནི། ཕྱིས་ནས་**ཁ་ཆེའི་པཎ་ཆེན་**ཤཱཀྱ་ཤྲཱི་ལས་ཀྱང་**དར་བ་དང་། ཧྨ་པ་ལ་ནས་སྟོད་འདུལ་སྡོམ་རྒྱུན་**དར། ངོ་བོ་ངེས་འབྱུང་**མྱང་འདས་གསུམ་གང་རུང་ཐོབ་འདོད་ཀྱི་**བསམ་པས་ཀུན་ནས་**བསླང་ནས། **གཞན་**ལ་དངོས་སུ་**གནོད་**པ་ལུས་ངག་གི་ལས་དང་གནོད་པའི་**གཞི་**ཡིད་ཀྱི་གསུམ་**བཅས་**པ་ལས་**ལྡོག་པ་ལུས་ངག་**གི་ཉེས་པ་བདུན་སྤོང་བའི་ལས་ལམ་དངོས་གཞི་དང་དེས་དྲངས་པའི་མཇུག་གང་རུང་གི་ངོ་བོར་**ལས། སྐྱེ་**བའི་**ཕྱིར་**སྡོམ་པའི་ངོ་བོ་རིག་བྱེད་མ་ཡིན་པའི་**གཟུགས་ཅན་**དུ་གནས་པ་**ཡིན་ཅེས་**བྱེ་སྨྲས་**འདོད་པ་དང་།** དང་སྦྲས་བསྡུས་པ་མདོ་སྡེ་པས་རྒྱུད་ཡོངས་སུ་འགྱུར་བའི་ཁྱད་པར་ལ་འདོད་དེ་མཛོད་འགྲེལ་ལས། ལས་སྔོན་དུ་འགྲོ་ཞིང་སེམས་ཕྱིར་ཞིང་འབྱུང་བ་གང་ཡིན་པ་དེ་ནི་རྒྱུད་ཡིན་ལ་དེ་གཞན་དང་གཞན་དུ་སྐྱེ་བ་ནི་ཡོངས་སུ་འགྱུར་བ་ཡིན་ནོ། །ཞེས་སོ། །

སེམས་ཙམ་པ་ནི་འཆལ་ཚུལ་**སྤོང་**བའི་**སེམས་**པ་**རྒྱུན་ཆགས་ས་བོན་**དང་བཅས་པ་**ལ་**

འདོད་པ་ཡིན་ཏེ་སེམས་རྒྱུད་པ་ལ་བྱས་ན་རྒྱུན་མེད་ཅིང་བག་ཆགས་ཙམ་ལ་བྱས་ན་གཏོང་རྒྱུ་བྱུང་བའི་གནས་སྐབས་སུའང་རྗེས་སུ་འབྲང་བའི་ཕྱིར་ཞེས་འདོད། དབུ་མ་པས་སྦྱོང་སེམས་མཚུངས་ལྡན་དང་བཅས་པ་ལ་འདོད། ནང་པ་སངས་རྒྱས་པ་**རང་གི་སྡེ་པ**་གྲུབ་མཐའ་**གོང་འོག་སོ་སོའི་**བློ་ཁྲིད་ཀྱིས་འདོད་**ལུགས**་མཐོ་དམན་བྱུང་བ་ཡིན་ནོ། །**དབྱེ་བ་བསྙེན་གནས་དགེ་བསྙེན་ཕ་མ་གཉིས། །ཁྱིམ་པའི་ཕྱོགས་ཡིན་དགེ་ཚུལ་ཕ་མ་དང་། །དགེ་སློབ་མ་དང་དགེ་སློང་ཕ་མ་ལྔ། །རབ་བྱུང་ལ་ཡིན་སོ་ཐར་རིགས་བརྒྱད་པོ། །**མཛོད་ལས། སོ་སོར་ཐར་ཞེས་བྱ་རྣམ་བརྒྱད། །རྫས་སུ་རྣམ་པ་བཞི་ཡིན་ནོ། །མཚན་ལས་མིང་ནི་འཕོ་བའི་ཕྱིར། །ཐ་དད་དེ་དག་འགལ་བ་མེད། །ཅེས་**རྫས་སུ་བསྡུ་ན་བཞིར་འདོད་མཛོད་ཀྱི་ལུགས། །**བྱེ་སྨྲས་སྡོམ་པ་གསུམ་གང་ཟག་གཅིག་གི་རྒྱུད་ལ་རྫས་ཐ་དད་དུ་འདོད། སྡོམ་པ་ཤེས་པར་འདོད་པ་ལྟར་ན་ངོ་བོ་གཅིག་ལ་ལྡོག་པ་ཐ་དད་དུ་འདོད།

༄ **དང་པོ་སྡོམ་པ་མ་ཐོབ་ཐོབ་ཚུལ་ལ། །**ཚེགས་ཆུང་དུས་རྫོགས་པ་སྔོན་ཆོག་དང་ཚེགས་དང་བཅས་པས་རྫོགས་པ་ད་ཆོག་སྟེ་**ལེན་ཚུལ་གཉིས**་སུ་ངེས་ཏེ་ད་ཆོག་ལ་མ་ལྟོས་པར་རྫོགས་པ་**སྔོན་གྱི་ཆོ་ག་ནི།** བཅུ་ཡོད་སྟེ་སྟོན་པ་སངས་རྒྱས་དང་རང་སངས་རྒྱས་**རང་བྱུང་**། ལྔ་སྡེ་**ཡེ་ཤེས་ཁོང་ཆུད་**ཀྱིས། མཆོད་སྦྱིན་མ་དགེ་འདུན་གྱི་**འཕྲིན་གྱིས་**བསྙེན་པར་**རྫོགས།** འོད་སྲུང་ཆེན་པོ་**སྟོན་པར་ཁས་བླང་**བས། ཤཱ་རིའི་བུ་སོགས་**ཚུར་ཤོག་**གིས། **གསོལ་བཞིའི་**ཆོ་གའི་རབ་བྱུང་བསྙེན་རྫོགས་གཅིག་ཆར་དུ་དང་། ལེགས་བྱིན་**དྲིས་པའི་ལན་ལྡོན་**པ་ལ་དགྱེས་པས། སྐྱེ་དགུའི་བདག་མོ་སོགས་**ལྕི་ཆོས་**བརྒྱད་སྲུང་བར་**ཁས་བླངས་**པས་རྫོགས་པ་**སོགས།** བཟང་སྡེའི་ཚོགས་དྲུག་ཅུ་སྐྱབས་གསུམ་ཁས་བླངས་ནས་རྫོགས། སྔོན་གྱི་**གདུལ་བྱ་**སྒྲིབ་གསུམ་ཤས་ཆུང་ཞིང་སྨིན་གསུམ་ཤས་ཆེ་བས་{སྨིན་གསུམ་ནི་སྐྱེ་བ་སྔ་མ་རྣམས་སུ་ལམ་ལ་ལེགས་པར་སྦྱང་བས་རྒྱུད་སྨིན་པ་དེའི་སྟོབས་ཀྱིས་སྐྱེས་སྟོབས་ཀྱི་ཤེས་རབ་ཆེ་བ་ཤེས་རབ་སྨིན་པ་དེའི་དབང་གིས་དད་སོགས་ཀྱི་དབང་པོ་རྣོ་བ་དབང་པོ་སྨིན་པ། སྒྲིབ་གསུམ་ནི་ངན་སོང་བའི་ཕུང་ཁམས་ལྟ་བུ་རྣམ་སྨིན་གྱི་སྒྲིབ་པ། མཚམས་མེད་པ་ལྔ་ཕམ་བཞི་ཆོས་སྤོང་ལྟ་བུ་ལས་སྒྲིབ། རྒྱུན་རིང་ཞིང་གཉེན་པོ་སྐྱེ་དཀའ་བ་ཉོན་སྒྲིབ་དང་གསུམ། འཆར་ཀ་སོགས་ཉོན་མོངས་པའི་རྣམ་པ་ཙམ་ནི་འདིར་མི་བཤད་མཆན་} **བློ་དག་**པ་དང་**མཁན་པོ་**སངས་རྒྱས་སོགས་**འཕགས་པ་**ཁོ་ནས་ཁྲིད་**ཆོས་ཡིན་**ནོ། །

སྡོན་ཆོག་གི་རྗེས་སུ་བཅས་པའི་གསོལ་བཞིའི་ཆོ་ག་འཕོར་བཅས་**དུ་ལྔའི་ཆོ་ག**་དེ་ལ་འགལ་རྐྱེན་ཡུལ་ངེས་པ། དུས་ངེས་པ། གནས་སྐབས་ངེས་པ། སེམས་ཅན་ངེས་པ། ཡན་ལག་ངེས་པ་སྟེ་**ངེས་པ་ལྔ་དང་བྲལ་ཞིང་།** བར་ཆད་ཀྱི་ཆོས་བཞི་ནི་**མ་ནིང་**དང་སྤྲ་མི་སྣན་པ་མཚམས་མེད་བྱས་པ་མུ་སྟེགས་ཅན་**ལ་སོགས**་པར་སྡོམ་པ་ཕོག་ཀྱང་མི་སྐྱེ་བས་ན་**སྐྱེ་བའི་བར་ཆད་དང་། རྒྱལ་པོས་**དང་ཕ་མས་**མ་གནང་བ་ལ་སོགས**་རང་དབང་དུ་མ་གྱུར་བས་འབབ་དགོས་པ་སོགས་སྡོམ་པ་**གནས་པའི**་བར་ཆད་**དང་།** ལོ་བདུན་མ་ལོན་པ་**བྱ་རོག་བསྐྲོད་མི་ནུས**་པ། ནད་དང་སྡུག་བསྔལ་གྱིས་ནོན་པ་**སོགས**་ཡོན་ཏན་**ཁྱད་པར**་དུ་འགྱུར་བའི་བར་ཆད་**དང་། སྐྲ་སེར་ཅན་སོགས**་ལུས་ལ་སྐྱོན་ཆགས་པ་དང་། གདོལ་བ་སོགས་རིགས་ལ་སྐྱོན་ཆགས་པ་**མཛེས་པའི་བར་ཆད**་དང་བཞི་**མེད།** མཐུན་རྐྱེན་ནི་རྒྱུའི་ཀུན་སློང་ལེན་འདོད། དུས་ཀྱི་ཀུན་སློང་ཐོབ་ཤེས། འགལ་རྐྱེན་ངེས་པ་ལྔ་བྲལ་མཐུན་རྐྱེན་ཕུན་ཚོགས་གསུམ་ (གང་ལ་སྡོམ་པ་བླང་བར་བྱ་བའི་ཡུལ་མཁན་སློབ། གང་གིས་སྡོམ་པ་འབོགས་པར་བྱེད་པའི་ཆོ་ག་ལ་སྡོམ་པ་བསྐྱེད་པའི་ནུས་པ་ཡོད་སྙམ་པའི་ཡིད་ཆེས་པའི་དད་པ་དང་ལྡན་ཞིང་། རང་ཉིད་ཀྱིས་ཀྱང་དགེ་ཚུལ་གྱིས་བསླབ་བྱ་ལ་ཚུལ་བཞིན་དུ་བསླབ་པར་བྱའོ་སྙམ་པའི་བསམ་པ་ཕུན་སུམ་ཚོགས་པ་དང་ལྡན་པའོ་མཆན) ལྡན་གྱི་བསམ་པ་དེ་ཐམས་ཅད་མྱང་འདས་ཀྱི་བསམ་པས་ཟིན་པ། ཁམས་གསུམ་ལས་**ངེས་**པར་**འབྱུང**་བ་དང་མྱང་འདས་གསུམ་གང་རུང་ཐོབ་འདོད་ཀྱི་**བློ་ཅན**་འདུལ་བའི་སྐོར་ཞུགས་པའི་**སྐལ་བཟང་སློབ་བུ་དེས།** བཅོམ་ལྡན་འདས་ཀྱིས་**ལེགས**་པར་**གསུང**་བའི་ཆོས་**འདུལ་བ་རྒྱ་མཚོ**་ལྟ་བུ་**མཐའ་དག**་ཤེས་པ་**དང་།** ཁྱད་པར་ལས་**བརྒྱ་རྩ་གཅིག་པའི**་སོ་སོའི་**ལས་ཕྲན**་དང་བཅས་པའི་སྡིགས་ཚིག་ཕྱེད་ཀྱང་མ་འཁྲུལ་བར་ཁ་དོན་དུ་བྱ་ནུས་པ་དང་ལག་ལེན་**ལ་བྱང་བའི་མཁན་པོར**་བརྟན་མཁས་བཙུན་པ་ཕན་འདོག་དང་**བཅས་པས་རིམ་བཞིན**་དགེ་འདུན་གྲངས་ཚང་བས་ཚོགས་གསུམ་རིམ་པ་བཞིན་བླང་བའི་སྒོ་ནས་**བསྙེན་པར་རྫོགས**་པ་ཉེས་མེད་ཕུན་ཚོགས་དང་། ཚོགས་**སྟ་མ**་གཉིས་**མ་བྱས**་པར་བསྙེན་པར་**རྫོགས་པའང**་འདུལ་བ་ལུང་དང་དྲིན་ལན་བསབ་པའི་**མདོ་སྡེར**་གསུངས་པར་**སྣང**་ཡང་སྐྱེ་ལ་ཉེས་བྱས་ཀྱི་དབང་དུ་བྱས་པའོ། །སྡོམ་པའི་**ཐོབ་མཚམས**་ནི་ཚོགས་སྟ་མ་གཉིས་ལ་སྐབས་བརྗོད། བདག་བརྗོད། གཞན་བརྗོད་གསུམ། ཕྱི་མ་ལ་ངོ་བོ། དབྱེ་བ། བྱེད་པ་བརྗོད་པ་སྟེ་**བརྗོད་པ་གསུམ་གྱི་ཐ**

མར་ཞེས་ཐ་མའི་ཆ་ལ་ཐོབ་པར་འདོད།

བར་དུ་ཐོབ་པ་མི་ཉམས་བསྲུང་བ་ལ། །མ་བསྲུང་ན་ཉེས་དམིགས་དང་བསྲུང་ན་ཕན་ཡོན་ཆེན་པོ་དང་ལྡན་པའི་ཕྱིར། བསླབ་བྱ་སྐྱབས་འགྲོ་ཐུན་མོང་མིན་གསུམ་ནི། སངས་རྒྱས་ལ་སྐྱབས་སུ་སོང་ནས་འཇིག་རྟེན་པའི་སྐྱབས་གཞན་སྟེང་ནས་མི་འཚོལ། ཆོས་ལ་སྐྱབས་སུ་སོང་ནས་སེམས་ཅན་ལ་གནོད་ཅིང་འཚེ་བ་སྤོང་། དགེ་འདུན་ལ་སྐྱབས་སུ་སོང་ནས་ལྟ་སྤྱོད་ལ་སོགས་ལོག་པའི་གྲོགས་མུ་སྟེགས་ཅན་དང་མི་འགྲོགས་པ་གསུམ་དགག་པའི་བསླབ་བྱ་དང་། སྒྲུབ་པའི་བསླབ་བྱ་ནི་མཆོག་གསུམ་སོ་སོར་གུས་པ་བསྐྱེད་དོ། །རང་ལ་གཅེས་པའི་སྲོག་དང་ལོངས་སྤྱོད་ཀྱི་དངོས་པོ་རྒྱ་ཆེ་བ་བྱ་དགར་ཕྱིན་ཡང་དཀོན་མཆོག་གསུམ་མི་སྤང་། ནད་གདོན་གྱིས་ཉེན་པ་སོགས་དགོས་པ་དང་གལ་འགགས་ཇི་ལྟར་ཆེ་ཡང་དཀོན་མཆོག་གསུམ་པོར་བློ་གཏོད་པ་ལས་འཇིག་རྟེན་གྱི་ཐབས་གཞན་མི་འཚོལ་ཞིང་། མཆོག་གསུམ་གྱི་ཡོན་ཏན་ཤེས་པས་དུས་མཆོད་མི་བཅག །སྐྱབས་འགྲོའི་ཕན་ཡོན་ཤེས་ནས་རང་གིས་སྐྱབས་སུ་འགྲོ་ཞིང་གཞན་སྐྱབས་སུ་འགྲོར་འགོད་པ། ཤར་ལྷོ་སོགས་ཕྱོགས་གར་འགྲོ་བའི་དེའི་ཕྱོགས་ཀྱི་སངས་རྒྱས་དང་སྐུ་གཟུགས་ལ་ཕྱག་འཚལ་བ་དང་ལྔ་པོ་རྣམས་ནི་སྐྱབས་གསུམ་ཐུན་མོང་གི་བསླབ་བྱར་ཇོ་བོ་རྗེས་བཞེད། རྩ་བཞི་སྤང་བ་ཚུལ་ཁྲིམས་ཀྱི་ཡན་ལག་བཞི་ཡིན་ཏེ་དེ་མ་སྤང་ན་ཚུལ་འཆལ་དུ་འགྱུར་བའི་ཕྱིར། ཆང་མ་སྤང་ན་དྲན་པ་ཉམས་པའི་ཕྱིར་དེ་སྤོང་བ་བག་ཡོད་ཀྱི་ཡན་ལག་ཡིན། མལ་རིན་ཐང་ཆེ་བ་དང་། ཁྲི་གང་ལས་མཐོ་བ་དང་། ལུས་ཀྱི་གར་རྩེ་བ་དང་། ངག་གི་གླུ་དང་རོལ་མོ་འཁྲོལ་བ། རིན་པོ་ཆེའི་རྒྱན་ཕྲེང་གདགས་པ༑ སྤོས་བྱུག་པ། ཁ་དོག་འཆང་བ་ལ་སོགས་པ་དང་ཕྱི་དྲོའི་ཁ་ཟས་ཟ་བ་སྟེ་གསུམ། དྲེགས་པ་སོགས་སྐྱེ་བས་དེ་སྤང་བ་བརྟུལ་ཞུགས་ཀྱི་ཡན་ལག་སྟེ་བརྒྱད་བསྲུང་བ་བསྙེན་གནས་སྡོམ་པ་ཡིན། ཡན་ལག་འདི་བརྒྱད་པོ་དུས་གཏན་དུ་སྤོང་བ་མ་ཡིན་པས། ལམ་གོང་མའི་སྡོམ་པའི་ཀློག་སྤོང་སོགས་ཡོན་ཏན་གྱི་རྟེན་དུ་འོས་པ་མིན་པ་དེ་ཡི་ཕྱིར། ལམ་གོང་མའི་སྡོམ་པའི་རྟེན་དུ་གྱུར་པའི་སོ་ཐར་ནི། མཚན་ཉིད་ལྡན་པ་རིགས་བདུན་པོ་ཁོ་ན་ཡིན། ཡན་ལག་འདི་བརྒྱད་པོ་ཇི་སྲིད་འཚོ་ཡི་བར་བསྲུང་ན༑ གོ་མིའི་དགེ་བསྙེན་ཡིན་ཀྱང་གཞི་ཐམས་ཅད་ཡོད་པར་སྨྲ་བའི་འདུལ་བ་ལས་བཤད་པ་མིན་

ཀྱང་འཕགས་པ་གནས་བརྟན་སྨྲེ་བའི་མན་ངག་བརྒྱུད་པའི་ལུགས་སུ་དབྱིག་གཉེན་གྱིས་བཞེད། གསོད་པ་རྐུ་བ་རྫུན་སྨྲ་བ་འདོད་པས་ལོག་པར་གཡེམ་པ།

མཛོད་ལས། ལོག་གཡེམ་ཤིན་ཏུ་སྨད་ཕྱིར་དང་། །བླ་ཕྱིར་མི་བྱེད་ཐོབ་ཕྱིར་རོ། །སྲིད་པར་འགྱུར་བའི་ཚང་སྤོང་བ་རྣམས་དགེ་བསྙེན་སྡོམ་པ་སྟེ། མདོ་སྡེ་བ་ལྟར་གང་སྲུང་འདོད་པ་ལྟར་དང་པོ་ལེན་པའི་ཚེ་དེ་བཞིན་དུ་ཁས་ལེན། ཕྱིའི་བསྲུང་དུས་ཁས་བླང་གྲངས་ལྟར་སྲོག་གཅོད་ཙམ་སྤོང་བ་སྣ་གཅིག་སྤྱོད། དེ་སྟེང་མ་བྱིན་ལེན་ཙམ་སྤང་བ་སྣ་འགའ་སྤྱོད་པ་དང་། དེ་སྟེང་རྫུན་སྤོང་བ་ལ་ཕལ་ཆེར་སྤྱོད་པ་དང་། དེ་སྟེང་འདོད་ལོག་ཆང་བཅས་སྤང་བ་ལ་ཡོངས་རྫོགས་སྤྱོད་པ། གཅིག་གཉིས་གསུམ་དང་ལྔ་སྤོང་དེ་ཡི་སྟེང་། །མི་ཚངས་སྤྱོད་སྤོང་པ་ནི་ཚངས་སྤྱོད་དགེ་བསྙེན་ནོ། །ཚངས་སྤྱོད་འདི་དང་གོ་མི་དགེ་བསྙེན་གཉིས་པོ་ནི་ཁྲིམ་པ་དང་ཞེས་འདོད་པ་འཁྲིག་བཅས་ཀྱི་ཁྲིམ་པ་དང་། རྟགས་དང་ཆོ་ག་མ་བྱས་པས་རབ་བྱུང་དང་གཉིས་ཀ་མིན་ཞེས་མཁས་རྣམས་བཞེད། ཕྲ་མ་སོགས་མི་དགེ་བ་ལྷག་མ་དྲུག་པོ་ཕྱོགས་མཐུན་གྱིས་སྤང་བྱ་དང་། དེར་མ་ཟད་དགེ་བསྙེན་གྱི་སྡོམ་ལྡན་སྔགས་ལ་ཞུགས་པའི་རིག་པ་འཛིན་པས་ཀྱང་། རབ་བྱུང་གི་ཆོས་གོས་སོགས་རྟགས་དང་ཆོ་ག་དང་བཅས་རྐྱང་འགའ་ཞིག་མ་གཏོགས་པ། ལྷག་མ་རྣམས་འདུལ་བ་ནས་བཤད་པ་ལྟར་ཉམས་སུ་ལེན་པར་དཔྱུང་བ་བཟང་པོ་ནས། རྒྱལ་བ་ངས་གསུང་སོ་སོ་ཐར་པ་ཡིས།། ཚུལ་ཁྲིམས་རྣམ་དག་འདུལ་བ་མ་ལུས་པ། །སྔགས་པ་ཁྲིམ་པས་རྟགས་དང་ཆོ་ག་སྤངས། །ལྷག་མ་རྣམས་ནི་ཉམས་སུ་བླང་བར་བྱ། །ཞེས་བཤད་དོ། །

མིའམ་མིར་ཆགས་པའི་སྲོག་གཅོད་པ། རིན་ཐང་ཚང་བའི་དངོས་པོ་རྐུ་བ་དང་། མི་ཚངས་པ་སྤྱོད་པ་དང་། མི་ཆོས་བླ་མའི་རྫུན་སྨྲ་བ་སྤང་བ་ཚུལ་ཁྲིམས་ཀྱི་ཡན་ལག །ཆང་འཐུང་བ་སྤང་བ་བག་ཡོད་ཀྱི་ཡན་ལག། ཀྲོད་བག་གིས་གར་སོགས། འཕྲེང་སྤྲེག་གིས་འཕྲེང་སོགས། མལ་རིན་ཐང་ཆེ་བ། ཁྲི་གང་ལས་ལྷག་པའི་མཐོ་བ། རང་གླིང་དུ་ཉི་མ་ཕྱེད་ཡོལ་བ་ཕྱི་དྲོས་དུས་རུང་གི་ཁ་ཟས་ཟ་བ། གསེར་དངུལ་ལེན་པ་སྤོང་བ་བརྟུལ་ཞུགས་ཀྱི་ཡན་ལག་སྟེ། བསླབ་གཞི་མང་པོ་ཐོས་པས་ཞུམ་སྟེ་སྡོམ་པ་ལེན་པ་ལས་ལྡོག་པ་སྤོང་བའི་ཕྱིར་དུ་རགས་པ་བཅུར་དྲིལ་གསུངས། (གླིང་འདས

སྒྱུར།༽ ཆོས་གོས་འཆང་བ། ལྷུང་བཟེད་ལྷག་པོ་འཆང་བ། ཆོས་གོས་ཞག་གཅིག་མཚམས་ཀྱི་ཕྱི་རོལ་དུ་འབྲལ་བ་དང་། སྲ་ཞིང་འཐས་པའི་ས་རྐོ་བ། རིན་པོ་ཆེ་ལ་རེག་པ་དང་། མེ་ལ་རེག་པ། སྔོ་དང་ངག་གིས་བཏང་ནས་ལྷག་པོ་བྱིན་རླབས་མ་བྱས་པར་ཟ་བ་དང་། ཤིང་ལ་མི་གང་ལས་མཐོར་འཛེག་པ་དང་། ཤིང་གཅོད་པ་དང་། བྱིན་ལེན་མ་བྱས་པར་ཟ་བ། རྩྭ་སྔོན་ཁྲོད་དུ་མི་གཙང་བ་འདོར་བ། གསོག་འཇོག་བྱས་པ་ཟ་བ་དང་། ས་བོན་གྱི་རིགས་འཇོམས་པ་རྣམས་དགེ་ཚུལ་ལ་གནང་བའི་ཉེས་མེད་བཅུ་གསུམ་པོ་མ་གཏོགས་པ། དགེ་སློང་ཇི་བཞིན་འདུལ་བ་ནས་བཤད་པའི་སྤང་བླང་མཐའ་དག་བསྡམ་བྱས་ཉེས་བྱས་ཡིན་པས་གཅིག །རུང་མཐུན་རྩེ་ན་གོས་ཀྱང་བུ་སྟོན་གསུངས་པ་ལྟར་འདིར། འཆང་བའི་ཟླར་བསྐྱུ་བ་གོས་ཀྱི་རྒྱུ་ཟླ་བར་ཏེ་ཟླ་བ་ལས་ལྷག་པ་འཇོག་པ། ཆོས་གོས་འབྲལ་བའི་ཟླར་བསྐྱུ་བ་དགོན་པ་སྟེ་འཇིགས་བཅས་ཀྱི་གནས་སུ་ཞག་དྲུག་ལྷག་པའི་འབྲལ་སྤང་བྱེད་པ། གསོག་འཇོག་བྱས་པ་ཟ་བའི་ཟླར་བསྐྱུ་གསོག་འཇོག་བྱེད་པའང་གནང་། ཁྱིམ་པའི་རྟགས་གོས་དཀར་པོ་སོགས་སྤྱོད་པ་ལས་ཉམས་པ་རབ་བྱུང་གི་ཆོས་གོས་སོགས་རྟགས་ལེན་པ་ལས་ཉམས། མཁན་པོ་ལ་བརྙས་པས་མཁན་པོར་གསོལ་བ་བཏབ་པ་ལས་ཉམས་སྟེ་ཉམས་པ་གསུམ། སྤང་པ་དགེ་ཚུལ་སྡོམ་པའི་བསླབ་བྱའོ། །

༄ དགེ་སློབ་མ་ནི་དགེ་ཚུལ་གྱི་བསླབ་པའི་གཞི་བཅུ་ཐོབ་པའི་སྟེང་དུ་རང་གཅིག་པུར་ལམ་དུ་འགྲོ་བ་དང་། ཆུ་ལ་རྐྱལ་བ། སྐྱེས་པ་ལ་རེག་པ། དེ་དང་ལྷན་གཅིག་ཏུ་འདུག་པ། ཕོ་མོ་ཕན་ཚུན་སྨྱན་བྱ་བ། གཞན་ལ་ཉེས་པ་བྱུང་བ་འཆབ་པ་སྟེ་རྩ་བའི་ཆོས་དྲུག་གོ། །གསེར་ལ་བཟུང་བ། འདོམས་ཀྱི་སྤུ་འདྲེག་པ་དང་། ས་རྐོ་བ་སྤང་བ། བྱིན་ལེན་མེད་པར་ཟ་བ་དང་། གསོག་འཇོག་བྱས་པ་མི་ཟ་བ། རྩྭ་སྔོན་སོགས་མི་གཅོད་པ་འདི་རྣམས་རྗེས་མཐུན་གྱི་ཆོས་དྲུག་གོ། །

༄ དགེ་བ་ཆོས་དང་མཐུན་པའི་བསོད་སྙོམས་སློང་བ་པོའི་ཁྲིམས་ལ་ཉེས་བརྒྱ་ལྔ་བཅུ་གསུམ། བསྲུང་ན་སྡོམ་པའི་རྩ་བ་དང་། ཉམས་ན་གཉེན་པོ་མཐུ་མེད་པར་བཅོམ་པའི་ཕྱིར་ཕམ་པ། རྣམ་གྲངས་བཞི་ཞེས་པའོ། །ཡུལ་སྤྱོད་བྱེད་དུ་དགེ་སློང་བཟང་བྱིན་གྱིས་མི་ཚངས་སྤྱོད་པ་ལ་བརྩམས་སོ། ། གཞི་ནི་འཁྲིག་པ་བདེ་བསྐྱེད་ནུས་ཀྱི་ཡན་ལག་དེ་ཉིད་ཚང་བ་ཡི་ཡན་ལག་གི་ཆ་ཀུན་བཟུང་བར་འོས

པ་སྟེ་ལུས་ཕྱེད་དུ་ལོངས་པའི་རོ་ཡན་ཆད་ཀྱི་སྐྱེ་གནས་སུ་གཏོགས་པའི་ཟག་པའི་ལམ་གསུམ་པོ་གང་རུང་དུ་བསྟེན་བྱེད་རང་གི་ཕོ་དབང་ནད་མེད་ལས་རུང་ནི། བསམ་པ་རང་ལ་ལྟོས་པའི་ངོ་ཚ་དང་གཞན་ལ་ལྟོས་པའི་འཛིགས་སྐྲག་མེད་ཅིང་ཆགས་པར་འགྱུར་བས་རེག་བདེ་མྱོང་འདོད་ཀྱི་སེམས་ཀྱིས། སྦྱོར་བ་ལམ་གསུམ་གང་རུང་དུ་སྐྱུལ་ཞིང་དྲུད་པས་མཐར་ཐུག་ལམ་གསུམ་གྱི་མཚམས་ལས་འདས་དེ་སེམས་པ་ཐོབ་ནས་བདག་གིར་བྱས་པའོ། །ངེས་ནི་དེ་ཡི་ཡན་ལག་ཚང་བས་ཚངས་པར་སྤྱོད་པ་ལས་རྣམ་པར་ཉམས་པ་ཡིན་ནོ། །རྒྱལ་པོའི་ཁབ་ཏུ་དགེ་སློང་ནོར་ཅན་གྱིས་ཁང་པའི་ཕྱིར་མ་སྦྱིན་དགྲའི་ཤིང་བརྐུས་པ་ལ་བཅས་སོ། །བརྐུ་བའི་གཞི་ནི་རང་དང་ནོར་མི་གཅིག་པའི་མི་གཞན་གྱིས་བདག་ཏུ་བཟུང་བའི་ནོར་ཡིན་པ། བསམ་པ་མིའི་རྫས་ལ་དེ་ཡིན་པར་འདུ་ཤེས་པའམ་ཡིད་གཉིས་ཟ་བས་ཀྱང་རང་ཉིད་འཚོ་བའི་ཕྱིར་དུ། ཀུན་སློང་རྐུ་སེམས་ཀྱིས། ཡུལ་གང་དུ་དུས་དེར་སྦྱོར་བ་གཅིག་གི་ནང་དུ་བརྐུ་བྱ་རྐུ་བྱེད་གཉིས་ཀ་ལ་ལྟོས་པའི་རིན་ཐང་ཚང་བ། སྦྱོར་བ་ལུས་ངག་གི་རིག་བྱེད་དུ་གྱུར་པས་བརྐུས། མཐར་ཐུག་རང་གིས་བརྐུས་སམ་གཞན་ལ་བརྐུར་བཅུག་པ་རྫད་པ་གང་ཡང་རུང་བས་བདག་པོ་དང་བྲལ་ནས་རང་གི་ཐོབ་བློ་སྐྱེས་པའོ། །

ཡུལ་སྤྱོང་བྱེད་དུ་མི་སྡུག་པ་བསྒོམ་པའི་དགེ་སློང་མང་པོས་དགེ་སྦྱོང་སྦྱིད་ལ་གསོད་དུ་བཅུག་པ་ལ་བཅས་སོ། །སྲོག་གཅོད་གཞི་ནི་མིའམ་མིར་ཆགས་པ་རང་ལས་རྒྱུད་གཞན་པ། བསད་དོ་བསམ་པ་དེ་ཉིད་གཞན་དང་མ་འཁྲུལ་པར། བསམ་པ་ཀུན་སློང་གསོད་སེམས་རྒྱུན་མ་ཆད་པས་བསད་བྱ་ལ་དེར་ཡིན་པར་འདུ་ཤེས་པ། སྦྱོར་བ་དུག་མཚོན་སོགས་ཀྱིས་གསོད་པར་བརྩམས་ནས་བཟློག་ཀྱང་མ་བཟློག་པ། མཐར་ཐུག་དེའི་ཚེའམ་གཞན་གྱི་ཚེ་གསོད་པ་པོ་རང་ཉིད་མ་ཤི་བའི་སྔ་རོལ་དུ་གསད་བྱའི་སྲོག་གི་དབང་པོ་འགགས་པ་དང་། གཞན་ལ་གསོད་དུ་བཅུག་པ་དང་གསོད་པ་ལ་ཡི་རང་བས་འཆི་བའི་བསྔགས་པ་བརྗོད་པ་ལ་སོགས་པས་རྐྱེན་བྱས་ཀྱང་སྲོག་འགགས་པ་འདྲའོ། །མཛོད་ལས། དམག་ལ་སོགས་པ་དོན་གཅིག་ཕྱིར། །ཐམས་ཅད་བྱེད་པ་པོ་བཞིན་ལྡན། །ཅེས་སོ། །ཡུལ་ཡངས་པ་ཅན་དུ་ཉ་བ་ལས་རབ་ཏུ་བྱུང་བའི་དགེ་སློང་ལྔ་བརྒྱས་མི་ཆོས་བླ་མའི་རྫུན་སྨྲས་པ་ལ་བཅས། རྫུན་གྱི་གཞི་ནི་རང་ལས་རྒྱུད་གཞན་པའི་མི་ཐ་སྙད་ལྔ་ལྡན་དེ་སྨྲ་ཤེས་པ། དོན་

གོ་བ། ཤེས་པ་རང་བཞིན་དུ་གནས་པ། མ་ཉེང་དང་མཚན་གཉིས་པ་མ་ཡིན་པ**འི་མིར། བསམ་པ**་བདེན་པའི་**འདུ་ཤེས་བསྒྱུར་ནས**་རྫུན་**བརྗོད**་འདོད་ཀྱི་**བློ་སྐྱེས**་པ། **སྒྱུར་བ་མངོན་ཤེས་ལ་སོགས**་གཞན་ལས་ཁྱད་པར་དུ་གྱུར་པའི་**ཡོན་ཏན་གྱི་ཚོགས་མེད་ཀྱང་ཡོད་ཅེས**་ངག་མཚན་ཉིད་དྲུག་ལྡན་སྟེ༑ ངག་ཡིན་པ། རང་གི་ཡིན་པ། བདག་ཉིད་དང་འབྲེལ་བ། མ་ནོར་བ། གསལ་པོར་དང་། མངོན་སུམ་དུ་སྨྲས་པའོ། །མི་ཆོས་**བླ་མའི་རྫུན**་མངོན་པའི་ང་རྒྱལ་མེད་པར་**སྨྲས་པ**འམ། གཞན་གྱིས་སྨྲས་པ་དང་དུ་ལེན་པའོ། **།མཐར་ཐུག་གཞན་གྱིས་རྫུན་དེ་གོ་ན་ཉམས།** །བཅས་ལྡན་དགེ་སློང་གིས་**འདི་བཞི་གང་**རུང་ལ་**སྤྱད**་དེ་སྐད་ཅིག་ཙམ་འཆབ་ན་མི་མཐུན་ཕྱོགས་ཀྱིས་གཉེན་པོ་བཅོམ་པས་**དགེ་སློང་དེ་ཕམ**་པར་བྱས་པའི་**ཕྱིར་ཕས་ཕམ**་པ་**བཞི་ཞེས་ཐམས་ཅད་མཁྱེན**་པ་**དེས་གསུངས**་སོ། །

གསོ་བ་དགེ་འདུན་ལ་རག་ལས་ཤིང་སྡོམ་པ་རྣམ་དག་གི་ལྷག་ལུས་པས་ན། **དགེ་འདུན་ལྷག་མ་བཅུ་གསུམ་ཞེས་གྲགས་པ**་དེའི་དང་པོ་བཞི་ནི་མཉན་ཡོད་དུ་འཆར་ཀ་ལ་བཅས། **བསྒྲོད**་བྱའི་ཡུལ་ལམ་གསུམ་**མིན**་པའི་རང་གཞན་གྱི་ཡན་ལག་གི་**གནས་སུ**་དབྱུང་འདོད་ཀྱི་བསམ་པས་རང་གི་ནོར་བུར་རེག་ཅིང་སྦྲུལ་བ་ལས་**ཁུ་བ**་གནས་ནས་འཕོས་ཤིང་**འབྱིན་པ**་ལས་བདེ་བ་མྱོང་བ་དང་། འདོད་པ་བསྟེན་རུང་གི་བུད་མེད་ལ་**ཆགས་པའི**་སེམས་ཀྱིས་རེག་པར་འདོད་པས་**བུད་མེད**་ཀྱི་སྐྲ་སོགས་**ལུས་ཀྱི་ཆ་ཤས**་ལ་བར་དུ་ཆོད་པ་མེད་པར་**འཛིན**་པ་ལས་བྱུང་བའི་བདེ་བ་མྱོང་བའོ། །བུད་མེད་བསྟེན་རུང་ལ་ཆགས་སེམས་ཀྱིས་ཡུལ་དུས་དེར་**འཁྲིག**་པའི་དངོས་མིང་དུ་གྲགས་པའི་**ཚིག་རྗེན**་པར་**སྨྲ**་བ་ཡུལ་དེས་གོ་བའོ། །ཡུལ་**བུད་མེད**་ལ་**ཆགས**་སེམས་ཀྱིས་འཁྲིག་པ་དོན་དུ་གཉེར་**ཕྱིར**། ང་ལྟ་བུའི་དགེ་སློང་ལ་འཁྲིག་པས་བསྙེན་བཀུར་བྱས་ན་བསྙེན་**བཀུར**་མཆོག་ཅེས་སྨྲས་པ་ཡུལ་དེས་གོ་བའོ། །

མཉན་ཡོད་དུ་དྲུག་སྡེ་ལ་བཅས་ཏེ། རང་ལས་གཞན་པའི་**ཕོ་མོ**་སྦྲད་དུ་རུང་བ་**ཕན་ཚུན**་སྦྱོར་འདོད་ཀྱིས་རང་ངམ་བསྐོས་པའི་འཕྲིན་གསུམ་གྱི་སྒོ་ནས་**སྨྱན་བྱས**་པས་དེ་གཉིས་**འདུས་ཏེ**་དབང་པོ་**འཕྲད**་པ། གཞི་མི་རུང་སར་གཞན་ལ་འབབ་པས་བཙལ་བའི་ཡོ་བྱད་ཀྱིས་གནང་བ་མ་ཐོབ་པར་

རང་དོན་དུ་ཚད་ལ་སྲིད་དུ་མིའི་ཁྲུ་བཅོ་བརྒྱད་དང་ཞེང་དུ་ཁྲུ་ཕྱེད་བཅུ་གཅིག་གི་ཚད་ལས་**ལྷག་**པའི་**ཁང་པ་**བརྩིགས་པ་འདི་དང་ཁང་ཆེན་གཉིས་ཀཽ་ཤམྦི་ར་དྲུག་སྡེ་ལ་བཅས། དགེ་འདུན་གྱི་དོན་དུ་**ཁང་ཆེན་བརྩིགས་**པ་ལ་བཙལ་བ་དང་ཚད་ལྷག་ཡན་ལག་ཏུ་མི་དགོས་པ་ལས་གཞན་སྔར་དང་འདྲ། སྐུར་འདེབས་གཉིས་རྒྱལ་པོའི་ཁབ་ཏུ་མཛའ་བོ་དང་ས་ལས་སྐྱེས་ལ་བཅས། དགེ་སློང་གཞན་ལ་**བརྗོད་**པའི་**གཞི་**མཐོང་ཐོས་དོགས་གསུམ་**མེད་**པར་ཕམ་བཞི་གང་རུང་གི་སྐུར་བ་བཏབ་པ་ཡུལ་དེས་གོ་བ་**དང་**། །གླེང་བའི་**སྣད་ཀ་བག་ཙམ་**ཡོད་པ་**ལ་བརྟེན་ནས་**ཚིག་ཟུར་གྱི་**དགེ་སློང་**གཞན་ལ་ཕམ་པའི་སྒོ་ནས་**སྐུར་བ་བཏབ་**པ་དེའི་གོ་བའོ། །རྒྱལ་པོའི་ཁབ་ཏུ་ལྷས་བྱིན་ལ་བཅས། མཚམས་ནང་གཅིག་ཏུ་བཅས་ལྡན་དགེ་སློང་གི་རང་མི་ཐེ་བའི་དབྱེ་བྱ་**དགེ་འདུན་**དུ་ལོངས་པ་གཉིས། ཆོས་མིན་གྱི་ལྟ་བས་**དབྱེན་**བྱས་པ་བཟློག་བྱེད་ལྟའི་མཐར་མ་བཏང་བའོ། །

རྒྱལ་པོའི་ཁབ་ཏུ་ལྷས་བྱིན་གྱི་གྲོགས་བྱེད་པའི་དགེ་སློང་ཀོ་ཀ་ལི་ཀ་སོགས་བཞི་ལ་བཅས། དགེ་སློང་གང་དགེ་འདུན་གྱི་**དབྱེན་**ལ་ཞུགས་པའི་དགེ་སློང་**དེའི་**གྲོགས་བྱེད་ཅིང་**རྗེས་སུ་ཕྱོགས་**པ་བཟློག་བྱེད་ལྟའི་མཐའ་ལ་མ་བཏང་བའོ། །མཉན་ཡོད་དུ་ནབས་སོ་དང་འགྲོ་མགྱོགས་ལ་བཅས། བུད་མེད་དང་ལྷན་ཅིག་རྩེ་འཛེ་བྱེད་པ་སོགས་**བསླབ་པ་དང་འགལ་**བས་**ཁྱིམ་**པའི་སེམས་**སུན་འབྱིན་**པར་བྱེད་པའི་**ཚེ་**དགེ་འདུན་གྱི་བསྐྲད་པ་ན། **སྐྲོད་བྱེད་**དགེ་འདུན་**ལ་**འགྲོ་མིན་བཞིའི་**སྐྱོན་**ཚིག་གི་སྐུར་འདེབས་ལ་ཞུགས་**པའོ**། །ཀཽ་ཤམྦི་ར་འདུན་པ་ལ་བཅས། **ལྟུང་བ་བྱུང་**བར་གླེང་དུན་བྱས་ཏེ་དགེ་འདུན་གྱི་ཕྱིར་བཅོས་བྱ་བར་**བསྐུལ་**བའི་**ཚེ**། ཁྱེད་ཅག་དགེ་ཡང་རུང་སྡིག་ཀྱང་རུང་ང་བོ་ལ་ཅི་ཡང་མ་སྨྲ་ཞིག་ཅེས་**བཀའ་བློ་མི་བདེ་**བའི་གཞིར་ཞུགས་པ་ཉིད་བཟློག་བྱེད་ལྟ་བའི་མཐའ་ལ་མ་བཏང་**བའོ**། །འཕྲོས་དོན་རྩ་བའི་མདོར། དབེན་པ་སྐབས་ཡོད་འདུག་པའོ། །ཞེས་མ་ངེས་པ་གཉིས་གསུངས་ཏེ། ཁྲིམས་གྲོགས་མེད་པའི་དབེན་པ་སྒྲིབ་བྱེད་ཀྱི་སྐབས་ཡོད་པའི་གནས་སུ་དགེ་སློང་དང་བུད་མེད་ལྷན་ཅིག་ཏུ་འདུག་པའི་ཚེ། གནས་དེར་མི་ཚངས་སྤྱོད་བྱར་རུང་མི་རུང་གི་ཁྱད་པར་ལས། དགེ་སློང་དེ་ལ་ཕམ་ལྷག་ལྟུང་བྱེད་གསུམ་གང་རུང་ངམ། ལྷག་མ་དང་ལྟུང་བྱེད་གཉིས་གང་བྱུང་མ་ངེས་པའམ། དངོས་པོ་ལ་མཐའ་གང་དུ་འགྱུར་མ་ངེས་པའོ། །མ་ངེས་པ་གཉིས

གཞུང་འདིར་ཚིག་ཟིན་ལ་མི་འབྱུང་བ་ནི། གནས་དེར་འདུག་ཙམ་ལྟུང་བྱེད་དང་དེའི་འབྲས་བུར་གྱུར་པ་ཕམ་ལྷག་གང་རུང་གི་ནང་དུ་འདུས་པས་ལོགས་སུ་མ་གསུངས་སོ། །

གང་ལ་ལྟུང་བ་བྱུང་བའི་དངོས་པོ་དེ་**སྤང་བ**་སྔོན་དུ་འགྲོ་བའི་སྒོ་ནས་ཕྱིར་བཅོས་ཤིང་མ་བཅོས་ན་ཉམས་སྨིན་ངན་སོང་དུ་**ལྟུང་བར་བྱེད**་པ་གྲངས་**སུམ་བཅུའི་སྡེ**་ཚན་ཉིད་**བཤད་པ**་ལས་བཅུ་ཚན་དང་པོ་ནི། འཆང་བྲལ་འཇོག་གསུམ་མཉན་ཡོད་དུ་དགེ་སློང་མང་པོ་ལ་བཅས། དེ་ཡང་སྲ་བརྐྱང་མ་བཏིང་བའི་གང་ཟག་གིས་**རང་གིས**་བདག་ཏུ་བཟུང་བའི་**གོས་ལྷག**་པོ། རང་མིང་དམ་ཉམས་བརྟགས་གང་རུང་གིས་བྱིན་གྱིས་མ་རླབས་པའམ་བརླབས་ཀྱང་ཤན་དང་རྗེས་སུ་འབྲེལ་བས། རང་སྟོབས་སམ་ཤན་སྟོབས་གང་རུང་གིས་**ཞག་བཅུ་འདས་པར་འཆང**་བས་བཅུ་གཅིག་པའི་སྐྱ་རེངས་དང་པོ་ཤར་བ་ནའོ། །འཇིགས་བཅས་ཀྱི་དགོན་པ་ལས་གཞན་དུ་བྱིན་གྱིས་བརླབས་པའི་**ཆོས་གོས**་གསུམ་པོ་ཐམས་ཅད་དམ་གང་རུང་**དང་བྲལ**་ནས་**ཞག་གཅིག་ལོན་པ་དང**། ཆོས་གོས་གསུམ་གང་རུང་མེད་པའི་གང་ཟག་གི་ཁ་བསྐང་བའི་རེ་བ་དང་བཅས་པའི་ཆོས་**གོས**་ཀྱི་**རྒྱུ**་ཁྲུ་གང་གི་ཚད་དུ་ལོངས་ཤིང་འཁོར་གསུམ་མི་ཁེབས་པ་**ཟླ་གཅིག**་གི་རིང་ལས་ལྷག་པར་**འཇོག**་པའམ་བཞག་པས་བྱིན་གྱིས་མ་རླབས་པའམ། བརླབས་ཀྱང་ཤན་དང་རྗེས་སུ་འབྲེལ་བས། རང་སྟོབས་ཤན་སྟོབས་གང་རུང་གི་ཞག་སུམ་ཅུ་འདས་ནས་སོ་གཅིག་པའི་སྐྱ་རེངས་ཤར་བ་ན་**དང**། མཉན་ཡོད་དུ་འཆར་ཀ་ལ་བཅས། ཉེ་དུ་མ་ཡིན་པའི་**དགེ་སློང་མར**་རང་གིས་**ཆོས་གོས**་གསུམ་དང་གདིང་བ་རྙིང་པ་ལས་གང་རུང་**འབྲུར་འཇུག**་པ་གོས་ཀྱི་ཕྱོགས་གཅིག་ཙམ་འཁྲུ་བའི་ལས་བྱས་པའོ། །འདི་ནས་བསྐྱལ་བའི་བར་དྲུག་མཉན་ཡོད་དུ་ཉེར་དགའ་ལ་བཅས། ཆོས་གོས་གསུམ་ཡོད་པའི་དགེ་སློང་གིས་ཉེ་མིན་དགེ་སློང་མ་**དེ་ལ**་འཁོར་གསུམ་ཁེབས་པའི་མཐའི་ཚད་དུ་ལོངས་པ་ཡན་ཆད་ཀྱི་**གོས་རྒྱུ**་བསླང་བས་ལག་ཏུ་ཐོབ་ཅིང་**ལེན**་པའོ། །ཆོས་གོས་གསུམ་ཡོད་པའི་དགེ་སློང་གིས་**ཉེ་མིན་ཁྱིམ་པ་ལ་གོས་རྒྱུ་བསླང**་སྟེ་**ཐོབ་པ་དང**། ཉེ་མིན་ཁྱིམ་པར་གོས་བསླང་བས་མང་པོ་**སྟེར་ན་སྟོད་གཡོག**་དང་**སྨད་གཡོག**་ཙམ་ལས་**ལྷག་པོར་ལེན**་ནའོ། །ཉེ་མིན་ཁྱིམ་པས་དགེ་སློང་**རང**་ཉིད་**ལ་སྟེར**་བར་**བསམས**་པའི་**ཆོས་གོས**་ཀློས་**གནས**་ལས་**དཔག**་པ་ལས། དངོས་སུ་འབུལ་ལོང་མེད་པར་**རིན་དང་ཁྲུ་ཚད**་

ཀྱིས་བསླང་བས་ཐོབ་པའོ། །ཉེ་མིན་ཁྱིམ་པས་དགེ་སློང་རང་ལ་གོས་འབུལ་བར་དཔག་པ་དེ་ཐོས་ནས་འབུལ་མི་འབུལ་**བརྟག**་པའི་བསམ་པས་**དྲན**་པ་བརྗོད་དེ་**བསླང**་བས་ཐོབ་པའོ། །སྦྱིན་བདག་གི་**གོས་རིན་རིན་ཆེན**་གསེར་དངུལ་ལྟ་བུ་ཞིག་དགེ་སློང་རང་གི་ཞལ་ཏ་པ་ལ་གཏད་ནས་གོས་སྒྲུབ་ཏུ་བཅུག་པ་ལས། གོས་དུས་སུ་མ་བྱུང་བ་དངོས་དང་བརྒྱུད་ནས་ལན་གསུམ་གསུམ་**བསྐུལ་བ**་ལ་ཉེས་པ་མེད་ཅིང་། དེ་ལས་ལྷག་བྱས་ཏེ་**ལེན**་པ་**རྣམས་སོ**། །བཅུ་ཚན་གཉིས་པ་ནི་སྟན་གྱི་སྤང་བ་ལྔ་པོ་མཉན་ཡོད་དུ་དགེ་སློང་མང་པོ་ལ་བཅས། རིན་ཐང་ཆེ་བའི་དངོས་པོ་**སྲིན་བལ**་གྱི་**ནང་ཚང་བྱས་པའི་སྟན**་གསར་བ་**བྱེད་པ་དང**་། གང་དུ་བལ་ནག་**དགོན་སར་བལ་ནག་འབའ་ཞིག**་གི་**སྟན**་གསར་**དུ་འདིང**་བ་དང་། **བལ་ནག**་པོ་**ཆ་གཉིས**་ལས་ལྷག་པ་ཅན་གྱི་**སྟན**་གསར་བ་**བྱེད**་པ་དང་། དེ་དག་བགྲམ་པ་ཙམ་གྱིས་དེ་དང་དེའི་སྤང་བའོ། །སྟན་ཡོད་བཞིན་གནང་བ་མ་ཐོབ་ཅིང་**ལོ་དྲུག་ནི་མ་སོང**་བར་ནང་ཚང་ཅན་གྱི་**སྟན་གསར**་བ་**བྱེད**་པ་དང་། **ཚད་ལྡན་གྱི་གདིང**་བ་རྙིང་པ་**ཡོད་ཀྱང་སླར**་གསར་བ་**བཟོ**་ཚེ་རྙིང་བ་ནས་ཆུང་ཐ་ཡང་བདེ་བར་གཤེགས་པའི་མཐོ་གང་མ་བསྣན་པར་ལོངས་སྤྱོད་པའོ། །འདི་ནས་ཉེ་ཚོང་གི་བར་ལྔ་དྲུག་སྟེ་ལ་བཅས། **བལ་ནག**་ལ་སོགས་པ་**ནི་རྙེད་ནས**་གྲོགས་གཞན་མེད་པར་ཁྱེར་ན་**ལམ་གྱི་དཔག་ཚད་གསུམ**་ཚུན་གནང་བས་དེ་ནས་བརྒྱམས་རྒྱང་གྲགས་གཅིག་**མཐར་ཕྱིན**་པའམ་འཁྱེར་གྲོགས་ཡོད་ན་དང་པོ་ནས་བརྒྱམས་ཏེ་རྒྱང་གྲགས་འདས་པ་ནའོ། །ཉེ་མིན་**དགེ་སློང་མ་ལ**་དགེ་སློང་གིས་**བལ་འཁྲུ**་བ་དང་**རྨེལ**་བ་དང་འཚེད་དུ་**བཅུག**་པ་ན་དེས་དེ་**དང**་དེ་བྱས་པའོ། །དགེ་སློང་གིས་**གསེར་དངུལ**་སོགས་རུང་བར་མ་བྱས་པར་ཆགས་སེམས་ཀྱིས་རེག་ཏེ་**ལེན**་པ་**དང**་། དགེ་སློང་གིས་ཉེ་མིན་ཁྱིམ་པར་ཁེ་སྤོགས་འདོད་པས་**ཚོང**་དང་**བུན**་སྐྱེད་དུ་རིན་པོ་ཆེ་སོགས་**མངོན་མཚན་ཅན**་བཏང་བས། དེ་ལས་སྐྱེད་གོས་ཁྲུ་གང་དུ་ལོངས་པ་ཐོབ་པའོ། །དགེ་སློང་གི་ཁེ་ཐོབ་པའི་**ཆེད་དུ**་ཉེ་མིན་ཁྱིམ་པ་ལ་རིན་པོ་ཆེ་ལས་གཞན་པའི་དངོས་རྫས་ཀྱི་**ཚོང་བྱེད**་པས་སྐྱེད་ཐོབ་པའོ། །

བཅུ་ཚན་གསུམ་པ་དྲུག་སྟེ་ལ་བཅས། རང་གི་**ལྷུང་བཟེད**་ཚད་ལྡན་**བྱིན**་གྱིས་**མ་བརླབས**་པའམ་བརླབས་ཀྱང་ཤན་སྟོབས་ཀྱིས་**ཞག་བཅུ་འདས**་པར་**འཆང**་བས་བཅུ་གཅིག་པའི་སྐྱ་རེངས་ཤར་

བའོ། །འདི་ནས་ཕྱིན་ཕྲོགས་ཀྱི་བར་བཞི་ཉེར་དགའ་ལ་བཅས། **ལྷུང་བཟེད་**རུང་བ་སྤྱད་བཟོད་ཡོད་བཞིན་ཉེ་མིན་ཁྲིམ་པ་ལ་བསླང་ཏེ་**ཟུང་འཆང་བ་**ནའོ། །ཉེ་མིན་ཐགས་མཁན་ལ་**གླ་རྫན་མེད་པར་**གོས་**འཐག་**ཏུ་**བཅུག་**སྟེ་ལག་ཏུ་ཐོབ་པའོ། །ཉེ་མིན་ཁྲིམ་པས་རང་ལ་འབུལ་རྒྱུའི་གོས་འཐག་པ་ན། བསྔོས་ཆོད་ལས་ལྷག་པའི་**ཐགས་རྒྱ་བསྐྱེད་**དེ་ཐོབ་པའོ། །**དགེ་སློང་**གིས་ལྷ་མཚན་མཐུན་པ་གཞན་ལ་**གོས་**སོགས་ཡོ་བྱད་སྟེར་**བྱིན་**པ་**སླར་ཕྲོག་**ཏེ་དེ་ལས་ཐྲལ་བའོ། །འདི་དང་དགོན་པའི་འབྲལ་སྤང་གཉིས་མཉན་ཡོད་དུ་དྲུག་སྡེ་ལ་བཅས། དགག་དབྱེའི་གོང་རོལ་དུ་སྦྱིན་བདག་གིས་**གཏད་**པ་ལས་**བྱུང་**བའི་གོས་སམ་**གོས་**རྒྱུ་ནད་པ་དང་ནད་པའི་ཕྱིར་དང་། འཆི་བ་དང་། འཆི་བའི་ཕྱིར་དང་། འགྲོ་བར་ཆས་པ་སྟེ་རྐྱེན་ལྷན་དེ་དག་ལ་དབྱར་མཐའི་ཞག་བཅུའི་ནང་དུ་སོ་སོར་སྦྱིན་པ་ལ་ཉེས་པ་མེད་ཅེས་**སྦྱིན་**པའི་**དུས་བཤད་**པ་དེ་**ལས་སྔ་བར་བདག་གིར་བྱས་**པའམ། དགག་དབྱེའི་ཕྱི་དེ་ཉིན་མ་བགོས་པ་ནའོ། །**དགོན་པར་འཇིགས་**པ་དང་**བཅས་**པའི་སྐབས་བྱིན་རླབས་ཅན་གྱི་ཆོས་**གོས་**རྣམ་གསུམ་ཞག་དྲུག་ཚུན་**བྲལ་**ཀྱང་ཉེས་པ་མེད་ལ། **ཞག་བདུན་འདས་**ཏེ་བརྒྱད་པའི་སྐྱ་རེངས་ཤར་བའི་ཚེ་སྤང་བའོ། །མཉན་ཡོད་དུ་དགེ་སློང་རབ་ཏུ་མང་པོ་ལ་བཅས་ཏེ། དབྱར་གྱི་གོས་**རས་ཆེན་**ཉིད་དབྱར་ཁས་ལེན་གྱི་སྔོན་ཟླ་གཅིག་གི་སྔ་བར་བཙལ་ན་ཚོལ་སྤྱས་པའི་སྤང་བ་དང་། **དགག་དབྱེ་ཟིན་ཀྱང་ཟླ་ཕྱེད་**ལས་**འདས་**པར་བཅངས་ན་བཞག་འཕྱིས་ཀྱི་སྤང་བའོ། །མཉན་ཡོད་དུ་ཉེར་དགའ་ལ་བཅས། ཁྲིམ་པས་**དགེ་འདུན་**ནམ་དགེ་སློང་གཞན་ལ་**བསྔོས་པའི་རྙེད་པ་**རང་ཉིད་ལ་བསྒྱུར་ཏེ་**བདག་ཏུ་བཟུང་**བའོ། །རྒྱལ་པོའི་ཁབ་ཏུ་འཕགས་པ་པི་ལིནྡའི་ལྷན་ཅིག་གནས་པ་ལ་བཅས། ཞག་བདུན་པའི་སྨན་སྨྲིས་པ་མཆོད་དཔེར་ཟད་པས། འདིར་སྨན་བཞི་གང་རུང་རང་དུས་ལས་འདས་པར་བཅངས་བ་ལ་གསོག་འཇོག་གི་སྤང་བ་སྟེ། རླུང་ནད་ཀྱི་**ན་**བ་ལ་ཕན་པའི་ཞག་བདུན་པའི་**སྨན་**བྱིན་གྱིས་བརླབས་པ་**ཞག་བདུན་འདས་ནས་**བརྒྱད་པའི་སྐྱ་རེངས་ཤར་བ་ན་སྤང་ལྟུང་བསྐྱེད་པའི་**གསོག་འཇོག་གོ**། །

དེ་ལྟར་སྤང་ལྟུང་སུམ་ཅུ་ལས་ཕྱིར་བཅོས་ཀྱི་ཚེ་བྱིན་ཕྲོགས་དང་ལྷུང་བཟེད་ཚོལ་བ་གཉིས་ཀྱི་རྗེས་རྒྱ་བ་ནས་སྤང་དགོས་ཤིང་། གཞན་རྣམས་ཞག་གཅིག་གི་རིང་སྤང་བ་སྟོན་དུ་བཏང་བས་ཆོག

གོ། །

སྤྱོད་ན་ངན་སོང་དུ་**ལྟུང་**བར་**བྱེད་**ཅིང་། དེ་དག་བཞུགས་པ་ལ་སྤང་བྲལ་སྟོན་དུ་གཏོང་མི་དགོས་པའི་**འབའ་ཞིག་**པ་གྲངས་**དགུ་བཅུ་ཐམ་པ་**ཅན་གྱི་སྡེ་ཚན་བཤད་པ་**ནི།** བཅུ་ཚན་དང་པོ་ནི། འདི་མཉན་ཡོད་དུ་ཤཱཀྱ་ལག་རྒྱུད་ལ་བཅས། ཕམ་ལྷག་སྦོམ་པོ་ཉེས་བྱས་སུ་གྱུར་བའི་རྟེན་བཞི་དང་། ལྟུང་བྱེད་རང་གི་ནང་ཚན་གྱི་རྟེན་དྲུག་ལས་གཞན་པ་དགེ་སློང་གིས་**ཤེས་བཞིན་**དུ་**རྫུན་སྨྲ**ས་པ་ཉན་པ་པོས་དོན་གོ་བའོ། །འདི་ནས་ལྷ་བརྒྱད་དགུ་གསུམ་པོ་མ་གཏོགས་དྲུག་སྡེ་ལ་བཅས། **དགེ་སློང་**གཞན་ལ་ཡུལ་དུས་དེ་ར་**སྐྱོན་**དུ་གྲགས་པའི་ཚིག་ཕན་སེམས་མ་ཡིན་པར་**བརྗོད་པ་**ཕ་རོལ་པོས་གོ་བ་ན་དང་། ཡུལ་དགེ་སློང་མཐུན་པ་དག་**ཕྲ་མས་འབྱེད་**པར་བྱེད་པ་**དང་།** དགེ་སློང་གཉིས་རྩོད་པ་དགེ་འདུན་གྱིས་ཞི་བར་བྱས་ཟིན་པ་སླར་དབྱེ་འདོད་ཀྱིས་རྩོད་པ་དེ་ལེགས་པར་མ་ཞི་བ་ཡང་ཞི་བར་བྱེད་དགོས་སོ་ཞེས་**སྐྱོ་སྐྱོགས་**ཀྱིས་ཕྱིར་**ཟླུམ་**པ་དེ་ཉིད་**ཀྱང་**སླར་**དབྱེ་**བའི་ཚིག་སྨྲས་པ་གོ་བ་ནའོ། །འཆར་ཀ་ལ་བཅས་ཏེ། ཁྲིམས་གྲོགས་མེད་པར་**བུད་མེད་**ལ་**ཆོས་**ཀྱི་ཚིག་ལྔ་འམ་དྲུག་ལས་ལྷག་པར་**སྟོན་**པ་ནའོ། །རྒོད་བག་གི་བསམ་པས་**བསྙེན་པར་མ་རྫོགས་**པ་**དང་ལྷན་ཅིག་ཆོས་**ཀྱི་ཚིག་གདངས་སྣ་ཚོགས་ཀྱིས་**འདོན་**པར་བྱས་པ་ནའོ། །ཕམ་ལྷག་གང་རུང་བྱུང་བའི་དགེ་སློང་ལ་མ་བསྡོམས་བཞིན་བསླབ་བྱ་ལ་མི་མཁས་པའི་དྲུང་དུ་**གནས་ངན་ལེན་**ཕམ་ལྷག་གི་**ལྟུང་**བ་བྱུང་བ་**བརྗོད་**ཅིང་དེའི་གོ་བའོ། །ཉ་བའི་རིགས་ཀྱི་དགེ་སློང་ལྔ་བརྒྱ་ལ་བཅས་ཏེ། **མི་ཆོས་བླ་མའི་**ཡོན་ཏན་ཐོབ་པའི་དགེ་སློང་གིས་དགོས་པ་ཁྱད་པར་ཅན་མེད་བཞིན་དེ་ཐོབ་བོ་ཞེས་**བདེན་**པར་**སྨྲ**ས་པ་ཡུལ་གྱིས་གོ་བའོ། །མཛའ་བོ་དངས་ལས་སྐྱེས་ལ་བཅས་ཏེ། དགེ་འདུན་གྱི་བྱ་བ་བྱེད་པའི་དགེ་སློང་ལ་དགེ་འདུན་གྱི་རྫས་གང་ཟག་གཞན་ལ་**བཤེས་ངོར་**བྱས་ནས་སྦྱིན་ནོ་ཞེས་**འཕྱ་**བའི་ཚིག་སྨྲས་པ་ཕ་རོལ་པོས་གོ་བའོ། །གསོ་སྦྱོང་གི་དུས་ལྷ་བུར་སོར་མདོ་འདོན་ཚེ་**བསླབ་གཞི་**ཕྲ་བ་འདི་དག་འདོན་པས་ཅི་བྱ་ཞེས་**ཁྱད་དུ་གསོད་**པའི་ཚིག་སྨྲས་པ་གཞན་གྱིས་གོ་བའོ། །

བཅུ་ཚན་གཉིས་པ་ནི། འདི་དང་བཅུ་པ་དག་དྲུག་སྡེ་ལ་བཅས་ཏེ། བཅས་ལྡན་དགེ་སློང་གིས་ནས་སོགས་ས་བོན་གྱི་རིགས་དང་། ལྕུ་གུ་སོགས་སྐྱེ་དངོས་གང་རུང་། རང་གི་ངོ་བོར་གྲུབ་པ། མ་

ཉམས་པ། རུང་བར་མ་བྱས་པ། རྐྱེན་གཞན་དང་ལྡན་པ་མ་ཡིན་པར། རང་གིས་ཉམས་པར་བྱེད་དམ་གཞན་ལ་བྱེད་དུ་འཇུག་པ་གང་ཡིན་ཀྱང་། དེ་ཉམས་པའི་ཚེ་**ས་བོན་**དང་**སྐྱེ་བ་གཅོད་**པས་རེ་རེ་འཇོམས་པ་ལ་ལྟུང་བྱེད་གྲངས་མཉམ་འབྱུང་ངོ་། །གཞན་ཐོག་གུའི་རིགས་སྨིན་པའི་ཚད་དུ་ལོངས་པ་དག་འབྲལ་བར་བྱས་པ་ནི་ཉེས་བྱས་སོ། །མཛའ་བོ་དང་ས་ལས་སྐྱེས་གཉིས་ལ་བཅས་ཏེ། དགེ་འདུན་གྱི་ཆོས་དང་མཐུན་པའི་ཞལ་ཏ་པ་ལ་**བདག་གི་ངོར་**འདེབས་གནས་མལ་ངན་པ་སྟོབ་པོ་ཞེས་དངོས་སམ། ཁ་ཅིག་གིས་ནི་འདི་ལྟར་བྱེད་དོ་ཞེས་ཟུར་གྱི་**འཕྱ་**པ་གཉིས་པོ་དེས་གོ་བ་ནའོ། །འཕྱ་བ་པོ་དགེ་འདུན་གྱིས་ངན་པའི་གྲངས་སུ་བཅུག་ཚེ་དེས་དངོས་གཞིའོ། །འདི་དང་དགྱེ་བ་ཀཽའུ་ཤཱམྦྷིར་འདུན་པ་ལ་བཅས་ཏེ། **བསྒོ་བ་རྣར་གཟོན་**པ་**ནི་**དགེ་སློང་ལ་**ལྟུང་**བ་**བྱུང་**བ་ཕྱིར་བཅོས་པའི་ཕྱིར་ཆོས་མཐུན་བསྒོ་བ་དང་དྲི་བས་**གླེང་**བ་**ལ་**དེ་**མ་ཐོས་**པ་ལྟར་རམ་ཁྱད་གསོད་ལྟ་བུས། ལན་མི་སྨྲ་བར་**ལན་གཞན་འདེབས་**པའི་ཚིག་སྨྲས་པ་ཡུལ་གྱིས་གོ་བ་ནའོ། །མཉན་ཡོད་དུ་དགེ་སློང་རབ་ཏུ་མང་པོ་ལ་བཅས་ཏེ། **ཁྲི་དང་**ཁྲིའུ་སོགས་དགེ་འདུན་གྱི་གནས་མལ་སྤྱད་དེ་སླར་རང་གིས་མ་བསྡུས་གཞན་ལ་མ་བཅོལ་བླ་གབ་མེད་པར་ཆུད་ཟོས་པའམ། ཉེ་འཁོར་ལས་འདས་ནའོ། །ལྷོ་ལམ་ནས་འོངས་བའི་དགེ་སློང་གཉིས་ལ་བཅས་ཏེ། དགེ་འདུན་གྱི་གཙུག་ལག་ཁང་སོགས་སུ་སྲོག་ཆགས་སྐྱེ་བའི་ཉེན་ཡོད་བཞིན་རྩྭ་སོགས་**གདིང་བ་**བཏིང་བ་རྣམས་རང་ངམ་བསྒོས་པས་**མ་བསྡུས་**པར་**བཏིང་**སྟེ་**སོང་**བས་སྲོག་ཆགས་སྐྱེས་པ་**དང་**མ་སྐྱེས་ཀྱང་ཉེ་འཁོར་ལས་འདས་པ་ནའོ། །འདི་དང་ཕྱི་མ་གཉིས་ཀ་འཆར་ཀ་ལ་བཅས་ཏེ། དགེ་འདུན་གྱི་གཙུག་ལག་ཁང་ནས་**དགེ་སློང་**གཞན་ཞེ་སྡང་གིས་**སྐྲོད་**དམ་སྐྲོད་དུ་བཅུག་སྟེ་ཕྱི་རོལ་ཏུ་ཐོན་པ་**དང་**ནའོ། །གཙུག་ལག་ཁང་དུ་ཡོད་པའི་དགེ་སློང་ལ་གནོད་སེམས་ཀྱིས་**ཐོ་འཚམ་**བསམ་པས་**ཕྱིས་གནོན་བྱས་**ཏེ་ཟིལ་གྱིས་གནན་པའོ། །མཉན་ཡོད་དུ་ཉེར་དགའ་ལ་བཅས་ཏེ། དགེ་འདུན་གྱི་གཙུག་ལག་ཁང་སྟེང་གཡོགས་སྒྲི་བ་ལ་གནས་**མལ་**གྱི་**ཁྲི་**རྐང་བ་བཙུགས་ཏེ་**ནུག་**པ་**དབྱུང་**བ་དང་། **སྲོག་ཆགས་**དང་**ལྡན་པའི་ཆུ་**དང་**རྩྭ་**ཤིང་སོགས་དེར་ཤེས་བཞིན་དུ་**འདེབས་**པ་དང་ལོངས་སྤྱོད་པ་གང་རུང་བྱེད་དམ་བྱེད་དུ་བཅུག་པས་སྲོག་ཆགས་ཇི་སྙེད་ཤི་བ་དེ་སྙེད་ཀྱི་ལྟུང་བྱེད་དང་། གཞི་མི་བརྟན་པ་དང་ཆུ་ཁུང་མ་གཏོད་པ

སོགས་འཛིག་རྐྱེན་ཡོད་པ་ཤེས་བཞིན་དུ་སྤྱོད་ལམ་བཞི་ཤོང་ཡན་ཆད་དུ་**གཙུག་ལག་**ཁང་རང་ངམ་བསྐོས་པས་ཉིན་གཅིག་ལ་**ཕ་གུ་རིམ་**པ་**གཉིས་**སམ་གསུམ་ལྷག་**བརྩིགས་**པ་**ཤེས་བཞིན་བགྱིས་**ན་ལྟུང་བར་འགྱུར་བ་རྣམས་**སོ**། །

བཅུ་ཚན་གསུམ་པ་ནི། འདི་དང་དྲུག་པ་བདུན་པ་བཅུ་པ་རྣམས་ནི་དྲུག་སྡེ་ལ་བཅས་ཏེ། **འདི་མན་དགེ་སློང་མར་**སྟོན་པར་**མ་བསྐོས་**པ་དང་བསྐོས་ཀྱང་མཚན་ཉིད་མི་ལྡན་པའི་དགེ་སློང་གིས་དགེ་སློང་མ་ལ་**ཆོས་སྟོན་**ཅིང་དེའི་གོ་ནའོ། །འདི་དང་གསུམ་པ་དགའ་བྱེད་ལ་བཅས་ཏེ། དགེ་སློང་མའི་སྟོན་པར་**བསྐོས་ཀྱང་**འཛིགས་བཅས་ཀྱི་གནས་སུ་**ཉི་**མ་**ནུབ་**ནས་ཀྱང་ཆོས་སྟོན་པ་**དང་**། བསྐོས་པའི་དགེ་སློང་གིས་རྙེད་པའི་ཕྱིར་དུ་ཆོས་མ་བསྟན་ཀྱང་། ཕྲག་དོག་གིས་**ཁ་ཟས་**ཙམ་ཟད་ཀྱི་**ཕྱིར་**ཆོས་**སྟོན་**པར་བྱེད་དོ་ཞེས་སྐུར་བ་བཏབ་པ་ཡུལ་གྱིས་གོ་ན་དང་། འདི་དང་བརྒྱད་པ་དགུ་པ་རྣམས་འཆར་ཀ་ལ་བཅས་ཏེ། ཉེ་དུ་མ་ཡིན་པའི་དགེ་སློང་མར་**གོས་བཅོམས་**ཏེ་བཟོ་གྲུབ་པ་དང་། དེད་དཔོན་ལས་རབ་ཏུ་བྱུང་བའི་དགེ་སློང་ལ་བཅས་ཏེ། ཉེ་དུ་མ་ཡིན་པའི་དགེ་སློང་མར་**ཆོས་གོས་**ཤིག་བཤེས་ངོ་ཙམ་གྱི་ཕྱིར་**སྦྱིན་**པ་ན་ཡུལ་གྱིས་དེ་ལག་ཏུ་ཐོབ་ན་དང་། དགེ་སློང་གང་འཛིགས་པ་མེད་པའི་ལམ་དུ་ཉེ་དུ་མ་ཡིན་པའི་དགེ་སློང་མ་དང་ལྷན་གཅིག་**དོན་མཐུན་**པའི་**ལམ་གྲོགས་**བྱས་ཏེ་འགྲོ་ན་རྒྱང་གྲགས་རེར་འདས་ན་ལྟུང་བ་རེ་དང་། ཕྱེད་རེ་ལ་ནི་ཉེས་བྱས་སོ། །སྔར་བཞིན་དགེ་སློང་མ་དང་ལྷན་ཅིག་**གྲུ་**ལ་ཞུགས་**ཏེ་**རྒྱུན་ལས་བཟློག་སྟེ་**གྱེན་**དང་རྒྱུན་ཕྱོགས་སུ་དང་**ཐུར་**དུ་ཕྱིན་ནས་**འགྲོ་**བ་ན་རྒྱང་གྲགས་ལས་འདས་ན་དང་། ཡུལ་ཉེ་དུ་མ་ཡིན་པའི་བུད་མེད་དང་**དབེན་**པ་སྐབས་ཡོད་ཁྲིམས་གྲོགས་གཞན་མེད་**པར་**གནས་**གཅིག་**ཏུ་**འདུག་པ་དང་**། དབེན་པ་སྐབས་ཡོད་དུ་བུད་མེད་དང་འདོམ་གང་ཙམ་དུ་**འགྲེང་**ཏེ་གནས་**པ་དང་**། དགེ་སློང་གིས་དགེ་སློང་མ་ཉེ་དུ་མ་ཡིན་པའི་སྦྱིན་བདག་ཁྱིམ་པ་ལ་ཡོན་ཏན་མེད་ཀྱང་ཡོད་དོ་ཞེས་རྫུན་གྱི་སྒོ་ནས་ཟས་**སྦྱོར་བཅུག་**སྟེ་**ཟས་ཟ་རྣམས་ནི་ལྟུང་བར་བྱའོ**། །

བཅུ་ཚན་བཞི་པ་ནི། འདི་ནས་བཞི་པའི་བར་དང་དགུ་པ་དང་བཅུ་པ་རྣམས་དྲུག་སྡེ་ལ་བཅས་ཏེ། ཟས་ལན་གཅིག་གིས་གསོ་མི་ནུས་པའི་ནད་ཀྱིས་བཏབ་པ་དང་། མཆོད་རྟེན་དང་དགེ་འདུན

གྱི་ལས་བྱས་པ། དཔག་ཚད་དུ་ཕྱིན་པ་དང་མུ་གེའི་དུས། ཐ་རྒྱུད་བཏིང་བ་བཅས་མ་ཡིན་པས། དགེ་སློང་གིས་ཉེ་དུ་མ་ཡིན་པའི་ཁྱིམ་པ་ལས་ཁྲི་གང་ཡན་ཆད་ཀྱི་གོས་ཀྱི་རྙེད་པ་མེད་པར་དུས་རུང་གི་ཁ་ཟས་ཁྱིམ་གཉིས་དང་གསུམ་སོགས་ལས་བསླངས་ཏེ་**ཡང་ཡང་ཟས་ཟ**་བ་དང་། ཉེ་དུ་མ་ཡིན་པའི་ཁྱིམ་པ་**མུ་སྟེགས**་པ་**འདུག་པའི་སར་ཞག་གཅིག**་ལས་**ལྷག**་པོར་**བསྡད**་ནས་སྦྱིན་བདག་གིས་མ་སྐུལ་བར་ཉིན་གཉིས་པའི་ཟས་**ཟ་བ་དང་**། ཉེ་དུ་མ་ཡིན་པའི་ཁྱིམ་ནས་ཅི་བདེར་སྟོབ་པ་མ་ཡིན་པར་དུས་རུང་གི་ཟས་**ལྷུང་བཟེད**་འབྲིང་གི་**དོ**་ལས་ལྷག་པ་གཞན་དུ་ཁྱེར་ཏེ་ཟ་བ་དང་། མུ་གེའི་དུས་དང་ནད་པ་སོགས་མ་ཡིན་པར་དུས་རུང་གི་ཟས་**ཟོས་ཟ་བ་དང་ཟེས**། ད་མི་ཟ་སྙམ་དུ་བློས་བཅད་ཅིང་དགག་ཏུ་བརྗོད་ནས། སླར་ཡང་ལྷག་པོ་བྱིན་རླབས་མ་བྱས་པར་**བཟའ་བཅའ**་གང་རུང་**ཟ་བ་དང་**། མཉན་ཡོད་དུ་དགེ་སློང་རྒན་ཞུགས་ཤིག་ལ་བཅས་ཏེ། ཡུལ་དགེ་སློང་གཞན་གྱིས་**སྤྱང**་བའི་**ཟས**་ལྷག་པོར་མ་བྱས་པ་ཤེས་བཞིན་ངན་སེམས་ཀྱིས་**ལྟུང**་བ་**འབྱུང**་བའི་**ཆེད་དུ**་ལྷག་པོ་བྱས་སོ་ཞེས་**ཧྲུན་གྱིས་སྟོབ**་པའི་ཚིག་དེས་གོ་སྟེ་ཟོས་ན་དང་། རྒྱལ་པོའི་ཁབ་ཏུ་ལྷས་བྱིན་འཁོར་བཅས་ལ་བཅས་ཏེ། ན་བ་སོགས་**གནང**་བའི་དུས་སྐབས་མིན་པར་བསམ་པ་མི་མཐུན་པས་**མཚམས་ནང**་ལས་**ལོགས་སུ**་དགེ་སློང་གསུམ་ཡན་ཆད་**འདུས་ཏེ**་དུས་རུང་གི་ཟས་**ཟ**་བའི་ཚེ་ནའོ། །མཉན་ཡོད་དུ་གཞོན་ནུ་བཅུ་བདུན་སྡེ་ལ་བཅས་ཏེ། **དུས་མིན**་ནི་དགེ་སློང་རང་གནས་པའི་གླིང་གི་ཉི་མ་**ཕྱེད་ཡོལ**་བ་ནས་སྐྱ་རེངས་དང་པོ་མ་ཤར་གྱི་བར་ཏེ། ན་བ་སོགས་རྐྱེན་མེད་པར་དུས་རུང་གི་ཟས་**ཟ**་ན་མགུལ་དུ་ཙམ་མིད་པ་དེ་མཉམ་གྱི་ལྟུང་བྱེད་**དང་**། དགེ་སློང་ནག་པོ་པ་ལ་བཅས་ཏེ། ན་བའི་རྐྱེན་སོགས་མེད་པར་རང་དུས་ལས་འདས་པ་**གསོག་འཇོག**་ཏུ་སོང་བའི་སྨན་བཞི་གང་རུང་**ཟ**་བའི་ཚེ་ནའོ། །སྒྲ་མི་སྙན་ལྟར་བདག་བཟུང་མེད་པའི་གནས་མ་ཡིན་པ་དང་བདག་ཉིད་ཟན་ཆད་པ་དང་། ནད་ལ་ཕན་པ་སོགས་རྐྱེན་མེད་པར་ཆུ་དང་སོ་ཤིང་མ་གཏོགས་**བྱིན་ལེན་མ་བྱས**་པར་**སྨན་བཞི**་གང་རུང་**ཁར་མིད་པ**་ནའོ། །རང་ཉིད་ན་བའི་རྐྱེན་མེད་པར་ཟས་**བསོད་པ**་སྟེ་ཤ་སྙམ་དང་ཉ་ཤ་འོ་མ་སོགས་**ཞིམ་པའི་ཟས**་ཉེ་དུ་མ་ཡིན་པའི་ཁྱིམ་པ་ལས་**བསླངས**་ཏེ་ཟོས་ནའོ། །

བཅུ་ཚན་ལྔ་པ་ནི། ཀཱ་ཤ་སྨིར་འདུན་པ་ལ་བཅས་ཏེ། རང་དོན་དུ་**སྒོག་ཚགས**་དང་**བཅས**

པའི་**ཚུར**་ལུས་དང་གོས་འཁྲུད་པ་དང་འགོག་ཅིང་བསྒྱུར་བ་བཏུང་བ་སོགས་དང་། རྩྭ་ཤིང་སོགས་མེར་འཇུག་ཅིང་ཚུར་སྣུབ་པ་བཅས་ལོངས་**སྤྱོད**་པས་སེམས་ཅན་འཆི་བ་མཐོང་ཡང་སྣང་མེད་བྱས་པས་ཇི་སྙེད་ཤི་བ་དེ་སྙེད་ཀྱི་ལྟུང་བའོ། །འདི་དང་གསུམ་པ་བརྒྱད་པ་དགུ་བ་བཅུ་བ་རྣམས་འཆར་ཀ་ལ་བཅས་ཏེ། ཁྱིམ་པ་ཕོ་མོ་**ཉལ་པོ་བྱེད་པའི་ཤུལ་དུ**་སྟེ་དེ་དང་ཉེ་བའི་སར་**ཉལ**་ལམ་འདུག་སྟེ། དེ་དག་གིས་དགེ་སློང་དེར་ཡོད་པ་ཚོར་ནའོ། །གནས་**དབེན་པའི་སྐབས་སུ་འགྲེངས**་པའི་སྤྱོད་ལམ་གྱི་ཉན་རྣ་བྱས་པ་དེས་ཚོར་ན་**དང**། ཀུན་དགའ་བོ་ལ་བཅས་ཏེ། མུ་སྟེགས་**གཅེར་བུར་རྒྱུ**་བ་ཕོ་མོ་གང་རུང་ཉེ་དུ་མ་ཡིན་པ་དང་། དགེ་བ་ལ་སྦྱོར་བའི་དགོས་པ་སོགས་མེད་པར་རང་གཞན་གཉིས་ཀྱི་བཟར་རུང་བ་སྦྱིན་ནའོ། །

འདི་དང་དྲུག་པ་བདུན་པ་རྣམས་དྲུག་སྡེ་ལ་བཅས་ཏེ། རྒྱལ་བློན་སོགས་ཀྱིས་བོས་པ་མ་ཡིན་པ་དང་རྐྱེན་དགོས་གཞན་མེད་པར་ཉེ་འཁོར་ལས་འདས་ཏེ་**དམག**་དཔུང་ལ་**བལྟ**་བར་ཕྱིན་ཏེ་དེས་མཐོང་ནའོ། །རྐྱེན་དགོས་མེད་པར་**དམག**་དཔུང་གི་**སར་ཞག**་གཅིག་གམ་**གཉིས**་ལས་**ལྷག་པར་བསྡད**་ནའོ། །རྐྱེན་དགོས་ཀྱིས་**དམག**་ནང་དུ་སྡོད་ནའང་གོ་མཚོན་ལ་རེག་པ་དང་། དམག་**གི་རུ**་དཔུང་བཤམ་**བཀོད**་སོགས་**བྱེད**་པ་**དང**། ཁྲོ་སེམས་ཀྱིས་**དགེ་སློང**་གཞན་ལ་བརྡེག་གམ་**བརྡེག**་ཏུ་བཅུག་པས་ཕོག་ན་བརྡེག་པ་དེ་སྙེད་ཀྱི་ལྟུང་བའོ། །ཁྲོས་པས་དགེ་སློང་གཞན་ལ་**བརྡེག**་པར་**བརྫམ**་པ་སྟེ་བརྡེག་ཚུལ་བྱས་པ་དེས་གོ་ནའོ། །མཐོལ་ཡུལ་ཚད་ལྡན་ཡོད་པའི་མདུན་དུ་དགེ་སློང་གཞན་ལ་**གནས་ངན་ལེན་གྱི་ལྟུང་བ**་ཕམ་ལྷག་གང་རུང་ཡོད་པ་ཤེས་བཞིན་དུ་རྐྱེན་དགོས་གཞན་མེད་པར་**འཆབ**་སྟེ་མཚན་མཐའ་ལས་འདས་ནའོ། །བཅུ་ཚན་དྲུག་པ་ནི། འདི་དང་བཞི་པ་དྲུག་པ་བདུན་པ་རྣམས་ཉེར་དགའ་ལ་བཅས་ཏེ། ཁྱིམ་བདག་ཞིག་གིས་**དགེ་སློང**་ཞིག་ལ་ཟས་འདྲེན་པའི་ཚེ་དགེ་སློང་རང་གི་ངན་སེམས་ཀྱིས་**ཟས**་སྦྱོར་བ་**གཅོད**་དུ་འཇུག་པའི་ཚིག་སྨྲས་པ་གཞན་གྱིས་གོ་ནའོ། །

འདི་དང་བརྒྱད་པ་དགུ་བ་བཅུ་བ་རྣམས་དྲུག་སྡེ་ལ་བཅས་ཏེ། རྒོད་བག་གི་བསམ་པས་**མེ་ལ་རེག**་གམ་རེག་**ཏུ་བཅུག**་པ་ན་དང་། དེ་ཡང་ཆོས་ལྡན་གྱི་བྱ་བའི་ཆེད་དུ་དུས་དྲན་རྟེན་ན་ལྟུང་བ་མེད་དོ། །དགའ་བོ་ལ་བཅས་ཏེ། **དགེ་འདུན**་གྱིས་དགེ་སློང་ཞིག་གི་ཆེད་དུ་**ལས**་བྱས་ཤིང་ཆགས་

པ་**ལ་འདུན**་པ་**ཕུལ**་ཏེ་སླར་འདུན་པ་**ཕྱིར**་ཕྱིན་ཅིག་ཅེས་**ཞོག**་པའི་ཚིག་**སྨྲས**་པ་ཡུལ་གྱིས་གོ་ནའོ། །**བསྙེན**་པར་**མ་རྫོགས**་པ་**དང**་རྒྱུན་དགོས་མེད་པར་**ཉུབ་གཉིས**་ལས་**ལྷག་པར**་ཉུབ་གསུམ་**ཉལ**་ཏེ་བཞི་བའི་སྐྱ་རེངས་ཤར་བ་ན་དང་། དེ་ཡང་ཁྲུ་ཕྱེད་དང་དགུས་ཆོད་ན་ལྟུང་བ་མེད་དོ། །དགེ་སློང་འཆི་ལྟས་ལ་བཅས་ཏེ། རྟ་སྔོན་གཅོད་པ་མེ་ལ་རེག་པ་སོགས་ནི་ཉེས་པ་མེད་དོ་ཞེས་**སྡིག**་པ་ཅན་གྱི་**ལྟ་བའི་ཆོས་ལུགས**་སྨྲ་བ་ཉིད་ཟློག་བྱེད་ལྟའི་མཐར་**མི་གཏོང**་ནའོ། །དགེ་འདུན་གྱིས་གནས་ནས་ཕྱུངས་བའི་དགེ་སློང་དང་ལྷན་ཅིག་གཏམ་**ཕེབས་པར་སྨྲ**་བ་སོགས་སྤྱོད་ལམ་མཐུན་པར་བྱས་ནས་ཞག་གི་མཐའ་ལས་འདས་ནའོ། །**དགེ་ཚུལ་སྡིག་ལྟ་མི་གཏོང**་བ་དགེ་འདུན་གྱིས་བསྙིལ་བ་དང་**ལྷན་ཅིག་ཉལ**་བ་སོགས་སྤྱོད་ལམ་མཐུན་པར་མཚན་མཐའ་ལས་འདས་ནའོ། །ཆུ་ཚགས་མ་གཏོགས་གཞན་**སྔུང་བའི་ཚོན**་གསུམ་**མིན**་པའི་**ཁ་དོག**་དཀར་པོ་**ཅན**་སོགས་ཀྱི་**གོས**་ཁྲུ་གང་ཡན་གཡོགས་མ་མེད་པར་**གྱོན**་ནའོ། །བསོད་ནམས་བསགས་པ་དང་། རྒྱུད་ཟླ་བ་ཆོས་འཆད་པ་སོགས་དོན་དགོས་མེད་པར། ནོར་བུ་མུ་ཏིག་སོགས་**རིན་ཆེན**་པོའི་རིགས་དང་། མདའ་མདུང་སོགས་**དམག་ཆས**་ཀྱི་བྱེ་བྲག །ཇ་གླིང་སོགས་**རོལ་མོའི་ཆས་ལ**་རྐྱོད་བག་གི་བསམ་པས་རང་ངམ་བསྐོས་པས་**རེག**་ནའོ། །**ཚ་བའི་དུས**་དབྱར་ཟླ་གསུམ་དང་། ནད་ཀྱི་ཕྱིར་སོགས་གནང་བའི་དུས་མ་ཡིན་པར་སྟར་ཁྲུས་བྱས་ཏེ་ཟླ་བ་ཕྱེད་མ་སོང་བར་**རང་དགར་ཁྲུས་བྱེད**་ཅིང་ལུས་ཀྱི་ཕྱེད་ཉུབ་ནའོ། །

བཅུ་ཚན་བདུན་པ་ནི། འདི་དང་གཉིས་པ་དང་དྲུག་པ་རྣམས་འཆར་ཀ་ལ་བཅས་ཏེ། གསོད་སེམས་ཀྱིས་**དུད་འགྲོའི**་རིགས་སུ་གནས་པ་**གསོད**་དམ་གསོད་དུ་བཅུག་ནས་ཇི་སྙེད་ཤི་བ་དེ་སྙེད་ཀྱི་ལྟུང་བའོ། །**དགེ་སློང**་བསྒྲུབས་ཟིན་པར་**བྱས**་པ་གཞན་**ལ**་ཡིད་མི་བདེ་བའི་ཕྱིར་ཁྲིད་ལ་སྡོམ་པ་མ་སྐྱེས་སོ་ཞེས་སོགས་**འགྱོད**་པ་**བསྐྱེད**་པའི་ཚིག་སྨྲས་པ་ཡུལ་གྱིས་གོ་ནའོ། །འདི་དང་བཞི་བ་བཅུ་བདུན་སྡེ་ལ་བཅས་ཏེ། དགེ་སློང་གཞན་གྱི་མཆན་ཁུང་སོགས་སུ་སྐྱི་གཡའ་བའི་ཕྱིར་**གག་ཚིལ་རྐོག**་པ་ནའོ། །ལུས་ཀྱི་ཕྱེད་ཉུབ་པའི་**ཆུར་རྩེ**་འམ་རྩེར་བཅུག་ནའོ། །མ་འགག་པ་ལ་བཅས་ཏེ། ཁྲིམས་གྲོགས་མེད་པར་**བུད་མེད**་དང་**གནས་གཅིག་ཏུ་ཉལ་བ**འི་སྤྱོད་ལམ་གྱིས་མཚན་མཐའ་འདས་པ་ན་**དང**། **དགེ་སློང**་གཞན་**དངངས**་པར་**བྱེད**་འདོད་ཀྱིས་འཇིགས་པ་སྣ་ཚོགས་སྟོན་པ་ཡུལ་གྱིས

གོ་ན་དང་། དྲུག་སྡེ་ལ་བཅས་ཏེ། རབ་བྱུང་སྡེ་ལྔ་གང་རུང་**དེ་ཡི**་གོས་དང་ལྷུང་བཟེད་སོགས་**ཡོ་བྱད**་རྒྱུ་འདོད་མེད་པར་སྦྱིད་དམ་**སྦྱིད**་དུ་བཅུག་ནའོ། །ཉེར་དགའ་ལ་བཅས་ཏེ། དགེ་སློང་གཞན་ལ་**སྟེར**་རང་གིས་**བྱིན**་པ་རྒྱུ་སེམས་དང་ཡིད་གཅུག་མིན་པར་དེས་གནང་བའི་**གདེངས་མེད**་པར་**སླར་བླངས**་ནས་ལོངས་**སྤྱོད་པ་དང་།** མཛའ་བོ་དང་ས་ལས་སྐྱེས་གཉིས་ལ་བཅས་ཏེ། མཐོང་ཐོས་དོགས་གསུམ་གྱི་**གཞི་མེད**་པར་དགེ་སློང་གཞན་ལ་ལྷག་མ་གང་རུང་གིས་**སྐུར**་བ་**བཏབ**་པ་ཡུལ་གྱིས་གོ་ནའོ། །མཉན་ཡོད་དུ་འགྲོ་བའི་དགེ་སློང་ཞིག་ལ་བཅས་ཏེ། ཉེ་དུ་མ་ཡིན་པའི་**བུད་མེད**་དང་**ལྷན་ཅིག་ཏུ་སྐྱེས་པ**འི་ཁྲིམས་གྲོགས་**མེད་པར་ལམ**་དུ་**འགྲོ**་ན་རྒྱང་གྲགས་རེ་ལ་ལྟུང་བ་རེའོ། །

བཅུ་ཚན་བརྒྱད་པ་ནི། མགྲོན་ལམ་ལ་འགྲོ་བའི་དགེ་སློང་ཞིག་ལ་བཅས་ཏེ། ཆོམ་**རྐུན**་དང་། ཤྭ་གམ་**མ**་བྱིན་པའི་ཚོང་བ་སོགས་དང་ལྷན་ཅིག་འགྲོ་ན**འང**་སྔར་དང་**མཚུངས**་པའོ། །མིཉྫལ་གྱི་བུ་ལ་བཅས་ཏེ། བསྒྲུབ་བྱ་སྐྱེས་པ་མངལ་བཤོལ་རྩིས་ཀྱང་ལོ་**ཉི་ཤུ་མ་ལོན་པ་ལ**་དེར་འདུ་ཤེས་སམ་ཐེ་ཚོམ་ཟ་བས་**བསྙེན་རྫོགས་ཕོག**་ན་ལས་བརྗོད་པ་གསུམ་གྱི་མཐར་བྱེད་པ་བརྗོད་མགོ་རྫོམ་པའི་ཚེ་མཁན་པོ་ལ་ལྟུང་བྱེད་གཞན་རྣམས་ལ་ཉེས་བྱས་སོ། །འདི་དང་བཞི་བ་ལྔ་བ་རྣམས་དྲུག་སྡེ་ལ་བཅས་ཏེ༑ འཇིག་རྟེན་ན་གྲགས་པའི་**ས**་སོར་བཞི་ཡན་ཆད་དགོས་པ་ཁྱད་པར་ཅན་མེད་པར་**རྐོ**འམ་རྐོར་བཅུག་ནའོ། །སྦྱིན་བདག་གིས་**མགྲོན**་དུ་ཇི་ཙམ་**བོས**་པ་ལས་ལྷག་པར་འདུག་པའམ། ཚོགས་བཞག་པ་མེད་ན་**ཟླ་བཞི**་ལས་**ལྷག་པར**་བསྡད་དེ་ཟན་**ཟོས**་ནའོ། །དགེ་སློང་གཞན་གྱིས་རང་ཉིད་བསླབ་པ་ལ་སློབ་པར་བསྐུལ་ན་ཁྱེད་ཀྱིས་**མི་ཤེས**་པས་གཞན་ཤེས་པ་ལ་མ་དྲིས་བར་མི་སློབ་བོ་ཞེས་ཁྱད་གསོད་ཀྱི་ཚིག་**བརྗོད**་ཅིང་གོ་བ་ན་**དང་།** ཉེར་དགའ་ལ་བཅས་ཏེ། དགེ་སློང་གཞན་གཉིས་ཡན་ཆད་ལུས་ངག་གིས་**འཐབ**་མོ་བྱེད་པ་ལ། དེ་ཞི་འདོད་མ་ཡིན་པར་སྦྱར་**བའི**་ཆེད་དུ་**ཉན་རྣ་བྱེད**་པས་དོན་གོ་ནའོ། །དགའ་བོ་ལ་བཅས་ཏེ། རང་ཁ་སྐྱོང་འོས་པས་དགེ་འདུན་གྱི་ལས་ལ་འོང་སྟེ་གསོལ་བ་ཙམ་ཡང་མ་བྱས་པའི་གོང་དུ་འདུན་པ་ཕུལ་བའམ་དགེ་སློང་གཞན་ལ་**ཉེས་པ་མེད**་པ་**མི་སྨྲ**་བར་ཉེ་འཁོར་ལས་འདས་ཏེ་**འགྲོ**་བ་ན་**དང་།** གླང་ཆེན་ལྟས་ཀྱི་བདག་པོའི་བུ་ནག་པོ་ལ་བཅས་ཏེ། དགེ་སློང་གིས་སངས་རྒྱས་དངོས་སུ་བཞུགས་པ་དང་དགེ་འདུན་གྱི་ཐ་སྙད་པ་དགེ་བསྐོས་སོགས་གང

རྫུང་གིས་ཆོས་ལྡན་གྱི་བསྒོ་བ་བྱས་པའི་དོན་ལ་ཤད་སྦྱངས་མེད་པར་དེ་ལས་བཟློག་སྟེ་**མི་གུས**་པས་**འགལ**་བ་བྱས་ནའོ། །དགེ་སློང་ལེགས་འོང་ལ་བཅས་ཏེ། འབྲུའི་ཆང་དང་། རྒུན་ཆང་སོགས་**ཆང**་གི་རིགས་རྣམས་**འཐུང**་ངམ་ཟོས་པས་མགུལ་དུ་ཛི་ཙམ་མེད་པ་དེ་ཙམ་གྱིས་ལྟུང་བའོ། །འཆར་ཀ་ལ་བཅས་ཏེ། **དུས་མིན**་ཏེ་རང་གླིང་གི་ཉི་མ་ཕྱེད་ཡོལ་བ་སྟེ་**ཕྱི་དྲོ**་ནས་སྐྱ་རེངས་དང་པོ་མ་ཤར་གྱི་བར་རྐྱེན་དགོས་མེད་པར་ཁྱིམ་པའི་**གྲོང་དུ་རྒྱུ**་བར་བྱེད་པས་རང་གི་སྒོ་གཏན་གྱི་ཉེ་འཁོར་ལས་འདས་ནའོ། །

བཅུ་ཚན་དགུ་བ་ནི། འདི་དང་དྲུག་པ་བཅུ་བ་རྣམས་ཉེར་དགའ་ལ་བཅས་ཏེ། དགེ་སློང་རང་ཚོག་གིས་དགེ་འདུན་པ་རྣམས་**ཟས**་དང་**བཅས**་ཁྱིམ་པའི་གནས་སུ་སྤྱན་དྲངས་ཏེ་དུས་ལ་ཁྲིམ་ཞེས་མ་བསྒོས་པར་རང་**ཕྱི་དྲོ**་ཁྱིམ་ནས་ཁྱིམ་དུ་**རྒྱུ**་བ་**དང**་བཅས་**ཁྱིམ་གསུམ་འདས**་ཏེ་དགེ་འདུན་གྱི་གདུགས་ཚོད་ཡོལ་ནའོ། །འཆར་ཀ་ལ་བཅས་ཏེ། དགོས་པ་ཁྱད་པར་བ་མེད་བཞིན་དུ་**རྒྱལ་པོ**་དང་**བཙུན་མོ་རྗེ་བའི་ཁབ་ཏུ**་སྟེ་བཙུན་མོ་བཅས་པའི་ཕོ་བྲང་ནང་དག་ཏུ། ཉི་མ་ནུབ་ནས་སང་སྐྱ་རེངས་མ་ཤར་གྱི་བར་དུ་འགྲོ་ན་གནས་དེའི་སྒོ་གཏན་གྱི་ཉེ་འཁོར་ལས་འདས་ན་དང་། ཉིན་མོར་ཕྱིན་ཏེ་མཚན་མོ་དེར་**ཉལ**་བ་ནའོ། །འདི་དང་ལྔ་བ་དྲུག་སྡེ་ལ་བཅས་ཏེ། སོ་ཐར་གྱི་**མདོ**་སྤྲར་ལན་གཉིས་ཉམས་སུ་མྱོང་ཟིན་པའི་དགེ་སློང་གིས་ཤེས་རིན་མི་ཆོག་པ་སྟོན་པའི་ཕྱིར། གསོ་སྦྱོང་གི་ཚེ་མདོ་**སོགས་འདོན**་པ་**ལ**་འདི་ན་དོན་འདི་ཡོད་པ་ནི་**ད་གདོད་ཤེས**་སོ་ཞེས་**ཟེར**་ཏེ་བསླབ་བྱ་ལ་ཁྱད་གསོད་ཀྱི་ཚིག་སྨྲས་པ་གཞན་གྱིས་གོ་བ་ན་**དང**། དགེ་སློང་རབ་ཏུ་མང་པོ་ལ་བཅས་ཏེ། ཡུལ་དུས་དེར་**རིན་ཆེན**་པོར་གྲགས་པའི་གོས་སོགས་ཀྱི་**ཁབ་རལ**་བྱེད་དམ་བྱེད་དུ་བཅུག་སྟེ་ཟིན་ནའོ། །དགེ་སློང་གིས་**ཁྲི**་འམ་ཁྲིའུའི་**རྐང**་པ་ཐུ་ག་གཏོད་པ་མན་ཆད་དུ་ཁྲུ་གང་**ཚད**་ཡིན་ལ་དེ་ལས་**ལྷག**་པོ་བཟོའམ་**བཟོར**་བཅུག་སྟེ་ཟིན་ནའོ། །དགེ་སློང་གིས་**ངན་སེམས**་ཀྱིས་**ཤིང་བལ**་དགེ་འདུན་གྱི་**ཁྲི**་དང་ཁྲིའུ་**སྟེང་དུ་བཏལ་ཏེ**་གཞན་ལ་**བསྒོས**་པའོ། །འདི་དང་བརྒྱད་པ་དགུ་བ་རྣམས། དགེ་སློང་རབ་ཏུ་མང་པོ་ལ་བཅས་ཏེ། དགེ་སློང་གིས་སྒྲིར་**གདིང**་བ་སྲིད་དུ་ཁྲུ་གསུམ་དང་ཞེང་དུ་ཁྲུ་དོ་དང་སོར་དྲུག་ཡིན་ལ་དེ་ལས་ལྷག་བྱས་ཏེ་འཆང་ནའོ། །**གཡན**་འགབ་སྲིད་དུ་ཁྲུ་དྲུག་དང་ཞེང་དུ་ཁྲུ་

གསུམ་ལས་ལྷག་པ་འཆང་བ་དང་། **རས་ཆེན་**སྲིད་དུ་ཁྲུ་དགུ་དང་ཞེང་དུ་ཁྲུ་གསུམ་སོར་བཅོ་བརྒྱད་ལས་ལྷག་པ་འཆང་བ་སྟེ་རང་རང་ཚད་ལས་ཕྱེད་ཀྱིས་ལྷུང་བའོ། །སྟོན་པའི་སྐུ་ལུས་ཀྱི་ཚད་རང་ལ་མེད་པ་གོ་བཞིན་དེའི་**ཆོས་གོས་**ཀྱི་**ཚད་**དམ་དེ་ལས་**ལྷག་**པར་བྱེད་དམ་བྱེད་དུ་བཅུག་སྟེ་ཟིན་ན་ལྟུང་བར་འགྱུར་བ་དག་**གོ**། །

བཞི་བ་སོར་བཤགས་ཀྱི་སྡེ་ནི། སློ་ངག་གི་རྣམ་པ་དང་བཅས་**སོ་སོར་བཤགས་**པར་**བྱ་**དགོས་**པའི་སྡེ་**ལ་**ནི**། རབ་བྱུང་གི་ཕྱོགས་ལ་གཉིས་དང་ཁྱིམ་པའི་ཕྱོགས་ལ་གཉིས་ཏེ་**བཞིར་**འགྱུར་བ་**ཡིན་ཏེ**། དང་པོ་ནི་ཉེར་དགའ་ལ་བཅས་ཏེ། ཉེ་མིན་**དགེ་སློང་མ་ལས་**རང་ཉིད་ཀྱི་བཟའ་བའི་ཆེད་དུ་བླངས་བའི་དུས་རུང་གི་ཟས་**གྲོང་**ངམ་ལམ་པོ་ཆེའི་འགྲམ་**དུ་ཟས་བསླངས་**ཏེ་**ཟོས་**ནའོ། །

གཉིས་པ་ནི་དྲུག་སྡེ་ལ་བཅས་ཏེ། སྦྱིན་བདག་གི་**ཁྱིམ་དུ་དགེ་སློང་མས་**བསྒོ་བཤམས་ཏེ་**བསྒོས་**ནས་གྲལ་རིམ་ལྟར་མི་བྱེད་པར་ངོས་མགྲོན་གྱིས་འདི་ཕུལ་ཅིག་ཟེར་བ་**མ་བཟློག་**པར་དགེ་སློང་དེ་སྙེད་ཀྱིས་**ཟོས་**ན་དེ་སྙེད་ལ་ལྟུང་བའོ། །གསུམ་པ་དྲུག་སྡེ་ལ་བཅས་ཏེ། དགོས་པའི་དབང་གིས་དགེ་འདུན་པ་རྣམས་ཀྱིས་གསོལ་བའི་ལས་ཀྱིས་ཁྱིམ་དེ་ལས་ཟས་མི་བླང་བའི་**བསླབ་སྡོམ་སྦྱིན་**པ་**ལས་**དགེ་སློང་གིས་ལེན་**རུང་**བ་ལོ་མ་སོགས་**མིན་**པའི་ཟས་**བསླང་ཏེ་ཟོས་**ནའོ། །བཞི་བ་ནི་དྲུག་སྡེ་ལ་བཅས་ཏེ། འཇིགས་བཅས་ཀྱི་ནགས་སུ་བསྒོམས་པའི་དགེ་སློང་གིས་སྦྱིན་བདག་ལ་གནོད་པ་བསྲུང་བས་ཅི་བྱ་སྙམ་ཏེ་**ནགས་མ་ཞུལ་བར་དགོན་པར་**དུས་རུང་གི་ཟས་**བསླང་**ཏེ་**ཟོས་**པ་བཅས་ལྟུང་བར་འགྱུར་བ་**བཞིའོ**།། །།

ལྔ་བ་ཉེས་བྱས་ཀྱི་སྡེ་ནི། ཉེས་པ་ཕྲ་མོའི་རང་བཞིན་ཡིན་པའི་**ཉེས་བྱས་**ཀྱི་སྡེ་ལ་མདོའི་སྡོམ་ཀྱིས་བསྡུས་པ་**བརྒྱ་དང་བཅུ་གཉིས་ཞེས་གྲགས་པ**་ལ་སྡེ་ཚན་དགུ་ལས། དང་པོ་གོས་བགོ་བའི་སྡེ་ནི༑ **ཤམ་ཐབས་**ཡ་མཐའ་དང་མ་མཐའ་མཐོ་དམན་མི་མཉམ་པས་**ཟླུམ་**པོ་**མིན་**པ་དང་། **བརྩེངས་**པ་སྟེ་བརྗེ་ཆེ་བས་པུས་མོར་མ་སླེབས་ཙམ་དང་། ཧ་ཅང་**འཛོལ་**ཆེ་བས་ལོང་བུ་ལ་རེག་པ་དང་། **གླང་**པོ་ཆེའི་**སྣ་**དང་**འདྲ་**བར་མས་ཟུར་གྲ་མདུན་དུ་འཕྱང་བ་དང་། ཧ་ལའི་ལོ་མ་ལྟར་གོང་དུ་**ལྟེབ་**པ་**དང་**། སྐ་རགས་ཀྱིས་བར་ནས་འབྲུའི་**ཕུར་མ་**ལྟར་འབུར་བ་དང་། སྐ་རགས་ཀྱི་སྟེང་དུ་སྦྲུལ་གྱི་**གདེང་ག་ལྟ**

ཕུར་གནས་པ་སྟེ་སྣོད་གཡོག་བགོ་ཚུལ་བདུན་དང་། སྣམ་སྦྱར་དང་བླ་གོས་ཟླུམ་པོར་བགོ་བ་མིན་པ་དང་། ཧ་ཅང་རིང་བ་དང་། ཧ་ཅང་ཐུང་བ་མ་ཡིན་པར་སྟོད་གོས་གྱོན་ལུགས་གསུམ་དང་བཅས་གོས་ཀྱི་བགོ་ཚུལ་བཅུ་རྣམས་ལ་ལེགས་པར་བསླབ་པར་བྱའོ། །

གཉིས་པ་འགྲོ་བའི་སྡེ་ཚན་ནི། ལུས་ངག་ཡིད་གསུམ་དྲན་ཤེས་ཀྱིས་མ་བསྡམས་པ་དང་། གོས་ལེགས་པར་མ་བགོས་པ་དང་། ཅ་ཅོའི་སྒྲ་དང་བཅས་པ་དང་། མིག་གཞན་དུ་གཡེང་སྟེ་དང་། མིག་གིས་གཉའ་ཤིང་གང་ལས་རིང་དུ་བལྟ་བ་དང་། མགོ་གོས་ཀྱི་བསྒྱུམ་པ་དང་། སྣོད་གོས་འདོམས་སྣང་བར་བརྗེས་ཏེ་དང་། སྟོད་གོས་ཕྲག་པ་གཉིས་ཀྱི་སྟེང་ལ་གཟར་བ་དང་། ལག་པ་གཉིས་མདུན་ནས་གཉའ་གོང་དུ་བསྣོལ་བ་དང་། རྒྱབ་ནས་ལྟག་པར་བསྣོལ་ནས་དང་། མཆོང་བཞིན་འགྲོ་བ་དང་། གོམ་པ་ཆེ་བས་སྒྲིད་པ་རྐྱང་བསྐུམ་བྱེད་བཞིན་དང་། རྟིང་བ་བཏེགས་ཏེ་རྐང་བའི་ཐང་གིས་དང་། རྟིང་བ་བཙུག་སྟེ་ཙོག་པུས་འགྲོ་བ་དང་། ལག་པ་དཀུར་བརྟེན་ནས་གྲུ་རྒྱངས་བྱས་ཏེ་དང་། ལུས་ཕན་ཚུན་བསྒྱུར་ཞིང་དང་། ལག་པ་གཡུག་བཞིན་དུ་དང་། མགོ་བསྒྱུར་བཞིན་དུ་དང་། གཞན་དང་ཕྲག་པ་སྦྲད་དེ་དང་། གཞན་དང་ལག་སྦྲེལ་བྱས་ཏེ་འགྲོ་བ་རྣམས་མི་བྱེད་པར། ཞི་དུལ་བག་ཡོད་ཀྱིས་ཁྱིམ་གཞན་དུ་འགྲོ་བའི་སྤྱོད་ཡུལ་ཉི་ཤུ་པོ་རྣམས་ལ་བསླབ་པར་བྱའོ། །

གསུམ་པ་འདུག་པའི་སྡེ་ཚན་ནི། སྟན་ལ་ཁྱིམ་བདག་གིས་མ་བསྔོས་པར་འདུག་པ་དང་། སྲོག་ཆགས་ཡོད་མེད་མ་བརྟགས་པར་དང་། ལུས་ལྕིད་ཕབས་ནས་འཕྱོང་རྡེབ་ཀྱིས་དང་། རྐང་པ་རྐྱང་སྟེ་བསྣོལ་ནས་དང་། བརླ་བསྣོལ་ནས་དང་། ལོང་བུའི་སྟེང་དུ་ལོང་བུ་བརྩེགས་ནས་དང་། རྟོར་འདུག་གིས་ཁྲི་འོག་ཏུ་རྐང་པ་དགུགས་ནས་དང་། རྐང་པ་ཕན་ཚུན་གདངས་སྟེ་འདུག་པ་དང་། འདོམས་མཐོང་བར་བྱས་ཏེ་འདུག་པ་རྣམས་སྤངས་ནས་སྐྱིལ་ཀྲུང་སོགས་འདུག་ཚུལ་ལེགས་པ་དགུ་སོགས་ལ་བསླབས་པར་བྱ་བ་ཡིན་ནོ། །

བཞི་བ་ཟས་བླང་བའི་སྡེ་ནི། གྲོང་དང་གཙུག་ལག་ཁང་སོགས་སུ་འདུལ་བ་དང་འགལ་ཞིང་གཞན་མ་དད་པ་བསྐྱེད་པར་བྱ་བའི་ཟས་ལེགས་པར་མི་ལེན་པ་དང་། སྣོད་ཀྱི་མུ་དང་ཁ་ད་ཆད་དུ་ལེན་པ་དང་། འབྲས་ཚན་ཚོད་མ་དང་མཉམ་པར་ལེན་པ་དང་། གྲལ་རིམ་ལྟར་མཐར་ཆགས་སུ

མི་ལེན་པ་དང་། **ལྷུང་བཟེད་**ལ་ཡིད་གཏད་དེ་མི་ལེན་པར་**ཟུར་མིག་**གིས་**བལྟ་**བ་དང་། འདྲེན་པ་མ་སླེབས་པར་སྣོད་**བཟེད་སྟུས་**པ་དང་། ཟས་ལྷག་པོ་ལེན་འདོད་པས་**སྔར་བྱུང་སྦས་ནས་**ཡང་བ**ཟེད་པ་དང་། སྣོད་གཞན་**གྱི་**སྟེང་**དུ་བཟུང་ནས་**བཟེད་**པ་སོགས་སྐྱོན་**སྦྱང་བར་**བྱས་ནས་**ཟས་**ལེགས་པར་**བླང་**བ་ལ་བསླབ་པར་བྱ་བ་**བརྒྱད་**དོ། །

ལྔ་པ་ཟས་ཟ་བའི་སྡེ་ཚན་ནི། ཐམས་ཅད་འདུལ་བ་དང་**འགལ་**བས་ཟས་ལེགས་པར་མི་**ཟ་**བ་དང་། ཟས་ཀྱི་**ཁམ་**ཧ་ཅང་**ཆེ་**བ་དང་། ཧ་ཅང་**ཆུང་**བ་**དང་**། རང་ངམ་འཇིག་རྟེན་སྤྱི་དང་མི་མཐུན་པ་སྟེ་ཁམ་**རན་པ་མིན་**པ་དང་། ཟས་ཁ་སྒོར་མ་སླེབས་པར་**ཁ་གདངས་**པ་དང་། **ཟ་བཞིན་**དུ་གཏམ་**སྨྲ་**བ་**དང་**། སྐྱུར་བའི་ཟས་ལ་**ཙུག་ཙུག་དང་**། མངར་བ་ལ་**ཅག་ཅག་**དང་། གྲང་བ་ལ་**ཧུ་ཧུ་**དང་། ཚ་བ་ལ་**ཕུ་ཕུ་**དང་། **ལྕེ་**ཕྱིར་**ཕྱུངས་**ནས་**ཟ་**བ་དང་། སྲོག་ཆགས་ཡོད་མེད་བརྟགས་པ་མིན་པར་**འབྲུ་**རེ་རེ་**ནས་གྲུད་**དུ་**ཕྱེ་**ནས་དང་། ཁའོ་སྐྱུར་རོ་ཞེས་**ཟས་ལ་སྐྱོན་**བརྗོད་ནས་**འཕྱ་**སྨོད་བྱས་པ་**དང་**། **ཁམ་གཅིག་མཁུར་བ་**གཡས་གཡོན་དུ་**སྒྲོ་**ཞིང་ཟ་བ་དང་། **ཀུན་དོག་**ཅིང་ཟ་བ་དང་། དུད་འགྲོ་ལྟར་**ཁམ་འཕྲོ་བཅད་**ནས་ཟ་བ་དང་། **ལག་པ་**ལ་ཟས་ཆགས་པ་**འདག་**པ་དང་། ལྷུང་བཟེད་སོགས་ལ་ཟས་ཆགས་པ་ལྕེས་ལྡག་ཅིང་མཛུབ་མོ་སོགས་ཀྱིས་བྲད་ནས་**འཕྱིག་**པ་དང་། **ལག་**པ་ལ་ཟས་ཆགས་པ་**སྤྲུགས་**པ་དང་། ཟས་དང་བཅས་པའི་ལྷུང་བཟེད་སོགས་**སྒྱུམ་སྒྱུམ་བྱེད་**པ་དང་། ཟས་ཀྱིས་**མཆོད་རྟེན་འདྲ་**བ་བཅོས་ཏེ་གཞོམ་ཞིང་ཟ་བར་**བྱེད་**པ་སྟེ་**ཉེར་གཅིག་**པོ་ཟས་**ཟ་**བའི་**ཚེ་སྤང་**ལ་ཚུལ་བཞིན་དུ་ཟ་བ་ལ་བསླབ་པར་བྱའོ། །

དྲུག་པ་ལྷུང་བཟེད་ཀྱི་སྡེ་ཚན་ནི། གཞན་གྱིས་**ལྷུང་བཟེད་ལ་འཕྱ་**བའི་**ཕྱིར་**མི་**བལྟ་**བ་དང་། **ལག་པ་ནི་ཟས་**ཀྱིས་**འབགས་**པས་**ཆུ་སྣོད་**ལ་**མི་རེག་**པ་དང་། དྲུང་ན་གནས་པའི་དགེ་སློང་གི་སྟེང་དུ་ཟས་དང་བཅས་པའི་**ཆུ་མི་གཏོར་**བ་དང་། ཁྱིམ་བདག་ལ་**མ་དྲིས་**པར་**འབགས་ཆུ་**ཁྱིམ་དུ་**འབོ་**བར་བྱེད་པ་**དང་**། ལྷུང་བཟེད་དུ་**ཟས་ལྷག་བཞག་**པ་མི་འདོར་བ་དང་། གཞི་མེད་པར་ལྷུང་བཟེད་**ས་རྗེན་**དུ་བཞག་པ་དང་། **གད་ཁ་**དང་། རི་དོ་ཆད་ཀྱི་གཡང་**གཟར་**པོ་དང་། **བང་རིམ་**གཞོལ་པོའི་ཀན་ཏེ་**བཞིར་མི་བཞག་**པ་དང་། དེ་བཞིན་དུ་**གད་**ཁ་དང་། **གཡང་**ས་དང་། **ཀན་གཟར་དུ་མི་འཁྲུ**

བ་དང་། ལངས་བའི་སྤྱོད་ལམ་གྱིས་ལམ་གྱི་བཞི་མདོ་རུ་མི་བགྲུ་བ་དང་། འབབ་ཆུ་དྲག་པོའི་རྒྱུན་ལས་ལྡོག་སྟེ་ཆུ་མི་བཙུ་བ་དང་བཅུ་བཞི་བོ་ལ་བསླབ་པར་བྱའོ། །

བདུན་པ་ཆོས་སྟོན་པའི་སྤྱི་ཚན་ནི། ཉན་པ་པོ་མི་ན་བཞིན་དུ་འདུག་པ་ལ་འཆད་པ་པོ་ལངས་ཏེ་ཆོས་མི་འཆད། དེ་བཞིན་དུ་ཉལ་ནས་འདུག་པ་དང་།ཉན་པོ་ལས་འཆད་པ་པོ་རང་དམའ་བར་འདུག་པ་དང་། མདུན་ནས་འགྲོ་བ་ལ་ཕྱི་བཞིན་འོང་ནས་བཤད་པ་དང་། ལམ་དཀྱིལ་ནས་འགྲོ་བ་ལ་ལམ་པོའི་འགྲམ་ནས་འགྲོ་ཞིང་འཆད་པ་དང་། མི་ན་བར་མགོ་གཡོགས་པ་དང་། གོས་ཧ་ཅང་བརྫེས་པ་དང་། གོས་ཕྲག་པར་གཟར་བ། ལག་པ་གཉའ་ལྟག་ཏུ་བསྣོལ་བ། སྐྲ་སྤྱི་བོར་བསྡུས་ཏེ་ཏོ་གེར་བཅིངས་པ་དང་། ཞྭ་གྱོན་པ། མགོ་ལ་ཅོད་པཎ་བཏགས་པ། མགོ་ལ་འཕྲེང་བ་བཅིངས་པ་དང་ནི། མགོ་དར་ཐོད་ཀྱིས་དཀྲིས་པ། གླང་པོ་ཆེ་དང་རྟ་ལ་ཞོན་པ། ཁྱོགས་ཀྱིས་བཏེགས་པ་དང་བཞོན་པ་གཞན་ཤིང་རྟ་སོགས་ལ་ཞོན་པ། མཆིལ་ལྷམ་གྱོན་པ་དང་། ལག་ན་མཁར་བ་ཐོགས་པ། གདུགས་ཐོགས་པ། མདུང་སོགས་མཚོན་ཆ་ཐོགས་པ། རལ་གྲི་ཐོགས་པ། དགྲ་ཆ་སྟེ་མདའ་གཞུ་ཐོགས་པ། གོ་ཆ་གྱོན་པ་རྣམས་ལ་དགེ་སློང་གིས་ཆོས་མི་བཤད་པ་སྟེ་ཉེར་དྲུག་གོ། །ཉན་པ་པོ་ན་བ་སོགས་ལ་ཉེས་པ་མེད་དོ། །

བརྒྱད་པ་གཙང་སྦྲ་བསྲུང་བའི་ཚུལ་གསུམ་ནི་མི་ན་བར་འགྲེངས་ཏེ་གཤང་གཅི་མི་འདོར་བ་དང་། གཞན་དུ་འདོར་ས་མ་རྙེད་པའི་རྐྱེན་མེད་པར་ཆུ་ནང་དང་རྩྭ་སྔོན་ཡོད་པའི་ས་ཕྱོགས་ལ་གཤང་གཅི་དང་མཆིལ་སྣབས་སྐྱུགས་པ་སོགས་མི་འདོར་རོ། །དགུ་པ་རྒྱུ་གཅིག་པའི་བསླབ་བྱ་ནི། སྟག་ལ་སོགས་པས་གནོད་པ་མེད་པར་ཤིང་ལ་མི་གང་ལས་མཐོ་བར་མི་འཛེག་པ་རྒྱུ་གཅིག་པའི་བསླབ་བྱ་གཅིག་གོ། །

༈ དགེ་སློང་མ་ལ་ཕམ་པ་ཐུན་མོང་བ་དགེ་སློང་དང་འདྲ་བ་བཞི་ཐུན་མོང་མིན་པ་ནི། རེག་པ་ལུས་བཀན་འཆབ་དང་བཟློག་པའོ། །ཞེས་བཞི་སྟེ་བརྒྱད། ལྷག་མ་ཐུན་མོངས་པ་བདུན། ཐུན་མིན་ནི། ཅི་ཡང་ལེན་དང་ལེན་འཇུག་དང་། །མཚན་བྲལ་ཉིན་བྲལ་ལམ་དུ་འཇུག །ཆུ་བརྒལ་རབ་འབྱིན་ཤི་ནོར་ལེན། །བཟོད་བྱེད་སྤོང་དང་འཐབ་གྲོལ་བྱེད། །བརྟེན་དང་བརྟེན་དུ་འཇུག་པའོ། །

ཞེས་བཅུ་གསུམ་སྟེ་བསྡོམས་པས་**ཉི་ཤུ།** **སྤང་ལྟུང་**ཐུན་མོང་བ་བཅུ་དགུ་ཐུན་མིན་བཅུ་བཞི་སྟེ་བསྡོམས་པས་**སོ་གསུམ།** **ལྟུང་བྱེད་**ཐུན་མོང་བ་བདུན་བཅུ་རྩ་གཉིས་ཐུན་མིན་བརྒྱ་རྩ་བརྒྱད་སྟེ་ཕྱོགས་དྲིལ་**བརྒྱ་བརྒྱད་ཅུ།** **སོར་བཤགས་**ཐུན་མོང་བ་གཅིག་ཐུན་མིན་བཅུ་སྟེ་དེ་ལྟར་**བཅུ་གཅིག** **།ཉེས་བྱས་**ཐུན་མིན་གཉིས། ཐུན་མོང་བ་བརྒྱ་དང་བཅུ་སྟེ་**བརྒྱ་བཅུ་གཉིས།** **སུམ་བརྒྱ་དྲུག་ཅུ་རྩ་བཞི་མདོར་ཙམ་མོ།** །

༄ **བསྒྲུབ་པའི་བསླབ་བྱ་**ལུང་གཞིར་གསུངས་པ་རྣམས་ཡིན་ཞིང་བསླབ་པ་**ཡོངས་སུ་སྐྱོང་བའི་ཚུལ།** **གསོ་སྦྱོང་**ནི་རྒྱལ་པོའི་ཁབ་ཀྱི་འོད་མའི་ཚལ་དུ་དགེ་བསྙེན་མང་པོས་ཞུས་པ་ལ་བརྟེན་ནས་གནང་། **དབྱར་གནས་**ནི་སྟོན་པ་རྒྱལ་བྱེད་ཚལ་ན་བཞུགས་པའི་ཚེ་དགེ་སློང་དག་དབྱར་ལྗོངས་རྒྱུ་བ་ལ་མུ་སྟེགས་རྣམས་འཕྱ་བས་དབྱར་སྔ་མ་བཅས། གང་གི་ཚེ་རི་བོར་གྱི་གཙུག་ལག་ཁང་ཞིག་ཏུ་དབྱར་གནས་པ་ལས་འཇིགས་པ་བྱུང་ནས་དགག་དབྱེ་མ་བྱས་པར་མཉན་ཡོད་དུ་འོང་བས་དབྱར་ཕྱི་མ་བཅས་སོ། **།དགག་དབྱེ་**ནི་སྟོན་པ་མཉན་ཡོད་ན་བཞུགས་པའི་ཚེ་ལྗོངས་ཤིག་ཏུ་དགེ་སློང་རྣམས་མི་སྨྲ་བའི་ཁྲིམས་བྱས་ཏེ་དབྱར་གནས་པ་ལ་བརྟེན་ནས་མཐོང་ཐོས་དོགས་གསུམ་གྱིས་དབྱར་གནས་པའི་དགེ་འདུན་ལ་དགག་དབྱེ་བྱེད་པར་གནང་ངོ་། །སྲ་བརྐྱང་ནི་འདིར་མ་བཤད། **གོས་ཀྱི་གཞི་**ནི་སྟོན་པས་དབྱར་རྙེད་ཀྱི་རས་རྣམས་དྲས་ནས་ཁ་དོག་ངན་པར་བྱས་ཏེ་བཅིངས་བར་གནང་བ་ལས། གཟུགས་ཅན་སྙིང་པོས་འཚོ་བ་པོ་མཐོང་བ་ཉན་ཐོས་སུ་འཁྲུལ་ནས་མཚན་མ་གདབ་པར་ཞུས་པས་དྲས་ཤིང་དྲུབ་པའི་གོས་རྗེས་སུ་གནང་ངོ་། **།ཀོ་ལྤགས་ཀྱི་**གཞི་ནི་ཀཱ་ཏྱཱ་ནའི་སློབ་མ་གྲོ་ཞུན་སྐྱེས་རྣ་བ་བྱེ་བ་ཉི་ཤུ་བས་མཐའ་འཁོབ་རྗེ་ཅན་ནས་སྟོན་པ་བལྟར་འོང་ཏེ་ཞུས་པས་གནང་ངོ་། །**གནས་མལ་**ཨཱ་ར་ཋ་སེར་ཁྱིམ་བདག་དགེ་བཟང་གིས་སྟོན་པ་ལ་གཙུག་ལག་ཁང་བརྩིག་པར་ཞུས་པས་གནང་ངོ་། **།སྨན་**གྱི་གཞི་ནི་སྟོན་པ་མཉན་ཡོད་ན་བཞུགས་པའི་ཚེ་དགེ་སློང་རྣམས་སྟོན་ཀའི་ནད་ཀྱིས་ཐེབས་ནས་རིད་པས་སྨན་བསྟེན་པར་གནང་ཞིང་དེ་**སོགས་**རྒྱས་པར་**གཞན་དུ་ཤེས་**པར་བྱའོ། **།མདོར་**བསྡུས་ཏེ་བསྟན་**ན་**གཞི་གང་ལ་སྟོན་པས་**ཡེ་ནས་གནང་**བ་**དང་བཀག་**པའི་གསལ་ཁ་བཏོད་**པ་མེད་**པ་རྣམས་ནི་གང་ཞིག་**བྱ་བར་རུང་**གསུངས་པ་**དང་ཉེ་**ཞིང་**མི་རུང་**བ་ལས་**བཟློག་**

པར་**བྱེད་ན་དེ་དག**་ཐེ་ཚོམ་མེད་པར་**སྤྱོད་ཅིག**་དཔེར་ན་དགེ་ཚུལ་ལ་དགག་དབྱེ་གསུངས་པས་མཚོན་ནས་གསོ་སྦྱོང་བྱ་དགོས་པ་བཞིན་ནོ། །གང་སྤྱད་དུ་**མི་རུང**་བར་གསུངས་པ་**དང་ཉེ་ཞིང་། རུང**་**བ**་ལས་**བཟློག་ན**་དེ་དག་**ཀུན་ཏུ་སྤྱོངས**་ཤིག་**ཞེས་གསུངས**། དཔེར་ན་སྲིན་བལ་ལ་སྨན་བྱེད་པ་བཀག་པས་དེ་དང་མཉམ་པ་དང་ལྷག་པ་ལ་སྨན་བྱ་མི་རུང་བར་གསུངས་པ་བཞིན་ནོ། །

༄ སོ་སོར་ཐར་པའི་སྡོམ་པ་**སྐྱེ་བའི་རྟེན་ནི**། ལས་སྒྲིབ་ཤས་ཆེ་བ་**མུ་སྟེགས**་ཅན་ནམ་དེ་ཞུགས་པ་དང་**མཚམས་མེད**་ལྔ་**བྱས**་པ་སོགས། རྣམ་སྨིན་གྱི་སྒྲིབ་པ་ཤས་ཆེ་བ་**སྒྲ་མི་སྙན**་པ་ལྟ་བུ་གནས་རིགས་ཉམས་པ་**དང**། གང་ཞིག་གྲོང་བའི་ཆོས་མེད་པ། །དེ་ནི་**ཟ་མ**་ཞེས་སུ་བརྗོད། །ཅེས་པ་ལྟར་ཟ་མ་དང་**མཚན་གཉིས**་ཅིག་ཆར་དུ་བྱུང་བ་**དང**། སྐྱེ་གནས། ཟླ་ཕྱེད། འཕྲུད་ནས་ལྡང་བ། ཕྲག་དོག་ཅན། ཉམས་པ་སྟེ་**མ་ནིང་རིགས་ལྔ**་དང་**མཚན**་ལན་**གསུམ་དུ་འགྱུར་བ**་སོགས་མཚན་ཉམས་པ་**དང**། མི་མ་ཡིན་པ་མིའི་རྣམ་པར་**སྤྲུལ་པ**་དང་མི་མ་ཡིན་པའི་འགྲོ་བ་སོགས་ནི་འགྲོ་བ་ཉམས་པ་**མ་གཏོགས**་ཏེ་དེ་ལས་གཞན་ཤར་ནུབ་ལྷོའི་**གླིང་གསུམ་དུ་སྐྱེས་པ་ཡི། སྐྱེས་པ་བུད་མེད**་སོ་ཐར་གྱི་**སྡོམ་པའི་རྟེན་དུ་འདོད**།

༄ **ཐ་མར་ཉམས་ན་གསོ་བའི་ཚུལ་བཤད་པ**། །**གཏོང་བ**་བཅུ་འཕྲོད་པའི་དྲུང་དུ་སྙིང་ནས་**བསླབ་པ་ཕུལ**་བས་གཏོང་སྟེ་སྡོམ་པ་དང་འགལ་བའི་རྣམ་རིག་བསྐྱེད་པའི་ཕྱིར་དང་། ཚངས་པར་སྤྱོད་དཀའ་འོ་ཞེས་སོགས་འབུལ་བའི་རྒྱུ་བསྟན་པ་ཡང་ཁྱད་པར་མེད་པར་གསུངས་པ་**དང་ཤི་འཕོས**་པས་གཏོང་སྟེ་རྟེན་བོར་བའི་ཕྱིར་**དང**། **མཚན་གཉིས་ཅིག་ཅར་བྱུང**་བ་དང་མཚན་**ལན་གསུམ་འགྱུར**་བས་གཏོང་སྟེ་རྟེན་ཉམས་པའི་ཕྱིར་དང་། **རྒྱུ་འབྲས་མེད**་པར་ལྟ་**བའི**་ལོག་ལྟ་སྐྱེས་པས་དགེ་བའི་**རྩ་བ་ཆད**་པས་གཏོང་སྟེ་སྡོམ་པའི་རྟེན་གཞི་མེད་པའི་ཕྱིར་དེ་**རྣམས**་སོར་སྡོམ་སྤྱི་ཡི་གཏོང་རྒྱུ་ལྔ་པའོ། ལོ་**ཉི་ཤུ་མ་ལོན**་པར་ཉི་ཤུར་འདུ་ཤེས་ནས་**བསྙེན**་པར་**རྫོགས**་པ་དེ་**རྗེས་སུ**་ཉི་ཤུ་མ་ལོན་གོང་དུ་མངལ་བཞོལ་བསྣན་ཡང་མ་ཚང་པར་**ཤེས་ན**་**དགེ་སློང**་གི་**སྡོམ**་པ་**གཏོང**་བ་དང་། མི་ཚངས་སྤྱོད་**བརྟེན**་པའི་**ཕྱིར་ཁས་བླངས**་ནས་བསླབ་པ་ལས་**འདས**་པའི་ཕྱིར་**དགེ་སློབ་མས**་སྡོམ་པ་གཏོང་བའོ། །**མཚན**་མོ་མཐའི་སྐད་ཅིག་མ་**འདས**་པས་**བསྙེན་གནས་ཀྱི་སྡོམ་པ་གཏོང**་སྟེ་

དེ་སྲིད་དུ་འཕང་བས་ཕྱིར་རོ། །དེ་**རྣམས**་རང་རང་**སོ་སོའི**་གཏོང་རྒྱུ་**ཕུན་མོང་མིན**་པའོ། །མདོ་སྡེ་པ་ན་རེ་**རྩ་ལྟུང**་འཆབ་བཅས་**བྱུང**་བས་གཏོང་སྟེ། རྒྱུད་ངོ་ཚ་ཁྲེལ་མེད་ཆེན་པོས་ཉམས་པའི་ཕྱིར་ཟེར་བ་**དང**། གོས་དམར་སྡེ་པ་ན་རེ་ལུང་གི་**དམ་ཆོས་ནུབ**་པས་གཏོང་སྟེ་བསླབ་པའི་མཚམས་རྣམ་པར་བཞག་པ་མེད་པའི་ཕྱིར་ཟེར། དེ་ལ་ཐོགས་མེད་སྐུ་མཆེད་ཀྱིས་ལུང་ཆོས་ནུབ་པ་ཙམ་གྱིས་སྡོམ་པ་སྔར་ཡོད་པ་མི་གཏོང་སྟེ་རྟོགས་པའི་དམ་ཆོས་མ་ནུབ་པའི་ཕྱིར།

འོན་ཀྱང་སྔར་མེད་གསར་དུ་སྐྱེ་བ་མེད་དེ་འབོགས་བྱེད་ཀྱི་ཆོ་གའི་རྣམ་བཞག་མེད་པའི་ཕྱིར་**ནའང་གཏོང**། **ཁ་ཆེའི་ཡུལ་གྱི་བྱེ་བྲག་ཏུ་སྨྲ་བ་རྣམས**་ན་རེ་རྩ་ལྟུང་འཆབ་བཅས་བྱུང་ཡང་སྡོམ་པ་མི་གཏོང་སྟེ་ཕྱོགས་གཅིག་ཉམས་པས་སྡོམ་པ་ཟད་པར་གཏོང་བ་མི་རིགས་པའི་ཕྱིར། དེ་འདྲ་དེ་**སྡོམ་ལྡན**་དང་**རྩ་ལྟུང་བྱུང**་བའི་ཚུལ་ཁྲིམས་འཆལ་**བ་གཉིས**་དང་**ལྡན**་པ་ཡིན་པ་དེ་དཔེར་**ན**། མི་འགའ་ཞིག་ལ་**ནོར**་ཡང་**ལྡན**་ལ་**བུ་ལོན**་ཡང་ཆགས་པ་**ཅན་བཞིན**་དུ་**འདོད་པ་དང**། འདུལ་འཛིན་**ཁ་ཅིག**་ཕམ་པས་སྡོམ་པ་མི་གཏོང་སྟེ་དེ་ལ་དགེ་སློང་གི་སྡོམ་པའི་རྫས་ཚང་བར་ཡོད་པའི་ཕྱིར་ཉམས་ཚུལ་ལ་ལྟོས་ན་ཀུན་ཉམས་ཡིན་ཏེ་**རྩ**་བ་**བཞི**་གང་རུང་**གཅིག་སྤྱད**་པའི་ཚེ་སྡོམ་པ་མཐའ་དག་**ཀུན**་དགོས་པ་སྒྲུབ་ནུས་ལས་**ཉམས**་པའི་ཕྱིར་**ཟེར**། **དང་པོའི་ལས་ཅན**་པས་སྤྱད་ཀྱང་དངོས་གཞི་མི་བསྐྱེད་དེ་སྟོན་པའི་བཅས་པ་དང་མ་འབྲེལ་བའི་ཕྱིར་**སེམས་འཁྲུགས**་ཤིང་**ཚོར་བས་གཟིར**་ནས་སེམས་རྣལ་དུ་མ་ཕེབ་པས་སྤྱད་ཀྱང་མི་བསྐྱེད་དེ་བསམ་པ་རང་བཞིན་དུ་མི་གནས་པའི་ཕྱིར་སྨྱོན་པས་མི་བསད་པ་བཞིན་ནོ། །**སྒྲུབ་པར་མ་ནུས་པ་ལ**་སྐབས་སུ་སྤྱད་ཀྱང་**ཉེས་པ་མེད**་དེ་རྨི་ལམ་དུ་མི་ཚངས་སྤྱོད་ཀྱང་ཕམ་པ་མི་འབྱུང་བའི་ཕྱིར་རོ། །

འཆབ་པ་ཞེས་གྲགས་པ་ནི་ལྟུང་བ་བྱུང་བ་གཞན་ལ་འཆབ་སེམས་ཀྱིས་**གསང་སྟེ་མི་བརྗོད་པ**༑ བསླབ་པ་མ་ཕུལ་བར་**ཕམ་པ**་བཞི་གང་རུང་བྱུང་ནས་སྐད་ཅིག་མར་**འཆབ**་པ་དང་**བཅས**་ན་**ཚེ་འདིར**་ཕྱིར་བཅོས་སུ་མེད་དེ་རྒྱུད་**གསོར་མི་རུང**་དུ་སོང་བའི་ཕྱིར། ཕམ་པ་བྱུང་ནས་སྐད་ཅིག་ཙམ་**འཆབ་པ་མེད་ན**་ལྟུང་བའི་མིང་རིགས་ཀྱི་**དངོས་པོ་བརྗོད་པ་ཡིས**་སྐྱོ་ནས་འགྱོད་སེམས་དྲག་པོས་**དགེ་འདུན**་གྱི་དྲུང་དུ་ཕྱིན་**ལ་བཤགས**་ཏེ་**མཐོང་སྡོམ**་བཅས་པའི་**བར་གྱིས་འདག** །སེམས་ཙམ་

པ་ཡན་ཆད་ཀྱིས་དང་པོ་གསོལ་བཞིའི་ལས་ཀྱིས་དགེ་སློང་**སྡོམ་པ་སླར་**ཡང་**ནོད་**རྗེས་ཆད་པ་ལས་ཀྱིས་བསླབ་པ་སྟེར་བར་བཞེད། **ལྟུང་བ་བཅུ་གསུམ་**གང་རུང་བྱུང་ན་བཅབ་ཉེས་དག་བྱེད་སྤྱོ་བ་དང་། དངོས་གཞི་དག་བྱེད་མགུ་བ་དང་། སྤང་ལྟུང་ནི་དངོས་པོ་གང་ལ་ལྟུང་བ་བྱུང་བའི་དངོས་པོ་དེ་ཞག་གཅིག་གཞན་ལ་སྤང་ནས་བཤགས་པར་བྱ་བ་དང་། འབའ་ཞིག་པ་ནི་དགེ་སློང་གཅིག་གི་དྲུང་དུ་རང་མིང་གིས་བཤགས་པར་བྱ་བ། སོར་བཤགས་མཚམས་ཀྱི་ཕྱིར་སོང་སྟེ་བཤགས་པ་**སོགས།** ལྟུང་བ་**ལྔ་ཡང་ལ་ལྟོས་**པའི་ཕྱིར་བཅོས་ཀྱི་སྒོ་ནས་**བཤགས་ཏེ་**ལྟུང་བ་ལས་**རིམ་པར་ལྡང་།** ཕམ་པའི་སྡོམ་པོ་ལྕི་ཡང་གི་ཁྱད་པར་ལས་དགེ་སློང་དྲུག་དང་ལྔ། ལྷག་མའི་སྡོམ་པོ་ལྕི་ཡང་གི་ཁྱད་པར་ལས་དགེ་སློང་བཞི་དང་གཅིག་གི་དྲུང་དུ་བཤགས་པར་བྱས་པས་འདག་གོ། །ཐེག་ལྟུང་གང་ཡིན་ཀྱང་སྦྱོང་བའི་གཉེན་པོ་**མདོར་བསྡུ་ན་སྟོབས་བཞིར་མ་འདུས་**པའི་**བཤགས་པ་མེད། སྔར་བྱས་**ཀྱི་སྡིག་ལྟུང་ལ་**འགྱོད་**སེམས་དྲག་པོས་**བཤགས་**པ་ནི་དཔེར་ན་**དུག་འཐུང་**བ་ལས་འགྱོད་པས་**སྐྱུགས་པ་ལྟར་**རོ། །**འགྱོད་**པ་དྲག་པོ་**སྙིང་**ཐག་པ་**ནས་**བསྐྱེད་པ་ནི་**རྣམ་པར་སུན་འབྱིན་**པའི་**སྟོབས།** **དུག་**སྦྱོང་བ་**ལ་**གཉེན་པོ་**སྨན་**དང་སྨན་པ་བསྟེན་པ་**བཞིན་**སྒོ་གསུམ་གྱིས་**འཇུག་པ་**བརྩོན་འགྲུས་**དྲག་པོ་**དང་བཅས་པ་**ཡིས་ཉེས་**ལྟུང་སྦྱོང་བའི་**ཕྱིར་དགེ་བའི་**ཕྱོགས་ལ་བརྩོན་པ་ནི་**གཉེན་པོ་ཀུན་**ཏུ་**སྤྱོད་**པའི་**སྟོབས།** **དུག་**ཕྱིས་**མི་འཐུང་**བའི་དམ་བཅའ་བྱེད་པ་**ལྟར་ཕྱིས་ནས་**སྲོག་ལ་བབ་ཀྱང་**ཉེས་**སྤྱོད་མི་བྱེད་པའི་**སྡོམ་**སེམས་**ལ།** **ངེས་ཤེས་དྲག་པོ་**སྐྱེད་པ་**རྣམ་པར་སོར་ཆུད་པའི་སྟོབས།** **དུག་**གི་ཉེན་པས་**སྨན་པ་བསྟེན་**པ་**ལྟར་**འགྱོད་སེམས་དྲག་པོས་རང་རང་གི་ཚོགས་ལྟུང་བ་ལས་ལྡང་བའི་ཐབས་ལ་མཁས་པར་བྱ་ཞིང་། དེ་ལས་གཞན་དུ་**སྐྱབས་**སུ་འགྲོ་བ་དང་**སེམས་**བསྐྱེད་པ་དང་**ལྟུང་བཤགས་**འདོན་པ་**སོགས།** **དད་པ་དྲག་པོ**ས་བསྟེན་པ་**རྟེན་གྱི་**སྟོབས་ཏེ་**སྟོབས་བཞི།** ཐེག་པ་གཞན་གྱི་བཤགས་པས་ནི་ཆོས་འདིའི་ལུགས་ཀྱི་རྒྱུ་ལྟུང་བ་ལས་ལྡང་མི་ནུས་ཀྱང་། ལྟུང་བའི་འབྲས་བུ་སྡུག་བསྔལ་བསྐྱེད་ནུས་རྣམས་འདག་པའི་ཕྱིར་སྤྱོད་པ་དོན་ལྡན་དུ་**སྤྱོད་**དགོས་སོ། །

སྤྱིར་ལྟུང་བ་ཕྱིར་བཅོས་སུ་ཡོད་མོད་**འོན་ཀྱང་**སྔར་བྱ་**སྡིག་ལྟུང་སྟོབས་ལྡན་རེ**་རེ་ཙམ་ལ་**སྤྱོད་ན།** དེའི་གཉེན་པོ་སྦྱོང་བྱེད་ལ་འབད་ཀྱང་རྒྱུ་ཉེས་པས་བསྒྲིབས་པ་དེས་རྣམ་གྲོལ་གྱི་**ས་ཐོབ**

པ་ལ་**ཡུན་**རིང་**དུ་འགོར་བ་**སོགས་ཡོན་ཏན་སྐྱེ་བ་ལ་ཤིན་ཏུ་བསྒྲིབས་པ**ས་**ཉེས་ལྟུང་ཕྲ་རགས་**མིག་**གི་འབྲས་བུ་**ལྟར་**གཅེས་སྤྲས་ཀྱིས་**བསྲུངས།** དེ་ལྟར་བསྲུངས་པའི་**ཕན་ཡོན་**ནི་ཚེ་འདི་ར་**ནད་དང་རྒྱལ་པོའི་ཆད་**པ་སོགས་ལས་ཐར་བའི་**ཕྱིར་བླངས་**བས་རང་གི་འབྲས་བུ་འཕྲལ་**རྐྱེན་འགག་**ཞིག་**སེལ་ཀྱང་འཇིགས་སྐྱོབས་**ཀྱི་**ཚུལ་ཁྲིམས་**ཙམ་**ཡིན།** **ཕྱི་མ་**ལྷ་མིའི་བདེ་འབྲས་ཙམ་ཐོབ་པའི་**ཆེད་**དུ་**བླངས་**པ་ནི་**ལེགས་སྨོན་**གྱི་**ཚུལ་ཁྲིམས་ཞེས་**བྱ་སྟེ་ཕྱི་མར་**ལྷ་མིའི་བདེ་འབྲས་**ཙམ་**ཐོབ་ཀྱང་**ངེས་འབྱུང་གི་བསམ་པས་མ་ཟིན་པས་འཁོར་བ་ལས་གྲོལ་བའི་**ཐར་བ་**ཐོབ་པའི་ཐབས་**མིན་**ནོ། །འཁོར་བ་ལས་**ངེས་པར་འབྱུང་བའི་**མྱང་འདས་གསུམ་གང་རུང་གི་བསམ་པས་ཟིན་པའི་**ཚུལ་ཁྲིམས་**སོ་ཐར་གྱི་**སྡོམ་**པ་དང་**ལྡན་ན།** བསླབ་བྱ་ཕྲ་རགས་མྱང་འདས་ཀྱི་རྒྱུ་རུ་འགྱུར་བས་མྱུར་དུ་**དགྲ་བཅོམ་**པ་**ཐོབ་**པར་འགྱུར་ཏེ་དཔེར་ན་གཙུང་**དགའ་བོའི་རྣམ་ཐར་བཞིན་**ནོ། །**སྐྱབས་གསུམ་འཛིན་**པ་དང་དགེ་བསྙེན་**སོགས་**སྡོམ་པའི་**ཡོན་ཏན་**བརྒྱ་འམ་སྟོང་ལས་སྔ་མ་སྔ་མ་བས་ཕྱི་མ་**ཕྱི་མ་མཆོག་**ཏུ་གྲུབ་ཅིང་**སྔ་མ་**སྔ་མ་ཕྱི་མ་**ཕྱི་མའི་**ལམ་སྟེགས་ཡིན་པས་**ཐུན་མོང་**གི་**ལམ་**དུ་རིམ་པར་འགྲོ་བ་**ཡིན་**པའི་**ཕྱིར།** སོར་སྡོམ་དེ་དག་ཀྱང་**སེམས་བསྐྱེད་**ཀྱི་སྡོམ་པའི་རྟེན་དང་དེ་གཉིས་ཀ་**སྔགས་**སྡོམ་**གྱི་**རྟེན་དུ་འགྲོ་བའི་**གདུལ་བྱའང་དེ་དང་མཚུངས་**ཤིང་། རྒྱུ་མཚན་**དེའི་ཕྱིར་**ངེས་འབྱུང་གི་ཚུལ་ཁྲིམས་ནི་ཐེག་པ་ཀུན་གྱི་ལུང་རྟོགས་ཀྱི་**ཡོན་ཏན་ཀུན་**བསྐྱེད་པ་དང་གོང་དུ་འཕེལ་བ་ཐམས་ཅད་**ཀྱི་གཞི་རྟེན་ཡིན་**ནོ། །བསྟན་བཅོས་འདི་ལ་ལེའུ་ལྔ་ལས་ཉན་ཐོས་ཀྱི་**འདུལ་བ་སོ་ཐར་གྱི་**ཉམས་ལེན་དང་ཐུན་མོང་བའི་སྐབས་ཀྱི་**རིམ་པར་ཕྱེ་བ་སྟེ་**ལེའུ་**གཉིས་པའོ།** །

༄ **བསྐལ་བ་བཟང་**པོ་འདི་ལ་ཞིང་འདིའི་**འགྲོ་བའི་**སྡུག་བསྔལ་ལས་**འདྲེན་པར་**བྱེད་པའི་**ཐུབ་པ་ཆེན་**པོ་**དེས།** གནས་**བྱ་རྒོད་ཕུང་**པོའི་རི་དང་རྒྱལ་པོའི་ཁབ་དང་གྲོང་ཁྱེར་པདྨོ་ཅན་ལ་**སོགས་**པར་འཁོར་**ཐེག་པ་ཆེན་**པོའི་**རིགས་ཅན་**དང་བྱེ་བྲག་འཁོར་རྣམ་པ་བཞི་དང་ལྷ་ཀླུ་སོགས་ཐུན་མོང་གི་འཁོར། ཐུན་མོང་མིན་པ་ས་ཆེན་པོ་ན་བཞུགས་པའི་བྱང་ཆུབ་སེམས་དཔའི་འཁོར་**ལ།** ཆོས་བཀའ་བར་པ་ནི་གཟུགས་ནས་རྣམ་མཁྱེན་གྱི་བར་གྱིས་བསྡུས་པའི་ཆོས་ཐམས་ཅད་ལ་རང་གི་ངོ་བོ་ཉིད་ཀྱིས་གྲུབ་པའི་མཚན་ཉིད་མེད་པར་གཏན་ལ་ཕབ་པས་ན། མཚན་ཉིད་མེད་པའི་ཆོས་འཁོར།

བཀའ་ཐམ་ནི་དོན་དམ་དངོས་པོའི་གཤིས་ཀྱི་གནས་ཚུལ་ཇི་ལྟ་བ་བཞིན་དུ་གཏན་ལ་ཕབ་པས་ན། དོན་དམ་རྣམ་པར་ངེས་པའི་ཆོས་འཁོར་**ཤིན་ཏུ་རྒྱས་པའི་སྡེ་སྣོད་དཔག་ཡས་གསུངས**་པ་འདི་ར་ཤིང་རྟ་ཆེན་པོའི་སྲོལ་གཉིས་ཀྱི་དབང་དུ་བྱས་ན་ཐེག་པ་ཆེན་པོའི་སྡེ་སྣོད་རྣམས་ལས་ཟབ་མོ་ལྟ་བའི་ཕྱོགས་རྣམས་**འཇམ**་པའི་**དབྱངས**་ཀྱིས་**བཀའ་བསྡུས**་ཏེ་དེའི་རྗེས་སུ་བཟུང་བའི་སློབ་དཔོན་**ཀླུ་སྒྲུབ**་ཀྱིས་དབུ་མ་རིགས་ཚོགས་**སོགས་ཀྱིས་བཀྲལ**་ལ་སེམས་བསྐྱེད་ཀྱི་ཕྱག་བཞེས་**ཞི་བ་ལྷ**་དང་ཛེ་ཏཱ་རི་སོགས་ཀྱི**ས་སྤེལ**་བའི་ཕྱོགས་ལ་**ཟབ་མོ་ལྟ་བའི་ལུགས**་སུ་གྲགས། རྒྱ་ཆེན་སྤྱོད་པའི་ཕྱོགས་རྣམས་རྒྱལ་ཚབ་**བྱམས་པས་བཀའ་བསྡུས**་ཏེ་དེའི་རྗེས་སུ་བཟུང་བའི་སློབ་དཔོན་འཕགས་པ་**ཐོགས་མེད་སྐུ་མཆེད**་ཀྱི་ས་སྡེ་ལྔ་སོགས་ཀྱིས་**བཀྲལ།** དེའི་སེམས་བསྐྱེད་ཀྱི་ཕྱག་བཞེས་བོད་ཡུལ་འདིར་**ཇོ་བོ་རྗེ**་ཨ་ཏི་ཤ**ས་སྤེལ**་བའི་ལུགས་ལ་**རྒྱ་ཆེན་སྤྱོད་པའི་སྲོལ**་ཞེས་གྲགས། རང་ཅག་**པདྨ**་སཾ་བྷ་**ཝའི**་རྗེས་སུ་འཇུག་པ་སྔ་འགྱུར་**རིང་ལུགས**་ཀྱིས་སྡོམ་པ་ལེན་ཚུལ་དང་བསླབ་པའི་གྲངས་ཀྱང་**ནཱ་ག་རྫུ་ན**་དང་**མཐུན**་ནོ། །

ངོ་བོ་ནི་སེམས་ཅན་ཐམས་ཅད་ཡིད་དུ་འོང་བའི་**བྱམས**་པ་**དང**་སྡུག་བསྔལ་བསལ་འདོད་ཀྱི་**སྙིང་རྗེ**་ཤུགས་དྲག་པོ**ས་རྒྱུད་བརླན་ཅིང་།** དེས་དྲངས་པའི་ཆེད་དུ་བྱ་བ་སེམས་ཅན་**གཞན་གྱི་དོན་དུ**་རྫོགས་པའི་**བྱང་ཆུབ་ཐོབ**་པར་**འདོད་པ**་དང་མཚུངས་ལྡན་གྱི་སེམས་ཁྱད་པར་ཅན་སྐྱེ་བའི་ཕྱིར་དེའི་འགལ་རྐྱེན་གཞན་ལ་ཕན་པ་དང་རང་གི་རྫོགས་བྱང་ཐོབ་པ་ལ་བར་ཆད་དུ་གྱུར་པ་ཡིན་པས་ན༑ **སྒོ་གསུམ**་གྱི་**ཉེས་པ**་མ་ལུས་པ་**སྤོང་བའི་སེམས་པ**་ནི་བྱང་སྡོམ་གྱི་ངོ་བོའོ། །**དབྱེ་བ**་ནི་**ཀླུ་སྒྲུབ**་དང་**ཐོགས་མེད**་ཀྱི་**སྲོལ་གཉིས**་སུ་**གྲགས**་པ་ལ་**རེ་རེ**་བཞིན་**གཅིག་ནས་དྲུག**་ཚན་གྱི་**བར**་དུ་དབྱེ་ལ་དབྱེ་གཞི་སྨོན་འཇུག་གི་དབང་གིས་དབྱེ་བ་**གཉིས་གཉིས**་སུ་ངེས་**ཏེ།** གཅིག་ཏུ་དབྱེ་ན་**དང་པོ་སྟོང་ཉིད**་རྟོགས་པའི་ཤེས་རབ་ཀྱིས་དེ་མ་རྟོགས་པ་ལ་**སྙིང་རྗེས**་དྲངས་པའི་སེམས་སྐྱེ་བས་སྟོང་ཉིད་སྙིང་རྗེའི་**སྙིང་པོ་ཅན**་གྱི་སེམས་བསྐྱེད་ཅེས་བྱའོ། །

གཉིས་སུ་དབྱེ་ན་བསོད་ནམས་དང་ཡེ་ཤེས་ཀྱི་**ཚོགས་གཉིས**་ཀྱི་**བསླབ་པ**་ལ་ལྟོས་ནས་སམ། ཡང་ན་རགས་པ་བརྡ་ལས་བྱུང་བ་དང་ཕྲ་བ་ཆོས་ཉིད་ཀྱིས་ཐོབ་པའི་ཁྱད་པར་ལས། **ཀུན**་

རྫོབ་དང་དོན་དམ་གྱི་སེམས་བསྐྱེད་**གཉིས**། གསུམ་དུ་དབྱེ་ན་དག་པར་བྱེད་པ་**ཚུལ་ཁྲིམས**། གནས་པར་བྱེད་པ་**ཏིང་འཛིན**། གྲོལ་བར་བྱེད་པ་**ཤེས་རབ**་ཀྱི་**བསླབ་པ་གསུམ**་ལ་ལྟོས་ནས་གསུམ་མམ། ཡང་ན་ཉེས་སྤྱོད་སྡོམ་པ་དགེ་བ་ཆོས་སྡུད་སེམས་ཅན་དོན་བྱེད་ཀྱི་དང་། བཞི་རུ་དབྱེ་ན་**ཚོགས་སྦྱོར**་གཉིས་ན་དོན་དམ་སེམས་བསྐྱེད་དོན་སྤྱིའི་ཚུལ་གྱིས་འཛལ་བས་**མོས་པས་སྤྱོད་པའི་སེམས་བསྐྱེད་དང**། **མ་དག་ས་བདུན**་ན་བདག་གཞན་མཉམ་པའི་སེམས་བསྐྱེད་ཡོད་པས་**ལྷག**་པའི་**བསམ**་པ་རྣམ་པར་**དག་པ་དང**། **དག་པ་ས་གསུམ**་ན་ལམ་གྱི་འབད་རྩོལ་དང་བྲལ་བས་**རྣམ་པར་སྨིན་པ་དང**། དམིགས་མེད་ཀྱི་**ཐུགས་རྗེ་ཆེན་པོ་སྒྲིབ**་པ་**ཀུན་སྤང**་བའི་མཛད་པ་**ནི**། **སངས་རྒྱས་ས་ཡི་སེམས་བསྐྱེད་དག་དང་བཞི**། །**ལྔ**་རུ་དབྱེ་ན་**ནི**་ཚོགས་ལམ་ན་ལས་དང་པོ་བའི་སེམས་བསྐྱེད་དང་། སྦྱོར་ལམ་ན་དེ་ཡོངས་སུ་སྦྱོང་བ་བྱས་པའི་སེམས་བསྐྱེད། མཐོང་ལམ་ནས་ཆོས་མཐོང་བའི་སེམས་བསྐྱེད། བསྒོམ་ལམ་ན་རྣམ་པར་གྲོལ་བའི་སེམས་བསྐྱེད། མི་སློབ་པའི་ལམ་ན་བསམ་གྱིས་མི་ཁྱབ་པའི་སེམས་བསྐྱེད་དེ་**ལམ་ལྔའོ**། །**དྲུག**་ཏུ་དབྱེ་ན་**ནི་ཕར་ཕྱིན་དྲུག**་ལ་ལྟོས་ནས་སེམས་བསྐྱེད་དྲུག་གོ། །ས་མཚམས་ཀྱི་དབྱེ་བ་དཔེས་བསྟན་པ། འདུན་པ་**ས**་ལྟ་བུ། བསམ་པ་**གསེར**་ལྟ་བུ། ལྷག་པའི་བསམ་པ་**ཟླ་བ**་ཚེས་པ་ལྟ་བུ་གསུམ་ནི་རིམ་པ་ལྟར་ཚོགས་ལམ་ཆུང་འབྲིང་ཆེ་གསུམ་དང་། སྦྱོར་བ་**མེ**་ལྟ་བུ་སྦྱོར་ལམ་བཞི་**སོགས**་ལས། སྦྱིན་པ་གཏེར་ལྟ་བུ། ཚུལ་ཁྲིམས་རིན་པོ་ཆེའི་འབྱུང་གནས་ལྟ་བུ། བཟོད་པ་མཚོ་ལྟ་བུ། བརྩོན་འགྲུས་རྡོ་རྗེ་ལྟ་བུ། བསམ་གཏན་རི་ལྟ་བུ། ཤེས་རབ་སྨན་ལྟ་བུ། ཐབས་ལ་མཁས་པ་བཤེས་གཉེན་ལྟ་བུ། སྨོན་ལམ་ཡིད་བཞིན་ནོར་བུ་ལྟ་བུ། སྟོབས་ཉི་མ་ལྟ་བུ། ཡེ་ཤེས་ཀྱི་ཕ་རོལ་ཏུ་ཕྱིན་པ་གླུ་དབྱངས་སྙན་པ་ལྟ་བུ་ནི་ས་དང་པོ་ནས་བསྒོམ་ལམ་ས་དགུ་དང་། མངོན་ཤེས་རྒྱལ་པོ་ལྟ་བུ། ཚོགས་གཉིས་མཛོད་ཁང་ལྟ་བུ། བྱང་ཆུབ་ཀྱི་ཕྱོགས་དང་མཐུན་པའི་ཆོས་ལམ་པོ་ཆེ་ལྟ་བུ། སྙིང་རྗེ་ལྷག་མཐོང་གཉིས་བཞོན་པ་བཟང་པོ་ལྟ་བུ། གཟུངས་སྤོབས་གཉིས་བཀོད་མའི་ཆུ་མིག་ལྟ་བུ་ལྔ། ས་བརྒྱད་པ་དགུ་པ་བཅུ་པ་གསུམ་ཀ་ལ་ཁྱབ་པར་ཡོད། ཆོས་ཀྱི་དགའ་སྟོན་སྒྲ་སྙན་ལྟ་བུ། བགྲོད་པ་གཅིག་པའི་ལམ་ཆུ་བོ་ལྟ་བུ། ཆོས་ཀྱི་སྐུ་དང་མཚུངས་པར་ལྡན་པ་སྤྲིན་ལྟ་བུ་གསུམ་ནི་སངས་རྒྱས་ཀྱི་ས་སྟེ་ས་བཅུ་པའི་སྦྱོར་དངོས་རྗེས་གསུམ་གྱི་བསྡུས་པ།

ཉེར་གཉིས་ནི་ས་མཚམས་ཀྱིས་ཕྱེ་བའི་ས་བཅུའི་བར་དུའོ། །དབྱེ་སྒོ་བདུན་གྱིས་བཤད་པ་དེ་དག་ཀུན་ཀྱང་བསྡུ་ན་སྨོན་འཇུག་རྣམ་པ་གཉིས་སུ་འདུ་སྟེ། དེ་ཡང་བསམ་པས་གཞན་དོན་དུ་བྱང་ཆུབ་ཐོབ་པར་འདུན་པ་ཙམ་ནི་སྨོན་པ་དང་བྱང་ཆུབ་དེའི་ཆེད་དུ་ཕྱིན་དྲུག་གི་སྤྱོད་པ་ལ་སྦྱོར་བས་ལག་ལེན་ལ་ཁྱབ་པར་སློབ་པ་ནི་འཇུག་པ་སྟེ་རིམ་བཞིན། དཔེར་ན་སྐྱེས་བུ་ལམ་དུ་འགྲོ་བར་འདོད་པ་དང་ལམ་དུ་ཞུགས་ནས་འགྲོ་བ་ཇི་ལྟ་བ་བཞིན་ནོ། །

དང་པོ་སྡོམ་པ་མ་ཐོབ་ཐོབ་ཚུལ་ནི། །ལེན་ཚུལ་བླང་ཡུལ་བྱང་སེམས་ཀྱི་སྡོམ་པ་ལ་གནས་ཤིང་ཆོ་ག་དང་བསླབ་བྱ་ལ་དགྲི་མཁས་པའི་དགེ་བའི་བཤེས་གཉེན་མཚན་ཉིད་དང་ལྡན་པ་ལ་རྗོགས་བྱང་དོན་གཉེར་གྱི་བསམ་པ་དངོས་སུ་སྐྱེ་རུང་དུ་ཡོད་པའི་སེམས་ཅན་ཀུན་ཐེག་ཆེན་སེམས་བསྐྱེད་ཀྱི་སྣོད་དུ་གྱུར་པའི་ཕྱིར་དད་པ་དང་ལྡན་པའི་སློབ་མ་ཡིས། སྦྱོར་བ་གདམས་ངག་ཁྱད་པར་ཅན་མཐའ་གཉིས་སྤང་བའི་བྱང་ཆུབ་ཀྱི་སེམས་ལ་སྤྲོ་བ་བསྐྱེད་པའི་བློ་བཙོས་ནས། ཡུལ་ཁྱད་པར་ཅན་སློབ་དཔོན་ལ་མཎྜལ་ཕུལ་ནས་གསོལ་བ་བཏབ་རྗེས། རྟེན་ཁྱད་པར་ཅན་དཀོན་མཆོག་གསུམ་ལ་སྐྱབས་འགྲོ་བྱ་ཞིང་ཐབས་ཁྱད་པར་ཅན་ཡན་ལག་བདུན་གྱིས་ཚོགས་བསགས་རྣམས་ཀྱི་མཐར་དངོས་གཞི་བློ་སྦྱོང་བ་དང་དགོངས་གསོལ་སྔོན་དུ་འགྲོ་བས་སྨོན་འཇུག་གཉིས་ཀྱི་སེམས་བསྐྱེད་དང་སྡོམ་པ་གཉིས་ཆོ་གས་སྐབས་གཅིག་ཏུ་ལེན་ཅིང་རྗེས་ལ་རང་དགའ་བ་བསྒོམ་པ་དང་གཞན་དགའ་བ་བསྒོམ་དུ་གཞུག་པ་དང་གཏང་རག་འབུལ་ཞིང་བསླབ་བྱ་མདོ་ཙམ་བཤད་པ་རྣམས་ནི། ཀླུ་སྒྲུབ་ཀྱི་ལུགས་ཡིན་ནོ། །ཐོགས་མེད་ཀྱི་བཞེད་པ་ནི། སྨོན་སེམས་ལེན་པ་ལ་སོ་ཐར་གྱི་སྡོམ་པ་སྔོན་དུ་འགྲོ་མི་དགོས་ཀྱང་། འཇུག་སྡོམ་མ་ཐོབ་པ་ཐོབ་པར་བྱེད་པའི་རྟེན་ལ་ཡང་དག་པར་བླང་བ་སོ་ཐར་རིགས་བདུན་གང་རུང་གི་སྡོམ་པ་སྔོན་དུ་སོང་ནས། སྦྱོར་བ་གསོལ་བ་གདབ་པ་; བསམ་པ་བརྟགས་པ། མྱུར་དུ་སྦྱིན་པར་གསོལ་བ་འདེབས་པ། བར་ཆད་དྲི་བ་དང་བསླབ་པའི་གནས་གོ་བར་བྱས་ནས་སྤྲོ་བ་དྲི་བ་རྣམས་སོ། །དངོས་གཞི་སེམས་ཅན་དོན་བྱེད་ཀྱི་བསླབ་པ་ནོད་དམ་ནོད་ལེགས་ཞེས་ཁས་ལེན་པས་སྡོམ་པ་ཐོབ་པ་དང་། སོགས་ཁོང་ནས་མཁྱེན་གསོལ་ཕན་ཡོན་བསྟན་པ། གསང་བར་གདམས་པ། བསླབ་བྱ་བསྟན་པ། གཏང་རག་འབུལ་བ་རྣམས་སོ། །

སྨོན་འཇུག་གཉིས་**ཆོ་ག་སོ་སོའི་སྒོ་ནས་ལེན**་པར་བཞེད་དོ། །བླ་མ་མཚན་ཉིད་དང་ལྡན་པ་མ་རྙེད་ན་**རྒྱལ་བའི**་སྐུ་གཟུགས་ཀྱི་**རྟེན**་གྱི་དྲུང་དུ་རང་ཉིད་ཀྱིས་བླང་པ་**ལའང་རུང་བར་གྲོལ་གཉིས**་ཀ་དགོངས་པ་**མཐུན།** སྡོམ་པ་**ཐོབ་མཚམས**་ནི་ཆོ་ག་**བརྗོད**་པ་ལན་**གསུམ་གྱི་མཐའ**་མ་**ལ**་ཐོབ་པའོ། །

རྣམ་པར་མི་རྟོག་པའི་ཆོས་ཉིད་མངོན་སུམ་དུ་རྟོགས་པའི་ཡེ་ཤེས་བྱང་འཕགས་ཀྱི་མཉམ་བཞག་གི་ངོ་བོར་གྱུར་པ་སངས་རྒྱས་ཀྱི་སའི་མཉམ་རྗེས་དབྱེར་མེད་ཀྱི་ངོ་བོ་**དོན་དམ་སེམས་བསྐྱེད**་ཡིན་ལ་དེ་**ཆོ་གའི**་སྒོ་ནས་**བླང་བས་ཐོབ་པ།** སྒྱུ་དྲྭ་དང་རྣམ་སྣང་མངོན་བྱང་སོགས་ལས་བཤད་པ་ནི་འབྲས་བུ་ཡེ་ཤེས་ཀྱི་རྣམ་པ་ལམ་དུ་བྱས་ནས་དེའི་རྟེན་འབྲེལ་སྒྲིག་བྱེད་ཙམ་དུ་རྗེས་མཐུན་ཀུན་རྫོབ་ཀྱི་རྣམ་པས་བསྐྱེད་པ་**གསང་སྔགས**་ཀྱི་**ལུགས་ཡིན**་གྱི་དོན་དམ་པའི་བྱང་ཆུབ་ཀྱི་མཆོག་ཏུ་སེམས་བསྐྱེད་པར་བྱའོ། །ཞེས་སྤྱང་སྐྱོང་ཕྱུག་རྒྱ་པ་ལྟ་བུའི་**མདོ་ལས་བཤད་པ་སྲིད་ནའང**། འབྲས་བུ་ལ་**དམ་བཅའ**་ཙམ་**ཉིད་ཡིན**་གྱི་དོན་དམ་སེམས་བསྐྱེད་མཚན་ཉིད་པ་**བསྒོམ་པའི་སྟོབས་ལས**་དང་གི་**སྐྱེ**་བ་ཡིན་གྱིས་ཆོ་གའི་སྒོ་ནས་སྐྱེ་བ་མ་ཡིན་ཏེ་རགས་པ་བརྡ་ལས་བྱུང་བའི་སེམས་བསྐྱེད་མ་ཡིན་པའི་ཕྱིར་རོ། །

དེ་ལྟར་སྡོམ་པ་ཐོབ་པས་མི་ཚོག་པར། **བར་དུ**་ཐོབ་ཟིན་**མི་ཉམས**་པར་**བསྲུང**་དགོས་**པའི**་ཕྱིར་དེའི་**ཐབས་བཤད་པ། བྱང་ཆུབ་སེམས་དཔའི་ཚུལ་ཁྲིམས**་རྣམ་པ་**གསུམ་ཡིན་ཏེ།** སྒོ་གསུམ་**ཉེས་སྤྱོད**་མཐའ་དག་**སྡོམ**་པ་**དང་།** རང་རྒྱུད་ལ་ཕྱིན་དྲུག་གིས་བསྡུས་པའི་**དགེ་བའི་ཆོས**་མཐའ་དག་**སྡུད**་པ་**དང་།** བྱེད་ལས་**སེམས་ཅན**་གཞན་གྱི་**དོན་བྱེད**་པ་**གསུམ**་ཀྱང་ངོ་བོ་གཅིག་ལ་ལྡོག་པས་དབྱེ་བ་ཙམ་དུ་ཟད་དེ། དཔེར་ན་ནོར་བུ་གཅིག་ཉིད་མུན་པ་སེལ་བ། འདོད་དགུའི་ནོར་སྟུད་པ། རིམས་ནད་ལ་ཕན་པ་བཞིན་ནོ། །དེ་**ལས་དང་པོ་ནི**་ཉེས་སྤྱོད་སྡོམ་པའི་ཚུལ་ཁྲིམས་ཏེ། **དཀོན་མཆོག**་གསུམ་གྱི་**དཀོར**་རྫས་སུ་གྱུར་པའི་དངོས་པོ་གང་ཡང་རུང་བ་ཀུན་སློང་དྲག་པོས་**འཕྲོག**་གམ་འཕྲོག་དུ་བཅུག་པ་**དང་ནི**་ཐེག་པ་གསུམ་གྱི་ལུང་རྟོགས་གང་རུང་དུ་གཏོགས་པའི་**ཆོས་སྤོང་བའི་ལས**་བྱེད་དམ་བྱེད་དུ་བཅུག་པ་དང་། བསླབ་པ་བཟུང་མ་བཟུང་གི་རབ་བྱུང་ངམ་དགེ་སློང་**ཚུལ**་ཁྲིམས་དང་**ལྡན**་ནམ་**ཚུལ**་ཁྲིམས་**འཆལ**་བ་ཡིན་ཀྱང་རུང་སྟེ་རབ་བྱུང་གི་ཆ་ལུགས་འཛིན་པ་ལ་ཞེ་སྡང་

གིས་བཙོན་དུ་འཇུག་པ་སོགས་**ཁྲིམས་གཅོད**་པ་དང་**བསླབ**་པ་**འབེབས**་པ་དང་གསོད་པ་**སོགས** གང་རུང་བྱེད་དམ་བྱེད་དུ་བཅུག་པ་དང་**མཚམས་མེད**་པ་ལྔ་ཕ་མ་དགྲ་བཅོམ་གསོད་པ་དགེ་འདུན་གྱི་དབྱེན་སངས་རྒྱས་ལ་ངན་སེམས་ཀྱིས་ཁྲག་འབྱིན་པའི་**ལས**་གང་རུང་**བྱེད**་པ་དང་རྒྱུ་འབྲས་མེད་ཅེས་**ལོག**་པར་**ལྟ**་བས་མི་དགེ་བཅུ་ལས་གང་རུང་བྱེད་དམ་བྱེད་དུ་བཅུག་པ་དང་**ལྔ**་ནི་བྱང་སེམས་**རྒྱལ་པོ**་ལ་འབྱུང་ཉེ་བ་ལྔའོ། །སྔར་གྱི་རྩ་ལྟུང་དང་པོ་བཞིའི་སྟེང་དུ་ལོག་ལྟའི་ཚབ་ཏུ་**གྲོང**་ནི་ཁྱིམ་གཅིག་ལ་སོགས་པ་དང་། **ལྗོངས**་ནི་མི་རིགས་བཞི་གནས་པའི་ཕྱོགས་དང་། **གྲོང་ཁྱེར**་ནི་བཟོ་སྣ་བཅོ་བརྒྱད་ཡོད་པའི་གནས་དང་། **གྲོང་བརྡལ**་ནི་ཚོང་པ་མང་པོ་འདུ་བའི་གནས་དང་། **ཡུལ་འཁོར**་ནི་ཙམ་པ་ཀ་སོགས་ཡུལ་ཆེན་པོ་**རྣམས**་ལས་གང་རུང་ཞེ་སྡང་གིས་མེ་ལ་སོགས་པས་**འཇོམས་པར་བྱེད**་པ་དང་ལྔ**འང་བློན་པོར་ངེས་པ**་ལྔའོ། །སྟོད་མ་བརྟགས་པར་བློ་**མ་སྦྱངས**་ན་**སྟོང་ཉིད**་ཟབ་མོ་**བརྗོད་སྨྲས**་པས་ཡུལ་ཀྱང་སྐྲག་ནས་བྱང་ཆུབ་ཀྱི་སེམས་བཏང་སྟེ་**ཉན་ཐོས**་ཀྱི་བྱང་ཆུབ་ཏུ་**སྨོན**་ན་སྟོན་པ་པོ་ལ་ལྟུང་བར་འགྱུར་བ་དང་། **རྟོགས་བྱང**་བསྒྲུབ་པའི་ལམ་དུ་ཞུགས་པ་ཤེས་བཞིན་དུ་ཁྱོད་ཀྱིས་སངས་རྒྱས་ཐོབ་པར་མི་ནུས་ཞེས་**ཕྱིར་ལྡོག**་ཅིང་**ཐེག་དམན**་ཉན་རང་གི་སར་**སེམས་བསྐྱེད**་དུ་བཅུག་པ་**དང**། ཉན་ཐོས་ཀྱི་རིགས་ཅན་**སོ་ཐར**་ལ་བསླབ་པའམ་སློབ་པར་འདོད་པ་དག་ལ་དོན་དུ་མི་འགྱུར་བཞིན་ཁྱོད་དེ་ལ་བསླབ་པས་ཅི་བྱ་ཞེས་**སྤང**་དུ་བཅུག་**ནས་ཐེག་ཆེན**་ལ་**སློབས**་ཤིག་དང་ཉེས་པའི་ལས་རྣམས་བྱང་སེམས་ཀྱི་མཐུས་འཇོམས་སོ་ཞེས་དེ་ལ་སློབ་ཏུ་འཇུག་**པ་དང**། **ཉན་ཐོས་ཀྱི་ཐེག་པས་ཆགས་སོགས**་ཉོན་མོངས་པ་**མི་བཟློག་པས**། ཐེག་ཆེན་ལ་སློབས་ཤིག་ཅེས་ཉན་ཐོས་ཀྱི་ཐེག་པ་**དེ་བཟློག**་ནས་**དེ་ཡི**་ལམ་ལ་བསླབ་ན་**འབྲས་བུ**་ཐར་པ་མྱང་འདས་**མེད་པར** རང་འཛིན་ཅིང་དགོས་པ་ཁྱད་པར་ཅན་མེད་པར་གཞན་ལ་འཛིན་དུ་འཇུག་པར་**བྱས**་པ་དང་། རྙེད་བཀུར་གྱི་ཕྱིར་**ཕྲག་དོག**་གི་**དབང་གིས་བདག**་ལ་ཡོན་ཏན་མེད་ཀྱང་ཡོད་ཅེས་**བསྟོད**་པ་དང་རྙེད་བཀུར་ཅན་གྱི་བྱང་སེམས་**གཞན**་ལ་བདེན་རྫུན་གང་རུང་གིས་**སྨོད**་པ་བྱེད་པ་**དང**། **རྙེད་པ་དང་བཀུར་སྟིའི་ཆེད་དུ**་བདག་གིས་ཆོས་ཟབ་མོ་རྟོགས་སོ་ཞེས་མི་ཆོས་བླ་མའི་རྫུན་སྨྲས་ཏེ་**བདག་འཚོང**་བ་**དང**། རྒྱལ་རིགས་ལྷ་བུ་དབང་པོ་ཆེ་དང་། ཆོས་འདི་བའི་དགེ་སློང་གིས་ཕྲ་མ་བྱས་ནས

དགེ་སློང་ལ་ནོར་གྱི་ཆད་པས་གཅོད་དུ་འཇུག་ཅིང་དེའི་རྐྱེན་གྱིས་དཀོན་མཆོག་གི་དཀོར་བརྐུས་ནས་ཕྲ་མ་མཁན་ལ་ཕག་ཤུག་ཏུ་འབུལ་བ་ངེས་བླང་བ་དང་། དགེ་སློང་སྤོང་བ་པའི་ལོངས་སྤྱོད་འཕྲོག་ནས་ཁ་ཏོན་པ་ལ་སྦྱིན་ནམ་སྦྱིན་དུ་འཇུག་པ་སྟེ་ཞི་གནས་ཀྱི་མཆོད་པའི་རྣལ་འབྱོར་འདོར་དུ་བཅུག་པ་ནི་ཕལ་བ་ལ་འབྱུང་ངེས་པ་བརྒྱད་དོ། །རྒྱལ་པོ་དང་། བློན་པོ་དང་། ལས་དང་པོ་བའི་ལྟུང་བ་ཞེས་གཙོ་བོར་དེ་དང་དེར་འབྱུང་ཉེ་བས་ཆ་ནས་བཞག་གིས་རྟེན་གསུམ་པོ་ཀུན་ལ་རྩ་ལྟུང་བཅོ་བརྒྱད་པོ་ཀུན་འབྱུང་ངོ་། །མདོ་ལས་མིང་དུ་བཅོ་བརྒྱད་དུ་ཕྱེ་ཡང་དོན་གྱི་སྒོ་ནས་རྫས་སུ་བཅུ་བཞི་སྟེ། རྒྱལ་བློན་གྱི་རྩ་ལྟུང་དང་པོ་བཞི་ལ་ཐ་དད་མེད་པས་སོ། །ཐེག་དམན་དུ་སེམས་བསྐྱེད་པའམ་སེམས་ཅན་བློས་སྤང་ན་སྨོན་སེམས་བཏང་བ་དང་། འཇུག་སེམས་བཏང་སྟེ་དགེ་ལ་མི་སྦྱོར་བ་བསྟན་པས་ཉི་ཤུ་པོ་དེ་རྣམས་བྱང་ཆུབ་སེམས་དཔའི་རྩ་ལྟུང་ཡིན་ནོ། །

ཡན་ལག་ཉེས་བྱས་བདེ་སྡུག་ཡལ་བར་འདོར་བ་ཉེར་བཞི། སྒྲུབ་པ་ཡལ་བར་འདོར་བ་བཅུ་དྲུག །དེ་དག་འཕྲལ་དང་ཡུན་ལས་ཕྱེ་བའི་བརྒྱད་ཅུ་ལ་སོགས་པ་ཕྲ་ཕྱིར་འདིར་ནི་མ་བཤད་བསླབ་བཏུས་སུ་བལྟ། །ཐོགས་མེད་ལུགས་ཀྱི་སྨོན་འཇུག་གཉིས་ལས་དང་པོ་སྨོན་པའི་བསླབ་བྱ་ལ། སེམས་ཅན་གང་ཡང་རུང་བས་ལོག་སྒྲུབ་ལ་བརྟེན་ནས། ད་ནི་ཁྱོད་ལ་ནམ་ཡང་ཕན་མི་གདགས། གནོད་པ་བསལ་བར་མི་བྱ་སྙམ་པའི་བློས་གཏོང་བ་ལས་བཟློག་ནས་བློས་མི་བཏང་བ་དང་རྟག་ཏུ་བྱང་སེམས་ཀྱི་ཕན་ཡོན་དྲན་པ་མི་ཉམས་པའི་ཐབས་དང་། ཚོགས་གཉིས་ཟུང་འབྲེལ་དུ་བསགས་པ་ནི་སེམས་དེའི་སྟོབས་བསྐྱེད་པའི་ཐབས་དང་ཡང་ཡང་བྱང་སེམས་སྦྱང་བ་ལ་བརྩོན་པ་ནི་འཕེལ་བའི་ཐབས་དེ་རྒྱུ་ལ་སྦྱོང་བ་ཚད་མེད་བཞི་དང་། སེམས་དངོས་སྦྱང་བ་ཉིན་མཚན་དུས་དྲུག་ཏུ་སེམས་བསྐྱེད་བླང་བ་ནས་བསླབ་བྱ་ལ་སྦྱང་བ་བདག་གཞན་མཉམ་བརྗེ་བསྒོམ་པ་དང་། དཀར་ནག་གི་ཆོས་བརྒྱད་ལ་བླང་དོར་མ་ནོར་བར་བྱེད་པ་སྨོན་པས་ཡིན་ནོ། །བླ་མ་དང་མཆོད་པར་འོས་པ་རྫུན་གྱིས་དབུ་བསྐོར་དེ་བསླུ་བ་དང་། གཞན་དགེ་བའི་ལས་སོགས་ལ་འགྱོད་པ་མེད་པའི་གནས་ལ་འགྱོད་པ་བསྐྱེད་པ་དང་སེམས་དང་པོ་བསྐྱེད་པའི་བྱང་སེམས་དམ་པར་སྨད་སེམས་ཀྱིས་སྐུར་བ་འདེབས་པ་དང་། འགྲོ་བ་ལ་རང་ལ་སྐྱོན་ཡོད་ཀྱང་མེད་པར་སྒྲིབ་པ་གཡོ་དང་ཡོན་ཏན་མེད་ཀྱང་ཡོད་པ

ལྟར་སྟོན་པ་**སྨྲ་སྒྲོད་**པ་ནི། **ནག་པོའི་ཆོས་བཞི་ཡིན་**པས་**སྤང་ཞིང་**དེ་ལས་**ལྡོག་པ་ནི་**གཉེན་པོ་རིམ་པ་བཞིན་ཤེས་བཞིན་དུ་རྫུན་མི་སྨྲ་བ་དང་། བྱང་སེམས་ལ་སྟོན་པའི་འདུ་ཤེས་བསྐྱེད་པ་དང་། འགྲོ་ལ་གཡོ་སྒྱུ་མེད་པར་ལྷག་པའི་བསམ་པས་གནས་པ་དང་། འགྲོ་ཀུན་ཐེག་ཆེན་གྱི་ལམ་ལ་གཞུག་པ་**དཀར་པོའི་ཆོས་བཞི་ཡིན་པས་ཀུན་ཏུ་སྤྱད་**པར་གྱིས། གཉིས་པ་འཇུག་པའི་བསླབ་བྱ་ནི། **སྙིང་**པ་ནི་ཡོན་དབུལ་བ། **བཀུར་**སྟི་གདན་སྟོབ་པ་སོགས་ལ་**ལྷག་**པར་**ཞེན་**པས་སྙེད་བཀུར་ཐོབ་ཕྱིར་**བདག་ལ་བསྟོད་**པའམ་**གཞན་**ལ་**སྨོད་**པ་**དང་།** སྡུག་བསྔལ་བ་དང་བཀྲེན་པ་སོགས་སྐྱོང་བ་པོ་ལ་**སེར་སྣས་ཟང་ཟིང་**གི་**ནོར་**ཅུང་ཟད་ཙམ་**དང་**སྟོད་དུ་གྱུར་ཀྱང་དམ་པའི་**ཆོས་མི་སྟེར་**བའོ། **།ཁྲོ་བའི་**ཚིག་རྩུབ་སྨྲས་པས་མི་ཆོམ་པར་**གཞན་**ལ་བརྡེག་བཙོག་སོགས་**འཚེ་**བར་བྱེད་ཅིང་**ཤད་སྦྱང་གིས**ཀྱང་**མི་ལྡོག་**པར་འཁོན་དུ་འཛིན་པ་དང་། གཏི་མུག་གིས་ཆོས་ལ་ཆོས་མ་ཡིན་ཞེས་སྐྱུར་འདེབས་ཀྱིས་སྤང་བ་དང་རང་ངམ་གཞན་གྱིས་**གཡོམ་ལས་**ཆོས་མ་ཡིན་པ་**ཆོས་ལྟར་དུ་བཅོས་**པ་ལ་**མོས་**ནས་**སྟོན་པ་དང་བཞི་**ནི་ཆགས་དང་། སེར་སྣ། ཞེ་སྡང་། གཏི་མུག་ལས་གྱུར་པའི་རྩ་ལྟུང་བཞི་སྟེ་སྤང་བ་འཇུག་པའི་བསླབ་བྱའོ། །

ཉེས་བྱས་ཕྲ་བ་ཞེ་དྲུག་ནི་སྡོམ་པ་ཉི་ཤུ་པ་ལས་གསུངས་པ། དགེ་བ་ཆོས་སྡུད་དང་འགལ་བ་སོ་བཞི་ལ་སྦྱིན་པ་དང་འགལ་བ་བདུན། ཚུལ་ཁྲིམས་དང་འགལ་བ་དགུ། བཟོད་པ་དང་འགལ་བ་བཞི། བརྩོན་འགྲུས་དང་འགལ་བ་གསུམ། བསམ་གཏན་དང་འགལ་བ་གསུམ། ཤེས་རབ་དང་འགལ་བ་བརྒྱད་དེ་སོ་ཚན་དྲུག་གོ །སེམས་ཅན་དོན་བྱེད་དང་འགལ་བ་བཅུ་གཉིས་ལ་གཞན་དོན་ལས་ཉམས་པའི་ཉེས་པ་བཞི། གཞན་ལ་ཕན་མི་འདོགས་པའི་ཉེས་པ་དྲུག ངན་པ་ཚར་མི་གཅོད་པའི་ཉེས་པ་གཉིས་སོགས་**གཞན་དུ་ཤེས། དགེ་བ་ཆོས་སྡུད་**ཀྱི་ཚུལ་ཁྲིམས་ནི་ཁྱད་ཆོས་བཞི་ལྡན་ཀྱི་**ཕ་**རོལ་ཏུ་**ཕྱིན་**པ་**དྲུག་**གིས་བསྡུས་པས་དགེ་བ་མཐའ་དག་བསྒྲུབ་པའི་བསླབ་བྱ་ལ་**སློབ་པ་སྟེ།** ཁྱད་ཆོས་བཞི་ནི་རང་རང་གི་མི་མཐུན་ཕྱོགས་དང་བྲལ་བ། འཁོར་གསུམ་རྣམ་དག་གི་ཤེས་རབ་ཀྱིས་ཟིན་པ། བྱེད་ལས་གཞན་གྱི་འདོད་དོན་རྫོགས་པར་བྱེད་པ། དེ་ལྟར་བྱས་ནས་ཆོས་བསྟན་པས་སོ་སོའི་རྒྱུད་སྐལ་དང་འཚམས་པའི་བྱང་ཆུབ་གསུམ་ལ་སྨིན་པར་བྱེད་པའོ། །

སྦྱིན་པ་ནི། ཁྲིད་ཆོས་བཞི་ལྡན་གྱི་གཏོང་སེམས་དགེ་བ་ས་བོན་དང་བཅས་པའོ། །ཕ་རོལ་གྱི་**དབུལ་བ་སེལ་**བའི་**ཕྱིར་**དམ་པའི་**ཆོས་**ཀྱི་སྦྱིན་པ། ཟང་ཟིང་**ནོར་**གྱི་སྦྱིན་པ། **མི་འཇིགས་**པ་སྐྱབས་ཀྱི་**སྦྱིན་**པ་གསུམ། ཚུལ་ཁྲིམས་ནི། ཁྲིད་ཆོས་བཞི་ལྡན་གྱི་སྤོང་སེམས་དགེ་བ་ས་བོན་དང་བཅས་པའོ། །མི་མཐུན་ཕྱོགས་མཐའ་དག་**སྤོང་བའི་སེམས་ཀྱིས་**ཉེས་སྤྱོད་སྡོམ་པ། དགེ་བ་ཆོས་སྡུད། སེམས་ཅན་དོན་བྱེད་ཀྱི་**ཚུལ་ཁྲིམས་རྣམ་**པ་**གསུམ་སྤྱོད།**

བཟོད་པ་ནི། ཁྲིད་ཆོས་བཞི་ལྡན་གྱི་མི་འཁྲུགས་པའི་སེམས་པ་དགེ་བ་ས་བོན་དང་བཅས་པའོ། །གནོད་བྱེད་ལ་**ཁོང་ཁྲོ་**དང་བྲལ་བས་ཧེ་མི་སྙམ་པའི་བཟོད་པ། ཆོས་**ཟབ་མོ་**ལ་ངེས་རྟོགས་ཀྱི་བཟོད་པ། **སྡུག་བསྔལ་**དང་དུ་ལེན་པའི་**བཟོད་པ་བསྒོམ་**པར་བྱ། བརྩོན་འགྲུས་ནི། ཁྲིད་ཆོས་བཞི་ལྡན་གྱི་སྤྲོ་བའི་སེམས་པ་དགེ་བ་ས་བོན་དང་བཅས་པའོ། །བསམ་པ་**གོ་ཆ་**ཆེན་པོ་བགོས་པའི་བརྩོན་འགྲུས། **དགེ་**ཚོགས་**སྡུད་**པའི་བརྩོན་འགྲུས། **གཞན་**ལ་**ཕན་**པ་བསྒྲུབ་པའི་**བརྩོན་འགྲུས་བརྩམ་**པར་བྱ། བསམ་གཏན་ནི། ཁྲིད་ཆོས་བཞི་ལྡན་གྱི་དམིགས་པ་རྩེ་གཅིག་པའི་སེམས་པ་དགེ་བ་ས་བོན་དང་བཅས་པའོ། །**འཇིག་རྟེན་**པའི་བསམ་གཟུགས་དང་**འཇིག་རྟེན་**ལས་**འདས་པའི་**ལམ་གྱིས་ཐོབ་པའི་མཐར་གནས་ཀྱི་སྙོམས་འཇུག་གམ་ཐེག་གསུམ་སོ་སོའི་**བསམ་གཏན་བསྒོམ།**

ཤེས་རབ་ནི། ཁྲིད་ཆོས་བཞི་ལྡན་གྱི་ཆོས་རབ་རྣམ་པར་འབྱེད་པའི་སེམས་པ་དགེ་བ་ས་བོན་དང་བཅས་པའོ། །**ཐོས་**པ་ལས་བྱུང་བའི་ཤེས་རབ། **བསམ་**པ་ལས་བྱུང་བའི་ཤེས་རབ། **སྒོམ་པ་**ལས་བྱུང་**བའི་ཤེས་རབ་ཟབ་མོ་སྤྱོད།** དེ་ལྟར་དགེ་བ་ཆོས་སྡུད་ཀྱིས་རང་རྒྱུད་སྨིན་ནས་གཞན་རྒྱུད་སྨིན་ཕྱིར་**སེམས་ཅན་དོན་བྱེད་**ཀྱི་**ཚུལ་ཁྲིམས་བསྡུ་**བའི་**དངོས་**པོ་**བཞི་**ལ་འཇུག་གོ། །**ཐོག་མར་**ཟང་ཟིང་གི་**སྦྱིན་པས་གདུལ་བྱ་**འཁོར་དུ་མ་འདུས་པ་**རབ་ཏུ་བསྡུས་ནས་**སེམས་མགུ་བར་བྱེད་པའོ། །འཁོར་དུ་འདུས་ནས་**སྙན་པར་སྨྲ་བའི་གཏམ་གྱིས་ཡིད་**རིམ་གྱིས་**རབ་ཏུ་དྲངས་**ཏེ་ཆོས་ལ་དོན་གཉེར་གྱི་མོས་འདུན་དང་། སྤྲོ་བ་བསྐྱེད་དུ་འཇུག་པའོ། །གདུལ་བྱའི་བློ་དང་འཚམས་པར་ཆོས་**ཐེག་པ་རིམ་དགུ་**ལ་བློ་རབ་འབྲིང་ཐ་མའི་རིམ་པ་ལྟ**ར་དཀྲི་བ་**ནི་དངོས་བརྒྱུད་ནས་སེམས་ཅན་གྱི་**དོན་**དུ་ཕན་བདེ་བསྒྲུབ་པའི་ཐབས་མཁས་ཀྱི་**སྤྱོད་**པ་སྤྱད་དོ། །

དེ་ནས་སེམས་ཅན་**དེ་དག**་ཆོས་དང་དགེ་བའི་སྤྱོད་པ་ལ་**འདྲེན**་པའི་**ཕྱིར་རང་ཡང་དོན་དེ**་དང་མཐུན་པར་**སྤྱོད**་དགོས་ཏེ་གཞན་དུ་བསླབ་བྱ་འདོམས་ཀྱང་ཉན་དུ་མི་འདོད་པའི་ཕྱིར་རོ། །རྗོགས་བྱང་བསྒྲུབ་པའི་**མཐུན་ཕྱོགས**་དགེ་བའི་ཆོས་**ཀུན**་བསྐྱེད་པ་དང་། གནས་པ་དང་འཕེལ་བའི་ཕྱིར་**སློབ**་པ་དང་། རྗོགས་བྱང་བསྒྲུབ་པའི་**མི་མཐུན**་ཕྱོགས་མི་དགེ་བའི་ཆོས་**མཐའ་དག་སྤང**་བ་དང་མི་བསྐྱེད་པའི་ཕྱིར་བསླབ་པར་བྱའོ། །དུས་**རྟག་ཏུ**་བསྲུང་སེམས་མི་བརྗེད་པའི་**དྲན**་པ་**དང**་རང་རྒྱུད་ལ་ཉེས་པ་བྱུང་མ་བྱུང་རྟོགས་པའི་**ཤེས་བཞིན**། འཇུག་ལྡོག་གི་གནས་ལ་གཟབ་པ་ལྷུར་ལེན་པའི་**བག་ཡོད**་དང་གསུམ་**བསྟེན**་པས་སེམས་བསྲུང་ངོ་། །མིག་གཉའ་ཤིང་གང་ཙམ་དུ་བལྟ་ཞིང་**འགྲོ** །སྐྱིལ་ཀྲུང་དྲང་པོར་བསྡངས་ཏེ་**འདུག** །ཟས་ལ་ཆགས་མེད་སྤངས་ཏེ་**ཟ**། འཆི་བ་དྲན་པ་དཀོན་མཆོག་གསུམ་རྗེས་སུ་དྲན། དགེ་བའི་བྱ་བ་ལ་ལྡང་བ་དང་སྣང་བའི་འདུ་ཤེས་བཞག་ཏེ་**ཉལ**་བ་སྟེ་**སྤྱོད་ལམ་རྣམ་པ་བཞི**། དུས་ཐམས་ཅད་དུ་དྲན་ཤེས་མ་ཉམས་པས་སྒོ་གསུམ་གྱི་སྤྱོད་པ་གང་ཅི་བྱེད་ཀྱང་ཕལ་པོ་ཆེའི་**སྤྱོད་ཡུལ་ཡོངས་སུ་དག་པའི་མདོ་སྡེ**་ལས་གསུངས་པ་**ལྟར**་བྱ་བ་**གང་བྱེད**་པ་དེ་དང་**རིགས**་ཤིང་**མཐུན**་པའི་**ཚིག་གིས་སྨོན་ལམ་འདེབས**་ཤིང་སེམས་བསྐྱེད་པར་བྱའོ། །རྨད་དུ་བྱུང་བའི་**མཁྱེན་རབ་ཀྱི་དབང་ཕྱུག་ཀློང་ཆེན་རབ་འབྱམས་ནི**། **སྨོན་པའི་བསླབ་བྱ**་མདོར་བསྡུ་ན་**ཚད་མེད་བཞི་བསྒོམ**་པས་བློ་སྦྱངས་ནས་དེའི་མི་མཐུན་ཕྱོགས་ལས་སེམས་བསྲུང་**ཞིང**། **འཇུག་པའི་བསླབ་བྱ་ཕ་རོལ་ཏུ་ཕྱིན**་པ་**དྲུག་སྤྱོད**་ཅིང་དེའི་མི་མཐུན་ཕྱོགས་སྤང་བ་ལ་བརྩོན་པར་བྱ། སྨོན་འཇུག་གཉིས་ཀྱི་བསླབ་བྱ་**བསྡུ་ན་དཀར་ནག་ཆོས་བརྒྱད**་བླང་དོར་བྱ་བ་ལ་**འདུ་ཞེས་གསུངས**་སོ། །

བསྟན་བཅོས་**འདིར་ནི**་སེམས་ཅན་ལ་བྱམས་པས་ཀུན་ནས་བསླངས་ཏེ་ཅི་སྤྱོད་གནས་སྐབས་སུ་རང་གཞན་ལ་**ཕན**་པ་**དང**་མཐར་ཐུག་**བདེ་བ**་ཐོབ་པའི་**རྒྱུ་རྣམས**་བླང་བར་**བྱ་ཞིང**། ཞེ་སྡང་གིས་ཁྲོ་རྔོད་བྱས་པའི་ཚེ། **འདིར་ཡང**་རང་གཞན་གཉིས་ཀ་ལ་**མི་ཕན**་ཅིང་**ཕྱི་མར**་དམྱལ་བར་འཕེན་པས་**གནོད་པ**་ཅན་ཡིན་པས་**སྤང**་བར་བྱ་བ་ལ་ཤིང་རྟའི་**སྲོལ་གཉིས**་ཀྱི་**བསླབ་བྱར**་ཐམས་ཅད་**མ་འདུས**་པ་ཙུང་ཟད་ཙམ་**མེད་ཅེས་སྨྲ**འོ། **།སྐྱེ་བའི་རྟེན་ནི**། བརྡ་ཤེས་དོན་གོ་ལ་ལེན་འདོད་ཡོད་ན་འགྲོ་བ་མཐའ་དག་ལ་སྐྱེ་བའི་རྟེན་གྱི་གང་ཟག་རྒྱ་ཆེ་བས་**ལྷ་ཀླུ་འབྲོག་མ་སོགས**་ལེན་པ་པོ་

སྡིག་ཅན་ཇི་ལྟར་དམན་པ་**ལ་ཡང་**སྨོན་པའི་སེམས་ཙམ་ཞིག་ངེས་པར་**སྐྱེ་བར་ཀླུ་སྒྲུབ་**གྱིས་**བཞེད།** **ཐོགས་མེད་**ཀྱིས་འཇུག་སྡོམ་མ་ཐོབ་པ་ཐོབ་པར་བྱེད་པ་**དེའི་རྟེན་སོ་ཐར་**རིགས་བདུན་གང་རུང་**དགོས་ཞེས་གསུངས་**པས་གླིང་གསུམ་གྱི་སྐྱེས་པ་བུད་མེད་མཚན་དོན་བྱེད་ནུས་པ་དགོས་པར་བཞེད་པ་གཉིས་ལུས་རྟེན་ལ་མི་མཐུངས། གཙོ་བོར་བསམ་པའི་རྟེན་**སྤྱི་ལྟར་ན་**གྲུབ་ཟིན་གྱི་**སངས་རྒྱས་**དང་ཐེག་ཆེན་གྱི་**ཆོས་ལ་དད་**པར་**བྱེད་ཅིང་།** རང་རྒྱུད་ལ་འབྱུང་འགྱུར་གྱི་**འབྲས་བུ་བླ་**ན་**མེད་**པའི་རྫོགས་པའི་**བྱང་ཆུབ་ལ་དད་**པ་**དང་**ལྡན་ཞིང་། **རྒྱལ་**བའི་**སྲས་**ཀྱི་**སྤྱོད་པ་རྒྱ་མཚོ་**ལྟ་བུ་ལ་**དད་**པར་**བྱེད་ན།** **བྱང་**ཆུབ་ཀྱི་**སེམས་སྐྱེ་བར་དཀོན་མཆོག་ཏ་**ལའི་མདོ**ར་གསུངས་**ཏེ། གང་ལ་སྐྱེས་པའི་རྟེན་དེའམ་ཆེ་བརྗེས་ཀྱང་གཏོང་བྱེད་ཀྱི་རྒྱུ་གང་ཡང་མ་བྱུང་བར་བྱང་སྡོམ་མི་གཏོང་། ཕྱི་མར་དགེ་བའི་བཤེས་དང་འཕྲད་ནས་སྔར་ཡོད་དྲན་གསོའི་སྡོམ་པ་ནོད་པར་འགྱུར་ཞིང་། རྫོགས་བྱང་གི་བར་དེ་སྲིད་དུ་མི་གཏོང་ངོ་། །སྡོམ་པ་གཏོང་བྱེད་ཀྱི་རྒྱུ་མ་བྱུང་བ་ལ་དེ་ལྟར་རོ། །

༈ **ཐ་མར་**སྨོན་འཇུག་གི་བསླབ་བྱ་ཇི་སྙེད་པ་ཐམས་ཅད་ཤེས་པར་བྱས་ནས་མི་ཉམས་པར་བསྲུང་ཞིང་གལ་ཏེ་**ཉམས་ན་གསོ་བའི་ཚུལ་བཤད་པ།** གང་ཟག་**གང་གིས་**བྱ་བ་གང་ལ་བློ་ནུས་ཅི་ཡོད་ཀྱིས་དགག་སྒྲུབ་**རིགས་**པ་**དང་མི་རིགས་**པ་**མ་བརྟགས་པར།** ལྡོག་པར་བྱ་བའི་གནས་ལ་**རྩོམ་མམ་**བརྩམ་པར་བྱ་བ་ལས་**ལྡོག་གམ་**འཇུག་ལྡོག་གི་གཞི་ལ་**བཏང་སྙོམས་སུ་འཇོག་ཀྱང་རུང་།** དེ་ཡང་མུ་བཞི་སྟེ། ཤེས་བཞིན་དུ་བྱ་བར་**འོས་**པ་**ལས་འདས་**པར་**བྱེད་**ན་**ཐམས་ཅད་ལྟུང་བའི་སྡེ་**ཚན་དུ་གཅིག་གོ། །**དོན་ཆེན་**པོ་**སྒྲུབ་**པ་**ལ་**དོན་**ཆུང་**དུ་**བཏང་**བ་ལྟུང་བའི་**གཟུགས་བརྙན་ཏེ་**དོན་ལ་ལྟུང་མེད་ཡིན་ནོ། །ལས་དང་པོ་པས་**ནུས་པའི་ཡུལ་མིན་**པ་**ཐམས་ཅད་**དང་ནུས་པའི་ཡུལ་ལ་འཇུག་ལྡོག་མ་ནོར་བར་བསྒྲུབ་པ་ཐམས་ཅད་ལ་**ལྟུང་བ་མེད་**པ་ཡིན་ནོ། །ལས་དང་པོ་པས་མགོ་སྙེར་བ་ལྟ་བུ་གཏོང་**མི་ནུས་**བཞིན་དུ་**དེར་བརྩོན་དེ་ཡི་**ཀུན་སློང་གནག་ན་སྦྱོར་བ་དཀར་ཡང་ལྟུང་མེད་ཀྱི་**གཟུགས་བརྙན་**ཏེ་དོན་ལ་ལྟུང་བ་**ཡིན་**ནོ། །**གཞན་**གྱི་**ཕྱིར་**དུ་**ཕན་**པ་ཆེན་པོ་འགྲུབ་པའི་ཐབས་སུ་འགྱུར་**ན་**མི་དགེ་བཅུ་ལས་**ལུས་ངག་**གི་**མི་དགེ་**བ་**བདུན་གནང་བའི་སྐབས་ཡོད་**དེ་རྣམ་པ་མི་དགེ་བ་ལྟར་སྣང་ཡང་**དོན་ལ་དགེ་བ་ཡིན།** སྤྱིར་བྱང་སེམས་ཀྱི་སྡོམ་པའི་གཏོང་རྒྱུ་ནི་རྟེན་གཞི་སྨོན་སེམས་

གཏོང་བ། འགལ་ཟླ་རྩ་ལྟུང་བྱུང་བ། གཏོང་རྐྱེན་བསླབ་པ་ཕུལ་བ་གསུམ་དུ་འདུ། མི་ཤེས་པ་དང་བག་མེད་པ་དང་། ཉོན་མོངས་པ་མང་བ་དང་། མ་གུས་པ་སྟེ་རྒྱུ་བཞིའི་ལྟུང་བ་བྱུང་ན་ཕྱིར་བཅོས་པའི་སྒོ་ནས་ཤེས་པ་བཤགས་སྦྱོང་བྱེད། སྒྲོལ་གཉིས་ཀྱི་དང་པོ་ལྟུང་བ་བྱུང་བ་ཉིན་མཚན་གྱི་**ཐུན**ཚོད་ཀྱིས་**འདས**ན་ཚུལ་ཁྲིམས་**ཉམས**པར་འགྱུར་བས་**ན**། དབང་འབྲིང་གིས་རིག་སྔགས་སྤྱིའི་ལྷ་**འཕགས་པ་ནམ**་མཁའི་**སྙིང་པོ་ལ**། གསོལ་བ་བཏབ་ཀྱང་སྡིག་ལྟུང་དག་པའི་ལྟས་མ་བྱུང་ན་**ཐོ་རངས**ལངས་ལ་**གསོལ་བ་བཏབ**་སྟེ་**རྨི་ལམ་དུ་ལྟུང་བ་འཆགས**པ་སོགས་མདོ་ལས་འབྱུང་བ་ལྟར་བྱ་ཞིང་། བློ་དམན་སྟོབས་བཞི་ཚང་བའི་བཤགས་སྦྱོངས་དང་། བརྗེད་ངེས་དང་ཤེས་བཞིན་གྱིས་མ་ཟིན་པས་ཕྱིར་བཅོས་མ་གྲུབ་པའི་ལྟུང་བའི་**ལྷག་མ**ཐུན་ཚོད་ལས་མ་འདས་པ་དང་ཉེས་བྱས་སོགས་ནི། བཤགས་པ་ཡི་རང་བསྔོ་བའི་**ཕུང་པོ་གསུམ་པ**འི་མདོ་**ཉིན**་ལན་གསུམ་**མཚན་དུ་ལན་གསུམ་འདོན་པས**ལྟུང་བ་ཐམས་ཅད་**གཞིལ་བ**་དང་། དབང་རབ་སྒྱུ་མ་རྨི་ལམ་ལྟ་བུའི་ཚུལ་གྱིས་ཚིག་གིས་བཤགས་རྗེས་དམིགས་མེད་ནམ་མཁའ་ལྟ་བུའི་ངང་ལ་མཉམ་པར་བཞག་པས་ཉེས་ལྟུང་ལས་གྲོལ་བ་**ཀླུ་སྒྲུབ**ཀྱི་**ལུགས**སོ། །

ཐོགས་མེད་ལུགས་ལ་**སྨོན་པའི་སེམས**གཏོང་བའི་རྒྱུ་**ནི**་ཡན་ལག་**ནག་པོའི་ཆོས་བཞི**་གང་རུང་**སྤྱད**་པ་དང་རྩ་བ་**སེམས་ཅན་སྙིང་ནས་བློས་བཏང**་ན་སྨོན་སེམས་**དེ་གཏོང**་བར་**འགྱུར**་ལ་དེ་བཏང་བས་བརྟེན་པ་འཇུག་སེམས་ཀྱང་གཏོང་བར་འགྱུར་རོ། །རྙེད་བཀུར་གྱི་ཕྱིར་བདག་བསྟོད་གཞན་སྨོད་སོགས་ཕམ་པའི་གནས་ལྟ་བུའི་ཆོས་བཞི་གང་རུང་དུས་**རྒྱུན་མི་ཆད་དུ་སྤྱོད**་པ་དང་**ངོ་ཚ**་དང་**ཁྲེལ**་ཡོད་ཆུང་དུ་ཙམ་ཡང་**མེད་པ་དང་**། ཉེས་པ་**དེས**་སེམས་**མགུ**་ཞིང་**དགའ**་བར་བྱེད་པ་**དང་དེ་ཉིད**་ལ་**ཡོན་ཏན་དུ་ལྟ་བ**་སྟེ་ཡན་ལག་བཞི་ཚང་ན་**ཀུན་དཀྲིས་ཆེན་པོས**་བསྐྱེད་པའི་ལྟུང་བ་ཞེས་བྱ་སྟེ་**སྡོམ་པ་འཇོམས**་པར་བྱེད་པས་ན་**ཕམ་པ་ཞེས་བརྗོད**་པར་བྱའོ། །གསུམ་མ་ཚང་ན་ཀུན་དཀྲིས་**ཆུང་དུ་དང**་ཡན་ལག་གཅིག་གཉིས་ཙམ་མ་ཚང་ན་ཀུན་དཀྲིས་**འབྲིང་ལ**་ཕམ་པ་ཞེས་མི་བྱ་སྟེ་དེ་གཉིས་ཀྱིས་སྡོམ་པ་གཏོང་བ་**མིན**་པས་སོ། །ཀུན་དཀྲིས་ཆེན་པོས་**ཕས་ཕམ**་པའི་རྩ་ལྟུང་**བྱུང་ན**་སྡོམ་པ་གཏོང་བས་བཤགས་བསྡམས་དང་བསགས་སྦྱོང་བྱས་ལ་སྡོམ་པ་**སླར་བླང**་བར་བྱ་ཞིང་།

ཀུན་དཀྲིས་**འབྲིང**་གིས་སྤྱད་པས་ཕམ་འདྲ་**ནི**་གང་ཟག་**གསུམ**་ཡན་ཆད་དང་། **ཐ་མ**་ཀུན་དཀྲིས་ཆུང་ངུས་སྤྱད་པའི་རྩ་ལྟུང་ཉེས་བྱས་ཞེ་དྲུག་སོགས་གང་ཟག་**གཅིག**་ཡན་ཆད་ཀྱི་**མདུན**་དུ་**དངོས་པོ་བརྗོད་པས་བཤགས**་སྡོམ་བྱའོ། །དེ་ཐམས་ཅད་ལ་བཤགས་ཡུལ་**མཐུན་པའི་གང་ཟག་མེད་ན**་རྒྱལ་བ་སྲས་བཅས་**ཡིད་ཀྱིས**་བསམ་པའི་སྤྱན་སྔར་བཤགས་ཤིང་**བསྡམ**་པར་བྱ་བ་ནི། **རྒྱ་ཆེན་སྤྱོད་པའི་རང་ལུགས**་ཀྱིས་ཉམས་པ་གསོ་ཚུལ་འགྲན་**ཟླ་མེད**་པ་ཉིད་**དོ**། །**འདི་འདྲ**་བའི་**བྱང་ཆུབ་སེམས་ཀྱི་རྩིས་ཟིན་ན**། དགེ་རྩ་ཆུང་ཡང་འབྲས་བུ་ནམ་ཡང་མི་ཟད་པར་འགྱུར་ལ། འཇུག་སེམས་ཀྱི་རྩིས་ཟིན་ན་འབྲས་བུ་འགྱུར་བར་མ་ཟད་**གཉིད**་དང་བརྒྱལ་བ་**སོགས**་དང་**བག་མེད**་པར་**གྱུར**་བའི་སྐབས་**ལའང**། འབྲས་བུའི་རྒྱུ་**བསོད་ནམས**་དགེ་བའི་**ཤུགས་རྒྱུན་མི་ཆད་དུ་འབྱུང**་སྟེ། བྱང་ཆུབ་ཀྱི་སེམས་སྐྱེས་མ་ཐག་ནས་**རྒྱལ་བའི་སྲས**་ཞེས་མིང་འཕོ་ཞིང་འཇིག་རྟེན་ཀུན་གྱིས་ཕྱག་བྱ་བའི་གནས་**སུ་འགྱུར**་རོ། །

དབང་པོ་རྣོན་པོ་རྡི་བོ་ལྟ་བུའམ་དཔེ་མེད་པའི་སེམས་བསྐྱེད་པས། མཐོང་ལམ་ཚུན་ཆད་དང་། མ་དག་ས་བདུན། དག་པ་ས་གསུམ་**གྲངས་མེད**་རེ་རེས་རྫོགས་པར་མཛད་པས་གྲངས་མེད་**གསུམ**་དང་། །དབང་འབྲིང་མཉན་པ་ལྟ་བུའམ་ཡེ་ཤེས་དམ་པའི་སེམས་བསྐྱེད་པས། ཚོགས་ལམ་དུ་གཉིས། སྦྱོར་ལམ་དུ་གཉིས། མཐོང་ལམ་དུ་གཅིག །སྒོམ་ལམ་དུ་གཉིས་བཅས་གྲངས་མེད་**བདུན**་དང་། དབང་པོ་ཐ་མ། རྒྱལ་པོ་ལྟ་བུའམ་འདོད་ཆེན་པོའི་སེམས་བསྐྱེད་པས། ཚོགས་སྦྱོར་དུ་གསུམ་དང་། ས་བཅུ་རེ་རེ་ལའང་གསུམ་གསུམ་སྟེ་གྲངས་མེད་སུམ་ཅུ་**སོ་གསུམ**་གྱིས་བླ་ན་མེད་པའི་**བྱང་ཆུབ་ཐོབ**་པར་འགྱུར་རོ། །ཐེག་ཆེན་ཕ་རོལ་ཏུ་ཕྱིན་པ་དང་ཐུན་མོང་བས་བསྟན་པའི་ཉམས་ལེན་**བྱང་ཆུབ་སེམས་དཔའི་སེམས་བསྐྱེད་ཀྱི་བསླབ་བྱ**་སྲོལ་གཉིས་ཀྱི་རང་ལུགས་ལྟར་**བཤད་པའི་རིམ་པར་ཕྱེ་བ**་སྟེ་ལེའུ་**གསུམ་པའོ**།། །།

༄ བདག་ཅག་གི་སྟོན་པ་དཔལ་**ཀུན་ཏུ་བཟང**་པོ་ཉིད་དང་རྒྱལ་བ་ཐམས་ཅད་དང་དགོངས་པ་རོ་གཅིག་ཏུ་བཞུགས་པའི་ཆོས་སྐུ་ཡེ་ཤེས་ཆེན་པོ་ལས་ལོངས་སྤྱོད་རྫོགས་པའི་སྐུ་**རྡོ་རྗེ་འཆང་དབང**་ཆེན་པོའི་རྒྱན་དང་ཁ་དོག་རྣམ་པར་སྣང་བའི་ཐུགས་ཀྱི་**སྟོན་པ**་རྒྱལ་བ་རང་སྣང་གི་སྐུ་**དེས**།

རང་སྣང་ཤིན་ཏུ་རྣམ་པར་དག་པ་རྡོ་རྗེའི་ཞིང་ཁམས་**འོག་མིན་ཆེན་པོར**་འཁོར་ཉིད་ལས་མི་གཞན་པའི་རྒྱལ་བ་ཞི་ཁྲོའི་དཀྱིལ་འཁོར་ཚད་མེད་པས་བསྐོར་བའི་དབུས་སུ། ཆོས་ཡེ་ཤེས་འོད་གསལ་བའི་དགོངས་པ། དུས་བཞི་མཉམ་པ་ཉིད་ཀྱི་དབྱིངས་སུ་རང་ཤར་བའི་ཚུལ་གྱིས་བླ་མེད་ཀྱི་རྒྱུད་རྣམས་བརྗོད་དུ་མེད་པའི་དགོངས་པས་གསུངས་པ་དང་། དེ་ཉིད་ཀྱི་ངང་ལས་མ་གཡོས་བཞིན་དུ་འོག་མིན་སྟུག་པོ་བཀོད་པར། སྟོན་པ་རྡོ་རྗེ་སེམས་དཔའ་སོགས་ཀྱིས་འཁོར་སར་བཞུགས་ཀྱི་སེམས་དཔའི་རིག་འཛིན་མཆོག་རྣམས་ལ་གསང་སྔགས་ཀྱི་རྒྱུད་སྡེའི་རྣམ་གྲངས་དཔག་ཏུ་མེད་པ་དགོངས་པ་བརྡས་གསུངས་པ་ཞལ་གྱི་དཀྱིལ་འཁོར་ལས་འོད་འཕྲོས་པས་བརྗོད་བྱའི་དོན་ཁོང་དུ་ཆུད་པ། དུས་རྟག་པར་རྒྱུན་མི་འཆད་པར་སྟོན། གདུལ་བྱ་གདུག་པ་ཅན་གྱི་ངོར་དཔལ་ཧེ་རུ་ཀའི་དཀྱིལ་འཁོར་སྤྲུལ་པ་དང་རང་བཞིན་སྤྲུལ་པའི་ཞིང་ལྷོ་ལ་སོགས་པར་རྡོ་རྗེ་འཆང་གང་འདུལ་ཞི་ཁྲོའི་རྣམ་པར་སྣང་བས་དུས་དང་གདུལ་བྱ་གཅིག་ཏུ་མ་ངེས་པར་གསང་སྔགས་ཕྱི་ནང་གི་**རྒྱུད་སྡེ་རྒྱ་མཚོ**་ལྟ་བུ་དཔག་ཏུ་མེད་པར་**གསུངས**་བ་ཉིད་སླར་འཛམ་བུ་གླིང་དུ་སྐལ་ལྡན་གྱི་མི་རྣམས་ལ་**ཕྱིས**་སུ་སྟོར་གྱི་གསུངས་པའི་རྒྱུད་རྣམས་ཡང་**ནས**་ཡང་དུ་བཤད་དེ། དཔལ་**འབྲས་སྤུང**་གི་མཆོད་རྟེན་དུ་འོག་ཏུ་ཆོས་དབྱིངས་གསུང་དབང་དང་སྟེང་དུ་དཔལ་ལྡན་རྒྱ་སྐར་གྱི་དཀྱིལ་འཁོར་སྤྲུལ་ཏེ་ཟླ་བ་བཟང་པོ་སོགས་ལ་ཐབས་ཤེས་ཀྱི་རྒྱུད་སྡེ་བསྟན་པ་དང་། ཨོ་རྒྱན་ཡུལ་དུ་ཨིནྡྲ་བྷཱུ་ཏི་ལ་དཔལ་གསང་བ་འདུས་པ་གསུངས་པ་དང་། དེ་བཞིན་རི་བོ་བྱ་རྐང་དང་བསིལ་བ་ཚལ་ལང་ཀའི་བདག་པོ་སྒྲ་སྒྲོགས་ཀྱི་གནས་ལ་**སོགས་སུ**་སྟོན་པ་ཆགས་བྲལ་དང་ཆགས་ཅན་གྱི་རྣམ་པ་ཅི་རིགས་པས་སྔར་འོག་མིན་ཏུ་གསུང་བའི་རྒྱུད་སྡེ་རྣམས་སླར་གདུལ་བྱ་ལ་**བརླས་ཏེ་བསྟན**་པ་ཡིན་ཏེ། འཛམ་དཔལ་སྒྱུ་དྲྭའི་བཤད་རྒྱུད་ལས། གླིང་གཞི་རྣམ་པ་གསུམ་ཡིན་ཏེ། །འོག་མིན་གནས་དང་རི་རབ་རྩེ༔ ༔འཛམ་བུ་གླིང་དུ་གྲགས་པ་ཡི། །བྱང་ཆུབ་སེམས་དཔའི་ལྷ་རྣམས་དང་། །མི་རྣམས་ཀྱི་ནི་དོན་དུ་གསུངས། །སྟོན་པ་རྣམ་པ་གསུམ་ཡིན་ཏེ། །སངས་རྒྱས་རྡོ་རྗེ་འཆང་ཆེན་དང་། །སྤྲུལ་སྐུ་འཁོར་ལོ་བསྒྱུར་བ་དང་། །ཤཱཀྱ་ཐུབ་པ་ཉིད་ཀྱིས་གསུངས། །དུས་ནི་གདུལ་བྱ་འདུལ་བའི་ཚེ། །འཁོར་རྣམས་འདུས་པའི་དུས་དེར་གསུངས། །ཞེས་སོ། །

དེ་ལྟར་གསང་སྔགས་རྡོ་རྗེ་ཐེག་པའི་རྒྱུད་རྣམས་**ཕྱག་ན་རྡོར**་རྗེས་བསྡུས་པ་ཡིན་ཏེ། སྟོན་པས་གསུངས་པའི་རྒྱུད་རྣམས་སཾ་སྐྲྀ་ཏ་དང་པྲ་ཀྲི་ཏ་དང་ཀླུ་ཀློའི་སྐད་དང་ཡིག་རིགས་སྣ་ཚོགས་པས་གླེགས་བམ་ལ་བཀོད་པར་བཤད་པ་**དང་ནི**་བྱེ་བྲག་ཏུ་རྒྱུད་ཀྱི་**ཞུ་བ་པོའི་འཁོར**་དང་མཇུག་ཏུ་རྒྱུད་དོན་གང་ལ་གཏད་པ་དེ་ཉིད་ཀྱིས་**བསྡུས**་པ་ཡིན་ཏེ་འཁོར་གྱི་ནང་ནས་མཆོག་ཏུ་གྱུར་པ་དེ་ཉིད་གྱིས་བསྡུས་ཏེ་ཕྱིས་སུ་སྐལ་ལྡན་གཞན་ལ་དེ་ཉིད་ཀྱིས་འཆད་པ་ནི། སྒྱུ་འཕྲུལ་དྲྭ་བ་དང་སྡོམ་འབྱུང་སོགས་ཕྱག་རྡོར་དང་། དུས་འཁོར་ཟླ་བཟང་། བརྟག་གཉིས་རྡོ་རྗེ་སྙིང་པོས་བསྡུས་པ་ལྟ་བུ་ཡིན་ནོ། །འཛིག་རྟེན་མི་ཡུལ་དུ་ཇི་ལྟར་གྲགས་ཚུལ་ལ་སྤྱི་འགྱུར་ལྟར་ན་རྒྱུད་སྡེ་ཆེན་པོ་བཅོ་བརྒྱད་ནི་ས་ཧོ་རའི་རྒྱལ་པོ་ཛ་ལ་གླེགས་བམ་དངོས་སུ་བབ་པ། ཀྱི་ཡའི་རྒྱུད་སོགས་གནས་སོ་སོར་བབ། ཨ་ཏི་ཡོ་ག་ནུབ་ཕྱོགས་ཨོ་རྒྱན་གྱི་ཡུལ་དུ་དགའ་རབ་རྡོ་རྗེ་ལ་རྡོ་རྗེ་སེམས་དཔས་དངོས་སུ་བསྟན་ལ་སྒྲུབ་སྡེ་རྣམས་སྟོན་ཆེ་མཆོག་ཧེ་རུ་ཀས་གསུངས་པ་རྡོ་རྗེ་ཆོས་ཀྱིས་བསྡུས་ཏེ་མཁའ་འགྲོ་ལས་ཀྱི་དབང་མོ་ཆེ་ལ་གཏད་དེ་མཆོད་རྟེན་བདེ་བྱེད་བརྩེགས་པར་གཏེར་དུ་སྦས་པ་ཕྱིས་**གྲུབ་ཆེན་བརྒྱད**་དང་པདྨ་སམ་བྷ་ཞབས་སྤྱན་དྲངས་པ་**སོགས་རྒྱ་བོད་ཀྱི་མཁས་པས**་དགོངས་འགྲེལ་གྱིས་**བཀྲལ།** གསར་མ་རྣམས་ནི་ཨིནྡྲ་བྷཱུ་ཏིས་ཨོ་རྒྱན་ཡུལ་གྱི་འགྲོ་བ་ལ་བསྟན་པས་འཇའ་ལུས་སུ་སོང་ནས་མིའི་འགྲོ་བ་སྟོངས་ནས་མཚོར་གྱུར་ཏེ་ཀླུས་གང་བ་ལ་གསང་བདག་གིས་རྒྱུད་རྣམས་གཏད་དེ་གདམས་པས་གྲུབ་པ་ཐོབ། དེ་ནས་རིམ་པར་མིར་གྱུར་མཚོ་སྐམ་པའི་ཞུལ་དུ་ཨོ་རྒྱན་ཧེ་རུ་ཀའི་ལྷ་ཁང་རང་བྱུང་བའི་དཀོར་མཛོད་ནས་རྒྱལ་པོ་བསུ་ཀ་པ་དང་། ཀླུ་སྒྲུབ། ཀུ་ཀུ་རི་པ་སོགས་ཀྱིས་གླེགས་བམ་ཞུས་ཆེར་བླང་ནས་དར། དུས་འཁོར་ཤཾ་བྷ་ལ་སོགས་ཡུལ་གཞན་ནས་རྒྱ་གར་དུ་ཕྱིས་དར་བ་ཡིན་ནོ། །དེ་ལ་རྒྱུད་སྡེ་རྣམས་ནི་དབང་ཐོབ་པའི་བྱང་ཆུབ་སེམས་དཔའ་དང་། དཔའ་བོ་དང་རྣལ་འབྱོར་མ་དང་། རང་བྱུང་གི་དུར་ཁྲོད་བརྒྱད་དུ་གདོད་ནས་བཞུགས་པའི་ལྷ་མའི་སློབ་དཔོན་བརྒྱད་སོགས་ཀྱི་ཚུལ་བཟུང་ནས་གནས་སོ་སོར་དར་ལ། དེ་དག་ལས་མིའི་འགྲོ་བའི་བསོད་ནམས་སུ་སྔགས་རྒྱུད་ཆ་ཤས་ཙམ་སྣང་བ་ལས་རིག་འཛིན་གྱི་མཆོག་བརྙེས་པའི་གྲུབ་ཆེན་བརྒྱད་དང་གྲུབ་ཐོབ་བརྒྱད་ཅུ་སོགས་རྒྱ་བོད་ཀྱི་མཁས་གྲུབ་དུ་མས་དོན་ལ་རྟོན་པའི་དགོངས་འགྲེལ་གྱིས་ལེགས་པར་བཀྲལ་

ཞིང་བཤད་སྒྲུབ་ཀྱིས་ཇི་ལྟར་བསྐྱང་ཚུལ་དང་། གསང་སྔགས་སྒྱུ་འཕྲུལ་བ་རྣམས་ལ་རང་ལུགས་བཀའ་མ་རྒྱུད་དང་སྒྲུབ་སྡེ་དང་། གཏེར་མ་བླ་རྫོགས་ཐུགས་གསུམ་དང་སྒྲུབ་སྡེ་བཀའ་བརྒྱད་སྤྱི་བྱེ་བྲག་གི་ཆོས་སྐོར་དུ་གྲགས་པ་རྣམས་དང་། གསར་མ་བ་སོགས་ཀྱི་རྒྱུད་སྡེ་འཕགས་བོད་དུ་དར་ཚུལ་གྱིས་བཞེད་སྲོལ་རྣམ་བཞག་དཔག་ཏུ་མེད་པ་མཐའ་ཡས་པ་ཞིག་ཡོད་ནའང་། འདི་སྐབས་སུ་རྒྱུད་སྡེ་སྤྱི་ཡི་དམ་ཚིག་བཤད་བྱའི་གཙོ་བོ་ཡིན་པས་ན་འདིར་དེ་རྒྱས་པར་འཆད་དོ། །

སྔགས་སྡོམ་གྱི་ངོ་བོ་ནི་བསྡོམ་བྱ་སྒོ་གསུམ་ཕྲ་བའི་བག་ཆགས་མཚན་རྟོག་དང་བཅས་པ་སྡོམ་བྱེད་ཐབས་ཤེས་ཁྱད་པར་ཅན་གྱིས་ཟིན་པའི་བདེ་བ་ཆེན་པོའི་ཡེ་ཤེས་ཀྱིས་ཡང་དག་པར་བསྡམས་པའི་སེམས་ས་བོན་དང་བཅས་པ་གང་ཞིག་རང་རྒྱུ་འགྲུབ་བྱེད་དབང་བསྐུར་བ་ལས་གསར་དུ་ཐོབ་པའི་ཚུལ་ཁྲིམས་སོ། །དེ་ཡང་བལྟ་དགོད་ལག་བཅངས་གཉིས་སྦྱོར་གྱི་བདེ་བ་དེ་རྣམས་དག་བྱེད་ཀྱི་ཡེ་ཤེས་རང་རྒྱུད་ལ་འཛིན་པའི་ཁྱད་པར་ནི་རྒྱུད་སྡེ་བཞི་པོ་སོ་སོའི་ལུགས་བཞིན་ནོ། །དབྱེ་ན་ནི་བྱ་རྒྱུད་དང་སྤྱོད་རྒྱུད་དང་རྣལ་འབྱོར་རྒྱུད་དང་བླ་མེད་ཀྱི་རྒྱུད་སྡེ་བཞིར་རྩ་ལྟུང་བཅུ་བཞི་རྒྱུད་སྡེ་སོ་སོར་རང་ལུགས་ལྟར་གྲངས་ངེས་པར་དུས་ཀྱི་འཁོར་ལོར་འགྲེལ་ཆེན་ལས་བཤད་པ་ཤེས་པར་འདོད་ན་གཞན་དུ་བལྟ། སྔགས་བླ་མེད་ཀྱི་ལུགས་ལ་དུས་འཁོར་ནས་བཤད་པའི་བརྟུལ་ཞུགས་ཉི་ཤུ་རྩ་ལྔ་དང་། གསར་སྙིང་སྤྱི་ལ་གྲགས་པའི་རིགས་ལྔའི་སྡོམ་པ་ཐུན་མོང་ཁྱད་པར་གཉིས་དང་རྩ་བའི་ལྟུང་བ་བཅུ་བཞི་དང་། ཡན་ལག་སྦོམ་པོ་བརྒྱད་དང་ནི་སྒྱུ་འཕྲུལ་རྫོགས་པ་ཆེན་པོའི་ལུགས་སྲོལ་རྩ་བ་སྐུ་གསུང་ཐུགས་དང་ཡན་ལག་ཉེར་ལྔ་སོགས་གཞུང་དུ་རྒྱས་པར་འཆད་པ་བཞིན་ནོ། །

༄ བླ་མེད་ཀྱི་སྡོམ་པ་དང་པོ་མ་ཐོབ་པ་ཐོབ་པར་བྱེད་པའི་ཚུལ་བཤད་པ། གང་དུ་དབང་བསྐུར་བའི་དཀྱིལ་འཁོར་ནི་བུམ་དབང་ལ་ཕྱི་ལྷག་པ་གཟུགས་བརྙན་གྱི་དཀྱིལ་འཁོར་རྡུལ་ཚོན། རས་བྲིས། ཚོམ་བུ་དང་ནི་དེ་བཞིན་མཆོག་དབང་གསུམ་ལ་སྤྱིར་བདག་གི་དེ་ཁོ་ན་ཉིད་ནང་ལུས་རྩའི་དཀྱིལ་འཁོར་དང་། ཁྱད་པར་དུ་གསང་དབང་ལ་སྔགས་ཀྱི་དེ་ཁོ་ན་ཉིད་ཡི་གེ་བྷ་གའི་དཀྱིལ་འཁོར་དང་། ཤེར་དབང་ལ་ལྷའི་དེ་ཁོ་ན་ཉིད་ཀུན་རྫོབ་བྱང་ཆུབ་སེམས་ཀྱི་དཀྱིལ་འཁོར་དང་། དབང་བཞི་པར་ཡེ་ཤེས་ཀྱི་དེ་ཁོ་ན་ཉིད་དོན་དམ་བྱང་ཆུབ་ཀྱི་སེམས་སྙིང་པོ་ཡེ་ཤེས་རླུང་གི་དཀྱིལ་འཁོར

བཞིར་སྦྱོར་བ་སྟོན་དུ་འགྲོ་བས་རྫས་སྔགས་ཏིང་ངེ་འཛིན་གསུམ་དང་ལྡན་པ། **བུམ་པའི་**དབང་མཐའ་བརྟེན་བཅས་བསྐུར། བླ་མ་ཡབ་ཡུམ་གྱི་བྱང་སེམས་སློབ་མའི་ལྕེ་ཐོག་ཏུ་ཕྱིན་པས་**གསང་བ་**དང་(ཐབས་ཡབ་ལས་ཐོབ་པའི་བདེ་བ་ཆེན་པོའི་གསང་དབང་། ཡུམ་ལས་ཐོབ་པ་ཤེས་རབ་གསང་དབང་། གཉིས་ཀ་ལས་ཐོབ་པ་གཉིས་མེད་བདེ་བ་ཆེན་པོའི་གསང་དབང་མཚན།) རྟེན་**ཤེས་རབ་**མ་ལ་བརྟེན་པས་དགའ་བཞིའི་ཡེ་ཤེས་བསྐྱེད་པས་ན་ཤེས་རབ་ཡེ་ཤེས་ཀྱི་དབང་། མས་བརྟན་ལྡན་སྐྱེས་ཀྱི་ཡེ་ཤེས་ཉམས་སུ་མྱོང་བ་ཚིག་ཙམ་གྱིས་བརྡས་ངོ་སྤྲོད་པ་**བཞི་པའི་དབང་**རྣམས། **མཚན་ཉིད་དང་ལྡན་པའི་སློབ་བུར་རིམ་**གྱིས་**པར་བསྐུར།** དབང་བཞིའི་རིམ་པ་ལྟར་**སད་**པ་དང་**སྨི་**ལམ་དང་**གཉིད་འཐུག་**པོ་དང་**སྙོམས་འཇུག་**གི་**གནས་སྐབས་བཞིས་བསྐྱེད་པའི་**ལུས་ཀྱི་སྒྲིབ་པ་དང་ཕུང་བདུད་འཇོམས། ངག་གི་སྒྲིབ་པ་དང་ཉོན་བདུད་འཇོམས། ཡིད་ཀྱི་སྒྲིབ་པ་དང་འཆི་བདག་གི་བདུད་འཇོམས། ལུས་ངག་ཡིད་ཀྱི་**སྒོ་གསུམ་ཤེས་བྱའི་དྲི་མ་**དང་ལྷའི་བུའི་བདུད་**སྦྱངས་**ཤིང་འཇོམས། དབང་བཞིའི་རིམ་པ་ལྟར་**བསྐྱེད་རིམ་**ལས་ཚོགས་དང་བཅས་པ་ལ་དབང་ཞིང་ཡུལ་སྣང་སྟོང་དུ་འཆར་བ་དང་། **གཏུམ་མོ་**སྒྱུ་ལུས་བསྒོམ་པ་ལ་དབང་ཞིང་སེམས་གསལ་སྟོང་དུ་འཆར། ལས་དང་ཡེ་རྒྱ་ལ་བརྟེན་ནས་**དཔེའི་**ཡེ་ཤེས་ལ་དབང་ལུས་བདེ་སྟོང་དུ་འཆར་བ་དང་། **དོན་**གྱི་**ཡེ་ཤེས་**ཕྱག་རྫོགས་**གཉིས་སྒོམ་**པ་ལ་དབང་ཞིང་དོན་དམ་འོད་གསལ་རང་རིག་བདེ་བ་ཆེན་པོའི་དོན་རྟོགས་པ་**དང་**། མཐར་ཐུག་གི་འབྲས་བུས་སྐུ་གསུང་ཐུགས་ཡེ་ཤེས་རྡོ་རྗེའི་བདག་ཉིད་**སྐུ་བཞི་ཐོབ་པའི་ནུས་རུང་བྱ་**བ་ཡིན་ནོ། །

སྡོམ་པ་སྐྱེ་བའི་**དང་པོ་**ནི་སློབ་མའི་**གནས་གསུམ་རྡོ་རྗེ་གསུམ་བསྐྱེད་**ཅིང་སྒོ་གསུམ་བྱིན་གྱིས་རླབས་པའི་དུས་ནས་མགོ་བརྩམ་སྟེ་སྐྱེ་བ་**ནས།** **ཐ་མ་དབང་བཞི་ཡོངས་སུ་རྫོགས་**པ་ཐོབ་**པའི་ཚེ།** བསྐྱེད་རྫོགས་རང་རང་ལ་ལྟོས་པའི་**རིག་**པ་**འཛིན་**པའི་**སྡོམ་པ་**མཐའ་དག་**ཐོབ་**ཟིན་**ཅིང་**དབང་བཞི་རྫོགས་ཟིན་པ་**དེ་ཡི་རྗེས་**སུ་སློབ་དཔོན་གྱིས་དམ་ཚིག་རྒྱས་པར་བསྒྲགས་ནས་སློབ་མས་བསྟུས་ཏེ་**ཁས་བླངས་**པས་བཟུང་བ་དང་། བཟུང་ནས་ཀྱང་**སྡོམ་**པ་**དང་དམ་ཚིག་**གི་བླང་དོར་རྣམས་ཚུལ་བཞིན་དུ་**བསླབ་**པ་**ལ་འབད་**པར་བྱའོ། །

༄ སྔགས་སྡོམ་དང་པོ་ཐོབ་པས་མི་ཆོག་གི །**བར་དུ་**ཐོབ་པ་**མི་ཉམས་**པར་**བསྲུང་**དགོས་པ་

དེ་ཡང་བསྒྲུབ་**བའི་ཐབས**་ཞེས་པ་ལ་རག་ལས་ཏེ་དེ་**བཤད་པ**་ནི། **ཐོག་མའི**་དམ་སྡོམ་ཐམས་ཅད་ཀྱི་གཞི་རྟེན་དུ་གྱུར་པ་རྡོ་རྗེ་སེམས་དཔའི་དམ་ཚིག་གི་ཡན་ལག་**བརྟུལ་ཞུགས**་ཉེར་ལྔ་པོ་འདི་ནི་**དུས་ཀྱི་འཁོར་ལོ་ལས**་གསུངས། སྲོག་ཆགས་ཕྲ་མོ་གཅིག་ཡན་ཆད་**གསོད**་པ། རང་འདོད་ཀྱི་**རྫུན**་སྨྲ་བ། དུད་འགྲོ་ཡན་ཆད་ཀྱིས་བདག་ཏུ་བཟུང་བའི་གཞན་ནོར་**རྐུ་བ་དང**། **འདོད**་པས་**ལོག**་པར་གཡེམ་པ། ཉེས་པའི་གཞི་**ཆང་འཐུང་བ**་དང་ལྔ་ཆ་བཅས་འཁོར་བའི་གནས་སུ་འཆིང་བྱེད་དམ་པོ་རྡོ་རྗེའི་ཞགས་པ་དང་མཚུངས་ཤིང་རང་གཞན་གྱི་བདེ་དགེ་ཐམས་ཅད་འཛོམས་བྱེད་**སྤང་བར་བྱ**་བ་བརྟུལ་ཞུགས་ཕྱི་མ་རྣམས་ཀྱི་གཞི་ཡིན་པས་**བསླབ་པའི་གཞི་ལྔ་སྤང་ཞེས་གསུངས**་སོ། །ཤ་དང་མིག་མང་སོགས་**ཚོ་ལོ**་རྩེ་བ་དང་བཟའ་བ་དང་རིན་གྱི་དོན་དུ་བསད་པའི་ཤ་སོགས་**ཁ་ན་མ་ཐོའི་ཟས་ཟ་བ་དང**། **ངན་ཚིག**་གི་བསྟན་བཅོས་དམག་དང་སྦྱོར་སོགས་ངག་འཁྲུལ་སྣ་ཚོགས་སྨྲ་བ་དང་། **འབྱུང་པོའི**་ཆོས་ཕྱོགས་ཀྱི་མཆོད་སྦྱིན་སོགས་མུ་སྟེགས་པའི་ལུགས་དང་རང་གིས་བསད་པའི་ཤ་མ་གཏོགས་ལས་ཀྱིས་ཤི་བའི་ཤ་མི་ཟ་བ་དང་གོས་དཀར་པོ་གྱོན་པ་སོགས་**ལྷ་མིན**་གྱི་ཆོས་ལུགས་ཀླ་ཀློའི་**ཆོས**་དེ་ལ་**བསླབ་པ**། ཉེ་བའི་སྡིག་པ་**རྣམ་པ་ལྔ་ནི་བྱ་བ**་རིགས་པ་**མིན**་པས་དེ་**ལྔ**་མི་བྱའོ། །མཐོ་རིས་འདོད་པས་མཆོད་སྦྱིན་གྱི་ཆེད་དུ་**བ་ལང**་གསོད་པ་དང་། མ་མོ་མཆོད་པ་ལ་**བྱིས་པ**་གསོད་པ་དང་། མིའི་མཆོད་སྦྱིན་སྐྱེས་པའི་དོན་དུ་**སྐྱེས་པ**་དང་བུད་མེད་ཀྱི་དོན་དུ་**བུད་མེད**་གསོད་པ་**དང**། ལྷ་མིའི་བླ་མ་གསོད་པ་ཞེས་རྒྱལ་བ་སྲས་བཅས་ཀྱི་སྐུ་གཟུགས་དང་། གླེགས་བམ་དང་**མཆོད་རྟེན**་རྣམས་**བསྙུན**་ཏེ་བཤིགས་**པ**་ལ་གསོད་པ་ཞེས་སུ་བཏགས་སྟེ་དེ་རྣམས་བསོད་ནམས་སུ་འདོད་པ་ཀླ་ཀློ་མུ་སྟེགས་སོགས་ཡོད་པས་དེ་དགག་པའི་དོན་དུ་**གསོད་པ་ལྔ་རུ་གྲགས**་པ་དེ་སྤང་བར་བྱའོ། །ལུགས་གཉིས་གང་རུང་གིས་འབྲེལ་བའི་**དགེ་གྲོགས**་དང་བཀུར་བར་འོས་པའི་**རྗེ་བོ**་རྒན་རབས་སོགས་དང་། ལྷ་མིའི་བླ་མ་**སངས་རྒྱས**་དང་དགེ་སློང་གི་**དགེ་འདུན་དང**། མཁན་སློབ་སོགས་**བླ་མར**་སྟེ་ཡུལ་ལྔ་པོ་དེ་ལ་སེམས་ཀྱི་**ཁོང་ཁྲོ་སྨོམ**་ཞིང་དེ་**རྣམས**་ལ་ངག་གི་འཁང་བ་སྟེ་**འཕྱ་བ་ལྔ**་སྤང་བའོ། །**གཟུགས་སྒྲ་དྲི་རོ་རེག་བྱ**་སྟེ་ཡུལ་ལྔ་ལ། **མིག་དང་རྣ་བ་སྣ་ལྕེ་ལུས**་ཀྱི་**དབང**་པོ་དང་**ལྔ**་ལ་བརྟེན་པའི་དབང་ཤེས་རྣམས་ཡུལ་ལྔ་ལ་**ཞེན**་པས་ཆགས་**པར་མི་བྱེད**་པར

སྦྱོང་ཐབས་ཀྱི་གཙོ་བོ་བསྐྱེད་རིམ་དང་རྫོགས་རིམ་སོ་སོར་སྤྱོད་པའི་རྣལ་འབྱོར་ཡིན་ལ་དེ་རྡོ་རྗེ་སེམས་དཔའི་ལམ་དུ་བཤད་པ་ལྟར་འདིར་ཡང་སྲིད་པའི་བདག་པོ་རྡོ་རྗེ་སེམས་དཔའི་**བརྟུལ་ཞུགས་ཉེར་ལྔ་**ཞེས་བཤད་པའོ། །

སྨོན་འཇུག་གི་སེམས་བསྐྱེད་དང་ཚུལ་ཁྲིམས་གསུམ་སོགས་ཐེག་པ་ཆེན་པོ་སྤྱི་དང་། ལྔ་པོ་ཐམས་ཅད་རྣལ་འབྱོར་ཕྱི་བའི་གཞུང་ལས་དོན་འཕགས་ཀྱང་སྨྲ་ཙམ་**ཐུན་མོང་དུ་གྱུར་པ་རིགས་ལྔའི་སྡོམ་པ་ལྔ།** འདིར་རྡོ་རྗེ་ཐེག་པའི་དགོངས་པ་ལྟར་འཆད་པར་བྱའོ། །**སྨོན་**པ་དང་**འཇུག་**སེམས་**གཉིས་དང་**སྡོམ་སྤྱད་དོན་བྱེད་ཀྱི་**ཚུལ་ཁྲིམས་རྣམ་པ་གསུམ་**པོ་བརྟན་པོར་བཟུང་བ་དང་དེ་ཐམས་ཅད་ཀྱི་རྟེན་དུ་དཀོན་མཆོག་གསུམ་ལ་སྐྱབས་སུ་འགྲོ་བ་ལ་**སློབ་པ་**དང་། སྦས་དོན་བདེ་སྟོང་དབྱེར་མེད་ཀྱི་བྱང་སེམས་དང་སེམས་ཉིད་གདོད་ནས་དག་པ་མཆོག་གསུམ་གྱི་རང་བཞིན་དུ་བཟུང་བའོ། །དེ་ཡང་**སངས་རྒྱས་རྣལ་འབྱོར་**ཏེ་དེ་བཞིན་གཤེགས་པ་སྐུའི་རིགས་རྣམ་སྣང་གི་**སྡོམ་པའོ།** །**རྡོ་**རྗེ་དང་**དྲིལ་**བུ་ཚད་དང་ལྡན་པ་བྱིན་གྱིས་རླབས་ཏེ་འཆང་ནས་རང་ཉིད་ལྷ་སྐུ་**ཕྱག་རྒྱ་**ཆེན་པོ་བསྒོམས་ནས་དག་དྲན་བྱ། སྦས་དོན་ནང་གི་རྡོར་དྲིལ་ནི་ཐབས་ཡབ་ཀྱི་ནོར་བུ་རྡོ་རྗེ་དང་། ཤེས་རབ་ཡུམ་གྱི་པདྨ་དྲིལ་བུ་སྟེ། ཕྱག་རྒྱ་ནི་ཕན་ཚུན་རྒྱས་བཏབ་ནས་མཉམ་པར་སྦྱོར་བའོ། །དེ་ཁོ་ན་ཉིད་སྟོན་པར་མཛད་པའི་**བླ་མ་**ཡང་མཆོད་པའི་སྒོ་ནས་**བཟུང་**བ་ཐུགས་**རྡོ་རྗེ**འི་རིགས་མི་བསྐྱོད་པའི་དམ་ཚིག་གོ། །ཟང་ཟིང་**ནོར་**དམ་པའི་**ཆོས་མི་འཇིགས་**པ་སྐྱབས་ཀྱི་སྦྱིན་པ་དང་དེའི་རྒྱ་བ་སེམས་ཅན་རྣམས་བླ་ན་མེད་པའི་བདེ་བ་ཐོབ་པར་གྱུར་ཅིག་སྙམ་པའི་**བྱམས་**པ་**སྦྱིན་**པ་དང་བཞི་པོ་ཉིན་རེ་བཞིན་དུས་དྲུག་ཏུ་བྱ་བ་དང་། སྦས་དོན་དུ་རྗེས་ཆགས་ཀྱིས་མེས་བྱང་སེམས་དབབ་ལྡོག་གི་དགའ་བཞིའི་ཡེ་ཤེས་སྦྱིན་པ་སྟེ་དེ་ཡང་ཡོན་ཏན་**རིན་ཆེན་རིགས་**རིན་འབྱུང་གི་སྡོམ་པའོ། །**ཕྱི་**ཀུན་འབྱུང་འདྲེན་པའི་ཐེག་པ། **ནང་**དཀའ་ཐུབ་རིག་བྱེད་ཀྱི་ཐེག་པ། **གསང་བའི་**དབང་བསྒྱུར་ཐབས་ཀྱི་**ཐེག་པ་**སྟེ་ཐེག་དགུས་བསྡུས་པའི་ཆོས་མ་ལུས་པ་**འཛིན་**ཅིང་སྦས་དོན་རླུང་དབུ་མར་བཅིང་བས་གཞོམ་མེད་ཀྱི་གསུང་སྒྲུབ་པ་སྟེ། དེ་ཡང་གསུང་**པདྨའི་རིགས་**འོད་དཔག་མེད་ཀྱི་སྡོམ་པའོ། །སྡོམ་པ་དེ་ཐམས་ཅད་དང་ལྡན་པའི་སྟེང་དུ་ཕྱི་ནང་གསང་བའི་**མཆོད་**པ་དང་**གཏོར་**མ་དང་སྦྱིན་སྲེག་སོགས་

ལས་བཞིའི་**རིམ་**པ་ཐམས་ཅད་ཅི་ནུས་སུ་**འཛིན་པར་**བྱེད་ཅིང་། སྦས་དོན་དེ་ཐམས་ཅད་ནུབ་འཇུག་ཨེ་ཝཾ་གྱི་སྡོམ་པས་རྒྱས་འདེབས་པ་དང་། ཞུ་བདེའི་ཕུང་ཁམས་དབང་ཡུལ་གྱི་ལྷ་རྣམས་ཚིམ་པར་མཆོད་པ་སྟེ་དེ་ཡང་**ལས་ཀྱི་**རིགས་དོན་གྲུབ་ཀྱི་སྡོམ་**པའོ།** །ཐུན་མོང་མ་ཡིན་པའི་**ཁྱད་པར་**བླ་མེད་ཀྱི་རིགས་ལྔའི་སྡོམ་པ་ནི་**སྲོག་གཅོད་**པ་ནི་ཞེ་སྡང་རྣམ་པར་དག་པ་**རྡོ་རྗེའི་རིགས་**ཀྱི་དམ་ཚིག་**ཡིན་ཏེ།** ཕྱི་ལྟར་ན་**ཞིང་བཅུ་ཚང་**བའི་དགྲ་བོ་མངོན་སྤྱོད་ཀྱིས་བསྒྲལ་བ་**དང་།** ནང་ལྟར་ན་སྲོག་ནི་རོ་རྐྱང་གི་**རླུང་**ཡིན་ལ་དེ་བཅད་པའི་ཐབས་ཀྱིས་བཀག་པས་དབུ་མར་འཇུད་ཅིང་གཙུག་ཏོར་དུ་བརྟན་པ་**དང་།** དེ་ཁོ་ན་ཉིད་དུ་རྣམ་པར་**རྟོག་པའི་**སྲོག་སྐྱེ་མེད་དུ་བསད་པ་**ཡིན།** ང་རྒྱལ་རྣམ་པར་དག་པ་**རིན་ཆེན་རིགས་ལ་མ་བྱིན་**པ་ལེན་པར་བཤད་**པ་ནི།** ཕྱི་ལྟར་ན་ཕྱུག་པོ་ལས་**ནོར་**བླངས་ཏེ་བཀྲེན་པ་ལ་སྦྱིན་པ་**དང་།** ནང་ལྟར་ན་བདེ་བ་ཆེན་པོ་བསྐྱེད་པའི་ཕྱིར་**བུད་མེད་**དམ་དེའི་ཁུ་བ་མ་བྱིན་པ་ལེན་པ་དང་། དེ་ཁོ་ན་ཉིད་དོན་དམ་པའི་བཙུན་མོ་**ཐེག་ཆེན་**གྱི་དགོངས་དོན་སྟོང་པ་ཉིད་ཡིན་ལ་དེའི་ཁུ་བ་**ཟབ་མོའི་ཆོས་**གཉིས་མེད་ཀྱི་ཡེ་ཤེས་ཉིད་བསྒོམ་སྟོབས་ཀྱིས་བླངས་ཏེ། **རང་དང་གཞན་**གྱི་**དོན་**གཉིས་**སྒྲུབ་**པ་**ལ་**མངའ་དབང་འབྱོར་བ་ལ་**དགོངས་པས་གསུངས་**པའོ། །འདོད་ཆགས་རྣམ་པར་དག་པ་**པདྨའི་རིགས་ལ་**ཕྱི་དངོས་རིག་**ལས་**ཀྱི་ཕྱག་རྒྱ་དང་། ནང་ཡིད་རིག་**ཆོས་**ཀྱི་ཕྱག་རྒྱ་དང་། གཏུམ་མོ་**དམ་ཚིག་**གི་ཕྱག་རྒྱ་གསུམ་ལ་བརྟེན་ནས་ཞུ་བདེ་དཔེའི་ཡེ་ཤེས་སྒྲུབ་པ་**དང་།** དེ་ཁོ་ན་ཉིད་དུ་རྣམ་ཀུན་མཆོག་ལྡན་གྱི་སྟོང་ཉིད་དང་མི་འགྱུར་བའི་བདེ་ཆེན་ཁ་སྦྱོར་ལས་བདེ་སྟོང་**ཕྱག་རྒྱ་ཆེན་**པོ་དོན་གྱི་ཡེ་ཤེས་སྒྲུབ་པ་**སྟེ་**དེ་དག་ལ་**བུད་མེད་**ཀྱི་བྲུས་བསྟན་ནས་**བསྟེན་པར་གསུངས་**པ་ཡིན་ནོ། །

ཕྲག་དོག་རྣམ་པར་དག་པ་**ལས་ཀྱི་རིགས་ལ་རྫུན་དུ་སྨྲ་**བར་**གསུངས་པ་**ནི། ཕྱི་ལྟར་ན་གཞན་ལ་ཕན་པའི་དོན་དུ་རྫུན་སྨྲ་བ་དང་། ནང་ལྟར་ན་སྲོག་རླུང་སྙིང་གར་ཐིམ་པས་གཞན་སྣང་ལ་ཆོས་སྟོན་པ་དང་དེ་ཁོ་ན་ཉིད་དུ་སྒྲོལ་བ་པོ་**བདག་དང་**བསྒྲལ་བྱ་**སེམས་ཅན་**བདེན་པར་**མི་དམིགས་**བཞིན་དུ་འཁོར་བ་ལས་འགྲོ་བ་སྒྲོལ་ལོ་ཞེས་**བདེན་མེད་**ཀྱི་ཚིག་**སྟོན་**པའོ། །གཏི་མུག་རྣམ་པར་དག་པ་**འཁོར་ལོའི་རིགས་ལ་**ཕྱི་ལྟར་མྱོས་པའི་སྐྱོན་མེད་ན་**ཆང་དང་།** གཙང་རྨེའི་རྟོག་པ་གཞིག་

པའི་ཆེད་དུ་དམ་རྫས་**ཤ་ལྔ་དང་།** བདུད་རྩི་ལྔ་དང་གཟུགས་སོགས་འདོད་པའི་**ཡུལ་ཀུན་བསྟེན་**པར་**གསུངས**་པ་དང་། ནང་ལྟར་ཤ་ལྔ་བཟའ་བ་ནི་དབང་ལྔའི་དྭངས་མ་འཆིང་བ། ཆང་འཐུང་བ་ནི་ཡས་བབས་ཀྱི་ལྷན་སྐྱེས་ཞུ་བདེ་འཛག་མེད་དུ་འཆིང་བ། བདུད་རྩི་ལྔ་ནི་འབྱུང་ལྔའི་དྭངས་མ་འཆིང་བ་དང་ཡུལ་ནི་གཤང་གཅི་ཁུ་བའི་དྭངས་མ་ལྟེ་བར་ལུགས་ལྡོག་ཏུ་བརྟེན་པའོ། དེ་ཁོ་ན་ཉིད་དུ་རྣམ་པར་རྟོག་པ་ཐམས་ཅད་མཉམ་པ་ཉིད་ཀྱི་དབྱིངས་སུ་རོ་གཅིག་པའོ། །དེ་ལྟར་བརྗོད་བྱའི་དོན་རེ་རེ་ལའང་དགོངས་གཞི་**ཕྱི་ནང་གསང་བའི་**སོ་སོར་ཕྱེས་ཏེ་བཤད་པ་རྡོ་རྗེ་**ཐེག་**པ་བླ་མེད་ཀྱི་ཁྱད་ཆོས་ཡིན་པའི་ཕྱིར་དེས་ན་གདུལ་བྱ་རྣམས་འཇུག་པའི་**རིམ་པ་མ་ཉམས་**པར་**སྤྱོད་པ་**ནི་**བླ་མེད་**ཀྱི་**ལུགས་**སུ་ཤེས་པར་བྱའོ། །

དཔེར་ན་ལྗོན་ཤིང་གི་རྩ་བ་དང་འདྲ་སྟེ། བརྟན་ན་ཡལ་ག་ལོ་འདབ་རྒྱས་ཤིང་བརྟོན་ན་སྨམ་པ་ལྟར་བསྲུང་ན་ལམ་དང་འབྲས་བུས་ཡོན་ཏན་ཐམས་ཅད་བསྐྱེད་ལ་ཉམས་ན་ངན་འགྲོར་ལྟུང་བས་སྡུལ་བསྡུལ་གྱི་རྩ་བར་འགྱུར་བའི་ཕྱིར། **རྩ་བའི་ལྟུང་བ་བཅུ་བཞི་བསྟན་པ་ནི།** །དབང་བསྐུར་རྒྱུད་བཤད་མན་ངག་སྟོན་པའི་**སློབ་དཔོན་རྣམ་གསུམ་**སོགས་གང་རུང་ལ་ཞེ་སྡང་དང་ཕྲག་དོག་གིས་**སྙིང་**ཐག་པ་**ནས་**ངག་གིས་འཕྱ་ཞིང་འཕྱ་བས་**སྨོད་པ་དང་།** བཀུར་སྟི་མི་བྱེད་པར་ལུས་ངག་གིས་མི་གུས་པས་**བརྙས་**པ་སོགས་བྱེད་པ་**དང་ཐུགས་དཀྲུགས་**ཏེ་མི་མཉེས་པར་བྱས་པ་**ལྟུང་བའི་སྣ་**ཐམས་ཅད་**ཀུན་ལས་**ཉེས་པ་**ཤིན་ཏུ་ལྕི་**བའི་**ཕྱིར་འདི་ཉིད་**རྩ་ལྟུང་**དང་པོར་བཤད་**དེ་འདི་ཉམས་ན་སྒོམ་སྒྲུབ་ཅི་བྱས་ཀྱང་འབྲས་བུ་གཏན་ནས་མེད་དོ། །མ་ཟད་མནར་མེད་དུ་སྐྱེའོ། །གདུལ་བྱ་ལ་**གླང་དོར་**གྱི་**གནས་སྟོན་**པ་སྡེ་སྣོད་གསུམ་དང་རྒྱུད་སྡེ་དྲུག་གིས་བསྡུས་པའི་**བདེ་བར་གཤེགས་པའི་བཀའ་**ལས་གསུངས་པའི་དོན་འཇུག་ལྡོག་གི་བསླབ་བྱ་**བླ་མས་གསུངས་ཤིང་རང་གིས་**དེའི་དོན་**གོ་བཞིན་དུ་ཁྱད་གསོད་**ཀྱི་བློས་བཀའ་ལས་འདས་ཏེ་**མི་མཐུན་**པར་**སྤྱོད་**པའམ་དེ་དང་**འབྲེལ་**བ་གཞན་ལ་བཤད་ཀྱང་རུང་སྟེ་བདེ་བར་གཤེགས་པ་དང་བླ་མའི་**བཀའ་**ལས་**འདས་**པ་ནི་དང་པོའི་འོག་ནས་ཉེས་པ་ཆེ་བས་རྩ་ལྟུང་**གཉིས་**པར་བཞག །ཡུལ་ནི་སྤྱིའི་མཆེད་སེམས་ཅན་ཐམས་ཅད། **རིང་**བའི་མཆེད་རྒྱལ་བསྟན་ལ་ཞུགས་ཚད། **ཉེ་**བའི་མཆེད་སྔགས་ཀྱི་ཐེག་པར་ཞུགས

ཚད་དང་། **ནང་འབྲིས**པའི་མཆེད་བླ་མ་དང་དཀྱིལ་འཁོར་གཅིག་གིས་བསྡུས་པའི་**སྤུན**་དེ་རྣམས**ལ**་ཡིད་ཀྱིས་**ཁྲེལ**་ཤིང་**འཁོན**་ཞེ་ལ་**འཛིན**་པ་དང་**ཕྲག་དོག**་གི་བསམ་པས་ལུས་ངག་གིས་**བརྙས**་པ་དང་སྨྲོན་བརྗོད་པས་དེའི་སེམས་སུན་ཕྱུང་བ་**སོགས་གསུམ་པའོ།** ཡུལ་**སེམས་ཅན**་གང་ཡང་རུང་བ་ལ་དམིགས་ནས་**བདེ་བ་ཀུན་དང་བྲལ**་ཞིང་སྡུག་བསྔལ་དང་ལྡན་**ན**་ཅི་མ་རུང་སྙམ་དུ་ཁྲོ་བའི་**བསམ**་པས་**སྙིང་**ཐག་པ་**ནས་བྱམས་པ་བཏང་བ་བཞི་པའོ།** །

མི་འགྱུར་བའི་བདེ་བ་ལ་མ་དད་ཅིང་ཞུ་བདེ་འགྱུར་མེད་ལ་དགོས་མེད་དུ་བསམ་ནས་**འདོད་ཆགས**་སམ་བསླབ་པ་ཁྱད་གསོད་ཀྱི་**སེམས་ཀྱིས**་གཏང་བའི་**གནས་སྐབས**་བདུན་**མ་ཡིན་པར།** **བསམ་བཞིན་དུ་ཁུ་བ་འབྱིན**་པས་ནོར་བུའི་ཕྱིར་ལྷུང་ནས་རྟེན་བྱང་སེམས་ཉམས་པར་བྱེད་པ་**དང་སེམས་ཅན་ལ**་དམིགས་ནས་**བྱང་ཆུབ**་དོན་གཉེར་གྱི་སྨོན་སེམས་བཏང་བ་དང་རྩ་ལྟུང་ཐུན་མོང་པའི་འཇུག་པ་**སེམས་བསྐྱེད་བཏང་བ་ལྔ་བ་ཡིན།** ངན་འགྲོ་ལས་ངེས་འབྱུང་གིས་**ལམ་འཚོལ**་བ་**མུ་སྟེགས**་པ་དང་འཁོར་བ་ལས་ངེས་པར་འབྱུང་བའི་**ལམ**་ལ་**ཞུགས**་པའི་**ཉན་རང**་གཉིས་**དང་།** མཐའ་གཉིས་ལས་ངེས་པར་འབྱུང་བའི་**ལམ་ཆེན**་པོ་ལ་ཞུགས་པ་**ཐེག་ཆེན**་ཕར་ཕྱིན་གྱི་**གྲུབ་མཐར**་ཐེག་པ་གོང་མར་དྲངས་པའི་ཆེད་སོགས་མ་ཡིན་པར་སྨད་སེམས་ཀྱིས་**སྨོད་ན་དྲུག**་པའོ། །**སྨོད**་ཀྱིས་མ་སྨིན་པ་ལོག་སྲེད་ཅན་**དང་།** **ཚིག་མ་བྱས**་པས་མ་སྨིན་པ་བུམ་དབང་མ་ཐོབ་པ་དང་། ཚོ་ག་**མ་རྫོགས**་པས་མ་སྨིན་པ་དབང་གོང་མ་གསུམ་མ་ཐོབ་པ་**དང་།** དབང་ཐོབ་ཀྱང་རྩ་ལྟུང་གིས་**ཉམས**་པ་**དང་**ཆོས་**ཟབ་མོས་འཇིགས**་པ་ཉན་རང་སོགས་དབང་པོ་མ་སྨིན་པ་སྣེ་ཡུལ་**ལྷར**་སྔགས་ཀྱི་ཐུན་མོང་མ་ཡིན་པའི་རྫས་དང་ལྷ་སྤྱོད་སོགས་**གསང་བ་སྒྲོགས**་པས་ཡུལ་དེ་མ་དད་པར་སྐྱེ་ན་**བདུན**་པའོ། །**ཕུང་པོ་ལྔའི**་རང་བཞིན་**སངས་རྒྱས**་རིགས་**ལྔ**་ཡིན་པ་ལྟར་ངོ་སྤྲད་ནས་འདོད་ཡོན་གྱིས་མཆོད་པ་བྱ་དགོས་རྒྱུ་**ལ**་རང་ལུས་མི་གཙང་བའོ་ཞེས་**བརྙས་པ་ཡིས**་སྒྲོ་ནས་ངག་གིས་**སྨོད**་པ་**དང་**ལྷའི་ཁྱད་པར་བསྒྲུབ་པ་སོགས་ཀྱི་དགོས་པ་མེད་པར་དཀའ་ཐུབ་དང་ཡན་ལག་གཅོད་པ་སོགས་ཀྱིས་**གདུང་བ་བསྐྱེད་ན་བརྒྱད་པ་ཡིན**་ནོ། །

གཞི་ལམ་འབྲས་བུའི་ཆོས་ཐམས་ཅད་**རང་བཞིན**་གྱིས་རྣམ་པར་**དག**་པས་དབྱེར་མི་ཕྱེད

པའི་ཟུང་འཇུག་འོད་གསལ་བྱང་ཆུབ་ཀྱི་སེམས་བདེ་བར་གཤེགས་པའི་སྙིང་པོ་གདོད་མའི་གནས་ལུགས་སུ་བཞུགས་པར་བཤད་པ་ནི་ལམ་ལ་དགྲི་བར་བྱ་བའི་ཆེད་དུ་སྤྲོ་བ་བསྐྱེད་པ་ཙམ་ལས་དོན་ལ་དེ་ལྟར་མ་ཡིན་སྙམ་དུ་ཐེ་ཚོམ་ཟ་བ་དགུ་བར་བཤད་དོ། །བསྒྲལ་བའི་ཞིང་བཅུ་ཚང་བ་མངོན་སྤྱོད་ཀྱི་ལས་ཀྱིས་སྒྲོལ་བར་ནུས་བཞིན་དུ། ཡལ་བར་དོར་ནས་མི་སྒྲོལ་བ་དང་བླ་མ་དང་བསྟན་འགྲོར་འཚེ་བའི་གདུག་པ་ཅན་ལ་མཛའ་བོར་བྱས་ནས་ཐ་མལ་བའི་བྱམས་པར་བྱེད་ན་བཅུ་པའོ། །མིང་དང་བརྡའི་མཚན་མ་སོགས་ཐམས་ཅད་དང་བྲལ་བའི་དོན་དམ་བདེན་པ་དང་དེ་རྟོགས་པའི་ཐབས་ལ་རྟོག་གེའི་རིག་པས་དངོས་པོ་དང་དངོས་པོ་མེད་པ་གང་རུང་དུ་སྒྲོ་འདོགས་པས་རྟོག་ཅིང་ཞེན་ནས་རྟོག་གེའི་བློས་འཇལ་བར་བྱེད་ན་རྩ་ལྟུང་བཅུ་གཅིག་པའོ། །བླ་མ་དང་དཀོན་མཆོག་ལ་དང་འདོད་ཡིད་ཆེས་ཀྱི་དད་པ་གསུམ་དང་ལྡན་པའི་སེམས་ཅན་ཆོས་འདོད་ཅིང་སྨིན་དུ་རུང་བ་ལ་རང་ལ་ནུས་པ་ཡོད་བཞིན་མི་སྟེར་བ་དེའི་དོན་མི་བྱེད་པར་མ་ཟད་སེམས་དང་འགལ་བ་མི་བསྲུང་པ་དང་ཆགས་སྡང་གིས་སྐྱོན་བརྗོད་པའམ་གཡོ་སྒྱུས་བསླུ་བ་གང་རུང་གིས་དེའི་དད་འདུན་ལོག་ན་བཅུ་གཉིས་པའོ། །

ཚོགས་འཁོར་སོགས་ཐུགས་སྤྱོད་ཀྱི་སྐབས་སུ་བབས་པའི་རྡོར་དྲིལ་གོས་རྒྱན་སོགས་བཅང་བའི་ཡོ་བྱད། ཤ་ལྔ་བདུད་རྩི་ལྔ་ཆང་སོགས་བཟའ་བཏུང་གི་ལོངས་སྤྱོད་སོགས་ཐུགས་ཀྱི་དམ་ཚིག་གི་རྫས་དང་། བྲོ་གར་རིག་མ་སོགས་སྤྱོད་པ་དུས་ཚོད་དང་འབྲེལ་ཀྱང་ཉན་ཐོས་ཀྱི་བསླབ་པ་ལ་འཆེལ་བས་སམ་མི་གཙང་བ་དང་ཉེས་དམིགས་ཀྱི་བསམ་པས་མི་བསྟེན་ཞིང་སྤང་ན་བཅུ་གསུམ་པའོ། །ཡུལ་བུད་མེད་གཅིག་གམ་སྤྱི་དང་བྱེ་བྲག་སྤྱོད་པའི་དུས་ཡིན་ན་རང་གི་བསྟེན་བྱར་དུ་འགྱུར་ངེས་ལ་ལྟོས་པའི་ཤེས་རབ་མ་ལ་ངོས་སམ་ལྐོག་ཏུའམ་རུང་སྟེ་ཞེ་ཐག་པ་ནས་སྙིང་ཚིམ་པས་བརྙས་ཐབས་དང་སྨད་པའི་ཚིག་བརྗོད་པ་གཞན་གྱི་གོ་ན་བཅུ་བཞི་པའོ། །

ད་ནི་གང་སྤྱད་ན་སྡོམ་པ་གཏོང་བྱེད་ཀྱི་ཕམ་པ་མིན་ཀྱང་དངོས་གྲུབ་མྱུར་དུ་འགྲུབ་པ་ལ་གེགས་སུ་ཆེ་བའི་ཡན་ལག་སྦོམ་པོའི་ལྟུང་བ་བཤད་པ་ལ། དབང་གིས་རྒྱུད་མ་སྨིན་པ་དང་དམ་ཚིག་དང་མི་ལྡན་པས་མ་སྨིན་པའི་རིག་མ་བསྟེན་པ་ཙམ་ལས་དང་པོའོ། །ཚོགས་ཀྱི་འཁོར་ལོའི་དུས་སུ་

བླ་མའམ་མཆེད་ལ་མནར་སེམས་མེད་པར་ཀུ་རེ་སོགས་ལུས་ངག་གིས་རྩེད་པ་གཉིས་པའོ། །རྒྱུད་ནས་མ་གསུངས་པའི་རིག་མ་མཚན་ཉིད་མི་ལྡན་པར་རེའུ་བྱའམ་བདེ་བའི་རྒྱུར་རང་སྟོབས་ཀྱིས་དེའི་བདུད་རྩི་སྔགས་ཀྱི་ཚོགས་བཞིན་དུ་མ་ཡིན་པར་ལེན་པ་གསུམ་པའོ། །གསང་སྔགས་ཀྱི་སྣོད་དང་ལྡན་ཞིང་དོན་གཉེར་ཅན་གྱི་སློབ་མར་གསང་སྔགས་ཀྱི་ཆོས་དཔེ་མཁྱུད་ཀྱིས་མི་སྟོན་པ་དང་བཞིའོ། །དད་པ་དང་ལྡན་པས་ཆོས་དོན་གཉེར་བའི་སློབ་མས་ཚིག་དོན་འདྲི་བ་ལ་ཆོས་དེ་མི་སྟོན་པར་ཆོས་གཞན་སྟོན་པ་དང་ལྔ་བའོ། །སྔགས་ཀྱི་ལྷ་སྤྱོད་ལ་སྐུར་བ་འདེབས་པའི་ཉན་ཐོས་དང་སེམས་དེ་དང་འདྲ་བ་རྟོག་གེ་བའི་ནང་དུ་ཞག་བདུན་ལོངས་པར་བསྡད་པ་དང་དྲུག་གོ། །གསང་སྔགས་ཀྱི་རྣལ་འབྱོར་དེ་ཁོ་ན་ཉིད་ཀྱི་ཡེ་ཤེས་དང་མི་ལྡན་པར་རང་ཉིད་སྔགས་ཀྱི་རྡོ་རྗེ་འཛིན་པར་སྒྲ་ཞིང་ རློམ་པ་བདུན་པའོ། །ཚོགས་བཤད་ཙམ་ལས་སློབ་བཤད་བསྟན་པའི་སྣོད་མིན་པ་ལ་ཟབ་དོན་དུས་མིན་དུ་བཤད་པ་སྟེ་ཡན་ལག་སྦོམ་པོའི་ལྟུང་བ་བརྒྱད་དོ། །གཞན་ཡང་བསྙེན་པ་སོགས་མ་བྱས་པར་སློབ་མ་ལ་དབང་བསྐུར་བ་དང་རབ་གནས་དང་སྦྱིན་སྲེག་གི་ལས་ལ་སོགས་པ་ལ་བསམ་པས་འཇུག་ཅིང་སྦྱོར་བས་ཞུགས་པ་དང་། གསང་སྔགས་ཀྱི་སྣོད་དང་ལྡན་ཡང་ཕྱི་ཡི་ཆོས་ལ་མོས་པ་ཆེ་བའི་གང་ཟག་ལ་དགོས་པ་མེད་པར་ལུས་ཀྱི་ཕྱག་རྒྱ་འཕྲུལ་འཁོར་སོགས་བསྟན་པ་དང་། སྡོམ་པ་འོག་མ་སོ་བྱང་གཉིས་ཐོབ་པའི་སྔགས་པས་ཚོགས་འཁོར་གྱི་དུས་མིན་པར་ཆང་འཐུང་བ་དང་ཕྱི་དྲོའི་ཁ་ཟས་ཟ་བ་ལྟ་བུ་དེ་གཉིས་ཀྱི་བཅས་པ་ལས་དགོས་མེད་དུ་འདའ་བའོ་ཞེས་དེ་ལ་སོགས་སྡོམ་པོའི་ལྟུང་བ་གྲངས་མཐའ་གཅིག་ཏུ་མ་ངེས་པ་དུ་མ་རྣམས་ཡོད་ཀྱང་ཉེས་པ་ཆུང་ཞེས་དུས་འཁོར་འགྲེལ་ཆེན་ལས་བཤད། གསར་མའི་རྒྱུད་རྣམས་སུ་མ་གྲགས་པའི་ཁྱད་པར་བ་སྟེ་སྔ་འགྱུར་རྫོགས་པ་ཆེན་པོའི་རྒྱུད་རྣམས་སུ་གསུངས་པའི་ལུགས་སྲོལ་དག་འཆད་པར་བྱའོ། །

རྩ་བ་ནི་རང་གི་སྒོ་གསུམ་སངས་རྒྱས་ཀུན་འདུས་བླ་མའི་སྐུ་གསུང་ཐུགས་རྡོ་རྗེ་གསུམ་དང་དབྱེར་མི་ཕྱེད་པར་སྡོམ་པས་རྡོ་རྗེ་གསུམ་གྱི་དམ་ཚིག་ལ་ཕྱི་ནང་གསང་བ་རེ་རེ་ལ་དགུ་དགུར་ཕྱེ་བ་ལས། དང་པོ་སྐུའི་དམ་ཚིག་གསུམ་ཚན་གསུམ་ནི། རིམ་པར་མ་བྱིན་པར་ལེན་པ། མི་ཚངས་པ་སྤྱོད་པ། སྲོག་གཅོད་པ་གསུམ་སྤང་བ་སྐུའི་ཕྱིའི་གསུམ། ཕ་མ་སྤུན་སྲིང་དང་རང་ལུས་ལ་སྨོད་པ།

ཆོས་དང་གང་ཟག་ལ་སྨོད་པ། རང་ལུས་ལ་བརྡེག་བཅོག་དང་དཀའ་ཐུབ་ཀྱིས་བརླས་ཤིང་གདུང་བ་རྣམས་སྐུའི་ནང་གི་གསུམ་དང་། རྡོ་རྗེའི་སྤྱུན་སྲིང་གི་ལུས་ལ་བརྡེག་གམ་བརྡེག་པར་གཟས་ཤིང་རྒྱུན་ལ་སྨོད་པ། བླ་མའི་ཡུམ་ལ་གཙེས་པ་བླ་མའི་གྲིབ་མར་འགོང་པ་དང་སྤྱན་སྔར་ལུས་ངག་གི་སྤྱོད་པ་བག་མེད་པ་རྣམས་སྤྱོང་བ་སྐུའི་གསང་བའི་དམ་ཚིག་གོ། །

གཉིས་པ་གསུང་གི་དམ་ཚིག་གསུམ་ཚན་གསུམ་ནི་རྫུན་ཚིག །ཕྲ་མ། ཚིག་རྩུབ་སྨྲ་བ་རྣམས་སྤྱོང་བ་གསུང་གི་ཕྱིའི་གསུམ་དང་། ཆོས་སྨྲ་བ། དེའི་དོན་སེམས་པ། གནས་ལུགས་སྒོམ་པ་རྣམས་ལ་གཤེ་སྐུར་འདེབས་པ་སྤྱོང་བ་རྣམས་གསུང་གི་ནང་གི་དང་། རྡོ་རྗེའི་སྤྱུན་སྲིང་གི་ཚིག །བླ་མའི་ཕྱག་རྒྱ་ཉེ་འཁོར་གྱི་ཚིག །བླ་མའི་གསུང་རྣམས་ལ་བརླས་ཤིང་གཅོག་པར་བྱེད་པ་རྣམས་སྤྱོང་བ་གསུང་གི་གསང་བའི་དམ་ཚིག་གོ། །

གསུམ་པ་ཐུགས་ཀྱི་དམ་ཚིག་གསུམ་ཚན་གསུམ་ནི་གནོད་སེམས། བརྣབ་སེམས། ལོག་ལྟ་གསུམ་སྤྱོང་བ་ཐུགས་ཀྱི་ཕྱིའི་དང་། སྤྱོད་པ་ལོག་པ་བག་མེད་དང་བོ་ཅོ། སྒོམ་པ་ལོག་པ་བྱིང་རྒོད་དང་གོལ་སྒྲིབ། ལྟ་བ་ལོག་པ་རྟག་ཆད་དང་མཐར་འཛིན་སྤྱོང་བ་རྣམས་ཐུགས་ཀྱི་ནང་གི་དང་། ཉིན་ཞག་གི་ཐུན་རེ་རེ་བཞིན་ལྟ་སྒོམ་སྤྱོད་གསུམ་ཡིད་ལ་མ་བྱས་པ། ཡི་དམ་གྱི་ལྷ་ཡིད་ལ་མ་བྱས་པ་དང་། བླ་མའི་རྣལ་འབྱོར་དང་མཆེད་ལྕམ་ལ་བརྩེ་གདུང་ཡིད་ལ་མ་བྱས་པ་རྣམས་སྲུང་བ་ཐུགས་ཀྱི་གསང་བའི་དམ་ཚིག་སྟེ་**ཉི་ཤུ་རྩ་བདུན་དང་།** རྩ་བའི་གྲོགས་སམ་ཐབས་སུ་གྱུར་པ་**ཡན་ལག་གི་དམ་ཚིག**་ལྔ་ཚན་ལྔར་ཕྱེ་བས་**ཉི་ཤུ་རྩ་ལྔ་ནི།** རང་དོན་གྱི་འཁྲིས་མེད་པར་ཕྱེ་ཞིང་བཙུ་སྒྲོལ་བ། ནང་རླུང་དབུ་མར་འགོག་པ། གསང་བ་རྟོག་ཚོགས་སྐྱེ་མེད་དུ་སྒྲོལ་བའི་**ཏ་ན།** ཕྱི་ལས་རྒྱ། ནང་གཏུམ་མོ་དང་ཆོས་རྒྱ། གསང་བ་ཕྱག་ཆེན་ལས་ཞུ་བདེ་འགྱུར་མེད་སྒྲུབ་པའི་སྦྱོར་བ་**ག་ན།** ཕྱི་གཞན་ནོར། ནང་བཙུན་མོའི་ཁུ་བ་**མ་བྱིན་ལེན་དང་།** ཕྱི་གཞན་དོན་དུ་འགྱུར་ན་**རྫུན**་བཤད། ནང་འཁོར་བ་མེད་སྣང་ལས་འགྲོ་བ་སྒྲོལ་བའི་རྫུན། སློབ་བུ་མ་རུང་བའི་རྒྱུད་འཚོས་ཕྱིར་ངག་འཁྱལ་ལས་ཞེ་གཅོད་ཀྱི་བརླང་ཚིག་སྨྲ་བ། ནང་བརྗོད་མེད་རྟོགས་པས་གབ་སྦས་མེད་པར་སྨྲ་བ་**ངག་འཁྱལ་རྣམས་ནི་སྤྱོད་པར་བྱ་བ་ལྔ།** ཡུལ་ཡིད་དུ་འོང་བ་ལ་**འདོད་ཆགས།** ཡིད་དུ་མི་འོང་བ་ལ་**ཞེ་སྡང་།**

བར་མ་ལ་**གཏི་མུག** །དམན་པ་ལ་**ང་རྒྱལ་དང་།** མཐོ་བ་ལ་**ཕྲག་དོག་རྣམས་ནི་**མི་སྤང་སྟེ་ཆོས་ཐམས་ཅད་རང་གི་ངོ་བོས་སྟོང་བས་སྤང་བྱའི་རྫས་མ་གྲུབ་པའི་ཕྱིར་དང་། ཐབས་ཀྱིས་སྤྱོད་ན་མི་འཆིང་བར་མ་ཟད་རྣམ་པར་གྲོལ་བའི་མྱུར་ལམ་ཡིན་པས་དང་། ཉོན་མོངས་པ་ལྔ་ཡེ་ནས་རིགས་ལྔ་ཡེ་ཤེས་ལྔའི་རང་བཞིན་ཡིན་པའི་ཕྱིར་ཉན་ཐོས་ལྟར་དགྲར་བལྟས་ནས་སྤང་བར་བྱེད་པ་མིན་པ་**མི་སྤང་བའི་དམ་ཚིག་ལྔ།** སྦས་དོན་ཡང་དག་པའི་དུག་ལྔ་ནི་ཆོས་ཐམས་ཅད་མཉམ་པ་ཉིད་དུ་རྟོགས་པས་ལྟ་བ་ལ་ཕྱོགས་རིས་དང་། སྤྱོད་པ་ལ་བླང་དོར་གྱིས་འབྱེད་པ་མེད་པའི་གཏི་མུག །

དེ་ལྟར་མ་རྟོགས་པ་ལ་དམིགས་པ་མེད་པའི་སྙིང་རྗེས་རྗེས་སུ་ཆགས་པའི་འདོད་ཆགས། རང་རིག་པའི་ཡེ་ཤེས་ཀྱིས་ལོག་རྟོག་འཇོམས་པའི་ཞེ་སྡང་། མཉམ་ཉིད་རྟོགས་པའི་ལྟ་བ་གཤོངས་སུ་མི་འབེབས་པའི་ང་རྒྱལ། གཉིས་འཛིན་གྱི་ལྟ་སྤྱོད་མཉམ་ཉིད་ཀྱི་ཀློང་དུ་མི་ཤོང་བའི་ཕྲག་དོག་རྣམས། རྟོགས་གོམས་ཀྱི་ཐབས་ཀྱིས་མི་སྤོང་བ་སྟེ་དེ་དག་ནི་མི་སྤང་བའི་དམ་ཚིག་ལྔའོ། །

དམ་རྫས་བདུད་རྩི་ལྔ་ནི་（བདུད་རྩི་ལྔ་དངོས་བསྟན་ལྟར་ན་ཆོས་ཉིད་ངོ་བོས། ཆོས་ཅན་རང་བཞིན་གྱིས། ནུས་པའི་མཐུས། བྱིན་གྱི་རླབས་ཀྱིས་གྲུབ་པ་སྟེ་གྲུབ་པ་བཞི་དང་། ནད་ལྔ་སེལ་བའི་སྨན་དང་།མཆོག་ཐུན་དངོས་གྲུབ་སྒྲུབ་པའི་རྫས་དང་། རིགས་ལྔ་ཡེ་ཤེས་ལྔའི་རང་བཞིན་སྟེ་ཡིན་པ་གསུམ་གྱི་ཚུལ་ཇི་ལྟ་བ་བཞིན་ཤེས་ནས་བསྟེན་པ་དང་མཚན།）**ཆོས་ཐམས་ཅད་ཡེ་**ནས་བླང་དོར་མེད་པའི་ཆོས་ཉིད་ཀྱི་རོལ་བ་ཡིན་པས་གཙང་རྨེའི་རྟོགས་པ་མེད་པའི་ཕྱིར་དང་དུ་བླང་སྟེ། **དྲི་ཆེན་**གྱིས་བུདྡྷའི་རིགས་དང་ཆོས་དབྱིངས། **དྲི་ཆུ་**ལས་རིགས་དང་བྱ་གྲུབ། **རཀྟའི་**པདྨའི་རིགས་དང་སོར་རྟོགས། **ཤུ་ཀྲ་**སྟེ་ཤ་ཆེན་གྱི་དངས་མས་རིན་ཆེན་རིགས་**དང་**མཉམ་ཉིད། **རྡོ་རྗེའི་ཞིལ་བ་**བྱང་སེམས་དཀར་པོ་རྡོ་རྗེའི་རིགས་དང་མེ་ལོང་ཡེ་ཤེས་འགྲུབ་པའི་དམ་རྫས་ཡིན་པས། དེ་བཞིན་དུ་ནད་ལྔ་སེལ་ཞིང་ཐུན་མོང་གི་ཡོན་ཏན་ལྔ་འབྱུང་སྟེ་དྲི་ཆེན་གྱིས་དུག་ནད་སེལ་ཚེ་རིང་། དྲི་ཆུས་གག་པ་སེལ་སྐད་སྙན། རཀྟས་གྲང་ནད་སེལ་བཀྲག་མདངས་གསལ། ཤུ་ཀྲས་མཛེ་ནད་སེལ་མཐུ་ཆེ། ཞིལ་བས་ཚད་པ་སེལ་མི་བརྗེད་པའི་གཟུངས་ཐོབ་པས་མི་སྤང་། སྦས་དོན་དུ་ཕུང་ལྔའི་དྭངས་མ་འཛག་མེད་དུ་འཆིང་བས་**དང་དུ་བླང་བ་ལྔ།** ཆོས་ཐམས་ཅད་ཡེ་ནས་སངས་རྒྱས་པས་**ཕུང་ལྔ་**དེ་བཞིན་གཤེགས་པ་ཡབ་ལྔ། **འབྱུང་ལྔ་**ཡུམ་ལྔ། **ཡུལ་ལྔ་**སེམས་མ་**དབང་པོ་**

དང་དབང་ཞེས་ལྷ་སེམས་དཔའ། ཁ་དོག་ལྷ་རིགས་ལྔ། ཡེ་ཤེས་ལྔ་སོགས་རྟོག་ཚོགས་རྣམས་ཡེ་ཤེས་དང་ལྷ་རུ་ཤེས་རབ་ཀྱིས་སྒྲོ་འདོགས་བཅད་ནས་ཤེས་པར་བྱ་བ་ལྟ་བའི་དམ་ཚིག་ལྔའོ། །གཟུགས་ཕུང་དེ་བཞིན་གཤེགས་པ་དང་། རྣམ་ཤེས་རྡོ་རྗེ། ཚོར་བ་རིན་པོ་ཆེ། འདུ་ཤེས་པདྨ། འདུ་བྱེད་ལས་རིགས་སུ་ཤེས་ནས་རྟོགས་གོམས་ཀྱིས་སྦྱོར་བས་རང་རྒྱུད་ལ་ཚུལ་བཞིན་དུ་བསྒྲུབ་པར་བྱ་བ་སྒོམ་པའི་དམ་ཚིག་ལྔའོ། །

ཉེར་ལྔ་པོ་དེ་རྣམས་ནི། རྟོགས་གོམས་དང་ཡུལ་དུས་ཀྱིས་གནས་སྐབས་བརྩིས་ནས་དུས་ཚོད་དང་འབྲེལ་བའི་སྤྱོད་པས་དྲང་ངེས་ཀྱི་དགོངས་པ་བླངས་ཏེ་རིམ་པ་མ་ནོར་བ་བཤད་པར་བྱའོ། །གོང་དུ་བཤད་པ་དེ་སོགས་རྒྱུད་ལུང་མན་ངག་རྣམས་སུ་དམ་ཚིག་གི་རྣམ་བཞག་མང་དུ་གསུངས་པ། དེ་དག་གང་སྲུང་ན་སྔགས་སྡོམ་གཏོང་བའི་རིགས་རྩ་བ་དང་མི་གཏོང་ནའང་ཡན་ལག་ཉམས་པར་བྱེད་པའི་དམ་ཚིག་བཅས་རིགས་གཉིས་པོ་འདིར་མ་འདུས་པ་མེད་དོ། །དེ་ཐམས་ཅད་མདོར་བསྡུ་ན་རང་གི་རྡོ་རྗེའི་ལུས་གཞུག་མའི་རྩ་རླུང་ཐིག་ལེ་ཡེ་ཤེས་བཅས་གདོད་ནས་རྒྱལ་བའི་རྡོ་རྗེ་གསུམ་གྱི་བདག་ཉིད་དུ་བཞུགས་པ་ཉིད་ཤེས་རབ་ཀྱིས་སྒྲོ་འདོགས་ཆོད་དེ་རྟོགས་ན། སྔགས་ཀྱི་དམ་ཚིག་ས་མ་ཡ་འབུམ་སྡེ་དང་བསམ་གྱིས་མི་ཁྱབ་པ་སྤྲོས་པ་དེ་ཐམས་ཅད་འདུས་ཤིང་རྣམ་པར་དག་པར་འགྱུར་བ་ཡིན་ནོ། །སྔགས་སྡོམ་སྐྱེ་བའི་རྟེན་ནི་སྔགས་ལ་མོས་འདུན་དྲག་པོ་ཡོད་ན་ཚོགས་རྫོགས་པ་སོགས་ལ་མ་ལྟོས་པར་ཐེག་པ་གཞན་དུ་སྤང་བའི་གདུལ་བྱ་ཉིན་རེ་བཞིན་བྲམ་ཟེ་གསོད་པ་དང་། མཚམས་མེད་པ་ལྔ་བྱེད་པ་དང་སྐྱིག་མཁན་དང་ཆོམ་རྐུན་ལ་སོགས་མི་དང་ལྷ་ཀླུ་སོགས་འགྲོ་བ་ཀུན་ལ་སྐྱེའོ། །

༄ རྩ་བ་དང་ཡན་ལག་གི་དམ་ཚིག་རྣམས་མ་ཉམས་པར་བསྲུང་ཞིང་གལ་ཏེ་ཐ་མར་ཉམས་ན་གསོ་བ་ལ་འབད་དགོས་པ་དེའི་ཚུལ་བཤད་པ། དམ་ཚིག་ལ་བསླབ་པར་འདོད་ཀྱང་ལྟུང་བ་སོ་སོའི་བླང་དོར་གྱི་མཚམས་མི་ཤེས་པ་དང་། ཤེས་ཀྱང་བླ་མ་དང་དེས་འདོམས་པའི་བསླབ་བྱ་སོགས་ལ་མི་གུས་པ་དང་། སྤྱིར་གུས་ཀྱང་བག་མེད་པས་བསླབ་བྱ་ལ་གཅེས་སྤྲས་མི་བྱེད་པར་སྤྱོད་ཅིང་། གཅེས་སྤྲས་ཅུང་ཟད་ཡོད་ཀྱང་ཉོན་མོངས་པ་མང་བའི་དབང་དུ་སོང་བ་དང་བཞི་ནི་ལྟུང་བ་འབྱུང

བའི་སྒོ་བཞིར་སྟེ་བཞི་ཡིན་པ་འཕགས་པ་ཐོགས་མེད་ཀྱིས་བཞེད་ལ་བཞི་པོ་དེ་ཡི་གཉེན་པོར་རིམ་པ་ལྟར་བསླབ་བྱ་བླང་དོར་གྱི་གནས་རྣམས་ལེགས་པར་བསླབས་ཏེ་བསླབ་བྱ་ཤེས་པས་བསྲུང་བ་དང་། བླ་མ་དང་བསླབ་པ་སོགས་ཀུན་ལ་ཡིད་ཆེས་ཀྱིས་གུས་པ་བསྐྱེད་པ་དང་། དུས་རྟག་པར་བསྲུང་སེམས་མི་བརྗེད་པའི་དྲན་པ་དང་། རང་རྒྱུད་ལ་ལྟུང་བ་བྱུང་མ་བྱུང་རྟོག་པའི་ཤེས་བཞིན་བསྟེན་པ་དང་། ཉོན་མོངས་པ་གང་ཆེ་ན་དེ་དང་དེའི་གཉེན་པོར་འབད་པ་བསྐྱེད་དེ་བསྲུང་ཐབས་ལ་བསླབ་པར་བྱ། སྔར་བཤད་པའི་སྤང་བྱ་བཞིའི་སྟེང་དུ་བརྗེད་ངེས་དང་དྲན་པ་མི་གསལ་བ་གཉིས་བསྣན་པས་དམ་ཚིག་ཉམས་པའི་རྒྱུ་དྲུག་ཅེས། ཇི་སྐད་དུ། མི་ཤེས་པ་དང་བག་མེད་དང་། །ཉོན་མོངས་མང་དང་མ་གུས་དང་། །བརྗེད་ངེས་དྲན་པ་མི་གསལ་བ། །འདི་དྲུག་དམ་ཚིག་ཉམས་པའི་རྒྱུ། །ཞེས། དཔལ་ལྡན་འཁོར་ལོ་སྡོམ་པའི་རྒྱུད་ལས་གསལ་བར་གསུངས། ལྟུང་བ་ཀུན་ལ་གང་ལ་ལྟུང་བ་འབྱུང་བའི་ཡུལ་དང་བསམ་པ་དེ་ལ་དེར་འདུ་ཤེས་པ་དང་ལུས་ངག་སོགས་ཀྱིས་སྦྱོར་བ་བྱས་པ་དང་མཐར་ཐུག་ལས་ལམ་གྱི་དངོས་གཞི་གྲུབ་པས་ཡན་ལག་བཞི་ལྡན་དག་གམ། ཡང་ན་ཀུན་སློང་ཉོན་མོངས་པ་དྲག་པོས་བསླངས་པ་དང་ཡུལ་གང་ལ་བརྟེན་ནས་དམ་ཚིག་དང་འགལ་བ་ལ་དེར་ཤེས་བཞིན་དང་། ལུས་ངག་གི་སྒོ་ནས་སྦྱོར་བ་བྱས་པ་དང་མཐར་ཐུག་དངོས་གཞི་རྫ་ལྟུང་གྲུབ་ནས་ཉིན་མཚན་གྱི་དྲུག་ཆའི་ནང་དུ་གཉེན་པོས་མ་སླེབ་པར་ཐུན་ཚོད་ཀྱིས་བར་ཆོད་པ། འདུ་ཤེས་མ་འཁྲུལ་པས་སྤྱད་པ་དང་ངེས་མགུ་བས་འགྱོད་སེམས་མེད་པ་དང་། རང་དུས་ཀྱི་བཤགས་ཚད་ལས་འདས་པ་སྟེ་ཡན་ལག་བདུན་ཚང་ན་སྔགས་སྡོམ་གཏོང་བས་ཤིན་ཏུ་ལྕི་ཞིང་མི་མཐུན་ཕྱོགས་ཀྱིས་གཉེན་པོ་བཅོམ་པས་ཕམ་པ་ཞེས་བརྗོད་དོ། །རྩ་ལྟུང་གང་རུང་གཉེན་པོ་དང་སྤྲེལ་ནས་སྐྱེས་པ་ལྟ་བུ་དངོས་གཞི་མ་ཚང་ཞིང་མ་བཤགས་པར་ཐུན་ཚོད་ལས་འདས་ན། ཐུན་འདས་ཀྱི་ལྟུང་བ་ཞེས་བརྗོད་སོ་ཐར་གྱི་དགེ་འདུན་ལྷག་མ་ལྟར། ཕམ་པའི་འོག་ནས་ཉེས་པ་ལྕི་བའོ། །

དེ་བཞིན་དུ་རིམ་པས་ཞེས་པ་དམན་ན་ཕམ་པའི་སྟེར་གཏོགས་པ་ཡན་ལག་མ་ཚང་བ་ཉོན་མོངས་པ་ཅན་ནི་སྦོམ་པོ། །ཡན་ལག་གི་ལྟུང་བ་གཞན་ཐམས་ཅད་ནི་ལྟུང་བྱེད་དང་། ཕྱོགས་མཐུན་

ཀྱི་ཉེས་བྱས་ཕྲ་མོ་རྣམས་ནི་ཉེས་བྱས་དང་འདྲའོ། །རྡོ་རྗེའི་སྤྱན་ལ་ཕན་སེམས་ཀྱིས་ཁྲོས་པ་ལྟ་བུ་ལྟུང་བའི་གཟུགས་བརྙན་ཏེ་དོན་ལ་ལྟུང་མེད་དུ་ཤེས་པར་བྱའོ། དེ་དག་ཀུན་ལ་རང་ཉིད་ན་བ་དང་རང་དབང་ཉམས་པ་འམ་དབང་ཐོབ་པ་ལས་ཉམས་པ་དང་བྱ་བ་དེ་ལས་ཆེ་བ་གཞན་དོན་འབྱུང་བ་དང། གཞན་གྱི་དོན་དུ་འགྱུར་ངེས་པ་དང། དོན་ཆེན་པོ་མཐོང་བ་དང་སྐྱེ་བ་མེད་པའི་དོན་ལ་བརྟེན་པ་ཐོབ་པ་དང་གཞན་དྲང་བ་སོགས་དགོས་པ་དང་ལྡན་པ་དང། རྟོགས་གོམས་ཀྱི་ནུས་པ་རྙེད་པ་དང། ལྷག་པའི་ལྷ་ལྟ་བུ་ཡུལ་ཁྱད་པར་ཅན་གྱིས་གནང་བ་ཐོབ་པ་དང། བླ་མས་བཀའ་བསྒོ་བ་དང། རང་གི་སྲོག་གི་བར་ཆད་དུ་གྱུར་བའི་ལས་ལ་ཉེས་པ་མེད་ཅེས་སྙིང་པོ་རྒྱན་ལས་གསུངས་སོ། །དེ་ལྟར་ན་ཉིན་མཚན་གྱི་ཐུན་ལ་ཉིན་ལན་གསུམ་མཚན་ལན་གསུམ་སྟེ་ལན་དྲུག་ཏུ། སྤང་བླང་དམ་ཚིག་གི་གནས་རྣམས་ལ་འགལ་མ་འགལ་ལེགས་པར་བསྒྲིམས་ཏེ། བརྟག་ཅིང་དཔྱད་པས་ཉིན་མཚན་གྱི་དྲུག་ཆའི་ནང་དུ་གཉེན་པོས་མ་སླེབ་པར་འདས་ན་ཐུན་ཚོད་ལས་འདས་པ་ཞེས་བྱ་བ་དང། ཞག་གཅིག་གིས་བར་ཆོད་པ་དང། ཟླ་བ་གཅིག་གིས་བར་ཆོད་པ་ཚུན་ཆོད་དང། ལོ་གཅིག་ཚུན་ཆད་དང། ལོ་གཉིས་འདས་སམ་གསུམ་ཚུན་ཆད་འདས་པ་རྣམས་ལ་རིམ་པར་འགལ་བ་དང་ཉམས་པ་དང་འདས་པ་དང་རལ་བ་ཞེས་བརྗོད་པའི་ཉེས་པ་དེ་དག་ཀྱང། དེ་ཚུན་ཆད་བརྩོན་པ་ཆེན་པོས་སྙིང་ནས་བཤགས་ན་གསོ་རུང་མོད་དུས་ལ་ལྟོས་ནས་ཉེས་པ་སྔ་མ་ལས་ཕྱི་མ་རྣམས་རིམ་གྱིས་ལྕིའོ། །ལོ་གསུམ་ཕན་ཆད་འདས་ན་དེ་ནས་གསོར་མི་རུང་བ་ཡིན་ནོ། །

འདི་ལྟར་བུམ་དབང་བདུན་ཙམ་ཐོབ་པ་ལ་དཀྱིལ་འཁོར་གྱི་ལྷ་གྲངས་རེ་རེ་འམ་གཙོ་བོ་ལ། བཟླས་པ་སུམ་ཁྲི་དྲུག་སྟོང་བྱས་པས་སྦྱང་བ་དང་བུམ་གསང་ཐོབ་པ་ལས་ཉམས་ན་སྔ་མ་དེའི་སྟེང་དུ་སློབ་དཔོན་གྱིས་གསུང་པ་ལྟར་སྟོན་དུ་ཆད་ལས་ཀྱི་བརྟུལ་ཞུགས་སྤྱད་པས་སྦྱངས། དེ་དག་གི་རྗེས་སུ་དཀྱིལ་འཁོར་དུ་ཞུགས་ལ་དབང་བཞི་ལེན་པ་དང། ཤེར་དབང་དང་ཚིག་དབང་ཐོབ་པ་ལས་ཉམས་ན་དབེན་པའི་གནས་སུ་བསྐྱེད་རིམ་དང། འཕོ་མེད་ཀྱི་ཚུལ་ཁྲིམས་ཏེ་དཀྱིལ་འཁོར་འཁོར་ལོ་མཚན་བཅས་མཚན་མེད་ཀྱི་རྫོགས་པའི་རིམ་པ་དང། རང་རྒྱུད་བྱིན་གྱིས་བརླབས་པ་མཚན་བཅས་གཏུམ་མོ་བསྒོམ་པ་མ་གཏོགས་གཞན་གྱིས་མི་འདག་གོ། །དེ་ཐམས་ཅད་ཀྱིས་ཀྱང

དག་པའི་མཚན་མ་མཐོང་ན་དཀྱིལ་འཁོར་དུ་ཞུགས་ནས་སྡོམ་པ་བཟུང་ཞིང་དབང་བླང་བར་བྱའོ། ། **འགལ་ན་ཚོགས་ཀྱི་འཁོར་**ལོ་ཕུལ་ནས་བསྐང་བ་དང་། **ཉམས་ན་**རང་གི་**བདོག་**པ་ཐམས་ཅད་ཕུལ་**བས་བསྐང་**བ་དང་། **འདས་ན་བུ་དང་ཆུང་མ་ནོར་སོགས་དང་།** ཉེ་འཁོར་ལུས་ངག་ཡིད་དང་བཅས་པས་བསྐང་བ་དང་། **རལ་ན་**བསྟེན་པ་དང་བླ་མའི་དོན་དུ་**རང་གི་སྲོག་**བློས་བཏང་ནས་བརྩོན་པ་དྲག་པོས་སྐྱོང་བ་ལ་སོགས་པའི་ཐབས་དག་**གིས་གསོ་བར་བཤད།** **སྙིང་པོ་རྒྱན་ལས་**གསུངས་པའི་**གསོ་བའི་ཚིག་ནི།** **ཚོགས་ཞིང་**སྤྱན་དྲངས་**ལ་**དེའི་དྲུང་དུ་**བཤགས་**སྡོམ་བྱ་བ་དང་ཡོ་ག་ནས་བཤད་པའི་**དྲལ་བའི་ཐུགས་རྒྱུས་**སྐྱོང་བ་**དང་།** **བཀྲུ་བའི་རིམ་པ་**ཕྱི་ཁྲུས་བུམ་ཆུ་དང་ནང་ཁྲུས་ནམ་མཁའི་དབང་ལྔ་ལས་རིག་དབང་ལེན་པ་དང་**གཏུམ་མོའི་མེས་**ལྟེ་བའི་ཀཾ་ཡིག་**བསྲེག་**པ་**དང་།** འཁོར་གསུམ་**མི་དམིགས་**པའི་སྟོང་ཉིད་**བསྒོམ་**པ་**དང་།** བླ་མ་ལས་སམ་བདག་འཇུག་གིས་**དབང་བཞི་བླང་པ་དང་།** **ཚོགས་**འཁོར་གྱི་དུས་**སུ་**བཤགས་སྡོམ་གྱིས་**ཞུ་**བ་**དང་།** **རྟེན་**བྱིན་ཅན་གྱི་དྲུང་དུ་ཡན་ལག་བདུན་བཏང་**ལ་སྨྲེ་**སྔགས་ཀྱིས་བཤགས་པ་བྱ་**བ་དང་།** **མཎྜལ་**སོགས་ལུས་ལོངས་སྤྱོད་ཐམས་ཅད་**འབུལ་**ལ་བཤགས་པ་**དང་།** **མཆོད་རྟེན་**ཚད་ལྡན་**བྱ་བ**འམ་སཱཙྪ་གདབ་པ་**དང་།** ཞི་སྦྱིན་རྒྱས་པའམ་རྡོ་རྗེ་མཁའ་འགྲོའི་སྦྱིན་སྲེག་གི་**མེ་ལ་སྦྱང་བ་དང་།** འདས་མ་འདས་ཀྱི་**གཏོར་མ་གཏོང་བ་དང་།** རང་གི་ལྷག་པའི་ལྷའི་**གསང་སྔགས་བཟླ་**བ་དང་། **ཟབ་མོའི་བསམ་གཏན་**ཞི་ལྷག་གི་ཏིང་ངེ་འཛིན་བསྒོམ་པ་**དང་།** ཉེའུ་འདོན་བྱ་བ་སོགས་གཞན་གྱི་**སྲོག་སྐྱོབ་**པ་དང་། མདོ་རྒྱུད་ཟབ་མོའི་**བཀའ་གློག་**པ་དང་། **བླ་མ་**གཙུག་གི་ནོར་བུ་ལྟར་**བསྟེན་པ་དང་།** སྙིང་ཁར་དམ་ཚིག་རྡོ་རྗེ་དོན་གྲུབ་ཡབ་ཡུམ་བསྒོམ་པའི་ཐུགས་ཀའི་ས་བོན་ལས་བདུད་རྩིའི་རྒྱུན་བབས་སྡེ་སྡིག་ལྟུང་སྦྱོང་བར་བསམ་ལ་ཨོཾ་ཨཱཿཁཾ་ཧཱུྃ་ཞེས་པའི་བསྙེན་པ་སྔོན་དུ་འགྲོ་བས་ལུས་དཀྱིལ་ལམ་ཕྱི་དཀྱིལ་གང་རུང་དུ་**བདག་འཇུག་**བླང་བ་དང་། རྟེན་བྱིན་ཅན་གྱི་དྲུང་དུ་འདུག་ནས་**རྒྱལ་བ་**དེ་བཞིན་གཤེགས་པ**འི་ཡིག་བརྒྱ་**སྟོང་ཕྲག་ལྔ་བཟླ་བ་དང་། ཉ་སྟོང་བརྒྱད་སོགས་**དུས་བཟང་**པོ་ལ་སྡིག་པ་སྦྱོང་བ་ལ་བསྔགས་པའི་གཟུངས་སྔགས་བྱིན་ཅན་**བཟླ་**བ་དང་། ཉིན་མཚན་དུས་དྲུག་ཏུ་**ཕུང་པོ་གསུམ་པ་**འདོན་པ་དང་། སྤྱི་བོར་**རྡོར་སེམས་**བསྒོམ་ལ་སྡིག་སྒྲིབ་བཀྲུ་བའི་དམིགས་པས་ཡིག་བརྒྱ

བཟླ་བ་དང་། རང་ལྟར་གསལ་བའི་སྤྱི་བོར་ཨོཾ་ཨཱཿཧཱུྃ་རྡོ་རྗེ་འཆང་བསྒོམ་པའི་གནས་གསུམ་དུ་འབྲུ་གསུམ་གསལ་བཏབ་ནས་སྲོག་རྩོལ་བསྡམས་ཏེ་འབྲུ་གསུམ་ཡིད་བཟླས་བྱ་བ་དང་། རང་ལུས་ལྷ་དང་རྩ་འཁོར་གསལ་སྟེ་རླུང་བུམ་ཅན་དང་སྦྱར་ཐིག་ལེའི་རྣལ་འབྱོར་དཔྱིད་ཐིག་གི་འབར་འཛག་བསྒོམ་པ་དང་། རྩ་འཁོར་ལྟེའི་ལྟེ་བར་རིགས་ལྔའི་ཕྱག་མཚན་ཕྲ་མོ་གསལ་བ་ལ་སེམས་བཟུང་སྟེ་མགོན་པོ་ལྟེའི་རླུང་གཅུན་པ་ཕྲ་མོའི་རྣལ་འབྱོར་བསྒོམ་པས་གསོ་བའོ། །གླང་ཆེན་རབ་འབོག་གི་རྒྱུད་ལས་ཀལྤ་དུམ་བུའི་རྒྱུད་དེ་དྲི་མེད་བཤགས་རྒྱུད་ལས་གསུངས་པ་ཡི། ཡོ་ག་གསུམ་གྱི་སྒོར་ཞུགས་པའི་རྣལ་འབྱོར་པ་རྣམས་ཀྱི་ཉམས་ཆག་སྐོང་ཞིང་རྡོག་སྒྲིབ་སྦྱོང་བའི་སྤྱི་ཁྲུས་འགྱོད་ཚངས་ན་རག་དོང་སྤྲུག་གི་མན་ངག་ལྟར། ཁྲི་ཡོ་བྱད་ཚོགས་ཀྱི། ནང་ཕུང་པོ་རྟེན་གྱི། གསང་བ་བྱང་ཆུབ་སེམས་ཀྱི་བསྐང་བཤགས་གསུམ་ཉ་སྟོང་ཆོས་བརྒྱད་ལ་བྱས་པས་ཉམས་ཆག་ཐམས་ཅད་མི་འདག་པ་མེད་པའི་ཕྱིར་ཉམས་སུ་བླང་། གལ་ཏེ་མ་གྲུབ་ནའང་ཞི་ཁྲོའི་ཕྱག་གི་བགོལ་བྱང་ཙམ་རྒྱུན་དུ་ཡི་དམ་བྱས་ན་ཉམས་ཆག་ཐམས་ཅད་འདག་པར་གསུངས། དམ་ཚིག་ཉམས་ནས་མ་བཤགས་ན་ཚེ་འདིར་དབང་སྟོད་བསྒྲུབ་པས་ཡུལ་ཁམས་དགྲར་ལྡང་བ་ལྟར་སྒྲུབ་པ་ཐམས་ཅད་ལོག་པར་འགྱུར་བ་སོགས་ཡིད་དུ་མི་འོང་བས་མནར་ཞིང་ཕྱི་མ་རྡོ་རྗེའི་དམྱལ་བ་ཞེས་བྱ་བ་དམྱལ་ཆེན་ཕལ་བ་འབུམ་ཕྲག་གཅིག་གི་སྡུག་བསྔལ་ལས་ཀྱང་ཆེས་ཤིན་ཏུ་སྡུག་བསྔལ་བ་མནར་མེད་དོ་ན་མེད་པའི་གནས་སུ་སྐྱེ་སྟེ་བསྐལ་པ་ཐེར་འབུམ་སོགས་དུ་མར་འཇིག་རྟེན་གྱི་ཁམས་བརྒྱུད་ཅིང་སྡུག་བསྔལ་གྱིས་ཉམ་ཐག་པར་འགྱུར་རོ། །

དམ་ཚིག་མ་ཉམས་ན་རིང་མཐའ་ཆེས་ཤིན་ཏུ་འགྱང་ན་སྐྱེ་བ་བཅུ་དྲུག་གམ། བདུན་གྱིས་ལམ་མ་བསྒོམ་ཀྱང་དངོས་གྲུབ་མཆོག་ཐོབ་པ་ཡིན། དམ་ཚིག་དག་ཅིང་ལམ་རིམ་པ་གཉིས་ལ་འབད་ན་དབང་རྣོན་ལམ་མྱུར་བ་ཞིག་ཡིན་ན་ཚེ་འདིར་མཆོག་གི་དངོས་གྲུབ་ཐོབ་པ་འམ་དབང་འབྲིང་འཆི་ཁ་དོན་གྱི་འོད་གསལ་མངོན་དུ་བྱས་ནས་བར་དོ་ར་ཟུང་འཇུག་གི་སྐུར་ལྡང་ངོ་། །དབང་རྟུལ་བར་དོ་རུ་རང་བཞིན་སྤྲུལ་སྐུའི་ཞིང་དུ་དབུགས་དབྱུང་སྟེ་གྲོལ་བར་འགྱུར། ཐོབ་བྱ་ཐུན་མོང་གི་དངོས་གྲུབ་ཆུང་ངུ་དབང་དང་མངོན་སྤྱོད་སོགས་ལས་ཆེན་བརྒྱད། འཁྲིད་པོ་མིག་སྨན་སོགས་གྲུབ

པ་བརྒྱད་དང་། ཆེན་པོ་ཕྲ་ཡང་སོགས་དབང་ཕྱུག་གི་ཡོན་ཏན་བརྒྱད། ཐུན་མོང་མ་ཡིན་པ་མཆོག་གི་དངོས་གྲུབ་གནས་སྐབས་རིག་འཛིན་བཞི་དང་མཐར་ཐུག་སྐུ་བཞི་ཡེ་ཤེས་ལྔའི་བདག་ཉིད་མི་སློབ་པའི་ཟུང་འཇུག་མངོན་དུ་བརྙེས་པའོ། །

དེ་ཡང་ཕྱོགས་ཆའི་དབྱེ་ན།ཁ་སྦྱོར་ཡན་ལག་བདུན་ལྡན་ཏེ། གསུང་རྣམ་པ་ཐམས་ཅད་པ་ཐེག་པ་ཆེན་པོའི་ཆོས་ལ་ལོངས་སྤྱོད་པས་ན་ལོངས་སྤྱོད་རྫོགས་པ་དང་། སྐུ་ཤེས་བྱའི་སྣང་བརྙན་ཡོད་དཀྱུར་འཆར་བ་ནི་ཁ་སྦྱོར་དང་། མི་འགྱུར་བའི་བདེ་བ་ཆེན་པོ་དང་རང་བཞིན་གྱིས་སྤྲོས་པ་མེད་པ་ནི་སྤྲོས་པ་ཐམས་ཅད་ལས་འདས་པའི་སྟོང་ཉིད་དང་། སྙིང་རྗེས་ཡོངས་གང་ནི་དམིགས་པ་མེད་པའི་ཐུགས་རྗེ་ཆེན་པོ་དང་། རྒྱུན་མི་ཆད་པ་ནི་ཐུགས་རྗེ་དེ་ཉིད་ནམ་དུའང་རྒྱུན་ཆད་མེད་པར་འཇུག་པས་རྟག་པ་དང་། འགོག་པ་མེད་པ་ནི་སེམས་ཅན་སོ་སོའི་མོས་པ་ལྟར་སྐུ་དང་ཆོས་སྒོ་མཐའ་ཡས་པ་འཆར་བ་ཐོབ། དེ་དང་པོ་བཞིས་རང་དོན་དང་ཕྱི་མ་གསུམ་གྱིས་གཞན་དོན་ཕུན་ཚོགས་བསྟན་པས། དེ་ཕྱིར་རང་གཞན་གྱི་དོན་གཉིས་མ་བཅལ་ལྷུན་གྱིས་གྲུབ་པའི་ཕྱིར་མཆོག་གི་འབྲས་བུ་མཐར་ཕྱིན་པ་ཡིན་ནོ། །རྡོ་རྗེ་ཐེག་པ་ཐུན་མོང་མ་ཡིན་པའི་བསྟན་པའི་ཉམས་ལེན་གསང་སྔགས་རིག་པ་འཛིན་པའི་སྡོམ་པའི་དོན་རྣམ་པར་བཞག་པ་བསླབ་བྱ་དང་བཅས་པ་བཤད་པའི་རིམ་པར་ཕྱེ་བ་སྟེ་ལེའུ་བཞི་པའོ།། །།

༄ དེ་ལྟའི་སོ་བྱང་སྔགས་གསུམ་གྱི་སྡོམ་པ་གསུམ་པོ་དེ་རིམ་པར་ནོད་པའི་གང་ཟག་གི་རྒྱུད་གཅིག་ལ་ཇི་ལྟར་ལྡན་ན་རང་ལྡོག་མ་འདྲེས་དགག་དགོས་ཡོངས་སུ་རྫོགས། །ངོ་བོ་གནས་འགྱུར་ཡོན་ཏན་ཡར་ལྡན་པས། སྡོམ་གསུམ་གནད་ཀྱིས་མི་འགལ་དུས་སྐབས་གང་གཙོ་བོར་སྤྱོད་པར་བྱ་བ་དང་དྲུག་གོ། །དེ་ཡང་སྡོམ་པ་གསུམ་དེ་རང་གང་ལས་བླང་བའི་ཡུལ་གང་གི་ལེན་པའི་བསམ་པ་ཇི་ལྟར་ལེན་པའི་ཚོ་ག་རྣམས། ཐ་དད་པའི་སྒོ་ནས་ཇི་སྲིད་བླང་བའི་དུས་ཀྱང་སོ་སོར་ངེས་པའི་ཕྱིར་ངོ་བོ་གནས་འགྱུར་ཡང་ལྡོག་ཆ་ལ་གཞི་མཐུན་མི་སྲིད་པས་རང་རང་གི་ལྡོག་ཆ་མ་འདྲེས་པར་ཡོད་པ་ཡིན་དེ་ཐོབ་ལ་མ་ཉམས་སོ་སོར་གནས་པའི་ཕྱིར། སྡོམ་པ་གསུམ་ཀའི་དགག་བྱ་ཉོན་མོངས་པ་སྤོང་བ་དང་དགོས་པ་ཉོན་མོངས་དེས་མི་འཆིང་བར་གནད་གཅིག་སྟེ། རང་རང་ལམ་གྱི་རྣམ་པ

མི་འདྲ་བ་ལྟར་སྣང་ཡང་དོན་གནད་གཅིག་པའི་**ངོས་ནས་**དགག་དགོས་**ཡོངས་སུ་རྫོགས་**པའི་ཕྱིར་འདི་ལྟར་སོ་ཐར་གྱིས་ཉོན་མོངས་པ་**སྤོང་**བ་དང་བྱང་སེམས་ཀྱིས་ཆོས་ཉིད་དུ་**བསྒྱུར་**བ་དང་གསང་སྔགས་པས་ཡེ་ཤེས་ལྟར་བལྟས་ཏེ་**ལམ་དུ་བྱེད་**པས་ན་དེ་གསུམ་གཉེན་པོའི་རྣམ་པ་**སོ་སོ་**བ་ལྟར་སྣང་**ཡང་**དོན་དུ་**ཉོན་མོངས་**པ་**རང་མཚན་**པ་**སྤོང་བར་མཁས་**པ་**རྣམས་མཐུན་**ནོ། །ཉན་ཐོས་ལྟར་དམན་སེམས་ཀྱིས་བླང་བའི་**སོ་ཐར་**གྱི་སྡོམ་པ་དེ་དུས་དེར་**ཀུན་སློང་སེམས་བསྐྱེད་ཀྱིས་ཟིན་**པ་འམ་ཕྱིས་བྱང་སྡོམ་གྱིས་ཟིན་**ན།** དམན་སེམས་བཏང་ཡང་རང་གི་ངོ་བོ་གཞན་གནོད་གཞི་བཅས་སྤོང་བའི་ལྡོག་ཆ་དེ་བྱང་སེམས་ཀྱི་**ཉེས་སྤྱོད་སྡོམ་པ་ཞེས་བྱའི་ཚུལ་ཁྲིམས་**སུ་གནས་འགྱུར་བ་**ཡིན་**ལ་དེ་གཉིས་ཀའི་**དབང་ཐོབ་**པ་ན་མཉམ་པ་ཆེན་པོའི་ཐབས་ཀྱིས་མ་ཟིན་པས་ཐ་མལ་སྣང་ཞེན་གྱི་ལྡོག་ཆ་རེ་ཡོད་པ་དེ་བཏང་ནས་སོར་བྱང་གི་གཞན་གནོད་སྤོང་བ་དང་གཞན་ཕན་སྒྲུབ་པའི་ལྡོག་ཆ་གཉིས་པོ་དེ་རྫས་གོང་འཕེལ་གྱི་ཚུལ་དུ་མཉམ་པ་ཆེན་པོའི་ཐབས་ཁྱད་པར་ཅན་གྱིས་ཟིན་པའི་**རྡོ་རྗེ་འཛིན་པའི་སྡོམ་པར་**གནས་**འགྱུར་**དེ་སོ་ཐར་སྔགས་ཀྱི་ཉེས་སྤྱོད་སྡོམ་པ་དང་རྣམ་སྣང་གི་དམ་ཚིག་ཏུ་འགྱུར་རོ། །སྔགས་སྡོམ་གྱི་རང་དུས་ན་སོར་བྱང་ཞེས་རྫས་གཞན་ཐ་དད་པ་མེད་དེ་སྔགས་ཀྱི་སྡོམ་རྫས་སུ་ངོ་བོ་གནས་འགྱུར་དུ་ཡོད་པ་**དེ་**ཡི་**ཕྱིར་**ན་སྡོམ་པ་འོག་མ་གཉིས་གོང་མར་**ངོ་བོ་གནས་འགྱུར་བ་ཡིན་ནོ་ཞེས། འབུམ་ཕྲག་ལྔ་བའི་ལུང་གིས་གསལ་བར་གྲུབ་སྟེ།** དེ་ཉིད་ལས། རྡོ་ཡི་རིགས་ཀྱི་བྱེ་བྲག་ཅིག །བཞུ་བས་ལྕགས་དང་ཟངས་དངུལ་འགྱུར། །གསེར་འགྱུར་རྩི་ཡི་དངོས་པོ་ཡིས། །ཀུན་ཀྱང་གསེར་དུ་བསྒྱུར་བར་བྱེད། །དེ་བཞིན་སེམས་ཀྱི་བྱེ་བྲག་གིས། །རིགས་ཅན་གསུམ་གྱི་སྡོམ་པ་ཡང་། །དཀྱིལ་འཁོར་ཆེན་པོ་འདིར་ཞུགས་ན། །རྡོ་རྗེ་འཛིན་པ་ཞེས་བྱའོ། །ཞེས་སོ། །

འཇིག་རྟེན་པ་དང་**རྣལ་འབྱོར་**པ་མི་མཐུན་ཅིང་**རྣལ་འབྱོར་**པ་**བློ་**ན་འཕར་བའི་**ཁྱད་**པར་**གྱིས། གོང་མ་གོང་མ་**རྣམས་ཀྱིས་འོག་མ་འོག་མ་ལ་**གནོད་**པའི་**ཕྱིར་**སྔགས་ཀྱི་དམ་ཚིག་མ་ཉམས་པར་ཐུབ་ན་**འོག་མ་**སོར་བྱང་གཉིས་ཀྱི་སྡོམ་པ་**ཡི།** **ཡོན་ཏན་ཡར་ལྡན་**གྱིས་ཚུལ་དུ་འདུས་ཤིང་རྣམ་པར་དག་པས་ན་དེ་གཉིས་ཀྱི་བསྲུང་བྱ་ཞར་ལ་ཐུབ་པས་ལོགས་སུ་བསྲུང་མི་དགོས་པར་

དགག་བྱ་དང་དགོས་པའང་ཡར་ལྡན་གྱིས་ཚུལ་དུ་འོག་མ་གཉིས་ཀྱི་སྐྱོན་ཟིལ་གྱིས་གནོན་པ་ཡིན་ནོ༔ ༔གནད་ཀྱི་མི་འགལ་བ་ནི་མི་ཚངས་སྤྱོད་ལྟ་བུ་ལ་མཚོན་ན་བདག་དང་ཡུལ་ལྷ་ཡབ་ཡུམ་དུ་གསལ་བ་ལྷའི་འདུ་ཤེས། མཁའ་གསང་རྡོ་རྗེ་དང་པདྨར་ཤེས་པ་སྔགས་ཀྱི་འདུ་ཤེས་དང་། ཐབས་འདིས་བདེ་བ་ཆེན་པོ་སྒྲུབ་པར་བྱའོ་སྙམ་པ་ཆོས་ཀྱི་འདུ་ཤེས་དེ་འདུ་ཤེས་གསུམ་གྱིས་འཕྲིག་པར་བྱེད་ན་རྣལ་འབྱོར་པ་དེ་ལ་ལྷ་སྔགས་ཀྱི་འདུ་ཤེས་ཀྱིས་ཡུལ་མ་ཚང་། ཆོས་ཀྱི་འདུ་ཤེས་ཀྱིས་བསམ་པ་མ་ཚང་ཐབས་མཁས་ཀྱི་སྤྱོད་པས་ཟིན་པའི་སྦྱོར་བ་མ་ཚང་། ཆགས་པའི་རོ་ཡེ་ཤེས་སུ་གསལ་བས་མཐར་ཐུག་མ་ཚང་བས། ཆོས་ཐམས་ཅད་རང་སེམས་སུ་ཤེས་པས་རྨི་ལམ་དུ་སྤྱོད་པ་རྗེ་བཞིན་ཉེས་པས་མི་གོས་ཤིང་འཛག་མེད་ཡེ་ཤེས་འགྲུབ་པ་སོགས་དགག་དགོས་གནད་གཅིག་པའི་གནད་ཀྱིས་སྡོམ་པ་གསུམ་ནང་འགལ་མི་སྲིད། དུས་སྐབས་ཀྱི་གཙོ་བོར་གང་འགྱུར་སྤྱོད་པ་ནི། སྡིག་ཏོ་མི་དགེའི་ཕྱོགས་རང་བཞིན་གྱི་ཁ་ན་མ་ཐོ་བ་རྣམས་དང་ཚོགས་པའི་གསེབ་ཏུ་རྟོགས་གོམས་ཀྱི་གདེང་དང་ལྡན་ཡང་སྡོམ་པ་འོག་མ་ཉན་ཐོས་ལུགས་བཞིན་གཙོ་བོར་བྱེད་དགོས། རང་གཅེས་པར་འདོད་པའི་བློས་དབེན་པས་གཞན་དོན་དུ་འགྱུར་ངེས་ན་ལུས་ངག་གི་བཅས་པ་རྣམས་ཐེག་ཆེན་ལ་གནང་བས་དེ་བཞིན་པ་དང་། གསང་སྤྱོད་སྤྱད་པའི་དུས་དང་དབེན་པར་གནས་སུ་གསང་སྔགས་གཙོ་བོར་སྤྱད་དགོས་ཏེ། དེའི་ཚེ་འོག་མ་ཉམས་པ་ལྟར་སྣང་ཡང་དེ་ནི་ལྟུང་བའི་གཟུགས་བརྙན་ཡིན་ནོ། །དུས་ནམ་ཡང་སྡོམ་པ་གསུམ་གྱི་ལྟུང་བ་ནང་མ་འདོམ་པ་ན་རང་རང་སོ་སོའི་ལུགས་ལྟར་མ་འདྲེས་ཡོངས་རྫོགས་སུ་བསྲུང་བར་བྱ་ཞིང་གལ་སྲི་འདོམ་ན་དགག་དགོས་བརྩི་སྟེ་གང་གི་ལུགས་ལའང་ཉེས་པ་བསྐྱེད་པའི་ཆ་ཐམས་ཅད་དགག་བྱ་ཡིན་པས་འགོག་ཅིང་ཡོན་ཏན་དགེ་བའི་ཆ་བསྐྱེད་ན་བསླབ་པའི་དགོས་པ་ཡིན་པས་སྤྱད་པར་བྱ་སྟེ། གནང་བཀག་སྤྱིར་བཏང་དམིགས་བསལ་གྱི་གནད་རྣམས་མ་འདྲེས་པར་ཤེས་པ་གལ་ཆེའོ་ཞེས་མཁས་རྣམས་བཞེད་དོ། །

ལས་དང་པོ་པས་སོ་ཐར་གྱི་དགག་བྱ་གཙོ་བོར་བསྲུང་བ་དང་། བརྟན་པ་ཐོབ་ནས་བློ་ན་འཕར་བའི་རིམ་པ་ལྟར་གོང་མ་གོང་མའི་དགོས་པ་གཙོ་བོར་བསྒྲུབ་སྟེ་འདི་ལྟར་རྣལ་འབྱོར་པ་དང་གྲུབ་པ་ཐོབ་པ་དང་། ཐམས་ཅད་མཁྱེན་པའི་སྤྱོད་པ་དང་གནས་སྐབས་ཀྱི་གང་ཡིན་པ་རྣམས

མ་འདྲེས་པར་བླང་དོར་བྱས་ནས་སུམ་ལྡན་རྡོ་རྗེ་འཛིན་པའི་སྤྱོད་པ་ཁ་ན་མ་ཐོ་བ་མེད་ཅིང་**དུས་མཆོད་**དང་**འབྲེལ་བར་**སྤྱོད་**དགོས་ཞེས་དུས་འཁོར་**འགྲེལ་ཆེན་ལས་**བཤད།** ལུང་རྟོགས་ཀྱི་**ཡོན་ཏན་**ཐམས་ཅད་ཀྱི་**གཞི་རྟེན་སོ་ཐར་**རིགས་བདུན་**གང་རུང་**ཐོབ་ལ་མ་ཉམས་པ་བསྲུང་ཞིང་དེའི་**སྟེང་**དུ་**བྱང་ཆུབ་**ཏུ་**སེམས་བསྐྱེད་**པ་དང་གཉིས་ཀྱིས་རྒྱུད་སྦྱང་བ་རིག་འཛིན་**སྔགས་ཀྱི་**སྡོམ་པའི་**ཡན་ལག་**མེད་ན་མི་འབྱུང་བ་**ཡིན་**ཏེ་དེ་ནས་རྒྱུད་**སྨིན་**པར་**བྱེད་**པའི་**དབང་**བཞི་ལེགས་པར་**ཐོབ་**ནས་**སྡོམ་**པ་**གསུམ་**གྱི་བསླབ་བྱ་རྣམས་འོག་མས་གོང་མའི་གོ་མི་བཀག་པ་དང་གོང་མས་འོག་མ་སྲུན་མི་འབྲིན་པར་དགག་དགོས་ཀྱི་གནད་ཤེས་པའི་སྒོ་ནས་**མིག་**གི་འབྲས་བུ་**ལྟར་བསྲུང་**ཞིང་སྨིན་ཐྲིན་གྲོལ་བའི་ཕྱིར་དུ་ལམ་རིམ་པ་གཉིས་ལ་འཇུག་དགོས་དེ་རང་གི་ཕུང་ཁམས་སྐྱེ་མཆེད་ཐམས་ཅད་གཤེགས་པ་གཤེགས་མ་སེམས་དཔའ་སེམས་མ་ཁྲོ་བོ་ཁྲོ་མོ་སྟེ་**གདན་གསུམ་**གྱི་**ལྷ་རུ་ཤེས་པའི་**སྣང་གཞི་སྦྱོང་བྱེད་ངེ་འཕྲོད་པའི་སྒོ་ནས་དཀྱིལ་འཁོར་གྱི་འཁོར་ལོ་བསྒོམ་པ་**བསྐྱེད་རིམ་**དང་། རྫོགས་རིམ་**མཚན་བཅས་**རྩ་རླུང་ཐིག་ལེ་ལ་གནད་དུ་བསྣུན་པའི་ཐབས་དང་**མཚན་མ་མེད་པའི་རྫོགས་རིམ་**རང་བྱུང་གི་ཡེ་ཤེས་སྤྲོས་པ་ཐམས་ཅད་བྲལ་བ་དེ་ཁོ་ན་ཉིད་ལེགས་པར་**བསྒོམ་**སྟེ་ཉེ་**རྒྱུའི་སྤྱོད་**པ་སྤྲོས་བཅས་སྤྲོས་མེད་ཤིན་ཏུ་སྤྲོས་མེད་གསུམ་སྤྱད་**པས་རིམ་བཞིན་མཚམས་སྦྱར་ན།** དབང་པོ་རབ་ཚེ་**འདིའམ་**འབྲིང་**འཆི་ཁའི་**འོད་གསལ་ལས་ཟུང་འཇུག་གི་སྐུ་འགྲུབ་པ་**དང་ཐ་མ་ནི་བར་དོ་རུ་**ཆོས་ཉིད་ཀྱི་བདེན་པའི་བྱིན་རླབས་ཀྱིས་མངོན་པར་དགའ་བ་ལ་སོགས་པ་**རང་བཞིན་སྤྲུལ་སྐུའི་ཞིང་དུ་**བགྲོད་དེ་རྡོ་རྗེ་མི་བསྐྱོད་པ་ལ་སོགས་པའི་དེ་བཞིན་གཤེགས་པ་རང་རིགས་ཀྱི་འཁོར་དང་བཅས་པ་རྣམས་རིམ་པ་ཇི་ལྟ་བ་བཞིན་དུ་ཞལ་མཐོང་བ་དང་དབང་བསྐུར་བ་དང་བྱང་ཆུབ་ཏུ་ལུང་བསྟན་པ་དང་དབུགས་དབྱུང་བ་ཐོབ་ནས་གདོད་མའི་དབྱིངས་སུ་མངོན་པར་**རྫོགས་**པར་**འཚང་རྒྱ་**བར་འགྱུར་རོ། །བསྟན་བཅོས་འདི་ལ་ལེའུ་ལྔ་ཡོད་པ་ལས་འདིས་**སྡོམ་**པ་**གསུམ་**པོ་**སྤྱིར་**གང་ཟག་གཅིག་གི་རྒྱུད་ལ་འགལ་མེད་དུ་ཉམས་སུ་ལེན་ཚུལ་གྱི་མཐའ་**དཔྱད་**ནས་བཤད་**པའི་རིམ་པར་ཕྱེ་བ་སྟེ་**ལེའུ་**ལྔ་པའོ།** །

༄། སྔོན་གྱི་མཁས་གྲུབ་རྣམས་ནི་གཤེགས། དེ་དག་གི་གཞུང་ལུགས་རྣམས་ཀྱང་རིམ་གྱིས་

ཞུབ་པས་སྙིགས་མ་ལས་ཀྱང་སྙིགས་མར་གྱུར་བས་**དེང་སང་**གི་དུས་འདིར་རང་གི་གཞུང་ལུགས་རྣམས་ལ་ཐོས་བསམ་གྱི་སྒོ་ནས་ལེགས་པར་**མ་སྦྱངས་**པར་བླུན་པོ་མཁས་རློམ་ཅན་གཞན་ལ་**སྨུ་ཅོར་**གྱི་ཁ་**སླ་བ་བརྒྱ་**ཕྲག་མང་པོ**ས་**གཞན་མགོ་བསྐོར་བ་དང་། བསྒོམས་པས་ཉམས་ལེན་གྱི་སྒོ་ནས་**རང་གི་ཡེ་ཤེས་**འདིར་བསྟན་ལས་**རྟུལ་**གྱི་ཆ་**ཙམ་མ་རྟོགས་པར།** ཟོག་པོ་གྲུབ་རློམ་ཅན་མང་པོས་**རང་བཟོའི་**ངན་རྟོག་གིས་བསླད་པའི་**ཚོགས་སྦྱོངས་**པ་**རྣམས་ཆེམ་**པར་བྱས་ཏེ་མགོ་བསྐོར་**བའི་དུས་**འདི་འདྲ་བར་སྣང་སྟེ། དེ་འདྲ་བའི་**སྐབས་**གནས་**དེ་བསམ་གྱིན་སྙིང་ནས་**མྱ་ངན་གྱི་**མཆི་མ་དཀྲུ་**བའི་གནས་སུ་གྱུར་བ་ལ་ཐུགས་སྐྱོ་བའི་ཤུགས་ཀྱིས་གདུལ་བྱ་ལ་སྙིང་རྗེས་ཀུན་སློང་གཡོས་པའོ། །རྒྱལ་བས་**མདོ་སྔགས་**ཀྱི་གཞུང་**ལམ་**དཔག་མེད་ཞིག་གསུངས་པ་**རྣམས་**མཐའ་ཡས་**མུ་མེད་**པའི་གདུལ་བྱའི་**འགྲོ་**བ་རྣམས་འདུལ་**བའི་ཕྱིར་**སོ་སོའི་བློ་རིམ་ལྟར་གང་ཟག་གཅིག་འཚང་རྒྱ་བའི་ལམ་**ཚང་ལ་མ་ནོར་**བ་རྣམ་དག་ལེགས་པའི་**ལམ་འདི་རྒྱལ་བས་གསུངས་**མོད། མདོ་སྔགས་སོ་སོའི་དོན་ཟབ་ཅིང་བསྙིང་བས་གཅིག་ཏུ་སྡུད་མ་ཤེས་ཏེ་དེ་ཕྱིར་**གངས་ཅན་འདི་ན་**འདུལ་བ་དང་གསང་སྔགས་འགལ་ལོ་ཞེས་**དེ་དག་ཕྱོགས་རེར་འཛིན་**ལ། གལ་ཏེ་**གཅིག་ཏུ་**བསྡུ་བར་**སེམས་**པ་རྣམས་ཀྱིས་**ཀྱང་སྡོམ་**པ་**གསུམ་**སོ་སོའི་འབོགས་ཆོག་གི་ལག་ལེན་ལྟར་སྣང་ཙམ་ལས་གནད་བཀག་གི་བསླབ་བྱ་སྤྱིར་བཏང་དམིགས་བསལ་གྱི་གནས་རྣམས་ལུང་རིགས་མན་ངག་དང་མི་འགལ་བར་འཆད་མི་ཤེས་པས་**མིང་ཙམ་དུ་ལུས་**པར་ཟད་དོ། །

ཚུལ་དེ་དག་མཐོང་ནས་བསྟན་བཅོས་**འདི་ནི་**ཕྱོགས་འཛིན་གྱི་བློ་དང་རང་བཟོ་སྤང་སྟེ་མདོ་རྒྱུད་ཀྱི་དོན་ཇི་ལྟ་བ་བཞིན་དུ་གཏན་ལ་འབེབས་པར་བྱེད་པའི་**མཁས་གྲུབ་དམ་པའི་ལེགས་བཤད་ལས།** ཇི་སྐད་བསྟན་པ་རྣམས་ལ་**སྤྲིམས་པོའི་བློ་ཡིས་**བརྟགས་ཤིང་དཔྱད་ནས་མདོ་རྒྱུད་ཀྱི་དགོངས་དོན་ལུང་རིགས་མན་ངག་དང་མི་འགལ་བར་**ཕྱོགས་གཅིག་དག་ཏུ་**བསྡུས་དེ་**བཀོད་**པ་ཡིན་ལ། **དེ་**ཡང་རྒྱལ་བའི་དགོངས་པ་ཕྱིན་ཅི་མ་ལོག་པར་ལེགས་པར་བཤད་པའི་**ཕྱིར་**མ་རྟོགས་པ་དང་ལོག་རྟོག་གིས་**ནོངས་པའི་དྲི་མ་མེད་སྙམ་དུ་རློམ་**མོ་ཞེས་གསུང་གསང་མཐོན་པོས་འདོམས་ཤིང་བཟོད་པར་གསོལ་བ་མ་མཛད་དོ། །བསྟན་བཅོས་འདི་བརྩམས་པ་ལས་བྱུང་བའི་**དགེ་**བ་མཆོག་

ཏུ་གྱུར་པ་**དེས**་མཁའ་ཁྱབ་ཀྱི་འགྲོ་བ་ཐམས་ཅད་འབད་རྩོལ་མེད་པར་དེ་བཞིན་གཤེགས་པ་ཐམས་ཅད་ཀྱི་སྐུ་དང་ཡེ་ཤེས་འདུ་འབྲལ་མེད་པའི་བདག་ཉིད་དཔལ་**ཀུན**་ཏུ་**བཟང**་པོའི་**གོ་འཕང་མྱུར**་དུ་**ཐོབ**་པར་**ཤོག**་ཅིག་པའོ། །**ཅེས་སྡོམ**་པ་**གསུམ**་གྱི་དོན་སྒྲོ་སྐུར་དང་བྲལ་བར་གཏན་ལ་ཕབ་པས་ན་**རྣམ**་པར་**ངེས**་པ་བསྟན་བཅོས་ཀྱི་མཚན་ནོ། །ཡི་གེ་འདུས་པ་ལས་མིང་མིང་འདུས་པ་ལས་ཚིག་དེ་འདུས་པ་ལས་ཚིགས་སུ་བཅད་པ་འབྱུང་བས་ན་**ཚིག་གི**་སྒོ་ནས་བསྟན་པའི་གཞུང་ཚིགས་ལེའུ་**རིམ་པར་ཕྱེ་བ**་ལྔའི་བདག་ཉིད་ཅན་**འདི**་ཉིད་གྲུབ་བོ། །དེ་མཛད་པ་པོ་ནི་**གངས་རིའི་ཕྲེང་བས་བསྐོར་བའི**་བོད་ཀྱི་**ཡུལ་ལྗོངས**་ལས་བྱེ་བྲག་**ལྷོ་ཕྱོགས་ཀྱི་རྒྱུད**་མངའ་རིས་གློ་བོ་མ་ཐང་**དུ**་བྱུང་བ་སྟེ་སྐུ་**འཁྲུངས་པ**་ཡོན་ཏན་གྱི་ཁྱད་པར་ཤེས་རབ་དང་སྙིང་རྗེས་སྲིད་ཞིའི་མཐའ་གཉིས་**ལས་ངེས་པར་འབྱུང**་བ་བླ་ན་མེད་**པའི**་བྱང་ཆུབ་དོན་གཉེར་གྱི་**བསམ་པས**་ཀུན་ནས་བསླངས་ཏེ་སྦྱོར་བ་གཞན་དོན་བསྒྲུབ་པའི་ཐབས་ལ་མཁས་པ་**ཅན**་རིག་པའི་གནས་ལྔ་ཐུགས་སུ་ཆུད་པ་**མངའ་རིས་ཀྱི་པཎྜི་ཏ**་མཚན་བརྗོད་པར་དཀའ་བ་**པདྨ་དབང་གི་རྒྱལ་པོ**་རྡོ་རྗེ་གྲགས་པ་རྒྱལ་མཚན་དཔལ་བཟང་པོ**ས**་གསུང་རབ་དགོངས་འགྲེལ་དང་བཅས་པའི་དོན་ཇི་ལྟ་བ་བཞིན་དུ་རྩོམ་པར་མཛད་པས་ན་ཐར་འདོད་ཀྱི་སྐྱེས་བུ་རྣམས་ཀྱི་སྤྱི་བོས་བླང་བར་འོས་པའི་བསྟན་བཅོས་**བཀོད་པའི**་དགེ་བ་ཅི་ཡོད་པ་དེས་**ཕྱོགས**་བཅུ་དང་**དུས**་གསུམ་གྱིས་བསྡུས་པའི་འཇིག་རྟེན་གྱི་ཁམས་**ཐམས་ཅད་དུ**་ཐེག་པ་ཀུན་གྱི་རྩེ་མོར་སོན་པ་**རང་བཞིན་རྫོགས་པ་ཆེན་པོ**་ཨ་ཏི་ཡོ་ག**འི་བསྟན་པ་ལ**་བཤད་སྒྲུབ་ཀྱི་**བྱ་བ**་རླབས་པོ་ཆེ་**བྱེད་ནུས་པར་གྱུར་ཅིག** །ཅེས་མཛད་པ་ནི་བསྔོ་བ་རྣམས་ཀྱི་ནང་ནས་མཆོག་ཏུ་གྱུར་པ་སྟེ། སྨོན་ལམ་ཐམས་ཅད་ཀྱང་དམ་པའི་ཆོས་ཡོངས་སུ་འཛིན་པར་བསྔོས་ན་འདུ་བར་གསུང་བའི་ཕྱིར།

བཟང་སྤྱོད་ལས། རྒྱལ་བ་ཀུན་གྱི་དམ་པའི་ཆོས་འཛིན་ཅིང་། །བྱང་ཆུབ་སྤྱོད་པ་ཀུན་ཏུ་སྣང་བར་བྱེད། །བཟང་པོ་སྤྱོད་པ་རྣམ་པར་སྦྱོང་བ་ཡང་། །མ་འོངས་བསྐལ་པ་ཀུན་ཏུ་སྤྱོད་པར་ཤོག །ཅེས་གསུངས་པ་དང་ཚུལ་མཐུན་པ་ཡིན་ནོ། །སླར་སྨྲས་པ། ལེགས་བཤད་དགོངས་འགྲེལ་དཔག་བསམ་ལྗོན་ཤིང་ལས། །རང་སྣང་འབྲས་བཟང་རོ་བཅུད་ཕུལ་བྱུང་བ། །བློ་གྲོས་གསར་བུའི་གསན་

སྤྱོད་དཀའ་སྟོན་ཆེ། །དོན་གཉེར་ཡ་རབས་སྐལ་ལྡན་དཔལ་དུ་འབུལ། །ལེགས་གསུངས་བཀའ་དང་བསྟན་བཅོས་ཤོ་ལོ་ཀའི། །ཚིག་ལ་མཁས་ཤིང་དོན་ལ་དབང་འགྱུར་ན། །བསྟན་པ་དེ་ཡིན་ལུང་རྟོགས་གཉིས་ཀ་འདུས། །བློ་དང་ལྡན་ཀུན་ཐོས་བསམ་གོམས་པར་མཛོད། །རྒྱལ་བ་ཀུན་གྱི་གསང་ཆེན་ཟབ་མོའི་མཛོད། །བླ་མེད་རྡོ་རྗེ་སྙིང་པོའི་ལུང་རྟོགས་བསྟན། །ལྷ་ལམ་ཉི་ཟླའི་རྒྱན་གྱིས་མཛེས་པ་ལྟར། །རྒྱལ་ཁམས་ཕྱོགས་བཅུར་གསལ་ཞིང་རྒྱས་གྱུར་ཅིག །

ཅེས་པ་འདི་ཡང་མཁན་ཆེན་ཚུལ་ཁྲིམས་རྒྱ་མཚོས་ཐྲམ་ཕྲེའི་སྡོམ་འགྲེལ་གྱི་དགོངས་དོན་མ་འཁྲུལ་བར་ཞལ་བཀོད་གནང་བ་ལྟར་བྲོས་བླ་ཆོས་དཔལ་གྱིས་མཆན་བུར་བཏབ་པ། ལས་དང་པོ་པ་དག་གི་བློ་གྲོས་ཀྱི་སྣོ་འབྱེད་པའི་མཆོག་ཏུ་མཐོང་ནས། དཔེ་དེ་ལས་ཡི་གེ་གཉིས་པ་རྡ་བ་དང་མཆན་དཀྲུས་གཅིག་ཏུ་བསྒྲིགས་ནས་མ་འཕྱུས་པ་དཔག་བསམ་སྙེ་མ་དང་ཞལ་བསྡུར་ནས་བྱེད་པ་པོ། ཚོས་ཚིག་བཞི་གཅིག་གི་དོན་ལ་ཡང་རྨོངས་པའི་ཕ་རོལ་ཏུ་སོན་ཅིང་། ལེགས་སྦྱོན་གྱི་བཙུན་གཟུགས་དང་བསླབ་ཚུལ་ཙམ་ལ་གནས་ཀྱང་། དོན་གྱི་ཆ་ན་སྡོམ་གསུམ་འཚོལ་པོར་གྱུར་པ་རང་རྒྱུད་རྣམ་དཀར་དང་རྒྱབ་འགལ་བའི་མདོ་མེད་པོ་མདོ་ཁམས་སྟོད་ཕྱོགས་ནགས་སོག་གི་ས་ཆར་སྐྱེས་པའི་འདུ་ཤེས་གསུམ་པ་འབད་མེད་གཞི་གྲོལ་དུ་འབོད་པས་རང་གནས་དུང་དཀར་པདྨ་སྐྱང་གི་འཁོར་ཆུང་ངལ་བསོའི་ཁང་བུར་གཟའ་ཕུར་བུ་དང་སྐར་མ་རྒྱལ་འཛོམས་པའི་དུས་ནས་དབུ་བརྩམ་ཏེ་ལེགས་པར་བྲིས་པ་ལ་རང་བཟོས་སླད་སྣ་གཅིག་མེད་པས་ཡིད་རྟོན་པར་འོས་པ་ཡིན་ནོ། །

༄༅། །སོར་བྱང་སྡོམ་གསུམ་གྱི་རྒྱུན་གྱི་གསོ་སྦྱོང་མན་ངག་གི་ལུགས་ལྟར་ཉམས་སུ་ལེན་ཚུལ་ནོར་བུ་དྲི་མེད་ཅེས་བྱ་བ་བཞུགས་སོ། །

འབད་མེད་གཞི་གྲོལ།

ན་མོ་གུ་རུ་ཤཱཀྱ་མུ་ནེ་ཡེ། རྟེན་གྱི་གང་ཟག་སྡོམ་པ་གསུམ་ལ་གུས་པ་སྙིང་པོར་བྱེད་པར་རྒྱུན་གྱི་གསོ་སྦྱོང་མན་ངག་གི་ལུགས་ལྟར་ཉམས་སུ་ལེན་པ་ལ། ཐོ་རངས་ཀྱི་དུས་ཀྱི་ཆ་ལ་གནས་ཁང་ཕྱུགས་དར་གཙང་མར་བྱས་ལ་སྤོས་ཚུས་བྲན། འཛོམས་ན་རིང་བསྲེལ་ཅན་གྱི་སྟོན་པའི་སྐུ་བརྙན་དང་། བཅས་ལྡན་དགེ་སློང་གི་ཆས་གསུམ་མམ་གཅིག་བཞག །ཐོག་མར་སོ་ཐར་གསོ་སྦྱོང་བྱ་བ་ལ༑ ཁྲུས་བྱས་གཙང་མའི་གོས་གྱོན་ལ། སྒྲོན་དཀོན་མཆོག་རྗེས་དྲན་སྔོན་དུ་འགྲོ་བས། སངས་རྒྱས་ཆོས་དང་སོགས། སྐྱབས་སེམས་ཚད་མེད་བཞིས་རྒྱུད་སྦྱངས་ལ། སྐྱེ་བ་མེད་པའི་དོན་དྲན་ཕྱིར། ཨ། མདུན་གྱི་ནམ་མཁར་སེང་ཁྲི་པད་ཟླའི་སྟེང་། །ཡོངས་རྫོགས་བསྟན་པའི་བདག་པོ་བཅོམ་ལྡན་འདས། །ཤཱཀྱའི་དབང་པོ་གསེར་སྦྱང་བཙོ་མའི་མདངས། །མཚན་དཔེ་རབ་རྫོགས་རྡོ་རྗེའི་སྐྱིལ་ཀྲུང་བཞུགས། །ས་གནོན་མཉམ་བཞག་ཆོས་གོས་རྣམ་གསུམ་སྲུས། །འཁོར་དུ་དགྲ་བཅོམ་གནས་བརྟན་ཉན་རང་ཚོགས། །ཀུན་ཀྱང་འོད་ཕུང་འཁྲིགས་པའི་ཀློང་དཀྱིལ་དུ། །མ་འདྲེས་བརྩེ་བས་དགོངས་ཏེ་བཞུགས་པར་བསམ། །སྤྲོས་རིང་ཐོགས་ཤིང་ཐལ་སྦྱར་ཕུས་བཙུགས་ཏེ། །བཟང་པོའི་རྟོགས་བརྗོད་ལས་བྱུང་ཚིག་འདི་བརྗོད། །ཚུལ་ཁྲིམས་རྣམ་དག་འདུལ་བ་ཤིན་ཏུ་གྲོལ། །དད་ལྡན་སྙིང་པོ་ཉན་ཐོས་ཆེ་རྣམས་ཀྱིས། །མགོན་མེད་གྱུར་པ་བདག་ལ་རྗེས་བཟུང་བའི། །དོན་མཛད་ཐུགས་རྗེས་གཤེགས་པར་མཛད་དུ་གསོལ། །ཞེས་པས་བཅོམ་ལྡན་འདས་སེམས་དཔའ་འཁོར་དང་བཅས་པ་སྣང་ཅིག་གིས་མདུན་གྱི་ནམ་མཁའི་རྟེན་ལ་བྱོན། བཅོམ་ལྡན་འདས་དེ་བཞིན་གཤེགས་པ་དགྲ་བཅོམ་པ་ཡང་དག་པར་རྫོགས་པའི་སངས་རྒྱས་དཔལ་རྒྱལ་བ་ཤཱཀྱ་ཐུབ་པ་དགེ་སློང་གི་དགེ་འདུན་ཆེན་པོ་བརྒྱ་སྟོང་ཁྲི་འབུམ་དུ་མའི་འཁོར་དང་བཅས་པ་རྣམས་ལ་ཕྱག་འཚལ་ལོ། །མཆོད་དོ་སྐྱབས་སུ་མཆིའོ། །ཕྱག་དང་སྦྲགས་ནས་ཇི་ལྟར་རིགས་པ་བརྗོད། མཎྜལ་ཕུལ་ལ། དངོས་བཤམས་ཡིད་སྤྲུལ་

མཆོད་སྦྱིན་རྒྱ་མཚོས་མཆོད། །སྒོ་གསུམ་ཉེས་པའི་ཚོགས་ཀུན་སྙིང་ནས་བཤགས། །དགེ་ལ་ཡི་རང་ཆོས་འཁོར་སྐོར་བཞིན་དུ། །འཚོ་གཞིས་དགེ་འབྲས་བྱང་ཆུབ་ཆེན་པོར་བསྔོ། །ཡན་ལག་བདུན་པ་ཕུལ་ལ་འདི་སྐད་བརྗོད། །བདག་གི་ཞག་དང་དུས་ཚོད་འདི་དག་ལ། །ཉེས་ལྟུང་བྱུང་བ་ཐུབ་པ་འཁོར་བཅས་ཀྱི། །སྤྱན་སྔར་མི་འཆབ་མི་སྦེད་མཐོལ་བཤགས་ན། །བཅོམ་ལྡན་འཁོར་བཅས་ཉེས་ལྟུང་སྦྱོང་དུ་གསོལ། །དེ་དག་བཅོམ་ལྡན་འཁོར་བཅས་བཟོད་བཞེས་ནས། །སླར་ཡང་བཅའ་བར་འདི་བཞིན་གནང་བར་བསམ། །རྗེས་གློས་ཚུལ་དུ་ཚིག་བཟླ་དོན་ལ་བསམ། །བཟོད་པ་དཀའ་ཐུབ་དམ་པ་བཟོད་པ་ཡི། །མྱ་ངན་འདས་པ་མཆོག་ཅེས་ང་ཡིས་བཤད། །རབ་ཏུ་བྱུང་བ་གཞན་ལ་གནོད་པ་དང་། །གཞན་ལ་འཚེ་བ་དགེ་སྦྱོང་མ་ཡིན་ནོ། །མིག་ལྡན་འགྲོ་བ་ཡོད་པ་ཡི། །ཉམ་ང་བ་དག་ཇི་བཞིན་དུ། །མཁས་པས་འཚོ་བའི་འཇིག་རྟེན་འདིར། །སྡིག་པ་དག་ནི་ཡོངས་སུ་སྤོང་། །སྐྱུར་བ་མི་གདབ་གནོད་མི་བྱ། །སོ་སོར་ཐར་བའང་བསྡམ་པར་བྱ། །ཟས་ཀྱི་ཚོད་ཀྱང་རིགས་པར་བྱ། །བས་མཐའ་ནགས་སུ་གནས་པར་བྱ། །ལྷག་པའི་སེམས་ལ་ཡང་དག་སྦྱོར། །འདི་ནི་སངས་རྒྱས་བསྟན་པ་ཡིན། །ཇི་ལྟར་བུང་བས་མེ་ཏོག་ལ། །ཁ་དོག་དྲི་ལ་མི་གནོད་པར། །ཁུ་བ་གཞིབས་ནས་འཕུར་བ་ལྟར། །དེ་བཞིན་དགེ་སྦྱོང་གྲོང་དུ་རྒྱུ། །བདག་གིས་རིགས་དང་མི་རིགས་ལ། །བརྟག་པར་བྱ་སྟེ་གཞན་རྣམས་ཀྱིས། །མི་མཐུན་པ་དང་གཞན་དག་གིས། །བྱས་དང་མ་བྱས་རྣམས་ལ་མིན། །ལྷག་པའི་སེམས་ལ་བག་བྱ་ཞིང་། །ཐུབ་པའི་བསླབ་གཞི་རྣམས་ལ་བསླབ། །ཉེར་ཞི་རྟག་ཏུ་དྲན་ལྡན་པའི། །སྐྱོབས་པ་མྱ་ངན་མེད་པ་ཡིན། །སྦྱིན་པས་བསོད་ནམས་རབ་ཏུ་འཕེལ། །ལེགས་སྡོམ་དགྲ་སོགས་མི་འབྱུང་ངོ༔ ༔དགེ་དང་ལྡན་པས་སྡིག་པ་སྤོངས། །ཉོན་མོངས་ཟད་པས་མྱ་ངན་འདའ། །སྡིག་པ་ཅི་ཡང་མི་བྱ་ཞིང་། །དགེ་བ་ཕུན་སུམ་ཚོགས་པར་སྤྱད། །རང་གི་སེམས་ནི་ཡོངས་སུ་འདུལ། །འདི་ནི་སངས་རྒྱས་བསྟན་པ་ཡིན། །ལུས་ཀྱི་སྡོམ་པ་ལེགས་པ་ན། །ངག་གི་སྡོམ་པ་ལེགས་པ་ཡིན། །ཡིད་ཀྱི་སྡོམ་པ་ལེགས་པ་སྟེ། །ཐམས་ཅད་དུ་ནི་སྡོམ་པ་ལེགས། །ཐམས་ཅད་བསྲུང་བའི་དགེ་སློང་དག །སྡུག་བསྔལ་ཀུན་ལས་རྣམ་པར་གྲོལ། །ངག་རྣམས་བསྲུང་ཞིང་ཡིད་ཀྱང་རབ་བསྡམ་སྟེ། །ལུས་ཀྱི་མི་དགེ་བ་དག་མི་བྱེད་ཅིང་། །ལས་ལམ་གསུམ་པོ་འདི་ལ་རབ་སྦྱངས་ནས། །དྲང་སྲོང་གསུངས

པའི་ལམ་ནི་འཐོབ་པར་འགྱུར། །བརྩམ་པར་བྱ་ཞིང་དབྱུང་བར་བྱ། །སངས་རྒྱས་བསྟན་ལ་འཇུག་པར་བྱ། །འདམ་བུའི་ཁྱིམ་ལ་གླང་ཆེན་བཞིན། །འཆི་བདག་སྡེ་རྣམས་གཞོམ་པར་བྱ། །བདག་དང་སེམས་ཅན་ཀུན་གྱི་སྡིག་པའི་ལས། །ཉེས་པར་གྱུར་གང་མཐོལ་ཞིང་བཤགས་པར་བགྱི། །སླན་ཆད་ནམ་ཡང་བགྱིད་པར་མ་གྱུར་ཅིག །ལས་ཀྱི་སྒྲིབ་པའང་གཏན་དུ་ཟད་བྱེད་ཤོག །

ཨོཾ་ཨ་མོ་གྷ་ཤཱི་ལ། སཾ་བྷ་ར་སཾ་བྷ་ར། བྷ་ར་བྷ་ར། མ་ཧཱ་ཤུདྡྷ་ས་ཏྭ་པདྨ་བི། བྷཱུ་ཥི་ཏ་བྷུ་ཛ་དྷ་ར་དྷ་ར་ས་མནྟ་ཨ་བ་ལོ་ཀི་ཏེ་ཧཱུྃ་ཕཊ་སྭཱ་ཧཱ། །ཚུལ་ཁྲིམས་རྣམ་པར་དག་པའི་གཟུངས་བདུན་ནམ་ཉེར་གཅིག་འགྲུབ་ན་ལེགས། ཁྲིམས་ཀྱི་ཚུལ་ཁྲིམས་སྐྱོན་མེད་ཅིང་། །ཚུལ་ཁྲིམས་རྣམ་པར་དག་དང་ལྡན། །རློམ་སེམས་མེད་པའི་ཚུལ་ཁྲིམས་ཀྱིས། །ཚུལ་ཁྲིམས་ཕ་རོལ་ཕྱིན་རྫོགས་ཤོག །གཞན་གནོད་གཞི་བཅས་སྤོང་ལ་གོམས་པའི་མཐུས། །རྨི་ལམ་ན་ཡང་སྡིག་སེམས་མི་འབྱུང་ཞིང་། །བྱང་ཆུབ་སེམས་དང་ནམ་ཡང་མི་འབྲལ་བར། །ཚུལ་ཁྲིམས་ཕུན་སུམ་ཚོགས་པའི་བཀྲ་ཤིས་ཤོག །སོགས་བརྗོད། ཕྱག་འཚལ་ཐུབ་པ་འཁོར་བཅས་རང་གནས་གཤེགས། །འདི་ཉིད་སྔོན་པས་འདུལ་བ་ཉེར་བསྡུས་ནས་གསུངས་པ་ལྟར་པོ་ཏི་ས་ཏྭའི་ལུགས་སུ་བཀོད་པ་ཡིན་ནོ། །

༈ གཉིས་པ་བྱང་སེམས་ལྟུང་ལྟག་བཤགས་སྦྱོང་ནི། འགྲུབ་ན་སངས་རྒྱས་སོ་ལྔའི་སྐུ་རྟེན་མདུན་མཆོད་པ་རྒྱས་པར་བཤམས། སྐྱབས་སེམས་གོང་ལྟར་སྔོན་དུ་འགྲོ་བས་ས་གཞི་བྱིན་བརླབ་ནི། དཀོན་མཆོག་གསུམ་གྱི་བདེན་པ་དང་། སངས་རྒྱས་དང་བྱང་ཆུབ་སེམས་དཔའ་རྣམས་ཀྱི་བྱིན་གྱིས་བརླབས་དང་། ཚོགས་གཉིས་ཡོངས་སུ་རྫོགས་པའི་མངའ་ཐང་ཆེན་པོ་དང་། ཆོས་ཀྱི་དབྱིངས་རྣམ་པར་དག་ཅིང་བསམ་གྱིས་མི་ཁྱབ་པའི་སྟོབས་ཀྱིས་དེང་འདིར་ཁོར་ཡུག་གི་ས་གཞི་འདི་དག་བདེ་བ་ཅན་གྱི་ཞིང་གི་བཀོད་པ་ལྟ་བུ་ཕུན་སུམ་ཚོགས་པའི་རྒྱན་ཐམས་ཅད་ཀྱིས་རྣམ་པར་བརྒྱན་པས་མཛེས་ཤིང་ཡིད་དུ་འོང་བ་བསམ་གྱིས་མི་ཁྱབ་པར་གྱུར། ཐམས་ཅད་དུ་ཡང་ས་གཞི་དག །གསེག་མ་ལ་སོགས་མེད་པ་དང་། །ལག་མཐིལ་ལྟར་མཉམ་བཻ་ཌཱུརྻའི། །རང་བཞིན་འཇམ་པོར་གནས་གྱུར་ཅིག །

མཆོད་པ་བྱིན་བརླབ་ནི། ཕུན་སུམ་ཚོགས་པའི་ཞིང་འདི་དག་ཏུ་ལྷ་དང་མིའི་ཡོ་བྱད་དམ་པ་གཟུགས་དང་། སྒྲ་དང་། དྲི་དང་། རོ་དང་། རེག་བྱ་ལ་སོགས་པ་རྣམ་པར་དག་ཅིང་ཡིད་དུ་འོང་བའི་མཆོད་

པའི་སྤྲིན་རྒྱ་མཚོ་བསམ་གྱིས་མི་ཁྱབ་པས་ནམ་མཁའི་ཁམས་ཐམས་ཅད་གང་བར་གྱུར། མཆོད་པའི་སྤྲིན་གཟུངས་བཟློད། ན་མོ། མཁའ་ཁྱབ་ཞིང་གི་བདེ་གཤེགས་སྲས་དང་བཅས། །སྟོན་གྱི་ཐ་ཆོག་གཙོ་བས་ལྷུར་བཞེས་ཏེ། །དྭངས་གསལ་འཇའ་སྤྲིན་འཁྲིགས་པའི་མཁའ་དབྱིངས་སུ། །ཀུན་ཀྱང་མོས་པའི་རྟེན་དུ་ལམ་མེར་གསལ། །ཅེས་པས་ཚོགས་ཞིང་གསལ་བཏབ། སྤོས་རེང་ཐོགས་ལ་འདུན་པ་རྩེ་གཅིག་པས། བཅོམ་ལྡན་འདས་ཤཱཀྱའི་དབང་པོ་ལ་སོགས་པ་རྫོགས་པའི་སངས་རྒྱས་སུམ་ཅུ་རྩ་ལྔ་འཁོར་དང་བཅས་པ་རྣམས་བདག་སོགས་སྙིགས་མ་ལྔ་བདོ་བའི་དུས་ཀྱི་སེམས་ཅན་སྡུག་བསྔལ་སྣ་ཚོགས་ཀྱིས་གཟིར་བ་རྣམས་ཀྱི་ལྷུང་བ་རྣམ་པར་སྦྱངས་བའི་སླད་དུ་སྤྱན་འདྲེན་ཞིང་མཆིས་ན་དེང་དུས་ལ་བབས་ཏེ་དགོངས་པར་མཛད་དུ་གསོལ། ཞེས་གསོལ།བཅོམ་ལྡན་འདས་ཀྱིས་འདུལ་བ་ལུང་ལས། གང་ཞིག་སངས་རྒྱས་མིན་པའི་ལུས་ཐོབ་པས། །ཕུང་པོ་གསུམ་པའི་མདོ་འདི་ཀློག་གྱུར་ན། །བསྐལ་པར་བསགས་པའི་སྡིག་སྒྲིབ་སྨོས་ཅི་དགོས། །མཚམས་མེད་ལྔ་ཡང་སྦྱང་བར་ཐེ་ཚོམ་མེད། །བཅོམ་ལྡན་འདས་འཁོར་བཅས་རང་རང་གི་གནས་ནས་རྫུ་འཕྲུལ་གྱིས་གཤེགས་ཤིང་མདུན་གྱི་ནམ་མཁར་བཞུགས་པ། པདྨ་རྣམ་པར་རྒྱས་པའི་སྙིང་པོ་དང་། །ཟིའུ་འབྲུ་ཟླ་བར་བདེ་གཤེགས་སོ་ལྔ་ནི། །སངས་རྒྱས་དཀར་པོ་བདུན་ནི་ཆོས་འཆད་ཅན། །སྔོན་པོ་བདུན་ནི་ས་གནོན་མཉམ་བཞག་ཅན། །སེར་པོ་བདུན་ནི་མཆོག་སྦྱིན་མཉམ་བཞག་ཅན། །དམར་པོ་བདུན་ནི་ཕྱག་གཉིས་མཉམ་བཞག་ཅན། །ལྗང་གུ་བདུན་ནི་སྐྱབས་སྦྱིན་མཉམ་བཞག་ཅན། །ཐམས་ཅད་སྐུ་ནི་མཚན་དཔེའི་གཟི་འབར་བ། །ཡན་ལག་དྲུག་ཅུའི་དབྱངས་ལྡན་ཐུགས་ཉིད་ནི། །ཏིང་འཛིན་མུ་མཐའ་མེད་པར་འཇུག་ཅིང་ལྡང་། །ཆོས་གོས་གསུམ་གསོལ་རྡོ་རྗེའི་སྐྱིལ་ཀྲུང་གིས། །ཉི་ཟླ་འབུམ་གྱི་འོད་ཟེར་འཕྲོ་བཞིན་བཞུགས། །བཅོམ་ལྡན་འདིར་ནི་བྱོན་པ་ལེགས། །བདག་ཅག་བསོད་ནམས་སྐལ་བར་ལྡན། །བདག་གི་མཆོད་ཡོན་བཞེས་ནས་ཀྱང་། །ཐུགས་ལ་དགོངས་ཤིང་གནང་བར་མཛོད། །ཅེས་བརྗོད་ལ།

ཡིད་འོང་བཻཌཱུར་གཙང་མའི་ས་གཞི་རུ། །འཆི་མེད་དབང་པོའི་གཟུགས་བརྙན་འཕོས་པ་ལ། །ཕྲག་པར་དོགས་ལྷའི་འཛེ་སྦྲིག་རོལ་བའི་གཟུགས། །རྟུལ་སྐྱེད་གྲངས་མཉམ་ཕྱག་གི་རིམ་གྲོ་བགྱི། །མུ་མཐའ་མེད་པའི་འཇིག་རྟེན་ཁམས་ཀུན་ཏུ། །བླ་ན་ཡོད་མེད་མཆོད་པའི་ཚོགས་གང་ཞིང་། །ཀུན་

ཏུ་བཟང་པོའི་དཔལ་ལ་འགྲན་བཞིན་པའི། །འཇུངས་བྲལ་དང་བའི་ཡིད་ཀྱིས་སྲི་ཞུ་བསྐུར། །འགྲོ་ཁམས་མ་རིག་མུན་པ་སྟུག་པོ་རྣ། །མི་དགེའི་དཔུང་ལ་སོགས་པའི་ཉེས་ལྟུང་དྲི། །འཕྲུན་པའི་ཁམས་སུ་སྟོབས་བཞིའི་འོད་སྟོང་ཟེར། །རིག་པའི་མོད་ལ་དེ་ཀུན་དྭངས་ནས་འབྱིན། །དཀའ་བའི་འབད་པ་མེད་པར་བདེ་བླག་གིས། །གཞན་བྱས་རྣམ་པར་དཀར་བའི་དཔལ་ཡོན་ལ། །བརྟུལ་ཞུགས་མཐུ་ཡིས་མ་བྱིན་ལེན་མཁས་པའི། །ངོ་མཚར་རྗེས་སུ་ཡི་རང་དཔའ་བོའི་ཕྱུལ། །གང་ཞིག་ཞི་བ་བརྙེས་པའི་མགོན་རྣམས་ཀྱང་། །གཞན་རྒྱེན་དབང་གིས་སྐྱོམས་པར་མཛད་པ་ལ། །གདུལ་བྱའི་བློ་ཡི་འཆིང་བ་གཅོད་ཕྱིར་དུ། །རྩེ་བས་སྟོང་མུ་ཁྱུད་ལྡན་པ་བསྐོར་བར་བསྐུལ། །སྟོན་དང་བསྟན་པ་འཛིན་རྣམས་རྟག་ལྟའི་ངོར། །སྐྱོ་བའི་ཚུལ་གྱིས་ཞིང་གཞན་ཡོད་སྲིད་ན། །འཇིག་རྟེན་མུན་པ་སེལ་བའི་ཐབས་གང་འཚོལ། །འགྲོ་བའི་སྒྲོན་མེ་རྣམས་ཀྱང་འཚོ་གཞིས་གསོལ། །འདི་བཞིན་བརྗོད་དང་དུས་གསུམ་དགེ་བའི་ཚོགས། །གཅིག་བསྡུས་སྟོན་མཚན་གསལ་བའི་འོད་དཀར་གྱིས། །འགྲོ་བློའི་ཚ་གདུང་གཞིལ་དང་ལྡན་ཅིག་ཏུ། །གཏན་བདེ་ཀུན་དའི་དགའ་ཚལ་རྒྱས་གྱུར་ཅིག །ཅེས་བརྗོད།

བཤགས་ཡུལ་རྟེན་གྱི་སྟོབས་སངས་རྒྱས་སོ་ལྔ་ཡིད་ཡུལ་དུ་གསལ་བཞིན། སྔར་བྱས་ཀྱི་སྡིག་ལྟུང་ལ་འགྱོད་པ་དྲག་པོ་སྐྱུན་འབྱིན་པའི་སྟོབས། ཕུང་པོ་གསུམ་པའི་མདོ་ཚར་བཅུ་མ་མཐའ་བཀྱིས་ཏེ་བསྒྲུགས་ནས་སླན་ཆད་སྡོམ་སེམས་བརྟན་པ་ཀུན་ཏུ་སྤྱོད་པའི་སྟོབས། དེའི་མཐུས་སྐྱབས་ཡུལ་རྣམས་དགྱེས་པ་ཆེན་པོས་གནང་བ་སྩལ་ཞིང་དངོས་ཉམས་རྨི་ལམ་གྱི་སྡིག་པ་དག་པའི་ལྟས་ཁྲུད་པར་ཅན་བྱུང་བ་སོར་ཆུད་པའི་སྟོབས་ཡིན་པས། དེ་ལྟར་བཀྱིས་པས་ཉེས་ལྟུང་ལྷག་མེད་དུ་དག་པར་རྒྱལ་སྲས་ཞན་པ་བཟང་པོས་གསུངས་སོ། །

༄ གསུམ་པ་རིག་འཛིན་སྔགས་ཀྱི་དམ་ཚིག་ཉམས་པ་གསོ་ཞིང་ཆག་པ་སྦྱོང་བའི་སྐོམ་བཟླས་ལ། སྐྱབས་སེམས་ནི། དཀོན་མཆོག་གསུམ་ལ་བདག་སྐྱབས་མཆི། །སྡིག་པ་མི་དགེ་སོ་སོར་བཤགས། །འགྲོ་བའི་དགེ་ལ་རྗེས་ཡི་རང་། །སངས་རྒྱས་བྱང་ཆུབ་ཡིད་ཀྱིས་བཟུང་། །སངས་རྒྱས་ཆོས་དང་ཚོགས་མཆོག་ལ། །བྱང་ཆུབ་བར་དུ་སྐྱབས་སུ་མཆི། །རང་གཞན་དོན་གཉིས་རབ་བསྒྲུབ་ཕྱིར། །བྱང་ཆུབ་སེམས་ནི་བསྐྱེད་པར་བགྱི། །བྱང་ཆུབ་མཆོག་གི་སེམས་ནི་བསྐྱེད་བགྱིས་ནས། །སེམས་ཅན་ཐམས་ཅད་བདག་གིས་མགྲོན་དུ་གཉེར། །བྱང་ཆུབ་སྤྱོད་མཆོག་ཡིད་འོང་བསྐྱེད་པར་བགྱི། །འགྲོ་ལ་ཕན་ཕྱིར་སངས་རྒྱས་འགྲུབ་པར་ཤོག །མཁའ་མཉམ་འགྲོ་བ་སེམས་ཅན་མ་ལུས་པའི། །སྤྱི་བོར་ཁ་ལས་རལ་གྲི་ཁ་གྱིས

མཚན། །ཡོངས་གྱུར་དམ་ཚིག་རྡོ་རྗེ་སྐུ་མདོག་ལྡང་། །ཡུམ་བཅས་རྡོ་རྗེ་པདྨའི་སྐྱིལ་ཀྲུང་གིས། ། རལ་གྲི་དྲིལ་འཛིན་ཞི་ཁྲོའི་སྤྱན་གསུམ་ལྡན། །དར་དང་རིན་ཆེན་རུས་བརྒྱན་དོན་ཡོད་གྲུབ། །རིགས་བདག་ཟླ་བའི་རྒྱལ་ཡོལ་ལ་བརྟེན་བཞུགས། །གནས་གསུམ་འབྲུ་གསུམ་རལ་གྲི་ཁཾ་མཚན་བཞུགས། །དེ་ལས་འོད་འཕྲོས་ཡེ་ཤེས་སྤྱན་དྲངས་གྱུར། །ཨོཾ་བཛྲ་ས་མ་ཛཿ ཛཿཧཱུཾ་བཾ་ཧོཿ དབྱེར་མེད་པར་བསྟིམ། བཅོམ་ལྡན་དམ་ཚིག་རྡོ་རྗེ་ཡིས། །བདག་དང་མཐའ་ཡས་སེམས་ཅན་གྱི། །སྡིག་སྒྲིབ་ཉེས་ལྟུང་དྲི་མའི་ཚོགས། །ཐམས་ཅད་བྱང་ཞིང་དག་མཛོད་གསོལ། །དེ་ལྟར་ལན་གསུམ་གསོལ་བ་བཏབ་པ་ཡི། ། ཐུགས་ཀའི་ཁཾ་ལས་བདུད་རྩིའི་རྒྱུན་བབ་པས། །ཡབ་ཡུམ་སྐུ་གང་སྦྱོར་མཚམས་ནས་བརྒྱུད་དེ། ། བདག་གི་ཚངས་བུག་ནས་ཞུགས་ལུས་ཀུན་གང་། །ནད་གདོན་སྡིག་སྒྲིབ་བག་ཆགས་ཡོངས་བྱང་ཤོག །

སྙིང་པོ་ནི། ཨོཾ་བཛྲ་པྲཛྙཱ་ཧྲྀ་ཀ་ཧ་ཧཱུཾཿ ཉེ་སྙིང་ནི། ཨོཾ་ཨཱཿཁཾ་སྭཱ་ཧཱཿ རང་གཞུང་དུ། མཐར་ནི་བཅོམ་ལྡན་དམ་ཚིག་རྡོ་རྗེ་ཡིས། །བདག་ཅག་དམ་ཚིག་ཉམས་ཆག་ཡོངས་སྦྱངས་ནས། །ལྷ་ཉིད་བདག་ཐིམ་དབང་དང་བྱིན་རླབས་ཐོབ། །ཡེ་ཤེས་བླ་མའི་ས་ལ་ལྷུན་རྫོགས་ཤོག །ཨོཾ་ཨཱཿཔྲཛྙཱ་ཧྲྀ་ཀ་ཧཱུཾཿ གཞན་ཡང་བསྔོ་བ་སྨོན་ལམ་བཀྲ་ཤིས་ཀྱིས་མཐའ་བརྒྱན་ནོ། །འདི་ཡང་རྡོ་རྗེ་འཆང་གི་ཞལ་ལུང་རྒྱུད་ཀྱི་དགོངས་པ་ཤིན་ཏུ་ཟབ་མོ་ཡིན་ནོ། ། ཞེས་སོར་བྱང་སྔགས་གསུམ་གྱི་གསོ་སྦྱོང་རཏྣ་ཧི་དམ་ཟབ་གཏེར་རྩ་བར་བཟུང་། མ་ཚང་བ་གཞན་ནས་བསྣད་དེ་རང་བཟོས་མ་བསླད་པར་རྫོངས་བན་མ་ར་ཛོན་བཛྲ་འམ། འཕྲད་མེད་གཞི་གྲོལ་གྱིས་དབེན་རི་ངལ་གསོའི་གླིང་དུ་མགྱོགས་པར་བྲིས་པ་དགེ་བར་གྱུར་ཅིག །

༄༅། །སྡོམ་གསུམ་བཤད་བྱའི་ཡན་ལག་བཞུགས།

ཐུབ་བསྟན་བཤད་སྒྲུབ་རྒྱ་མཚོ།

མཁྱེན་རབ་དབང་ཕྱུག་རྗེ་བཙུན་འཇམ་པའི་དབྱངས་ལ་ཕྱག་འཚལ་ལོ། །སྡོམ་པ་གསུམ་རྣམ་པར་ངེས་པའི་བསྟན་བཅོསའདི་ཉིད་འཆད་པ་ལ། བཤད་བྱའི་ཡན་ལག་དང་། བཤད་བྱ་དངོས།

དང་པོ་ལའང་། སློབ་དཔོན་གྱིས་ཇི་ལྟར་འཆད་ཚུལ། སློབ་མས་ཇི་ལྟར་ཉན་ཚུལ། དེ་གཉིས་ཀས་འཆད་ཉན་གྱི་ཚུལ་དང་གསུམ། དང་པོ་སློབ་དཔོན་གྱི་འཆད་ཚུལ་ལ་གསུམ། སློབ་དཔོན་སངས་རྒྱས་ཀྱིས་ཆོས་ཇི་ལྟར་འཆད་ཚུལ། སློབ་དཔོན་དགྲ་བཅོམ་པས་ཆོས་ཇི་ལྟར་འཆད་ཚུལ། སློབ་དཔོན་མཁས་པ་པཎྜི་ཏས་འཆད་ཚུལ་ལོ། །

དང་པོ་སློབ་དཔོན་སངས་རྒྱས་ཀྱིས་ཆོ་འཕྲུལ་གསུམ་ལ་བརྟེན་ནས་འཆད་དེ། དེ་ཡང་སྐུ་རྫུ་འཕྲུལ་གྱི་ཆོ་འཕྲུལ། སྨིན་མཚམས་ཀྱི་མཛོད་སྤུ་ལས་འོད་ཟེར་སྤྲོ་བ་སོགས་ཀྱིས་གདུལ་བྱ་འཁོར་དུ་མ་འདུས་པ་རྣམས་བསྡུས་ནས། ལྟུགས་ཀྱི་དབང་པོས་སྟོང་གསུམ་ཁེངས་པར་མཛད་པ་སོགས་ཀྱིས་འཁོར་དུ་འདུས་པ་རྣམས་ཡིད་ཆེས་པར་མཛད། ཐུགས་ཀུན་ཏུ་བརྗོད་པའི་ཆོ་འཕྲུལ་གྱིས་འཁོར་དེ་དག་གི་བློ་དང་དབང་པོ་བག་ལ་ཉལ་ཐམས་ཅད་མཁྱེན་པར་མཛད་ནས། གསུང་རྗེས་སུ་བསྟན་པའི་ཆོ་འཕྲུལ་གྱིས་འགྲོ་བ་རང་རང་གི་སྐད་དང་མཐུན་པའི་གསུང་ཚང་དབྱངས་ཡན་ལག་དྲུག་ཅུ་དང་ལྡན་པའི་སྒོ་ནས་གང་གིས་འདུལ་བའི་ཆོས་དེ་དང་དེ་འཆད་པའོ། །

གཉིས་པ་སློབ་དཔོན་དགྲ་བཅོམ་པས་དག་པ་གསུམ་ལ་བརྟེན་ནས་འཆད་དེ། ཉན་པ་པོའི་སྣོད་དག་པ། གཞན་སེམས་ཤེས་པའི་མངོན་ཤེས་ཀྱིས་གདུལ་བྱའི་རྒྱུད་སྣོད་རུང་དུ་གྱུར་ན་ཆོས་འཆད་པའོ། །འཆད་པ་པོའི་ངག་དག་པ་ཆགས་སོགས་ཉོན་མོངས་པའི་སྒྲིབ་པ་ལས་གྲོལ་བའི་

ངག་ཚིག་དྲི་མ་མེད་པས་བཟ་དག་སྙན་པའི་དབྱངས་ཀྱིས་འཆད། གསུངས་རབ་ཀྱི་བརྗོད་བྱ་དག་པ་ནི་རང་ཉིད་ཀྱི་ཡོངས་འཛིན་རྫོགས་པའི་སངས་རྒྱས་ཀྱི་ཞལ་ནས་ཇི་ལྟར་གསུངས་པ་བཞིན་མི་བརྗེད་པའི་གཟུངས་ཀྱིས་བཟུངས་ཏེ། ཚིག་ལ་ལྷག་ཆད་དང་། དོན་ལ་ནོར་འཁྲུལ་མེད་པར་འཆད་པའོ། །འོ་ན་ཉན་ཐོས་དགྲ་བཅོམ་པ་དེ་དག་གིས་ཆོ་འཕྲུལ་གསུམ་གྱིས་ཅིའི་ཕྱིར་མི་འཆད་ཅེ་ན། དེ་དག་ལ་མི་ཤེས་པའི་རྒྱུ་བཞི་ཡོད་པས་ཆོ་འཕྲུལ་གསུམ་གྱིས་འཆད་མི་ནུས་ཏེ་གནས་ཀྱི་བསྐལ་པས་མི་ཤེས་པ་འཕགས་པ་མོའུ་གལ་བུས་རང་གི་མ་སངས་རྒྱས་ཀྱི་ཞིང་འོད་ཟེར་ཅན་དུ་སྐྱེས་པ་མ་ཤེས་པ་ལྟ་བུ། དུས་ཀྱི་བསྐལ་པས་མི་ཤེས་པ་ཁྱིམ་བདག་དཔལ་སྐྱེས་ཀྱི་ཐར་པའི་ས་བོན་འཕགས་པ་ཤཱ་རིས་བུས་མ་ཤེས་པ་ལྟ་བུ། རྒྱུ་ཐུགས་མེད་ཀྱི་འབྲས་བུ་ཐུག་མེད་མི་ཤེས་པ་དང་། སངས་རྒྱས་ཀྱི་ཆོས་རབ་ཏུ་མང་པོ་མི་ཤེས་ཏེ། མི་འཇིགས་པ་བཞི་དང་། མ་འདྲེས་པ་སོགས་མེད་པའོ། །

གསུམ་པ་སློབ་དཔོན་མཁས་པ་པཎྜི་ཏས་འཆད་ཚུལ་ལ། ཆོས་ཀྱི་འབྱུང་གནས་རྒྱ་གར་འཕགས་པའི་ཡུལ་ན་གཙུག་ལག་ཁང་གཉིས་ཡོད་པའི། དཔལ་ན་ལནྡྲའི་གཙུག་ལག་ཁང་ན་བཞུགས་པའི་པཎྜི་ཏ་རྣམས་ཀྱིས་ནི། བཀའ་ཐམས་ཅད་ཕུན་སུམ་ཚོགས་པ་ལྔ་དང་། བསྟན་བཅོས་ཐམས་ཅད་རྩིས་འགོ་ཡན་ལག་ལྔའི་སྒོ་ནས་འཆད། བི་ཀྲ་མ་ཤི་ལའི་གཙུག་ལག་ཁང་གི་པཎྜི་ཏ་རྣམས་ཀྱིས། ཉན་པ་པོ་སྨོད་རུང་བྱ་བ་དང་། བསྟན་པའི་རྣམ་བཞག་ངེས་པའི་སྒོ་ནས་འཆད། དེ་གཉིས་ལས་སྔ་མའི་རྗེས་སུ་འབྲང་ནས་འཆད་དོ། །

སྐབས་འདིར་སྡོམ་གསུམ་རྣམ་པར་ངེས་པའི་བསྟན་བཅོས་ཉིད་རྩིས་འགོ་ཡན་ལག་ལྔ་ཡི་སྒོ་ནས་འཆད་པ་ལ། མཛད་པ་པོ་སུས་མཛད། ལུང་གང་ནས་བཏུས། ཕྱོགས་གང་དུ་གཏོགས། དབུ་ནས་ཞབས་སུ་བསྡུས་པའི་དོན་གང་ཡིན། དགོས་ཆེད་སུ་ཞིག་གི་དོན་དུ་མཛད་ཅེ་ན།

དང་པོ་མཛད་པ་པོ་ནི། རྗེ་བཙུན་འཇམ་དཔལ་དབྱངས་ཆོས་ཀྱི་རྒྱལ་པོའི་ཚུལ་བཟུང་བ་མངའ་བདག་ཁྲི་སྲོང་ལྡེའུ་བཙན་གྱི་ཡང་སྲིད་མཁས་པའི་རྣམ་དཔྱོད་གཞུང་ལུགས་ཆེན་པོ་བརྒྱ་ཕྲག་གཅིག་ཐུགས་སུ་ཆུད་ཅིང་རྣམ་དཔྱོད་ཕུལ་དུ་ཕྱིན་ཅིང་གྲུབ་པའི་ས་མཐོར་གཤེགས་ཤིང་

བརྟུན་ཚུལ་སྦྲངས་ཡོན་བཅུ་གཉིས་སྦྲ་བཞིན་ཉམས་སུ་བཞེས་པ། བསྟན་བཅོས་རྩོམ་པའི་རྒྱུ་གསུམ་ལེགས་པར་ཚང་བ་མངའ་རིས་ཀྱི་པཎྜི་ཏ་པདྨ་དབང་གི་རྒྱལ་པོ་རྡོ་རྗེ་དྲག་པ་དཔལ་བཟང་པོས་མཛད། ལུང་གང་ལས་བཏུས་ན་སངས་རྒྱས་ཀྱིས་གསུང་རབ་སྡེ་སྣོད་གསུམ་རྒྱུད་སྡེ་བཞི་དགོངས་འགྲེལ་དང་བཅས་པ་ལས་བཏུས། ཕྱོགས་གང་དུ་གཏོགས་ན་གསུང་རབ་མདོ་སྔགས་གཉིས་ཀར་གཏོགས་སོ། །

དབུ་ནས་ཞབས་སུ་བསྡུས་པའི་དོན་ནི། གསུངས་རབ་དགོངས་འགྲེལ་དང་བཅས་པ་དེ་དག་གི་ཉམས་སུ་བླངས་བྱ་ཐམས་ཅད་སྡོམ་པ་གསུམ་གྱི་ཁོངས་སུ་འདུ་བར་མཛད་པའོ། །

དགོས་ཆེད་སུ་ཞིག་གི་དོན་དུ་མཛད་ཅེ་ན། ཕྱི་རབ་རྗེས་འཇུག་གང་ཟག་རྣམས་ཀྱིས་བསྟན་པ་ཐམས་ཅད་འགལ་མེད་དུ་རྟོགས་པ་དང་། རྒྱལ་བའི་གཞུང་ལམ་ཚང་ལ་མ་ནོར་བ་གང་ཟག་གཅིག་སངས་རྒྱ་བའི་ལམ་དུ་བསྡུས་ནས་ཉམས་སུ་ལེན་ཤེས་པའི་དོན་དུ་མཛད་པ་སྟེ། དེ་ལྟར་རྩིས་འགོ་ལྟས་ཉན་པ་པོ་ཡིད་ཆེས་པའི་དགོས་པའོ། །

གཉིས་པ་སློབ་དཔོན་གྱིས་བྱང་ཆུབ་མཆོག་ཏུ་ཐུགས་བསྐྱེད་ཅིང་བྱམས་པའི་ཏིང་འཛིན་སྒོམ་ན་བདུད་ཀྱི་བར་ཆད་མི་འབྱུང་། སློབ་མས་ཉན་ཚུལ་ལ་ཀུན་སློང་དང་ཀུན་སྤྱོད་གཉིས། དང་པོ་ཀུན་སློངས་བསམ་པ་བཟང་པོ་བྱང་ཆུབ་སེམས་ཀྱིས་ཟིན་པར་བྱ་སྟེ། འཁོར་བའི་སེམས་ཅན་ཐམས་ཅད་ཐོག་མེད་དུས་ནས་རང་གི་ཕ་མར་མ་གྱུར་པ་མེད་ལ། ཕ་མར་གྱུར་པའི་དུས་སུ་ད་ལྟའི་ཕ་མ་བཞིན་དྲིན་ཆེན་པོས་བསྐྱངས་བ་ཤ་སྟག་ཡིན་ལ། དྲིན་ཆེན་དེ་རྣམས་བདེ་བ་འདོད་ཀྱང་རྨོངས་པས་སྡུག་བསྔལ་རྒྱུ་མི་དགེ་བ་ཁོ་ན་བྱེད་པ་འདི་རྣམས་སྙིང་རེ་རྗེ། བདག་ད་རེས་དལ་རྙེན་ཆོས་དང་འཕྲད་པ་འདི་སྐལ་བ་བཟང་བས། ཆོས་ཟབ་མོ་ཉན་ནས་ཉམས་སུ་བླངས་ཏེ་མ་རྒན་སེམས་ཅན་ཐམས་ཅད་ལས་སྣང་སྡུག་བསྔལ་དང་བྲལ་ནས་སངས་རྒྱས་ཐོབ་པར་བྱའོ་སྙམ་དུ་སེམས་བསྐྱེད་པ་གལ་ཆེ་བའོ། །

གཉིས་པ་ཀུན་སྤྱོད་ལ། སྤང་བྱའི་ཀུན་སྤྱོད། སྣོད་ཀྱི་སྐྱོན་གསུམ། དྲི་མ་དྲུག མི་འཛིན་པ་ལྔ་བཅས་སྤངས་དགོས་ཏེ། དང་པོ་རྣ་བ་མི་གཏད་ཁ་སྦུབ་ལྟ་བུའི་སྐྱོན། །ཡིད་ལ་མི་འཛིན་ཞབས

རྫོལ་ལྟ་བུའི་སྐྱོན། །ཉོན་མོངས་དང་འདྲེས་དུག་ཅན་ལྟ་བུའི་སྐྱོན། དྲི་མ་དྲུག་ནི། །ང་རྒྱལ་དང་ནི་མ་དད་དང་། །དོན་དུ་གཉེར་བ་མེད་ཉིད་དང་། །ཕྱི་རོལ་རྣམ་གཡེང་ནང་དུ་སྡུད། །སྐྱོ་བས་ཉན་པ་དྲི་མ་ཡིན། །ཞེས་སོ། །མི་འཛིན་པ་ལྔ་ནི། ཚིག་འཛིན་ལ་དོན་མི་འཛིན་པ། དོན་འཛིན་ལ་ཚིག་མི་འཛིན་པ། བརྡ་མ་འཕྲོད་པ་འཛིན་པ། གོང་འོག་ནོར་ཏེ་འཛིན་པ། དོན་ལོག་པར་འཛིན་པ་དང་ལྔའོ། །བླང་བྱའི་ཀུན་སྤྱོད་ལ། རང་ལ་ནད་པའི་འདུ་ཤེས་ཆོས་ལ་སྨན། ཉན་ནས་ཉམས་སུ་ལེན་པས་ནད་འཚོ་འདོད། །བཤེས་གཉེན་སྨན་པའི་འདུ་ཤེས་བསྐྱེད་པའོ། །སྤྱོད་ལམ། མེ་ཏོག་སྤྲན་སོགས་རབ་འབུལ་ཞིང་། །ས་ཕྱོགས་སྤྱོད་ལམ་སྡོམ་པ་དང་། །སྲོག་ཆགས་ཀུན་ལ་འཚེ་མི་བྱེད། །བླ་མ་ལ་ནི་གསོལ་བ་འདེབས། །མ་ཡེངས་བླ་མའི་གདམ་ངག་ཉན། །དོགས་སེལ་ཕྱིར་ན་སྐྱོན་ཚིག་དྲི། །ཞེས་ཕྱིན་དྲུག་གོ །སྤྱོད་ལམ་གཞན། མ་དད་པ་ལ་ཆོས་མི་བཤད། མགོ་དགྲིས་གདུག་མཚོན་ཐོག་ལ་མིན། ཞེས་སོ། །

གསུམ་པ། དཔོན་སློབ་གཉིས་ཀས་འཆད་ཉན་བྱ་ཚུལ་ལ། ཆིངས་ཆེན་པོ་ལྔའམ་གསུམ་སྟེ། ལྔ་ནི་དགོས་དོན་བསྡུས་དོན། ཚིག་དོན། མཚམས་སྦྱོར། བརྒལ་ལེན་བཅས་སོ། །ཆིངས་གསུམ་ནི། དཀྱུས་ཀྱི་ས་གཅོད་པ་སྟག་མོའི་མཆོང་སྟབས་ལྟ་བུ། ཚིག་གིས་འབྲུ་ནོན་པ་རུས་སྦལ་གྱི་ནུར་འགྲོས་ལྟ་བུ། སྐབས་ཀྱི་མཇུག་བསྡུ་བ་སེང྄གེའི་འགྱིང་ལྟ་བུའོ། །

བཤད་བྱ་དངོས་ལ། ཐོག་མར་དགེ་བ་གླེང་གི་དོན། བར་དུ་དགེ་བ་གཞུང་གི་དོན། ཐ་མར་དགེ་བ་མཇུག་གི་དོན་ནོ།། །།

༄༅། །སྡོམ་གསུམ་རྣམ་ངེས་འགྲེལ་ཆུང་པད་དཀར་ཆུན་པོ་བཞུགས།

ཐུབ་བསྟན་བཤད་སྒྲུབ་རྒྱ་མཚོ།

ན་མ་གུ་ར་ཝེ། རྒྱལ་བ་ཀུན་གྱི་ཡེ་ཤེས་ཕུང་པོ་ནི། །འཇམ་དཔལ་གཞོན་ནུ་ཤེས་རབ་འོད་སྟོང་ལྡན། །བདག་བློའི་དད་གསུམ་པད་ཚལ་རྒྱས་པ་རུ། །བྱང་ཆུབ་སྙིང་པོའི་བར་དུ་དགྱེས་རོལ་མཛོད། །དལ་བའི་རྟེན་ལ་ཐ་བས་ཆེར་གཏུག་ཕྱིར། །ཚེ་རབས་རྒྱལ་བསྟན་བཤད་དང་སྒྲུབ་པ་ལ༑ ༑འཇུག་པའི་རྣམ་དཀར་དགེ་ཚོགས་འཕེལ་བའི་སླད། །སྲི་ཞུའི་བྱ་བ་ཕྲ་མོ་མོས་བློས་སྤྱེལ། །

སྡོམ་གསུམ་རྣམ་པར་ངེས་པའི་བསྟན་ཆོས་འདི་ཉིད་འཆད་པ་ལ་ཐོག་མར་དགེ་བ་ཀླད་ཀྱི་དོན། བར་དུ་དགེ་བ་གཞུང་གི་དོན། ཐ་མར་དགེ་བ་མཇུག་གི་དོན་ནོ། །

དང་པོ་ལའང་གསུམ་གྱི་དང་པོ་མཚན་སྨོས་པ་ནི། རང་བཞིན་སོགས། སེམས་ཀྱི་རང་བཞིན་སྐུ་གསུམ་གྱི་ཡོན་ཏན་ལྷུན་གྱིས་གྲུབ་པར་རྫོགས་པ་ནི་ཆོས་ཐམས་ཅད་ཀྱི་གནས་ལུགས་ཡིན་པས་ཆེན་པོ་སྟེ་དེའི་ཚུལ་གཏན་ལ་འབེབས་པར་བྱེད་པ་ནི་ལམ་ཐམས་ཅད་ཀྱི་མཐར་ཐུག་ཨ་ཏི་ཡོ་ག་ཡིན་ཅིང་ཨ་ནུ་མན་གྱི་ཆོས་ཐམས་ཅད་བརྒྱུད་ནས་དེ་རྟོགས་བྱེད་དུ་གྲོ་བས་ཆ་ལགས་དང་། དེ་ཐམས་ཅད་ཀྱི་ཉམས་ལེན་སྙིང་པོ་ནི་སོ་ཐར་བྱང་སེམས་གསང་སྔགས་ཀྱི་སྡོམ་པ་གསུམ་ཡིན་ལ། དེའི་དོན་རྣམ་པར་གསལ་བ་སྒྲོ་བསྐུར་བྲལ་བ་ངེས་པ་ཞེས་བྱ་བའི་མིང་སྒྲོགས་པ་བཀའ་ཡི་དོན་བསྟན་ཅིང་། ཉོན་མོངས་དགྲ་བཅོམ་ཞིང་ངན་འགྲོ་ལས་སྐྱོབས་པའི་གཞུང་བཞུགས་སོ་ཞེས་པའོ། །

གཉིས་པ་མཆོད་པར་བརྗོད་པ་ནི། ན་མོ་གུ་ར་ཝེ་ཞེས། ན་མོ་ཕྱག་འཚལ་བ་དང་། གུ་རུའི་སྒྲ་ལྕི་བ་ལ་འཇུག་པས་བསྟན་བཅོས་མཛད་པ་པོ་མངའ་རིས་པཎ་ཆེན་དེ་ཉིད་ཀྱི་སྡོམ་པ

གསུམ་གྱི་བཀའ་དྲིན་ཆེ་བའི་བླ་མ་རྣམས་ཡོན་ཏན་གྱི་ཁུར་དང་ཕན་གནོད་ཀྱི་ཡུལ་དུ་ལྟེ་བས་དེ་རྣམས་ལ་ཕྱག་འཚལ་ལོ། ཁྱད་པར་གུ་རུ་པདྨ་འབྱུང་གནས་ལ་ཕྱག་འཚལ་བ་ནི། རིགས་བྱེད་ཀྱི་གདམ་ལས་རྒྱ་མཚོ་སྲུབ་པས་ཟླ་བ་ཐོན་པའི་གདམ་བཞིན་གཟུགས་ཅན་གྱི་རྒྱན་མཛད་ནས། རང་དོན་ཆོས་སྐུ་དང་གཞན་དོན་གཟུགས་སྐུའི་དཔལ་དང་ལྡན་པའི་ཚོགས་གཉིས་ཀྱི་ཆུ་གཏེར་ཐུགས་བསྐྱེད་སྨོན་ལམ་གྱི་སྲུབ་པ་ལས། ཆོས་ཐམས་ཅད་ལ་ཆགས་ཐོགས་མེད་པའི་མཁྱེན་པ་དང་དམིགས་པ་མེད་པའི་བརྩེ་བའི་ཐུགས་རྗེ་ཟུང་དུ་འཇུག་པའི་འོད་དཀར་གྱི་ཟླ་བ་ཉ་གང་བ་ལྟ་བུ་ལས་གདུལ་བྱ་རྣམས་ངེས་དོན་གསང་ཆེན་བླ་མེད་ཀྱི་ལམ་དང་། འབྲས་བུར་དགྲི་ནུས་པའི་ཕྲིན་ལས་རྩོལ་མེད་དུ་ཕྱོགས་ཀྱི་ཐ་གྲུ་ཐམས་ཅད་ཁྱབ་པའི་ཆོས་ཆར་འབེབས་པའི་ཟླ་བའི་བསིལ་ཟེར་དང་མཚུངས་པའི་ཡོན་ཏན་དང་ལྡན་པ་ཉིད་གདུལ་བྱ་ཁྱད་པར་བ་གངས་ཅན་ལྗོངས་འདིའི་མཚོན་པའི་ས་སྟེང་གི་མཁས་དང་གྲུབ་པ་ཡོངས་ཀྱི་གཙུག་གི་རྒྱན་མཆོག་རྒྱ་མཚོ་དྲི་མེད་མདངས་ལྡན་དུ། ཕའི་རྒྱུ་དང་མའི་རྐྱེན་ལ་མ་བརྟེན་པར་རིག་པ་ཐོལ་སྐྱེས་ཀྱི་ཚུལ་འཁྲུངས་ཤིང་གནས་ལུགས་དོན་དམ་པར་གཟུང་འཛིན་རྟོག་པས་མི་ཕྱེད་ཡེ་ཤེས་སྐུ་སྐྱེ་འཆི་བགྲེས་རྒུད་བྲལ་བས་རྡོ་རྗེ། འགྲོ་བ་ལྷ་དང་བཅས་པའི་བླ་མ་དེ་ལ་འདུད་དོ་ཞེས་ཕྱག་མཛད་པ་ནི་ཀུན་རྫོབ་དང་། ཡུལ་དང་ཡུལ་ཅན་གཉིས་མེད་ལྟ་བ་མཇལ་བའི་ཕྱག་གོ། །

གསུམ་པ་བརྩམ་པར་དམ་བཅའ་བ་ནི། འགྲོ་བློའི་སྒྲིབ་གཉིས་ཀྱི་དྲི་མ་འཕྲུད་པར་མཁས་པའི་རྩོམ་པ་པོ་ཉིད་དྲང་སྲོང་གི་གཟུགས་སུ་བཀོད་ནས། གསུངས་རབ་དགོངས་འགྲེལ་བཅས་མཁྱེན་པའི་བཻཌཱུརྻའི་བུམ་པ་བཟང་པོ་ལག་ཏུ་ཐོགས་ནས། མ་རྟོགས་ལོགས་རྟོག་སོགས་ཀྱི་སྐྱོན་མེད་པའི་ལེགས་བཤད་སྡོམ་པ་གསུམ་གྱི་བརྟན་བཅོས་ནི། བུམ་ནང་གི་བདུད་རྩིའི་ཆུ་ལྟ་བུ་འཁོར་བའི་སྡུག་བསྔལ་ཐམས་ཅད་སེལ་བར་བྱེད་པ་འདི་སྦྱིན་པ་ཡིན་གྱི། ཐར་པ་མཆོག་དོན་དུ་གཉེར་བའི་བསྐལ་བཟང་སྐྱེ་བོའི་ཚོགས་རྣམས་འདིར་འདུས་ལ་ཐོས་བསམ་སྒོམ་པས་དོན་བཅུད་མྱོང་བར་གྱིས་ཤིག་ཅེས་པའོ། །

གཉིས་པ་གཞུང་གི་དོན་ལ་ལེའུ་ལྔ་ཡོད་པའི་དང་པོ་སྡོམ་གསུམ་སྤྱི་བཤད་ལའང་། ལྔ་

ལས། དང་པོ་ཐོབ་བྱ་མཐར་ཐུག་གི་འབྲས་བུ་མཆོག །སྦྱངས་གཞི་བདེ་གཤེགས་སྙིང་པོ་ངོས་བཟུང་བ་ནི། ཏིང་འཛིན་རྒྱལ་པོ་ལས། བདེ་བར་གཤེགས་པའི་སྙིང་པོ་སྟེ། །ཡེ་ནས་གནས་པའི་ཆོས་ཉིད་དོ། །ཞེས་སེམས་ཅན་ཐམས་ཅད་བདེ་གཤེགས་སྙིང་པོ་ཅན་དུ་བསྟན་ལ། ཁྱད་པར་ཨ་ཏི་ཡོ་ག་སེམས་ཀྱི་ཆོས་ཉིད་རིགས་པ་སྟོང་གསལ་གྱི་ངོ་བོ་ལ་སྐུ་དང་ཡེ་ཤེས་ཀྱི་ཆོས་ཐམས་ཅད་ཉི་མ་དང་འོད་ཟེར་བཞིན་འདུ་འབྲལ་མེད་པར་ཡོངས་སུ་རྫོགས་པས་རྫོགས་པ་ཆེན་པོ་སྟེ། གཞི་འབྲས་ཀྱི་ཆོས་ཐམས་ཅད་དང་། གློ་བུར་གྱི་སྒྲིབ་པ་འཁོར་བའི་ཆོས་བཅས་སྲིད་ཞི་ཀུན་ལ་ཁྱབ་པས་ཡེ་ཤེས་སྤྱི་ཡི་གཟུགས་ཞེས་བརྗོད་ཅིང་། དེ་ལ་སྦྱངས་བྱ་གློ་བུར་གྱི་དྲི་མ། སྦྱོང་བྱེད་ལམ་གྱིས་ཡོངས་སུ་དག་པར་བྱས་པས། སྐུ་ལྔ་དང་ཡེ་ཤེས་ལྔ་རིག་པའི་ངང་དུ་འདུ་འབྲལ་མེད་པར་འཆང་བས་རྡོ་རྗེ་འཆང་། དེའང་སྤངས་རྟོགས་སེམས་ཀྱི་ཆེན་པོ་གསུམ་གྱི་རང་བཞིན་འབྲས་བུའི་མཐར་ཐུག་སངས་རྒྱས་ཉག་གཅིག་དེ་ཉིད་དོ། །

གཉིས་པ་དེ་ཐོབ་བྱེད་བགྲོད་པ་གཅིག་པུའི་ལམ་མདོར་བསྟན་པ་ནི། དེ་ལྟའི་ཆོས་ཉིད་ཇི་ལྟ་བ་སྟོན་པ་ཟབ་པ་དང་། ཆོས་ཅན་ཇི་སྙེད་སྟོན་པ་རྒྱས་པ་སྟེ། ཆོས་ཀྱི་སྒོ་འཕར་བགྲངས་པ་ལས་འདས་མཐའ་ཡས་པ་ཡོད་ཀྱང་། གསང་ཆེན་རྡོ་རྗེ་ཐེག་པའི་སྨིན་བྱེད་དབང་དང་གྲོལ་བྱེད་བསྐྱེད་རྫོགས་ཀྱི་ལམ་མཆོག་ལ་མ་བརྟེན་པར། ལམ་འོག་མ་རྣམས་ཀྱིས་ཐོབ་པ་མིན་ཏེ་འཁོར་བར་འཆིང་བྱེད་བག་ཆགས་ཕྲ་བ་ཐིམ་ཆོས་ལས་འདས་པའི་དཀར་དམར་རླུང་གསུམ་གྱིས་བསྐྱེད་པའི་སྣང་གསུམ་འཕོ་བའི་སྒྲིབ་པ་སྤྲགས་ལམ་གྱིས་སྦྱངས་དགོས་པར་རྫོགས་པའི་སངས་རྒྱས་དེས་གསུངས་པའི་ཕྱིར་རོ། །

གསུམ་པ་ལམ་སྟེགས་ཀྱི་ཐེག་པའི་དབྱེ་བསྡུ་བསྟན་པ་ནི། ཇི་སྲིད་གདུལ་བྱའི་སེམས་དང་སེམས་བྱུང་ཕྲ་རགས་ཀྱི་རྒྱུན་གཅིག་ནས་གཅིག་ཏུ་འཇུག་པ་ཆོས་ཀྱི་དབྱིངས་སུ་མ་ཟད་པར་དེ་འདུལ་བྱེད་ཀྱི་གཉེན་པོ་བསམ་གྱིས་མི་ཁྱབ་པ་མཐའ་ཡས་པའི་ཐེག་པའི་གྲངས་བརྗོད་པའི་མཐར་ཐུག་པ་མེད་ལ། སེམས་ཀྱི་འཇུག་པ་ཟད་ཚེ་འགྲོ་བའང་མེད་ལ་ཐེག་པའང་མེད་གསུངས་སོ༔ ༔དེ་ལྟར་ཐེག་པ་འོག་མ་རྣམས་སངས་རྒྱས་ཀྱི་བགྲོད་ཅིག་ལམ་རང་རྒྱུད་བླ་ན་མེད་པར་བགྲོ

བའི་ངལ་སྟེགས་ཏེ། ལམ་རང་རང་དང་རྗེས་སུ་མཐུན་པའི་འབྲས་བུ་བླ་ན་ཡོད་པ་དང་བཅས་ཐོབ་ཀྱང་ལྷ་མི་ངན་སོང་དང་ཉན་རང་འཁོར་བའི་མཐའ་སོགས་ཐེག་པ་སོ་སོའི་སྤྱངས་བྱ་ལས་ངེས་པར་འབྱུང་བ་རྣམ་ལས། ཐེག་གཅིག་སྔགས་བླ་མེད་ཀྱི་ལམ་ལ་མ་ཞུགས་པར་མཐར་འབྲས་བྱང་ཆུབ་ཆེན་པོ་ཐོབ་པ་ཅི་ཞིག་ཡོད་དེ་མེད་དོ། །ཐེག་པ་དེ་དག་གི་དོན་བསྡུ་ཚུལ་དུ་མ་ཡོད་ཀྱང་། འདི་རང་བཞིན་རྫོགས་པ་ཆེན་པོའི་ལམ་སྒྲོལ་འཛིན་པ་སྔ་འགྱུར་རྙིང་མའི་རིང་ལུགས་ལྟར་ན། ཉན་ཐོས་ཐེག་པ། རང་རྒྱལ་ཐེག་པ། བྱང་ཆུབ་སེམས་དཔའི་ཐེག་པ་གསུམ་ལ། མཚན་ཉིད་རྒྱུའི་ཐེག་པ་གསུམ་ཞེས་གསུངས་སོ། །ཀྲི་ཡ་བྱ་རྒྱུད། ཨུ་པ་སྤྱོད་རྒྱུད། ཡོ་ག་རྣལ་འབྱོར་རྒྱུད་དང་གསུམ་ལ་སྔགས་ཕྱི་རྒྱུད་གསུམ་ཞེས་བྱ་ལ། བླ་མེད་ཕ་རྒྱུད་མ་ཧཱ་ཡོ་ག་རྣལ་འབྱོར་ཆེན་པོ་དང་། མ་རྒྱུད་ཨ་ནུ་ཡོ་ག་རྗེས་སུ་རྣལ་འབྱོར་ཞེས་གྲགས་པ་དང་། གཉིས་མེད་རྒྱུད་སྡེ་ཨ་ཏི་ཡོ་ག་རྩེ་མོའི་རྣལ་འབྱོར་རྫོགས་པ་ཆེན་པོ་གསུམ་ལ་ནང་བརྒྱུད་གསུམ་ཞེས་ཐེག་པ་རིམ་དགུའི་གྲངས་བཅས་སུ་བསྡུ་བར་མཛད་དོ། །

བཞི་པ་སོ་བྱང་གཉིས་སྔགས་སྡོམ་གྱི་ཡན་ལག་ཏུ་བསྡུ་ཚུལ། རིག་ཅན་གསུམ་སྔགས་ཀྱི་ལམ་ཞུགས་ཡོད་པར་སྒྲུབ་པ་ནི། གདུལ་བྱ་ཉན་ཐོས་དང་། རང་རྒྱལ་དང་། བྱང་ཆུབ་སེམས་དཔའི་རིག་ཅན་གསུམ་སོ་སོ་ལ། བླ་མེད་རྡོ་རྗེ་ཐེག་པའི་རིག་པ་འཛིན་པའི་ལམ་ལ་ཞུགས་པ་ཡོད་དོ་ཞེས། འབུམ་ཕྲག་ལྔ་པའི་རྒྱུད་ཀྱི་ལུང་ལས་གསལ་བར་གྲུབ་ལ། བསམ་པའི་བྱེ་བྲག་གི་དབྱེ་བས་སྔགས་བླ་མེད་ནང་རྒྱུད་ལ་འཇུག་ཚུལ་རང་ལམ་གྱི་གཞི་ལམ་འབྲས་བུའི་སྐབས་གང་རུང་ནས་འཇུག་ཚུལ་ཚོས་སྒོ་མང་དུ་ཡོད་ཀྱང་། དེ་དག་སྤྲོ་བར་བྱ་བ་མིན་ནོ། །

གསུམ་པ་གཏན་ལ་དབབ་བྱའི་དོན་ངོས་བཟུང་བ་ནི། སྐབས་འདིར་ནི་ཐེག་པ་ཐམས་ཅད་ཀྱི་ལམ་གནད་སྡོམ་པ་གསུམ་དུ་འདུ་བས། དེ་ལ་དབྱེ་ཚུལ་དབང་པོ་རབ་འབྲིང་ཐ་མ་གསུམ་ཡོད་པ་ལས། དབང་པོ་ཡང་རབ་མཆོག་ཏུ་གྱུར་པ་སྟོན་ཚོགས་གཉིས་ཀྱི་སྦྱངས་པ་མཐར་སོན་པའི་སྐལ་ལྡན་ཏེ་དབང་བསྐུར་ཐོབ་པས་སྡོམ་པ་གསུམ་གཅིག་ཆར་དུ་སྐྱེས་པས། དབང་དོན་ཡེ་ཤེས་རྟོགས་པ་དང་རྒྱུད་གྲོལ་བ་དུས་མཉམ་དུ་གྱུར་པ་ཨོ་རྒྱན་གྱི་རྒྱལ་པོ་ཨིནྡྲ་བོ་དྷི་བཞིན་ཏེ་སྟོན་པ་ལ

འདོད་ཡོན་མ་སྤངས་སངས་རྒྱས་ཐོབ་ཐབས་ཞུས་པས། དེར་གསང་འདུས་དཀྱིལ་འཁོར་སྟོན་པར་མཛད་དེ། དབང་བསྐུར་བའི་དུས་དེར་ཟུང་འཇུག་གི་སྐུ་བརྙེས་པའོ། །དབང་པོ་འབྲིང་ནི་སྡོམ་པ་གསུམ་སོ་སོའི་གཞུང་གི་འདུལ་བའི་ལས་ཆོག་བྱང་སྡོམ་དང་དབང་བསྐུར་གྱི་ཆོ་ག་ལ་བརྟེན་ནས་རིམ་གྱིས་ཐོབ་པ་མགོན་པོ་ན་གཱ་རྫུ་ནའི་རྣམ་ཐར་ལྟར་རིག་པར་བྱའོ། །དབང་པོ་ཐ་མ་སྨོན་བསགས་ཀྱི་སྐལ་དམན་ཤིན་ཏུ་གདུལ་དཀའ་བ་སྟེ་ལམ་ལ་རིམ་གྱིས། དང་པོ་དུས་ཁྲིམས་གསོ་སྦྱོངས་ཡན་ལག་བརྒྱད་པ་ནོད་ཅིང་། དེ་རྗེས་གཏན་ཁྲིམས་དགེ་བསྙེན་བསླབས་པའི་གནས་མི་དགེ་བཅུ་སྤངས་བ་དང་། དགེ་ཚུལ་དགེ་སློང་བར་གྱི་སྡོམ་པ་བྱིན་ནས་བྱེ་མདོ་གཉིས་དང་སེམས་སྡོམ་བྱིན་ནས་དབུ་སེམས་ཏེ་གྲུབ་མཐའ་བཞི་ལ་བསླབས་དབང་བཅས་བྱ་སྤྱོད་རྣལ་འབྱོར་རྒྱུད་རྣམས་རིམ་གྱིས་ཤེས་ནས་སྔགས་བླ་མེད་ལ་འཇུག་པ་རྒྱུད་བརྟགས་པ་གཉིས་པ་ལས་གསུངས་སོ། །འདིར་ནི་ཉམས་སུ་ལེན་ཚུལ་དབང་པོ་འབྲིང་གི་ཚུལ་དུ་འཆད་དོ། །སོ་ཐར་གྱི་རྟེན་ལ་དབང་བསྐུར་ཐོབ་པའི་གང་ཟག་དགེ་སློང་དང་། དགེ་ཚུལ་དང་། དགེ་བསྙེན་གྱི་སྡོམ་ལྡན་དེ་ལ། རྡོ་རྗེ་འཛིན་པའི་རབ་དང་འབྲིང་དང་ཐ་མ་ཡིན་ནོ་ཞེས། ཕྱུར་པའི་རྒྱུད་དང་དུས་འཁོར་རྩ་རྒྱུད་ལས་མཐུན་པར་གསུངས་ཤིང་། བྱང་སྡོམ་གྱི་རྟེན་ཀྱང་ཁྱིམ་པ་ལས་རབ་བྱུང་འཕགས་པར་གསུངས་སོ། །འོན་ཀྱང་ཡེ་ཤེས་ལྡན་པ་སྐྱེ་ས་ཐོབ་པ་སོགས་ཀྱི་ཡོན་ཏན་ཁྱད་པར་ཅན་ནི་གཙོ་བོར་བཟུང་བར་དུས་འཁོར་སོགས་ལས་གསུངས་སོ། །སྡོམ་གསུམ་ཐ་སྙད་འདོགས་ཚུལ་མང་དུ་སྣང་ཡང་། སྒྱུ་འཕྲུལ་གྱི་རྒྱུད་སྡེའི་རྩ་བར་གྱུར་པ་ཀུན་འདུས་རིགས་པའི་མདོ་ལས། རང་དོན་ཞི་བདེ་ཙམ་དང་། གཞན་དོན་རྫོགས་བྱང་ཐོབ་འདོད། གཞན་ལ་ཕན་པ་ཐབས་ཆེའི་ཕྱིར་ཟུང་འཇུག་ཐོབ་འདོད་ལ་སྡོམ་པ་གསུམ་ཞེས་བཤད་པ་ནི་སོ་ཐར་སྡོམ་པ་དང་། སེམས་བསྐྱེད་སྡོམ་པ་དང་། དབང་བསྐུར་བ་སྔགས་སྡོམ་ཉིད་ཡིན་ཏེ། དེ་གསུམ་སོ་སོར་འཛིན་ན། སྔ་མ་ཉན་ཐོས། བར་པས་བྱང་སེམས་དང་། ཕྱི་མ་ལ་རིག་པ་འཛིན་པ་ཞེས་སུ་མཁས་པ་རྣམས་ལ་གྲགས་མོད། འོན་ཀྱང་བསམ་པ་སེམས་བསྐྱེད་ཀྱིས་ཟིན་པའི་སོ་ཐར་སྡོམ་པ་བྱང་སེམས་སོ་སོར་ཐར་པར་འགྱུར་ལ། སྔགས་སྡོམ་ལྡན་པས་སོ་ཐར་བླང་བར་སྔགས་ཀྱི་སོར་སྡོམ་དུ་འགྱུར་བའོ། །དེ་ལྟར་ཐུན་མོང་སྡོམ་པ་འོག་མ་སོ་བྱང་གཉིས

སྐབས་འདིར་ནི་སྔགས་བླ་མེད་ཀྱི་དབང་གི་ཡན་ལག་ཏུ་འགྲོ་བ་སོ་ཐར་བྱང་སྡོམ་གྱི་ཉེས་སྤྱོད་སྡོམ་པ་དང་བྱང་སྡོམ་རྣམ་སྣང་གི་དམ་ཚིག་ཏུ་འགྱུར་བ་སོགས་གསར་རྙིང་གི་རྒྱུད་སྡེ་རྒྱ་མཚོ་ནས་བཤད་པ་ལྟར་འདིར་ཡང་འཆད་དོ། །

ལྔ་པ་ལེའུ་འོག་མ་གསུམ་གྱི་སྡོམ་ཚིག་འཆད་འགྱུར་སྡོམ་གསུམ་སོ་སོར་ཁོག་དབུས་གླེང་གཞི་དང་། དང་པོ་སྡོམ་པ་མ་ཐོབ་པ་ཐོབ་པའི་ཚུལ་དང་། བར་དུ་ཐོབ་པ་དེ་སྲུང་བྱའི་རྣམ་གྲངས་བཤད་པས་མི་ཉམས་པར་སྲུང་བའི་ཐབས་དང་། ཐ་མར་མི་ཤེས་མ་གུས་པ་སོགས་ཀྱིས་ཉམས་ན་སླར་གསོ་བའི་ཚུལ་བཞི་རེས་སྡོམ་དུ་བསྡུས་ནས་བཤད་པ་ཡིན་ནོ། །སྡོམ་གསུམ་སྤྱིའི་བཤད་གཞིའི་རིམ་པར་ཕྱེ་བ་སྟེ་དང་པོའོ། །

ལེའུ་གཉིས་པ་སྟོན་པའི་རྒྱལ་ཚབས་སྟོན་དང་བསྟན་པ་གཉིས་ཀར་གྱུར་པ་འདུལ་བ་སོ་ཐར་གྱི་རིམ་པ་བསྟན་པ་ལ། ཁོག་དབུབ་དང་། མ་ཐོབ་ཐོབ་ཚུལ། ཐོབ་པ་སྲུང་ཐབས། ཉམས་ན་གསོ་ཚུལ་བཞི་ཡི་དང་པོ་ལའང་བཞི་ལས། དང་པོ་སྟོན་པས་འདུལ་བའི་སྡེ་སྣོད་གསུང་ཚུལ་ནི། གླེང་བར་བྱ་བའི་གཞི་བདག་ཅག་གི་སྟོན་པ་ཐུབ་པའི་དབང་པོས་སངས་རྒྱས་ཐུབ་པ་ཆེན་པོའི་དྲུང་དུ་ཐུགས་བསྐྱེད། བར་དུ་བསྐལ་པ་གྲངས་མེད་གསུམ་དུ་ཚོགས་བསགས། མཐར་སྐྱེ་དགུ་རྣམས་ཚེ་ལོ་བརྒྱ་ཐུབ་པའི་དུས་སུ་མཛད་པ་བཅུ་གཉིས་བསྟན་པའི་ཚུལ་གྱིས་རྡོ་རྗེ་གདན་བྱང་ཆུབ་སྙིང་པོའི་ཤིང་དྲུང་དུ་ས་གཞི་ཉའི་སྲོད་ལ་བདུད་བཏུལ། གུང་ཐུན་ལ་མཉམ་པར་བཞག ཐོ་རངས་ཟད་པ་དང་མི་སྐྱེ་ཤེས་པའི་ཡེ་ཤེས་མངོན་དུ་མཛད་དེ་མངོན་པར་སངས་རྒྱས། དེ་ནས་ཞག་བདུན་ཕྲག་བདུན་དུ་ཆོས་མ་གསུངས་པས་ཚངས་པ་དང་བརྒྱ་བྱིན་གཉིས་ཀྱིས་ཆོས་ཀྱི་འཁོར་ལོ་བསྐོར་བར་གསོལ་བ་བཏབ་པས་སྟོན་པ་ཕུན་སུམ་ཚོགས་པ་དེས། གནས་ཕུན་སུམ་ཚོགས་པ་ཝཱ་ར་ཎ་སིར་དྲང་སྲོང་ལྷུང་བ་རི་དྭགས་མི་འཇིགས་པའི་ནག་ཚལ་དེ་རུ། ཆོས་ཕུན་སུམ་ཚོགས་པ་ལྷག་པའི་ཚུལ་ཁྲིམས་ཀྱི་བསླབ་པ་བརྗོད་བྱའི་གཙོ་བོར་སྟོན་པ་ཉན་ཐོས་སྡེ་སྣོད་གསུམ་སྡུག་བསྔལ་ཀུན་འབྱུང་འགོག་ལམ་བདེན་པ་བཞིའི་ཆོས་ཀྱི་རྣམ་གྲངས། འཁོར་ཕུན་སུམ་ཚོགས་པ་ཀུན་ཤེས་ཀཽཎྜི་ཎ། རྟ་ཐུལ། རླངས་པ། མིང་ཅན། བཟང་སྡེ་སྟེ་སྡེ་ལྔ་དང་། ལྷ་བརྒྱད་ཁྲི་དང་བཅས་པ

ལ་དུས་ཞུན་སུམ་ཚོགས་པ་ཆུ་སྟོད་ཟླ་བའི་ཚེས་བཞི་ལ་གསུངས་པས་ལྔ་སྡེ་དགྲ་བཅོམ་པ་ཐོབ། ལྷ་བརྒྱད་ཁྲི་བདེན་པ་མཐོང་། དེ་ནས་ཉེ་བའི་ལྔ་སྡེ། འོད་སྲུང་སྡེ་ལྔ་མཆོག་ཟུང་གཉིས་སོགས་ནས་མཐར་དགྲུང་ལོ་གྱ་གཅིག་མྱ་ངན་འདའ་ཁར་ཀུན་ཏུ་རྒྱུ་རབ་བཟང་གི་བར་དུ་ལུང་བཞིས་བསྡུས་པའི་འདུལ་བའི་སྡེ་སྣོད་གསུངས་པ་རྣམས་ཆོས་འཁོར་དང་པོའི་ཁོངས་སུའོ། །

གཉིས་པ་རྗེས་འཇུག་གི་བཀའ་བསྡུ་མཛད་ཅིང་བསྟན་པ་སྐྱོང་ཚུལ་ནི། སྟོན་པ་མཆོག་ཟུང་བཅས་ལྷན་གཅིག་དགྲ་བཅོམ་པ་ཆིག་འབུམ་དྲུག་ཁྲི་བརྒྱད་སྟོང་མྱ་ངན་ལས་འདས་ཏེ་སྡེ་སྣོད་གསུམ་འཆད་ཉན་མེད་པར་ལྷ་རྣམས་ཀྱི་འཕྲུ་བ་བསལ་ཕྱིར་ལོ་དེར་རྒྱལ་པོའི་ཁབ་ཀྱི་ཉེ་གྲོ་རྡའི་ཕུག་པར་མ་སྐྱེས་དགྲས་ཡོ་བྱད་སྦྱར་ཏེ་འོད་སྲུང་སོགས་དགྲ་བཅོམ་པ་ལྔ་བརྒྱ་འདུས་པས་ཀུན་དགའ་བོས་མདོ་སྡེ། ཉེ་བར་འཁོར་གྱི་འདུལ་བ་དང་འོད་སྲུང་ཆེན་པོ་ཆོས་མངོན་པའི་སྡེ་སྣོད་དེ། དེ་གསུམ་གྱིས་བསྡུས་སོ། །

བསྡུ་བ་གཉིས་པ་ནི། མྱ་ངན་ལས་འདས་ནས་ལོ་བརྒྱ་དང་བཅུ་ན་ཡང་པ་ཅན་གྱིས་དགེ་སློང་རྣམས་ཀྱིས། ཧུ་ལུ་ཧུ་ལུ་ཡིད་རང་དང་། ཀུན་སྤྱོད་གནོད་དང་ལན་ཚ་དང་། ལམ་དང་སོར་གཉིས་དཀྲུག་དང་གདིང་། གསེར་ལ་རུང་བ་བྱ་བ་སྟེ། ཞེས་རུང་མིན་གཞི་བཅུ་སྤྲུག་པ་བསལ་ཕྱིར་ཀུསླ་པུ་རིའི་གཙུག་ལག་ཁང་དུ་རྣམ་ཤ་ཞོ་ཀས་ཡོ་བྱད་སྦྱར་ཏེ་གྲགས་པ་སོགས་དགྲ་བཅོམ་པ་བདུན་བརྒྱས་སྡེ་སྣོད་གསུམ་ཚར་གཅིག་གསུངས། མཐུན་པ་དང་བཀྲ་ཤིས་པའི་གསོ་སྦྱོངས་མཛད་དོ། །

བསྡུ་བ་གསུམ་པ་ནི་དགེ་སློང་ལྷ་ཆེན་པོ་སོགས་ཀྱིས། གཞན་ལན་གདབས་དང་མི་ཤེས་པ། ཡིད་གཉིས་དང་ནི་ཡོངས་སུ་བརྟགས། བདག་ཉིད་གསོ་བར་བྱེད་པ་སྟེ། འདི་ནི་སྟོན་པའི་བསྟན་པ་ཡིན། ཞེས་མི་རུང་བའི་གཞི་ལྔ་བསྒྲགས་པ་སོགས་ཀྱིས་སྡེ་པ་བཅོ་བརྒྱད་དུ་གྱེས་པའི་སྐབས་རྒྱལ་པོ་ཀ་ནི་ཀས་སྦྱིན་བདག་བྱས་ཏེ། འཕགས་པ་ཉེར་སྦས་སོགས་དགྲ་བཅོམ་པ་ལྔ་བརྒྱ་སོ་སྐྱེའི་བཙུན་པ་ཁྲི་དྲུག་སྟོང་། བྱང་ཆུབ་སེམས་དཔའ་ལྔ་བརྒྱ་འདུས་ནས་གྱེས་པ་བཅོ་བརྒྱད་ཐམས་ཅད་བཀར་བསྒྲུབ། འདུལ་བའི་ཚོགས་ཡི་གེར་བཀོད། མདོ་སྡེ་དང་མངོན་པ་ཡི་གེ་སྟོན་མ

འཁོད་པ་རྣམས་བཀོད་དགྲ་བཅོམ་པ་ལྔ་བརྒྱ་སྲི་མཐུན་ནས་བྱེ་བྲག་བཤད་མཛོད་ལ་སོགས་འཕགས་པ་རྣམས་ཀྱིས་བརྩམ། འོད་བྱེད་ཀྱི་ས་བརྙེས་པའི་སློབ་དཔོན་ཡོན་ཏན་འོད་ཀྱིས་མདོ་རྩ་བ་དང་ཀརྨ་ཤ་སྟཾ་སོགས། ཤཱཀྱ་འོད་ཀྱིས་སུམ་བརྒྱ་པ་རྩ་འགྲེལ་སོགས་མཛད་ཅིང་སྤེལ་བ་དང་། བོད་འདིར་སྔ་འགྱུར་སྡོམ་རྒྱུན་ཇོགས་པའི་སངས་རྒྱས། ཤཱ་རིའི་བུ། སྲས་སྒྲ་གཅན་འཛིན། བྲམ་ཟེ་སྒྲ་ཅན་འཛིན། འཕགས་པ་ཀླུ་སྒྲུབ་སོགས་ནས་མཁན་ཆེན་ཞི་བ་འཚོ། ཐ་རཏྣ། དམར་གཡོ་རྩང་གསུམ་སོགས་ནས་བརྒྱུད་པ་སྨད་འདུལ་ཞེས་གྲགས་པ་དང་། ཕྱིས་ནས་ཁ་ཆེ་བརྒྱུད་པ་ཀླུ་སྒྲུབ་ནས། ཡོན་ཏན་བློ་གྲོས་རིན་ཆེན་བཤེས་གཉེན་སོགས་ནས། པཎ་ཆེན་ཤཱཀྱ་ཤྲཱི་ལས། ས་པཎ། བྱང་ཆུབ་དཔལ་སོགས་ལས་ཀྱང་དར་བའོ། །

གསུམ་པ་སྡོམ་པའི་ངོ་བོ་ནི། སོ་ཐར་སྡོམ་པའི་ངོ་བོ་ནི། ངེས་འབྱུང་གི་བསམ་པས་ཀུན་ནས་བསླང་ནས་གཞན་གནོད་གཞི་བཅས་ལས་ལྡོག་པའི་ཉེས་སྤྱོད་སྡོམ་པའི་ཚུལ་ཁྲིམས་གང་ཞིག་འདོད་པའི་སས་བསྡུས་པའོ། །ཞེས། དེའི་ཟུར་དང་པོས་ཕྱི་རོལ་པའི་ཚུལ་ཁྲིམས་དང་། གཉིས་པས་བར་མའི་ཚུལ་ཁྲིམས་དང་། གསུམ་པས་བསམ་གཏན་དང་ཟག་མེད་ཀྱི་སྡོམ་པ་བསལ་བའོ། །དེ་ཡང་བྱེ་སྨྲས་སོར་སྡོམ་དེ་ལུས་ངག་ལས་སྐྱེས་པའི་ཕྱིར། རྣམ་པ་རིག་བྱེད་དང་རིག་བྱེད་མིན་པ་གཉིས་ཀའི་ངོ་བོར་སྐྱེ་ལ། རིག་བྱེད་མ་ཡིན་པའི་གཟུགས་ཅན་དུ་གནས་པ་ཡིན་ཅེས་འདོད་པ་དང་། མདོ་སྡེ་པས་རྒྱུད་འགྱུར་བའི་ཁྱད་པར་''ལ་འདོད། སེམས་ཙམ་པས་འཆལ་ཚུལ་སྤོང་བའི་སེམས་པ་རྒྱུན་ཆགས་ས་བོན་བཅས་པ་ལ་འདོད། དབུ་མ་པས་ནི་སྤོང་སེམས་མཚུངས་ལྡན་དང་བཅས་པ་ལ་འདོད་དོ། །དེ་ལྟར་ནང་པ་སངས་རྒྱས་པ་རང་གི་སྡེ་པ་གྲུབ་མཐའ་གོང་འོག་སོ་སོའི་བློ་ཁྱད་ཀྱིས་འདོད་ལུགས་བྱུང་བ་ཡིན་ནོ། །

བཞི་པ་དེའི་དབྱེ་བ་ནི། དེ་ལས་དབྱེ་ན་དུས་ཁྲིམས་བསྙེན་གནས། དགེ་བསྙེན་གྱི་གསོ་སྦྱོངས་དང་། དགེ་བསྙེན་ཕ་མ་གཉིས་ཏེ་འདི་གསུམ་ཁྱིམ་པའི་ཕྱོགས་ཀྱི་སྡོམ་པ་ཡིན་ལ། དགེ་ཚུལ་རྗེན་ཕ་མ་གཉིས་དང་། དགེ་སློབ་མ་དང་། དགེ་སློང་ཕ་མ་གཉིས་བཅས་ལྔ་ནི་རབ་བྱུང་ཕྱོགས་ཀྱི་སྡོམ་པ་ལ་དབྱེ་བ་ཡིན་ཏེ། དེ་ལྟར་སོ་ཐར་རིགས་བརྒྱད་པོ་རྫས་སུ་བསྟན། དགེ་སློང་གཉིས་ཅིག །

དགེ་ཚུལ་ཕ་མ་དགེ་སློབ་མ་གསུམ་གཅིག །དགེ་བསྙེན་ཕ་མ་གཅིག །བསྙེན་གནས་དང་བཞིར་འདུ་བར་འདོད་པ་མཛོད་ཀྱི་ལུགས་སོ། །

གཉིས་པ་མ་ཐོབ་པས་ཐོབ་ཚུལ་ལ་མདོར་བསྟན་ནི། དང་པོ་སྡོམ་པ་མ་ཐོབ་ཐོབ་པའི་ཚུལ་ལ། ཚོགས་ཆུང་དུ་སྔོན་ཆོག་དང་། ཚོགས་དང་བཅས་རྫོགས་པ་ད་ཆོག་སྟེ་ལེན་ཚུལ་གཉིས་ཏེ་ཞེས་པའོ། །རྒྱས་བཤད་ལ་སྔོན་པ་ཞལ་བཞུགས་པའི་རིང་བྱུང་བ་སྔོན་གྱི་ཆོག་ལ་བཅུ་ལས། རང་བྱུང་གི་བསྙེན་པར་རྫོགས་པ་སྟོན་པ་སངས་རྒྱས་དང་། རང་སངས་རྒྱས་ཟད་དང་མི་སྐྱེ་ཤེས་པ་སངས་རྒྱས་བརྙེས། ལྔ་སྡེས་མཐོང་ལམ་སྐྱེས་པས་ཡེ་ཤེས་ཁོང་དུ་ཆུད་པས་སོ། །མཆོད་སྦྱིན་མ་ཕ་མའི་དབང་དུ་སོང་བ་ལ། དགེ་སློང་མ་ཀུནྡྷལས་དགེ་འདུན་གྱི་ཚོགས་རྫོགས་པ་དང་། འོད་སྲུང་ཆེན་པོས་ཁྱོད་ནི་བདག་གི་སྟོན་པའོ། །བདག་ནི་ཁྱོད་ཀྱི་ཉན་ཐོས་སོ། །ཞེས་སྟོན་པར་ཁས་བླངས་པས་དང་། ཤཱ་རིའི་བུ་སོགས་སྲིད་པ་ཐ་མ་བ་འགའ་ཞིག་ལ་སྟོན་པས་ཚུར་ཤོག་ཚངས་པ་མཚུངས་པར་སྤྱོད་ཅིག་གསུངས་པས་བསྙེན་པར་རྫོགས་པ་དང་། དྲུག་སྡེ་དང་བཟང་སྡེ་ཚོགས་དྲུག་ཅུ་གསོལ་བཞིས་དང་། ལེགས་བྱིན་ལ་སྟོན་པས་གཅིག་ཏུ་དགེ་བ་ནི་གང་གསུངས་པས་ཐར་པའོ་ཞེས་དང་། དེ་ལ་མགོ་བ་ནི་གང་ཞེས་དྲིས་པས་དད་པའོ། །ཞེས་པའི་ལན་ལྡོན་པ་དང་། སྐྱེ་དགུའི་བདག་མོ་སོགས་ཀྱིས་ལྕི་ཆོས་བརྒྱད་སྲུང་བར་ཁས་བླང་བས་རྫོགས་པ་དེ་རྣམས་ནི་གདུལ་བྱ་རྣམས་ལས་ཉོན་རྣམ་སྨིན་གྱི་སྒྲིབ་པ་གསུམ་ཤས་ཆུང་ཞིང་ཤེས་རབ་དང་། རྒྱུད་དང་དབང་པོ་སྨིན་པས་བློ་དག་པ་དང་། རྫོགས་བྱེད་མཁན་པོ་ཡང་འཕགས་པ་ཁོ་ན་ཡིན་པས་ཚོགས་མེད་པའོ། །

གཉིས་པ་ད་ཆོག་ནི་ད་ལྟའི་ཆོ་ག་ནི་ངེས་པ་ལྔ་བྲལ་ཞིག་དགོས་ཏེ། ཡུལ་འདི་ལྟ་བུར་བསྒྲུང་གི་གཞན་དུ་བསྒྲུང་མི་ནུས་སྙམ་པས་ཡུལ་ངེས་པ་དང་། ལོ་ཟླ་འདི་ཙམ་དུ་བསྲུང་དེ་ཕན་ཆད་མི་ནུས་སྙམ་པ་དུས་འཐབ་རྩོད་ཆེ་མ་གཏོགས་གཞན་དུ་སྲུང་སྙམ་ཆེ། དགྲ་མ་གཏོགས་གཞན་སྲོག་མི་གཅོད་སྙམ་པ་ལྟ་བུ་སེམས་ཅན་ངེས་པ། བསླབ་བྱ་རགས་པ་འགའ་ཞིག་མ་གཏོགས་ཕྲ་བ་རྣམས་བསྲུང་མི་ནུས་སྙམ་པ་ལྟ་བུ་ཡན་ལག་ངེས་པ་སྟེ་དེ་རྣམས་དང་བྲལ་ཞིང་། བར་ཆད་མེད་པ་སྟེ་མ་ནིང་དང་མཚམས་མེད་བྱས་པ་ལ་སོགས་ལ་སྡོམ་པ་མི་སྐྱེ་བས་སྐྱེ་བའི་བར་ཆད་དང་། རྒྱལ་

པོ་དང་ཕ་མས་མ་གནང་ལ་སོགས་སྡོམ་པ་གནས་པའི་བར་ཆད་དང་། བྱ་རོག་བསྐྲོད་མི་ནུས་པ་དང་། ནད་པ་སོགས་བསླབ་པ་ལ་སྦྱོར་མི་ནུས་པས་ཡོན་ཏན་ཁྱད་པར་དུ་འགྲོ་བའི་བར་ཆད་དང་། སྨྲ་སེར་པོ་ཅན་དང་། ལག་སྡུམ་ཤོ་རོ་ཤན་པ་སོགས་བསྟན་པ་ལ་མ་དད་པའི་རྒྱུ་བྱེད་པས་མཛེས་པའི་བར་ཆད་དེ་རྣམས་མེད་པ་དང་། མཐུན་རྐྱེན་ཡུལ་ཕྱུན་སུམ་ཚོགས་པ་མཆོག་གསུམ་དང་མཁན་སློབ་བཞུགས་པ། རྒྱུད་ཚོགས་སུ་མ་ཚང་ཞིང་སྡོམ་རོ་མེད་པ། རྟགས་སྒྲ་དང་ཁ་སྤྱི་བྲིག་ཅིང་ཡོ་བྱད་ཚང་བ་བསམ་པ་རྒྱུ་དུས་ཀྱི་ཀུན་སློང་ལྡན་པ། ཆོག་སྦྱོར་དངོས་རྗེས་གསུམ་ཚང་བའོ། །འཇིགས་སྐྱོབས་དང་ལེགས་སྨོན་ཙམ་མིན་པར་མྱ་ངན་ལས་འདས་པ་གསུམ་གང་རུང་ཐོབ་འདོད་ཀྱི་ངེས་པར་འབྱུང་བའི་བློ་ཅན་བསྐལ་བ་བཟང་པོའི་སྐྱེས་བུ་དེ་ལ་སྒྲུབ་བྱེད་མཁན་པོ་མཁས་པའི་ཡོན་ཏན་སྡེ་སྣོད་གསུམ་དང་། ཁྱད་པར་ལེགས་པར་གསུངས་པའི་ལུང་བཞིས་བསྡུས་པའི་འདུལ་བ་རྒྱ་མཚོ་མཐའ་དག་གི་དོན་དང་། ལས་བརྒྱ་རྩ་གཅིག་པའི་ལས་ཁྲབ་དང་བཅས་པ་ཁ་ཏོན་དུ་བྱང་བའི་སློ་ནས་བརྡ་འཕྲོད་ནུས་པ་དང་། བཙུན་པའི་ཡོན་ཏན་མཐོང་ཐོས་དོགས་པའི་སྐྱོན་མེད་པ་བཤགས་སྡོམ་བྱིན་རླབས་ཚུན་ཆད་ཀྱི་ཉེས་བྱས་ཕྲ་བ་ཙམ་གྱིས་ཀྱང་མ་གོས་པའི་མཁན་པོ་ལས་ཀྱི་སློབ་དཔོན་གསང་སྟོན་སོགས་ཡུལ་དབུས་སུ་བཅུ་ཚོགས་ཡན་དང་། མཐའ་འཁོབ་དུ་ལྔ་ཚོགས་ཡན་གྱི་དགེ་འདུན་བཅས་པས། དགེ་བསྙེན་དང་། དགེ་ཚུལ་དགེ་སློང་སྟེ་བསླབ་ཚིག་གསུམ་པོ་འབོགས་པའི་ཆོ་གས་རིམ་པ་བཞིན་བསྙེན་པར་རྫོགས་པ་ཡིན་ལ། བསླབ་ཚིག་སྔ་མ་གཉིས་མ་བྱས་པར་རྫོགས་པའང་མདོ་སྡེར་སྣང་ངོ་། །

སྡོམ་པ་ཐོབ་པའི་མཚམས་ནི། སྐྱབས་བརྗོད་བདག་བརྗོད་གཞན་བརྗོད་པ་གསུམ་གྱིས་ཐ་མར་ཐོབ་པར་འདོད་པ་ཡིན་ནོ། །

གསུམ་པ་བར་དུ་བསྲུང་ཚུལ་ལ་མདོར་བསྟན་ནི། དེ་ལྟར་ཐོབ་པ་ཙམ་གྱིས་མི་ཆོག་གི་བར་དུ་ཐོབ་ཟིན་པ་དེ་ཉིད་མ་བསྲུང་ན་ཉེས་དམིགས་དང་། སྲུང་ན་ཕན་ཡོན་ཆེ་བས་བསྲུང་དགོས་སོ། །

གཉིས་པ་རྒྱས་བཤད་ལ་སྐྱབས་འགྲོ། བསྙེན་གནས། དགེ་བསྙེན། དགེ་ཚུལ། དགེ་སློང་གི་བསླབ་བྱ་དང་ལྔ་ལས། དང་པོ་དཀོན་མཆོག་གསུམ་ལ་སྐྱབས་སུ་འགྲོ་བའི་གང་ཟག་གི་མཆོག

གསུམ་ཐུན་མོང་མིན་པའི་བསླབ་བྱ་གསུམ་ནི། སངས་རྒྱས་ལས་སྐྱབས་གནས་གཞན་འཇིག་རྟེན་པའི་ལྷ་སོགས་ལ་རེ་ལྟོས་བཀལ་ནས་སྐྱབས་མི་འཚོལ་བ་དང་། ཆོས་ལ་སྐྱབས་ཞུས་པས་སེམས་ཅན་ལ་གནོད་པའི་སེམས་ཀྱིས་གནོད་ཅིང་འཚེ་བ་སྤངས་བ་དང་། དགེ་འདུན་ལ་སྐྱབས་སུ་འགྲོ་བས་གྲོགས་མུ་སྟེགས་ཅན་ནམ། དེའི་ཕྱོགས་མཐུན་བློ་མི་དགེ་བར་བྱེད་པ་དང་མི་འགྲོགས་པ་ནི་དགག་བྱ་གསུམ་ཡིན། སངས་རྒྱས་ཐམས་ཅད་ལ་དད་གུས་དང་། ཐ་ན་སྐུ་གཟུགས་ཆགས་དུམ་ཡན་དང་། སངས་རྒྱས་ཀྱིས་ཆོས་རིས་སུ་མ་ཆད་པ་དང་། ཐ་ན་ཡི་གེའི་རས་མ་ཡན་དང་། དགེ་འདུན་ཕྱོགས་རིས་མེད་པ་ཐ་ན་སེར་གཟུགས་གོས་ལ་དམར་སེར་རྟགས་ཙམ་ཡོད་པ་ཡན་ལ་སོ་སོར་དཀོན་མཆོག་དེ་དང་དེའི་འདྲ་ཤེས་ཀྱིས་གུས་པ་སྐྱེད་པར་བྱེད་དེ། དེ་རྣམས་སྒྲུབ་པའི་བསླབ་བྱའོ། །སྲོག་གི་ཕྱིར་དང་བྱ་དགའ་རྒྱལ་སྲིད་ལ་སོགས་པའི་ཕྱིར་ཡང་དཀོན་མཆོག་གསུམ་ལ་རྒྱབ་གཏད་ནས་མི་དགེའི་བྱ་བས་མི་སྤང་བ་དང་། དགོས་གལ་ཅི་ལྟར་ཆེ་ཡང་དཀོན་མཆོག་ལ་བློ་གཏོད་པ་ལས་དེས་མི་སྐྱོབས་སྙམ་དུ་འཇིག་རྟེན་པའི་མི་དགེའི་ཐབས་གཞན་མི་འཚོལ་ཞིང་། རྟག་ཏུ་ཡོན་ཏན་དྲན་པས་དུས་ཀྱི་མཆོད་པ་མི་བཅག་པ་དང་། ཕན་ཡོན་ཤེས་པས་རང་སྐྱབས་སུ་འགྲོ་ཞིང་གཞན་སྐྱབས་འགྲོ་ལ་འགོད་པ་དང་། གར་འགྲོའི་ཕྱོགས་ཀྱི་སངས་རྒྱས་དང་། དེའི་སྐུ་གཟུགས་སོགས་ལ་ཕྱག་འཚལ་བ་དང་། ལྔ་པོ་རྣམས་ནི་ཐུན་མོང་གི་བསླབ་བྱ་ཡིན་པར་ཇོ་བོ་རྗེས་བཞེད་པ་ཡིན་ནོ། །

གཉིས་པ་དུས་ཁྲིམས་བསྙེན་གནས་ནི། རྟེན་བྱེ་སྨྲས་སོ་ཐར་སྡེ་དང་འདྲ་བ་དང་། མདོ་སྡེ་པས་དུད་འགྲོ་ལའང་སྐྱེ་བར་འདོད། བྱེ་བྲག་ཏུ་སྟོང་བརྒྱད་ལ་བསྲུང་བར་ཁས་བླང་པའི་གང་ཟག་ཡིན་ན། ཕྱིས་དེ་དང་དེར་ལེན་དགོས་ཀྱང་རྟེན་དྲུང་ནས་བླངས་ཀྱང་རུང་བར་གསུང་། ལེན་ཡུལ་དགེ་སློང་དང་དགེ་བསྙེན་གསོ་སྦྱོང་ལ་གནས་པ་ཡན་ལ་ལེན་པར་འདོད། བསླབ་བྱ་ནི་དུས་ཁྲིམས་ནི་མི་ཚང་སྤྱོད་པ་ལ་སོགས་རྩ་བ་བཞི་ཕྱོགས་མཐུན་དང་བཅས་པ་སྤོང་བ་ཚུལ་ཁྲིམས་བརྟན་པར་བྱེད་པའི་ཡན་ལག་བཞི་དང་། ཉེས་དམིགས་ཤེས་ནས་ཆང་གི་བཏུང་བ་སྤང་བ་བག་ཡོད་བྱེད་པའི་ཡན་ལག་དང་མལ་ཆེ་མཐོ་དང་གར་ཕྲེང་ལ་སོགས་པ་དང་། དུས་མིན་ཕྱི་དྲོའི་ཁ་ཟས་ཏེ་གསུམ་

སྤངས་བ་བརྟུལ་ཞུགས་དག་པར་བྱེད་པའི་ཡན་ལག་སྟེ་བརྒྱད་པོ་བསྲུང་བ་ནི། བསྙེན་གནས་ཀྱི་སྡོམ་པ་ཡིན་ཅིང་། ཡན་ལག་འདི་བརྒྱད་གཏན་དུ་མ་ཡིན་པས་སྡོམ་པ་གོང་མ་རྣམས་ཀྱི་ཡོན་ཏན་གྱི་རྟེན་དུ་རིགས་པ་མིན་པ་དེའི་ཕྱིར་ན་གོང་མའི་ཡོན་ཏན་གྱི་རྟེན་དུ་གྱུར་པའི་སོ་ཐར་ནི་མཚན་ཉིད་དང་ལྡན་པར་རིགས་བདུན་པོ་ན་ཡིན་ནོ། །གལ་ཏེ་འདི་བརྒྱད་ཇི་སྲིད་འཚོ་བའི་བར་དུ་ཁས་བླངས་ནས་བསྲུང་ན་སློབ་དཔོན་ཙནྡྲ་པས་འདི་ལྟར་བླང་པས་ཙནྡྲ་གོ་མི་ཞེས་གྲགས་པ་ལྟར་གོ་མིའི་དགེ་བསྙེན་ཡིན་ཀྱང་གཞི་ཐམས་ཅད་ཡོད་པར་སྨྲ་བའི་འདུལ་བ་ལས་བཤད་པ་མིན་ཡང་གནས་བརྟན་སྡེ་པའི་ལུགས་སུ་སློབ་དཔོན་དབྱིག་གཉེན་གྱིས་བཞེད་པའོ། །

གསུམ་པ་དགེ་བསྙེན་གྱི་བསླབ་བྱ་བཤད་པ་ནི། གཏན་ཁྲིམས་བསླབ་ཚིག་དང་པོའི་བསྲུང་བྱ་མི་གསོད་པ་དང་། མི་གཞན་གྱི་ནོར་བརྐུ་བ་དང་། མི་ཆོས་བླ་མའི་རྫུན་སྨྲ་བ་དང་། འདོད་པས་ལོག་པར་གཡེམ་པ་སྤང་བ་རྩ་བ་བཞི་དང་། ཡན་ལག་མྱོས་གྱུར་ཆང་སྤང་བ་རྣམས་ནི་དགེ་བསྙེན་གྱི་སྡོམ་པ་སྟེ། དེ་ཡང་རང་གིས་གང་བསྲུང་འདོད་པ་ལྟར་ཁས་ལེན་པའི་གྲངས་ལྟར་སྲོག་གཅོད་ཙམ་ཡང་སྤང་བ་ལྟ་བུ་སྣ་གཅིག་སྤྱོད་པ་དང་། དེ་སྟེང་མ་བྱིན་ལེན་ཙམ་ཡང་སྤང་བ་ལྟ་བུ་སྣ་འགའ་སྤྱོད་པ་དང་། དེ་གཉིས་ཀྱི་སྟེང་རྫུན་སྤངས་བ་ལྟ་བུ་ཕལ་ཆེར་སྤྱོད་པ་དང་། དེ་གསུམ་སྟེང་འདོད་ལོག་ཆང་བཅས་སྤང་བ་ཡོངས་རྫོགས་སྤྱོད་པ་སྟེ་དེ་དག་རིམ་བཞིན་སྤངས་བྱ་གཅིག་དང་། གཉིས་དང་། གསུམ་དང་། ལྔ་ཡང་སྤང་བའི་རིམ་པའོ། །གཞི་ལྔ་དེ་ཡི་སྟེང་མི་ཚངས་སྤྱོད་སྤང་བ་ནི་ཚངས་སྤྱོད་དགེ་བསྙེན་ཏེ། འདི་དང་གོ་མིའི་དགེ་བསྙེན་གཉིས་ནི་ཁྱིམ་ཐབས་སྤྱངས་བས་ཁྱིམ་པ་དང་། དུར་སྒྲིག་སོགས་རྟགས་མ་བླངས་པས་རབ་བྱུང་གཉིས་ཀ་མིན་ནོ་ཞེས་མཁས་རྣམས་བཞེད་དོ། །

མི་དགེ་བཅུ་ལས་ལྷག་མ་ངག་གི་ཕྲ་མ་ཚིག་རྩུབ་ངག་འཁྱལ། ཡིད་ཀྱིས་བརྣབ་སེམས་གནོད་སེམས། ལོག་ལྟ་སྟེ་དྲུག་དང་། རྩ་བཞིའི་ཕྱོགས་མཐུན་དུད་འགྲོ་གསོད་པ་སོགས་སྤང་བྱ་རྣམས་སྡོམ་པ་མི་གཏོང་ཡང་འགྱོད་སྡོམ་བཅས་པས་ཕྱིར་བཅོས་དགོས་པ་དང་། དགེ་བསྙེན་སྡོམ་ལྡན་སྟགས་ལ་ཞུགས་པའི་རིག་པ་འཛིན་པས་ཀྱང་དུར་སྒྲིག་གོས་དང་། ལྷུང་བཟེད་འཆང་བ་སོགས་རབ་བྱུང་གི་རྟགས་རྣམས་དང་། ལས་ཀྱི་ཆོ་ག་དང་བཅས་རྐྱང་འགའ་ཞིག་མ་གཏོགས་པའི་ལྷག

མ་རྣམས་འདུལ་བ་ལས་ཇི་ལྟར་འབྱུང་བཞིན་ཉམས་སུ་ལེན་དགོས་པར་དཔྱང་བཟང་ལས་གསལ་བར་བཤད་དོ། །

བཞི་པ་དགེ་ཚུལ་གྱི་བསླབ་བྱ་བཤད་པ་ལ་དངོས་དང་ཞར་བྱུང་གཉིས་ལས། དང་པོ་རབ་བྱུང་ཚིག་གཉིས་པ་དགེ་ཚུལ་གྱི་བསྲུང་བྱ་ནི། མིའམ་མིར་ཆགས་པའི་སྲོག་གཅོད་པ་དང་། རིན་ཐང་ཚང་བའི་དངོས་པོ་རྐུ་བ་དང་། ལམ་གསུམ་གང་རུང་ལ་སྤྱོད་པ་དང་། མི་ཆོས་བླ་མའི་རྫུན་སྨྲ་བ་བཞི་ནི་རྩ་བ་ཞེས་བྱ་སྟེ། འཆབ་མེད་གསོར་རུང་དང་འཆབ་བཅས་གསོར་མི་རུང་བ་དགེ་སློང་དང་འདྲའོ། །མྱོས་འགྱུར་གྱི་ཆང་འཐུང་བ་དང་། རྒོད་བག་གི་གླུ་གར་སོགས་རྩེ་མོའི་རིགས་བྱེད་གསུམ་དང་། འཕྱོར་སྣེགས་ཀྱིས་རྒྱན་ཕྲེང་འདོགས་པ་སོགས་རྒྱན་གྱི་རིགས་གསུམ་དང་། རྒྱུ་རིན་ཐང་ཅན་གྱི་མལ་ས་ཆེན་པོ་དང་། རིན་ཐང་ཆུང་ཡང་ཁྲུ་གང་ལས་ལྷག་པའི་མཐོ་བ་ལ་སྐབས་མ་ཡིན་པར་འདུག་པ་དང་། རང་གླིང་གི་ཉི་མ་ཕྱེད་ཡོལ་ནས་ཕྱི་དྲོའི་ཁ་ཟས་ཟ་བ་དང་། གསེར་དངུལ་རེག་པ་ཙམ་རུང་ཡང་ཆགས་སྲེད་ཀྱིས་བླངས་ཏེ་ཕྱུག་ནོར་དུ་འཆང་བ་སྤོང་བ་སྟེ་བྲི་ཇའི་བུ་བཞིན་བསླབ་གཞི་མང་པོ་ཐོས་པས་སེམས་ཞུམ་སྟེ། སྡོམ་པ་ལེན་པ་ལས་ལྡོག་པ་སྤང་བའི་ཕྱིར་དུ་རགས་པ་བཅུ་པོ་འདིར་དྲིལ་ནས་གསུང་པ་ཡིན་ལ། དེ་རྣམས་ཆར་གཏོགས་དང་བཅས་པའི་སྒོ་ནས་དབྱེ་ན། རྩ་བ་བཞི་དང་། སྲོག་གཅོད་ཀྱི་ཕམ་འདྲ་ཆར་གཏོགས། དུད་འགྲོ་གསོད་པ་སྲོག་ཆགས་བཅས་པའི་རྩ་དང་ཆུར་འདེབས་པ། སྲོག་ཆགས་བཅས་པའི་ཆུར་སྤྱོད་པ་སྟེ་གསོད་པ་གསུམ་རྫུན་གྱི་ཆར་གཏོགས་གཞི་མེད་དང་བག་ཙམ་གྱིས་ཕམ་པའི་སྐུར་འདེབས། དགེ་འདུན་དབྱེན་དང་རྗེས་ཕྱོགས་ཁྲིམ་སུན་འབྱིན་པ་ཤེས་བཞིན་རྫུན་སྨྲ་བཤེས་ངོ་འཕྱ་བ། ཞལ་ལྟ་བ་འཕྱ་བ་; ཟས་ཅུང་ཟད་ཕྱིར་ཆོས་སྟོན་ཞེས་སྐུར་པ་འདེབས་པ། ལྷག་མའི་སྐུར་འདེབས། བསླབ་པ་ཁྱད་གསོད་ལྷག་པོ་ལེན་ཕྱིར་འབྲས་ཆེན་འགེགས་པ་སྟེ་བཅུ་གཉིས་དང་། ཆང་འཐུང་བ་དང་། གླུ་དང་། གར་དང་། རོལ་མོ་སྟེ་གསུམ་དང་། ཕྲེང་བ་ལ་སོགས་པའི་རྒྱན་དང་། སྤོས་ཀུག་པ་དང་། ཁ་དོག་འཆང་བ་སྟེ་གསུམ་སོ་སོར་བགྲང་བས་དྲུག་དང་། མལ་ཆེ་མཐོ་གཉིས་ཕྱི་དྲོའི་ཁ་ཟས་དང་། གསེར་དངུལ་ལེན་པ་རྣམས་བསྣན་པ་སུམ་ཅུ་དང་། འཆད་འགྱུར་གསུམ་བཅས་བླང་འདས་སུམ་

ཙུ་རྩ་གསུམ་པོ་ཡིན་ནོ། །

དེ་ནས་གནང་བའི་ཉེས་མེད་བཅུ་གསུམ་བསྟན་པ་ནི། ཆོས་གོས་ལྷག་པོ་འཆང་བ་དང་། ལྷུང་ཟེད་ཟུང་འཆང་བ་དང་། ཆོས་གོས་དང་བྲལ་བ་དང་། ས་བརྐོ་བ་དང་། རིན་ཆེན་རིགས་ལ་རེག་པ་དང་། མེ་ལ་རེག་པ་དང་། གློས་བཏང་ནས་ཡང་ཟ་བ་དང་། ཤིང་ལ་མི་གང་ལས་མཐོར་འཛེགས་པ་དང་། ཤིང་སོགས་སྐྱེ་བ་གཅོད་པ་དང་། བྱིན་ལེན་མ་བྱས་པར་ཟ་བ་དང་། ས་བོན་ཁྲོད་དུ་མི་གཙང་འདོར་བ་དང་། བསོགས་འཇོག་ཕུ་སོང་བ་ཟ་བ་དང་། རྩང་བ་མ་བྱས་པར་ས་བོན་འཇོམ་པ་རྣམས། དགེ་ཚུལ་ལ་གནང་བའི་ཉེས་མེད་བཅུ་གསུམ་བྱེ་བྲག་བཤད་མཛོད་ལས་གསུངས་ལ༑ དེ་སྐབས་བོད་ཀྱི་འདུལ་བ་འཛིན་པ་རྣམས་ཀྱིས་རྩང་བསྔུར་བ་རྣམས་མ་གཏོགས་པ་དགེ་སློང་ཇི་བཞིན་སྲུང་བླང་མཐའ་དག་གཅིག་གོ། །ལྟར་བསྔུ་གསུམ་ནི་གོས་ལྷག་པོ་འཆང་བའི་ལྟར་བསྔུ་གོས་ཀྱི་རྒྱུ་ལྟ་བ་ལས་ལྷག་པར་འཛོག་པ་དང་། ཆོས་གོས་འབྲལ་བའི་ལྟར་བསྔུ། འཇིགས་པ་དང་བྲལ་ཡང་དགོན་པའི་གནས་སུ་འབྲལ་སྤྱངས་བྱེད་པ་དང་། བསོགས་འཇོག་ཟ་བའི་ལྟར་བསྔུ་བ་འཚོ་བ་ཙམ་གྱིས་ཕྱིར་བསོག་འཇོག་བྱེད་པའང་གནང་བ་ཡིན་ནོ། །གོས་དཀར་པོ་གཡོག་མེད་པ་སོགས་གྱོན་པ་ཁྲིམ་པའི་རྟགས་སྤྱང་བ་ལས་ཉམས་པ་དང་། ཆོས་གོས་སོགས་རབ་བྱུང་རྟགས་ལེན་པ་ལས་ཉམས་པ་དང་། བཀྲས་པའི་སེམས་ཀྱིས་མཁན་པོར་གསོལ་བ་འདེབས་པ་ལས་ཉམས་པ་སྟེ་ཉམས་པ་གསུམ་བཤགས་བྱའི་ཉེས་བྱས་ཡིན་ནོ། །དེ་ལྟར་བཤད་པའི་སྲུང་བར་བྱ་བ་རྣམས་ཚུལ་བཞིན་བསྲུང་བ། དགེ་ཚུལ་གྱི་སྡོམ་པ་དང་ལྡན་པས་བསླབ་པར་བྱའོ། །

གཉིས་པ་ཞར་བྱུང་དགེ་སློབ་མའི་བསླབ་བྱ་ནི། དགེ་ཚུལ་མའི་སྡོམ་པ་ཐོབ་པའི་སྟེང་གཅིག་པུར་ལམ་དུ་འགྲོ་བ་དང་། ཆུར་རྐྱལ་པ་དང་། སྐྱེས་པ་ལ་རེག་པ་དང་། དེ་དང་ལྷན་ཅིག་འདུག་པ་དང་། ཕོ་མོ་ཕན་ཚུན་བསྟན་བྱས་པ་དང་། བླ་མོའི་ཉེས་པ་བཅབ་པ་སྟེ་ཞེས་པ་བཅབ་པ་སྲུང་བ་སྟེ་རྩ་བའི་ཆོས་དྲུག་གོ་གསེར་སོགས་རིན་ཆེན་བཟུང་བ་དང་། འདོམ་གྱི་སྤུ་བྲེག་པ་དང་། ས་བརྐོ་བ་སྤྱངས་པ་དང་། བྱིན་ལེན་མེད་པར་ཟ་བ་སྤྱང་བ་དང་། བསོག་འཇོག་བྱས་ཏེ་མི་ཟ་བ་དང་། རྩ་སྔོན་མི་གཅོད་པ་སྟེ་འདི་རྣམས་རྗེས་མཐུན་གྱི་ཆོས་དྲུག་ཡིན་ནོ། །

ལྔ་པ་དགེ་སློང་ཕ་ཡི་བསླབ་བྱ་བཤད་པ་ལ་ལྟུང་བ་སྡེ་ལྔ་ལས། དང་པོ་ཕམ་པ་བཞི་ལས། མི་ཚངས་སྤྱོད། གླེང་གཞི་ཡུལ་སྤྱངས་བྱེད་དུ་དགེ་སློང་བཟང་བྱིན་ལ་བཅས་ཏེ། གཞི་ཡི་ཡན་ལག་བུད་མེད་ཀྱི་ལུས་ཀྱི་ཆ་ཤས་ཀུན་འདོད་པས་གཟུང་བར་འོས་པར། ཁ་དང་གཤང་ལམ་སྐྱེ་གནས་ལམ་གསུམ་གང་རུང་དུ་རང་གི་ཕོ་དབང་ལས་སུ་རུང་བས་ནི་བསམ་པའི་ཡན་ལག་རང་ངོར་ངོ་ཚ་དང་གཞན་ངོར་འཇིགས་སྐྲག་ཁྲེལ་མེད་པར་འདོད་ཆགས་སེམས་ཀྱིས། སྦྱོར་བའི་ཡན་ལག་རྟེན་བྱུར་རྩལ་ཞིང་དྲུད་པས། མཐར་ཐུག་ཡན་ལག་འདོད་བདེའི་སིམ་པ་ཐོབ་པ་ཡན་ལག་བཞི་ཚང་བ། དེས་ནི་ཚངས་པ་སྤྱོད་ལས་རྣམ་པར་ཉམས་ལ། ཕྱི་རོལ་ཆར་ནི་སྦོམ་པོ་ལྷག་མ་གང་རུང་ངོ། །

གཉིས་པ་རྐུ་བའི་གཞི་ནི་དགེ་སློང་ནོར་ཅན་ལ་བཅས་ཏེ། མི་གཞན་གྱི་ནོར་རྫས་ཡིན་པར་ཤེས་པ། བསམ་པ་རང་ཉིད་འཚོ་བ་དང་མཁོ་ཕྱིར་རྐུ་འདོད་སེམས་ཀྱིས། ཡུལ་གང་དུ་དུས་དེར་ཀརྵ་པ་ཎའི་བཞི་ཆའི་རིན་ཐང་ཚང་བའི་དངོས་རྫས་སྦྱོར་བ་རང་གིས་རྐུས་སམ་གཞན་ལ་རྐུར་བཅུག་པ་རྩོད་པས་བཙད་ཀྱང་རུང་མཐར་ཐུག་རང་གི་ཐོབ་བློ་སྐྱེས་ན་ཕམ་པའོ། །

གསུམ་པ་སྲོག་གཅོད་གཞི་ནི་དགེ་སློང་སྣད་ལ་བཅས་ཏེ་མིའམ་མངལ་དུ་མིའི་སྲོག་ཆགས་པ་སྨྱོ་བ་སོགས་དང་གཞན་དང་མ་འབྲེལ་པ་བརྟུང་སེམས་སོགས་མ་ཡིན་པར་གསོད་སེམས་ཀྱིས་བསད་བྱ་དེར་ཤེས་པ། སྦྱོར་བ་མཚོན་དང་། དུག་དང་སྔགས་སོགས་ཀྱིས་གསོད་པར་བརྩམ་ནས་མ་བཟློག་པར་མཐར་ཐུག་སྲོག་གི་དབང་པོ་འགགས་ན་ཕམ་པ་སྟེ། གཞན་ལ་གསོད་བཅུག་པ་ཡི་རང་བསྔགས་པ་བརྗོད་སོགས་ཤི་བའི་རྐྱེན་བྱས་ཀྱང་འདྲའོ། །

བཞི་པ་རྫུན་གྱི་གཞི་ནི་ཉ་པའི་རིགས་ཀྱི་དགེ་སློང་མང་པོ་ལ་བཅས་ཏེ། སྨྲ་ཤེས་པ་དོན་གོ་བ༏ ཤེས་པ་རང་བཞིན་གནས་པ་བརྗེད་ངེས་ཅན་གྱི་མ་ནིང་སོགས་མིན་པའི་མིར་བསམ་པ་དེའི་འདུ་ཤེས་བསྒྱུར་ནས་བསླུ་འདོད་ཀྱིས་བརྗོད་བློ་སྐྱེས་ཏེ། སྦྱོར་བ་མངོན་ཤེས་དང་ལྷ་མཇལ་འདྲེ་མཐོང་། ས་ལམ་ལ་སོགས་ཡོན་ཏན་ཚོགས་མེད་ཀྱང་ཡོད་ཅེས་མི་ཡི་ཆོས་ལས་བླ་མར་གྱུར་པའི་རྫུན་སྨྲས་པ། མཐར་ཐུག་གཞན་གྱི་རྣ་བས་གོ་ན་སྡོམ་པ་ཉམས་ཏེ་ཕམ་པའོ། །འདི་བཞི་གང་སྤྱད་དགེ་སློང་དེ་ཉེས་པས་ཕམ་ཕྱིར་ཕས་ཕམ་བཞི་ཞེས་ཐམས་ཅད་མཁྱེན་དེས་གསུངས་སོ། །སྡེ་ཚན་གཉིས

པ་གསོ་བ་དགེ་འདུན་ལོང་བ་དགོས་ཤིང་སྡོམ་པ་རྣམས་དག་གི་ལྷག་མ་ཙམ་ལུས་པས་ལྷག་མ་བཅུ་གསུམ་ཞེས་གྲགས་པའི། དང་པོ་ཕམ་ལྷག་འདི་དག་སྤྱོར་བའི་སྦྱོར་བ་བྱེད་འདོད་ཙམ་དང་། སྣོན་ལས་ལྷུང་བ་ཙམ་ནི་ཉེས་བྱས་དང་། བྱ་བ་དེའི་དོན་དུ་འགྲོ་བ་སོགས་སྦྱོར་བའི་སྦོམ་པོ་དང་། གསོད་སེམས་མེད་པས་མཆོན་བསྣུན་པ་ལྟ་བུ་སྦྱོར་བའི་སྦོམ་པོ། མི་མ་ཡིན་གསོད་སེམས་ཀྱིས་གསོད་པ་ལྟ་བུ་དངོས་གཞིའི་སྦོམ་པའོ། །བསྒོད་བྱའི་ལམ་གསུམ་མིན་པར་རང་གཞན་གྱི་ཡན་ལག་གི་གནས་སུ་ཁུ་བ་འབྱིན་པས་བདེ་བ་མྱོང་བ་དང་། གཉིས་པ་ནི། སེམས་ཆགས་ཤིང་དགའ་བས་བུད་མེད་ཀྱི་ལུས་ཀྱི་ཆ་ཤས་ཤ་རྗེན་ལ་གོས་སོགས་ཀྱི་བར་མ་ཆོད་པར་འཛིན་པའི་རེག་བདེ་མྱོང་བའོ། །སྐྲ་ལ་སྦོམ་པའོ། །གསུམ་པ་བུད་མེད་ལ་ཡུལ་དུས་དེར་གྲགས་པའི་འཁྲིགས་པའི་མིང་ཚིག་རྗེན་པར་སྨྲས་པའོ། །བཞི་པ་ཡུལ་བུད་མེད་ལ་ཆགས་པའི་ཕྱིར། བདག་ལྟ་བུའི་གང་ཟག་ཁྲིད་པར་ཅན་ལ་འཁྲིགས་པའི་བསྙེན་བཀུར་བྱས་ན་བསྙེན་བཀུར་མཆོག་གོ་ཞེས་སྨྲས་ནའོ། །ལྔ་པ་ནི་ཕོ་མོ་ཕན་ཚུན་སྦྱོར་འདོད་ཀྱི་གཉེན་སྦྲེལ་ཆ་དང་། གཞན་སྤྲད་འདོད་ཀྱིས་སྨྲན་བར་རང་ངམ་གཞན་ལ་བཅོལ་བ་བྱས་ན་དེ་གཉིས་འཕྲད་ནའོ། །དེ་ལྟ་ནང་སེམས་ཅན་ལ་ཆགས་པ་ལས་གྱུར་པའོ། །དྲུག་པ་ནི་གཞི་སྒྲོག་ཆགས་མང་བ་རྩོད་པ་ཅན་འཛིག་རྐྱེན་ཅན་དུ་དགེ་འདུན་ལས་གནང་བ་མ་ཐོབ་བཞིན་རང་དོན་དུ་སྲིད་དུ་ཁྲུ་བཅོ་བརྒྱད་དང་ཞིང་དུ་ཁྲུ་ཕྱེད་དང་བཅུ་གཅིག་གི་ཚད་ལས་ལྷག་པའི་ཁང་པ་རྩིག་ན་དང་། བདུན་པ་གང་ཟག་བཞི་ཡན་གྱིས་ཁང་ཆེན་ཏེ་ཚད་ལྷག་མ་གཏོགས་སྔ་མ་དང་འདྲ་བ་རྩིག་ནའོ། །འདི་གཉིས་ཕྱི་ཡོ་བྱད་ལ་ཆགས་པ་ལས་གྱུར་པའོ། །བརྒྱད་པ་ནི། དགེ་སློང་གཞན་ལ་བརྫོད་གཞི་མཐོང་ཐོས་དོགས་གསུམ་མེད་བཞིན་ཕམ་པའི་སྐུར་པ་བཏབ་པ་དང་། དགུ་པ་གླེང་བའི་སྣད་ཀ་བག་ཙམ་ཡོད་པ་ལ་བརྟེན་ནས་དགེ་སློང་གཞན་ལ་ཕམ་གཞི་གང་རུང་གི་བསྐུར་པ་བཏབ་པ་དེ་གཉིས་དེས་གོ་ནའོ། །གནོད་པ་ལས་གྱུར་པའོ། །བཅུ་པ་ནི། དགེ་འདུན་དུ་ལོངས་པ་གཉིས་ཆོས་མིན་གྱི་དབྱེན་བྱེད་པ་དགེ་འདུན་གྱིས་བཟློག་བྱེད་ལྷས་མ་བཏང་ན་སྔེ་ལས་དངོས་མིན་ཀྱང་། དེ་ལྟར་མ་བྱེད་ཞེས་ལན་གྲངས་སྨྲས་ཀྱང་ཕན་ཚུན་མ་ཉན་ནའོ། །དགེ་སློང་གིས་ཕྱེས་ཟིན་ན་མཚམས་མེད་དང་། མ་བྱེ་ན་ལྷག་མ་འདིས་དགེ་སློང་མས་ཀྱང་ངོ་། །བཅུ་གཅིག

པ་དགེ་འདུན་དབྱེན་ལ་ཞུགས་པའི་ནང་མཁོན་དེའི་རྗེས་ཕྱོགས་སྟེ་ཚན་རྣམས་ལའོ། །བཅུ་གཉིས་པ་བུད་མེད་དང་ལྷན་གཅིག་རྩེ་འཛེ་བྱེད་པ་ཁྱིམ་གྱི་བྱ་བ་བྱེད་སོགས་ངན་སྤྱོད་ཀྱི་ཁྱིམ་པ་རྣམས་སེམས་སུན་འབྱིན་པས་མ་དད་པ་བྱེད་པའི་ཚེ་དགེ་འདུན་གྱིས་བསྐྲད་པ་ན་སྐྲོད་བྱེད་ལ་བཟློག་བྱེད་ལྡོས་མ་བཏང་ན་ལྷག་མའོ་སྟེ་བརྗོད་པ་དང་པོ་བཞི་རེ་རེས་སྦྱོར་བའོ། །སྡེ་ཚན་གསུམ་པ་ལ་གཉིས་ཀྱི་དང་པོ་ལྟུང་བ་འབྱུང་བའི་དངོས་དེ་སྤྱངས་ནས་བཤགས་དགོས་ལ་མ་བཤགས་ན་ངན་སོང་དུ་ལྟུང་བྱེད་སུམ་ཅུའི་སྡེ་བཤད་པ་ལ། བཅུ་ཚན་དང་པོ་གོས་སོགས་སྟེ། རང་གིས་དབང་བའི་གོས་ལྷག་པོ་ལྟེ་བའི་འཁོར་ལོ། ཕུས་མོའི་འཁོར་ལོ་གཉིས་བཅས་གསུམ་ཁེབ་པའི་མཐའ་ཚད་དམ་ཁ་བསྙང་རེ་མེད་ན་གྲུ་གང་བ་བྱིན་མ་བརླབས་པ་ཞག་བཅུ་འདས་པར་འཆང་ན་བཅུ་གཅིག་པའི་སྐྱ་རེངས་འཆར་ན་ལྟུང་བའོ། །གཉིས་པ་ཆོས་གོས་གསུམ་གང་རུང་དང་བྲལ་ནས་ཞག་གཅིག་ལོན་པའི་སྐྱ་རེངས་ཤར་ནའོ། །གསུམ་པ་ཆོས་གོས་ཀྱི་རྒྱུ་རས་དང་སྣམ་བུ་སོགས་ཁྲུ་ཚད་ལོང་བ་བྱིན་མ་བརླབས་པ་ཟླ་གཅིག་འཇོག་རུང་སོ་གཅིག་པའི་སྐྱ་རེངས་ཤར་བ་དང་། བཞི་པ། བདུན་བརྒྱུད་ཚུན་གྱི་ཉེ་དུ་མིན་པའི་དགེ་སློང་མར་ཆོས་གོས་གདིང་བ་གང་རུང་ཁྲུར་འཇུག་ན་དང་། ལྔ་པ་ཉེ་མིན་དེ་ལ་གོས་དངོས་སམ། དེའི་རྒྱུ་འཁོར་གསུམ་ཁེབ་ཚུན་བསླངས་ནས་ལེན་ན་དང་། དྲུག་པ་ཆོས་གོས་གསུམ་ཡོད་པའི་དགེ་སློང་གིས་ཉེ་མིན་ཁྱིམ་པར་གོས་དངོས་སམ་གོས་རྒྱུ་བསླང་བ་དང་། བདུན་པ་ཆོས་གོས་མེད་པས་ཁྱིམ་པར་བསླང་བ་གང་འདོད་སྟེར་ན་སྟོད་གཡོག་སྨད་གཡོག་མེད་པ་དེ་བསླངས་ཏེ་བླང་རུང་གི་ལྷག་པོ་ལེན་ནའོ། །བརྒྱད་པ་ཉེ་མིན་ཁྱིམ་པས་རང་ལ་སྟེར་བསམ་ཆོས་གོས་དངོས་སམ་རྒྱུ་གནས་སམ་བློས་དཔག་པ་ཐོས་ནས་གོས་བཟང་པོ་འདོད་ནས་རིན་དང་ཁྲུ་ཚད་འདི་ཙམ་པ་བཀོན་རོག་ཞེས་ཐོབ་ནའོ། །དགུ་པ་ཉེ་མིན་ཁྱིམ་པ་ཕོ་མོ་སོ་སོ་གོས་རེ་འབུལ་བ་ཐོས་ནས་འབུལ་མིན་བརྟགས་པས་དྲན་བསླང་ནས་ཐོབ་ནའོ། །བཅུ་པ་ནི། སྦྱིན་བདག་གིས་གོས་རིན་གསེར་དངུལ་སོགས་རུང་མིན་བྱུང་ན་དེ་ཞལ་ཏ་བ་ལ་གོས་སྒྲུབ་ཏུ་བཅུག་པ་དུས་སུ་མ་བྱུང་ན་དངོས་སུ་བསྐུལ་བ་གསུམ་དེས་མ་བྱུང་ན་མཐོང་སར་ལན་གསུམ་བསྡད་པ་དེས་ཀྱང་མ་བྱུང་ན་སྦྱིན་བདག་ལ་བསྐུལ་བ་ལ་ལྷག་པས་ལེན་ན་སྟེ་དེ་རྣམས་སོ། །བཅུ་ཚན་གཉིས་པའི་དང་པོ་

རིན་ཐང་ཆེ་བ་སྲིན་བལ་ནང་ཚང་བྱས་པའི་སྟན་བྱེད་པ་དང་། གཉིས་པ་དཀོན་སར་བལ་ནག་འབའ་ཞིག་ལས་བྱས་པའི་སྟན་དུ་འདིངས་པ་དང་། གསུམ་པ་ཆ་གཅིག་གཞུང་བལ་ཆ་གཅིག་ལྒོབ་བལ་བལ་ནག་ཆ་གཉིས་རུང་ལ་བལ་ནག་དེ་ལས་མང་ནའོ། །བཞི་པ་ནི་སྟན་སྡེ་མ་ལོ་དྲུག་ནི་མ་སོང་བར་གནང་བ་མེད་བཞིན་སྟན་གསར་བྱེད་པ་དང་། ལྔ་པ་ཚད་ལྡན་གྱི་འདིང་བ་ཡོད་ཀྱང་གསར་པ་སླར་བཟོ་ན་རྙིང་པ་ནས་མིའི་ཁྲུ་ཕྱེད་དོ་མ་བསྣན་ནའོ། །དྲུག་པ་བལ་ནག་སོགས་ཁུར་ཆེན་རྙེད་ན་ཁྱེར་གྲོགས་གཞན་ཡོད་ན་དང་པོ་ནས་དང་། མེད་ན་ལམ་གྱི་དཔག་ཚར་གསུམ་བར་ཁྱེར་རུང་། དེ་ཕན་མཐའ་རྒྱང་དྲག་རེ་ནས་ལྟུང་བྱེད། བདུན་པ་ནི་ཉེ་མིན་དགེ་སློང་མ་ལ་བལ་འཁྲུ་བ་དང་རྨེལ་བ་སོགས་བྱེད་བཅུག་ནའོ། །བརྒྱད་པ་ནི་གསེར་དངུལ་སོགས་རུང་བ་མིན་པ་རུང་བ་མ་བྱས་པ་དང་། ཆུད་ཟ་དོགས་སོགས་མེད་པར་ཆགས་པས་རེག་ཅིང་ལེན་ནའོ། །རུང་བ་བྱིན་རླབས་ནི༑ སྦྱིན་བདག་བདག་པོར་མོས་སུ་གཞུགས་པ་དང་། ཞལ་ལྟ་བ་བདག་པོར་ཁས་ལེན་དུ་བཅུག་པའོ། །དགུ་པ་གསེར་དངུལ་སོགས་ཚོང་བྱུན་མངོན་མཚན་ཅན་ཁེ་སྤོག་གིས་གོས་ཁྲུ་གང་བ་ཐོབ་ནའོ། །བཅུ་པ་ནི་འབྲུ་དང་གོས་སོགས་ཁེ་སྤོག་ཆེད་དུ་ཚང་མདོ་ཉོ་དཀོན་ཚོང་བྱེད་པས་ཁེ་ཐོབ་ནའོ། །བཅུ་ཚན་གསུམ་པའི་དང་པོ་ལྷུང་བཟེད་བྱིན་རླབས་མ་བྱས་པ་ཞག་བཅུ་འདས་པར་འཆང་ནས་བཅུ་གཅིག་པའི་སྐྱ་རེངས་ཤར་ནའོ། །གཉིས་པ་ལྷུང་བཟེད་ཚད་ལྡན་ཞུལ་དགུ་ཤོང་བ་ཡོད་བཞིན་ཁྲིམ་པ་ནས་སླར་བླངས་ཏེ་ཟུང་འཆང་བའོ། །གསུམ་པ་ཉེ་དུ་མིན་པའི་ཐག་མཁན་ལ་གླ་རྔན་མེད་པར་གོས་འཐག་བཅུག་པ་ཐོབ་ནའོ། །བཞི་པ་ཉེ་མིན་ཁྱིམ་པར་རང་ལ་བྱིན་རྒྱུའི་གོས་འཐག་བཅུག་པ་རང་གིས་ཆུ་ཞིང་རྒྱ་བསྐྱེད་པའོ། །ལྔ་པ་ནི་ལྷ་མཚན་མཐུན་པའི་དགེ་སློང་གཞན་ལ་གོས་སོགས་བྱིན་པ་སླར་འཕྲོག་ནའོ། །དྲུག་པ་ནི་དབྱར་གནས་དགེ་འདུན་ལ་གཏད་བྱུང་སྟེ་གློ་བུར་འབུལ་བ་བྱུང་བའི་གོས་སོ་སོར་སྦྱིན་པའི་དུས་བཤད་པ་དགག་དབྱེ་བྱས་པའི་ཕྱི་ཉིན་ལས་སྔ་བར་བདག་གིར་བྱས་པའོ། །རྐྱེན་ལྡན་ལ་དབྱར་མཐའི་ཞག་བཅུ་ནང་རུང་ངོ་། །བདུན་པ་ནི་དགེ་སློང་དགོན་པར་གནས་པ་འཇིགས་པ་དང་བཅས་ན་ཆོས་གོས་ཞག་དྲུག་བྲལ་བ་ཉེས་པ་མེད། འཇིགས་པ་བྲལ་ན་ཞག་བདུན་འདས་པའི་སྐྱ་རེངས་ཤར་ནའོ། །བརྒྱད་པ་ནི་དབྱར་གྱི་གོས་རས་ཆེན་དབྱར་

ཁས་བླངས་ཟློ་བ་གཅིག་གིས་སྔ་རོལ་ནས་བླང་ན་ཆོལ་སྔའི་སྤང་བ་དང་། དགག་དབྱེ་ཟིན་ཀྱང་ཟློ་ཕྱིད་འདས་པར་འཆང་ན་བཞག་འཕྱིས་སྤང་བའོ། །དགུ་པ་ནི་ཁྱིམ་པས་དགེ་འདུན་དང་དགེ་སློང་གཞན་ལ་བསྔོས་པའི་རྙེད་པ་རང་ལ་བསྒྱུར་ཏེ་བདག་ཏུ་བཟུང་བའོ། །བཅུ་པ་ནི་རླུང་གིས་ན་བའི་སྨན་བྱིན་རླབས་རང་དུས་ཞག་བདུན་འདས་ན་བསོག་འཇོག་གོ། །དེ་བཞིན་སྨན་བཞི་རང་དུས་འདས་ནའོ། །འདི་དག་ཕྱིར་བཅོས་ཆེ་བྱིན་འཁྲོག་ལྟུང་བཟེད་ལྷག་པོ་གཉིས་རྩད་ནས་སྤངས་གཞན་རྣམས་ཞག་རེ་སྤང་བས་ཆོག་གོ། །གོས་སྨན་ལྟུང་བཟེད་རྣམས་སྔ་མའི་དུས་མ་ཚང་བར་ཡང་གཅིག་རྙེད་ན་དུས་ཚང་ན་སྔ་མ་རང་དུས་དང་ཕྱི་མ་ཤན་སྦོབས་ཀྱིས་དང་ལྟུང་ཤན་ནི་སྤངས་ལྟུང་གང་རུང་ཕྱིར་བཅོས་མ་བྱས་པར་ཡོ་བྱད་གང་སྐྱེད་སྔ་མའི་ཕྱིར་བཅོས་ཆེ་སྤངས་དགོས། ལྟུང་བྱེད་སྡེ་ཕྱི་མ་ནི་བཤགས་ན་སྤང་བྲལ་སྔོན་དུ་མི་དགོས་པ་འབའ་ཞིག་གྲངས་དགུ་བཅུ་ཐམ་པ་ནི། བཅུ་ཚན་དགུ་ལས་དང་པོའི་དང་པོ་ནི་ཕམ་ལྷག་གཉིས་བྱས་ཀྱི་རྫུན་མ་ཡིན་པ། ཤེས་བཞིན་དུ་རྫུན་སྨྲ་ཉན་པ་པོས་གོ་ན་ལྟུང་བྱེད་དོ། །

གཉིས་པ་ནི་ཡུལ་དགེ་སློང་ལ་ཡུལ་དུས་དེར་གྲགས་པའི་སྐྱོན་ཕན་སེམས་མིན་པས་བརྗོད་ནའོ། །གསུམ་པ་ནི་དགེ་སློང་མཐུན་པ་དག་ཕྲ་མའི་ཚིག་གིས་འབྱེད་བྱེད་གོ་ནའོ། །བཞི་པ་ནི་དགེ་སློང་གཉིས་སྔོན་རྩོད་པ་ཅན་ཆོས་ཕྱོགས་སུ་ཞི་བར་བྱས་ཟིན་སྐྱོ་སློགས་ཟླུམ་ཀྱང་སླར་དབྱེ་འདོད་ཀྱིས་ཚིག་སྨྲས་ནའོ། །ལྔ་པ་ནི་ཁྲིམ་གྲོགས་མེད་པར་བུད་མེད་ལ་ཆོས་ཚིག་ལྔའམ་དྲུག་སྟོན་ནའོ། །དྲུག་པ་ནི་རྐྱེད་བག་གིས་བསྙེན་པར་མ་རྫོགས་པ་ལྷན་གཅིག་སྐད་གདོང་སྣ་ཚོགས་པས་ཆོས་འདོན་ནའོ། །བདུན་པ་ཕམ་ལྷག་གང་རུང་བྱུང་བའི་དགེ་སློང་ལ་གླེང་བ་མ་བཅོས་པས་ཁྲིམ་པ་སོགས་ལ་གནས་ངན་ལེན་གྱི་ལྟུང་བ་བརྗོད་ནའོ། །བརྒྱད་པ་མི་ཆོས་བླ་མའི་ཡོན་ཏན་ཐོབ་ཀྱང་དགོས་པ་ཁྱད་པར་ཅན་མེད་ན་དེ་ཐོབ་ཞེས་བདེན་པར་སྨྲ་ནའོ། །དགུ་པ་དགེ་འདུན་གྱི་བྱ་བ་བྱས་པའི་དགེ་སློང་ལ་ཟས་ལས་གཞན་པའི་ཡོ་བྱད་ཆུང་ངུར་བྱིན་ན་བཤེས་ངོར་བྱས་ཞེས་འཕྱ་ནའོ། །བཅུ་པ་ནི་གསོ་སྦྱོངས་སོགས་ཀྱི་ཚེ་མདོ་འདོན་པའི་ཚེ་བསླབ་གཞི་ཕྲ་མོ་འདི་དག་འདོན་པས་ཅི་བྱ་ཞེས་ཁྱད་དུ་གསོད་ན་སྟེ། འདི་དག་ཡུལ་དེས་གོ་ནའོ། །

བཅུ་ཚན་གཉིས་པའི་དང་པོ་ནི། ནས་སོགས་ས་བོན་རུང་བ་མ་བྱས་པ་རྗེ་བ་སོགས་དང་། སྨྱུ་གུ་སོགས་སྐྱེ་བ་གཅོད་པ་ནའོ། །རུང་བ་ནི་མེ་དང་མཚོན་རེག་པ། དུས་མིན་ཟས་ལ་ཆུ་གྲང་གཏོར་བའོ། །གཉིས་པ་ནི་དགེ་འདུན་གྱི་ཞལ་ལྟ་བས་ཆོས་བཞིན་བྱས་ཀྱང་བདག་གི་ངོར་ངན་པ་སྟོབ་པོ་ཞེས་འཕྱ་བའོ། །གསུམ་པ་བཀྲོ་བ་རྣར་བཟློན་ནི་རང་ལ་ལྟུང་བ་བྱུང་བ་དེ་གཞན་གྱི་ཕྱིར་བཅོས་བསྐུལ་ཕྱིར་ཆོས་བཞིན་གླེང་བ་བྲིས་པ་ལ། དེ་མ་ཐོས་པ་ལྟར་ལན་གཞན་ལོག་པར་འདེབས་པའོ། །བཞི་པ་ནི་དགེ་འདུན་གྱི་ཁྲི་དང་ཁྲིའུ་སོགས་གནས་མལ་སྤྱད་ནས་བླ་གབ་མེད་པར་མ་བསྡུས་ནས་ཉེ་འཁོར་འདོམ་ཉེར་དགུ་འདས་པར་སོང་ན་དང་། ལྔ་པ་གཙུག་ལག་ཁང་གི་རྩྭ་སོགས་གདིང་བ་སྤྱོད་ནས་མ་བསྡུས་བཏིང་ནས་ཉེ་འཁོར་ལས་འདས་པར་སོང་ནའོ། །དྲུག་པ་ནི་གཙུག་ལག་ཁང་ནས་དགེ་སློང་གཞན་ཞེ་སྡང་གིས་སྐྲོད་ན་ཕྱི་རོལ་ཐོན་ནའོ། །བདུན་པ་ནི་ཁང་པར་སྔར་ཞུགས་པའི་དགེ་སློང་ལ་ཐོ་འཚམས་པས་ཕྱིས་གནོན་བྱས་ཏེ་ལུས་ངག་གིས་ཟིལ་གྱིས་མནན་ན་དང་། བརྒྱད་པ་ནི་གཙུག་ལག་ཁང་གི་སྟེང་ཐོག་སྟེ་བ་ལ་མལ་ཁྲིའི་རྐང་པ་རྣོན་པོ་ལ་ལུད་ལྕིད་ཀྱིས་འདུག་པས་ཐུག་པ་བྱུང་ན་དང་། དགུ་པ་ནི་སྲོག་ཆགས་ལྡན་པའི་ཆུ་དང་རྩྭ་ཤིང་ཤེས་བཞིན་ཆུ་སྐམ་པ་དང་། རྩྭ་སོགས་ཆུར་འདེབས་སམ་འདེབས་བཅུག་པས་སྲོག་ཆགས་ཇི་སྙེད་ཤི་བ་དེ་སྙེད་ཀྱི་དང་། བཅུ་པ་འཛེགས་རྐྱེན་ཡོད་སར་སྤྱོད་ལམ་བཞི་ཤོང་ཡན་གྱི་གཙུག་ལག་རང་ངམ་བཀོས་པས་ཉིན་གཅིག་ལ་ཕ་གུ་རིམ་པ་གཉིས་སམ་གསུམ་ལས་ལྷག་པར་བརྩེག་པ་ཤེས་བཞིན་དུ་བགྱིས་ན་ལྟུང་བར་འགྱུར་བ་རྣམས་སོ། །

སྡེ་ཚན་གསུམ་པའི་དང་པོ་འདི་མན་སྡེ་ཚན་འདི་དགེ་སློང་མའི་སྟོན་པར་མ་བསྐོས་པས་ཆོས་སྟོན་པ་དང་། གཉིས་པ་དགེ་སློང་མའི་སྟོན་པར་བསྐོས་ཀྱང་ཉི་མ་ནུབ་ནས་ཀྱང་སྟོན་པ་དང་། གསུམ་པ་བསྐོས་པས་ཆོས་བཞིན་སྟོན་ཀྱང་ཕྲ་དོག་གིས་ཁ་ཟས་ཕྱིན་སོགས་ཕྱིར་སྟོན་ཞེས་བསྐུར་པ་བཏབ་ནའོ། །བཞི་པ་ཉེ་མིན་དགེ་སློང་མའི་གོས་ཆེམ་སྟེ་གྲུབ་ནའོ། །ལྔ་པ་ཉེ་མིན་དགེ་སློང་མར་བཤེས་ངོར་གོས་བྱིན་ནའོ། །དྲུག་པ་ནི་ཉེ་མིན་དགེ་སློང་མ་དང་དོན་མཐུན་ལམ་དུ་འགྲོགས་པས་རྒྱང་གྲགས་རེ་རེས་ལྟུང་བ་རེ་རེ་དང་ཕྱེད་ལ་ཉེས་བྱས་སོ། །བདུན་པ་དགེ་སློང་མ་དང་ལྷན་

ཅིག་གྲུར་ཞུགས་པ་དེ་རྒྱུན་ལས་ཕྱིར་ལོག་གྱེན་དང་མཐུར་དུ་འགྲོ་ནའོ། །བརྒྱད་པ་ནི་བུད་མེད་དང་དབེན་པ་སྐབས་ཡོད་པར་ཁྲིམས་གྲོགས་མེད་པར་གཅིག་ཏུ་གཉིས་ཀ་སར་འདུག་ན་དང་། དགུ་པ་སྟར་བཞིན་འགྲེང་སྟེ་གནས་ན་དང་། བཅུ་པ་ནི་ཉེ་མིན་དགེ་སློང་མས་ཡོན་ཏན་བརྗོད་དེ་སྦྱོར་དུ་བཅུག་པའི་དུས་རུང་གི་ཟས་ལ་ལྷུང་བ་ཅན་རྣམས་སྤྱང་བར་བྱའོ། །སོ་ཚན་བཞི་པའི་དང་པོ་ནི། ཟས་ལན་གཅིག་གིས་གསོ་མི་ནུས་པའི་ནད་པ་དང་། དགེ་འདུན་དང་མཆོད་རྟེན་གྱི་ལས། མུ་གེའི་དུས། དཔག་ཚད་ཕྱེད་ཕྱིན་པའི་ལམ་དུ་མིན་པར་ཁྲིམ་གཉིས་སོགས་ནས་ཡང་ཡང་ཟས་ཟ་ནའོ། །གཉིས་པ་ནི་ཁྲིམ་པ་མུ་སྟེགས་འདུག་པའི་སར་ཞག་གཅིག་ལས་ལྷག་སྡོད་དེ་ཟས་ཟ་ན་དང་། གསུམ་པ་ནི་ཅི་བདེར་སྟོབ་པ་མིན་པར་དུས་རུང་ཟས་ལྷུང་བཟེད་ཀེ་ཚད་གང་འབྲིང་ཚད་དོ། །ཚུང་ཚད་གསུམ་ལས་ལྷག་པར་ཟ་བ་དང་། བཞི་པ་མུ་གེའི་དུས་དང་ནད་པ་མ་ཡིན་པས་ཟས་ཟོས་ནས་གློས་བཅད་ཅིང་ངག་ཏུ་བརྗོད་པའི་རྗེས་སུ་བཟའ་བཅའ་གང་རུང་ཟ་ནའོ། །འདི་ལ་ལྷག་པོའི་བྱིན་རླབས་གནས་མ་བཏང་བའི་མདུན་ཅོག་ཕུས་ཟས་བཟུང་ནས་གསོལ་བ་བཏབ་པ་དེར། དེས་བླང་ཁམས་གཉིས་ཙམ་ཟ་ནས་དེ་ལ་གཏད། ཟས་སྤྱང་ན་ཟ་མི་དགོས། དེས་ཙམ་ལྡང་མི་བྱའོ། །ལྔ་པ་སྤྱང་བའི་ལྷག་པོ་མ་བྱས་པ་ངན་སེམས་ཀྱིས་ལྟུང་བ་འབྱུང་བའི་ཆེད་དུ་ལྷག་པོ་བྱས་ཞེས་རྫུན་གྱིས་སྐོབས་ན་སྐོབས་པ་པོ་ལའོ། །དྲུག་པ་ན་བ་སོགས་གནང་མིན་མཚམ་ནང་དགེ་འདུན་སྤྱི་ལས་ལོགས་སུ་དགེ་སློང་གསུམ་ཡན་འདུས་ནས་ཟ་བ་དང་། བདུན་པ་ན་མུག་ལམ་ལས་བཞི་མིན་པར་ཟས་དུས་མིན་རང་གླིང་གི་ཉི་མ་ཕྱེད་ཡོལ་ནས་སྐྱ་རེངས་དང་པོ་མ་ཤར་བར་ཟ་ན་མིད་པ་ཧི་སྐེད་ཀྱི་དང་། བརྒྱད་པ་ནི་ན་སོགས་དང་མེད་པ་གཉིས་པ་མིན་པས་སྨན་བཞི་བྱིན་ལེན་བྱས་པ་རང་དུས་འདས་པས་བསོགས་འཇོག་ཏུ་སོང་བ་མ་ཞིག་པ་ཟ་ན། འདིར་ལག་ཉ། འཚམས་བརྗོས། ཞག་ལོན། དགེ་སློང་གིས་བཅོས་པའོ། །དགུ་པ་ནི་ནད་སོགས་མིན་པར་བྱིན་ལེན་མ་བྱས་པ། ཆུ་དང་སོ་ཤིང་མ་གཏོགས་སྨན་གཞི་གང་རུང་ཁམས་གཅིག་ཡན་ཁར་མིད་པའོ། །བྱིན་ལེན་ནི་མཚམས་མ་ཆོད་པར་མདུན་ནས་གཉིས་ཀས་ལག་པ་བཀན་ནས་སོ། །བྱིན་ལེན་འཕྲོག་འདྲིལ་འགྱུར་སོགས་ཀྱིས་ཞིག་གོ། །བཅུ་པ་ནི་ནད་སོགས་མིན་པར་བསོད་པ་ཞིམ་པའི་ཟས་ཆོག་མི་ཤེས་པར་བསླང་བའོ། །

བཅུ་ཚན་ལྔ་པའི་དང་པོར་རང་དོན་དུ་སྲོག་ཆགས་བཅས་པའི་ཆུར་འབྲུད་པ་འགོགས་བསྐུར་བཀྲུང་སོགས་ལོངས་སྤྱོད་པ་དང་སྲོག་ཆགས་བཅས་རྩེ་ཤིང་མེར་བསྲེག་པ་སྲོག་ཆགས་རྫི་སྙེད་ཤི་བ་དེ་སྙེད་དོ། །དེས་མར་མེ་ལ་འོད་ཁང་དང་ཆུ་ཚག་བཅང་ངོ་། །གཉིས་པ་ནི་ཁྲིམ་ན་ཉལ་པོ་བྱེད་པ་དང་ཉེ་བའི་ཤུལ་དུ་ཉལ་དང་འགྲེང་བ་དེས་གོ་ནའོ། །གསུམ་པ་ནི་དེར་དབེན་པའི་སྐབས་སུ་འགྲེངས་ཏེ་གནས་པ་ཙམ་ན་དང་། བཞི་པ་ནི་མུ་སྟེག་གཅེར་བུར་རྒྱུ་བ་ལ་ཟས་བྱིན་ན་དང་། ལྔ་པ་རྒྱལ་པོས་བོས་སོགས་མ་ཡིན་པར་དམག་གི་དཔུང་བལྟ་ཕྱིར་སོང་སྟེ་མཐོང་ནའོ། །དྲུག་པ་རྐྱེན་དགོས་མེད་པར་དམག་དཔུང་ཡོད་སར་ཞག་གཅིག་གམ་གཉིས་ལས་ལྷག་པར་བསྡད་ནའོ། །བདུན་པ་ནི་རྐྱེན་དགོས་ཀྱིས་དམག་ནང་སྡོད་དགོས་ཆེ་གོ་མཚོན་ལ་རེག་དང་དམག་གི་རུ་བཤམ་བཀོད་སོགས་བྱེད་ནའོ། །བརྒྱད་པ་ནི་ཁྲོས་པས་དགེ་སློང་ལ་བརྡེག་གམ་བརྡེག་བརྩུག་བརྡེག་པ་དེ་སྙེད་ཀྱི་དང་། དགུ་པ་ཁྲོས་པས་དགེ་སློང་ལ་བརྡེག་ཙམ་དབྱུག་པ་ཕྱར་བ་སོགས་སོ། །བཅུ་པ་ནི་མཐོལ་ཡུལ་ཚད་ལྡན་ཡོད་པར་དགེ་སློང་གཞན་ལ་གནས་ངན་ལེན་གྱི་ལྟུང་བ་ཕམ་ལྷག་དགོས་ཆེད་མེད་བཞིན་འཆབ་པ་མཚན་མཐའ་འདས་ནའོ། །ཕམ་ལྷག་ལས་གཞན་ཉེས་བྱས་སོ། །

སྡེ་ཚན་དྲུག་པའི་དང་པོ་ཁྲིམ་པས་དགེ་སློང་གཞན་ལ་ཟས་འདྲེན་པ་ངན་སེམས་ཀྱིས་ཟས་སྦྱོར་འགོགས་པའི་ཚིག་གིས་ཟས་གཅོད་ནའོ། །གཉིས་པ་ནི་ཞོད་བག་བསམ་པས་མེ་ལ་རེག་གམ་རེག་བཅུག་ན་སྟེ། ཆོས་ལྡན་བྱ་བའི་ཆེད་དུས་དྲན་རུང་ངོ་། །གསུམ་པ་དགེ་འདུན་གྱིས་དགེ་སློང་གིས་ཆེད་དུ་ལས་བྱས་ཤིང་ཆགས་པ་ལ་འདུན་པ་ཕུལ་ནས་སླར་བདག་གི་འདུན་པ་ཕྱིར་བྱིན་གཅིག་ཅེས་ལྡོག་ཚིག་སྨྲས་ནའོ། །ལས་མ་ཟིན་དུས་སྨྲས་ན་ལས་མི་ཆགས་པ་ལས་ལྟུང་བ་མེད། བཞི་པ་བསྙེན་པར་མ་རྫོགས་པ་དང་གནས་གཅིག་ཁྲུ་ཕྱེད་དང་དགུ་པས་མ་ཚོད་པར་ནུབ་གཉིས་ལས་ལྷག་པར་ཉལ་ན་དང་། ལྔ་པ་ནི་ཆང་འཐུང་བ་དང་ཕྱི་དྲོ་ཁ་ཟས་ཟ་བ་སོགས་སྡིག་ལྟའི་ཆོས་ལུགས་བཟློག་བྱེད་ལྟས་མི་གཏོང་ནའོ། །དྲུག་པ་ནི་དགེ་འདུན་གྱི་གནས་ནས་དབྱུང་བའི་དགེ་སློང་ལ་གདམ་ཕེབས་པར་སྨྲ་དང་སྤྱོད་ལམ་མཐུན་ན་དང་། བདུན་པ་དགེ་ཚུལ་སྡིག་ལྟ་མི་གཏོང་བ་བསྐྱིལ་བ་དང་ལྷན་ཅིག་ཉལ་བ་སྤྱོད་ལམ་མཐུན་པས་མཚན་མཐའ་འདས་ན་དང་། བརྒྱད་པ་

ནི་རུང་བའི་ཚོན་གསུམ་གྱིས་ཁ་བསྒྱུར་བ་མིན་པ་ཁ་དོག་དཀར་པོ་ཅན་གྱི་གོས་གྱོན་ནའོ། །ནག་པོ་ཁྲ་བོ་ཚོན་ཆེན་བརྒྱད་ཀྱིས་ཉེས་བྱས་སོ། །དགུ་པ་ནི་ཆུད་ཟ་དོག་དང་། ཆོས་འཆད་སོགས་དོན་ཕྱིར་མིན་པར་རིན་པོ་ཆེ་དང་མདའ་མདུང་སོགས་དམག་ཆས་རྫ་བོ་ཆེ་སོགས་རོལ་མོའི་ཆས་ལ་རྒོད་བག་གིས་རེག་ནའོ། །བཅུ་པ་ནི་དབྱར་ཟླ་གསུམ་དང་ནད་ལ་ཕན་ཕྱིར་གནང་བ་སོགས་མིན་པར་ཟླ་བ་ཕྱེད་མ་འདས་པར་རང་དགར་ཁྲུས་ལུས་ཕྱེད་ཆུར་ནུབ་པར་བྱེད་ནའོ། །བདུན་པ་བསམ་བཞིན་གྱི་སྡེ་ལས་དང་པོ་ནི། གསོད་སེམས་ཀྱིས་དུད་འགྲོའི་རིགས་སྲུར་གསོད་དམ་གསོད་དུ་བཅུག་ན་ཧེ་སྐྱེད་ཤི་བ་དེ་སྐྱེད་ཀྱི་དང་། གཉིས་པ་དགེ་སློང་སྤྲུབ་ཟིན་པར་བྱེད་པ་གཞན་ལ་ཁྱོད་ལ་སྡོམ་པ་མ་སྐྱེས་སོ་ཞེས་སམ་ཉམས་སོ་ཞེས་སོགས་འགྱོད་པ་བསྐྱེད་དུ་བཅུག་ནའོ། །གསུམ་པ་དགེ་སློང་གཞན་གྱི་མཆན་ཁུང་སོགས་ཀྱི་གཡའ་བར་རེག་པས་གག་ཚིལ་སྒོག་ནའོ། །བཞི་པ་ལུས་ཕྱེད་ནུབ་པའི་ཆུར་རྩེའམ་རྩེར་བཅུག་ནའོ། །ལྔ་པ་ཁྲིམས་གྲོགས་མེད་པར་བུད་མེད་དང་གནས་གཅིག་ཏུ་མཚན་མཐའ་བར་ཉལ་བ་དང་། དྲུག་པ་དགེ་སློང་གཞན་སྐྲག་ཅིང་དངས་བར་བྱེད་པ་དང་། བདུན་པ་ནི་རབ་བྱུང་སྡེ་ལྔ་གང་རུང་དེའི་འཚོ་མཁོའི་ཡོ་བྱེད་སྦེད་དམ་སྦེད་བཅུག་པ་དང་། བརྒྱད་པ་དགེ་སློང་ལ་སྔར་གོས་བྱིན་པ་དེས་གནང་བའི་གདེང་མེད་པར་སླར་བླངས་ཏེ་སྤྱོད་པ་དང་། དགུ་པ་ནི་མཐོང་ཐོས་དོག་པའི་གཞི་མེད་པ་ལ་ལྷག་མའི་བསྐུར་པ་བཏབ་པ་དང་། བཅུ་པ་ནི་བུད་མེད་དང་ལྷན་གཅིག་ཏུ་སྐྱེས་པའི་ཁྲིམས་གྲོགས་མེད་པར་ལམ་དུ་འགྲོ་ན་རྒྱང་གྲགས་རེ་ལ་ལྟུང་བ་དང་། དེའི་ཕྱེད་ལ་ཉེས་བྱས་སོ། །

སྡེ་ཚན་བརྒྱད་པའི་དང་པོ། རྐུན་མ་དང་། ཤ་གམ་མ་བྱིན་པ་དང་། ལམ་དུ་འགྲོ་ནའང་ལྟུང་བྱེད་སྔ་མ་དང་མཚུངས་སོ། །གཉིས་པ་ནི། བསྒྲུབ་བྱ་མངལ་བཞོལ་བཅས་ལོ་ཉི་ཤུ་མ་ལོན་པ་ལ་བསྙེན་རྫོགས་ཕོག་ན་མཁན་པོ་ལ་ལྟུང་བྱེད་དང་། སློབ་དཔོན་སོགས་ལ་ཉེས་བྱས་སོ། །གསུམ་པ་ནི། ས་བྲུ་ཞིང་འཐས་པ་སོར་བཞི་ཡན་དགོས་པ་ཁྱད་པར་ཅན་མེད་པར་སློའམ་སློར་བཅུག་ནའོ། །བཞི་པ་ནི། སྦྱིན་བདག་གིས་དུས་ཇི་ཙམ་མགྲོན་དུ་བོས་པ་ལས་ལྷག་པོའི་ཚིག་བཞག་མེད་ན་ཟླ་བ་བཞི་ལས་ལྷག་པར་བསྟེན་ཏེ་ཟས་ཟོས་ན་དང་། ལྔ་པ། དགེ་སློང་གཞན་གྱིས་རང་ལ་བསླབ་པ

སློབ་པར་བསྐུལ་ན་ཁྱོད་ཀྱིས་མི་ཤེས་པས་གཞན་ལ་དྲི་སོགས་བརྗོད་ན་དང༌། དྲུག་པ་ནི། རང་དང་རྩོད་ཟླར་གྱུར་པའི་དགེ་སློང་གཉིས་ཡན་གྲོས་བྱས་པ་ལ་འཐབ་མོ་སྤྲར་འདོད་པའི་ཆེད་ཉན་རྣ་བྱེད་པས་གོ་ན་དང༌། བདུན་པ་ནི། རང་ཁ་བསྐྱོང་འོས་པ་གསོ་སྦྱོང་སོགས་ཀྱི་ལས་གྲལ་འདུས་པས་གསོལ་བ་ཙམ་ཡང་མ་བྱས་པའི་གོང་དུ་དགེ་འདུན་མཐུན་པ་སྐྱབ་བྱེད་ཀྱི་འདུན་པ་མ་ཕུལ་བའམ། ཉེས་མེད་མི་སྣ་བར་འགྲོ་ན་དང༌། གསོལ་བ་ཐོས་ན་ཉེས་བྱས། ཁ་བསྐང་མིན་ན་ལྟུང་བ་མེད་དོ། །བརྒྱད་པ་ནི། སངས་རྒྱས་ཀྱི་གསུངས་ལ་དང༌། དགེ་འདུན་གྱིས་བཀའ་བསྒོས་པ་ལ་མི་གུས་པས་ཟློག་སྟེ་འགལ་བ་བྱེད་པ་དང༌། དགུ་པ་ནི། ཕབ་བཏབ་པ་འབྲུའི་ཆང་དང༌། རྒུན་ཆང་སོགས་བཙོས་པའི་ཆང་མྱོས་འགྱུར་རྣམས་འཐུང་རམ་ཟ་བས་མགུལ་དུ་ཐིགས་ཙམ་མིད་ན་དང༌། བཅུ་པ་ནི། དུས་མིན་ཕྱི་དྲོ་ནས་སྐྱ་རེང་བར་རྐྱེན་དགོས་མེད་པར་གྲོགས་ལ་མ་སྨྲས་པར་གྲོང་དུ་རྒྱུན་སྒོ་གཏན་དང་ཉེ་འཁོར་ལས་འདས་ནའོ། །

དགུ་པ་ཆོས་སྟོན་སྡེ་ལས་དང་པོ་ནི། དགེ་འདུན་རྣམས་ཟས་དང་བཅས་པའི་ཁྱིམ་དུ་ཕྱིན་ནས་ཟས་དུས་ལ་ཁྲིམ་ཞེས་མ་སྨྲས་རང་ཉིད་སྔ་དྲོ་ཁྱིམ་གཉིས་སུ་རྒྱུ་བས་དགེ་འདུན་གྱི་གདུག་ཚོད་ལ་གནོད་པ་དང༌། ཕྱི་དྲོ་ཁྱིམ་གསུམ་འདས་པར་རྒྱུ་ནས་ཆོས་ཀྱི་ལོངས་སྤྱོད་ལ་གནོད་ན་དང༌། གཉིས་པ་ནི་ཆོས་སྟོན་ཕྱིར་བོས་པ་སོགས་མིན་པར་རྒྱལ་པོ་བཙུན་མོ་རྒྱ་བའི་ཁབ་ཕོ་བྲང་དུ་ཉི་མ་ཐལ་ནས་སྐྱ་རེངས་ཐ་མའི་བར་འགྲོ་ན་དང༌། ཉིན་མོ་དེར་ཕྱིན་ནས་མཚན་མོ་ཉལ་ནའོ། །གསུམ་པ། གསོ་སྦྱོང་གི་དུས་མདོ་སོགས་འདོན་པ་ལ་རང་གིས་སྔར་ནས་ཤེས་ཀྱང་དོན་འདི་ཡོད་པར་གདོད་ཤེས་སོ་ཞེས་ཟེར་འདུལ་བའི་བསླབ་པ་ཁྱད་གསོད་བྱེད་ན་དང༌། བཞི་པ། རིན་པོ་ཆེ་དང་བ་སོ་སོགས་ལ་ཁབ་རལ་བྱེད་དང༌། བྱེད་དུ་བཅུག་ན་དང༌། ལྔ་པ། དགེ་སློང་གི་ཁྲིའམ་ཁྲིའུའི་རྐང་པ་ཐུ་གར་ཞུགས་པ་བཅས་ཁྲུ་གང་ཚད་ཡིན་པ་དེ་ལས་ལྷག་པར་བཟོས་ནའོ། །དྲུག་པ་ནི། ངན་སེམས་ཀྱི་ཤིང་བལ་དགེ་འདུན་གྱི་ཁྲི་དང་ཁྲིའུ་སྟེང་དུ་བརྡལ་ཏེ་བསྒོས་ཤིང་གོས་ནའོ། །བདུན་པ། བརྒྱད་པ༑ དགུ་པ་ནི། གདིང་བ་སྲིད་དུ་ཁྲུ་གསུམ་དང་ཞེང་དུ་ཁྲུ་དོ་དང་སོར་དྲུག །གཡན་དགབ་སྲིད་དུ་ཁྲུ་དྲུག་དང་ཞེང་དུ་ཁྲུ་གསུམ། རས་ཆེན་སྲིད་དུ་ཁྲུ་དགུ་དང་ཞེང་དུ་ཁྲུ་གསུམ་དང་སོར་བཅོ་བརྒྱད་

ཚད་ཡིན་ལ། རང་རང་གི་འཛལ་བྱེད་ཀྱིས་ལྷག་ན་ལྷུང་བ་དེ་རྣམས་འགྱུར་རོ། །འདི་དག་བཞགས་ཚེ་ཁབ་རལ་བཅག །ཤིང་བལ་བསྲུ། ཚད་ལྷག་བཅད་དམ་ཞེས་དྲི་བཅས་བཤགས་དགོས། བཅུ་པ། ཆོས་གོས་རྣམ་སྦྱར་དགུ་ནས་ཉེར་ལྔའི་བར་ཆེ་སྙོར་གསུམ་དཔང་དུ་ཁྲུ་གསུམ་དང་། ཞིད་དུ་ཁྲུ་ལྔ། ཆུང་གསུམ་དེ་ལས་ཁྲུ་ཕྱེད་ཕྱེད་ཕྲི་འབྲིང་གསུམ་དེའི་བར་དང་། བླ་གོས་དེ་དང་འདྲ། མཐང་གོས་དཔང་དུ་ཁྲུ་དོ་དང་། ཞེང་དུ་ཁྲུ་ལྔའམ་བཞིའོ། །དེ་ལས་ལྷག་ནའོ། །སོ་ལྔའི་བཞི་པ་སོར་བཤགས་ནི། སློ་ངག་གིས་རྣམ་པས་སོ་སོར་བཤགས་པར་བྱ་བའི་སྡེ་ཞེས་བྱ་བ་ནི། རབ་བྱུང་དང་ཁྱིམ་པའི་གཞི་ལས་དེ་གཉིས་གཉིས་བཞི་ཡིན་ཏེ་དང་པོ་ནི། ཉེ་མིན་དགེ་སློང་མས་རང་གི་བཟའ་བའི་ཆེད་དུ་སྒྲུབ་པའི་ཟས་ལ་དགེ་སློང་གིས་གྲོང་དུ་ཉེ་འཁོར་ལམ་ལས། ཟས་བླངས་ཏེ་ཟོས་ན་དང་། གཉིས་པ་སྦྱིན་བདག་གི་ཁྱིམ་དུ་དགེ་སློང་མས་བགོས་ནས་གྲལ་རིམ་མི་འགྲིམ་པར། དེ་ལ་ངོས་མགྲོན་གྱིས་འདི་ལ་ཕུལ་གཅིག་ཅེས་ཟེར་ན། དགེ་སློང་གཅིག་གིས་མ་བཟློག་པར། དགེ་སློང་ཇི་སྙེད་པས་ཟོས་པ་དེ་ཐམས་ཅད་ལ་དང་། གསུམ་པ་ནི། དགེ་འདུན་བློ་མཐུན་པས་ཁྱིམ་པ་ཅི་རིགས་ལས་ཟས་མི་སློང་བའི་བསླབ་སྡོམ་སྦྱིན་པ་ནང་ཁྲིམས་དེར་གནོགས་པའི་དགེ་སློང་གིས་དེ་ལས་ལེན་དུ་རུང་བ་ལོ་ལ་སོགས་མོས་པ་མིན་པའི་དུས་རུང་གི་ཟས་བསླང་སྟེ་ཟོས་ན་དང་། བཞི་པ་ནི། གྲོང་ལས་རྒྱང་གྲགས་དཔག་པའི་འཇིགས་བཅས་གནས་སུ་བསྒོས་པས་དགེ་འདུན་དང་སྦྱིན་བདག་གི་གནོད་པ་བསྲུང་བས་ཅི་བྱ་སྙམ་ནས་ནག་མ་ཉལ་བར་དགོན་པར་ཁྱིམ་པ་ལས་དུས་རུང་ཟས་བསླངས་ཏེ་ཟོས་ན་ལྷུང་བར་འགྱུར་བ་བཞིའོ། །

སོ་ལྔ་ལས་ལྔ་པ་ཉེས་བྱས་བརྒྱ་དང་བཅུ་གཉིས་ཞེས་གྲགས་པ་སྡེ་ཚན་དགུ་ལས། དང་པོ་གོས་བགོ་བའི་སྡེ་ནི། ཤམ་ཐབས་ཡས་མན་གྱི་མཐའ་མཐོ་དམན་མི་མཉམ་པས་ཟླུམ་པ་མིན་པར་དང་། བརྩེང་ཆེ་བས་ཕུས་མོར་དང་། འཛོལ་ཆེ་བས་ལོང་བུ་ལ་རེག་པ་དང་། མས་སྣའི་ཟུར་གླང་པོའི་སྣ་འདྲ་འཕྱང་བ། ཡས་སྣེ་ལྟེབས་པ་དང་། སྙ་རག་བར་ནས་འབྲུའི་ཕུར་མ་ལྟར་འབུར་བ། སྟེང་ནས་སྦྲུལ་གྱི་གདེང་ཀ་ལྟ་བུར་འདུག་པ་དང་བདུན་ནོ། །སྣམ་སྦྱར་དང་བླ་གོས་ཟླུམ་པོར་མིན་པ་དང་། ཧ་ཅང་རིང་བ་དང་ཐུང་བ་སྟོད་གོས་གསུམ་སྟེ་བཅུའོ། །

གཉིས་པ་སྤྱོད་ཡུལ་དུ་འགྲོ་བའི་སྐེ་ནི། དྲན་ཤེས་ཀྱིས་ལུས་ངག་མ་བསྡམ་དང་། བླ་གོས་དང་མཐོང་གོས་ལེགས་པར་བགོ་བ་མ་ཡིན་པ་དང་། ཅ་ཅོའི་སྒྲ་དང་། མིག་ཕྱོགས་ཕྱོགས་གཡེང་བ་དང་། གཉའ་ཤིང་གང་ལས་རིང་དུ་ལྟ་བ། མགོ་གོས་ཀྱིས་བསྒུམ་པ། མཐོང་གོས་བརྫེས་ཆེ་བ། བླ་གོས་ཕྲག་པ་གཉིས་སུ་གཟར་བ། ལག་པ་གཉིས་མདུན་ནས་གཉའ་གོང་བསྣོལ་དང་། རྒྱབ་ནས་ལྟག་པར་བསྣོལ་བ། མཆོངས་སྐྱབས་དང་། གོམ་པ་ཆེ་བས་བརྒྱང་བསྐུམ་རྣམ་པ། རྐང་པའི་བྲང་དང་རྟིང་ཙུགས་འགྲོ། ལག་པ་གཉིས་དཀུར་བརྟེན་པ། ལུས་ཀྱོག་པར་བསྒྱུར་བ། ལག་པ་གཡུག་བཞིན་དང་། མགོ་ཀྱོག་ཅིང་བསྒྱུར་ནས་དང་། གཞན་དང་ཕྲག་པ་སྦྲད་དེ་དང་། གཞན་དང་ལག་སྦྲེལ་ནས་འགྲོ་བ་རྣམས་མི་བྱེད་པར་ཞི་དུལ་གྱིས་ཁྱིམ་དུ་འགྲོ་བའི་སྤྱོད་ཡུལ་ཉི་ཤུའོ། །

གསུམ་པ་སྟན་ལ་འདུག་པའི་སྐེ་ནི། སྟན་ལ་ཁྱིམ་བདག་གིས་མ་བསྒོས་པ་དང་། སྲོག་ཆགས་ཡོད་མེད་སོགས་མ་བརྟགས་པ་དང་། འཕང་རྗེབ་ཏེ་དང་། རྐང་པ་བརྒྱང་སྟེ་བསྣོལ་ནས་དང་། བརླ་བསྣོལ་ནས་དང་། ལོང་བུའི་སྟེང་ལོང་བུ་བརྩེགས་པ། ཁྲི་འོག་ཏུ་རྐང་པ་དགུག་པ། རྐང་པ་ཕན་ཚུན་གདངས་ཏེ་འདུག་པ་དང་། འདོམ་མཐོང་བར་འདུག་པ་རྣམས་སྤང་ནས་སྐྱིལ་ཀྲུང་གི་འདུག་ཚུལ་ལེགས་པར་བསླབ་པ་དགུ་ཡིན་ནོ། །

བཞི་པ་ཟས་བསླང་བའི་སྐེ་ནི་གྲོང་དང་གཙུག་ལག་ཁང་སོགས་སུ་འདུལ་བ་དང་མཐུན་པར་ཟས་ལེགས་པར་མི་ལེན་པ་དང་། སྣོད་ཀྱི་མུ་དང་ཁ་དང་ཆད་དང་། འབྲས་ཆན་དང་ཚོད་མ་མཉམ་པར་ལེན་པ། གྲལ་མཐར་ཆགས་མི་ལེན་པ་དང་། ལྷུང་བཟེད་ལ་ཡིད་གཏད་དེ་མི་ལེན་པར་ཟུར་མིག་གིས་ལྟ་བ་དང་། ཟས་མ་བྱུང་བར་བཟེད་སྟུས་པ་དང་། སྟར་བྱུང་ཟས་སྦས་ནས་བཟོད་པ་དང་། སྣོད་གཞན་སྟེང་བཟེད་ནས་ལེན་པ་སྤང་ནས་ཟས་བསླང་ཚུལ་བརྒྱད་དོ། །ཟས་ཟ་བའི་སྐེ་ནི། འདུལ་བ་དང་འགལ་བར་ཟ་བ་དང་། ཀྱི་ཁམས་ཆེས་ཆེ་བ་དང་། ཆུང་བ་དང་། རན་པ་མིན་པ། ཟས་ཁ་སྒོར་མ་སླེབ་པར་ཁ་གདངས་པ་དང་། ཟ་བཞིན་གཏམ་སྨྲ་བ་དང་། ཟས་སྐྱུར་བ་ལ་ཙུག་ཙུག་དང་། མངར་བ་ལ་ཅག་ཅག་དང་། གྲང་བ་ལ་ཧུ་ཧུ་དང་། ཚ་བ་ལ་ཕུ་ཕུའི་སྒྲ་དང་། ལྕེ་ཕྱིར་ཕྱུང་ནས་ཟ་བ། སྲོག་ཆགས་ཡོད་མེད་བརྟག་སོགས་མིན་པར། འབྲུ་ནས་རེ་རེ་ནས་གུད་དུ་ཕྱེ་ནས་དང་། སྦྱིན་བདག་གི་ཟས་ལ་སྐྱོན

འཕྱུ་བ་དང་། ཁམ་གཅིག་མཁྱུར་བ་གཡས་གཡོན་དུ་སྒྲོ་ཞིང་ཟ་བ་དང་། སྐྱན་སྦྲ་ཧོག་ཅིང་ཟ་བ་དང་། ལག་པར་ཟས་ཆགས་པར་འདག་པ་དང་། ལྷུང་བཟེད་དང་ཕོར་བུར་ཟས་ཆགས་པ་ལྡེས་འདག་ཅིང་བྲེག་ནས་འཁྱོག་པ། ལག་པ་ཟས་བཅས་སྤྲུག་པ་དང་། ཟས་བཅས་ལྷུང་བཟེད་སྐྱོམ་སྐྱོམ་བྱེད་པ་དང་། ཟས་ལ་མཆོད་རྟེན་འདྲ་བར་བཅོས་ཏེ་ཟ་བར་བྱེད་པ་དང་ཉེར་གཅིག་ཟ་བའི་ཚེ་སྤྱངས་བ་ལ་བསླབ་པར་བྱའོ། །དྲུག་པ་ལྷུང་བཟེད་སྤྱོད་པའི་སྡེ་ནི། གཞན་གྱི་ལྷུང་བཟེད་ལ་འཕྱ་ཕྱིར་བལྟ་བ་དང་། ལག་པ་ནི་ཟས་ཀྱིས་འབག་པས་ཆུ་སྣོད་ལ་མི་རེག་པ་དང་། འབག་ཆུ་གཞན་ལ་མི་གཏོར་བ་དང་། གཏོར་ཁྱུང་མ་དྲིས་འབག་ཆུ་འབོ་ན་དང་། ཟས་ལྷག་ལྷུང་བཟེད་དུ་བཞག་ནས་མི་འདོར་བ་དང་། ལྷུང་བཟེད་ས་རྗེན་པ་དང་། གད་ཁ་དང་། རི་གཟར་ངོས། བང་རིམ་གཞོལ་པོར་བཞིར་མི་བཞག་པ་དང་། གད་ཁ་གཡང་ས་རྐན་གཟར་དུ་མི་འཕྲུ། ཡང་བཞིན་དང་ཆུ་ཤུགས་དྲག་པོ་ལ་མི་བཅུ་བ་དང་བཅུ་བཞིའོ། །བདུན་པ་ཆོས་སྟོན་སྡེ་ནི། ཉན་པ་པོ་འདུག་པ་ལ་འཆད་པ་པོ་ལང་ནས་དང་། མི་ན་བཞིན་ཉལ་བ་ལ་དང་། རང་དམའ་སར་འདུག་ནས་དང་། མདུན་ནས་འགྲོ་ལ་ཕྱི་ནས་མི་བཤད། ལམ་པོ་ཆེའི་དབུས་འགྲོ་བ་ལ་འགྲམ་ནས་དང་། མི་ན་བཞིན་མགོ་གཡོག་པ་གོས་ཧ་ཅང་མཛེས་དང་ཕྲག་པར་གཟར་བ། ལག་པ་གཉའ་གོང་བསྣོལ་བ། ལྟག་པར་བསྣོལ་བ། སྐྲ་སྤྱི་བོར་ངོ་གེར་བཅིང་དང་ཞྭ་གྱོན་མགོ་ལ་ཅོད་པན་བཏགས་པ་ཕྲེང་བ་དང་རས་ཀྱི་མགོ་དཀྲིས་པ། གླང་པོ་དང་རྟ་ཞོན་པ་ཁྱོག་དང་ཤིང་རྟ་སོགས་བཞོན་པ་མཆིལ་ལྷམ་གྱོན་པ་དང་། ལག་ན་མཁར་བ་དང་གདུགས །མདུང་སོགས་མཚོན་ཆ་དང་རལ་གྲི། དགྲ་ཆ་མདའ་གཞུ་སོགས་ཐོགས་པ་དང་། གོ་ཆ་གྱོན་པ་ལ་མི་བཤད་པ་དང་ཉེར་དྲུག་གོ། །བརྒྱད་པ་གཙང་སྦྲ་སྦྲུབ་ཚུལ་གསུམ་ནི། འཕྲེང་སྟེ་གཤང་ལྕི་མི་འདོར། ཆུ་དང་རྩྭ་ལ་གཤང་ལྕི་སྣབས་དང་སྐྱུག་པ་མི་འདོར། དགུ་པ་ནི། སྟག་སོགས་ཀྱི་གནོད་པ་མེད་པར་ཤིང་ལ་མི་ལུས་གང་བས་མཐོ་བར་མི་འཛེགས་པ་ལམ་དུ་རྒྱུ་བའི་བསླབ་བྱ་གཅིག་གོ། །དགེ་སློང་མ་ལ་ཕམ་བརྒྱད་ལྷག་ཉི་ཤུ། སྤང་ལྟུང་སོ་གསུམ་ལྟུང་བྱེད་བརྒྱ་བརྒྱད་ཅུ། སོར་བཤགས་བཅུ་གཅིག་ཉེ་བྱས་བརྒྱ་བཅུ་གཉིས། སུམ་བརྒྱ་དྲུག་ཅུ་རྩ་བཞི་མདོ་ཙམ་མོ། །

གཉིས་པ་མཐུན་ཕྱོགས་བསྐྱབ་པའི་བསླབ་བྱ་ནི། སྐྱོན་ཡོངས་སུ་སྦྱོང་བའི་ཚུལ་གྱིས་བསླབ་པ་གསུམ་གོང་ནས་གོང་དུ་འཕེལ་བའི་ཐབས་གཞི་བཅུ་བདུན་ནི། གསོ་སྦྱོང་གི་གཞི། དབྱར་གནས། དགག་དབྱེ། གོས་ཀྱི་གཞི། ཀོ་ལྤགས། གནས་མལ། སྨན་གྱི་གཞི། སྲ་བརྐྱང་དང་། ཀོ་ཤམྦྷི་དང་། ལས་ཀྱི་གཞི་དང་། དམར་སེར་ཅན་དང་། གང་ཟག་དང་། སྤོ་དང་། གསོ་སྦྱོངས་བཞག་པ་དང་། རྩོད་པ་དང་། དགེ་འདུན་དབྱེན་རྣམས་བསྡུས་པ་ཡིན། ཞེས་བཅུ་བདུན་པོ་གཞན་དུ་ཤེས་པར་བྱའོ། །

གསུམ་པ་རྫུང་མཐུན་བསྡུས་ཏེ་བཤད་པ་ནི། དངོས་སུ་མ་སྨོས་པའི་གནང་བཀག་གི་བསླབ་བྱ་རྣམས་ལ་ཇི་ལྟར་སློབ་པའི་ཚུལ་མདོར་བསྡུ་ན་གཞི་གང་ལ་ཡེ་ནས་ཏེ་ཐོག་མ་ཉིད་ནས་གནང་བ་དང་བཀག་པའི་གསལ་ཁ་མེད་པ་རྣམས་ནི། བྱ་བ་གང་ཞིག་བྱར་རུང་བ་གནང་བ་དང་ཉེ་ཞིང་མི་རུང་བར་གསུངས་པ་ལས་བཟློག་པར་བྱེད་ན། བྱ་བ་དེ་དག་དཔེར་ན། དགེ་ཚུལ་ལ་དགག་དབྱེ་གསུངས་པས་མཚོན་ནས་གསོ་སྦྱོངས་བྱ་དགོས་པ་བཞིན་ཐེ་ཚོམ་མེད་པར་དེ་དག་སྤྱོད་ཅིག་དང་ཉེས་མེད་ཡོན་ཏན་ཐོབ་པར་འགྱུར་རོ། །གང་མི་རུང་བ་དང་ཉེ་ཞིང་རུང་བར་གསུངས་པ་ལས་བཟློག་ན་བྱ་བ་དཔེར་ན་སྲིན་བལ་གྱི་སྟན་བཀག་པས། དེ་དང་མཉམ་པའི་ལྷག་པའི་སྟན་བྱར་མི་རུང་བ་བཞིན་ཡིན་པར་རྣམ་པ་ཀུན་ཏུ་སྤང་དགོས་ཞེས་ལུང་ཕྲན་ཚེགས་ལས་གསུངས་སོ། །

གཉིས་པ་སྡོམ་པ་སྐྱེ་བའི་རྟེན་ནི་སོ་ཐར་སྡོམ་པ་སྐྱེ་བའི་ལུས་རྟེན་ནི་ལས་སྒྲིབ་ཆེ་བ་ལས་སྒྲིབ་ཅན་མུ་སྟེགས་བྱེད་དང་། དེར་ཞུགས་པ་དང་མཚམས་མེད་པ་ལྔ་བྱས་པ་སོགས་དང་། རྣམ་སྨིན་སྒྲིབ་པ་ཅན་བྱང་སྒྲ་མི་སྙན་པ་དང་། གྲོང་པའི་ཆོས་མེད་པའི་ཟ་མ་དང་། ཕོ་མོའི་མཚན་གཉིས་པ་དང་། སྐྱེ་གནས་ལྷ་ཕྱེད། འཕྲུད་ནས་ལྷང་བ། ཕྲག་དོག་ཅན། ཉམས་པ་སྟེ་མ་ནིང་རིགས་ལྔ་དང་། མཚན་ལན་གསུམ་འགྱུར་བ་དང་། མི་མ་ཡིན་མིར་སྤྲུལ་པ་མ་གཏོགས། ཤར་ནུབ་ལྷོའི་གླིང་གསུམ་དུ་སྐྱེས་པ་ཡི། སྐྱེས་པ་དང་བུད་མེད་རྣམས་སོ་ཐར་སྡོམ་པ་སྐྱེ་བ་དང་གནས་པའི་རྟེན་དུ་འདོད་དོ། །

བཞི་པ་ཉམས་ན་གསོ་ཚུལ་མདོར་བསྟན་ནི། དེ་ལྟར་ཐོབ་པའི་སྡོམ་པ་ཉོན་མོངས་མང་བ

སོགས་ཀྱིས། ཐ་མ་ཉམས་ན་ཕལ་ཆེར་གསོ་བའི་ཐབས་ཡོད་དེ། བཤད་པ། རྒྱས་བཤད་ལ་བཞི་ལས། དང་པོ་སྡོམ་པའི་གཏོང་མཚམས་ནི། སྡོམ་པ་རྩད་ནས་གཏོང་བའི་རྒྱུ། བརྡ་འཕྲོད་པའི་དྲུང་དུ་སྡོམ་པ་རང་གི་ངོ་བོ། རྩ་བ་མཆོག་གསུམ། རྒྱུ་སྡེ་སྣོད། སྦྱོར་བྱེད་མཁན་སློབ། སློབ་པའི་གནས་བརྟན། སློབ་པའི་གྲོགས་རྣམས་གསུངས་པ་ལྟར། བསླབ་པ་ཕུལ་ན་གཏོང་བ་དང་། གཞན་ཡང་ཚངས་པར་སྤྱོད་དཀའ་འོ། །ཞེས་པ་ལ་སོགས་པ་ནི། ཕུལ་བ་མིན་ཡང་དེའི་རྒྱུ་བསྟན་པས་གཏོང་བའོ། །དེ་བཞིན་ཤི་འཕོས་ན་རྟེན་བོར་བའི་ཕྱིར་དང་། མཚན་གཉིས་གཅིག་ཆར་བྱུང་བ་དང་། མཚན་ལན་གསུམ་དུ་འགྱུར་ན་རྟེན་ཉམས་པའི་ཕྱིར་དང་རྒྱུ་འབྲས་མེད་པར་ལྟ་བས་ལོག་ལྟ་སྐྱེས་ན་དགེ་བའི་རྩ་བ་ཆད་པས་སྡོམ་པའི་རྟེན། གཞི་མེད་པའི་ཕྱིར་དེ་རྣམས་ཀྱིས་གཏོང་ཞིང་ཕྱི་མ་འདི་ནི་ཐེག་པ་ཆེ་ཆུང་ཐམས་ཅད་ཀྱི་སྡོམ་པའི་གཏོང་རྒྱུར་གསུངས་པས་ཤིན་ཏུ་ལྕིའོ། །ཡང་ལོ་ཉི་ཤུ་མ་ལོན་པ་ལ་ལོན་པར་འདུ་ཤེས་ནས་བསྙེན་པར་རྫོགས་པ་དེའི་རྗེས་སུ་ཉི་ཤུ་མ་ལོན་པ་ངོ་ཤེས་ན་མངལ་བཤོལ་ཟླ་བས་ཁ་བསྐང་ཡང་མ་ཚངས་ན་དགེ་སློང་གི་སྡོམ་པ་གཏོང་བ་དང་། མི་ཚངས་སྤྱོད་བརྟེན་པར་བྱེད་པའི་ཕྱིར་ཁས་བླངས་ནས་བསླབ་པ་ལས་འདས་པའི་ཕྱིར་དགེ་སློབ་མའི་སྡོམ་པ་གཏོང་བའོ། །མཚན་མའི་མཐའ་འདས་ན་བསྙེན་གནས་ཀྱི་སྡོམ་པ་གཏོང་བ་སྟེ། དེ་རྣམས་སོ་སོའི་གཏོང་རྒྱུ་ཐུན་མོང་མིན་པའོ། །དེ་ལས་འཕྲོས་དོན་མདོ་སྡེ་པས་རྩ་ལྟུང་འཆབ་བཅས་བྱུང་ན་གཏོང་བར་འདོད་པ་དང་། གོས་དམར་སྡེ་པས་ལུང་གི་དམ་ཆོས་ནུབ་ནའང་བསླབ་པའི་མཚམས་རྣམ་བཞག་མེད་ཕྱིར་གཏོང་བར་འདོད་ཀྱང་། དེ་ལ་ཐོག་མེད་སྐྱུ་མཆེད་རྟོགས་པའི་ཆོས་མ་ནུབ་པའི་ཕྱིར་སྔར་ཡོད་མི་གཏོང་ཞིང་འགོག་བྱེད་ཆོ་ག་མེད་ཕྱིར་གསར་སྐྱེ་མེད་གསུངས། ཁ་ཆེའི་ཡུལ་གྱི་བྱེ་བྲག་སྨྲ་བ་རྣམས་ཀྱིས། རྩ་ལྟུང་གཅིག་ཉམས་པས་ཐམས་ཅད་གཏོང་མི་རིགས་ཏེ། དེ་འདྲ་སྡོམ་པ་དང་ལྡན་པ་དང་། རྩ་ལྟུང་བྱུང་བ་གཉིས་ལྡན་ཡིན་ཕྱིར། འགའ་ཞིག་ནོར་དང་ལྡན་ཡང་བུ་ལོན་ཆགས་པ་ཅན་བཞིན་འདོད་པ་དང་། འདུལ་འཛིན་ཁ་གཅིག་རྩ་བ་བཞི་གཅིག་ཙམ་སྤྱད་ཀྱང་སྡོམ་པ་ཀུན་ཉམས་ཏེ་ཁང་པ་སྒོ་བཞིའི་ནང་གི་ནོར་བུ་གཏོར་བའི་དཔེ་ལྟར་ཡིན་ཟེར་རོ། །

གཉིས་པ་ལྟུང་བ་དང་ལྟུང་མེད་ཀྱི་རྣམ་བཞག་ནི། དང་པོའི་ལས་ཅན་བཟང་སྦྱིན་ལྟ་བུ་ནི།

སྟོན་པའི་བཅས་པ་དང་མ་འབྲེལ་བའི་ཕྱིར་དང་། སེམས་འཁྲུགས་ཏེ་ཉམས་པ་དང་སྨྱོ་བ་དང་ནད་ཀྱི་ཚོར་བ་དྲག་པོས་གཟིར་བ་སོགས་ཀྱིས་སྤྱངས་བླང་ཇི་བཞིན་སྒྲུབ་པར་མ་ནུས་པ་ལ་དངོས་གཞིའི་ཉེས་པ་མེད་དོ། །

གསུམ་པ་ཕྱིར་བཅོས་དངོས་ནི་འཆབ་པ་ཞེས་གྲགས་ཉེས་པ་གསང་འདོད་ཀྱིས་འཆབ་སེམས་ཏེ་གཞན་ལ་མི་བརྗོད་པ་ཕམ་པ་འཆབ་བཅས་སྐད་གཅིག་ཙམ་བྱུང་ན་ཚེ་འདིར་གསོར་མི་རུང་བ་ཡིན་ལ། འོན་ཀྱང་རང་གི་འགྱོད་སྡོམ་གྱིས་བཤགས་པ་བྱས་ན་རྣམ་སྨིན་ཉེས་པ་དག་ནས་ངན་སོང་དུ་མི་ལྟུང་བ་འོང་བས་འབད་པར་བྱའོ། །མ་བཤགས་ན་རང་ལ་ཉེས་པ་ཆེ་བ་མ་ཟད་གཞན་ཚུལ་འཆལ་དང་ལྷན་གཅིག་ཞ་ལོན་ཉལ་ན་ལོ་བྱེ་བ་བཅུ་བཞི་དང་སྟོང་ཕྲག་བཅུ་བཞིར་དམྱལ་བར་སྐྱེ་བར་བཤད་དོ། །གལ་ཏེ་སྡེ་སྣོད་འཛིན་པ་ཡིན་ན་དགེ་འདུན་དང་ལྷན་ཅིག་ལོངས་སྤྱོད་དུ་མི་དབང་ཡང་གནས་ལོངས་སྦྱིན་པ་སོགས་ཀྱིས་རྗེས་སུ་བཟུང་དགོས། བཟོད་གསོལ་དུས་སུ་མ་བཟུང་ན། དེ་ནས་གནས་ཆོས་ཀྱི་རིན་ཐང་ཚང་ན་དགེ་འདུན་ལ་ཉེས་པ་འབྱུང་གསུངས་སོ། །ཕམ་གཞི་གང་རུང་བྱུང་ནས་འཆབ་པའི་སེམས་སྐད་ཅིག་མ་ཙམ་མེད་ན། ལྟུང་བའི་དངོས་པོ་དེ་མི་གསང་མི་སྦེད་པར་དག་ཏུ་བརྗོད་པ་ཡིས། ཡུལ་དགེ་འདུན་མཚན་ཉིད་ལྡན་པ་ལ་བཤགས་ཤིང་། དེས་ཉེས་པ་ལ་ཉེས་པར་མཐོང་ངམ་ཞེས་དྲིས་ན། ཤེས་བཞིན་རྫུན་དུ་མ་སོང་བར་སྙིང་ནས་ལྟུང་བའི་ཉེས་པ་མཐོང་ལགས་ཞེས་བརྗོད་ཅིང་ཕྱིན་ཆད་ལེགས་པར་སྡོམ་མམ། དྲིས་ཚེ་སྡོག་ལ་བབ་ཀྱང་ཉེས་པ་མི་བྱེད་སྡོམ་པས་སྡོམ་ལག་ཞེས་བརྗོད་དེ་གསོལ་བཞིའི་ལས་ཀྱིས་ཆད་ལས་ཀྱི་བསླབ་པ་བྱིན་ནས་ཇི་སྲིད་འཚོ་བའི་བར་དམན་སྤྱོད་ལྔ་དང་དུ་ལེན་ཞིང་ཁྱད་སྤྱོད་ལྔ་སྤང་བར་ཁས་བླངས་ནས་འདག་པར་གསུངས་པ་མདོའི་དངོས་བསྟན་དང་། བཤགས་རྗེས་དགེ་སློང་གི་སྡོམ་པ་སླར་ནོད་ནས་ཆད་ལས་ཀྱིས་སླབ་པ་སྦྱིན་པ་ནི་སེམས་ཙམ་ཡན་གྱི་བཞེད་པའོ། །དགེ་འདུན་ལྷག་མ་བཅུ་གསུམ་ནི་ཞག་དང་མ་འབྲེལ་བའི་འཆབ་ཉེས་རྣམས་བསྒོ་གྱུར་ཡིན་ན་མཚམས་ནང་གི་དགེ་སློང་ཐམས་ཅད་དང་གཞན་རྣམས་གཅིག་གི་དྲུང་དུ་མཐོལ་ལ་ཞག་ཏུ་ལོང་བའི་འཆབ་ཉེས་ནི་ཇི་ཙམ་བཅབ་པའི་ཞག་གྲངས་དང་མཉམ་པར་སྤོ་བ་དང་། དངོས་གཞི་མགུ་བ་ཞག་དྲུག

དང་། དགེ་སློང་ཉི་ཤུས་གསོལ་བཞིས་མཐུག་གཟེར་བསྟོད་རང་བཞིན་གནས་པའོ། །གང་ཟག་ཁྱད་པར་ཅན་ངོ་ཚ་དང་ལྡན་པ། འདུལ་བ་མདོ་སྡེ་མ་མོ་འཛིན་པ་དང་ཤེས་པས་ནི་གཅིག་གིས་མདུན་དུ་བཤགས་པས་དགེ་འདུན་ལྷག་མ་ལས་ལྡང་ངོ་། །དེ་ལ་སོགས་པའི་ལྟུང་བ་གཞན་རྣམས་ཀྱི་ཡང་ལ། ལྟོས་ནས་བཤགས་ཏེ་རིམ་པར་ཉེས་པ་ལྡང་བའི་ཚུལ་ནི། ཕམ་སྡོམ་ཀྱི་བ་ལ་ཡུལ་དགེ་སློང་དྲུག །ཡང་བ་ལ་ལྔ། ལྷག་སྡོམ་ཀྱི་བ་ལ་བཞི། ཡང་བ་གཅིག་གིས་དྲུང་དུ་བཤགས་པས་དག་ལ། སྤང་ལྟུང་སོགས་སྡེ་ཚན་ཕྱི་མ་རྣམས་དང་། དགེ་ཚུལ་གྱི་ཉེས་ལྟུང་བཤགས་ཚུལ་རྣམས། བསྲུང་བྱ་བཤད་པའི་སྐབས་ཕྱོགས་ཙམ་བསྟན་པ་ཡིན་ནོ། །ལར་དུས་ཀུན་ལྟུང་བ་ལ་མཐོལ་བཤགས་འབད་པས་བྱ་ཞིང་། འཆི་ཚེ་ལྟུང་བ་མེད་པ་གལ་ཆེ། འཆི་ཁ་ཉེས་པ་དྲན་ན། ལུས་ངག་གི་ཚད་ལྡན་མ་ནུས་ཀྱང་ཡིད་ཀྱིས་བཤགས་སྡོམ་བྱས་པས་ཀྱང་འདག་པར་མདོ་ལས་གསུངས་སོ། །བཤགས་མི་ནུས་པ་བྱིན་རླབས་བྱ་ཚུལ་ཆད་ལས་དགོས་རིགས་སྔོན་དུ་བཤགས་ཡུལ་མེད་སོགས་རྗེན་དབང་གིས་འདུས་པ་རྣམས་ལས་གྲལ་དུ་མ་འདུས་གོང་བྱིན་རླབས་ཐུན་མོངས་རྣམས་ལས་གྲལ་དུ་གསོལ་བས་བྱིན་རླབས། དེ་ལྟར་བཤགས་ཆེ་མེད་དུ་མི་རུང་བའི་གནད་མདོར་བསྡུ་ན། གཉེན་པོ་སྟོབས་བཞིར་མ་འདུས་པའི་བཤགས་པ་མེད་དོ། །

དེ་ཡང་སྔར་བྱས་པའི་ཉེས་ལྟུང་ལ་འགྱོད་བཤགས། དཔེར་ན་མ་ཤེས་པས་དུག་འཐུང་ན་ཤི་དོག་གིས་སྐྱུག་པ་ལྟར་འགྱོད་པ་སྙིང་ནས་བསྐྱེད་པ་ནི་རྣམ་པར་སུན་འབྱིན་པའི་སྟོབས་དང་། དུག་གི་གཉེན་པོ་ལ་སྨན་བསྟེན་པ་བཞིན་སྒོ་གསུམ་གྱི་འཇུག་པ་དྲག་པོ་ཡིས་ཉེས་པ་འདག་ཕྱིར་དགེ་བའི་ཕྱོགས་ཀྱི་གཉེན་པོ་ལ་ཀུན་ཏུ་སྤྱོད་པའི་སྟོབས་དང་། ཕྱིས་དུག་མི་འཐུང་བར་ལྟར་བཤགས་ན་ཕྱིས་ནས་ཉེས་པ་མི་བྱེད་པའི་ཉེས་སྤྱོད་སྡོམ་པ་ལ་བཤགས་ན་དག་པའི་ཕན་ཡོན་དང་། མ་བཤགས་ན་འདི་ཕྱིའི་ཉེས་དམིགས་ལ་ངེས་ཤེས་དྲག་པོ་བསྐྱེད་པ་རྣམ་པར་སོར་ཆུད་པའི་སྟོབས་དང་། དུག་གི་གཉེན་པོ་སྨན་པ་བརྟེན་པ་ལྟར་མཆོག་གསུམ་ལ་སྐྱབས་སུ་འགྲོ་ཞིང་བྱང་ཆུབ་མཆོག་ཏུ་སེམས་བསྐྱེད་པ་དང་། ཕུང་པོ་གསུམ་པའི་མདོ་སོགས་འདོན་པའི་སྒོ་ནས་ལྟུང་བ་བཤགས་པའི་མདོ་ལ་སོགས་པ་ཡིད་ཆེས་པའི་དད་པ་དྲག་པོས་བྱེད་པ་རྟེན་གྱི་སྟོབས་དང་བཞི

སྐྱོད་ན་ལྟུང་བས་ཕྱི་མའི་སྡུག་བསྔལ་བསྐྱེད་པ་རྣམས་དག་པས་འབབ་པ་དོན་དང་ལྡན་ལ་གསོ་སྐྱོང་སོགས་ཀྱི་ཕྱིར་བཅོས་སྐབས་ཀྱང་ཉེས་པ་མཐོང་བ་དང་། ཕྱིན་ཆད་སྡོམ་སེམས་སྙིང་ནས་བྱེད་དགོས་ཀྱི་ཡིད་ལ་མེད་པས་ངག་ཁོ་ན་ཙམ་བརྗོད་ན་མཁན་སློབ་སོགས་བཤག་ཡུལ་རྫུན་གྱིས་བསླུས་པས་ཉེས་པ་བསྐྱེད་པར་བཤད་དོ། །འོན་ཀྱང་ཆོས་འདི་པའི་ལུགས་ཀྱི་བཤགས་ཚུལ་རྣམས་མ་བྱས་ན་ལྟུང་བའི་དངོས་གཞི་ལས་ལྡང་མི་ནུས་པས་གཉིས་ཀ་ཅི་ནུས་སུ་བྱེད་པ་གལ་ཆེའོ། །དེ་ལྟར་བཤགས་པས་ཉེས་པ་དག་པ་དེ་ལྟ་མོད། འོན་ཀྱང་སྡིག་ལྟུང་སྟོབས་ལྡན་དང་རེས་མོས་སུ་སྤྱོད་ན་རྣམ་གྲོལ་གྱི་ས་གོང་མའི་ཡོན་ཏན་ཐོབ་པ་ལ་ཡུན་རིང་འགོར་བས། ཕྲ་ཞིང་ཕྲ་བ་ནས་སྙིང་དང་མིག་འབྲས་ལྟར་སྲུང་བར་བྱ་དགོས་ཏེ་ལུང་ལས། གང་ཞིག་སྟོན་པ་ཐུགས་རྗེའི་བསྟན་པ་ལ། ཡང་བར་སེམས་ཤིང་ཅུང་ཟད་འདའ་བྱེད་ན། དེ་ནི་དེ་ལས་སྡུག་བསྔལ་གཞན་དབང་ཐོབ། སྨྱིག་ཚལ་བྲེག་པས་ཨ་མྲའི་ཚལ་ཉམས་བཞིན། ཞེས་སོ། །ཐུབ་པའི་བཀའ་ལུང་ཚུལ་བཞིན་འདས་བྱས་ན། དུད་འགྲོ་སྐྱེ་འགྱུར་ཨེ་ལའི་འདབ་ཀླུ་བཞིན། ཞེས་དང་། དམ་ཆོས་ཐོས་པར་མི་འགྱུར་ལ། ཐོས་ཀྱང་མྱུར་དུ་བརྗེད་པར་འགྱུར། །ས་ལམ་རྟོགས་པའང་ཡོངས་མི་སྐྱེ། །ཞེས་སོགས་ཉམས་པའི་ཉེས་པས་ལྷས་སྲུང་སྐྱབས་མེད་ཅིང་བདུད་དབང་དུ་འགྱུར་ཞིང་ངན་འགྲོར་ལྟུང་བ་སོགས་ཉེས་པ་ལྡི་ཞིང་།

བཞི་པ་ཕན་ཡོན་ནི་ཚུལ་བཞིན་བསྲུང་བ་ལ་འཆང་ཕན་ཡོན་ཁྱད་པར་ཆེ་འདིའི་ནད་དང་རྒྱལ་པོའི་ཆད་པ་སོགས་ལས་ཐར་བའི་ཕྱིར་བླངས་ན། དེ་འདྲའི་རྐྱེན་འགའ་ཞིག་སེལ་ནུས་ཀྱང་འཇིགས་སྐྱོབས་ཀྱི་ཚུལ་ཁྲིམས་ཙམ་ཡིན་ལ། ཕྱི་མ་ལྷ་མིའི་བདེ་བ་ཙམ་ཐོབ་པའི་ཆེད་དུ་བླངས་ན་ལེགས་སྨོན་གྱི་ཚུལ་ཁྲིམས་ཞེས་ལྷ་མིའི་བདེ་འབྲས་ཙམ་ཐོབ་ཀྱང་ཐར་པ་ཐོབ་པ་མིན་ལ། འཁོར་བ་མཐོ་དམན་གང་དུ་སྐྱེས་ཀྱང་སྡུག་བསྔལ་གྱི་རང་བཞིན་ལས་ཐར་འདོད་ངེས་པར་འབྱུང་བས་སྲིད་པ་གསུམ་གང་རུང་ཐོབ་པར་འདོད་པའི་བསམ་པས་ཟིན་པའི་ཚུལ་ཁྲིམས་བླངས་ནས་མ་ཉམས་པར་བསྲུང་བས་ཡང་དག་པ་དགྲ་བཅོམ་པ་སོགས་བྱང་ཆུབ་གསུམ་གང་འདོད་དེ་ཐོབ་པ་ནི། དཔེར་ན་ཅུང་དགའ་བོས་དང་པོ་སྟོན་པའི་བཀའ་དབང་མེད་དུ་སྡོམ་པ་བླངས་པས་ལུང་མ་བསྟན་

དང་། དེ་རྫེས་ལྷ་མི་བདེ་བ་བསྟན་པས་དེར་སྐྱེ་འདོད་ཀྱིས་བསླབ་པ་བརྩོན་པས་ལེགས་སྨོན་གྱི་ཚུལ་ཁྲིམས་དུ་གྱུར། དེ་འོག་དམྱལ་བའི་སྡུག་བསྔལ་བསྟན་པས་ངེས་འབྱུང་གི་བསམ་པ་སྐྱེས་པས། སོ་ཐར་གྱི་སྡོམ་པ་མཚན་ཉིད་པར་གྱུར་ནས་དགྲ་བཅོམ་པའི་འབྲས་བུ་ཐོབ་པ་དགའ་བོའི་རྣམ་ཐར་བཞིན་ནོ། །དེའང་ཉན་ཐོས་རྒྱུན་ཞུགས། ཕྱིར་འོང་། ཕྱིར་མི་འོང་། དགྲ་བཅོམ་བཞི་ལ་ཞུགས་གནས་གཉིས་རེ་ལས། མཐོང་ལམ་སྐད་ཅིག་བཅུ་དྲུག་ཞེས། བདེན་བཞི་ལ་སྡུག་བསྔལ་ཆོས་བཟོད་ཆོས་ཤེས་ཀུན་འབྱུང་ཆོས་བཟོད་སོགས་བརྒྱད་འདོད་ཉོན་སྤངས་བ། སྡུག་བསྔལ་རྗེས་བཟོད་རྗེས་ཤེས་སོགས་བརྒྱད་ཁམས་གོང་མའི་ཉོན་མོངས་སྤང་བའོ། །མཐོང་ལམ་སྐད་ཅིག་བཅོ་ལྔ་པོ། རྒྱུན་ཞུགས་ཞུགས་པ། བཅུ་དྲུག་པ་འབྲས་གནས། འདོད་པའི་སྒོམ་སྤངས་ལྔ་ཚན་ཕྱིར་འོང་ཞུགས་པ། དྲུག་པ་འབྲས་གནས། བདུན་བརྒྱད་སྤང་བ་ཕྱིར་མི་འོང་ཞུགས་པ། དགུ་སྤངས་འབྲས་གནས། ཁམས་གོང་མའི་སྒོམ་སྤངས་སྤང་བ་ནས་བརྒྱད་པའི་བར་དགྲ་བཅོམ་ཞུགས་པ་ཐམས་ཅད་སྤངས་བ་འབྲས་གནས་སོ། །གནས་སྐབས་སུའང་དཀར་ཕྱོགས་ལྷས་སྲུང་ཞིང་། བདུད་རིས་ཀྱི་གནོད་པས་མི་ཚུགས་པ་དང་། འཕགས་ནོར་བདུན་གྱིས་ཕྱུག་པ་དང་། བདེ་བར་དུས་བྱས་ནས་ལྷ་གནས་སུ་རིམ་གྱིས་སྐྱེ་ཞིང་འགྲོད་པ་མེད་པའི་ཚུལ་ཁྲིམས་ལ་བརྟེན་རྩེ་གཅིག་པའི་ཏིང་འཛིན་འགྲུབ་ཅིང་། དེ་ལ་བརྟེན་ནས་མི་རྟོག་པའི་ཤེས་རབ་ཀྱིས་སྲིད་རྩ་བཅད་དེ་མྱ་ངན་ལས་འདས་པ་ཐོབ་པར་འགྱུར་ཏེ། དགེ་སློང་ལ་རབ་ཏུ་གཅེས་པའི་མདོ་ལས། ཚུལ་ཁྲིམས་བསླབ་ལ་རང་ཡིད་ཆེས། །མི་དེས་ཉི་མ་གཅིག་ལ་ཡང་། །བསོད་ནམས་ཕུང་པོ་དཔག་ཏུ་མེད། །བསོགས་ཅིང་སངས་རྒྱས་འབྲས་བུ་འགྲུབ། །ཞེས་སོ། །ཡོན་ཏན་གོང་མའི་རྟེན་དུ་འགྱུར་བ། སྐྱབས་གསུམ་འཛིན་པའི་ཕན་ཡོན་ཀྱང་ཚད་མེད་ལ། དེ་ལས་དགེ་བསྙེན་སོགས་ནས། དགེ་ཚུལ་དང་དགེ་སློང་གི་སྡོམ་པ་ཡོན་ཏན་ཕྱི་མ་ཕྱི་མ་མཆོག་ཏུ་གྲུབ་ཅིང་སྔ་མ་སྔ་མ་རྣམས་ཕྱི་མ་ཕྱི་མའི་ཐུན་མོང་གི་ལམ་ཡིན་པའི་ཕྱིར་སྡོམ་པ་དེ་དག་སེམས་བསྐྱེད་ཀྱི་སྡོམ་པའི་རྟེན་དུ་འགྲོ་ཞིང་། དེ་གཉིས་ཀ་གསང་སྔགས་ཀྱི་སྡོམ་པའི་རྟེན་དུ་འགྲོ་བའི་ཕྱིར་ན་སྡོམ་པ་གོང་མ་གཉིས་ཀྱི་གདུལ་བྱ་ཡའང་འོག་མ་གཉིས་འགྲོ་དགོས་ཚུལ་དེ་དང་མཚུངས་ཤིང་། དེའི་ཕྱིར་ན་ངེས་འབྱུང་གི་ཚུལ་ཁྲིམས་ནི་ལུང་དང་

རྟོགས་པའི་ཡོན་ཏན་ཀུན་གྱི་བསྐྱེད་པའི་གཞི་དང་། སྐྱེས་པ་གོང་ནས་གོང་དུ་འཕེལ་བའི་རྟེན་དུ་འགྱུར་བ་ཡིན་ཏེ། བཤེས་སྤྲིང་ལས། ཁྲིམས་ནི་རྒྱུ་དང་མི་རྒྱུའི་ས་བཞིན་དུ། ཡོན་ཏན་ཀུན་གྱི་གཞི་རྟེན་ལེགས་པར་གསུངས། ཞེས་སོ། །སྔོན་བསྟན་པ་དར་བའི་དུས་བསླབ་གཞི་ཡོངས་རྫོགས་ཡུན་རིང་བསྲུང་བ་དང་། དེང་སོང་ཉིན་ཞག་གཅིག་ལ་བསླབ་པ་སྣ་གཅིག་བསྲུང་བ་ཕན་ཡོན་ཆེ་བ། ཏིང་འཛིན་རྒྱལ་པོ་ལས། བསྐལ་བ་བྱེ་བ་གངྒཱའི་བྱེ་སྙེད་དུ། དད་པའི་སེམས་ཀྱི་ཟས་དང་སྐོམ་རྣམས་དང་། གདུག་དང་བ་དན་མར་མེའི་ཕྲེང་བ་ཡིས། །སངས་རྒྱས་བྱེ་བ་ཕྲག་ཁྲིག་རིམ་གྲོ་བྱས། །གང་ཞིག་དམ་ཆོས་རབ་ཏུ་འཇིག་པ་དང་། བདེ་གཤེགས་བསྟན་པ་འགགས་པར་གྱུར་པའི་ཚེ། ཉིན་མཚན་དུ་ནི་བསླབ་པ་གཅིག་སྤྱོད་པ། །བསོད་ནམས་དེ་ནི་དེ་བས་ཁྱད་པར་འཕགས། །ཞེས་གསུངས་པའི་ཕྱིར་རོ། །འདུལ་བ་སོ་ཐར་གྱི་རིམ་པར་ཕྱེ་བ་སྟེ་གཉིས་པའི་བཤད་པའོ། །

ལེའུ་གསུམ་པ་བྱང་ཆུབ་སེམས་དཔའི་བསླབ་པ་བཤད་པ་ལ། ཁོག་དབུས་གླེང་གཞི། སྡོམ་པ་མ་ཐོབ་པ་ཐོབ་བྱེད། ཐོབ་པ་མི་ཉམས་པར་བསྲུང་བའི་ཐབས་ཉམས་ན་གསོ་བའི་ཚུལ་ཏེ་དོན་བཞིའི་དང་པོ་ནི། སྟོན་པ་འདི་ཉིད་བསྐལ་པ་གྲངས་མེད་བསམ་གྱིས་མི་ཁྱབ་པའི་སྔོན་ནས་དབང་པོའི་ཏོག་ཅེས་བྱ་བར་ལ་སོགས་པར་སངས་རྒྱས་ཟིན་ཀྱང་བསྐལ་པ་བཟང་པོའི་དུས་འདིར། ཞིང་འདིར་འགྲོ་བ་རྣམས་སྲིད་པ་ལས་ཞི་བའི་གྲོང་དུ་འདྲེན་པ་མཛད་པའི་ཕྱིར། ཆོས་སྐུའི་དབྱིངས་ལས་མ་གཡོས་བཞིན་གཟུགས་སྐུར་སྣང་བར་མཛད་དེ། མ་འོང་སྲིད་པ་ཇི་སྲིད་དུའང་རྣམ་རོལ་བསམ་གྱིས་མི་ཁྱབ་པར་འགྲོ་བའི་དོན་མཛད་པའི་སྟོན་པ་ཕུན་སུམ་ཚོགས་པ་ཐུབ་པ་ཆེན་པོ་དེས། གནས་བྱ་རྒོད་ཕུང་པོའི་རི་བོ་ལ་སོགས་པར། འཁོར་སྤྱིར་ཐེག་པ་ཆེན་པོའི་རིགས་ཅན་དང་། བྱེ་བྲག་འཁོར་རྣམ་པ་བཞི་དང་། ལྷ་དང་ཀླུ་སོགས་ཐུན་མོང་དང་ཐུན་མིན་བྱང་སེམས་དཔག་ཏུ་མེད་པ་ལ། ཆོས་ལྷག་པ་སེམས་ཀྱི་བསླབ་པ་དང་། ཤེས་རབ་ཀྱི་བསླབ་པ་གཙོ་བོར་སྟོན་པ་མདོ་སྡེའི་སྡེ་སྣོད་གསུམ་དང་ཁྱད་པར་དེ་བཞིན་གཤེགས་པའི་སྙིང་པོའི་ཁམས་གཏན་ལ་འབེབས་པ་བཀའ་ཐ་མ་ལེགས་པ་རྣམ་པར་ཕྱེ་བའི་ཆོས་ཀྱི་འཁོར་ལོ་ཚིག་དོན་ཤིན་ཏུ་ཟབ་ཅིང་རྒྱས་པའི་སྡེ་སྣོད་དཔག་ཏུ་མེད་ཅིང་བསམ་ཡས་རྣམས་རིམ་དང་གཅིག་ཆར་དུ་གསུངས་སོ། །

གཉིས་པ་བཀའ་བསྡུ་དང་། བསྟན་པ་སྐྱོང་ཚུལ་ནི། རྒྱལ་པོའི་ཁབ་ཀྱི་ལྷོ་ཕྱོགས་ཐྱི་མ་སམ་ བྷ་བའི་ རི་ ལ་ རྒྱལ་ སྲས་ འབུམ་ ཕྲག་ བཅུ་ འདུས་ ཏེ་ བྱམས་ པ་ འཇམ་ དབྱངས་ གསང་ བདག་ གསུམ་གྱིས་སྡེ་སྣོད་གསུམ་བསྡུས་པར་བཤད་ཅིང་། ཤིང་རྟའི་སྲོལ་གཉིས་ཀྱི་ཟབ་མོའི་མདོ་སྡེ་རྣམས་རྗེ་ བཙུན་ འཇམ་ དཔལ་ དབྱངས་ ཀྱིས་ བཀའ་ བསྡུས་ ཤིང་ རྗེས་ སུ་ བཟུང་ བའི་ ཐེག་ པ་ ཆེན་པོའི་སློབ་དཔོན་ཀླུ་སྒྲུབ་ཀྱིས་འཁོར་ལོ་བར་པའི་དགོངས་འགྲེལ། དབུ་མ་རིགས་ཚོགས་དང་། ཐ་མའི་དགོངས་འགྲེལ་བསྟོད་ཚོགས་སོགས་མཛད་ཅིང་། དེའི་སྲོལ་འཛིན་ཟླ་གྲགས་དང་། འཕགས་པ་ལྷ་ ལེགས་ ལྡན་ འབྱེད་ སོགས་ ཀྱིས་ བསྟན་ བཅོས་ མང་ པོ་ མཛད་ ནས་ བཀྲལ་ ལ་ སེམས་ བསྐྱེད་ཕྲག་བཞེས་ཞི་བ་ལྷ་དང་ཇོ་ཏ་རི་སོགས་པས་རྒྱ་ཆེར་སྤེལ་བ་ནི་ཟབ་མོ་ལྟ་བའི་ལུགས་ཡིན། རྒྱ་ཆེ་བའི་ མདོ་ སྡེ་ རྣམས་ རྒྱལ་ ཚབ་ བྱམས་ པ་ མགོན་ པོས་ བཀའ་ བསྡུ་ མཛད་ ནས་ དགོངས་ འགྲེལ་ བྱམས་ཆོས་སྡེ་ལྔ་མཛད་དེ་འཕགས་པ་ཐོགས་མེད་ལ་བསྟན་ཅིང་། དེས་ས་སྡེ་ལྔ་སོགས་མཛད་པ་དང་ སྐུ་ མཆེད་ དབྱིག་ གཉེན་ གྱིས་ པྲ་ ཀ་ ར་ སྡེ་ བརྒྱད་ སོགས་ མཛད་ དེ་ བཀྲལ་ ཞིང་ སྤེལ་ བ་ དང་། སེམས་ བསྐྱེད་ ཕྲག་ བཞེས་ བོད་ འདིར་ ཇོ་ བོ་ རྗེ་ ཨ་ ཏི་ ཤས་ སྤེལ་ བ་ ནི་ རྒྱ་ ཆེན་ སྤྱོད་ པའི་ སྲོལ་ ཡིན། པདྨ་སམ་ བྷ་བའི་ རིང་ལུགས་སུ་འགྱུར་པ་ནི་བྱང་སྡོམ་ཐོབ་ཚུལ་དང་བསླབ་པའི་རྐང་གྲངས་ཕལ་ཆེར་ནཱ་གཱརྫུ་ནའི་ལུགས་དང་མཐུན་ཞིང་། ལྟ་བ་ནི་སྲོལ་གཉིས་ཀ་དང་མཐུན་པའོ། །

གསུམ་པ་སྡོམ་པའི་ངོ་བོ་ནི་བྱང་ཆུབ་སེམས་ཀྱི་ངོ་བོ་སེམས་ཅན་ཐམས་ཅད་ལ་ཡིད་དུ་འོང་བའི་བྱམས་པ་དང་། སྡུག་བསྔལ་ལ་མི་བཟོད་པའི་སྙིང་རྗེས་བསྐྱེད་བརླན་ཅིང་སྙིང་རྗེས་སེམས་ཅན་ལ་དམིགས་པ་དང་། གཞན་གྱི་དོན་ཁོ་ནའི་ཕྱིར་དུ་ཤེས་རབ་ཀྱིས་རྫོགས་བྱང་ལ་དམིགས་ཏེ་ཐོབ་པར་འདོད་པས་ཀུན་ནས་བསླངས་ཏེ་ཐབས་ཤེས་ཟུང་དུ་འཇུག་པའི་སེམས་སྨོན་འཇུག་གིས་བསྡུས་པ་ཕྱིན་དྲུག་གི་ངོ་བོར་གྱུར་པའི་མི་མཐུན་ཕྱོགས་གཞན་ཕན་གེགས་དང་། རང་གི་རྫོགས་བྱང་གི་བར་ཆད་སྒྲི་གསུམ་གྱི་ཉེས་པ་སྤངས་པའི་སེམས་པ་རྒྱུན་ཆགས་པའོ། །དེའང་སེམས་བསྐྱེད་པས་ནི་གཞན་དོན་ཕྱིར། ཡང་དག་རྫོགས་པའི་བྱང་ཆུབ་འདོད། ཅེས་སོ། །དེ་ཡང་འཕགས་སེང་གཉིས་ཀྱིས་གཙོ་སེམས་སྟེ་ཡིད་ཤེས་ལ་བཞེད། ཐོགས་མེད་སྐུ་མཆེད་ནི་སེམས་བྱུང་

འདུན་པ་ལ་བཞེད། ཀུན་མཁྱེན་ཆེན་པོས་ནི་སེམས་བསྐྱེད་པས་སེམས་བྱུང་ཞར་ལ་བསྐྱེད་པར་འགྱུར་བས་གཉིས་ཀ་ལ་བཞེད་དོ། །

བཞི་པ་དེའི་དབྱེ་བ་བྱས་ན་ཀླུ་སྒྲུབ་དང་ཐོགས་མེད་ཀྱི་སྲོལ་གཉིས་སུ་གྲགས་པ་རེ་རེ་ལའང་གཅིག་ནས་དྲུག་གི་བར་དང་། སྨོན་འཇུག་གི་དབྱེ་བས་གཉིས་གཉིས་ཏེ། དེ་ཡང་དང་པོ་གཅིག་ཏུ་དབྱེ་ན་སྟོང་ཉིད་རྟོགས་པའི་ཤེས་རབ་ཀྱིས་དེ་མ་རྟོགས་པ་ལ་སྙིང་རྗེས་དྲངས་པའི་ཐབས་ཤེས་ཟུང་དུ་འཇུག་པའི་སྙིང་པོ་ཅན་བྱང་ཆུབ་སེམས་དང་། བསོད་ནམས་དང་ཡེ་ཤེས་ཀྱི་ཚོགས་གཉིས་ལ་བསླབ་པ་ལ་ལྟོས་ནས་སམ། རག་པ་བརྡ་ལས་བྱུང་བ་ཀུན་རྫོབ་སེམས་བསྐྱེད་དང་ཕྲ་བ་ཆོས་ཉིད་ཀྱིས་ཐོབ་པ་དོན་དམ་གཉིས་སུ་དབྱེ་བ་དང་། དག་པར་བྱེད་པ་ཚུལ་ཁྲིམས་དང་། གནས་པར་བྱེད་པ་ཏིང་ངེ་འཛིན། གྲོལ་བར་བྱེད་པ་ཤེས་རབ་ཀྱི་བསླབ་པ་གསུམ་མམ། སྡོམ་བསྡུས་དོན་བྱེད་ལ་དང་། ཚོགས་སྦྱོར་དུ་སྟོང་ཉིད་མཐའ་བྲལ་ལ་མོས་པས་སྤྱོད་པའི་སྒོ་ནས་གཞན་དོན་ལ་དམིགས་པའི་སེམས་བསྐྱེད་དང་། མ་དག་ས་བདུན་ན་བདག་གཞན་མཉམ་པ་ཉིད་དུ་རྟོགས་པས་ལྷག་བསམ་དག་པའི་སེམས་བསྐྱེད་དང་། དག་པ་ས་གསུམ་ན་རྣམ་པར་མི་རྟོག་པའི་ཡེ་ཤེས་རྩོལ་མེད་དུ་འབྱུང་ཞིང་གཞན་དོན་ངང་གིས་འགྲུབ་པས་རྣམ་པར་སྨིན་པའི་སེམས་བསྐྱེད་དང་། དམིགས་པ་མེད་པའི་ཐུགས་རྗེ་ཆེན་པོས་སྒྲིབ་གཉིས་བག་ཆགས་བཅས་ཀུན་སྤངས་པ་ནི་སངས་རྒྱས་ས་ཡི་སེམས་བསྐྱེད་དག་དང་བཞིར་བྱེ་བ་དང་། ལྔ་རྣ་ནི་ལམ་ལྔ་དང་། དྲུག་ནི་ཕར་ཕྱིན་དྲུག་གི་ལྡོག་པ་ལ་ལྟོས་ནས་དྲུག་ཏུ་འགྱུར་རོ། །

ས་མཚམས་ཀྱི་དབྱེ་བ་མངོན་རྟོགས་རྒྱན་ལས། དེ་ཡང་ས་གསེར་ཟླ་བ་མེ། །གཏེར་དང་རིན་ཆེན་འབྱུང་གནས་མཚོ། །རྡོ་རྗེ་རི་སྨན་བཤེས་གཉེན་དང་། །ཡིད་བཞིན་ནོར་བུ་ཉི་མ་གླུ། །རྒྱལ་པོ་མཛོད་དང་ལམ་པོ་ཆེ། །བཞོན་པ་བཀོད་མའི་ཆུ་དང་ནི། །སྒྲ་སྙན་ཆུ་བོ་སྤྲིན་རྣམས་ཀྱི། །རྣམ་པ་ཉི་ཤུ་རྩ་གཉིས་སོ། །ཞེས་པ་དཔེ་གྲོགས་ཆོས་གསུམ་སྦྱར་ཚུལ། །གྲོགས་བྱང་ཆུབ་དོན་གཉེར་གྱིས་འདུན་པ་དང་མཚུངས་པར་ལྡན་པའི་སེམས་བསྐྱེད་ཆོས་ཅན་དཔེ་ས་ལྟ་བུ་སྟེ་དཀར་ཆོས་ཐམས་ཅད་བསྐྱེད་པའི་གཞིར་གྱུར་པའི་ཕྱིར། དེ་བཞིན་སྦྱར་ཏེ་བསམ་པ་བྱང་ཆུབ་བར་

འགྱུར་བ་མེད་པས་གསེར་ལྟ་བུ། ལྷག་བསམ་དགེ་ཚོས་གོང་འཕེལ་ཟླ་བ་ལྟ་བུ། ཕྱིན་དྲུག་ལ་སྦྱོར་བ་སྒྲིབ་པའི་བུད་ཤིང་བསྲེགས་པའི་མེ་ལྟ་བུ། སེམས་ཅན་ཚིམ་ཞིང་མི་ཟད་པའི་སྦྱིན་པ་གཏེར་ལྟ་བུ། ཡོན་ཏན་ཐམས་ཅད་བསྐྱེད་པས་ཚུལ་ཁྲིམས་རིན་པོ་ཆེའི་འབྱུང་གནས་ལྟ་བུ། གནོད་པས་ཡིད་མི་འཁྲུགས་པས་བཟོད་པ་མཚོ་ལྟ་བུ། བདུད་ཀྱིས་མི་ཕྱེད་པས་བརྩོན་འགྲུས་རྡོ་རྗེ་ལྟ་བུ། མཚན་མས་མི་གཡོ་བས་བསམ་གཏན་རི་ལྟ་བུ། སྒྲིབ་གཉིས་ཀྱི་ནད་ཞི་བས་ཤེས་རབ་སྨན་ལྟ་བུ། དགེ་རྩ་ཆུད་མི་ཟ་ཞིང་གཞན་དོན་སྒྲུབ་མཁས་ཐབས་བཤེས་གཉེན་ལྟ་བུ། རང་གཞན་གྱི་རེ་བ་བསྐོང་བས་སྨོན་ལམ་ཡིད་བཞིན་ནོར་བུ་དང་། གདུལ་བྱའི་དགེ་བའི་ལོ་ཏོག་བསྐྱེད་པས་སྟོབས་ཉི་མ་ལྟ་བུ། གདུལ་བྱར་ཆོས་སྟོན་པས་ཡེ་ཤེས་གླུ་དབྱངས་ལྟ་བུ། གཞན་དོན་ཐོག་མེད་འགྲུབ་པས་མངོན་ཤེས་རྒྱལ་པོ་ལྟ་བུ། ཚོགས་གཉིས་མི་ཟད་བང་མཛོད། དུས་གསུམ་གྱི་འཕགས་པ་རྣམ་གཤེགས་ཤུལ་བྱང་ཕྱོགས་ལམ་པོ་ཆེ། མཐའ་གཉིས་སྤང་བའི་ལམ་དུ་འགྲོ་བས་ཞི་ལྷག་བཞོན་པ་བཟང་པོ་ལྟ་བུ། ཚིག་དོན་མི་བརྗེད་ཅིང་གཞན་ལ་སྟོན་པས་གཟུངས་སྤོབས་བཀོད་མའི་ཆུ་ལྟ་བུ། གདུལ་བྱར་ཆོས་སྣན་སྒྲོགས་པས་ཆོས་ཀྱི་དགའ་སྟོན་སྒྲ་སྙན། གཞན་དོན་འབད་མེད་འབྱུང་ཞིང་རྣམ་མཁྱེན་རྒྱ་མཚོར་འབབ་པའི་བགྲོད་གཅིག་ལམ་ཆུ་བོ་ལྟ་བུ། དབྱིངས་ལས་མ་གཡོས་བཞིན་གདུལ་བྱའི་ལོ་ཏོག་སྨིན་མཛད་ཆོས་སྐུ་སྤྲིན་ལྟ་བུ་སྟེ་ཉི་ཤུ་རྩ་གཉིས་སོ། །དེ་དག་ས་མཚམས་ཀྱི་དབྱེ་ན་འདུན་སོགས་གསུམ་ཚོགས་ལམ་པའོ། །

སྦྱོར་བ་སྦྱོར་ལམ་ཕར་ཕྱིན་བཅུ་ས་བཅུ་ན་མངོན་ཤེས་ཚོགས་གཉིས་བྱང་ཕྱོགས་ཞི་ལྷག་གཟུངས་སྤོབས་ལྔ་དག་ས་གསུམ་ན་ཁྱད་པར་ཡོད། ཆོས་ཀྱི་དགའ་སྟོན་སོགས་གསུམ་སྟེ། སངས་རྒྱས་ས་ཞེས་ས་བཅུའི་སྦྱོར་དངོས་རྗེས་གསུམ་ན་སྟེ། ཚོགས་ལམ་ནས་རྒྱུན་མཐའ་བར་དུའོ། །

བསྡུ་ན་དབྱེ་སྒོ་དེ་ཀུན་ཀྱང་བསྡུ་ན། སྨོན་འཇུག་རྣམས་པ་གཉིས་སུ་འདུས་ཏེ། དེ་ཡང་བསམ་པས་གཞན་དོན་དུ་འབྲས་བུ་རྫོགས་བྱང་ལ་སྨོན་པ་དང་། དེའི་ཆེད་དུ་སྦྱོར་བས་ཕྱིན་དྲུག་གི་ལག་ལེན་ལ་ཁྲབ་པ་སྟེ། དེའི་ཚུལ་ཡང་། དཔེར་ན་དང་པོ་ནི། སྐྱེས་བུ་ལམ་དུ་འགྲོ་བར་འདོད་པ་ལྟ་བུ་དང་། གཉིས་པ་ནི། འགྲོ་བ་དངོས་ཇི་ལྟ་བ་བཞིན་ཏེ། དེ་ཡང་འགྲོ་བཞིན་པ་ན་འགྲོ་འདོད་མི་འདོར་བ

བཞིན། ཕྱིན་དྲུག་སློབ་ནའང་སྨོན་པ་སེམས་བསྐྱེད་ཡོད་པ་ཡིན་ནོ། །

གཉིས་པ་མ་ཐོབ་པ་ཐོབ་བྱེད། དང་པོ་སེམས་བསྐྱེད་ཀྱི་སྡོམ་པ་མ་ཐོབ་པ་ཐོབ་པའི་ཚུལ་ནི། སྡོམ་པ་ལེན་ཚུལ་ཀུན་རྫོབ་སེམས་བསྐྱེད་རག་པ་བརྡ་ལས་བྱུང་བ་ཆོ་ག་ལ་བརྟེན་ནས་ལེན་ཚུལ་ལ༔ ལེན་ཡུལ་བླ་མ་ནི་སྲོལ་གཉིས་མཐུན་པར་སེམས་བསྐྱེད་ཀྱི་སྡོམ་པ་ལ་གནས་ཤིང་། ཐེག་ཆེན་དོན་དང་འབོག་པའི་ཆོ་ག་ལ་མཁས་པ་ཟང་ཟིང་མེད་པར་བརྩེ་བས་གདུལ་བྱ་རྗེས་སུ་འཛིན་པའི་དགེ་བའི་བཤེས་གཉེན་ལ། གང་གིས་ལེན་པའི་གང་ཟག་ནི་ཟབ་མོ་ལྟ་སྲོལ་ལྟར་ན། བདྲ་ཤེས་ལེན་འདོད་ན་དལ་འབྱོར་གྱི་ལུས་བརྟེན་ཁོ་ན་མ་ངེས་ཏེ། རྫོགས་བྱང་དོན་གཉེར་གྱི་བསམ་པ་སྐྱེ་རུང་བའི་སེམས་ཅན་ཀུན་ཐེག་ཆེན་གྱི་སྣོད་དུ་འགྱུར་བས། བྱང་ཆུབ་སེམས་དཔའི་སྤྱོད་པ་རྒྱ་མཚོ་ལྟ་བུ་དང་། འབྲས་བུ་བླ་མེད་བྱང་ཆུབ་ཆེན་པོ་ལ་དད་པ་དང་ལྡན་པའི་སློབ་མ་ཡིས། སྦྱོར་བ་གདམ་ངག་ཁྱད་པར་ཅན་འཁོར་བའི་མཐའ་ལ་སྐྱོ་བ་བསྐྱེད་ཅིང་། ཞི་བའི་མཐའ་ལ་ཞེན་པ་བཀག་ནས་མཐའ་གཉིས་སྤང་བའི་བྱང་ཆུབ་སེམས་ལ་སྤྲོ་བ་བསྐྱེད་པའི་ཐབས་གསུམ་གྱིས་བློ་བཅོས། ཡུལ་ཁྱད་པར་ཅན་སློབ་དཔོན་ལ་མཎྜལ་ཕུལ། རྟེན་ཁྱད་པར་ཅན་མཆོག་གསུམ་ལ་སྐྱབས་སུ་འགྲོ། ཐབས་ཁྱད་པར་ཅན་ཡན་ལག་བདུན་ཕུལ་མཐར། དངོས་གཞི་བདེ་སྡུག་བཏང་ལེན་གྱི་བློ་སྦྱངས། དགོངས་གསོལ་གསུམ་བཅས་ཇི་ལྟར་སྔོན་གྱི་སོགས་ཚིགས་བཅད་ཚིག་ལན་གསུམ་གྱིས་སྨོན་འཇུག་གཉིས་སྐབས་གཅིག་ཏུ་ལེན་ཞིང་རྗེས་ཀྱི་བྱ་བ་རང་དགའ་བ་བསྒོམ་ཞིང་གཞན་དགའ་བ་སྒོམ་དུ་གཞུག། བསླབ་བྱ་མདོ་ཙམ་བཤད་པ་ནི། ཀླུ་སྒྲུབ་ལུགས་ཡིན་ལ་ཐོག་མེད་ཀྱི་བཞེད་པ་ནི༔ སྨོན་སེམས་ལེན་པ་ལ་སོ་ཐར་མི་དགོས་ཀྱང་འཇུག་སྡོམ་ཡང་དག་པར་བླང་བ་ལ་སོ་ཐར་རིགས་བདུན་གང་རུང་སྔོན་དུ་སོང་ནས། སྦྱོར་བ་ཕལ་ཆེར་སྔ་མ་ལྟར་ལ། འདུ་ཤེས་གསུམ་བསྐྱེད། ཆོ་གའི་དངོས་གཞི་ལན་གསུམ་བཟླས་པས་སྨོན་སྡོམ་བླངས་རྗེས་སྤྲོ་བ་བསྐྱེད་སོགས་དང་། འཇུག་སྡོམ་བསམ་པ་བརྟགས། གསོལ་བ་གདབ་བར་ཆད་དྲི་བ་དང་། བསླབ་པ་ལ་སྤྲོ་བ་དྲི། དངོས་གཞི་ཆོ་ག་ལན་གསུམ་གྱིས་ཁས་ལེན་པས་སྡོམ་པ་ཐོབ་པར་འགྱུར་རོ། །སོགས་ཁང་ནས་རྗེས་རྣམས་བྱ་བ་བཅས་སྨོན་འཇུག་གི་ཆོ་ག་སོ་སོའི་སྒོ་ནས་ལེན་པ་ཡིན་ནོ། །ལེན་ཡུལ་མཚན་

ཉིད་ལྡན་པ་མ་རྙེད་ན། རྒྱལ་བའི་སྐུ་གསུང་ཐུགས་རྟེན་ཁྱད་པར་ཅན་ལ་འང་རང་བློས་ལེན་རུང་བར་སྲོལ་གཉིས་མཐུན་པར་བཞེད་དོ། །

ཐོབ་འཚམས་ནི། ལྷ་སྲོལ་ལ་རྒྱ་མཚོའི་སྤྲིན་གྱིས་བརྗོད་པ་གསུམ་གྱི་མཐའ་མ་ལ་འདོད་པའོ། །དོན་དམ་སེམས་བསྐྱེད་ཆོ་གས་བླངས་ནས་ཐོབ་པར་གསུངས་པ་ནི་གསང་སྔགས་ལུགས་ཡིན་ལ། གལ་ཏེ་མདོ་ལས་ལེན་པར་བཤད་སྲིད་ན་བསྒོམ་པར་དམ་བཅའ་བ་ཙམ་ཉིད་ཡིན་ལ། དངོས་ནི་སྒོམ་པའི་སྟོབས་ལས་མཐོང་ལམ་སྟོང་ཉིད་སྤྲོས་བྲལ་གྱི་རྟོགས་པ་སྐྱེས་ན་ཐོབ་པ་ཡིན་ནོ། །

གསུམ་པ་བར་དུ་ཐོབ་པ་མི་ཉམས་བསྲུང་བའི་ཐབས་བཤད་པ་ལ་མདོར་བསྟན་ནི། དེ་ལྟར་ཐོབ་པའི་སྡོམ་པ་དེ་མི་ཉམས་པར་བསྲུང་དགོས་ཏེ། ཉམས་ན་སེམས་ཅན་ཐམས་ཅད་བསླུ་བར་འགྱུར་བ་སོགས་ཉེས་དམིགས་ཤིན་ཏུ་ཆེ་ལ། མ་ཉམས་ན་བྱང་ཆུབ་ཐོབ་པ་སོགས་ཕན་ཡོན་ཤིན་ཏུ་རྒྱ་ཆེ་བའི་ཕྱིར་རོ། །སྲུང་ཐབས་བདག་རྐྱེན་ཐེག་ཆེན་དགེ་བའི་བཤེས་གཉེན། དམིགས་རྐྱེན་ཐེག་པ་ཆེན་པོའི་སྡེ་སྣོད་ལ་མཁས་པར་བྱས་ནས་ཚིག་ཙམ་མ་ལུས་པར་ཉམས་སུ་བླང་དགོས་སོ། །བསྲུང་བྱའི་རྣམ་གྲངས་མདོར་བསྟན་ན། བྱང་ཆུབ་སེམས་དཔའི་ཚུལ་ཁྲིམས་གསུམ་ཡིན་ཏེ། སེམས་བསྐྱེད་ཀྱི་བསླབ་བྱ་དང་འགལ་བའི་སྒོ་གསུམ་གྱི་ཉེས་སྤྱོད་ཐམས་ཅད་སྡོམ་པ་དང་། ཕར་ཕྱིན་དྲུག་གིས་བསྡུས་པའི་དགེ་བའི་ཆོས་ཐམས་ཅད་རང་རྒྱུད་ལ་བསྡུད་དང་། བསྡུ་བ་བཞིས་སེམས་ཅན་གྱི་དོན་བྱེད་པ་དང་གསུམ་དུ་འདུའོ། །

གཉིས་པ་རྒྱས་བཤད་ལ་བསྲུང་བྱའི་རྣམ་གྲངས་སྲུང་བྱེད་ཀྱི་ཐབས། སྡོམ་པ་སྐྱེ་བའི་རྟེན་ནོ༏ ༏དང་པོ་འཆད་ཚུལ་ཁྲིམས་གསུམ་ལས། དང་པོ་ཉེས་སྤྱོད་སྡོམ་པའི་ཚུལ་ཁྲིམས་ལ་ཀླུ་སྒྲུབ་དང་ཐོགས་མེད་ཀྱི་ལུགས་གཉིས་ཀྱི་དང་པོ། ཀླུ་སྒྲུབ་ཀྱི་ལུགས་ལ་གཉིས་ཏེ་རྩ་ལྟུང་བཤད་པ་དང་ཉེས་བྱས་གཞན་དུ་ཞལ་འཕང་བའོ། །

དང་པོ་ལ་བཞི་ལས། དང་པོ་རྒྱལ་པོ་ལ་འབྱུང་ཉེ་བ་ལྔ་ནི། དཀོན་མཆོག་གསུམ་གྱི་དཀོར་སྐུ་གསུང་ཐུགས་རྟེན་བཞེངས་པའི་རྒྱུ་རྩ་དང་མཆོད་པའི་རྫས། དགེ་འདུན་སྡེའི་དཀོར་རྫས་རྐུ

དང་འགྲོག་པ་གཡོ་རྒྱུ་ཐབས་ཀྱིས་ལེན་པ་དང་།

གཉིས་པ་ལུང་སྡེ་སྣོད་གསུམ་དང་རྟོགས་པའི་ཆོས་བསླབ་པ་གསུམ་གང་རུང་སྟོན་པའི་ཆོས་ལ་ཆོས་མ་ཡིན་ནོ་ཞེས་སྨྲ་བའི་ལས་བྱེད་དང་བྱེད་དུ་འཇུག་པ་དང་།

གསུམ་པ་ནི་དགེ་སློང་ཚུལ་ཁྲིམས་ལྡན་ནམ། ཚུལ་ཁྲིམས་འཆལ་བ་ཡིན་ཡང་རུང་། ཞེ་སྡང་གིས་ཁྲིམས་གཅོད་དམ། བསླབ་པ་འབེབས་སམ་དུར་སློག་འགྲོག་སོགས་དང་། བཞི་པ་ནི་ཕ་མ་དགྲ་བཅོམ་གསུམ་གསོད་པ། དགེ་འདུན་དབྱེན་བྱེད་པ། སངས་རྒྱས་ལ་ངན་སེམས་ཀྱི་ཁྲག་འབྱིན་པ་སྟེ། མཚམས་མེད་ལྔ་ཡིས་ལས་གང་རུང་བྱེད་པ་དང་། ལྔ་པ་ནི། རྒྱུ་དགེ་སྡིག་གི་ལས་ལ་འབྲས་བུ་བདེ་སྡུག་མེད་ཅེས་ལོག་པར་ལྟ་བ་སྟེ་འདིས་ཀུན་སློང་གིས་མི་དགེ་སྤྱོད་པ་ཉེས་པ་ཤིན་ཏུ་ལྕིའོ། །དེ་ལྔ་ནི་རྒྱལ་པོ་ལ་འབྱུང་ཉེ་བར་བཞག །ཁྱིམ་གཅིག་པ་སོགས་གྲོང་དང་། མི་རིགས་བཞི་གནས་པ་ལྗོངས་དང་། བཟོ་སྣ་བཅོ་བརྒྱད་ཡོད་པའི་གནས་གྲོང་ཁྱེར་དང་། ཚོང་པ་མང་པོ་འདུ་བའི་གནས་གྲོང་བརྡལ་དང་། ཡུལ་གྲུ་ཆེན་པོ་ཙམ་པ་ཀ་ལྟ་བུ་ཡུལ་འཁོར་ཏེ་དེ་རྣམས་ཞེ་སྡང་གིས་འཇོམ་པར་བྱེད་པ་སྟེ་འང་གི་སྒྲས་ལོག་ལྟ་དོར་བའི་སྡུ་མ་བཞི་སྟེ་འདི་གཅིག་ཏུ་རྩིས་པ་ནི་བྱང་སེམས་བློན་པོའི་ཚུལ་ཅན་ལ་འབྱུང་ངེས་པ་ལྔའོ། །

གསུམ་པའི་དང་པོ་བློ་མ་སྦྱངས་པ་ལ་སྟོང་ཉིད་མཐའ་བྲལ་བརྗོད་སྒྲ་བས་སྐྲག་ནས་ཉན་ཐོས་སུ་སྨོན་ན་སྟོན་པ་པོ་ལ་དང་། གཉིས་པ་ཐེག་ཆེན་ལ་ཞུགས་པར་ཁྱོད་ཀྱིས་ཕྱིན་དྲུག་སྤྱོད་པ་དང་། འབྲས་བུ་རྫོགས་བྱང་ཐོབ་མི་ནུས་པས་ཕྱིར་ལྡོག་ནས་ཐེག་དམན་དུ་སེམས་བསྐྱེད་དུ་འཇུག་པ་དང་། གསུམ་པ་སོ་ཐར་རབ་བྱུང་ལ་དེས་ཅི་བྱ་ཞེས་སྨྲ་དུ་བཅུག་ནས་ཐེག་ཆེན་སློབ་དུ་འཇུག་པ་དང་། བཞི་པ་ཉན་ཐོས་ཐེག་པས་ཆགས་སོགས་ཉོན་མོངས་མི་བཟློག་པས་ཐེག་ཆེན་སློབ་ཅིག་ཅེས། ཉན་ཐོས་ཐེག་པ་དེ་བཟློག་ནས་དེ་ཡི་འབྲས་བུ་ཐར་པ་མེད་པར་འཛིན་པར་བྱས་ནའོ། །ལྔ་པ་ནི་རྙེད་བཀུར་ཕྱིར་ཕྲག་དོག་དབང་གིས་བདག་ཉིད་ལ་ཡོན་ཏན་མེད་ཀྱང་ཡོད་ཅེས་བསྟོད་པ་དང་། རྙེད་བཀུར་ཅན་གྱིས་བྱང་སེམས་གཞན་ལ་སྨོད་པར་བྱེད་པ་དང་། དྲུག་པ་རྙེད་པ་དང་བཀུར་སྟི་ཐོབ་པའི་ཆེད་དུ། མ་རྟོགས་བཞིན་བདག་གིས་ཆོས་ཟབ་མོའི་དོན་རྟོགས་ཞེས་མི་ཆོས

བླ་མའི་རྫུན་གྱིས་བདག་འཚོང་བ་དང་། བདུན་པ་ནི། རྒྱལ་རིགས་ལྷ་བུའི་དབང་ཆེ་དང་། དགེ་སློང་སོགས་ཕྲ་མས། ཕྱི་ནས་དགེ་སྦྱངས་ལ་ནོར་གྱི་ཆད་པས་གཅོད་དུ་འཇུག་ཅིང་། དེས་དཀོན་མཆོག་གིས་ནོར་བརྐུས་ནས་ཕྲ་མ་བྱེད་ལ་ཕག་ཏུ་སྒུག་འབུལ་ལེན་ན་དང་། དབང་ཆེན་ལ་བྱིན་ན་གསུམ་ཀར་ལྟུང་བའོ། །བརྒྱད་པ་ནི། སྒོང་བ་བསམ་གཏན་པའི་ལོངས་སྤྱོད་ཕྲོག་ནས་གློག་པ་ཁ་ཏོན་པ་ལ་བྱིན་ན་དང་། ཁྲིམས་ངན་སོགས་ཀྱིས་ཞི་གནས་ཀྱིས་མཆོན་པའི་རྣལ་འབྱོར་འདོར་དུ་བཅུག་པ་སྟེ། དེ་དག་ནི་བྱང་ཆུབ་སེམས་དཔའ་ཕལ་པ་ལ་འབྱུང་ངེས་པ་སྟེ་བརྒྱད་དོ། །དེ་གསུམ་པོ་དེར་འབྱུང་ཉེ་བས་བཞག་གིས་སོ་སྐྱེ་བྱང་སྡོམ་ཅན་ཀུན་ལ་ཀུན་འབྱུང་བའོ། །མིང་དུ་བཅོ་བརྒྱད་རྫས་སུ་བཅུ་བཞི་སྟེ། སྨོན་འཇུག་སེམས་བཏང་བ་བཅས་ཉི་ཤུ་དེ་རྣམས་རྩ་བའི་ལྟུང་བའོ། །ཉེས་བྱས་བརྒྱད་ཅུ་གཞན་དུ་བལྟ། ཞེས་པ་བདེ་སྡུག་ཡལ་བར་འདོར་བ་ནི། ནུས་པ་ཡོད་བཞིན། གཞན་སྡུག་མི་བདེ་བསལ་མི་བྱེད། བདེ་དང་ཡིད་བདེ་མི་བསྐྱེད་པ། ལུས་སེམས་ཀྱིས་ཕྱེ་བཞི་དང་ནི༔ ད་ལྟ་མ་འོང་གིས་དབྱེ་བརྒྱད། དེའི་ཆད་མི་བརྩོན་མི་འཚོལ་དང་། མི་འབད་པ་དེ་ཉེར་བཞིའོ། །སྒྲུབ་པ་ཡལ་བར་འདོར་བཅུ་དྲུག །སྡུག་བསྔལ་མི་བདེ་ཆེན་པོ་ཡི། །གཉེན་པོ་ཆུང་ངུ་མི་བསྐྱེད་དང་། །བདེ་དང་ཡིད་བདེ་ཆེན་པོའི་ཕྱིར། །ཆུང་ངུ་ཉམས་པར་མི་བྱེད་དང་། །རང་གཞན་གྱིས་ཕྱེ་བརྒྱད་དང་ནི། །འདི་ཕྱིས་དབྱེ་བས་བརྒྱད་དང་བཅས། །བཞི་བཅུ་རེ་ཞིག་ཡལ་བར་འདོར། །གཏན་དུ་འདོར་བཅས་བརྒྱད་ཅུའོ། །རྒྱ་ཆེན་སྤྱོད་ལུགས་རྒྱལ་སྲས་ཐོག་མེད་ལུགས་ཀྱི་སྨོན་པའི་བསླབ་བྱ་ལ། སྨོན་སེམས་མི་འཆོར་བའི་ཐབས། །སེམས་ཅན་གང་རུང་གིས་རང་ལ་གནོད་པ་བྱས་ན་ད་ནི་འདི་ལ་བདག་གིས་ནུས་ཀྱང་ཕན་མི་གདགས་གནོད་པ་མི་བཟློག་སྙམ་ནས་བློས་བཏང་བ་སྤང་ནས་ཕན་ལན་གནོད་པ་བྱས་ཀྱང་སྙིང་རྗེས་བློས་མི་གཏོང་བའོ། །མི་ཉམས་པའི་ཐབས་ནི་དུས་རྟག་ཏུ་སྟོང་པོ་བཀོད་པ། སྤྱོད་འཇུག་བྱམས་སྨོན་སོགས་ནས་གསུངས་པའི་བྱང་ཆུབ་སེམས་ཀྱི་ཕན་ཡོན་དྲན་པས་གཅེས་པར་འཛིན་པ་དང་། སྟོབས་བསྐྱེད་པའི་ཐབས་ནི་དགེ་བའི་འདུན་པ་སྟོན་དུ་བཏང་ནས་ཚོགས་གཉིས་པོ་ཅི་ནུས་སུ་བསོགས་པ་དང་། འཕེལ་བའི་ཐབས་རྒྱུ་ཚད་མེད་བཞི་དང་། དངོས་ཉིན་མཚན་ཐུན་དྲུག་ཏུ་སེམས་བསྐྱེད་བླངས་པ་དང་། སྤྱོད་པ་བདེ་

སྡུག་བཏང་ལེན་དེ་གསུམ་གྱི་སྒོ་ནས་བྱང་ཆུབ་སེམས་སྦྱོང་བ་ལ་རྟག་ཏུ་བརྩོན་པ་དང་། མི་བརྗེད་པའི་ཐབས་ནི་དཀར་ནག་ཆོས་བརྒྱད་བླང་དོར་བྱེད་པ་སྟོན་པའི་བསླབ་བྱ་ཡིན་པས་དཀར་ནག་ཆོས་བརྒྱད་ནི། རྫུན་གྱི་མཆོད་འོས་སླུ་བྲུར་པ་བླ་མ་དང་མཁན་སློབ་བསླུ་བ་དང་། གཞན་འགྱོད་པའི་གནས་མེད་པ་དགེ་བའི་ཕྱོགས་སྒྲུབ་པ་སོགས་དེ་འགྱོད་པ་མེད་ཀྱང་ངན་སེམས་ཀྱིས་འགྱོད་པ་སྐྱེད་དུ་བཅུག་པ་དང་། དམ་པ་བྱང་ཆུབ་སེམས་དཔའ་ལ་སྡང་སེམས་ཀྱིས་སྐྱོན་ནས་བརྗོད་ཅིང་སྐུར་པ་འདེབས་པ་དང་། འགྲོ་བ་ལ་ཀུན་སློང་གཡོ་རྒྱུའི་སྒོ་ནས་བསླུ་བའི་བྱ་བ་སྤྱོད་པ་ནི་ནག་པོའི་ཆོས་བཞི་ཡིན་པ་སྤང་ཞིང་། དེ་ལས་ལྡོག་པ་ནི་མདོ་ལས། ཤེས་བཞིན་དུ་རྫུན་མི་སྨྲ་བ་དང་། བྱང་ཆུབ་༼༽ཡན་ལག་ཉེས་བྱས་བརྒྱད་ཅུ་ནི། བདེ་སྡུག་སྒྲུབ་པ་ཡལ་བར་འདོར། །ཉེར་བཞི་དང་ནི་བཅུ་དྲུག་དང་། །གཞན་སྡུག་མི་བདེ་ཞི་མི་བྱེད། །བདེ་དང་ཡིད་བདེ་མི་བསྐྱེད་ལ། །ལུས་སེམས་དབྱེ་གཞི་ད་འོང་བརྒྱད། །དེའི་ཆེད་མི་བརྩོན་མི་འཚོལ་དང་། །མི་འབད་པ་སྟེ་ཉེར་བཞིའོ། །སྡུག་བསྔལ་མི་བདེ་ཆེན་པོ་ཡི། །གཉེན་པོ་ཆུང་དུ་མི་བསྐྱེད་དང་། །བདེ་དང་ཡིད་བདེ་ཆེན་པོའི་ཕྱིར། །ཆུང་དུ་ཉམས་པར་མི་བྱེད་པ། །སྐྱེ་རྒྱུད་ཕྱེ་བས་བཅུ་དྲུག་སྟེ། །བཞི་བཅུ་པ་ལ་གཉིས་རེའོ། །

༈ ཉེས་བྱས་ཞེ་དྲུག་ནི། །སྡོམ་པ་ཉི་ཤུ་པ་ལས། །སྦྱིན་པ་དང་འགལ་བ་ལ། དཀོན་མཆོག་གསུམ་ལ་སྒོ་གསུམ་གྱིས་མི་མཆོད། །གར་སོགས་འདོད་པའི་སེམས་ཀྱི་རྗེས་སུ་འཇུག །བསླབ་པ་ཡོན་ཏན་རྒན་པ་རྣམས་ལ་གུས་མི་བྱེད། །ཆོས་དྲིས་པ་ལ་ནི་ལན་མི་འདེབས། །དད་པའི་མགྲོན་པོར་བདག་གིར་མི་བྱེད་ཅིང་། །ཞེན་པ་མེད་ཀྱང་གསེར་ལ་སོགས་པ་ལེན་མི་བྱེད། །ཆོས་འདོད་པ་ལ་སྦྱིན་མི་བྱེད། །

༈ ཚུལ་ཁྲིམས་འགལ་ལ་ཚུལ་ཁྲིམས་འཆལ་བ་ཕྱིར་བཅོས་སོགས། ཡལ་བར་འདོར། ཕ་རོལ་དད་ཕྱིར་བཙུན་ཚུལ་སློབ་མི་བྱེད། །སེམས་ཅན་དོན་ལ་བྱ་བ་ཆུང་། །སྙིང་བརྩེ་སྤྱོད་ངན་ལྡོག་ཕྱིར་ཚིག་རྩུབ་བཅས་ན་མི་དགེ་མེད། །འཚོ་བ་ལོག་པ་དང་དུ་ལེན། །འཆལ་ཞིང་རབ་ཏུ་རྒོད་པ་སོགས། །འཁོར་བ་ཁྲིམ་པའི་རྟེན་གཅིག་པུས་འགྲོ་བར་སེལ། །གྲགས་པ་མ་ཡིན་རྒྱུ་དྲུག་མི་སྤོང་བ། །གཞན་ཉོན་མོངས་བཅས་ཀྱང་འཚོལ་མི་བྱེད། །

༈ བཟོད་འགལ་བཞི་གཤེ་ལ་ལན་དུ་གཤེ་ལ་སོགས། །ཤད་སྦྱང་མི་ལེན། ཁྲོས་པ་རྣམས་ནི་ཡལ་

བར་འདོར། །ཞི་སྟང་ཡིན་ན་རྩ་བ། ཕ་རོལ་ཤད་ཀྱིས་ཆགས་པ་སྤྱོང་། །གཞན་ཁྲོས་པའི་སེམས་བདེན་སྨམས་ཀྱིས་རྗེས་སུ་འཇུག །

༄ བརྩོན་འགྲུས་འགལ་བ་གསུམ། རྙེད་བསྐུར་འདོད་ཕྱིར་འཁོར་རྣམས་བསྡུད། །ཆོས་ལ་ལེ་ལོ་ལ་སོགས་སེལ་མི་བྱེད། །ཆགས་པས་བྲེ་མོའི་གཏམ་ལ་བརྟེན། །

༄ བསམ་གཏན་འགལ་བ་གསུམ། ཏིང་ངེ་འཛིན་གྱི་དོན་མི་གདམས་ངག་འཚོལ། །བསམ་གཏན་སྒྲིབ་པ་སྤྱོང་མི་བྱེད། །བསམ་གཏན་རོ་ལ་ཡོན་ཏན་ལྟ། །

༄ མི་དགེ་ཆོས་བརྒྱད་ལོག་འཚོ་སྤྱང་། །ཉེས་བྱས་རྣམས་བྱ་བ་ཆེ་ཕྲ་མང་པོར་འགྲོ་ལ་སྒྱུར་རྒྱུ་རང་རྒྱུད་ལ་སྦྱོར་ན་དོན་ཆེའོ། །

༄ ཤེས་རབ་དང་འགལ་བ་བརྒྱད་ནི། ཉན་ཐོས་ཐེག་པ་སྤྱོང་བར་བྱེད། །ཐེག་ཆེན་རང་ཚུལ་ཡོད་བཞིན་དེ་ལ་བརྩོན། །བརྩོན་མིན་ཕྱི་རོལ་བསམ་གཏན་བརྩོན། །དགོས་པའི་དབང་གིས་བརྩོན་པར་བྱས་ཀྱང་དེ་ལ་དགའ། །ཐེག་པ་ཆེན་པོ་མི་བརྩོན་སྤྱོང་བར་བྱེད། །བག་མེད་ཙམ་གྱིས་བདག་ལ་བསྟོད་ཅིང་གཞན་ལ་སྨོད། །ཆོས་ཀྱིས་དོན་དུ་འགྲོ་མི་བྱེད། །དེ་ལ་སྨོད་ཅིང་ཡི་གེར་བརྟེན། །

༄ སེམས་ཅན་དོན་བྱེད་འགལ་བ་བཅུ་གཉིས། །གཞན་ལ་དགོས་པའི་དོན་དུ་འགྲོ་མི་བྱེད། །ནད་པའི་རིམ་གྲོ་བྱ་བ་སྤངས། །སྡུག་བསྔལ་གཞན་གྱི་ལུས་ཀྱི་སེལ་བར་མི་བྱེད་དང་། །བག་མེད་ཤེས་བཞིན་པ་ལ་རིག་པ་མི་སྟོན། །

༄ བྱས་ལ་ལན་དུ་ཕན་མི་འདོགས །གཞན་གྱི་སེམས་ཀྱི་མྱ་ངན་སེལ་མི་བྱེད། །ནོར་འདོད་པ་ལ་ལེ་ལོས་སྦྱིན་མི་བྱེད། །རང་གི་འཁོར་རྣམས་ཀྱིས་ནི་དོན་མི་བྱེད། །གཞན་གྱིས་ཆོས་མིན་མིན་པའི་བློ་དང་མཐུན་མི་མཇུག །ཡོན་ཏན་བསྔགས་པ་སྨྲ་མི་བྱེད། །

༄ རྐྱེན་དང་འཚམས་པར་ཚར་མི་གཅོད། །རྫུ་འཕྲུལ་སྡིག་པ་སོགས་མི་བྱེད། །འདི་དག་མ་གུས་པ་དང་སྙོམ་ལས་དང་། །ལེ་ལོས་ཉེས་པ་བྱུང་ན་ཉོན་མོངས་ཅན་གྱི་ཉེས་པར་འགྱུར་ལ། བརྗེད་པས་ཉེས་པ་བྱུང་ན་ཉོན་མོངས་མ་ཡིན་པའི་ཉེས་པར་འགྱུར་ལ། སེམས་འཁྲུགས་པ་ལ་ནི་ཉེས་པ་མེད་དོ། །ཞེས་སོ། །[༢] སེམས་དཔའ་ལ་སྟོན་པའི་འདུ་ཤེས་བསྐྱེད་པ་དང་། སེམས་ཅན

ལ་གཡོ་རྒྱུ་མེད་པར་ལྷག་པའི་བསམ་པས་གནས་པ་དང༌། སེམས་ཅན་ཐམས་ཅད་ཐེག་པ་ཆེན་པོ་ལ་ཡང་དག་པར་འགོད་པའོ། །ཞེས་གསུང་པ་ནི་དཀར་པོའི་ཆོས་བཞི་ཡིན་པས་ཀུན་ཏུ་སྤྱད་པར་བྱའོ། །

གཉིས་པ་འཇུག་པའི་བསླབ་བྱ་ནི། རྙེད་པ་དང་བཀུར་སྟི་ལ་ལྷག་པར་ཞེན་པས་དེ་ཐོབ་ཕྱིར་བདག་ལ་བསྟོད་ཅིང༌། རྙེད་བཀུར་ཅན་གཞན་ལ་སྨོད་པ་དང༌། སེར་སྣའི་དབང་གིས་སྡུག་བསྔལ་བ་དང༌། བགྲེན་པ་དང༌། མགོན་མེད་པའི་སློང་བ་པོ་ལ་ཟས་སོགས་ཟང་ཟིང་ཅུང་ཟད་ཙམ་མམ། མཉན་འདོད་ཀྱི་གང་ཟག་སྣོད་དུ་གྱུར་ཅིང་བྱང་སེམས་རང་ལ་ནུས་པ་ཡོད་བཞིན་དེ་གཉིས་ལ་ཆོས་དང་ནོར་མི་སྟེར་བ་དང༌། ཁྲོ་བའི་སེམས་ཀྱིས་གཞན་ལ་ཚིག་རྩུབ་དང་བརྡེག་པ་སོགས་འཚེ་བ་བྱེད་ཅིང་ཤད་སྦྱངས་ཀྱིས་ཀྱང་མི་ལྡོག་པར་མཁོན་དུ་འཛིན་པ་དང༌། གཏི་མུག་གིས་བསླངས་ཏེ་ཐེག་ཆེན་སྡེ་སྣོད་ལ་བཀའ་མིན་ནོ་ཞེས་བཀུར་འདེབས་དང༌། རང་གཞན་གྱིས་གཡོམ་ལས་ཆོས་ལྟར་བཅོས་པ་ལ་མོས་ནས་ཆོས་ཡིན་ནོ་ཞེས་སྟོན་པ་དང་བཞི་ནི་ཕམ་པའི་ལྟུང་བ་སྟེ། དེ་ཡང་ཀུན་སློང་གི་སྒོ་ནས་བཞི་དང་སྦྱོར་བའི་སྒོ་ནས་བརྒྱད་དེ། དེ་རྣམས་སྤངས་བ་ནི་འཇུག་པའི་བསླབ་བྱའོ། །ཉིས་བྱས་ཕྲ་བ་ཞེ་དྲུག་གཞན་དུ་ཤེས།

གཉིས་པ་དགེ་བ་ཆོས་བསྡུད་ཕ་རོལ་ཕྱིན་པ་དྲུག་ལ་སློབ་པ་སྟེ། དེ་ལ་དང་པོ་སྦྱིན་པའི་ངོ་བོ་གཏོང་སེམས་ལྡན་པས་སྦྱིན་ཡུལ་ཆོས་ཀྱིས་དབུལ་བ་ལ་སྙིང་རྗེས་སྐུལ་བ་དང་མཚམས་པར་ཆོས་བཤད་པ་དང༌། ཟས་ནོར་གྱི་དབུལ་བ་སེལ་ཕྱིར་ཟང་ཟིང་ནོར་གྱི་སྦྱིན་པ་ལའང་གཏོང་བ་དང་གཏོང་བ་ཆེན་པོ་དང༌། ཤིན་ཏུ་བཏང་བ་རྣམས་དང༌། མི་འཇིགས་པའི་སྦྱིན་པ་གནས་སྐབས་ནད་གདོན་སོགས་དང༌། མཐར་ཐུག་འཁོར་བ་ལས་སྐྱོབས་པར་བྱེད་པའོ། །དེའང་བྱང་སེམས་ཁྱིམ་པས་ཟང་ཟིང་དང༌། རབ་བྱུང་གིས་ཆོས་སྦྱིན་གཙོ་བོར་གཏོང་བར་བཤད་དོ། །

གཉིས་པ་ཚུལ་ཁྲིམས་ཀྱི་ངོ་བོ་སྤང་བའི་སེམས་ཀྱིས་ཉེས་སྤྱོད་སྡོམ་པ་དང༌། དགེ་བ་ཆོས་སྡུད། སེམས་ཅན་དོན་བྱེད་དེ་ཚུལ་ཁྲིམས་རྣམ་གསུམ་ཚུལ་བཞིན་དུ་སྲུང་པར་བྱའོ། །

གསུམ་པ་བཟོད་པའི་ངོ་བོ་སེམས་མི་འཁྲུགས་པས་ཁོང་ཁྲོའི་ཉེས་དམིགས་ལ་བསམ་སྟེ།

དོན་ཡོད་མེད་ཀྱིས་གནོད་པ་བྱེད་པ་ལ་སྟེ་རང་དང་རང་གི་ཕྱོགས་གྲུར་ལ་བརྟེན་བརྙས་གཤེ་མི་སྙན་སྒྲོགས་པ་དང་། དགྲ་ལ་དེ་ལས་ལྡོག་པ་སྟེ་བཟོད་ཡུལ་བཅུ་གཉིས་ལ། ཇི་མི་སྙམ་དུ་སེམས་མི་འཁྲུགས་པ་དང་གནོད་ལེན་མི་བྱེད། མཁོན་ཞེ་ལ་མི་བཞག་ཅིང་སླར་སྙིང་རྗེས་ཕན་པར་བྱ་བ་དང་། སྟོང་ཉིད་སོགས་ཟབ་མོའི་དོན་ལ་མི་སྐྲག་ཅིང་ཕུག་གི་བདེ་བའི་དོན་དུ་ཆོས་སྒྲུབ་པའི་དཀའ་ཚེགས་དང་སྡིག་པ་བྱུང་བའི་སྐྱང་སྡུག་བསྡུལ་བྱུང་བ་བཟོད་པར་བྱ་བ་དང་གསུམ་མོ། །

བཞི་པ་བརྩོན་འགྲུས་ཀྱི་ངོ་བོ་དགེ་བ་ལ་སྤྲོ་སེམས་ཀྱིས།དལ་འབྱོར་ཆུད་གསོན་བྱེད་ལེ་ལོ་མེད་པས་བྱང་ཆུབ་སྒྲུབ་པ་ལ་མི་ཞུམ་པ་གོ་ཆའི་བརྩོན་ ་འགྲུས་དང་། ས་ལམ་བགྲོད་པའི་རྒྱུ་སྤྱངས་བླངས་ལ་རྟག་གུས་བྱ། དགེ་བ་བསྡུད་པ་ལ་མི་གཡོ་མི་ལྡོག་ང་རྒྱལ་མེད་པ་དགེ་བ་སྡུད་པའི་བརྩོན་འགྲུས་དང་། གཞན་ལ་ཕན་པ་ལ་སྤྲོ་ཞིང་ཉམས་ང་མེད་པའི་བརྩོན་འགྲུས་བརྩམ་པར་བྱའོ། །

ལྔ་པ་བསམ་གཏན་གྱི་རྒྱུ་འདུ་འཛིའི་ཉེས་དམིགས་དང་དབེན་པའི་ཡོན་ཏན་དྲན་པས་ངོ་བོ་དགེ་སེམས་རྩེ་གཅིག་པ། ལམ་ལ་མ་ཞུགས་པའི་འཇིག་རྟེན་པའི་བསམ་གཟུགས་ཏིང་ངེ་འཛིན་བྱིས་པ་ཉེར་སྤྱོད་ཀྱི་དང་ལམ་ཞུགས་ཚོགས་སྦྱོར་གྱི་ཏིང་ངེ་འཛིན་དོན་རབ་འབྱེད་པའི་ཏིང་ངེ་འཛིན་དང་། མཐོང་ལམ་ཡན་ཆད་ཀྱི་འཕགས་པའི་ཏིང་ངེ་འཛིན་རྣམས་ལ་དེ་བཞིན་གཤེགས་དགེ་བྱ་བའི་བསམ་གཏན་རྣམས་སོ། །

དྲུག་པ་ཤེས་རབ་ངོ་བོ་ཆོས་རབ་རྣམ་པར་འབྱེད་པའི་སེམས། དབྱེ་ན་ཐོས་པའི་ཤེས་རབ་གསུངས་རབ་དགོངས་འགྲེལ་བཅས་པའི་དོན་རྣམས་ཁོངས་སུ་ཆུད་པར་བྱ་བ་ནང་རིག་པ་དང་། དེའི་ཡན་ལག་ཚར་གཅོད་རྗེས་འཛིན་རིག་པ་བཅས་དང་། བསམ་བྱུང་གི་ཤེས་རབ་ནི་ཐོས་པའི་དོན་ལ་ཉེ་བར་སྤྱོད་པའི་བྱེ་བྲག་ཕྱེད་པར་ཡིད་ལ་ངེས་པར་བྱ་བ་དང་། སྒོམ་པ་ལས་བྱུང་བའི་ཤེས་རབ་ཟབ་མོ་སྤྱིར་ཐོས་དོན་བླང་དོར་གྱིས་ཉམས་སུ་ལེན་པ་དང་། ཁྱད་པར་ལྷག་མཐོང་གི་ཤེས་རབ་རྣམ་པར་མི་རྟོག་པའི་ཡེ་ཤེས་བློ་བྲལ་འོད་གསལ་བའི་དགོངས་པ་ཟབ་མོ་སྐྱུད་པར་བྱའོ། །དེ་དྲུག་ཀ་ཁྱད་ཆོས་བཞི་བཞི་དང་ལྡན་པ་སྟེ་ཕར་ཕྱིན་རང་རང་གི་མི་མཐུན་ཕྱོགས་དང་བྲལ་བ།

འཁོར་གསུམ་མི་རྟོག་པའི་ཤེས་རབ་ཀྱིས་ཟིན་པ། བྱེད་ལས་གཞན་གྱི་འདོད་དོན་རྫོགས་པ། འབྲས་བུ་བྱང་ཆུབ་གསུམ་དུ་སྨིན་པར་བྱེད་པའོ། །

གསུམ་པ་སེམས་ཅན་དོན་བྱེད་ཀྱི་ཚུལ་ཁྲིམས་ནི་བསྡུ་དངོས་བཞི་སྟེ། དེའང་རང་དོན་ཡིད་བྱེད་ཀྱི་བློ་དང་མ་འདྲེས་པས་ཐོག་མར་ཟང་ཟིང་གིས་སྦྱིན་པ་སོགས་ཀྱིས་གདུལ་བྱ་འཁོར་དུ་མ་འདུས་པ་རྣམས་རབ་ཏུ་བསྡུ་བར་བྱས་ནས། འདུས་པ་རྣམས་ལ་སྙན་པར་སྨྲ་བའི་གཏམ་གྱིས་ཡིད་རབ་ཏུ་དྲངས་ཏེ་དམ་ཆོས་བསྟན་པས་དེ་སྒྲུབ་པ་ལ་དོན་གཉེར་གྱིས་མོས་འདུན་དང་སྤྲོ་བ་བསྐྱེད་དུ་འཇུག །

གསུམ་པ་དོན་གཉེར་ཅན་དེ་བློ་ཆུང་བ་ལ་ཉན་རང་བྱང་སེམས་གསུམ། འབྲིང་གསུམ་ལ་བྱ་སྤྱོད་རྣལ་འབྱོར་གསུམ། རབ་གསུམ་ལ་བསྐྱེད་རྫོགས་རྫོགས་ཆེན་གསུམ་སྟེ་ཐེག་པ་རིམ་པ་དགུ་པོར་རིམ་གྱིས་དགྲི་བ་ནི་དོན་སྤྱོད་པ་ལ་བཤད་དོ། །

བཞི་པ་གདུལ་བྱ་དེ་དག་གི་དོན་ཉམས་སུ་ལེན་པའི་སྒོ་ནས་འདྲེན་པའི་ཕྱིར་རང་ཡང་དོན་དེ་དག་ལ་མཐུན་པར་སྤྱོད་དགོས་ཏེ། རང་གིས་མ་བསྒྲུབ་ན་མཛེ་ཅན་བྱ་ཁྱུང་སྒྲུབ་ཐབས་ལྟར་གཞན་ཡིད་མི་ཆེས་པའི་ཕྱིར་རོ། །དེ་དག་ཀྱང་མདོ་རྒྱན་ལས། དང་པོས་སྣོད་གྱུར་དངོས་པོ་སྟེ། གཉིས་པ་ཡིས་ནི་མོས་པ་ཡིན། གསུམ་པ་ཡིས་ནི་སྒྲུབ་པ་སྟེ། བཞི་པས་རྣམ་པར་སྦྱོང་བའོ། །ཞེས་སོ༔ ༔

གཉིས་པ་སྲུང་བྱེད་ཀྱི་ཐབས་ལས། དང་པོ་ཡང་དག་སྤངས་བཞིའི་བརྩོན་འགྲུས་ཀྱི་སྲུང་བ་ནི༔ བསླབ་པ་དེ་རྣམས་དག་པ་དང་སྤེལ་བའི་ཚུལ་ལུས་ལོངས་སྤྱོད་དགེ་རྩ་རྣམས་ཏེ་གཞི་གསུམ་སེམས་ཅན་ཀུན་ལ་བཏང་བ་སྲུང་དག་སྤེལ་བ་བཞིས་བྱང་སེམས་ཀྱིས་སྡོམ་པ་མཐའ་དག་བསྡུས་པར་བཤད་ཅིང་། དེ་ཡང་ལས་དང་པོ་པས་བསྲུང་བ་མོས་སྤྱོད་པས་དག་པ་མ་དག་ས་བདུན་ལ་གནས་པས་བཏང་བ། དག་པ་ས་གསུམ་ན་སྤེལ་བ་གཙོ་བོར་སྒྲུབ་པར་བཤད་པས་འདིར་སྤྱོང་བཞིས་སྤེལ་བའི་ཚུལ། རྫོགས་བྱང་སྒྲུབ་པའི་མཐུན་ཕྱོགས་དགེ་བའི་ཆོས་ཀུན་མ་སྐྱེས་པ་བསྐྱེད་པ་དང་། སྐྱེས་པ་རྣམས་གནས་པ་དང་འཕེལ་བའི་ཕྱིར། འདུན་པ་དྲག་པོས་སྒོ་གསུམ་འབད། ཕྱི་

བཤོལ་མེད་པའི་བརྩོན་འགྲུས་ཙམ་མི་བརྗེད་པའི་སྒོ་ནས་སེམས་ཡང་དག་པར་འཛིན་པ་ལ་སློབ་པ་དང་། རྫོགས་བྱང་སྒྲུབ་པའི་མི་མཐུན་ཕྱོགས་མི་དགེ་བ་མཐའ་དག་མ་སྐྱེས་པ་མི་བསྐྱེད་པ་དང་། སྐྱེས་པ་རྣམས་སྤངས་བར་བྱ་བའི་ཕྱིར་འདུན་པ་སོགས་བཞིའོ། །

གཉིས་པ་དྲན་ཤེས་བག་ཡོད་ཀྱིས་སྲུང་བ་ནི། དུས་རྟག་ཏུ་བསྲུང་སེམས་མི་བརྗེད་པའི་དྲན་པ། རང་རྒྱུད་ལ་ཉེས་པ་བྱུང་མ་བྱུང་དང་། དགེ་བའི་ཕྱོགས་ལ་བརྩོན་མི་བརྩོན་རྟོགས་པའི་ཤེས་བཞིན་དང་། འདུག་ལྡོག་གི་གནས་ལ་གཟབ་པ་ལྷུར་ལེན་པའི་བག་ཡོད་གསུམ་ལ་བརྟེན་ནས་བསྲུང་བར་བྱའོ། །

གསུམ་པ་སྤྱོད་ལམ་ཐམས་ཅད་དགེ་བས་དུས་འདས་པས་བསྲུང་བ་ནི། འགྲོ་འདུག་ཟ་ཉལ་གྱི་སྤྱོད་ལམ་རྣམ་བཞིའི་དུས་ཐམས་ཅད་དུ་དྲན་ཤེས་མ་ཉམས་པས་ཕལ་པོ་ཆེའི་སྤྱོད་ཡུལ་ཡོངས་སུ་དག་པའི་མདོ་སྡེ་ལྟར་སྤྱོད་ལམ་གང་བྱེད་རིགས་མཐུན་ཚིག་གིས་བརྗོད་པའི་སེམས་ཀྱི་བསམ་པས་སེམས་ཅན་ལ་ཕན་སེམས་ཀྱིས་སྨོན་ལམ་གདབ་པས། ལུང་མ་བསྟན་ཐམས་ཅད་ཀྱང་བསོད་ནམས་ཚོགས་སུ་འགྱུར་བར་བྱའོ། །

བཞི་པ་བསླབ་པ་བསྡུ་བའི་སྒོ་ནས་སྲུང་གལ་མཁས་པའི་བཞེད་པ་བརྗོད་པ་ནི། མཁྱེན་རབ་དབང་ཕྱུག་འཇམ་དཔལ་དབྱངས་དངོས་ཀློང་ཆེན་རབ་འབྱམས་བཞེད་པ་ནི། སྨོན་པའི་སེམས་ནི་ཚད་མེད་བཞི་བསྒོམ་ཞིང་འཇུག་པའི་བསླབ་བྱ་ཕ་རོལ་ཕྱིན་དྲུག་སྤྱོད། བསྡུ་ན་དཀར་ནག་ཆོས་བརྒྱད་འདུ་ཞེས་གསུངས། །ཞེས་པའི་གཞན་གོ་སླ། ནག་པོའི་ཆོས་བཞི་སྤྱད་ནས་ཐུན་ཚོད་འདས་ན་སྨོན་སེམས་གཏོང་བར་བཤད་པས། དེ་གཏོང་ན་འཇུག་སྡོམ་ཀྱང་འཆོལ་ཏེ་གྲུང་དང་རི་མོ་བཞིན་ནོ༑ ༑རང་བཞེད་དགོད་པ་ནི། བྱམས་པས་ཀུན་ནས་བསླང་བའི་གང་ཅི་སྤྱོད་ཀྱང་རུང་། རང་གཞན་ལ་ཚེ་འདིར་ཕན་པ་དང་ཕྱི་མ་ཕན་ཆད་མཐར་ཐུག་ཏུ་བདེ་བ་བསྒྲུབ་པའི་རྒྱུར་འགྱུར་བ་རྣམས་ནི་བྱ་ཞིང་། ཞེ་སྡང་གི་ཀུན་ནས་བསླང་སྟེ་ཁྲོ་གཙོད་ཀྱིས་རང་གཞན་ལ་ཚེ་འདིར་མི་ཕན་ཞིང་ཕྱི་མ་ངན་སོང་གི་རྒྱུར་འགྱུར་བ་སོགས་མཐར་ཐུག་གནོད་པའི་རྒྱུར་འགྱུར་བ་ཐམས་ཅད་གཟབ་ནས་སྤང་བ་མ་ཟད་འདིར་བདེ་བ་ལྟར་སྣང་ཡང་ཕྱི་མར་གནོད་པའི་རྒྱུ་ཐམས་ཅད་བརྟགས་ཏེ་ཅི་ནུས

ཀྱིས་སྤྱང་བ་གནས་བསྡུས་པ་ཡིན་ནོ། །གོང་དུ་བཤད་པའི་སྒྲོལ་གཉིས་སུ་ཐེག་ཆེན་རྒྱལ་སྲས་ཀྱི་བསླབ་བྱ་ཐམས་ཅད་མ་འདུས་པ་མེད་ཅེས་སྨྲའོ། །

གསུམ་པ་བྱང་སེམས་སྡོམ་པ་སྐྱེ་བའི་རྟེན་ནི། བཛ་ཤེས་དོན་གོ་ལེན་འདོད་ཡོད་ན། ལྷ་ཀླུ་འཕྲོག་མ་སོགས་མི་མ་ཡིན་སོར་སྡོམ་རྟེན་དུ་མི་རུང་བ་དང་། མཚམས་མེད་བྱས་སོགས་སྡིག་ཅན་ལ་སྐྱེ་བར་བཤད་པ་ནི་ཀླུ་སྒྲུབ་ཀྱི་བཞེད་པ་སྟེ། སྨོན་སེམས་ཙམ་སྐྱེ་བ་ལ་དགོངས་པའོ། །འཕགས་པ་ཐོག་མེད་ཀྱི་ལུགས་ལ་འཇུག་སྡོམ་དེའི་རྟེན་གླིང་གསུམ་གྱི་སྐྱེས་པ་བུད་མེད་སོ་ཐར་རིགས་བདུན་གང་རུང་ལྡན་པ་དགོས་ཞེས་གསུངས་ཀྱང་། དོན་ལ་དེ་གཉིས་གནད་གཅིག་སྟེ། སོ་སྡོམ་ཡོད་མེད་གང་ལྟར་ཡང་སྲོག་གཅོད་ཉེས་པ་སྤྱང་སེམས་མེད་ན་བྱང་སྡོམ་མི་སྐྱེ་སྟེ་བྱང་སེམས་བསླབ་བྱ་དང་འགལ་བའི་ཕྱིར་རོ། །དེ་བས་བཞེད་པ་སྤྱིར་བཤད་ན། ལེན་པ་པོ་གཙོ་བོ་བསམ་པའི་རྟེན་ཏེ་སྙིང་པ་སངས་རྒྱས་དང་། དེའི་བསྟན་པ་ཐེག་ཆེན་ཆོས་ལ་དད་པར་བྱེད་ཅིང་། ཐོབ་བྱའི་འབྲས་བུ་བླ་ན་མེད་པའི་འབྲས་བུར་དད་ཅིང་། རྒྱལ་སྲས་བྱང་ཆུབ་སེམས་དཔའི་སྤྱོད་པ་རྒྱ་མཚོ་ལྟ་བུར་སློབ་འདོད་དད་པ་བྱེད་ན་བྱང་སེམས་སྡོམ་པ་སྐྱེ་བར་དཀོན་མཆོག་ཏཱ་ལའི་མདོ་ལས་གསུངས་སོ། །གཏོང་རྒྱུ་མ་བྱུང་ན་ཚེ་རབས་རྒྱུད་གནས་སྣད་མ་དྲན་གསོ་ཙམ་མོ། །

བཞི་པ་ཐ་མ་ཉམས་ན་གསོ་བའི་ཚུལ་བཤད་པ་ལ། ལྟུང་བའི་རྣམ་བཞག་མུ་བཞི་བསྟན་པ་ནི༑ གང་ཟག་གང་གིས་བྱ་བ་གང་ལའང་རིག་པ་དང་མི་རིགས་པ་བརྟག་དགོས་པ་ལས་མ་བརྟག་པར་ལྷོག་པར་བྱ་བའི་གནས་ལ་བརྩམ་མ་བརྩམ་པར་བྱ་བ་ལས་ལྷོག་གམ། འཇུག་ལྷོག་གི་གཞི་ལ་བཏང་སྙོམས་སུ་འཇོག་ཀྱང་རུང་སྟེ། དཔྱད་པས་ཤེས་བཞིན་བྱ་བར་འོས་པ་ལས་འདས་ཏེ་གསོད་སོགས་མི་རིགས་པ་བྱེད་པ། མི་སྤྱིན་པས་རིགས་པ་མི་སྒྲུབ་པ་ཐམས་ཅད་ལྟུང་བའི་སྡེ་ཡིན་ལ་ལོ་བརྒྱར་སྦྱིན་པ་ལས་ཉིན་གཅིག་ཚུལ་ཁྲིམས་འཕགས་པས། དོན་ཆེན་ཚུལ་ཁྲིམས་སྒྲུབ་པ་ལ་དོན་ཆུང་བ་སྦྱིན་བཏང་བཤོལ་བ་ལྟ་བུ་དང་། ངན་འགྲོའི་རྒྱུ་སྒྲུབ་པ་ལ་སྦྱོར་བ་རྩུབ་མོས་འགོགས་པ་ལྟ་བུ་ལྟུང་བའི་གཟུགས་བརྙན་ཏེ། ལས་དང་པོ་པས་ཡན་ལག་བཏང་སོགས་ནུས་པའི་ཡུལ་མིན་ཐམས་ཅད་ལྟུང་བ་མེད་ལ། གྲགས་འདོད་སོགས་ཀྱིས་མི་ནུས་དེར་བརྩོན་ན་ལྟུང་མེད་དེ་དེའི་

གཟུགས་བརྙན་ཡིན་ནོ། །དཔེར་ན་སེར་སྣས་མི་སྦྱིན་པ་ལྟུང་བ་ཕན་སེམས་ཀྱིས་ཆང་སོགས་མི་སྦྱིན་པ་དེའི་གཟུགས་བརྙན། སེམས་དག་པས་སྟེར་བ་ལྟུང་མེད་གནོད་པའི་རྫས་མི་སྟེར་བ་དེའི་གཟུགས་བརྙན་ཏེ། དེས་ཀུན་ལ་འགྲེས་སོ། །རང་འདོད་མེད་པར་སྙིང་རྗེས་གཞན་གྱི་ཕྱིར་ཕོ་ནས་ཕན་པ་སྒྲུབ་ན་ལུས་ངག་གི་བྱ་བ་རྣམས་ལུང་མ་བསྟན་ཡིན་པས་སེམས་ཀྱི་འཕན་པས་དགེ་བ་དང་མི་དགེ་བར་བསྒྱུར་དུ་རུང་བས། མི་དགེ་ལྟར་སྣང་བའི་ལུས་ངག་ལས་བདུན་པོ་གཞན་དོན་རླབས་ཆེན་སྒྲུབ་པ་ལ་གནང་བའི་སྐབས་ཡོད་དེ། དོན་ལ་དགེ་བ་ཡིན་ནོ། །སྡོམ་པ་ཉི་ཤུ་པར། སྙིང་རྗེ་ལྡན་ཞིང་བྱམས་ཕྱིར་དང་། སེམས་དགེ་བ་ལ་ཉེས་པ་མེད། ཅེས་སོ། །

གཉིས་པ་ཕྱིར་བཅོས་དངོས་ལ། དང་པོ་ཀླུ་སྒྲུབ་ལུགས་ནི། སྦྱིར་སྨོན་སེམས་བཏང་བ་དང་། བསླབ་པ་ཞུལ་བ་ལ་བཤགས་པས་མི་ཆོག་སྡོམ་པ་སླར་བླང་དགོས། དེ་གཞན་རྩ་ལྟུང་རྣམས་ཉིན་ལ་ཆ་གསུམ་མཚན་ལ་གསུམ་སྟེ་ཆ་དྲུག་ཏུ་ཕྱེ་བའི་ཆ་གང་རུང་ནང་ལྟུང་བ་བྱུང་ནས་ཐུན་ཕྱི་མའི་ནང་། གཉེན་པོས་མ་སླེབ་པར་འདས་ན་ཐུན་འདས་ཀྱི་ལྟུང་བ་ཞེས་བྱ་སྟེ། དེ་ལྟར་ཉམས་པའི་ལྟུང་བ་བྱུང་ན་དཔང་འཇིང་ཡི་དམ་ལྷ་མདུན་བཞུགས་གསུངས་པས། རིགས་སྔགས་སྦྱི་ཡི་ལྷ་འཕགས་པ་ནམ་མཁའི་སྙིང་པོའི་མདུན་བཞུགས་ན། ཁྲུས་དང་གཙང་སྦྲ་ལ་གནས་པས་སྤོས་ཕུལ་ཏེ་མཚན་ནས་བརྗོད་ཅིང་ཕྱག་འཚལ་ནས་འཕགས་པས་བདག་ལ་ཞལ་བསྟན་ཏེ་སྡིག་པ་དག་པར་མཛད་དུ་གསོལ་ཞེས། ཉིན་མཚན་བར་མ་ཆོད་པར་གསོལ་བ་དྲག་ཏུ་བཏབ་པས་རྨི་ལམ་དང་འཚམས་པར་ལུང་སྟོན་པར་འགྱུར་ལ། དེས་ཀྱང་རྟགས་མ་བྱུང་ན་ཐོ་རངས་ཀྱི་དུས་སུ་སྦྱོད་ལམ་ཇི་ལྟར་གྱིས་སྐྱ་རེངས། སྙིང་རྗེ་ཆེན་པོ་ལེགས་པ་ཁྱོད་འཛམ་བུའི་གླིང་དུ་ཤར་མ་ཐག་ཏུ་བདག་ལ་ཐུགས་རྗེས་ཁྱབ་པར་མཛོད་ཅིག །ནམ་མཁའི་སྙིང་པོ་སྙིང་རྗེ་ཆེན་པོ་དང་ལྡན་པ་ལ་ཡང་བདག་གིས་ཚིག་གིས་མྱུར་དུ་བསྐུལ་ཏེ་ཐབས་གང་གིས་ལྟུང་བ་མྱུར་དུ་འཆགས་པར་འདོད་པ་དང་། ཐེག་པ་ཆེན་པོའི་འཕགས་པ་ལ་ཐབས་དང་ཤེས་རབ་ཐོབ་པར་འགྱུར་བའི་ཐབས་དེ་བདག་གི་རྨི་ལམ་དུ་བསྟན་དུ་གསོལ། ཞེས་གསོལ་བ་བཏབ་ནས་ཉལ་བས་རྨི་ལམ་དུ་རང་གཟུགས་སྐལ་བ་བཞིན་སྟོན་པས་ལྟུང་བ་འཆགས་སུ་འཇུག །འདི་ཤིན་ཏུ་ཟབ་པས་ཉམས་སུ་ལེན་པ་གལ་ཆེ། དབང་

པོ་ཐ་མས་སྟོབས་བཞིའི་སྒོ་ནས་བཤགས་དགོས། དབང་རབ་ཀྱིས་མཁའ་ཁྱབ་ཀྱིས་རྒྱལ་བ་སྲས་བཅས་སྤྱན་སྔར་ཚིག་གིས་བཤགས་རྗེས་སྟོང་ཉིད་ཟབ་མོའི་དོན་ལ་མཉམ་པར་འཇོག་པས་ལྡང་བའོ། །གཞན་ཡང་ཉེས་བྱས་དང་། ཤེས་བཞིན་གྱིས་མ་ཟིན་པས་ཕྱིར་བཅོས་མ་གྲུབ་པའི་ལྟུང་བའི་ལྷག་མ་རྣམས་ཕུང་པོ་གསུམ་མདོ་ཉིན་མཚན་དུ་ལན་གསུམ་གསུམ་དུ་འདོན་པས་གཞིལ་བ་ཀླུ་སྒྲུབ་ལུགས་སོ། །ལར་བྱང་སྡོམ་འདི་ཉིན་རེ་བཞིན་བླངས་ན་སྡོམ་པ་གོང་འཕེལ་རྒྱུ་དང་། ཐུན་ལས་མ་འདས་པའི་རྩ་ལྟུང་བྱུང་བ་ཁ་ན་མ་ཐོ་བ་ཐམས་ཅད་ཀྱི་གཉེན་པོར་ཟབ་པས་གལ་ཆེའོ། །

གཉིས་པ་རྒྱལ་སྲས་ཐོག་མེད་ལུགས་ལ་སྡོམ་པ་བཏང་བའི་རྒྱུ་སྨོན་པའི་སེམས་ནི་ཡན་ལག་ནག་པོའི་ཆོས་བཞི་སྤྱད་པ་དང་། རྩ་བ་སེམས་ཅན་སྙིང་ཐག་པ་ནས་བློས་བཏང་ན་དེ་བཏང་བར་འགྱུར་ལ། དེས་འཇུག་སེམས་ཀྱང་ཉམས་པར་འགྱུར་རོ། །རྙེད་བཀུར་ཕྱིར་བདག་བསྟོད་གཞན་སྨོད་སོགས་གང་རུང་རྒྱུན་མི་ཆད་པར་སྤྱོད་དང་། ངོ་ཚ་ཁྲེལ་ཡོད་ཆུང་ངུ་ཙམ་ཡང་མེད་པ་དང་། བྱ་བ་དེས་མགུ་ཞིང་དགའ་བ་དང་བྱ་བ་དེ་ཉིད་ཡོན་ཏན་དུ་ལྟ་བ་དེ་ཡན་ལག་བཞི་ཚང་ན་ཀུན་དཀྲིས་ཆེན་པོ་བསྐྱེད་པའི་ལྟུང་བ་ཞེས་སྡོམ་པ་འཇོམ་པར་བྱེད་པས་ན་ཕམ་པ་ཞེས་བརྗོད་པ་ཡིན་ལ། ཡན་ལག་གང་རུང་ཚང་ཡང་དེ་ལ་ངོ་ཚ་ཆེར་བསྐྱེད་ཅིང་། གཞན་རྐྱེན་ལ་མ་ལྟོས་པར་རང་གིས་མྱུར་དུ་ཕྱོག་པར་བྱེད་ན་ཀུན་དཀྲིས་ཆུང་ངུ་དང་། ངོ་ཚ་དང་ཁྲེལ་ཙུང་ཟད་སྐྱེ་ཞིང་གཞན་གྱིས་བསྐུལ་བས་ཕྱོག་ན་ཀུན་དཀྲིས་འབྲིང་པོ་ཡིན་ལ། དེ་གཉིས་ཀྱི་སྡོམ་པ་བཏང་བ་མིན་ནོ། །དེ་ལ་སྨོན་སེམས་བཏང་དང་ཕས་ཕམ་རྩ་ལྟུང་གིས་སྡོམ་པ་བཏང་བས། དེ་དག་བྱུང་ན་ཐེག་ཆེན་སྡོམ་ལྡན་བཞི་ཡན་གྱི་དྲུང་དུ་བཤགས་སྡོམ་དང་བསགས་སྦྱངས་ནན་ཏན་བྱས་ལ་སྡོམ་པ་སླར་བླང་དགོས། དེའང་ལན་གསུམ་ལས་བསྐྱལ་དུ་མེད་པར་བཤད་ཀུན་དཀྲིས་འབྲིང་གི་ཕམ་འདྲ་ནི་གསུམ་ཡན་ཆད་དོ། །ཐ་མ་ཀུན་དཀྲིས་ཆུང་ངུའི་རྩ་ལྟུང་དང་ཉེས་བྱས་རྣམས་ནི་གང་ཟག་གཅིག་ཡན་ཆད་མདུན་དུ་ཉེས་པའི་དངོས་པོ་བརྗོད་པས་བཤགས་སྡོམ་བྱས་དེར་དག་པར་འགྱུར་རོ། །དེ་ཐམས་ཅད་ལ་བཤགས་ཡུལ་མཐུན་པའི་གང་ཟག་ཐེག་ཆེན་སྡོམ་ལྡན་མེད་ན་རྒྱལ་བ་སྲས་བཅས་ཡིད་ཀྱིས་བསམ་པའི་སྤྱན་སྔར་བཤགས་ཤིང་སྡོམ་པར་བྱའོ། །དེ་ལྟར་རྒྱ་ཆེར་སྤྱོད་པའི་རིང་

ལུགས་འདི་ལས་དང་པོ་པ་རྣམས་ལ་དགོངས་ནས་ཤིན་ཏུ་དོག་པོར་བྱས་པས་ཟླ་མེད་པ་ཉིད་དོ། །ཞེས་གསུངས་སོ། །

གསུམ་པ་སྡོམ་པ་ཚུལ་བཞིན་བསྲུང་བའི་ཕན་ཡོན་དགེ་བ་རྒྱུན་ཆགས་སུ་འབྱུང་བའི་ཕྱིར་ན། སྨོན་སེམས་ཀྱིས་ཀྱང་གནས་སྐབས་མངོན་མཐོའི་འབྲས་བུ་ཟད་པ་མེད་ཅིང་། མཐར་ཐུག་བྱང་ཆུབ་ཐོབ་པའི་རྒྱུར་འགྱུར་ན། འདི་འདྲའི་སྨོན་སེམས་སྟེང་དུ་འཇུག་པ་བྱང་ཆུབ་སེམས་ཀྱིས་རྒྱས་ཟིན་ན། མི་དགེ་བྱེད་པའི་དུས་མ་ཡིན་པར་གཉིད་དང་རྒྱེད་མོས་གཡེང་བར་གྱུར་པ་སོགས་བག་མེད་པའི་དབང་དུ་གྱུར་པ་ལའང་བསོད་ནམས་ཀྱི་ཤུགས་རྒྱུན་མི་ཆད་པར་འབྱུང་བར་བཤད་ན་འབྲས་བུ་མི་ཟད་པ་འབྱུང་བ་ལྟ་ཅི་སྨོས་སོ། །

གཉིས་པ་མིང་དོན་གནས་འགྱུར་བ་ནི། བྱང་ཆུབ་ཀྱི་སེམས་བསྐྱེད་མ་ཐག་ནས་རྒྱལ་བའི་སྲས་སུ་མིང་འཕོ་ཞིང་། ལྷ་དང་མིར་བཅས་པས་ཕྱག་བྱ་བའི་གནས་སུ་འགྱུར་བའོ། །

གསུམ་པ་བླ་མེད་བྱང་ཆུབ་ཐོབ་པའི་ཕན་ཡོན་ནི། སྦྱོར་ཚོགས་ལམ་གསུམ་དུ། དྲན་པ་ཉེར་བཞག་བཞི། ཡང་དག་སྤོང་བཞི་རྫུ་འཕྲུལ་རྐང་བཞི་རྣམས་སྒོམ་པས་མངོན་ཤེས་ལྔ་དང་ཆོས་རྒྱུན་ཏིང་འཛིན་སོགས་ཐོབ། སྦྱོར་ལམ་དྲོད་རྩེ་གཉིས་སུ་དབང་པོ་ལྔ་དང་བཟོད་ཆོས་གཉིས་སུ་སྟོབས་ལྔ་སྒོམ་པས་བཟུང་རྟོག །འཛིན་རྟོག་རྣམས་ཉམས་སྨད་པར་བྱས་ཏེ། ཡོན་ཏན་ཆེས་ཐོབ། ས་དང་པོར་ཆོས་ཉིད་ཀྱི་བདེན་པ་མཐོང་ཀུན་བརྟགས་ཀྱིས་སྒྲིབ་གཉིས་མཐོང་སྤངས་བརྒྱ་དང་བཅུ་གཉིས་དྲུང་ནས་འབྱིན། བརྒྱ་ཕྲག་བཅུ་གཉིས་ཀྱི་ཡོན་ཏན་ཐོབ། བསྒོམ་ལམ་དགུ་པོར། ཡེ་ཤེས་དེ་ཡང་སྒོམ་པས་ས་བདུན་ལ་ལྷན་སྐྱེས་ཀྱིས་བསྡུས་པའི་སྒྲིབ་གཉིས་སྒོམ་སྤང་བཞི་བརྒྱ་བཅུ་བཞི་རིམ་གྱིས་སྤངས། དག་པ་གསུམ་དུ་ཉོན་སྒྲིབ་ཟད་ནས་ཤེས་སྒྲིབ་ཕྲ་བ་རིམ་གྱིས་སྤངས། ཀུན་རྫོབ་ཀྱི་ཡོན་ཏན་ཆེར་འཕེལ་ཏེ་རྒྱུན་མཐའ་རྡོར་ཏིང་གིས་བག་ཆགས་ཕྲ་བ་བཅོམ་སྟེ་མངོན་པར་རྫོགས་པར་འཚང་རྒྱ་བའོ། །དེ་ཡང་བྱང་སེམས་དཔའ་རྣོན་རྫི་བོ་ལྟ་བུས་གྲངས་མེད་གསུམ་གྱི་དང་པོས་ཚོགས་སྦྱོར།

གཉིས་པས་མ་དག་ས་བདུན་གསུམ་པས་དག་ས་གསུམ་ནས་མཐར་འབྲས་ཐོབ། དབང་

འབྲིང་མཉན་པ་ལྷ་བུས་གྲངས་མེད་བདུན་ཏེ། ཚོགས་སྦྱོར་གཉིས་སུ་གཉིས། མཐོང་ལམ་དུ་གཅིག སྒོམ་ལམ་དུ་གཉིས་ཀྱིས་མཐར་ཕྱིན། དབང་བརྟུལ་རྒྱལ་པོ་ལྟ་བུས་གྲངས་མེད་སོ་གསུམ་ཐོག་ཏེ། ཚོགས་སྦྱོར་དུ་གསུམ་ས་བཅུ་རེ་རེ་ལ་གསུམ་གསུམ་གྱིས་མཐར་བྱང་ཆུབ་ཐོབ་པ་ཡིན་ནོ། །བྱང་ཆུབ་སེམས་དཔའི་སེམས་བསྐྱེད་ཀྱི་བསླབ་བྱ་བཤད་པའི་རིམ་པར་ཕྱེ་བ་སྟེ་ལེའུ་གསུམ་པའི་རྣམ་པར་བཤད་པའོ། །

ལེའུ་བཞི་པ་གསང་སྔགས་རིག་འཛིན་གྱི་སྡོམ་པ་ལ་ཁོག་དབུབས་གླིང་གཞི། སྡོམ་པ་མ་ཐོབ་པ་ཐོབ་པར་བྱེད་པ། ཐོབ་པ་མི་ཉམས་པ་བསྲུང་ཚུལ། ཉམས་ན་གསོ་ཚུལ་བཞིའི་དང་པོ་ལའང་བཞི་ལས་དང་པོ་སྟོན་པས་གསང་སྔགས་གསུང་ཚུལ་ནི། སྟོན་པ་ཕུན་སུམ་ཚོགས་པ་བདག་ཅག་གི་སྟོན་པ་འདི་ཉིད་ཐོག་མ་མེད་པའི་དུས་སུ། གཞི་གདོད་མའི་དབྱིངས་སུ་རིག་པའི་ཡེ་ཤེས་གྲོལ་བས་མངོན་སངས་རྒྱས་ཏེ་སྐུ་དང་ཡེ་ཤེས་འདུ་འབྲལ་མེད་པའི་ངང་ལ་དུས་གསུམ་གྱི་རྒྱལ་བ་ཐམས་ཅད་དང་དགོངས་པ་གཅིག་ཏུ་བཞུགས་པ་ལས་ལོངས་སྤྱོད་རྫོགས་པའི་སྐུར་སྣང་སྟེ། སྤྱོད་ཡུལ་ཐམས་ཅད་ཡེ་ཤེས་རང་སྣང་གི་ངོ་བོ་འབའ་ཞིག་ཏུ་དག་པས་ཀུན་ཏུ་བཟང་པོ་གཟུང་འཛིན་རྟོག་པས་མི་བྱེད་པས་རྡོ་རྗེ་དབྱིངས་དང་ཡེ་ཤེས་འདུ་འབྲལ་མེད་པས་འཆང་སྟེ། དཀྱིལ་འཁོར་ཐམས་ཅད་ཀྱི་དབང་ཕྱུག་སྟོན་པར་སྣང་བ་དེས། གནས་ཕུན་ཚོགས་རང་སྣང་ཤིན་ཏུ་རྣམ་པར་དག་པའི་ཞིང་ཁམས་འོག་མིན་ཆེན་པོ། འཁོར་ཕུན་ཚོགས་ཉིད་ལས་མི་གཞན་པའི་རང་སྣང་གི་འཁོར་རྒྱལ་བ་ཞི་ཁྲོའི་དཀྱིལ་འཁོར་ཚད་མེད་པ་ལ། ཆོས་ཕུན་སུམ་ཚོགས་པ་ཡེ་ཤེས་འོད་གསལ་བ་དགོངས་པ་བརྗོད་དུ་མེད་པ་ཉིད། དུས་ཕུན་སུམ་ཚོགས་པ་གཞི་རྫོགས་འཕོ་འགྱུར་མེད་པའི་དབྱིངས་སུ་རང་ཤར་བས་སྣང་བའོ། །དེའི་ངང་ལས་ས་བཅུའི་རྒྱུན་མཐའ་ལ་སྣང་བའི་གནས་ཁྱད་པར་ཅན་གྱི་འོག་མིན་ན། འཁོར་དེར་ཆོས་གསང་སྔགས་ཀྱི་རྒྱུད་སྡེ་རྒྱ་མཚོ་ལྟ་བུ་དགོང་པ་བརྡའི་གསུང་གིས། དུས་རྟག་པ་རྒྱུན་གྱི་འཁོར་ལོ་སྟོན་པར་མཛད། དེ་ནས་བྱང་སེམས་ས་དགུ་པ་ལ་སྣང་བའི་འོག་མིན་ཙམ་པོ་པ་དང་། ས་བརྒྱད་པ་ལ་འོག་མིན་བཏགས་པ་བ་རྣམས་སུ་ཚུལ་འདྲ་བར་གསུངས་ཤིང་། དེའི་ཚེ་གདུལ་བྱ་གདུག་པ་ཅན་རྣམས་ཀྱི་ངོར་དཔལ་ཧེ་རུ་ཀའི་དཀྱིལ་འཁོར་

སྤྲུལ་བཤད་ཀྱིས་དོན་མཛད། གཞན་ཡང་རང་བཞིན་སྤྲུལ་སྐུའི་ཞིང་ལྔ་དང་། དག་མ་དག་གི་འགྲོ་འདུལ་སྤྲུལ་པའི་ཞིང་ཚད་མེད་པར་གདུལ་བྱར་མཚམས་པའི་དོན་དཔག་ཏུ་མེད་པ་མཛད་དོ། །དེ་ལྟ་བུའི་རྒྱུད་སྡེ་རྣམས་རྡོ་རྗེ་འཆང་གི་ཐུགས་ཀྱི་རྣམ་འཕྲུལ་རིགས་གསུམ་སེམས་དཔས་ལྷ་ཀླུ་གནོད་སྦྱིན་ཡུལ་དུ་དར་བར་མཛད། ཁྱད་པར་མཆོག་གི་སྤྲུལ་སྐུས་ཐེག་གསུམ་བསྟན་པའི་ཕྱིས་ནས་དཔལ་ལྡན་འབྲས་སྤུངས་མཆོད་རྟེན་དུ་དུས་འཁོར། ཨོ་རྒྱན་དུ་གསང་འདུས་རྡོ་རྗེ་སྙིང་པོ་ལ་ཀྱེ་རྡོར་སོགས་སོ་སོའི་དཀྱིལ་འཁོར་གཙོ་བོའི་རྣམ་པར་བཞེངས་ནས་གསུངས་པ་སོགས་སྔར་འོག་མིན་དུ་གསུངས་པ་སོ་སོའི་གནས་སུ་སླར་ཡང་བཟླས་ཏེ་བསྟན་པ་ཡིན་ནོ། །

གཉིས་པ་བཀའ་བསྡུ་མཛད་ཅིང་བསྟན་པ་སྐྱོང་ཚུལ་ནི་རི་རབ་བྱང་ཤར་ལྕང་ལོ་ཅན་དུ་བྱང་ཆུབ་སེམས་དཔའ་བྱེ་བ་ཕྲག་དགུ་བཅུ་རྩ་དྲུག་འདུས་པ་ལ་ཕྱག་རྡོར་གྱིས་བཀའ་བསྡུས་རྒྱུད་སྡེ་ཐམས་ཅད་གསུངས་པ་དང་ནི། དུས་འཁོར་ཟླ་བཟང་། བརྟགས་གཉིས་རྡོ་རྗེ་སྙིང་པོ་སོགས་ཞུ་བ་པོའི་འཁོར་གྱིས་བསྡུས་པ་དང་། སྟོ་འགྱུར་བ་ལྟར་ན་སྟོན་པ་མྱ་ངན་ལས་འདས་ནས་ལོ་ཉེར་བརྒྱད་ན་དམ་པའི་རིགས་ཅན་ཟླ་མ་ལྷ་ལྔའི་ཡུལ་གྱི་རི་མ་ལ་ཡའི་རྩེར་མངོན་ཤེས་དང་རྫུ་འཕྲུལ་གྱིས་འདུས་ནས་གདུང་ཚིག་ཉེར་གསུམ་བརྗོད་པས། སྟོན་པ་ཉིད་གསང་བདག་གི་རྣམ་པར་བྱོན་ནས་སྟོན་འོག་མིན་དང་། དགའ་ལྡན་སུམ་ཅུ་རྩ་གསུམ་སོགས་སུ་གསུངས་པ་རྣམས་རིག་འཛིན་གྱི་འདུས་པར་གསུངས་པ་གླེག་བམ་དུ་བཀོད་ནས་དགོངས་པའི་རྩལ་བདུན་གྱིས་ནམ་མཁར་སྦས་པ༑ དེའི་བྱིན་རླབས་ཀྱིས་ས་ཧོ་རའི་རྒྱལ་པོ་ཛའི་ཁང་སྟེང་དུ་བབས་པ་དང་། རྒྱུད་སྡེ་གཞན་རྣམས་ཀྱང་གནས་སོ་སོར་བབས། རྒྱལ་པོ་ཛས་གསོལ་བ་བཏབ་པས་གསང་བདག་བྱོན་པ་དང་མིའི་རིག་འཛིན་དྲི་མེད་གྲགས་པ་ལས་ཀྱང་གསན་ཏེ། རིམ་གྱིས་དར་བ་དང་། ཨ་ཏི་ཡོ་ག་རྣམས་སློབ་དཔོན་དགའ་རབ་རྡོ་རྗེས་རྡོ་རྗེ་སེམས་དཔའམ་ཕྱག་ན་རྡོ་རྗེ་ལས་དངོས་སུ་གསན་ནས་བཀའ་བསྡུས་གླེགས་བམ་ལ་བཀོད། སྤྲུལ་སྡེ་རྣམས་འོག་མིན་གསང་བ་མཆོག་གི་གནས་སུ་ཆེ་མཆོག་ཧེ་རུ་ཀས་ཆོས་ཉིད་ཀྱི་རང་སྒྲས་གསུང་པ་གསང་བདག་རྡོ་རྗེ་ཆོས་ཀྱིས་བསྡུས་ནས། སྤྱི་དང་བྱེ་བྲག་གི་རྒྱུད་རྣམས་མཆོད་རྟེན་བདེ་བྱེད་རྩེགས་པར་སྦས་པ། རྒྱ་གར་གྱི་གྲུབ་པའི་སློབ་དཔོན་ཆེན་པོ་

བརྒྱུད་དང་ཀུན་འདུས་རིག་འཛིན་པདྨ་སཾ་བྷ་བས་སྤྱན་དྲངས་ནས་བོད་ཀྱི་རྗེ་འབངས་ཉེར་ལྔ་སོགས་མཁས་དང་གྲུབ་པའི་ཚོགས་ཀྱིས་རྒྱུད་སྡེའི་དགོངས་པ་བཀྲལ་ཞིང་སྤེལ་བར་མཛད། གསང་སྔགས་སྔ་འགྱུར་བའི་རིང་ལུགས་གཞག་གཞུང་བས་ཟུར་རྣམས་ནས་བརྒྱུད་པའི་བཀའ་མ་དང་ཉེ་བརྒྱུད་གཏེར་མ་ཞེས་གྲགས་པ་དང་། གསང་སྔགས་ཕྱི་འགྱུར་གསར་མ་ལྟར་ན་ཨཱཙྪརྱ་བོ་དྷི་སཏྭ་ནས་བཀའ་བསྡུས་གླེགས་བམ་བྱས་ནས་སྤེལ་བས་ཨུ་རྒྱན་ཡུལ་གྱི་མི་དང་སྲོག་ཆགས་ཕྲ་མོ་ཡན་འཇའ་ལུས་སུ་སོང་། ཡུལ་སྟོང་ནས་མཚོར་གྱུར་པར་ཀླུས་གང་བའང་སྨིན་ནས་སླར་མིར་གྱུར་ནས་མཁའ་འགྲོ་དང་མཁའ་འགྲོ་མའི་གླིང་དུ་ཧེ་རུ་ཀའི་ལྷ་ཁང་དུ་རྒྱུད་སྡེ་རྣམས་བཞུགས་པ་དེ་ལ་སཱ་ར་ཧཱ་དང་ཧཱུྃ་ལོ་སོགས་གྲུབ་ཐོབ་རྣམས་ཀྱིས་སྤྱན་དྲངས་ནས་བོད་འདིར་མར་འགོས་འབྲོག་མི་སོགས་ཀྱི་བཀའ་སྲོལ་དཔག་ཏུ་མེད་པ་ཡོད་ན་ཡང་། རྒྱུད་སྡེ་སྤྱི་ཡི་དམ་ཚིག་རྣམས་འདིར་འཆད་པར་བྱེད་དོ། །

གསུམ་པ་སྔགས་སྡོམ་གྱི་ངོ་བོ་ནི། བསྡམ་བྱ་སྒོ་གསུམ་ཕྲ་བའི་བག་ཆགས་དང་མཚན་འཛིན་གྱི་རྟོག་པ་སྡོམ་བྱེད། ཐབས་ཤེས་ཁྱད་པར་ཅན་ཟབ་གསལ་གཉིས་མེད་མཉམ་ཉིད་ཀྱི་དགོངས་པས་རྩིས་ཟིན་པའི་ཡེ་ཤེས་ཀྱི་བསྡམ་པའི་ཚུལ་ཁྲིམས། བཤུས་གྲོད་ལག་བཅངས། གཉིས་སྦྱོར་གྱི་བདེ་བ། དེ་དག་དག་བྱེད་རྒྱུད་སྡེ་བཞི་སོ་སོའི་རིང་ལུགས་བཞིན་ནོ། །བཞི་པ་དབྱེ་བ་ནི། བྱ་སྤྱོད་རྣལ་འབྱོར་བླ་མེད་བཞིར། རྩ་ལྟུང་བཅུ་བཞི་སོ་སོར་གྲངས་ངེས་པ་ནི། དུས་ཀྱི་འཁོར་ལོའི་འགྲེལ་པ་གཞན་དུ་བལྟ་ཞེས་ཞལ་འཕང་བར་མཛད་དེ། འདིར་བླ་མེད་ལུགས་ཀྱི་སྡོམ་པ་བཤད་པ་ལ་དུས་འཁོར་བརྟུལ་ཞུགས་ཉི་ཤུ་རྩ་ལྔ་དང་། ཐུན་མོང་ཁྱད་པར་རིགས་ལྔའི་སྡོམ་པ་དང་། གསར་རྙིང་རྒྱུད་སྡེ་སྤྱི་ལ་གྲགས་པའི་རྩ་ལྟུང་བཅུ་བཞི་དང་། ཡན་ལག་སྦོམ་པོའི་རྣམས་གྲངས་དང་ནི། རྫོགས་པ་ཆེན་པོའི་རྩ་བ་དང་ཡན་ལག་གི་ལུགས་སྲོལ་རྣམས་འདིར་འཆད་པར་བྱའོ། །

གཉིས་པ་མ་ཐོབ་པ་ཐོབ་པར་བྱེད་པ་ལ་མདོར་བསྟན་ནི། སྤྱིར་དབང་ལ་གཞི་དབང་། ལམ་དབང་། འབྲས་དབང་གསུམ་ཡོད་པས། དང་པོ་ནི་རྒྱ་ རླུང་ཐིག་ལེ་སེམས་དང་བཅས་པའི་གཞུག་མ་ནི་དབང་བཞིའི་ཡོན་ཏན་རང་བཞིན་གནས་པ་གཞི་དབང་། ལམ་དབང་རྡོ་རྗེ་སློབ་དཔོན་གྱིས

བསྐུར་བ་དང་། འབྲས་དབང་མཐར་འབྲས་མངོན་དུ་བྱས་པ་སྟེ། དཔེར་ན་ས་བོན་ལ་དྲོད་གཞེར་མ་འཛོམ་ན་མྱུ་གུ་མི་སྐྱིན་པ་བཞིན་མ་ཐོབ་པ་ལ་གསར་དུ་བསྐུར་བ་ནི་རྒྱུ་དབང་ཡིན་ལ། དེ་རྗེས་བླ་མས་བསྐུར་བ་དང་། བདག་འཇུག་སོགས་ལམ་དབང་དང་། རྒྱུན་མཐར་ལོངས་སྐུའི་དབང་གིས་བག་ཆགས་ཕྲ་བ་དག་པ་འབྲས་དབང་ཡིན་པས། རྒྱུ་ལམ་གཉིས་ཀྱི་ཐོབ་ཚུལ་བཤད་པའོ། །

གཉིས་པ་རྒྱས་བཤད་ལ་བསྐུར་བའི་སློབ་དཔོན་ནི་སྒྱུ་མདོ་ལས། བརྟེན་ཞིང་དུལ་ལ་གཡོ་སྒྱུ་མེད། །གསང་སྔགས་རྒྱུད་ཀྱི་སྦྱོར་བ་ཤེས། །དཀྱིལ་འཁོར་བྲི་བའི་ལས་ལ་མཁས། །དེ་ཉིད་བཅུ་ནི་ཡོང་ཤེས་ཞིང་། །སེམས་ཅན་རྣམས་ལ་མི་འཇིགས་སྦྱིན། །ཐེག་པ་ཆེ་ལ་རྟག་དགའ་བ། །དེ་ནི་སློབ་དཔོན་ཡིན་པར་གསུངས། །ཞེས་པ་ལྟ་བུས། དབང་བཞིའི་དང་པོ་ཚོམ་བུ་རས་བྲིས་རྡུལ་ཚོན་གསུམ་དང་།

གཉིས་པ་གསང་སྔགས་ཀྱི་དེ་ཁོ་ན་ཉིད་ཡི་གེ་ཟླ་གའི་དང་། གསུམ་པར་ལྷའི་དེ་ཁོ་ན་ཉིད་ཀུན་རྫོབ་བྱང་ཆུབ་སེམས་དང་། བཞི་པ་ཡེ་ཤེས་ཀྱི་དེ་ཁོ་ན་ཉིད་དོན་དམ་བྱང་ཆུབ་སེམས་ཀྱི་དཀྱིལ་འཁོར་བཞིར་བསྐུར་ཚུལ། ས་ཆོག །བུམ་པ། ལྷ་དང་སློབ་མ་ལྷ་གོན་བདག་འཇུག་སྡོམ་བཟུང་རྣམས་དང་། དངོས་གཞི་སློབ་དཔོན་སྐུ་རྡོ་རྗེ་སྤྲུལ་སྐུའི་ངོ་བོ་ལས། ཆུ་དང་ཅོད་པན་རྡོར་དྲིལ་མིང་དབང་སྟེ་རིགས་པའི་དབང་ལྔ་དང་། ཐབས་སློབ་མའི་དབང་དང་ཐབས་བྱུང་སློབ་དཔོན་གྱི་སྟེ་བུམ་དབང་བསྐུར་བས་སྣང་སྟོང་གཉིས་སུ་མེད་པའི་ཡེ་ཤེས་ཉམས་སུ་མྱོང་བ་དང་། སློབ་དཔོན་གསུང་རྡོ་རྗེ་ལོངས་སྐུ་ཡིས་གསང་བའི་དབང་བསྐུར་བས་གསལ་སྟོང་བརྗོད་བྲལ་གྱི་ཡེ་ཤེས་ཉམས་སུ་མྱོང་བ་དང་། ཐུགས་རྡོ་རྗེ་ཆོས་སྐུས་ཤེས་རབ་ཡེ་ཤེས་དབང་གིས་བདེ་སྟོང་གཉིས་མེད་ཡེ་ཤེས་མྱོང་བ་དང་། ཡེ་ཤེས་རྡོ་རྗེ་ངོ་བོ་ཉིད་སྐུས་བཞི་པ་ཚིག་དབང་གིས་རིག་སྟོང་འོད་གསལ་གྱི་ཡེ་ཤེས་ཉམས་སུ་མྱོང་བའོ། །དེ་རྣམས་རིམ་བཞིན་དད་བརྩོན་བརྟུལ་ཞུགས་ཀྱིས་མཚན་ཉིད་ལྡན་པའི་སློབ་བུར་རིམ་པས་བསྐུར་བས། སད་པའི་སྣང་བ་རགས་པ། རྨི་ལམ་ཐིག་ལེ་རླུང་གིས་བསྐྱོད་པའི་སྣང་བ་ཕྲ་བ། གཉིད་འཐུག་མི་རྟོག། ཡིད་ཀྱི་ཐིག་ལེ་སྙོམས་འཇུག་རྟོག་ཚོགས་འགགས་ཏེ་གནས་སྐབས་བཞིས་བསྒྲིབ་པའི་རག་པ་ལུས། ཕྲ་བ་ངག །ཤིན་ཏུ་ཕྲ་བ་ཡིད་དེ་སྒོ་གསུམ་དང་། ཤིན་ཏུ

ཕྲ་བ་ཀུན་གཞི་ཤེས་བྱའི་དྲི་མ་སྦྱངས། ལམ་དང་པོས་བསྐྱེད་རིམ། གཉིས་པས་གཏུམ་མོ་རླུང་ལུས། གསུམ་པས་ཕྱག་རྒྱ། དེ་གཉིས་ཀྱིས་དཔེའི་ཡེ་ཤེས། བཞི་པས་དོན་གྱི་ཡེ་ཤེས་དང་གཉིས། ཕུང་པོ། ཉོན་མོངས། འཆི་བདག་ཡུལ་ཞེན་ལྷ་བུའི་བདུད་བཞི། ཉོན་སྒྲིབ། ཤེས་སྒྲིབ་རག་པ་དང་། ཕྲ་བ། འཕོ་བའི་བག་ཆགས་སྒྲིབ་པ་རྣམས་སྦྱངས། དེ་ལྟར་ལམ་བསྐྱེད་རྫོགས། རྫོགས་པ་ཆེན་པོ་རྣམས་སྒོམ་པ་དང་འབྲས་བུ་སྐུ་རྡོ་རྗེ་སྤྲུལ་པའི་སྐུ་སོགས་སྐུ་བཞི་ཐོབ་པའི་ནུས་རུང་བྱ་བའོ། །སྔགས་སྡོམ་ཐོབ་མཚམས་ནི་དང་པོ་སློབ་མའི་གནས་གསུམ་རྡོ་རྗེ་གསུམ་བསྐྱེད་ནས་བྱིན་རླབས་ཀྱི་མགོ་ཙམ་པ་ནས། ཐ་མ་དབང་བཞི་ཡོངས་སུ་རྫོགས་པའི་ཚེ་ན་རིག་པ་འཛིན་པའི་སྡོམ་པ་ཐོབ་ཅིང་། དེའི་རྗེས་སུ་རང་རང་གི་དམ་ཚིག་སྡུག་པ་ཁས་བླངས་པས་བཟུང་ནས་སྡོམ་དང་དམ་ཚིག་བསླབ་པ་རྣམས་བསྲུང་བ་ལ་འབད་པར་བྱ་དགོས་སོ། །

གསུམ་པ་བར་དུ་མི་ཉམས་པར་བསྲུང་བ་ནི། སྔགས་ཀྱི་བསླབ་པ་ཐམས་ཅད་ཀྱི་གཞི་རྟེན་ཡིན་པས། དཔེར་ན་སྲོག་གི་དབང་པོ་འགགས་ན་དབང་པོ་ཐམས་ཅད་འགགས་པ་བཞིན་བསླབ་པ་ཐམས་ཅད་དོན་མེད་པར་འགྱུར་བས། དེ་བསྲུང་ཐབས་ཤེས་པ་ལ་རག་ལས་པས་དེ་བཤད་པ་ནི;། སྔར་དབྱེ་བའི་སྐབས་སུ་བསྟན་པའི་ལྔ་པོ་རིམ་བཞིན་འཆད་པ་ལ། དང་པོ་ཐོག་མར་དམ་ཚིག་སྡོམ་པ་ཀུན་གྱི་རྟེན་དུ་གྱུར་པ་རྡོ་རྗེ་སེམས་དཔའི་དམ་ཚིག་ཡན་ལག་བརྟུལ་ཞུགས་ཉེར་ལྔ་འདི་དཔལ་ལྡན་དུས་ཀྱི་འཁོར་ལོ་ལས་གསུངས་པ་ལྔ་ཚན་ལྔ་ལས་དང་པོ་སྲོག་ཆག་ཕྲ་མོ་ཡན་གསོད་པ་དང་། མནར་སེམས་ཀྱིས་འཚོ་བ། གཞན་བསླུ་བའི་རྫུན་སྨྲ་བ། གཞན་གྱི་ནོར་རྐུ་བ་དང་། གཞན་གྱི་བུད་མེད་ལ་འདོད་ལོག་སྤྱོད་པ། ཉེས་མང་བསྐྱེད་པའི་གཞི་ཆང་འཐུང་བ་རྣམས་འཁོར་བར་འཆིང་བྱེད་ཞགས་པ་ལྟ་བུ་བདེ་དགེ་ཐམས་ཅད་འཇོམ་པར་བྱེད་པས་སྤང་བྱ་བསླབ་པའི་གཞི་ལྔ་སྤང་བ་གལ་ཆེ་གསུངས།

གཉིས་པ་ཉེ་བའི་སྡིག་པ་ལྔ་ནི། ཤོ་བག་མིག་མང་སོགས་ཆོ་ལོ་རྩེ་བ་དང་། བཟའ་དང་རིན་གྱི་དོན་བཤད་པའི་ཤ་སོགས་ཁ་ན་མ་ཐོའི་སྡིག་ཟས་ཟ་བ་དང་། ཉོན་མོངས་བསྐྱེད་པའི་དམག་དང་བུད་མེད་ཚོང་གི་གཏམ་སོགས་ངག་འཁྱལ་ངན་ཚིག་སྨྲ་བ་དང་། ཕྱུགས་ཀྱི་མཆོད་སྦྱིན་བྱ་བ

འབྱུང་པོའི་ཆོས་ལུགས་དང་། རང་གིས་བསད་པའི་ཤ་མ་གཏོགས་ལས་ཀྱིས་ཤི་བའི་ཤ་མི་ཟ་བ་དང་། གོས་དཀར་པོ་དང་བྱ་གག་ལ་སོགས་པའི་སྐོང་དའི་ཁྱུ་བ་བཏུང་བ་སོགས་ལྷ་མིན་ཀླུ་ཀློའི་ཆོས་བསླབ་པ་རྣམས་བྱ་བ་མ་ཡིན་པ་ལྟའོ། །

གསུམ་པ་གསོད་པ་ལྟ་ནི། མུ་སྟེགས་བྱེད་སྡིག་པ་དགེ་བར་འདོད་པས། མཐོ་རིས་འདོད་པས་མཆོད་སྦྱིན་བ་ལང་གསོད་པ། མ་མོ་མཆོད་ལ་བྲིས་པ་གསོད། སྐྱེས་པའི་དོན་དུ་སྐྱེས་པ། བུད་མེད་དོན་དུ་བུད་མེད་གསོད་པ། ལྷ་མིའི་བླ་མ་གསོད་ཞེས་སངས་རྒྱས་ཀྱི་སྐུ་གཟུགས་གླེགས་བམ་མཆོད་རྟེན་ལ་བསྟུན་ནས་བཤིགས་པ་གསོད་པ་ལྟ་རུ་གྲགས་པ། ཀླ་ཀློ་འཚོ་བ་ཆོས་སུ་འདོད་པ་དགག་པ་སྟེ་སྡིག་ཤིན་ཏུ་ཆེ་བས་སྨོས་པའོ། །

བཞི་པ་འབུ་བ་ལྟ་ནི། དགེ་བའི་གྲོགས་པོ་དང་ལུགས་གཉིས་ཀྱིས་བཀུར་འོས་ རྗེ་བོ་དང་ཕ་མ་སོགས་དང་། རྫོགས་པའི་སངས་རྒྱས་དང་། དགེ་འདུན་སྡེ་དང་། མཁན་སློབ་སོགས་བླ་མ་སྡེ་ཡུལ་ལྟ་པོ་དེར་ཁང་བྲོ་སྒོམ་ཞིང་འཕང་བ་ནི་འབུ་བ་སྟེ་སྤང་བར་བྱའོ། །

ལྔ་པ་ཆགས་པ་ལྟ་བསྲུང་བ་ནི། གཟུགས་སྒྲ་དྲི་རོ་རེག་བྱ་ཡུལ་ལྔ་ལ། མིག་དང་རྣ་བ་སྣ་ལྕེ་ལུས་དབང་ལྔ། དབང་ཤེས་ཀྱི་རྗེས་སུ་འབྲང་བའི་རྣམ་རྟོག་ཡུལ་ལྔ་ལ་ཞེན་པས་ཆགས་པ་རྣམས་བསྐྱེད་རིམ་གྱིས་ཡུལ་དབང་ལྷ་བསྒྱུར་བསྒྱུར། རྫོགས་རིམ་གྱིས་ཡུལ་ལ་ཞེན་པར་མི་བྱེད་པ་བརྟུལ་ཞུགས་ཉེར་ལྔའོ། །

གཉིས་པ་ཐེག་པ་རྒྱུད་སྡེ་ཕྱི་ནང་ཐུན་མོངས་གྱུར་པ་རིགས་ལྔའི་སྡོམ་པ་ལྟ་ནི། སྨོན་པ་དང་འཇུག་པའི་སེམས་གཉིས་བསྐྱེད་དང་། ཉེས་སྤྱོད་སྡོམ་པ། དགེ་བ་ཆོས་སྡུད། སེམས་ཅན་དོན་བྱེད་དེ་ཚུལ་ཁྲིམས་རྣམ་པ་གསུམ་སོ་སོ་མཚན་ཉིད་ཚང་བ་བརྟན་པོར་སློབ་ཅིང་བཟུང་བ་དང་། དེ་ཐམས་ཅད་ཀྱི་རྟེན་དཀོན་མཆོག་གསུམ་ལ་སྐྱབས་སུ་འགྲོ་བ་སྟེ། སངས་རྒྱས་རྣམ་སྣང་སྐུའི་རིགས་ཡིན་ལ། སྐུ་ནི་འབྲས་ཆོས་ཐམས་ཅད་ཀྱི་རྟེན་ཡིན་པ་ལྟར། ཚུལ་ཁྲིམས་ཡོན་ཏན་ཀུན་གྱི་རྟེན་དང་སྡོམ་པའི་རྟེན་ཡིན་པ་དང་། དོན་ནི་བདེ་སྟོང་དབྱེར་མེད་རྣལ་འབྱོར་སེམས་ཉིད་གདོད་ནས་རྣམ་པར་དག་པ་དཀོན་མཆོག་གསུམ་གྱི་རང་བཞིན་བཟུང་བའི་སྡོམ་པའོ། །

གཉིས་པ་རྡོ་རྗེ་དྲིལ་བུ་ཚད་ལྡན་འཆང་བ་དང་། ལྷ་སྐུའི་ཕྱག་རྒྱ་ཆེན་པོ་སྒོམ་པ། དོན་དམ་སྟོན་པའི་བླ་མ་སྒོམ་པ། ཡི་དམ་ལྷའི་གཟུངས་སྔགས་སྙིང་པོ་བཟླ་བ་རྣམས་རྡོ་རྗེ་རིགས་ཀྱི་དམ་ཚིག་གོ། །

གསུམ་པ་ཟང་ཟིང་ནོར་གྱི་སྦྱིན་པ་དང་། ཆོས་ཀྱི་སྦྱིན་པ་དང་། མི་འཇིགས་པ་སྐྱབས་ཀྱི་སྦྱིན་པ་དང་། དེའི་རྩ་བ་སེམས་ཅན་ཐམས་ཅད་བླ་མེད་བདེ་བ་ཐོབ་པར་གྱུར་ཅིག་སྙམ་པ་བྱམས་པ་ཆེན་པོའི་སྦྱིན་པ་ཉིན་བཞིན་དུས་དྲུག་ཏུ་སྦྱིན་པ་རིན་ཆེན་འབྱུང་ལྡན་གྱི་དམ་ཚིག་གོ། །

བཞི་པ་ནི། ཕྱི་ཉན་རང་བྱང་སེམས་ཐེག་པ། ནང་བྱ་སྤྱོད་རྣལ་འབྱོར་ཐེག་པ། གསང་བ་བསྐྱེད་རྫོགས་གསུམ་གྱི་ཐེག་པ་དམ་པའི་ཆོས་འཛིན་པ་པདྨའི་རིགས་ཀྱི་སྡོམ་པའོ། །ལྔ་པ་ཕྱི་ནང་གསང་བའི་མཆོད་པ་དང་གཏོར་མ་སྦྱིན་སྲེགས་སོགས་ལས་ཀྱི་རིམ་པ་ཐམས་ཅད་ཅི་ནུས་སུ་འཛིན་པ་ལས་ཀྱི་རིགས་དོན་གྲུབ་སྡོམ་པའོ། །ཁྱད་པར་བླ་མེད་ལུགས་ལ་རྩ་རྒྱུད་ལས། ཐོག་མར་བདག་ཉིད་རྟོག་སྒོམ་བསྒྲལ། །དེ་ནས་གཉིས་མེད་བློ་ཡིས་ནི། །བློ་ངན་འཇིག་རྟེན་སྙིང་རེ་རྗེ། །

གཉིས་སུ་མེད་པར་བསྒྲལ་བར་བྱ། །ཞེས་པ་ལྟར་སྒྲ་ཇི་བཞིན་མ་ཡིན་པར་ངེས་དོན་ལྟར་ཉམས་སུ་ལེན་པ་སྟེ། དང་པོ་སྲོག་གཅོད་རྡོ་རྗེའི་རིགས་མི་བསྐྱོད་པའི་དམ་ཚིག་སྟེ་ཞིང་བཅུ་ཚང་བའི་དགྲ་དང་བཤེས་འདྲིས་མི་བྱ་བ་དང་། རྣམ་རྟོག་སྐྱེ་མེད་དབྱིངས་སུ་དག་ན་རླུང་ཁ་སྦྱོར་མ་སྒོམ་ཀྱང་དབུ་མར་ཚུད་ཅིང་། རྣམ་པར་རྟོག་པའི་སེམས་སྐྱེ་མེད་དབྱིངས་སུ་དག་པར་བྱེད་དགོས་པའོ། །དེ་ལྟར་རྟོགས་སྒོམ་གདེང་ཐོབ་ན་སྒྲ་བཞིན་སྤྱོད་རུང་མོད། ལྟ་དགོངས་གདེངས་མེད་པར་སྒྲ་བཞིན་སྤྱོད་ན་སྔགས་ལོག་རུ་ཏྲ་ངན་འགྲོའི་རྒྱུར་འགྲོ་བས་ཐོག་མར་རྟོགས་པས་བདག་བསྒྲལ་ཟིན་ནས། སྙིང་རྗེས་ལོག་རྟོག་སེམས་ཅན་བསྒྲོལ་བའོ། །

གཉིས་པ་ང་རྒྱལ་དག་པ་རིན་ཆེན་རིགས་ཀྱི་དམ་ཚིག་མ་བྱིན་པ་ལེན་པ་ནི། གཞན་གྱིས་རང་བཞིན་མ་བྱིན་ཀྱང་བསླང་བ་སོགས་ཀྱིས་ནོར་བླངས་ཏེ་མཆོད་སྦྱིན་གྱིས་ཚོགས་རྫོགས་པ་དང་དབུལ་བ་སེལ་བར་བྱེད་པ་དང་། དོན་དམ་པའི་བཙུན་མོའམ་བུད་མེད་ཐེག་ཆེན་གྱི་དགོངས་དོན

སྟོང་ཉིད་ཡིན་ལ། ཟབ་མོའི་ཆོས་གཉིས་མེད་ཀྱི་ཡེ་ཤེས་ཉིད་སྒོམ་སྟོབས་ཀྱིས་བླང་བ་རང་དང་གཞན་དོན་སྒྲུབ་ལ་དགོངས་པས་གསུངས་སོ། །

གསུམ་པ་འདོད་ཆགས་རྣམ་དག་པདྨའི་རིགས་ཀྱི་དམ་ཚིག །དངོས་རིག་ལས་ཀྱི། ཡིད་རིག་ཆོས་ཀྱི་ཕྱག་རྒྱ། གཏུམ་མོ་དམ་ཚིག་རྒྱ་ཞེས་ངེས་དོན་རྣམ་ཀུན་མཆོག་ལྡན་གྱི་སྟོང་ཉིད་དང་མི་འགྱུར་བའི་བདེ་ཆེན་ཁ་སྦྱོར་ལས་བདེ་སྟོང་ཕྱག་རྒྱ་ཆེན་པོའི་དོན་གྱི་ཡེ་ཤེས་སྒྲུབ་པ་སྟེ། དེ་དག་ལ་བུད་མེད་ཀྱི་སྒྲས་བསྟན་ནས་བརྟེན་པར་གསུང་པ་ཡིན་ནོ། །

བཞི་པ་ཕྲག་དོག་རྣམ་དག་ལས་ཀྱི་རིགས་ཀྱི་དམ་ཚིག་ལ་རྫུན་དུ་སྨྲ་གསུངས་པ་ནི། དྲང་དོན་གཞན་སྲོག་སྐྱབས་ཕྱིར་སོགས་དང་། ངེས་དོན་བདག་དང་སེམས་ཅན་གང་དུའང་མི་དམིགས་པའི་ངང་ནས་སེམས་ཅན་ཐམས་ཅད་བདེན་མེད་འཁོར་བ་ལས་བསྒྲལ་བར་བྱའོ་ཞེས་པའི་དོན་སྟོན་པའོ། །

ལྔ་པ་གཏི་མུག་རྣམ་དག་འཁོར་ལོའི་རིགས་རྣམ་སྣང་གི་དམ་ཚིག་ལ་ཆང་དང་ཤ་ལྔ་དང་ཡུལ་ཀུན་བརྟེན་གསུངས་པ་དེ་ནི་རྣམ་པར་རྟོག་པ་ཐམས་ཅད་མཉམ་པ་ཉིད་ཀྱི་དབྱིངས་སུ་རོ་གཅིག་ཏུ་བྱེད་པའོ། །དེའང་ཕྱི་མཚན་ཉིད་དང་ནང་གྲི་ཡོག་སྟེ་གསུམ་དང་། གསང་བ་བླ་མེད་ཐེག་པའི་ཁྱད་ཆོས་རྣམས་གདུལ་བྱ་རྣམས་འཇུག་པའི་རིམ་པས་མ་ཉམས་པའི་སྒོ་ནས་དགེ་ཞིང་སྤྱོད་པ་ནི་བླ་མེད་ལུགས་སུ་ཤེས་པར་བྱའོ། །གསུམ་པ་རྩ་ལྟུང་བཅུ་བཞི་ནི། སྔགས་སྡོམ་རྒྱུད་ལྡན་གང་ཟག་ལ། །དང་པོ་ནི་དབང་བསྐུར་རྒྱུད་བཤད་མན་ངག་གནང་བའི་སློབ་དཔོན་རྣམས་གསུམ་གང་རུང་ལ་ཞེ་སྡང་དང་ཕྲག་དོག་དབང་གིས་སྙིང་ནས་སྨད་པ་དང་། བཀུར་སྟི་མི་བྱེད་བརྙས་བཅོས་བྱེད། །ཐུགས་དགྲུག་པས་མི་མཉེས་པར་བྱེད་པ་ནི། །ལྟུང་བའི་སྒོ་ཀུན་ལས་ཤིན་ཏུ་ཉེས་པ་ལྕི་བ་སྟེ། །སློབ་དཔོན་སངས་རྒྱས་ཐམས་ཅད་ཀྱི་ངོ་བོ་ཡིན་པས་ཡུལ་གཉེན་པ་དང་། རང་གི་ལམ་དང་འབྲས་བུའི་ཡོན་ཏན་ཐམས་ཅད་བླ་མས་རྗེས་སུ་བཟུང་བ་ལ་རག་ལས་པའི་ཕྱིར་འདི་ཉིད་དང་པོར་བཤད་པའོ། །

རྩ་ལྟུང་གཉིས་པ་ནི། གདུལ་བྱ་ལ་བླང་དོར་གནས་སྟོན་པ་སྟེ་སྡོད་གསུམ་དང་རྒྱུད་སྡེ་

བཞིས་བསྡུས་པའི་བདེ་བར་གཤེགས་པའི་བཀའ་ཐམས་ཅད་དང་། དེ་དང་རྗེས་མཐུན་འཇུག་ལྡོག་གི་བསླབ་བྱ་བླ་མ་དམ་པས་གསུངས་ཤིང་རང་གི་དོན་གོ་བཞིན་ཁྱད་དུ་གསོད་པ་དང་། མི་མཐུན་པར་སྤྱོད་པས་བཀའ་ལས་འདས་ཏེ་དང་འབྲེལ་བ་གཞན་ལ་བཤད་ཀྱང་རུང་སྟེ་དངོས་གྲུབ་ཐམས་ཅད་བླ་མ་དང་སངས་རྒྱས་ཀྱི་བཀའི་རྗེས་སུ་འགྲོ་བས་དེ་ལས་འདས་པ་ནི་བླ་མ་བརྙས་པའི་འོག་ཏུ་ལྷུ་བས་གཉིས་པར་བཞག་པའོ། །

གསུམ་པ་ནི་སྤྱིའི་མཆེད་སེམས་ཅན་ཐམས་ཅད། རིང་བའི་མཆེད་སངས་རྒྱས་ཀྱི་བསྟན་ལ་ཞུགས་སོ་ཅོག་ཉེ་བའི་མཆེད་སྔགས་ཀྱི་ཐེག་པར་ཞུགས་པ། ནང་འདྲེས་སྤུན་བླ་མ་དང་དཀྱིལ་འཁོར་གཅིག་གིས་བསྡུས་པའི་མཆེད་ལ་ཡིད་ཁྲོས་པ་དང་། མཁོན་དུ་འཛིན་པ། ཕྲག་དོག་གིས་བརྙས་པ་དང་། སྐྱོན་བརྗོད་པ་སོགས་རྩ་ལྟུང་གསུམ་པའོ། །དེ་ལས་ནང་འདྲེས་ལ་ནི་རྡོ་རྗེ་ནང་དམེ་ཤིན་ཏུ་ལྕིའོ། །

བཞི་པ་ནི། ཡུལ་སེམས་ཅན་གང་རུང་ལ་ཁྲོ་བས་བདེ་བ་ཀུན་དང་བྲལ་ཞིང་སྡུག་བསྔལ་དང་འཕྲད་ན་ཅི་མ་རུངས་སྙམ་དུ་སྙིང་ཐག་པ་ནས་བྱམས་པ་བཏང་ན་རྩ་ལྟུང་བཞི་པའོ། །

ལྔ་པ་ནི། འདོད་ཆགས་སེམས་ཀྱིས་ཏེ་དེའང་གྲུབ་པ་ཐོབ་པ་ལ་གནང་བའི་གནས་སྐབས་བདུན་མ་ཡིན་པར་བསླབ་པ་ཁྱད་གསོད་དང་། ཞུ་བདེ་འགྱུར་མེད་དོན་གཉེར་མེད་པར་བསམ་བཞིན་ཁུ་བ་འཕྱིན་པ་དང་། བསྐྱེད་རིམ་པས་སེམས་ཅན་ལ་སྨོན་པ་བྱང་ཆུབ་ཀྱི་སེམས་བསྐྱེད་བཏང་བའམ། འཇུག་པའི་རྩ་ལྟུང་ཐུན་མོངས་བ་སྤྱོད་པས་འཇུག་སེམས་བཏང་བ་རྩ་ལྟུང་ལྔ་པ་ཡིན་ནོ། །

དྲུག་པ་གྲུབ་མཐའ་སྨོད་པ་ནི་མཐོ་རིས་སྒྲུབ་པའི་ལམ་སྟོན་པའི་ཕྱིར་མུ་སྟེགས་ཀྱི་གྲུབ་མཐར་བཤད་པའི་དཀར་ཆོས་རྣམས་དང་། ངེས་པར་འབྱུང་བའི་ལམ་ལ་ཞུགས་པ་ཉན་རང་དང་། མཐའ་གཉིས་ལས་ངེས་པར་འབྱུང་བའི་ལམ་ཆེན་པོ་ལ་ཞུགས་པའི་ཐེག་ཆེན་གྱི་གྲུབ་མཐར་མཆོག་དམན་དུ་བཟུང་ནས་སྡང་སེམས་ཀྱིས་སྨོད་པར་བྱེད་ན་རྩ་ལྟུང་དྲུག་པའོ། །

བདུན་པ་གསང་སྒྲོགས་ནི། རྒྱུ་འབྲས་ཡིད་མི་ཆེས་པའི་ལོག་སྲེད། སྣོད་མིན་དང་། ཚོགས་མ་བྱས་པ་བུམ་དབང་ཙམ་མ་ཐོབ་པ་དང་། ཚོགས་མ་རྫོགས་པ་མཆོག་དབང་གསུམ་མ་ཐོབ་པས་མ་

སྨིན་པ་དང་། ཉམས་པ་རྩ་ལྟུང་བྱུང་ནས་འགྱོད་པས་ཕྱིར་མི་འཆོས་པ་དང་། ཉན་རང་སོགས་དབང་པོ་མ་སྨིན་པ་ཟབ་མོའི་དོན་ལ་འཇིགས་པ་སྟེ་ལྔ་ལ་གསང་བཅུ་སྒྲོགས་པ་སྟེ། ལྔ་ཟབ་སྤྱོད་པ་རླང་པོ་དང་། ལྷའི་མིང་གཟུང་དང་གྲུབ་རྟགས་ཏེ། སྤྱི་གསང་རྣམ་པ་བཞི་ཡིན་ནོ། །སྒྲུབ་པའི་གནས་དུས་གྲོགས་དང་རྫས། བར་དུ་གསང་ལ་སྒྲུབ་པར་བྱ། ཞེས་བརྒྱད་དོ། །གསང་འོས་དང་གཉེར་གཏད་གཉིས་བཅས་བཅུ་སྒྲོགས་ན་རྩ་ལྟུང་བདུན་པའོ། །

བརྒྱད་པ་ཕུང་པོ་སྨོད་པ་ནི། རྒྱུད་ལས་རྡོ་རྗེ་ཕུང་པོའི་ཡན་ལག་ནི། རྫོགས་པའི་སངས་རྒྱས་ལྔ་རུ་གྲགས། ཞེས་པ་ལྟར། ཕུང་པོ་ལྔའི་རང་བཞིན་སངས་རྒྱས་རིགས་ལྔ་ཡིན་པར་དབང་དུས་ངོ་སྤྲད་པ་ཤེས་ན་རྟེན་བདེ་བ་དང་། བརྟེན་པ་ཡེ་ཤེས་མངོན་དུ་འགྱུར་བ་མ་ཤེས་པས་བརྙས་པ་ཡིས་སྨོད་པ་དང་ཡན་ལག་གཅོད་སོགས་དཀའ་ཐུབ་ཀྱིས་གདུང་བ་བསྐྱེད་ན་རྩ་ལྟུང་བརྒྱད་པ་ཡིན་ནོ། །

དགུ་པ་ཆོས་ལ་ཐེ་ཚོམ་ཟ་བ་ནི། གཞི་ལམ་འབྲུའི་ཆོས་ཐམས་ཅད་རང་བཞིན་གྱིས་རྣམ་པར་དག་པས་དབྱེར་མི་ཕྱེད་པའི་ཟུང་འཇུག་འོད་གསལ་བྱང་ཆུབ་ཀྱི་བདེ་བར་གཤེགས་པའི་སྙིང་པོ་གདོད་མའི་གནས་ལུགས་སྟོན་པའི་ལམ་ལ་དགྲི་བར་ཐེ་ཚོམ་ཟ་བས་ཡིད་མ་ཆེས་པས་མ་དད་ན་རྩ་ལྟུང་དགུ་པར་བཤད་དོ། །

བཅུ་པ་གདུག་ལ་བྱམས་པ་ནི། གསལ་བཀྲ་ལས། དཀོན་མཆོག་སློབ་དཔོན་སྐུ་དགྲ་གཉིས། དམ་ཉམས་ལོག་དང་འཁུ་བ་དང་། འདུ་བར་འོང་དང་ཡོངས་ལ་གནོད། དམ་དགྲ་ངན་པའི་ངང་ཚུལ་ཅན། །ངན་སོང་གསུམ་དང་བཅུ་པོ་ནི། །རྣལ་འབྱོར་ཀུན་གྱིས་དང་དུ་བླངས། །ཞེས་པ་ལྟར་སྙིང་རྗེས་བསྒྲལ་བའི་ཞིང་སྡུག་བསྔལ་གྱི་རྒྱུ་ལ་སྤྱོད་པ་དགུ་དང་། སྡུག་བསྔལ་དངོས་ལ་སྤྱོད་པ་གསུམ་གཅིག་ཏུ་རྩིས་པའི་བཅུ་པོ་གང་རུང་བ་དང་། ཁྱད་པར་བླ་མ་དང་བསྟན་འགྲོར་གནོད་པའི་གདུག་པ་ཅན་དེ་དག་མངོན་སྤྱོད་ཀྱིས་སྒྲོལ་བར་ནུས་བཞིན་མི་སྒྲོལ་བ་དང་། ལོག་པའི་སྲིད་པས་མཛའ་བོར་བྱས་པའི་ཐ་མལ་པའི་བྱམས་པས་མཐུན་པར་བྱེད་ན་རྩ་ལྟུང་བཅུ་པའོ། །དེའང་ཡིད་ཀྱིས་བྱམས་པ་ནི་མི་བཏང་ངོ་། །

བཅུ་གཅིག་པ་ཆོས་ལ་ཚད་མས་གཞལ་བ་ནི། མིང་དང་བརྡ་དང་མཚན་མ་སོགས་ཐམས་ཅད་དང་བྲལ་བའི་དོན་དམ་དང་། དེ་རྟོགས་པའི་ཐབས་རྣམ་པར་མི་རྟོག་པའི་ལམ་ལ་ཐེ་ཚོམ་ཟ་བས་སོ་སོ་རང་རིག་ལས་གཞན་དུ་དངོས་པོ་དང་དངོས་པོ་མེད་པའི་སྐམ་དུ་རྟོག་ཅིང་ཞེན་ནས་རྟོག་གེའི་བློས་འཇལ་བར་བྱེད་ན་རྩ་ལྟུང་བཅུ་གཅིག་པའོ། །

བཅུ་གཉིས་པ། དྭངས་འདོད་ཡིད་ཆེས་ཀྱི་དད་པ་གསུམ་དང་ལྡན་པའི་གདུལ་བྱའི་སེམས་ཅན་ཆོས་འདོད་ཅིང་སྣྲིན་དུ་རུང་བ་ལ་རང་ལ་ནུས་པ་ཡོད་བཞིན་དེའི་དོན་མི་བྱེད་པ་དང་མ་ཟད་སེམས་དང་འགལ་བ་མི་བསྲུངས་བ་དང་། གཡོ་སྒྱུས་བསླུས་སམ་དེའི་སེམས་སུན་ཕྱུང་བས་དང་པ་ལོག་ཏུ་བཅུག་ན་བཅུ་གཉིས་པའོ། །

བཅུ་གསུམ་པ་དམ་རྫས་མི་བརྟེན་པ། སྔགས་ཀྱི་སྤྱོད་པ་ཚོགས་འཁོར་སོགས་སྐབས་སུ་བབ་པའི་དམ་ཚིག་རྫས་རྡོར་དྲིལ་གོས་རྒྱན་སོགས་བཅང་བའི་ཡོ་བྱད་དང་། ཕྱི་ནང་གི་ཤ་ལྔ་བདུད་རྩི་ལྔ་ཆང་སོགས་བཟའ་བཏུང་གི་ལོངས་སྤྱོད་དང་། བྲོ་གར་གླུ་ཚིག་སོགས་དམ་ཚིག་གིས་རྫས་རྣམས་སྤྱོད་པ་དུས་ཚོད་དང་འབྲེལ་ཀྱང་ཐེག་དམན་ཞེན་པས་མི་བརྟེན་པ་རྩ་ལྟུང་བཅུ་གསུམ་པའོ། །འདིར་གསང་འདུས་ལས། ཤ་རྣམས་ཐམས་ཅད་མེད་ན་ཡང་། ཐམས་ཅད་བསམ་པས་རྣམ་པར་བརྟགས། རྡོ་རྗེའི་སྦྱོར་བས་ཐོས་པ་ཡིས། །སངས་རྒྱས་ཐམས་ཅད་བྱིན་གྱིས་རློབས། །ཞེས་པས་བུ་རམ་ཤིང་ཏོག་ལ་ཤ་ལྔ་བདུད་རྩི་ལྔ་བསམ་ནས་ཐོས་ན་རྩ་ལྟུང་འདི་མི་འབྱུང་བས་རྒྱ་གར་ཀླུ་ཐོག་གཉིས་ནས་ཛོ་བོ་རྗེ། ཤཱཀྱ་ཤྲཱི་སོགས་ཀྱིས་ཚོགས་འཁོར་འདི་མཛད་ཞེས་ཆོས་རྗེ་ས་པཎ་གསུངས། བཅུ་བཞི་ཤེས་རབ་མར་སྨོད་པ། བུད་མེད་སྤྱི་དང་བྱེ་བྲག་ལ་ལྟོས་པའི་ཤེས་རབ་མ་དེ་དག་ལ་ངོས་སམ་ལྐོག་ཏུ་སྙིང་ཆོམ་པས་བརྙས་དང་སྨད་པའི་ཚིག་བརྗོད་པ་གཞན་གྱིས་གོ་ན་རྩ་ལྟུང་བཅུ་བཞི་པའོ། །དེ་དག་སྡོམ་སྡོམ་ལྔི་ཞིང་ཕྱི་མ་ཡང་བའོ། །དེ་ལས་དབང་བཞི་ཀ་ཐོབ་ན་ཐམས་ཅད་དང་བུམ་དབང་ལས་གཞན་མ་ཐོབ་ན་སོ་སོའི་སྐབས་ཀྱི་ལ་རྩ་ལྟུང་མི་སྲིད་དོ། །

ད་ནི་རྩ་བའི་ལྟུང་བ་དང་རྗེས་སུ་མཐུན་པས་ཡན་ལག་སྡོམ་པ་གཏོང་བྱེད་ཀྱི་ཕམ་པ་མིན་ཡང་། དངོས་གྲུབ་མྱུར་དུ་འགྲུབ་པ་ལ་གེགས་བྱེད་པའི་ཕྱིར་ཉེས་པ་ལྕི་བས་སྦོམ་པོའི་ལྟུང་བ

རྣམས་བཤད་པ་ལ། རིམ་པར་དབང་མ་ཐོབ་པ་དང་དམ་ཚིག་མི་ལྡན་པ་རྒྱུད་མ་སྨིན་པའི་རིགས་མ་བརྟེན་ལ་དགའ་བ་དང་། སྔགས་ཀྱི་ཚིག་ཚོགས་ཀྱི་འཁོར་ལོའི་སྐབས་སོགས་སུ་རྡོ་རྗེའི་སྤྱུན་ལ་མཐར་སེམས་ཁང་ཁྲོ་མེད་པར་ལུས་ངག་གི་རྩོད་རྩེག་དང་། རྒྱུད་ལས་བརྟེན་བྱ་མ་གསུངས་པའི་རིགས་མར་རིལ་བུའམ་བདེ་བའི་རྒྱུར་ཚིག་བཞིན་དུ་མ་ཡིན་པའི་རང་གི་ཀླུང་སྟོབས་ཙམ་གྱིས་བདུད་རྩི་ལེན་པ་དང་གསུམ། སྣོད་དང་ལྡན་ཞིང་དོན་དང་ལྡན་པའི་སློབ་མར་གསང་སྔགས་མི་སྟོན་པ་དང་བཞི། དད་པ་དང་ལྡན་ཞིང་ཆོས་དོན་གཉེར་བའི་སློབ་མས་ཚིག་དོན་འདྲི་བ་ལ་དེ་མི་སྟོན་པར་ཆོས་གཞན་སྟོན་པ་དང་ལྔ། སྔགས་ཀྱི་ལྟ་སྤྱོད་ལ་སྐུར་པ་འདེབས་པའི་ཉན་ཐོས་དངོས་སམ་རྟོག་གེ་བའི་ནང་དུ་ཞག་བདུན་ལོན་བར་བསྡད་པ་དང་དྲུག །གསང་སྔགས་ཀྱི་རྣལ་འབྱོར་དེ་ཁོ་ན་ཉིད་ཀྱི་ཡེ་ཤེས་དང་མི་ལྡན་པར་རང་ཉིད་སྔགས་འཆང་རྡོ་རྗེ་འཛིན་པར་སྨྲ་ཞིང་རློམ་པ་དང་བདུན། མན་ངག་སློབ་བཤད་ཀྱི་སྣོད་མིན་པའི་གང་ཟག་ལ་ཟབ་དོན་རྗེན་པར་བཤད་པ་སྟེ་ཡན་ལག་གི་ལྟུང་བ་བརྒྱད་དོ། །

གཞན་ཡང་རང་གི་བསྙེན་སྒྲུབ་སོགས་མ་བྱས་པར་སློབ་མར་དབང་བསྐུར་བ་རྟེན་ལ་རབ་གནས་བྱེད་པ། སྦྱིན་བསྲེགས་ཀྱི་ལས་སོགས་ལ་འཇུག་པ་དང་། ཕྱི་མཚན་ཉིད་ཐེག་པའི་ཆོས་ལ་མོས་པའི་གང་ཟག་ལ་དགོས་པ་མེད་པར་ལུས་ཀྱི་ཕྱག་རྒྱ་བསྟན་པ། སྡོམ་པ་འོག་མ་སོ་བྱང་གཉིས་ཐོབ་པའི་སྔགས་པས་ཕྱི་དྲོའི་ཁ་ཟས་ཟ་བ་སོགས་དེ་གཉིས་ཀྱི་བཅས་པ་ལས་ཚོགས་འཁོར་སོགས་དང་ནང་གི་སྦྱིན་བསྲེག་སོགས་དགོས་པ་ཁྱད་པར་ཅན་མེད་པར་འདའ་བར་བྱེད་པ་སྦོམ་པོའོ་ཞེས་བཤད་པ་འབྲུལ་སྤྱངས་ལས་ནི་ཕྱི་མ་གསུམ། བདུན་པ་བརྒྱད་པ་དགུ་པར་གསུངས་སོ། །

ལྔ་པ་ནི། ཁྱད་པར་སྔ་འགྱུར་རྫོགས་པ་ཆེན་པོ་སོགས་ནང་བརྒྱུད་གསུམ་གྱི་སྲོལ་ནི་རྫོགས་ཆེན་སྲུང་མེད་གཅིག་ཆར་དམ་ཚིག །རིན་ཆེན་སྤུངས་པ་ལས། དམ་ཚིག་ལྷུན་འགྲུབ་ཆེན་པོ་དང་། །མེད་དང་གཅིག་པུ་ཕྱལ་བ་ཡིན། །ཞེས་དང་། སྲུང་མཚམས་ཅན་རིམ་གྱིས་པའི་དམ་ཚིག་ལས། རྩ་བའི་དམ་ཚིག་ནི་རང་གི་སྒོ་གསུམ་སངས་རྒྱས་ཀུན་འདུས་བླ་མའི་སྐུ་གསུང་ཐུགས་རྡོ་རྗེ་གསུམ་དང་དབྱེར་མི་ཕྱེད་པར་སྡོམ་པ་དང་། ཁེ་ཉན་ཆེ་བའི་དོན་ལ་དགུར་དགུར་དབྱེ་བ་ཉི་ཤུ་རྩ་བདུན

དང་། ཞེས་པ་ཀུན་མཁྱེན་ཨ་ནྲྀ་ཡའི་གསུངས་ལྟར། ཕྱི་ནང་གསང་བའི་དམ་ཚིག་གསུམ་ཚན་གསུམ། །སྲོག་གཅོད་མི་ཚངས་སྤྱོད་དང་རྐུ་བ་སྤངས། །ཕ་མ་སྤྱུན་སྲིང་རང་ལུས་ཆོས་གང་སྨོད། །བླ་མའི་གྲིབ་འགོམ་ཡུམ་གཅེས་སྤྱུན་སྲིང་བརྡེག །གསུངས་ཀྱི་གསུམ་ལ་རྫུན་ཕྲ་ཚིག་རྩུབ་སྤངས། །ཆོས་སྨྲ་དོན་སེམས་གནས་ལུགས་སྒོམ་མི་བསྒྱུར། །བླ་མའི་ཡུམ་དང་སྤྱུན་སྲིང་ཚིག་མི་བརྙས། །ཐུགས་ཀྱི་གསུམ་ལས་ཡིད་ཀྱི་རྣམ་གསུམ་དང་། །སྤྱོད་དང་སྒོམ་དང་ལྟ་བ་ལོག་པ་སྤང་། །བླ་མ་ལྷ་མཆེད་ལྟ་སྒོམ་ཐུན་ཀུན་སེམས། །ཞེས་པ་ལྟར་དང་།

ཡན་ལག་གི་དམ་ཚིག་ཉི་ཤུ་རྩ་ལྔ་ནི། དང་པོ་ཏ་ན་སྒྲོལ་བ་ཡང་དག་རྟོགས་པའི་ཤེས་རབ་ཀྱིས་གཟུང་འཛིན་དགྲ་བགེགས་བསྒྲལ་བ་དང་། ག་ན་བདེ་སྟོང་གཉིས་མེད་སྦྱོར་བ། གཉིས་མེད་ཡེ་ཤེས་གཞན་གྱིས་མ་བྱིན་པར་སྒོམ་སྟོབས་ཀྱིས་ལེན་པ། མེད་སྣང་འཁོར་བ་ལས་སྒྲོལ་བའི་རྫུན་ཚིག །བརྗོད་མེད་རྟོགས་པས་གབ་སྲས་མེད་པར་སྨྲ་བའི་ངག་འཁྱལ་རྣམས་ནི་སྤྱད་པར་བྱ་བ་ལྔའོ། །གཉིས་པ། འདོད་ཆགས་ཞེ་སྡང་གཏི་མུག་ང་རྒྱལ་དང་ཕྲ་དོག་སྟེ་ལོག་པའི་དུག་ལྔ་ཉན་ཐོས་ལྟར་དགྲར་བལྟས་ནས་སྤང་མི་དགོས་ཏེ། ཐམས་ཅད་རང་གི་ངོ་བོས་སྟོང་པས་སྨིག་རྒྱུ་ལ་ཆུ་རག་མི་དགོས་པ་བཞིན་ནོ། །དེ་ལ་ཡང་དག་པའི་དུག་ལྔ་ནི་ཆོས་ཐམས་ཅད་མཉམ་པ་ཉིད་དུ་རྟོགས་པས་ལྟ་བ་ལ་ཕྱོགས་རིས་དང་། སྤྱོད་པ་ལ་བླང་དོར་མི་བྱེད་པའི་གཏི་མུག །དེ་ལྟར་མ་རྟོགས་པ་ལ་དམིགས་པ་མེད་པའི་སྙིང་རྗེས་ཆགས་པའི་འདོད་ཆགས། རང་རིགས་པའི་ཡེ་ཤེས་ཀྱིས་ལོག་རྟོག་འཇོམ་པའི་ཞེ་སྡང་། མཉམ་ཉིད་རྟོགས་པའི་ལྟ་བ་གཤོངས་སུ་མི་འབེབ་པའི་ང་རྒྱལ། གཉིས་འཛིན་གྱི་ལྟ་སྤྱོད་མཉམ་ཉིད་ཀྱི་ཀློང་དུ་མི་ཤོང་བའི་ཕྲག་དོག་རྣམས་མི་སྤང་བའི་དམ་ཚིག་ལྔའོ། །གསུམ་པ་ནི། དྲི་ཆེན་དྲི་ཆུ་རཀྟ་མཾ་ས་དང་། ཧོ་རྫེ་ཟིལ་པ་ལྔ། ཆོས་ཉིད་ངོ་བོས་གྲུབ་པ། ཆོས་ཅན་རང་བཞིན་གྱིས་གྲུབ་པ། ནུས་པའི་མཐུས་གྲུབ་པ། བྱིན་གྱིས་རླབས་ཀྱིས་གྲུབ་པ་སྟེ་བཞི་དང་། ནད་ལྔ་སེལ་བའི་སྨན་དང་། མཆོག་ཐུན་དངོས་གྲུབ་སྒྲུབ་པའི་རྫས་དང་། རིགས་ལྔ་ཡེ་ཤེས་ལྔའི་རང་བཞིན་ཡིན་པ་གསུམ་གྱི་ཚུལ་ཤེས་པས་དང་དུ་བླངས་བ་ལྔའོ། །འདི་དག་ཚད་ལྡན་སྒྲུབ་པའི་བདུད་རྩི་སྨན་ནང་རེ་བཞིན་ཅུང་ཟད་རེ་མྱང་བས་ཉམས་ཆགས་བསྐང་བ། ནད་ཞི་བ།

དངོས་གྲུབ་འགྲུབ་པའི་རྒྱུར་འགྱུར་བ་སོགས་ཡོན་ཏན་ཆེ་བས་དང་དུ་བླང་བ་ཡིན་ལ་རྨི་རྩོག་བག་མེད་སྤྱོད་པ་ནི་ཉེས་པའི་གཞིའོ། །དེ་ལྟར་རྟོགས་ན་ལྷ་ཚན་བཞི་པ་ཤེས་བྱ་ལྔ་བའི་དམ་ཚིག །ཆོས་ཐམས་ཅད་ཡེ་ནས་སངས་རྒྱས་པས་ཕུང་པོ་ལྔ་དེ་བཞིན་གཤེགས་པ་ལྔ། འབྱུང་བ་ལྔ་ཡུམ་ལྔ། ཡུལ་ལྔ་སེམས་མ། དབང་པོ་ལྔ་དང་དབང་ཤེས་ལྔ་སེམས་དཔའ། ཁ་དོག་ལྔ་རིགས་ལྔ་ཡེ་ཤེས་ལྔ་སོགས་ལྔ་ཚན་གྱི་རྟོག་ཚོགས་རྣམས་ཀྱི་རང་བཞིན་ལྷ་སྐུ་དག་པས་སྐུ་དང་ཡེ་ཤེས་ཀྱི་དཀྱིལ་འཁོར་དུ་ཤེས་པར་བྱེད་པ་སྟེ། དེ་དག་ཤེས་བྱ་ལྔའོ། །ལྔ་ཚན་ལྔ་པ་བསྒྲུབ་བྱ་སྡོམ་པའི་དམ་ཚིག་ནི། ཤེས་བྱའི་ལྔ་པོ་དེ་རྟོགས་གོམས་ཀྱི་སྦྱོར་བས་དེ་བཞིན་གཤེགས་པ་དང་། རྡོ་རྗེ་དང་། རིན་ཆེན་དང་། པདྨ་དང་། ལས་ཀྱི་རིགས་ཏེ་ལྔའི་སྒོ་ནས་རང་རྒྱུད་ལ་རྩལ་བཞིན་སྒྲུབ་པར་བྱ་བ་སྟེ། དེ་དག་སྒྲུབ་བྱ་ལྔའོ། །དེ་ཡང་ཤེས་བྱ། སྒྲུབ་བྱ་སྡོམ་པའི་དམ་ཚིག །སྤྱོད་དང་། མི་སྤངས། དང་བླངས་གསུམ་པོ་ཕྱི་བཤད་ལྟར་ན་སྤྱོད་པའི་དམ་ཚིག་གཙོ་ཆེ་བ་ཡིན་ལ། དེ་རྣམས་ནི་ལས་དང་པོ་པ་དང་། ཉམས་མྱོང་ཙམ་ཟད་སྐྱེས་པ་སོགས་ལྟ་དགོངས་གདིང་དང་ཚོགས་དཔེན་ལ་སོགས་པའི་ཡུལ་དང་དུས་ཚོད་འབྲེལ་བའི་སྒོ་ནས་སྤྱོད་དགོས་པས། དངོས་བསྟན་དང་། སྦས་དོན་གྱི་དགོངས་པ་བླང་བར་བྱའོ། །གོང་དུ་བཤད་པ་དེ་དག་སོགས་བདེར་འདུས་ལས་སྒྲུབ་པ་ལྷག་པའི་དམ་ཚིག་ཉི་ཤུ། གསང་སྙིང་རྩ་བའི་དམ་ཚིག་ལྔ་དང་། ཡན་ལག་བཅུ་ལ། ཕྲ་རྒྱས་ལྟར་སུམ་བརྒྱ་དྲུག་ཅུ་དང་། སྤྱི་མདོ་ལས་གལ་མདོ་ངེས་པའི་དམ་ཚིག་བཞི་སོགས་མང་དུ་གསུངས་པ་དང་། གཞན་ཡང་རྒྱུད་སྡེ་རྣམས་ལས་དམ་ཚིག་རྣམ་བཞག་མང་དུ་གསུངས་པ་རྣམས་གཞུང་འདིར་བཤད་པའི་རྩ་བ་ཡན་ལག་བཅས་འདིར་མ་འདུས་པ་མེད་དོ། །ཐམས་ཅད་མདོར་བསྡུ་ན། རང་གི་ལུས་གཞུག་མའི་རྩ་རླུང་ཐིག་ལེས་བསྐྱེད་པའི་སྒོ་གསུམ། ཅིར་སྣང་སྣང་སྟོང་སྐུ་རྡོ་རྗེ། སྒྲ་གྲགས་གྲགས་སྟོང་གསུང་རྡོ་རྗེ། རྟོག་ཚོགས་རིག་སྟོང་འོད་གསལ་ཆོས་སྐུ་ཐུགས་རྡོ་རྗེ་གསུམ་སྟེ་ཕྱི་མ་འདི་གོ་ཤེས་རྩམ་མ་ཡིན་པ་ཉམས་མྱོང་རྟོགས་པའི་ཤེས་རབ་ཀྱིས་འཁོར་ཡུག་རྒྱུན་བར་གནས་ན་སྟུ་མ་གཉིས་ཀྱང་རང་བཞིན་ཤུགས་ཀྱིས་འབྱུང་བས་གསང་སྔགས་ཀྱི་དམ་ཚིག་ས་ཡ་འབུམ་སྡེ་འདུས་པ་ཡིན་ནོ། །

གསུམ་པ་སྐྱེ་བའི་རྟེན་ནི། རིག་པ་འཛིན་པའི་སྡོམ་པ་དབང་བསྐུར་བ་ལས་སྐྱེ་བའི་རྟེན་ནི།

ཁམས་དྲུག་ལྡན་མི་ལུས་གཙོ་བོར་གྱུར་པའི་ལྷ་ཀླུ་གནོད་སྦྱིན་སོགས་ཐམས་ཅད་དང་། ཐེག་པ་གཞན་དུ་སྤྱང་བའི་ཉིན་བཞིན་བྲམ་ཟེ་གསོད་པ་དང་། མཚམས་མེད་ལྔ་བྱེད་པ་ལ་སོགས་སྡིག་ཆེན་ཀུན་ལ་སྐྱེ་བ་སྟེ་ཐབས་ཟབ་ཅིང་མང་བའི་གནད་ཀྱིས་སོ། །བཞི་པ་ཐ་མ་ཉམས་ན་སླར་གསོ་བའི་ཚུལ་བཤད་པ་ལ་དང་པོ་ལྟུང་བ་དང་ལྟུང་མེད་ཀྱི་རྣམ་བཞག་ནི་ལྟུང་བ་སོ་སོའི་བླང་དོར་གྱི་མཚམས་མི་ཤེས་པ་དང་། ཤེས་ཀྱང་བླ་མ་དང་། བསླབ་པ་ལ་མི་གུས་པ་དང་། དྲན་ཤེས་མེད་པ་གཟབ་པར་མི་བྱེད་པས་བག་མེད་པར་སྤྱོད་ཅིང་། འཇོམ་བག་ཅུང་ཟད་སྐྱེས་ཀྱང་ཉོན་མོངས་ཆེ་ཞིང་མང་བ་སྟེ་བཞི་ནི་ལྟུང་བ་འབྱུང་བའི་སྒོ་བཞིར་སློབ་དཔོན་ཐོག་མེད་ཀྱིས་བཞེད་ལ། བཞི་པོ་དེ་ཡི་གཉེན་པོར་བླང་དོར་རྣམས་ཤེས་པར་བྱས་ནས་བསླབ་བྱར་བསླབ་པ་དང་། ཕན་ཡོན་ལ་བྲོད་པ་བསྐྱེད་ནས་བླ་མ་དང་བསླབ་པ་ཀུན་ལ་གུས་པ་བསྐྱེད་པ་དང་། ཉེས་དམིགས་ལ་སྒྲག་ནས་རྟག་པར་དྲན་ཤེས་དང་བག་ཡོད་བརྟེན་པ་དང་། རང་རྒྱུད་ཉོན་མོངས་གང་ཤས་ཆེ་བ་དེའི་གཉེན་པོར་འབད་དེ་བསླབ་པ་དང་བཞིའོ། །སྤྱང་བྱ་རྒྱུ་བཞི་པོ་དེའི་སྟེང་བསླབ་བྱའི་མཚམས་བརྗོད་ངེས་པ་དང་། ཤེས་བཞིན་མེད་པས་དྲན་པ་མི་གསལ་བ་གཉིས་བསྣན་ཏེ། དམ་ཚིག་ཉམས་པའི་རྒྱུ་དྲུག་ཞེས་དཔལ་ལྡན་སྡོམ་པའི་རྒྱུད་ལས་གསལ་བར་གསུངས་པས། དེ་གཉིས་ལ་གནང་བཀག་མཚམས་མི་བརྗོད་པའི་དྲན་པ་དང་། འདས་མ་འདས་དཔྱོད་པའི་ཤེས་བཞིན་ཉམས་ན་བདག་ཉིད་ངན་ནོ་སྙམ་དུ་རང་ལ་བརྟེན་ནས་ངོ་ཚ་ཤེས་པ། གཞན་གྱིས་ཁྲེལ་དོག་དང་། རྒྱལ་བ་སྲས་བཅས་དྲིན་ལྡན་བླ་མ་རྣམས་ཀྱི་ཟག་མེད་མངོན་ཤེས་ཀྱི་དགོངས་པར་འགྱུར་ངེས་པས་ཉེས་པ་འཛེམ་དགོས་སྙམ་དུ་གཞན་ལ་བརྟེན་པའི་ཁྲེལ་ཡོད་སོགས་ཀྱི་སྒོ་ནས་འབད་པས་བསྲུང་བར་བྱའོ། །

གཉིས་པ་ལྟུང་བའི་ཡན་ལག་བཅུ་བ་ནི། ལྟུང་བ་དང་ལྟུང་མེད་ཤེས་པར་བྱ་བ་དང་། ལྟུང་བ་ཀུན་ལ་ཡན་ལག་བཞི་ལྡན་ནམ་བདུན་ལྡན་ཏེ། ལྟུང་བ་འབྱུང་བའི་ཡུལ་དང་། དེར་འདུ་ཤེས་པའི་བསམ་པ་དང་། ལས་ལམ་ལ་འཇུག་པའི་སྦྱོར་བ་དང་། སྒོ་གསུམ་གང་གིས་གྲུབ་པའི་མཐར་ཐུག་པ་སྟེ་ཡན་ལག་བཞི་ལྡན་དག་གམ། ཡང་ན་ཀུན་བསླང་ཉོན་མོངས་དྲག་པོས་བསླངས་བ་དང་།

གང་ལ་བརྟེན་ནས་དམ་ཚིག་འགལ་བར་འགྱུར་བ་དེ་ལ་དེར་ཤེས་པ་དང་། ཀུནྡ་འདོར་བ་ལྟ་བུ་ལུས་དང་། གསང་སྒྲོགས་ལྟ་བུ་ངག་གི་སྒྲོར་བས་བྱས་ན་རྩ་ལྟུང་དངོས་གཞིར་གྲུབ་པ་དང་། ཆོས་ལ་ཐེ་ཚོམ་ཟ་བ་སོགས་ཡིད་ཀྱིས་གྲུབ་པ་རྣམས་ཉིན་མཚན་གྱི་དྲུག་ཆ་ནང་དུ་གཉེན་པོས་མ་སླེབས་པར་ཐུན་ཚོད་ཀྱི་བར་ཚོད་པ་འདུ་ཤེས་མ་འཁྲུལ་བས་སྐྱུད་པ་དང་། དེས་མགུ་བས་འགྱོད་པ་མེད་པ་དང་། བཤགས་ཚད་རང་རང་གི་དུས་ལས་འདས་པ་སྟེ། དེ་ལྟར་ཡན་ལག་བདུན་ཚང་བར་སྐྱུད་ན་སྔགས་སྡོམ་གཏོང་བས་ཤིན་ཏུ་ལྕི་ཞིང་མི་མཐུན་ཕྱོགས་ཀྱིས་གཉེན་པོ་བཅོམ་པས་ཕམ་པ་ཞེས་བརྗོད་ཅིང་། རྩ་ལྟུང་དང་གཉེན་པོ་སྦྱིལ་ནས་སྐྱེས་པ་ལྟ་བུ་དངོས་གཞི་འགྲུབ་བྱེད་ཀྱི་ཡན་ལག་གང་རུང་མ་ཚང་ནས་མ་བཤགས་པར་ཐུན་ཚོད་ལས་འདས་ན་ཐུན་འདས་ལྟུང་བ་ཞེས་བརྗོད་དེ། སོ་ཐར་གྱི་ལྷག་མ་ལྟར་ལྕི་ལ། དེ་བཞིན་རིམ་པས་ཉེས་པ་དམན་ན་ཕམ་པའི་སྡེར་གཏོགས་ཡན་ལག་མ་ཚང་ན་སྦོམ་པོ་དང་། ཡན་ལག་གི་ལྟུང་བ་གཞན་ལ་ནི་ལྟུང་བྱེད་ལྟ་བུ་དང་། ཕྱོགས་མཐུན་གྱི་ཉེས་པ་ཕྲ་མོ་རྣམས་ནི་ཉེས་བྱས་དང་འདྲའོ། །མཆེད་ལ་ཕན་སེམས་ཀྱིས་ཁྲོས་པ་ལྟ་བུ་ནི་ལྟུང་བའི་གཟུགས་བརྙན་ཏེ་ལྟུང་མེད་དུ་ཤེས་པར་བྱའོ། །རང་ཉིད་ན་བ་དང་། རང་དབང་ཉམས་པའམ། དབང་ཐོབ་པ་ལས་ཉམས་པ་དང་། དོན་དེ་ལས་ཆེ་བའི་བྱ་བ་གཞན་གྱིས་དང་། གཞན་དོན་ནམ་དོན་ཆེན་པོ་མཐོང་བ་དང་། སྐྱེ་བ་མེད་པའི་དོན་བརྟན་པ། གཞན་དྲང་བ་སོགས་ཀྱི་དགོས་པ་དང་ལྡན་པ་དང་། རྟོགས་གོམ་གྱིས་ནུས་པ་རྙེད་པ་ལྷག་པའི་ལྷ་ལྟ་བུའི་ཡུལ་ཁྱད་པར་ཅན་གྱིས་གནང་བ་ཐོབ་པ། རང་གིས་བླ་མས་བཀའ་བསྒོ་བ་དང་། སྲོག་གི་བར་ཆད་འབྱུང་བ་ལས་ལྟུང་བ་དེ་དག་མེད་ཅེས་སྙིང་པོ་རྒྱན་ལས་གསུངས་སོ། །དེ་ཡང་བསྟན་འགྲོ་ལ་ཕན་པ་ཆེ་བའི་བསམ་པ་རྣམ་པར་དག་པས་ཉེས་པ་མེད་མོད། རང་སྲོག་བསྲུང་ཕྱིར་གཞན་གསོད་པ་སོགས་ནི་ཉེས་མེད་མིན་ནོ། །

གསུམ་པ་དུས་འདས་ཀྱི་མཚམས་བཤད་པ་ནི། དེ་ལྟར་ཉིན་མཚན་གྱི་ཐུན་དྲུག་པོ་རེ་རེ་ལ་ལན་རེ་ཙམ་མ་མཐའ་བྱས་པས་དུས་དྲུག་ཏུ་སྤང་བ་དང་བླང་བའི་དམ་ཚིག་གི་གནས་ལ་འགལ་ལམ་མི་འགལ་བསྲིམ་ཏེ་བརྟགས་དཔྱད་བྱས་པས་དུས་དྲུག་ཆའི་ནང་དུ་གཉེན་པོས་མ་སླེབ་པར

འདས་ན་ཐུན་ཚོད་འདས་ཞེས་བྱ་བ་དང་། ལྟུང་བ་མ་བཤགས་པར་ཞག་གཅིག་དང་། ཟླ་བ་གཅིག་དང་། ལོ་གཅིག་དང་། ལོ་གཉིས་འདས་ན་འགལ་བ་དང་། ཉམས་པ་དང་། འདས་པ་དང་། རལ་བ་ཞེས་བརྗོད་དོ། །དེ་དག་ཀུང་སྙིང་ཐག་པ་ནས་བཤགས་ན་གསོར་རུང་ཡང་། ཕྱི་རིམ་རྣམས་ཉེས་པ་ལྕི་འོ། །ལོ་གསུམ་འདས་པར་གྱུར་ན་གསོ་མི་རུང་བ་ཡིན་ལ། གཞན་ཡང་ཉམས་པ་དང་འགྲོགས་པའི་ཟླ་ཉམས་དང་། གཞན་གྱི་ངོ་དགར་སོགས་ཞར་ཉམས་སོགས་སོ། །

གཉིས་པ་ཕྱིར་བཅོས་དངོས་ལ། དབང་བཞི་ལ་ལྟོས་པའི་གསོ་ཐབས་ནི། དུས་འཁོར་ལྟར་ན་བུམ་དབང་བདུན་ཙམ་ཐོབ་པས་ཉེས་ལྟུང་གི་གཉེན་པོ་ལ། དཀྱིལ་འཁོར་གྱི་ལྷ་གྲངས་རེ་རེ་པའམ་གཙོ་བོའི་བཟླས་པ་སུམ་ཁྲི་དྲུག་སྟོང་བྱས་པས་སྡུད་པ་དང་། བུམ་གསང་རྣམ་ཐོབ་པས་ནི་ཉམས་པའི་གཉེན་པོ་བཤད་མ་ཐག་པའི་སྡུངས་ཐབས་དེའི་སྟོན་དུ་སློབ་དཔོན་གྱིས་འདི་གྱིས་གསུངས་པའི་ཚད་ལས་སྡུངས་ལ། ཉེས་པ་བཤགས་ཤིང་དག་པའི་མཚན་མ་མཐོང་ན་དེའི་རྗེས་སུ་དཀྱིལ་འཁོར་དུ་ཞུགས་ལ་བླ་མ་ལས་སམ་བདག་འཇུག་གིས་དབང་བཞི་ལེན་པ་དང་། ཤེར་དབང་དང་ཚིག་དབང་ཐོབ་པ་ལས་ཉམས་ན་དབེན་པའི་གནས་སུ་བསྙེད་རིམ་གོམས་པ་དང་། འཕོ་མེད་ཀྱི་ཚུལ་ཁྲིམས་རྫོགས་པའི་རིམ་པ་མཚན་བཅས་དང་མཚན་མེད་སོགས་ཀྱིས་རང་རྒྱུད་བྱིན་གྱིས་རློབས་པ་མ་གཏོགས་བཟླས་པ་སོགས་གཞན་གྱིས་མི་འདག་པའོ། །

གཉིས་པ་དུས་འདས་གསོ་ཐབས་ནི། འགལ་བའི་ཉེས་པ་བྱུང་ན་ཚོགས་འཁོར་དཔའ་བོ་དཔའ་མོའི་དགའ་སྟོན་གྱིས་བཤགས། ཉམས་པའི་ཉེས་པ་བྱུང་ན་རང་ལ་བདོག་པའི་དངོས་པོ་བླ་མ་ལ་སོགས་པའི་ཕྱོགས་སུ་འབུལ་བས་བསྐང་བ་དང་། འདས་པའི་ཉེས་པ་བྱུང་ན་བུ་དང་ཆུང་མ་དང་། ནོར་མཆོག་གསེར་ལ་སོགས་རིན་པོ་ཆེ་དུ་མས་བླ་མ་དང་དཀྱིལ་འཁོར་ལྷ་མཆེད་སོགས་མཆོད་དེ་བཤགས། རལ་བའི་ཉེས་པ་བྱུང་ན་རང་གི་སྲོག་ལ་མི་ལྟ་བར་བརྩོན་པ་དྲག་པོས་སྒྲུང་བ་ལ་སོགས་པའི་ཐབས་དག་གིས་གསོ་བར་བཤད་དོ། །

གསུམ་པ་སྙིང་པོ་རྒྱན་ལས། ཉམས་པ་གསོ་ཐབས་གསུང་བའི་ཚོ་ག་ནི། ཚོགས་ཞིང་སྤྱན་དྲངས་པས་དེ་མདུན་སྟོབས་བཞིས་བཤགས་པ་དང་། ཡི་གེ་ནས་བཤད་པའི་ལྟུང་བ་བསྐྱང་བ་དང་།

དྲལ་བའི་སྔགས་རྒྱ་གཉིས་དང་། རྡོ་རྗེ་ཡང་ཏོག་རྒྱུད་ལས། རྐང་མཐིལ་ཡཾ་གཉིས་གསང་སྒོར་རཾ། ལྟེ་བར་རིགས་དྲུག་ཡིག་འབྲུ་བསམ། སྙིང་གར་ཕཊ་སྟེང་ཨོཾ་ཨཱཿཧཱུྃ་ལས་རླུང་གཡོས་མེ་སྦར་རིགས་དྲུག་བསྲེགས། སྒོ་གསུམ་སྐུ་གསུང་ཐུགས་སུ་གྱུར། །ཕཊ་ཀྱིས་ཆོས་ཉིད་དབྱིངས་སུ་འཕང་། །ཞེས་པའང་ཟབ་པོ། །པཾ་ལས་ཆུ་མ་མྣ་གིར་བསམ་ནས་ལུས་བཀྲུ་བ་དང་། །འཕགས་སྐྱེའི་ཉེས་ཚོགས་གྲིབ་ཡིན་པས་རྣམ་འཇོམ་སོགས་སྔགས་ཆུས་བཀྲུ་བ། །རིགས་པའི་དབང་ལྔ་བླང་ནས་བཀྲུ་བའི་རིམ་པ་དང་། །ལྟེ་བར་གཾ་སྙིང་གར་སྡིག་སྒྲིབ་ཤ་ཟའི་གཟུགས་གཏུམ་མོའི་མེས་བསྲེགས་པ་དང་། འཁོར་གསུམ་མི་དམིགས་པར་བསྒོམ་པ་དང་། བླ་མ་ལས་སམ་བདག་འཇུག་དབང་བཞི་བླང་པ་དང་། །ཚོགས་འཁོར་སྟོན་མོ་སོགས་ཞུ་བ་དང་། རྟེན་རབ་གནས་ཅན་སོགས་ལ་ཡན་ལག་བདུན་པ་བཅས་ཀླེ་སྔགས་ཀྱིས་བཤགས་པ་དང་། ལུས་སྲོག་ལོངས་སྤྱོད་མཎྜལ་ཕུལ་བ་དང་། མཆོད་རྟེན་བཞེངས་དང་སཱཙྪ་གདབ་པ་དང་། ཞི་བའི་བསྲེགས་བླུག་གིས་མེ་ལ་སྦྱངས་བ་དང་། གཏོར་མ་སྦྱང་རྟོགས་སྦྱར་བཅས་འཁོར་འདས་མགྲོན་ལ་གཏོང་བ་དང་། ལྷག་ལྷའི་གསང་སྔགས་བཟླ་བ་དང་། ཟབ་མོའི་བསམ་གཏན་ཞི་ལྷག་སྒོམ་པ། ཉི་ལུ་འདོན་སོགས་སྒྲོག་སྐྱབས་རིགས་དང་། ཐར་མདོ་བཤགས་རྒྱུད་སོགས་བཀའ་ཟབ་མོ་ཀློག་པ། བླ་མ་གཙུག་ཏུ་བསྟེན་པ། དམ་ཚིག་རྡོ་རྗེའི་སྒོམ་བཟླས་དང་བདག་འཇུག་ལེན། རྟེན་ལ་བསྐོར་ཞིང་དེ་དྲུང་དུས་གསུམ་རྒྱལ་བའི་སྐུ་གསུང་ཐུགས་ཀྱི་ཡོངས་སྙིང་ཡིག་བརྒྱ་ལྷ་སྟོང་སོགས་བཟླ་བ། ཉ་སྟོང་བརྒྱུད་སོགས་དུས་བཟང་ལ་སྒྲིབ་སྦྱངས་གཟུངས་སྔགས་བཟླ། ཉིན་མཚན་དུས་དྲུག་ཏུ་ཕུང་པོ་གསུམ་པ་འདོན་པ། རྡོར་སེམས་ཡིག་བརྒྱ་འབེབས་སྦྱངས། སྤྱི་བོར་བླ་མ་བསྒོམ་པའི་གནས་གསུམ་འབྲུ་གསུམ་ཡིད་བཟླས་བྱ་བ་དང་། འབར་འཛག་གི་ཐིག་ལེའི་རྣལ་འབྱོར་དང་། རྩ་འཁོར་ལྷ་ཡི་ལྟེ་བར་རིགས་ལྔའི་ཕྱག་མཚན་ཕྲ་མོ་གསལ་བ་ལ་སེམས་བཟུང་སྟེ། མགོན་པོ་ལྔ་ཡི་རླུང་བཙུན་པ་ཕྲ་མོའི་རྣལ་འབྱོར་སྒོམ་པས་གསོ་བ་རྣམས་སོ། །

བཞི་པ་ཡོ་ག་གསུམ་གྱི་རྣལ་འབྱོར་སྤྱི་ཁྲུས་ཀློང་ཆེན་རབ་འབོག་རྒྱུད་ཀྱི་དྲི་མེད་བཤགས་རྒྱུད་ལས་གསུངས་པ་ལ། རྣལ་འབྱོར་སྤྱི་ཁྲུས་འགྲོད་ཚངས་དོང་སྤྲུག་གི་མན་ངག་ཕྱི་ཡོ་བྱད་ཚོགས།

ནང་ཕྱུང་པོ་རྣེན་གྱི། གསང་བ་བྱང་ཆུབ་སེམས་ཀྱི་བསྐང་བཤགས་གསུམ་ཉ་སྟོང་ཆོས་བརྒྱད་སོགས་ལ་སྦྱངས་བ་དང་། ཕྱག་གི་བཀོལ་བྱང་རྩམ་ཡི་དམ་དུ་བགྱིས་པས་ཉེས་ལྟུང་ཐམས་ཅད་མི་འདག་པ་གང་ཡང་མེད་གསུངས་པས་ཉམས་སུ་བླངས་བར་བྱ་བ་གལ་ཆེའོ། །དེ་ལྟར་བཤགས་པ་ཡང་བླ་མ་དང་ཡི་དམ་ལྷས་ལེགས་སོ་སྟེར་བ་དང་། ཁྲུས་བྱས་པ། གོས་དཀར་པོ་གྱོན་པ། རི་བོའི་རྩེར་འཛེགས་པ། ཉི་ཟླ་ཤར་བ་སོགས་སྡིག་ལྟུང་དག་པའི་རྟགས་མ་བྱུང་གི་བར་དུ་འབད་པར་བྱའོ། །གསུམ་པ་ཉེས་པ་མ་བཤགས་པའི་ཉེས་དམིགས་ཀྱང་། རྩ་བའི་དམ་ཚིག་ཉམས་ན་ཆར་བབ་པས་ཐན་པ་འབྱུང་བ་སོགས་སྐྱབ་པ་ཐམས་ཅད་ལོག་པར་འགྱུར་ཞིང་། སྐུ་གསུང་ཐུགས་ཀྱི་ཉམས་རིམ་བཞིན་ལུས་ལ་ནད། ངག་དིག་ལྐུགས། ཡིད་སྨྱོ་འབོགས་སུ་འགྱུར་བ་སྟེ། ཚེ་འདིར་ཡིད་དུ་མི་འོང་བས་མནར་བ་དང་། ཡན་ལག་ཉམས་པས་དངོས་གྲུབ་གཉིས་ཀྱི་གེགས་སུ་འགྱུར་ཞིང་། དེ་གཉིས་གས་ཕྱི་མ་རྡོ་རྗེའི་དམྱལ་བ་ཞེས་བྱ་བ་སྡུག་བསྔལ་གྱིས་མནར་བ་དེ་བས་ཆེ་མེད་པས་དོ་ཟླ་མེད་པའི་གནས་སུ་བརྒྱུད་ཅིང་སྐྱེ་བར་གསུངས་སོ། །

བཞི་པ་དམ་ཚིག་མ་ཉམས་པའི་ཕན་ཡོན་ནི། ཡོན་ཏན་ཐམས་ཅད་ཀྱི་རྟེན་དུ་འགྱུར་བ་དང་། གསང་སྙིང་ལས། རྒྱལ་བའི་རིག་མཆོག་འཛིན་པ་དེ། འཇིག་རྟེན་གཙོ་དང་འཁོར་གྱིས་བཀུར། །དམ་པ་མཆོག་དང་དམ་པ་ཡིས། །སྲས་དང་སྤྱན་དགོངས་བྱིན་གྱིས་རླབས། །བདེ་གཤེགས་ཉིད་ཀྱི་ཡུལ་ལ་ཞུགས། འཇིག་མེད་ཀུན་ཏུ་བཟང་པོར་སྤྱོད། །ཅེས་པ་ལྟར་རོ། །ལམ་ལ་བརྩོན་མ་ནུས་ཀྱང་དམ་ཚིག་མ་ཉམས་ན་རིང་མཐའ་སྐྱེ་བ་བཅུ་དྲུག་གམ་བདུན་ནས་ལམ་དང་འཕྲད་ནས་གྲོལ་བར་འགྱུར་ལ། རིམ་གཉིས་བརྩོན་པས་མྱུར་ན་ཚེ་འདིར་ཟུང་འཇུག་རྡོ་རྗེ་འཆང་ཐོབ་པའམ། དབང་འབྲིང་དཔེའི་འོད་གསལ་མངོན་གྱུར་འཆི་བ་དོན་གྱིས་སླེབས་པའི་ཟུང་འཇུག་གི་སྐུར་ལྡང་། དོན་གྱི་འོད་གསལ་མངོན་གྱུར་ཡིན་ན། འཆི་སྲིད་གཞི་དུས་ཀྱི་འོད་གསལ་དང་འདྲེས་པས་མི་སློབ་པའི་ཟུང་འཇུག་གི་སྐུར་ལྡང་ཞིང་། འབྲིང་གི་ཐམས་ཀྱང་སྲིད་པ་བར་དོ་རུ་རང་གིས་ཉམས་ལེན་བླ་མ་ལ་མོས་གུས་དང་དག་ཞིང་ཡིད་ལ་བྱས་བས་རང་བཞིན་སྤྲུལ་སྐུའི་ཞིང་དུ་གྲོལ་བར་འགྱུར་རོ། །དེ་དག་གི་ཆེ་ཡོན་ཏན་རྒྱ་ཆེ་ཡང་ཐུན་མོང་དངོས་གྲུབ་ཆུང་ངུ་ལས་ཆེན་བརྒྱད། དབང་དང

མངོན་སྤྱོད་དགྲ་སྟེ་འཇིག །བསྐྲད་དང་བསད་དང་དགུག་དང་ཞི། །རྒྱས་པ་ཡང་དག་འགྲུབ་པར་འགྱུར། །འབྲིང་ནི་གྲུབ་པ་བརྒྱད་དེ། །མིག་སྨན་དེ་བཞིན་རྐང་མགྱོགས་དང་། །རལ་གྲི་དང་ནི་ས་འོག་གྲུབ། །རིལ་བུ་གྲུབ་དང་མཁའ་སྤྱོད་ཉིད། །མི་སྣང་བ་དང་བཅུད་ཀྱི་ལེན། །ཅེས་སོ། །ཆེན་པོ་དབང་ཕྱུག་གི་ཡོན་ཏན་བརྒྱད་ནི། གཟུགས་མེད་རག་པ་ཡང་བ་དང་། ཁྱབ་པ་ཡང་དག་ཐོབ་པ་ཉིད། །རབ་ཏུ་གསལ་བ་ཉིད་བརྟན་པ། །དབང་ཕྱུག་ཉིད་དང་འདོད་དགུར་བསྒྱུར། །ཞེས་སོ། །མཆོག་གི་དངོས་གྲུབ་ཕྱི་རྒྱུད་གསུམ་གྱི་རིམས་པས་རིགས་གསུམ་རིགས་བཞི་རིགས་ལྔའི་སངས་རྒྱས་འགྲུབ་པར་བཤད་ལ། ནང་རྒྱུད་མཧཱ་ཡོ་ག་ལྟར་ན་རིག་འཛིན་བཞི་སྟེ། དེས་ཟུར་ལུགས་ལྟར་ན། སེམས་ལྷ་སྐུར་སྨིན་ཞིང་ལུས་རྣམ་སྨིན་གྱི་རྒྱ་ལས་མ་གྲོལ་བ་མཐོང་ལམ་རྣམ་སྨིན་རིག་འཛིན་དང་། ལུས་སེམས་གཉིས་ཀ་འོད་གསལ་གྱི་ལྷ་སྐུར་གྲོལ་ནས་སྐྱེ་འཆི་མེད་པ་ཚེ་ཡི་རིག་འཛིན་བརྙེས་པའི་མཐོང་ལམ་ཚེ་དབང་། ཕྱག་ཆེན་སྒོམ་ལམ། ལྷུན་འགྲུབ་མཐར་ལམ་སྟེ་རིག་འཛིན་བཞིས་མཐོང་སྒོམ་མཐར་ལམ་གསུམ་ཙམ་བསྡུས་པའོ། །ཀུན་མཁྱེན་ཆོས་རྗེས། རྣམ་སྨིན་རིག་འཛིན་གྱིས་ཚོགས་སྦྱོར་མཐར་ཐུག་པའི་ལམ་དང་། ཚེ་དབང་རིག་འཛིན་གྱིས་མཐོང་བའི་ལམ་དང་། ཕྱག་ཆེན་གྱིས་སྒོམ་ལམ། ས་གཉིས་པ། གསུམ་པ། བཞི་པ། ལྔ་པ་རྣམས་ཏིང་ངེ་འཛིན་རང་སའི་སྒྲིབ་པ་འཇོམ་པས་རྡོ་རྗེའི་རིག་འཛིན་དང་། དྲུག་པ་དང་། བདུན་པ་ཆོས་འཁོར་བསྐོར་བའི་ཐབས་ལ་མཁས་པས་འཁོར་ལོའི་རིག་འཛིན། བརྒྱད་པ་མི་རྟོག་པ་ཏིང་འཛིན་དབང་བསྒྱུར་རིན་པོ་ཆེའི་རིག་འཛིན། དགུ་པ་ཆགས་པ་མེད་པར་ཞིང་སྦྱངས་པས་པདྨའི་རིག་འཛིན། བཅུ་པ་ཕྲིན་ལས་ལྷུན་གྱིས་གྲུབ་པས་འགྲོ་དོན་ཐོགས་པ་མེད་ཕྱིར་རལ་གྲིའི་རིག་འཛིན། སངས་རྒྱས་ས་ལྷུན་འགྲུབ་རིག་འཛིན། ཨ་ནུ་ཡོ་ག་ལྟར་ན། ལམ་ལྔའི་ངོ་བོར་གྱུར་པའི་རྣལ་འབྱོར་ལྔ་དང་། ས་བཅུ་མཐར་ཕྱིན་པར་བྱེད་དོ། །ཚོགས་ལམ་འདུན་པ་སེམས་པའི་རྣལ་འབྱོར་གྱིས། །དང་པོ་འགྱུར་བ་མ་ངེས་པ་དང་། །གཉིས་པ་བརྟན་པའི་གཞིའི་ས་གཉིས་བསྡུས། །སྦྱོར་ལམ་རིག་ཆེན་འབྱེད་པའི་རྣལ་འབྱོར་གྱིས། གསུམ་པ་གལ་ཆེན་སྦྱང་བའི་ས། བཞི་པ་བསླབ་པ་རྒྱུན་གྱི་ས། ལྔ་པ་བསོད་ནམས་རྟེན་གྱིས་ས་གསུམ་བསྡུས། མཐོང་ལམ་དབུགས་ཆེན་འབྱིན་པའི་རྣལ་འབྱོར་གྱིས། དྲུག་པ་

བརྟེན་པས་ཁྱད་པར་དུ་འགྱུར་བའི་ས་བསྡུས། སྒོམ་ལམ་ལུང་ཆེན་ཐོབ་པའི་རྣལ་འབྱོར་གྱིས། བདུན་པ་དམིགས་པས་འབྲས་བུ་སྐྱེ་བའི་ས་བསྡུས། མཐར་ལམ་རྒྱལ་ཆེན་རྫོགས་པའི་རྣལ་འབྱོར་གྱིས། བརྒྱད་པ་གནས་པ་མི་འགྱུར། དགུ་པ་བརྟལ་བ་ཆོས་ཉིད། བཅུ་པ་རྫོགས་པ་ཅིར་ཆུབ་ཀྱིས་གསུམ་བསྡུས་པ་ཡིན་ཏེ། དེས་ཐུན་མོངས་བ་ལྟར་ཀུན་རྫོབ་ཡོན་ཏན་སོགས་རྣམས་ཐོབ་ཅིང་། སློབ་ལམ་བཞི་མཐར་ཕྱིན་ནས་འབྲས་བུའི་དབང་བསྐུར་བས་ཁྲུ་རྡུལ་རླུང་གསུམ་གྱིས་རྒྱུ་བ་ཕྲ་བ་ཆད་ཤེས་སྒྲིབ་ཕྲ་བའང་དག །འབྲས་ཆོས་ཉེར་ལྔ་དབྱེར་མེད་ལྷུན་གྱིས་གྲུབ་པའི་བདེ་བ་ཆེན་པོའི་སྐུ་མངོན་དུ་འགྱུར་བ་ཡིན་ནོ། །རྫོགས་པ་ཨ་ཏི་ཡོ་ག་ལྟར་ན། ཆོས་ཉིད་མངོན་སུམ། ཉམས་སྣང་གོང་འཕེལ། རིག་པ་ཚད་ཕེབས། ཆོས་ཉིད་ཟད་པའི་སྣང་བ་ཞེས་ཁྱད་ཆོས་དྲུག་ལྡན་གཞོན་ནུ་བུམ་སྐུའི་དབྱིངས་སུ་ཡང་དག་པར་སངས་རྒྱས་པ་ཡིན་ནོ། །དེ་ལྟར་མཆོག་གི་དངོས་གྲུབ་མཐར་ཐུག་པ་མི་སློབ་པའི་ཟུང་འཇུག་སྐུ་གསུམ་གྱི་ཡོན་ཏན་ལ་ལྡོག་ཆས་ཕྱེ་བའི་ཁ་སྦྱོར་ཡན་ལག་བདུན་ལྡན་ཐོབ་པ་དེའི་ཕྱིར་ཆོས་སྐུའི་རང་དོན་ཡོན་ཏན་དང་། གཟུགས་སྐུའི་ཡོན་ཏན་དོན་གཉིས་ལྷུན་གྱིས་འགྲུབ་པ་ཡིན་ནོ། །

དེ་ལ་ཁ་སྦྱོར་ཡན་ལག་བདུན་ནི། ངག་གི་དབང་ཕྱུག་གྲགས་པས། ལོངས་སྤྱོད་རྫོགས་དང་ཁ་སྦྱོར་བདེ་ཆེན་རང་བཞིན་མེད། སྙིང་རྗེས་ཡོངས་གང་རྒྱུན་མི་ཆད་དང་འགོག་པ་མེད། ཅེས་པ། གསུངས་རྣམ་པ་ཐམས་ཅད་པ་ཐེག་ཆེན་ཆོས་ལ་ལོངས་སྤྱོད་རྫོགས་པ། སྐུ་རྣམ་པ་ཐམས་ཅད་ཤེས་བྱའི་སྣང་བརྙན་ཡོད་དགུ་འཆར་བའི་ཁ་སྦྱོར་དང་། ཐུགས་རྣམས་པ་ཐམས་ཅད་པ་གཟུང་འཛིན་གྱི་རྟོག་པ་ཐམས་ཅད་ལས་གྲོལ་ཞིང་མི་འགྱུར་བའི་བདེ་བ་ཆེན་པོའི་རོལ་པ་དང་། དེའང་མེད་དག་གི་དཔྱད་མཐའ་ལས་གྲོལ་བའི་རང་བཞིན་མེད་པ་ལྷན་སྐྱེས་ཡེ་ཤེས་སོ་སོ་རང་རིག་པ་བཞི་ཆོས་སྐུའི་ཡོན་ཏན་དང་། ཐུགས་རྒྱུད་སྙིང་རྗེས་ཡོངས་སུ་གང་ཞིང་ནོར་བུ་དང་དཔག་བསམ་ཤིང་ལྟར་གཞན་དོན་འབད་མེད་འབྱུང་བ་དང་། ཐུགས་རྗེ་ཆེན་པོ་ཉིད་ནམ་ཡང་རྒྱུན་མི་ཆད་པར་བཞུགས་པས་རྟག་པ་དང་། གདུལ་བྱའི་མོས་ངོར་གཟུགས་སྐུའི་བཀོད་པ་དང་། ཆོས་སྒོ་མཐའ་ཡས་པ་འགོགས་པ་མེད་པར་འཆར་བ་སྟེ། དེ་གསུམ་གཟུགས་སྐུའི་ཡོན་ཏན་ནོ། །གསང

སྔགས་རིག་འཛིན་གྱི་སྡོམ་པའི་རིམ་པ་ཕྱེ་བ་སྟེ་བཞི་པའི་རྣམ་པར་བཤད་པའོ། །

ལེའུ་ལྔ་པ་ལ་བསྟན་བཤད་བསྡུ་གསུམ་ལས་དང་པོ་ནི། དཔེ་ནི། དེ་ལྟ་བུའི་སོ་བྱང་སྔགས་ཀྱི་སྡོམ་པ་གསུམ་གང་ཟག་གཅིག་གི་རྒྱུད་གཅིག་ལ་འགལ་མེད་ཉམས་སུ་ལེན་ཚུལ་ལ། སྤྱིར་སྡོམ་གསུམ་ངོ་བོ་ཐ་དད་དུ་འདོད་པ། བཀའ་བརྒྱུད་ཕྱོགས་ལ་གོང་མས་འོག་མ་ཟིལ་གནོན་དུ་འདོད་པ་དང་། དགེ་ཕྱོགས་འོག་མ་གོང་མའི་རྟེན་དུ་བྱས་ཏེ་རྟེན་བརྟེན་པར་འདོད་པ་སོགས་ཡོད་ཀྱང་། འདིར་སྔ་འགྱུར་རྒྱུད་སྡེའི་དགོངས་དོན་དང་མཐུན་པར་ཀུན་མཁྱེན་རོང་ཀློང་རྣམས་གཉིས་དང་། ལོ་ཆེན་རིན་བཟང་། པཎ་ཆེན་ཀུན་དགའ་རྒྱལ་མཚན་སོགས་ཀྱི་དགོངས་པ་མཐུན་པ་ལྟར་འཆད་པ་ལ། ཀུན་མཁྱེན་གྱི་བསམ་གཏན་ངལ་གསོ་ལྟར། སྡོམ་པ་གསུམ་རང་གི་ལྡོག་པ་མ་འདྲེས་པ་དང་། དགག་བྱ་དང་དགོས་པ་ཡོངས་སུ་རྫོགས་པ་དང་། །འོག་མའི་ངོ་བོར་གོང་མར་གནས་འགྱུར་བ་དང་། །ཡོན་ཏན་ཡར་ལྡན་ཡོད་པ་དང་། །གནད་ཀྱིས་མི་འགལ་བ་དང་། །དུས་སྐབས་གང་གཙོར་སྤྱོད་པ་དང་དྲུག་གོ། །

གཉིས་པ་ལ་དྲུག་གི་དང་པོ། སྡོམ་པ་གསུམ་པོ་དེ་ཡང་གང་ལས་བླངས་བའི་ཡུལ། གོང་གིས་ལེན་པའི་བསམ་པ། ཇི་ལྟར་ལེན་པའི་ཆོ་ག་རྣམས་ཐ་དད་པའི་སྒོ་ནས། ཇི་སྲིད་དུ་བླངས་བའི་དུས་ཀྱང་སོ་སོར་ངེས་པའི་ཕྱིར་ན། རང་རང་གི་ལྡོག་པ་ལ་གཞི་མི་མཐུན་པས་མ་འདྲེས་པར་ཡོད་པ་ཡིན་ཏེ། ཐབ་ལ་མ་ཉམས་པར་སོ་སོར་གནས་པ་ཡིན་ནོ། །

གཉིས་པ་དགོས་པ་ཉོན་མོངས་པ་དེས། རང་རྒྱུད་མི་འཆིང་བར་མཚུངས་ཏེ་རང་རང་གི་ལམ་གྱི་ངོས་ནས་དགག་དགོས་ཀྱི་ཡོན་ཏན་ཡོངས་སུ་རྫོགས་ཏེ། སོ་ཐར་གྱི་ཉོན་མོངས་པ་སྤངས་པ་དང་། བྱང་སེམས་ཀྱིས་རང་བཞིན་མེད་པར་ཤེས་ནས་ཆོས་ཉིད་དུ་བསྒྱུར་བ་དང་། གསང་སྔགས་པས་དེ་ཡེ་ཤེས་ཀྱི་རང་བཞིན་དུ་ལྟས་ཏེ་ལམ་དུ་བྱེད་པའི་ཚུལ་སོ་སོར་ལྟར་སྣང་ཡང་འཆིང་བྱེད་ཀྱི་ཉོན་མོངས་རང་མཚན་པ་རྣམས་སྤང་བར་མཁས་པ་རྣམས་མཐུན་ཏེ། དཔེར་ན་བཟའ་ཤིང་དུག་སྡོང་གི་དཔེ་དུག་སྤང་བ་དང་། སྨན་གྱིས་སྦྱངས་བ་དང་། སྔགས་ཀྱིས་བཏབ་ཏེ་བཟའ་བ་གསུམ་ཀས་ཀྱང་དུག་གིས་མི་གནོད་པའི་དགོས་པ་སྒྲུབ་པ་གཅིག་པ་བཞིན་ནོ། །

གསུམ་པ་ངོ་བོ་གནས་འགྱུར་ནི། །ཉོན་མོངས་རང་ག་མས་འགོར་བར་འཆིང་བྱེད་དེ་སྤང་བས་ཐར་པ་ཐོབ་པའི་སོ་ཐར། དེ་ཉིད་ཀུན་སློང་སེམས་བསྐྱེད་དང་ཤེས་རབ་ཆེན་པོ་གཉིས་ཀྱིས་ཟིན་ནས་གཞན་དོན་གྱི་བྱ་བ་ལ་ཞུགས་ན་བྱང་ཆེན་རྒྱུར་འགྱུར་བ་བྱང་ཆུབ་སེམས་དཔའི་ཉེས་སྤྱོད་སྡོམ་པ་ཞེས་བྱ་བའི་ཚུལ་ཁྲིམས་ཡིན་ལ། དེ་ཉིད་ཀྱང་དབང་ཐོབ་ཅིང་ཐབས་ཤེས་ཆེན་པོས་ཟིན་པ་ནི་བླ་མེད་བྱང་ཆུབ་འབད་མེད་ལྷུན་འགྲུབ་རྒྱུར་རྡོ་རྗེ་འཛིན་པའི་སྡོམ་པར་འགྱུར་བ་དེའི་ཕྱིར་འོག་མ་གཉིས་སུ་རང་དོན་ཡིད་བྱེད་དང་ཐ་མལ་སྣང་ཞེན་ཡོད་པ་བཏང་ནས་གཞན་གནོད་སྤང་བ་དང་། གཞན་ཕན་སྒྲུབ་པའི་སེམས་གཉིས་སྔགས་སྡོམ་གྱི་ངོ་བོར་གནས་འགྱུར་བ་ཡིན་ནོ་ཞེས་འབུམ་ཕྲག་ལྔ་པའི་ལུང་ལས། ལྟུགས་ཟང་དཀྱུལ་རྡོའི་དཔེ་གསལ་བར་གྲུབ་བོ། །

བཞི་པ་ཡོན་ཏན་ཡར་ལྡན་ནི། གང་ཟག་འཇིག་རྟེན་པ་དང་། བསླབ་པ་གསུམ་གྱི་ཉམས་ལེན་ཅུང་ཟད་རྒྱུད་ལ་འགྱུར་བའི་རྣལ་འབྱོར་པ་དང་། དེ་ཐབས་ཤེས་ཁྱད་པར་བས་ཟིན་པའི་རྣལ་འབྱོར་པ་རྣམས་བློ་ན་འཕར་བའི་ཁྱད་པར་གྱིས་གོང་མ་གོང་མས་འོག་མ་འོག་མ་རྣམས་ཀྱི་རྒྱུད་ཀྱི་དམན་སེམས་དང་སྣང་ཞེན་སོགས་ལ་གནོད་ཅིང་སྤང་བའི་ཕྱིར་དང་འོག་མའི་སྡོམ་པ་སྲུང་བའི་ཡོན་ཏན་གོང་མའི་སྡོམ་པའི་ངང་དུ་ཡར་ལྡན་གྱིས་འོག་མ་ཟིལ་གྱིས་གནོན་པའོ། །

ལྔ་པ་གནད་ཀྱིས་མི་འགལ་བ་ནི། སོ་བྱང་གིས་སྤྱངས་སེམས་དང་ཕན་སེམས་སྔགས་ཀྱི་སྤྱོད་བྱའི་དམ་ཚིག་དང་འགལ་ལོ་སྙམ་ན། ཕམ་བཞིས་མི་ཚངས་སྤྱོད་ལྷ་བུར་མཆོད་ན། ལྷ་སྔགས་ཆོས་ཀྱི་འདུ་ཤེས་གསུམ་གྱིས་འཁྲིགས་ན་རྣལ་འབྱོར་པ་དེ་འདུ་ཤེས་རང་བཞིན་པ་མེད་པས། ཡུལ་བསམ་སྦྱོར་བ་མཐར་ཐུག་གི་ཡན་ལག་མ་ཚངས་བས་ན། ཆོས་ཐམས་ཅད་བདེན་མེད་སྒྱུ་ལམ་ཇི་བཞིན་པའི་གནད་ཀྱིས་འགལ་མི་སྲིད་དེ། སྐྱེ་མེད་དེ་བཞིན་ཉིད་ལས་མ་གཡོས་པའི་ཕྱིར་རོ། །དེའང་དེ་ལྟའི་གདེང་ཐོབ་པས་ཡིན་གྱི་མོས་སྒོམ་ཙམ་གྱིས་མ་ཡིན་ཏེ་དུག་སྨན་ཡིན་སྙམ་དང་མེ་བདེན་མེད་མོས་པ་ཙམ་གྱིས་གནོད་དང་བསྲེགས་པ་མི་ཞི་བ་བཞིན་ནོ། །

དྲུག་པ་གནས་སྐབས་གང་གཙོར་སྤྱོད་པ་ནི། སྡིག་ཏེ་མི་དགེ་བའི་ཕྱོགས་རང་བཞིན་གྱིས་ཁ་ན་མ་ཐོ་བ་རྣམས་དང་། ཚོགས་པ་མང་པོའི་གསེབ་ཏུ་ལས་དང་པོ་པ་རྣམས་ལྟ་ཅི་སྨོས། ཉེས

པས་མི་གོས་པའི་རྣལ་འབྱོར་པ་རྣམས་ཀྱང་གདུལ་བྱའི་རྒྱུད་ཆུད་མི་ཟ་བའི་ཕྱིར། འོག་མ་ཉན་ཐོས་ལུགས་གཙོ་བོར་བྱེད་དགོས། བྱང་ཆུབ་སེམས་དཔའ་རང་འདོད་ཡིད་ལ་བྱེད་པས་དབེན་པ་ན་གཞན་དོན་འགྱུར་ངེས་པས་ལུས་ངག་ལས་བདུན་གནང་བ་དང་། ནུས་པ་ཐོབ་པས་གསང་སྔགས་ཀྱི་ཚོགས་འཁོར་དང་ཚོམ་བུ་ཚོགས་སྒྲུབ་སོགས་སྤྱོད་པ་སྤྱད་པའི་དུས་དང་། མི་མེད་དབེན་པར་ནི་གསང་སྔགས་ཀྱི་སྤྱོད་པ་སྤྱད་ན་འོག་མ་དང་འགལ་བ་ལྟར་སྣང་ཡང་གཟུགས་བརྙན་ཙམ་མོ། །སློབ་དཔོན་ཆེན་པོས། ཕྱི་ལྟར་ལག་ལེན་མདོ་སྡེའི་ལུགས་སུ་སྤྱད། རྒྱུ་འབྲས་སྤང་བླང་ཞིབ་པའི་དགོས་པ་ཡོད། ཞེས་སོགས། སྡོམ་པ་གསུམ་ཀ་ནང་མ་འདོམ་པ་སྟེ་མཐུན་པར་གྱུར་ན་སྤང་བླང་སོ་སོར་མ་འདྲེས་པར་ཡོངས་སུ་བསྲུང་བར་བྱ་ཞིང་། ནང་འདོམ་པ་སྟེ། གཅིག་གིས་སྤངས་བྱ་གཅིག་གིས་བླང་བྱར་གྱུར་ན། དགག་བྱ་ཉོན་མོངས་པའི་གཉེན་པོར་འགྲོ་བ་དང་། དགོས་པ་མི་འཆིང་བ་གཉིས་གང་དུ་ཚང་བ་དེ་སྤྱད་པར་བྱ་ཞེས་མཁས་པ་རྣམས་བཞེད་དོ། །མི་དགེ་ཉེས་པ་སྤྱད་ན་སྤང་བྱ་དང་། དགེ་བ་དང་ཡོན་ཏན་སྤྱད་ན་བླང་བྱ་ཉིད་དོ། །སྲུམ་ལྡན་རྡོ་རྗེ་འཛིན་པས། ལས་དང་པོ་པས་སོ་ཐར་གྱི་དགག་བྱ་དང་བྱང་སྔགས་ཀྱི་སྤངས་བྱ་རྣམས་གཙོ་བོར་བསྲུང་བ་སྟེ། སྔགས་སམ་ཏིང་ངེ་འཛིན་གྱིས་ཆང་གི་རོ་བསྒྱུར་བ་དང་། དུག་ཞི་བ་ལ་སོགས་པའི་དྲོད་མ་ཐོབ་པ་དེ་སྲིད་དུ་ལས་དང་པོ་པ་ཞེས་བྱའོ། །བརྟན་པ་ཐོབ་ནས་བསྐྱེད་རྫོགས་ཀྱི་རྣལ་འབྱོར་པས་དམ་རྫས་ཁྱད་པར་ཅན་བརྟེན་སོགས་སྔགས་ནང་རྒྱུད་ལྟར་དང་། འབྲས་བུ་གྲུབ་པ་ཐོབ་ན་བླང་དོར་མེད་པའི་སྤྱོད་པ་དང་། མཐར་ཐུག་ཐམས་ཅད་མཁྱེན་པའི་ཡེ་ཤེས་མངོན་དུ་གྱུར་པའི་ཚེ་ན་གཞན་ལ་ཕན་པའི་སྤྱོད་པ་ཁོ་ན་གང་ཡིན་པ། དེ་དང་དེ་དག་དུས་ཚོད་དང་འབྲེལ་བར་སྤྱོད་དགོས་ཞེས་དུས་འཁོར་འགྲེལ་ཆེན་ལས་བཤད་དོ། །

གསུམ་པ་སྡོམ་གསུམ་ཉམས་ལེན་བསྡུས་ཏེ་བསྟན་པའི་སྒོ་ནས་འཇུག་བསྡུ་བ་ནི། འཁོར་བར་སྐྱེ་ཤིས་དང་ངེས་འབྱུང་གི་ཀུན་ནས་བསླངས་ཏེ། ཡོན་ཏན་ཐམས་ཅད་ཀྱི་གཞི་རྟེན་སོ་སོར་ཐར་པ་རིགས་བདུན་གྱི་སྡོམ་པ་གང་ནུས་ཀྱིས་ཉེས་སྤྱོད་ལས་ལྡོག་པར་བྱ་ཞིང་། དེའི་སྟེང་ཕ་མ་སེམས་ཅན་ཐམས་ཅད་ཀྱིས་དོན་དུ་བྱང་ཆུབ་ཐོབ་འདོད་ཀྱིས་སེམས་བསྐྱེད་ཀྱི་སྡོམ་པ་བླངས་ན།

དེ་གཉིས་གསང་སྔགས་ཀྱི་སྡོམ་པའི་ཡན་ལག་ཏུ་འགྱུར་བ་ཡིན་ལ། སེམས་ཅན་རྣམས་གདོད་ནས་རྣམ་པར་དག་ཀྱང་དེ་ལྟར་མ་རྟོགས་པས་སྡུག་བསྔལ་གྱིས་གཟིར་བ་ལ་སྙིང་རྗེ་དྲག་པོའི་ཀུན་སློང་གིས་སྨིན་བྱེད་དབང་གིས་སྔགས་སྡོམ་ཐོབ་པར་བྱས་ནས་སྡོམ་པ་གསུམ་མིག་གིས་འབྲས་བུར་ལྟར་གཅེས་སྤྲས་ཀྱིས་བསྲུང་ཞིང་། གདན་གསུམ་ལྷ་རུ་ཤེས་པའི་བསྐྱེད་རིམ་དང་། གཏུམ་མོ་སྒྱུ་ལུས་སོགས་མཚན་བཅས་ཀྱི་རྫོགས་རིམ་ཐབས་ལམ་དང་། མཚན་མེད་གྲོལ་ལམ་ཐེག་མཆོག་རྫོགས་པ་ཆེན་པོའི་རིམ་པ་སྒོམ་ཞིང་། ཐབས་ལམ་ལ་སྤྲོས་བཅས་སྤྲོས་མེད་སོགས་ཀྱིས་འབྲས་བུ་མྱུར་དུ་སྒྲུབ་པའི་ཉེ་རྒྱུའི་སྤྱོད་པ་དང་། གྲོལ་ལམ་མཚན་ལྡན་གྱི་བླ་མ་དམ་པ་ལ་མོས་གུས་གདུང་བ་དྲག་པོ་ནི་ཉེ་རྒྱུའི་ལམ་གྱི་མཐར་ཐུག་ངེས་པས་རིམ་བཞིན་མཚམས་སྦྱར་ནས་རབ་ཚེ་འདིར་ཟུང་འཇུག་གི་སྐུ་འགྲུབ་པ་འབྲིང་འཆི་ཁ་གཞི་ལམ་འོད་གསལ་གྱིས་གྲོལ་བ་དང་། ཐ་མ་སྲིད་པ་བར་དོ་རུ་རང་བཞིན་སྤྲུལ་སྐུའི་ཞིང་དུ་རིགས་ལྔའི་སངས་རྒྱས་ཀྱི་ཞལ་མཐོང་། དབང་བསྐུར་ལུང་བསྟན་དབུགས་དབྱུང་ནས་མངོན་པར་རྫོགས་པར་སངས་རྒྱ་བ་ཡིན་ནོ། །སྡོམ་གསུམ་སྤྱིར་དཔྱད་པའི་རིམ་པར་ཕྱེ་བ་སྟེ་ལྔ་པའོ། །

གསུམ་པ་ཐ་མར་དགེ་བ་མཇུག་གི་དོན་ལ། རྩོམ་དགོས་པའི་རྒྱུ་བརྩེ་བའི་སྙིང་རྗེ་འཁྲུངས་ཚུལ་ནི། དེང་སང་གི་དུས་འདི་ན་གཞུང་ལུགས་བཟང་པོ་རྣམས་ལ་ཐོས་བསམ་གྱིས་གནད་དུ་ཕྱིན་པའི་བློ་མ་སྦྱངས་པས་མདོ་སྔགས་ཀྱི་དགོངས་གནད་མ་རྟོགས་པར། རྟོག་གེ་མཁས་སྙེམ་ཅན་དག་གིས་གཞན་ལ་སྒྲོ་བསྐུར་གྱིས་མུ་ཅོར་སྨྲ་བ་བརྒྱ་ཕྲག་དུ་མས་བསྟན་པ་དཀྲུག་ཅིང་སྒོམ་པ་ཉམས་ལེན་གྱིས་སྒོ་ནས་རང་གི་ཡེ་ཤེས་ཡང་དག་པ་ནི་རྡུལ་ཙམ་ཡང་མ་རྟོགས་པར་ཟློག་པོ་གྲུབ་སྙེམ་ཅན་མང་པོས་རང་བཟོའི་ཚིག་དང་། མདོ་རྒྱུད་རྣམ་དག་གི་ཚིག་ཀློག་པ་རྣམས་ཀྱང་བསྐྱེད་རྫོགས་ཉམས་མྱོང་མེད་པ་མ་ཟད་ཚིག་དོན་གང་ཡིན་དང་། སོ་སོའི་སྲུང་མཚམས་ཙམ་ཡང་མི་ཤེས་བཞིན་ཁ་ཁྲལ་ཁོ་ནས་ཚིག་པར་སྙེམ་པས་དབང་བསྐུར་སོགས་འགྲོ་དོན་ལྟར་སྣང་བྱེད་པ་ལ། རྨོངས་པ་རྣམས་རྒྱལ་བསྟན་རིན་པོ་ཆེ་ལུང་དང་རྟོགས་པའི་བདག་ཉིད་ཅན་གང་ཡིན་མི་ཤེས་པ་རྣམས་ཚེམ་པའི་དུས་འདིར་རང་གཞན་གཉིས་ཀ་བསླུ་བའི་སྐབས་དེ་བསམ་ཕྱིར་སྙིང་རྗེས་སྙིང་ནས་མཆིམ་མ

དཀྱུ་བའི་གནས་སུ་གཟིགས་པའོ། །

གཉིས་པ་རྩོམ་དགོས་པའི་རྒྱུ་མཚན་ནི། གདུལ་བྱའི་བློ་རིམ་བཞིན་བསྟན་པའི་མདོ་སྔགས་ཀྱི་ལམ་རྣམས་ནི་མཐའ་ཡས་ཤིང་། གདུལ་བྱ་མུ་མེད་པའི་འགྲོ་བ་རྣམས་བྱང་ཆུབ་གསུམ་ཐོབ་པའི་ཕྱིར་བསྟན་ལ། དེ་ཐམས་ཅད་ཀྱི་ཉམས་ལེན་སྡོམ་པ་གསུམ་དུ་འདུ་བ་དེས་གང་ཟག་རྣམས་འཚང་རྒྱ་བའི་ལམ་ཚང་ལ་མ་ནོར་བའི་ལམ་འདི་ལྟ་བུར་རྒྱལ་བས་གསུངས་པ་ཡིན་ནོ། །དེ་ལྟ་ནའང་གངས་ཅན་བོད་ཡུལ་འདི་ན་མདོ་སྔགས་ཀྱི་གཞུང་ལུགས་དེ་དག་ཕྱོགས་རེ་ཙམ་ལ་མོས་པ་ཐོབ་ནའང་། དེར་རིས་ཆད་དུ་གཟུང་ནས་གཡག་ཞར་གྱི་ཙ་ལྟར་སོང་ནས་གཅིག་ཏུ་དྲིལ་ནས་འཛིན་ཤེས་པ་ནི་དཀོན་ལ། འགའ་ཞིག་སྡོམ་གསུམ་གཅིག་ཏུ་བསྡུ་བར་སེམས་ཀྱང་སྡོམ་གསུམ་སོ་སོའི་ལག་ལེན་ལྟར་སྣང་ཙམ་ལས་ལུང་རིགས་མན་ངག་དང་མི་འགལ་བར་འཆད་མི་ཤེས་པས་མིང་ཙམ་དུ་ལུས་པས་བརྩམ་དགོས་པ་ཡོད་དོ། །

གསུམ་པ་ཇི་ལྟར་བརྩམ་པའི་ཚུལ་ནི། བསྟན་བཅོས་འདི་ནི་འཕགས་བོད་ཀྱི་མཁས་གྲུབ་དུ་མའི་ལེགས་བཤད་ལས་བསྟན་དོན་སྒྲིམ་པོའི་བློ་ཡིས་བརྟགས་ཤིང་དཔྱད་ནས་ཕྱོགས་གཅིག་དག་ཏུ་བཀོད་པས། དེའི་ཕྱིར་ན་མ་རྟོགས་པ་ལོག་པར་རྟོག་པ་སོགས་ནོང་པའི་དྲི་མ་མེད་སྐམ་དུ་རློམ་མོ་ཞེས་གསུངས་གསང་མཐོན་པོས་འདོམ་ཞིང་ཡིད་ཆེས་བའི་གནས་སུ་མཛད་པའོ། །རྒྱུད་བླ་མ་ལས། གང་ཞིག་རྒྱལ་བའི་བསྟན་པ་འབའ་ཞིག་གིས། དབང་བྱས་རྣམ་གཡེང་མེད་ཡིད་ཅན་གྱིས་བཤད། །ཐར་པ་ཐོབ་པའི་ལམ་དང་རྗེས་མཐུན་པ། །དེ་ཡང་དྲང་སྲོང་བཀའ་བཞིན་སྤྱི་བོས་བླངས། །ཞེས་པ་ལྟར་རོ། །

བཞི་པ་ནི། བསྟན་བཅོས་འདི་བརྩམ་པ་ལས་བྱུང་བའི་དགེ་བ་མཆོག་ཏུ་གྱུར་པ་དེས་མཁའ་ཁྱབ་ཀྱི་འགྲོ་བ་ཐམས་ཅད་འབད་རྩོལ་མེད་པར་དེ་བཞིན་གཤེགས་པ་ཐམས་ཅད་ཀྱི་སྐུ་དང་ཡེ་ཤེས་འདུ་འབྲལ་མེད་པའི་བདག་ཉིད་དཔལ་ཀུན་ཏུ་བཟང་པོའི་གོ་འཕང་མྱུར་དུ་ཐོབ་པར་ཤོག་ཅིག་པའོ། །

ལྔ་པ་མཛད་བྱང་ནི། ཅེས་སྡོམ་གསུམ་རྣམ་ངེས་ཚིག་གིས་རིམ་པར་ཕྱེ་བ་འདི་གངས་རིའི་

ཕྲེང་བས་བསྐོར་བའི་ཡུལ་ལྗོངས་ལྷོ་ཕྱོགས་ཀྱི་རྒྱུད་དུ་ཕྱུང་བ་ཤེས་རབ་དང་སྙིང་རྗེས་སྲིད་ཞིའི་མཐའ་གཉིས་ལས་ངེས་པར་འབྱུང་བ་བླ་ན་མེད་པའི་བྱང་ཆུབ་དོན་གཉེར་གྱི་བསམ་པ་ཅན་མངའ་རིས་ཀྱི་པཎྜི་ཏ་པདྨ་དབང་གི་རྒྱལ་པོ་རྡོ་རྗེ་གྲགས་པ་རྒྱལ་མཚན་དཔལ་བཟང་པོས་བཀོད་པར་མཛད་པའི་དགེ་བ་དེས། ཕྱོགས་བཅུ་དང་དུས་གསུམ་གྱིས་བསྡུས་པའི་འཇིག་རྟེན་གྱི་ཁམས་ཐམས་ཅད་དུ་ཐེག་པ་ཀུན་གྱི་རྩེ་མོར་སོན་པ་རང་བཞིན་རྫོགས་པ་ཆེན་པོ་ཨ་ཏི་ཡོ་གའི་བསྟན་པ་རིན་པོ་ཆེ་ཡིད་བཞིན་ནོར་བུ་དབང་གི་རྒྱལ་པོ་འདི། ཐུབ་བསྟན་ཡོངས་སུ་རྫོགས་པའི་རྒྱལ་མཚན་གྱི་རྩེ་མོར་བཀོད་དེ། རྒྱལ་པོ་གང་དུ་འགྲོ་བར་བློན་འཁོར་བཞིན་ལམ་སྣེགས་ཀྱི་ཐེག་པ་ཐམས་ཅད་འཛིན་སྐྱོང་སྤེལ་བའི་བྱ་བ་རླབས་པོ་ཆེ་བྱེད་ནུས་པར་གྱུར་ཅིག །

སྡོམ་འགྲེལ་རྒྱས་བསྡུས་མང་བཞུགས་པས། །འདི་འདྲ་སུ་ལའང་མི་མཁོ་ཡང་། །ཡི་གེ་བྲི་བ་ཆོས་སྤྱོད་བཅུའི། །ཐོག་མར་བསོད་ནམས་འཕེལ་བའི་སླད། །ཟིན་ཐོ་ཙུང་ཟད་སྤེལ་བ་འདིས། །སྐྱེ་དང་ཚེ་རབས་ཐམས་ཅད་དུ། །གསུང་རབ་རིན་ཆེན་མཛོད་བཟུང་བས། །འགྲོ་ལ་ཅི་དགར་སྤྱོར་ནུས་ཤོག །

ཅེས་པ་འདི་འང་ཨོ་རྒྱན་མདོ་སྔགས་ཆོས་ཀྱི་ཉི་མའི་ཞལ་སློབ་ཤཱཀྱའི་དགེ་སློང་ཐུབ་བསྟན་བཤད་སྒྲུབ་རྒྱ་མཚོས་དབེན་རི་ཤ་ར་རིན་ཆེན་གླིང་དུ་སྦྱར་བའོ། །དགེའོ།། །།

༄༅། །སྡོམ་གསུམ་རྣམ་པར་ངེས་པའི་བསྟན་བཅོས་ཀྱི་འབྲུ་འགྲེལ་བློ་གྲོས་གསར་བུའི་ ཡིད་ཀྱི་གདུང་སེལ་ལེགས་བཤད་བདུད་རྩིའི་ཟ་མ་ཏོག་ ཅེས་བྱ་བ་བཞུགས་སོ། །

བདུད་འཇོམས་འཇིགས་བྲལ་ཡེ་ཤེས་རྡོ་རྗེ།

ཨོཾ་སྭསྟི་སིདྡྷཾ། རྣམ་འདྲེན་སྟོང་རྩའི་དབུས་ན་པད་དཀར་བཞིན། །རབ་བསྔགས་རྩོད་ལྡན་གདུལ་བྱའི་དཔལ་ཤར་བ། །ངོ་མཚར་སྟོན་པ་མཚུངས་མེད་ཤཱཀྱའི་རྒྱལ། །ཁྱོད་ཞབས་སྤྱི་བོའི་རྒྱན་དུ་ཐོག་མར་བསྟེན། །འོད་སྣང་མཐའ་ཡས་མགོན་པོའི་བློས་གར་ནི། །སིནྡྷུའི་པད་མཚོར་བསྒྱུར་ལས་མཚན་སྐྱུའི་དཔལ། །འཆི་མེད་རིག་འཛིན་གཞོན་ནུའི་རྣམ་འགྱུར་གྱིས། །སྣང་སྲིད་ཟིལ་གནོན་མཛད་དེར་སྙིང་ནས་གུས། །གངས་ཅན་སྐྱེ་འགྲོ་ཐོག་མའི་འདྲེན་པ་རྗེ། །བསམ་བཞིན་བྱོན་པ་མཁན་ཆེན་ཞི་བ་འཚོ། །གངས་ལྗོངས་སྨག་རུམ་ཁྲོད་ན་རྒྱལ་བསྟན་གྱི། །སྣང་བྱེད་ཐོག་མར་འདྲེན་བཟོད་ཁྲི་སྲོང་རྗེ། །རྣམ་གསུམ་བོད་ལ་ལྷག་པར་རྗེས་བརྩེའི་སྟོབས། །ངོ་མཚར་རྣམ་ཐར་ད་ལྟའི་བར་དུ་ཡང་། །མངོན་སུམ་ཚད་གྲུབ་བཀའ་དྲིན་ཕུང་པོའི་ཚུལ། །རྗེས་སུ་མི་དྲན་བྱོལ་སོང་ལས་གཞན་སུ། །ཐ་མའི་དུས་འདིར་སླར་ཡང་ཆོས་རྒྱལ་ཉིད། །སྡོམ་བརྩོན་པཎྜི་ཏ་ཡི་ཚུལ་བཟུང་ནས། །རྒྱལ་བའི་གསུང་རབ་དགོངས་དོན་གནད་དྲིལ་ཏེ། །སྡོམ་གསུམ་རྣམ་ངེས་བདུད་རྩིའི་བགོ་སྐལ་སྩལ། །ཚུལ་འདིར་ཤེས་བྱ་ཀུན་གཟིགས་ལོ་ཆེན་རྗེ། །དྷརྨ་ཤྲཱི་སོགས་སྟོན་བྱོན་མཁས་རྣམས་ཀྱིས། །དགོངས་འགྲེལ་ལེགས་བཤད་ཅི་དགར་སྤྲོས་ལས་འདིར། །རྒྱལ་བསྟན་མི་ཉམས་དར་མཛད་བཀའ་དྲིན་དྲན། །སླར་ཡང་རང་འདྲ་ཐོས་ཆུང་གསར་བུའི་ཕྱིར། །རྗོད་བྱེད་ཚིག་ཉུང་བརྗོད་བྱའི་དོན་མ་ནོར། །དོན་གནད་རྗེན་ཕྱུངས་རྒྱས་བཤད་སྤྲོས་པ་བསྐྱུངས། །བལྟ་བདེ་གོ་སླ་ཐོག་མའི་འཇུག་སྒོ་རུ །

འདི་ཙམ་འཚམས་སྐམ་འབད་པས་བཀོད་འདི་ཀོ། །དོན་གཉེར་ཅན་འགར་ཚིགས་ཆུང་དོན་ཆེའི་སྐྱེས། །དེ་ཕྱིར་ལྷག་བསམ་དག་པའི་བརྩོན་པ་འདི། །དོན་ལྡན་ཉིད་དུ་འགྱུར་བར་བྱིན་བརླབས་གསོལ། །

དེའང་བདག་ཅག་གི་སྟོན་པ་ཐབས་མཁས་ལ་ཐུགས་རྗེ་ཚད་མེད་པ་དང་ལྡན་པ་འདི་ཉིད་ཀྱིས་ཞིང་འདིའི་གདུལ་བྱ་རྣམས་ཐར་པ་བླ་ན་མེད་པའི་ལམ་དུ་དགྲི་བའི་ཕྱིར་ཆོས་ཀྱི་ཕུང་པོ་བརྒྱད་ཁྲི་བཞི་སྟོང་ཇི་སྙེད་ཅིག་གསུངས་པ་ཐམས་ཅད་བསྡུ་ན་སྡེ་སྣོད་བཞིར་འདུ་ཞིང་། དེ་དག་གིས་བསྟན་བྱ་མ་ལུས་པའང་སྡོམ་པ་གསུམ་གྱི་ཉམས་ལེན་གྱི་ཁོངས་སུ་འདུ་བའི་ཕྱིར། དེ་ཉིད་མདོ་སྔགས་ཀྱི་བསྟན་པ་མཐའ་དག་གི་སྙིང་པོའི་བཅུད་དུ་ཡོངས་སུ་གཟིགས་ནས། འཇམ་དཔལ་དབྱངས་དངོས་ཆོས་རྒྱལ་ཚངས་པ་ལྷའི་མེ་ཏོག་གི་གསང་བ་གསུམ་གྱི་རྣམ་པར་རོལ་པ་ཡུལ་མངའ་རིས་ཀྱི་པཎྜི་ཏ་ཆེན་པོ་པདྨ་དབང་རྒྱལ་རྡོ་རྗེ་གྲགས་པ་རྒྱལ་མཚན་དཔལ་བཟང་པོ་ཞེས་མཁས་པའི་ཕུལ་དུ་ཕྱིན་ཅིང་གྲུབ་པའི་ས་མཐོར་གཤེགས་པ་དེ་ཉིད་ཀྱིས། རང་རེ་རྗེས་འཇུག་གི་གདུལ་བྱ་རྣམས་ལ་བརྩེ་བ་ཆེན་པོས་ལྷག་པར་རབ་ཏུ་དགོངས་ཏེ་སྡོམ་པ་གསུམ་གྱི་ཉམས་ལེན་གནད་དུ་དྲིལ་བར་མཛད་པའི་ལེགས་བཤད་རྨད་དུ་བྱུང་བ་འདི་ཉིད་འཆད་པར་བྱ་བ་ལ་གསུམ་སྟེ།

ཐོག་མར་དགེ་བ་ཀླད་ཀྱི་དོན། བར་དུ་དགེ་བ་གཞུང་གི་དོན། ཐ་མར་དགེ་བ་མཇུག་གི་དོན་ནོ། །དང་པོ་ཐོག་མར་དགེ་བ་ཀླད་ཀྱི་དོན་ལའང་གསུམ། མཚན་སྨོས་པ། མཆོད་པར་བརྗོད་པ། བརྩམ་པར་དམ་བཅའ་བའོ། །

དང་པོ་མཚན་སྨོས་པ་ནི། རང་བཞིན་རྫོགས་པ་ཆེན་པོའི་ལམ་གྱི་ཆ་ལག་སྡོམ་པ་གསུམ་རྣམ་པར་ངེས་པ་ཞེས་བྱ་བའི་བསྟན་བཅོས་བཞུགས་སོ། །ཞེས་པ་སྟེ། འདི་ལྟར་སེམས་ཀྱི་ར༵ང་བཞི༵ན་མ་བཅོས་པའི་གནས་ལུགས་ཟབ་མོའི་ཀློང་ན་གཞི་ལམ་འབྲས་བུའི་ཆོས་ཐམས་ཅད་མ་བཙལ་ཡེ་རྫོག༵ས་སུ་ལྷུན་གྱིས་གྲུབ་པ༵་ནི་བླ་ན་མེདཔའི་ཆེ༵ན་པོ༵་སྟེ། དེའི༵་ཚུལ་མ་ནོར་བར་དངོས་སུ་གཏན་ལ་འབེབས་པར་བྱེད་པས་ན་ལ༵མ་ཀུན་གྱི༵་མཐར་ཐུག་པ་ནི་ཨ་ཏི་ཡོ་ག་ཡིན་ཅིང་། ཨ་ནུ་མན་ཆད་མདོ་སྔགས་ཀྱི་ཆོས་ཚུལ་ཐམས་ཅད་ཀྱང་འདི་ཉིད་རྟོགས་པར་བྱེད་པའི་ལམ་གྱི་ཆ༵་ལ༵ག་

ཏུ་གྲུབ་པ་དང་། དེ་ཐམས་ཅད་ཀྱི་བརྗོད་བྱ་ཉམས་ལེན་གྱི་སྙིང་པོ་ནི་སྡོམ༷་པ༷་གསུམ་ཡིན་ལ། དེའི་དོན་དཔྱད་པ་གསུམ་གྱི་སྒོ་ནས་སྒྲོ་སྐུར་དང་བྲལ་བར་གཏན་ལ་ཕབ་པས་ན་རྣམ༷་པ༷ར་ངེས༷་པ༷་ཞེས༷་བྱ་བ༷་སྟེ། བསྟན་བཅོས་ཞེས་པའི༷་སྒྲ་དོན་འཆོས་སྐྱོབ་ལ་འཇུག་པས་ན་རྒྱུ་ཉོན་མོངས་པ་ལས་འཆོས་ཏེ་འབྲས་བུ་ངན་འགྲོའི་སྲིད་པ་ལས་སྐྱོབ་པའི་ཡོན་ཏན་དང་ལྡན་པས་ན་བསྟན༷་བཅོས༷་ཏེ། རྣམ་བཤད་རིག་པ་ལས། ཉོན་མོངས་དགྲ་རྣམས་མ་ལུས་འཆོས་པ་དང་། །ངན་འགྲོའི་སྲིད་ལས་སྐྱོབ་པ་གང་ཡིན་པ། །འཆོས་སྐྱོབ་ཡོན་ཏན་ཕྱིར་ན་བསྟན་བཅོས་ཏེ། །གཉིས་པོ་འདི་དག་གཞན་གྱི་ལུགས་ལ་མེད། །ཅེས་གསུངས། བཞུགས༷་སོ༷་ནི་འདིར་ཡོད་དོ་ཞེས་པའོ། །དེ་ལྟར་མཚན་སྨོས་པའི་དགོས་པ་འམ། དབང་རབ་རྣམས་མཚན་གྱི་ནང་དུ་གཞུང་དོན་ཚང་བས་དེ་ཙམ་གྱིས་དབུ་ཞབས་ཀྱི་དོན་ཐམས་ཅད་བདེ་བླག་ཏུ་རྟོགས་པར་འགྱུར་བ་དང་། འབྲིང་རྣམས་ཀྱིས་གཞུང་གི་བཞུགས་ཚུལ་དོན་སྤྱི་ལ་ངེས་པ་སྐྱེད་པར་འགྱུར་བ་དང་། ཐ་མས་ཀྱང་མཚན་དོན་དེ་ལྡན་གྱི་གཞུང་ཉིད་ལ་མྱུར་དུ་འཇུག་པར་སྤྲོ་ཞིང་གླེགས་བམ་ཡང་ངོ་ཤེས་པའི་དགོས་པ་ཡོད་དོ། །

གཉིས་པ་མཆོད་པར་བརྗོད་པ་ལ་གཉིས། སྤྱིར་བཀའ་དྲིན་ཅན་གྱི་བླ་མ་ལ་ཕྱག་འཚལ་བ་དང་། ཁྱད་པར་སློབ་དཔོན་ཆེན་པོ་པདྨ་འབྱུང་གནས་ལ་ཕྱག་འཚལ་བའོ། །དང་པོ་སྤྱིར་བཀའ་དྲིན་ཅན་གྱི་བླ་མ་ལ་ཕྱག་འཚལ་བ་ནི། ན་མོ་གུ་རུ་བྷྱེ། ཞེས་ལེགས་སྦྱར་གྱི་སྐད་དེ་ཉིད་བོད་སྐད་དུ་བསྒྱུར་ན། ན༷་མོ༷་ཞེས་པ་ཕྱག་འཚལ་བའི་དོན་དང་། གང་ལ་ན། གུ་རུ༷་བྷྱེ༷་ཞེས་པ་བླ་མ་ལའོ། །དེའང་གུ་རུའི་སྒྲ་ལྕི་བ་ལ་འཇུག་པས་ལུང་རྟོགས་ཡོན་ཏན་རྒྱ་ཆེ་བའི་ཁུར་གྱིས་ལྕི་བའི་མཁྱེན་པ་བླ་ན་མེད་ཅིང་ཐུགས་རྗེ་བརྩེ་བ་ཆེན་པོ་མ་དང་མཚུངས་པའི་བཀའ་དྲིན་ཆེ་བ་དེ་ལ་སྒོ་གསུམ་གུས་པ་ཆེན་པོས་འདུད་པའི་དོན་ནོ། །དེ་ལྟར་བླ་མ་ལ་དང་པོ་ཉིད་དུ་ཕྱག་འཚལ་དགོས་པའི་རྒྱུ་མཚན་གང་ཞེ་ན། སློབ་དཔོན་ལྷ་བི་ལྟས། དབང་བསྐུར་མཆོག་ཐོབ་རྡོ་རྗེ་ཡི། །སློབ་དཔོན་ལ་ནི་དེ་བཞིན་གཤེགས། །ཕྱོགས་བཅུའི་སེམས་ཅན་ཁམས་བཞུགས་པའི། །དུས་གསུམ་དུ་ནི་མངོན་ཕྱག་འཚལ། །ཞེས་གསུངས་པ་ལྟར་རོ། །གཉིས་པ་ཁྱད་པར་སློབ་དཔོན་ཆེན་པོ་པདྨ་འབྱུང་གནས་ལ་ཕྱག་འཚལ་བ་ནི། དཔལ་ལྡན་ཚོགས་གཉིས་རྒྱ་གཏེར་བསྒྲུབས་པ་ལས། །མཁྱེན་བརྩེའི་འོད་དཀར་ངེས་གསང

གྲུ་ཆར་འབེབས། །གངས་ཅན་མཁས་གྲུབ་ཡོངས་ཀྱི་གཙུག་རྒྱན་མཆོག །མཚོ་སྐྱེས་རྡོ་རྗེ་འགྲོ་བའི་བླ་མར་འདུད། །ཅེས་པ་སྟེ། འདི་ནི་རིག་བྱེད་པས་རྒྱ་མཚོ་བསྲུབས་པ་ལས་ཟླ་བ་ཐོན་པར་འདོད་པའི་གཏམ་དང་ཆོས་མཚུངས་སྦྱར་ནས་གཟུགས་ཅན་གྱི་རྒྱན་དུ་མཛད་པ་སྟེ། དེའང་རྒྱུ་བསོད་ནམས་དང་འབྲས་བུ་ཡེ་ཤེས་ཀྱི་དཔལ་ཕུན་སུམ་ཚོགས་པ་དང་ལྡན་པའི་ཚོགས་གཉིས་ཆུ་གཏེར་ཟབ་མོའམ་རྒྱ་མཚོ་ཆེན་པོ་བསྲུབས་ཤིང་བསགས་པ་ལས། ཤེས་བྱ་ཐམས་ཅད་ལ་ཆགས་ཐོགས་མེད་པའི་མཁྱེན་རབ་དང་། དམིགས་པ་མེད་པའི་བརྩེ་བའི་ཐུགས་རྗེ་ཆེན་པོ་ཟུང་དུ་འཇུག་པ་འོད་དཀར་ཅན་ཏེ་ཟླ་བའི་དཀྱིལ་འཁོར་ཆ་ཤས་ཡོངས་སུ་རྫོགས་པ་ལྟ་བུ་ལས། གདུལ་བྱ་རྣམས་ལ་ངེས་གསང་ཟླ་ན་མེད་པ་རྡོ་རྗེ་ཐེག་པའི་ལམ་འབྲས་བུར་བཅས་པ་སྟོན་པའི་ཕྲིན་ལས་ལྷུན་གྱིས་གྲུབ་པའི་གྲུ་ཆར་འབེབས་པ་ནི་ཟླ་བའི་བསིལ་ཟེར་དང་ཆོས་མཚུངས་སྦྱར་ལ། དེ་ལྟ་བུའི་མཁྱེན་བརྩེ་ནུས་པའི་ཡོན་ཏན་ཕུན་སུམ་ཚོགས་པ་དང་ལྡན་པ་དེ་ཉིད་གདུལ་བྱ་ཁྱད་པར་བ་གངས་ཅན་གྱི་ལྗོངས་འདིས་མཚོན་པའི་ས་གསུམ་ལ་གནས་པའི་མཁས་པ་དང་གྲུབ་པ་ཡོངས་ཀྱི་གཙུག་གི་རྒྱན་མཆོག་ཏུ་བསྟེན་པར་འོས་པ་མདངས་ལྡན་དྲི་མེད་རྒྱ་མཚོའི་གླིང་གི་མེ་ཏོག་པདྨའི་སྦུབས་སུ་ཕ་ཡི་རྒྱུ་དང་མ་ཡི་རྐྱེན་ལ་མ་བརྟེན་པར་རིག་པ་ཐོལ་སྐྱེས་ཀྱི་ཚུལ་དུ་སྐུ་འཁྲུངས་ཤིང་སྐྱེ་འཆིའི་གཞོམ་གཞིག་བགྲེས་རྒུད་དང་བྲལ་བ་མི་འགྱུར་རྡོ་རྗེའི་སྐུས་གདུལ་བྱ་རྣམས་རང་རང་གི་སྐལ་བ་བཞིན་ཕན་བདེའི་དཔལ་བཟང་པོ་ལ་འགོད་པར་མཛད་པའི་འགྲོ་བའི་བླ་མ་དེ་ལ་རྩོམ་པ་པོ་མཆོག་ཏུ་གུས་པ་ཆེན་པོས་འདུད་དོ་ཞེས་ཕྱག་མཛད་པ་ནི་ཀུན་རྫོབ་བརྡའི་ཕྱག་དང་། ཡུལ་དང་ཡུལ་ཅན་གཉིས་མེད་དུ་རྟོགས་པ་དོན་དམ་ལྟ་བ་མཇལ་བའི་ཕྱག་གོ། །དེ་ལྟར་མཆོད་པར་བརྗོད་པའི་དགོས་པའང་མགོན་པོ་ཀླུས། བསྟན་བཅོས་བྱེད་པོས་སྟོན་པ་ལ། །མཆོད་པར་བརྗོད་པ་འབྲས་མེད་མིན། །སྟོན་པ་དང་ནི་བསྟན་བཅོས་ལ། །དད་འདུན་བསྐྱེད་པར་བྱ་ཕྱིར་རོ། །ཞེས་གསུངས་པ་ལྟར་རྩོམ་པ་པོ་རང་གི་ཚོགས་རྫོགས་ནས་བརྩམས་པ་མཐར་ཕྱིན་པ་དང་། རྗེས་མཇུག་རྣམས་ཀྱིས་བསྟན་བཅོས་མཆོག་ཏུ་རིག་ནས་གུས་པས་འཇུག་པའི་དགོས་པ་ཡོད་པས་སོ། །

གསུམ་པ་བརྩམ་པར་དམ་བཅའ་བ་ནི། འགྲོ་བློའི་དྲི་མ་འཕྲུད་མཁས་དྭང་སྦྲང་གིས། །བློ་

གྲོས་པའི་ཧུར་ཐུམ་བཟང་རབ་ཐོགས་ནས། །ལེགས་བཤད་སྡོམ་གསུམ་བདུད་རྩིའི་རྒྱུ་སྦྱིན་གྱི། །དོན་གཉེར་སྐྱེ་བོའི་ཚོགས་རྣམས་འདིར་འདུས་ཤིག །ཅེས་པ་སྟེ། འགྲོ་བ་ཐམས་ཅད་ཀྱི་བློའི་མི་ཤེས་རྨོངས་པའི་དྲི་མ་རྣམས་འཕྲུད་པ་ལ་མཁས་པའི་རྩོམ་པ་པོ་རང་ཉིད་འཛིག་རྟེན་ན་ཆེ་བའི་ཡོན་ཏན་དང་ལྡན་པར་གྲགས་པའི་དྲང་སྲོང་གི་གཟུགས་སུ་བཀོད་ནས་མངའ་རིས་པ་བདག་གིས་གསུང་རབ་དགོངས་འགྲེལ་དང་བཅས་པའི་ཚིག་དོན་ཕྱིན་ཅི་མ་ལོག་པར་རྟོགས་པའི་བློ་གྲོས་ཕུན་སུམ་ཚོགས་པ་ནི་པི་ཧུར་རྐའི་ཐུམ་པ་བཟང་པོ་རབ་ཏུ་དག་པ་དྲང་སྲོང་གི་ལག་ཏུ་ཐོགས་པ་དང་ཆོས་མཚུངས་སྦྲུར་ནས། མ་རྟོགས་ལོག་རྟོག་སོགས་ཀྱི་སྐྱོན་མེད་པས་ལེགས་བཤད་སྡོམ་པ་གསུམ་གྱི་བསྟན་བཅོས་གང་ཞིག་ཐུམ་པ་དེའི་ནང་དུ་ཡོད་པ་གྲིབ་སོགས་ནད་ཀུན་སེལ་བའི་བདུད་རྩིའི་རྒྱུ་རྒྱུན་དང་འདྲ་བ་འདི་ཉིད་སྦྱིན་པར་བྱ་བ་ཡིན་གྱི། ཐར་པ་མཆོག་གི་གོ་འཕང་ཐོབ་པའི་ལམ་ཚང་ལ་མ་ནོར་བར་སྡོམ་པ་གསུམ་གྱི་ཉམས་ལེན་དོན་དུ་གཉེར་བའི་སྐལ་བཟང་སྐྱེ་བོའི་ཚོགས་རྣམས་འདིར་འདུས་ལ། ཐོས་བསམ་ལ་སོགས་པས་གཏན་ལ་ཕབ་ནས་དོན་གྱི་བཅུད་མྱོང་བར་གྱིས་ཤིག་ཅེས་བསྐུལ་བའོ། །འདིས་བསྟན་བཅོས་ཀྱི་དགོས་སོགས་ཆོས་བཞི་ཡང་ལེགས་པར་བསྟན་པ་ཡིན་ཏེ། སྡོམ་པ་གསུམ་ནི་བརྗོད་བྱ། རྗོད་བྱེད་ཀྱི་ལེགས་བཤད་འདི་ལས་བརྗོད་བྱའི་དོན་ལེགས་པར་རྟོགས་ཏེ་ཐར་པའི་ལམ་ལ་ཞུགས་པ་ནི་དགོས་པ། ཞུགས་པ་མཐར་ཕྱིན་ནས་བྱང་ཆུབ་ཐོབ་པ་ནི་ཉིང་དགོས། དེ་དག་ཀྱང་གཅིག་ལ་བརྟེན་ནས་གཅིག་འབྱུང་བས་འབྲེལ་བ་ཅན་དུ་གྲུབ་པ་ནི་འབྲེལ་བའོ། །

གཉིས་པ་བར་དུ་དགེ་བ་གཞུང་གི་དོན་ལ། བཤད་གཞི་རིམ་པར་ཕྱེ་བའི་སྒོ་ནས་མདོར་བསྟན། སྡོམ་གསུམ་སོ་སོའི་རང་བཞིན་དང་བསླབ་བྱ་ཞིབ་ཏུ་སྟོན་པའི་སྒོ་ནས་རྒྱས་པར་བཤད། དེ་གསུམ་གང་ཟག་གཅིག་གི་རྒྱུད་ལ་འགལ་མེད་དུ་ཉམས་སུ་ལེན་ཚུལ་གྱིས་མཐའ་དཔྱད་པའི་སྒོ་ནས་དོན་བསྡུ་བ་སྟེ། སྤྱིའི་ས་བཅད་གསུམ་ལ་ནང་གསེས་ལེའུ་ལྔ་རུ་ཡོད་པ་ལས། ལེའུ་དང་པོ་བཤད་གཞི་རིམ་པར་ཕྱེ་བའི་སྒོ་ནས་མདོར་བསྟན་པ་ལ་གསུམ། སྣང་གཞི་ཁམས་དང་བྲལ་འབྲས་མཐར་ཐུག་གི་འབྲས་བུ་ངོས་བཟུང་བ། ཐོབ་བྱེད་ལམ་གྱི་དབྱེ་བ་སྤྱིར་བཤད་པ། ཐེག་པ་ཐམས་ཅད

ཀྱི་ལམ་གྱི་གནད་སྡོམ་པ་གསུམ་གྱི་ཉམས་ལེན་དུ་འདུས་པའི་འབྲེལ་གྱིས་ཁོག་དབུབ་པའོ། །དང་པོ་སྦྱང་གཞི་ཁམས་དང་བྲལ་འབྲས་མཐར་ཐུག་གི་འབྲས་བུ་ངོས་བཟུང་བ་ནི།

རྫོགས་པ་ཆེན་པོ་ཡེ་ཤེས་སྤྱི་ཡི་གཟུགས། །ཡོངས་སུ་དག་སྐུ་རྡོ་རྗེ་འཆང་ཆེན་པོ། །འབྲས་བུའི་མཐར་ཐུག་སངས་རྒྱས་ཉག་གཅིག་དེ། །ཞེས་པ་སྟེ། སྤྱི་རྫོགས་པ་ཆེན་པོ་ལ་གསུམ་དུ་དབྱེ་ན། གཞི་རྫོགས་པ་ཆེན་པོ་ནི་སེམས་ཅན་གྱི་ཁམས་ན་བདེ་གཤེགས་སྙིང་པོའི་ངོ་བོར་བཞུགས་པ་དེ་ཡིན་ལ། ལམ་རྫོགས་པ་ཆེན་པོ་ནི་དེའི་སྟེང་གི་གློ་བུར་སྒྲིབ་གཉིས་ཀྱི་བག་ཆགས་སྦྱོང་བྱེད་ཀྱི་ལམ་ཐེག་པ་ཐམས་ཅད་ཀྱི་མཐར་ཐུག་པ་དེ་ཡིན། འབྲས་བུ་རྫོགས་པ་ཆེན་པོ་ནི་སྒྲིབ་པ་ཐམས་ཅད་དང་བྲལ་བ་ནང་གསལ་གཞོན་ནུ་བུམ་པའི་སྐུའི་བདག་ཉིད་སྐུ་དང་ཡེ་ཤེས་བླ་ན་མེད་པ་དེ་ཡིན་ནོ། །དེའང་སྦྱང་གཞི་ནི་བདེ་གཤེགས་སྙིང་པོ་ཡིན་ཅིང་དེ་ལ་བསྟན་བཅོས་རྣམས་སུ་རིགས་ཞེས་གྲགས་པ་ལ་གྲུབ་མཐའི་དབང་གིས་འདོད་ཚུལ་མི་འདྲ་བ་ཡོད་དེ། ཉན་ཐོས་བྱེ་བྲག་སྨྲ་བས་སྲིད་པ་དང་སྲིད་པའི་ཡོ་བྱད་ལ་མ་ཆགས་པའི་སེམས་བྱུང་ཆོག་ཤེས་པ་ལ་འཕགས་པའི་རིགས་སུ་འདོད་དེ། མ་ཆགས་པ་དེ་ལས་ཟག་མེད་ཀྱི་ཆོས་སྐྱེ་བའི་ཕྱིར་ཞེས་འདོད། དེའི་དོན་ཡང་སྲིད་པ་ནི་ཕུང་པོ་ལྔ་དང་། སྲིད་པའི་ཡོ་བྱད་ནི་ཆོས་གོས་སོགས་ཏེ། འདུལ་བ་ལས། ཆོས་གོས་དང་། བསོད་སྙོམས་དང་། གནས་མལ་ངན་ངོན་ཙམ་གྱིས་ཆོག་ཤེས་པ་འཕགས་པའི་རིགས་དང་། སྤོང་བ་དང་སྒོམ་པ་ལ་དགའ་བ་འཕགས་པའི་རིགས་ཏེ་བཞིར་གསུངས་པའི་དེའི་དང་པོ་གསུམ་ནི་སྲིད་པའི་ཡོ་བྱད་ཀྱི་གཉེན་པོ་དང་། ཕྱི་མ་ནི་སྲིད་པའི་གཉེན་པའོ། །དེ་ལ་སྤོང་བ་ནི་འགོག་བདེན་དང་། སྒོམ་པ་ནི་ལམ་བདེན་ནོ། །མདོ་སྡེ་པས་སེམས་ཀྱི་ས་བོན་ཟག་མེད་ཀྱི་ཡེ་ཤེས་འབྱུང་རུང་གི་ནུས་པ་ལ་འདོད་ཅིང་། སེམས་ཙམ་པས་ཐོག་མེད་ནས་སེམས་རྒྱུད་ལ་གནས་པའི་ཟག་མེད་ཀྱི་ཆོས་བསྐྱེད་པར་བྱེད་པའི་ནུས་པ་ཆོས་ཉིད་ཀྱིས་ཐོབ་པ་ལ་འདོད་དེ། བྱང་ས་ལས། དེ་ལ་རང་བཞིན་གྱི་གནས་པའི་རིགས་ནི་སྐྱེ་མཆེད་དྲུག་གིས་ཁྱད་པར་དུ་བྱེད་པ་སྟེ། དེ་ནི་གཅིག་ནས་གཅིག་ཏུ་བརྒྱུད་དེ་འོང་ལ་ཐོག་མ་མེད་པའི་དུས་ཅན་ཆོས་ཉིད་ཀྱིས་ཐོབ་པའོ། །ཞེས་སོ། །དེ་ཐམས་ཅད་འདུས་བྱས་ཏེ་དངོས་པོར་སྨྲ་བའི་ལུགས་སོ། །ཐེག་ཆེན་དབུ་མ་པས། དྲི་བཅས་དེ་བཞིན་ཉིད་ལ་འདོད་པ་ཕལ་ཆེར་མཐུན་ཀྱང་ངོས་

འཛིན་ཚུལ་ཙུང་ཟད་མི་འདྲ་བ་མང་མོད། འདིར་ཐེག་ཆེན་ཐུན་མོང་མ་ཡིན་པའི་ལུགས་ལྟར་ན། སེམས་ཉིད་ཡེ་ནས་རྣམ་པར་དག་པ་འདུས་མ་བྱས་པའི་ཡེ་ཤེས་སྟོང་གསལ་འཕོ་འགྱུར་མེད་པར་གནས་པ་ནི་བདེ་གཤེགས་སྙིང་པོ་སྟེ། ཏིང་འཛིན་རྒྱལ་པོ་ལས། དག་པ་དྭངས་པ་འོད་གསལ་བ། །མི་འཁྲུག་འདུས་མ་བྱས་པ་ཉིད། །བདེ་བར་གཤེགས་པའི་སྙིང་པོ་སྟེ། །ཡེ་ནས་གནས་པའི་ཆོས་ཉིད་དོ། །ཞེས་གསུངས་ཤིང་། སེམས་ཅན་རྣམས་ལ་བདེ་གཤེགས་སྙིང་པོ་དེ་ཚུལ་ཇི་ལྟར་ཡོད་ཅེ་ན། སྟོང་གསལ་འགག་མེད་འདུས་མ་བྱས་པའི་རང་བཞིན་དུ་གནས་ཏེ། དཔེར་ན་འོ་མ་ལ་མར་གྱིས་ཁྱབ་པའམ། ཏིལ་ལ་སྣུམ་གྱིས་ཁྱབ་པ་ལྟར་གནས་པའི་ཕྱིར། རྒྱུད་བླ་མ་ལས། རྫོགས་སངས་སྐུ་ནི་འཕྲོ་ཕྱིར་དང་། །དེ་བཞིན་ཉིད་དབྱེར་མེད་ཕྱིར་དང་། །རིགས་ཡོད་ཕྱིར་ན་ལུས་ཅན་ཀུན། །རྟག་ཏུ་སངས་རྒྱས་སྙིང་པོ་ཅན། །ཞེས་རྒྱུ་མཚན་གསུམ་གྱིས་སེམས་ཅན་ཐམས་ཅད་བདེ་གཤེགས་སྙིང་པོ་ཅན་དུ་བསྟན་ནས། ངོ་བོ་རྒྱུ་འབྲས་ལས་ལྡན་འཇུག་པ་དང་། །གནས་སྐབས་དེ་བཞིན་ཀུན་ཏུ་འགྲོ་བ་དང་། །རྟག་ཏུ་མི་འགྱུར་ཡོན་ཏན་དབྱེར་མེད་པའི། །དོན་དམ་དབྱིངས་ཀྱི་དགོངས་དོན་ཡིན་ཞེས་བྱ༑ ༑ཞེས་རྣམ་གཞག་རྣམ་པ་བཅུས་དེའི་དོན་གཏན་ལ་ཕབ་ཅིང་། སངས་རྒྱས་པད་ངན་སྦྲང་རྩི་སྦྲང་མ་ལ། །སྦྲུན་ལ་སྙིང་པོ་མི་གཙང་ནང་ན་གསེར། །ས་ལ་གཏེར་དང་སྨྱུག་སོགས་འབྲས་ཚུང་དང་། །གོས་ཧྲུལ་ནང་ན་རྒྱལ་བའི་སྐུ་དང་ནི། །བུད་མེད་ངན་མའི་ལྟོ་ན་མི་བདག་དང་། །ས་ལ་རིན་ཆེན་གསེར་ཡོད་ཇི་ལྟ་བར། །གློ་བུར་ཉོན་མོངས་དྲི་མས་བསྒྲིབས་པ་ཡི། །དེ་བཞིན་སེམས་ཅན་རྣམས་ལ་ཁམས་འདི་གནས། །ཞེས་དྲི་མས་བསྒྲིབས་ཚུལ་དཔེ་དགུའི་སྒོ་ནས་ཁྱད་པར་བསྟན་པ་ལྟར་ལ། དེ་ཉིད་གསང་སྔགས་རྡོ་རྗེ་ཐེག་པའི་སྐབས་སུ་གཞི་རྒྱུད་རང་བཞིན་ལྷུན་གྱིས་གྲུབ་པའི་དཀྱིལ་འཁོར་ཞེས་གྲགས་ཏེ། མི་འགྱུར་བའི་བདེ་བ་ཆེན་པོ་དང་རྣམ་ཀུན་མཆོག་ལྡན་གྱི་སྟོང་པ་ཉིད་དབྱེར་མི་ཕྱེད་པའི་སེམས་ཀྱི་ཆོས་ཉིད་ལ་བཤད་ཅིང་། ཁྱད་པར་དུ་ཨ་ཏི་ཡོ་གས་སེམས་ཀྱི་ཆོས་ཉིད་རིག་པ་སྟོང་གསལ་གྱི་ངོ་བོ་ལ་སྐུ་དང་ཡེ་ཤེས་ཀྱི་ཆོས་ཐམས་ཅད་ཉི་མ་དང་འོད་ཟེར་བཞིན་འདུ་འབྲལ་མེད་པར་ཡོངས་སུ་རྫོགས་པས་ན་རྫོགས་པ་ཆེན་པོ་ཞེས་གསུངས་པ་སྟེ། ཐུགས་ཐིག་ལས། གཞིར་གནས་རིག་པ་ངོ་བོ་རང་བཞིན་དང་། །ཐུགས་རྗེ་གསུམ་ལྡན་རྒྱལ་བའི་སྙིང་པོ་ལ། །

སྐུ་གསུམ་རང་ཆས་བཞུགས་པར་བཤད་པ་ཡིན། །ཅེས་དང་། རྡོ་རྗེ་ཕྲེང་བ་ལས། ལུས་ཅན་སྙིང་ལ་གང་གནས་པ། །རང་བྱུང་ཟག་མེད་ཡེ་ཤེས་གཟུགས། །ཞེས་དང་། བརྟག་གཉིས་ལས། ལུས་ལ་ཡེ་ཤེས་ཆེན་པོ་གནས། །ཞེས་སོགས་དང་། ཀུན་མཁྱེན་ཀློང་ཆེན་པས། རྒྱལ་བའི་འཁོར་ལོ་བར་པར་རྣམ་ཐར་གསུམ། །བསྟན་བྱའི་ངོ་བོ་སོ་སོར་རང་རིག་ཉིད། །སེམས་ཅན་ཁམས་ལ་བདེ་གཤེགས་སྙིང་པོ་རུ། །རང་བཞིན་བཞུགས་ལ་རྫོགས་པ་ཆེན་པོར་གྲགས། །ཞེས་གསུངས་པ་ལྟར་ལ། ཡེ་ཤེས་དེ་ཉིད་ཀྱང་ངོ་བོ་རང་བཞིན་ཐུགས་རྗེ་སྟེ་གཞིར་གནས་ཀྱི་ཡེ་ཤེས་གསུམ་དང་། ཆོས་ཀྱི་དབྱིངས་ཀྱི་ཡེ་ཤེས་སོགས་མཚན་ཉིད་འཛིན་པའི་ཡེ་ཤེས་ལྔ་དང་། ཇི་ལྟ་ཇི་སྙེད་མཁྱེན་པ་ཞེས་ཡུལ་ལ་འཇུག་པའི་ཡེ་ཤེས་གཉིས་ཏེ། གཞི་འབྲས་ཀྱི་ཡེ་ཤེས་ཐམས་ཅད་གཞན་མ་ཡིན་པ་དང་། འཁོར་བའི་ཆོས་རྣམས་ཐམས་ཅད་ཀྱང་མེད་སྣང་གློ་བུར་བ་ཡིན་ལ། ཆོས་ཉིད་དེ་ལས་གཞན་བརྗོད་དུ་མེད་པས་ན་སྲིད་ཞི་ཀུན་ལ་ཁྱབ་པའི་ཕྱིར་ཡེ་ཤེས་སྐྱི་ཡི་གཟུགས་ཞེས་བརྗོད་ཅིང་། དེ་ལྟ་བུ་སྦྱང་གཞི་ཆོས་ཉིད་བདེ་གཤེགས་སྙིང་པོ་དེ་ཉིད། སྦྱང་བྱ་གློ་བུར་གྱི་དྲི་མ་འཁོར་བའི་ཆོས་སུ་སྣང་བ་ཐམས་ཅད། སྦྱོང་བྱེད་སྡོམ་པ་གསུམ་གྱི་ལམ་གྱི་སྙིང་པོ་རིག་པ་འཛིན་པ་སྔགས་ཀྱི་ལམ་ཟབ་མོས། མེད་སྣང་གློ་བུར་བའི་དྲི་མ་སྒྲིབ་གཉིས་བག་ཆགས་དང་བཅས་པ་ཡོངས་སུ་སྦྱངས་ཤིང་དག་སྟེ། སྦྱང་འབྲས་དོན་གཉིས་ལྷུན་གྱིས་གྲུབ་པ་སྐུ་ལྔ་ཡེ་ཤེས་ལྔའི་ངོ་བོར་འཚང་རྒྱ་བས་ན་ཀུན་ཏུ་བཟང་པོའམ་རྡོ་རྗེ་འཆང་ཆེན་པོ་ཞེས་སོགས་སུ་གྲགས་ཏེ་ཐེག་པ་ཐམས་ཅད་ཀྱི་འབྲས་བུའི་མཐར་ཐུག་པ་སངས་རྒྱས་ཉག་མ་གཅིག་པུ་དེ་ཡིན་ནོ། །

དེ་ལ་སྐུ་ལྔ་ནི། དབྱིངས་སྤྲོས་བྲལ་གྱི་ཀློང་དུ་རིག་པའི་ཡེ་ཤེས་རང་གྲོལ་བ་ཟུང་འཇུག་ཆོས་ཀྱི་སྐུ། དེ་ལས་མ་གཡོས་བཞིན་དུ་ས་བཅུའི་སེམས་དཔའ་ལ་མཚན་དཔེའི་གཟུགས་བརྙན་རྣམ་པར་སྣང་བ་ལོངས་སྤྱོད་རྫོགས་པའི་སྐུ། སོ་སྐྱེས་རྣམས་ལ་མོས་པ་དང་མཐུན་པར་སངས་རྒྱས་ཀྱི་གཟུགས་བརྙན་ཅི་རིགས་སུ་སྣང་བ་སྤྲུལ་པའི་སྐུ་དང་། སྐུ་གསུམ་གྱི་སྣང་ཆ་མ་འདྲེས་པའི་ཆ་ནས་མངོན་པར་བྱང་ཆུབ་པའི་སྐུ། སྐུ་གསུམ་དབྱེར་མི་ཕྱེད་པའི་ཆ་ནས་རྡོ་རྗེའི་སྐུ་སྟེ་སྐུ་ལྔའོ། །དེ་ལ་བརྟེན་པའི་ཡེ་ཤེས་ལྔ་ནི། ཆོས་ཐམས་ཅད་ཅི་ཡང་མི་དམིགས་པ་ཆོས་དབྱིངས་ཡེ་ཤེས། གསལ་

ལ་རྟོག་པ་མེད་པ་མེ་ལོང་ཡེ་ཤེས། འཁོར་འདས་ཀྱི་མཐའ་ལ་མི་གནས་པ་མཉམ་ཉིད་ཡེ་ཤེས། ཆོས་ཐམས་ཅད་མ་འདྲེས་མངོན་སུམ་ས་ལེར་མཁྱེན་པ་སོར་རྟོག་ཡེ་ཤེས། འགྲོ་དོན་ཐོགས་པ་མེད་པའི་ཕྲིན་ལས་ལ་འཇུག་པ་བྱ་གྲུབ་ཡེ་ཤེས་སོ། །ཆོས་དབྱིངས་ཡེ་ཤེས་ཇི་ལྟ་བ་མཁྱེན་པའི་ཡེ་ཤེས་དང་། ཕྱི་མ་བཞི་ཇི་སྙེད་པ་གཟིགས་པའི་ཡེ་ཤེས་སུ་འདུ་བས་གཉིས་སོ། །དེ་ཐམས་ཅད་ཀྱང་སྤྱངས་པ་དང་། རྟོགས་པ་དང་། སེམས་ཏེ་ཆེན་པོ་གསུམ་གྱི་རང་བཞིན་ཅན་ཏེ། མངོན་རྟོགས་རྒྱན་ལས། སེམས་ཅན་ཀུན་མཆོག་ཉིད་སེམས་དང་། །སྤོངས་དང་རྟོགས་དང་གསུམ་པོ་ལ། །ཆེན་པོ་གསུམ་གྱི་རང་བྱུང་གི། །ཆེད་དུ་བྱ་བ་འདི་ཤེས་བྱ། །ཞེས་སོ། །དེས་ན་བླ་མེད་བྱང་ཆུབ་དོན་དུ་གཉེར་བ་རྣམས་ཀྱི་བསམ་པ་ཡོངས་སུ་རྫོགས་པའི་འབྲས་བུའི་མཐར་ཐུག་ཏུ་ངེས་པ་ནི་སངས་རྒྱས་ཉག་གཅིག་པུ་ཡིན་ལ། དེ་ནི་འཆད་པར་འགྱུར་བ་གསང་སྔགས་བླ་མེད་ཀྱི་ལམ་ཁོ་ནས་ཐོབ་དགོས་པ་ཡིན་ནོ། །

གཉིས་པ་ཐོབ་བྱེད་ལམ་གྱི་དབྱེ་བ་སྤྱིར་བཤད་པ་ལ་གསུམ། བགྲོད་པ་གཅིག་པུའི་ལམ་མདོར་བསྟན་པ། ལམ་སྣེགས་ཀྱི་ཐེག་པའི་དབྱེ་བསྡུ་བྱེ་བྲག་ཏུ་བཤད་པ། སོ་བྱང་གཉིས་སྔགས་སྡོམ་གྱི་ཡན་ལག་ཏུ་འགྱུར་ཚུལ་བསྟན་པས་གནད་བསྡུ་བའོ། །དང་པོ་བགྲོད་པ་གཅིག་པུའི་ལམ་མདོར་བསྟན་པ་ནི། ཟབ་རྒྱས་ཆོས་ཀྱི་སྒོ་འཕར་བགྲང་ཡས་ཀྱང་། །གསང་ཆེན་སྨིན་གྲོལ་ལམ་མཆོག་མ་བསྟེན་པར། །ཐོབ་པ་མིན་ཞེས་རྫོགས་སངས་རྒྱས་དེས་གསུངས། །ཞེས་པ་སྟེ། ཟབ་པ་ཇི་ལྟ་བ་དོན་དམ་སྟོང་པ་ཉིད་སྟོན་པ་དང་། རྒྱས་པ་ཇི་སྙེད་པ་ཀུན་རྫོབ་ཀྱི་ཕྱོགས་རྣམས་སྟོན་པའི་ཆོས་ཀྱི་སྒོ་འཕར་བགྲང་མཐའ་ཡས་པ་ཞིག་གསུངས་ཡོད་ཀྱང་གསང་ཆེན་རྡོ་རྗེ་ཐེག་པའི་སྨིན་བྱེད་ཀྱི་དབང་དང་། གྲོལ་བྱེད་བསྐྱེད་རྫོགས་ཀྱི་ལམ་མཆོག་གཉིས་ལ་མ་བརྟེན་པར་ལམ་འོག་མ་རྣམས་ཀྱིས་ནམ་ཡང་ཐོབ་པ་མིན་ཏེ། ཅིའི་ཕྱིར་ན་འཁོར་བར་འཆིང་བྱེད་ཀྱི་བག་ཆགས་ཤིན་ཏུ་ཕྲ་བ་དཀར་དམར་རླུང་གསུམ་གྱིས་བསྐྱེད་པའི་སྣང་གསུམ་འཕོ་བའི་སྒྲིབ་པ་དེ་ཉིད་སྦྱོང་བྱེད་ཀྱི་ཐབས་དངོས་ནི་ལམ་དེ་དག་ཏུ་མ་བསྟན་པའི་ཕྱིར་ཏེ། ཀླུ་བྱང་གི་ལས་མཐའ་རྣམ་འབྱེད་ལས། མགོ་དང་རྐང་ལག་སོགས་བྱིན་ཀྱང་། །སྣང་བ་རྣམ་པར་མ་དག་ཕྱིར། །བྱང་ཆུབ་འབྲས་བུ་ཐོབ་མི་

འགྱུར། །ཞེས་དང་། སྔགས་བླ་མེད་ལ་བརྟེན་ནས་འཐོབ་པའི་ཚུལ་ཡང་། རྩ་རྒྱུད་གསང་སྙིང་ལས། བསྐལ་པ་ཞིང་གི་རྡུལ་སྙེད་དུ། །ཤིན་ཏུ་སྦྱངས་ལ་རབ་གནས་ཤིང་། །དཀྱིལ་འཁོར་མ་ལུས་བསྙེན་པ་ཡི། །འབྲས་བུ་གསང་ཆེན་འདི་ཡིན་ཏེ། །འཇིག་རྟེན་དྲུག་གི་ཕྱོགས་བཅུ་ན། །འདས་དང་ད་ལྟར་བྱུང་བ་ཡི། །རྒྱལ་བའི་དཀྱིལ་འཁོར་མ་ལུས་པ། །བསྙེན་ནས་སྐུ་ལྔ་ལྷུན་གྱིས་རྫོགས། །ཞེས་ཤེས་བྱ་ཐམས་ཅད་ལ་ཆགས་ཐོགས་མེད་པའི་ཡེ་ཤེས་མངའ་ཞིང་བདེན་པ་ཉག་གཅིག་ཏུ་སྨྲ་བ་རྫོགས་པའི་སངས་རྒྱས་དེས་ལེགས་པར་ཡོངས་སུ་གསུངས་སོ། །

གཉིས་པ་ལམ་སྔགས་ཀྱི་ཐེག་པའི་དབྱེ་བསྡུ་བྱེ་བྲག་ཏུ་བཤད་པ་ལ་གཉིས། དབྱེ་གཞི་ཐེག་པའི་མཚན་ཉིད་སྤྱིར་བཤད། །དབྱེ་ཆོས་རྣམ་གྲོལ་གྱི་ལམ་ཐམས་ཅད་ཐེག་དགུར་འདུ་ཚུལ་བྱེ་བྲག་ཏུ་བཤད་པའོ། །

དང་པོ་དབྱེ་གཞི་ཐེག་པའི་མཚན་ཉིད་སྤྱིར་བཤད་པ་ནི། ཇི་སྲིད་སེམས་ཀྱི་འཇུག་པ་མ་ཟད་པར། །བསམ་ཡས་ཐེག་པའི་བགྲང་མཐར་ཐུག་པ་མེད། །བགྲོད་གཅིག་ལམ་ལ་དཀྱི་བའི་ངལ་སྐྱོགས་ཏེ༑ ༑རང་རང་རྗེས་མཐུན་འབྲས་བུ་བླ་དང་བཅས། །ཐོབ་ཀྱང་ཐེག་པ་སོ་སོའི་རིམ་འབྱུང་ལས། །ཐེག་གཅིག་ལམ་ལ་མ་ཞུགས་འབྲས་ཐོབ་ཅི། །ཞེས་པ་སྟེ། ཇི་སྲིད་གདུལ་བྱའི་སེམས་དང་སེམས་བྱུང་ཕྲ་རགས་ཀྱི་རྒྱུན་གཅིག་ནས་གཅིག་ཏུ་འཇུག་པ་ཆོས་ཀྱི་དབྱིངས་སུ་མ་ཟད་ཀྱི་བར་དུ་དེ་འདུལ་བྱེད་ཀྱི་གཉེན་པོ་བསམ་གྱིས་མི་ཁྱབ་ཅིང་མཐའ་ཡས་པ་ཐེག་པའི་རྣམ་གྲངས་འདི་ཙམ་མོ་ཞེས་བརྗོད་པའི་མཐར་ཐུག་པ་མེད་ལ། གང་ཚེ་སེམས་ཀྱི་འཇུག་པ་ཟད་པའི་དུས་ན་འགྲོ་བའང་མེད་ལ། ཐེག་པའང་མེད་དེ། ལངྐར་གཤེགས་པ་ལས། ཇི་སྲིད་སེམས་ནི་འཇུག་པའི་བར། །ཐེག་པའི་མཐའ་ལ་ཐུག་པ་མེད། །སེམས་ནི་ནམ་ཞིག་གྱུར་པ་ན། །ཐེག་པ་མེད་ཅིང་འགྲོ་བའང་མེད། །ཅེས་སོ། །དེ་ལྟ་ན་ཐེག་པའི་རྣམ་གྲངས་འོག་མ་རྣམས་ནི་རེ་ཞིག་དེ་དང་དེའི་གདུལ་བྱ་རྣམས་དྲང་བའི་ཐབས་སུ་བསྟན་པ་ཡིན་ལ། མཐར་དེ་དག་ཐམས་ཅད་ཀྱང་སངས་རྒྱས་རྣམས་ཀྱི་བགྲོད་པ་གཅིག་པུའི་ལམ་གསང་སྔགས་རྡོ་རྗེ་ཐེག་པ་བླ་ན་མེད་པ་ལ་དཀྱི་བའི་ངལ་སྐྱོགས་ཙམ་ཡིན་ཏེ། ཅིའི་ཕྱིར་ན་ལམ་སྔགས་ཀྱི་ཐེག་པ་དེ་རྣམས་ཀྱིས་རང་རང་གི་ལུགས་དང་རྗེས་སུ་མཐུན་པའི

འབྲས་བུ་རེ་ཐོབ་མོད་ཀྱི། ད་དུང་བླ་སྐྱེ་གོང་དུ་བགྲོད་བྱ་དང་བཅས་པའི་ཕྱིར། གསང་བ་སྙིང་པོ་ལས། ས་རྣམས་ཁྱད་པར་བཀོད་པ་ཡང་། །གསང་བ་སྙིང་པོར་འགྲོ་བའི་ལམ། །ཞེས་སོ། །དེས་ན་མཚན་ཉིད་སྡེ་གསུམ་དང་། ཕྱི་རྒྱུད་སྡེ་གསུམ་གྱི་ཐེག་པ་རྣམས་ཀྱིས་རང་རང་གི་ལམ་གྱི་མི་མཐུན་ཕྱོགས་འཁོར་དང་བཅས་པ་སྤངས་པའི་འབྲས་བུ་རེ་ཐོབ་ཀྱང་ཐེག་པ་སོ་སོའི་ངེས་པར་འབྱུང་བའི་མྱང་འདས་ཙམ་ལས། བླ་ན་མེད་པའི་ཐེག་པ་གཅིག་པུ་གསང་སྔགས་རྡོ་རྗེ་ཐེག་པའི་ལམ་ལ་མ་ཞུགས་པར་མཐར་ཐུག་གི་འབྲས་བུ་བྱང་ཆུབ་ཆེན་པོ་ཐོབ་པ་ཅི་ཞིག་ཡོད་དེ་མེད་དོ། །དེ་ལྟར་ཡང་མཚན་བརྗོད་ལས། ཐེག་པ་གསུམ་གྱི་ངེས་འབྱུང་ལ། །ཐེག་པ་གཅིག་གི་འབྲས་བུར་གནས། །ཞེས་སོ། །

གཉིས་པ་དབྱེ་ཆོས་རྣམ་གྲོལ་གྱི་ལམ་ཐམས་ཅད་ཐེག་དགུར་འདུ་ཚུལ་བྱེ་བྲག་ཏུ་བཤད་པ་ནི། འདིར་ནི་རྫོགས་པ་ཆེན་པོའི་རིང་ལུགས་ལྟར། །ཉན་ཐོས་རང་རྒྱལ་བྱང་ཆུབ་སེམས་དཔའ་ལ༑ ༑མཚན་ཉིད་རྒྱུ་ཡི་ཐེག་པ་གསུམ་ཞེས་གསུངས། །ཀྲི་ཡ་ཨུ་པ་ཡོ་ག་ཕྱི་རྒྱུད་གསུམ། །བླ་མེད་ཕ་རྒྱུད་མ་ཧཱ་ཡོ་ག་དང་། །མ་རྒྱུད་ཨ་ནུ་ཡོ་གར་གྲགས་པ་དང་། །གཉིས་མེད་རྒྱུད་སྡེ་ཨ་ཏི་ཡོ་ག་ལ། །ནང་རྒྱུད་གསུམ་ཞེས་ཐེག་པ་རིམ་དགུར་བསྡུ། །ཞེས་པ་སྟེ། བསྟན་བཅོས་འདིར་ནི་ཐུན་མོང་མ་ཡིན་པ་གསང་སྔགས་སྣ་འགྱུར་རྫོགས་པ་ཆེན་པོའི་རིང་ལུགས་ལྟར་ཐེག་པ་རིམ་དགུར་རྣམ་པར་བཞག་པ་ཡིན་ཏེ། སྤྱི་མདོ་ལས། དོན་དམ་ངེས་པའི་ཐེག་པ་ནི། །གསུམ་དུ་ངེས་པར་སྣང་བ་སྟེ། །ཀུན་འབྱུང་འདྲེན་དང་དཀའ་ཐུབ་རིགས། །དབང་བསྒྱུར་ཐབས་ཀྱི་ཐེག་པའོ། །ཞེས་པ་ལྟར། དེའང་རང་གིས་ཡོངས་འཛིན་ལས་ཉན་ཅིང་ཐོས་པའི་དོན་གཞན་ལ་སྒྲོགས་པས་ན་ཉན་ཐོས་དང་། སྲིད་པ་ཐ་མ་པའི་ཚེ་གཞན་ལ་མ་བསྟེན་པར་རང་ཉིད་སྲིད་པ་ལས་རྒྱལ་བའི་འབྲས་བུ་མངོན་དུ་བྱེད་པས་ན་རང་རྒྱལ་དང་། རྫོགས་པའི་བྱང་ཆུབ་བསྒྲུབ་པའི་ཆེད་དུ་གཞན་དོན་སྤྱོད་པ་ལ་སེམས་མི་ཞུམ་པར་དཔའ་བས་ན་བྱང་ཆུབ་སེམས་དཔའ་སྟེ། དེ་དག་གི་ཉམས་སུ་བླང་བྱའི་ཐེག་པ་གསུམ་ལ་འབྲས་བུར་སྦྱོར་བའི་ལམ་མཚོན་པས་མཚན་ཉིད་དང་། རང་འབྲས་ཐོབ་པའི་དངོས་རྒྱུ་དང་། མཐར་འབྲས་བྱང་ཆུབ་ཆེན་པོ་ཐོབ་པའི་བརྒྱུད་རྒྱུ་ཙམ་ལས་འབྲས་བུ་ལམ་དུ་བྱེད་པ་མ་ཡིན་པས

ན་ཀྲི་ཡ་ཐེག་པ་གསུམ་ཞེས་གསུངས་ལ། ཀྲི་ཡ་སྡེ་ཕྱིའི་བྱ་བ་གཙོ་བོར་སྟོན་པས་ན་བྱ་བའི་རྒྱུད་དང་། ཨུ་པ་སྡེ་ལྟ་སྤྱོད་ཆ་མཉམ་པར་སྤྱོད་པས་ན་སྤྱོད་པའི་རྒྱུད་དང་། ཡོ་ག་སྡེ་ནང་གི་སྒོམ་པ་གཙོ་བོར་སྟོན་པས་ན་རྣལ་འབྱོར་གྱི་རྒྱུད་དེ། དེ་གསུམ་པོ་མཚན་ཉིད་ཐེག་པ་དང་ཚུལ་འདྲ་ཞིང་དངོས་གྲུབ་གཞན་ནས་འཚོལ་བས་ཕྱི་རྒྱུད་གསུམ་ཞེས་གྲགས། ཕྱི་རྒྱུད་ལས་ཁྱད་པར་འཕགས་ཚུལ་དུ་མ་ཡོད་ཀྱང་མདོར་བསྡུ་ན་ལྟ་སྒོམ་སྤྱོད་གསུམ་ཐུན་མོང་མ་ཡིན་པའི་དབང་གིས་བླ་ན་མེད་པའི་རྒྱུད་སྡེ་སྟེ། དབྱེ་ན་ཐབས་བསྐྱེད་པའི་རིམ་པ་གཙོ་བོར་སྟོན་པ་ཕ་རྒྱུད་ལ་མ་ཧཱ་ཡོ་ག་སྡེ་རྣལ་འབྱོར་ཆེན་པོ་ཞེས་བཤད་པ་དང་། ཤེས་རབ་རྫོགས་པའི་རིམ་པ་གཙོ་བོར་སྟོན་པ་མ་རྒྱུད་ལ་ཨ་ནུ་ཡོ་ག་སྡེ་རྗེས་སུ་རྣལ་འབྱོར་ཞེས་བྱ་བར་གྲགས་པ་དང་། ཟུང་འཇུག་འོད་གསལ་གྱི་རིམ་པ་གཙོ་བོར་སྟོན་པ་གཉིས་སུ་མེད་པའི་རྒྱུད་སྡེ་ལ་ཨ་ཏི་ཡོ་ག་སྡེ་ཐིག་ལེའི་རྣལ་འབྱོར་ཞེས་གསུངས་ཏེ། དེ་གསུམ་ལ་འཁོར་འདས་དག་མཉམ་དུ་རྟོགས་ཤིང་དངོས་གྲུབ་གཞན་ནས་མི་འཚོལ་བས་ན་ནང་རྒྱུད་གསུམ་ཞེས་གྲགས། །དེས་ན་རྣམ་གྲོལ་གྱི་ལམ་ཐམས་ཅད་ཐེག་པ་རིམ་པ་དགུར་བསྡུ་བ་ཡིན་ནོ། །

འདིའི་ཞར་ལ་ཐེག་པ་རིམ་དགུ་སོ་སོའི་རྣམ་གཞག་གི་དོན་ཙུང་ཟད་ཙམ་སྤྲོས་ཏེ་འཆད་ན༑ སྤྱིར་རྒྱུའི་ཐེག་པ་དང་། འབྲས་བུའི་ཐེག་པ་གཉིས་ཀྱི། ཐོག་མར་མཚན་ཉིད་རྒྱུའི་ཐེག་པའམ་ཀུན་འབྱུང་འདྲེན་པའི་ཐེག་པ་ལ་གསུམ་ལས། དང་པོ་ཉན་ཐོས་ནི། ཐེག་པའི་འཇུག་སྒོ་སོ་ཐར་རིགས་བདུན་གང་རུང་གི་སྡོམ་པ་བླངས་ནས་མ་ཉམས་པར་བསྲུང་། ལྟ་བ་ནི། གང་ཟག་གི་བདག་རང་བཞིན་མེད་པར་རྟོགས་ཀྱང་ཆོས་བདག་གཟུང་བ་རྡུལ་ཕྲན་ཆ་མེད་དང་ཤེས་པ་སྐད་ཅིག་ཆ་མེད་དོན་དམ་བདེན་པར་ལྟ་བ་སྟེ། སངས་རྒྱས་གསང་བའི་ལམ་རིམ་ལས། གཉིས་མེད་མ་རྟོགས་ཐམས་ཅད་ལ། །བདེན་བཞི་དངོས་པོར་ཡོད་ལྟ་ཞིང་། །སྤངས་དང་མི་སྤངས་བྱེད་གྱུར་ན། །འདི་ནི་ཉན་ཐོས་པ་ཡིན་ནོ། །ཞེས་སོ། །དེ་ལའང་བྱེ་མདོ་གཉིས་ཏེ། སྣ་བ་དཔལ་བརྩེགས་ཀྱི་ལྟ་རིམ་ལས། ཆོས་ཙམ་ལྟ་བའི་ཉན་ཐོས་པ། །མདོ་སྡེ་པ་དང་བྱེ་བྲག་གཉིས། །ཕྱི་རོལ་རྡུལ་ལ་རྫོད་བྱེད་ཅིང་། །ཤེས་པ་སྐད་ཅིག་སྣང་བྱེད་མཐུན། །ཞེས་པས། བྱེ་བྲག་སྨྲ་བས་རགས་པ་ཀུན་རྫོབ་ཀྱི་བདེན་པ་འདི་ནི་འུ་སིང་ལྟར་ཚོགས་པ་གཅིག་ཏུ་སྣང་ཡང་། དོན་དམ་པར་རྡུལ་ཕྲ་རབ་བར་དང་བཅས་པ་ཆ

ལྷུན་སེལ་བུར་འདོད། མདོ་སྡེ་པས་ཧྲུལ་ཕྲ་རབ་འབྱར་ཡང་མ་འབྱར། བར་ཡང་མེད་པར་འབྲུའི་ཕུང་པོ་ལྟར་འདོད་པ་ཉིད་དོ། །སྒོམ་པ་ནི། འདོད་ཆགས་ཀྱི་གཉེན་པོར་མི་སྡུག་པ་སྒོམ་པ་སོགས་ཞི་གནས་ཀྱི་སེམས་ལས་རུང་དུ་བསྒྲུབས་ནས། ལྷག་མཐོང་བདེན་བཞི་མི་རྟག་བཅུ་དྲུག་སྒོམ་པ་སྟེ། དེ་ཡང་སྡུག་བསྔལ་གྱི་བདེན་པ་ནད་ལྟ་བུ། ཀུན་འབྱུང་ནད་དེའི་རྒྱུ་ལྟ་བུ། ལམ་བདེན་ནད་ཀྱི་གཉེན་པོ་སྨན་ལྟ་བུ། འགོག་བདེན་ནད་ལས་གྲོལ་བ་ལྟ་བུར་རྟོགས་པས། དེས་ན་སྡུག་བསྔལ་ཤེས་བྱ། ཀུན་འབྱུང་སྤང་བྱ། ལམ་རྒྱུད་ལ་བསྟེན་བྱ། འགོག་པ་མངོན་དུ་ཐོབ་བྱ་དང་། དེ་རེ་རེ་ལའང་བཞི་བཞིར་ཕྱེ་བས་བདེན་འབྱུང་བཅུ་དྲུག་རྣམས་སྒོམ། སྤྱོད་པ་ནི། རང་ཉིད་ཞི་བདེའི་བསམ་པས་སོ་སོར་ཐར་པ་རིགས་བདུན་གང་ལ་ཞུགས་པའི་བསླབ་བྱ་ལམ་དུ་ཁྱེར་ཞིང་། སྦྱངས་པའི་ཡོན་ཏན་ལ་གནས། ཉོན་མོངས་པ་དགྲ་དང་ཚེར་མ་ལྟར་སྤང་། དགེ་བཅུ་སྨན་དང་ཟས་ལྟར་ལེན་ཅིང་། འདུ་ཤེས་བཅུ་བསྟེན་པ་སྟེ། དེ་ཡང་སྲོག་གཅོད་པ་ལ་བཙན་དུག །ཟོས་པས་ཕུང་བ། ལྟ་བུའི་འདུ་ཤེས། གོས་ལ་རྨ་དགྲིས་ལྟ་བུའི་ཆོས་གོས་གསུམ་དང་མི་འབྲལ་བ། འདུ་ཤེས། ཉོན་མོངས་པ་ལ་དུག་སྦྲུལ་རིག་པས་ཕུང་བ། ལྟ་བུའི་འདུ་ཤེས། ཁ་ཟས་ལ་བུ་ཤ་ཟ་བ་སྲེད་པ་མི་བྱ། ལྟ་བུའི་འདུ་ཤེས། སྙེད་པ་ཀུར་ལ་རྒྱུ་དང་རྐྱེ་འཆིང་བར་དོགས་ཏེ་བྱོལ། ལྟ་བུའི་འདུ་ཤེས། བླ་མ་དཀོན་མཆོག་ལ་ནོར་བུ་རིན་པོ་ཆེ་མཆོད་ཅིང་གུས་པས་བསྟེན། ལྟ་བུའི་འདུ་ཤེས། ཆོས་ལ་ལམ་བཟང་པོ་ལྟ་བུའི་འདུ་ཤེས། བདེ་བར་འགྲོ་བ། སངས་རྒྱས་ཀྱི་བསྟན་པ་ལ་གསེར་ལྟ་བུའི་འདུ་ཤེས། དཀོན་ཞིང་བཟང་ལ་སྙེད་པ་དོན་ལྡན། ཚུལ་ཁྲིམས་ལ་རྒྱན་ལྟ་བུའི་གཅེས་སྤྲས་ཀྱིས་བསྲུང་བར་བྱ། འདུ་ཤེས། ཆོས་ཉིད་མངོན་དུ་གྱུར་པ་ལ་མུན་ཁུང་དུ་སྒྲོན་མེ་ཏིང་ངེ་འཛིན་ལ་བརྩོན་པ་མི་འདོར། བཏེགས་པ་ལྟ་བུའི་འདུ་ཤེས་དང་མི་འབྲལ་བར་བྱེད་པའོ། །འབྲས་བུ་ནི། རྒྱུན་དུ་ཞུགས་པ། ལན་གཅིག་ཕྱིར་འོང་བ། ཕྱིར་མི་འོང་བ་སྟེ་གནས་སྐབས་ཀྱི་འབྲས་བུ་གསུམ་དང་། མཐར་ཐུག་གི་འབྲས་བུ་ལྷག་བཅས་ལྷག་མེད་ཀྱི་དགྲ་བཅོམ་པ་ཐོབ། འབྲས་བུ་བཞི་པོ་རེ་རེ་ལའང་བཞུགས་གནས་གཉིས་གཉིས་ཕྱེ་བས་བརྒྱད་དེ། དབྱེ་གཞི་ལ་ལྟོས་ནས་སྐྱེས་བུ་བཟུང་བཞི་དང་། དབྱེ་ཆོས་ལ་ལྟོས་ནས་གང་ཟག་ཡ་བརྒྱད་ཅེས་བྱའོ། །

གཉིས་པ་རང་རྒྱལ་ནི། ཐེག་པའི་འཇུག་སྒོ་ཉན་ཐོས་དང་འདྲ་ལ། ལྟ་བ་ནི། མངོན་རྟོགས་རྒྱན་ལས། གཟུང་དོན་རྟོགས་པ་སྤོང་ཕྱིར་དང་། །འཛིན་པ་མི་སྤོང་ཕྱིར་དུ་ནི། །རྟེན་གྱི་བསེ་རུ་ལྟ་བུའི་ལམ། །ཡང་དག་བསྡུས་པར་ཤེས་པར་བྱ། །ཞེས་པ་ལྟར། གང་ཟག་གི་བདག་མེད་རྟོགས་པ་ཉན་ཐོས་དང་འདྲ་ལ། དེའི་སྟེང་དུ་ཆོས་ཀྱི་བདག་གི་གཟུང་ཆ་རྡུལ་ཕྲ་རབ་ཀྱང་རང་བཞིན་མེད་པར་རྟོགས་ཀྱང་། ད་དུང་འཛིན་སེམས་སྐད་ཅིག་མ་དོན་དམ་དུ་ལྟ་ཞིང་འཁོར་འདས་རྟེན་འབྲེལ་རྒྱུ་འབྲས་སུ་འདོད་པས་ན་བདག་མེད་ཕྱེད་དང་གཉིས་རྟོགས་པ་ཞེས་བྱ་སྟེ། སྐྱ་བ་དཔལ་བརྩེགས་ཀྱི་ལྟ་རིམ་ལས། དེ་བཞིན་རང་རྒྱལ་ཐེག་པ་ཡང་། །ཕྱི་རོལ་བཅུ་གཉིས་སྐྱུ་མ་ཙམ། །རྡུལ་ཀྱང་ཕྱོགས་ཆས་མ་གྲུབ་འཕགས། །ཤེས་པ་སྐད་ཅིག་རྫས་སུ་མཐུན། །ཅེས་སོ། །སྒོམ་པ་ནི། དེ་ཡང་ཕྱི་ནང་གི་རྟེན་འབྲེལ་གཉིས་ཏེ། ཕྱིའི་རྟེན་འབྲེལ་འབྲས་བུ་ལས་ཤེས་ཏེ། འབྲས་བུ་དེ་ཅི་ལས་བྱུང་བརྟགས་པས་མེ་ཏོག་ལས་བྱུང་། དེ་འདབ་མ་ལས། དེ་སྦུ་གུ་ལས། དེ་སྡོང་པོ་ལས། དེ་ས་བོན་ལས་བྱུང་སྟེ་རྒྱུ་དང་འབྲེལ་བ་དྲུག །རྐྱེན་དང་འབྲེལ་བ་དྲུག་ནི། ནམ་མཁས་གོ་འབྱེད། ས་ཡིས་རྟེན་བྱེད། ཆུ་ཡིས་བསྡུས། མེས་སྨིན། རླུང་གིས་བསྐྱོད། དུས་དབྱར་དགུན་སྟོན་དཔྱིད་བཞིས་བསྒྱུར་ནས་བྱུང་བར་ཤེས་ཏེ་ཕྱིའི་རྟེན་འབྲེལ་ལོ། །ནང་གི་རྟེན་འབྲེལ་དུར་ཁྲོད་དུ་ཕྱིན་ནས་ཀེང་རུས་ཀྱི་ཕུང་པོ་ལ་བརྟགས་པས་ཤི་བ་ལས་བྱུང་བར་ཤེས། དེ་ན་བ་ལས། དེ་རྒས་པ་ལས། དེ་སྐྱེ་བ་ལས། དེ་ལེན་པ་ལས། དེ་སྲེད་པ་ལས། དེ་ཚོར་བ་ལས། དེ་རེག་པ་ལས། དེ་སྐྱེ་མཆེད་དྲུག་ལས། དེ་མིང་གཟུགས་ལས། དེ་རྣམ་ཤེས་ལས། དེ་འདུ་བྱེད་ལས། དེ་མ་རིག་པ་ལས། དེ་གང་ལས་བྱུང་བརྟགས་པས་མ་རྙེད་དེ་སྟོང་པར་རྟོགས་པས་སྟོང་ཉིད་དུ་ཤེས། རྒྱུ་སྔ་མ་ལ་བརྟེན་ནས་ཕྱི་མ་འབྱུང་བ་ལ་མ་རིག་པ་ནས་རྒ་ཤིའི་བར་བརྟགས་པས་འགྲོ་བའི་རྒྱུར་ཤེས་སོ། །དེ་ལྟར་བདེན་བཞི་བཅུ་དྲུག་གི་སྟེང་དུ་རྟེན་འབྲེལ་ལུགས་འབྱུང་བཅུ་གཉིས་བཀག་ནས་ལུགས་ལྡོག་སྟོང་པ་བཅུ་གཉིས་ཁྲིགས་ཆགས་སུ་སྒོམ། སྤྱོད་པ་ནི། ཉན་ཐོས་དང་འདྲ། འབྲས་བུ་ནི། དབང་རྣོན་བསེ་རུ་ལྟ་བུ་གཅིག་པུར་བཞུགས་པ་ནི་ཉན་ཐོས་ཀྱི་སྡེ་སྣོད་ལ་དམིགས་ནས་བསྐལ་པ་བརྒྱར་ཚོགས་བསགས་ཏེ། མཐར་སངས་རྒྱས་མི་བཞུགས་པའི་ཞིང་དུ་སྟན་ཐོག་གཅིག་ཏུ་སྦྱོར་ལམ་དྲོད་ནས་མི་སློབ་ལམ་གྱི་བར་དུ་མངོན་

དུ་བྱས་ཏེ་རང་རྒྱལ་དགྲ་བཅོམ་པ་ཐོབ་པ་སྟེ། དཔྱིག་གཉེན་ཞབས་ཀྱི་མངོན་པ་མཛོད་ལས། སྟོན་དང་བསེ་རུ་བྱང་ཆུབ་པ། །བསམ་གཏན་མཐའ་རྟེན་གཅིག་ལ་ཀུན། །དེ་ཡི་སྔོན་དུ་ཐར་ཆ་མཐུན། །ཞེས་སོ། །དབང་རྟུལ་ནི་ཙཾ་ལྷ་བུ་ཁྱུར་བཞུགས་པ་ཚོགས་སྤྱོད་ཆེ་ཆུང་གཉིས་ནི་རིམ་པར་ལམ་བཞིའམ་གསུམ་མངོན་དུ་མཛད་དེ་འབྲས་བུ་མངོན་དུ་རྟོགས་པ་སྟེ། རྒྱས་པ་ལས། ཕྱི་ནང་རྟེན་འབྲེལ་སྒྱུ་མ་མིག་ཡོར་ཚུལ། །དངོས་པོའི་གཟུགས་ལ་ཐོགས་མེད་རབ་ཏུ་འཇུག །དགེ་བཤེས་མི་སློབ་རང་གི་རིག་པས་རྟོགས། བྱང་ཆུབ་སར་བགྲོད་ཡིད་བཞིན་བདེ་བ་མཆོག །ཅེས་སོ། །

གསུམ་པ་བྱང་སེམས་ནི། ཐེག་པའི་འཇུག་སྒོ་སློན་པ་དང་འཇུག་པའི་བདག་ཉིད་ཅན་གྱི་བྱང་ཆུབ་མཆོག་ཏུ་སེམས་བསྐྱེད་པའི་སྡོམ་པ་བླང་། ལྟ་བ་ནི། སེམས་ཙམ་པས་གཟུང་བ་རང་བཞིན་མེད་པ་དང་། དེར་འཛིན་གྱི་ཤེས་པའང་སྟོང་པར་རྟོགས་ཀྱང་རང་གསལ་གྱི་ཤེས་པ་ངོ་བོས་མི་སྟོང་པར་འདོད་པས་རང་ལུགས་ལ་བདག་མེད་གཉིས་རྟོགས་པར་འདོད་ཀྱང་། དབུ་མ་པས་གཞལ་ན་ཆོས་ཀྱི་བདག་མེད་ཕྲ་བ་མ་རྟོགས་ལ། དབུ་མ་པས་ནི་ཀུན་རྫོབ་ཏུ་ཆོས་ཐམས་ཅད་ཆུ་ཟླ་ལྟར་སྣང་བ༑ དོན་དམ་པར་སྤྲོས་པ་ཐམས་ཅད་ཡོངས་སུ་ཞི་བའི་ཚུལ་དུ་བདག་གཉིས་ཀྱིས་སྟོང་པ་མཐའ་བྲལ་དབུ་མ་ཆེན་པོར་རྟོགས་པ་སྟེ། སངས་རྒྱས་གསང་བའི་ལམ་རིམ་ལས། མཉམ་པའི་དོན་ཉིད་མི་ཤེས་ཤིང་། །ཀུན་རྫོབ་དོན་དམ་གཉིས་འབྱེད་ལ། །ཆོས་དང་གང་ཟག་བདག་མེད་པ། །འདི་ནི་བྱང་ཆུབ་སེམས་དཔའ་ཡིན། །ཅེས་སོ། སྒོམ་པ་ནི། གཞན་དོན་ཁོ་ནར་ཡོངས་སུ་དམིགས་པའི་སྙིང་རྗེ་ཆེན་པོ་སྒོམ་པ་ཀུན་རྫོབ་བྱང་སེམས་དང་། དེ་དག་རྣམ་པ་མ་འགག་པར་ཅིང་ཡང་སྣང་ལ། དོན་ལ་གང་དུའང་མ་དམིགས་པས་སྤྲོས་པ་ཐམས་ཅད་དང་བྲལ་བའི་ངང་དུ་བཞག་པ་ནི་དོན་དམ་བྱང་ཆུབ་མཆོག་ཏུ་སེམས་བསྐྱེད་པ་སྟེ། སློབ་ལམ་བཞིར་བྱང་ཆུབ་ཕྱོགས་ཀྱི་ཆོས་སུམ་ཅུ་རྩ་བདུན་སྒོམ། སྤྱོད་པ་ནི། བདག་བས་གཞན་གཅེས་ཀྱི་བློ་ནས་སེམས་ཅན་གྱི་དོན་བྱེད་པའི་སྤྱོད་པ་ཕ་རོལ་ཏུ་ཕྱིན་པ་དྲུག་དང་བསྡུ་བའི་དངོས་པོ་བཞི་ལ་སྤྱོད། འབྲས་བུ་ནི། བསྐལ་པ་གྲངས་མེད་གསུམ་དུ་ས་བཅུ་ལམ་ལྔ་རིམ་གྱིས་བགྲོད་ནས་མི་སློབ་པའི་ལམ་བཅུ་གཅིག་ཀུན་ཏུ་འོད་ཀྱི་ས་ལ་རང་དོན་ཆོས་ཀྱི་སྐུར་གྲོལ་ཏེ་གཞན་དོན་གཟུགས་སྐུ་གཉིས་ལ་བརྟེན་ནས་སེམས་ཅན་གྱི་དོན་འཁོར་བ་མ་

སྟོངས་ཀྱི་བར་དུ་མཛད་པ་སྟེ། རྒྱས་པ་ལས། བདག་མེད་གཉིས་རྟོགས་ཕ་རོལ་ཕྱིན་རྫོགས་པའི། །ས་བཅུ་རིམ་གྱིས་བགྲོད་པའི་རྣལ་འབྱོར་པས། །སངས་རྒྱས་སར་བགྲོད་གོ་འཕང་ཐོབ་པའི་ལམ། །བདེན་པ་གཉིས་ཀྱིས་རབ་ཏུ་ཐོབ་པར་འགྱུར། །ཞེས་སོ། །ཐེག་པ་དེ་གསུམ་གྱིས་ཀུན་འབྱུང་ལས་དང་ཉོན་མོངས་པའི་ལམ་ལས་ཐར་པར་འདྲེན་པར་བྱེད་པས་ན་ཀུན་འབྱུང་འདྲེན་པའི་ཐེག་པ་དང་། སོ་སོའི་ལམ་དེས་མཐར་ཐུག་གི་འབྲས་བུ་དེ་མཚོན་པར་བྱེད་པས་ན་མཚན་ཉིད་དང་། དེ་ལ་སྦྱོར་བར་བྱེད་པའི་རྒྱུ་མཚན་ཙམ་ཡིན་པས་ན་རྒྱུའི་ཐེག་པ་ཞེས་ཀྱང་བྱའོ། །

གཉིས་པ་འབྲས་བུ་སྔགས་ཀྱི་ཐེག་པ་ལ་ཕྱི་ནང་གཉིས་ཀྱི། ཐོག་མར་ཕྱི་རྒྱུད་དཀའ་ཐུབ་རིག་བྱེད་ཀྱི་ཐེག་པ་ལ་གསུམ་ལས། དང་པོ་ཀྲི་ཡ་སྟེ་བྱ་བའི་རྒྱུད་ནི། འཛག་སྒོ་ཆུ་དང་ཙོད་པན་གྱི་དབང་མཐའ་རྟེན་དང་བཅས་པས་སྤྱོད་རྒྱུད་དུ་སྨྲུབ། ལྷ་བ་བདག་གི་དེ་ཁོ་ན་ཉིད་ཅེས་རང་གི་སེམས་ཉིད་སྟོང་གསལ་གྱི་ཡེ་ཤེས་ཡོད་མེད་སྣང་སྟོང་སྤྲོས་པའི་མཐའ་ཐམས་ཅད་དང་བྲལ་བར་ལྟ། སྒོམ་པ་དེ་ཁོ་ན་ཉིད་བཞི་སྟེ། བྱ་རྒྱུད་ཙམ་པོ་བ་ལ་བདག་ཉིད་ལྷར་བསྐྱེད་པ་མེད་ཀྱང་། བྱ་རྒྱུད་ཁྱད་པར་ཅན་ལ་ལྷའི་དེ་ཁོ་ན་ཉིད་བདག་ཉིད་ལྷ་དྲུག་གི་སྒོ་ནས་བསྐྱེད་དེ། དེ་ཡང་། བདག་གི་དེ་ཁོ་ན་ཉིད་ལྟ་བའི་ངང་དུ་འཛོག་པ་སྟོང་པའི་ལྷ། དེ་ལས་ཀུན་རྫོབ་ཟླ་དཀྱིལ་གྱི་རྣམ་པར་སྒོམ་པ་ཡི་གེའི་ལྷ། ཟླ་བའི་སྟེང་དུ་བཟླ་བྱའི་སྔགས་རང་སྒྲ་བཅས་བཀོད་པ་སྒྲའི་ལྷ། དེ་ཡོངས་སུ་གྱུར་པ་ལས་རིགས་གསུམ་སོ་སོའི་ལྷ་བསྒོམ་པ་གཟུགས་ཀྱི་ལྷ། དེ་ལྷ་རང་རང་གི་རིགས་གང་ཡིན་པ་དེའི་དམ་རྒྱས་འདེབས་པ་ཕྱག་རྒྱའི་ལྷ། གནས་སྐབས་ཐམས་ཅད་དུ་ལྷའི་ཧིང་ངེ་འཛིན་གྱི་འདུ་ཤེས་དང་མི་འབྲལ་བ་མཚན་མའི་ལྷ་སྟེ་དྲུག་གི་སྒོ་ནས་བདག་དམ་ཚིག་པར་བསྐྱེད། དེའི་མདུན་དུ་ཡེ་ཤེས་པ་སྤྱན་དྲངས་ཏེ་རྗེ་ཁོལ་གྱི་ཚུལ་དུ་བལྟས་ནས་མཆོད་བསྟོད་སོགས་བྱ་བ་ནི་ལྷའི་དེ་ཁོ་ན་ཉིད་དེ། སྟོང་པ་ཡི་གེ་སྒྲ་གཟུགས་དང་། །ཕྱག་རྒྱ་མཚན་མ་དྲུག་ཡིན་ནོ། །ཞེས་སོ། །གཞི་ལ་གཞོལ་བ་བདག་མདུན་ལྷར་བསྒོམ་པ་དང་། སེམས་ལ་གཞོལ་བ་ལྷའི་ཐུགས་ཀར་ཟླ་དཀྱིལ་བསམ་པ། སྒྲ་ལ་གཞོལ་བ་ཟླ་དཀྱིལ་གྱི་སྟེང་དུ་སྔགས་ཕྲེང་རང་སྒྲ་དང་བཅས་པ་གསལ་བཏབ་སྟེ། སྲོག་རྩོལ་བསྡམས་པའི་སྦྱོར་བས་ལྷ་སྔགས་ལ་དམིགས་པ་རྩེ་གཅིག་ཏུ་བསྒྲིལ་ཏེ་བཟླ་བ་ནི་བཟླས་བརྗོད་

ཀྱི་དེ་ཁོ་ན་ཉིད་དེ། བསམ་གཏན་ཕྱི་མ་ལས། སྔགས་དང་སེམས་དང་གཞི་ལ་གཞོལ། །གསང་སྔགས་མི་འགྱུར་གཞི་ལ་གནས། །ཡན་ལག་མ་ཉམས་གསང་སྔགས་བཟླས། །ངལ་ན་བདག་ལ་ངས་གསོས་ཤིག །ཅེས་སོ། །ཡང་རང་ཉིད་ལྷར་གསལ་བའི་ཐུགས་ཀར་མེ་དཔུང་གི་དབུས་སུ་ཟླ་བ་སྔགས་ཕྲེང་བཅས་གསལ་བཏབ་པ་མེར་གནས་ཏེ་ཞི་སོགས་ལས་ཐམས་ཅད་སྒྲུབ་པའི་གཞི་དང་། དེ་ལས་སྔགས་ཀྱི་རང་སྒྲ་དྲིལ་བུའི་སྒྲ་ལྟར་གྲགས་པར་བསམ་པ་ནི་སྒྲར་གནས་ཏེ་ཞི་གནས་སྒྲུབ་པའི་རྟེན་གཞི་དང་། སྔགས་ཀྱི་སྒྲ་དེ་ལ་དཔྱད་ཅིང་གཞིག་ན་ཅིར་ཡང་མ་གྲུབ་པ་རྣམ་པར་མི་རྟོག་པའི་ཡེ་ཤེས་ཀྱི་ངང་ལ་མཉམ་པར་འཇོག་པ་སྒྲ་མཐའ་ཞེས་ལྷག་མཐོང་འཆར་བའི་ཉེར་ལེན་གྱི་རྒྱུར་གྱུར་པ་སྟེ་བསམ་གཏན་གྱི་དེ་ཁོ་ན་ཉིད་དེ། སྡོམ་ལས། གསང་སྔགས་མེར་གནས་དངོས་གྲུབ་སྟེར། །སྒྲར་གནས་དངོས་གྲུབ་སྟེར་བར་དྲན། །སྒྲ་མཐས་ཐར་པ་སྟེར་བར་བྱེད། །ཅེས་སོ། །སྤྱོད་པ་ནི། ཁྲུས་དང་གཙང་སྦྲ་སོགས་ཕྱིའི་བྱ་བ་ལ་གཙོ་བོར་སྤྱོད། འབྲས་བུ་ནི། མི་ཚེ་བདུན་ན་རིགས་གསུམ་རྡོ་རྗེ་འཛིན་པའི་ས་ཐོབ་པའོ། །

གཉིས་པ་ཨུ་པ་ཡ་སྟེ་སྤྱོད་རྒྱུད་ནི། འདུག་སྒོ་ཆུ་དང་ཅོད་པན་གྱི་སྟེང་དུ་རྡོར་དྲིལ་མིང་དབང་བཅས་བསྐུར་བས་སྨིན་པར་བྱེད། ལྟ་བ་ནི། རང་ཤར་ལས། ཨུ་པ་ཡ་ནི་འདི་ལྟ་སྟེ། །ལྟ་བ་ཡོ་གར་ལྟ་བ་ལ། །སྤྱོད་པ་ཀྲི་ཡར་སྤྱོད་པའོ། །དེ་ཕྱིར་གཉིས་ཀའི་རྒྱུད་ཅེས་གྲགས། །ཞེས་སོ། །སྒོམ་པ་ནི་; རྣམ་སྣང་མངོན་བྱང་ལས། ཡི་གེ་དང་ནི་ཡི་གེ་སྦྱར། །དེ་བཞིན་གཞི་ལས་གཞིར་གྱུར་ཉིད། །ཤིན་ཏུ་དམ་པའི་ཡིད་ལས་ནི། །བཟླས་བརྗོད་འབུམ་ཕྲག་གཅིག་བྱའོ། །ཞེས་པ་ལྟར། བདག་གནས་རྣལ་འབྱོར་སྲུང་བ་རྣམས་སྔོན་དུ་འགྲོ་བས། ཡི་གེ་དང་པོ་དོན་དམ་བྱང་ཆུབ་སེམས་སྟོང་པ་ཉིད་དང་། དེའི་སྣང་ཆ་ཀུན་རྫོབ་བྱང་སེམས་ཟླ་དཀྱིལ་བསྒོམ་པ་དང་། ཡི་གེ་གཉིས་པ་དེའི་སྟེང་དུ་བཟླ་བྱའི་སྔགས་རང་སྒྲ་བཅས་བཀོད་པ་དང་། གཞི་དང་པོ་དེ་དག་ཡོངས་སུ་གྱུར་པ་ལས་བདག་ཉིད་ལྷར་བསྐྱེད་པ་ལ་སྔགས་རྒྱ་ལ་སོགས་པས་བྱིན་གྱིས་བརླབས་པ་དང་། གཞི་གཉིས་པ་མདུན་དུ་ཡེ་ཤེས་པ་བསྐྱེད་པ་སྤྱན་ནམ་གྲོགས་པོའི་ཚུལ་དུ་བལྟས་ཏེ་ཐུགས་ཀར་ཟླ་དཀྱིལ་ལ་སྔགས་ཕྲེང་བཀོད་ནས་སྒྲོག་བསྒོམས་ཏེ་རྩེ་གཅིག་པའི་སྒོར་བས་ཏིང་ངེ་འཛིན་བརྟན་པར་བྱེད་པ་རྣམས

མཚན་བཅས་ཀྱི་རྣལ་འབྱོར། འཇུག་པའི་སེམས་ཆོས་ཐམས་ཅད་རྣམ་པར་དཔྱད་པས་སྐྱེ་མེད་དུ་རྟོགས་པ་དང་། གནས་པའི་སེམས་རྣམ་པར་མི་རྟོག་པའི་ཡེ་ཤེས་མངོན་དུ་གྱུར་པ་དང་། ལྡང་བའི་སེམས་དེ་ལྟར་མ་རྟོགས་པ་རྣམས་ལ་སྙིང་རྗེ་ཆེན་པོས་ལྷག་པར་འཇུག་པའོ། །དེ་ལྟར་འཇུག་གནས་ལྡང་གསུམ་གྱིས་ཁྱད་པར་དུ་བྱས་པའི་དོན་དམ་བྱང་ཆུབ་ཀྱི་སེམས་བསྒོམ་པ་མཚན་མེད་ཀྱི་རྣལ་འབྱོར་ཏེ། དེས་ན་ཐུན་མོང་དང་ཐུན་མོང་མ་ཡིན་པའི་ལས་རབ་འབྱམས་སྒྲུབ་པར་བྱེད་པའོ། །སྤྱོད་པ་ནི། བྱ་རྒྱུད་ལྟར་གཙང་སྦྲ་སོགས་ཕྱིའི་ཀུན་སྤྱོད་གྲོགས་དང་ལྡན་པར་སྤྱོད། །འབྲས་བུ་ནི། མི་ཚེ་ལྔ་ནས་རིགས་བཞི་རྡོ་རྗེ་འཛིན་པའི་ས་ཐོབ་སྟེ། རིགས་བཞི་ནི་ལས་རིགས་རིན་ཆེན་རིགས་ལ་བསྡུས་པའོ། །

གསུམ་པ་ཡོ་ག་སྟེ་རྣལ་འབྱོར་རྒྱུད་ནི། འཇུག་སྒོ་རིག་པའི་དབང་ལྔའི་སྟེང་དུ་རྡོ་རྗེ་སློབ་དཔོན་གྱི་དབང་དང་དྲུག་ཐོབ་པར་བྱས། ལྟ་བ་ནི། ཏེ་རུ་ཀ་གསྡོ་ལས། ཡོ་གའི་ཐེག་པར་གནས་འདོད་པས། །འོག་མིན་རྡོ་རྗེ་དབྱིངས་སུ་བལྟ། །ཞེས་གསུངས་པ་ལྟར། དོན་དམ་བདེན་པ་སྤྲོས་པའི་མཚན་མ་ཀུན་དང་བྲལ་བ་རང་བཞིན་འོད་གསལ་སྟོང་པ་ཉིད་དང་། ཀུན་རྫོབ་ཏུ་ཅིར་སྣང་ཐམས་ཅད་ཆོས་ཉིད་རྟོགས་པའི་བྱིན་རླབས་རྡོ་རྗེ་དབྱིངས་ཀྱི་དཀྱིལ་འཁོར་དུ་རང་སྣང་བར་བལྟ། སྒོམ་པ་ནི། དང་པོའི་སྦྱོར་བ་སྔོན་དུ་སོང་ནས། བདག་ཉིད་མངོན་བྱང་ལྔ་དང་ཆོ་འཕྲུལ་བཞིའི་སྒོ་ནས་བསྐྱེད་དེ། གསྡོ་ལས། མི་རྟོག་ལྷ་བ་གསུམ་རྡོ་རྗེ། །སྤྲོ་བསྡུས་བསྒོམ་པའི་སྐུ་རུ་གསལ། །ཧིང་འཛིན་བྱིན་རླབས་དབང་བསྐུར་མཆོད། །མངོན་བྱང་ལྔ་དང་ཆོ་འཕྲུལ་བཞི། །བསྒོམ་ཞིང་མཆོད་པ་བྱས་པ་ཡང་། །བསོད་ནམས་ལྡན་ཕྱིར་བྱ་བ་ཡིན། །ཞེས་པ་ལྟར། གཙོ་བོ་གཞི་སྟོང་ཉིད། གདན་ཟླ་བ། གསུང་ཡིག་འབྲུ། ཐུགས་ཕྱག་མཚན། སྐུ་ཡོངས་རྫོགས་ལ་མངོན་པར་བྱང་ཆུབ་པ་ལྔས་བསྐྱེད་ལ། དེ་ནས་འཁོར་གྱི་ལྷ་བཀོད་པ་ཏིང་ངེ་འཛིན་གྱི་ཆོ་འཕྲུལ། ཕྱག་རྒྱ་བཞིས་རྒྱས་གདབ་པ་བྱིན་གྱིས་བརླབས་པའི་ཆོ་འཕྲུལ། རིགས་གང་ཡིན་གྱིས་དབང་བསྐུར་བ་དབང་བསྐུར་བའི་ཆོ་འཕྲུལ། ཕྱག་མཆོད་བསྟོད་པ་བྱ་བ་མཆོད་པའི་ཆོ་འཕྲུལ་སྟེ་ཆོ་འཕྲུལ་བཞི་དང་། ཕྱག་རྒྱ་བཞི་ནི། ཐུགས་དམ་ཚིག་གི་ཕྱག་རྒྱ། གསུང་ཆོས་ཀྱི་ཕྱག་རྒྱ། སྐུ་ཕྱག་རྒྱ་ཆེན་པོ། ཕྲིན་ལས་ལས་ཀྱི་ཕྱག་རྒྱ་རྣམས་ཀྱིས

རྒྱས་བཏབ་ནས་ཡེ་ཤེས་པ་དགུག་བསྟིམ་བྱས་ཏེ་དམ་ཡེ་དབྱེར་མེད་ཀྱི་ངང་ནས་བཟླས་པ་ཚུལ་བཞིན་དུ་བྱས་མཐར་ཡེ་ཤེས་པ་གཤེགས་པ་ལ་སོགས་པའི་སྒོ་ནས་བསྒྲུབ་པ་མཚན་བཅས་ཀྱི་རྣལ་འབྱོར་དང་། དོན་དམ་པར་མཚན་མ་མེད་པའི་ངོ་བོ་ཉིད་དང་དེའི་བྱིན་རླབས་ལྷར་སྣང་ཡེ་ཤེས་ཀྱི་སྣང་ཆ་གཉིས་པོ་གཉིས་སུ་མེད་པའི་ངང་ལ་འཇོག་པ་མཚན་མེད་ཀྱི་རྣལ་འབྱོར་ཏེ། དེ་གཉིས་ཟུང་འཇུག་ཏུ་བསྒོམ། སྤྱོད་པ་ནི། ཁྲུས་དང་གཙང་སྦྲ་སོགས་ཕྱིའི་ཀུན་སྤྱོད་ཀྱང་གྲོགས་ཙམ་དུ་བསྟེན་ནས། གཙོ་བོར་ལྷའི་རྣལ་འབྱོར་ལ་གནས་པས་རང་གཞན་གྱི་དོན་སྤྱོད་པ་སྟེ། རྡོ་རྗེ་རྩེ་མོ་ལས། ལྷ་ཡི་ཏིང་འཛིན་ལ་གནས་ཏེ། །སེམས་ཅན་ཐམས་ཅད་ཡོངས་མི་བཏང་། །རྟག་ཏུ་སངས་རྒྱས་ཡིད་ལ་བྱེད། །རྟག་ཏུ་སངས་རྒྱས་མཆོད་པས་མཆོད། །ཅེས་སོ། །འབྲས་བུ་ནི། མི་ཚེ་གསུམ་ན་སྟུག་པོ་བཀོད་པའི་ས་ལ་སྐུ་གསུམ་ཡེ་ཤེས་ལྔའི་བདག་ཉིད་ཅན་དུ་འཚང་རྒྱ་བ་སྟེ། ཀུན་བྱེད་ལས། ཡོ་ག་སྟུག་པོ་བཀོད་འདོད་པས། །མི་ཚེ་གསུམ་ན་གྲོལ་བར་འདོད། །ཅེས་སོ། །དེ་གསུམ་གྱིས་ཕྱི་དཀའ་ཐུབ་ལ་བརྟེན་ནས་ནང་གི་དོན་རིག་པར་བྱེད་པའམ། ཡང་ན་དཀའ་ཐུབ་དང་གཙང་སྦྲ་སོགས་བྲམ་ཟེ་རིག་བྱེད་པ་ལྟར་བརྟེན་པས་ན་དཀའ་ཐུབ་རིག་བྱེད་ཀྱི་ཐེག་པ་དང་། བླང་དོར་དང་སྤང་གཉེན་ཐམས་ཅད་ཕྱི་མཚན་ཉིད་རྒྱུའི་ཐེག་པ་དང་ཚུལ་འདྲ་བས་ན་ཕྱི་ཐུབ་པ་རྒྱུད་ཀྱི་ཐེག་པ་ཞེས་བྱའོ། །

གསུམ་པ་དབང་བསྒྱུར་ཐབས་ཀྱི་ཐེག་པ་ལ་གསུམ་ལས། དང་པོ་བླ་མེད་ཕ་རྒྱུད་བསྐྱེད་པ་མ་ཧཱ་ཡོ་ག་ནི། འཇུག་སྒོ་ཕྱི་ཕན་པའི་དབང་བཅུ། ནང་ནུས་པའི་དབང་ལྔ། གསང་བ་ཟབ་མོའི་དབང་གསུམ་སྟེ་དབང་ཆོག་བཅོ་བརྒྱད་ཀྱིས་རྒྱུད་སྨིན་པར་བྱས། ལྟ་བ་ནི། ཆོས་ཐམས་ཅད་སེམས་ཉིད་སྣང་སྟོང་དབྱེར་མེད་ལྷག་པའི་ཆོས་སྐུ་ཆེན་པོར་ལྟ་བ་དོན་དམ་དང་། དེ་ཉིད་ཀྱི་རྩལ་སྣང་རྟོག་ཚོགས་ཐམས་ཅད་སྐུ་དང་ཡེ་ཤེས་ཀྱི་དཀྱིལ་འཁོར་དུ་རང་སྣང་བ་ཀུན་རྫོབ་སྟེ། དེ་གཉིས་ཀྱང་སྣང་སྟོང་ཕྱོགས་རེ་བ་མ་ཡིན་ཏེ་ངོ་བོ་དབྱེར་མི་ཕྱེད་པའི་ཕྱིར། ཐ་སྙད་དུ་དབྱེར་མེད་ཅེས་བརྗོད་ནའང་དེར་འཛིན་བསམ་བརྗོད་ཀྱི་ཡུལ་ལས་འདས་པའི་ཕྱིར་བདེན་པ་དབྱེར་མེད་ལྷག་པའི་ཆོས་སྐུ་ཆེན་པོར་གཏན་ལ་ཕབ། སྒོམ་པ་ནི། ནང་གསེས་ཕ་མ་གཉིས་མེད་གསུམ་དུ་ཕྱེ་བས། གསང་

འདུས་དང་གཤིན་རྗེ་སོགས་ཕ་རྒྱུད་རྣམས་སུ་ཐབས་བསྐྱེད་རིམ་གྱི་སྦྱོར་བ་དང་། རྫོགས་རིམ་གསང་དབང་གི་ཉམས་ལེན་རླུང་གཙོ་བོར་བྱེད་པས་གསལ་སྟོང་རྣམ་པར་མི་རྟོག་པའི་ཡེ་ཤེས། ཡང་དག་དང་འཁོར་ལོ་སྡོམ་པ་སོགས་མ་རྒྱུད་རྣམས་སུ་བསྐྱེད་རིམ་ཆ་ཙམ་དང་། རྫོགས་རིམ་ཤེར་དབང་གི་ཉམས་ལེན་ཁམས་བྱང་ཆུབ་སེམས་ཀྱི་ཐིག་ལེ་གཙོ་བོར་བྱེད་པས་བདེ་སྟོང་རྣམ་པར་མི་རྟོག་པའི་ཡེ་ཤེས། སྒྱུ་འཕྲུལ་དྲྭ་བ་སོགས་གཉིས་མེད་ཀྱི་རྒྱུད་རྣམས་སུ་བསྐྱེད་རྫོགས་ཟུང་འཇུག་དང་། རྫོགས་རིམ་དབང་བཞི་པའི་ཉམས་ལེན་བདེ་གསལ་རྣམ་པར་མི་རྟོག་པའི་ཡེ་ཤེས་ཆེན་པོ་འོད་གསལ་ལྷན་ཅིག་སྐྱེས་པ་དེ་ཉིད་ཉམས་སུ་ལེན་ཅིང་། སྤྱིར་བསྐྱེད་རིམ་རྣམས་སྐྱོང་སྐྱེས་དང་མངལ་སྐྱེས་སྦྱོང་བའི་རིམ་པ་གཙོ་ཆེ་བར་སྒོམ་ཞིང་། དེ་ཐམས་ཅད་ཧྲིང་ངེ་འཛིན་རྣམ་པ་གསུམ་གྱིས་ཁོག་དབུབ་སྟེ། ངོ་བོ་དག་རྫོགས་སྨིན་གསུམ་ཚང་བ་དང་། སྲོག་སྡོམ་གཟེར་བཞིས་རྒྱས་བཏབ་སྟེ་བསྒོམ། སྤྱོད་པ་ནི། ཐབས་ལ་མཁས་པས་ཟིན་པའི་འཁོར་བའི་ཆོས་ཅི་ལའང་མ་ཆགས་པར་ཤ་ལྔ་བདུད་རྩི་ལྔ་སོགས་བླང་དོར་མེད་པར་སྤྱོད་པ་སྟེ། བང་མཛོད་འཕྲུལ་ལྡེ་ལས། བསྐྱེད་པ་མ་ཧཱ་ཡོ་ག་ནི། །ཏ་ན་དང་ནི་ག་ན་དང་། །དམ་རྫས་བདུད་རྩི་ལྔ་པོ་ལ། །ཐབས་ཆེན་ལྔ་བའི་སྤྱོད་པ་སྤྱད། །ཅེས་སོ། །འབྲས་བུ་ནི། ཉེ་རྒྱུད་གསུམ་གྱིས་མཚམས་སྦྱར་ཏེ་རིག་འཛིན་རྣམ་པ་བཞིས་བསྡུས་པའི་ལམ་ལྔ་མཐར་ཕྱིན་ནས་ཚེ་འདིའམ་བར་དོར་སྐུ་ལྔ་ལྷུན་གྱིས་གྲུབ་པ་ཟུང་འཇུག་རྡོ་རྗེ་འཆང་གི་གོ་འཕང་ཐོབ་པ་སྟེ། གསང་འདུས་ལས། འདི་ནི་བཅོམ་ལྡན་བདག་ཉིད་ཆེ། །སྐུ་གསུམ་མི་ཕྱེད་ལས་བྱུང་བ། །ཡེ་ཤེས་རྒྱ་མཚོས་རྣམ་པར་བརྒྱན། །ཚེ་འདི་ཉིད་ལ་ཐོབ་པར་འགྱུར། །ཞེས་དང་། ཡེ་ཤེས་ཐིག་ལེ་ལས། ཡང་ན་ལུས་འདི་སྤངས་མ་ཐག །བརྩོན་པ་མི་ལྡན་པས་ཀྱང་འགྲུབ། །ཅེས་སོ། །

གཉིས་པ་མ་རྒྱུད་ལུང་ཨ་ནུ་ཡོ་ག་ལ། འཇུག་སྒོ་ནི། ཕྱི་དབང་རྒྱུད་ཀྱི་ཆུ་བོ་བཅུ། ནང་དབང་འབྱུང་བའི་ཆུ་བོ་བཅུ་གཅིག །སྒྲུབ་དབང་གྲགས་པའི་ཆུ་བོ་བཅུ་གསུམ། གསང་དབང་རྫོགས་པའི་ཆུ་བོ་གཉིས་ཏེ། དབང་ཚོག་སུམ་ཅུ་སོ་དྲུག་ལས་ཡན་ལག་གི་དབང་བརྒྱད་བརྒྱ་སོ་གཅིག་ཏུ་ཕྱེ་བས་སྨིན་པར་བྱས། ལྟ་བ་ནི། དབྱིངས་སྐྱེ་མེད་སྦྱོར་བ་དང་བྲལ་བ་ཡུམ་ཀུན་ཏུ་བཟང་མོའི་

མཁའ་ཀློང་རྣམ་པར་དག་པའམ་ཡེ་ཛི་བཞིན་པའི་དཀྱིལ་འཁོར་ཞེས་བྱ། དེ་ཉིད་འགག་པ་མེད་པ་ཡུལ་ཅན་བདེ་བ་ཆེན་པོ་རང་བྱུང་རིག་པར་འོད་གསལ་བ་ནི་ཡེ་ཤེས་ཀུན་ཏུ་བཟང་པོའམ་རང་བཞིན་ལྷུན་གྱིས་གྲུབ་པའི་དཀྱིལ་འཁོར་ཞེས་དང་། དབྱིངས་དང་ཡེ་ཤེས་གཉིས་སུ་མེད་པའི་སྲས་བདེ་བ་ཆེན་པོ་རྩ་བ་བྱང་ཆུབ་སེམས་ཀྱི་དཀྱིལ་འཁོར་ཞེས་བྱ་སྟེ། གཡུ་ཐང་ལས། སྣང་སྲིད་བཟང་མོའི་མཁའ་ཀློང་ལས། །མ་བསྐྱེད་དཀྱིལ་འཁོར་ཀུན་ཏུ་ཤར། །ཤར་བ་ཉིད་ནས་ཤར་བ་མེད། །ཡབ་ཡུམ་སྲས་བཅས་བདེ་ཆེན་པོ། །ཞེས་སོ། །དེ་ལྟར་གཞི་ཆོས་ཐམས་ཅད་དཀྱིལ་འཁོར་རྣམ་པ་གསུམ་མ་འདྲེས་པར་རྟོག་དཔྱོད་ཀྱི་རྗེས་སུ་འཇུག་པས་གཏན་ལ་ཕབ། སྒོམ་པ་ནི། དོན་གྱི་རྗེས་སུ་འཇུག་པ་རྣམ་པར་མི་རྟོག་པའི་ཡེ་ཤེས་ཀྱི་ངང་ལ་འཇོག་པ་དང་། ཡི་གེའི་རྗེས་སུ་འཇུག་པ་བསྐྱེད་རྫོགས་བརྗོད་པ་ཙམ་གྱིས་ཆུ་ལས་ཉ་ལྡང་བ་ལྟར་རྩལ་སྣང་སྟོང་བཅུད་ལྷའི་འཁོར་ལོར་གསལ་བ་གྲོལ་ལམ་དང་། སྟེང་སྒོ་འཁོར་ལོ་བཞིའམ་དྲུག་དང་། འོག་སྒོ་མཁའ་གསང་གི་སྙོམས་འཇུག་ལ་བརྟེན་ནས་ལྷན་སྐྱེས་ཀྱི་ཡེ་ཤེས་བསྐྱེད་པར་བྱེད་པ་ཐབས་ལམ་སྟེ། དེ་ལྟར་ཐབས་གྲོལ་གྱི་ལམ་གང་རུང་ལ་བརྟེན་ནས་རྟོགས་པའི་ཡོན་ཏན་རྩལ་དུ་འདོན། སྤྱོད་པ་ནི། སྣང་སེམས་ཐམས་ཅད་བདེ་བ་ཆེན་པོའི་ཡེ་ཤེས་ཀྱི་རོལ་པར་ཤེས་པའི་སྒོ་ནས་བླང་དོར་མེད་པར་སྤྱོད་པ་སྟེ། བང་མཛོད་འཕྲུལ་སྡེ་ལས། དབྱིངས་དང་ཡེ་ཤེས་ལོངས་སྤྱོད་རྫོགས། །ཞེས་སོ། །འབྲས་བུ་ནི། གནས་སྐབས་སུ་ཚོགས་ལམ་འདུན་པ་སེམས་དཔའི་རྣལ་འབྱོར། སྦྱོར་ལམ་རིགས་ཆེན་འབྱེད་པའི་རྣལ་འབྱོར། མཐོང་ལམ་དབུགས་ཆེན་འབྱིན་པའི་རྣལ་འབྱོར། སྒོམ་ལམ་ལུང་ཆེན་ཐོབ་པའི་རྣལ་འབྱོར་ཏེ། སློབ་ལམ་བཞི་མཐར་ཕྱིན་ནས། འབྲས་བུ་མི་སློབ་ལམ་རྩལ་ཆེན་རྫོགས་པའི་རྣལ་འབྱོར་ཚེ་འདི་ཉིད་ལ་མངོན་དུ་བྱས་ཏེ་འབྲས་ཆོས་ཉེར་ལྔ་དབྱེར་མེད་ལྷུན་གྱིས་གྲུབ་པའི་བདག་ཉིད་བདེ་བ་ཆེན་པོའི་སྐུ་མངོན་གྱུར་པ་སྟེ། འཕྲུལ་ལྡེ་ལས། ཨ་ནུ་ཡོ་གའི་ཐེག་པ་ནི། བར་མ་ཆོད་པ་ཚེ་གཅིག་གིས། །སངས་རྒྱས་ས་ལ་ངེས་པར་འགྲོ། །ཞེས་སོ། །

གསུམ་པ་གཉིས་སུ་མེད་པའི་རྒྱུད་མན་ངག་ཨ་ཏི་ཡོ་ག་ལ། འཇུག་སྒོ་ནི། དབང་བཞི་པ་རྩལ་དུ་བཏོན་པ་སྤྲོས་བཅས། སྤྲོས་མེད། ཤིན་ཏུ་སྤྲོས་མེད། རབ་ཏུ་སྤྲོས་མེད་བཞིའི་དབང་ཐོབ་

པར་བྱས། ལྟ་བ་ནི། སྣང་སྲིད་འཁོར་འདས་ཀྱིས་བསྡུས་པའི་ཆོས་ཐམས་ཅད་ཡེ་ནས་རིག་པའི་ངོ་བོར་སངས་རྒྱས་པའི་རང་བཞིན་མེད་པ། ཕྱལ་བ། ལྷུན་གྲུབ། གཅིག་པུ་བཞིར་ངེས་པས་གཏན་ལ་ཕབ། སྒོམ་པ་ནི། ལེ་ལོ་ཅན་འབད་མེད་དུ་གྲོལ་བ་ཚིག་གསུམ་གནད་ལ་བརྡེག་པའི་སྒོ་ནས་ཀ་དག་ཡེ་བབས་རང་གནས་སོར་བཞག་གི་ངང་སྐྱོང་བ་དང་། བརྩོན་འགྲུས་ཅན་འབད་བཅས་སུ་གྲོལ་བ་བཞུགས་སྟངས་གསུམ་དང་གཟིགས་སྟངས་གསུམ་གྱི་གནད་གཅུན་ཏེ་ལྷུན་གྲུབ་ཐོད་རྒལ་སྒྲོན་མ་དྲུག་གི་གསེང་ལམ་ལ་བརྟེན་ནས་དེ་བཞིན་གཤེགས་པའི་གསང་མཛོད་ཀྱི་སྒོ་ཕྱེས་ཏེ་དངོས་སུ་བལྟ། སྤྱོད་པ་ནི། ཅིར་སྣང་ཐམས་ཅད་ཆོས་ཉིད་ཀྱི་རོལ་པར་ཤར་བས་དགག་སྒྲུབ་འཛིན་ཞེན་བླང་དོར་ལས་འདས་པར་སྤྱོད་པ་སྟེ། ནམ་མཁའ་ཆེ་ལས། བྱ་བ་མེད་པས་ལས་རྣམས་ཟིན། །ཞེས་དང་། བང་མཛོད་འཕྲུལ་ལྡེ་ལས། ཨ་ཏི་ཡོ་གའི་སྤྱོད་པ་ནི། །ལྟ་སྒོམ་སྒྲིག་དང་ལྡན་པ་ཡིས། །ཤུགས་ལས་བྱུང་བའི་སྤྱོད་པ་ནི། །ཇི་ལྟར་སྨོན་པའི་སྤྱོད་པ་བཞིན། །གང་ལའང་ཐོགས་པ་མེད་པར་སྤྱོད། །ཅེས་སོ། །འབྲས་བུ་ནི། ཆོས་ཉིད་མངོན་སུམ། ཉམས་གོང་འཕེལ། རིག་པ་ཚད་ཕེབས། ཆོས་ཉིད་ཟད་པ་སྟེ་སྣང་བ་བཞི་པོ་མཐར་ཕྱིན་ཅིང་། གདིང་བཞི་ཚད་ལ་འཁྱོལ་ཏེ། ལྷུན་རྫོགས་ཀུན་ཏུ་བཟང་པོའི་སའམ་ཡེ་ཤེས་བླ་མའི་ས་ལ་དབྱིངས་ལ་ཉིད་ནས་གནས་པ་མཐར་ཕྱིན་ཏེ་འཇའ་ལུས་འཕོ་ཆེན་རྡོ་རྗེའི་གར་གྱིས་སྲིད་ཁམས་སྟོངས་ཀྱི་བར་དུ་འགྲོ་བའི་དོན་འབད་མེད་དུ་ལྷུན་གྱིས་གྲུབ་པའོ། །དེ་གསུམ་གྱིས་ཉོན་མོངས་པ་ཐམས་ཅད་ཆེད་དུ་གཉེར་པོས་སྤངས་མི་དགོས་པར་ཆོས་ཐམས་ཅད་མཉམ་པ་ཆེན་པོར་རིག་པའི་ཡེ་ཤེས་ཀྱིས་དབང་བསྒྱུར་ཏེ་ལམ་དུ་བྱེད་པའི་ཐབས་དང་ལྡན་པས་ན་དབང་བསྒྱུར་ཐབས་ཀྱི་ཐེག་པ་དང་། ནང་སེམས་ཉིད་སྐུ་དང་ཡེ་ཤེས་ཀྱི་རོལ་པར་སྣང་བས་དངོས་གྲུབ་གཞན་ལས་མི་འཚོལ་བར་རང་བྱུང་གི་ཡེ་ཤེས་སུ་མཐོང་བས་ན་ནང་རྒྱུད་སྡེ་གསུམ་ཞེས་བྱའོ། །དེ་ལྟ་ན་རྣམ་གྲོལ་གྱི་ལམ་ཐམས་ཅད་ཐེག་པ་རིམ་པ་དགུ་པོ་དེར་འདུ་ལ། དེ་ཐམས་ཅད་ཀྱང་རང་བཞིན་རྫོགས་པ་ཆེན་པོའི་ཐེག་པ་འདིར་འདུས་ཤིང་རྫོགས་པ་ཡིན་ཏེ། ཀུན་བྱེད་རྒྱལ་པོའི་རྒྱུད་ལས། ཡོད་ནི་གཅིག་ལས་མེད་པ་ལ། །བསྟན་ནི་རྣམ་པ་གཉིས་སུ་བསྟན། །བྱུང་ནི་ཐེག་པ་དགུ་རུ་བྱུང་། །འདུས་ནི་རྫོགས་པ་ཆེན་པོར་འདུས། །ཞེས་སོ། །དེ་ལྟར་ཐེག་རིམ

དགུ་པོའི་མཚན་ཉིད་ངོས་འཛིན་བདེ་བའི་སླད་དུ་སོ་སོའི་རྣམ་བཞག་ཕྱོགས་མཆོན་མདོ་ཙམ་ཞར་ལ་བརྗོད་ཟིན་ནས། ད་ནི་རྩ་བའི་གཞུང་ལ་འཇུག་སྟེ། གོང་གི་ས་བཅད་གསུམ་པ་སོ་བྱང་གཉིས་སྔགས་སྡོམ་གྱི་ཡན་ལག་ཏུ་འགྱུར་ཚུལ་བསྟན་པ་ལ་གསུམ། རིགས་ཅན་གསུམ་ལ་སྔགས་ཀྱི་ལམ་ཞུགས་ཡོད་པར་སྒྲུབ་པ། སྔགས་ལམ་ལ་འཇུག་སློམ་ཡང་འདིར་སྐྱོ་བྱ་མིན་པར་བསྟན་པ། སྐབས་འདིར་གདན་ལ་དབབ་བྱའི་དོན་ངོས་བཟུང་བའོ། །

དང་པོ་རིགས་ཅན་གསུམ་ལ་སྔགས་ཀྱི་ལམ་ཞུགས་ཡོད་པར་སྒྲུབ་པ་ནི། ཉན་རང་བྱང་སེམས་རིགས་ཅན་སོ་སོ་ལ། །རྡོ་རྗེ་འཛིན་པའི་ལམ་ཞུགས་ཡོད་དོ་ཞེས། །འབུམ་ལྔའི་རྒྱུད་ཀྱི་ལུང་ལས་གསལ་བར་གྲུབ། །ཅེས་པ་སྟེ། སྤྱིར་གདུལ་བྱ་རྣམས་ཀྱི་ཁམས་སམ་རིགས་ཀྱི་དབྱེ་བ་དུ་མ་ཞིག་ཡོད་ནའང་། མདོར་དྲིལ་ན། དམན་པ་ཉན་ཐོས་དང་། འབྲིང་པོ་རང་རྒྱལ་དང་། མཆོག་བྱང་ཆུབ་སེམས་དཔའི་རིགས་ཅན་གསུམ་ཡིན་ཅིང་། དེ་དག་སོ་སོ་ལ་གསང་སྔགས་རྡོ་རྗེ་ཐེག་པ་རིག་པ་འཛིན་པའི་ལམ་དུ་ཞུགས་པ་ཡོད་དོ་ཞེས་འབུམ་ཕྲག་ལྔ་པ་དེ་ཁོན་ཉིད་ཡེ་ཤེས་གྲུབ་པའི་རྒྱུད་ཀྱི་ལུང་ལས་གསལ་བར་གྲུབ་སྟེ། དེའང་འདི་སྐད་ཅེས། རྡོ་ཡི་རིགས་ཀྱི་བྱེ་བྲག་ཞིག །བཞུ་བས་ལྕགས་དང་ཟངས་དངུལ་འགྱུར། །གསེར་འགྱུར་རྩི་ཡི་དངོས་པོ་ཡིས། །ཀུན་ཀྱང་གསེར་དུ་བསྒྱུར་བར་བྱེད། །དེ་བཞིན་སེམས་ཀྱི་བྱེ་བྲག་གིས། །རིགས་ཅན་གསུམ་གྱི་སྡོམ་པ་ཡང་། །དཀྱིལ་འཁོར་ཆེན་པོ་འདིར་ཞུགས་ན། །རྡོ་རྗེ་འཛིན་པ་ཞེས་བྱའོ། །ཞེས་གསུངས་པ་ལྟར། དཔེར་བསྟན་པའི་རྡོ་ཁམས་དམན་འབྲིང་རབ་གསུམ་པོ་དེ་གྲུབ་མཐས་བློ་མ་བསྒྱུར་བའི་རིགས་ཅན་གསུམ་གྱི་དཔེ་ཡིན་ལ། རྡོ་དེ་གསུམ་བཞུ་བ་ལས་བྱུང་བའི་ལྕགས་ཟངས་དངུལ་གསུམ་ནི་རིམ་བཞིན་ཉན་ཐོས་རང་རྒྱལ་བྱང་སེམས་ཀྱི་རིགས་ཅན་གསུམ་སོ་སོའི་ལམ་ལ་ཞུགས་བཞིན་པའི་དཔེ་དང་། དེ་གསུམ་ཀའང་གསེར་འགྱུར་གྱི་རྩིས་གསེར་དུ་བསྒྱུར་བ་ནི་ཉན་རང་བྱང་སེམས་ཀྱི་སྡོམ་ལྡན་སྔགས་བླ་མེད་ཀྱི་དཀྱིལ་འཁོར་དུ་ཞུགས་ན་ཐམས་ཅད་ཀྱང་རིག་པ་འཛིན་པར་འགྱུར་བ་ལ་ཁྱད་པར་མེད་པའི་དཔེའོ། །

གཉིས་པ་སྔགས་ལམ་ལ་འཇུག་སློམ་ཡང་འདིར་སྐྱོ་བྱ་མིན་པར་བསྟན་པ་ནི། བསམ་

པའི་དབྱེ་བས་སྟགས་ལ་འཇུག་པའི་ཚུལ། །ཆོས་སྒོ་མང་ཡང་དེ་དག་སྤྱི་བྱ་མིན། །ཞེས་པ་སྟེ། གདུལ་བྱ་རྣམས་ཀྱི་ཁམས་དབང་བསམ་པའི་བྱེ་བྲག་གི་དབྱེ་བས་གསང་སྔགས་རྡོ་རྗེ་ཐེག་པའི་ལམ་ལ་འཇུག་པ་ན། གཞི་ནས་འཇུག་པ་རང་རང་གི་ལམ་ལ་མ་ཞུགས་པར་དབང་རྣོན་འགའ་ཞིག་དང་པོ་ཉིད་ནས་འཇུག་པ་དང་། ལམ་ནས་འཇུག་པ་ལྷ་མི་ཉན་རང་བྱང་སེམས་ཀྱི་ཡོག་སྟེ་གསུམ་སྟེ་ལམ་བཞི་པོ་ལ་སློབ་བཞིན་པས་འཇུག་པ་དང་། འབྲས་བུ་ནས་འཇུག་པ་ལམ་དེ་དག་གི་རང་འབྲས་མཐར་ཕྱིན་ནས་འཇུག་པ་སྟེ། དེ་ལ་སོགས་པ་འཇུག་པའི་ཚུལ་གྱི་བྱེ་བྲག་ཆོས་ཀྱི་སྒོ་འཕར་མང་པོ་ཞིག་སྣང་ན་ཡང་འདིར་དེ་དག་རེ་རེ་ནས་བརྗོད་པ་ལ་དགོས་པ་ཆུང་ཞིང་དོན་གྱི་སྙིང་པོ་ལ་སྤྲོབ་པའི་ཕྱིར་སྤྱི་བར་བྱ་བ་མིན་པས་མི་འཆད་དོ། །

གསུམ་པ་སྐབས་འདིར་གདན་ལ་དབབ་བྱའི་དོན་ངོས་བཟུང་བ་ལ་གཉིས། དབང་པོ་རབ་འབྲིང་ཐ་གསུམ་གྱི་ཐོབ་ཚུལ་སྤྱིར་བཤད། དབང་འབྲིང་གི་ཐོབ་ཚུལ་བྱེ་བྲག་ཏུ་བཤད་པའོ། །དང་པོ་དབང་པོ་རབ་འབྲིང་ཐ་གསུམ་གྱི་ཐོབ་ཚུལ་སྤྱིར་བཤད་པ་ལའང་གཉིས། མདོར་བསྟན་པ་དང་། རྒྱས་པར་བཤད་པའོ། །

དང་པོ་མདོར་བསྟན་པ་ནི། འདིར་ནི་དབང་པོ་རབ་འབྲིང་ཐ་གསུམ་ལས། ཞེས་པ་སྟེ། སྐབས་འདིར་ནི་གདུལ་བྱ་ལ་དབང་པོ་རབ་དང་། འབྲིང་དང་། ཐ་མ་དང་གསུམ་དུ་ཡོད་པ་ལས་ཞེས་སོ། །

གཉིས་པ་རྒྱས་པར་བཤད་པ་ལ་གསུམ། དབང་རབ་སྡོམ་གསུམ་གཅིག་ཅར་དུ་ཐོབ་ཚུལ། དབང་འབྲིང་སྡོམ་གསུམ་སོ་སོར་ནོད་ཚུལ། དབང་རྟུལ་སྡོམ་གསུམ་རིམ་འཇུག་གིས་དགྲི་ཚུལ་ལོ། །དང་པོ་དབང་རབ་སྡོམ་གསུམ་གཅིག་ཅར་དུ་ཐོབ་ཚུལ་ནི། རབ་མཆོག་སྦྱངས་པ་མཐར་སོན་སྐལ་ལྡན་དེ། །དབང་བསྐུར་ཐོབ་པས་སྡོམ་གསུམ་གཅིག་ཅར་སྐྱེ། །རྟོགས་གྲོལ་དུས་མཉམ་ཨིནྡྲ་བྷཱུ་ཏི་བཞིན། །ཞེས་པ་སྟེ། དབང་པོ་ཡང་རབ་མཆོག་ཏུ་གྱུར་པ་སྔོན་གྱི་དུས་སུ་ཚོགས་གཉིས་ཀྱི་སྦྱངས་པ་མཐར་སོན་པ་ནི་ལས་འཕྲོ་སྐལ་པ་མཆོག་དང་ལྡན་པའི་ཕྱིར། དེ་འདྲ་བ་ལ་ཚེ་འདིར་ལམ་ཐུན་མོང་པས་རྒྱུད་སྦྱོང་བ་ལ་མ་ལྟོས་པར་དབང་བསྐུར་ཐོབ་པ་ཙམ་གྱིས་སོ་བྱང་སྔགས་ཀྱི་སྡོམ་པ་

གསུམ་པོ་གཅིག་ཅར་དུ་སྐྱེ་བ་ཡིན་ཏེ། དཔེར་ན་དབང་དོན་གྱི་ཡེ་ཤེས་རྫོགས་པ་དང་རྒྱུད་གྲོལ་བ་དུས་མཉམ་པ་ཨོ་རྒྱན་གྱི་རྒྱལ་པོ་ཨིནྡྲ་བྷཱུ་ཏི་ལྟ་བུ་སྟེ། སྔོན་རྒྱལ་པོ་དེས་སྟོན་པ་ཐུབ་པའི་དབང་པོ་ལ་འདོད་ཡོན་མ་སྤངས་པར་སངས་རྒྱས་ཐོབ་པའི་ཐབས་ཞུས་པ་ན། སྟོན་པས་ལས་ཅན་དུ་གཟིགས་ནས་དེ་མ་ཐག་དཀྱིལ་འཁོར་ཆེན་པོ་མངོན་དུ་སྣང་བར་མཛད་དེ་དབང་བསྐུར་བས་དུས་དེ་ཉིད་དུ་ཟུག་འཇུག་གི་སྐུ་བརྙེས་པ་བཞིན་ནོ། །དེའང་སྔགས་ཀྱི་སྡོམ་པ་གང་ཞིག་གཞན་གནོད་གཞིར་བཅས་སྤོང་བ་སོ་ཐར། གཞན་ཕན་གཞིར་བཅས་སྒྲུབ་པ་བྱང་སེམས། དེ་ཉིད་དག་མཉམ་ཆེན་པོའི་ཐབས་ཀྱིས་ཟིན་པ་སྔགས་ཀྱི་སྡོམ་པའི་ངོ་བོ་ཡིན་ནོ། །

གཉིས་པ་དབང་འབྲིང་སྡོམ་གསུམ་སོ་སོར་ནོད་ཚུལ་ནི། འབྲིང་ནི་སྡོམ་གསུམ་སོ་སོའི་ཆོ་ག་ལ། །བརྟེན་ནས་རིམ་ཐོབ་ནཱ་གཱརྫུ་ན་ལྟར། །ཞེས་པ་སྟེ། གང་ཟག་དབང་པོ་འབྲིང་ནི་འདུལ་བའི་ལས་ཆོག་ལ་བརྟེན་ནས་སོ་ཐར་རིགས་བདུན་གང་རུང་གི་སྡོམ་པ་ནོད་ཅིང་། དེ་ནས་གྲོལ་གཉིས་གང་རུང་གི་ཆོ་གས་བྱང་ཆུབ་སེམས་དཔའི་སྡོམ་པ་དང་། དེའི་སྟེང་དུ་གསང་སྔགས་ཕྱི་ནང་གི་ཆོ་གས་སྔགས་ཀྱི་སྡོམ་པ་སྟེ། དེ་ལྟར་སྡོམ་པ་གསུམ་པོ་སོ་སོའི་གཞུང་གི་ཆོ་ག་ལ་བརྟེན་ནས་རིམ་པ་བཞིན་ཐོབ་པར་བྱས་པ་སློབ་དཔོན་ཆེན་པོ་ནཱ་གཱརྫུ་ནའམ་མགོན་པོ་ཀླུ་སྒྲུབ་ཀྱི་རྣམ་པར་ཐར་པ་ལྟར་རོ། །

གསུམ་པ་དབང་རྟུལ་སྡོམ་གསུམ་རིམ་འཇུག་གིས་དགྲི་ཚུལ་ནི། ཐ་མ་སྙལ་དམན་ཤིན་ཏུ་གདུལ་དཀའ་དེ། །གསོ་སྦྱོང་བསླབ་པའི་གནས་བཅུ་གྲུབ་མཐའ་བཞི། །ཐེ་སྤྱོད་རྣལ་འབྱོར་རྒྱུད་ཀུན་རིམ་ཤེས་ནས། །བླ་མེད་འཇུག་པ་བརྟག་པ་གཉིས་པར་གསུངས། །ཞེས་པ་སྟེ། དབང་པོ་ཐ་མ་སྔོན་དང་དེ་ལྟར་ཚོགས་གཉིས་བསགས་པའི་སྐལ་བ་དམན་པ་ཤིན་ཏུ་གདུལ་བར་དཀའ་བ་དེ་རྣམས་རིམ་གྱིས་ལམ་ལ་དགྲི་དགོས་པས། དང་པོ་འཁོར་བའི་ཉེས་དམིགས་དང་ཐར་པའི་ཕན་ཡོན་བཤད་པས་བློ་བཅོས་ནས། ཐོག་མར་གསོ་སྦྱོང་ཡན་ལག་བརྒྱད་པའི་དུས་ཁྲིམས་ནོད་ཅིང་། དེའི་རྗེས་སུ་དགེ་བསྙེན་གྱི་སྡོམ་པ་དང་། དགེ་ཚུལ་གྱི་བསླབ་པའི་གནས་བཅུ་ནས་དགེ་སློང་གི་སྡོམ་པའི་བར་རིམ་པར་སྦྱིན་ལ། གྲུབ་མཐའ་བཞིའི་དང་པོ་བྱེ་མདོ་གཉིས་ཀྱི་བདག་མེད་གཏན་ལ་དབབ

ཚུལ་ལ་གོམས་སུ་བཅུག །དེ་རྗེས་བྱང་སེམས་ཀྱི་སྡོམ་པ་བྱིན་ནས་དབུ་སེམས་གཉིས་ཀྱི་ལྟ་བ་ལ་སེམས་སྦྱོང་། མཐར་རང་རང་གི་དབང་བསྐུར་སྔོན་དུ་འགྲོ་བས་གཙང་སྦྲའི་སྤྱོད་ལམ་དང་བཟླས་བརྗོད་སོགས་ལུས་ངག་གི་བྱ་བ་གཙོ་བོར་སྟོན་པ་བྱ་བའི་རྒྱུད་དང་། ལུས་ངག་གི་བྱ་བ་དང་སེམས་ཀྱི་ཏིང་ངེ་འཛིན་ཆ་མཉམ་དུ་སྟོན་པ་སྤྱོད་པའི་རྒྱུད་དང་། སེམས་ཀྱི་ཏིང་ངེ་འཛིན་གཙོ་བོར་སྟོན་པ་རྣལ་འབྱོར་གྱི་རྒྱུད་ཀུན་གྱི་ལྟ་སྒོམ་སྤྱོད་གསུམ་གྱིས་བསྡུས་པའི་ཉམས་ལེན་རྣམས་རིམ་པར་ཞེས་ཞིང་ཉམས་འོག་ཏུ་ཆུབ་པར་བྱས་ནས། ཐབས་ཤེས་གཉིས་སུ་མེད་པའི་རྣལ་འབྱོར་བདེ་བ་ཆེན་པོས་ཁྱད་པར་དུ་བྱས་པའི་ཐབས་སྟོན་པ་ནང་རྒྱུད་བླ་མེད་ཀྱི་དབང་གིས་སྨིན་པར་བྱས་ནས་བསྐྱེད་རྫོགས་ཟུང་འཇུག་གསུམ་གྱི་རྒྱུད་སྡེ་ལ་རིམ་གྱིས་འཇུག་པར་བྱ་བའི་ཚུལ་ཀྱི་རྡོ་རྗེ་བརྟག་པ་གཉིས་པའི་ཕྱི་མ་འདུལ་བའི་ལེའུ་ལས་གསལ་བར་གསུངས་ཏེ། དེ་ལས། དང་པོ་གསོ་སྦྱོང་སྦྱིན་པར་བྱ། །དེ་རྗེས་བསླབ་པའི་གནས་བཅུ་ཉིད། །དེ་ལ་བྱེ་བྲག་སྨྲ་བ་བསྟན། །མདོ་སྡེ་པའང་དེ་བཞིན་ནོ༔ །དེ་ནས་རྣལ་འབྱོར་སྤྱོད་པ་ཉིད། །དེ་ཡི་རྗེས་སུ་དབུ་མ་བསྟན། །སྔགས་ཀྱི་རིམ་པ་ཀུན་ཤེས་ནས། །དེ་རྗེས་ཀྱེ་ཡི་རྡོ་རྗེ་བསྟན། །སློབ་མས་གུས་པས་བླངས་ནས་ནི། །འགྲུབ་འགྱུར་འདི་ལ་ཐེ་ཚོམ་མེད། །ཅེས་གསུངས་སོ། །དེ་དང་མཐུན་པར་ཕུར་པ་ཞི་སྟང་ཁྲོས་པའི་རྒྱུད་ལས་ཀྱང་། སོ་སོར་ཐར་པ་དང་པོར་སྦྱིན། །དེ་ལ་ཉན་ཐོས་ཆོས་རྣམས་བསྟན། །དེ་ནས་བྱང་ཆུབ་སྡོམ་ཆེན་སྦྱིན། །དེ་ལ་དབུ་མའི་ཆོས་རྣམས་བཤད། །མཐར་ནི་འབྲས་བུ་ཐེག་ཆེན་གྱི། །དབང་སྦྱིན་འབྲས་བུའི་རྒྱུད་འདི་བཤད། །ཅེས་སོ། །དེ་དག་སྤྱིར་བསྟན་པ་ཙམ་ཡིན་གྱི། གོང་གི་སྡོམ་གསུམ་རིམ་ཐོབ་ཡིན་ན་དབང་འབྲིང་དང་། རིམ་འཇུག་ཡིན་ན་དབང་པོ་ཐ་མ་ཁོ་ན་ཡིན་པས་ཁྱབ་པ་མིན་པའང་ཤེས་པར་བྱའོ། །

གཉིས་པ་འདིར་བསྟན་དབང་པོ་འབྲིང་གི་ཐོབ་ཚུལ་བྱེ་བྲག་ཏུ་བཤད་པ་ལ་ལྔ། རྟེན་མཆོག་དམན་དམིགས་བསལ་དང་བཅས་པ། སྡོམ་པ་གསུམ་སོ་སོའི་རྣམ་བཞག །སྡོམ་པ་འོག་མ་གཉིས་གོང་མའི་ཡན་ལག་ཏུ་འགྲོ་ཚུལ། སྡོམ་གསུམ་སོ་སོའི་དོན་ཤེས་སླ་བའི་ཕྱིར་སྡོམ་བསྟན་པ། ལེའུའི་སྐབས་བསྡུ་བའོ། །དང་པོ་རྟེན་མཆོག་དམན་དམིགས་བསལ་དང་བཅས་པ་བཤད་པ་ནི། འདིར་ནི་དབང་པོ་འབྲིང་གི་ཚུལ་འཆད་དེ། །དགེ་སློང་དགེ་ཚུལ་དགེ་བསྙེན་སྡོམ་ལྡན་དེ། །རྡོ་རྗེ་འཛིན་

པའི་རབ་འབྱིང་ཐ་ཡིན་ཞེས། །ཕུར་བའི་རྒྱུད་དང་དུས་འཁོར་ལས་གསུངས་ཤིང་། །འོན་ཀྱང་ཡེ་ཤེས་ལྡན་པ་གཙོ་བོར་གཟུང་། །ཞེས་པ་སྟེ། སྐབས་འདིར་ནི་དབང་པོ་འབྲིང་གི་ཚུལ་ཉིད་འཆད་པར་བྱ་བ་ཡིན་ཏེ། དེ་འང་སྤྱིར་བཏང་དུ་སྔགས་ལམ་ལ་འཇུག་པའི་རྟེན་དགེ་སློང་དང་དགེ་ཚུལ་དང་དགེ་བསྙེན་གྱི་སྡོམ་པ་དང་ལྡན་པ་དེ་གསུམ་རིམ་པ་ལྟར་སྔགས་ཀྱི་རྡོ་རྗེ་འཛིན་པའི་རབ་དང་འབྱིང་དང་ཐ་མ་ཡིན་ནོ་ཞེས་ཕུར་པའི་རྒྱུད་དང་དུས་འཁོར་གྱི་རྩ་རྒྱུད་ལས་མཐུན་པར་འདི་སྐད་དུ། གསུམ་ལས་དགེ་སློང་མཆོག་ཡིན་འབྲིང་། །དགེ་ཚུལ་ཞེས་བྱ་དེ་དག་ལས། །ཁྱིམ་ན་གནས་པ་ཐ་མའོ། །ཞེས་གསུངས་ཤིང་། འོན་ཀྱང་མཐའ་གཅིག་ཏུ་མ་ངེས་ཏེ། རྟེན་ཁྱིམ་པ་ཡིན་ཀྱང་མཐོང་ལམ་རྣམ་པར་མི་རྟོག་པའི་ཡེ་ཤེས་རྟོགས་པ་མཆོག་དང་ལྡན་པ་ནི་དོན་དམ་པའི་དགེ་སློང་ཡིན་པས་ན་དེ་ཉིད་གཙོ་བོར་བཟུང་དགོས་པ་དམིགས་བསལ་ཏེ། དུས་འཁོར་ལས། ས་ཐོབ་མ་གཏོགས་ཁྱིམ་པ་ནི། །རྒྱལ་པོའི་བླ་མར་མི་བྱའོ། །ཞེས་དང་། འདུལ་བ་ལུང་ལས། རྒྱན་གྱིས་བརྒྱན་པར་བྱས་ཀྱང་ཆོས་སྤྱོད་ཅིང་། །དུལ་ཞིང་ཡང་དག་སྡོམ་ལ་ཚངས་པར་སྤྱོད། །འབྱུང་པོ་ཀུན་ལ་ཆད་པ་སྤངས་པ་སྟེ། །དགེ་སློང་དགེ་སྦྱོང་དེ་ཡིན། །ཞེས་གསུངས་པའི་ཕྱིར་རོ། །

གཉིས་པ་སྡོམ་པ་གསུམ་སོ་སོའི་རྣམ་བཞག་བསྟན་པ་ནི། སྒྱུ་འཕྲུལ་རྒྱུད་སྡེའི་རྩ་བ་ཀུན་འདུས་ལས། །རང་དང་གཞན་དོན་ཕན་པ་ཆེ་བཤད་པ། །སོ་ཐར་སེམས་བསྐྱེད་དབང་བསྐུར་ཉིད་ཡིན་ཏེ། །སོ་སོར་འཛིན་ན་ཉན་ཐོས་བྱང་སེམས་དང་། །རིག་པ་འཛིན་པ་ཞེས་སུ་མཁས་ལ་གྲགས། །ཞེས་པ་སྟེ། སྤྱིར་སྡོམ་པ་གསུམ་གྱི་ཐ་སྙད་དུ་གྲགས་པ་ལ། སོ་ཐར་གྱི་སྐབས་བསླབ་ཚིགས་གསུམ་དང་། བྱང་སེམས་ཀྱི་སྐབས་སྡོམ་སྡུད་དོན་བྱེད་གསུམ་དང་། སྔགས་ཀྱི་སྐབས་སྐུ་གསུང་ཐུགས་ཀྱི་དམ་ཚིག་ལ་སྡོམ་པ་གསུམ་དུ་བཞག་པ་སོགས་མང་དུ་སྣང་མོད། འོན་ཀྱང་སྐབས་འདིར་བསྟན་བྱ་ངོས་བཟུང་བའི་ཚུལ་ནི་སྒྱུ་འཕྲུལ་གྱི་རྒྱུད་སྡེའི་རྩ་བ་ཀུན་འདུས་རིག་པའི་མདོ་ལས་འདི་སྐད་ཅེས། དེ་ལྟར་སྡོམ་པ་གསུམ་པོ་ཡང་། །རང་དང་གཞན་དོན་ཕན་པ་ཆེ། །ཞེས་གསུངས་པ་ལྟར། རང་དོན་ཞི་བདེ་ཙམ་དང་། གཞན་དོན་དུ་རྫོགས་བྱང་ཐོབ་འདོད་དང་། ཐབས་ཤེས་ཁྱད་པར་ཅན་གྱིས་ཟིན་པས་རང་གཞན་ལ་ཕན་པ་རླབས་པོ་ཆེ་གྲུབ་པར་བཤད་པ་ནི་རིམ་པ་བཞིན་སོ་ཐར་གྱི་སྡོམ་པ

དང་། སེམས་བསྐྱེད་ཀྱི་སྡོམ་པ་དང་། དབང་བསྐུར་བ་ལས་ཐོབ་པའི་སྔགས་ཀྱི་སྡོམ་པ་དང་གསུམ་པོ་འདི་ཉིད་ཡིན་ཏེ། དེ་དག་ཀྱང་སོ་སོར་འཛིན་ན་སྔ་མ་ལ་སོ་ཐར་ཞན་ཐོས་དང་། བར་པ་ལ་སེམས་བསྐྱེད་བྱང་སེམས་དང་། ཕྱི་མ་ལ་རིག་པ་འཛིན་པ་ཞེས་སུ་མཁས་པ་རྣམས་ལ་གྲགས་པ་ཡིན་ནོ། །

གསུམ་པ་སྡོམ་པ་འོག་མ་གཉིས་གོང་མའི་ཡན་ལག་ཏུ་འགྲོ་ཚུལ་ནི། དེ་ལྟར་ཐུན་མོང་སྡོམ་པ་འོག་མ་གཉིས། །འདིར་ནི་བླ་མེད་དབང་གི་ཡན་ལག་ཏུ། །རྒྱུད་སྡེ་རྒྱ་མཚོར་བཤད་ལྟར་འདིར་འཆད་དོ། །ཞེས་པ་སྟེ། བཤད་མ་ཐག་པ་དེ་ལྟར་ཐུན་མོང་གི་སྡོམ་པ་འོག་མ་སོ་ཐར་དང་བྱང་སེམས་གཉིས་པོ་སྐབས་འདིར་ནི་སྔགས་བླ་མེད་རྡོ་རྗེ་ཐེག་པའི་དབང་གི་ཡན་ལག་ཏུ་འགྲོ་བའི་ཚུལ་ཡང་འདི་ལྟ་སྟེ། སོ་བྱང་གི་སྡོམ་ལྡན་དེས་སྔགས་སྡོམ་ཐོབ་པ་ན་སོ་ཐར་སྔགས་ཀྱི་ཉེས་སྤྱོད་སྡོམ་པ་དང་། བྱང་སྡོམ་རྣམ་སྣང་གི་དམ་ཚིག་ཏུ་འགྱུར་བ་གང་ཞིག་སྔགས་བླ་མེད་ཀྱི་སྤྱི་དང་ཁྱད་པར་ལྷག་པའི་དམ་ཚིག་ལས་སྤྱིའི་དམ་ཚིག་ཏུ་སོ་བྱང་དང་སྔགས་ཕྱི་རྒྱུད་ཀྱི་དམ་ཚིག་ཐམས་ཅད་ཚང་བའི་ཕྱིར་དང་། དེར་མ་ཟད་སྡོམ་པ་འོག་མ་གཉིས་སྔོན་དུ་མ་སོང་བའི་རྡོ་རྗེ་འཛིན་པའི་རྒྱུད་ལའང་དབང་བསྐུར་བ་ཁོ་ནས་ཐོབ་པའི་སོ་བྱང་གི་སྡོམ་པ་ཡོད་པར་འགྱུར་ཏེ། ཇི་སྐད་དུ། སོ་སོར་ཐར་དང་བྱང་ཆུབ་སེམས། །རིག་འཛིན་ནང་གི་སྡོམ་པའི་ཚོགས། །མ་ལུས་བདག་གིས་ཡོངས་སུ་བཟུང་། །ཞེས་པ་ལ་སོགས་པས་དབང་གི་སྔོན་འགྲོའི་དུས་སུ་ཁས་བླངས་པའི་ཕྱིར་དང་། མཉམ་པ་ཆེན་པོའི་དམ་ཚིག་དང་ལྡན་པའི་རིག་པ་འཛིན་པའི་རྒྱུད་ལ་འོག་མའི་འདུལ་སྡོམ་ཐམས་ཅད་དང་གིས་འདུ་བའང་ཡིན་ཏེ། རྩ་རྒྱུད་གསང་བ་སྙིང་པོ་ལས། བླ་མེད་མཆོག་གི་དམ་ཚིག་ཏུ། །འདུལ་བའི་དབང་གིས་ཚུལ་ཁྲིམས་དང་། །ཇི་སྙེད་སྡོམ་པ་བསམ་ཡས་པ། །མ་ལུས་ཀུན་འདུས་རྣམ་པར་དག །ཅེས་དང་། ཐམ་གློག་ལས། དགེ་སློང་བྱང་ཆུབ་སེམས་དཔའ་དང་། །རྣལ་འབྱོར་རྣལ་འབྱོར་ཆེན་པོ་ཡིན། །ཞེས་དང་། འཁོར་ལོ་སྡོམ་པའི་རྒྱུད་ལས། །སོ་སོར་ཐར་དང་བྱང་ཆུབ་སེམས། །རིག་འཛིན་ཉིད་ཀྱི་དགེ་སློང་ངོ་། །ཞེས་པ་ལ་སོགས་པའི་རྒྱུད་སྡེ་རྒྱ་མཚོ་ནས་ཇི་སྐད་བཤད་པ་ལྟར་བསྟན་བཅོས་འདིར་ཡང་དེ་བཞིན་འཆད་པར་འདོད་དོ། །བཞི་པ་སྡོམ་གསུམ་སོ་

སོའི་དོན་ཤེས་སླ་བའི་ཕྱིར་ལེའུ་འོག་མ་གསུམ་གྱི་སྡོམ་བསྟན་པ་ནི། སྡོམ་གསུམ་སོ་སོར་ཁོག་དབུབ་གླེང་གཞི་དང་། །དང་པོ་སྡོམ་པ་མ་ཐོབ་ཐོབ་པའི་ཚུལ། །བར་དུ་ཐོབ་པ་མི་ཉམས་བསྲུང་བའི་ཐབས། །ཐ་མར་ཉམས་ན་གསོ་ཚུལ་བཞི་རིམ་སྡོམ། །ཞེས་པ་སྟེ། དེ་ལྟར་སྡོམ་གསུམ་སྤྱིའི་ལུས་རྣམ་པར་གཞག་པ་མདོར་བསྟན་ནས། དངོས་དོན་ལེའུ་ཕྱི་མ་གསུམ་གྱིས་རྒྱས་པར་འཆད་པ་ལ་སྡོམ་པ་གསུམ་སོ་སོར་གང་ལས་བྱུང་བའི་ཚུལ་དང་འབྲེལ་བར་ངོ་བོ་དང་དབྱེ་བའི་སྒོ་ནས་ཁོག་དབུབ་པའི་གླེང་གཞི་དང་། དང་པོ་སྡོམ་པ་མ་ཐོབ་པ་ཆོག་ལ་སོགས་པའི་སྒོ་ནས་ཐོབ་པའི་ཚུལ་དང་། བར་དུ་ཐོབ་པའི་སྡོམ་པ་སོ་སོའི་བསྲུང་བྱའི་རྣམ་གྲངས་བཤད་པས་མི་ཉམས་པར་བསྲུང་བའི་ཐབས་དང་། ཐ་མར་ལྟུང་བ་བྱུང་བ་སྒོ་བཞིའི་དབང་གིས་ཉམས་པར་འགྱུར་ན་སླར་གསོ་བའི་ཚུལ་ཏེ་རྣམ་གྲངས་བཞི་རིམ་སྡོམ་དུ་བསྡུས་ནས་འཆད་པར་བྱ་བ་ཡིན་ནོ། །

ལྔ་པ་ལེའུའི་སྐབས་བསྡུ་བ་ནི། སྡོམ་གསུམ་སྤྱིའི་བཤད་གཞིའི་རིམ་པར་ཕྱེ་བ་སྟེ་དང་པོའོ། །ཞེས་པ་སྟེ། སྡོམ་པ་གསུམ་གྱི་རྣམ་གཞག་སྤྱིའི་བཤད་གཞིའི་རིམ་པ་ལེགས་པར་ཕྱེ་བ་སྟེ་ལེའུ་དང་པོའི་རྣམ་པར་བཤད་པའོ།། །།

༄ ད་ནི་སྤྱིའི་ས་བཅད་གཉིས་པ་སྡོམ་གསུམ་སོ་སོའི་རང་བཞིན་དང་བསླབ་བྱ་ཞིབ་ཏུ་སྟོན་པའི་སྒོ་ནས་རྒྱས་པར་བཤད་པ་ལ་གསུམ་སྟེ། སོ་ཐར། བྱང་སེམས། གསང་སྔགས་སོ། །དང་པོ་འདུལ་བ་སོ་ཐར་གྱི་ཆོས་ཚུལ་སྟོན་པ་ལེའུ་གཉིས་པའི་གཞུང་འདི་ལ་གསུམ། སྟོན་པས་དམ་པའི་ཆོས་འདུལ་བ་ཇི་ལྟར་གསུངས་པ། དེ་བསྡུས་ནས་བཤད་སྲོལ་གྱིས་ཇི་ལྟར་བཟུང་བ། དེ་ལྟར་བཟུང་བའི་བརྗོད་བྱ་གཏན་ལ་དབབ་པའོ། །སྐབས་འདིར་སྤྱིའི་གོ་དོན་དུ་འོ་སྐོལ་ནང་པ་སངས་རྒྱས་པའི་བསྟན་པའི་འབྱུང་ཁུང་སྟོན་པ་སངས་རྒྱས་ཀྱི་མཚན་ཉིད་དང་བྱོན་ཚུལ་ཉིད་ཤེས་པ་གལ་ཆེ་བས་ན་དམིགས་ཀྱིས་མདོ་ཙམ་བརྗོད་པར་བྱ་སྟེ། དེ་ཡང་རང་ཅག་གི་སྟོན་པ་མཉམ་མེད་ཤཱཀྱའི་རྒྱལ་པོ་འདི་ཉིད་ངེས་དོན་ཡིན་ལུགས་ཀྱི་དབང་དུ་བྱས་ན། ཐོག་མ་མེད་པའི་དུས་ནས་མངོན་པར་སངས་རྒྱས་ཏེ་ཆོས་ཉིད་འོད་གསལ་གྱི་ཞིང་ཁམས་སུ་སྐུ་དང་ཡེ་ཤེས་འདུ་འབྲལ་མེད་པའི་ངང་ལ་དུས་གསུམ་གྱི་སངས་རྒྱས་ཐམས་ཅད་དང་དགོངས་པ་རོ་གཅིག་ཏུ་བཞུགས་པ་ལས་མ་གཡོས

བཞིན་དུ་སེམས་ཅན་རྣམས་ཀྱི་དོན་དུ་དེ་བཞིན་གཤེགས་པའི་རྣམ་པར་རོལ་པ་བསམ་གྱིས་མི་ཁྱབ་པར་སྣང་བས་གདུལ་བྱ་རྣམས་སོ་སོའི་སྐལ་བ་དང་འཚམས་པར་འདུལ་བར་མཛད་པ་སྟེ། རྡོ་རྗེ་སེམས་དཔའ་སྒྱུ་འཕྲུལ་དྲྭ་བ་རྩ་བའི་རྒྱུད་ལས། ཐུགས་རྗེ་ཆེན་པོས་འབྲེལ་བ་ན། །འགྲོ་དྲུག་དུས་གནས་མ་ལུས་སྣང་། །ཞེས་དང་། དམ་ཆོས་པད་དཀར་ལས། བསྐལ་པ་བྱེ་སྟོང་བསམ་གྱིས་མི་ཁྱབ་པར། །དེ་ཡི་ཚད་ནི་ནམ་ཡང་མེད་པས་ན། །བྱང་ཆུབ་མཆོག་རབ་འདི་ནི་ངས་ཐོབ་ཀྱི། །ངས་ནི་རྟག་ཏུ་ཆོས་ཀྱང་རབ་འཆད་དོ། །ཞེས་གསུངས་ཤིང་། ཡབ་སྲས་རྒྱལ་བའི་མདོ་ལས་ཀྱང་། །དཔའ་བོ་ཆེན་པོ་ཐབས་མཁས་དེ། །སེམས་ཅན་ཡོངས་སུ་སྨིན་མཛད་ཕྱིར། །བྱེ་བ་ཕྲག་བརྒྱར་རྒྱལ་བ་ཉིད། །སངས་རྒྱས་ཉིད་དུ་བསྟན་གྱུར་ཀྱང་། །ད་དུང་དུ་ཡང་འདྲེན་པ་ཁྱོད། །སངས་རྒྱས་མང་པོར་སྟོན་པར་མཛད། །ཅེས་གསུངས་པ་ལྟར་ཡིན་ལ། ཐ་སྙད་རྣམ་འཇོག་གི་དབང་དུ་བྱས་ཏེ་ཐེག་པ་ཐུན་མོང་པ་ལྟར་ན། སྔོར་དུས་གསུམ་གྱི་སངས་རྒྱས་དཔག་ཏུ་མེད་པ་མཁའ་ཁྱབ་ཏུ་བཞུགས་པ་ལས། བདག་ཅག་གི་སྟོན་པ་ཡང་དག་པར་རྫོགས་པའི་སངས་རྒྱས་ཤཱཀྱ་ཐུབ་པ་འདི་ཉིད། དང་པོར་བྱང་ཆུབ་མཆོག་ཏུ་ཐུགས་བསྐྱེད། །བར་དུ་བསྐལ་པ་གྲངས་མེད་གསུམ་དུ་ཚོགས་བསགས། མཐར་མངོན་པར་རྫོགས་པར་སངས་རྒྱས་ཏེ་ཆོས་ཀྱི་འཁོར་ལོ་མ་ལུས་པ་བསྐོར་བར་མཛད་པ་ཡིན་ཏེ། ཡོན་ཏན་ཡོངས་སུ་བཀོད་པའི་མདོ་ལས། དེས་བླ་ན་མེད་པའི་བྱང་ཆུབ་ཏུ་སེམས་དང་པོ་བསྐྱེད་པ་ནས་བཟུང་སྟེ། བསྐལ་པ་ཆེན་པོ་གྲངས་མེད་པ་གསུམ་དུ་བརྩོན་པ་ཆེན་པོས་ཚོགས་བསགས་ཤིང་། ཚེ་ལོ་བརྒྱ་པའི་ཚེ་སེམས་ཅན་ལོང་བ་འདྲེན་པ་རྣམས་ལ་གཟིགས་ཏེ། འཛམ་བུའི་གླིང་འདི་ཉིད་དུ་སངས་རྒྱས་ཏེ་ཆོས་ཀྱི་འཁོར་ལོ་བསམ་གྱིས་མི་ཁྱབ་པ་ཡོངས་སུ་བསྐོར་ཏེ། ཞེས་གསུངས་པ་ལྟར། སྟོན་པ་འདི་སྔོན་རྫ་མཁན་གྱི་ཁྱེའུ་སྣང་བྱེད་དུ་གྱུར་པའི་ཚེ། དེ་བཞིན་གཤེགས་པ་ཤཱཀྱ་ཐུབ་པ་ཆེན་པོའི་དྲུང་དུ་ཐུགས་བསྐྱེད་པར་བཤད་པ་དང་། མདོ་བསྐལ་པ་བཟང་པོ་ལས་ཀྱང་། ང་ནི་སྔོན་ཚེ་དམན་པར་གྱུར་པ་ན། །དེ་བཞིན་གཤེགས་པ་ཤཱཀྱ་ཐུབ་དེ་ལ། །འཇམ་གང་ཞིག་ནི་རབ་ཏུ་ཕུལ་ནས་ཀྱང་། །དང་པོར་བྱང་ཆུབ་མཆོག་ཏུ་ཐུགས་བསྐྱེད་དོ། །ཞེས་གསུངས། དེ་ནས་ཚོགས་བསགས་ཚུལ་ལ་ཐེག་པ་ཆུང་ངུའི་ལུགས་ལྟར་ན། རྣམ་གཟིགས་མར་མེ་རིན་ཆེན་གཙུག །གྲངས་མེད་གསུམ

ཀྱི་ཐ་མར་བྱུང་། །དང་པོ་ཤཱཀྱ་ཐུབ་པ་ཡིན། །ཀུན་ལ་ཐམས་ཅད་སྙིང་རྗེ་ཡིས། །སྨིན་པར་བྱས་པས་སྨིན་པ་རྫོགས། །ཆགས་བཅས་ཡན་ལག་བཅད་ཀྱང་ནི། །མི་འཁྲུགས་བཟོད་དང་ཚུལ་ཁྲིམས་ཀྱི། །སྐར་རྒྱལ་བསྐྱོད་པས་བརྩོན་འགྲུས་ཀྱི། །དེ་མ་ཐག་ཏུ་ཏིང་འཛིན་བློ། །ཞེས་གསུངས་ཏེ། བསྐལ་པ་གྲངས་མེད་གསུམ་ལ་རིམ་པར་སངས་རྒྱས་བདུན་ཁྲི་ལྔ་སྟོང་དང་། བདུན་ཁྲི་དྲུག་སྟོང་དང་། བདུན་ཁྲི་བདུན་སྟོང་གི་བར་མཉེས་པར་མཛད་ཅེས་འབྱུང་། ཐེག་ཆེན་ལྟར་ན། ལམ་ལྔ་དང་ས་བཅུ་ཡོངས་སུ་རྫོགས་པར་འགྲོ་དགོས་པ་ཡིན་པས། འཕགས་པའི་ས་བརྙེས་ནས་སྐད་ཅིག་རེ་རེར་ཡང་ཕྱོགས་བཅུ་རབ་འབྱམས་མུ་མེད་པའི་སངས་རྒྱས་གྲངས་མེད་ཚད་མེད་པ་དག་ཡོངས་སུ་མཉེས་པ་དང་། བསོད་ནམས་དང་ཡེ་ཤེས་ཀྱི་ཚོགས་མཐའ་ཡས་པ་བསགས་ཤིང་རྫོགས་པ་དང་། སེམས་ཅན་གྲངས་མེད་པ་ཡོངས་སུ་སྨིན་པ་དང་། ཞིང་ཁམས་ཚད་མེད་པ་ཡོངས་སུ་སྦྱངས་ཤིང་། ས་བཅུ་རིམ་གྱིས་བགྲོད་པའི་མཐར་འོག་མིན་གྱི་ཞིང་ཁམས་སུ་རྒྱུན་མཐའི་ཡེ་ཤེས་ཀྱིས་ཡང་དག་པའི་མཐའ་མངོན་དུ་མཛད་དེ་སངས་རྒྱས་ཀྱི་གོ་འཕང་བརྙེས་ཤིང་། དེ་ལས་མ་གཡོས་བཞིན་དུ་གཙང་མའི་སྟེང་དབང་ཕྱུག་ཆེན་པོའི་འོག་མིན་དང་། གཟུགས་ཀྱི་ཁམས་ཀྱི་འོག་མིན་དང་། དགའ་ལྡན་དང་། འཛམ་བུ་གླིང་རྣམས་སུ་སྤྲུལ་པའི་སྐུ་སྟོན་པར་མཛད་པ་ཡིན་ཏེ། རྒྱུད་བླ་མ་ལས། ཐུགས་རྗེ་ཆེན་པོས་འཇིག་རྟེན་མཁྱེན། །འཇིག་རྟེན་ཀུན་ལ་གཟིགས་ནས་ནི། །ཆོས་ཀྱི་སྐུ་ལས་མ་གཡོས་པར། །སྤྲུལ་པའི་རང་བཞིན་སྣ་ཚོགས་ཀྱིས། །སྐྱེ་བ་མངོན་པར་སྐྱེ་བ་དང་། །དགའ་ལྡན་གནས་ནས་འཕོལ་བ་༡དང་། །ལྷུམས་སུ་༢འཇུག་དང་བལྟམས་༣པ་དང་། །བཟོ་ཡི་གནས་ལ་མཁས་པ་༤པ་དང་། །བཙུན་མོའི་འཁོར་དགྱེས་རོལ་པ་༥དང་། །ངེས་འབྱུང་༦དཀའ་བ་སྤྱད་པ་༧དང་། །བྱང་ཆུབ་༨སྙིང་པོར་གཤེགས་པ་དང་། །བདུད་༩སྡེ་བཅོམ་དང་རྫོགས་པར་༡༠ནི། །བྱང་ཆུབ་ཆོས་ཀྱི་༡༡འཁོར་ལོ་དང་། །མྱ་ངན་༡༢འདས་པར་གཤེགས་མཛད་རྣམས། །ཡོངས་སུ་མ་དག་ཞིང་རྣམས་སུ། །སྲིད་པ་ཇི་སྲིད་གནས་པར་སྟོན། །ཞེས་གསུངས་པ་ལྟར་མཛད་པ་བཅུ་གཉིས་ཀྱི་སྒོ་ནས་དོན་མཛད་པ་སྟེ། གོང་དུ་སྨོས་པ་ལྟར་ཐུགས་བསྐྱེད་པ་ནས་བརྩམས་ཏེ་ཚོགས་ལམ་གྱི་རྟེན་ལ་ཚོགས་གཉིས་ཡོངས་སུ་རྫོགས་པར་མཛད་ནས། སྐྱེ་རྒུ་རྣམས་ཚེ་ལོ་ཉི་ཁྲི་པའི་དུས་སངས་རྒྱས་འོད་སྲུང་འཇིག་རྟེན་དུ་བྱོན་

པའི་ཚེ་བྲམ་ཟེའི་ཁྱེའུ་བླ་མར་གྱུར། དེའི་སྐུ་སྐྱེ་བ་ཕྱི་མ་ལ་དགའ་ལྡན་གྱི་གནས་སུ་ལྷའི་བུ་དམ་པ་ཏོག་དཀར་པོར་སྐྱེ་བ་བཟུང་སྟེ་ལྷ་རྣམས་ཆོས་ཀྱི་སྨིན་པར་མཛད། ཛམ་བུའི་གླིང་གི་མི་རྣམས་ཚེ་ལོ་བརྒྱ་པའི་དུས་སུ་འདུལ་བའི་སྐབས་སུ་བབས་པར་མཁྱེན་ཏེ། རིགས་དང་། གླིང་དང་། ཡབ་དང་། ཡུམ་དང་། དུས་ཏེ་གཟིགས་པ་རྣམ་པ་ལྔས་གཟིགས་ནས་ལྷ་རྣམས་ལ་འཆི་འཕོ་རྣམ་པར་སྦྱོང་བའི་ཆོས་ཀྱི་རྣམ་གྲངས་གསུངས་མཐར་གླང་པོ་ཆེ་ཐལ་དཀར་མཆེ་བ་དྲུག་ལྡན་གྱི་ཚུལ་དུ་དགའ་ལྡན་གྱི་གནས་ནས་འཕོ་བར་༡མཛད། དེར་ས་མོ་ལུག་གི་ལོའི་ཆུ་སྟོད་ཟླ་བའི་ཉ་ལ་ཤཱཀྱའི་རྒྱལ་པོ་ཟས་གཙང་མའི་བཙུན་མོ་སྒྱུ་འཕྲུལ་མ་གསོ་སྦྱོང་ལ་གནས་པའི་གློ་གཡས་ནས་ཞུགས་ཏེ་ལྷུམས་གཞལ་ཡས་ཁང་དུ་བྱིན་གྱིས་བརླབས་པ་ལ་བཞུགས་ནས་ལྷ་མིའི་འཁོར་ཁྲི་ཕྲག་བྱེ་བ་མང་པོ་ལ་སྐྱེ་གནས་རྣམ་པར་སྦྱོང་བའི་ཆོས་༢བསྟན། དེར་ས་བཅུའི་ངེས་པ་མཚོན་པས་ཟླ་བ་བཅུའི་ཕྱུང་པོ་རྫོགས་པ་ལྕགས་སྤྲེལ་ས་ག་ཟླ་བའི་ཆོས་བདུན་ལ་ཡུམ་སྒྱུ་འཕྲུལ་མ་ལུམྦི་ནིའི་ཚལ་དུ་འཆག་པར་གཤེགས་ཏེ་ཤིང་པླག་ཤའི་ཡལ་ག་ལ་བཟུང་བ་ན་གནོད་པ་མེད་པར་རྩིབ་ལོག་གཡས་པའི་གོ་བར་ནས་ན་བཟའ་དང་བཅས་ཏེ་ལེན་པ་མེད་པར་ཐང་དུ་བྱོན་ཏེ་ཕྱོགས་བཞིར་གོམ་པ་བདུན་བདུན་བོར་ནས། ང་ནི་འཇིག་རྟེན་འདི་ན་མཆོག་ཡིན་ནོ། །ཞེས་གསུངས་པ་ན། བར་སྣང་གི་ལྷས་བསྟོད་པ་སོགས་ངོ་མཚར་བའི་ལྟས་མང་པོ་དང་བཅས་ཏེ་སྐུ་༣བལྟམས། དེ་ཉིད་སྐྱེ་རྒྱུའི་བདག་མོ་ལ་སོགས་པ་མ་མ་སུམ་ཅུ་རྩ་གཉིས་ཀྱིས་བསྐྱེད་བསྲིངས་ཏེ་ཡིག་དཔོན་ཀུན་གྱི་བཤེས་གཉེན་སོགས་སློབ་དཔོན་སོ་སོ་ལས་ཡི་གེ་དང་། འཕོང་དང་། སྒྱུ་རྩལ་སོགས་ལ་བསླབས་ནས་བཟོའི་གནས་ཐམས་ཅད་ལ་མཁས་ཤིང་སྟོབས་དང་སྒྱུ་རྩལ་ཕུལ་དུ་ཕྱིན་པའི་ཚུལ་བསྟན་ནས་ཤཱཀྱ་པ་རྣམས་ཕམ་པར་༤མཛད། དེ་ནས་འཇིག་རྟེན་པ་དང་ཚུལ་མཐུན་པར་འཇུག་པའི་ཕྱིར་ཤཱཀྱའི་བུ་མོ་ས་འཚོ་མ་དང་། གྲགས་འཛིན་མ། རི་དྭགས་སྐྱེས་རྣམས་འཁོར་དྲུག་ཁྲི་དང་བཅས་ཁབ་ཏུ་བཞེས་ནས་དགྱེས་པར་རོལ་པའི་ཚུལ་བསྟན་བཞིན་དགུང་ལོ་ཉེར་དགུའི་བར་དུ་ཕོ་བྲང་དུ་བཞུགས་ཏེ་རྒྱལ་སྲིད་༥བསྐྱངས། དེ་ནས་དགུང་ལོ་ཉེར་དགུ་པ་ལ་གནས་གཙང་མའི་ལྷས་བསྐུལ་ཏེ་སྐྱེ་ན་འཆིའི་ཆུ་བོ་བཞི་དང་དགེ་སྦྱོང་གི་གཟུགས་གཟིགས་པའི་རྐྱེན་བྱས་ཏེ་ངེས་པར་འབྱུང་བར་དམ་

བཅས་པ་ན། ཟས་གཙང་མའི་ཚོགས་རྣམས་གཞོན་ནུ་རབ་ཏུ་འབྱུང་གིས་དོགས་ཏེ་བོར་ཡུག་མེལ་ཚེས་བསྒྲུངས་ཀྱང་ཆིབས་བསྒྲགས་ལྡན་གྱི་སྟེང་ན་རྒྱལ་ཆེན་བཞིས་སྲི་ཞུ་དང་བཅས་ནམ་མཁའི་དབྱིངས་སུ་གཤེགས་ནས་མཆོད་རྟེན་རྣམ་དག་གི་དྲུང་དུ་བབས་ཤིང་ཉིད་ཀྱི་དབུ་སྐྲ་ཉིད་ཀྱིས་བོར་ཏེ་རབ་ཏུ་[༤]བྱུང་། དེ་ནས་རྟོག་གེ་བ་གདམས་ངག་ཆེ་བར་གྲགས་པ་རིང་འཕུར་དང་ལྷག་སྤྱོད་གཉིས་ལས་འཇིག་རྟེན་པའི་ཏིང་ངེ་འཛིན་ནོད་པའི་ཚུལ་བསྟན་ནས་ལྔ་སྡེ་བཟང་པོ་དང་བཅས་ཆུ་ཀླུང་ནཻ་རཉྫ་ནའི་འགྲམ་ན་ལོ་དྲུག་ཏུ་དཀའ་བ་སྤྱད་ནས་མཁའ་ཁྱབ་ཀྱི་ཏིང་ངེ་འཛིན་ལ་མཉམ་པར་[༧]བཞག །ཇི་ཞིག་ན་ལྷ་རྣམས་ཀྱིས་བསྐུལ་ནས་ཏིང་ངེ་འཛིན་ལས་བཞེངས་ཏེ་བཞུད་པའི་ལམ་དུ་མཐའ་གཉིས་སྤངས་པ་དབུ་མའི་ལམ་མ་གཏོགས་པ་འཇིག་རྟེན་ན་གྲགས་པའི་དཀའ་ཐུབ་ཙམ་གྱིས་གྲོལ་བར་འཛིན་པ་དགག་པའི་ཕྱིར་གྲམ་ཟེའི་བུ་མོ་ལེགས་སྐྱེས་མས་བ་མེན་ལྔ་བརྒྱའི་འོ་མ་ཉིང་ཁུར་བྱས་པ་དྲངས་པ་གསོལ་བས་སྐུ་ལུས་མཚན་དཔེ་ཤིན་ཏུ་གསལ་བ་གསེར་གྱི་གཏན་པ་ཕྱིས་པ་ལྟར་གྱུར་ཅིང་། ལམ་དུ་རྩྭ་ཚོང་བཀྲ་ཤིས་ལྡན་ལས་རེག་ན་འཇམ་པའི་རྩྭ་ཕྱུག་གང་བཞེས་པ་བསྟམས་ནས་རྡོ་རྗེ་གདན་དུ་བྱོན།

དེ་ནས་དགུང་ལོ་སོ་ལྔ་པ་ཤིང་ཏ་ས་ག་ཟླ་བའི་ཉ་ལ་རྡོ་རྗེ་གདན་བྱང་ཆུབ་ཤིང་གི་སྙིང་པོ་ཅན་དུ་རྩྭའི་འདིང་བ་ལ་སྐྱིལ་མོ་ཀྲུང་བཅས་ནས། སྟན་འདིར་བདག་གི་ལུས་འདི་སྐམ་ཡང་རུང་། །པགས་པ་རུས་པའི་ཚོགས་རྣམས་ཞིག་ཀྱང་རུང་། །བསྐལ་མང་རྙེད་དཀའི་བྱང་ཆུབ་མ་ཐོབ་བར། །སྟན་འདི་ལས་ནི་ལུས་བསྒྱོད་མི་བྱའོ། །ཞེས་དམ་བཅའ་བརྟན་པོ་མཛད། དེར་སྲིད་ཀྱི་ཆ་ལ་བདུད་ཀྱི་རྒྱལ་པོས་བསླུ་བྲིད་ཀྱི་ཚིག་དང་། བདུད་ཀྱི་བུ་མོ་བདུན་གྱིས་ཆགས་པའི་ཟློལ་གྱིས་བསླུ་བར་བརྩམས་ཀྱང་གཡོ་བའི་སྐབས་མ་རྙེད་པ་ན། བདུད་དམག་བྱེ་བ་དྲུང་ཕྱུར་དྲངས་པའང་བྱམས་པའི་ཏིང་ངེ་འཛིན་གྱིས་[༨]བཏུལ། ཐུན་དང་པོའི་སྐབས་དེ་ཉིད་དུ་མཉམ་པར་བཞག་སྟེ་རབ་མཐའི་བསམ་གཏན་ལ་བརྟེན་ནས་རྫུ་འཕྲུལ་གྱི་མངོན་ཤེས་དང་ལྷའི་རྣ་བ། གུང་ཐུན་ལ་གཞན་སེམས་ཤེས་པ། སྔོན་གནས་རྗེས་དྲན། ལྷའི་མིག་གི་མངོན་ཤེས་རྣམས་དང་། ཐུན་ཐ་མ་སྐྱ་རེངས་འཆར་ཁར་ཟག་པ་ཟད་པའི་མངོན་ཤེས་བསྒྲུབས་པས་བླ་ན་མེད་པའི་ཡེ་ཤེས་བརྙེས་ནས་མངོན་པར་རྫོགས་པར་

སངས་རྒྱས་ཀྱི་བྱང་ཆུབ་བརྙེས་པ་དེའི་ཚེ་ས་ཆེན་པོ་འདི་ཡང་རབ་ཏུ་གཡོས་ཤིང་འོད་ཟེར་གྱི་སྣང་བ་དཔག་ཏུ་མེད་པ་བྱུང་བ་ལ་ལྷ་རྣམས་ཀྱིས་༡༠བསྟོད། དེའི་ཚེ་ན་འཇིག་རྟེན་ན་དགྲ་བཅོམ་པ་གཅིག་གོ། །དེ་ནས་བདུད་རྩི་ཟབ་མོ་རྟོག་གེའི་སྤྱོད་ཡུལ་མ་ཡིན་པར་སྟོན་པའི་སླད་དུ། ཟབ་ཞི་སྤྲོས་བྲལ་འོད་གསལ་འདུས་མ་བྱས། །བདུད་རྩི་ལྟ་བུའི་ཆོས་ཞིག་ཁོ་བོས་རྙེད། །སུ་ལ་བསྟན་ཀྱང་གོ་བར་མི་འགྱུར་བས། །མི་སྨྲ་ནགས་འདབ་ཉིད་དུ་གནས་པར་བྱ། །ཞེས་གསུངས་ཏེ་ཞག་བདུན་ཕྲག་བདུན་དུ་ཆོས་མ་གསུང་བར་བཞུགས་པའི་ཚེ། ལྷའི་དབང་པོ་ཚངས་པ་དང་བརྒྱ་བྱིན་གཉིས་ཀྱིས་ཆོས་ཀྱི་འཁོར་ལོ་བསྐོར་བར་ཡང་ནས་ཡང་དུ་བསྐུལ་བས། ཚངས་པ་མ་ག་དྷ་ཡི་སེམས་ཅན་གང་། །རྣ་བར་ལྡན་ཞིང་དད་དང་ཤེས་རབ་ལྡན། །མི་འཚེ་འདུ་བྱེད་རྟག་ཏུ་ཆོས་ཉན་པ། །དེ་དག་ལ་ནི་བདུད་རྩིའི་སྒོ་དབྱེའོ། །ཞེས་ཞལ་གྱིས་བཞེས་པའི་སྒྲ་འོག་མིན་གྱི་བར་དུ་གྲགས། དེ་ནས་རྒྱ་གར་འཕགས་པའི་ཡུལ་དབུས་སྔོན་གྱི་དྲང་སྲོང་རྣམས་ཀྱིས་བརྟེན་པར་མཛད་པའི་གནས། བདག་ཅག་གི་སྟོན་པ་འདིས་ཀྱང་རྒྱལ་བ་བྱེ་བ་ཕྲག་ཁྲིག་ལ་བསྙེན་བཀུར་མཆོད་སྦྱིན་དུ་མ་མཛད་པའི་ཡུལ་ཝཱ་རཱ་ཎ་སཱི་དྲང་སྲོང་ལྷུང་བ་རི་དྭགས་མི་འཇིགས་པའི་ནགས་ཚལ་དུ་གཤེགས་ནས་དེར་རྫོགས་སངས་རྒྱས་ནས་ཞག་བདུན་ཕྲག་བདུན་འདས་པ་ཆུ་སྟོད་ཟླ་བའི་ཚེས་བཞི་ནས་བརྩམས་ཏེ། ཆོས་ལྷག་པ་ཚུལ་ཁྲིམས་ཀྱི་བསླབ་པ་གཙོ་བོར་སྟོན་པ་རྗོད་བྱེད་འདུལ་བ་སྡེ་སྣོད་བཀའ་དང་པོ་བདེན་པ་བཞིའི་ཆོས་ཀྱི་འཁོར་ལོ། །མིའི་འཁོར་གྱི་ཐོག་མ་ཀུན་ཤེས་ཀཽཎྜིན་ཡ། རྟ་ཐུལ། རླངས་པ༔ མིང་ཆེན། བཟང་ལྡན་ཏེ་ལྔ་སྡེ་བཟང་པོ་དང་ལྷ་བརྒྱད་ཁྲི་དང་བཅས་པ་ལ་བདེན་བཞི་ལན་གསུམ་དུ་བཟླས་ཏེ་གསུངས་པས། ལྷ་བརྒྱད་ཁྲིས་བདེན་པ་མཐོང་། ལྔ་སྡེས་ཡེ་ཤེས་ཁོང་ཆུད་ཀྱིས་བསྙེན་པར་རྫོགས་ཏེ་དགྲ་བཅོམ་པ་༡༡ཐོབ། དེའི་ཚེ་འཇིག་རྟེན་ན་དགྲ་བཅོམ་པ་དྲུག་གོ། །

དེ་ཡང་སྤྱིར་ལུང་བཞིས་བསྡུས་པའི་འདུལ་བའི་སྡེ་སྣོད་ནི་སྟོན་པ་སངས་རྒྱས་པ་ནས་མྱ་ངན་ལས་མ་འདས་ཀྱི་བར་དུ་བྱུང་བ་དང་བཅས་པའི་རྣམ་པར་བཞག་པ་ཐམས་ཅད་སྟོན་པའི་ཕྱིར་ཆོས་འཁོར་དང་པོ་ཁོ་ནའི་མཚན་གཞིར་ངེས་པ་མ་ཡིན་ཀྱང་། འཁོར་བའི་མཚན་ཉིད་སྤང་བྱ་ལས་ལྡོག་པའི་ལམ་སྟོན་པའི་ཕྱིར་གཙོ་ཆེ་བའི་དབང་དུ་བྱས་ཏེ་བཞག་པ་ཡིན། འདུལ་བ་དེ་ལ་དབྱེ་ན།

འདུལ་བའི་འདུལ་བ་བཅས་རང་གི་རྣམ་གཞག་ཆེ་ལོང་ཙམ་དང་། འདུལ་བའི་མདོ་སྡེ་ཏིང་ངེ་འཛིན་དང་ཚངས་པར་སྤྱོད་པའི་རྣལ་འབྱོར་དུ་བྱ་བའི་རིམ་པ་དང་། འདུལ་བའི་མངོན་པ་དེ་རྣམས་ཀྱི་རབ་དབྱེ་རྒྱ་ཆེར་བཤད་པ་སོགས་སྤང་གཉེན་གྱི་རིམ་པས་ཉམས་སུ་ལེན་པའི་ཐབས་རྣམས་བཀའ་དང་པོ་བདེན་པ་བཞིའི་ཆོས་ཀྱི་རྣམ་གྲངས་སོ། །འཁོར་ལོ་བར་པ་དང་ཐ་མ་གཉིས་ཀྱི་ཚུལ་ནི་འོག་ཏུ་འཆད་པར་འགྱུར་བ་བཞིན་དང་། ཁྱད་པར་སྔགས་ཀྱི་རྒྱུད་སྡེ་རྣམས་ལས་ནི། འོག་མིན་གཞན་འཕྲུལ་དབང་བྱེད་ཀྱི་གནས་དང་། རི་རབ་ཀྱི་རྩེ་མོ་དང་། མིའི་གནས་ཀྱི་འཇིག་རྟེན་དཔལ་ལྡན་འབྲས་སྤུངས་དང་། ས་ཧོར། ཨོ་ཌྜི་ཡ་ན། རི་བོ་བྲུ་ཀཱང་ཅན། བསིལ་བའི་ཚལ་ལ་སོགས་པ་གནས་དང་དུས་དང་འཁོར་མཐའ་གཅིག་ཏུ་མ་ངེས་པ་ལ་དཀྱིལ་འཁོར་སྤྲུལ་བཤད་ལ་སོགས་པའི་སྒོ་ནས་རྒྱུད་སྡེ་མཐའ་ཡས་པར་གསུངས་པའི་རྣམ་གཞག་ཐུན་མོང་མ་ཡིན་པ་དུ་མ་འབྱུང་སྟེ། རྒྱལ་བའི་ཕྲིན་ལས་ཚད་མེད་པའི་ཆོས་ཀྱི་སྒོ་དང་། ཐེག་པའི་རྣམ་གྲངས་དང་། འདུལ་བའི་ཐབས་ཚུལ་དང་། དུས་སྔ་ཕྱི་ལ་སོགས་པ་སོ་སོའི་སྐྱེ་བོའི་བློས་ནམ་ཡང་བསམ་པར་ནུས་པ་མ་ཡིན་ལ། དེ་ལྟ་བུའི་ཆོ་འཕྲུལ་ཆེན་པོའི་ཕྲིན་ལས་ཀྱི་རོལ་པ་ཚད་མེད་པས་མཐོང་ཐོས་དྲན་རེག་གི་སྐྱེ་འགྲོ་ཐམས་ཅད་ཐར་པ་བདེ་བའི་ལམ་ལ་འགོད་པར་མཛད་ནས། སྟོན་པ་ཐུབ་པའི་དབང་པོ་ཉིད་དགུང་ལོ་བརྒྱད་ཅུའི་གྲངས་སུ་ཐེབས་ཏེ་སྐུ་དངོས་ཀྱི་གདུལ་བྱ་ཕལ་ཆེ་བ་བཏུལ་ཟིན་པའི་སྐབས་ཤཱ་རིའི་བུ་དང་ལྡན་ཅིག་དགྲ་བཅོམ་པ་བརྒྱད་ཁྲི། མོའུ་གལ་གྱི་བུ་དང་ལྡན་ཅིག་དགྲ་བཅོམ་པ་བདུན་ཁྲི་བཅས་སྔོན་དུ་མྱ་ངན་ལས་འདས། དེ་ནས་སྟོན་པ་ཉིད་ཀྱང་ཡུལ་གྲོང་ཁྱེར་རྩྭ་ཅན་དུ་གཤེགས་ཏེ་ཤིང་སཱ་ལ་ཟུང་གི་བར་ཐ་མའི་གཟིམས་ཁྲི་ལ་བཞུགས་ནས་ཀྱང་དྲི་ཟ་རབ་དགའ་དང་ཀུན་ཏུ་རྒྱུ་རབ་བཟང་གི་བར་བཏུལ་ནས་དངོས་ཀྱི་གདུལ་བྱ་རྫོགས་པ་དང་། བསྟན་པ་འཁོར་རྣམ་པ་བཞི་དང་བཅས་པ་གནས་བརྟན་ཆེན་པོ་འོད་སྲུང་ལ་གཏད་དེ། སྐྱེ་བོ་རྟག་འཛིན་ཅན་རྣམས་འདུལ་བ་དང་། ལེ་ལོ་ཅན་མང་པོ་ཆོས་ལ་བསྐུལ་བ་དང་། སངས་རྒྱས་འཇིག་རྟེན་དུ་བྱོན་པ་ཤིན་ཏུ་དཀོན་པའི་འདུ་ཤེས་བསྐྱེད་པའི་ཕྱིར། དགུང་གྲངས་གྱ་གཅིག་ཏུ་ཐེབས་པ་ལྕགས་འབྲུག་ས་ག་ཟླ་བའི་ཉ་ལ་དགོངས་པ་ཆོས་ཀྱི་དབྱིངས་སུ་ཡོངས་སུ་མྱ་ངན་ལས་འདས་པའི་ཚུལ་བསྟན། ༡༢དེ་དང་ལྡན་

ཅིག་དགྲ་བཅོམ་པ་ཁྲི་བརྒྱད་སྟོང་ཡང་མྱ་ངན་ལས་འདས། དེར་གདུང་ལས་ཞུགས་རང་འབར་ཏེ་སྐུ་གདུང་སིལ་བུར་གྱུར། རང་རང་གི་སྐལ་པའི་ཁྱད་པར་དང་འཚམས་པར་ཆ་བརྒྱད་དུ་བགོས་པ་མཆོད་རྟེན་གྱི་སྙིང་པོར་བྱས་སོ། །

དེ་ནས་བཀའི་བསྡུ་བ་ཇི་ལྟར་བྱས་པའི་ཚུལ་སོགས་ནི་འོག་ནས་འབྱུང་བ་ལྟར་ལ། དེ་ལྟར་སྟོན་པ་སངས་རྒྱས་འཇིག་རྟེན་འདིར་བྱོན་ཚུལ་གྱི་རྣམ་པར་ཐར་པ་མདོ་ཙམ་སྤྱིར་ཤེས་པར་བྱས་ནས། སྐབས་དོན་གོང་གི་ནང་གསེས་ས་བཅད་དང་པོ་སྟོན་པས་དམ་ཆོས་འདུལ་བ་ཇི་ལྟར་གསུངས་པའི་ཚུལ་ནི། གླེང་གཞི་སྟོན་པས་ལྷ་རྣ་ཋ་སྣི་སྱུ །ལྷག་པའི་ཚུལ་ཁྲིམས་གཙོར་སྟོན་བདེན་པ་བཞི། །ལྷ་སྡེར་གསུངས་པ། ཞེས་པ་སྟེ། འདིར་ཆོས་འཁོར་དང་པོ་འདུལ་བའི་སྡེ་སྣོད་གླེང་བའི་གཞི་ནི་ཕུན་སུམ་ཚོགས་པ་ལྔ་སྟེ། སྟོན་པ་ཕུན་སུམ་ཚོགས་པ་མཉམ་མེད་ཐུབ་པའི་དབང་པོ་དེ་ཉིད་ཀྱིས། གནས་ཕུན་སུམ་ཚོགས་པ་རྒྱ་གར་འཕགས་པའི་ཡུལ་དབུས་སྟོན་རང་སངས་རྒྱས་མང་པོ་ལྷག་མེད་དུ་སོང་ནས་རིང་བསྲེལ་སར་ལྷུང་བའི་གནས་ལྷ་རྣ་ཋ་སྣི་དྲང་སྲོང་ལྷུང་བ་རི་དྭགས་མི་འཇིགས་པའི་ནགས་ཚལ་དེ་རུ། དུས་ཕུན་སུམ་ཚོགས་པ་སྟོན་པ་མངོན་པར་རྫོགས་པར་སངས་རྒྱས་ནས་ཞག་གྲངས་བདུན་ཕྲག་བདུན་པ་ཆུ་སྟོད་ཟླ་བའི་ཚེས་བཞི་ནས་བརྩམས་ཏེ། ཆོས་ཕུན་སུམ་ཚོགས་པ་ལྷག་པའི་ཚུལ་ཁྲིམས་ཀྱི་བསླབ་པ་བརྗོད་བྱའི་གཙོ་བོར་སྟོན་པ་རྗོད་བྱེད་འདུལ་བའི་སྡེ་སྣོད་བཀའ་དང་པོ་བདེན་པ་བཞིའི་ཆོས་ཀྱི་འཁོར་ལོ་ཉིད། འཁོར་ཕུན་སུམ་ཚོགས་པ་ལྔ་བརྒྱད་ཁྲི་དང་བཅས་ཏེ་མིའི་འཁོར་གྱི་ཐོག་མ་ལྔ་སྡེ་བཟང་པོར་གསུངས་པའོ། །

གཉིས་པ་ཆོས་འཁོར་དེ་ཉིད་བསྡུས་ནས་བཤད་སྒྲུབ་ཀྱིས་ཇི་ལྟར་བཟུང་བའི་ཚུལ་ནི། འོད་སྲུང་སོགས་ཀྱིས་བསྡུས། །ཁྲི་བྲག་བཤད་མཛོད་ལ་སོགས་འཕགས་པས་བརྩམས། །ཡོན་ཏན་འོད་དང་ཤཱཀྱ་འོད་ཀྱིས་སྤེལ། །སྡེ་འགྱུར་སྡོམ་རྒྱུན་ཞི་བ་འཚོ་དང་ནི། །ཕྱིས་ནས་ཤཱཀྱ་ཤྲཱི་ལས་ཀྱང་དར། །ཞེས་པ་སྟེ། འདི་ལ་བསྡུ་བ་རིམ་པ་གསུམ་དུ་བྱུང་བ་ལས། བསྡུ་བ་དང་པོ་ནི། དེའང་མཆོག་ཟུང་གཉིས་དང་སྟོན་པ་བཅོམ་ལྡན་འདས་ལྷན་ཅིག་པར་དགྲ་བཅོམ་པ་ཤིན་ཏུ་མང་པོ་མྱ་ངན་ལས་འདས་པ་ན། ལྷ་རྣམས་ཀྱིས་དགེ་སློང་དབང་ཡོད་པ་དག་མྱ་ངན་ལས་འདས་ཏེ་དམ་པའི་ཆོས་ནི་

མེ་ཤི་བའི་དུ་བ་ཙམ་དུ་གྱུར་ཏེ་ཞེས་པ་ལ་སོགས་པའི་འཕྲུ་བ་བསལ་བའི་ཕྱིར་དུ། མྱ་ངན་ལས་འདས་པའི་རྗེས་ཐོག་ལོ་དེ་ཉིད་ལ། གནས་རྒྱལ་པོའི་ཁབ་ཀྱི་ཉ་གྲོ་དྷའི་ཕུག་པར། རྒྱལ་པོ་མ་སྐྱེས་དགྲས་གནས་མལ་དང་ཡོ་བྱད་རྣམས་སྦྱར་ནས་གནས་བརྟན་ཆེན་པོ་འོད་སྲུང་ལ་སོགས་དགྲ་བཅོམ་པ་ལྔ་བརྒྱ་འདུས་ཏེ་དབྱར་གནས་པའི་དུས་སུ། འཕགས་པ་ཀུན་དགའ་བོས་མདོ་སྡེ། ཉེ་བར་འཁོར་གྱིས་འདུལ་བ། འོད་སྲུང་ཆེན་པོས་མངོན་པའི་སྡེ་སྣོད་དེ་དགྲ་བཅོམ་པ་དེ་རྣམས་ཀྱིས་བསྡུས་སོ། །

བསྡུ་བ་གཉིས་པ་ནི། སྟོན་པ་མྱ་ངན་ལས་འདས་ནས་ལོ་བརྒྱ་དང་བཅུ་ལོན་པ་ན་ཡངས་པ་ཅན་གྱི་དགེ་སློང་རྣམས་ཀྱིས། ཧུ་ལུ་ཧུ་ལུ་ཡི་རངས་དང་། །ཀུན་སྤྱོད་སྟོད་དང་ལན་ཚྭ་དང་། །ལམ་དང་སོར་གཉིས་དཀྲུགས་དང་གདིང་། །གསེར་ལ་རུང་བ་བྱ་བ་སྟེ། །འདི་དག་རུང་མིན་གཞི་བཅུར་འདོད། །ཅེས་པ་ལྟར་རུང་བ་མ་ཡིན་པའི་གཞི་བཅུ་བྱས་པ་དེ་བསལ་བའི་ཕྱིར། རྒྱལ་པོ་དྷརྨ་ཤོ་ཀས་ཡོན་སྦྱར་ཏེ་ཀུསྨ་པུ་རིའི་གཙུག་ལག་ཁང་དུ་གྲགས་པ་ལ་སོགས་པའི་དགྲ་བཅོམ་པ་བདུན་བརྒྱ་འདུས་པས་མི་རུང་བའི་གཞི་བཅུ་སུན་ཕྱུངས། སྡེ་སྣོད་གསུམ་ཀ་ཚང་བ་ཚར་གཅིག་ལེགས་པར་བཏོན། མཐུན་པ་དང་བཀྲ་ཤིས་པའི་གསོ་སྦྱོང་ཡང་མཛད་དོ། །

བསྡུ་བ་གསུམ་པ་ནི། རྒྱལ་པོ་དྷརྨ་ཤོ་ཀའི་ཚ་བོ་མྱ་ངན་བྲལ་གྱི་བུ་རྒྱལ་པོ་དབང་པོ་སྡེའི་དུས་ནས་བཟུམས་ཏེ། བདུད་ཀྱི་བྱིན་གྱིས་བརླབས་པའི་དགེ་སློང་ལྷ་ཆེན་པོ་དང་། བཟང་པོ་དང་། གནས་བརྟན་ཀླུ་དང་། ཡིད་བརྟན་རྣམས་རིམ་པར་བྱུང་བས། གཞན་ལན་གདབ་དང་མི་ཤེས་པ། །ཡིད་གཉིས་དང་ནི་ཡོངས་སུ་བརྟག །བདག་ཉིད་གསོ་བར་བྱེད་པ་སྟེ། །འདི་ནི་སྟོན་པའི་བསྟན་པ་ཡིན། །ཞེས་ཆོས་མ་ཡིན་པའི་གཞི་ལྔ་སྒྲགས་ཏེ། རྒྱལ་པོ་དབང་པོ་དེའི་ཚེ་སྨད། དགའ་བོ་དང་པདྨ་ཆེན་པོའི་ཚེ་རིལ་པོ། ཀ་ནིཥྐའི་ཚེ་སྟོད་ཡན་ཏེ་རྒྱལ་པོ་བཞིའི་རིང་དགེ་འདུན་རྣམས་རྩོད་པར་གྱུར་ཅིང་། སྟོན་པས་འདུལ་བ་ཡི་གེར་འབྲི་བ་མ་གནང་བས་ཡུན་རིང་པོར་སོང་བ་ན་སོ་ཐར་གྱི་མདོ་འདོན་ཚུལ་མ་མཐུན་པའི་དབང་གིས་སྡེ་པ་བཅོ་བརྒྱད་དུ་གྱེས་ཏེ། ཇི་ལྟར་ན་གནས་བརྟན་ཀླུས་རྩོད་པ་སྤེལ་བའི་རྒྱུས་གཞི་ཐམས་ཅད་ཡོད་པར་སྨྲ་བ་ལས། ཕལ་ཆེན་པ། གནས་བརྟན་པ། མང་པོས

བཀུར་བ་གསུམ་གྱིས་ཏེ་རྩ་བའི་སྡེ་པ་བཞིར་གྱིས། དེ་རྗེས་ཡིད་བརྟན་གྱིས་རྩོད་པ་རྒྱ་ཆེར་སྤེལ་བས། སྡེ་པ་བཞི་ཡང་རིམ་གྱིས་བཅོ་བརྒྱད་དུ་གྱེས་ཏེ། གཞི་ཐམས་ཅད་ཡོད་པར་སྨྲ་བ་བདུན། ཕལ་ཆེན་པ་ལྔ། གཞན་གཉིས་ལས་གསུམ་གསུམ་གྱེས་པར་གྲགས། དེ་ནས་རེ་ཞིག་གི་ཚེ་རྩོད་པ་ཅུང་ཟད་ཞི་ནས་སོ་སོར་གནས་པའི་དུས་རྒྱལ་རབས་བཞི་ཙམ་སོང་བ་ན་རྒྱལ་པོ་ཀ་ནིཥྐ་སྦྱིན་བདག་བྱས་ནས་བཀའ་བསྡུ་གསུམ་པ་མཛད། འདི་ལ་བཞེད་པ་མི་འདྲ་བ་འགའ་ཞིག་སྣང་ཡང་། ཁ་ཆེ་བ་རྣམས་ཁ་ཆེའི་ཡུལ་ཀ་ཀྲུན་གྱི་གཙུག་ལག་ཁང་དུ་འཕགས་པ་རྩིབ་ལེགས་སོགས་དགྲ་བཅོམ་ལྔ་བརྒྱ་དང་། བ་སུ་མི་ཏྲ་སོགས་བཙུན་པ་ཆེན་པོ་བཞི་བརྒྱ་དང་། བྱང་ཆུབ་སེམས་དཔའ་ལྔ་བརྒྱ་འདུས་ཏེ། རྒྱལ་པོ་ཀྲི་ཀྲིའི་རྨི་ལམ་ལུང་བསྟན་པའི་མདོ་ལས་དྲངས་ནས་གྱེས་པ་བཅོ་བརྒྱད་པོ་ཐམས་ཅད་སངས་རྒྱས་ཀྱི་བཀར་བསྒྲུབས་ཤིང་། འདུལ་བའི་སྡེ་སྣོད་ཐམས་ཅད་ཡི་གེར་བཀོད། མདོ་སྡེ་དང་མངོན་པ་སྔར་ཡི་གེར་མ་འཁོད་པ་རྣམས་ཀྱང་དུས་དེར་ཡི་གེར་བཀོད་ཅིང་། སྔར་འཁོད་པ་རྣམས་ལའང་དག་ཐེར་བྱས་སོ། །

དེ་ནས་དགོངས་འགྲེལ་གྱི་བསྟན་བཅོས་འབྱུང་ཚུལ་དང་འབྲེལ་བར་བསྟན་པ་ཇི་ལྟར་བསྒྲུངས་པ་ནི། བྱང་ཕྱོགས་རི་བོ་འབིགས་བྱེད་གར་མཁན་གྱི་གཙུག་ལག་ཁང་དུ། འཕགས་པ་ཉེར་སྦས་དང་། ཐམས་ཅད་འདོད་ལ་སོགས་པའི་དགྲ་བཅོམ་པ་ལྔ་བརྒྱས་སྤྱི་མཐུན་དུ་ཉན་ཐོས་ཀྱི་ཐུན་མོང་མ་ཡིན་པའི་བསྟན་བཅོས་བྱེ་བྲག་བཤད་མཛོད་ཆེན་པོ་བརྩམས་པར་མཛད་ལ། སོགས་ཁོང་ནས་གཞན་ཡང་བསྟན་པ་སྐྱོང་བའི་སྐྱེས་བུ་སངས་རྒྱས་དང་འདྲ་བའི་ཉན་ཐོས་ཆེན་པོ་དང་བླ་མ་གྲགས་པ་སོགས་དགྲ་བཅོམ་པ་འཕགས་པའི་ཚོགས་དང་། རྒྱལ་པོ་ལེགས་རྒྱལ་དགེ་བ་སོགས་བྲམ་ཟེ་ཆེན་པོའི་སྡེ་ལ་སོགས་པ་མཁས་བཙུན་བཟང་པོའི་དཔལ་དང་ལྡན་ཅིང་རྟོགས་པའི་ཡོན་ཏན་ལ་མངའ་བརྙེས་པ་རྣམས་ཀྱིས་དགོངས་འགྲེལ་གྱི་བསྟན་བཅོས་དུ་མ་བརྩམས་ཤིང་། ཁྱད་པར་འོད་བྱེད་ཀྱིས་བརྙེས་པའི་སློབ་དཔོན་ཡོན་ཏན་འོད་ཀྱིས་མདོ་རྩ་བ་དང་། དེའི་རང་འགྲེལ་སྟོང་ཕྲག་བཅུ་གཉིས་པ། དེའི་དོན་བསྡུ། འགྲེལ་ཆུང་། ལས་བརྒྱ་རྩ་གཅིག་གི་འགྲེལ་པ་ཀརྨ་ཤ་ཏཾ་སྟེ་གཞུང་ལྔ་མཛད་པ་དང་། སློབ་དཔོན་ཤཱཀྱ་འོད་ཀྱིས་དགེ་ཚུལ་གྱི་སུམ་བརྒྱ་པ་དང་། དེའི་འགྲེལ་པ་འོད་

ལྷན་བཅས་མཛད་ཅིང་སྤྲེལ༵་བས། ལྷོ་ཕྱོགས་འཕགས་པའི་ཡུལ་ནས་བྱང་ཕྱོགས་ཤམྦྷ་ལ་དང་ཉེ་བའི་བར་གྱི་ས་ཆེན་པོ་འདི་དག་དུར་སླིག་གི་རྒྱལ་མཚན་འཛིན་པས་ཁྱབ་པར་གྱུར་པ་ནི་སློབ་དཔོན་འདི་གཉིས་ཀྱི་བཀའ་དྲིན་ཁོ་ནའོ། །

དེ་ལས་གངས་ཅན་བོད་ཀྱི་ལྗོངས་འདིར་ཆོས་རྒྱལ་ཆེན་པོ་ཁྲི་སྲོང་ལྡེའུ་བཙན་གྱི་བཀས་བཅད་པ་ལྟར་གཞི་ཐམས་ཅད་ཡོད་པར་སྨྲ་བའི་སྡེ་པ་གཅིག་པུ་ལས་མ་བྱུང་ལ། དེའང་བསྟན་པ་སྔ་འགྱུར༵་གྱི་སྐབས་སུ་བྱུང་བའི་འདུལ་བ་སོ་ཐར་གྱི་སྡོམ་པའི་རྒྱུན༵་ནི། མཉམ་མེད་སྟོན་པ་ཐུབ་པའི་དབང་པོ་ནས། ཤཱ་རིའི་བུ་ལ་སོགས་པ་རིམ་པར་བརྒྱུད། གངས་ཅན་ཐོག་མའི་འདྲེན་པ་མཁན་ཆེན་ཞི༵་བ༵་འཚོ༵་ལས། བ་རཏྣ། དེ་ནས་གཙང་རབ་གསལ། གཡོ་དགེ་བའི་འབྱུང་གནས། སྨར་ཤཱཀྱ་མུ་ནེ་རྣམས་བསྙེན་པར་རྫོགས་ཤིང་། ཕྱིས་རྒྱལ་པོ་གླང་དར་གྱིས་བསྟན་པ་ལ་གོ་འཚམས་པའི་དུས་སྨར་གཡོ་གཙང་གསུམ་གྱིས་འདུལ་དཔེ་དྲེའུ་རྒྱབ་གཅིག་བཀལ་ཏེ་རི་བོ་དན་ཏིག་ཏུ་བྱོན། དེར་བླ་ཆེན་དགོངས་པ་རབ་གསལ་དང་། དེ་ལས་དབུས་གཙང་གི་མི་བཅུ་བསྙེན་པར་རྫོགས་ཤིང་། ཀླུ་མེས་ཚུལ་ཁྲིམས་ཤེས་རབ་སོགས་ཀྱིས་རྒྱ་ཆེར་སྤེལ་བ་ལ་བརྟེན་ནས་ད་ལྟའི་བར་སྡོམ་རྒྱུན་མ་ཉམས་པར་བཞུགས་པ་ལ་སྨད་འདུལ་དུ་གྲགས། དེ་དང༵་མཚུངས་པར་ཕྱི་འགྱུར་གྱི་སྡོམ་རྒྱུན་སྟོད་འདུལ་དུ་གྲགས་པ་ནི༵་རྒྱ་གར་ཤར་ཕྱོགས་ཀྱི་པཎྜི་ཏ་རྣམས་པཱ་ལ་མངའ་རིས་སུ་ཕེབས་ནས་འདུལ་བའི་སྡོམ་རྒྱུན་དང་བཤད་རྒྱུན་སྤེལ་བས། མཁན་བུའི་གཙོ་བོ་སཱ་དྷུ་པཱ་ལ། གུ་ཎ་པཱ་ལ། པྲ་ཛྙཱ་པ་ལ་སྟེ། པཱ་ལ་རྣམ་གསུམ་དུ་གྲགས་པ་དང་། དེ་ནས་ཞང་ཞུང་རྒྱལ་བའི་འབྱུང་གནས་སོགས་བྱོན་པ་ལས་ཕྱི་ཞིག་གི་བར་དུ་སྡོམ་རྒྱུན་ཡོད་པར་སྣང་ནའང་དེང་སང་ངེས་གསལ་མ་ཐོས། ཡང་ཕྱིས༵་སུ་ཁྲོ་ཕུ་ལོ་ཙཱ་བ་བྱམས་པ་དཔལ་ནས༵་ཁ་ཆེ་པཎ་ཆེན་ཤཱཀྱ༵་ཤྲཱི༵་གདན་དྲངས་ཏེ་དཔལ་གྱི་མཐའ་ཅན་གསུམ་ཞེས་ས་སྐྱ་པཎྜི་ཏ་ཀུན་དགའ་རྒྱལ་མཚན་དཔལ་བཟང་པོ། བྱང་ཆུབ་དཔལ། རྡོ་རྗེ་དཔལ་རྣམས་བསྙེན་པར་རྫོགས་པས། དེ་གསུམ་ལ༵ས་ཀྱང༵་རྒྱུན་ཤིན་ཏུ་མང་བར་འཕེལ་བ་ད་ལྟའི་བར་དུ་དར༵་བཞིན་པ་འདི་ལ་པཎ་འདུལ་དུ་གྲགས་སོ། །

གསུམ་པ་དེ་ལྟར་བཟུང་བའི་བརྗོད་བྱ་གཏན་ལ་དབབ་པ་ལ་གཉིས། ཐོབ་བྱ་སྡོམ་པའི་ངོ་

བོ་དང་དབྱེ་བ་སྦྱིར་བཤད། །ཐོབ་བྱེད་ཆོ་གའི་ལག་ལེན་བྱེ་བྲག་ཏུ་བཤད་པའོ། །དང་པོ་སྤྱིར་
བཤད་པ་ལའང་གཉིས། སྡོམ་པའི་ངོ་བོ་དང་། སྡོམ་པའི་དབྱེ་བའོ། །དང་པོ་སྡོམ་པའི་ངོ་བོ་ནི། ངོ་
བོ་ངེས་འབྱུང་བསམ་པས་ཀུན་སླངས་ནས། །གཞན་གནོད་གཞིར་བཅས་ལྡོག་པ་ལུས་ངག་ལས། །
སྐྱེ་ཕྱིར་གཟུགས་ཅན་ཡིན་ཅེས་འདོད་པ་དང་། །སྤོང་སེམས་རྒྱུན་ཆགས་ས་བོན་ལ་འདོད་པ། །རང་
གི་སྡེ་པ་གོང་འོག་སོ་སོའི་ལུགས། །ཞེས་པ་སྟེ། དེ་ལ་སོ་ཐར་གྱི་སྡོམ་པའི་ངོ་བོའམ་མཚན་ཉིད་ནི།
ངེས་པར་འབྱུང་བའི་བསམ་པས་ཀུན་ཏུ་བསླངས་ནས། གཞན་ལ་གནོད་པ་གཞི་དང་བཅས་པ་
ལས་ལྡོག་པ་ཉིས་སྤྱོད་སྡོམ་པའི་ཚུལ་ཁྲིམས་གང་ཞིག་འདོད་པའི་སས་བསྡུས་པ་སྟེ། དེའང་ལུས་
ངག་གི་ལས་ལམ་བདུན་སྤོང་བ་ལ་རང་སྡེའི་གྲུབ་མཐའ་སྨྲ་བ་ཐམས་ཅད་མཐུན་ཡང་། གཟུགས་
ཅན་དང་ཤེས་པ་སོགས་གང་ལ་འཛོག་ཞལ་མི་མཚུངས་ཏེ། ཉན་ཐོས་བྱེ་བྲག་སྨྲ་བས་སོ་ཐར་གྱི་
སྡོམ་པ་དེ་རང་དང་མཁན་སློབ་སོགས་ཀྱི་ལུས་དང་ངག་ལས་སྐྱེས་པའི་ཕྱིར། རྣམ་པར་རིག་བྱེད་
དང་རིག་བྱེད་མ་ཡིན་པ་གཉིས་ཀའི་ངོ་བོར་སྐྱེ་ལ། དེ་ནས་སྐད་ཅིག་གཉིས་པ་ཕྱིར་རིག་བྱེད་མ་
ཡིན་པའི་གཟུགས་ཅན་དུ་གནས་པ་ཡིན་ཞེས་འདོད་པ་སྟེ། མཛོད་ལས། རྣམ་རིག་མིན་རྣམ་
གསུམ་ཞེས་བྱ། །སྡོམ་དང་སྡོམ་པ་མིན་དང་གཞན། །སྡོམ་པ་སོ་སོར་ཐར་ཞེས་བྱ། །ཞེས་གསུངས་
པའི་ཕྱིར་དང་། ཉན་ཐོས་མདོ་སྡེ་པས་རྒྱུད་ཡོངས་སུ་འགྱུར་བའི་ཁྱད་པར་ལ་འདོད་དེ། མཛོད་
འགྲེལ་ལས། ལས་སྔོན་དུ་འགྲོ་ཞིང་སེམས་ཕྱིར་ཞིང་འབྱུང་བ་གང་ཡིན་པ་དེ་ནི་རྒྱུད་ཡིན་ལ། དེ་
གཞན་དང་གཞན་དུ་སྐྱེ་བ་ནི་ཡོངས་སུ་འགྱུར་བ་ཡིན་ནོ། །ཞེས་གསུངས་པ་ལྟར། དོན་དུ་སེམས་
བྱུང་སེམས་པ་ལ་འདོད་པ་ཡིན་ཏེ། སེམས་པ་ཡིད་ཀྱི་ལས་ཡིན་ནོ། །ཞེས་འབྱུང་བའི་ཕྱིར་རོ། །
ཐེག་ཆེན་སེམས་ཙམ་པས་ནི་འཆལ་ཚུལ་སྤོང་བའི་སེམས་པ་རྒྱུན་ཆགས་ས་བོན་དང་བཅས་པ་ལ་
འདོད་པ་ཡིན་ཏེ། དེའང་སེམས་རྒྱང་པ་ལ་བྱས་ན་རྒྱུན་མེད་ཅིང་། བག་ཆགས་ཙམ་ལ་བྱས་ན་སྡོང་
རྒྱུ་བྱུང་བའི་གནས་སྐབས་སུའང་རྗེས་སུ་འབྲང་བས་ན་མི་སྡོང་བའི་ཕྱིར་ཞེས་འདོད། དབུ་མ་པས་
ནི་སྤོང་སེམས་མཚུངས་ལྡན་དང་བཅས་པ་ལ་འདོད་པ་ཡིན་ཏེ། སྤྱོད་འཇུག་ལས། སྤོང་བའི་སེམས་
ནི་ཐོབ་པ་ལ། །ཚུལ་ཁྲིམས་ཕ་རོལ་ཕྱིན་པར་བཤད། །ཅེས་གསུངས་པའི་ཕྱིར་རོ། །དེ་ལྟ་ན་ནང་

པ་སངས་རྒྱས་པ་རང་གི་སྡེ་པ་གྲུབ་མཐའ་གོང་འོག་ལ་སོ་སོའི་བློ་ཁྱད་ཀྱིས་འདོད་ལུགས་ལ་མི་འདྲ་བར་མཐོ་དམན་བྱུང་བ་ཡིན་ནོ། །གཉིས་པ་སྡོམ་པའི་དབྱེ་བ་ནི། དབྱེ་བ་བསྙེན་གནས་དགེ་བསྙེན་ཕ་མ་གཉིས། །ཁྱིམ་པའི་ཕྱོགས་ཡིན་དགེ་ཚུལ་ཕ་མ་དང་། །དགེ་སློབ་མ་དང་དགེ་སློང་ཕ་མ་ལྔ༔ ༔རབ་བྱུང་ལ་ཡིན་སོ་ཐར་རིས་བརྒྱད་པོ། །རྫས་སུ་བསྡུ་ན་བཞིར་འདོད་མཛོད་ཀྱི་ལུགས། །ཞེས་པ་སྟེ། དེ་ལྟར་ངོ་བོ་བསྟན་པའི་སྡོམ་པ་དེ་ལ་རྟེན་གྱི་སྒོ་ནས་དབྱེ་བ་བྱས་ན། སྤྱིར་རང་རང་གི་སྡོམ་པ་སྒྲུབ་བྱེད་ཀྱི་རྒྱུ་ཕུན་སུམ་ཚོགས་པ་ལ་བརྟེན་ནས་ཐོབ་པའི་ངེས་འབྱུང་གི་ཚུལ་ཁྲིམས་ཡིན་པ་ཙམ་དུ་འདྲ་ནའང་། བྱེ་བྲག་རང་རང་གི་མི་མཐུན་པའི་ཕྱོགས་སུ་གྱུར་པའི་སྤང་བྱའི་ཁྱད་པར་ཉིན་ཞག་ཕྲུག་གཅིག་ཏུ་སྤང་བྱ་བརྒྱད་སྤོང་བར་ཁས་བླངས་པ་བསྙེན་གནས་ཡིན་ཏེ་འདི་ལ་དུས་ཁྲིམས་ཞེས་ཀྱང་ཟེར། འདི་དགེ་བསྙེན་གྱིས་བླངས་ན་དེའི་གསོ་སྦྱོང་དུ་འགྲོ་བའི་ཕྱིར་གསོ་སྦྱོང་ཞེས་ཀྱང་གྲགས། དེ་བཞིན་དུ་སྤང་བྱ་གཅིག་ནས་ལྔའི་བར་དུ་ཇི་སྲིད་འཚོའི་བར་སྤོང་བར་ཁས་བླངས་པ་དགེ་བསྙེན་ཕ་མ་གཉིས་ཏེ། འདི་ལ་འདུལ་བར་ཡོངས་རྫོགས་དགེ་བསྙེན་ལས་མ་བཤད་ཀྱང་། མངོན་པ་ལས་ནི་སྐྱབས་གསུམ་འཛིན་པ་སོགས་དབྱེ་བ་མང་། འདི་གསུམ་ཁྱིམ་པའི་ཕྱོགས་ཀྱི་སྡོམ་པ་ཡིན་ནོ། །

ཡང་སྤང་བྱ་བཅུ་ཇི་སྲིད་འཚོའི་བར་དུ་སྤོང་བར་ཁས་བླངས་པ་དགེ་ཚུལ་ཕ་མ་གཉིས་དང་། དེའི་སྟེང་སྤང་བྱ་བཅུ་གཉིས་ལོ་གཉིས་ལ་སོགས་པར་སྤོང་བར་ཁས་ལེན་པ་དགེ་སློབ་མ་དང་། སྤོང་བདུན་འཁོར་དང་བཅས་པ་ཇི་སྲིད་འཚོའི་བར་དུ་སྤོང་བར་ཁས་ལེན་པ་དགེ་སློང་ཕ་མ་གཉིས་ཀྱི་སྡོམ་པ་སྟེ། འདི་ལྔ་པོ་ནི་རབ་ཏུ་བྱུང་བའི་ཕྱོགས་ཀྱི་སྡོམ་པ་ལ་དབྱེ་བ་ཡིན་ཏེ། དེ་དག་བསྡོམས་པས་སོ་ཐར་རིས་བརྒྱད་པོ་རྫས་སུ་བསྡུ་ན་དགེ་སློང་ཕ་མ་གཉིས་རྫས་གཅིག །དགེ་ཚུལ་ཕ་མ་གཉིས་དང་དགེ་ཚུལ་མའི་བྱེ་བྲག་དགེ་སློབ་མ་བཅས་རྫས་གཅིག །དགེ་བསྙེན་ཕ་མ་གཉིས་རྫས་གཅིག་སྟེ་དེ་རྣམས་མཚན་ཕན་ཚུན་དུ་གྱུར་པས་མིང་འཕོ་བ་ཙམ་ལས་རྫས་ཐ་དད་པ་མེད་པའི་ཕྱིར་སྡོམ་རྫས་གསུམ་ཡིན་ལ། བསྙེན་གནས་ཀྱི་སྡོམ་པ་དང་བཞིར་བསྡུ་བར་འདོད་པ་མཛོད་ཀྱི་ལུགས་ཏེ། ཇི་སྐད་དུ། སོ་སོར་ཐར་ཅེས་བྱ་རྣམ་བརྒྱད། །རྫས་སུ་རྣམ་པ་བཞི་ཡིན་ནོ། །མཚན་

ལས་མིང་ནི་འཕོ་བའི་ཕྱིར། །ཐ་དད་དེ་དག་འགལ་བ་མེད། །ཅེས་གསུངས་སོ། །

གཉིས་པ་ཐོབ་བྱེད་ཚ་གའི་ལག་ལེན་བྱེ་བྲག་ཏུ་བཤད་པ་ལ་ལྔ། མ་ཐོབ་པ་ཐོབ་པར་བྱེད་པའི་ཚུལ། ཐོབ་པ་མི་ཉམས་པར་བསྲུང་བའི་ཐབས། སྡོམ་པ་སྐྱེ་བའི་ལུས་རྟེན། ཉམས་ན་གསོ་བའི་ཐབས། དེ་ལྟར་བསྲུང་བའི་ཕན་ཡོན་ནོ། །དང་པོ་མ་ཐོབ་པ་ཐོབ་པར་བྱེད་པའི་ཚུལ་ལ་གཉིས། མདོར་བསྟན་པ་དང་། རྒྱས་པར་བཤད་པའོ། །

དང་པོ་མདོར་བསྟན་པ་ནི། དང་པོ་སྡོམ་པ་མ་ཐོབ་ཐོབ་ཚུལ་ལ། །ལེན་ཚུལ་གཉིས་ཏེ། ཞེས་པ་སྟེ། དེ་ལྟ་བུའི་སྡོམ་པ་དེ་ནི་འགའ་ཞིག་ཙམ་མ་གཏོགས་ཆོས་ཉིད་ཀྱིས་ཐོབ་པ་མ་ཡིན་ཅིང་། བརྡ་ལས་བྱུང་བ་ལ་ལྟོས་དགོས་པས་ན། དྲང་པོ་བསླབ་བྱའི་སྡོམ་པ་དེ་ཉིད་མ་ཐོབ་པ་ཐོབ་པའི་ཚུལ་ལ། ཚོགས་ཆུང་དུས་རྫོགས་པ་སྔོན་ཆོག་དང་། ཚོགས་དང་བཅས་པས་རྫོགས་པ་ད་ལྟར་གྱི་ཆོ་ག་སྟེ་ལེན་པའི་ཚུལ་གཉིས་སུ་ངེས་པ་ཡིན་ཏེ་ཞེས་སོ། །

གཉིས་པ་རྒྱས་པར་བཤད་པ་ལ་གཉིས། སྔོན་གྱི་ཆོ་ག་དང་། ད་ལྟར་གྱི་ཆོ་གའོ། །དང་པོ་སྔོན་ཆོ་ག་ནི། སྔོན་གྱི་ཆོ་ག་ནི། རང་བྱུང་ཡེ་ཤེས་ཁོག་ཆུད་འཕྲིན་གྱིས་རྫོགས། །སྟོན་པར་ཁས་བླངས་ཚུར་ཤོག་གསོལ་བཞི་དང་། །ཁྲིམས་པའི་ལན་ལྡོན་ལྷ་ཆོས་ཁས་བླངས་སོགས། །གདུལ་བྱ་བློ་དག་མཁན་པོ་འཕགས་པས་ཡིན། །ཞེས་པ་སྟེ། དེ་ལ་དང་པོ་སྟོན་པ་སངས་རྒྱས་པའི་སྟོན་དུ་དང་། དེའི་ཚེ་དང་། དེ་ནས་ཡུན་རིང་པོ་མ་ལོན་པ་དང་། སྒྲ་ངན་ལས་འདའ་ཁ་ཡན་ཆད་དུ་བྱུང་བ་ལ་སྔོན་གྱི་ཆོ་ག་ཞེས་བྱ་སྟེ། དེ་ནི་ཉན་ཐོས་བྱེ་བྲག་སྨྲ་བས། རྣམ་པ་བཅུས་བསྙེན་པར་རྫོགས་སོ་ཞེས་པ་ལྟར་དབྱེ་ན་བཅུ་ལས། རྫོགས་པའི་སངས་རྒྱས་དང་རང་སངས་རྒྱས་གཉིས་ཟད་པ་ཤེས་པ་དང་མི་སྐྱེ་བ་ཤེས་པས་བྱང་ཆུབ་བརྙེས་པའི་ཚེ་རང་བྱུང་གི[1]དང་། ལྔ་སྡེ་བཟང་པོ་མཐོང་ལམ་གྱི་ཡེ་ཤེས་སྐྱེས་པ་ཁོང་དུ་ཆུད་པས་[2]དང་། དེ་གསུམ་ནི་རང་རྒྱུད་ལ་ངང་གིས་དོན་དམ་པའི་དགེ་སློང་སྐྱེས་པས་བསྙེན་པར་རྫོགས་པའོ། །མཆོད་སྦྱིན་མ་ཕ་མའི་དབང་དུ་སོང་བ་ལ་དགེ་སློང་མ་ཨུཏྤ་ལས་ཕོ་ཉ་བྱས་ཏེ་དགེ་འདུན་པའི་འཕྲིན་གྱིས་རྫོགས་[3]པ་དང་། འོད་སྲུང་ཆེན་པོས། ཁྱོད་ནི་བདག་གི་སྟོན་པའོ། །བདག་ནི་ཁྱོད་ཀྱི་ཉན་ཐོས་སོ། །ཞེས་སྟོན་པར་ཁས་བླངས་པས་[4]དང་། ཤཱ་རིའི་བུ་སོགས་སྲིད་པ

ཐ་མ་བ་འགའ་ཞིག་ལ། སྟོན་པས་བུ་ཚུར་ཤོག་ཚངས་པ་མཚུངས་པར་སྤྱོད་ཅིག་ཅེས་གསུངས་པ་ཙམ་གྱིས་བསྙེན་རྫོགས་ཀྱི་དངོས་པོར་གྱུར་པ[༥]དང་། དགེ་འདུན་གྱི་གྲངས་ཡུལ་དབུས་སུ་བཅུ་ཚོགས་དང་། མཐའ་འཁོབ་ཏུ་ལྔ་ཚོགས་ཀྱིས་གསོལ་བཞིའི་ལས་ཀྱིས་རབ་བྱུང་བསྙེན་རྫོགས་གཅིག་ཆར་དུ་བྱས་པ[༦]དང་། ལེགས་བྱིན་ལ་སྟོན་པས། གཅིག་ཏུ་བདེ་བ་ནི་གང་ཞེས་དྲིས་པ་ན། ཐར་པའོ་ཞེས་དང་། ལམ་དེ་ལ་མགོ་བ་ནི་གང་ཞེས་དྲིས་པ་ལ། དད་པའོ་ཞེས་པའི་ལན་ལྡོན་པ་ལ་ཐུགས་དགྱེས་པ་ཙམ་གྱིས[༧]དང་། སྐྱ་སྐྱེ་རྒྱུའི་བདག་མོ་དང་། ཤཱཀྱའི་བུ་མོ་ལྔ་བརྒྱས་ལྕི་ཆོས་བརྒྱད་སྲུང་བར་ཁས་བླངས་པས་[༨]ཏེ། ལྕི་ཆོས་བརྒྱད་ནི། ཕའི་དགེ་འདུན་ལས་བསྙེན་པར་རྫོགས་པ[༡]། ཟླ་བ་ཕྱེད་ཕྱེད་ནས་ཕའི་དགེ་སློང་ལས་གདམས་སྡོམ་པ་ནོད་པ། ངག་གསོལ་བ[༢]། ཕའི་དགེ་སློང་ཡོད་སར་དབྱར་ཁས་བླངས་ཏེ་གནས་པ[༣]། གཉིས་ཀའི་ཚོགས་ལས་དགག་དབྱེ་བྱ་བ[༤]། དགེ་སློང་གི་ཚུལ་ཁྲིམས་འཆལ་བ་མི་བརྗོད་པ[༥]། དགེ་སློང་ལ་ཙ་འདྲི་བ་སོགས་མི་བྱེད་པ[༦]། དགེ་སློང་གསར་བུ་ལའང་ཕྱག་འཚལ་བ་སོགས་གུས་པ་བྱ་བ[༧]། ལྕི་ཆོས་ལས་འདས་ན་ཕའི་དགེ་འདུན་ལས་མགུ་བ་སྤྱོད་པ་[༨]རྣམས་སོ། །སོགས་ཀྱི་སྒྲས་བཟང་སྡེའི་ཚོགས་དྲུག་ཅུ་སྐྱབས་གསུམ་ཁས་བླངས་པས་བསྙེན་པར་[༩]རྫོགས་པའོ། །དེ་ལ་སྟོན་ཆོག་བཏགས་པ་བ་དགུ་དང་། དངོས་གནས་པ་གཅིག་གསོལ་བཞིའི་ལས་ཀྱིས་རྫོགས་པ་སྟེ། དེ་དག་ནི་སྟོན་གྱི་གདུལ་བྱ་རྣམས་ལས་ཉོན་རྣམ་སྨིན་གྱི་སྒྲིབ་པ་གསུམ་ཤས་ཆུང་ཞིང་། ཤེས་རབ་རྒྱུད་དང་དབང་པོ་སྨིན་པས་བློ་དྭག་པ་དང་། རྫོགས་བྱེད་ཀྱི་མཁན་པོ་ཡང་འཕགས་པ་ཁོ་ནའི་ཁྱད་ཆོས་ཡིན་པས[༡༠]ཚོགས་མེད་པའོ། །

གཉིས་པ་ད་ལྟར་གྱི་ཆོ་ག་ལ་གསུམ། བསྒྲུབ་བྱ་གང་ཟག་གི་མཚན་ཉིད། སྒྲུབ་བྱེད་མཁན་སློབ་སོགས་ཀྱི་མཚན་ཉིད། ཇི་ལྟར་བསྒྲུབ་པའི་ཚུལ་ལོ། །དང་པོ་བསྒྲུབ་བྱ་གང་ཟག་གི་མཚན་ཉིད་ནི༔ ད་ལྟའི་ཆོ་ག་ངེས་པ་ལྔ་བྲལ་ཞིང་། །མ་ནིང་ལ་སོགས་སྐྱེ་བའི་བར་ཆད་དང་། །རྒྱལ་པོས་མ་གནང་ལ་སོགས་གནས་པ་དང་། །བྱ་རོག་སྐྲོད་མི་ནུས་སོགས་ཁྱད་པར་དང་། །སྐྲ་སེར་ཅན་སོགས་མཛེས་པའི་བར་ཆད་མེད། །ངེས་འབྱུང་བློ་ཅན་སྐལ་བཟང་སྐྱེས་བུ་དེ། །ཞེས་པ་སྟེ། ད་ལྟའི་ཆོ་ག་འགལ་རྐྱེན་རང་རང་གི་བསྒྲུབ་བྱ་ལ་ལྟོས་ནས་ངེས་པ་ལྔ་དང་བྲལ་བ་དགེ་སློང་ལ་དངོས་དང་དགེ

ཚུལ་ལའང་ཆ་འདྲ་བ་ཞིག་དགོས་ཏེ། མཐུན་རྐྱེན་ཚང་བའི་ཡུལ་འདིར་བསྲུང་གི་གཞན་དུ་བསྲུང་མི་ནུས་སྙམ་པ་ལྟ་བུ་ཡུལ་ངེས་པ་དང་། ལོ་དང་ཟླ་བ་འདི་ཙམ་དུ་བསྲུང་གི་དེ་ཕན་ཆོད་བསྲུང་མི་ནུས་སྙམ་པ་ལྟ་བུ་དུས་ངེས་པ། འཐབ་རྩོད་ཀྱི་སྐབས་མ་གཏོགས་གཞན་དུ་བསྲུང་སྙམ་པ་ལྟ་བུ་ཚེ་ངེས་པ་དང་། དགྲ་མ་གཏོགས་གཞན་གྱི་སྲོག་མི་གཅོད་སྙམ་པ་ལྟ་བུ་སེམས་ཅན་ངེས་པ། བསླབ་བྱ་རགས་པ་རྣམས་ལས་ཕྲ་བ་རྣམས་ལ་བསླབ་མི་ནུས་སྙམ་པ་ལྟ་བུ་ཡན་ལག་ངེས་པ་སྟེ་དེ་ལྔ་དང་བྲལ་ཞིང་། དེར་མ་ཟད་འགལ་རྐྱེན་བར་ཆད་ཀྱི་ཆོས་བཞི་དང་མི་ལྡན་པ་ཞིག་དགོས་ཏེ། མ་ནིང་ལ་སོགས་པ་འོག་ཏུ་འཆད་པ་ལྟར་སྡོམ་པའི་རྟེན་མིན་པ་རྣམས་ལ་ནི་སྡོམ་པ་ཐོག་ཀྱང་མི་སྐྱེ་བས་ན་སྐྱེ་བའི་བར་ཆད་ཅན་དང་། རྒྱལ་པོ་དང་ཕ་མས་མ་གནང་བ་ལ་སོགས་པ་ལ་སྡོམ་པ་སྐྱེ་ཡང་རང་དབང་དུ་མ་གྱུར་པས་འབབ་དགོས་པ་སོགས་ཡུན་རིང་པོར་མི་གནས་པའི་བར་ཆད་དང་། བྱ་རོག་སྐྲོད་མི་ནུས་པའི་བྱིས་པའམ་ནད་དང་སྡུག་བསྔལ་གྱིས་གཟིར་བ་སོགས་ལ་སྡོམ་པ་སྐྱེ་གནས་གཉིས་ཀའི་རྟེན་དུ་རུང་ཡང་བསླབ་པ་ལ་སྦྱོར་མི་བཟོད་པས་ཡོན་ཏན་གོང་ནས་གོང་དུ་ཁྱད་པར་དུ་འགྱུར་མི་ནུས་པའི་བར་ཆད་དང་། སྐྲ་སེར་ཅན་སོགས་ཁ་དོག་ལ་སྐྱོན་ཆགས་པ་དང་། ལག་ཟླུམ་སོགས་ལུས་བྱད་མི་སྡུག་པ་དབྱིབས་ལ་སྐྱོན་ཆགས་པ་དང་། བཤན་པ་སོགས་རིགས་ལ་སྐྱོན་ཆགས་པ་སྟེ་དེ་དག་ལ་སྡོམ་པ་སྐྱེ་གནས་ཁྱད་པར་དུ་འགྱུར་བ་གསུམ་ཀ་རུང་ཡང་ལུས་བྱད་མི་སྡུག་པ་སོགས་ཀྱི་རྐྱེན་གྱིས་ཁྲིམས་པ་རྣམས་བསྟན་པ་ལ་མ་དད་པའི་རྒྱུ་བྱེད་པའི་ཕྱིར་ན་མཛེས་པའི་བར་ཆད་དེ་རྣམས་མེད་པ་དགོས་ལ། འོན་ཀྱང་ཕྱི་མ་གཉིས་པོ་འདི་བསྟན་པ་ལ་ཕན་པ་སོགས་དགོས་པ་ཁྱད་པར་ཅན་ཡོད་ན་སྡོམ་པ་སྐྱེ་ལ་ཉེས་བྱས་ཙམ་ལས་དགག་བྱ་ཆེ་བ་རང་མེད་དོ། །དེ་ལྟ་ན་དགག་ཕྱོགས་ནས་ངེས་པ་ལྔ་དང་བྲལ་ཞིང་བར་ཆད་བཞི་དང་མི་ལྡན་པ་དང་། སྒྲུབ་ཕྱོགས་ནས་མཐུན་རྐྱེན་ཕུན་སུམ་ཚོགས་པ་ལྔ་དང་ལྡན་པ་སྟེ། རྒྱུད་ཚོགས་སུ་མ་ཚང་ཞིང་སྡོམ་རོ་མེད་པ། ལོ་ཉི་ཤུ་ལོན་པ། ཤེས་པ་རང་བཞིན་དུ་གནས་པ། ཆོས་གོས་གསུམ་དང་ལྷུང་བཟེད་ཚང་བ། ཐབ་མཚམས་སོགས་ཀྱི་དོན་གོ་ཞིང་བརྡའ་འཕྲོད་པ་བཅས་གཞིར་བཞག །ཁྱད་པར་འཇིགས་སྐྱོབ་དང་ལེགས་སྨོན་ཙམ་མ་ཡིན་པར་ངེས་པར་འབྱུང་བའི་བློས་མྱང་འདས

གསུམ་གང་རུང་དོན་དུ་གཉེར་བའི་བློ་ཅན་སྐལ་པ་བཟང་པོའི་སྐྱེས་བུ་དེ་ལྟ་བུ་ནི་སྣོད་དང་ལྡན་པ་ཡིན་ནོ། །

གཉིས་པ་སྒྲུབ་བྱེད་མཁན་སློབ་སོགས་ཀྱི་མཚན་ཉིད་ནི། ལེགས་གསུངས་འདུལ་བ་རྒྱ་མཚོ་མཐའ་དག་དང་། །བརྒྱ་རྩ་གཅིག་པའི་ལས་ཕྲན་ལ་བྱང་བའི། །མཁན་པོར་བཅས་པས། ཞེས་པ་སྟེ། སྒྲུབ་པར་བྱེད་པ་པོ་མཁན་སློབ་དགེ་འདུན་རྣམས་ཀྱང་ཁ་སྐོང་གི་ཆོས་བཅུ་གསུམ་ཚང་བ། མཁས་པའི་ཡོན་ཏན་སྡེ་སྣོད་གསུམ་སྤྱི་དང་ཁྱད་པར་དུ་ལེགས་པར་གསུངས་པ་ལུང་བཞིས་བསྡུས་པའི་འདུལ་བ་རྒྱ་མཚོ་མཐའ་དག་གི་ཚིག་དོན་མ་ལུས་པ་ཁོང་དུ་ཆུད་པ་དང་། དེ་ལས་ཀྱང་ལས་བརྒྱ་རྩ་གཅིག་པའི་ལས་ཕྲན་རེ་རེ་བཞིན་ལ་ཚིག་ཕྱེད་ཀྱང་མ་འཁྲུལ་བར་བློ་ཐོག་ནས་ཐོན་ཅིང་ལག་ལེན་སོགས་ཤིག་ཏུ་བྱང་བ། བཙུན་པའི་ཡོན་ཏན་ཚུལ་ཁྲིམས་རྣམ་པར་དག་པ། བཤགས་སྡོམ་བྱིན་རླབས་ཚུན་ཆད་ཀྱིས་ཉེས་བྱས་ཕྲ་བ་ཙམ་གྱིས་ཀྱང་མ་གོས་པ། དམིགས་བསལ་བསྒྲུབ་བྱའི་ངོས་ནས་མཐོང་ཐོས་དོགས་གསུམ་གྱི་སྐྱོན་མེད་པ་དང་། ཁྱད་པར་བསྙེན་པར་རྫོགས་ནས་ལོ་བཅུ་ལོན་ཅིང་བརྟན་མཁས་ཀྱི་ཡོན་ཏན་ཕུལ་དུ་བྱུང་བའི་མཁན་པོ་དང་ལས་སློབ་དགེ་ཡུལ་དབུས་མཐའི་ཁྱད་པར་གྱིས་དགེ་འདུན་བཅུ་ཚོགས་སམ་ལྔ་ཚོགས་དང་བཅས་པ་སོ། །

གསུམ་པ་ཇི་ལྟར་བསྒྲུབ་པའི་ཚུལ་ནི། རིམ་བཞིན་བསྙེན་པར་རྫོགས། །སྔ་མ་མ་བྱས་རྫོགས་པའང་མདོ་སྡེར་སྣང་། །ཐོབ་མཚམས་བརྗོད་པ་གསུམ་གྱི་ཐ་མར་འདོད། །ཅེས་པ་སྟེ། དེ་ལྟ་བུའི་དགེ་འདུན་གྱི་དབུས་སུ་དགེ་བསྙེན། དགེ་ཚུལ། དགེ་སློང་སྟེ་བསླབ་ཚིགས་གསུམ་པོ་རིམ་པར་འབོགས་པའི་ཆོ་ག་བཞིན་དུ་བསྙེན་པར་རྫོགས་པར་བྱ་བ་ཡིན་ལ། གལ་ཏེ་བསླབ་ཚིགས་སྔ་མ་གཉིས་མ་བྱས་པར་བསྙེན་པར་རྫོགས་པའང་དྲིན་ལན་བསབ་པའི་མདོ་སྡེར་སྣང་སྟེ། ཇི་སྐད་དུ། མ་འགགས་པས་ཡང་གསོལ་པ། གལ་ཏེ་ཁྲིམ་པ་ཁྲིམས་ལྔ་མ་ནོས་པར་ཐལ་བྱུང་དུ་ཁྲིམས་བཅུ་ནོས་ན། ཁྲིམས་ཐོབ་པར་འགྱུར་རམ། བཀའ་སྩལ་པ། དུས་གཅིག་ཏུ་དགེ་བསྙེན་གྱི་ཁྲིམས་དང་དགེ་སྦྱོང་གི་ཁྲིམས་རྣམ་པ་གཉིས་ཐོབ་བོ། །གལ་ཏེ་ཁྲིམས་ལྔ་ཡང་མ་ནོས། ཁྲིམས་བཅུ་ཡང་མ་ནོས་པར་ཐལ་བྱུང་དུ་ཁྲིམས་རྫོགས་པར་ནོས་ནའང་དུས་གཅིག་ཏུ་ཁྲིམས་གསུམ་ཆར་ཐོབ་པར

འགྱུར་རོ། །ཞེས་དང་། ལུང་ལས། ཁྱིམ་པ་རབ་ཏུ་མ་བྱུང་བ་ཞིག་བསྙེན་པར་རྫོགས་པར་བགྱི་ན་བསྙེན་པར་རྫོགས་ཞེས་བགྱིའམ། མ་རྫོགས་ཞེས་བགྱི། ཉེ་བར་འཁོར་བསྙེན་པར་རྫོགས་ཞེས་བྱའོ། །ཞེས་གསུངས་པའི་ཕྱིར་ཏེ། འདི་ནི་ཚིག་ཕྱི་མ་བླངས་པས་སྔ་མ་ཞར་ལ་ཐོབ་པའི་དོན་དུ་སྣང་མོད། འོན་ཀྱང་འདུལ་བ་རང་ལས་སྡོམ་པ་སྐྱེ་ལ་ཉེས་བྱས་སུ་འགྱུར་ཞེས་བཤད་དོ། །དེ་ལྟར་ནོད་པའི་སྡོམ་པ་དེ་བསྲུབ་བྱའི་རྒྱུད་ལ་ཐོབ་པའི་མཚམས་ནི་དགེ་འདུན་གྱིས་གསོལ་བ་སྔོན་དུ་འགྲོ་བས་ལས་བརྗོད་པ་ལན་གསུམ་གྱི་ཐ་མའི་བྱ་བ་བརྗོད་པ་རྫོགས་མ་ཐག་པ་དེར་སྡོམ་པ་སྐྱེ་བར་འདོད་པ་ཡིན་ནོ། །

གཉིས་པ་ཐོབ་པ་མི་ཉམས་པར་བསྲུང་བའི་ཐབས་ལ་གཉིས། མདོར་བསྟན་པ་དང་། རྒྱས་པར་བཤད་པའོ། །དང་པོ་མདོར་བསྟན་པ་ནི། བར་དུ་ཐོབ་པ་མི་ཉམས་བསྲུང་བ་ལ། །ཞེས་པ་སྟེ། དེ་ལྟར་སྡོམ་པ་དེ་ཉིད་ཐོབ་པ་ཙམ་གྱིས་མི་ཆོག་གི། བར་དུ་ཐོབ་ཟིན་པ་དེ་ཉིད་མི་ཉམས་པར་ཚུལ་བཞིན་བསྲུང་དགོས་ཏེ། མ་བསྲུང་ན་ཉེས་དམིགས་ཆེན་པོ་དང་། བསྲུང་ན་ཕན་ཡོན་ཆེན་པོ་དང་ལྡན་པའི་ཕྱིར། དགེ་སློང་ལ་རབ་ཏུ་གཅེས་པའི་མདོ་ལས། ལ་ལའི་ཚུལ་ཁྲིམས་བདེ་བ་སྟེ། །ལ་ལའི་ཚུལ་ཁྲིམས་སྡུག་བསྔལ་ཡིན། །ཚུལ་ཁྲིམས་ལྡན་པ་བདེ་བ་སྟེ། །ཚུལ་ཁྲིམས་འཆལ་པ་སྡུག་བསྔལ་ཡིན། །ཞེས་གསུངས། དེས་ན་བསྲུང་བའི་ཐབས་སུ་དགག་སྒྲུབ་ཀྱི་བསླབ་བྱ་གཉིས་སུ་ཤེས་ནས་སྤང་བླང་ཚུལ་བཞིན་དུ་བྱ་དགོས་པས་ན། དང་པོ་དགག་ཕྱོགས་ཀྱི་བསླབ་བྱ་ལ་སློབ་པའི་རྣམ་གྲངས་འདི་ལྟར་རོ་ཞེས་སོ། །

གཉིས་པ་རྒྱས་པར་བཤད་པ་ལ་གཉིས། དངོས་བསྟན་བླང་དོར་གྱི་བསླབ་བྱ་རྒྱས་པར་བཤད་པ༔ ཤུགས་བསྟན་དེའི་རྫུང་མཐུན་བསྡུས་ཏེ་བསྟན་པའོ། །དང་པོ་དངོས་བསྟན་བླང་དོར་གྱི་བསླབ་བྱ་རྒྱས་པར་བཤད་པ་ལ་འཆང་གཉིས། ཁྱིམ་པའི་ཕྱོགས་ཀྱི་བསླབ་བྱ་དང་། རབ་བྱུང་གི་ཕྱོགས་ཀྱི་བསླབ་བྱའོ། །

དང་པོ་ཁྱིམ་པའི་ཕྱོགས་ཀྱི་བསླབ་བྱ་ལ་འཆང་གསུམ། སྐྱབས་འགྲོ། བསྙེན་གནས། དགེ་བསྙེན་གྱི་བསླབ་བྱའོ། །དང་པོ་སྐྱབས་འགྲོ་ལ་འཆང་གཉིས། མཆོག་གསུམ་སོ་སོའི་ཐུན་མོང་མ་ཡིན་

པའི་བསླབ་བྱ་དང་། གསུམ་ཀའི་ཐུན་མོང་གི་བསླབ་བྱའོ། །དང་པོ་མཆོག་གསུམ་སོ་སོའི་ཐུན་མོང་མ་ཡིན་པའི་བསླབ་བྱ་ནི། བསླབ་བྱ་སྐྱབས་འགྲོ་ཐུན་མོང་མིན་གསུམ་ནི། །སྐྱབས་གཞན་མི་འཚོལ་སེམས་ཅན་འཚེ་བ་སྤོང་། །མུ་སྟེགས་མི་འགྲོགས་སོ་སོར་གུས་བསྐྱེད་དོ། །ཞེས་པ་སྟེ། ཐོག་མ་ཉིད་དུ་བསླབ་པར་བྱ་བའི་གནས་དཀོན་མཆོག་གསུམ་ལ་སྐྱབས་སུ་འགྲོ་བའི་གང་ཟག་གིས་ཐུན་མོང་མིན་པའི་བསླབ་བྱ་གསུམ་ནི་རིམ་པ་བཞིན། སངས་རྒྱས་ལ་སྐྱབས་སུ་སོང་ནས་འཇིག་རྟེན་པའི་ལྷ་སོགས་སྐྱབས་གནས་གཞན་མི་འཚོལ་བ་དང་། ཆོས་ལ་སྐྱབས་སུ་སོང་ནས་སེམས་ཅན་ལ་གནོད་པའི་སེམས་ཀྱི་འཚེ་བའི་རིགས་སྤོང་བ་དང་། དགེ་འདུན་ལ་སྐྱབས་སུ་སོང་ནས་གྲོགས་མུ་སྟེགས་ཅན་ནམ་དེའི་ཕྱོགས་མཐུན་ལྷ་ལོག་ཅན་རྣམས་དང་མི་འགྲོགས་པ་བཅས་དགག་བྱ་གསུམ་སྟེ། མྱང་འདས་ལས། གང་ཞིག་སངས་རྒྱས་སྐྱབས་འགྲོ་བ། །དེ་ནི་ཡང་དག་དགེ་བསྙེན་ཏེ། །ནམ་དུའང་ལྷ་ནི་གཞན་དག་ལ། །སྐྱབས་སུ་འགྲོ་བ་མ་ཡིན་ནོ། །དམ་པའི་ཆོས་ལ་སྐྱབས་འགྲོ་བ། །འཚེ་ཞིང་གནོད་པའི་སེམས་དང་བྲལ། །དགེ་འདུན་ལ་ཡང་སྐྱབས་འགྲོ་བ། །མུ་སྟེགས་ཅན་དང་འགྲོགས་མི་བྱ། །ཞེས་སོ། །སངས་རྒྱས་ཀྱི་སྐུའི་རྟེན་དང་སྐུ་ཚབ་ཀྱི་ཆག་དུམ་ཙམ་ཚུན་དང་། ཆོས་ཀྱི་རྟེན་གསུང་རབ་ཡིག་འབྲུ་གཅིག་ཚུན་དང་། དགེ་འདུན་གྱི་གཟུགས་ལྷན་པ་སེར་པོ་བཏབ་པ་ཡན་ཆད་ལ་སོ་སོར་དཀོན་མཆོག་དེ་དང་དེའི་འདུ་ཤེས་བཞག་ནས་གུས་པ་བསྐྱེད་དོ། །དེ་རྣམས་ནི་སྒྲུབ་པའི་བསླབ་བྱའོ། །

གཉིས་པ་གསུམ་ཀའི་ཐུན་མོང་གི་བསླབ་བྱ་ནི། སྲོག་དང་བྱ་དགར་དཀོན་མཆོག་གསུམ་མི་སྤང་། །དགོས་གལ་ཆེ་ཡང་ཐབས་གཞན་མི་འཚོལ་ཞིང་། །དུས་མཆོད་མི་བཅག་རང་གཞན་སྐྱབས་འགྲོར་འགོད། །གར་འགྲོའི་ཕྱོགས་ཀྱི་སངས་རྒྱས་ལ་ཕྱག་འཚལ། །ལྔ་རྣམས་ཐུན་མོང་བསླབ་བྱར་རྗེ་བོས་བཞེད། །ཅེས་པ་སྟེ། རང་གི་སྲོག་གི་ཕྱིར་དང་། རྒྱལ་སྲིད་ལ་སོགས་པའི་བྱ་དགའ་ཆེན་པོའི་ཕྱིར་ཡང་དཀོན་མཆོག་གསུམ་མི་སྤོང་བ་དང་། དགོས་གལ་ཇི་ལྟར་ཆེ་ཡང་དཀོན་མཆོག་གསུམ་ལ་བློ་གཏོད་པ་ལས་འཇིག་རྟེན་པའི་ཐབས་གཞན་མི་འཚོལ་ཞིང་། རྟག་ཏུ་དཀོན་མཆོག་གསུམ་གྱི་ཡོན་ཏན་དྲན་པས་དུས་ཀྱི་མཆོད་པ་མི་བཅག་པ་དང་། ཕན་ཡོན་ཤེས་པས་རང་སྐྱབས

སུ་འགྲོ་ཞིང་གཞན་རྣམས་ཀྱང་སྐྱབས་སུ་འགྲོ་བར་འགོད་པ་དང༌། རང་ཉིད་གར་འགྲོ་ནའང་དེའི་ཕྱོགས་ཀྱི་སངས་རྒྱས་ཡིད་ལ་བྱ་ཞིང་སྐུ་གཟུགས་སོགས་ལ་ཕྱག་འཚལ་བ་སྟེ། དེ་ལྟ་བོ་རྣམས་ནི་དཀོན་མཆོག་གསུམ་པོ་ཐུན་མོང་གི་བསླབ་བྱ་ཡིན་པར་ཇོ་བོ་རྗེས་བཞེད་པར་གསུངས་སོ། །

གཉིས་པ་བསྙེན་གནས་ཀྱི་བསླབ་བྱ་ལ་གཉིས། དུས་ཁྲིམས་ཀྱི་བསླབ་བྱ་དངོས་བཤད་པ། དེ་གཏན་ཁྲིམས་སུ་བྱིན་ན་གོ་མིའི་དགེ་བསྙེན་དུ་འགྱུར་ཚུལ་ལོ། །དང་པོ་དུས་ཁྲིམས་ཀྱི་བསླབ་བྱ་དངོས་བཤད་པ་ནི། །རྩ་བཞི་སྤོང་བ་ཚུལ་ཁྲིམས་ཡན་ལག་ཡིན། །ཆང་སྤོང་བག་ཡོད་ཡན་ལག་མལ་ཆེ་མཐོ། །གར་ཕྲེང་ལ་སོགས་ཕྱི་དྲོའི་ཁ་ཟས་གསུམ། །བརྟུལ་ཞུགས་ཡན་ལག་བསྙེན་གནས་སྡོམ་པ་ཡིན། །ཡན་ལག་འདི་བརྒྱད་གཏན་དུ་མ་ཡིན་པས། །ཡོན་ཏན་བརྟེན་མིན་དེ་ཕྱིར་སོ་ཐར་ནི། །མཚན་ཉིད་ལྡན་པ་རིས་བདུན་ཁོ་ན་ཡིན། །ཞེས་པ་སྟེ། སྲོག་གཅོད་པ། མ་བྱིན་པ་ལེན་པ། མི་ཚངས་སྤྱོད་པ། རྫུན་སྨྲ་བ་སྟེ་རྩ་བ་བཞི་ཕྱོགས་མཐུན་དང་བཅས་པ་སྤོང་བ་ཚུལ་ཁྲིམས་བརྟན་པར་བྱེད་པའི་ཡན་ལག་ཡིན་ལ། ཆང་བཏུང་བ་སྤོང་བ་བག་ཡོད་གོང་འཕེལ་དུ་བྱེད་པའི་ཡན་ལག་དང༌། མལ་ཆེན་པོ་དང་མཐོན་པོ་གཉིས་དང༌། གར་འཁྲབ་པ་དང༌། རྒྱན་ཕྲེང་འདོགས་པ་ལ་སོགས་པ་དང༌། དུས་མིན་པ་ཕྱི་དྲོའི་ཁ་ཟས་བཅས་དེ་གསུམ་སྤོང་བ་བརྟུལ་ཞུགས་དག་པར་བྱེད་པའི་ཡན་ལག་སྟེ། འདི་བརྒྱད་པོ་བསྲུང་བ་ནི་བསྙེན་གནས་ཀྱི་སྡོམ་པ་ཡིན་ཏེ། མཛོད་ལས། ཚུལ་ཁྲིམས་ཡན་ལག་བག་ཡོད་པའི། །ཡན་ལག་བརྟུལ་ཞུགས་ཡན་ལག་སྟེ། །བཞི་གཅིག་དེ་བཞིན་གསུམ་རིམ་བཞིན། །ཞེས་ཡན་ལག་གི་ངེས་པ་དང༌། གཞན་ལ་བསྙེན་གནས་ཡོད་མོད་ཀྱི། །སྐྱབས་སུམ་སོང་བ་ལ་མེད། །ཅེས་རྟེན་གྱི་ངེས་པ་བསྟན་པ་བཞིན་དང༌། གཞན་ཡང༌། དྲན་པ་ཉེར་བཞག་ལས། བདག་ལ་འདི་ཡིས་མི་གནོད་ཅེས། །བློ་ལྡན་ཆང་ལ་ཡིད་མི་རྟོན། །སྲོང་ཆེ་བསིལ་ཡང་རྣམ་སྨིན་ཚ། ༎ ༎ཆང་གིས་དམྱལ་བར་འགྲོ་བར་བྱེད། །ཅེས་སོ། །དེ་ལྟར་ཡན་ལག་འདི་བརྒྱད་པོ་ཉིན་ཞག་ཕྲུག་གཅིག་གི་དུས་ཁྲིམས་ལས་གཏན་དུ་བཅས་པའི་ཁྲིམས་མ་ཡིན་པས་ན། སྡོམ་པ་གོང་མ་རྣམས་ཀྱི་ཡོན་ཏན་སྐྱེ་བའི་རྟེན་མིན་པས་དེའི་ཕྱིར་ན་གོང་མའི་ཡོན་ཏན་གྱི་རྟེན་དུ་གྱུར་པ་སོ་ཐར་ནི་མཚན་ཉིད་དང་ལྡན་པ་རིས་བདུན་ཁོ་ན་ཡིན་པར་ངེས་ཏེ། ལམ་སྒྲོན་ལས། སོ་སོར་ཐར་

པ་རིགས་བདུན་གྱི། །རྟག་ཏུ་སྡོམ་གཞན་ལྡན་པ་ལ། །བྱང་ཆུབ་སེམས་དཔའི་སྡོམ་པ་ཡི། །སྐལ་པ་ཡོད་ཀྱི་གཞན་དུ་མིན། །ཞེས་གསུངས་སོ། །

གཉིས་པ་དེ་ཉིད་གཏན་ཁྲིམས་སུ་བྱིན་ན་གོ་མིའི་དགེ་བསྙེན་དུ་འགྱུར་ཚུལ་ནི། འདི་བརྒྱད་ཇི་སྲིད་འཚོ་ཡི་བར་བསྲུང་ན། །གོ་མིའི་དགེ་བསྙེན་ཡིན་ཀྱང་ཡོད་སླའི་མིན། །གནས་བརྟན་སྡེ་པའི་ལུགས་སུ་དབྱིག་གཉེན་བཞེད། །ཅེས་པ་སྟེ། གལ་ཏེ་ཡན་ལག་འདི་བརྒྱད་པོ་ཇི་སྲིད་འཚོ་ཡི་བར་དུ་ཁས་བླངས་ནས་བསྲུང་ན། སློབ་དཔོན་ཙནྡྲ་པས་འདི་ལྟར་བླངས་པས་ཙནྡྲ་གོ་མི་ཞེས་གྲགས་པ་ལྟར་གོ་མིའི་དགེ་བསྙེན་ཡིན་ཀྱང་། གཞི་ཐམས་ཅད་ཡོད་པར་སྨྲ་བའི་ལུགས་ཀྱི་འདུལ་བ་ལས་བཤད་པ་མིན་མོད་ཀྱང་། འཕགས་པ་གནས་བརྟན་སྡེ་པའི་ལུགས་སུ་ཡིན་པར་སློབ་དཔོན་དབྱིག་གཉེན་གྱིས་བཞེད་དེ། ཇི་སྐད་དུ། གོ་མིའི་དགེ་བསྙེན་ཞེས་བྱ་བ་འདི་ནི་འཕགས་པ་གནས་བརྟན་སྡེ་པའི་མན་ངག་བརྒྱུད་པ་ལས་ཐོས་ཀྱི་བདེ་བར་གཤེགས་པས་གསུངས་པ་ནི་མ་མཐོང་ངོ་། །ཞེས་གསུངས། འོན་ཀྱང་ཐེག་ཆེན་གྱི་སྡེ་སྣོད་ལས་འབྱུང་སྟེ། རྒྱལ་བུ་སྙིང་རྗེ་ཆེར་སེམས་ཀྱིས་འདི་ལྟར་ཁས་བླངས་པར་དཀོན་མཆོག་བརྩེགས་པ་ལས་གསུངས་པའི་ཕྱིར་རོ། །

གསུམ་པ་དགེ་བསྙེན་གྱི་བསླབ་བྱ་ལ་གསུམ། དགེ་བསྙེན་གྱི་སྤང་བྱ་ལྔ་ངོས་བཟུང་བ། དེ་བསྲུང་ཚུལ་གྱི་གྲངས་ལས་དགེ་བསྙེན་གྱི་དབྱེ་བ་བཤད་པ། ཕྱོགས་མཐུན་གྱི་བསླབ་བྱ་བསྟན་པའོ། །དང་པོ་དགེ་བསྙེན་གྱི་སྤང་བྱ་ངོས་བཟུང་བ་ནི། གསོད་རྐུ་རྫུན་སྨྲ་འདོད་པས་ལོག་པར་གཡེམ། །སྨྱོས་འགྱུར་སྤྱོད་རྣམས་དགེ་བསྙེན་སྡོམ་པ་སྟེ། །ཞེས་པས། དེ་ལ་བསྲུང་བྱ་ནི་གསོད་པ་སྟེ་སྲོག་གཅོད་པ་དང་། རྐུ་བ་སྟེ་མ་བྱིན་པ་ལེན་པ་དང་། མིའི་ཆོས་བླ་མའི་རྫུན་སྨྲ་བ་དང་། འདོད་པས་ལོག་པར་གཡེམ་པ་སྟེ་རྩ་བ་བཞི་ཡིན་ཅིང་། འདི་དག་ལ་ཡུལ་གྱི་ཡན་ལག་ཏུ་མི་ཡིན་པ་དགོས་ཏེ། དེ་མ་ཚང་ན་རྩ་བར་གཏོགས་པའི་ཉེས་པ་ཙམ་དུ་ཟད་ཀྱི་རྩ་བ་དངོས་མ་ཡིན་པས་སྡོམ་པ་ཉམས་པར་མི་འགྱུར་ལ། འདིར་མི་ཚངས་སྤྱོད་མི་འཇོག་པར་འདོད་ལོག་འཇོག་པ་ནི་ཁྲིམ་པས་བསྲུང་སླ་བ་ལ་སོགས་པའི་ཕྱིར་ཏེ། མཛོད་ལས། ལོག་གཡེམ་ཤིན་ཏུ་དམད་ཕྱིར་དང་། །སླ་ཕྱིར་མི་བྱེད་ཐོབ་ཕྱིར་རོ། །ཞེས་སོ། །དེ་དག་གི་ཡན་ལག་ཏུ་སྨྱོས་འགྱུར་སྤྱོད་པ་སྟེ་དེ་མ་སྤང་ན་བསླབ་

པ་གཞན་བསྲུང་མི་ནུས་པའི་ཕྱིར་བསླབ་གཞི་ལྔ་པོ་དེ་རྣམས་ནི་དགེ་བསྙེན་གྱི་སྡོམ་པ་སྟེ། དང་པོ་བཞི་རྩ་བ་དང་། ཕྱི་མ་གཅིག་ཡན་ལག་གོ། །

གཉིས་པ་དེ་བསྲུང་ཚུལ་གྱི་གྲངས་ལས་དགེ་བསྙེན་གྱི་དབྱེ་བ་བཤད་པ་ལ་གཉིས། ཉན་ཐོས་བྱེ་བྲག་སྨྲ་བའི་ལུགས་དང་། མདོ་སྡེ་པའི་ལུགས་སོ། །དང་པོ་ཉན་ཐོས་བྱེ་བྲག་སྨྲ་བའི་ལུགས་ནི། གང་འདོད་ཁས་ལེན་གྲངས་ལྟར་སྣ་གཅིག་སྤྱོད། །སྣ་འགའ་ཕལ་ཆེར་སྤྱོད་དང་ཡོངས་རྫོགས་སྤྱོད། །གཅིག་གཉིས་གསུམ་དང་ལྔ་སྤྱོང་། ཞེས་པ་སྟེ། རང་གི་གང་བསྲུང་འདོད་པ་ལྟར་ཁས་ལེན་པའི་གྲངས་ཇི་ལྟ་བར་སྲོག་གཅོད་པ་ཙམ་སྤྱོང་བ་ལྟ་བུ་སྣ་གཅིག་སྤྱོད་པ་དང་། དེའི་སྟེང་དུ་མ་བྱིན་ལེན་ཙམ་སྤྱོང་བ་ལྟ་བུ་སྣ་འགའ་སྤྱོད་པ་དང་། དེ་གཉིས་ཀྱི་སྟེང་དུ་རྫུན་སྤྱོང་བ་ལྟ་བུ་ཕལ་ཆེར་སྤྱོད་པ་དང་། དེ་གསུམ་གྱི་སྟེང་དུ་འདོད་ལོག་ཆང་དང་བཅས་པ་སྤྱོང་བ་ཡོངས་རྫོགས་སྤྱོད་པ་སྟེ། དེ་དག་རིམ་བཞིན་སྤང་བྱ་གཅིག་དང་། གཉིས་དང་། གསུམ་དང་། ལྔ་སྤྱོང་བའི་རིམ་པའོ། །དེའང་དང་པོ་ཡོངས་རྫོགས་དགེ་བསྙེན་གྱི་བསླབ་པ་ནོད་ནས་ཕྱིས་སྣ་གཅིག་སོགས་གང་འདོད་ལྟར་བསྲུང་བ་ལ་དེ་དག་སྤྱོད་ཅེས་འདོད་དོ། །

གཉིས་པ་མདོ་སྡེ་པའི་ལུགས་ནི། དེ་ཡི་སྟེང་། མི་ཚངས་སྤྱོད་སྤོང་ཚངས་སྤྱོད་དགེ་བསྙེན་ནོ། །འདི་དང་གོ་མི་གཉིས་ནི་ཁྲིམ་པ་དང་། །རབ་བྱུང་གཉིས་ཀ་མིན་ཞེས་མཁས་རྣམས་བཞེད། །ཅེས་པ་སྟེ། གོང་གི་བསླབ་གཞི་ལྔ་པོ་དེ་ཡི་སྟེང་དུ་མི་ཚངས་པར་སྤྱོད་པ་སྤོང་བ་ནི་ཚངས་སྤྱོད་དགེ་བསྙེན་ཏེ། ཇི་སྐད་དུ། རྒྱུན་གྱིས་བརྒྱན་པར་བྱས་ཀྱང་ཆོས་སྤྱོད་ལ། །ཞེས་སོགས་ཀྱིས་བསྟན་པར་མདོ་སྡེ་པས་འདོད་པ་ཡིན་ནོ། །འདི་དང་གོ་མིའི་དགེ་བསྙེན་གཉིས་ནི་ཁྲིམ་ཐབས་སྤངས་པས་འདོད་པ་འཁྲིག་བཅས་ཀྱི་ཁྲིམ་པ་དང་། དུར་སྨྲིག་སོགས་ཀྱི་རྟགས་མ་བླངས་པས་རབ་བྱུང་གཉིས་ཀ་མིན་ནོ་ཞེས་མཁས་པ་རྣམས་བཞེད་ལ། གཞན་ཡང་། འདི་གཉིས་ཀྱི་ཚུལ་ཆོ་འཕྲུལ་བསྟན་པའི་མདོ་ལས་གསལ་བར་གསུངས་ཏེ། ཇི་སྐད་དུ། རབ་བྱུང་ཡོན་ཏན་དུ་མ་ལྡན་པ་ཞེས། །དེ་བཞིན་གཤེགས་པ་རྣམས་ཀྱིས་བསྔགས་མོད་ཀྱི། །སེམས་ཅན་ཀུན་ལ་སྙིང་རྗེར་གྱུར་པས་ན། །འགྲོ་ལ་ཕན་ཕྱིར་བདག་གིས་རྒྱལ་སྲིད་སྤྱབ། །ཇི་སྲིད་འཚོའི་བར་ཚངས་པར་སྤྱོད་བྱེད་ཅིང་། །

གསོ་སྦྱོང་ཡན་ལག་བརྒྱད་པའང་བླང་བར་བགྱི། །ཞེས་གསུངས་སོ། །

གསུམ་པ་ཕྱོགས་མཐུན་གྱི་བསླབ་བྱ་བསྟན་པ་ལ་གཉིས། དངོས་དང་། སྔགས་པ་ཁྱིམ་པས་ཀྱང་བསླབ་དགོས་པར་གདམས་པའོ། །དང་པོ་དངོས་ནི། མི་དགེ་ལྷག་དྲུག་ཕྱོགས་མཐུན་སྤང་བྱ་དང་། །ཞེས་པ་སྟེ། མི་དགེ་བ་བཅུ་ལས་ལུས་ཀྱི་ལས་གསུམ་བརྗོད་མ་ཐག་པ་ལྟར་དང་། ངག་གི་ལས་རྫུན་དོར་བས་ལྷག་མ་ཕྲ་མ། ཚིག་རྩུབ། ངག་འཁྱལ་གསུམ་དང་། ཡིད་ཀྱི་ལས་བརྣབ་སེམས། གནོད་སེམས། ལོག་ལྟ་གསུམ་སྟེ་དྲུག་དང་། རྩ་བ་བཞིའི་ཕྱོགས་སུ་མཐུན་པ་དུད་འགྲོ་གསོད་པ་ལ་སོགས་པའི་སྤང་བྱ་རྣམས་ནི་སྡོམ་པ་མི་གཏོང་ཡང་འགྲོད་སྡོམ་དང་བཅས་པའི་ཕྱིར་བཅོས་པར་བྱ་དགོས་པའི་བསླབ་བྱ་ཡིན་ནོ། །

གཉིས་པ་སྔགས་པ་ཁྱིམ་པས་ཀྱང་བསླབ་དགོས་པར་གདམས་པ་ནི། དགེ་བསྙེན་སྡོམ་ལྡན་རིག་པ་འཛིན་པས་ཀྱང་། །རབ་བྱུང་རྟགས་དང་ཆོ་ག་མ་གཏོགས་པ། །ལྷག་རྣམས་ཉམས་སུ་ལེན་པར་དཔྱད་བཟང་བཤད། །ཅེས་པ་སྟེ། དགེ་བསྙེན་གྱི་སྡོམ་པ་དང་ལྡན་པའི་ཁྱིམ་པ་སྔགས་ལམ་ལ་ཞུགས་པའི་རིག་པ་འཛིན་པ་དེས་ཀྱང་། ངུར་སྨྲིག་བགོ་བ་དང་ལྷུང་བཟེད་འཆང་བ་དང་སྐྲ་འདྲེག་པ་སོགས་རབ་བྱུང་བའི་རྟགས་རྣམས་དང་། ལས་ཀྱི་ཆོ་ག་དང་བཅས་རྐྱང་འགའ་ཞིག་མ་གཏོགས་པའི་ལྷག་མ་རྣམས་འདུལ་བ་ལས་ཇི་ལྟར་འབྱུང་བ་བཞིན་དུ་ཉམས་སུ་ལེན་དགོས་པར་དཔྱད་བཟང་ལས། རྒྱལ་བ་ངས་གསུངས་སོ་སོར་ཐར་པ་ཡི། །ཚུལ་ཁྲིམས་རྣམ་དག་འདུལ་བ་མ་ལུས་ལས། །སྔགས་པ་ཁྱིམ་པས་རྟགས་དང་ཆོ་ག་སྤངས། །ལྷག་མ་རྣམས་ནི་ཉམས་སུ་བླང་བར་བྱ། །ཞེས་བཤད་པའི་ཕྱིར་སྔགས་པ་རབ་བྱུང་གིས་ནི་ལྟ་སྨོས་ཀྱང་ཅི་འཚལ་ལོ། །

གཉིས་པ་རབ་བྱུང་ཕྱོགས་ཀྱི་བསླབ་བྱ་བསྟན་པ་ལ་གསུམ། དགེ་ཚུལ་ཕ་མའི་བསླབ་བྱ་བཤད་པ། དགེ་སློབ་མའི་བསླབ་བྱ་བཤད་པ། དགེ་སློང་ཕ་མའི་བསླབ་བྱ་བཤད་པའོ། །དང་པོ་དགེ་ཚུལ་གྱི་བསླབ་བྱ་བཤད་པ་ལའང་གསུམ། དགེ་ཚུལ་གྱི་བླང་འདས་དངོས། ཕྱོགས་མཐུན་བསྡམ་བྱའི་ཉེས་བྱས། བར་མ་རབ་བྱུང་གི་དུས་སུ་བླང་བ་ལས་འདས་པའི་ཕྱོགས་མཐུན་ནོ། །

དང་པོ་དགེ་ཚུལ་གྱི་བླང་འདས་དངོས་ལ་གཉིས། རྩ་བའི་ཆོས་བཞི་དང་། ཡན་ལག་གི་ཆོས

དྲུག་གོ། །དང་པོ་རྩ་བའི་ཆོས་བཞི་ནི། སྲོག་གཅོད་རྐུ་དང་མི་ཚངས་སྤྱོད་དང་རྫུན། །ཞེས་པ་སྟེ། མིའམ་མིར་ཆགས་པའི་སྲོག་གཅོད་པ་དང་། རིན་ཐང་ཚང་བའི་དངོས་པོ་རྐུ་བ་དང་། ལམ་གསུམ་གང་རུང་ལ་བརྟེན་ནས་མི་ཚངས་པར་སྤྱོད་པ་དང་། མིའི་ཆོས་བླ་མའི་རྫུན་སྨྲ་བ་སྟེ་བཞི་པོ་འདི་བསྲུང་ན་ཚུལ་ཁྲིམས་སུ་འགྱུར་ཞིང་། མ་བསྲུང་ན་ཁྲིམས་འཆལ་དུ་འགྱུར་བས་ན་རྩ་བ་ཞེས་བྱ་སྟེ། དེའང་འཆབ་མེད་གསོར་རུང་དང་འཆབ་བཅས་གསོར་མི་རུང་བ་དགེ་སློང་དང་འདྲ་སྟེ། སུམ་བརྒྱ་པ་ལས། མི་གསོད་ལ་སོགས་བཞི་རྣམས་ཀྱིས། །དགེ་ཚུལ་ལས་ནི་ཉམས་གྱུར་ན། །དགེ་སློང་བཞིན་དུ་དགེ་ཚུལ་ལའང་། །ཕྱི་ནས་སྡོམ་སྐྱེའི་སྐལ་བ་མེད། །ཅེས་སོ། །

གཉིས་པ་ཡན་ལག་གི་ཆོས་དྲུག་ནི། ཆང་འཐུང་གར་སོགས་ཕྲེང་སོགས་མལ་ཆེ་མཐོ། །ཕྱི་དྲོའི་ཁ་ཟས་གསེར་དངུལ་སྤོང་བ་སྟེ། །ཞུམ་པ་སྤངས་ཕྱིར་རགས་པ་བཅུར་དབྱེ་བ་གསུངས། །ཞེས་པ་སྟེ། མྱོས་པར་འགྱུར་བའི་ཆང་འཐུང་བ་དང་། རྐོད་བག་གིས་རང་གར་དག་ནས་གླུ་ལེན་ཅིང་ལུས་ཀྱིས་གར་བསྒྱུར་བ་རོལ་མོའི་རིགས་འབུད་ཅིང་དཀྲོལ་བ་སོགས་རྩེད་མོའི་རིགས་བྱེད་གསུམ་དང་། འཕྲོར་སྣེག་གི་རྣ་ཆ་གདུ་བུ་ལ་སོགས་རྒྱན་འདོགས་པ་དང་། མེ་ཏོག་དང་རིན་པོ་ཆེ་སོགས་ཀྱི་ཕྲེང་བས་སྤྲས་པ་དང་། སྨན་སྤོས་སོགས་ལུས་ལ་དྲི་བཟང་པོས་བགོས་ཏེ་ཁ་དོག་འཆང་བ་སོགས་རྒྱན་གྱི་རིགས་བྱེད་གསུམ་དང་། གསེར་དངུལ་ཟ་འོག་སོགས་རྒྱུ་རིན་ཐང་ཅན་གྱི་མལ་ཆེན་པོ་དང་། རིན་ཐང་ཆུང་ཡང་ཤིང་ཁྲི་ཁྲུ་གང་ལས་ལྷག་པའི་མཐོ་བ་ལ་སྐབས་མ་ཡིན་པར་འདུག་པ་དང་། རང་གླིང་གི་ཉི་མ་ཕྱེད་ཡོལ་ཟིན་ནས་ཕྱི་དྲོའི་དུས་སུ་ཁ་ཟས་ཟ་བ་དང་། རེག་པ་ཙམ་རུང་ཡང་ཆགས་སྲེད་ཀྱིས་གསེར་དངུལ་ཕྱུག་ནོར་དུ་འཆང་བ་སྤོང་བ་སྟེ། དྲུག་པོ་ལ་ཡན་ལག་ཅེས་རྩ་བ་བསྲུང་བའི་ཐབས་ཡིན་ཅིང་། དེའང་ཆང་ནི་བག་ཡོད་ཀྱི་ཡན་ལག་དང་། གཞན་ལྔ་བརྟུལ་ཞུགས་ཀྱི་ཡན་ལག་གོ། །

དེའང་ཁྲི་ཛའི་བུ་བཞིན་དུ་བསླབ་གཞི་མང་པོ་ཐོས་པས་སེམས་ཞུམ་སྟེ་བསླབ་པ་ལེན་པ་ལས་ལྡོག་པ་སྤང་བའི་ཕྱིར་དུ་རགས་པ་བཅུ་པོ་འདིར་དབྱེ་ནས་གསུངས་པ་ཡིན་ལ། དེ་རྣམས་ཆར་གཏོགས་དམིགས་བསལ་བཅས་པའི་སྒོ་ནས་དབྱེ་ན་ལྟུང་འདས་སོ་གསུམ་དུ་འགྱུར་ཏེ། ཇི་སྐད་དུ། རྩ་

བཞི་གསོད་གསུམ་གཞི་མེད་ནས། །སུན་འབྱིན་བར་ལྟ་ཤེས་བཞིན་བཤེས། །འཕྱོ་དང་ཟས་ཅུང་ལྷག་མས་སྐྱུར། །ཉེར་འཇོག་འབྲས་ཆེན་འགེབས་དང་ཆང་། །གར་གསུམ་ཕྲེང་གསུམ་མལ་ཆེ་མཐོ། །དུས་མིན་རིན་ཆེན་བར་མ་གསུམ། །དེ་ལྟར་སུམ་ཅུ་རྩ་གསུམ་མོ། །ཞེས་པས་རྩ་བ་བཞི་དང་། སྲོག་གཅོད་ཀྱི་ཕམ་འདྲའི་ཆར་གཏོགས་དུད་འགྲོ་གསོད་པ། སྲོག་ཆགས་དང་བཅས་པའི་རྩྭ་ཆུར་འདེབས་པ། སྲོག་ཆགས་དང་བཅས་པའི་ཆུར་སྤྱོད་པ་སྟེ་གསོད་པ་གསུམ། རྫུན་གྱི་ཆར་གཏོགས་གཞི་མེད་པ་དང་། བག་ཙམ་སྟེ་ཕམ་པའི་ཀུར་འདེབས་གཉིས། དགེ་འདུན་དབྱེན། དེའི་རྗེས་ཕྱོགས། ཁྱིམ་པ་སུན་འབྱིན་པ། ཤེས་བཞིན་དུ་རྫུན་སྨྲ་བ། བཤེས་ངོར་འཕྱོ་བ། ཞལ་ཏ་བར་འཕྱོ་བ། ཟས་ཅུང་ཟད་ཀྱི་ཕྱིར་ཆོས་སྟོན་ཞེས་སྐྱུར་པ་འདེབས་པ། ལྷག་མའི་སྐྱུར་འདེབས། བསླབ་གཞི་ཁྱད་གསོད། ལྷག་པོར་ལེན་ཕྱིར་འབྲས་ཆེན་འགེབ་པ་སྟེ་བཅུ་གཉིས། དེ་ལྟར་ན་རྩ་བ་བཞི་དང་དེའི་ཆར་གཏོགས་པ་བཅོ་ལྔ་བཅས་བསྡོམས་པས་བཅུ་དགུ། ཆང་འཐུང་བ་དང་། གླུ་གར་དང་། རོལ་མོ་སྟེ་གསུམ། རྒྱན་དང་། ཕྲེང་བ། དྲིའི་ཁ་དོག་འཆང་བ་སྟེ་གསུམ་རྣམས་བསྡོམས་པས་དྲུག །མལ་ཆེན་པོ་དང་། མཐོན་པོ་གཉིས། ཕྱི་དྲོའི་ཁ་ཟས། གསེར་དངུལ་ལེན་པ་རྣམས་བསྣན་པས་སུམ་ཅུ། འོག་ནས་འབྱུང་བའི་ཉམས་པ་གསུམ་དང་བཅས་པས་དགེ་ཚུལ་གྱི་བླང་འདས་སུམ་ཅུ་རྩ་གསུམ་ཡིན་ནོ། །

གཉིས་པ་ཕྱོགས་མཐུན་བསྡུམ་བྱའི་ཉེས་བྱས་ནི། ཆོས་གོས་ལྷུང་བཟེད་འཆང་བ་འབྲལ་བ་དང་། ས་བརྐོ་རིན་ཆེན་རེག་དང་མེ་ལ་རེག །བཏང་ནས་ཟ་དང་ཤིང་འཇོག་ཤིང་གཅོད་དང་། བྱིན་ལེན་རྩྭ་སྔོན་ཁྲིད་དུ་མི་གཙང་འདོར། །གསོག་འཇོག་ཟ་དང་ས་བོན་འཇོམས་པ་རྣམས། །གནང་བའི་ཉེས་མེད་བཅུ་གསུམ་མ་གཏོགས་པ། །དགེ་སློང་ཇི་ཞིན་སྤང་བླང་མཐའ་དག་གཅིག །འཆང་བའི་བླར་བསྒོ་གོས་རྒྱུ་བླ་བར་འཇོག །འབྲལ་བའི་བླར་བསྒོ་དགོན་པའི་འབྲལ་སྤང་བྱེད། །གསོག་འཇོག་བླར་བསྒོ་གསོག་འཇོག་བྱེད་པའང་གནང་། །ཞེས་པ་སྟེ། ཆོས༷་གོ༷ས་ལྷུག་པོར་འཆང་བ་ད༷ང་། ལྷུང༷་བཟེད་བཟུང་འཆང༷་བ༷་དང་། ཆོས་གོས་དང་འབྲལ་བ་ད༷ང་། ས༷་བརྐོ༷་བ་དང་། རི༷ན་ཆེ༷ན་གྱི་རིགས་ལ་རེ༷ག་པ་ད༷ང་། མེ༷་ལ༷་རེ༷ག་པ་དང་། བློས་བཏང༷་ན༷ས་ཡང་ཟ༷་བ་ད༷ང་། ཤི༷ང་ལ་མི་གང་ལས་མཐོར་

འཇིགས་པ་དང་། ཤིང་སོགས་སྐྱེ་བ་གཅོད་པ་དང་། བྱིན་ལེན་མ་བྱས་པར་ཟ་བ་དང་། རྩྭ་སྔོན་གྱི་ཁྲོད་དུ་མི་གཙང་བ་འདོར་བ་དང་། གསོག་འཇོག་ཏུ་སོང་བ་ཟ་བ་དང་། རུང་བ་མ་བྱས་པར་ས་བོན་འཇོམས་པ་རྣམས་ནི་དགེ་ཚུལ་རྣམས་ལ་སྟོན་པས་རྗེས་སུ་གནང་བའི་ཉེས་མེད་བཅུ་གསུམ་པ་སྟེ། འདི་རྣམས་བསྟན་བཅོས་བྱེད་བྲག་བཤད་པ་ལས་གསུངས་ལ། དེ་རྣམས་མ་གཏོགས་པ་དགེ་སློང་དེ་ལྟ་བ་བཞིན་དུ་སྤང་བྱ་དང་བླང་བྱ་མཐའ་དག་ཐུན་མོང་པ་ཡིན་པས་གཅིག་ཏུ་འགྱུར་མོད། འོན་ཏེ་དགེ་ཚུལ་གྱི་སྐབས་འདིར་བཞགས་ཡུལ་ལ་མི་ལྟོས་པར་ཡིད་ཀྱིས་བསྔོམས་པ་ཙམ་གྱིས་འདག་གོ། །དེའི་སྟེང་དུ་གོས་ལྷག་པོར་འཆང་བའི་ལྟུང་བསྒྱུ་བ་གོས་རྒྱུ་ཟླ་བ་ལས་ལྷག་པར་འཇོག་པ་དང་། གོས་དང་འབྲལ་བའི་ལྟུང་བསྒྱུ་བ་འཇིགས་པ་དང་བྲལ་ཡང་དགོན་པའི་གནས་སུ་འབྲལ་སྤང་བྱེད་པ་དང་། གསོག་འཇོག་ཟ་བའི་ལྟུང་བསྒྱུ་བ་འཚོ་བ་ཙམ་གྱི་ཕྱིར་གསོག་འཇོག་བྱེད་པ་འང་གནང་བ་ཡིན་ལ། དེ་གསུམ་གྱི་སྟེང་དུ་བོད་ཀྱི་འདུལ་འཛིན་རྣམས་ཀྱིས་རུང་མཐུན་བསྒྱུ་བ་ལ། ཟླ་འཇོག་གསོག་འཇོག་དགོན་པ་འབྲལ། །མ་སྨྲས་འདུན་བསྒྱུར་མ་ཇོགས་ཉལ། །ཞེས་པ་ལྟར་གསུམ་བསྣན་པས་ཉེས་མེད་བཅུ་དགུར་འགྱུར་རོ། །

གསུམ་པ་བར་མ་རབ་བྱུང་གི་དུས་སུ་བླངས་པ་ལས་འདས་པའི་ཕྱོགས་མཐུན་ནི། ཁྱིམ་རྟགས་སྤོང་ཉམས་རབ་བྱུང་རྟགས་ལེན་ཉམས། །བརྙས་པས་མཁན་པོར་ཉམས་ཏེ་ཉམས་པ་གསུམ། །སྤང་བ་དགེ་ཚུལ་སྡོམ་པའི་བསླབ་བྱའོ། །ཞེས་པ་སྟེ། དགེ་ཚུལ་གྱིས་གོས་དཀར་པོ་སྐྲ་གཙུག་ཅན་ལྟ་བུ་བསམ་མ་ཐག་པས་ཉིན་གཅིག་ཙམ་གྱོན་ན་ཁྱིམ་པའི་རྟག་སྤོང་བ་ལས་ཉམས་པ་དང་། ཆོས་གོས་སོགས་རབ་བྱུང་གི་རྟགས་ལེན་པ་ལས་ཉམས་པ་དང་། བསླབ་པ་ལ་མ་གུས་ཤིང་བརྙས་པས་མཁན་པོར་གསོལ་བ་བཏབ་པ་ལས་ཉམས་པ་སྟེ། ཉམས་པ་གསུམ་པོ་འདི་བར་མ་རབ་བྱུང་གི་སྡོམ་པ་གཏོང་བྱེད་དངོས་དང་དགེ་ཚུལ་གྱི་བླངས་འདས་སོ། །དེ་ལྟར་ཉམས་པ་གསུམ་པོ་དང་བཅས་པ་སྤང་བར་བྱ་བ་ནི་དགེ་ཚུལ་ཕ་མ་གཉིས་ཀྱི་སྡོམ་པའི་བསླབ་པར་བྱ་བའོ། །

གཉིས་པ་དགེ་སློབ་མའི་བསླབ་བྱ་ལ་གཉིས། མདོར་བསྟན་པ་དང་། རྒྱས་པར་བཤད་པའོ། །དང་པོ་མདོར་བསྟན་པ་ནི། དགེ་སློབ་མ་ནི་དགེ་ཚུལ་ཐོབ་པའི་སྟེང་། །ཞེས་པ་སྟེ། དགེ་སློབ་མ་ནི་

དགེ་ཚུལ་མའི་བསླབ་གཞི་བཅུ་ཐོབ་པའི་སྟེང་དུ་དགེ་སློབ་མའི་སྡོམ་པ་བླངས་ནས་ལོ་གཉིས་ལ་དེའི་བསླབ་བྱ་ལ་སློབ་པ་སྟེ། དེ་ཡང་དགེ་ཚུལ་མའི་ཕམ་འདྲའི་ཉེས་བྱས་མ་བྱུང་ན་གཞམ་གསལ་རྩ་བའི་ཆོས་དྲུག་ལྷ་བུ་བྱུང་ཡང་དེ་ལ་བསླབ་པ་འབྲུགས་པ་ཞེས་སླར་ཡང་སྡོམ་པ་ནོད་དེ་ལོ་གཉིས་ལ་བསླབ་པར་བྱ་དགོས་པ་ལས། དེ་དགེ་སློབ་མའི་སྡོམ་པ་གཏོང་བྱེད་དངོས་མ་ཡིན་ནོ། །

གཉིས་པ་རྒྱས་པར་བཤད་པ་ལ་གཉིས། རྩ་བའི་ཆོས་དྲུག་དང་། རྗེས་མཐུན་གྱི་ཆོས་དྲུག་གོ། །དང་པོ་རྩ་བའི་ཆོས་དྲུག་ནི། གཅིག་འགྲོ་ཆུར་རྒྱལ་སྐྱེས་རེག་ལྷན་གཅིག་འདུག །སྨྱན་བྱ་ཉེས་འཆབ་རྩ་བའི་ཆོས་དྲུག་གོ། །ཞེས་པ་སྟེ། ལམ་དུ་རང་གཅིག་པུར་འགྲོ་བ་དང་། ཆུར་རྒྱལ་བ་དང་། སྐྱེས་པའི་ལུས་ལ་རེག་པ་དང་། དེ་དང་ལྷན་གཅིག་ཏུ་འདུག་པ་དང་། ཕོ་མོ་ཕན་ཚུན་སྨྱན་བྱ་བ་དང་། བླ་མོའི་ཉེས་པ་འཆབ་པ་བཅས་སྤྱོད་པ་ནི་རྩ་བའི་ཆོས་དྲུག་གོ། །

གཉིས་པ་རྗེས་མཐུན་གྱི་ཆོས་དྲུག་ནི། གསེར་བཟུང་འདོམ་སྤུ་འདྲེག་དང་ས་བརྐོ་སྤྱང་། །བྱིན་ལེན་མེད་དང་གསོག་འཛོག་བྱས་མི་ཟ། །རྩྭ་སྔོན་མི་གཙོད་འདི་དག་རྗེས་མཐུན་དྲུག །ཅེས་པ་སྟེ། གསེར་ལ་སོགས་པའི་རིན་པོ་ཆེ་བཟུང་བ་དང་། འདོམ་གྱི་སྤུ་འདྲེག་པ་དང་། ས་བརྐོ་བ་རྣམས་སྤྱང་བ་དང་། ཟས་བྱིན་ལེན་མེད་པར་ཟ་བ་སྤྱང་བ་དང་། གསོག་འཛོག་བྱས་ཏེ་མི་ཟ་བ་དང་། རྩྭ་སྔོན་པོ་མི་གཙོད་པ་སྟེ་འདི་དག་རྣམས་ནི་རྗེས་སུ་མཐུན་པའི་ཆོས་དྲུག་གོ། །

གསུམ་པ་དགེ་སློང་ཕ་མའི་བསླབ་བྱ་བཤད་པ་ལ་གཉིས། དགག་པའི་བསླབ་བྱ་དང་། བསྒྲུབ་པའི་བསླབ་བྱའོ། །དང་པོ་དགག་པའི་བསླབ་བྱ་ལ་གཉིས། དགེ་སློང་ཕའི་དགག་པའི་བསླབ་བ་༤དང་། དགེ་སློང་མའི་དགག་པའི་བསླབ་བྱའོ། །དང་པོ་དགེ་སློང་ཕའི་དགག་པའི་བསླབ་བྱ་ལའང་གཉིས། མདོར་བསྟན་པ་དང་། རྒྱས་པར་བཤད་པའོ། །

དང་པོ་མདོར་བསྟན་པ་ནི། དགེ་སློང་ཁྲིམས་ལ་ཉིས་བརྒྱ་ལྔ་བཅུ་གསུམ། །ཞེས་པ་སྟེ། དགེ་སློང་གི་བསླབ་ཁྲིམས་ལ་ཕམ་པའི་སྡེ་དང་། ལྷག་མའི་སྡེ་དང་། སྤང་ལྟུང་གི་སྡེ་དང་། ལྟུང་བྱེད་ཀྱི་སྡེ་དང་། སོར་བཤགས་ཀྱི་སྡེ་དང་། ཉེས་བྱས་ཀྱི་སྡེ་སྟེ་དེ་དྲུག་པོ་ལ་ནང་གསེས་ཀྱི་དབྱེ་བས་ཁྲིམས་ཉིས་བརྒྱ་ལྔ་བཅུ་རྩ་གསུམ་ཡོད་དོ། །

གཉིས་པ་རྒྱས་པར་བཤད་པ་ལ་དྲུག །ཐམ་པའི་སྡེ། ལྷག་མའི་སྡེ། སྤང་ལྟུང་གི་སྡེ། ལྟུང་བྱེད་ཀྱི་སྡེ། སོར་བཤགས་ཀྱི་སྡེ། ཉེས་བྱས་ཀྱི་སྡེ་བཤད་པའོ། །དང་པོ་ཕམ་པའི་སྡེ་ལ་གསུམ། གཞི་མདོར་བསྟན། རྩ་བ་རྒྱས་པར་བཤད། སྐབས་ཀྱི་དོན་བསྡུ་བའོ། །

དང་པོ་གཞི་མདོར་བསྟན་པ་ནི། སྡོམ་པའི་རྩ་བ་ཕམ་པ་བཞི་ཞེས་པ། །ཞེས་པ་སྟེ། བཅས་ལྡན་དགེ་སློང་གིས་འདི་དག་བསྲུངས་ན་སྡོམ་པ་ཕྱི་མ་མ་ལུས་པའི་རྩ་བ་ཡིན་ལ། གལ་ཏེ་ཉམས་ན་གཉེན་པོའི་ཕྱོགས་མ་ལུས་པ་མཐུ་མེད་པར་བཅོམ་པའི་ཕྱིར་ཕམ་པ་བཞི་ཞེས་གྲགས་པའོ། །

གཉིས་པ་རྩ་བ་རྒྱས་པར་བཤད་པ་ལ་བཞི། མི་ཚངས་སྤྱོད་ཀྱི་ཕམ་པ། མ་བྱིན་ལེན་གྱི་ཕམ་པ། སྲོག་གཅོད་པའི་ཕམ་པ། མི་ཆོས་བླ་མའི་རྫུན་སྨྲ་བའི་ཕམ་པའོ། །དང་པོ་མི་ཚངས་སྤྱོད་ཀྱི་ཕམ་པ་ནི། གཞི་ཡི་ཡན་ལག་ཆ་ཀུན་བཟུང་འོས་པ། །སྐྱེ་གནས་ལམ་དུ་ཕོ་དབང་ལས་རུང་ནི། །བསམ་པ་ངོ་ཚ་འཇིགས་མེད་ཆགས་སེམས་ཀྱིས། །སྦྱོར་བ་དྲུད་པ་མཐར་ཐུག་སིམ་པ་ཐོབ། །དེས་ནི་ཚངས་པར་སྤྱོད་ལས་ཉམས་པར་ཉམས། །ཞེས་པ་སྟེ། དེའང་དགེ་སློང་གིས་འདི་བཞི་གང་རུང་ལ་སྤྱད་ན་སྐད་ཅིག་མ་དེར་སྡོམ་པ་རྣམ་པར་དག་པའི་ལྷག་མ་ཙམ་ཡང་མེད་པར་བྱེད་པས་ན་རྩ་བའི་ལྟུང་བ་དང་མི་མཐུན་ཕྱོགས་ཀྱི་གཉེན་པོ་མཐུ་མེད་པར་བཅོམ་པའི་ཕྱིར་ཕམ་པ་ཞེས་གྲགས་ཏེ། དེ་ཡང་མི་ཚངས་སྤྱོད་ལ་གཞན་གྱི་གཞི་ཡི་ཡན་ལག་འཁྲིག་པའི་ཆོས་བ་སྐྱེད་ནུས་པའི་ལུས་ཕྱེད་དུ་ལོངས་པ་ཡན་ཆད་ཡན་ལག་གི་ཆ་ཤས་ཀུན་བཟུང་བར་འོས་པ་ཁའམ། གཤང་ལམ་མམ། སྐྱེ་གནས་ཀྱི་ལམ་གསུམ་པོ་གང་རུང་དུ། རང་གི་གཞི་ཡི་ཡན་ལག་བརྟེན་བྱེད་ཕོ་ཡི་དབང་པོ་ནད་ལ་སོགས་པས་སྨྲ་མ་ཕབ་པར་ལས་སུ་རུང་བ་དེ་ནི། བསམ་པ་རང་ངོར་ལྟོས་པའི་ངོ་ཚ་བ་དང་། གཞན་ངོར་ལྟོས་པའི་འཇིགས་པ་སྟེ་ཁྲེལ་འཛེམ་མེད་པར་རེག་བདེ་ཉམས་སུ་མྱོང་བར་འདོད་པའི་ཆགས་སེམས་ཀྱིས། སྦྱོར་བ་བརྟེན་བྱ་དེར་རྩལ་ཞིང་དྲུད་པ་ལས་མཐར་ཐུག་པགས་རིམ་གྱི་མཚམས་ལས་འདས་ནས་ལུས་ཚོར་བདེ་བའི་སིམ་པ་ཐོབ་པ་སྟེ། ཡན་ལག་བཞི་པོ་ཚང་བ་དེས་ནི་ཚངས་པར་སྤྱོད་པའི་སྡོམ་པ་ལས་ཉམས་པར་ཉམས་པས་ན་ཕམ་པར་འགྱུར་པའོ། །

གཉིས་པ་མ་བྱིན་ལེན་གྱི་ཕམ་པ་ནི། བརྐུ་བའི་གཞི་ནི་མི་གཞན་ནོར་ཡིན་པ། །བསམ་པ

རང་ཉིད་འཚོ་ཕྱིར་རྐུ་སེམས་ཀྱིས། །ཡུལ་དུས་རིན་ཐང་ཚང་བ་སྒྱུར་བས་བརྐུས། །མཐར་ཐུག་བརྐུས་སམ་བརྐུར་བཅུག་བརྩད་ནས་ཐོབ། །ཅེས་པ་སྟེ། བརྐུ་བར་བྱ་བའི་གཞི་ནི་རང་དང་ནོར་མི་གཅིག་པའི་གཞན་གྱིས་བདག་ཏུ་བཟུང་བའི་ནོར་རྫས་ཡིན་པ། བསམ་པ་རང་ཉིད་ཀྱི་བཟའ་བ་དང་བགོ་བ་ལ་སོགས་པ་འཚོ་བར་བྱ་བའི་ཕྱིར་དུ་རྐུ་བའི་སེམས་ཀྱིས། ཡུལ་གང་དུའང་དུས་དེ་དང་བསྟུན་པའི་རིན་ཐང་ཚང་བ། ལུས་ཀྱི་རྣམ་པ་རིག་བྱེད་ཀྱི་སྒྱུར་བས་དུས་གཅིག་ལ་བརྐུས་པ་མཐར་ཐུག་རང་གིས་བརྐུས་སམ་གཞན་ལ་བརྐུར་བཅུག་པའམ། བརྩད་པ་གང་ཡང་རུང་བའི་སྒོ་ནས་རྫས་དེ་བདག་པོ་དང་བྲལ་ཏེ་རང་ལག་ཏུ་འབྱོར་ནས་ཐོབ་བློ་སྐྱེས་པའོ། །འདི་ལ་བརྐུ་རྫས་རིན་ཐང་གི་ཚད་ནི་ཀ་རི་ཀ་ལྔ་བཅུ་པ་ལས། ཀརྵ་པ་ཎ་བཞི་ཆ་བརྐུས། །དེ་བསླུས་ཚུལ་ཁྲིམས་ཞིག་པར་འགྱུར། །ཞེས་གསུངས་པ་སྔོན་གྱི་གསུངས་ཚུལ་དེ་ལ་གཞིག་སྟེ་དེང་སང་བོད་ཡུལ་དུ་ཕྱོགས་ཙམ་གཞིག་ན་འབྲུ་ཁལ་ཕྱེད་ཙམ་སྟེ། ཡུལ་དུས་ཀྱི་དབང་གིས་མཐའ་གཅིག་ཏུ་མ་ངེས་སོ། །

གསུམ་པ་སྲོག་གཅོད་པའི་ཕམ་པ་ནི། སྲོག་གཅོད་གཞི་ནི་མི་གཞན་མ་འཁྲུལ་བར། །བསམ་པ་གསོད་སེམས་གསོད་བྱ་དེར་ཤེས་པ། །སྦྱོར་བ་གསོད་པར་བརྩམས་ནས་མ་བཟློག་པར། །མཐར་ཐུག་སྲོག་གི་དབང་པོ་དགག་པ་དང་། །གསོད་བཅུག་ཡི་རང་བསྔགས་སོགས་རྐྱེན་བྱས་ཀྱང་། །ཞེས་པ་སྟེ། སྲོག་གཅོད་ཀྱི་གཞི་ནི་མིའམ་མིར་ཆགས་པ་རང་ལས་རྒྱུད་ཐ་དད་པ་མི་གཞན་དང་མ་འཁྲུལ་བར། བསམ་པ་བདག་གིས་འདི་ཉིད་ངེས་པར་བསད་པར་བྱའོ་སྙམ་པའི་གསོད་སེམས་ཀྱིས། གསོད་པར་བྱ་བ་དེ་ལ་དེར་འདུ་ཤེས་པ། སྦྱོར་བ་དུག་དང་མཚོན་ཆ་ལ་སོགས་པས་གསོད་པར་བརྩམས་ནས་བྱ་བ་ལས་མ་བཟློག་པར་མཐར་ཐུག་རང་ཉིད་མ་ཤི་བའི་སྔོན་དུ་དེ་ཉིད་སྲོག་གི་དབང་པོ་འགག་པ་དང་། དེ་ལྟར་རང་ཉིད་ཀྱིས་བསད་པ་ཙམ་དུ་མ་ཟད་གཞན་ལ་གསོད་དུ་བཅུག་པ་དང་། བསད་པ་ལ་ཤིན་ཏུ་ལེགས་ཤེས་ཡི་རང་བས་བསྔགས་པ་བརྗོད་པ་ལ་སོགས་པས་རྐྱེན་བྱས་ནས་བསད་ཀྱང་འདྲ་ལ། དེར་མ་ཟད་དགེ་སློང་མང་པོས་གྲོས་བྱས་ནས་གཅིག་གིས་བསད་ཀྱང་ཐམས་ཅད་ལ་ཕམ་པ་འབྱུང་སྟེ། མཛོད་ལས། དམག་ལ་སོགས་པ་དོན་གཅིག་ཕྱིར། །ཐམས་ཅད་བྱེད་པ་པོ་བཞིན་ལྡན། །ཞེས་སོ། །

བཞི་པ་མི་ཆོས་བླ་མའི་རྫུན་གྱི་ཕམ་པ་ནི། རྫུན་གྱི་གཞི་ནི་སླ་ཤེས་དོན་གོའི་མིར། །བསམ་པ་འདུ་ཤེས་བསྒྱུར་ནས་བརྗོད་བློ་སྐྱེས། །སྦྱོར་བ་མངོན་ཤེས་ལ་སོགས་ཡོན་ཏན་ཚོགས། །མེད་ཀྱང་ཡོད་ཅེས་བླ་མའི་རྫུན་སྨྲས་པས། །མཐར་ཐུག་གཞན་གྱིས་རྫུན་དེ་གོ་ན་ཉམས། །ཞེས་པ་སྟེ། རྫུན་གྱི་གཞི་ནི་གང་ལ་སྨྲ་བའི་ཡུལ་རང་ལས་རྒྱུད་གཞན་པའི་མི་སླ་ཤེས་པ། དོན་གོ་བ། ཤེས་པ་རང་བཞིན་དུ་གནས་པ། མ་ནིང་དང་། མཚན་གཉིས་མ་ཡིན་པ་སྟེ་ཐ་སྙད་ལྔ་དང་ལྡན་པའི་མིར། བསམ་པ་དེའི་འདུ་ཤེས་གཞན་དུ་བསྒྱུར་ནས་བསླུ་འདོད་ཀྱི་གཏམ་བརྗོད་འདོད་ཀྱི་བློ་སྐྱེས་ཏེ། སྦྱོར་བ་མངོན་པར་ཤེས་པ་ལྔ་ལ་སོགས་པ་འདོད་ཁམས་ལས་གོང་དུ་འཕགས་པའི་བསམ་གཏན་དང་པོ་ནས་སངས་རྒྱས་ཀྱི་སའི་བར་གྱི་ཡོན་ཏན་དུ་མའི་ཚོགས་རང་ལ་མེད་ཀྱང་ཡོད་ཅེས་འཕགས་པའི་ཆོས་བླ་མའི་རྫུན་ངག་མཚན་ཉིད་བཞི་ལྡན་གྱིས་སྨྲས་པས། མཐར་ཐུག་གཞན་གྱིས་རང་གིས་སྨྲས་པའི་རྫུན་དེས་འདུ་ཤེས་བསྒྱུར་མ་ནུས་ཀྱང་དོན་གོ་བར་གྱུར་ན་དགེ་སློང་རང་གི་སྡོམ་པ་ཉམས་པ་ཡིན་ནོ། །མཚན་ཉིད་བཞི་ལྡན་ནི། རང་གི་ངག་ཡིན་པ། ཚིག་མ་ནོར་བ། དོན་གསལ་པོར། ཡུལ་དེའི་རྣ་བར་མངོན་སུམ་དུ་སྨྲས་པའོ། །དེ་ལྟར་ཕམ་པ་བཞི་པོ་འདི་ལ་གཞི། བསམ་པ། སྦྱོར་བ། མཐར་ཐུག་སྟེ་ཡན་ལག་བཞི་ཚང་བའོ། །

གསུམ་པ་སྐབས་ཀྱི་དོན་བསྡུ་བ་ནི། འདི་བཞི་གང་སྤྱད་དགེ་སློང་དེ་ཕམ་ཕྱིར། །ཕས་ཕམ་བཞི་ཞེས་ཐམས་ཅད་མཁྱེན་དེས་གསུངས། །ཞེས་པ་སྟེ། དེས་ན་འདི་བཞི་པོ་རང་རང་གི་ཡན་ལག་ཐམས་ཅད་ཚང་བས་གང་སྤྱད་ཀྱང་དགེ་སློང་དེ་མི་མཐུན་ཕྱོགས་ཀྱི་གཉེན་པོ་མཐུ་མེད་པར་བཅོམ་ནས་ཕམ་པའི་ཕྱིར་ན་ཕས་ཕམ་པ་བཞི་ཞེས་རྒྱལ་བ་ཐམས་ཅད་མཁྱེན་པ་དེས་གསུངས་ཏེ། སོ་སོར་ཐར་པ་ལས། དགེ་སློང་དག་གིས་དེ་དག་ལས་ལྟུང་བ་གང་ཡང་རུང་བ་ཞིག་བྱས་ན་ཐོག་མ་ཇི་ལྟ་བར་ཕྱིས་ཀྱང་དེ་བཞིན་དུ་ཕམ་པར་འགྱུར་བ་ཡིན་ཏེ། དགེ་སློང་རྣམས་དང་ལྷན་ཅིག་གནས་པ་དང་། ལོངས་སྤྱོད་དུ་མི་དབང་གིས། གནས་པར་མི་བྱའོ། །ཞེས་གསུངས་སོ། །དེ་ལྟར་ན་བསླབ་བྱ་འདི་རྣམས་ཕྱིའི་རྐྱེན་གནས་ཀྱི་བླ་མ་མཚན་ཉིད་དང་ལྡན་པ་ལས་འདུལ་བ་ནས་གསུངས་པའི་བླང་དོར་གྱི་གནས་མ་ལུས་པ་ལ་ཤིན་ཏུ་མཁས་པར་སྦྱངས་༡)ཤིང་། ནང་གི་རྐྱེན་བསམ་པ་ཕུན་

སུམ་ཚོགས་པ་བླང་དོར་ལ་སྦྱོ་བའི་བརྩོན་༢འགྲུས། འཇུག་ལྡོག་གི་གནས་ལ་བཟོད་པའི་བག་༣ཡོད། རང་རྒྱུད་ལ་ཉེས་པ་བྱུང་མ་བྱུང་རྟོག་པའི་ཤེས་༤བཞིན་རྣམས་ལ་བརྟེན་ནས་བསླབ་བྱའི་གནས་ཐམས་ཅད་ལ་དྲན་ཤེས་བརྟན་པོ་རྒྱུན་མི་ཆད་པའི་སྒོ་ནས་བསྲུང་དགོས་པ་ཡིན་ནོ། །

གཉིས་པ་ལྷག་མའི་སྡེ་ལ་གཉིས། མདོར་བསྟན་པ་དང་། རྒྱས་པར་བཤད་པའོ། །དང་པོ་མདོར་བསྟན་པ་ནི། དགེ་འདུན་ལྷག་མ་བཅུ་གསུམ་ཞེས་གྲགས་པ། །ཞེས་པ་སྟེ། གསོ་བ་དགེ་འདུན་ལ་རག་ལས་ཤིང་སྡོམ་པ་རྣམ་དག་གི་ལྷག་མ་ཙམ་ཟད་ཙམ་ལུས་པ་ལ་གྲངས་བཅུ་གསུམ་ཡོད་པ་ཡིན་ཞེས་གྲགས་པ་ལ་དབྱེ་ན། ནང་སེམས་ཅན་ལ་ཆགས་པ་ལྔ་དང་། ཕྱི་ཡོ་བྱད་ལ་ཆགས་པ་གཉིས་ཏེ་འདོད་པ་ལས་གྱུར་པ་བདུན། གནོད་པ་ལས་གྱུར་པ་གཉིས། བགོ་བ་ལས་གྱུར་པ་བཞི་རྣམས་སུ་ཡོད་དོ། །

གཉིས་པ་རྒྱས་པར་བཤད་པ་ནི། བསྒྲོད་མིན་གནས་སུ་ཁུ་བ་འབྱིན་པ་དང་། །ཆགས་པས་བུད་མེད་ལུས་ཀྱི་ཆ་ཤས་འཛིན། །འཁྲིག་ཚིག་རྗེན་སྨྲ་བུད་མེད་ཆགས་ཕྱིར་བཀུར། །ཕོ་མོ་ཕན་ཚུན་སྨྱན་བྱས་འདུས་ཏེ་འཕྲད། །རང་དོན་ཚད་ལྷག་ཁང་པ་ཁང་ཆེན་བརྩིགས། །བརྗོད་གཞི་མེད་དང་སྣད་ཀ་བག་ཙམ་ལ། །བརྟེན་ནས་དགེ་སློང་སྐུར་བཏབ་དགེ་འདུན་དབྱེན། །དབྱེན་དེའི་རྗེས་ཕྱོགས་བསླབ་པ་དང་འགལ་བ། །ཁྱིམ་སུན་བྱེན་ཆེ་སྒྲོད་བྱེད་ལ་བསྐོན་པ། །ལྷུང་བྱུང་བསྐྱལ་ཚེ་བཀའ་བློ་མི་བདེ་བའོ། །ཞེས་པ་སྟེ། བསྒྲོད་བྱའི་ལམ་གསུམ་མིན་པར་རང་ངམ་གཞན་གྱི་ཡན་ལག་གི་གནས་སུ་ཁུ་བ་དབྱུང་འདོད་ཀྱི་བསམ་པས་རང་གི་ཕོ་དབང་ལས་སུ་རུང་བས་རེག་ཅིང་བརྒྱལ་བ་ལས་ཁུ་བ་འབྱིན་པའི་བདེ་བ་མྱོང་བ་དང་༡། ཆགས་པའི་སེམས་ཀྱིས་བརྟེན་རུང་བུད་མེད་ལ་རེག་འདོད་ཀོ་ནས་དེའི་ལུས་ཀྱི་ཆ་ཤས་སྐྲ་སོགས་ལ་རྗེན་པར་འཛིན་ཏེ་བར་དུ་མ་ཆོད་པར་རེག་པའི་བདེ་བ་མྱོང་བ་དང་༢། བརྡ་འཕྲོད་པའི་བུད་མེད་བརྟེན་རུང་ལ་འཁྲིག་པ་སྤྱོད་པའི་དངོས་མིང་ཚིག་ཏུ་རྗེན་པར་སྨྲ་ཞིང་དེས་ཀྱང་དོན་གོ་བ་དང་༣། ཡུལ་བུད་མེད་ལ་ཆགས་པ་དོན་དུ་གཉེར་བའི་ཕྱིར་བདག་ལྟ་བུའི་དགེ་སློང་ལ་འཁྲིག་པས་བསྙེན་བཀུར་ན་བསྙེན་བཀུར་ཐམས་ཅད་ལས་མཆོག་གོ་ཞེས་བསྔགས་པའམ་ཡུལ་གྱིས་སྨྲས་པ་དང་དུ་བླངས་ཀྱང་རུང་སྟེ་དེས་བརྡ་འཕྲོད་པ་དང་༤། རང་

ལས་གཞན་པའི་ཕོ་མོ་གཉིས་ཕན་ཚུན་སྦྱོར་འདོད་ཀྱིས་རང་དམ་བསྐོས་པའི་འཕྲིན་གསུམ་གྱི་སྒོ་ནས་སྨྱན་བྱས་པས་དེ་གཉིས་འདུས་ཏེ་དབང་པོ༥འཕྲད་པ་སྟེ་དེ་ལྟ་ནི་ནང་སེམས་ཅན་ལ་ཆགས་པ་ལས་གྱུར་པའོ། །གཞི་རྒྱལ་པོས་མ་གནང་བ་སོགས་རྩོད་པ་ཅན་དང་། སྒྲིག་ཆགས་མང་བ་དང་། ཆུ་སོགས་ཀྱིས་འཇིག་རྐྱེན་ཡོད་པ་བཅས་མ་དག་གསུམ་དང་ལྡན་པའི་ས་གནས་སུ། དགེ་འདུན་ལས་གནང་བ་མ་ཐོབ་པར་རང་གི་དོན་དུ་གཞན་ལ་འབད་པས་བཙལ་བའི་ཡོ་བྱད་ཀྱིས་སྲིད་དུ་མིའི་ཁྲུ་བཅོ་བརྒྱད་དང་། ཞེང་དུ་ཁྲུ་ཕྱེད་དང་བཅུ་གཅིག་གི་ཚད་ལས་ལྷག་པའི་ཁང་པ་རང་དམ་གཞན་ལ་བསྐོས་པས་བརྩིགས་ཀྱང་རུང་སྟེ་ཐོག་ཕུབ་ཟིན་པ་དང་༦། གང་ཟག་བཞིར་ལོངས་པ་ཡན་ཆད་ཀྱི་དོན་ནམ་དཀོན་མཆོག་གི་ཆེད་དུའང་དགེ་འདུན་ལས་གནང་བ་མ་ཐོབ་པར་མ་དག་གསུམ་གྱི་ས་ན་ཁང་ཆེན་བརྩིགས་ནས་ཐོག་ཕུབ་པ་༧སྟེ་དེ་གཉིས་ནི་ཕྱིའི་ཡོ་བྱད་ལ་ཆགས་པའོ། །ཡུལ་དགེ་སློང་གཞན་ལ་བརྗོད་པའི་གཞི་མཐོང་ཐོས་དོགས་གསུམ་མེད་བཞིན་དུ་ཕམ་པ་བཞི་གང་རུང་བྱུང་ཞེས་སྐུར་འདེབས་ཀྱི་ཚིག་གསལ་པོར་སྨྲས་པ་ཡུལ་དེས་གོ་བ་༨དང་། གླིང་བའི་སྐད་ཀ་བག་ཙམ་ཡོད་པ་ལ་བརྟེན་ནས་ཡུལ་དགེ་སློང་གཞན་ལ་ཚིག་ཟུར་གྱིས་ཕམ་བཞི་གང་རུང་གི་སྒོ་ནས་སྐུར་པ་བཏབ་པ་ཡུལ་གྱིས་གོ་བ་༩སྟེ་དེ་གཉིས་ནི་གནོད་པ་ལས་གྱུར་པའོ། །མཚམས་ནང་གཅིག་ཏུ་བཅས་ལྡན་དགེ་སློང་གིས་རང་མི་ཐེ་བའི་དབྱེ་བྱ་དགེ་འདུན་དུ་ལོངས་པ་ཕྱོགས་གཉིས་སུ་ཆོས་མིན་དབྱེན་གྱིས་འབྱེད་པ་ལ་ཟློག་བྱེད་ལྷས་བཟློག་ཀྱང་དེའི་ཐ་མ་བརྗོད་པ་གསུམ་པའི་མཐའ་ལ་མི་གཏོང་༡༠བ་དང་། དགེ་སློང་གང་དགེ་འདུན་དབྱེན་བྱེད་པའི་དགེ་སློང་དེའི་རྗེས་སུ་ཕྱོགས་ནས་བསླབ་པ་དང་འགལ་བར་བྱེད་པ་ལ་ཟློག་བྱེད་ལྷས་བཟློག་ཀྱང་མི་གཏོང་བ་༡༡དང་། དགེ་སློང་གང་ཞིག་ཆང་འཐུང་ཞིང་བུད་མེད་དང་ལྷན་དུ་བཟའ་བཏུང་ལ་སྤྱོད་པ་སོགས་བསླབ་པ་དང་འགལ་བའི་ངན་སྤྱོད་ཀྱི་བྱ་བས་ཁྱིམ་པ་རྣམས་ཀྱི་སེམས་སུན་འབྱིན་ཏེ་མི་དད་པར་བྱེད་པའི་ཚེ་དེ་དགེ་འདུན་གྱི་གནས་ནས་བསྐྲད་པ་ན་སྐྲོད་བྱེད་དགེ་འདུན་ལ་འགྲོ་མིན་བཞིའི་བསྐོན་ཚིག་གིས་སྐུར་པ་འདེབས་པ་ཟློག་བྱེད་ལྷའི་མཐར་མི་གཏོང་བ་༡༢དང་། དགེ་སློང་གཞན་ལ་ལྟུང་བ་བྱུང་བ་ན་དགེ་འདུན་གྱི་ཕྱིར་བཅོས་བྱ་བར་བསྐུལ་བའི་ཚེ། ཁྱེད་ཅག་དགེ་ཡང་རུང་།

སྡིག་཭ཀྲུང་རུང་། ཁོ་བོ་ལ་ཙི་ཡང་མ་སླུ་ཞིག་ཅེས་དང་དུ་མ་བླངས་པ་བཀའ་བློ་མི་བདེ་བའི་གཞིར་ཞུགས་པ་ཟློག་བྱེད་ལྷའི་མཐའ་ལ་མི་གཏོང་༽༤བའོ། །འདི་བཞི་ནི་བགོ་བ་ལས་གྱུར་པའོ། །ཟློག་བྱེད་ལྷ་ནི། གནམ་སྒོ་དང་། གསོལ་བཞིའི་ལས་དང་ལྔའོ། །

གསུམ་པ་སྤང་ལྟུང་གི་སྡེ་ལ་གཉིས། རྣམ་གྲངས་མདོར་བསྟན། དབྱེ་བ་རྒྱས་པར་བཤད་པའོ། །དང་པོ་རྣམ་གྲངས་མདོར་བསྟན་པ་ནི། སྤོང་བའི་ལྟུང་བྱེད་སུམ་ཅུའི་སྡེ་བཤད་པ། །ཞེས་པ་སྟེ། གང་ལ་ལྟུང་བ་བྱུང་བའི་དངོས་པོ་དེ་སྤོང་བའི་སྒོ་ནས་ཕྱིར་བཅོས་དགོས་ཤིང་། མ་བཅོས་ན་རྣམ་སྨིན་ངན་སོང་དུ་ལྟུང་བར་བྱེད་པས་ན། དེའི་གྲངས་སུམ་ཅུ་ཡོད་པའི་སྡེ་རྣམས་རིམ་པར་བཤད་པ་ལ་ཞེས་སོ། །

གཉིས་པ་དབྱེ་བ་རྒྱས་པར་བཤད་པ་ལ་གསུམ། གོས་སོགས་ཀྱི་སྡེ། སྟན་སོགས་ཀྱི་སྡེ། ལྟུང་བཟེད་སོགས་ཀྱི་སྡེ་གསུམ་པོ་རེ་རེ་ལའང་ནང་གསེས་བཅུ་རེ་ཡོད་པ་ལས། བཅུ་ཚན་དང་པོ་གོས་སོགས་ཀྱི་སྡེ་ནི། རང་གི་གོས་ལྷག་ཞག་བཅུ་འདས་པར་འཆང་། །ཆོས་གོས་དང་བྲལ་ཞག་གཅིག་ལོན་པ་དང་། །གོས་རྒྱུ་ཟླ་གཅིག་འཇོག་དང་དགེ་སློང་མར། །ཆོས་གོས་འབྲུ་འཇུག་དེ་ལ་གོས་རྒྱུ་ལེན། །ཉེ་མིན་ཁྱིམ་པར་གོས་རྒྱུ་སློང་བ་དང་། །སྟེར་ན་སྟོད་གཡོགས་སྨད་གཡོགས་ལྷག་པོར་ལེན། །རང་ལ་སྦྱིར་བསམ་ཆོས་གོས་གནས་དཔགས་པ། །རིན་དང་ཁྲུ་ཚད་ཀྱིས་སློང་བརྟགས་དྲན་སློང་། །གོས་རིན་རིན་ཆེན་བསྐུར་བ་ལེན་རྣམས་སོ། །ཞེས་པ་སྟེ། དེ་ལ་ཟླ་བརྒྱད་མ་བཏིང་བའི་གང་ཟག་གིས་རང་གི་དབང་བྱར་ཡོད་ཅིང་བདག་ཏུ་བཟུང་བའི་གོས་ལྷག་པོ་འཁོར་གསུམ་ཁེབས་པའི་མཐའི་ཚད་དུ་ལོངས་པའམ། གལ་ཏེ་བྱིན་གྱིས་བརླབ་རུང་གི་ཆོས་གོས་རྣམ་གསུམ་ཡོད་པའམ་མེད་ཀྱང་ཆོས་གོས་ཀྱི་ཁ་སྐོང་བའི་རེ་བ་མེད་ན་ཁྲུ་གང་གི་ཚད་དུ་ལོངས་པ་དང་། ཁ་སྐོང་གི་རེ་བ་དང་བཅས་པ་ན་འཁོར་གསུམ་ཁེབས་པ་ཡན་གྱི་གོས་ལྷག་བྱིན་གྱིས་མ་བརླབས་པར་རང་སྟོབས་སམ་ཤན་སྟོབས་ཀྱིས་ཞག་བཅུ་འདས་པར་འཆང་ན་འཆང་བའི་སྤང་ལྟུང་༽དང་། འདིའི་ཤན་ལ་ཤན་འཇུག་མི་འཇུག་གཉིས། རིགས་ལོག་མ་ལོག་གཉིས་ཏེ་མུ་བཞི་ཡོད་ཅིང་། ཤན་འཇུག་པ་ནི་ཞག་བཅུ་པའི་གོས་ལྷ་མ་བྱིན་གྱིས་མ་བརླབས་པར་ཞག་དགུ་ལོན་པ་དང་། འདི་ཉིད་རིགས་མཐུན་

ཀྱི་གོས་གཅིག་རྙེད་ན། སྔ་མས་ཞག་དགུ་ལོན་པའི་ཤན་དེ། ཕྱི་མ་ལ་ཞུགས་པས་ཞག་བཅུ་འདས་ཏེ་བཅུ་གཅིག་པའི་སྐྱ་རེངས་ཤར་བ་ན་གོས་སྔ་མས་རང་སྟོབས་དང་། ཕྱི་མས་ཤན་སྟོབས་ཀྱིས་སྤང་ལྟུང་གཉིས་དུས་གཅིག་ལ་བསྐྱེད། ཤན་མི་འཇུག་པ་ནི། སྔོ་དྲོ་ཞག་བཅུ་པའི་གོས་གཅིག་རྙེད། ཕྱི་དྲོ་ཡང་གཅིག་རྙེད་པ་ལྟ་བུའོ། །རིགས་ལོག་པ་ནི། འོང་ཏུ་འཆད་པའི་ཟླ་འཛོག་གི་གོས་དེས་ཟླ་གཅིག་མ་འདས་པར་སྤང་ལྟུང་མི་བསྐྱེད་ཀྱང་། ཟླ་འཛོག་དེས་ཞག་གཅིག་ནས་ཉེར་དགུ་གང་རུང་ལོན་པ་ན། ཕྱིས་ཆོས་གོས་གསུམ་ཚང་བར་རྙེད་ན། ཟླ་འཛོག་དེ་ཞག་བཅུ་པའི་གོས་སུ་རིག་ལོག་སྟེ། ཞག་བཅུ་འདས་པ་ན་ཟླ་འཛོག་གིས་རང་སྟོབས་དང་ཕྱི་མས་ཤན་སྟོབས་ཀྱིས་སྤང་ལྟུང་བསྐྱེད། རིགས་མ་ལོག་པ་ནི། སྔ་ཕྱི་གཉིས་ཀ་ཟླ་བར་ཞག་རུང་བ་ཡིན་ན་རིགས་མ་ལོག་མེད། གོས་སྔ་མ་རྙེད་ནས་གཅིག་ནས་ཉེར་དགུ་བར་གང་རུང་ལོན་པ་ན། ཕྱི་མ་ཞིག་རྙེད་ན་སྔ་མའི་ཤན་ཞུགས་ནས་སོ་གཅིག་པའི་སྐྱ་རེངས་ཤར་བ་ན་སྔ་མས་རང་སྟོབས་དང་ཕྱི་མས་ཤན་སྟོབས་ཀྱིས་སྤང་ལྟུང་བསྐྱེད་པ་སོགས་ལྟུང་བཞེད་སྣང་ལྟུང་བ་བཅས་ཐམས་ཅད་ལ་འགྲེ། ལྟུང་བཞེད་ཀྱི་ཤན་འཇུག་ཚུལ་ནི་སྔ་མའི་རིག་པས་ཤེས་སོ། །ཁྲིད་ཀྱིས་བསླབ་ཚུལ་ཀྱང་སྔ་ཕྱི་གཉིས་ཤན་མ་འདྲེས་གོང་སྔ་མ་ཁྲིད་ཀྱིས་བསླབ་དགོས། སྔ་མ་ཁྲིད་ཀྱིས་མ་བསླབས་ན་ཕྱི་མ་ཁྲིད་ཀྱིས་བསླབས་ཀྱང་གོ་མི་ཆོད། ཁྲིད་ཀྱིས་བསླབས་པའི་ཆོ༷ས་གོ༷ས་གསུམ་གང་རུང་དང༷་བྲལ༷་ནས་གནས་ཐ་དད་པར་ཞ༷ག་གཅི༷ག་ལོ༷ན་པ༷་ན་ཆོས་གོས་འབྲལ་སྤང་༢དང༷་། ཆོས་གོས་གང་རུང་མེད་པར་ཁ་སྐོང་གི་རེ་བ་དང་བཅས་པས་གོ༷ས་རྒྱུ༷་ཚད་ཁྲུ་གང་ནས་འཁོར་གསུམ་ཁེབས་པའི་བར་ཁྲིད་ཀྱིས་མ་བསླབས་པར་རང་སྟོབས་སམ་ཤན་སྟོབས་ཀྱིས་ཟླ༷་བ་གཅི༷ག་འདས་ནས་སོ་གཅིག་པའི་སྐྱ་རེངས་ཤར་བ་ན་ཟླ་འཛོ༷ག་གི་སྤང་བ་དང༷་༣། བདུན་བརྒྱུད་ཚུན་གྱི་ཉེ་དུ་མ་ཡིན་པའི་དགེ༷་སློ༷ང་མ༷ར་རང་གི་ཆོ༷ས་གོ༷ས་རྙིང་པ་འཁྲུར་འཇུག་པའི་སྤང་༤བ་དང་། ཉེ་དུ་མ་ཡིན་པའི་དགེ་སློ༷ང་མ་དེ༷་ལ༷་གོ༷ས་ཀྱི་རྒྱུ༷་འཁོར་གསུམ་ཁེ༷བས་པའི༷་ཚད་ལོངས་པ་ཡན་ཆད་ལེ༷ན་པ་ལ་ཞུགས་ནས་ཐོབ་པ་༥དང་། རང་ལ༷་ཆོས་གོས་རྣམ་གསུམ་ཚང་བཞིན་དུ་ཉེ༷་དུ་མི༷ན་པའི་ཁྱིམ༷་པ༷ར་གོ༷ས་ཀྱི་རྒྱུ༷་འཁོར་གསུམ་ཁེབས་པའི་ཚད་ལོངས་པ་ཡན་ཆད་སློ༷ང་བ༷་ལ་ཞུགས་ནས་ཐོབ་པ་དང༷་༦། ཆོས་གོ༷ས་རྣམ་གསུམ་ཚང་བར་མེད་ན་ཉེ་མིན

ཁྲིམ་པར་སློང་བར་རིགས་ཀྱང་གོས་མང་པོ་སྐྱེར་ན་སྟོད་གཡོགས་དང་སྨད་གཡོགས་གཅིག་ལས་ལྷག་པོར་ལེན་པ་༧དང་། ཉེ་མིན་ཁྱིམ་པས་རང་ལ་སྦྱིར་བསམ་སྟེ་ཆོས་གོས་འདི་སྦྱིན་གནས་དགེ་སློང་འདི་ལ་འབུལ་དགོས་ཞེས་བློས་དཔགས་པ་ལས། འབུལ་ལམ་མི་འབུལ་བརྟགས་པའི་ཆེད་དུ་རིན་དང་ཁྲུ་ཚད་ཀྱིས་དྲན་པ་བརྗོད་དེ་སློང་བ་ལ་ཞུགས་ནས་ཐོབ་༨པ་དང་། ཉེ་མིན་ཁྱིམ་བདག་ཕོ་མོ་སོ་སོས་རང་ལ་གོས་རེ་རེའམ་མང་པོ་འབུལ་བར་ཐོས་དཔགས་ཀྱིས་དེ་བརྟགས་པའི་བསམ་པས་དྲན་བསྐུལ་སློང་བ་ལ་ཞུགས་ནས་ཐོབ་པ་༩དང་། སྦྱིན་བདག་ཕོ་ཉ་ཞལ་ཏ་བ་སྟེ་ཁྱིམ་པ་གསུམ་ལས་སྦྱིན་བདག་གིས་ཆོས་གོས་ཀྱི་རིན་རུང་བ་མ་ཡིན་པ་རིན་ཆེན་གསེར་དངུལ་ལྟ་བུ་ཕོ་ཉ་བ་ལ་བསྐུར་བ་ཕོ་ཉས་དགེ་སློང་ལ་འབུལ་བ་ན། དེ་ལེན་དུ་མི་རུང་བས་ན། ཕོ་ཉ་དེས་དགེ་སློང་རང་གི་ཞལ་ཏ་བ་ལ་གཏད་ནས་གོས་འགྲུབ་ཏུ་བཅུག་པ་ལས། གོས་དུས་སུ་མ་བྱུང་ན་དགེ་སློང་གིས་ཞལ་ཏ་བ་ལ་དངོས་སུ་བསྐུལ་བ་ལན་གསུམ་བྱ། དེ་ལ་མ་བྱུང་ན་ཁོའི་གན་དུ་ལན་གསུམ་མཐོང་སར་ཅང་མི་སྨྲ་བས་བསྡད་ནས་བསླངས་པ་ལ་ཉེས་པ་མེད་ཅིང་། བསྐུལ་བསྡད་དྲུག་པོ་དེ་ལས་ལྷག་པར་ལེན་པ་ལ་ཞུགས་ནས་ཐོབ་༡༠པ་རྣམས་སོ། །བཅུ་ཚན་གཉིས་པ་སྟན་སོགས་ཀྱི་སྡེ་ནི། སྲིན་བལ་ནང་ཚངས་བྱས་པའི་སྟན་བྱེད་དང་། །དཀོན་སར་བལ་ནག་འབའ་ཞིག་སྟན་དུ་འདིངས། །བལ་ནག་ཆ་གཉིས་སྟན་བྱེད་ལོ་དྲུག་ནི། །མ་སོང་སྟན་གསར་བྱེད་དང་ཚད་ལྡན་གྱི། །གདིང་བ་ཡོད་ཀྱང་སླར་བཟོ་བལ་ནག་ནི། །རྐྱེད་ནས་ལམ་གྱི་དཔག་ཚད་གསུམ་མཐར་བྱེད། །དགེ་སློང་མ་ལ་བལ་འཁྲུ་རྨེལ་བཅུག་དང་། །གསེར་དངུལ་ལེན་དང་ཚོང་འབྱུན་མངོན་མཚན་ཅན། །ཆེད་དུ་ཚོང་བྱེད། ཅེས་པ་སྟེ། རིན་ཐང་ཆེ་བ་སྲིན་བལ་གྱི་ནང་ཚངས་བྱས་པའི་སྟན་བྱེད་པ་༡དང་། ཤིན་ཏུ་དཀོན་སར་བལ་ནག་འབའ་ཞིག་གིས་ནང་ཚངས་བྱས་པ་སྟན་དུ་འདིང་༢བ་དང་། བལ་དཀར་པོ་བསྲེས་ཀྱང་བལ་ནག་སྟན་གྱི་ཆ་གཉིས་ལས་ལྷག་པའི་སྟན་བྱེད་པའམ་བྱེད་དུ་འཇུག་པ་དང་༣། སྟན་སྔ་མ་ཡོད་བཞིན་ལོ་དྲུག་ནི་མ་སོང་ཞིང་དགེ་འདུན་ལ་གནང་བ་མ་ཐོབ་པར་སྟན་གསར་པ་ནང་ཚངས་ཅན་བྱེད་པ་དང་༤། ཚད་ལྡན་གྱི་གདིང་བ་རྙིང་པ་ཡོད་ཀྱང་གསར་པ་སླར་བཟོ་བ་ན་རྙིང་པ་ནས་བདེ་བར་གཤེགས་པའི་མཐོ་གང་སྟེ་མིའི་ཁྲ་ཕྱེད་དོ་གསར་པ་ལ་མ་བསྟན

པར་ལོངས་སྤྱོད་པ་[༥]དང་། རང་དབང་བའི་དངོས་པོ་བ་ལ་ནུ་ག་ལ་སོགས་པ་ནི་རྙེད་ནུས་ཆགས་སེམས་ཀྱིས་ཉིན་གཅིག་གི་ནང་དུ་དགེ་ཚུལ་ལྷ་བུ་འབུར་ཁྱེར་གྲོགས་མེད་ན་ལམ་གྱི་དཔག་ཚད་གསུམ་ཚུན་གནང་ལ་དེ་ཕན་ཆད་མཐར་བྱེད་པ་སྟེ། དེ་ནས་རྒྱངས་གྲགས་སུ་ཁྱེར་བས་སམ་ཁྱེར་གྲོགས་ཡོད་ན་དང་པོ་ནས་བརྩམས་ཏེ་རྒྱངས་གྲགས་གཅིག་འདས་པ་དང་[༦]། ཉེ་དུ་མ་ཡིན་པའི་དགེ་སློང་མ་ལ་དགེ་སློང་གིས་བལ་འཁྲུ་ཞིང་རྨེལ་དུ་བཙུག་པ་[༧]དང་། དགེ་སློང་གིས་རུང་བ་མ་བྱས་པའི་གསེར་དངུལ་སོགས་རིན་པོ་ཆེ་ལ་ཆུད་འཛའ་བ་སོགས་ཀྱི་རྐྱེན་མེད་བཞིན་དུ་ཆགས་པས་རེག་གམ་རེག་ཏུ་བཅུག་ནས་བདག་གིར་བྱས་ཏེ་ལེན་པ་[༨]དང་། ཉེ་མིན་ཁྱིམ་པར་དགེ་སློང་གིས་ཁེ་སྤོག་འདོད་པས་ཚོང་ཟོག་རིན་པོ་ཆེ་སོགས་འབུན་བསྐྱེད་དུ་བཏང་ནས་མངོན་མཚན་ཅན་གྱི་ཟོག་རྩ་དེ་ལས་བསྐྱེད་གོས་ཁྲུ་གང་ཡན་ལོངས་པ་ཐོབ་པ་[༩]དང་། དགེ་སློང་གི་ཁེ་སྤོག་འདོད་པའི་ཆེད་དུ་ཉེ་མིན་ཁྱིམ་པ་ལ་རིན་པོ་ཆེ་ལས་གཞན་པའི་དངོས་པོ་འབྲུ་དང་གོས་སོགས་མོད་ན་ཉོ་ཞིང་དཀོན་ན་ཚོང་པར་བྱེད་པའི་བསྐྱེད་ཐོབ་པ་[༡༠]རྣམས་སོ། །

བཅུ་ཚན་གསུམ་པ་ལྷུང་བཟེད་སོགས་ཀྱི་སྡེ་ནི། ལྷུང་བཟེད་བྱིན་མ་བརླབས། ཞག་བཅུ་འདས་འཆང་ལྷུང་བཟེད་ཟུང་འཆང་བ། །གླ་རྫན་མེད་པར་འཐག་འཇུག་འཐག་རྒྱ་བསྐྱེད། །དགེ་སློང་གོས་བྱིན་སླར་འཕྲོག་བརྟད་བྱུང་གོས། །སྦྱིན་དུས་བཤད་ལས་སྔ་བར་བདག་གིར་བྱས། །དགོན་པར་འཇིགས་བཅས་གོས་བྲལ་ཞག་བདུན་འདས། །རས་ཆེན་དགག་དབྱེ་ཟིན་ཀྱང་ཟླ་ཕྱེད་འདས། །དགེ་འདུན་བསྔོས་པའི་རྙེད་པ་བདག་ཏུ་བསྒྱུར། །ན་སྨན་ཞག་བདུན་འདས་ན་གསོག་འཇོག་གོ། །ཞེས་པ་སྟེ། དགེ་སློང་རང་གི་ལྷུང་བཟེད་ཚད་ལྡན་བྱིན་གྱིས་མ་བརླབས་པའམ་བརླབས་ཀྱང་ཤན་སྤོབས་ཀྱིས་ཞག་བཅུ་འདས་པར་འཆང་ནས་བཅུ་གཅིག་པའི་སྐྱ་རེངས་ཤར་བ་[༡]དང་། རྒྱུ་དབྱིབས་ཁ་དོག་གི་རུང་ཞིང་མཐེ་བོའི་ལྟོ་གང་གིས་ལྷག་མར་ཕུལ་དགུ་ཤོང་བ་ཡན་ཆད་ཀྱི་ལྷུང་བཟེད་ཡོད་བཞིན་དུ་ཉེ་མིན་ཁྱིམ་པ་ལ་ལྷུང་བཟེད་གཞན་བསླངས་པས་ཐོབ་ན་དེ་དང་ཟུང་འཆང་བ་ཡིན་ཅིང་། འདི་ཡང་བྱིན་མ་བརླབས་པར་ཞག་བཅུ་འདས་ན་ལྷུང་བ་སྤྲ་མར་[༢]འགྱུར་རོ། །ལྷུང་བཟེད་ཀྱི་ཚད་ཕུལ་དགུ་ཤོང་བ་ཆུང་ཚད་དང་། ཕུལ་བཅོ་བརྒྱད་ཤོང་བ་ཆེ་ཚད། དེ་གཉིས་ཀྱི་བར

འབྲིང་ཚད། ཕྱུལ་རེ་རེ་ལ་ཁྱོར་བ་ཕྱེད་བཞི་རེ་ཡོད་དོ། །ཉེ་དུ་མིན་པའི་ཐག་མཁན་ལ་གླ་རྔན་མེད་པར་རང་ངམ་བསྐོས་པས་གོས་འཐག་ཏུ་འཇུག་སྟེ་ལག་ཏུ་ཐོབ་པ་[༣]དང་། ཉེ་མིན་ཁྱིམ་པས་རང་ལ་འབུལ་རྒྱུའི་གོས་འཐག་ཏུ་བཅུག་པ་ན། བདག་པོས་མ་གནང་བར་བསྒོ་ཚོད་ལས་ལྷག་པར་འཐག་རྒྱ་བསྐྱེད་དུ་བཅུག་ནས་ཐོབ་པ་དང་[༤]དང་། རང་དགེ་སློང་གིས་དགེ་སློང་གཞན་ལ་གོས་སོགས་བྱིན་པ་སླར་འཕྲོག་སྟེ་དེ་དང་བྲལ་བ་དང་[༥]། དབྱར་གནས་པའི་དགེ་འདུན་ལ་ཕུལ་བ་བརྟད་པ་ནི་གློ་བུར་བའི་མིང་སྟེ་དེས་ན་དབྱར་ནང་དུ་བྱུང་བའི་གོས་སོ་སོར་བྱིན་པའི་དུས་སུ་བཤད་པ་དགག་དབྱེ་བྱས་པའི་ཕྱི་དེ་ཉིད་ལས་སྔ་བར་དབྱར་ནང་དུ་བདག་གིར་བྱས་པ་དང་། སོ་སོར་བགོས་པ་དང་། དགག་དབྱེའི་ཕྱི་དེ་ཉིད་དུ་མ་བགོས་པ་སྟེ། དེ་ལྟར་སྔས་ཕྱིས་ཀྱི་ལྟུང་བ་གསུམ་མོ། །གལ་ཏེ་ལུང་ལས། བརྟད་པ་ལས་བྱུང་བའི་གོས་ལྔ་པོ། ནད་པ་དང་ནད་པའི་ཕྱིར་དང་། འཆི་བ་དང་འཆི་བའི་ཕྱིར་དང་། འགྲོ་བར་ཆས་པ་ལ་སྦྱིན་པ། ཞེས་གསུངས་པ་ལྟར། རྒྱུན་ལྡན་དེ་དག་ལ་དབྱར་མཐའི་ཞག་བཅུའི་ནང་དུ་སོ་སོར་སྦྱིན་ན་ཉེས་པ་མེད་ཅིང་། ཡང་དབྱར་ནང་དུ་ཚོས་སྣུ་བའི་རྐྱེན་པ་དང་། ནད་པའི་རིམ་གྲོ་ལ་སོགས་པའི་ཆེད་དུ་སྦྱིན་པའི་རྐྱེན་པ་ནི་འདིར་མ་གཏོགས་[༦]སོ། །དགེ་སློང་དགོན་པར་གནས་པས་འཇིགས་པ་དང་བཅས་པའི་སར་ཆོས་གོས་རྣམ་གསུམ་དང་ཞག་དྲུག་བྲལ་བར་གནང་ཡང་ཞག་བདུན་འདས་ཏེ་སྐྱ་རེངས་ཤར་བ་[༧]དང་། དབྱར་གྱིས་གོས་རས་ཆེན་དབྱར་ཁས་ལེན་པ་དེའི་ཟླ་གཅིག་གི་སྔོན་དུ་བཙལ་ཞིང་རྙེད་ན་ཚོལ་སྔས་པའི་སྤང་བ་དང་། དགག་དབྱེ་ཟིན་ནས་ཀྱང་ཟླ་བ་ཕྱེད་ལས་འདས་པར་འཆང་ན་ཞག་ཕྱིས་པའི་སྤང་བ་[༨]དང་། སྦྱིན་བདག་གིས་དགེ་འདུན་ལ་བསྔོས་པའི་གོས་སོགས་ཀྱི་རྙེད་པ་རང་ལ་བསྒྱུར་ཏེ་བདག་ཏུ་བཟུང་བ་[༩]དང་། ན་བ་ལ་ཕན་པའི་སྨན་བྱིན་རླབས་ཀྱི་རང་དུས་ཞག་བདུན་འདས་ནས་གསོག་འཇོག་ཏུ་སོང་བ་བཅངས་པ་ལ་སྤང་ལྟུང་ཐམ་མར་[༡༠]བཞག་གོ། །འདིར་ཐུན་ཚོད་དུ་རུང་བའི་སྨན་ཐུན་ཚོད་ལས་འདས་ནས་སོ། །དེ་རྣམས་ཕྱིར་བཅོས་ཀྱི་སྐབས་བྱིན་འཕྲོགས་དང་། ལྟུང་བཤད་ཚོལ་བ་གཉིས་ཀྱི་རྗེས་རྒྱ་བ་ནས་སྤང་དགོས་ཤིང་། གཞན་རྣམས་ཞག་གཅིག་གི་རིང་སྤང་བ་སྔོན་དུ་བཏང་དགོས་སོ། །

བཞི་པ་ལྟུང་བྱེད་འབའ་ཞིག་པའི་སྡེ་ལ་གཉིས། མདོར་བསྟན་པ་དང་། རྒྱས་པར་བཤད

པའོ། །དང་པོ་མདོར་བསྟན་པ་ནི། ལྟུང་བྱེད་འབའ་ཞིག་དགུ་བཅུ་ཐམ་པ་ནི། །ཞེས་པ་སྟེ། དེ་ཡང་སྤྱད་ན་ངན་སོང་དུ་ལྟུང་བར་བྱེད་ཅིང་བཤགས་དུས་སྤང་བྲལ་སྟོན་དུ་བཏང་མ་དགོས་པས་ན་འབའ་ཞིག་པ་ཞེས་བྱ་ལ། དེའི་གྲངས་དགུ་བཅུ་ཐམ་པ་བཤད་པ་ནི་ཞེས་པའོ། །

གཉིས་པ་རྒྱས་པར་བཤད་པ་ལ། རྩ་བའི་མདོར། ཤེས་བཞིན་དང་ནི་ས་བོན་དང་། །མ་བསྐོས་པ་དང་ཡང་ཡང་དང་། །ཆུ་དང་ཁྲིམ་དང་བསམ་བཞིན་དང་། །མགྲོན་མང་རྐྱུན་མ་ཆོས་སྟོན་ནོ། ། ཞེས་པའི་སྡོམ་ལྟར་བཅུ་ཚན་དགུ་ལས། བཅུ་ཚན་དང་པོ་ཤེས་བཞིན་སོགས་ཀྱི་སྡེ་ནི། ཤེས་བཞིན་རྫུན་སྨྲ་དགེ་སློང་སྐྱོན་བརྗོད་པ། །ཕྲ་མས་འབྱེད་དང་སྐྱོ་སྟོགས་བཟླུམ་ཀྱང་དབྱེ། །བུད་མེད་ཆོས་སྟོན་བསྙེན་པར་མ་རྫོགས་དང་། །ལྷན་ཅིག་ཆོས་འདོན་གནས་ངན་ལེན་ལྟུང་བརྗོད། །མི་ཆོས་བླ་མ་བདེན་སྨྲ་བཤེས་ངོར་འཕྲོ། །བསླབ་གཞི་ཁྱད་གསོད། ཅེས་པ་སྟེ། སྡེ་ཚན་འདིའི་དང་པོ་ནི། དེ་ཡང་ཕམ་པའི་རྫུན་དང་། གཞི་མེད་བག་ཙམ་གྱི་ལྷག་མའི་རྫུན་དང་། ཤེས་བཞིན་དུ་ཆོས་དང་ཆོས་མིན་འགལ་འདུར་སྨྲ་བ་སྒྲིམ་པོར་གྱུར་པའི་རྫུན་དང་། ཡང་དག་དྲི་བའི་དུས་ལྟུང་བ་ཡོད་བཞིན་མི་སྨྲ་བ་ཉེས་བྱས་ཀྱི་རྫུན་ཏེ་བཞི་དང་། ལྟུང་བྱེད་རང་གི་ནང་ཚན་དུ་བཤད་པ། བཤེས་༡ངོར། འཕྲོ་བ༢། ཟས་ཅུང་ལེན༣། སྐྱུར་འདེབས༤། ཉེར་འཇོག༥ །ཁྱད་གསོད་བཅས་༦མ་ཡིན་པ་ཤེས་བཞིན་དུ་རྫུན་སྨྲ་བ་ཉན་པ་པོས་གོ་བ་དང་། གཉིས་པ་ནི། ཡུལ་དགེ་སློང་ལ་ཡུལ་དུས་དེར་སྐྱོན་དུ་གྲགས་པའི་ཚིག་ཕན་སེམས་མ་ཡིན་པས་བརྗོད་པ་ཕ་རོལ་པོས་གོ་བ་དང་། གསུམ་པ་ནི། ཡུལ་དགེ་སློང་མཐུན་པ་དག་ཕྲ་མས་འབྱེད་པར་བྱེད་པ་གོ་བ་དང་། བཞི་པ་ནི། དགེ་སློང་གཉིས་རྩོད་པ་དགེ་འདུན་གྱིས་སྐྱོ་སྟོགས་ཀྱིས་བཟླུམ་པར་བྱས་ཟིན་ཀྱང་དེ་ཉིད་སླར་ཡང་དབྱེ་འདོད་པས་བཤིག་པར་བརྩམ་པའི་ཚིག་སླས་པ་གོ་བ་དང་། ལྔ་པ་ནི། ཁྲིམས་གྲོགས་མེད་པར་ཡུལ་ཉན་འདོད་ཀྱི་བུད་མེད་ལ་དེས་མི་ཤེས་པའི་ཆོས་ཚིག་ལྔའམ་དྲུག་ལས་ལྷག་པར་སྟོན་པ་དང་། དྲུག་པ་ནི། གོད་བག་གི་བསམ་པས་བསྙེན་པར་མ་རྫོགས་པ་དང་ལྷན་ཅིག་ཏུ་ཆོས་ཀྱི་ཚིག་གདངས་སྨྲ་ཚོགས་ཀྱིས་འདོན་པར་བྱས་པ་དང་། བདུན་པ་ནི། ཡུལ་ཁྲིམ་པ་ལ་དགོས་པ་མེད་པར་དགེ་སློང་གཞན་ལ་གནས་ངན་ལེན་ཕམ་ལྷག་གི་ལྟུང་བ་བྱུང་བ་གླེང་བར་མ་བསྐོས་བཞིན་དུ་ལྟུང་བ་བརྗོད

ནས་གོ་བ་དང་། བརྒྱད་པ་ནི། མི་ཆོས་བླ་མའི་ཡོན་ཏན་ཐོབ་པའི་དགེ་སློང་གིས་ཡུལ་བསྙེན་པར་མ་རྫོགས་པ་ལ་དགོས་པ་ཁྱད་པར་ཅན་མེད་བཞིན་དུ་དེ་ཐོབ་པོ་ཞེས་བདེན་པར་སྨྲས་པ་ཡུལ་གྱིས་གོ་བ་དང་། དགུ་པ་ནི། དགེ་འདུན་གྱི་བྱ་བ་བྱས་པའི་དགེ་སློང་ལ་རུང་བ་ཚད་ལྡན་གྱི་ཡོ་བྱད་ཅུང་ཟད་བྱིན་པ་ལ་མི་བཟོད་པས་དགེ་འདུན་གྱི་རྫས་གང་ཟག་ལ་བཤེས་ངོར་བྱས་ནས་བྱིན་ནོ་ཞེས་འཕྱས་པ་ཕ་རོལ་པོས་གོ་བ་དང་། བཅུ་པ་ནི། གསོ་སྦྱོང་གི་དུས་ལྟ་བུ་སོ་ཐར་གྱི་མདོ་འདོན་པའི་ཚེ་བསླབ་གཞི་ཕྲ་ཞིང་ཕྲ་བ་འདི་ལྟ་བུ་འདོན་པས་ཅི་བྱས་ཞེས་ཁྱད་དུ་གསོད་པའི་ཚིག་སྨྲས་པ་གཞན་གྱིས་གོ་བ་རྣམས་སོ། །

བཅུ་ཚན་གཉིས་པ་ས་བོན་སོགས་ཀྱི་སྡེ་ནི། ས་བོན་སྐྱེ་བ་གཅོད། བདག་གི་ངོར་འཕྱ་བསྒོ་བ་རྣར་གཟོན་ནི། །ལྟུང་བྱུང་གླེང་ལ་མ་ཐོས་ལན་གཞན་འདེབས། །ཁྲི་དང་འདིང་བ་མ་བསྡུས་བཏིང་སོང་དང་། །དགེ་སློང་སྤྲོད་དང་པོ་མཚམས་ཕྱིས་གནོན་བྱས། །མལ་ཁྲིས་བུག་དབྱུང་སྒྲོག་ཆགས་ལྡན་པའི་ཆུ། །རྩྭ་ར་འདེབས་གཙུག་ལག་ཕ་གུ་རིམ་གཉིས་བརྩེགས། །ཤེས་བཞིན་བགྱིས་སོ། །ཞེས་པ་སྟེ། སྡེ་ཚན་འདིའི་དང་པོ་ནི། རུང་བ་མིན་པ་ནི་མ་ཉམས་པའི་ས་བོན་འཇོམས་པར་བྱེད་ཅིང་རྩྭ་ཤིང་སོགས་སྐྱེ་བ་གཅོད་པའམ་ཉམས་པར་བྱེད་པ་སྟེ། ཉམས་པའི་ཚེ་རྩྭ་དང་ནས་སོགས་རེ་རེའི་གྲངས་བཞིན་ལྟུང་བར་འགྱུར་ཞིང་། སྐར་ཀ་ལ་སོགས་པའི་འབྲས་བུ་སྨིན་པ་སྡོང་བུ་ལས་ཕྲལ་བར་བྱས་པ་སོགས་ཉེས་བྱས་སོ། །རུང་བ་ནི་མེ་དང་། མཚོན་དང་། བཀས་པའི་རུང་བ་གསུམ་ལས། འབྲས་ལྟ་བུ་སྣོད་དུ་བླུགས་ནས་བསྙེན་པར་མ་རྫོགས་པས་ཕྱོགས་བཞི་ནས་མེས་རེག་ཙམ་བྱེད་པ་དང་། ལ་ཕུག་ལྟ་བུ་མཚོན་གྱིས་རྨ་བཏོད་པ་དང་། སྐར་ཀ་ལྟ་བུ་ཁ་བཀས་པ་བཅས་སོ། །གཉིས་པ་ནི། ཞལ་ཏ་བས་ཆོས་དང་མཐུན་པ་བྱས་ཀྱང་འདིས་བདག་གི་ངོར་གནས་མལ་སོགས་གང་ཡང་རུང་བ་ངན་པར་བྱས་སོ་ཞེས་འཕྱ་བ་ལ་དགེ་འདུན་གྱིས་གསོལ་བའི་ལས་ཀྱིས་ངན་པའི་གྲངས་སུ་བཅུག་པ་དང་། གསུམ་པ་ནི། རང་ལ་ལྟུང་བ་བྱུང་བ་བསྒོ་བ་རྣར་གཟོན་པའི་སྒོ་ནས་ནི་དགེ་སློང་གཞན་གྱིས་ཕྱིར་བཅོས་སུ་གཞུག་པའི་ཕྱིར་ཆེད་དུ་ལྟུང་བ་བྱུང་བ་དེ་གླེང་བ་ལྟ་བུ་ཆོས་མཐུན་གྱི་བསྒོ་བ་དང་དྲི་བ་དྲིས་པ་ལ་དེ་མ་ཐོས་པ་ལྟར་རམ་ཁྱད་གསོད་ལྟ་བུས་ལན་

གཞན་ལོག་པར་འདྲེན་པའི་ཚིག་སྨྲས་པ་ཡུལ་གྱིས་གོ་བ་དང་། བཞི་པ་ནི། དགེ་འདུན་གྱི་ཁྲི་དང་ཁྲིའུ་སོགས་གནས་མལ་ལ་ལོངས་སྤྱད་ནས་རང་གིས་མ་བསྡུས་ཤིང་། གཞན་ལའང་མ་བཅོལ་བར་བླ་གབ་མེད་སར་ཐོར་བས་ཆུད་ཟོས་པའམ། མ་ཟོས་ཀྱང་དེའི་ཉེ་འཁོར་ནས་འདོམ་ཞེ་དགུ་འདས་ཏེ་ཕྱིན་པ་དང་། ལྔ་པ་ནི། དགེ་འདུན་གྱི་གཙུག་ལག་ཁང་སྲོག་ཆགས་སྐྱེ་བའི་ཉེས་དམིགས་ཡོད་སར་རྩྭ་ལ་སོགས་པའི་འདིང་བ་ལ་ལོངས་སྤྱད་ཟིན་ནས་རང་ངམ་བསྒོས་པས་མ་བསྡུས་པར་བཏིང་བཞིན་བོར་བས་ཆུད་ཟོས་པའམ་མ་ཟོས་ཀྱང་ཉེ་འཁོར་ལས་འདོམ་ཞེ་དགུ་འདས་ཏེ་སོང་བ་དང་། དྲུག་པ་ནི། གཙུག་ལག་ཁང་ནས་དགེ་སློང་གཞན་ཞེ་སྡང་གིས་སྐྲོད་དམ་སྐྲོད་དུ་བཅུག་པས་དེ་ཕྱི་རོལ་དུ་ཐོན་པ་དང་། བདུན་པ་ནི། གཙུག་ལག་ཁང་དུ་སྔར་ཞུགས་པའི་དགེ་སློང་གཞན་ལ་ཕོ་འཚམས་པའི་བསམ་པས་ཕྱིས་གནོན་བྱས་ཏེ་ལུས་ངག་གིས་ཟིལ་གྱིས་གནོན་པ་དང་། བརྒྱད་པ་ནི། གཙུག་ལག་ཁང་གི་སྟེང་ཐོག་སྐྱི་བ་ལ་མ་ལ་ཁྲི་རྐང་པ་རྣོན་པོས་བཙུག་ནས་ལུས་ལྡིད་ཕབ་སྟེ་འདུག་པས་ཞུག་པ་དབྱུང་བ་དང་། དགུ་པ་ནི། སྲོག་ཆགས་དང་ལྡན་པའི་ཆུ་དང་རྩྭ་ཤིང་སོགས་ལ་དེར་ཤེས་བཞིན་དུ་ཆུ་ནི་རྩྭ་སོགས་སྐམ་སར་འདེབས་པ་དང་། རྩྭ་སོགས་ཆུར་འདེབས་པས་དུད་འགྲོ་ཇི་སྙེད་ཤི་བ་དེ་སྙེད་ཀྱི་ལྟུང་བྱེད་དང་། བཅུ་པ་ནི། གཞི་མི་བརྟན་པ་དང་ཆུ་ཁུང་མ་བཏོད་པ་སོགས་འཇིག་རྐྱེན་ཡོད་སར་སྤྱོད་ལམ་བཞི་ཤོང་ཡན་ཆད་ཀྱི་གཙུག་ལག་ཁང་རང་ངམ་བསྒོས་པས་ཉེན་གཅིག་ལ་ཕུ་གུའི་རིམ་པ་འཛེམ་པ་དང་བཅས་པ་གཉིས་སམ་གསུམ་ལས་ལྷག་པ་བརྩིགས་པ་ཤེས་བཞིན་དུ་བགྱིས་ན་ལྟུང་བར་འགྱུར་བ་རྣམས་སོ། །

བཅུ་ཚན་གསུམ་པ་མ་བསྒོས་པ་སོགས་ཀྱི་སྡེ་ནི། འདི་མན་དགེ་སློང་མར། མ་བསྒོས་ཆོས་སྟོན་བསྒོས་ཀྱང་ཉི་ནུབ་དང་། །ཁ་ཟས་ཕྱིར་སྟོན་གོས་བཙེམས་ཆོས་གོས་སྦྱིན། །དོན་མཐུན་ལམ་འགྲོགས་གྲུ་དེ་གྱེན་མཐུར་འགྲོ། །དབེན་པར་གཅིག་འདུག་པ་དང་འགྲེང་བ་དང་། །སྦྱོར་བཅུག་ཟས་ཟ་རྣམས་ནི་སྤང་བར་བྱ། །ཞེས་པ་སྟེ། འདི་མན་བཅུ་ཚན་འདི་དགེ་སློང་མ་ར་བརྟེན་ནས་འབྱུང་བ་ཡིན་ཏེ། དང་པོ་ནི། དེ་ཡང་དགེ་སློང་མའི་སྟོན་པར་མ་བསྒོས་པའམ་བསྒོས་ཀྱང་མཚན་ཉིད་དང་མི་ལྡན་པའི་དགེ་སློང་གིས་དགེ་སློང་མ་ལ་ཆོས་སྟོན་ནས་གོ་བ་དང་། གཉིས་པ་ནི། དགེ་སློང་

མའི་སྟོན་པར་བསྐོས་ཀྱང་འཇིགས་པ་དང་བཅས་པའི་གནས་སུ་ཉི་མ་ནུབ་ཟིན་རྗེས་སུའང་ཆོས་སྟོན་པ་དེས་གོ་བ་དང་། གསུམ་པ་ནི། དགེ་སློང་མའི་སྟོན་པར་འོས་ཤིང་བསྐོས་པས་རྙེད་པའི་ཕྱིར་ཆོས་མི་སྟོན་ཀྱང་། ཕྲག་དོག་གིས་ཁ་ཟས་ཙུང་ཟད་ཙམ་གྱི་ཕྱིར་ཆོས་སྟོན་ནོ་ཞེས་སྐུར་པ་བཏབ་པ་ཡུལ་གྱིས་གོ་བ་དང་། བཞི་པ་ནི། ཉེ་མིན་དགེ་སློང་མའི་གོས་བཙེམས་ཏེ་གྲུབ་པ་དང་། ལྔ་པ་ནི། ཉེ་མིན་དགེ་སློང་མ་ལ་བཤེས་ངོ་ཙམ་གྱི་ཕྱིར་རང་གི་ཆོས་གོས་རུང་བ་ཚད་ལྡན་སྦྱིན་པ་དེ་ལག་ཏུ་ཐོབ་པ་དང་། དྲུག་པ་ནི། ཉེ་མིན་དགེ་སློང་མ་དང་ལྷན་ཅིག་དོན་མཐུན་པས་མགྲོན་ཐབས་སུ་ལམ་ལ་འགྲོགས་ཏེ་འགྲོ་ན་རྒྱངས་གྲགས་རེ་རེ་འདས་པ་ལ་ལྟུང་བ་རེ་རེ་དང་ཕྱེད་ལ་ཉེས་བྱས་དང་། བདུན་པ་ནི། དེ་བཞིན་དགེ་སློང་མ་དང་ལྷན་ཅིག་གྲུར་ཞུགས་ནས་གྲུ་དེ་ཉིད་ཐད་ཀར་མི་འགྲོ་བར་གྱེན་དང་མཐུན་དུ་འགྲོ་ན་སྔར་བཞིན་རྒྱངས་གྲགས་རེ་རེ་འདས་པ་དང་། བརྒྱད་པ་ནི། ཉེ་མིན་བུད་མེད་དང་དབེན་པ་སྐབས་ཡོད་སར་ཁྲིམས་གྲོགས་མེད་པར་གནས་གཅིག་ཏུ་འདོམ་གང་ཙམ་གྱིས་བར་ཆོད་ཀྱང་གཉིས་ཀ་ས་ལ་འདུག་པ་དང་། དགུ་པ་ནི། དབེན་པར་བུད་མེད་དམ་ཁྲིད་པར་དགེ་སློང་མ་དང་ལྷན་ཅིག་འགྲེང་བ་དང་། བཅུ་པ་ནི། དགེ་སློང་གིས་ཉེས་མིན་དགེ་སློང་མ་ལ་སྦྱིན་བདག་ཁྲིམ་པ་ལ་རང་དང་མི་འབྲེལ་བའི་ཡོན་ཏན་བརྗོད་ཅིང་སྦྱོར་དུ་བཅུག་པའི་དུས་རུང་གིས་ཟས་ཟ་བ་ན་ལྟུང་བར་འགྱུར་བ་རྣམས་ནི་སྤང་བར་བྱ་བ་རྣམས་སོ། །

བཅུ་ཚན་བཞི་པ་ཡང་ཡང་སོགས་ཀྱི་སྐབས་ནི། ཡང་ཡང་ཟས་ཟ་སྨུ་སྐྱེགས་འདུག་པའི་སར། །ཞག་གཅིག་ལྷག་བསྡད་ཟ་དང་ལྷུང་བཟེད་དོ། །ཟ་དང་ཟློས་རྗེས་བཟའ་བཅའ་ཟ་བ་དང་། །སྤྱང་ཟས་ལྷུང་འབྱུང་ཆེད་དུ་རྫུན་གྱིས་སློབ། །གནང་མིན་མཚམས་ནང་ལོགས་སུ་འདུས་ནས་ཟ། །དུས་མིན་ཕྱེད་ཡོལ་ཟ་དང་གསོག་འཛོག་ཟ། །བྱིན་ལེན་མ་བྱས་སྨན་བཞི་ཁར་མིད་པ། །བསོད་པ་ཞིམ་པའི་ཟས་སློང་། །ཞེས་པ་སྟེ། བཅུ་ཚན་འདིའི་དང་པོ་ནི། བསོད་སྙོམས་ལན་གཅིག་གིས་གསོ་མི་ནུས་པའི་ནད་ཀྱི་བཏབ་པ་དང་། དགེ་འདུན་དང་མཆོད་རྟེན་གྱི་ལས་དང་། མུ་གེའི་དུས་དང་། དཔག་ཚད་ཕྱེད་དུ་ཕྱིན་པ་བཅས་མ་ཡིན་ཞིང་ཟླ་བརྒྱད་མ་བཏིང་བའི་དགེ་སློང་གིས་ཁྲིམ་པ་ཉེ་དུ་མ་ཡིན་པ་ལ། དུས་རུང་གི་ཟས་ཉི་མ་གཅིག་ལ་ཁྲིམ་སྔ་མར་ཟློས་ཟིན་ཀྱང་ཡང་ཁྲིམ་གཉིས་པ་དང

གསུམ་པ་ལ་སོགས་པ་ལས་ཡང་ཡང་བསླངས་ཏེ་ཁ་ཟས་ཟ་བ་དང་། གཉིས་པ་ནི། ཉེ་མིན་ཁྲིམ་པའི་གནས་སུ་མུ་སྟེགས་པ་འདུག་པའི་སར་སྦྱིན་བདག་གིས་མ་བསྐུབ་པར་ཞག་གཅིག་ལས་ལྷག་པར་བསྡད་དེ་ཉི་མ་གཉིས་པའི་ཟས་ཟ་བ་དང་། གསུམ་པ་ནི། ཉེ་མིན་ཁྲིམ་པས་ཅི་བདེར་སྟོབ་པ་མ་ཡིན་པར་དུས་རུང་གི་ཟས་ཆེ་ཚད་ལྷུང་བཟེད་གང་ངམ། འབྲིང་ཚད་དོ། །ཆུང་ཚད་གསུམ་སྟེ་བྲེ་ཕྱེད་དང་ལྔ་ལས་ལྷག་པ་བསླངས་ནས་གནས་གཞན་དུ་ཁྱེར་ཏེ་ཟ་བ་དང་། བཞི་པ་ནི། ན་དུས་དང་མུ་གེའི་དུས་མིན་པར་དུས་རུང་གི་ཟས་ཟོས་ཏེ་ཕློས་བཅད་ཅིང་ངག་ཏུ་བརྗོད་ནས་དེའི་རྗེས་སུ་བཟའ་བཅའ་གང་རུང་ལྷག་པོ་མ་བྱས་པར་སྔར་གྱི་བཟའ་བཅའ་གང་རུང་ཟ་བ་དང་། ལྷག་པོ་བྱ་ཚུལ་ནི་ཡུལ་དགེ་སློང་གནས་མ་བཏང་བའི་མདུན་དུ་ཅོག་པུས་སྤྱངས་ཟས་བཟུང་ནས་གསོལ་བ་བཏབ་པས་ཡུལ་དེས་བླངས་ནས་ཁམ་གཉིས་སམ་གསུམ་མམ་ཕྱེད་ཟ་ཞིང་ཟས་སྤྱངས་པ་ཡིན་ན་ཟ་མི་དགོས། གང་ལྟར་ཡང་དེ་བཟའ་བ་པོ་ལ་གཏད་ནས་བཟར་རུང་བའོ། །ལྔ་པ་ནི། དགེ་སློང་གཞན་གྱིས་སྤྱངས་པའི་ཟས་ལྷག་པོར་མ་བྱས་བཞིན་དུ་དེ་ལ་ངན་སེམས་ཀྱི་ལྟུང་བ་འབྱུང་བའི་ཆེད་དུ་ལྷག་པོར་བྱས་སོ་ཞེས་རྫུན་གྱིས་སྟོབ་པའི་ཚིག་སྨྲས་པ་དེས་གོ་ནས་ཟོས་ན་སྟོབ་པ་པོ་ལ་ལྟུང་བ་བྱུང་བ་དང་། དྲུག་པ་ནི། ན་བ་སོགས་གནང་བའི་དུས་མིན་པར་མཚམ་ནང་དུ་བསམ་པ་མི་མཐུན་པས་དགེ་འདུན་སྤྱིའི་ལས་སྒོ་ནས་ལོགས་སུ་དགེ་སློང་གསུམ་ཡན་ཆད་ལྷན་ཅིག་ཏུ་འདུས་ནས་དུས་རུང་གི་ཟས་ཟ་བ་དང་། བདུན་པ་ནི། ན་བ་སོགས་ཀྱི་རྐྱེན་མེད་པར་དུས་རུང་གི་ཟས་ཟ་བའི་དུས་མིན་པ་རང་གང་དུ་གནས་པའི་རང་གླིང་གི་ཉི་མ་ཕྱེད་ཡོལ་ནས་སྐྱ་རེངས་དང་པོ་མ་ཤར་གྱི་བར་དུ་ཟ་བས་མགུལ་དུ་ཇི་ཙམ་མིད་པ་དེ་ཙམ་གྱི་ལྟུང་བ་བྱུང་བ་དང་། ནད་པས་ཀྱང་ཟ་བའི་ཚེ་དུས་དྲན་བྱ་དགོས་སོ། །བརྒྱད་པ་ནི། ན་བ་སོགས་ཀྱི་རྐྱེན་མེད་པར་སྨན་བཞི་གང་རུང་བྱིན་ལེན་བྱས་པ་རང་དུས་ལས་འདས་པས་གསོག་འཇོག་ཏུ་སོང་ཞིང་མ་ཞིག་པ་ཟ་བ་དང་། འདིར་གསོག་འཇོག་ཏུ་འགྲོས་པ་བཞི་སྟེ། ཆུད་ཟ་བ་སོགས་ཀྱི་རྐྱེན་མེད་པར་ཟས་གང་ལ་བྱིན་ལེན་མ་བྱས་པའི་གོང་དུ་དགེ་སློང་རང་གིས་རེག་པ་དང་༡། དགེ་སློང་རང་དབང་བའི་མཚམས་དངོས་སམ་དེའི་ཉེ་འཁོར་གྱི་ནང་དུ་ཟས་རྗེན་པ་ཞིག་བཙོས་པ་དང་༢། མཚམས་ནང་དེར་དེ་འདྲའི་དངོས་

པོ་ཞག་ལོན་པ་དང་༢། དེ་འདྲའི་དངོས་པོ་རྗེན་པར་མཚམས་ཀྱི་ཕྱི་ནང་གང་རུང་དུ་དགེ་སློང་གིས་བཅོས་༤པའོ། །དེ་བཞིན་ནད་ལ་ཕན་པའམ་མུ་གེའི་དུས་མིན་པར་ཟོས་ན་ཉེས་བྱས་སོ། །དགུ་པ་ནི། བདག་ཉིད་ཟན་ཆད་པ་དང་ནད་ལ་ཕན་པ་སོགས་ཀྱི་རྐྱེན་མེད་པར་བྱིན་ལེན་མ་བྱས་པ་ལ་དེར་འདུ་ཤེས་པས། ཆུ་དང་སོ་ཤིང་མ་གཏོགས་སྨན་བཞི་གང་རུང་ཁམ་གཅིག་ཡན་ཆད་ཁར་མིད་པ་དང་། བྱིན་ལེན་ནི། ནོད་པ་པོའི་གློ་དང་རྒྱབ་མ་ཡིན་པ་དང་། མཚམས་གཞན་གྱིས་མ་ཆོད་པར་མདུན་དུ་སྟོབ་པ་པོས་ལག་གཉིས་བཀན་ཏེ་བསྟབ་ཅིང་། ནོད་པ་པོས་ཀྱང་ལག་གཉིས་གན་རྒྱལ་དུ་བཀན་ནས་བླང་ངོ་། །དེ་ལྟར་བྱིན་ལེན་བྱས་པ་འཇིག་པའི་རྒྱུ་ནི་ལུང་རྣམ་འབྱེད་ལས། ཕྲོགས་དང་འདྲིལ་དང་རེག་པ་དང་། །བསྔོས་དང་དགེ་སློང་མིན་གྱུར་དང་། །ངོ་བོ་འགྱུར་དང་སྐྱེ་བ་འགྱུར། །དོར་བ་ཡིས་ནི་བྱིན་ལེན་འཇིག །ཅེས་སོ། །ནད་ལ་ཕན་པ་སོགས་ཀྱི་རྐྱེན་མེད་པར་འོ་མ་སོགས་ཡུལ་དུས་དེར་བསོད་པར་གྲགས་ཤིང་ཞིམ་པའི་ཟས་བཟང་པོ་ཉེ་མིན་ཁྱིམ་པས་ཅི་བདེར་མ་བསྟབས་ཀྱང་ཚིག་མི་ཤེས་པས་སློང་སྟེ་ཟོས་ན་ལྟུང་བྱེད་དུ་འགྱུར་བ་རྣམས་སོ། །

བཅུ་ཚན་ལྔ་པ་ཆུ་དང་སོགས་ཀྱི་སྡེ་ནི། སྲོག་ཆགས་བཅས། ཆུར་སྤྱོད་ཉལ་པོ་བྱེད་པའི་ཤུལ་དུ་ཉལ། །དབེན་པའི་སྐབས་སུ་འགྲེང་དང་གཅེར་བུར་རྒྱུ། །དམག་བལྟ་དམགས་སར་ཞག་གཉིས་ལྷག་པར་བསྡད། །དམག་གི་རུ་བཀོད་བྱེད་དང་དགེ་སློང་བརྡེག །བརྡེག་ཙམ་གནས་ངན་ལེན་གྱི་ལྟུང་བ་འཆབ། །ཅེས་པ་སྟེ། སྡེ་ཚན་འདིའི་དང་པོ་ནི། རང་དོན་དུ་སྲོག་ཆགས་དང་བཅས་པའི་ཆུར་མ་བརྟགས་པར་ལོངས་སྤྱོད་པ་སྟེ། ལུས་དང་གོས་སོགས་འཁྲུད་པ་དང་འགོག་ཅིང་བསྒྱུར་བ་སོགས་བྱེད་པ་དང་། བཏུང་བ་སོགས་དང་། སྲོག་ཆགས་ཡོད་པའི་རྫ་ཤིང་གཅོད་ཅིང་མེར་འཇུག་པ་སོགས་སྲོག་ཆགས་འཆི་བ་མཐོང་ཡང་ལྟོས་མེད་དུ་སྤྱོད་ན་ཤི་བ་རེ་ཙམ་དེ་སྙེད་ཀྱི་ལྟུང་བའོ། །དེའི་དོན་དུ་ཆུ་ཚགས་ཀྱི་དབྱེ་བ་དཔྱངས་ཚགས་དང་། བུམ་ཚགས་དང་། རིལ་པ་ཞབས་ཚགས་ཅན་སོགས་གང་རུང་བཅང་བར་བྱ་ཞིང་། མར་མེ་འོད་ཁང་བྱ་བ་བཅས་དགོས་སོ། །གཉིས་པ་ནི། ཁྱིམ་པ་ཕོ་མོ་རང་ཁྱིམ་དུ་ཉལ་པོ་བྱེད་པ་ལ་ཞུགས་པའམ་དེར་ཕྱོགས་པ་ལ་དེ་དང་ཉེ་བའི་ཤུལ་དུ་ཉལ་ལམ། འདུག་པ་དེ་དག་དགེ་སློང་དེར་ཡོད་པ་རྣམས་ཀྱི་ཚོར་བ་དང་། གསུམ་པ་ནི། དེར་

དབེན་པའི་སྐབས་སུ་འགྲེང་སྟེ་གནས་པ་ཆོར་བ་དང་། བཞི་པ་ནི། ནད་པ་དང་ཉེ་དུ་དང་དགེ་བ་ལ་སྦྱོར་བའི་དོན་སོགས་དགོས་པ་ཁྱད་པར་ཅན་མེད་པར་མུ་སྟེགས་པའི་རབ་བྱུང་གཅེར་བུར་རྒྱུ་བ་ཕོ་མོ་གང་རུང་ལ་དུས་རུང་གི་ཟས་རང་གི་ལག་གིས་བྱིན་ཅིང་དེས་ཐོབ་པ་དང་། ལྔ་པ་ནི། རྒྱལ་པོས་བོས་པ་སོགས་རྐྱེན་དང་དགོས་པ་མེད་པར་དགེ་སློང་གིས་རང་གི་གནས་ཀྱི་ཉེ་འཁོར་ལས་འདས་ཏེ་དམག་གི་དཔུང་ལ་བལྟ་བར་ཕྱིན་པས་མཐོང་བ་དང་། དྲུག་པ་ནི། རྐྱེན་དང་དགོས་པ་མེད་པར་དམག་གི་དཔུང་ཡོད་པའི་སར་ཞག་གཅིག་གམ་གཉིས་ལས་ལྷག་པར་བསྡད་པ་དང་། བདུན་པ་ནི། གལ་ཏེ་རྐྱེན་དགོས་ཀྱིས་དམག་གི་ནང་དུ་སྡོད་དགོས་བྱུང་ཡང་རང་དགར་གོ་མཚོན་ལ་རེག་པ་དང་། དམག་དཔུང་གི་རུ་བཤམས་བཀོད་སོགས་བྱེད་པ་དང་། བརྒྱད་པ་ནི། རང་ཁྲོས་པས་དགེ་སློང་གཞན་ལ་བརྡེག་གམ་བརྡེག་ཏུ་བཅུག་པས་ཕོག་པ་ན་བརྡེག་ཐང་དེ་སྙེད་ཀྱི་གྲངས་དང་། དགུ་པ་ནི། ཁྲོས་པས་དགེ་སློང་གཞན་ལ་བརྡེག་པར་བརྩམ་པ་སྟེ་བརྡེག་ཚུལ་བྱས་པ་དེས་གོ་བ་དང་། བཅུ་པ་ནི། མཐོལ་ཡུལ་མཚན་ཉིད་ལྡན་པའི་དབུས་སུ། དགེ་སློང་གཞན་ལ་གནས་ངན་ལེན་གྱི་ལྟུང་བ་ཕམ་ལྷག་གང་རུང་བྱུང་བ་ངོ་ཤེས་སམ་ཐེ་ཚོམ་ཟ་བ་ལ་དགོས་པ་ཁྱད་པར་ཅན་མེད་བཞིན་དུ་འཆབ་སྟེ་མཚན་མཐའ་འདས་ན་ལྟུང་བྱེད་དུ་འགྱུར་བ་རྣམས་སོ། །ཕམ་ལྷག་ལས་གཞན་པའི་ལྟུང་བ་གཞན་འཆབ་ན་ཉེས་བྱས་སོ། །

བཅུ་ཚན་དྲུག་པ་ཁྲིམ་དང་སོགས་ཀྱི་སྡེ་ནི། དགེ་སློང་ཟས་གཅོད་མེ་ལ་རེག་ཏུ་བཅུག །དགེ་འདུན་ལས་ལ་འདུན་ཕུལ་ཕྱིར་ལྡོག་སྨྲ། །བསྙེན་མ་རྫོགས་དང་ཉལ་གཉིས་ལྷག་པར་ཉལ། །སྡིག་ལྟའི་ཆོས་ལུགས་མི་གཏོང་ཕེབས་པར་སྨྲ། །དགེ་ཚུལ་སྡིག་ལྟ་མི་གཏོང་ལྷན་ཅིག་ཉལ། །རུང་བའི་ཚོན་མིན་ཁ་དོག་ཅན་གོས་གྱོན། །རིན་ཆེན་དམག་ཆས་རོལ་མོའི་ཆས་ལ་རེག །ཚ་དུས་རང་གར་ཁྲུས་བྱེད། ཅེས་པ་སྟེ། བཅུ་ཚན་འདིའི་དང་པོ་ནི། དགེ་སློང་གཞན་ལ་ཁྲིམ་པས་དུས་རུང་གི་ཟས་འདྲེན་པ་ན་ངན་སེམས་ཀྱིས་དེ་འགོག་པའི་ཚིག་སྨྲས་ནས་གཅོད་དུ་བཅུག་པ་ཁྲིམ་པས་གོ་བ་དང་། གཉིས་པ་ནི། གྲོད་བག་གི་བསམ་པས་མེ་ལ་རེག་གམ་རེག་ཏུ་བཅུག་པ་དང་། འདིར་ཆོས་ལྡན་གྱི་བྱ་བའི་ཆེད་དུ་གནང་བ་ཡིན་སྙམ་པས་དུས་དྲན་བསྐྱེན་དགོས་སོ། །གསུམ་པ་ནི། དགེ་འདུན་གྱིས

དགེ་སློང་གི་ཚེད་དུ་ལུས་བྱས་ཤིང་ཆགས་པ་ལ་དང་པོ་འདུན་པ་ཕུལ་ནས་ཕྱིས་འདུན་པ་ཕྱིར་བྱིན་ཅིག་ཅེས་ལྡོག་པའི་ཚིག་སྨྲ་བ་གོ་བ་དང་། བཞི་པ་ནི། བསྙེན་པར་མ་རྫོགས་པ་དང་ལྷན་ཅིག་གནས་གཅིག་ཏུ་རྐྱེན་དགོས་མེད་པར་ནུབ་གཉིས་ལས་ལྷག་པར་ཉལ་བས་ནུབ་གསུམ་འདས་ཏེ་བཞི་པའི་སྐྱ་རེངས་ཤར་བ་དང་། གལ་ཏེ་གནས་ཁང་གཅིག་ཏུ་ཉལ་ཡང་ཁྲུ་ཕྱེད་དང་དགུས་ཆོད་ན་ལྟུང་བ་མེད་དོ། །ལྔ་པ་ནི། ཆང་འཐུང་བ་དང་ཕྱི་དྲོ་ཟ་བ་སོགས་ལ་ཉེས་པ་མེད་དོ་ཞེས་སྡིག་པ་ཅན་གྱི་ལྟ་བའི་ཆོས་ལུགས་སྨྲ་བ་ཉིད་བཟློག་བྱེད་ལྟའི་མཐའ་ལ་མི་གཏོང་བ་དང་། དྲུག་པ་ནི། དགེ་འདུན་གྱི་གནས་ནས་ཕྱུང་བའི་དགེ་སློང་དང་ལྷན་ཅིག་གཏམ་ཕེབས་པར་སྨྲ་བ་སོགས་སྤྱོད་ལམ་མཐུན་པས་མཚན་མཐའི་སྐད་ཅིག་འདས་པ་དང་། བདུན་པ་ནི། དགེ་ཚུལ་སྡིག་ལྟ་མི་གཏོང་བ་དགེ་འདུན་གྱིས་བསྐྱིལ་བ་དང་ལྷན་ཅིག་ཉལ་བ་སོགས་སྤྱོད་ལམ་མཐུན་པས་མཚན་མཐའ་འདས་པ་དང་། བརྒྱད་པ་ནི། ཆུ་ཚག་མ་གཏོགས་རུང་བའི་ཚོན་གསུམ་གྱིས་ཁ་བསྒྱུར་བ་མིན་པ་ཁ་དོག་དཀར་པོ་ཅན་གྱི་གོས་ཁྲུ་གང་ཡན་ཆད་གཞན་གྱི་མ་གཡོགས་པར་གྱོན་ན་ལྟུང་བྱེད་དང་། ནག་པོའམ་ཁྲ་བོ། ཚོན་ཆེན་བརྒྱད་ཀྱིས་བསྒྱུར་བ་གྱོན་ན་ཉེས་བྱས་སོ། །དགུ་པ་ནི། རྒྱུད་འཛའ་བ་དང་། སྦྱིན་བདག་བསོད་ནམས་འདོད་པས་བསྟབས་པ་དང་། ཆོས་འཆད་པ་སོགས་དོན་ཁྱད་པར་ཅན་སྒྲུབ་པའི་སྐབས་མ་ཡིན་པར་རང་ལ་མི་དབང་བའི་ནོར་བུ་མུ་ཏིག་སོགས་རིན་ཆེན་དང་། མདའ་མདུང་སོགས་དམག་ཆས། རྔ་བོ་ཆེ་སོགས་རོལ་མོའི་ཆས་ལ་གྲོད་བག་གིས་རང་ངམ་བསྐོས་པས་རེག་པ་དང་། བཅུ་པ་ནི། དབྱར་ཟླ་གསུམ་དང་ན་བ་སོགས་གནང་བའི་དུས་མིན་པར། ཚ་བ་ཅུང་ཙམ་ཡོད་པའི་དུས་སུ་སྟར་ཁྲུས་བྱས་ནས་རིང་པོར་མ་ལོན་བཞིན་རང་གར་ཁྲུས་བྱེད་ཅིང་ལུས་ཕྱེད་ཆུར་ནུབ་པ་ན་ལྟུང་བར་འགྱུར་བ་རྣམས་སོ། །

བཅུ་ཚན་བདུན་པ་བསམ་པ་སོགས་ཀྱི་སྡེ་ནི། དུད་འགྲོ་གསོད། དགེ་སློང་བྱས་ལ་འགྱོད་བསྐྱེད་གག་ཚིལ་བསྙོག །ཆུར་རྩེ་བུད་མེད་གནས་གཅིག་ཉལ་བ་དང་། །དགེ་སློང་དངངས་བྱེད་དེ་ཡི་ཡོ་བྱེད་སྦེད། །སྟར་བྱིན་གདེངས་མེད་སླར་བླངས་སྤྱོད་པ་དང་། །གཞི་མེད་སྐུར་བཏབ་བུད་མེད་ལྷན་ཅིག་ཏུ། །སྐྱེས་པ་མེད་པར་ལམ་འགྲོ། ཞེས་པ་སྟེ། བཅུ་ཚན་འདིའི་དང་པོ་ནི། གསོད་སེམས

ཀྱིས་དུད་འགྲོའི་རིགས་གསོད་དམ་གསོད་དུ་བཅུག་ནས་ཇི་སྐད་ཤི་བ་དེ་སྐད་ཀྱི་དང་། གཉིས་པ་ནི། དགེ་སློང་བྱས་པ་གཞན་ལ་ཁྱོད་སྡོམ་པ་མ་སྐྱེས་ཞེས་སམ་ཡང་ན་ཉམས་སོ་ཞེས་སོགས་འགྱོད་པ་བསྐྱེད་པའི་ཚིག་སྨྲས་པ་དེས་གོ་བ་དང་། གསུམ་པ་ནི། དགེ་སློང་གཞན་གྱི་ལུས་སྐྱོ་གཡའ་བར་བྱ་བའི་ཕྱིར་མཆན་ཁུང་སོགས་ལ་རེག་སྟེ་ག་ག་ཚིལ་བསྒྲིག་པ་དང་། བཞི་པ་ནི། རྐོང་བག་གི་བསམ་པས་ལུས་ཕྱེད་ནུབ་པའི་ཆུར་རྩེ་བའམ་རྩེར་བཅུག་པ་དང་། ལྔ་པ་ནི། ཁྲིམས་གྲོགས་མེད་པར་དགེ་སློང་བུད་མེད་དང་ལྷན་ཅིག་གནས་གཅིག་ཏུ་ཉལ་བ་ན་མཚན་མཐའ་འདས་པ་དང་། དྲུག་པ་ནི། དགེ་སློང་གཞན་དངངས་པར་བྱེད་འདོད་པས་འཇིགས་སྣང་སྣ་ཚོགས་སྟོན་ནམ་སྟོན་དུ་བཅུག་པས་དེ་དངངས་པར་བྱེད་པ་དང་། བདུན་པ་ནི། དགེ་སློང་སོགས་རབ་བྱུང་སྡེ་ལྔ་གང་ཡང་རུང་བ་དེ་ཡི་ཆོས་གོས་དང་ལྷུང་བཟེད་སོགས་འཚོ་བའི་ཡོ་བྱད་གང་རུང་རྐུ་འདོད་དང་། ཕན་སེམས་མིན་པར་སྦེད་དམ་སྦེད་དུ་བཅུག་ནས་སྦས་པ་དང་། བརྒྱད་པ་ནི། དགེ་སློང་གཞན་ལ་སྔར་རང་གིས་གོས་བྱིན་པ་རྒྱུ་སེམས་དང་ཡིད་བཅུག་མིན་པར་དེས་གནང་བའི་གདེངས་མེད་བཞིན་སླར་བླངས་ནས་ཅི་དགར་ལོངས་སྤྱོད་པ་དང་། དགུ་པ་ནི། མཐོང་ཐོས་དོགས་གསུམ་གྱི་གཞི་མེད་པའི་དགེ་སློང་གཞན་ལ་ལྷག་མ་བཅུ་གསུམ་གང་རུང་གིས་སྐུར་པ་བཏབ་པ་དེས་གོ་བ་དང་། བཅུ་པ་ནི། ཉེ་མིན་བུད་མེད་དང་ལྷན་ཅིག་ཏུ་སྐྱེས་པའི་ཁྲིམས་གྲོགས་མེད་པར་ལམ་དུ་འགྲོ་ན་རྒྱངས་གྲགས་རེ་ལ་ལྟུང་བ་རེ་དང་། དེའི་ཕྱེད་ལ་ཉེས་བྱས་སུ་འགྱུར་བ་རྣམས་སོ། །

བཅུ་ཚན་བརྒྱད་པ་མགྲོན་མང་རྒྱན་མ་ལ་སོགས་པའི་སྡེ་ནི། རྒྱན་མའང་མཚུངས། ཉི་ཤུ་མ་ལོན་པ་ལ་བསྙེན་རྫོགས་ཕོག །ས་བརྐོ་མགྲོན་བོས་ཟླ་བཞི་ལྷག་པར་ཟོས། །མི་ཤེས་བརྗོད་དང་འཐབ་པའི་ཉན་རྣ་བྱེད། །ཉེས་མེད་མི་སྨྲ་འགྲོ་དང་མི་གུས་འགལ། །ཆང་འཐུང་སྣུས་མིན་ཕྱི་དྲོ་གྲོང་དུ་རྒྱུ། ། ཞེས་པ་སྟེ། བཅུ་ཚན་འདིའི་དང་པོ་ནི། ཤོ་གམ་མ་བྱིན་པའམ་རྒྱན་མ་དང་ལྷན་ཅིག་འགྲོ་ནའང་སྔ་མ་དང་མཚུངས་ཏེ་རྒྱངས་གྲགས་འདས་པ་དང་། གཉིས་པ་ནི། བསྒྲུབ་བྱ་སྐྱེས་པ་མངལ་ནས་བརྩིས་ཀྱང་ལོ་ཉི་ཤུ་མ་ལོན་པ་ལ་དེར་ཤེས་སམ་ཡིད་གཉིས་ཀྱིས་བསྙེན་རྫོགས་ཕོག་ན་ལས་བརྗོད་པ་གསུམ་པའི་བྱ་བ་བརྗོད་པ་རྫོགས་ནས་བྱེད་པ་བརྗོད་པ་འགོ་རྩོམ་པའི་ཚེ་མཁན་པོ་

ལ་ལྟུང་བྱེད་དང་། སློབ་དཔོན་དང་དགེ་འདུན་ལ་ཉེས་བྱས་སུ་གྱུར་བ་དང་། གསུམ་པ་ནི། དགོས་པ་ཁྱད་པར་ཅན་མེད་པར་སོར་བཞི་ཡན་ཆད་ཀྱི་ས་བརྐོ་བའམ་བརྐོར་བཅུག་པ་དང་། བཞི་པ་ནི། སྦྱིན་བདག་གིས་དུས་ཇི་ཙམ་མགྲོན་དུ་བོས་པ་ལས་ལྷག་པར་འདུག་གམ། ཚོགས་བཞག་པ་མེད་ན་ཟླ་བ་བཞི་ལས་ལྷག་པར་བསྡད་ནས་ཟློས་པ་དང་། ལྔ་པ་ནི། དགེ་སློང་གཞན་གྱིས་རང་ལ་བསླབ་བསྐུལ་བྱེད་པ་ན་བསྐུལ་བ་པོ་ལ་ཁྱེད་ཀྱི་མི་ཤེས་པས་གཞན་ལ་མ་དྲིས་པར་མི་སློབ་བོ་ཞེས་པ་ལྟ་བུ་ཁྱད་གསོད་ཀྱི་ཚིག་བརྗོད་པ་གོ་བ་དང་། དྲུག་པ་ནི། རང་དང་རྩོད་ཟླར་གྱུར་པའི་དགེ་སློང་གཞན་གཉིས་ཡན་ཆོད་གྲོས་བྱེད་པ་ལ་འཐབ་མོ་པ་དེ་སླར་སྤར་བའི་ཆེད་དུ་ཉན་རྣ་བྱེད་པས་རང་གི་དོན་གོ་བ་དང་། བདུན་པ་ནི། རང་ཁ་སྐོང་དུ་འོས་པའི་གོས་སྦྱོང་སོགས་ཆོས་ལྡན་གྱི་ལས་གྲལ་དུ་འདུས་ནས་གསོལ་བ་ཙམ་ཡང་མ་བྱས་པའི་གོང་དུ་དགེ་འདུན་མཐུན་པ་སྒྲུབ་བྱེད་ཀྱི་འདུན་པ་མ་ཕུལ་བའམ་ལྷག་འོག་གི་དགེ་སློང་ལ་ཉེས་པ་མེད་པར་ཅང་མི་སྨྲ་བར་འགྲོ་བ་སྟེ་ཐོས་པའི་ཉེས་འཁོར་ལས་འདས་པ་དང་། གསོལ་བ་ཐོས་ནས་ཕྱིན་ན་ཉེས་བྱས་དང་། རང་ཁ་སྐོང་དུ་མི་འོས་པ་སོགས་ལྟུང་བ་མེད་དོ། །བརྒྱད་པ་ནི། སྟོན་པ་སངས་རྒྱས་སམ་དགེ་འདུན་ནམ་དགེ་འདུན་ཞལ་ཏ་བས་རང་ལ་ཆོས་ལྡན་གྱི་བཀའ་བསྒོ་བའི་དོན་ལ་བདག་གིས་བསྒྲུབ་མི་ནུས་པའི་ཚུལ་གྱིས་ཤད་སྦྱོང་མེད་པར་མི་གུས་པའི་རྣམ་པས་འགལ་བར་བྱས་པ་དང་། དགུ་པ་ནི། ཕབ་བཏབ་པ་འབྲུའི་ཆང་དང་། རྒུན་ཆང་སོགས་བཙོས་པའི་ཆང་དང་། དེ་དག་གི་སྦྲང་མ་སོགས་མྱོས་པའི་ནུས་པ་ཅན་འཐུང་ངམ་ཟ་འདོད་ཀྱིས་མགུལ་དུ་མིད་པ་དང་། གལ་ཏེ་བསྐོལ་བས་ཆང་གི་རོ་ནུས་ཉམས་པར་བྱས་པ་དང་། ནད་ལ་ཕན་པའི་ཕྱིར་ཁར་བསྲེལ་བ་ཙམ་དང་། ལུས་ལ་བསྐུས་པ་ཙམ་བྱས་ན་ཉེས་པ་མེད་དོ། །བཅུ་པ་ནི། དུས་མིན་པར་རང་གླིང་གི་ཉི་མ་བྱེད་ཡོལ་ནས་ཕྱི་དྲོ་ཕན་ཆད་སང་སྐྱ་རེངས་མ་ཤར་གྱི་བར་རྐྱེན་དགོས་མེད་པར་དེར་འཁོད་ཀྱི་གྲོགས་ལ་མ་སྨྲས་པར་ཁྱིམ་པའི་གྲོང་དུ་རྒྱུ་བར་བྱེད་པས་རང་གི་སྒོ་གཏན་དང་ཉེ་འཁོར་ལས་འདས་ན་ལྟུང་བར་འགྱུར་བ་རྣམས་སོ། །

བཅུ་ཚན་དགུ་པ་ཆོས་སྟོན་སོགས་ཀྱི་སྡེ་ནི། ཟས་བཅས་ཕྱི་དྲོ་རྒྱུ་དང་ཁྱིམ་གསུམ་འདས། །

རྒྱལ་པོ་བཙུན་མོར་རྩེ་བའི་ཁབ་ཏུ་ཉལ། །མདོ་སོགས་འདོན་ལ་ད་གདོད་ཤེས་ཟེར་དང་། །རིན་ཆེན་ཁབ་རལ་ཁྲི་རྐང་ཚད་ལྷག་བཟོས། །ངན་སེམས་ཤིང་བལ་ཁྲི་སྟེང་བརྡལ་ཏེ་བགོས། །གདིང་གཡན་རས་ཆེན་ཆོས་གོས་ཚད་ལྷག་གོ། །ཞེས་པ་སྟེ།

བཅུ་ཚན་འདིའི་དང་པོ་ནི། དགེ་སློང་གིས་སྔ་དྲོ་རང་ཚིག་གིས་དགེ་འདུན་རྣམས་ཁྱིམ་པའི་གནས་སུ་ཟས་ལ་སྤྱན་དྲངས་ནས། སྦྱིན་བདག་ལ་དང་བ་དང་བཅས་དུས་ལ་བྲིམ་ཞེས་མ་བསྒོས་པར་རང་ཉིད་ཁྱིམ་ནས་ཁྱིམ་གསུམ་བར་དུ་རྒྱུ་བས་དགེ་འདུན་གྱི་གདུགས་ཚོད་ལ་གནོད་པ་དང་། ཕྱི་དྲོ་ཡང་ཁྱིམ་ནས་ཁྱིམ་དུ་རྒྱུ་བ་དང་བཅས་པས་ཁྱིམ་གསུམ་ཕན་ཆད་འདས་པས་དགེ་འདུན་གྱི་ཆོས་ཀྱི་ལོངས་སྤྱོད་ལ་གནས་པ་དང་། གཉིས་པ་ནི། ཆོས་ལྡན་གྱི་དོན་དུ་བོས་པ་སོགས་དགོས་པ་ཁྱད་པར་ཅན་མེད་བཞིན་རྒྱལ་པོ་བཙུན་མོར་རྩེ་བ་སྟེ་བཙུན་མོ་དང་བཅས་པའི་ཁབ་ཏུ་ཉི་མ་དམར་ཐག་ཆོད་ནས་སྐྱ་རེངས་ཐ་མ་མ་ཤར་གྱི་བར་འགྲོ་ན་དེའི་ཉེ་འཁོར་ལས་འདས་པར་སླེབས་པའམ་ཉིན་མོ་ཕྱིན་ནས་མཚན་མོ་ཉལ་བ་དང་། གསུམ་པ་ནི། སོ་ཐར་གྱི་མདོ་སོགས་འདོན་པ་ལ་ལན་གཉིས་ཡན་ཆད་ཐོས་ཤིང་མདོ་དེ་ལ་དོན་དེ་ཡོད་པར་སྣང་ནས་ཤེས་ཀྱང་དོན་འདི་ཡོད་པ་ད་གདོད་ཤེས་སོ་ཞེས་འདུལ་བར་གཏོགས་པའི་བསླབ་པ་ཁྱད་གསོད་ཀྱི་ཚིག་ཟེར་ཕ་རོལ་པོས་གོ་བ་དང་། བཞི་པ་ནི། བ་སོ་སོགས་རིན་ཐང་ཆེན་པོའི་རིགས་ཀྱིས་ཁབ་རལ་བྱེད་དམ་བྱེད་དུ་བཅུག་སྟེ་ཟིན་པ་དང་། ལྔ་པ་ནི། དགེ་སློང་གིས་ཁྲི་འམ་ཁྲི་འུའི་རྐང་པ་ཁྲུ་གང་གི་ཚད་ལས་ལྷག་པར་བཟོས་པའམ་བཟོར་བཅུག་སྟེ་བཟོས་ཟིན་པ་དང་། དྲུག་པ་ནི། དགེ་སློང་གིས་ངན་སེམས་ཀྱིས་ཤིང་བལ་དགེ་འདུན་གྱི་ཁྲི་འམ་ཁྲི་འུའི་སྟེང་དུ་བརྡལ་ཏེ་བགོས་པར་བྱས་པ་དང་། བདུན་པ་ནི། གདིང་བ་སྲིད་དུ་ཁྲུ་གསུམ་དང་ཞེང་དུ་ཁྲུ་དོ་དང་སོར་དྲུག །བརྒྱད་པ་ནི། གཡན་དགབ་སྲིད་དུ་ཁྲུ་དྲུག་དང་། ཞེང་དུ་ཁྲུ་གསུམ། དགུ་པ་ནི། རས་ཆེན་སྲིད་དུ་ཁྲུ་དགུ་དང་། ཞེང་དུ་ཁྲུ་གསུམ་དང་སོར་བཅོ་བརྒྱད་ཚད་ཡིན་པ་དང་། བཅུ་པ་ནི། རང་རེ་ལ་སྟོན་པའི་སྐུ་ལུས་ཀྱི་ཚད་ཙམ་མེད་པར་དེའི་ཆོས་གོས་ཀྱི་ཚད་དམ་དེ་ལས་ལྷག་པར་བྱེད་དུ་བཅུག་སྟེ་ཟིན་པ་ན་ལྟུང་བར་གྱུར་པ་དག་གོ། །

དེ་ལ་སྟོན་པའི་ཆོས་གོས་ཀྱི་ཚད་ནི་སྲིད་དུ་སྟོན་པ་ཉིད་ཀྱི་ཁྲུ་ལྔ་ཡིན་པས་མི་ཕལ་པའི་ཁྲུ་བཅོ་ལྔ་

དང་། ཞེང་དུ་སྟོན་པའི་ཁྲུ་གསུམ་ལ་ཕལ་པའི་ཁྲུ་དགུ་ཡོད་དོ། །དེ་ལྟར་གདིང་བ། གཡན་དགབ། རས་ཆེན། ཆོས་གོས་རྣམས་ཚད་ལས་ལྷག་པར་བརྒྱལ་འདུག་ན་བཤགས་དགོས་པས། དེའི་ཚེ་ཁབ་རལ་བཅག་ཅིང་ཤིང་བལ་བསྡུ། ཁྲི་རྐང་དང་གོས་ཚད་ལྷག་སོང་བ་རྣམས་བཅད་ནས། བཤགས་ཡུལ་གྱིས་བཅག་གམ། བསྡུས་སམ། བཅད་དམ། ཞེས་དྲི་ནས་མ་བཤགས་ན་ཉེས་བྱས་སོ། །

ལྔ་པ་སོར་བཤགས་ཀྱི་སྡེ་ལ་གཉིས། མདོར་བསྟན་པ་དང་། རྒྱས་པར་བཤད་པའོ། །

དང་པོ་མདོར་བསྟན་པ་ནི། སོ་སོར་བཤགས་བྱའི་སྡེ་ནི་བཞི་ཡིན་ཏེ། ཞེས་པ་སྟེ། སྤྱི་སྤྱགས་ཀྱི་རྣམ་པས་སོ་སོར་བཤགས་པར་བྱ་བའི་སྡེ་ཚན་བཤད་པ་ནི་རབ་བྱུང་དང་ཁྱིམ་པའི་གཞི་ལས་གྱུར་པ་གཉིས་སུ་ཕྱེ་བས་བཞིར་འགྱུར་བ་ཡིན་ཏེ། ཞེས་སོ། །

གཉིས་པ་རྒྱས་པར་བཤད་པ་ནི། དགེ་སློང་མ་ལས་གྲོང་དུ་ཟས་བསླངས་ཟོས། །ཁྱིམ་དུ་དགེ་སློང་མས་བསྒོས་མ་བཟློག་ཟོས། །བསླབ་སྡོམ་སྦྱིན་ལས་རུང་མིན་བསླངས་ཏེ་ཟོས། །ནགས་མ་ཞུལ་བར་དགོན་པར་བསླངས་ཟོས་བཞིའོ། །ཞེས་པ་སྟེ། དང་པོ་ནི། ཉེ་དུ་མ་ཡིན་པའི་དགེ་སློང་མས་རང་ཉིད་ཀྱིས་བཟའ་བའི་ཆེད་དུ་བསྒྲུབས་པའི་དུས་རུང་གི་ཟས་དེ་ལུས་གྲོང་དམ་དེའི་ཉེ་འཁོར་དང་ལམ་པོ་ཆེ་གང་རུང་དུ་ཟས་དེ་ཉིད་བསླངས་ཏེ་ཟོས་པ་དང་། གཉིས་པ་ནི། སྦྱིན་བདག་གིས་མགྲོན་དུ་བོས་པའི་ཁྱིམ་དུ་དགེ་སློང་མས་གྲལ་རིམ་པར་འཕྲིམ་དུ་མི་འཇུག་པར་ངའི་མགྲོན་འདི་ལ་འདི་དྲོང་ཞེས་བསྒོས་ནས་འཕྲིམ་བཅུག་པ་དགེ་སློང་གཅིག་གི་མ་བཟློག་པར་དགེ་སློང་དེ་སྙེད་པས་ཟོས་པ་ལས་སོར་བཤགས་སུ་འགྱུར་བ་དང་། གསུམ་པ་ནི། དགེ་འདུན་བློ་མཐུན་པས་གསོལ་བའི་ལས་ཀྱིས་ཁྱིམ་པ་ཅི་རིགས་ལས་དགག་བྱ་དང་དགོས་པའི་དབང་གིས་ཟས་མི་སློང་བའི་བསླབ་སྡོམ་སྦྱིན་པ་ན། ཁྱིམ་དེར་གཏོགས་པའི་དགེ་སློང་གི་དེ་ལུས་ལེན་དུ་རུང་བ་ལོ་མ་ལ་སོགས་པ་མོད་པ་མིན་པའི་དུས་རུང་གི་ཟས་བསླངས་ཏེ་ཟོས་པ་དང་། བཞི་པ་ནི། གྲོང་ལས་རྒྱངས་གྲགས་དཔགས་པའི་འཇིགས་བཅས་ཀྱི་གནས་སུ་དགེ་འདུན་གྱིས་ནགས་ཞུལ་བར་བསྒོས་པའི་དགེ་སློང་གིས་དགེ་འདུན་དང་སྦྱིན་བདག་གི་གནོད་པ་བསྲུང་བའི་བྱ་བ་འདིས་ཅི་བྱ་སྙམ་པས་ནགས་མ་ཞུལ་བར་དགོན་པར་ཁྱིམ་པ་ལས་དུས་རུང་གི་ཟས་བླངས་ཏེ་ཟོས་པ་དང་བཞིའོ། །

དྲུག་པ་ཉེས་བྱས་ཀྱི་སྡེ་ལ་གཉིས། མདོར་བསྟན་པ་དང་། རྒྱས་པར་བཤད་པའོ། །དང་པོ་མདོར་བསྟན་པ་ནི། ཉེས་བྱས་བརྒྱ་དང་བཅུ་གཉིས་ཞེས་གྲགས་པ། །ཞེས་པ་སྟེ། ཉེས་པ་ཕྲ་མོའི་རང་བཞིན་ཡིན་པས་ཉེས་བྱས་ཞེས་བྱ་སྟེ་དེ་ལ་གྲངས་ནི་སྡོམས་ཀྱིས་བསྡུས་པ་བརྒྱ་དང་བཅུ་གཉིས་ཞེས་གྲགས་པ་རྣམས་འདི་ལྟར་རོ་ཞེས་སོ། །

གཉིས་པ་རྒྱས་པར་བཤད་པ་ལ། སྡེ་ཚན་དགུ་ལས། དང་པོ་གོས་བགོ་བའི་སྡེ་ནི། ཤམ་ཐབས་ཟླུམ་མིན་བརྫེངས་འཇོལ་གླང་སྣ་འདྲ། །ལྟེབ་དང་ཕུར་མ་གདེངས་ཀ་ལྷ་བུ་བདུན། །ཟླུམ་མིན་རིང་ཐུང་སྟོད་གསུམ་གོས་ཀྱི་བཅུ། །ཞེས་པ་སྟེ། ཤམ་ཐབས་ཡས་མས་མཐོ་དམན་མི་མཉམ་པས་ཟླུམ་པོར་བགོ་བ་མིན་པ་དང་༡། རྟ་ཅང་བརྫེངས་ཆེ་བས་པུས་མོར་སླེབས་པ་དང་༢། འཇོལ་ཆེ་བས་ལོང་བུ་ལ་རེག་པ་དང་༣། གླང་པོའི་སྣ་དང་འདྲ་བས་མས་ཟུར་གྱི་གྲྭ་མདུན་རྒྱབ་ཏུ་འཆང་བ་དང་༤། སྐ་རགས་ཀྱི་གོང་དུ་ཏ་ལའི་ལོ་མ་ལྟར་བལྟེབ་པ་༥དང་། སྐ་རགས་ཀྱི་བར་ནས་འབྲུའི་ཕུར་མ་ལྟར་འབུར་བ་དང་༦། སྐ་རགས་ཀྱི་སྟེང་དུ་སྦྲུལ་གྱི་གདེངས་ཀ་ལྟ་བུ་མཐོ་དམན་འདུག་པ་༧སྟེ་མི་བྱེད་པ་བདུན་དང་། སྣམ་སྦྱར་དང་བླ་གོས་ཟླུམ་པོར་བགོས་པ་མིན་པ་དང་༨། རྟ་ཅང་རིང་བ་དང་༩། རྟ་ཅང་ཐུང་བ་མ་ཡིན་པ་སྟེ་སྟོད་ཀྱི་གོན་ལུགས་གསུམ་བཅས་གོས་ཀྱི་བགོ་ཚུལ་ལ་ཉེས་པའི་ཆ་༡༠བཅུ་རྣམས་སོ། །

གཉིས་པ་སྤྱོད་ཡུལ་དུ་འགྲོ་བའི་སྡེ་ཚན་ནི། མ་བསྡམས་བགོ་བ་ཙ་ཙོ་མིག་གཡེང་དང་། རིང་ལྟ་མགོ་བསྒྲུམས་གོས་བརྗེས་ཕྲག་ལ་གཟར། །ལག་པ་གཉའ་གོང་བསྣོལ་དང་ལྟག་པར་བསྣོལ། །མཆོངས་བརྐྱང་རྐང་པའི་བྲང་དང་རྟིང་བཙུགས་འགྲོ། །ལག་པ་དཀུར་བརྟེན་ལུས་བསྒྱུར་ལག་པ་གཡུགས། །མགོ་བསྒྱུར་ཕྲག་པ་སྤྲད་དང་ལག་སྤྲེལ་རྣམས། །མི་བྱེད་ཁྱིམ་འགྲོའི་སྤྱོད་པ་ཉི་ཤུའོ། །ཞེས་པ་སྟེ། ཁྱིམ་དུ་འགྲོ་བའི་ཚེ་དྲན་ཤེས་ཀྱིས་ལུས་ངག་མ་བསྡམས་པ་དང་༡། བླ་གོས་མཐང་གོས་སོགས་མེད་པའམ་ལེགས་པར་བགོ་བ་མ་ཡིན་པ་༢དང་། རང་དགར་ཙ་ཙོའི་སྒྲ་བྱེད་པ་༣དང་། མིག་གཡས་གཡོན་དུ་གཡེང་བས་བལྟ་བ་དང་༤། མིག་གཉའ་ཤིང་གང་ལས་རིང་བར་བལྟ་བ་དང་༥། མགོ་གོས་ཀྱིས་བསྒྲུམས་པ་དང་༦། ཤམ་ཐབས་སོགས་གོས་འདོམས་སྣང་བར་བརྗེས་པ་དང་༧། བླ་

གོས་ཕྲག་པའི་ཕྱོགས་གཉིས་ལ་གཟར་བ་དང་༦། ལག་པ་གཉིས་གཉའ་གོང་དུ་བསྣོལ་དང་༩། ལག་གཉིས་ལྷག་པར་བསྣོལ་བ་དང་༡༠། རང་དགར་མཆོངས་པ་དང་༡༡། གོམ་པ་ཆེ་བས་སྐྱིད་པ་བརྒྱུད་བ་དང་༡༢། རྟིང་པ་བཏེགས་ནས་རྐང་པའི་སྲང་གིས་འགྲོ་བ་དང་༡༣། རྟིང་པ་བཙུགས་ཏེ་ཙོག་པུས་འགྲོ་བ་དང་༡༤། ལག་པ་དཀུར་བརྟེན་ནས་གྲུ་མོ་བརྐྱངས་ཏེ་འགྲོ་བ་དང་༡༥། ལུས་དཀྱོགས་པོར་བསྒྱུར་ཏེ་འགྲོ་བ་༡༦དང་། ལག་པ་གཉིས་གཡུགས་བཞིན་འགྲོ་བ་དང་༡༧། མགོ་གཡས་གཡོན་དུ་བསྒྱུར་ནས་འགྲོ་བ་དང་༡༨། གཞན་དང་ཕྲག་པ་སྦྲད་དེ་འགྲོ་བ་༡༩དང་། གཞན་དང་ལག་པ་སྦྲེལ་ཏེ་འགྲོ་བ་རྣམས་མི་བྱེད་པར་ཞི་དུལ་གྱིས་ཁྱིམ་དུ་འགྲོ་བའི་སྤྱོད་པ་ཉི་ཤུ༢༠རྣམས་ལ་བསླབ་པར་བྱའོ། །

གསུམ་པ་སྟན་ལ་འདུག་པའི་སྡེ་ཚན་ནི། སྟན་ལ་མ་བསྒོས་མ་བརྟགས་འཕོངས་བརྡེག་དང་། །རྐང་བརྒྱང་བསྣོལ་དང་བརླ་བསྣོལ་ལོང་བུ་བརྩེགས། །ཁྲི་འོག་རྐང་དགུག་རྐང་པ་གདངས་ཏེ་འདུག །འདོམས་མཐོང་རྣམ་སྤྲངས་འདུག་ཚུལ་དགུ་ཡིན་ནོ། །ཞེས་པ་སྟེ། གཞན་གྱི་ཁྱིམ་དུ་སྟན་ལ་ཁྱིམ་བདག་གིས་མ་བསྒོས་པར་འདུག་པ་དང་༡། སྲོག་ཆགས་ཡོད་མེད་མ་བརྟགས་པར་འདུག་པ་༢དང་། ལུས་ལྗིད་ཕབ་ནས་འཕོངས་བརྡེག་གིས་འདུག་པ་༣དང་། རྐང་པ་བརྒྱང་སྟེ་བསྣོལ་ནས་འདུག་པ་དང་༤། བརླ་བསྣོལ་ནས་འདུག་པ་དང་༥། ལོང་བུའི་སྟེང་དུ་ལོང་བུ་བརྩེགས་ནས་འདུག་པ་༦དང་། ཧོར་འདུག་གི་རྣམ་པས་ཁྲི་འོག་ཏུ་རྐང་པ་དགུག་ནས་འདུག་པ་༧དང་། རྐང་པ་ཕན་ཚུན་གདངས་ཏེ་འདུག་པ་དང་༨། འདོམས་མཐོང་བར་བྱས་ནས་འདུག་པ་རྣམས་སྤྲངས་ཏེ་སྐྱིལ་ཀྲུང་སོགས་འདུག་ཚུལ་ལེགས་པས་འདུག་པ་བཅས་དགུ་པོ་ལ་བསླབ་པར་བྱ་བ་ཡིན་ནོ། །

བཞི་པ་ཟས་བསླང་བའི་སྡེ་ཚན་ནི། ལེགས་པར་མི་ལེན་སྣ་ཁ་མཉམ་པར་ལེན། །མཐར་ཆགས་མི་ལེན་ལྷུང་བཟེད་ཟུར་མིག་བལྟ། །བཟེད་སྤུས་སྤར་བྱུང་སྦྲས་ནས་བཟེད་པ་དང་། །སྣོད་གཞན་སྟེང་བཟེད་སྤྱང་བ་ཟས་བླང་བརྒྱད། །ཅེས་པ་སྟེ། འདུལ་བ་དང་མི་འགལ་བར་ཟས་ལེགས་པར་མི་ལེན་པ་༡དང་། ལྷུང་བཟེད་ཀྱི་སྣ་དང་ཁ་ད་ཚད་དུ་ལེན་པ་༢དང་། འབྲས་ཆན་དང་ཚོད་མའམ་ཟན་དང་བྱ་ན་མཉམ་པར་ལེན་པ་དང་༣། གྲལ་རིམ་ལྟར་མཐར་ཆགས་སུ་མི་ལེན་པ༤དང་།

ལྷུང་བཟེད་ལ་ཡིད་གཏད་དེ་མི་ལེན་པར་ཟུར་མིག་གིས་བལྟ་༥བ་དང་། ཟས་འདྲེན་པ་པོ་མ་སླེབས་པར་སྣོད་བཟེད་སྤྲས་པ་༦དང་། ལྷག་པོ་འདོད་པས་ཟས་སྦར་བྱུང་སྦས་ནས་ཡང་བཟེད་པ་དང་། སྣོད་གཞན་གྱི་སྟེང་དུ་ལྷུང་བཟེད་བཞག་ནས་བཟེད་པ་རྣམས་སྤང་བར་བྱས་ཏེ་ཟས་བླང་བ་ལ་བསླབ་པར་བྱ་བ་༧བརྒྱད་དོ། །

ལྔ་པ་ཟས་ཟ་བའི་སྡེ་ཚན་ནི། འགལ་ཟ་ཁམ་ཆེ་ཆུང་དང་རན་པར་མིན། །ཁ་གདངས་ཟ་བཞིན་སྨྲ་དང་ཙུག་ཙུག་དང་། །ཅག་ཅག་ཧུ་ཧུ་ཕུ་ཕུ་ལྕེ་ཕྱུང་ཟ། །འབྲུ་ནས་གུད་ཕྱེ་ཟས་ལ་སྐྱོན་འཕྱ་དང་། །ཁམ་གཅིག་མཁུར་སྒྲོ་རྐན་ཏོག་ཁམ་འཕྲོ་བཅད། །ལག་པ་ལྡག་འཁྱོག་ལག་སྤྲུག་སྐྱོམ་སྐྱོམ་བྱེད། །མཆོད་རྟེན་འདྲར་བྱེད་ཉེར་གཅིག་ཟ་ཚེ་སྤངས། །ཞེས་པ་སྟེ། འདུལ་བ་དང་འགལ་བས་ལེགས་པར་མི་ཟ་བ་༡དང་། ཟས་ཀྱི་ཁམ་ཧ་ཅང་ཆེ་བ་༢དང་། ཧ་ཅང་ཆུང་བ་༣དང་། རང་ངམ་འཇིག་རྟེན་དང་མཐུན་པའི་ཁམ་རན་པར་མིན་པ་༤དང་། ཁམ་ཁ་སྒོར་མ་སླེབས་གོང་ནས་ཁ་གདངས་པ་༥དང་། ཟ་བཞིན་དུ་གཏམ་སྨྲ་བ་༦དང་། ཟ་བའི་ཚེ་སྐྱུར་བ་ལ་ཙུག་ཙུག་༧དང་། མངར་བ་ལ་ཅག་ཅག་༨དང་། གྲང་བ་ལ་ཧུ་ཧུ་༩དང་། ཚ་བ་ལ་ཕུ་ཕུའི་སྒྲ་དང་བཅས་པ་༡༠དང་། ལྕེ་ཕྱིར་ཕྱུང་ནས་ཟ་བ་༡༡དང་། ཡོས་སོགས་འབྲུ་རེ་རེ་ནས་གུད་དུ་ཕྱེ་སྟེ་ཟ་བ་༡༢དང་། ཟས་ལ་སྐྱོན་བརྗོད་ནས་འཕྱ་སྨོད་བྱས་པ་༡༣དང་། ཁམ་གཅིག་མཁུར་བ་གཡས་གཡོན་དུ་སྒྲོ་ཞིང་ཟ་བ་༡༤དང་། རྐན་ཏོག་ཅིང་ཟ་བ་༡༥དང་། དུད་འགྲོ་ལྟར་ཁམ་འཕྲོ་བཅད་དེ་ཟ་བ་༡༦དང་། ལག་པ་ལ་ཟས་ཆགས་པ་ལྡེས་ལྡག་པ་༡༧དང་། ལྷུང་བཟེད་དང་ཕོར་པ་སོགས་ལྡེས་ལྡག་ཅིང་མཛུབ་མོ་དང་ཐུར་མས་བྲད་ནས་འཁྱོག་པ་༡༨དང་། ལག་པ་ལ་ཟས་ཆགས་པ་སྤྲུག་པ་༡༩དང་། ཟས་དང་བཅས་པའི་ལྷུང་བཟེད་སོགས་སྐྱོམ་སྐྱོམ་བྱེད་པ་༢༠དང་། ཟས་ལ་མཆོད་རྟེན་གྱིས་གཟུགས་འདྲ་བར་བྱེད་ནས་གཞོམ་ཞིང་ཟ་བ་༢༡རྣམས་ཏེ་དེ་ལྟར་ཉེར་གཅིག་པོ་ཟས་ཟ་བའི་ཚེ་སྤངས་ལ་ཚུལ་བཞིན་དུ་ཟ་བ་ལ་བསླབ་པར་བྱའོ། །

དྲུག་པ་ལྷུང་བཟེད་ལ་སྤྱོད་པའི་སྡེ་ཚན་ནི། ལྷུང་བཟེད་ལ་འཕྱ་ཕྱིར་བལྟ་ལག་པ་ནི། །ཟས་འབགས་ཆུ་སྣོད་མི་རེག་ཆུ་མི་གཏོར། །མ་དྲིས་འབགས་ཆུ་འཕོ་དང་ཟས་ལྷག་བཞག །ས་རྗེན་

གད་ཁ་རི་གཟར་བང་རིམ་བཞིར། །མི་བཞག་གད་གཡང་རྐན་གཟར་དུ་མི་འཁྲུ། །ལངས་དང་ཆུ་དྲག་མི་བཅུ་བཅུ་བཞིའོ། །ཞེས་པ་སྟེ། གཞན་གྱི་ལྷུང་བཟེད་ལ་འཕྱ་བའི་ཕྱིར་བལྟ་བར་མི་བྱ་བ་༡དང་། ལག་པ་ལ་ནི་ཟས་ཀྱིས་འབགས་པས་ཆུ་སྣོད་ལ་མི་རེག་པ་༢དང་། ཟས་དང་བཅས་པའི་འབགས་ཆུ་དྲུང་ན་ཡོད་པའི་དགེ་སློང་ལ་མི་གཏོར་བ་༣དང་། ཁྱིམ་བདག་ལ་མ་དྲིས་པར་ཟས་དང་འབགས་པའི་ཁྲུས་ཆུ་དེའི་ཁྱིམ་དུ་འཕོ་བར་མི་བྱེད་པ་༤དང་། ཟས་ལྷག་ལྷུང་བཟེད་དུ་བཞག་ནས་མི་འདོར་བ་༥དང་། ལྷུང་བཟེད་འོག་གཞི་མེད་པའི་ས་རྗེན་༦དང་། གད་ཁ་༧དང་། རི་དོ་ཆད་ཀྱི་གཡང་གཟར་པོ་༨དང་། རི་གཟར་པོ་རལ་བར་གཞོལ་བ་བང་རིམ་ཅན་ཏེ་དེ་བཞིར་མི་བཞག་པ་༩དང་། དེ་བཞིན་དུ་གད་ཁ་༡༠དང་། གཡང་ས་༡༡དང་། རྐན་གཟར་དུ་ལྷུང་བཟེད་མི་འཁྲུ་བ་༡༢དང་། ལངས་ཏེ་ལམ་གྱི་གཞི་མདོ་རྣམས་སུ་མི་བཀྲུ་བ་༡༣དང་། འབབ་ཆུ་དྲག་པོའི་རྒྱུན་ལས་ལྡོག་སྟེ་ལྷུང་བཟེད་ཀྱི་ཆུ་མི་བཅུ་བ་སྟེ་བཅུ་བཞི་༡༤པོ་ལ་བསླབ་པར་བྱའོ། །

བདུན་པ་ཆོས་འཆད་པའི་སྡེ་ཚན་ནི། ཆོས་སྟོན་སྡེ་ནི་ལངས་ཉལ་རང་དམར་འདུག །མདུན་ནས་འགྲོ་ལ་ཕྱི་བཤད་ལམ་པོའི་འགྲམ། །མགོ་གཡོགས་བརྫེས་གཟར་ལག་པ་གཉའ་ལྟག་བསྣོལ། །ཏོ་ཀེར་བཅིངས་དང་ཞྭ་གྱོན་ཅོད་པན་བཏགས། །ཕྲེང་བ་དང་ནི་མགོ་དཀྲིས་གླང་རྟ་ཞོན། །ཁྱོགས་དང་བཞོན་པ་མཆིལ་ལྷམ་གྱོན་པ་དང་། །མཁར་བ་གདུགས་མཚོན་རལ་གྲི་དགྲ་ཆ་མདའ། །གོ་ཆ་གྱོན་ལ་མི་བཤད་ཉེར་དྲུག་གོ། །ཞེས་པ་སྟེ། ཆོས་སྟོན་པའི་སྡེ་ཚན་འདི་ནི་ཉན་པ་པོ་མིན་བཞིན་དུ་འདུག་པ་ལ་འཆད་པ་པོ་ལངས་ཏེ་ཆོས་མི་འཆད་པ་༡དང་། དེ་བཞིན་དུ་ཉན་པ་པོ་མལ་སར་ཉལ་ནས་ཡོད་པ་ཅན་༢དང་། ཉན་པ་པོ་སྟན་མཐོ་སར་འདུག་པ་ལ་རང་ཉིད་དམའ་བར་འདུག་ནས་༣དང་། མདུན་ནས་འགྲོ་བ་ལ་ཕྱི་བཞིན་འོང་ནས་བཤད་པ་༤དང་། ལམ་པོའི་དབུས་ནས་འགྲོ་བ་ལ་འགྲམ་ནས་འགྲོ་བཞིན་པས་༥དང་། མི་ན་བར་མགོ་གོས་སོགས་ཀྱིས་གཡོགས་པ་༦དང་། གོས་ཧ་ཅང་བརྫེས་པ་༧དང་། གོས་ཕྲག་པར་གཟར་བ་༨དང་། ལག་པ་གཉིས་གཉའ་གོང་དུ་བསྣོལ་བ་༩དང་། ལྟག་པར་བསྣོལ་བ་༡༠དང་། སྐྲ་སྤྱི་བོར་བསྡུས་ནས་ཏོ་ཀེར་ཏེ་ཐོར་ཅོག་བཅིངས་པ་༡༡དང་། ཞྭ་གྱོན་པ་༡༢དང་། མགོ་ལ་ཅོད་པན་བཏགས་པ་༡༣དང་། མགོ་ལ་རྒྱན་གྱི་ཕྲེང་བ་

བཅིངས་པ་༡༤དང་ནི། མགོ་ར་ལྭ་ཐོད་ཀྱིས་དཀྲིས་པ་༡༥དང་། གླང་པོ་ཆེ་ལ་ཞོན་པ་༡༦དང་། རྟ་ལ་ཞོན་པ་༡༧དང་། ཁྱོགས་ཀྱིས་བཏེགས་པ་༡༨དང་། བཞོན་པ་གཞན་ཤིང་རྟ་སོགས་ལ་ཞོན་པ་༡༩དང་། མཆིལ་ལྷམ་གྱོན་པ་༢༠དང་། ལག་ན་མཁར་བ་ཐོགས་པ་༢༡དང་། གདུགས་ཐོགས་པ་༢༢དང་། མདུང་སོགས་མཚོན་ཆ་ཐོགས་པ་༢༣དང་། རལ་གྲི་ཐོགས་པ་༢༤དང་། དགྲ་ཆ་སྟེ་མདའ་གཞུ་ཐོགས་པ་༢༥དང་། གོ་ཆ་གྱོན་པ་རྣམས་ལ་ཆོས་མི་བཤད་པ་སྟེ་༢༦ཉེར་དྲུག་པོར་བསླབ་པར་བྱས་ནས་ཚུལ་བཞིན་དུ་བཤད་པ་ལ་འཇུག་གོ། །དེ་ཡང་ཉན་པ་པོ་ན་བའི་རྐྱེན་དབང་དུ་གྱུར་པ་སོགས་ལ་ནི་ཉེས་པ་མེད་དོ། །

བརྒྱད་པ་སྤྱོད་པའི་སྡེ་ཚན་ནི། སྤྱོད་ཚུལ་གསུམ་ནི་འགྲེངས་ཏེ་བཤང་གཅི་འདོར། །ཆུ་དང་རྩྭ་ལ་བཤང་གཅི་སྣབས་མི་འདོར། །ཞེས་པ་སྟེ། སྤྱོད་པའི་ཚུལ་ལ་བསླབ་བྱ་གསུམ་པོ་ནི་མི་ན་བར་འགྲེངས་ཏེ་བཤང་གཅི་མི་འདོར་བ་༡དང་། གཞན་དུ་འདོར་ས་མ་རྙེད་པའི་རྐྱེན་མེད་པར་ཆུ་ཡི་ནང་དུ་༢དང་། རྩྭ་སྔོན་པོ་ཡོད་པའི་ཕྱོགས་ལ་གཤང་གཅི་དང་མཆིལ་སྣབས་སྣུགས་པ་སོགས་མི་འདོར་བ་ལ་བསླབ་པར་༣བྱའོ། །

དགུ་པ་རྒྱུ་བའི་བསླབ་བྱ་གཅིག་ནི། ཤིང་ལ་མི་གང་མཐོར་འཛེག་རྒྱུ་གཅིག་གོ། །ཞེས་པ་སྟེ། སྟག་ལ་སོགས་པའི་གནོད་པ་མེད་པར་ཤིང་ལ་མི་གང་ཙམ་ལས་མཐོ་བར་འཛེགས་པར་མི་བྱ་བ་སྟེ་རྒྱུ་བའི་བསླབ་བྱ་གཅིག་གོ།། །།

གཉིས་པ་དགེ་སློང་མའི་དགག་པའི་བསླབ་བྱ་བཤད་པ་ནི། དགེ་སློང་མ་ལ་ཕམ་བརྒྱད་ལྷག་ཉི་ཤུ། །སྤང་ལྟུང་སོ་གསུམ་ལྟུང་བྱེད་བརྒྱ་བརྒྱད་ཅུ། །སོར་བཤགས་བཅུ་གཅིག་ཉེས་བྱས་བརྒྱ་བཅུ་གཉིས། །སུམ་བརྒྱ་དྲུག་ཅུ་རྩ་བཞི་མདོ་ཙམ་མོ། །ཞེས་པ་སྟེ། དགེ་སློང་མའི་དགག་པའི་བསླབ་བྱ་ལ་མི་ཚངས་པར་སྤྱོད་པ་སོགས་ཐུན་མོང་བ་བཞི་དང་། རེག་པ་ལུས་བཀན་འཆབ་དང་བཟློག་པའོ། །ཞེས་ཐུན་མིན་བཞི་སྟེ་ཕམ་པ་བརྒྱད་དང་། སྨྱན་བྱས་པ་གཞི་མེད་ནས་བཀའ་བློ་མི་བདེ་བའི་བར་ཐུན་མོང་བ་བདུན་དང་། ལྟོ་ཡང་ལེན་པ་སོགས་ཐུན་མིན་བཅུ་གསུམ་སྟེ་ལྷག་མ་ཉི་ཤུ་དང་། འཆང་འབྲལ་འཛོག་གསུམ་ཐུན་མོང་བ་བཅུ་དགུ་དང་། ལྷུང་བཟེད་ལྷག་པོ་ཞག་གཅིག་འདས

བར་འཚང་བ་སོགས་ཐུན་མིན་བཅུ་བཞི་སྟེ་སྤྱད་པའི་ལྟུང་བ་སོ་གསུམ་དང་། ཤེས་བཞིན་རྫུན་སྨྲ་སོགས་ཐུན་མོང་བ་བདུན་ཅུ་རྩ་གཉིས་དང་། བསྙེན་པར་རྫོགས་ནས་ལོ་བཅུ་གཉིས་མ་ལོན་པར་གཞན་གྱི་མཁན་མོ་བྱེད་པ་སོགས་ཐུན་མིན་བརྒྱ་དང་བརྒྱད་དེ་ལྟུང་བྱེད་བརྒྱ་དང་བརྒྱད་ཅུ་དང་། བསླབ་པ་བྲལ་ཏེ་ཁྱིམ་དུ་འཇུག་པ་ཐུན་མོང་བ་གཅིག་དང་། འོ་ཞོ་མར་ཞུན་སློང་བ་སོགས་ཐུན་མིན་བཅུ་སྟེ་སོར་བཤགས་བཅུ་གཅིག་པོ་དང་། མ་བསྒོས་པར་སྟན་ལ་འདུག་པ་དང་། རྩྭ་སྔོན་ཁྲོད་དུ་མི་གཙང་བ་འདོར་བ་མ་གཏོགས་པའི་ཐུན་མོང་བ་བརྒྱ་དང་བཅུ། ཤམ་ཐབས་རྙེད་པ་སྣང་བར་དཀྲི་བ་དང་། ཆགས་པས་ཁྱིམ་གཞན་དུ་འགྲོ་བ་སྟེ་ཐུན་མིན་གཉིས་དང་བཅས་ཉེས་བྱས་བརྒྱ་དང་བཅུ་གཉིས་ཏེ། ཐམས་ཅད་བསྡོམས་པས་སུམ་བརྒྱ་དང་དྲུག་ཅུ་རྩ་བཞི་བསྲུང་བར་བྱ་བ་ཡིན་ནའང་། བོད་འདིར་དགེ་སློང་མའི་སྡོམ་རྒྱུན་མ་དར་བས་མདོར་བསྡུས་པ་དེ་ཙམ་མོ། །

གཉིས་པ་མཐུན་ཕྱོགས་བསྒྲུབ་པའི་བསླབ་བྱ་ལ་གསུམ། བསླབ་པ་ཡོངས་སུ་སྦྱོང་བའི་གཞི་གསུམ། བདེ་བར་གནས་པའི་རྐྱེན་གྱི་གཞི་ལྔ། འདིར་མ་སློས་ཀྱང་ཐམས་ཅད་ལ་ཁྱབ་པ་ལས་ཀྱི་གཞིའོ། །དང་པོ་ནི། བསྒྲུབ་པའི་བསླབ་བྱ་ཡོངས་སུ་སྦྱོང་བའི་ཚུལ། །གསོ་སྦྱོང་དབྱར་གནས་དགག་དབྱེ། །ཞེས་པ་སྟེ། མཐུན་ཕྱོགས་བསྒྲུབ་པའི་བསླབ་བྱ་ནི་སྐྱོན་ཡོངས་སུ་སྦྱོང་བའི་ཚུལ་གྱིས་བསླབ་པ་ཉིད་གོང་ནས་གོང་དུ་འཕེལ་བའི་ཐབས་བསླབ་པ་ཉམས་པ་གསོ་ཞིང་སྤང་བྱ་སྡིག་པ་སྦྱོང་བའི་གཞི་དང་། དགོས་ཆེད་རྣམ་པ་བཅུའི་ཕྱིར་དབྱར་སྔ་ཕྱི་གང་རུང་ལ་ཟླ་བ་གསུམ་དུ་གནས་པ་དང་། དེའི་རིང་ལ་ལྟུང་བ་གླེང་བ་དང་རྗེས་བགོ་བ་དགག་པར་སྐབས་དབྱེ་བའོ། །འདི་དག་ཅུང་ཟད་ཞིབ་ཏུ་འཆད་ན། སྤྱིར་འདུལ་བ་གཞིས་བསྟན་དོན་གཞི་བཅུ་བདུན་ཡོད་པ་ལས། དང་པོ་རབ་བྱུང་གི་གཞི་ནི་སྡོམ་པ་མ་ཐོབ་པ་ཐོབ་པའི་ཚུལ་ཏེ་སྔོན་དུ་སོང་། དེ་ལྟར་ཐོབ་པའི་བསླབ་པ་ཡོངས་སྦྱོང་གི་གཞི་ལ། འདིར་གསོ་སྦྱོང་། དབྱར་གནས། དགག་དབྱེ་གསུམ་གཙོ་བོར་སྟོན་པ་ལས། དང་པོ་གསོ་སྦྱོང་གི་ཚུལ་ལ་གཉིས། སྔར་བསགས་ཀྱི་སྡིག་པ་སྦྱོང་ཞིང་ལྷག་པ་སེམས་དང་ཤེས་རབ་དག་པར་བྱ་བའི་ཕྱིར་གཞི་གནས་ཀྱི་གསོ་སྦྱོང་དང་། ཕྱིས་འབྱུང་གི་རྒྱུན་ཆེ་འདིའི་ཟག་པ་སྡོམ་ཞིང་ལྷག་པ་ཚུལ་ཁྲིམས་དག་པར་བྱ་བའི་ཕྱིར་མཐུན་པའི་གསོ་སྦྱོང་ངོ་། །དང་པོ་ནི། གཞི་ཚུལ་ཁྲིམས

ལ་གནས་པའི་གང་ཟག་འདོད་ཆུང་ཆོག་ཤེས་དང་ལྡན་པ་དེས། ལམ་གྱི་རྒྱུ་སྡེ་སྣོད་ཀྱི་གཞུང་ཐོས་ཤིང་། ཐོས་དོན་བསམ། བསམ་དོན་བསྒོམ་པར་བྱེད་པ་སྟེ། དེ་ལ་སྦྱོང་བའི་གནས་དེར་འགལ་སྦྱོང་མཐུན་སྒྲུབ་ཀྱི་རྐྱེན་ཚོགས་པ་ན། བསྒོམ་བྱ་ལམ་གྱི་ངོ་བོ་ལ། གཞི་གནས་དང་། ལྷག་མཐོང་གཉིས་ལས། དང་པོ་ལ། འདོད་ཆགས་ཤས་ཆེ་བའི་གཉེན་པོར་མི་སྡུག་པ་བསྒོམ་པ་སྟེ། མདོག་དབྱིབས་རེག་བྱ་བསྙེན་བཀུར་ལ། །ཆགས་པའི་གཉེན་པོ་འདུ་ཤེས་དགུ། །རིམ་བཞིན་རྣམ་པར་སྔོད་༡མེར་༢ཚིག་༣ །རྣམ་པར་གནག་ཟློས་༤འཁོར་བ་༥དང་། །འབུས་གཞིག་༦རུས་གོང་རྒྱུས་༧པ་འཕྲེལ། །བེམ་པོའི་༨རང་བཞིན་གཡོ་བ་མེད༩། །ཅེས་པའི་སྡོམ་ལྟར་དང་། ཞེ་སྡང་གི་གཉེན་པོར་བྱམས་པ་བསྒོམ་པ་དང་། གཏི་མུག་གི་གཉེན་པོར་རྟེན་ཅིང་འབྲེལ་བར་འབྱུང་བར་བསྒོམ་པ་དང་། རྣམ་རྟོག་ཤས་ཆེ་བའི་གཉེན་པོར། མདོ་ལས། སེམས་དམིགས་པ་གཏད་ནས་འཛིན་པར་བྱེད། དེའི་རྒྱུན་གཡེང་བར་མི་འགྱུར་བས་ཀུན་ཏུ་འཛིན་པར་བྱེད། རྣམ་པར་གཡེང་ན་སླར་ཡང་ངེས་པར་འཛིན་པར་བྱེད། ཡང་སེམས་ནང་དུ་བསྡུ་བས་ཉེ་བར་འཛིན་པར་བྱེད། ཏིང་ངེ་འཛིན་ལ་སེམས་མི་དགའ་བ་དུལ་བར་བྱེད། ཉོན་མོངས་པ་དང་རྣམ་རྟོག་ཞི་བར་བྱེད། སྒྲིབ་པ་ལྷ་ཉེ་བར་ཞི་བར་བྱེད། འདུ་བྱེད་པ་དང་བཅས་པས་རྒྱུད་གཅིག་ཏུ་བྱེད། འདུ་བྱེད་པ་མེད་པར་མཉམ་པར་འཛོག་པར་བྱེད། ཅེས་པ་ལྟར། སེམས་གནས་པའི་ཐབས་དགུས་འདོད་པའི་སེམས་རགས་པ་ཞི་བར་བྱས་ནས་ཞི་གནས་འགྲུབ་པར་བྱེད་པའོ། །གཉིས་པ་ལྷག་མཐོང་ནི། སྔ་མ་ལས། ཞི་གནས་གྲུབ་པར་གྱུར་པ་ཡིས། །དྲན་པ་ཉེར་བཞག་བསྒོམ་པར་བྱ། །ཞེས་པས་ལུས་ཚོར་སེམས་ཆོས་བཞི་ལ་གཙང་བདེ་རྟག་བདག་ཏུ་ལྟ་བའི་གཉེན་པོར། རང་མཚན་མི་གཙང་བ་སོགས་དང་། སྤྱི་མཚན་མི་རྟག་པ་སོགས་བཞིར་བསྒོམ་པའི་རྣལ་འབྱོར་ལ་སྦྱོད་ཅིང་། དེ་ལྟར་ཚོགས་ལམ་ལ་སོགས་པའི་ལམ་ལྔ་བྱང་ཕྱོགས་སོ་བདུན་གྱི་རིམ་པས་བགྲོད་དེ། རྒྱུན་ཞུགས་ལ་སོགས་པའི་འབྲས་བུ་བཞི་ཐོབ་པར་བྱེད་པའོ། །

གཉིས་པ་ཕྱིས་འབྱུང་གི་རྒྱུན་ཆེ་འདིའི་ཟག་པ་སྡོམ་ཞིང་ལྷག་པ་ཚུལ་ཁྲིམས་དག་པར་བྱ་བའི་ཕྱིར་མཐུན་པའི་གསོ་སྦྱོང་ནི། ཀརྨ་ཤ་ཏཾ་ལས། མཐུན་པའི་གསོ་སྦྱོང་ནི་རྣམ་པ་ལྔ་སྟེ། བཅུ་

བཞི་པ་དང་། བཅོ་ལྔ་པ་དང་། བཀྲ་ཤིས་པའི་གསོ་སྦྱོང་དང་། གནོད་པ་དབྱུང་བའི་གསོ་སྦྱོང་དང་། བསྐྱུམ་པའི་གསོ་སྦྱོང་དང་ལྔའོ། །ཞེས་པ་ལྟར་ལྔ་སྟེ། སྤྱིར་གསོ་སྦྱོང་གི་ཚུལ་ཇི་ལྟར་བྱ་བ་ལ། ལྟུང་བ་བཤགས་སྡོམ་བྱིན་བརླབ་བྱ་བ་སོགས་ནས་བག་ཡོད་པར་གདམས་པ་དང་། མ་ལྷགས་པ་ཡོད་ན་འདུན་པ་བླངས་ནས་བརྗོད་པའི་བར་སྦྱོར་བའི་ཆོས་རྣམས་སྔོན་དུ་སོང་ནས། དགེ་འདུན་ཐུགས་བསྐྱུན་ཏེ་མདོ་འདོན་པ་དངོས་གཞི་སྟེ། དེ་ལ་དང་པོ་བཅུ་བཞི་པ་ནི། ལོ་དྲིས་ལས། རྒྱལ་དང་དབོ་དང་ས་ག་དང་། །ཆུ་སྟོད་ཁྲུམས་སྨད་སྨིན་དྲུག་བཅས། །འདི་རྣམས་ཀྱིས་ནི་ནག་པོའི་ཕྱོགས། །ཟླ་ཕྱེད་གསོ་སྦྱོང་བཅུ་བཞི་པའོ། །ཞེས་པ་ལྟར་ལོ་རེ་ལ་གསོ་སྦྱོང་བཅུ་བཞི་པ་དྲུག་དང་། གཉིས་པ་བཅོ་ལྔ་པ་ནི། ཟླ་བ་དེ་རྣམས་ཀྱི་ཡར་ངོའི་དྲུག་དང་། ཟླ་བ་གཞན་དྲུག་པོའི་ཡར་ངོ་མར་ངོའི་དྲུག་དྲུག་སྟེ་བཅོ་བརྒྱད་ལ་གསོ་སྦྱོང་བཅོ་ལྔ་པ་བྱེད་པ་ནི་ཞག་མི་ཐུབ་པ་དོར་བའི་དབང་གིས་སོ། །དེ་དག་ནི་དུས་ངེས་པའི་གསོ་སྦྱོང་ངོ་། །གསུམ་པ་བཀྲ་ཤིས་པའི་གསོ་སྦྱོང་ནི། རྟེན་གསུམ་རབ་ཏུ་གནས་པ་སོགས་དམིགས་བསལ་བཀྲ་ཤིས་པའི་དུས་སུ་བྱ་བའོ། །བཞི་པ་གནོད་པ་དབྱུང་བའི་གསོ་སྦྱོང་ནི། ནད་ཡམས་སོགས་གནོད་པ་བྱུང་ཟིན་བཟློག་པའམ། སླར་མི་འབྱུང་བའི་ཕྱིར་བྱེད་པའོ། །ལྔ་པ་བསྐྱུམ་པའི་གསོ་སྦྱོང་ནི། དགེ་འདུན་རྣམས་དབྱེན་བསྐྱུམ་པའམ་འཁོན་པ་བསྐྱུམ་པའི་ཕྱིར་བྱ་བའོ། །འདི་རྣམས་ནི་དུས་མ་ངེས་པའི་གསོ་སྦྱོང་ཞེས་བྱ་སྟེ། གསོལ་བའི་ལས་ཀྱི་ཚེ་རང་རང་གི་དུས་བརྗོད་དགོས་པའི་ཁྱད་པར་ཙམ་མ་གཏོགས་གཞན་ཆོ་ག་ཐམས་ཅད་དུས་ངེས་པའི་གསོ་སྦྱོང་དང་འདྲའོ། །དེ་ལྟར་གསོ་སྦྱོང་གི་ཚུལ་ལ། གནས་དེར་དགེ་སློང་གསུམ་མན་ཆད་ལས་མེད་ན་དུས་ཀྱི་བར་དུ་བསྒུག་པའམ། ཡང་ན་གསོ་སྦྱོང་ཡོད་པའི་གནས་སུ་འགྲོ་བའམ། དེ་ལྟར་མ་གྲུབ་ན་དམིགས་བསལ་གྱི་ཆོ་ག་ནི། ཕན་ཚུན་གཅིག་གི་མདུན་དུ་གཅིག་འདུག་ནས་བྱིན་གྱིས་བརླབ་ཅིང་། རང་གཅིག་པུ་ལས་མེད་ན་ཡིད་ཀྱིས་བསམ་ཞིང་བརྗོད། དེ་ཙམ་ཡང་མ་གྲུབ་ན་ཐུབ་པའི་སྔོན་གྱི་གསོ་སྦྱོང་ཚིགས་སུ་བཅད་པ་ཕྱེད་དང་བཞི་ཙམ་འདོན་པར་བྱའོ། །

གཉིས་པ་དབྱར་གནས་ནི། ལུང་ལས། འཕྲུ་༡དང་སྲོག་ཆགས་༢གནོད་སྤོང་དང་། །ལུས་༣སྲོག་གནོད་སྤོང་རལ་གྲུམ་༤འཚོས། །དོན་བྱ་༥ཞུང་དང་ཐོས་སོགས་༦འཕེལ། །དགག་བྱེ་༧སྲ

བཀྲུང་ར་འབྱུང་བའོ། །ཞེས་པ་ལྟར་ཕན་ཡོན་བརྒྱད་དང་ལྡན་པས་ན། དེ་ཇི་ལྟར་བྱ་བ་ལ་གཉིས་ཏེ། ས་གའི་ལྟས། གྲོ་ཞུན་ཟླ་བའི་ཚེས་གཅིག་ནས། །སྟོ་མའི་དབྱར་དེ་གཙོ་བོ་ཡིན། །དེ་ཉིད་ཁྲུམ་གྱི་ཟླ་བ་ཡི། །ཚེ་གཅིག་ནས་ནི་ཕྱི་མར་གྲགས། །ཞེས་པ་ལྟར་དབྱར་སྔ་ཕྱི་གང་ཡིན་ཡང་དབྱར་གནས་པའི་ཡུལ་ལ་འཐབ་ཀྲོལ་ཅན་སོགས་མེད་ཅིང་སྲེ་སྐྱོད་འཛིན་པ་སོགས་ཡོད་པས་བདེ་བར་གནས་པའི་རྐྱེན་ཚང་བ། སྣང་གཡོགས་སྒོ་གླེགས་དང་བཅས་པའི་གཙུག་ལག་ཁང་རལ་གྲུམ་བཅོས་པ་དང་བྱི་དོར་བྱ་བ་སོགས་ཞག་བཅུའམ་ཟླ་ཕྱེད་ཙམ་གྱི་སྔ་རོལ་ནས་སྔ་གོན་བྱ་བ་སོགས་རིང་བའི་སྦྱོར་བ་དང་། དབྱར་སྔ་ཕྱི་གང་ཁས་ལེན་པའི་ཟླ་བ་དེའི་སྔ་མའི་ཟླ་བ་རྫོགས་པའི་ཉ་ལ་གསོ་སྦྱོང་བྱས་ཏེ་གནས་དང་གནས་མལ་དག་སྟོབ་རྒྱུ་ཡོད་ན། དེ་སྟོབ་པ་པོ་དགེ་སློང་གཅིག་གམ་དུ་མ་བསྔོ་ཞིང་། མེད་ན་ཚུལ་ཤིང་བྲིམ་པ་པོ་ཉིད་བསྔོ་བར་བྱ་སྟེ། ལས་བྱེད་པ་པོས་བསྔོ་བྱར་སྦྲོ་བ་དྲི། སྦྲོ་ན་གསོལ་བ་དང་གཉིས་ཀྱི་ལས་ཀྱིས་བསྔོས་ལ། དེས་ཁྲིམས་སུ་བྱ་བ་བརྟན་པར་བརྗོད་ནས། ཚུལ་ཤིང་བླང་བའི་ཕྱིར་ལས་བྱེད་པས་གསོལ་བ་འབའ་ཞིག་པའི་ལས་ཀྱིས་ཐུགས་བསྐུན་ལ། བསྔོས་པས་ཚུལ་ཤིང་འབྲིམ་ཞིང་བླངས་པའི་གྲངས་གོ་བར་བྱ་བ་དང་། གནས་དང་གནས་མལ་སྟོབ་ཅིང་། གནས་མལ་ལ་ལོག་པར་མི་སྤྱོད་པ་དང་། སང་ནངས་པར་གནས་པར་ཁས་བླངས་པ་དག་གོ་བར་བྱ་བ་རྣམས་ཉེ་བའི་སྦྱོར་བའོ། །དེ་ནས་དངོས་གཞི་དབྱར་སྔ་མ་ཡིན་ན་དབྱར་འབྲིང་ཧོར་ཟླ་དྲུག་པའི་ཉ་དང་། ཕྱི་མ་ཡིན་ན་དབྱར་ཐ་ཧོར་ཟླ་བདུན་པའི་ཉ་ལ་གསོ་སྦྱོང་བྱས་ཏེ། དེའི་ཕྱི་ཉིན་ཚེས་བཅུ་དྲུག་གི་ནང་པར་གནས་སྣང་གཡོགས་དང་བཅས་པར་དགེ་སློང་གི་མདུན་དུ་ཐུགས་ལན་གསུམ་བརྗོད་པས་ཁས་བླངས་ངོ་། །དམིགས་བསལ་ཡུལ་མེད་ན་འདིར་གནས་པར་བྱའོ་སྙམ་དུ་དམ་བཅས་པས་ཀྱང་གནས་པའི་གོ་ཆོད་དོ། །དེ་ལྟར་དབྱར་གནས་པའི་ཚེ་ན། དམ་ཚིག་བསྲུང་བ་རྣམ་དྲུག་སྟེ། །དམ་བཅའ་གནས་སུ་འབྲེལ་བ་དང་། །འཁྲུག་ལོང་མི་བྱ་ཐོས་སོགས་བརྩོན། །རལ་གྲུམ་བཅོས་དང་ཡུན་རིང་གསོ་སྦྱོང་སོགས་ཀྱི་ཡུན་དུ། གནས། །འབྲལ་བ་སྤོང་སྟེ་འདི་ལ་གཉིས། །དགེ་འདུན་དང་བྱིན་རླབས། ཞེས་པའི་སྡོམ་ལྟར་ནང་ཁྲིམས་བཅས་ལ་མི་འགལ་བར་བྱའོ། །གསུམ་པ་དགག་དབྱེ་ལ། དུས་ངེས་པ་ནི་ཞག་བདུན་ལ་སོགས་པའི་སྔ་རོལ་ནས་སྤྱོད་ཡུལ་དུ་གོ

བར་བྱ་བ་སོགས་རིང་སྦྱོར་དང་། དབྱར་སྔ་མ་ཡིན་ན་དཔྱུག་ཟླ་དང་། ཕྱི་མ་ཡིན་ན་སྨིན་དྲུག་ཟླ་བའི་ཚེས་བཅོ་ལྔའི་སྔ་དྲོ་དགེ་འདུན་རྣམས་འདུས་ནས་བཟོད་གསོལ་དང་རྒྱུན་ཆགས་གསུམ་པ་ནས་དགེ་ཚུལ་གྱི་བཤད་པའི་བར་གསོ་སྦྱོང་ལྟར་བྱས་ལ། འདུ་བར་མ་ནུས་པ་ཡོད་ན་འདུན་པ་དང་དགག་དབྱེ་ བླངས་ནས་བརྗོད་པ་དང་། ལྟུང་མཐུན་བྱིན་རླབས་དང་། དགག་དབྱེ་ལ་ཐུགས་བསྟུན་པ་རྣམས་ཉེ་སྦྱོར་རོ། །དེ་ནས་དངོས་གཞི་རྩ་དཀྱུ་བྲིམ་ཞིང་དགག་དབྱེའི་སྔགས་ལན་གསུམ་བརྗོད་པ་དང་། རྗེས་ཀྱི་དགག་དབྱེ་བྱའོ། །དེ་ལ་ཡུལ། དངོས་པོ། གནས། དུས། ཚིག །བྱེད་པ་པོ་སྟེ་དྲུག་གིས་དབྱེ་བའི་དམིགས་བསལ་རྣམས་ཀྱང་ཤེས་པར་བྱའོ། །དུས་མ་ངེས་པ་ནི། ཟླ་བ་ཕྱེད་དང་གཉིས་འདས་པའི་ཉ་ཤི་གང་རུང་ལ་རྐྱེན་དབང་གིས་དགག་དབྱེ་བྱར་རུང་ཞིང་། དམག་འཁྲུགས་སོགས་བྱུང་ནས་དགེ་འདུན་ཐམས་ཅད་གྱེས་དགོས་ན་ཚོགས་ཀྱི་དགག་དབྱེ་བྱ་བ་དང་། དགེ་སློང་གང་རུང་རྐྱེན་དབང་གིས་འགྲོ་དགོས་ནའང་འདི་བྱར་རུང་ངོ་། །

གཉིས་པ་བདེ་བར་གནས་པའི་རྐྱེན་གྱི་གཞི་ལྔ་ནི། གོས་ཀྱི་གཞི། ཀོ་ལྤགས་གནས་མལ་སྨན་སོགས་གཞན་དུ་ཤེས། །ཞེས་པ་སྟེ། དང་པོ་གོ༷ས་ཀྱི་གཞི༷་ནི། རྒྱུ་ལོག་འཚོ་མེད་ཅིང་འདུལ་བ་དང་མཐུན་པའི་སྒོ་ནས་བསྒྲུབ་ཅིང་། སྤྱིར་བཏང་། སྔོན་པོ་བཙག་དང་ངུར་སྨྲིག་རྩི། །འདི་དག་རུང་བའི་ཚོན་གསུམ་སྟེ། །ཞེས་པ་ལྟར་གྱི་ཁ་དོག་བསྒྱུར་བའི་གོས་ཏེ། དེ་ལ་འཚོ། མགོ། ལྷག་གསུམ་ལས། དང་པོ་ནི། དགེ་སློང་གི་ལུས་འཚོ་བའི་ཆེད་དུ་གནང་བའི་གོས་རུང་བ་ཚད་ལྡན་རེ་རེ་ངེས་པར་རང་མིང་གིས་བྱིན་གྱིས་བརླབ་རུང་བ་སྟེ། དབྱེ་ན། སྣམ་སྦྱར། བླ་གོས། མཐང་གོས། ཤམ་ཐབས། དེའི་གཟན། རྔུལ་གཟན། དེའི་གཟན། གདོང་ཕྱིས། རྣག་གཟན། གཡན་དགབ། སྨྲ་བཟེད། གདིང་བ། རས་ཆེན་ཏེ་ཡོ་བྱད་བཅུ་གསུམ་མོ། །དེ་ལ་སྣམ་སྦྱར་ནི་སྣམ་ཕྲན་དགུ་ནས་ཉེར་ལྔའི་བར་ཏེ། དགུ་པ། བཅུ་གཅིག །

བཅུ་གསུམ་པ་གསུམ་ནི་གླེགས་བུ་ཕྱེད་དང་གསུམ་པ། བཅོ་ལྔ། བཅུ་བདུན། བཅུ་དགུ་པ་གསུམ་ནི་གླེགས་བུ་ཕྱེད་དང་བཞི་པ། ཉེར་གཅིག །ཉེར་གསུམ། ཉེར་ལྔ་པ་གསུམ་ནི་གླེགས་བུ་ཕྱེད་དང་ལྔ་པའོ། །ཚད་ནི་ཆེ་སྐོར་གསུམ་དཔངས་སུ་ཁྲུ་གསུམ་དང་སྲིད་དུ་ཁྲུ་ལྔ། ཆུང་གསུམ་དེ་

ལས་ཁྲུ་ཕྱེད་ཕྱེད་ཕྲི་བ། འབྲིང་གསུམ་དེ་གཉིས་ཀྱི་བར་རོ། །བླ་གོས་ནི་སྣམ་ཕྲན་བདུན་དང་གླེགས་བུ་ཕྱེད་དང་གསུམ་པ། ཚད་སྣམ་སྦྱར་ལྟར་གསུམ་མོ། །མཐང་གོས་ནི་སྣམ་ཕྲན་ལྔ་དང་གླེགས་བུ་ཕྱེད་དང་གཉིས་པ། ཚད་དཔངས་སུ་ཁྲུ་དོ་དང་། ཞེང་དུ་ཁྲུ་ལྔའམ་བཞི། ཐ་ན་འཕོར་གསུམ་ཁེབས་པས་ཀྱང་རུང་། ཤམ་ཐབས་དང་། དེའི་གཟན་གྱི་ཚད་མཐང་གོས་དང་འདྲ་ཞིང་། རྔུལ་གཟན་དང་། དེའི་གཟན་གྱི་ཚད་བླ་གོས་དང་འདྲ་སྟེ། དེ་དང་དེ་ཉིན་མོ་དང་མཚན་མོ་བླ་གོས་དང་མཐང་གོས་ཀྱི་ནང་དུ་གྱོན་རྒྱུ་ཡིན་པའི་ཕྱིར། གདོང་ཕྱིས་སྲིད་དང་ཞེང་དུ་ཁྲུ་གང་བ། རྣག་གཟན་བླ་གོས་དང་མཉམ་པ། སྨྲ་བཟེད་སྲིད་དུ་ཁྲུ་གསུམ་དང་ཞེང་དུ་ཁྲུ་ཕྱེད་དང་གཉིས་པ། གཡན་དགབ། གདིང་བ། རས་ཆེན་གསུམ་གྱི་ཚད་ནི་སྔར་ལྟུང་བྱེད་ཀྱི་སྐབས་སུ་བཤད་ཟིན་པ་ལྟར་ལ། མཁོ་བའི་ཡོ་བྱད་ནི་སྣ་རགས་སོགས་སོ། །

རྒྱུན་དུ་དགོས་པའི་ཡོ་བྱད་དྲུག་ནི། ཆོས་གོས་གསུམ། གདིང་བ། ཆུ་ཚགས། ལྷུང་བཟེད་དང་དྲུག་གོ། །གནས་སྐབས་འབྲལ་སྤྱངས་ཁེགས་པའི་སྡུགས་རྟེན་ལ་ཆོས་གོས་གསུམ་གང་རུང་གི་རྒྱུ་དང་། ཁྲིམ་པའི་གོས་ལྟ་བུ་གང་རུང་ཁྲུ་གང་ཡན་ཆད་དོ། །

གཉིས་པ་མཁོ་བའི་ཡོ་བྱད་ཀྱི་གོས་ནི། འཚོ་བའི་ཡོ་བྱད་གང་རུང་གི་དབྱིབས་སུ་མ་གྲུབ་པའི་གོས་ཁྲུ་གང་ཡན་ཆད་རང་གཞན་གཉིས་ཀའི་མིང་གིས་བྱིན་གྱིས་བརླབ་ནས་བཅང་རུང་བ་སྟེ༏ དར་གོས་སོགས་ནོར་གྱི་འདུ་ཤེས་དང་། ཞྭ་ལ་སོགས་པ་གོས་ཀྱི་འདུ་ཤེས་སྐྱེ་བ་གཉིས་སོ། །གསུམ་པ་ལྷག་པོའི་གོས་ནི། གཞན་མིང་ཉིད་ཀྱིས་བརླབས་པའམ་ཡིད་གཏད་དེ་བཅངས་རུང་གི་གོས་འཚོ་བའི་དང་མཁོ་བའི་ཡོ་བྱད་ཀྱི་ལྷག་པོ་དག་གོ། །དེ་རྣམས་ལ་ཞེན་ཆགས་སྤངས་པའི་བློ་ནས་ལུས་ལ་རྨ་དང་གོས་ལ་རྨ་དཀྲིས་ཀྱི་འདུ་ཤེས་སོགས་དགེ་བའི་བསམ་པས་ལོངས་སྤྱད་ནས། མཐར་རྙིང་ནས་བཅོས་སུ་མི་རུང་བའི་དུས་སྦྱིན་བདག་གི་བསོད་ནམས་སྤེལ་བ་སོགས་ཀྱི་ཆེད་དུ་མཆོད་རྟེན་དང་གཙུག་ལག་ཁང་གི་སེར་ཁ་ལ་བསྣན་པར་བྱའོ། །དེ་ལྟར་ཆོས་གོས་རྣམ་པ་གསུམ་སོགས་བཅང་ཚུལ་ལ། གང་གིས་ན། སྤྱིར་རབ་བྱུང་ཚུལ་ལྡན་གྱིས་བཅང་ཞིང་། ཁྱད་པར་སྣམ་སྦྱར་ནི་དགེ་སློང་གིས་བཅང་ངོ་། །གང་གི་ཕྱིར་ན། སྤྱིར་ཁྲིམ་པའམ་མུ་སྟེགས་ཅན་དང་། ཁྱད་པར་

སྣམ་སྦྱར་ནི་དགེ་ཚུལ་མན་ཆད་ཀྱི་རྟགས་ལས་འཕགས་པར་བྱ་བའི་ཕྱིར་དང་། རང་ཉིད་སྟོན་པའི་རྣམ་ཐར་གྱི་རྗེས་སུ་འཇུག་ཅིང་དགེ་སློང་གི་དྲན་པ་གསོ་བའི་ཆེད་དུ་བཅངས་པའོ། །གཉིས་པ་ཀོ༷་ལྤགས་ཀྱི་གཞི་ནི། སྤྱིར་ཡུལ་དབུས་སུ་གནས་མལ་སྐྱོབ་པའི་ཕྱིར་ཀོ་ལྤགས་ཀྱི་ལྷམ་ཙམ་དང་། གཙུག་ལག་ཁང་ལས་གཞན་པའི་ཁྱིམ་དུ་སྟན་གཞན་མེད་ན་ཀོ་ལྤགས་ལ་འདུག་པ་ཙམ་གནང་གི། ཉལ་བར་མ་གནང་ལ། མཐའ་འཁོབ་ཏུ་ནི་གྲང་བ་སྐྱོབ་པའི་ཕྱིར་ལྷམ་དང་མལ་སྟན་གཉིས་ཀ་བརྟེན་པར་གནང་ཞིང་། མིག་ནད་ཅན་དང་གྲང་ནད་ཅན་ལ་དོམ་ལྤགས་ཀྱི་སྟན་ཡང་གནང་། ཤིན་ཏུ་གྲང་བ་ཆེ་བ་ཆུ་ལ་ཆབ་རོམ་ཆགས་པའི་ཡུལ་དུ་ཞྭ་དང་ལྷམ་ཡུ་བ་ཅན་སོགས་ཅི་དགར་བརྟེན་པ་གནང་བའི་བསླབ་བྱར་གསུངས་སོ། །

གསུམ་པ་གནས་མལ་གྱི་གཞི་ནི། མདོ་རྩ་བར། གཙུག་ལག་ཁང་བྱའོ། །ངོས་གཅིག་གི་དབུས་སུ་དྲིའི་གཙང་ཁང་བྱ་བ་ཉིད་དོ། །དེའི་མདུན་དུ་སྒོ་ཁང་ངོ་། །གྲུ་བཞི་བཟང་བ་ཉིད་དོ། །ཞེས་སོགས་ཀྱིས་གཙུག་ལག་ཁང་བརྩིགས་པའི་ཚོ་ག་དང་། བརྩིགས་ནས་སྒོར་གནོད་སྦྱིན་ལག་ན་རྡོ་རྗེ་དང་། སྒོ་ཁང་དུ་འཁོར་བའི་འཁོར་ལོ་ཆ་ལྔ་པ་སོགས་བྲི་བར་བྱའོ། །ཞེས་རི་མོ་འབྲི་བའི་ཚུལ་དང་། དེར་ཕྱག་བྱ་བའི་ཚུལ་ཡང་། སོ་སོར་ཐར་པའི་སྡོམ་པས་མཆོག་ལ་རབ་ཏུ་བྱུང་བས་ཕྱག་བྱའོ། །མཉམ་ན་རྒན་པ་ལའོ། །ཁྱིམ་པས་རབ་ཏུ་བྱུང་བ་ལའོ། །ཐམས་ཅད་ཀྱིས་སངས་རྒྱས་ལའོ། །ཞེས་སོགས་རྒྱས་པར་གསུངས་པ་ལྟར་དང་། གཙུག་ལག་ཁང་ཡལ་བར་མི་དོར་རོ། །ཞེས་སོགས་ཀྱིས་ཇི་ལྟར་བསྐྱང་བའི་སྒོ་ནས་གནས་པར་བྱ་བ་དང་། སྤྱོད་ལམ་ཅི་འདོད་པས་ལུང་དཔོག་གོ། །ཞེས་ སོགས་ ཀྱིས་ དེར་ ཆོས་ དང་ ཟང་ ཟིང་ གི་ ལོངས་ སྤྱོད་ ལ་ ཇི་ ལྟར་ སྤྱོད་ པའི་ ཚུལ་ རྒྱས་ པར་གསུངས་པ་བཞིན་ཤེས་པར་བྱ་ཞིང་། གཙུག་ལག་ཁང་དང་དེར་ཡོད་པའི་གནས་མལ་སོགས་ཡོ་བྱད་ཐམས་ཅད་ལ་ལོངས་སྤྱོད་པའི་ཚུལ་ཡང་། ས་གའི་ལྟས། མི་སློབ་པ་ནི་བདག་པོར་སྤྱོད། །སློབ་པ་སྦྱིན་པ་སྤྱོད་པ་སྟེ། །བསམ་གཏན་ཀློག་དང་ལྡན་པ་ནི། །རྗེས་གནང་སྤྱོད་པས་ཉེས་པ་མེད། །ལྷག་མ་ལེ་ལོས་བཅོམ་པ་ཡི། །བདག་ཉིད་རྣམས་ནི་བུ་ལོན་སྤྱོད། །ཁྲིམས་འཆལ་རྣམས་ལ་ནམ་དུ་ཡང་། །གཙུག་ལག་ཁང་སོགས་ཉེར་སྤྱོད་བཀག །ཞེས་པ་ལྟར། ཁྱད་པར་ཁྲིམས་འཆལ་བཀག་

པའི་ཚུལ་ཡང་། སྙིང་གི་ཐུར་མ་ལས། ཚུལ་ཁྲིམས་འཆལ་བས་ས་ནི་གོམ་པ་གང་། །ཟས་ནི་ཁམ་གཅིག་བཏུང་བ་ཆུ་ཕོར་གང་། །ཙམ་ཞིག་དགེ་འདུན་རྫས་ལ་ལོངས་སྤྱོད་ན། །ལོག་འཚོ་ཡིན་ཏེ་དམྱལ་བར་སྐྱེ་བར་གསུངས། །ཞེས་པ་ལ་སོགས་པའི་ཚུལ་ལ་སྤང་བླང་བྱེད་པའོ། །

བཞི་པ་སྨན་གྱི་གཞི་ལ་གཉིས། ངོ་བོ་དང་། དབྱེ་བའོ། །དང་པོ་ངོ་བོ་ནི། དེ་ཡང་ལོག་འཚོ་དང་བྲལ་ཞིང་མཐའ་གཉིས་སྤངས་པའི་སྒོ་ནས་བསྒྲུབས་པའི་སྨན་གང་ཞིག་དྲི་རོ་རེག་བྱ་གསུམ་གྱི་བདག་ཉིད་དུ་གྱུར་པའི་ཁམ་ཟས་ཏེ། མཛོད་ལས། ཁམ་གྱི་ཟས་འདི་འདོད་པ་ན། །སྐྱེ་མཆེད་གསུམ་གྱི་བདག་ཉིད་དོ། །ཞེས་སོ། །གཉིས་པ་དབྱེ་བ་ལ་བཞི། དུས་རུང་། ཐུན་ཚོད་དུ་རུང་བ། ཞག་བདུན་པ། འཚོ་བའི་བར་བཅངས་པ་རྣམས་སོ། །དང་པོ་དུས་རུང་ནི། བཀྲེས་པའི་ནད་སེལ་པ་ལ་གཙོ་བོར་གནང་བའི་སྨན་ཚུལ་ལྡན་རབ་ཏུ་བྱུང་བས་སྦྱིར་བཏང་ལ་ཕྱི་དྲོ་ལོངས་སྤྱོད་དུ་མི་རུང་བའི་བཟའ་བ་ལྔ་དང་བཅའ་བ་ལྔ་སྟེ། ས་གའི་ལྟས། སྣ་ཚོགས་འབྲས་ཆན་༡)འབྲས་བུ་སྣ་ཚོགས་བཙོས་པ། ཟན་༢དང་ཆུ་དང་སྦྱར་བ། ༣ །༤ལས་ཀྱིས་ཤི་བ་དང་ཚོང་འདུས་གསུམ་བརྒྱུད་པ། ཕྱེ་དང་༥ཁྲུར་༦བ་སྣུམ་ནང་བཙོས་པ། བཟའ་བ་ལྔ། །ཞེས་དང་། རྩ་བ་སྡོང་བུ་མེ་ཏོག་འབྲས། །ལོ་མ་ཡང་ནི་བཅའ་བ་ལྔ། །ཞེས་སོ། །

གཉིས་པ་ཐུན་ཚོད་དུ་རུང་བ་ནི། སྐོམ་པའི་ནད་སེལ་བ་ལ་གཙོ་བོར་གནང་བའི་སྨན་བཅས་ལྡན་དགེ་སློང་གིས་ཐུན་ཚོད་ཀྱི་མཐའི་བར་བྱིན་གྱིས་བརླབ་ནས་ལོངས་སྤྱོད་དུ་རུང་བ་བཏུང་བའི་རྒྱུ་བརྒྱད་ལྟ་བུ་སྟེ། སྨན་གྱི་གཞི་ལས། ཆུ་ཤིང་འབྲས་དང་ཀོ་ཤུ་གོ་ལ་དང་། ཨ་ཤྭཏྠ་དང་ཨུ་དུམྦ་ར་དང་། པ་རུ་ཤ་ཀ་དང་ནི་རྒྱ་འབྲུ་དང་། །བརྒྱད་པ་འབྲ་གོ་དག་ནི་ཡིན་པར་བཤད། །ཅེས་པ་ལྟར་དང་། གཞན་ཡང་བཙོས་པའི་ཚྭ་སྣེ་རྒྱུན་ཆང་སོགས་ཀྱི་སིང་པོ། འབྲུའི་ཚྭ་སྣེ་ནས་ཆང་གྲོ་ཆང་སོགས་ཀྱི་ཤུལ་ནས་བྱུང་བའི་སིང་པོ། ཞོ་ཁ་ཆུ་སྣེ་ཞོའི་ཁུ་བ། དར་བའི་དྭངས་མ་སྣེ་ཆུར་ཁུ། རྩ་བ་མོ་སྣེ་འབྲས་དང་ཁྲེ་སོགས་བཙོས་ནས་ཐབ་མ་བཏབ་པར་མནན་པའི་ཙང་ཤུ་ཞེས་བོད་དུ་རྩབས་སུ་གྲགས་པ་རྣམས་ཏེ། དེ་དག་ཀྱང་བཏུང་བ་མཚན་ཉིད་ལྔ་ལྡན་ཞེས། ཆུས་བཏབ་པ། ཚགས་ཀྱིས་བཙགས་པ། ཤིན་ཏུ་སླ་བ། བཞིན་སྣང་བ། འདམ་བུ་ཉག་མའི་མདོག་ལྟ་བུ་དྭངས་པའོ། །

གསུམ་པ་ཞག་བདུན་པ་ནི། རླུང་ནད་སེལ་བ་གཙོ་བོར་གནང་བའི་སྨན་དགེ་སློང་གིས་ཞག་བདུན་པའི་མཐའི་བར་བྱིན་གྱིས་བརླབས་ནས་ལོངས་སྤྱོད་དུ་རུང་བ་སྟེ། ལུང་སྨན་གཞི་ལས། ཞག་བདུན་པ་ནི། མར་དཀར་དང་། ཏིལ་མར་དང་། སྦྲང་རྩི་འོ། །ཞེས་གསུངས་པ་ལྟར་དང་། གཞན་ཡང་། ཞུན་མར་དང་། འབྲུ་མར་དང་། བུ་རམ་གྱི་དབུ་བ་སོགས་སོ། །

བཞི་པ་འཚོ་བའི་བར་བཅངས་པ་ནི། འདུ་བའི་ནད་སེལ་བ་ལ་གཙོ་བོར་གནང་བའི་སྨན་དགེ་སློང་གིས་ཇི་སྲིད་འཚོའི་བར་བྱིན་གྱིས་བརླབས་ནས་ལོངས་སྤྱོད་དུ་རུང་བ་སྟེ། དེ་ཡང་། རྩ་བ་སྡོང་བུ་འདབ་མ་དང་། །མེ་ཏོག་འབྲས་བུ་སྨན་ལ་སོགས། །ཞེས་པས། རྩ་བའི་སྨན་གླ་སྒང་དང་ཡུང་བ་ལྟ་བུ། སྡོང་བུའི་སྨན་ཙནྡན་དང་སླེ་ཏྲེས་ལྟ་བུ། འདབ་མའི་སྨན་ནིམ་པའི་ལོ་མ་ལྟ་བུ། མེ་ཏོག་གི་སྨན་པ་ཤ་ཀའི་མེ་ཏོག་ལྟ་བུ། འབྲས་བུའི་སྨན་ཨ་བར་སྐྱུར་གསུམ་ལྟ་བུ་སྟེ། དེ་དག་ཀྱང་གཙོ་བོར་ཟས་ཀྱི་དོན་དུ་ཁྱབ་པར་བྱེད་པ་མ་ཡིན་པ་རྣམས་སོ། །སྨན་དེ་དག་བསྟེན་ཚུལ་ལ། དུས་རུང་གི་སྨན་སྔ་དྲོའི་དུས་ཁོ་ནར་བསྟེན་དུ་རུང་བ་སྟེ། ནད་ལ་ཕན་ན་དུས་མིན་དུ་བསྟེན་པའང་གནང་། སྨན་གཞན་གསུམ་བྱིན་གྱིས་མ་བརླབ་པ་ནི་གང་ཟག་ནད་པ་ཡིན་མིན་ཐམས་ཅད་ལ་གནང་ཞིང་། དུས་ཐམས་ཅད་དུ་བསྟེན་དུ་རུང་མོད། འོན་ཀྱང་བྱིན་གྱིས་བརླབ་དགོས་སོ། །སྨན་རྣམ་ཟས་ཇི་ལྟར་བསྟེན་པའི་ཚིག་ནི། བདག་ཉིད་ལ་ནད་པ་དང་། ཟས་ལ་སྨན་གྱི་འདུ་ཤེས་བཞག་སྟེ་དྲན་ཤེས་དང་ལྡན་པས་དཀོན་མཆོག་གསུམ་རྗེས་སུ་དྲན་པའི་སྒོ་ནས། ཟས་ལ་ཆ་བཞིར་བགོ་བྱ་སྟེ། །དང་པོར་ལྷ་ལ་བཤོས་གཙང་འབུལ། །དེ་རྗེས་ཆོས་སྐྱོང་སྲུང་མ་ལ། །གཏོར་མ་ཤིན་ཏུ་རྒྱ་ཆེར་བྱ། །རང་གིས་ཟོས་ཤིང་འཐུངས་པ་ཡི། །ལྷག་མ་འབྱུང་པོ་རྣམས་ལ་བྱིན། །ཞེས་པའི་ཚིགས་ཟས་ལ་རན་པར་ལོངས་སྤྱོད་དེ་ཡོན་སྦྱོང་མདོ་བསྔོ་རྣམས་བྱ། ཞར་བྱུང་དེ་དག་བཞག་པའི་གནས་མཚམས་ནང་ཡིན་ཡང་རྗེན་བཅོས་དང་ཞག་ལོན་སོགས་རུང་བའི་ཁང་པ་བྱེད་པའི་ཚུལ་ལ། གསར་པ་བརྩིགས་པ་དང་། བྲུས་ཟིན་པའི་རྙིང་པ་དང་། མཚམས་ནང་གཅིག་ཏུ་གཙུག་ལག་ཁང་དུ་མའི་རུང་ཁང་གཅིག་ཏུ་བྲུས་པ་བ་ལང་གི་ལྟས་ལྟ་བུ་གསུམ་སྟེ། དེ་དག་གི་མཚན་ཉིད་དང་བྱིན་གྱིས་བརླབ་ཚུལ་ནི། རང་བཞིན་ཉེ་[༡]འཁོར་རང་དབང་[༢]བ། །ཐུན་མོང་[༣]གཉིས་མེད་[༤]མ་འབྲེལ་[༥]དང་། །འཚོད་

ལ་༥བ་གབ་དང་བཅས་དྲུག །འདེགས་༡བསྡུ་༢ལས་༣ཕྲལ་༤བྱུང་བ་བཞི། །ཞེས་པའི་སྡོམ་ལྟར་རོ༔ ༔གཞན་ཡང་སོགས་ཞེས་པའི་ཁོངས་ནས་ཐམས་ཅད་ལ་ཁྱབ་པ་ལས་ཀྱི་གཞི་སོགས་སྟོན་ཏེ། དེ་ལ་ལས་ཆགས་པའི་གཞི་དང་། བསམ་པ་དང་། ལས་ཀྱི་ངོ་བོ་དང་། ཉམས་སུ་མྱོང་བ་དང་། ཆགས་པའི་དུས་སོགས་རྒྱས་པར་གཞན་དུ་གསལ་བ་ལས་ཤེས་པར་བྱའོ། །ཞེས་སོ། །

གཉིས་པ་ཤུགས་བསྟན་དེའི་རུང་མཐུན་བསྡུས་ཏེ་བསྟན་པའི་སྒོ་ནས་དོན་བསྡུ་བ་ནི། མདོར་ན་ཡི་ནས་གནང་དང་བཀག་པ་མེད། །བྱར་རུང་དང་ཉེ་མི་རུང་བཟློག་བྱེད་ན། །དེ་དག་སྤྱོད་ཅིག་མི་རུང་དང་ཉེ་ཞིང་། །རུང་བ་བཟློག་ན་ཀུན་ཏུ་སྤོང་ཞེས་གསུངས། །ཞེས་པ་སྟེ། དེ་ལྟར་བཤད་པའི་སྤང་བླང་གི་གནད་རྣམས་ངེས་པར་བྱས་ནས་དངོས་སུ་མ་གསུངས་པའི་གནང་བཀག་གི་བསླབ་བྱ་རྣམས་ལ་ཇི་ལྟར་སློབ་པའི་ཚུལ་མདོར་བསྡུ་ན། གཞི་གང་ལ་སྟོན་པ་སངས་རྒྱས་ཀྱིས་ཡི་གེ་མ་ཉིད་ནས་གནང་བ་དང་བཀག་པ་གཉིས་ཀ་མེད་ན། གང་ཞིག་བྱར་རུང་བར་གསུངས་པ་དང་ཉེ་ཞིང་། མི་རུང་བར་གསུངས་པ་ལས་བཟློག་པར་བྱེད་ན་དེ་དག་ཐེ་ཚོམ་མེད་པར་སྤྱོད་ཅིག་དང་ཉེས་པར་མི་འགྱུར་བ་མ་ཟད་ཡོན་ཏན་ཀྱང་ཐོབ་པར་འགྱུར་རོ། །དེ་བཞིན་གང་སྤྱད་དུ་མི་རུང་བར་གསུངས་པ་དང་ཉེ་ཞིང་རུང་བ་ལས་བཟློག་ན་དེ་དག་ཀུན་ཏུ་སྤོངས་ཤིག་ཅེས་གསུངས་ཏེ། ལུང་ཕྲན་ཚེགས་ལས། བཅོམ་ལྡན་འདས་ཀྱིས་ཡོངས་སུ་མྱ་ངན་ལས་འདའ་བའི་དུས་དེའི་ཚེ་ཉིད་ན་དགེ་སློང་རྣམས་ལ་བཀའ་སྩལ་པ། དགེ་སློང་དག་ངས་ཁྱེད་ལ་འདུལ་བ་རྒྱ་ཆེར་ནི་བསྟན་ན། མདོར་བསྡུས་ཏེ་མ་ཡིན་ནོ། །འོན་ཀྱང་མདོར་བསྡུས་པ་ཡང་ཉོན་ཅིག །དགེ་སློང་དག་ངས་ཁྱོད་ལ་གང་ཞིག་ཐོག་མ་ཉིད་ནས་གནང་བ་ཡང་མེད། བཀག་པའང་མེད། གལ་ཏེ་རུང་བ་དང་ཉེ་བ་ཡིན་ཞིང་མི་རུང་བ་བཟློག་པར་བྱེད་པ་ཡིན་ན་ནི་རུང་བ་ཡིན་པར་བཟུང་བར་བྱའོ། །གལ་ཏེ་མི་རུང་བ་དང་ཉེ་བ་ཡིན་ཞིང་རུང་བ་བཟློག་པར་བྱེད་པ་ཡིན་ན་མི་རུང་བ་ཡིན་པས་ཀུན་ཏུ་སྤྱད་པར་མི་བྱའོ། །ཞེས་གསུངས་པ་ཡིན་ནོ། །

གསུམ་པ་སྡོམ་པ་སྐྱེ་བའི་ལུས་རྟེན་བཤད་པ་ནི། སྐྱེ་བའི་རྟེན་ནི་མུ་སྟེགས་མཚམས་མེད་བྱས། །སྒྲ་མི་སྙན་དང་ཟ་མ་མཚན་གཉིས་དང་། །མ་ནིང་རིགས་ལྔ་མཚན་གསུམ་འགྱུར་པ་དང་། །སྤྲུལ་པ་མ་

གཏོགས་གླིང་གསུམ་སྐྱེས་པ་ཡི། །སྐྱེས་པ་བུད་མེད་སྡོམ་པའི་རྟེན་དུ་འདོད། །ཅེས་པ་སྟེ། དེ་ལྟ་བུའི་སོ་ཐར་གྱི་སྡོམ་པ་དེ་སྐྱེ་བའི་ལུས་རྟེན་ནི་ལས་ཀྱི་སྒྲིབ་པ་ཤས་ཆེ་བ་མུ་སྟེགས་ཅན་ནམ་དེར་ཞུགས་པ་དང་། མཚམས་མེད་པ་ལྔ་བྱས་པ་ལ་སོགས་པ་དང་། རྣམ་སྨིན་གྱི་སྒྲིབ་པ་ཤས་ཆེ་བ་སྒྲ་མི་སྙན་པ་ལྟ་བུ་གནས་རིགས་ཉམས་པ་དང་། གང་ཞིག་གྲོང་པའི་ཆོས་མེད་པ། །དེ་ནི་ཟ་མ་ཞེས་སུ་བརྗོད། །ཅེས་པ་ལྟར་ཟ་མ་དང་། མཚན་གཉིས་གཅིག་ཅར་དུ་བྱུང་བ་དང་། སྐྱེ་གནས་ཟླ་ཕྱེད། འབྱུང་ནས་ལྡང་བ། ཕྲག་དོག་ཅན། ཉམས་པ་སྟེ་མ་ནིང་རིགས་ལྔ་དང་། མཚན་ལན་གསུམ་དུ་གྱུར་པ་སོགས་མཚན་ཉམས་པ་དང་། མི་མ་ཡིན་པ་མིའི་རྣམ་པར་སྤྲུལ་པ་དང་། མི་མ་ཡིན་པའི་འགྲོ་བ་པོ་སོགས་ནི་འགྲོ་བ་ཉམས་པ་ཞེས་དེ་རྣམས་སྡོམ་པ་སྐྱེ་བའི་བར་ཆད་ཅན་ཡིན་པས་ན་མ་གཏོགས་ལ། དེ་ལས་གཞན་ཤར་ནུབ་ལྷོའི་གླིང་གསུམ་དུ་སྐྱེས་པ་ཡི་སྐྱེས་པ་དང་བུད་མེད་རྣམས་སོ་ཐར་གྱི་སྡོམ་པ་སྐྱེ་བ་དང་གནས་པ་གཉིས་ཀའི་རྟེན་དུ་འདོད་དེ། རབ་དབྱེར། གླིང་གསུམ་སྐྱེས་པ་བུད་མེད་ལས། འགྲོ་བ་གཞན་ལ་སྡོམ་པ་བཀག །ཅེས་སོ། །

བཞི་པ་ཉམས་ན་གསོ་བའི་ཚུལ་བཤད་པ་ལ་གཉིས། མདོར་བསྟན་པ་དང་། རྒྱས་པར་བཤད་པའོ། །དང་པོ་མདོར་བསྟན་པ་ནི། ཐ་མར་ཉམས་ན་གསོ་བའི་ཚུལ་བཤད་པ། །ཞེས་པ་སྟེ། དེ་ལྟར་རུང་བའི་རྟེན་དེ་ལ་ཐོབ་པའི་སྡོམ་པ་ཉིད་ཚུལ་བཞིན་དུ་བསྲུང་ཞིང་། གལ་ཏེ་ཉོན་མོངས་མང་པ་སོགས་ཀྱིས་ཉམས་པར་གྱུར་ན་ཐ་མར་ཉམས་པ་དེ་ཕྱིར་བཅོས་ནས་གསོ་བའི་ཐབས་ཡོད་དེ། ལུང་ལས། གཉིས་ནི་རྣམ་པར་བྱང་བར་འགྱུར་ཞིང་། ཉོན་མོངས་པར་མི་འགྱུར་བ་དང་། གཉིས་ཀྱིས་ཟག་པ་འཕེལ་བར་མི་འགྱུར་བ་སྟེ། གཉིས་གང་ཞེ་ན། ལྟུང་བ་མི་བྱེད་པ་གང་ཡིན་པ་དང་། ལྟུང་བ་བྱུང་ནས་ཆོས་བཞིན་དུ་ཕྱིར་བཅོས་པ་གང་ཡིན་པའོ། །ཞེས་གསུངས་པ་ལྟར་དེའི་ཚུལ་བཤད་པ་ལ། ཞེས་སོ། །

གཉིས་པ་རྒྱས་པར་བཤད་པ་ལ་གཉིས། སྡོམ་པ་གཏོང་བའི་རྒྱུ་དང་། ཕྱིར་བཅོས་དངོས་བཤད་པའོ། །དང་པོ་སྡོམ་པ་གཏོང་བའི་རྒྱུ་བཤད་པ་ལ་འང་གཉིས། ཐུན་མོང་དང་། ཐུན་མོང་མ་ཡིན་པའོ། །དང་པོ་ཐུན་མོང་བ་ནི། གཏོང་བ་བསླབ་པ་ཕུལ་དང་ཤི་འཕོས་དང་། །མཚན་གཉིས

གཅིག་ཅར་བྱུང་དང་ལན་གསུམ་གྱུར། །རྒྱུ་འབྲས་མེད་ལྟས་རྩ་བ་ཆད་རྣམས་ལྔོ། །ཞེས་པ་སྟེ། སོ་ཐར་གྱི་སྡོམ་པ་རྩད་ནས་གཏོང་བའི་རྒྱུ་ནི་བཞི་སྟེ། བརྡ་འཕྲོད་པའི་དྲུང་དུ་བསམ་པ་སྙིང་ཐག་པ་ནས་བསླབ་པ་ཕུལ་ན་གཏོང་སྟེ། ཡང་དག་པར་བླངས་པ་དང་འགལ་བའི་རྣམ་རིག་བསྐྱེད་པའི་ཕྱིར། ཇི་ལྟར་འབུལ་བའང་། སྡོམ་པ་རང་གི་ངོ་བོ། རྩ་བ་དཀོན་མཆོག་གསུམ། རྒྱུ་སྡེ་སྣོད་གསུམ། སྐྱོར་བྱེད་མཁན་སློབ། སློབ་པའི་གནས་རྟེན། སློབ་པའི་གྲོགས་རྣམས་འབུལ་ཚུལ་གསུངས་པ་ལྟར། གཞན་ཡང་ཚངས་པར་སྤྱོད་དཀའོ་ཞེས་པ་ལ་སོགས་པ་ནི་དངོས་སུ་ཕུལ་བ་མིན་ཡང་དེའི་རྒྱུ་བསྟན་པས་ཉམས་པར་བྱས་པ་ཡིན་པས་ན་སྡོམ་པ་གཏོང་བ་ལ་ཁྱད་པར་མེད་དེ། ལུང་ལས། བསླབ་པ་མ་ཕུལ་བསླབ་པ་ཉམས་པར་མ་བྱས་པར། །ཞེས་གསུངས་པའི་ཕྱིར་༡དང་། དེ་བཞིན་དུ་ཤི་འཕོས་པས་གཏོང་སྟེ། རྟེན་བོར་བའི་ཕྱིར་༢དང་། མཚན་གཉིས་གཅིག་ཅར་བྱུང་བ་དང་། མཚན་ལན་གསུམ་འགྱུར་བས་གཏོང་སྟེ། རྟེན་ཉམས་པའི་༣ཕྱིར། རྒྱུ་འབྲས་མེད་ལྟའི་ལོག་ལྟ་སྐྱེས་པས་གཏོང་སྟེ། དགེ་བའི་རྩ་བ་ཆད་པས་སྡོམ་པའི་རྟེན་གཞི་མེད་པའི་༤ཕྱིར། དེ་རྣམས་ཀྱིས་གཏོང་ཞིང་། ཕྱི་མ་འདི་ནི་ཐེག་པ་ཆེ་ཆུང་ཐམས་ཅད་ཀྱི་སྡོམ་པའི་གཏོང་རྒྱུར་གསུངས་པས་ཤིན་ཏུ་ལྕི་བའོ། །དེ་ལྟར་སྤྱིའི་གཏོང་རྒྱུ་བཞིའི་སྟེང་བསྙེན་གནས་ཀྱི་གཏོང་རྒྱུ་བསྟན་པས་ལྔར་བཤད་དེ། མཛོད་ལས། བསླབ་པ་ཕུལ་དང་ཤི་འཕོས་དང་། །མཚན་གཉིས་དག་ནི་བྱུང་བ་དང་། །རྩ་བ་ཆད་དང་མཚན་འདས་ལས། །སོ་སོར་ཐར་པའི་འདུལ་བ་གཏོང་། །ཞེས་དང་། རང་འགྲེལ་ལས། དེ་དག་ནི་དོན་མདོར་བསྡུ་ན་གཏོང་བའི་རྒྱུ་ལྔ་ཡིན་ནོ། །ཞེས་གསུངས་སོ། །

གཉིས་པ་ཐུན་མོང་མ་ཡིན་པ་ལ་གསུམ། བྱེ་བྲག་སོ་སོའི་གཏོང་རྒྱུ། སྤྱི་ལ་འདོད་པ་མི་འདྲ་བའི་ཁྱད་པར། རྩ་ལྟུང་གཏོང་རྒྱུ་ཡིན་མིན་ལས་འཕྲོས་ཏེ་སྡེ་ལྔའི་དངོས་གཞི་མི་བསྐྱེད་པའི་རྒྱུ་བཤད་པའོ། །དང་པོ་བྱེ་བྲག་སོ་སོའི་གཏོང་རྒྱུ་ནི། ཉི་ཤུ་མ་ལོན་བསྙེན་རྫོགས་རྗེས་སུ་ཤེས། །དགེ་སློང་སྡོམ་གཏོང་བསྙེན་ཕྱིར་ཁས་བླངས་འདས། །དགེ་སློབ་མའོ་མཚན་འདས་བསྙེན་གནས་ཀྱི། །སྡོམ་པ་གཏོང་རྣམས་སོ་སོའི་ཐུན་མོང་མིན། །ཞེས་པ་སྟེ། ལོ་ཉི་ཤུ་མ་ལོན་པ་ལ་ལོན་པར་འདུ་ཤེས་ནས་བསྙེན་རྫོགས་བླངས་པ་དེའི་རྗེས་སུ་ཉི་ཤུ་མ་ལོན་གོང་དུ་དེ་ལྟར་ངོ་ཤེས་ན་དེའི་ཚེ་མངལ་བཤོལ་

ཀྱི་ཟློ་བས་ཁ་བསྐང་བར་བྱ་ཞིང་། དེ་ལྟར་བསྐང་ཡང་མ་ཚང་ན་དགེ་སློང་གི་སྡོམ་པ་གཏོང་སྟེ། མདོར། ཤེས་ན་ནི་དེ་ཞིག་གོ། །གལ་ཏེ་དེ་སྐྱེས་པ་ན་མ་ལོན་པའི་ལོ། །མངལ་ན་གནས་པ་དང་བཤོལ་གྱི་ཟློ་བ་དག་དང་ཡང་བཅས་ཏེའོ། །ཞེས་སོ། །མི་ཚངས་སྤྱོད་བསྙེན་པར་བྱེད་པའི་ཕྱིར་ཁས་བླངས་ནས་བསླབ་པ་ལས་འདས་པས་དགེ་སློབ་མའི་སྡོམ་པ་གཏོང་བའོ། །དེ་ཡང་མདོར། བསྙེན་པའི་ཕྱིར་གཞན་ལ་ཁས་བླངས་པ་ན། བསླབ་པ་འཁྲུག་པ་ཉིད་དོ། །ཞེས་སོ། །མཚན་མོ་མཐའི་སྐད་ཅིག་མ་འདས་པས་བསྙེན་གནས་ཀྱི་སྡོམ་པ་གཏོང་སྟེ། དེ་སྲིད་དུ་འཕངས་པའི་ཕྱིར་རོ། །དེ་ལྟར་གསུམ་པོ་སྔར་གྱི་སྤྱིའི་གཏོང་བཞིས་གཏོང་བར་མ་ཟད། རང་རང་རྣམས་སོ་སོའི་གཏོང་རྒྱུ་སྡོམ་པ་དེ་དང་དེ་གཏོང་བས་ན་ཐུན་མོང་མིན་པའི་གཏོང་རྒྱུ་ལོ། །

གཉིས་པ་སྐྱོ་ལ་འདོད་པ་མི་འདྲ་བའི་ཁྱད་པར་ནི། རྩ་ལྟུང་བྱུང་དང་དམ་ཆོས་ནུབ་ནའང་གཏོང་། །ཁ་ཆེའི་ཡུལ་གྱི་བྱེ་བྲག་སྨྲ་བ་རྣམས། །སྡོམ་ལྡན་རྩ་ལྟུང་བྱུང་བ་གཉིས་ལྡན་ན། །ནོར་ལྡན་བུ་ལོན་ཅན་བཞིན་འདོད་པ་དང་། །ཁ་ཅིག་རྩ་བཞི་གཅིག་སྤྱད་ཀུན་ཉམས་ཟེར། །ཞེས་པ་སྟེ། མདོ་སྡེ་པ་ན་རེ། རྩ་ལྟུང་འཆབ་བཅས་བྱུང་བས་གཏོང་སྟེ། རྒྱུད་ངོ་ཚ་ཁྲེལ་མེད་ཆེན་པོས་ཉམས་པའི་ཕྱིར་དང་། གོས་དམར་བའི་སྡེ་པ་ན་རེ། ལུང་གི་དམ་ཆོས་ནུབ་པ་ནའང་གཏོང་སྟེ། བསླབ་པའི་མཚམས་རྣམ་པར་བཞག་པ་མེད་པའི་ཕྱིར་རོ་ཞེས་འདོད་ཅིང་། དེ་ལ་ཐོགས་མེད་སྐུ་མཆེད་ལུང་ཆོས་ནུབ་པ་ཙམ་གྱིས་སྡོམ་པ་སྔར་ཡོད་མི་གཏོང་སྟེ། རྟོགས་པའི་དམ་ཆོས་མ་ནུབ་པའི་ཕྱིར། འོན་ཀྱང་དེ་ཚེ་སྔར་མེད་གསར་སྐྱེ་མེད་དེ། འབོགས་བྱེད་ཀྱི་ཆོ་གའི་རྣམ་བཞག་མེད་པའི་ཕྱིར་གསུངས། ཁ་ཆེའི་ཡུལ་གྱི་ཉན་ཐོས་བྱེ་བྲག་ཏུ་སྨྲ་བ་རྣམས་ནི། རྩ་ལྟུང་འཆབ་བཅས་བྱུང་ཡང་སྡོམ་པ་མི་གཏོང་སྟེ། ཕྱོགས་གཅིག་ཉམས་པས་སྡོམ་པ་ཟད་པར་གཏོང་བ་མི་རིགས་པའི་ཕྱིར། དེ་འདྲ་དེ་སྡོམ་པ་དང་ལྡན་པ་དང་། རྩ་ལྟུང་བྱུང་བ་གཉིས་ལྡན་ཡིན་པའི་ཕྱིར་ན། མི་འགའ་ཞིག་ནོར་ཡང་ལྡན་ལ་བུ་ལོན་ཡང་ཆགས་པ་ཅན་བཞིན་نོ་ཞེས་འདོད་པ་ལྟར་དང་། དེ་ལྟར་ཡང་མཛོད་ལས། ཁ་ཅིག་ལྟུང་བར་གྱུར་ལས་སྨྲ། །གཞན་དག་དམ་ཆོས་ནུབ་པ་ལས། །ཁ་ཆེ་རྣམས་ནི་བྱུང་བ་ལ། །བུ་ལོན་ནོར་བཞིན་གཉིས་སུ་འདོད། །ཅེས་གསུངས་པའི་ཕྱིར། འདུལ་འཛིན་ཁ་ཅིག

ཕམ་པ་སྡོམ་པའི་གཏོང་རྒྱུ་མ་ཡིན་ཏེ། ཕམ་པ་བྱུང་བའི་དགེ་སློང་ལ་དགེ་སློང་གི་སྡོམ་པའི་རྫས་ཚང་བར་ཡོད་པའི་ཕྱིར། ཉམས་ཚུལ་ལ་ལྟོས་ན་ཀུན་ཉམས་པ་ཡིན་ཏེ། རྩ་བ་བཞི་ལས་གྲོག་གཅོད་ཀྱི་ཕམ་པ་འཆབ་བཅས་ལྟ་བུ་གཅིག་སྤྱད་པའི་ཚེ། སྡོམ་པ་མཐའ་དག་གི་དགོས་པ་མ་ལུས་པ་ཀུན་སྒྲུབ་པར་ནུས་པ་དེ་ལས་ཉམས་པའི་ཕྱིར་ཞེས་ཟེར་ཏེ། རྒྱ་ཆེར་འགྲེལ་ལས། དགེ་སློང་ཕམ་པར་གྱུར་པ་ལ་ནི་སྡོམ་པ་ཡོད་དུ་ཟིན་ཀྱང་། དེ་ལྟ་མོད་ཀྱི་དགོས་པ་མེད་པ་ཉིད་དུ་འགྱུར་ཏེ། ཚངས་པ་མཚུངས་པར་སྤྱོད་པ་རྣམས་དང་ལྷན་ཅིག་གནས་པ་དང་ལོངས་སྤྱོད་པ་མེད་པའི་ཕྱིར་དང་། སྡོམ་པ་ཡང་དག་པར་བླངས་པ་ནི་རྣམ་པར་གྲོལ་བ་ཐོབ་པའི་ཆེད་ཡིན་ལ། དེས་རྣམ་པར་གྲོལ་བ་ཐག་རིང་དུ་བྱས་པའི་ཕྱིར། དེས་ན་དེའི་སྡོམ་པ་ནི་མེད་པ་དང་འདྲའོ། །ཞེས་གསུངས་པའི་ཕྱིར། དེས་ན་ཉམས་པ་དང་མི་ཆགས་པ་གཉིས་ལྟུང་བ་ལ་སྦྱོར་ན་ཉེས་བྱས་ཙམ་མོ། །གསུམ་པ་རྩ་ལྟུང་གཏོང་རྒྱུ་ཡིན་མིན་ལས་འཕྲོས་ཏེ་སྡེ་ལྔའི་དངོས་གཞི་མི་བསྐྱེད་པའི་རྒྱུ་བཤད་པ་ནི། དང་པོའི་ལས་ཅན་སེམས་འཁྲུགས་ཚོར་བས་གཟིར། །སྒྲུབ་པར་མ་ནུས་པ་ལ་ཉེས་པ་མེད། །ཅེས་པ་སྟེ། སྡེ་ལྔའི་དངོས་གཞིའི་ཉེས་པ་བསྐྱེད་མི་བསྐྱེད་ཀྱི་མཚམས་འདི་ལྟར་དང་པོའི་ལས་ཅན་གྱིས་སྤྱད་ན་ཉེས་པ་མི་བསྐྱེད་དེ། སྟོན་པའི་བཅས་པ་དང་མ་འབྲེལ་བའི་སྔོན་དུ་ཡིན་པའི་ཕྱིར། དགེ་སློང་བཟང་སྦྱིན་ལ་མི་ཚངས་སྤྱོད་ཀྱི་ཕམ་པ་མ་བྱུང་བ་བཞིན། སེམས་འཁྲུགས་ཤིང་སྡུག་བསྔལ་གྱི་ཚོར་བས་ཤིན་ཏུ་གཟིར་བས་སྤྱད་ཀྱང་ཉེས་པ་མི་བསྐྱེད་དེ། སེམས་རྣལ་དུ་གནས་པ་མ་ཡིན་པའི་ཕྱིར། སྨྱོན་པས་མི་བསད་པ་བཞིན། བསླབ་པ་ལ་གུས་པས་འབད་ནའང་སྒྲུབ་པར་མ་ནུས་པའི་གནས་སྐབས་སུ་སྤྱད་པ་ལ་ཉེས་པ་མེད་དེ། རྨི་ལམ་དུ་མི་ཚངས་སྤྱོད་སྤྱད་ཀྱང་ཕམ་པ་མི་འབྱུང་བའི་ཕྱིར། དེས་ན་དེ་འདྲའི་རྟེན་གྱི་གང་ཟག་གིས་ལྟུང་བ་ལ་སྤྱད་ཀྱང་དངོས་གཞིའི་ཉེས་པ་ཇི་ལྟ་བ་བཞིན་བསྐྱེད་པ་མེད་དོ། །

གཉིས་པ་ཕྱིར་བཅོས་དངོས་བཤད་པ་ལ་གསུམ། ཕྱིར་བཅོས་ཀྱི་དབྱེ་བ་བཤད་པ། ཉེས་པ་སྦྱོང་བའི་ཐབས་སྡོམ་བཞིར་བསྡུ་ཚུལ་བསྟན་པ། ཉེས་དམིགས་ཤེས་པའི་སྒོ་ནས་ནན་ཏན་དུ་བསྲུང་བར་གདམས་པའོ། །དང་པོ་ཕྱིར་བཅོས་ཀྱི་དབྱེ་བ་བཤད་པ་ལ་གཉིས། འཆབ་ཉེས་ངོས

བཟུང་བ་དང་། དབྱེ་བ་དངོས་བཤད་པའོ། །དང་པོ་འཆབ་མཉེས་ངོས་བཟུང་བ་ནི། འཆབ་པ་ཞེས་གྲགས་གསང་སྟེ་མི་བརྗོད་པ། །ཞེས་པ་སྟེ། འཆ༷བ་པ༷་ཞེས༷་སུ་གྲགས་པ་ལྟུང་བའི་ཉེས་པ་བྱུང་བ་གཞན་ལ་གས༷ང་འདོད་ཀྱི་བསམ་པས་ཀུན་ནས་བསླངས་ཏེ༷་ངག་གིས་གཞན་ལ་མི༷་བརྗོད༷་པ༷་དང་། གསང་བའི་ལུས་ཀྱི་རྣམ་འགྱུར་ནི་འཆབ་པའི་ལྟུང་བ་སྟེ། གང་ལ་བྱུང་བའི་རྟེན་ནི་ལྟུང་བ་དང་ལྟུང་མིན་གྱི་རྣམ་དབྱེ་ཤེས་ཤིང་དྲན་ནུས་པའི་དགེ་སློང་ཉིད་ལས་གཞན་ལ་མི་འབྱུང་ཞིང་། དེ་ཡང་ཕམ་པ་ནི་འཆབ་སེམས་སྐད་ཅིག་མ་ཙམ་སྐྱེས་ཀྱང་འཆབ་བཅས་སུ་འགྱུར་ལ། ལྷག་མའི་སྤོ་སྤྱོད་ལ་ཞག་ཏུ་ལོངས་པར་བཅབ་དགོས་སོ། །

གཉིས་པ་དབྱེ་བ་དངོས་བཤད་པ་ལ་གཉིས། ཕམ་པའི་ཕྱིར་བཅོས། ལྷག་མ་སོགས་ཕྱིར་བཅོས་པའོ། །དང་པོ་ཕམ་པའི་ཕྱིར་བཅོས་ལའང་གཉིས། ཕམ་པ་འཆབ་བཅས་བཅོས་མེད་དང་། འཆབ་མེད་བཅོས་ཡོད་གཉིས་ལས། དང་པོ་ཕམ་པ་འཆབ་བཅས་བཅོས་མེད་ནི། ཕམ་པ་འཆབ་བཅས་ཚེ་འདིར་གསོར་མི་རུང་། །ཞེས་པ་སྟེ། བསླབ་པ་མ་ཕུལ་བར་ཕ༷མ་པ༷་བཞི་གང་རུང་བྱུང་ནས་སྐད་ཅིག་མ་ཙམ་བཅབས་ཀྱང་ཕམ་པ་འཆ༷བ་བཅ༷ས་སུ་གྱུར་པས་ན་ཚེ༷་འདི༷ར་ལྟུང་བའི་དངོས་གཞི་ཕྱིར་གསོ༷ར་མི༷་རུང༷་བ་ཡིན་ཏེ། ཇི་སྐད་དུ། ཉེས་རྩོམ་བྱེད་དང་ཁྱིམ་སུན་འབྱིན་པ་དང་། །འདིར་ནི་གསུམ་པ་ཚུལ་ཁྲིམས་འཆལ་བ་དག །འཐབ་མོ་སྤྱངས་ཏེ་གཎྜི་བརྡུངས་བྱས་ནས། རྒྱ་ཤིང་རུལ་པ་བཞིན་དུ་དེ་བསྐྲད་བྱ། །ཞེས་གསུངས་པ་ལྟར་དགེ་འདུན་གྱི་གནས་ནས་བསྐྲད་པར་བྱ་ཞིང་། འོན་ཀྱང་རང་གི་འགྱོད་སྡོམ་གྱིས་བཤགས་པ་བྱས་ན་རྣམ་སྨིན་གྱི་ཉེས་པ་དག་ནས་ངན་སོང་དུ་ལྟུང་བར་མི་འགྱུར་བ་ཞིག་འོང་བས་ན་འབད་པར་བྱའོ། །དེ་ལྟར་མ་བཤགས་ན་ཚེ་འདི་ཕྱིའི་ཉེས་དམིགས་རང་ལ་འབྱུང་བར་མ་ཟད་ཉེས་དམིགས་ནི་ཚུལ་འཆལ་དེ་དང་ལྷན་ཅིག་ཞག་ལོན་དུ་ཉལ་ན་ལོ་བྱེ་བ་ཕྲག་བཅུ་བཞི་དང་སྟོང་ཕྲག་བཅུ་བཞིར་དམྱལ་བར་སྐྱེ་བར་བཤད་དོ། །གལ་ཏེ་བསྐྲད་པ་དེ་སྡེ་སྣོད་འཛིན་པ་ཡིན་ན་དགེ་འདུན་དང་ལྷན་ཅིག་ལོངས་སྤྱོད་དུ་མི་དབང་ཡང་གནས་ལོངས་སྦྱིན་པ་སོགས་ཀྱིས་རྗེས་སུ་བཟུང་བར་བྱ་ཞིང་། དེ་འདྲ་དེས་བཟོད་པར་གསོལ་བའི་དུས་སུ་མ་བླངས་ན། དེ་ནས་བཟུང་སྟེ་གནས་ཆོས་ཀྱི་རྙེད་པའི་རིན་ཐང་རྩིས་ནས་ཚངས་ན་དགེ་འདུན་ལ་ཕམ་པ་འབྱུང་

བར་གསུངས་སོ། །

གཉིས་པ་འཆབ་མེད་བཅོས་ཡོད་ནི། འཆབ་པ་མེད་ན་དངོས་པོ་བརྗོད་པ་ཡིས། །དགེ་འདུན་ལ་བཤགས་མཐོང་སྡོམ་བར་གྱིས་འདག །སྡོམ་པ་སླར་ནོད། ཅེས་པ་སྟེ། དེ་ལས་གཞན་གསོ་བར་རུང་བ་རྣམས་ཕྱིར་བཅོས་པའི་ཚུལ་ཕམ་བཞི་གང་རུང་བྱུང་ནས་འཆབ་པའི་སེམས་སྐད་ཅིག་མ་ཙམ་ཡང་མེད་ན་ལྟུང་བའི་དངོས་པོ་དེ་མི་གསང་མི་སྦེད་པར་ངག་ཏུ་བརྗོད་པ་ཡིས་ཡུལ་དགེ་འདུན་མཚན་ཉིད་དང་ལྡན་པ་ལ་བཤགས་ཤིང་། ཡུལ་གྱིས་ཉེས་པ་ལ་ཉེས་པར་མཐོང་ངམ་ཞེས་དྲིས་པ་ན། ཤེས་བཞིན་རྗེན་དུ་མ་སོང་བར་སྙིང་ནས་ལྟུང་བའི་ཉེས་པ་ལ་ཡིད་ཆེས་པའི་སྒོ་ནས་མཐོང་ལགས་ཞེས་བརྗོད་ཅིང་། ཕྱིན་ཆད་ལེགས་པར་སྡོམ་མམ་ཞེས་དྲིས་པའི་ཚེ། སྲོག་ལ་བབ་ཀྱང་དེ་འདྲའི་ཉེས་པ་མི་བྱེད་སྙམ་པའི་བསམ་པས་སྡོམ་ལགས་ཞེས་བརྗོད་དེ་བཤགས་པར་བྱ་བ་ཡིན་ལ། དེ་ཇི་ལྟར་བྱ་བའི་ཚུལ་སྦྱོར་བ་གསོལ་གདབ་སྔོན་དུ་འགྲོ་བས། དངོས་གཞི་གསོལ་བཞིའི་ལས་ཀྱིས་ཆད་པ་ལས་ཀྱི་བསླབ་པ་བྱིན་ནས་ཇི་སྲིད་འཚོའི་བར་དམན་སྤྱོད་ལྔ་དང་དུ་ལེན་ཞིང་ཁྱད་སྤྱོད་ལྔ་སྤང་བའི་ཀུན་སྤྱོད་ཀྱིས་གནས་པར་ཁས་བླངས་པས་འདག་པར་གསུངས་པ་ནི་མདོའི་དངོས་བསྟན་ལྟར་ཡིན་ལ། དེ་ལྟར་བཤགས་རྗེས་དགེ་སློང་གི་སྡོམ་པ་སླར་ནོད་ནས་ཆད་པ་ལས་ཀྱི་བསླབ་པ་བྱིན་པ་ནི་སེམས་ཙམ་པ་ཡན་ཆད་ཀྱི་བཞེད་པ་ཡིན་པར་སྣང་ངོ་། །

གཉིས་པ་ལྷག་མ་བཅུ་གསུམ་སོགས་ཕྱིར་བཅོས་པ་ནི། ལྷག་མ་བཅུ་གསུམ་སོགས། །ཕྱི་ཡང་ལ་ལྟོས་བཤགས་ཏེ་རིམ་པར་ལྡང་། །ཞེས་པ་སྟེ། དགེ་འདུན་ལྷག་མ་བཅུ་གསུམ་པོ་ནི་ཞག་དང་མ་འབྲེལ་པའི་འཆབ་ཉེས་རྣམས་བགོ་གྱུར་ཡིན་ན་མཚམས་ནང་གི་དགེ་སློང་ཐམས་ཅད་དང་གཞན་རྣམས་གཅིག་གི་དྲུང་དུ་མཐོལ་ལ། ཞག་ཏུ་ལོངས་པའི་བཅབ་ཉེས་ནི་གང་ཟག་ཁྱད་པར་ཅན་མིན་པས་ཅི་ཙམ་བཅབས་པའི་ཞག་གྲངས་དང་མཉམ་པར་སྤོ་བ་དང་། དངོས་གཞི་མགུ་བ་སྤྱད་ཚུལ་རྣམས་ནི་སྔར་སྤྱི་དོན་གྱི་སྐབས་སུ་བཤད་གྲུབ་ལ། གང་ཟག་ཁྱད་པར་ཅན་གྱི་ལྷག་མའི་ཕྱིར་བཅོས་ནི། ཇི་སྐད་དུ། ངོ་ཚ་དང་ལྡན་པ་དང་། འདུལ་བ་འཛིན་པ་དང་། མདོ་སྡེ་འཛིན་པ་དང་། མ་མོ་འཛིན་པ་དང་། ཤེས་པས་ནི་གཅིག་གི་མདུན་དུ་བཤགས་པས་དགེ་འདུན་ལྷག་མ་ལས་ལྡང་ངོ་། །ཞེས་སོ། །

དེ་ལ་སོགས་པ་ལྟུང་བ་གཞན་རྣམས་ལྕི་ཡང་ལ་ལྟོས་ནས་བཤགས་ཏེ་རིམ་པར་ཉེས་པ་ལས་ལྡང་
བའི་ཚུལ་ནི། ཕམ་སྦོམ་ལྕི་བ་ལ་ཡུལ་དགེ་སློང་དྲུག །ཡང་བ་ལ་ལྔ། ལྷག་སྦོམ་ལྕི་བ་ལ་བཞི། ཡང་
བ་ལ་གཅིག་གི་དྲུང་དུ་བཤགས་པས་འདགས་ལ། སྤང་ལྟུང་སོགས་སྡེ་ཚན་ཕྱི་མ་རྣམས་དང་། དགེ་
ཚུལ་གྱི་ཉེས་ལྟུང་བཤགས་ཚུལ་རྣམས་སྔར་རང་རང་གི་བསྲུང་བྱ་བཤད་པའི་སྐབས་ཕྱོགས་ཙམ་
བསྟན་པ་བཞིན་ནོ། །ཡར་དུས་ཐམས་ཅད་དུ་ལྟུང་བ་རྣམས་བྱུང་བའི་ཚེ་མཐོལ་བཤགས་བྱ་བ་ལ་
འབད་པར་བྱ་ཞིང་འཆི་བའི་ཚེ་ལྟུང་བ་མེད་པ་ཞིག་གལ་ཆེ་ལ། གལ་ཏེ་འཆི་བ་དེའི་ཚེ་ན་ཉེས་པ་མ་
བཤགས་པ་དྲན་རྒྱུ་ཡོད་ན་ལུས་ངག་གིས་མཐོལ་བཤགས་ཚད་ལྡན་མ་ནུས་ཀྱང་ཡིད་ཀྱིས་
བཤགས་སྡོམ་བྱས་པས་ཀྱང་འདགས་པར་འགྱུར་ཏེ། མདོ་ལས། མཐར་དེ་ལ་རྒྱལ་རྐྱེན་མ་འབྱོར་
བ་ཉིད་ན་ལས་བྱས་པ་དང་འདྲའོ། །ཞེས་གསུངས་པའི་ཕྱིར་རོ། །དེ་རྣམས་ནི་ནུས་པ་ཕྱིར་བཅོས་
ཚུལ་ཡིན་ལ། མི་ནུས་པ་བྱིན་གྱིས་བརླབས་པའི་ཚུལ་ནི་ཆད་ལས་དགོས་པའི་རིགས་སྟོན་དུ་མ་
སོང་བ་དང་། བཤགས་ཡུལ་མེད་པ་དང་། ལྟུང་ཕྱིར་རྩོད་པ་སོགས་ཀྱི་རྐྱེན་དབང་གིས་བཤགས་
པ་མ་གྲུབ་པ་རྣམས་ལས་གྲལ་དུ་མ་འདུས་གོང་དུ་བྱིན་གྱིས་བརླབས་ཤིང་། ལྟུང་བ་ཐུན་མོང་བ་
རྣམས་འདུས་ནས་གསོལ་བའི་ལས་ཀྱིས་བྱིན་གྱིས་བརླབས་པ་ཡིན། དེ་ཡང་བཤགས་པས་འདག་
པའི་རྒྱུའི་གཙོ་བོ་ནི་འགྱོད་སྡོམ་དྲག་པོའི་སེམས་ཀྱིས་ཡིན་ཏེ། དེ་གཉིས་མེད་པར་ཚིག་ཙམ་གྱིས་
བཤགས་པས་ནི་སྡིག་ལྟུང་འདག་པ་ལྟ་ཅི་རྫུན་སྨྲ་བ་ཆེན་པོ་ཡིན་པར་གསུངས་སོ། །

གཉིས་པ་ཉེས་པ་སྦྱོང་བའི་ཐབས་སྟོབས་བཞིར་བསྡུ་ཚུལ་བསྟན་པ་ནི། མདོར་ན་སྟོབས་
བཞིར་མ་འདུས་བཤགས་པ་མེད། །སྔར་བྱས་འགྱོད་བཤགས་ཁོང་དུ་དུག་སོང་ལྟར། །འགྱོད་པ་སྙིང་
ནས་རྣམ་པར་སུན་འབྱིན་སྟོབས། །དུག་ལ་སྨན་བཞིན་འཇུག་པ་དྲག་པོ་ཡིས། །ཉེས་ཕྱིར་དགེ་བའི་
གཉེན་པོ་ཀུན་སྤྱོད་སྟོབས། །དུག་མི་འཐུང་ལྟར་ཕྱིས་ནས་ཉེས་སྡོམ་ལ། །ངེས་ཤེས་དྲག་པོ་རྣམ་
པར་སོར་ཆུད་སྟོབས། །སྨན་པ་བསྟེན་ལྟར་སྐྱབས་སེམས་ལྟུང་བཤགས་སོགས། །དད་པ་དྲག་
པོས་རྟེན་གྱི་སྟོབས་བཞི་སྤྱད། །ཅེས་པ་སྟེ། སྡིག་ལྟུང་གང་ཡིན་ཀྱང་སྦྱོང་བའི་གཉེན་པོ་མདོར་
བསྡུས་ན་སྟོབས་བཞིར་མ་འདུས་པའི་བཤགས་པ་མེད་དེ། དེ་ལྟར་ཡང་ཆོས་བཞི་བསྟན་པའི་

མདོ་ལས། བྱམས་པ། བྱང་ཆུབ་སེམས་དཔའ་ཆོས་བཞི་དང་ལྡན་ན་སྡིག་པ་བྱས་ཤིང་བཤགས་པ་ཐམས་ཅད་ཟིལ་གྱི་གནོན་པར་འགྱུར་རོ། །བཞི་གང་ཞེ་ན། འདི་ལྟ་སྟེ། རྣམ་པར་སུན་འབྱིན་པ་ཀུན་ཏུ་སྤྱོད་པ་དང་། གཉེན་པོ་ཀུན་ཏུ་སྤྱོད་པ་དང་། སོར་ཆུད་པའི་སྟོབས་དང་། རྟེན་གྱི་སྟོབས་སོ། །ཞེས་གསུངས་པའི་ཕྱིར། དེའང་སྔར་བྱས་པའི་ཉེས་ལྟུང་ལ་འགྱོད་བཤགས་བྱ་ཚུལ་ཡང་། དཔེར་ན་འགའ་ཞིག་གིས་མ་ཤེས་ཏེ་དུག་འཐུངས་པས་ཁོང་དུ་དུག་སོང་བ་ལྟར་དུག་ནད་ཀྱིས་གཟིར་བ་ན་དེ་ལ་འགྱོད་པ་དྲག་པོས་ཞེ་གདིང་ནས་སླར་དུག་སྐྱུག་པར་འདོད་པ་ལྟར་ཁ་ཙམ་མ་ཡིན་པར་འགྱོད་པ་སྙིང་ནས་བསྐྱེད་པ་ནི་རྣམ་པར་སུན་འབྱིན་པའི་སྟོབས་དང་། དུག་ནད་སྦྱོང་བའི་གཉེན་པོ་ལ་སྨན་བསྟེན་པ་བཞིན་སྒོ་གསུམ་གྱི་འཇུག་པ་དྲག་པོ་ཡིས་ཉེས་པ་འདགས་པའི་ཕྱིར་དགེ་བའི་ཕྱོགས་ཀྱི་གཉེན་པོ་ལ་འབད་པ་ཀུན་ཏུ་སྤྱོད་པའི་སྟོབས་དང་། སླད་ནས་ཤེས་བཞིན་དུག་མི་འཐུང་བ་ལྟར་ལྟུང་བ་སྔ་མ་བཤགས་ཏེ་ཕྱིས་སུ་དེ་འདྲ་བའི་ཉེས་པ་མི་བྱེད་སྙམ་དུ་བསམ་ནས་ཉེས་སྤྱོད་སྡོམ་པ་ལྟ། བཤགས་ན་དག་པའི་ཕན་ཡོན་དང་། མ་བཤགས་ན་འདི་ཕྱིའི་ཉེས་དམིགས་ཡོད་པའི་ཚུལ་ལ་ངེས་ཤེས་དྲག་པོ་བསྐྱེད་པ་རྣམ་པར་སོར་ཆུད་པའི་སྟོབས་དང་། དུག་སྦྱོང་བ་ལ་རང་རྒྱུད་ཀྱི་རྟེན་རྒྱུད་གསོ་རུང་དུ་ཡོད་པ་དང་། ཡུལ་གྱི་རྟེན་དུག་སྨན་ཤེར་བའི་སྨན་པ་བསྟེན་དགོས་པ་ལྟར། རང་རྒྱུད་ཀྱི་རྟེན་བླ་མ་མཆོག་གསུམ་ལ་སྐྱབས་སུ་འགྲོ་ཞིང་བྱང་ཆུབ་མཆོག་ཏུ་སེམས་བསྐྱེད་པ་དང་། ལྟུང་བ་བཤགས་པའི་མདོ་སོགས་ལ་འབད་པས་འདོན་ཅིང་། ཡུལ་གྱི་རྟེན་བཤགས་ཡུལ་བླ་མ་དཀོན་མཆོག་ལ་ཡིད་ཆེས་པའི་དད་པ་དྲག་པོའི་སྒོ་ནས་བཤགས་ན་འདགས་ངེས་པའི་ཕྱིར་རྟེན་གྱི་སྟོབས་ཡིན་ལ། དེ་ལྟར་སྟོབས་བཞི་ཚང་བའི་སྒོ་ནས་སྦྱང་ངོ་། །འོན་ཀྱང་ཆོས་འདི་པའི་ལུགས་ཀྱི་བཤགས་ཚུལ་རྣམས་སྔར་བཤད་པ་ལྟར་མ་བྱས་ན་རྒྱུད་ལྟུང་བ་དངོས་གཞི་ལས་ལྡང་མི་ནུས་ཀྱང་འབྲས་བུ་རྣམ་སྨིན་ཤིན་ཏུ་ཡང་བ་སྨྲོང་བར་འགྱུར་བ་ལ་སྟོབས་བཞིའི་བཤགས་པ་འདི་ཉིད་ཤིན་ཏུ་གལ་ཆེ་བས་གཉིས་ཀ་ཆུན་གཅིག་དྲིལ་དུ་བྱེད་པ་གནད་དོ། །

གསུམ་པ་ཉེས་དམིགས་ཤེས་པའི་སྒོ་ནས་ནན་ཏན་དུ་བསྲུང་བར་གདམས་པ་ནི། འོན་ཀྱང་སྡིག་ལྟུང་སྟོབས་ལྡན་རེ་སྤྱོད་ན། །ས་ཐོབ་ཡུན་དུ་འགོར་བས་མིག་ལྟར་བསྲུང་། །ཞེས་པ་སྟེ། དེ་

ལྟར་ཚུལ་བཞིན་བཤགས་པས་ཉེས་པ་འདགས་པ་དེ་ལྟ་མོད་ཀྱི། དཔེར་ན་རྒྱ་ལྟུང་འཆབ་མེད་ལ་བསླབ་པ་སྦྱིན་ནས་ཕྱིར་བཅོས་སུ་ཡོད་མོད། འོན་ཀྱང་ཇི་སྲིད་དགྲ་བཅོམ་པ་མ་ཐོབ་ཀྱི་བར་དེ་སྲིད་དུ་ཕམ་པའི་དངོས་གཞི་འདག་མི་ནུས་ཤིང་། དེ་འདྲ་དེས་དགྲ་བཅོམ་པ་ཐོབ་པ་ཡང་གཞན་ལས་ཆེས་དཀའ་སྟེ། སྤྱང་བྱ་སྡིག་ལྟུང་སྟོབས་དང་ལྡན་པ་རེ་རེ་ཙམ་ལ་སྤྱོད་ན། དེའི་གཉེན་པོར་སྦྱོང་བྱེད་ལ་ཆེ་ཐང་གིས་འབད་དུ་ཟིན་ཀྱང་རྒྱུད་ཉེས་པའི་སྒྲིབ་པ་དེ་རྣམ་གྲོལ་གྱི་ས་གོང་མའི་ཡོན་ཏན་ཐོབ་པ་ལ་ཡུན་རིང་དུ་འགྱང་སྟེ་འགོར་བས་ན་ལྟུང་བ་ཕྲ་ཞིང་ཕྲ་བའང་མིག་གི་འབྲས་བུ་ལྟར་གཅེས་སྤྲས་ཀྱིས་བསྲུང་དགོས་ཏེ། ཉེས་པ་ཆུང་ངུས་ཀྱང་རྣམ་སྨིན་ཆེན་པོ་བསྐྱེད་ནུས་པའི་ཕྱིར། ལུང་ལས། གང་ཞིག་སྟོན་པ་ཐུགས་རྗེའི་བསྟན་པ་ལ། །ཡང་བར་སེམས་ཤིང་ཅུང་ཟད་འདའ་བྱེད་པ། །དེ་ནི་དེ་ལས་སྡུག་བསྔལ་གཞན་དབང་ཐོབ། །སྨྱིག་ཚལ་བྲེགས་པས་ཨ་མྲའི་ཚལ་ཉམས་བཞིན། །འདི་ན་ལ་ལ་རྒྱལ་པོའི་ཚིག་ཆེན་པོ། །ལན་འགའ་འདས་ནའང་ཆད་པ་ཐོབ་མི་འགྱུར། །ཐུབ་པའི་བཀའ་ལུང་ཚུལ་མིན་འདའ་བྱས་ན། །དུད་འགྲོར་སྐྱེ་འགྱུར་ཨེ་ལའི་འདབ་གླུ་བཞིན། །ཞེས་དང་། གཞན་ཡང་ཉམས་པའི་ཉེས་པ་སྟུ་མ་ལས། དམ་ཆོས་ཐོས་པར་མི་འགྱུར་ལ། །ཐོས་པ་མྱུར་དུ་བརྗེད་པར་འགྱུར། །ས་ལམ་རྟོགས་པའང་ཡོངས་མི་སྐྱེ། །ཞེས་གསུངས་ཤིང་། གལ་ཏེ་ཚུལ་ཁྲིམས་འཆལ་བར་གྱུར་ནའང་གཞན་ལ་མ་བརྗོད་ན་གཞན་གྱི་ཁྲེལ་བ་ལ་སོགས་པ་མི་འབྱུང་ངོ་སྙམ་ན། སྐྱེས་རབས་ལས། མ་མཐོང་བཞིན་དུ་སྡིག་པ་བྱེད་ན་ཡང་། །དུག་ཟོས་བཞིན་དུ་བདེ་བར་མི་འགྱུར་ཏེ། །ལྷ་དང་རྣལ་འབྱོར་ཅན་གྱི་མི་དག་གི། །རྣམ་དག་མིག་གིས་མི་མཐོང་མི་སྲིད་དེ། །ཞེས་པ་ལྟར། ཉེས་པ་ལྐོག་ཏུ་བྱས་ཀྱང་ས་བླའི་ལྷ་རྣམས་ཀྱིས་བསྒྲགས་པས། གཏམ་ངན་ཕྱོགས་ཐམས་ཅད་དུ་ཁྱབ། །འཇིག་རྟེན་ལྷ་དང་བཅས་པས་ཁྲེལ་ཞིང་བརྙས། མཁན་པོ་དང་སློབ་དཔོན་གྱི་མདུན་དུ་འགྲོ་བ་ལ་ངོ་གནོང་། དགེ་འདུན་ཚོགས་པའི་དབུས་སུ་བག་ཚ། སྦྱིན་བདག་གི་ཡོན་ལེན་པ་ལ་དཔའ་ཞུམ། དཀར་ཕྱོགས་ལྷ་དང་ཆོས་སྐྱོང་རྣམས་ཀྱིས་མི་བསྲུང་། ནག་ཕྱོགས་བདུད་རིགས་རྣམས་ཀྱིས་གླགས་རྙེད། ཚེ་འདིར་ཡང་མི་འདོད་པ་ཐམས་ཅད་ཐོག་ཏུ་འབབ། ཡོན་ཏན་གོང་མ་མི་སྐྱེ། སྔར་ཐོས་པ་རྣམས་བརྗེད། འཆི་བའི་ཚེ་འགྱོད་པ་དང་བཅས་པས་དུས་བྱས་ཏེ་ངན་

སོང་དུ་སྡུག་བསྔལ་ཉམས་སུ་མྱོང་བར་འགྱུར་བའི་ཚུལ་ཡང་། མདོར་ན་ཕམ་ལྷག་སྤོམ་པོ་ལྟུང་བྱེད་སོར་བཤགས་ཉེས་བྱས་རྣམས་ལས་འདས་ན་རིམ་པར་ཚ་བའི་དམྱལ་བ་ནས་ཡང་སོས་ཀྱི་བར་དུ་སྐྱེ་བར་མདོ་ལས་གསུངས་པས་ན། རང་ཉིད་བདེ་བར་འདོད་པ་དག་གིས་ཤིན་ཏུ་བག་ཡོད་པའི་སྒོ་ནས་ནན་ཏན་དུ་གསོ་བ་ལ་བརྩོན་པར་བྱའོ། །

ལྔ་པ་བསྲུང་བའི་ཕན་ཡོན་ལ་གསུམ། ཚུལ་ཁྲིམས་ཙམ་གྱི་ཕན་ཡོན། །སོ་ཐར་གྱི་སྡོམ་པའི་ཕན་ཡོན། དེ་ཡོན་ཏན་ཐམས་ཅད་ཀྱི་གཞི་རྟེན་དུ་འགྱུར་བའི་ཕན་ཡོན་ནོ། །དང་པོ་ཚུལ་ཁྲིམས་ཙམ་གྱི་ཕན་ཡོན་ནི། ཕན་ཡོན་ནད་དང་རྒྱལ་པོའི་ཆད་ཕྱིར་བླངས། །རྐྱེན་འགའ་སེལ་ཀྱང་འཇིགས་སྐྱོབ་ཚུལ་ཁྲིམས་ཡིན། །ཕྱི་མའི་ཆེད་བླངས་ལེགས་སྨོན་ཚུལ་ཁྲིམས་ཞེས། །ལྷ་མིའི་བདེ་འབྲས་ཐོབ་ཀྱང་ཐར་པ་མིན། །ཞེས་པ་སྟེ། དེ་ལྟར་ཚུལ་བཞིན་དུ་མ་ཉམས་པར་བསྲུངས་ན་དེའི་ཕན་ཡོན་ནི་ཚེ་འདིར་ནད་དང་རྒྱལ་པོའི་ཆད་པ་སོགས་ལས་ཐར་བའི་ཕྱིར་བླངས་ན་དེ་དང་དེའི་རང་རང་གི་འདོད་འབྲས་ཚེ་འདིའི་འཕྲལ་རྐྱེན་འགའ་ཞིག་སེལ་ནུས་ཀྱང་འཇིགས་སྐྱོབ་ཀྱི་ཚུལ་ཁྲིམས་ཙམ་ཡིན་ལ། ཕྱི་མ་ངན་སོང་གི་སྡུག་བསྔལ་ལ་འཇིགས་ནས་མངོན་མཐོ་ལྷ་མིའི་བདེ་བ་ཙམ་ཐོབ་པའི་ཆེད་དུ་བླངས་ན་ལེགས་སྨོན་གྱི་ཚུལ་ཁྲིམས་ཞེས་རང་གི་ཇི་ལྟར་འདོད་པ་བཞིན་ལྷ་དང་མིའི་བདེ་བའི་འབྲས་བུ་ཐོབ་པ་ཡིན་ཀྱང་ངེས་འབྱུང་གི་བསམ་པས་མ་ཟིན་པས་ན་འཁོར་བ་ལས་ཐར་པ་ཐོབ་པའི་ཐབས་ནི་མིན་ནོ། །

གཉིས་པ་སོ་ཐར་གྱི་སྡོམ་པའི་ཕན་ཡོན་ནི། ངེས་པར་འབྱུང་བའི་ཚུལ་ཁྲིམས་སྡོམ་ལྡན་ན། །དགྲ་བཅོམ་ཐོབ་པ་དགའ་བོའི་རྣམ་ཐར་བཞིན། །ཞེས་པ་སྟེ། དེས་ན་འཁོར་བ་ལས་ངེས་པར་འབྱུང་བ་མྱང་འདས་གསུམ་གང་རུང་ཐོབ་པར་འདོད་པའི་བསམ་པས་ཟིན་པའི་རིགས་བརྒྱད་གང་རུང་གི་ཚུལ་ཁྲིམས་བླངས་ནས་སྡོམ་པ་མ་ཉམས་པར་བསྲུང་བ་དང་ལྡན་ན་དགྲ་བཅོམ་པ་སོགས་མྱང་འདས་གསུམ་གང་དོན་དུ་གཉེར་བ་དེ་ཐོབ་པ་ལ་ཐེ་ཚོམ་མེད་དེ། དཔེར་ན་གཅུང་དགའ་བོས་དང་པོའི་དུས་སུ་སྟོན་པའི་བཀས་དབང་མེད་དུ་སྡོམ་པ་བླངས། དེ་རྗེས་སྟོན་པས་རྫུ་འཕྲུལ་གྱིས་ཁྲིད་དེ་ལྷའི་བུ་མོ་རྣམས་བསྟན་པས་ཕྱི་མ་དེ་དང་ལྷན་ཅིག་སྐྱེ་བར་འདོད་ནས་བསླབ་པ་ལ་བརྩོན་

པས་སྤྱར་གྱི་སྡོམ་པ་དེ་ལེགས་སྨོན་གྱི་ཚུལ་ཁྲིམས་སུ་གྱུར། དེའི་འོག་ཏུ་དམྱལ་བའི་སྡུག་བསྔལ་བསྟན་པས་ངེས་འབྱུང་གི་བསམ་པ་སྐྱེས་ནས་དེ་ཕྱིན་ཆད་སོ་ཐར་གྱི་སྡོམ་པ་མཚན་ཉིད་པར་གྱུར་ནས་ལེགས་པར་བསླབ་པས་དགྲ་བཅོམ་པའི་འབྲས་བུ་མངོན་དུ་བྱས་པའི་རྣམ་པར་ཐར་པ་བཞིན་ནོ༑ ༑དེར་མ་ཟད་གནས་སྐབས་ཀྱི་ཕན་ཡོན་ཀྱང་། ཚངས་པ་མཚུངས་པར་སྤྱོད་པ་མཁས་པ་རྣམས་ཀྱིས་བསྔགས་པར་འོས་པ་དང་། འཕགས་ནོར་བདུན་གྱིས་ཕྱུག་པ་དང་། འགྱོད་པ་མེད་པར་འཆི་བའི་དུས་བྱས་ནས། སྐྱེ་བ་ཕྱི་མར་ཕམ་པ་བསྲུངས་པས་གཞན་འཕྲུལ་དབང་བྱེད། དགེ་འདུན་ལྷག་མས་འཕྲུལ་དགའ། སྤོམ་པོས་དགའ་ལྡན། ལྟུང་བྱེད་ཀྱི་འཐབ་བྲལ། སོར་བཤགས་དང་ཉེས་བྱས་རྣམས་བསྲུངས་པས་རི་རབ་ལ་གནས་པའི་ལྷའི་གནས་སུ་སྐྱེ་བར་འགྱུར་ཞིང་། མཐར་ཐུག་འགྱོད་པ་མེད་པའི་ཚུལ་ཁྲིམས་རྣམ་པར་དག་པ་ལ་བརྟེན་ནས་དམིགས་པ་ལ་རྩེ་གཅིག་པའི་ཏིང་ངེ་འཛིན་འགྲུབ་ཅིང་། དེ་ལ་བརྟེན་ནས་རྣམ་པར་མི་རྟོག་པའི་ཤེས་རབ་ཀྱིས་འཁོར་བའི་རྩ་བ་བདག་ཏུ་འཛིན་པ་བཅད་ནས་ངེས་པར་འབྱུང་བ་ལྷག་མེད་ཀྱི་མྱང་འདས་ཐོབ་པར་འགྱུར་ཏེ། ས་གའི་ལྟས། རབ་བསྔགས་ནོར་ནི་ཕྱུན་ཚོགས་ཤིང་། །ལྷ་ཡི་ཁང་བཟང་དམ་པར་སྐྱེ། །ཏིང་ངེ་འཛིན་དང་ངེས་འབྱུང་ཐོབ། །ཚུལ་ཁྲིམས་འདི་ནི་འབྲས་བུ་ཆེ། །ཞེས་དང་། དགེ་སློང་ལ་རབ་ཏུ་གཅེས་པའི་མདོ་ལས། ཤིན་ཏུ་ལེགས་པར་ཚུལ་ཁྲིམས་གང་། །བསྔམས་པའི་མི་དེ་མཛེས་པའི་གཟུགས། །འདུལ་བ་ལ་ནི་ཉེ་བར་གནས། །ཚུལ་ཁྲིམས་བསླབ་ལ་རང་ཡིད་ཆེས། །མི་དེ་ཉི་མ་གཅིག་ལ་ཡང་། །བསོད་ནམས་ཕུང་པོ་དཔག་ཏུ་མེད། །གསོག་ཅིང་སངས་རྒྱས་འབྲས་བུ་འགྲུབ། །ཅེས་སོ། །

གསུམ་པ་ཡོན་ཏན་ཐམས་ཅད་ཀྱི་གཞི་རྟེན་དུ་འགྱུར་བའི་ཕན་ཡོན་ནི། སྐྱབས་གསུམ་འཛིན་སོགས་ཡོན་ཏན་ཕྱི་མ་མཆོག །སྔ་མ་ཕྱི་མའི་ཐུན་མོང་ལམ་ཡིན་ཕྱིར། །སེམས་བསྐྱེད་སྔགས་ཀྱི་གདུལ་བྱའང་དེ་དང་མཚུངས། །དེ་ཕྱིར་ཡོན་ཏན་ཀུན་གྱི་གཞི་རྟེན་ཡིན། །ཞེས་པ་སྟེ། མྱང་འདས་ལས། གང་སུ་གསུམ་ལ་སྐྱབས་འགྲོ་བ། །དེ་དག་མྱུར་དུ་སངས་རྒྱས་འགྱུར། །ཞེས་གསུངས་པ་ལྟར་གྱི་སྐྱབས་གསུམ་འཛིན་པའི་དགེ་བསྙེན་གྱི་ཕན་ཡོན་དེས་ཡོངས་རྫོགས་དགེ་བསྙེན་གྱི་སྡོམ་པའི་ཕན་ཡོན་བརྒྱའི་ཆར་ཡང་མི་འགྱུར་ཞིང་། དེ་བཞིན་དུ་སོགས་ཁོངས་ནས་དགེ་ཚུལ་དང་

དགེ་སློང་གི་སྡོམ་པའི་ཡོན་ཏན་སྔ་མ་སྔ་མ་བས་ཕྱི་མ་ཕྱི་མ་རྣམས་བརྒྱ་འགྱུར་སྟོང་འགྱུར་གྱི་མཆོག་ཏུ་གྱུར་པ་ཡིན་ཅིང་། སྔ་མ་སྔ་མ་རྣམས་ཕྱི་མ་ཕྱི་མའི་ཐུན་མོང་དུ་གྱུར་པའི་ལམ་སྐེགས་ཡིན་པའི་ཕྱིར། དེ་བཞིན་དུ་སོ་ཐར་གྱི་སྡོམ་པ་དེ་དག་ཀྱང་སེམས་བསྐྱེད་ཀྱི་སྡོམ་པའི་རྟེན་དུ་འགྲོ་ཞིང་། དེ་གཉིས་ཀ་གསང་སྔགས་ཀྱི་སྡོམ་པའི་རྟེན་དུ་འགྲོ་བའི་ཕྱིར་ན་སྡོམ་པ་གོང་མ་གཉིས་ཀྱི་གདུལ་བྱ་ལའང་འོག་མ་གཉིས་འགྲོ་དགོས་པའི་ཚུལ་གོང་དུ་བཤད་པ་དེ་དག་དང་མཚུངས་ཤིང་། རྒྱུ་མཚན་དེ་ཡི་ཕྱིར་ན་ངེས་འབྱུང་གི་ཚུལ་ཁྲིམས་ནི་ཐེག་པ་ཀུན་གྱི་ལུང་དང་རྟོགས་པའི་ཡོན་ཏན་མ་ལུས་པ་ཀུན་གྱི་གཞི་རྟེན་དུ་འགྱུར་བ་ཡིན་ཏེ། བཤེས་སྤྲིང་ལས། ཁྲིམས་ནི་རྒྱུ་དང་མི་རྒྱུའི་ས་བཞིན་དུ། །ཡོན་ཏན་ཀུན་གྱི་གཞི་རྟེན་ལགས་པར་གསུངས། །ཞེས་སོ། །མདོར་ན་སྟོན་བསྟན་པ་དར་བའི་དུས་སུ་ལོ་གྲངས་མང་པོར་བསླབ་གཞི་ཡོངས་རྫོགས་ཀྱི་ཚུལ་ཁྲིམས་རྣམ་དག་བསྲུང་བ་ལས། ད་ལྟ་བསྟན་པ་ནུབ་ལ་ཉེ་བའི་དུས་འདིར་ཉིན་ཞག་གཅིག་གི་ཡུན་ལ་བསླབ་གཞི་གཅིག་ཙམ་བསྲུང་བ་ཕན་ཡོན་ཆེ་བར་གསུངས་ཏེ། ཏིང་འཛིན་རྒྱལ་པོ་ལས། བསྐལ་པ་བྱེ་བ་གངྒཱའི་བྱེ་སྙེད་དུ། །དང་བའི་སེམས་ཀྱིས་ཟས་དང་སྣམ་རྣམས་དང་། །གདུགས་དང་བ་དན་མར་མེའི་ཕྲེང་བ་ཡིས། །སངས་རྒྱས་བྱེ་བ་ཕྲག་ཁྲིག་རིམ་གྲོར་བྱས། །གང་ཞིག་དམ་ཆོས་རབ་ཏུ་འཇིགས་པ་དང་། །བདེ་གཤེགས་བསྟན་པ་འགགས་པར་འགྱུར་བའི་ཚེ། །ཉིན་མཚན་དུ་ནི་བསླབ་པ་གཅིག་སྤྱོད་པ། །བསོད་ནམས་འདི་ནི་དེ་བས་ཁྱད་པར་འཕགས། །ཞེས་གསུངས་པའི་ཕྱིར་རོ། །དེ་ལྟར་བརྗོད་བྱའི་དོན་མཐར་ཕྱིན་ནས་ལེའུའི་སྐབས་བསྡུ་བ་ནི། འདུལ་བ་སོ་ཐར་གྱི་རིམ་པར་ཕྱེ་བ་སྟེ་གཉིས་པའོ། །ཞེས་པ་སྟེ། བསྟན་བཅོས་འདི་ལ་ལེའུ་ལྔ་ལས། བརྗོད་བྱ་འདུལ་བ་སྤྱོད་འཇུག་གི་ཚུལ་ཁྲིམས་ཉིད། རྗོད་བྱེད་ཀྱི་འདུལ་བ་ལ་ཕ་མའི་འབྱེད། ལུང་གི་གཞི། ལུང་བླ་མ། ལུང་ཕྲན་ཚེགས་ཏེ། ལུང་སྡེ་བཞིའི་སྒོ་ནས། ཉན་ཐོས་དང་ཐུན་མོང་བའི་བསྟན་པའི་ཉམས་ལེན་སོ་ཐར་གྱི་རིམ་པར་ཕྱེ་བ་སྟེ་ལེའུ་གཉིས་པའི་རྣམ་པར་བཤད་པའོ།། །།

༄ གཉིས་པ་བྱང་ཆུབ་སེམས་དཔའི་སྡོམ་པ་བཤད་པ་ལ་གསུམ་སྟེ། སྟོན་པས་ཕ་རོལ་ཏུ་ཕྱིན་པའི་སྡེ་སྣོད་ཇི་ལྟར་གསུངས་ཚུལ། དེ་བསྡུས་ནས་བཤད་སྒྲུབ་ཀྱིས་ཇི་ལྟར་བཟུང་ཚུལ། དེ་

ལྟར་བཟུང་བའི་བརྗོད་བྱ་གཏན་ལ་དབབ་པའོ། །དང་པོ་སྟོན་པས་ཕ་རོལ་ཏུ་ཕྱིན་པའི་སྡེ་སྣོད་ཇི་ལྟར་གསུངས་ཚུལ་ནི། བསྐལ་བཟང་འགྲོ་བའི་འདྲེན་པ་ཐུབ་ཆེན་དེས། །བྱ་རྒོད་ཕུང་སོགས་ཐེག་ཆེན་རིགས་ཅན་ལ། །ཤེར་ཕྱིན་རྒྱས་པའི་སྡེ་སྣོད་དཔག་ཡས་གསུངས། །ཞེས་པ་སྟེ། སྟོན་པ་ཐུགས་རྗེ་ཅན་དེ་ཉིད་བསྐལ་པ་གྲངས་མེད་བསམ་གྱིས་མི་ཁྱབ་པའི་སྔ་རོལ་དུ་དབང་པོའི་ཏོག་ཅེས་བྱ་བར་སངས་རྒྱས་སུ་ཟིན་ཀྱང་། བསྐལ་པ་བཟང་པོའི་དུས་འདིར་ཞིང་འདིའི་འགྲོ་བ་རྣམས་སྲིད་པ་འཁོར་བའི་སྡུག་བསྔལ་ལས་ཞི་བ་མྱ་ངན་ལས་འདས་པའི་གྲོང་དུ་འདྲེན་པར་མཛད་པའི་ཆེད་དུ། སླར་ཡང་མཛད་པ་བཅུ་གཉིས་ལ་སོགས་པའི་སྒོ་ནས་བླ་ན་མེད་པའི་བྱང་ཆུབ་ཆེན་པོ་བརྙེས་པའི་ཚུལ་བསྟན་ཏེ། རྒྱུད་བླ་མ་ལས། ཐུགས་རྗེ་ཆེན་པོས་འཇིག་རྟེན་མཁྱེན། །འཇིག་རྟེན་ཀུན་ལ་གཟིགས་ནས་ནི། །ཆོས་ཀྱི་སྐུ་ལས་མ་གཡོས་པར། །སྤྲུལ་པའི་རང་བཞིན་སྣ་ཚོགས་ཀྱིས། །སྐྱེ་བ་མངོན་པར་སྐྱེ་བ་དང་། །དགའ་ལྡན་གནས་ནས་འཕོ་བ་དང་། །ཞེས་པ་ནས། ཡོངས་སུ་མ་དག་ཞིང་རྣམས་སུ། །སྲིད་པ་ཇི་སྲིད་གནས་པར་སྟོན། །ཞེས་པའི་བར་གསུངས་པའི་ཕྱིར། དེ་ལྟར་སངས་རྒྱས་ནས་གདུལ་བྱའི་བློ་ལ་ལྟོས་ཏེ་ཆོས་ཀྱི་འཁོར་ལོ་རིམ་པ་གསུམ་དུ་བསྐོར་བར་མཛད་པ་ལས། དང་པོའི་ཚུལ་རྣམས་གོང་དུ་བརྗོད་ཟིན་མ་ཐག་པ་ལྟར་ལ། འདིར་བར་མཐའི་དགོངས་པ་ཁྱད་པར་ཤེར་ཕྱིན་རྒྱས་པ་ཆེན་པོ་བྱང་ཆུབ་སེམས་དཔའི་སྡེ་སྣོད་ཇི་ལྟར་གསུངས་པའི་ཚུལ་ནི་ཕུན་སུམ་ཚོགས་པ་ལྔ་ལྡན་ཏེ། སྟོན་པ་ཕུན་སུམ་ཚོགས་པ་རྣམ་འདྲེན་བཞི་པ་ཐུབ་པ་ཆེན་པོ་དེས། གནས་ཕུན་སུམ་ཚོགས་པ་བྱ་རྒོད་ཕུང་པོའི་རི་བོ་ལ་སོགས་པར། འཁོར་ཕུན་སུམ་ཚོགས་པ་ཐེག་པ་ཆེན་པོའི་རིགས་ཅན་ལྷ་ཀླུ་མི་དང་ལྷ་མ་ཡིན་དྲི་ཟ་སོགས་ཐུན་མོང་བའི་འཁོར་དང་། ཐུན་མོང་མ་ཡིན་པའི་འཁོར་ས་ཆེན་པོ་ལ་བཞུགས་པའི་བྱང་ཆུབ་སེམས་དཔའ་དཔག་ཏུ་མེད་པ་ལ། ཆོས་ཕུན་སུམ་ཚོགས་པ་ཤེར་ཕྱིན་རྒྱས་པའི་སྡེ་སྣོད་ལྷག་པ་སེམས་ཀྱི་བསླབ་པ་གཙོ་བོར་སྟོན་པ་ལས་བརྩམས་ཏེ་མདོ་སྡེའི་འདུལ་བ་བྱང་སེམས་ཀྱི་སྡོམ་པའི་མཚམས་རྣམ་པར་གཞག་པ་དང་། མདོ་སྡེའི་མདོ་སྡེ་ཏིང་ངེ་འཛིན་ཟབ་ཅིང་རྒྱ་ཆེ་བ་དང་། མདོ་སྡེའི་མངོན་པ་ས་ལམ་དང་གཟུངས་ཏིང་གི་རབ་དབྱེ་ཇི་སྙེད་པ་རྣམས་སྟོན་པ་བཀའ་བར་པ་མཚན་ཉིད་མེད་པའི་ཆོས་ཀྱི་རྣམ་གྲངས་དང་།

ཡང་གནས་གཅིག་ཏུ་མ་ངེས་པར་ཐེག་པ་ཐམས་ཅད་ཀྱི་རིགས་ཅན་ལ། ཆོས་ལྷག་པ་ཞེས་རབ་ཀྱི་བསླབ་པ་གཙོ་བོར་སྟོན་པ་ཚོགས་ཆུང་ཞིང་ཐབས་སླ་བས་ཉོན་མོངས་པ་འདུལ་བའི་ཐབས་སྟོན་པ་མངོན་པའི་འདུལ་བ་དང་། དེ་ཁོ་ན་ཉིད་ཟབ་མོའི་དོན་ལ་འཇུག་པའི་ཚུལ་སྟོན་པ་མངོན་པའི་མདོ་སྡེ་དང་། རྒྱ་ཆེ་བ་ཕུང་ཁམས་སྐྱེ་མཆེད་ཀྱི་རབ་དབྱེ་སོགས་དང་ཁྱད་པར་དེ་བཞིན་གཤེགས་པའི་སྙིང་པོའི་ཁམས་གཏན་ལ་འབེབས་པ་མངོན་པའི་མངོན་པ་སྟེ། བཀའ་ཐ་མ་ངེས་པ་དོན་གྱི་རྣམ་གྲངས་སྟོན་པ་ལེགས་པ་རྣམ་པར་ཕྱེ་བའི་ཆོས་འཁོར་ཏེ། ཚིག་དོན་ཤིན་ཏུ་ཟབ་ཅིང་རྒྱས་པའི་སྤྲོ་སྤྲོད་དཔག་ཏུ་མེད་ཅིང་བསམ་ཡས་པ་རྣམས། དུས་ཕུན་སུམ་ཚོགས་པ་གདུལ་བྱའི་མོས་པ་བཞིན་རིམ་གྱིས་སམ་ཅིག་ཆར་དུ་གསུངས་པ་ལྟར་སྣང་བར་མཛད་དེ། མདོ་སྡེ་ཡོན་ཏན་བཀོད་པའི་རྒྱལ་པོ་ལས། ང་ཡིས་ཅི་ཡང་མ་གསུངས་པར། །སེམས་ཅན་རྣམས་ལ་ཁྱབ་བརྡལ་སྣང་། །གང་ཆེ་རིམ་གྱིས་མངོན་འདོད་པ། །དེ་དག་ཀུན་ལ་དེ་བཞིན་ཏེ། །དུས་གཅིག་ཉིད་དུ་འཇུག་ཅན་ལ། །ཆོས་ཀྱི་རྣམ་གྲངས་རྫོགས་པར་སྣང་། །ཡིད་བཞིན་རི་བ་རྣམས་སྐོང་བའི། །གསུང་གི་ཆེ་བ་དེ་ཉིད་དོ། །ཞེས་སོ། །དེ་ཡང་འཁོར་ལོ་གསུམ་པོ་གྲངས་ངེས་སུ་འདོད་ཚུལ་ལ། བཀའ་དང་པོར་ཀུན་རྫོབ་ཀྱི་བདེན་པ་གཙོ་བོར་བསྟན་པས་དྲང་དོན་ཡིན་པར་ཐམས་ཅད་མཐུན་ལ། བར་པ་དང་ཐ་མ་གཉིས་དྲང་ངེས་གང་ཡིན་ལ་བཞེད་པ་མི་མཐུན་པ་མང་ཡང་། རང་ལུགས་ནི་བར་པ་དྲང་ངེས་ཕྱེད་མའམ་གནས་སྐབས་པའི་ངེས་དོན་དང་། ཐ་མ་ཉིད་ངེས་དོན་དུ་འདོད་དེ། དགོངས་པ་ངེས་འགྲེལ་ལས། དང་པོ་གཉིས་ཀྱི་སྐབས་སུ་འཁོར་ལོ་བསྐོར་བ་དེ་ཡང་བླ་ན་མཆིས་པ། སྐབས་མཆིས་པ། དྲང་བའི་དོན། རྩོད་པའི་གཞིའི་གནས་སུ་གྱུར་པ། །ཞེས་གསུངས་ཤིང་། ཐ་མའི་སྐབས་སུ། ངོ་མཚར་རྨད་དུ་བྱུང་བའི་ཆོས་ཀྱི་འཁོར་ལོ་བསྐོར་ཏེ། འཁོར་ལོ་བསྐོར་བ་འདི་ནི་བླ་ན་མ་མཆིས་པ། སྐབས་མ་མཆིས་པ། ངེས་པའི་དོན་ལགས་ཏེ། རྩོད་པའི་གཞིའི་གནས་སུ་གྱུར་པ་མ་ལགས་སོ། །ཞེས་གསུངས་པའི་ཕྱིར་རོ། །

གཉིས་པ་དེ་བསྡུས་ནས་བཤད་སྒྲུབ་ཀྱིས་ཇི་ལྟར་བཟུང་ཚུལ་ནི། འཇམ་དབྱངས་དཀའ་བསྡུས་ཀླུ་སྒྲུབ་སོགས་ཀྱིས་བཀྲལ། །ཞི་བ་ལྷས་སྤྱིལ་ཟབ་མོ་ལྟ་བའི་ལུགས། །བྱམས་པས་བཀའ་

བསྡུས་ཐོགས་མེད་སྐུ་མཆེད་བཀྲལ། །ཇོ་བོ་རྗེས་སྤེལ་རྒྱ་ཆེན་སྤྱོད་པའི་སྲོལ། །པདྨའི་རིང་ལུགས་ནཱ་གརྫུ་ནར་མཐུན། །ཞེས་པ་སྟེ། སྤྱིར་བཀའ་བསྡུ་ལ་ཐུན་མོང་བ་ནི་རིམ་པ་གསུམ་སྔར་བཤད་པ་ལྟར་ཡིན་ལ། ཐེག་ཆེན་ཐུན་མོང་མ་ཡིན་པ་ལྟར་ན། རྒྱལ་པོའི་ཁབ་ཀྱི་ལྷོ་ཕྱོགས་བི་མ་སམྦྷ་བའི་རི་ལ་རྒྱལ་སྲས་འབུམ་ཕྲག་བཅུ་འདུས་ཏེ། བྱམས་པ་འཇམ་དབྱངས་གསང་བདག་གསུམ་གྱིས་སྡེ་སྣོད་གསུམ་བསྡུས་པར་བཤད་ཅིང་། འདིར་ཁྱད་པར་བ་ཤིང་རྟ་ཆེན་པོའི་སྲོལ་གཉིས་ཀྱི་དབང་དུ་བྱས་ན། སྲོལ་དང་པོ་ཐེག་པ་ཆེན་པོའི་སྡེ་སྣོད་རྣམས་ལས། ཟབ་མོ་སྟོང་པ་ཉིད་ཇི་ལྟ་བའི་ཕྱོགས་རྣམས་རྗེ་བཙུན་འཇམ་དཔལ་དབྱངས་ཀྱིས་བཀའ་བསྡུས་ཤིང་། དེའི་རྗེས་སུ་བཟུང་བ་རྒྱལ་བས་ལུང་བསྟན་སློབ་དཔོན་ཀླུ་སྒྲུབ་ཀྱིས་འཁོར་ལོ་བར་པའི་དགོངས་འགྲེལ་དུ་ཆོས་ཐམས་ཅད་རང་སྟོང་དུ་གཏན་ལ་འབེབས་བྱེད་དབུ་མ་རིགས་ཚོགས་དང་། འཁོར་ལོ་ཐ་མའི་དགོངས་འགྲེལ་གཞན་སྟོང་དུ་གཏན་ལ་འབེབས་བྱེད་བསྟོད་ཚོགས་སོགས་མཛད་ནས་ཟབ་མོ་ལྟ་བའི་ཤིང་རྟའི་སྲོལ་ཕྱེས་ཤིང་། སོགས་ཁོང་ནས་དེའི་སྲོལ་འཛིན་ཟླ་བ་གྲགས་པ། འཕགས་པ་ལྷ། ལེགས་ལྡན་འབྱེད་སོགས་ཀྱིས་ཀྱང་དགོངས་འགྲེལ་གྱི་བསྟན་བཅོས་མང་དུ་མཛད་ནས་བཀྲལ་ལ། སེམས་བསྐྱེད་ཀྱི་ཕྱག་བཞེས་ཞི་བ་ལྷ་དང་ཛེ་ཏ་རི་ལ་སོགས་པས་རྒྱ་ཆེར་སྤེལ་བ་ནི་ཟབ་མོ་ལྟ་བའི་ལུགས་ཡིན་ཅིང་། ཡང་སྲོལ་གཉིས་པ་ཇི་སྙེད་པ་རྒྱ་ཆེན་སྤྱོད་པའི་ཕྱོགས་ཀྱི་མདོ་སྡེ་རྣམས་རྒྱལ་ཚབ་བྱམས་པ་མགོན་པོས་བཀའི་བསྡུ་བ་གནང་ནས་གཞན་སྟོང་དུ་གཏན་ལ་འབེབས་པའི་བསྟན་བཅོས་བྱམས་ཆོས་སྡེ་ལྔ་མཛད་དེ། རྒྱལ་བས་ལུང་བསྟན་འཕགས་པ་ཐོགས་མེད་ལ་བསྟན་ཅིང་། དེས་ས་སྡེ་ལྔ་ལ་སོགས་པའི་བསྟན་བཅོས་མཛད་པ་དང་། མཁས་མཆོག་དབྱིག་གཉེན་གྱིས་པྲ་ཀ་ར་ཎ་སྡེ་བརྒྱད་སོགས་མཛད་དེ། དེ་ལྟར་སྐུ་མཆེད་གཉིས་ཀྱིས་ལེགས་པར་བཀྲལ་བའི་སྲོལ་ཉིད་ཕྱོགས་ཀྱི་གླང་པོ། ཆོས་ཀྱི་གྲགས་པ། ཙནྡྲ་གོ་མི་ལ་སོགས་པས་བཟུང་ཞིང་། སེམས་བསྐྱེད་ཀྱི་ཕྱག་བཞེས་ཉིད་བོད་ཡུལ་འདིར་ཇོ་བོ་རྗེ་དཔལ་ལྡན་ཨ་ཏི་ཤས་སྤེལ་བར་མཛད་ཅིང་རིམ་པར་བརྒྱུད་པ་ནི་རྒྱ་ཆེན་སྤྱོད་པའི་སྲོལ་ཡིན་ལ། རང་ཅག་སློབ་དཔོན་ཆེན་པོ་པདྨའི་རྗེས་སུ་འཇུག་པ་གསང་སྔགས་སྔ་འགྱུར་གྱི་རིང་ལུགས་པ་རྣམས་ནི་སྔགས་ཀྱི་རྒྱུད་སྡེ་རྣམས་ལས

གསུངས་པའི་བྱང་སྡོམ་གྱི་ཐོབ་ཚུལ་དང་དེའི་བསླབ་བྱའི་རྐང་གྲངས་ཕལ་ཆེར་འཕགས་པ་ནཱ་གརྫུ་ནའི་ལུགས་དང་མཐུན་ལ། ལྟ་བ་ནི་སྲོལ་གཉིས་ཀ་དང་མཐུན་པ་ཡིན་ནོ། །

གསུམ་པ་དེ་ལྟར་བཟུང་བའི་བརྗོད་བྱ་གཏན་ལ་དབབ་པ་ལ་གཉིས། ཐོབ་བྱ་སྡོམ་པའི་ངོ་བོ་དང་དབྱེ་བ་སྤྱིར་བཤད། ཐོབ་བྱེད་སྡོམ་པའི་ལག་ལེན་བྱེ་བྲག་ཏུ་བཤད་པའོ། །དང་པོ་སྤྱིར་བཤད་པ་ལ་འང་གཉིས། སྡོམ་པའི་ངོ་བོ་དང་། སྡོམ་པའི་དབྱེ་བའོ། །དང་པོ་སྡོམ་པའི་ངོ་བོ་ནི། ངོ་བོ་བྱམས་དང་སྙིང་རྗེས་རྒྱུད་བརླན་ཅིང་། །གཞན་གྱི་དོན་དུ་བྱང་ཆུབ་ཐོབ་འདོད་པས། །སྒོ་གསུམ་ཉེས་པ་སྤོང་བའི་སེམས་པའོ། །ཞེས་པ་སྟེ། བརྗོད་བྱའི་སྙིང་པོ་བྱང་ཆུབ་སེམས་ཀྱི་ངོ་བོ་ནི་སེམས་ཅན་ཐམས་ཅད་ལ་མས་བུ་གཅིག་པ་ལྟར་ཡིད་དུ་འོང་བར་མཐོང་ནས་བདེ་བ་དང་ལྡན་པར་འདོད་པའི་བྱམས་པ་དང་། དེ་དག་གི་སྡུག་བསྔལ་རྒྱུ་དང་བཅས་པ་བྲལ་བར་འདོད་པའི་སྙིང་རྗེས་རྒྱུད་བརླན་ཅིང་། གཞན་གྱི་དོན་ཁོ་ནའི་ཕྱིར་ཆེད་དུ་བྱ་བ་ཡང་དག་པར་རྫོགས་པའི་བྱང་ཆུབ་ཐོབ་པར་འདོད་པས་ཀུན་ནས་བསླངས་ཏེ། ཐབས་ཤེས་ཟུང་དུ་འཇུག་པའི་སེམས་སྨོན་འཇུག་གིས་བསྡུས་པ་ཕར་ཕྱིན་དྲུག་གི་ངོ་བོར་གྱུར་པའི་སྒྲུབ་པ་ཁྱད་པར་བདེའི་མི་མཐུན་ཕྱོགས་གཞན་ལ་ཕན་པའི་གེགས་དང་རང་གི་རྫོགས་བྱང་གི་བར་ཆད་སྒོ་གསུམ་གྱི་ཉེས་པས་སྤོང་བའི་སེམས་པ་རྒྱུན་ཆགས་པའོ། །དེ་ལྟར་ཡང་མངོན་རྟོགས་རྒྱན་ལས། སེམས་བསྐྱེད་པ་ནི་གཞན་དོན་ཕྱིར། །ཡང་དག་རྫོགས་པའི་བྱང་ཆུབ་འདོད། །ཅེས་སོ། །དེ་ཡང་འཕགས་སེང་གཉིས་ཀྱིས་གཙོ་སེམས་ཏེ་ཡིད་ཤེས་ཉིད་ལ་བཞེད་ཅིང་། ཐོགས་མེད་སྐུ་མཆེད་ནི་སེམས་བྱུང་ལ་བཞེད་དེ། ཐོགས་མེད་ཀྱི་བྱང་སར། བྱང་ཆུབ་སེམས་དཔའི་སྨོན་ལམ་གྱི་མཆོག་ནི་སེམས་བསྐྱེད་པ་སྟེ། ཞེས་འདུན་པ་ལ་བཞེད་པ་དང་། དབྱིག་གཉེན་གྱི་རྒྱན་འགྲེལ་ལས། དོན་གཉིས་ལ་དམིགས་པའི་སེམས་པ་ནི་སེམས་བསྐྱེད་པའོ། །ཞེས་སེམས་པ་ལ་བཞེད། འདིར་སེམས་རང་གིས་བསྐྱེད་པར་བྱ་བས་ན་སེམས་བསྐྱེད་ཅེས་པ་བྱ་བ་ལ་བཤད་ན་གཙོ་སེམས་དང་། སེམས་བསྐྱེད་པར་བྱེད་པས་ན་སེམས་བསྐྱེད་ཅེས་བྱེད་པ་ལ་བཤད་ན་སེམས་བྱུང་ཡིན་པས། གཉིས་ཀ་ལ་སེམས་བསྐྱེད་ཀྱི་སྒྲ་བཤད་དུ་ཡོད་ཅེས་གསུངས། ཀུན་མཁྱེན་ཆེན་པོས་ནི། སེམས་ནི་དོན་གྱི་ངོ་བོ་རིག་པ་ཡིན་ལ། སེམས་བྱུང་དེའི་ཁྱད་པར་ལ་དཔྱོད་པས

ནས། འདིར་ངོ་བོ་བསྐྱེད་པས་ཁྱད་པར་ཞར་ལ་བསྐྱེད་པར་འགྱུར་ཏེ། འདུན་པ་སེམས་བསྐྱེད་ལ་སོགས་པ་ཞར་ལ་ཐོབ་པ་བཞིན་ནོ། །ཞེས་གསུངས་སོ། །

གཉིས་པ་སྡོམ་པའི་དབྱེ་བ་ལ་གསུམ། མདོར་བསྟན་པ། རྒྱས་པར་བཤད་པ། དོན་བསྡུ་བའོ། །དང་པོ་མདོར་བསྟན་པ་ནི། དབྱེ་བ་ཀླུ་སྒྲུབ་ཐོགས་མེད་སྲོལ་གཉིས་གྲགས། །རེ་རེའང་གཅིག་ནས་དྲུག་བར་གཉིས་གཉིས་ཏེ། །ཞེས་པ་སྟེ། དབྱེ་བ་ལ་སྤྱིར་ཀླུ་སྒྲུབ་དང་ཐོགས་མེད་ཀྱི་སྲོལ་ཞེས་གཉིས་སུ་གྲགས་པ་ལ། བྱེ་བྲག་སྲོལ་གཉིས་པོ་རེ་རེ་ལའང་གཅིག་ནས་དྲུག་གི་བར་དུ་དབྱེ་ཞིང་། དེ་ཡང་དབྱེ་གཞི་ལ་ལྟོས་ནས་སྨོན་འཇུག་གི་དབྱེ་བས་གཉིས་གཉིས་ཏེ་ཞེས་པའོ། །

གཉིས་པ་རྒྱས་པར་བཤད་པ་ལ་གཉིས། གཅིག་ནས་དྲུག་ཚན་གྱི་བར་དུ་དབྱེ་བ་དང་། ས་མཚམས་ཀྱི་དབྱེ་བའོ། །དང་པོ་གཅིག་ནས་དྲུག་ཚན་གྱི་བར་དུ་དབྱེ་བ་ནི། དང་པོ་སྟོང་ཉིད་སྙིང་རྗེའི་སྙིང་པོ་ཅན། །ཚོགས་གཉིས་བསླབ་པ་ཀུན་རྫོབ་དོན་དམ་གཉིས། །ཚུལ་ཁྲིམས་ཏིང་འཛིན་ཤེས་རབ་བསླབ་གསུམ་དང་། །ཚོགས་སྦྱོར་མོས་པས་སྤྱོད་པའི་སེམས་བསྐྱེད་དང་། །མ་དག་ས་བདུན་ལྷག་བསམ་དག་པ་དང་། །དག་པ་ས་གསུམ་རྣམ་པར་སྨིན་པ་དང་། །ཐུགས་རྗེ་ཆེན་པོ་སྒྲིབ་ཀུན་སྤངས་པ་ནི། །སངས་རྒྱས་ས་ཡི་སེམས་བསྐྱེད་དག་དང་བཞི། །ལྔ་ནི་ལམ་ལྔ་དྲུག་ནི་ཕར་ཕྱིན་དྲུག །ཅེས་པ་སྟེ། དེ་ཡང་ཚན་པ་དྲུག་ལས། དང་པོ་གཅིག་ཚན་ནི། སྟོང་ཉིད་རྟོགས་པའི་ཤེས་རབ་ཀྱིས་དེ་མ་རྟོགས་པ་ལ་སྙིང་རྗེས་དྲངས་པའི་བྱང་ཆུབ་ཀྱི་སེམས་སྐྱེས་པ་ལ་ལྟོས་ནས་སྟོང་ཉིད་སྙིང་རྗེའི་སྙིང་པོ་ཅན་གྱི་སེམས་བསྐྱེད་ཅེས་བྱའོ། །གཉིས་ཚན་ནི། བསོད་ནམས་ཀྱི་ཚོགས་དང་ཡེ་ཤེས་ཀྱི་ཚོགས་གཉིས་ཀྱི་བསླབ་པ་ལ་ལྟོས་ནས་གཉིས་སམ། རགས་པ་བརྡ་ལས་བྱུང་བ་ཀུན་རྫོབ་སེམས་བསྐྱེད་དང་། ཕྲ་བ་ཆོས་ཉིད་ཀྱིས་ཐོབ་པ་དོན་དམ་གྱི་སེམས་བསྐྱེད་པ་གཉིས་སོ། །གསུམ་ཚན་ནི། དགེ་བར་བྱེད་པ་ཚུལ་ཁྲིམས། གནས་པར་བྱེད་པ་ཏིང་འཛིན། གྲོལ་བར་བྱེད་པ་ཤེས་རབ་ཀྱི་བསླབ་པ་གསུམ་ལ་ལྟོས་ནས་སེམས་བསྐྱེད་གསུམ་མམ། ཡང་ན་ཉེས་སྤྱོད་སྡོམ་པ། དགེ་བ་ཆོས་སྡུད། སེམས་ཅན་དོན་བྱེད་དང་གསུམ་པོ་ལ་ལྟོས་ནས་ཀྱང་གསུམ་དུ་དབྱེ་བའོ། །བཞི་ཚན་ནི། ཚོགས་སྦྱོར་དུ་སྟོང་ཉིད་མཐའ་བྲལ་ལ་མོས་པས་སྤྱོད་པའི་སྒོ་ནས་གཞན་དོན་ལ

དམིགས་པའི་སེམས་བསྐྱེད་དང་། མ་དག་ས་བདུན་ན་བདག་གཞན་མཉམ་པ་ཉིད་དུ་རྟོགས་པས་ལྷག་བསམ་དག་པའི་སེམས་བསྐྱེད་དང་། དག་པ་ས་གསུམ་ན་རྣམ་པར་མི་རྟོག་པའི་ཡེ་ཤེས་རྩོལ་མེད་དུ་འབྱུང་ཞིང་གཞན་དོན་དང་གིས་འགྲུབ་པས་རྣམ་པར་སྨིན་པའི་སེམས་བསྐྱེད་དང་། དམིགས་པ་མེད་པའི་ཐུགས་རྗེ་ཆེན་པོ་སྒྲིབ་གཉིས་བག་ཆགས་དང་བཅས་པ་ཀུན་ནས་སྤངས་པ་ནི་སངས་རྒྱས་ཀྱི་སའི་སེམས་བསྐྱེད་དག་དང་བཞིར་དབྱེ་བ་དང་། ལྔ་ཚན་ནི། ཚོགས་ལམ་ན་སེམས་དང་པོ་བསྐྱེད་ཅིང་ལམ་ལ་གསར་དུ་འཇུག་པ་ལས་དང་པོ་པའི་སེམས་བསྐྱེད་དང་། སྦྱོར་ལམ་ན་དེ་ཡོངས་སུ་སྦྱོང་བ་བྱས་པའི་དང་། མཐོང་ལམ་ན་ཆོས་ཉིད་ཀྱི་དོན་མངོན་སུམ་དུ་མཐོང་བའི་དང་། སྒོམ་ལམ་ན་དེ་ལྷན་སྐྱེས་ཀྱི་སྒྲིབ་པ་ལས་རྣམ་པར་གྲོལ་བཞིན་པའི་དང་། མི་སློབ་པའི་ལམ་ན་འདུས་མ་བྱས་པའི་ཡེ་ཤེས་ཇི་བཞིན་པ་མངོན་དུ་གྱུར་པ་མཐར་ཐུག་པའི་ངང་ལས་འགྲོ་དོན་ལྷུན་གྲུབ་ཏུ་འབྱུང་བ་སར་གནས་རྣམས་ཀྱིས་ཀྱང་ཇི་བཞིན་སྤྱོད་ཡུལ་དུ་མ་གྱུར་པས་ན་བསམ་གྱིས་མི་ཁྱབ་པའི་སེམས་བསྐྱེད་པ་སྟེ། དེ་ལྟར་ལྔར་དབྱེ་བ་ནི་ལམ་ལྔ་དང་སྦྱར་བའོ། །དྲུག་ཚན་ནི། ཕར་ཕྱིན་དྲུག་གི་ལྡོག་པ་ལ་ལྟོས་ནས་སེམས་བསྐྱེད་དྲུག་ཏུ་འགྱུར་བའོ། །གཉིས་པ་ས་མཚམས་ཀྱི་དབྱེ་བ་ནི། ས་གསེར་ཟླ་བ་མེ་སོགས་ཉེར་གཉིས་ནི། །ས་མཚམས་ཀྱིས་ཕྱེ་ས་བཅུའི་བར་དུའོ། །ཞེས་པ་སྟེ། མངོན་རྟོགས་རྒྱན་ལས། ས་ཡང་ས་གསེར་ཟླ་བ་མེ། །གཏེར་དང་རིན་ཆེན་འབྱུང་གནས་མཚོ། །རྡོ་རྗེ་རི་སྨན་བཤེས་གཉེན་དང་། །ཡིད་བཞིན་ནོར་བུ་ཉི་མ་གླུ། །རྒྱལ་པོ་མཛོད་དང་ལམ་པོ་ཆེ། །བཞོན་པ་བཀོད་མའི་ཆུ་དང་ནི། །སྒྲ་སྙན་ཆུ་བོ་སྤྲིན་རྣམས་ཀྱིས། །རྣམ་པ་ཉི་ཤུ་རྩ་གཉིས་སོ། །ཞེས་པ་ལྟར། དཔེ་གྲོགས་མཚུངས་ཆོས་གསུམ་དང་སྦྱར་བའི་སྒོ་ནས་དབྱེ་ན། ས་གསེར་ཟླ་བ་མེ་ལ་སོགས་པའི་དཔེ་ཉེར་གཉིས་ནི། གྲོགས་བྱང་ཆུབ་དོན་གཉེར་གྱི་འདུན་པ་དང་མཚུངས་པར་ལྡན་པའི་སེམས་བསྐྱེད་ཆོས་ཅན། དཔེ་ས་ལྟ་བུ་༡ཡིན་ཏེ། དཀར་ཆོས་ཐམས་ཅད་བསྐྱེད་པའི་གཞིའི་དངོས་པོ་བྱེད་པ་ཆོས་མཐུན་པའི་ཕྱིར། དེ་བཞིན་དུ་སྦྱར་ཏེ། རྒྱུན་གནས་པའི་བསམ་པ་བྱང་ཆུབ་ཀྱི་བར་དུ་འགྱུར་བ་མེད་པས་གསེར་༢ལྟ་བུ་དང་། བསམ་པ་དེ་ལྷག་པར་གྱུར་པས་དགེ་ཆོས་གོང་དུ་འཕེལ་བས་ཟླ་བ་༣ལྟ་བུ་དང་། ཕྱིན་དྲུག་ལ་དངོས་སུ་སྦྱོར་བས་སྒྲིབ་

པའི་བུད་ཤིང་བསྲེགས་པས་མེ༤ལྟ་བུ་དང་། སེམས་ཅན་རྣམས་ཚིམ་པར་བྱེད་ཅིང་མི་ཟད་པས་སྦྱིན་པ་གཏེར༥ལྟ་བུ་དང་། ཡོན་ཏན་རིན་པོ་ཆེ་ཐམས་ཅད་བསྐྱེད་པས་ཚུལ་ཁྲིམས་རིན་པོ་ཆེའི་འབྱུང་གནས་ལྟ་བུ༦དང་། མི་འདོད་པས་ཡིད་མི་འཁྲུགས་པས་བཟོད་པ་མཚོ་ལྟ་བུ་༧དང་། བདུད་ཀྱིས་མི་ཕྱེད་པས་བརྩོན་འགྲུས་རྡོ་རྗེ་ལྟ་༨བུ་དང་། མཚན་མས་མི་གཡོ་བས་བསམ་གཏན་རི་༩ལྟ་བུ་དང་། སྒྲིབ་གཉིས་ཀྱི་ནད་ཞི་བས་ཤེས་རབ་སྨན་༡༠ལྟ་བུ་དང་། དགེ་རྩ་ཟད་མི་ཟ་ཞིང་གཞན་དོན་སྒྲུབ་པ་ལ་མཁས་པས་ཐབས་བཤེས་གཉེན་༡༡ལྟ་བུ་དང་། རང་གཞན་གྱི་རེ་བ་སྐོང་བས་སྨོན་ལམ་ཡིད་བཞིན་གྱི་ནོར་བུ་༡༢ལྟ་བུ་དང་། གདུལ་བྱའི་རྒྱུད་ཀྱི་དགེ་བའི་ལོ་ཏོག་སྨིན་པར་བྱེད་པས་སྟོབས་ཉི་མ་༡༣ལྟ་བུ་དང་། གདུལ་བྱ་འདུན་པར་བྱེད་པའི་ཆོས་སྟོན་པས་ཡེ་ཤེས་གླུ་༡༤དབྱངས་ལྟ་བུ་དང་། གཞན་དོན་ཐོགས་མེད་དུ་སྒྲུབ་པས་མངོན་ཤེས་རྒྱལ་༡༥པོ་ལྟ་བུ་དང་། བསོད་ནམས་དང་ཡེ་ཤེས་ཟད་མི་ཤེས་པས་ཚོགས་གཉིས་བང་མཛོད་ལྟ་བུ་༡༦དང་། དུས་གསུམ་གྱི་འཕགས་པ་རྣམས་ཀྱི་གཤེགས་ཤུལ་ཡིན་པས་བྱང་ཕྱོགས་ལམ་པོ་ཆེ་ལྟ་བུ་༡༧དང་། མཐའ་གཉིས་སྤངས་པའི་ལམ་དུ་འགྲོ་བས་ཞི་ལྷག་བཞོན་པ་བཟང་པོ་༡༨ལྟ་བུ་དང་། ཚིག་དོན་མི་བརྗེད་ཅིང་གཞན་ལ་སྟོན་པས་གཟུངས་སྤོབས་བཀོད་མའི་ཆུ་ལྟ་བུ་དང་༡༩། ཐར་འདོད་ཀྱི་གདུལ་བྱ་རྣམས་ལ་ཆོས་སྙན་པར་སྒྲོགས་པས་ཆོས་ཀྱི་དགའ་སྟོན་སྒྲ་སྙན་༢༠ལྟ་བུ་དང་། གཞན་དོན་འབད་མེད་དུ་འབྱུང་ཞིང་རྣམ་པ་ཐམས་ཅད་མཁྱེན་པའི་རྒྱ་མཚོར་དང་གིས་འབབས་པས་བགྲོད་པ་གཅིག་པའི་ལམ་ཆུ་བོ་༢༡ལྟ་བུ་དང་། ཆོས་ཀྱི་དབྱིངས་ལས་མ་གཡོས་བཞིན་གདུལ་བྱའི་ལོ་ཏོག་སྨིན་པར་མཛད་པས་ཆོས་ཀྱི་སྤྲུ སྤྲིན་ལྟ་བུ་སྟེ་ཉི་ཤུ་རྩ་གཉིས་༢༢སོ། །དེ་དག་ས༷་མཚམས༷་ཀྱིས༷་ཕྱེ་ན། འདུན་པ་དང་། བསམ་པ་དང་། ལྷག་པའི་བསམ་པ་དང་གསུམ་ནི་ཚོགས་ལམ་ནའོཾ། །སྦྱོར་བ་ནི་སྦྱོར་ལམ་ནའོ། ། སྦྱིན་པའི་ཕར་ཕྱིན་ནི་མཐོང་ལམ་ནའོ། །ཚུལ་ཁྲིམས་དང་། བཟོད་པ་དང་། བརྩོན་འགྲུས་དང་། བསམ་གཏན་དང་། ཤེས་རབ་དང་། ཐབས་དང་། སྨོན་ལམ་དང་། སྟོབས་དང་། ཡེ་ཤེས་དང་དགུ་ནི་སྒོམ་ལམ་གྱིས་བསྡུས་པའི་ས་དགུ་ནའོ། །མངོན་པར་ཤེས་པ་དང་། བསོད་ནམས་ཡེ་ཤེས་གཉིས་དང་། བྱང་ཕྱོགས་སོ་བདུན་དང་། སྙིང་རྗེ་ལྷག་མཐོང་གཉིས་དང་། གཟུངས་དང་། སྤོབས་པ་དང་

ལྔ་ནི་ཁྱད་པར་གྱི་ལམ་དག་པ་ས་གསུམ་ཀ་ལ་ཁྱབ་པར་ཡོད་དོ། །ཆོས་ཀྱི་དགའ་སྟོན་དང་། བགྲོད་པ་གཅིག་པའི་ལམ་དང་། ཆོས་ཀྱི་སྐུ་དང་ལྡན་པ་གསུམ་ནི་སངས་རྒྱས་ཀྱིས་ཞེས་ཐེག་ཆེན་དགྲ་བཅོམ་བཞུགས་པ་ས་བཅུ་པའི་སྦྱོར་དངོས་རྗེས་གསུམ་ན་ཡོད་པ་སྟེ། དེ་ལྟར་ན་ཚོགས་ལམ་དང་པོ་ནས་རྒྱུན་མཐའི་བར་དུ་བཞག་པའོ། །

གསུམ་པ་དོན་བསྡུ་བ་ནི། ཀུན་ཀྱང་བསྡུ་ན་སྨོན་འཇུག་རྣམ་པ་གཉིས། དེ་ཡང་བསམ་པས་སྨོན་དང་སྦྱོར་བས་ཁྱབ། །འགྲོ་བར་འདོད་དང་འགྲོ་བ་ཇི་བཞིན་ནོ། །ཞེས་པ་སྟེ། དེ་ལྟར་དབྱེ་སྒོ་བདུན་གྱི་སྒོ་ནས་བཤད་པའི་སེམས་བསྐྱེད་དེ་དག་ཀུན་ཀྱང་མདོར་བསྡུ་ན་སྨོན་འཇུག་རྣམ་པ་གཉིས་སུ་འདུས་ཏེ། དེ་ཡང་བསམ་པས་གཞན་དོན་དུ་བྱང་ཆུབ་ཐོབ་པར་འདོད་པ་ནི་སྨོན་པ་སེམས་བསྐྱེད་དང་། དེའི་ཆེད་དུ་སྦྱོར་བས་ལག་ལེན་དུ་ཕར་ཕྱིན་དྲུག་ལ་ཁྱབ་པར་བསླབ་པ་ནི་འཇུག་པ་སེམས་བསྐྱེད་དེ། དེའི་ཚུལ་ཡང་དཔེར་ན་སྟ་མ་ནི་སྐྱེས་བུ་དོན་གཉེར་གྱིས་དེར་གང་ཞིག་འགྲོ་བར་འདོད་པ་ལྟ་བུ་དང་། ཕྱི་མ་ནི་ལམ་ལ་དངོས་སུ་ཞུགས་ནས་འགྲོ་བ་ཇི་བཞིན་པ་སྟེ། དེ་ལྟར་ཡང་སྤྱོད་འཇུག་ལས། བྱང་ཆུབ་སེམས་དེ་མདོར་བསྡུ་ན། །རྣམ་པ་གཉིས་སུ་ཤེས་བྱ་སྟེ། །བྱང་ཆུབ་སྨོན་པའི་སེམས་དང་ནི། །བྱང་ཆུབ་འཇུག་པ་ཉིད་ཡིན་ནོ། །འགྲོ་བར་འདོད་དང་འགྲོ་བ་ཡི། །བྱེ་བྲག་ཇི་ལྟར་ཤེས་པ་ལྟར། །དེ་བཞིན་མཁས་པས་འདི་གཉིས་ཀྱི། །བྱེ་བྲག་རིམ་བཞིན་ཤེས་པར་བྱ། །ཞེས་གསུངས་པ་བཞིན་ནོ། །

གཉིས་པ་ཐོབ་བྱེད་སྡོམ་པའི་ལག་ལེན་བྱེ་བྲག་ཏུ་བཤད་པ་ལ་ལྔ། མ་ཐོབ་པ་ཐོབ་པར་བྱེད་པ། ཐོབ་པ་མི་ཉམས་པར་བསྲུང་བ། སྡོམ་པ་སྐྱེ་བའི་ལུས་རྟེན། ཉམས་ན་གསོ་བའི་ཐབས། །བསྲུང་བའི་ཕན་ཡོན་ནོ། །དང་པོ་མ་ཐོབ་པ་ཐོབ་པར་བྱེད་པ་ལ་གཉིས། ཀུན་རྫོབ་སེམས་བསྐྱེད་སྐྱེ་བའི་ཆོ་ག་བཤད་པ། དོན་དམ་སེམས་བསྐྱེད་སྐྱེ་བ་ཆོ་ག་ལ་མི་ལྟོས་པར་བཤད་པའོ། །དང་པོ་ཀུན་རྫོབ་སེམས་བསྐྱེད་སྐྱེ་བའི་ཆོ་ག་བཤད་པ་ལ་གཉིས། མདོར་བསྟན་པ་དང་། རྒྱས་པར་བཤད་པའོ། །

དང་པོ་མདོར་བསྟན་པ་ནི། དང་པོ་སྡོམ་པ་མ་ཐོབ་ཐོབ་ཚུལ་ནི། །ལེན་ཚུལ། ཞེས་པ་སྟེ། དེ་ལྟར་སེམས་བསྐྱེད་ཀྱི་རང་བཞིན་གཏན་ལ་ཕབ་ནས། དང་པོ་སེམས་བསྐྱེད་ཀྱི་སྡོམ་པ་དེ་མ་

ཐོ༷བ་པ་ཐོ༷བ་པར་བྱེད་པའི་ཚུལ༷་ནི༵་འདི་ལྟར་ལེ༷ན་པའི་ཚུལ༷་ལ་ཞེས་པའོ། །

གཉིས་པ་རྒྱས་པར་བཤད་པ་ལ། སྤྱིར་བསྐྱེད་བྱ་ཀུན་རྫོབ་སེམས་བསྐྱེད་ཀྱི་མཚན་ཉིད་ནི། གཞན་དོན་དུ་རྫོགས་བྱང་ལ་དམིགས་པའི་ཐེག་ཆེན་སློབ་པའི་སེམས་བསྐྱེད་གང་ཞིག །བྱང་འཕགས་ཀྱི་མཉམ་བཞག་གི་ངོ་བོར་གྱུར་པའི་སེམས་བསྐྱེད་རྣམ་པར་བཅད་པའོ། །མཚན་གཞི་ནི། ཐེག་ཆེན་ཚོགས་སྦྱོར་བའི་རྒྱུད་ཀྱི་དང་། བྱང་འཕགས་ཀྱི་རྗེས་ཐོབ་ཀྱི་ངོ་བོར་གྱུར་པའི་སེམས་བསྐྱེད་ལྟ་བུའོ། །དབྱེ་ན། གྲོགས་དགེ་བའི་བཤེས་གཉེན་གྱི་སྟོབས་དང་། རྒྱུ་རིགས་སད་པའི་སྟོབས། དགེ་རྩ་བྱས་པའི་སྟོབས་དང་། ཐེག་ཆེན་གྱི་སྡེ་སྣོད་ཐོས་པའི་སྟོབས་དང་། ཐོས་པ་མང་དུ་གོམས་པས་བསྐྱེད་པ་དང་ལྔ་ལས། དང་པོ་གྲོགས་ལ་རག་ལས་པས་མི་བརྟན་པའི་སེམས་བསྐྱེད་དང་། ཕྱི་མ་བཞི་མི་མཐུན་ཕྱོགས་ཀྱི་ཉམས་དཀའ་བས་བརྟན་པའི་སེམས་བསྐྱེད་དེ། མདོ་སྡེ་རྒྱན་ལས། གྲོགས་སྟོབས་རྒྱུ་སྟོབས་རྩ་བའི་སྟོབས། །ཐོས་སྟོབས་དགེ་བ་གོམས་པ་ལས། །མི་བརྟན་པ་དང་བརྟན་འབྱུང་བ། །གཞན་གྱིས་བསྟན་པའི་སེམས་བསྐྱེད་བཤད། །ཅེས་གསུངས་པ་ལྟར། གཙོ་བོར་གཞན་གྱི་མཐུ་ལས་བྱུང་བ་ཀུན་རྫོབ་སེམས་བསྐྱེད་ལེན་ཚུལ་ལ་བཞི་སྟེ། གང་ལས་བླང་བའི་སློབ་དཔོན་ཇི་ལྟར་ལེན་པའི་ཚུལ། །རྟེན་ལས་ཀྱང་ལེན་རུང་བའི་དམིགས་བསལ། སྡོམ་པའི་ཐོབ་མཚམས་ངོས་བཟུང་བའོ། །

དང་པོ་གང་ལ་བླང་བའི་སློབ་དཔོན་ནི། སྡོམ་གནས་དགེ་བའི་བཤེས་གཉེན་ལ། །ཞེས་པ་སྟེ༔ སྲོལ་གཉིས་ཀ་མཐུན་པར་གང་ལས་བླང་བའི་ཡུལ་བྱང་སེམས་ཀྱི་སྡོམ༷་པ་ལ་གན༷ས་ཤིང་། དེ་འབོགས་པའི་ཆོ་ག་དང་བསླབ་བྱ་ལ་བཀྲི་མཁས་པ། ཟང་ཟིང་ལྟུར་མི་བྱེད་པར་བརྩེ་བས་རྗེས་སུ་འཛིན་ནུས་པའི་དགེ༷་བ༷འི་བཤེ༷ས་གཉེ༵ན་མཚན་ཉིད་དང་ལྡན་པ་ལས་ལེན་དགོས་ལ༵། དེ་ཡང་སྤྱོད་འཇུག་ལས། རྟག་པར་དགེ་བའི་བཤེས་གཉེན་ནི། །ཐེག་ཆེན་དོན་ལ་མཁས་པ་དང་། །བྱང་ཆུབ་སེམས་དཔའི་བརྟུལ་ཞུགས་མཆོག །སྲོག་གི་ཕྱིར་ཡང་མི་བཏང་ངོ་། །ཞེས་དང་། སྡོམ་པ་ཉི་ཤུ་པ་ལས། བླ་མ་སྡོམ་ལ་གནས་ཤིང་མཁས། །ནུས་དང་ལྡན་ལས་བླང་བར་བྱ། །ཞེས་སོ། །

གཉིས་པ་ཇི་ལྟར་ལེན་པའི་ཚུལ་ལ་གཉིས། ཀླུ་སྒྲུབ་དང་། ཐོགས་མེད་ཀྱི་ལུགས་སོ། །དང

པོ་ཀླུ་སྒྲུབ་ཀྱི་ལུགས་ལ་གཉིས། གང་གིས་བླང་བའི་གང་ཟག་དང་། ཇི་ལྟར་ལེན་པའི་ཆོ་གའོ། །དང་པོ་གང་གིས་བླང་བའི་གང་ཟག་ནི། ཐེག་ཆེན་སྣོད་གྱུར་དད་ལྡན་སློབ་མ་ཡིས། །ཞེས་པ་སྟེ། ཀླུ་སྒྲུབ་ཀྱི་ལུགས་ལ་བརྡ་ཤེས་ཤིང་སྡོམ་པ་ལེན་འདོད་ཡོད་ན་དལ་འབྱོར་གྱི་ལུས་རྟེན་ཁོ་ན་དགོས་པར་མ་ངེས་ཏེ། ཤེར་ཕྱིན་གྱི་མདོ་ལས། ལྷའི་བུ་གང་གིས་བླ་ན་མེད་པ་ཡང་དག་པར་རྫོགས་པའི་བྱང་ཆུབ་ཏུ་སེམས་མ་སྐྱེས་པ་དེ་དག་གིས་བླ་ན་མེད་པ་ཡང་དག་པར་རྫོགས་པའི་བྱང་ཆུབ་ཏུ་སེམས་བསྐྱེད་པར་བྱ། བསྟན་པར་བྱའོ། །ཞེས་དང་། རྒྱ་མཚོས་ཞུས་པ་ལས། ཀླུ་ཁྲི་ཉིས་སྟོང་གིས་སེམས་བསྐྱེད་པ་ལ་སོགས་གསུངས་པའི་ཕྱིར་རོ། །དེས་ན་རྫོགས་བྱང་དོན་གཉེར་གྱི་བསམ་པ་དངོས་སུ་སྐྱེ་རུང་དུ་ཡོད་པའི་སེམས་ཅན་ཀུན་ཐེག་ཆེན་སེམས་བསྐྱེད་ཀྱི་སྣོད་དུ་གྱུར་པ་ཡིན་ཅིང་། བྱང་ཆུབ་སེམས་དཔའི་སྤྱོད་པ་རྒྱ་མཚོ་ལྟ་བུ་དང་། འབྲས་བུ་བླ་ན་མེད་པའི་བྱང་ཆུབ་ཆེན་པོ་ལ་དད་པ་དང་ལྡན་པའི་སློབ་མ་དེ་ཡིས་སོ། །

གཉིས་པ་ཇི་ལྟར་ལེན་པའི་ཆོ་ག་ནི། ཡན་ལག་བདུན་མཐར་སྔོན་འཇུག་སྐབས་གཅིག་ཏུ། །ལེན་ཅིང་རང་གཞན་དགའ་བ་བསྒོམ་པ་རྣམས། །ཀླུ་སྒྲུབ་ལུགས་ཡིན། ཞེས་པ་སྟེ། འདི་ལ་སྦྱོར་བ། དངོས་གཞི། རྗེ་གསུམ་ལས། དང་པོ་སྦྱོར་བ་ནི། གདམས་ངག་ཁྱད་པར་ཅན་འཁོར་བའི་མཐའ་ལ་སྐྱོ་བ་བསྐྱེད་ཅིང་། ཞི་བའི་མཐའ་ལ་ཞེན་པ་བཀག་ནས། མཐའ་གཉིས་སྤངས་པའི་བྱང་ཆུབ་ཀྱི་སེམས་ལ་སྤྲོ་བ་བསྐྱེད་དེ། དེ་ལྟར་ཐབས་གསུམ་གྱི་བློ་བཅོས་པ་སྔོན་དུ་འགྲོ་བས། ཡུལ་ཁྱད་པར་ཅན་སློབ་དཔོན་ལ་མཎྜལ་ཕུལ་ནས་གསོལ་བ་བཏབ་རྗེས། རྟེན་ཁྱད་པར་ཅན་དཀོན་མཆོག་གསུམ་ལ་སྐྱབས་འགྲོ་བྱ་ཞིང་། ཐབས་ཁྱད་པར་ཅན་ཡན་ལག་བདུན་པས་ཚོགས་བསགས་པའི་མཐར།

གཉིས་པ་དངོས་གཞི་སེམས་བསྐྱེད་ཀྱི་སྡོམ་པ་བླང་བ་ནི། སེམས་ཅན་ཐམས་ཅད་རང་གི་ཕ་མ་དྲིན་ཅན་ཡིན་ལ། དེ་ཐམས་ཅད་སྡུག་བསྔལ་གྱིས་གཟིར་བ་ལ་སྙིང་རྗེའི་ཤུགས་དྲག་པོས། དེ་དག་གི་གནས་སྐབས་དང་མཐར་ཐུག་གི་ཕན་བདེའི་རྒྱུར་རང་གི་བདེ་དགེ་ཐམས་ཅད་གཏོང་ཞིང་། སྡུག་བསྔལ་ཐམས་ཅད་དང་དུ་བླང་བར་བྱའོ་སྙམ་དུ་ཞེ་ཐག་པ་ནས་བློ་སྦྱོང་བར་བྱས་ཏེ། དགོངས་གསོལ་སྔོན་དུ་འགྲོ་བས། ཇི་ལྟར་སྔོན་གྱི་བདེ་གཤེགས་ཀྱིས། །ཞེས་སོགས་སྤྱོད་འཇུག་ལྟར་ཚིགས་

སུ་བཅད་པ་གཉིས་པོ་ལན་གསུམ་བཟླས་པས་བླང་ངོ་། །དེ་ལ་ཚིགས་བཅད་དང་པོས་ནི་སྔོན་གྱི་སངས་རྒྱས་དང་བྱང་ཆུབ་སེམས་དཔའ་རྣམས་ཀྱིས་ཐུགས་བསྐྱེད་ཚུལ་བསྟན་ནས། ཚིགས་བཅད་གཉིས་པས་དེ་དག་གིས་ཇི་ལྟར་བསླབ་པ་དེ་བཞིན་དུ་བདག་གིས་ཀྱང་བསླབ་བོ་ཞེས་དམ་བཅའ་བས་སྨོན་འཇུག་གཉིས་ཀྱི་སེམས་བསྐྱེད་དང་སྡོམ་པ་སྐབས་གཅིག་ཏུ་ལེན་པར་བྱེད་པ་ཡིན་ཅིང་། གསུམ་པ་རྗེས་ལ། རང་དགའ་བ་བསྒོམ་པ་དང་། གཞན་དགའ་བ་བསྒོམ་དུ་གཞུག་པ་གཉིས་ལས། དང་པོ་རང་དགའ་བ་བསྒོམ་པ་ནི། དེང་དུས་བདག་ཚེ་འབྲས་བུ་ཡོད། །ཅེས་སོགས་དང་།

གཉིས་པ་གཞན་དགའ་བ་བསྒོམ་པ་ནི། བདག་གིས་དེ་རིང་སྐྱོབ་པ་ཐམས་ཅད་ཀྱི། །ཞེས་སོགས་བརྗོད་ནས། གཏང་རག་དབུལ་ཞིང་བསླབ་བྱ་མདོ་ཙམ་བཤད་པ་རྣམས་ནི་འཕགས་མཆོག་ཀླུ་སྒྲུབ་ཀྱི་ལུགས་ཡིན་ནོ། །གཉིས་པ་ཐོགས་མེད་ཀྱི་ལུགས་ལ་གཉིས། གང་གིས་བླང་བའི་གང་ཟག་དང་། ཇི་ལྟར་ལེན་པའི་ཆོ་གའོ། །དང་པོ་ནི། ཐོགས་མེད་བཞེད་པ་ནི། སྨོན་སེམས་ལེན་ལ་སོ་ཐར་མི་དགོས་ཀྱང་། །ཡ་དག་བླངས་པ་རིགས་བདུན་སྡོམ་སོང་ནས། །ཞེས་པ་སྟེ། སློབ་དཔོན་ཐོགས་མེད་ཀྱི་བཞེད་པ་ནི་རྟེན་གྱི་གང་ཟག་སྨོན་སེམས་ཙམ་ལེན་པ་ལ་སོ་ཐར་གྱི་སྡོམ་པ་སྔོན་དུ་འགྲོ་མི་དགོས་ཀྱང་འཇུག་སྡོམ་མ་ཐོབ་པ་ཡང་དག་པར་བླང་བ་ལ་སོ་ཐར་རིགས་བདུན་གང་རུང་གི་སྡོམ་པ་སྔོན་དུ་སོང་ནས་ལེན་དགོས་ཏེ། ལམ་སྒྲོན་ལས། སོ་སོར་ཐར་པ་རིགས་བདུན་གྱི། །རྟག་ཏུ་སྡོམ་གཞན་ལྡན་པ་ལ། །བྱང་ཆུབ་སེམས་དཔའི་སྡོམ་པ་ཡི། །སྐལ་པ་ཡོད་ཀྱི་གཞན་དུ་མིན། །ཞེས་སོ། །

གཉིས་པ་ཇི་ལྟར་ལེན་པའི་ཆོ་ག་ནི་བར་ཆད་དྲི་དང་བསླབ་པ་ཁས་ལེན་སོགས། །སྨོན་འཇུག་ཆོ་ག་སོ་སོའི་སྒོ་ནས་ལེན། །ཞེས་པ་སྟེ། ཇི་ལྟར་ལེན་པའི་ཆོ་ག་ལ་རྟེན་ངེས་པར་བྱ་བ་སྟེར་ལྟར་མཐའ་གཉིས་ཀྱི་ཞེན་པ་བཀག་ནས་བྱང་སེམས་ལ་སྦྲོ་བ་བསྐྱེད་པ་སྟེ་གདམས་ངག་གསུམ་གྱིས་བློ་བཙོས་ནས་ཆོ་ག་དངོས་ལ་གཉིས། སྨོན་པ་དང་། འཇུག་པའོ། །དང་པོ་ལ་སྦྱོར་བ། དངོས་གཞི། རྗེས་གསུམ་ལས། སྦྱོར་བ་ནི། ཡུལ་ཁྱད་པར་ཅན་ལ་མཎྜལ་ཕུལ་ནས་གསོལ་བ་འདེབས་པ་དང་། རྟེན་ཁྱད་པར་ཅན་ལ་སྐྱབས་སུ་འགྲོ་བ་བྱས་ནས། ཐབས་ཁྱད་པར་ཅན་ཡན་ལག་བདུན

ལྡན་གྱིས་ཚོགས་བསག་གོ། །

དངོས་གཞི་ནི། རང་སྟོབས་རིགས་སད་པ་དང་། གཞན་སྟོབས་རྗོགས་བྱང་གི་ཕན་ཡོན་མཐོང་བ་ལ་སོགས་པ་དང་། སྦྱོར་བའི་སྟོབས་འདུ་ཤེས་གསུམ་བསྐྱེད་དེ། ཕྱོགས་བཅུན་ཞེས་སོགས་ཀྱི་དགོངས་གསོལ་སྔོན་དུ་འགྲོ་བས། བདག་མིང་འདི་ཞེས་བགྱི་བས་སྐྱེ་བ་འདི་དང་། ཞེས་པ་ནས། མྱ་ངན་ལས་འདས་བར་བགྱིའོ། །ཞེས་པའི་བར་ལན་གསུམ་བཟླས་པས་བླང་ངོ་། །རྗེས་ནི། སྤྲོ་བ་བསྐྱེད་པ། བསླབ་བྱ་བསྟན་པ། གཏང་རག་གཏོང་བ་རྣམས་སོ། །

གཉིས་པ་འཇུག་སྡོམ་ནི། སོ་ཐར་རིགས་བདུན་གང་རུང་བླངས་ནས་བྱང་སེམས་ཀྱི་སྡེ་སྣོད་ལ་སྦྱངས་པས་དད་ཅིང་བསྒྲུབ་པར་ནུས་པ་ན། འཇུག་སྡོམ་དངོས་བླང་བའི་ཆོ་ག་ལ། སྦྱོར་དངོས་རྗེས་གསུམ་ལས། སྦྱོར་བ་ནི། གསོལ་བ་གདབ་པ། བསམ་པ་བརྟག་པ། མྱུར་དུ་སྦྱིན་པར་གསོལ་བ་འདེབས་པ། བར་ཆད་དྲི་བ་དང་། བསླབ་པའི་གནས་གོ་བར་བྱས་ནས་སྤྲོ་བ་དྲི་བ་རྣམས་སོ། །དངོས་གཞི་ནི། སློབ་དཔོན་གྱིས། རིགས་ཀྱི་བུ་མིང་འདི་ཞེས་བྱ་བ་ཁྱོད། །ཅེས་པ་ནས། སེམས་ཅན་གྱི་དོན་བྱེད་པའི་ཚུལ་ཁྲིམས་ནོད་ནས། ཞེས་ལན་གསུམ་དྲིས་པ་ན། སློབ་མས་ཀྱང་ནོད་ལགས་ཞེས་ལན་གསུམ་ཁས་ལེན་པས་སྡོམ་པ་ཐོབ་པར་འགྱུར་རོ། །སོགས་ཕོང་ནས་རྗེས་ཀྱི་ཆོ་ག་སྟོན་ཏེ། མཁྱེན་པར་གསོལ་བ། ཕན་ཡོན་བསྟན་པ། གསང་བར་དམས་པ། བསླབ་བྱ་བསྟན་པ། གཏང་རག་འབུལ་བ་རྣམས་སོ། །དེ་ནས་རང་བཞིན་གཏན་ལ་དབབ་པ་ཞེས་མདོར་བསྡུས་ཏེ་ཕན་ཡོན་བརྗོད་པ་ཙམ་བྱ་བ་སྟེ་དེ་ལྟར་སྨོན་འཇུག་གི་ཆོ་ག་སོ་སོའི་སྒོ་ནས་རིམ་པ་བཞིན་དུ་ལེན་པ་ཡིན་ནོ། །

གསུམ་པ་རྟེན་ལས་ཀྱང་ལེན་རུང་བའི་དམིགས་བསལ་བཤད་པ་ནི། རྒྱལ་བའི་རྟེན་ལའང་རུང་བར་སྲོལ་གཉིས་མཐུན། །ཞེས་པ་སྟེ། སྤྱིར་བླ་མ་དགེ་བའི་བཤེས་གཉེན་ལས་བླངས་ན་ངོ་ཚ་ཁྲེལ་ཡོད་ཀྱི་རྟེན་དུ་འགྱུར་བ་སོགས་དགོས་པ་ཁྱད་པར་ཅན་ཡོད་མོད། གལ་ཏེ་བཤེས་གཉེན་མཚན་ཉིད་དང་ལྡན་པ་མ་རྙེད་ན། རྒྱལ་བའི་སྐུ་གཟུགས་ཀྱི་རྟེན་དྲུང་ལའང་བདག་ཉིད་ཀྱིས་བླངས་ཀྱང་རུང་བར་སྲོལ་གཉིས་ཀ་དགོངས་པ་མཐུན་པ་ཡིན་ལ། དེར་མ་ཟད་རྒྱལ་བ་སྲས་བཅས་མདུན་

ཀྱི་ནམ་མཁར་མངོན་སུམ་དུ་བཞུགས་པར་བསྒོམ་པའི་དྲུང་ནས་ལེན་པར་གནང་སྟེ། ལམ་སྒྲོན་ལས། གལ་ཏེ་བླ་མ་མ་རྙེད་ན། །དེ་ལ་གཞན་སྡོམ་ནོད་པ་ཡི། །ཆོ་ག་ཡང་དག་བཤད་པར་བྱ། །དེ་ལ་སྔོན་ཚེ་འཇམ་པའི་དཔལ། །ཨཾ་བ་རཱ་ཛར་གྱུར་པ་ཡིས། །ཇི་ལྟར་བྱང་ཆུབ་ཐུགས་བསྐྱེད་པ། །འཇམ་དཔལ་གྱི་ནི་སངས་རྒྱས་ཞིང་། །རྒྱན་གྱི་མདོ་ལས་བཤད་པ་ལྟར། །དེ་བཞིན་འདིར་ནི་རབ་གསལ་བྲིས། །མགོན་པོ་རྣམས་ཀྱི་སྤྱན་སྔ་རུ། །རྫོགས་པའི་བྱང་ཆུབ་སེམས་བསྐྱེད་ཅིང་། །འགྲོ་བ་ཐམས་ཅད་མགྲོན་དུ་གཉེར། །དེ་དག་འཁོར་བ་ལས་བསྒྲལ་ཏོ། །གནོད་སེམས་ཁྲོ་བའི་སེམས་ཉིད་དང་། །སེར་སྣ་དང་ནི་ཕྲག་དོག་ཉིད། །དེང་ནས་བཟུང་སྟེ་བྱང་ཆུབ་མཆོག །ཐོབ་ཀྱི་བར་དུ་མི་བྱའོ། །ཚངས་པར་སྤྱོད་པ་སྤྱད་བྱ་ཞིང་། །སྡིག་དང་འདོད་པ་སྤང་བར་བྱ། །ཚུལ་ཁྲིམས་སྡོམ་པ་ལ་དགའ་བས། །སངས་རྒྱས་རྗེས་སུ་བསླབ་པར་བྱ། །བདག་ཉིད་མྱུར་བའི་ཚུལ་གྱིས་ནི། །བྱང་ཆུབ་ཐོབ་པར་མི་སྤྲོ་ཞིང་། །སེམས་ཅན་གཅིག་གི་ཕྱིར་ཡང་ནི། །ཕྱི་མའི་མུ་མཐར་གནས་པར་བགྱི། །ཚད་མེད་བསམ་གྱིས་མི་ཁྱབ་པའི། །ཞིང་དག་རྣམ་པར་སྦྱང་བར་བྱ། །མིང་ནས་བཟུང་བ་བྱ་བ་དང་། །ཕྱོགས་བཅུ་དག་ཏུ་རྣམ་པར་གནས། །བདག་གི་ལུས་དང་ངག་གི་ལས། །ཐམས་ཅད་དུ་ནི་དག་པར་བྱ། །ཡིད་ཀྱི་ལས་ཀྱང་དག་བྱ་སྟེ། །མི་དགེའི་ལས་རྣམས་མི་བྱའོ། །ཞེས་གསུངས་པ་ལྟ་བུའི་ཚུལ་གྱིས་སེམས་བསྐྱེད་བླང་བར་བྱའོ། །

བཞི་པ་སྡོམ་པའི་ཐོབ་མཚམས་དངོས་བཟུང་བ་ནི། ཐོབ་མཚམས་བརྗོད་པ་གསུམ་གྱི་མཐའ་ལའོ། །ཞེས་པ་སྟེ། སྲོལ་གཉིས་གང་ཡིན་ཀྱང་རུང་སྟེ། སྡོམ་པའི་ཐོབ་མཚམས་བཟླ་ལས་བྱུང་བ་ཡིན་པས་ན། དངོས་གཞི་འབོགས་ཆོག་བཟླས་པའི་བརྗོད་པ་ལན་གསུམ་གྱི་མཐའ་མ་ལ་ཐོབ་པར་བཞེད་པའོ། །

གཉིས་པ་དོན་དམ་སེམས་བསྐྱེད་སྐྱེ་བ་ཆོ་ག་ལ་མི་ལྟོས་པར་བཤད་པ་ནི། དོན་དམ་སེམས་བསྐྱེད་ཆོས་གས་བླངས་ཐོབ་པ། །གསང་སྔགས་ལུགས་ཡིན་མདོ་ལས་བཤད་སྲིད་ན། །དམ་བཅའ་ཉིད་ཡིན་སྒོམས་པའི་སྟོབས་ལས་སྐྱེ། །ཞེས་པ་སྟེ། དེ་ལ་དོན་དམ་པའི་སེམས་བསྐྱེད་ནི་རྣམ་པར་མི་རྟོག་པའི་ཆོས་ཉིད་མངོན་སུམ་དུ་རྟོགས་པའི་ཡེ་ཤེས་གང་ཞིག །བྱང་འཕགས་ཀྱི་མཉམ་བཞག་

གི་ངོ་བོར་གྱུར་པའི་དང་། སངས་རྒྱས་ཀྱི་སའི་མཉམ་རྗེས་དབྱེར་མེད་ཀྱི་ངོ་བོར་གྱུར་པའི་སེམས་བསྐྱེད་དོ། །དེ་ལ་ཐ་སྙད་འདོད་ཚུལ་གྱིས་དབྱེ་ན་ཕར་ཕྱིན་ཐེག་པའི་སྐབས་དོན་དམ་ནི་ཆོས་དབྱིངས་དང་། སེམས་བསྐྱེད་ནི་དེ་མངོན་དུ་རྟོགས་པའི་ཡེ་ཤེས་ལ་བཤད་ཅིང་། དེ་ཐོབ་པའི་ཚུལ་ཡང་ཡོངས་འཛིན། རྗེས་སྤྱྲུབ། རྟོགས་པ་སྡེ་དམ་པ་གསུམ་དང་ལྡན་པའི་ཚུལ་མདོ་སྡེ་རྒྱན་ལས། རྫོགས་པའི་སངས་རྒྱས་རབ་མཉེས་བྱས། །བསོད་ནམས་ཡེ་ཤེས་ཚོགས་རབ་བསམས། །ཆོས་ལ་མི་རྟོག་ཡེ་ཤེས་ནི། །སྐྱེ་ཕྱིར་དེ་ནི་དམ་པར་འདོད། །ཅེས་སོ། །སྔགས་ཀྱི་ཐེག་པར་ནི་གཟུང་འཛིན་གཉིས་དང་བྲལ་བའི་འོད་གསལ་བའི་ཡེ་ཤེས་གཞི་ལ་གནས་པ་ལ་བཞེད་དེ། སྒྱུ་དྲྭ་ལས་ཨེ་མ་མཚར་ལྡ་དང་། གསང་འདུས་རྩ་རྒྱུད་ལས། དངོས་པོ་ཐམས་ཅད་དང་བྲལ་བ། །ཕུང་པོ་ཁམས་དང་སྐྱེ་མཆེད་དང་། །གཟུགས་དང་འཛིན་པ་རྣམ་སྤངས་པ། །ཆོས་བདག་མེད་པར་མཉམ་ཉིད་པས། །རང་སེམས་གདོད་ནས་མ་སྐྱེས་པ། །སྟོང་པ་ཉིད་ཀྱི་རང་བཞིན་ནོ། །ཞེས་སོ་དེ་འདྲ་དེ་ཚོ༵་ག༵་བླ༵ངས་ནས་ཐོ༵བ་པ༵འི་ཚུལ་སྒྱུ་འཕྲུལ་དྲྭ་བ་དང་། རྣམ་སྣང་མངོན་བྱང་དང་། རིམ་པ་ལྔ་པ་སོགས་ལས་བཤད་པ་ནི་གསང༵་སྔག༵ས་ཀྱི་ལུག༵ས་ཡི༵ན་པས། འབྲས་བུ་ཡེ་ཤེས་ཀྱི་རྣམ་པ་ལམ་བྱེད་དུ་བྱས་ནས་དེའི་རྗེན་འབྲེལ་སྒྲིག་བྱེད་ཙམ་དུ་རྗེས་མཐུན་ཀུན་རྫོབ་ཀྱི་རྣམ་པས་བསྐྱེད་པ་སྟེ། བྱང་ཆུབ་སེམས་འགྲེལ་ལས། བྱང་ཆུབ་སེམས་དཔའ་གསང་སྔགས་ཀྱི་སྒོར་སྤྱོད་པ་རྣམས་ཀྱིས་དེ་ལྟར་ཀུན་རྫོབ་ཀྱི་རྣམ་པས་བྱང་ཆུབ་ཀྱི་སེམས་སྨོན་པའི་རང་བཞིན་ཅན་བསྐྱེད་ནས། དོན་དམ་པའི་བྱང་ཆུབ་ཀྱི་སེམས་བསྒོམ་པའི་སྟོབས་ཀྱིས་བསྐྱེད་པར་བྱ་བ་ཡིན་ཏེ། ཞེས་པས། སྔགས་ལུགས་ཀྱི་ཚོ་ག་དེའང་སྒོམ་བྱུང་ལ་མ་ལྟོས་པར་ཚོ་ག་རྐྱང་པས་བསྐྱེད་ནུས་པ་མ་ཡིན་པའི་ཕྱིར་མཚན་ཉིད་མ་ཡིན་ལ། གལ་ཏེ་སྤྱང་སྙིང་ཕྲུག་རྒྱུ་པར། དོན་དམ་པའི་བྱང་ཆུབ་ཀྱི་མཆོག་ཏུ་སེམས་བསྐྱེད་པར་བྱའོ། །ཞེས་གསུངས་པ་ལྟར་མདོ༵་ལ༵ས་བཤད༵་པ་སྲིད༵་ན༵འང་། དེ་ནི་དམ༵་བཅའ༵་ཙམ་ཉིད༵་དུ་འདོད་པ་ཡི༵ན་གྱི། དོན་དམ་སེམས་བསྐྱེད་མཚན་ཉིད་པ་ནི་སྒོམ༵་པ༵འི་སྟོབ༵ས་ལ༵ས་ངང་གིས་སྐྱེ་བ་ཡིན་ཏེ། དགོངས་པ་ངེས་འགྲེལ་ལས། དོན་དམ་པ་བྱང་ཆུབ་ཀྱི་སེམས་དེ་ནི་འཇིག་རྟེན་ལས་འདས་པ། སྤྲོས་པ་མཐའ་དག་དང་བྲལ་བ། ཤིན་ཏུ་གསལ་བ། དོན་དམ་པའི་སྤྱོད་ཡུལ། དྲི་མ་

མེད་པ། མི་གཡོ་བ། རླུང་མེད་པའི་མར་མེའི་རྒྱུན་བཞིན་དུ་མི་གཡོ་བའོ། །དེ་འགྲུབ་པ་ནི་རྟག་ཏུ་གུས་པས་ཞི་གནས་དང་། ལྷག་མཐོང་གི་རྣལ་འབྱོར་གོམས་པ་ལས་འགྱུར་རོ། །ཞེས་ཀ་མ་ལ་ཤཱི་ལས་སྒོམ་རིམ་དུ་དྲངས་པ་ལྟར་རོ། །

གཉིས་པ་ཐོབ་པ་དེ་ཉིད་མི་ཉམས་པར་བསྲུང་བའི་ཚུལ་བཤད་པ་ལ། ཐོག་མར་ཇི་ལྟར་བསྲུང་ཚུལ་གྱི་དོན་བཤད་པས་ལོག་དབུབ་པར་བྱ་སྟེ། བསླབ་བཏུས་ལས། བྱང་ཆུབ་སེམས་དཔའི་སྡོམ་པ་ནི། །རྒྱས་པར་ཐེག་པ་ཆེ་ལས་འབྱུང་། །ཞེས་དང་། དགེ་བའི་བཤེས་གཉེན་མི་བཏང་ཞིང་། །མདོ་སྡེ་དག་ལ་རྟག་བལྟ་བས། །ཞེས་པས། བྱང་ཆུབ་སེམས་དཔའི་བསླབ་པའི་གཞི་རྣམས་ཤེས་པར་བྱ་བའི་ཕྱིར། བདག་རྐྱེན་ཐེག་པ་ཆེན་པོའི་དགེ་བའི་བཤེས་གཉེན་མི་གཏོང་བར་གུས་པས་བསྟེན་ཅིང་། དམིགས་རྐྱེན་བྱང་སེམས་ཀྱི་བསླབ་པའི་གནས་རྒྱ་ཆེར་སྟོན་པའི་མདོ་དང་བསྟན་བཅོས་དྲི་མ་མེད་པ་རྣམས་ལ་ཐོས་བསམ་གྱི་སྒོ་ནས་སྒྲོ་འདོགས་བཅད་དེ་མཁས་པར་བྱ། མཁས་པར་བྱས་པ་དེ་ཡང་ཤེས་པ་ཙམ་དུ་མ་བཞག་པར་རང་ནུས་ཅི་ཡོད་ཀྱིས་འབད་དེ་ཚུལ་བཞིན་སྒྲུབ་དགོས་ཀྱི། གཞན་བླང་དོར་གྱི་གནས་མ་རྨོངས་པར་ཤེས་པ་དོན་མེད་དུ་འགྱུར་ཏེ། སྤྱོད་འཇུག་ལས། ལུས་ཀྱིས་འདི་དག་སྤྱད་པར་བྱ། །ཚིག་ཙམ་བརྗོད་པས་ཅི་ཞིག་འགྲུབ། །སྨན་དཔྱད་བཀླག་པ་ཙམ་གྱིས་ནི། །ནད་པ་དག་ལ་ཕན་འགྱུར་རམ། །ཞེས་གསུངས་པའི་ཕྱིར། དེས་ན་ཇི་ལྟར་བསྲུང་བའི་ཁྱད་པར་ལ། འགལ་རྐྱེན་ཉམས་པའི་རྒྱུ་སྤོང་བ་དང་། མཐུན་རྐྱེན་མི་ཉམས་པའི་རྒྱུ་དང་འཕེལ་བའི་རྐྱེན་ལ་བསླབ་པ་གཉིས་སུ་འདུ་སྟེ། དང་པོ་ལའང་། ཐོས་པ་ལ་མི་མོས། བསམ་པ་ལ་གཡེལ། སྒོམ་པ་ལ་ལྷོད་པ་གསུམ་ནི་རང་དོན་ཤེས་རབ་ཀྱི་གེགས་གསུམ་ཡིན་ལ། སྦྱོར་བ་ལེ་ལོ་ཆེ་བ། སྤྱོད་པ་གཞན་མི་དད་པ་ལ་སྦྱོར་བ། ཀུན་སློང་སྙིང་རྗེ་མེད་པ། བྱེད་ལས་ཕྱིན་ཅི་ལོག་སྒྲུབ་པ་བཞི་ནི་གཞན་དོན་སྤྱོད་པའི་སྐྱོན་བཞི་སྟེ། དེ་ལྟར་རང་གཞན་གྱི་སྤྱོད་པ་ཉམས་པའི་རྒྱུ་བདུན་སྤོང་བ་ལ་འབད་དོ། །

གཉིས་པ་མཐུན་རྐྱེན་མི་ཉམས་པའི་རྒྱུ་དང་འཕེལ་བའི་རྐྱེན་ལ་བསླབ་ཚུལ་ཡང་། དང་པོ་སེམས་བསྐྱེད་སྐྱེས་པའི་ཕན་ཡོན་དྲན། ཉམས་པའི་ཉེས་དམིགས་དྲན། སྙིང་པར་དཀའ་བ་ཡང་ཡང་

དྲན་པར་བྱེད་པ་ནི་ཚེ་འདིར་མི་ཉམས་པའི་རྒྱུ་དྲན་པ་གསུམ་དང་། གཉིས་པ་དུས་གསུམ་དུ་ཡན་ལག་བདུན་པ་བྱེད་པ། རྒྱལ་བ་སྲས་བཅས་ལ་གསོལ་བ་འདེབས་པ། ཆོས་དང་འགལ་བའི་བདུད་ལས་སྐྱོང་བ་དང་གསུམ་ནི་ཕྱི་མར་མི་ཉམས་པའི་རྒྱུ་ཕྱིན་ཅི་མ་ལོག་པའི་ཐབས་གསུམ་ཡིན་ལ། གསུམ་པ་བསླབ་བྱ་སེམས་ཅན་ལ་རང་བས་གཅེས་པ། །སྐྱབ་བྱེད་ཆོས་ལ་ནོར་བས་གཅེས་པ། གཙོ་བོ་བྱང་སེམས་ལ་སྙིང་བས་གཅེས་པ། བདག་རྐྱེན་བཤེས་གཉེན་ལ་ཕ་མ་བས་གཅེས་པ། ཐོབ་བྱ་སངས་རྒྱས་ལ་ལོངས་སྤྱོད་བས་གཅེས་པ་དང་ལྔ་ནི་འདི་ཕྱི་གཉིས་ཀར་མི་ཉམས་པའི་རྒྱུ་གཅེས་པ་ལྔ་སྟེ། དེ་རྣམས་ཡོངས་བསྡོམས་རྣམ་གྲངས་བཅུ་གཉིས་ནི་མཐུན་རྐྱེན་མི་ཉམས་པའི་རྒྱུ་ཡིན་ནོ། །

གཉིས་པ་འཕེལ་བའི་རྐྱེན་ལ་བསླབ་ཚུལ་ཡང་། འདི་ལྟར་འདུས་བྱས་ཀྱི་གཡོ་བ། སྡུག་བསྔལ་གྱི་མཐའ། ཆོས་ཀྱི་ཕན་ཡོན། སྟོན་པའི་ཆེ་བ། བྱང་སེམས་ཀྱི་ཕན་ཡོན་ཏེ། དེ་རྣམས་ཡིད་ཀྱིས་མི་བརྗེད་པར་དྲན་པ་སྟེ་དེ་ལྟ་ལ་བསླབ་པ་ཉིད་གཞིར་བཟུང་ནས། ཤེས་བཞིན་གྱི་མིག་གིས་བལྟ་བ། བརྩོན་འགྲུས་ཀྱི་རྟ་མཆོག་ཞོན་པ། ངེས་འབྱུང་གི་ལྕག་གིས་བསྐུལ་བ། ཐར་པའི་གྲོང་ཁྱེར་ཡིད་ལ་བྱ་བ་རྣམས་ནི་བྱ་བ་བཞི་སྟེ། མདོར་ན་ཀུན་མཁྱེན་ཆེན་པོས། རྟག་ཏུ་དྲན་དང་ཤེས་བཞིན་བག་ཡོད་ཀྱིས། །མི་དགེ་སྤང་ཞིང་དགེ་ཆོས་རྒྱ་མཚོ་སྒྲུབ། །ཅེས་གསུངས་པ་ལྟར་དྲན་པ་དང་བག་ཡོད་དང་ཤེས་བཞིན་གསུམ་མི་ཉམས་པར་བསྐྱེད་དེ། འཆད་འགྱུར་གྱི་རྩ་བ་དང་ཡན་ལག་གི་ལྟུང་བས་མི་གོས་པར་བྱ་ཞིང་། ལས་དང་པོ་པའི་སྐབས་སུ་སྒྲུབ་མི་ནུས་པ་མ་གཏོགས་པ། བྱང་སེམས་ཀྱི་བསླབ་བྱ་ནུས་པའི་ཡུལ་དུ་གྱུར་པ་མཐའ་དག་ལ་བསླབ་དགོས་ཏེ། བསླབ་བཏུས་ལས། མདོར་ན་རང་གི་ནུས་པའི་ཡུལ་མ་ཡིན་པའི་བྱ་བ་རྣམས་ལ་ལྟུང་བ་མེད་དེ། དོན་མེད་པ་ཉིད་ཀྱི་དེ་ལ་བསླབ་པ་བཅས་པ་མེད་པའི་ཕྱིར་རོ། །གཞན་ལ་ནི་རང་བཞིན་གྱི་ཁ་ན་མ་ཐོ་བ་དང་བཅས་པ་ཉིད་དུ་བཟུང་བ་ཁོ་ནའོ། །རང་གི་ནུས་པའི་ཡུལ་མ་ཡིན་པ་གང་ཞིག་ལ་བརྩོན་པར་བྱེད་ན་ལྟུང་བར་འགྱུར་ཏེ༑ དེ་ནི་བསམ་མི་དགོས་པར་སྤྱིར་སྡིག་པ་བཞགས་པའི་ཁོངས་སུ་འདུས་པས་དེ་ལས་གྲོལ་བར་འགྱུར་རོ། །དེ་དག་ནི་མདོར་ན་བྱང་ཆུབ་སེམས་དཔའི་བསླབ་པའི་ཁོག་པ་ཡིན་ཏེ། རྒྱས་པར་ནི་བསྐལ་པ་དཔག་ཏུ་མེད་པ་མཐའ་ཡས་པར་བཤད་དུ་ཡོད་དོ། །ཞེས་སོ། །དེ་དག་རྣམས་ཀྱིས་ཇི་

ལྟར་བསྲུང་ཚུལ་གྱི་གོ་དོན་བཤད་པས་ཁོག་དབུབ་པ་སོང་ནས། ད་ནི་གང་བསྲུང་བྱའི་ཚུལ་ཁྲིམས་དངོས་ཉིད་བཤད་པ་ལ་གསུམ། མདོར་བསྟན་པ། རྒྱས་པར་བཤད་པ། དོན་བསྡུ་བའོ། །

དང་པོ་མདོར་བསྟན་པ་ནི། བར་དུ་མི་ཉམས་བསྲུང་བའི་ཐབས་བཤད་པ། །བྱང་ཆུབ་སེམས་དཔའི་ཚུལ་ཁྲིམས་གསུམ་ཡིན་ཏེ། །ཉེས་སྤྱོད་སྡོམ་དང་དགེ་བ་ཆོས་སྡུད་དང་། །སེམས་ཅན་དོན་བྱེད། ཅེས་པ་སྟེ། དེ་ལྟར་དང་པོ་རང་རྒྱུད་ལ་སྔར་མེད་གསར་དུ་ཐོབ་པའི་སྡོམ་པ་དེ་ཉིད་བར་དུ་མི་ཉམས་པར་བསྲུང་བའི་ཐབས་ལ་འབད་དགོས་ཏེ། ཉམས་ན་སེམས་ཅན་ཐམས་ཅད་བསླུ་བར་འགྱུར་བ་སོགས་ཉེས་དམིགས་ཤིན་ཏུ་ཆེ་ཞིང་། མ་ཉམས་ན་བྱང་ཆུབ་ཆེན་པོ་ཐོབ་པ་སོགས་ཕན་ཡོན་ཤིན་ཏུ་ཆེ་བའི་ཕྱིར། དེས་ན་ཇི་ལྟར་བསྲུང་བའི་ཐབས་བཤད་པ་ལ། སྤྱིར་བྱང་ཆུབ་སེམས་དཔའི་ཚུལ་ཁྲིམས་ཀྱི་རྣམ་པར་བཞག་པ་ལ་རྒྱ་བའི་ཆིངས་ཆེན་པོ་གསུམ་གྱིས་བསྡུས་པ་ཡིན་ཏེ། སེམས་བསྐྱེད་ཀྱི་བསླབ་བྱ་དང་འགལ་བའི་སྒོ་གསུམ་གྱི་ཉེས་སྤྱོད་ཐམས་ཅད་སྡོམ་པ་དང་། ཕར་ཕྱིན་དྲུག་གིས་བསྡུས་པའི་དགེ་བའི་ཆོས་ཐམས་ཅད་རང་རྒྱུད་ལ་སྡུད་པ་དང་། དེ་དག་ལ་དབང་འབྱོར་བས་བསྡུ་བ་བཞིའི་སྒོ་ནས་སེམས་ཅན་གྱི་དོན་བྱེད་པ་སྟེ། དཀོན་བརྩེགས་ལས། འོད་སྲུང་། དེ་ལ་བྱང་ཆུབ་སེམས་དཔའི་ཚུལ་ཁྲིམས་ནི་རྣམ་པ་གསུམ་སྟེ། སྡོམ་པའི་ཚུལ་ཁྲིམས་དང་། དགེ་བའི་ཆོས་ཐམས་ཅད་སྡུད་པའི་ཚུལ་ཁྲིམས། སེམས་ཅན་གྱི་དོན་སྒྲུབ་པའི་ཚུལ་ཁྲིམས་སོ། །ཞེས་གསུངས། དེ་གསུམ་ཡང་ངོ་བོ་གཅིག་ལ་ལྡོག་པར་ཕྱེ་བ་ཙམ་སྟེ། དཔེར་ན་ནོར་བུ་གཅིག་ཉིད། མུན་པ་སེལ་བ། འདོད་རྒྱུའི་ནོར་སྟེར་བ། རིམས་ནད་ལ་ཕན་པ་བཞིན་ནོ། །དེ་ལྟར་ཚུལ་ཁྲིམས་གསུམ་ལ་ལེགས་པར་བསླབ་པས་ནམ་ཞིག་འཚང་རྒྱ་བའི་ཚེ། ཚུལ་ཁྲིམས་སྔ་མ་གཉིས་ཀྱིས་སྤངས་རྟོགས་ཕུན་ཚོགས་དང་། ཕྱི་མས་ཕྲིན་ལས་ཕུན་ཚོགས་ཐོབ་པའི་རྒྱུར་འགྱུར་བ་ཡིན་ནོ། །

གཉིས་པ་རྒྱས་པར་བཤད་པ་ནི། གསུམ་ལས་དང་པོ་ནི། ཞེས་པ་སྟེ། བྱང་ཆུབ་སེམས་དཔའི་ཚུལ་ཁྲིམས་ལ། ཉེས་སྤྱོད་སྡོམ་པ། དགེ་བ་ཆོས་སྡུད། སེམས་ཅན་དོན་བྱེད་གསུམ་དུ་ཡོད་པ་ལས། དང་པོ་ཉེས་སྤྱོད་སྡོམ་པའི་ཚུལ་ཁྲིམས་བཤད་པ་ནི། འདི་ལ་གཉིས། ནམ་སྙིང་གི་མདོ་དང་གསང་ཆེན་ཐབས་ལ་མཁས་པའི་མདོའི་རྗེས་སུ་འབྲངས་པ་ཀླུ་སྒྲུབ་ཀྱི་ལུགས་ཞི་བ་ལྷས

བསླབ་བཏུས་སུ་ཕྱེ་བ་དང་། བྱང་སའི་རྗེས་སུ་འབྲངས་པ་ཐོགས་མེད་ཀྱི་ལུགས་ཙནྡྲ་གོ་མིས་སྡོམ་པ་ཉི་ཤུ་པར་ཕྱེ་བའོ། །དང་པོ་ཀླུ་སྒྲུབ་ཀྱི་ལུགས་ལ་གཉིས། རྩ་བའི་ལྟུང་བ་བཤད་པ་དང་། ཡན་ལག་གི་ཉེས་པ་གཞན་དུ་ཞལ་འཕངས་པའོ། །དང་པོ་རྩ་བའི་ལྟུང་བ་བཤད་པ་ལ་འདང་གསུམ། རྩ་ལྟུང་དངོས་བཤད་པ། རྟེན་དང་ལྟུང་བའི་དབྱེ་བསྡུ། ཐུན་མོང་སྨོན་འཇུག་སྤངས་པ་རྩ་ལྟུང་དུ་བསྟན་པའོ། །

དང་པོ་རྩ་ལྟུང་དངོས་བཤད་པ་ལ་གསུམ། རྒྱལ་པོ་ལ་འབྱུང་ཉེ་བ་ལྔ། བློན་པོ་ལ་འབྱུང་ཉེ་བ་ལྔ། ཕལ་པ་ལ་འབྱུང་ཉེ་བ་བརྒྱད་བཤད་པའོ། །དང་པོ་རྒྱལ་པོ་ལ་འབྱུང་ཉེ་བ་ལྔ་ནི། དཀོན་མཆོག་དཀོར་འཕྲོག་དང་ནི་ཆོས་སྤོང་ལས། །ཚུལ་ལྡན་ཚུལ་འཆལ་ཁྲིམས་གཅོད་བསླབ་འབེབས་སོགས། །མཚམས་མེད་ལས་བྱེད་ལོག་ལྟ་ལྔ་རྒྱལ་པོ། །ཞེས་པ་སྟེ། སངས་རྒྱས་ཀྱི་སྐུ་གཟུགས་སམ་མཆོད་རྟེན་གྱི་ཡོ་བྱད་དང་། དམ་པའི་ཆོས་ཀྱི་གླེགས་བམ་དང་ཆོས་སྨྲ་བའི་ཆ་རྐྱེན། དགེ་འདུན་འདུ་བའི་རྫས་ཞིང་ལ་སོགས་པ་མདོར་ན་དཀོན་མཆོག་ལ་བསྔོས་པའི་དཀོར་རྫས་རིན་ཐང་ཚང་མ་ཚང་གང་ཡིན་ཀྱང་འདྲ་སྟེ། ཀུན་སློང་དྲག་པོས་འཕྲོག་པའམ་གཞན་བྱེད་དུ་བཅུག་ནས་བརྐུ་བར་བྱེད་པ་སོགས་རྩ་ལྟུང་དང་པོར་འགྲོ་བ་རྣམས་ནི་གཞིར་བཞག །ཐེག་པ་གསུམ་གང་ཡང་རུང་བའི་ལུང་གི་ཆོས་སྡེ་སྣོད་གསུམ་དང་རྟོགས་པའི་ཆོས་བསླབ་པ་གསུམ་ལས་གང་རུང་དུ་གཏོགས་པའི་དགེ་བ་རྣམས་སྟོན་པའི་བཀའ་དང་ཐར་པ་ཐོབ་པའི་ཐབས་མ་ཡིན་ནོ་ཞེས་རང་གིས་སྤོང་བའམ་གཞན་སྤོང་དུ་འཇུག་པ་ནི་རྩ་ལྟུང་གཉིས་པ་ཆོས་སྤོང་གི་ལས་དང་། བསླབ་པ་བཟུང་མ་བཟུང་གི་རབ་བྱུང་ངམ། ཚུལ་ཁྲིམས་ལྡན་པའམ་ཚུལ་ཁྲིམས་འཆལ་བའི་དགེ་སློང་གང་ཡིན་ཀྱང་རུང་སྟེ་རབ་བྱུང་གི་ཆ་ལུགས་འཛིན་པ་ལ། ཀུན་སློང་ཞེ་སྡང་གིས། དེའི་དུར་སྨྱིག་གི་གོས་འཕྲོག་གམ། བརྡེག་གམ། བཙོན་དུ་འཇུག་པས་ཁྲིམས་གཅོད་པ། བསླབ་པ་ལས་ཕྱིམ་པར་འབེབས་པ་སོགས་གང་རུང་རེ་རེའང་མང་དུ་བྱས་སམ་བྱེད་དུ་བཅུག་ན་རྩ་ལྟུང་གསུམ་པ་དགེ་སྦྱོང་ཆད་པས་གཅོད་པ་དང་། ཕ་མ་དགྲ་བཅོམ་གསུམ་གསོད་པ་དང་། དགེ་འདུན་གྱི་དབྱེན་བྱེད་པ་དང་། སངས་རྒྱས་ལ་ངན་སེམས་ཀྱི་ཁྲག་འབྱིན་པ་སྟེ། དེ་ལྟར་མཚམས་མེད་ལྔ་པོའི་ལས་གང་ཡང་རུང་བ་བྱེད་

པ་ནི་རྩ་ལྟུང་བཞི་པ་མཚམས་མེད་ལྔ་བྱེད་པ་དང་། རྒྱུ་དགེ་སྡིག་གི་ལས་ལ་འབྲས་བུ་བདེ་སྡུག་མེད་ཅེས་ལོག་པར་ལྟ་བས་མི་དགེ་བ་བཅུ་ལས་གང་རུང་ཞིག་བྱེད་དམ་བྱེད་དུ་བཅུག་ན་རྩ་ལྟུང་ལྔ་པ་ལོག་ལྟ་ཅན་ཏེ། འདིས་ཀུན་ནས་བླངས་ཏེ་མི་དགེ་བའི་ལས་ཕྲ་མོ་ཙམ་ལའང་དངོས་སུ་སྤྱད་ན་ཉེས་པ་ཤིན་ཏུ་ལྕི་བར་འགྱུར་ལ། དེ་ལྔ་ནི་རྒྱལ་པོ་རྣམས་ཤིན་ཏུ་དབང་ཆེ་བས་འབྱུང་ཉེ་བའི་ཕྱིར་དེའི་ལྟུང་བར་བཞག་གོ། །

གཉིས་པ་བློན་པོ་ལ་འབྱུང་ཉེ་བ་ལྔ་ནི། གྲོང་ལྗོངས་གྲོང་ཁྱེར་གྲོང་བརྡལ་ཡུལ་འཁོར་རྣམས། འཇོམས་པར་བྱེད་ལའང་བློན་པོར་ངེས་པ་ལྔ། ཞེས་པ་སྟེ། ཁྱིམ་གཅིག་པ་ལ་སོགས་པ་གྲོང་དང་། མི་རིགས་བཞི་གནས་པ་ལྗོངས་དང་། བཟོ་སྣ་བཅོ་བརྒྱད་ཡོད་པའི་གནས་གྲོང་ཁྱེར་དང་། ཚོང་པ་མང་པོ་འདུ་བའི་གནས་གྲོང་བརྡལ་དང་། ཡུལ་གྲུ་ཆེན་པོ་ཙམ་པ་ཀ་ལྟ་བུ་ཡུལ་འཁོར་ཏེ། དེ་རྣམས་གང་ཡང་རུང་བ་ཀུན་སློང་ཞེ་སྡང་གིས་མེ་ལ་སོགས་པས་འཇོམས་པར་བྱེད་པ་སྟེ། འང་སྒྲ་སྡུད་བྱེད་ཀྱི་ཚིག་ལོག་ལྟ་དོར་བའི་སྡུ་མ་བཞི་པོའི་སྟེང་ན་འདི་དག་གཅིག་ཏུ་བསྡེབས་པ་ནི་བློན་པོ་རྣམས་རྒྱལ་པོའི་བྱ་བ་བྱེད་པའི་ཕྱིར་ཕྱོགས་རྣམས་སུ་ཁྲིམས་ཀྱི་ལས་ལ་དངོས་སུ་འཇུག་དགོས་པས་ན་དེར་འབྱུང་ངེས་པ་ལྔ་ཡིན་ནོ། །

གསུམ་པ་ཕལ་པ་ལ་འབྱུང་ཉེ་བ་བརྒྱད་ནི། མ་སྦྱངས་སྟོང་ཉིད་བརྗོད་སྨྲས་ཉན་ཐོས་སློན། །རྫོགས་བྱང་ཕྱིར་ལྡོག་ཐེག་དམན་སེམས་བསྐྱེད་དང་། །སོ་ཐར་སྤངས་ནས་ཐེག་ཆེན་སློབ་པ་དང་། །ཉན་ཐོས་ཐེག་པར་ཆགས་སོགས་མི་བཟློག་པས། །དེ་བཟློག་དེ་ཡི་འབྲས་བུ་མེད་པར་བྱས། །ཕྲག་དོག་དབང་གིས་བདག་བསྟོད་གཞན་སྨོད་དང་། །རྙེད་དང་བཀུར་བསྟིའི་ཆེད་དུ་བདག་འཚོང་དང་། །དགེ་སློང་ཆད་པས་གཅོད་འཇུག་ཤུག་འབུལ་དང་། །སྒོམ་པའི་ལོངས་སྤྱོད་ཁ་ཏོན་པ་ལ་བྱིན། །ཞི་གནས་འདོར་བཅུག་ཕལ་ལ་འབྱུང་ངེས་བརྒྱད། །ཅེས་པ་སྟེ། བློ་མ་སྦྱངས་པའི་སེམས་ཅན་ལས་དང་པོ་པའམ་ཐེག་དམན་གྱི་རིགས་ཅན་སོགས་སྣོད་མ་བརྟག་པར་སྟོང་ཉིད་མཐའ་བྲལ་བརྗོད་སྨྲས་པའི་དབང་གིས་ཡུལ་དེས་བྱང་ཆུབ་ཀྱི་སེམས་བཏང་ནས་ཉན་ཐོས་ཀྱི་ལམ་དུ་སློན་ན་སྟོན་པ་པོ་ལ་ལྟུང་བར་འགྱུར་ཞིང་། གལ་ཏེ་ཡུལ་ཀྱང་འཇུག་སྡོམ་དང་ལྡན་ན་དེ་ལའང་ལྟུང་བ་༡)འབྱུང་།

ཐེག་ཆེན་གྱི་ལམ་དུ་ཞུགས་པ་ལ་དེར་ཤེས་བཞིན་དུ་ཁྱོད་ཀྱིས་རྒྱུ་ཕྱིན་དྲུག་ལ་སྤྱོད་པ་འདིས་འབྲས་བུ་རྫོགས་བྱང་ཐོབ་པར་མི་ནུས་ཞེས་ཕྱིར་ལྡོག་པར་བྱས་ནས། དེ་བས་ཉན་རང་གི་འབྲས་བུ་བསྒྲུབ་པར་གྱིས་ཤིག་དང་དེས་ཁྱོད་འཁོར་བ་ལས་ངེས་པར་འབྱུང་བར་འགྱུར་རོ། །ཞེས་ཐེག་དམན་དུ་སེམས་བསྐྱེད་དུ་འཇུག་པ་༢དང་། ཉན་ཐོས་ཀྱི་རིགས་ཅན་སོ་སོར་ཐར་པ་ལ་སློབ་བཞིན་པའམ། རབ་ཏུ་བྱུང་མ་ཟིན་ཀྱང་སློབ་པར་འདོད་པ་དག་ལ་དགོས་པ་ཁྱད་པར་ཅན་མེད་བཞིན་ཁྱོད་སོ་ཐར་ལ་བསླབ་པས་ཅི་ཞིག་བྱ་ཞེས་སྤང་དུ་བཅུག་ནས་རྫོགས་བྱང་དུ་སེམས་བསྐྱེད་ལ་ཐེག་པ་ཆེན་པོ་ཀློག་ཅིག་དང་བྱང་ཆུབ་སེམས་ཀྱི་མཐུས་ཉེས་པར་བྱས་པའི་ལས་རྣམས་འཛོམས་སོ་ཞེས་དེ་ལ་སློབ་ཏུ་འཇུག་པ་དང་༣། ཉན་ཐོས་ཀྱི་ཐེག་པས་ཆགས་སོགས་ཉོན་མོངས་པ་མི་བཟློག་པས་ཐེག་ཆེན་ལ་སློབ་ཅིག་ཅེས་ཉན་ཐོས་ཀྱི་ཐེག་པ་དེ་བཟློག་ནས་དེ་ཡི་ལམ་ལ་བསླབ་ན་འབྲས་བུ་ཐར་པ་མྱང་འདས་མེད་པར་རང་འཛིན་ཅིང་། དགོས་པ་ཁྱད་པར་ཅན་མེད་པར་གཞན་ཡང་འཛིན་དུ་བཅུག་པར་བྱས་པ་དང་༤། རྙེད་བཀུར་གྱི་ཕྱིར་ལྷག་དོག་གི་དབང་གིས་བདག་ཉིད་ལ་ཡོན་ཏན་མེད་ཀྱང་ཡོད་ཅེས་བསྟོད་ཅིང་། རྙེད་བཀུར་ཅན་གྱི་བྱང་སེམས་གཞན་ལ་བདེན་པའམ་བརྫུན་པ་གང་ཡིན་ཀྱང་སྨོད་པར་བྱེད་པ་༥དང་། རྙེད་པ་དང་བཀུར་སྟི་ཐོབ་པའི་ཆེད་དུ་མ་རྟོགས་བཞིན་བདག་གིས་ཆོས་ཟབ་མོ་སྟོང་པ་ཉིད་མངོན་སུམ་དུ་རྟོགས་སོ་ཞེས་མི་ཆོས་བླ་མའི་རྫུན་གྱིས་བདག་འཆོང་པ་དང་༦། རང་ཉིད་ཀྱིས་རྒྱལ་རིགས་ལྟ་བུའི་མི་དབང་པོ་ཆེ་དང་། ཆོས་འདི་བའི་དགེ་སློང་སོགས་དགེ་སྦྱོང་རྣམས་ཕྲ་མས་ཕྱེ་ནས་དབང་པོ་ཆེའི་ཕྱོགས་ལ་བརྟེན་ཏེ་དགེ་སློང་ལ་ནོར་གྱི་ཆད་པས་གཅོད་དུ་འཇུག་པ་དང་། དེའི་རྐྱེན་གྱིས་དགེ་སྦྱོང་གིས་དཀོན་མཆོག་གི་དཀོར་བརྐུས་ནས་ཕྲ་མ་བྱེད་པ་ལ་ཕག་སུག་ཏུ་འབུལ་བ་རང་གིས་ལེན་ནམ་དབང་པོ་ཆེ་ལ་བྱིན་པས་ནོར་བདག་གིར་བྱས་ན་གཉིས་ཀ་ལ་ལྟུང་བར་འགྱུར་བ་༧དང་། སྤྱོད་པ་བསམ་གཏན་པ་ལ་སྨད་པའི་བསམ་པ་དེ་དག་གི་ལོངས་སྤྱོད་སོགས་འཕྲོག་ནས་ཀློག་པ་ཁ་ཏོན་པ་ལ་བྱིན་ནམ་སྦྱིན་དུ་འཇུག་པ་སོགས་ཀྱི་སྒོ་ནས་ཞི་གནས་ཀྱི་ཏིང་ངེ་འཛིན་འདོར་དུ་བཅུག་པ་རྣམས་ཕལ་པ་ལ་འབྱུང་ངེས་པ་བརྒྱད་དུ་བཞག་གོ། །

གཉིས་པ་རྟེན་དང་ལྡང་བའི་དབྱེ་བསྡུ་བཤད་པ་ནི། དེ་དེར་འབྱུང་ཉེས་བཞག་གིས་ཀུན་ལ་ཀུན། །མིང་དུ་བཅོ་བརྒྱད་རྣམ་སུ་བཅུ་བཞི་སྟེ། །ཞེས་པས། དེ་ལྟར་རྒྱལ་བློན་ཕལ་པ་སོ་སོའི་རྩ་ལྟུང་དུ་བཤད་པ་ནི་གཙོ་བོར་གང་ཟག་དེ་དང་དེར་འབྱུང་ཉེ་བ་ཙམ་གྱིས་བཞག་གིས། དོན་ལ་གང་ཟག་གསུམ་པོ་ཀུན་ལ་བཅོ་བརྒྱད་པོ་ཀུན་མ་ལུས་པ་རྩ་ལྟུང་དུ་འགྱུར་བ་ཡིན་ཏེ། མདོ་ལས་མིང་དུ་བཅོ་བརྒྱད་དུ་ཕྱེ་ཡང་དོན་དུ་རྣམ་སུ་བསྡུ་ན་རྒྱལ་བློན་གྱི་རྩ་ལྟུང་དང་པོ་བཞི་ལ་ཐ་དད་མེད་པས་བཅུ་བཞི་པོ་ཁོ་ན་སྟེ་ཞེས་སོ། །

གསུམ་པ་ཐུན་མོང་སྨོན་འཇུག་སྤྱངས་པ་རྩ་ལྟུང་དུ་བསྟན་པ་ནི། སྨོན་འཇུག་སེམས་བཏང་དེ་རྣམས་རྩ་ལྟུང་ཡིན། །ཞེས་པ་སྟེ། ཐེག་པ་དམན་པར་སེམས་བསྐྱེད་པའམ་སེམས་ཅན་བློས་སྤྱངས་ན་སྨོན་སེམས་བཏང་བ་སྟེ། གསང་ཆེན་ཐབས་ལ་མཁས་པའི་མདོ་ལས། རིགས་ཀྱི་བུ་བྱང་ཆུབ་སེམས་དཔའ་ཉན་ཐོས་དང་རང་སངས་རྒྱས་ཡིད་ལ་བྱེད་པས་གནས་པ་འདི་ནི་བྱང་ཆུབ་སེམས་དཔའི་རྩ་བའི་ལྟུང་བ་ལྕི་བའོ། །ཞེས་གསུངས་པ་ལྟར། སྔར་གྱི་རྩ་ལྟུང་བཅོ་བརྒྱད་ཀྱི་སྟེང་དུ་སྨོན་པ་བཏང་བས་བཅུ་དགུ་དང་། དེའི་སྟེང་དུ་དཀོན་བརྩེགས་ལས་གསུངས་པ་ལྟར་འཇུག་སེམས་བཏང་སྟེ་དགེ་ལ་མི་སྦྱོར་བ་བསྣན་པས་རྩ་ལྟུང་ཉི་ཤུར་འགྱུར་ཏེ། དེ་རྣམས་ནི་བྱང་ཆུབ་སེམས་དཔའི་ཚུལ་ཁྲིམས་ཀྱི་རྩ་ལྟུང་ཁོ་ན་ཡིན་ནོ། །དེ་ཡང་བྱང་ཆུབ་སེམས་དཔའི་དབང་པོའི་རིམ་པས་ཕྱེ་ན། གོང་དུ་བཤད་པའི་བཅོ་བརྒྱད་པོ་དབང་རྣོན་གྱི་ཐུན་མོང་མ་ཡིན་པའི་རྩ་ལྟུང་ཡིན་ལ། དབང་འབྲིང་ཡན་ཆད་ཀྱི་བསླབ་བྱ་ལ་བཞིར་བསྟན་ཏེ། ཐབས་ལ་མཁས་པའི་མདོའི་དོན་བསྡུས་པ་ལས། བྱང་ཆུབ་སེམས་ནི་ཡོངས་འདོར་དང་། །ཆགས་དང་སེར་སྣ་མི་ཟད་པས། །སློང་ལ་སྦྱིན་པར་མི་བྱེད་དང་། །ཁྲིམས་ཏེ་དགའ་བར་བྱེད་པ་ན། །སེམས་ཅན་ལ་ནི་མི་བཟོད་པས། །ཁྲོས་པས་སེམས་ཅན་རྡེག་པ་དང་། །ཉོན་མོངས་པ་དང་གཞན་མཐུན་པས། །ཆོས་ལྟར་བཅོས་པ་སྟོན་པའོ། །ཞེས་བཞིར་བཤད་ལ། དབང་རྟུལ་ལ་སྨོན་སེམས་མི་འདོར་བ་གཅིག་པུར་བཞག་ཅིང་། དེའི་ཚུལ་ཡང་རྒྱལ་པོ་ལ་གདམས་པའི་མདོ་ལས་གསུངས་པ་ལྟར་སྡོམ་དུ་བྱས་ན། བྱ་དང་བྱེད་པ་མང་བ་དག །ཐམས་ཅད་སྐྱབ་པར་མི་ནུས་ཀྱང་། །ཡང་དག་རྫོགས་པའི་བྱང་ཆུབ་ལ། །འདུན་དང་

དད་དང་སྨོན་པ་གསུམ། །འགྲོ་འདུག་ཟ་ཉལ་སད་ཀྱང་རུང་། །རྟག་ཏུ་དྲན་པས་སྒོམ་བྱ་ཞིང་། །རྗེས་སུ་ཡི་རང་བྱས་ནས་ཀྱང་། །རྒྱལ་དང་ཐུགས་གསུང་སྲས་རྣམས་ལ། །ཕུལ་ཞིང་སེམས་ཅན་དང་ཐུན་མོང་། །རྫོགས་པའི་བྱང་ཆུབ་ཏུ་བསྔོས་ན། །རང་སྲིད་མི་ཉམས་ཚོགས་རྫོགས་འགྱུར། །ཞེས་པའོ། །གལ་ཏེ་དེ་ལྟ་བུའི་སྨོན་སྡོམ་དེ་ཉམས་ན་འཇུག་སྡོམ་ཀྱང་གཏོང་བར་འགྱུར་བས་ཉེས་པ་ཤིན་ཏུ་ལྕི་སྟེ༎ སྡུད་པ་ལས། གལ་ཏེ་བསྐལ་པ་བྱེ་བར་དགེ་བའི་ལས་ལམ་བཅུ། །སྤྱོད་ཀྱང་རང་རྒྱལ་དགྲ་བཅོམ་ཉིད་ལ་འདོད་བསྐྱེད་ན། །དེ་ཚེ་ཚུལ་ཁྲིམས་སྐྱོན་བྱུང་ཚུལ་ཁྲིམས་ཉམས་པ་ཡིན། །སེམས་བསྐྱེད་དེ་ནི་ཕམ་པ་བས་ཀྱང་ཤིན་ཏུ་ལྕི། །ཞེས་སོ། །

གཉིས་པ་ཡན་ལག་གི་ཉེས་བྱས་གཞན་དུ་ཞལ་འཕང་བ་ནི། ཡན་ལག་ཉེས་བྱས་བརྒྱད་ཅུ་ལ་སོགས་པ། །ཕྲ་ཕྱིར་འདིར་ནི་མ་བཤད་བསླབ་བཏུས་བལྟ། །ཞེས་པ་སྟེ། རྒྱ་བ་བསྲུང་ཐབས་ཀྱི་ཡན་ལག་ཉེས་བྱས་བརྒྱད་ཅུ་ལ་སོགས་པ་རྣམས་ཅུང་ཟད་ཉེས་པ་ཕྲ་བའི་ཕྱིར་བསྟན་བཅོས་འདིར་ནི་མ་བཤད་ཀྱང་བསླབ་བཏུས་སུ་དེ་དག་གསལ་བར་བསྟན་པ་དེར་བལྟ་བར་བྱོས་ཤིག་ཅེས་ཞལ་འཕང་བར་མཛད་དོ། དེའི་སྡོམ་ནི་ཧི་སྐད་དུ། གཞན་གྱི་སྡུག་བསྔལ་ཡིད་མི་བདེ། །རྣུས་བཞིན་ཞི་བར་མི་བྱེད་དང་། །བདེ་དང་ཡིད་བདེ་མི་བསྐྱེད་པ། །ལྟུང་བའི་གཞི་སྟེ་ལུས་སེམས་ཀྱི། །རྟེན་གྱིས་ཕྱེ་ན་རྣམ་པ་བཞི། །ད་ལྟ་དང་ནི་མ་འོངས་པའི། །དུས་ཀྱིས་ཕྱེ་བས་རྣམ་པ་བརྒྱད། །དེ་ཆེད་སྒོ་གསུམ་མི་བརྩོན་དང་། །ཕན་པའི་རྒྱུ་རྐྱེན་མི་འཚོལ་དང་། གཉེན་པོའི་ཕྱོགས་ལ་མི་འབད་པ༎ །དེ་ལྟར་རྗེས་སུ་བསྒྲུབ་པའི་སྒོ། །གསུམ་གྱི་ཕྱེ་བས་ཉི་ཤུ་བཞི། །བདེ་སྡུག་ཡལ་འདོར་ལྟུང་བའོ། །སྡུག་བསྔལ་ཡིད་མི་བདེ་ཆེན་པོའི། །གཉེན་པོ་ཆུང་ངུ་མི་བསྐྱེད་པ། །ལྟུང་བའི་གཞི་སྟེ་འདི་ཕྱི་ཡི། །སྐྱེ་བས་ཕྱེ་བས་རྣམ་པ་བཞི། །རང་གཞན་རྒྱུད་ཀྱི་ཕྱེ་བས་བརྒྱད། །བདེ་དང་ཡིད་བདེ་ཆེན་པོའི་ཕྱིར། །ཆུང་ངུ་ཉམས་པར་མི་བྱེད་པ། །ལྟུང་བའི་གཞི་སྟེ་སྐྱེ་བ་དང་། །རྒྱུད་ཀྱིས་ཕྱེ་བས་རྣམ་པ་བརྒྱད། །སྒྲུབ་པ་ཡལ་བར་འདོར་བ་ཡི། །ལྟུང་བ་རྣམ་པ་བཅུ་དྲུག་གོ། །དེ་ལྟར་བཞི་བཅུ་རེ་རེ་ལའང་། །རེ་ཞིག་ཡལ་བར་འདོར་བ་དང་། །གཏན་དུ་འདོར་བ་རྣམ་པ་གཉིས། །ཕན་ཡོན་ཉེས་དམིགས་མི་བཟད་པའི། །ཡན་ལག་ལྟུང་བ་བརྒྱད་ཅུའོ། །ཞེས་དང་། སོགས་ཁོངས་ནས་ཕྱོགས

མཐུན་གྱི་ཉེས་པ་མི་དགེ་བ་བཅུ་དང་། འཇིག་རྟེན་གྱི་ཆོས་བརྒྱད་དང་། ལོག་པའི་རྟོག་པ་བརྒྱད་དང་། ལོག་འཚོ་ལྔ་དང་། སྤྱོད་ཡུལ་མིན་པ་ལྔ་དང་། སྡིག་གྲོགས་དང་སྡིག་ལྟ་འཛིན་པ་སོགས་བདུད་ཀྱི་ལས་རྣམས་དང་། ལྟ་བས་གཟིངས་པ་དང་། དགེ་བ་འཇོད་པའི་རྒྱུ་བཞི་ལ་སོགས་པ་རྣམས་སྤང་བར་བྱ་ཞིང་། ཡན་ལག་གི་ལྷུང་བ་གཞན་ཡང་། ལུས་ངག་ཡིད་ཀྱི་དགག་པ་དང་སྒྲུབ་པའི་བསླབ་བྱ་རྣམས་ལས་ཉམས་པ་སྟེ། དོན་མེད་པའི་རྒྱུག་མཆོངས་ལ་སོགས་པ་དང་། བྲེ་མོའི་གཏམ་སྨྲ་བ་སོགས་དང་། ཆགས་སྡང་མི་སྤྱོང་བ་སོགས་དགག་པའི་བསླབ་བྱ་ལས་ཉམས་པ་དང་། མིག་ཕབ་སྟེ་བལྟ་བར་བྱ་བ་སོགས་དང་། ལེགས་པར་འོངས་སོ་ཞེས་བྱ་བ་ལ་སོགས་པ་དང་། བྱམས་སྙིང་རྗེ་སྒོམ་ཞིང་དྲན་པ་དང་ཤེས་བཞིན་དང་བག་ཡོད་བསྟེན་པ་སོགས་སྒྲུབ་པའི་བསླབ་བྱ་ལས་ཉམས་པ་སྟེ། དེ་རྣམས་ཀྱི་ནང་དུ་དབང་པོ་འབྲིང་རྟུལ་གྱི་ཉེས་པ་ཐམས་ཅད་ཀྱང་འདུ་བར་གསུངས་སོ། །

གཉིས་པ་ཐོགས་མེད་ཀྱི་ལུགས་བཤད་པ་ལ་གཉིས། སྨོན་པའི་བསླབ་བྱ་དང་། འཇུག་པའི་བསླབ་བྱའོ། །དང་པོ་སྨོན་པའི་བསླབ་བྱ་ལ་གཉིས། སྤྱིར་བཏང་དང་། དཀར་ནག་ཆོས་བརྒྱད་བྱེ་བྲག་ཏུ་བཤད་པའོ། །དང་པོ་སྤྱིར་བཏང་ནི། ཐོགས་མེད་ལུགས་ཀྱི་སྨོན་པའི་བསླབ་བྱ་ལ། སེམས་ཅན་བློས་མི་བཏང་དང་ཕན་ཡོན་དྲན། །ཚོགས་བསགས་བྱང་སེམས་སྦྱོང་ལ་བརྩོན་པ་དང་། །དཀར་ནག་ཆོས་བརྒྱད་བླང་དོར་སྨོན་པའི་ཡིན། །ཞེས་པ་སྟེ། དེ་ནས་རྒྱལ་སྲས་ཐོགས་མེད་ཀྱི་ལུགས་ཀྱི་སྨོན་པའི་བསླབ་བྱ་བཤད་པ་ལ། རྩ་བའི་བསླབ་བྱ་སྨོན་སེམས་མི་འཆོར་བའི་ཐབས་ནི། སེམས་ཅན་གང་ཡང་རུང་བས་རང་གི་སེམས་བསུན་ཕྱུང་བ་ལ་བརྟེན་ནས་ད་ནི་ཁྱོད་ལ་ཕན་ཐོགས་པའི་དུས་བྱུང་ཡང་ཕན་མི་གདགས། གནོད་པ་བཟློག་པའི་དུས་བྱུང་ཡང་གནོད་པ་མི་བཟློག་སྙམ་པ་ནི་སེམས་ཅན་དེ་ཉིད་བློས་བཏང་བ་ཡིན་པས་དེ་འདྲ་སྤངས་ཏེ་ཕན་ལན་དུ་གནོད་པ་བྱས་ནའང་ཡང་ལན་སྙིང་རྗེས་སྨོན་ཏེ་བློས་མི་བཏང་བ་དང་། བྱང་ཆུབ་ཀྱི་སེམས་དེ་མི་ཉམས་པའི་ཐབས་ཕན་ཡོན་དྲན་པ་ནི། སྡོང་པོ་བཀོད་པའི་མདོར་དཔེ་ཉིས་བརྒྱ་དང་སུམ་ཅུའི་སྒོ་ནས་བཤད་པ་རྣམས་ལེགས་པར་བལྟ་ཞིང་། ཐ་ནའང་བྱམས་སྨོན་ནས་འབྱུང་བའི་ཚིགས་བཅད་གི་དོན་བཞིན་དུས་རྟག་ཏུ་ཕན་ཡོན་དྲན་པས་གཅེས་པར་འཛིན་པ་དང་། བྱང་ཆུབ་སེམས་དེའི་སྟོབས་བསྐྱེད་པའི་

ཐབས་ནི། དགེ་བའི་འདུན་པ་སྔོན་དུ་བཏང་ནས་སྦྱིན་པ་སོགས་བསོད་ནམས་ཀྱི་ཚོགས་དང་། དེ་དག་འཁོར་གསུམ་མི་རྟོག་པར་ཤེས་པ་ཡེ་ཤེས་ཀྱི་ཚོགས་ཏེ། ཚོགས་གཉིས་ཟུང་འབྲེལ་དུ་བསགས་པ་ལ་འབད་པ་དང་། བྱང་ཆུབ་ཀྱི་སེམས་དེ་འཕེལ་བའི་ཐབས་ནི། རྒྱུ་ལ་སྦྱང་པ་བྱམས་སྙིང་རྗེ་སྒོམ་པ། སེམས་དངོས་ལ་སྦྱང་བ་ཉིན་མཚན་ཐུན་དྲུག་ཏུ་སེམས་བསྐྱེད་བླང་བ། སྤྱོད་པ་ལ་སྦྱང་བ་རང་གི་བདེ་དགེ་སེམས་ཅན་ལ་བསྔོ་ཞིང་གཞན་གྱི་སྡིག་སྡུག་བདག་ལ་ལེན་པའི་གཏོང་ལེན་སྦྱོང་བ་སྟེ། དེ་གསུམ་གྱི་སྒོ་ནས་བྱང་ཆུབ་ཀྱི་སེམས་སྦྱོང་བ་ལ་རྟག་ཏུ་བརྩོན་པ་དང་། བྱང་ཆུབ་ཀྱི་སེམས་མི་བརྗེད་པའི་ཐབས་ནི། འོག་ནས་འབྱུང་བ་བཞིན་དཀར་ཆོས་བཞི་དང་ནག་ཆོས་བཞི་སྟེ་བརྒྱད་ལ་བླང་དོར་མ་ནོར་བར་བྱེད་པ་ནི་སྨོན་པའི་བསླབ་བྱ་ཡིན་ནོ། །

གཉིས་པ་དཀར་ནག་ཆོས་བརྒྱད་བྱེ་བྲག་ཏུ་བཤད་པ་ནི། མཆོད་འོས་བསླུ་དང་འགྱོད་མེད་འགྱོད་པ་བསྐྱེད། །དམ་པར་སྐུར་འདེབས་འགྲོ་ལ་གཡོ་སྒྱུ་སྤྱོད། །ནག་པོའི་ཆོས་བཞི་སྤང་ཞིང་ལྡོག་པ་ནི། །དཀར་པོའི་ཆོས་བཞི་ཡིན་པས་ཀུན་ཏུ་སྤྱད། །ཅེས་པ་སྟེ། རྫུན་གྱིས་མཆོད་འོས་སུ་གྱུར་པ་བླ་མ་དང་མཁན་སློབ་སོགས་བསླུ་བ་དང་། གཞན་འགྱོད་པའི་གནས་མ་ཡིན་པ་དགེ་བའི་ཕྱོགས་སྒྲུབ་པ་སོགས་ལ་དེ་འགྱོད་པ་མེད་ཀྱང་ངན་སེམས་ཀྱིས་འགྱོད་པ་བསྐྱེད་པ་དང་། སེམས་བསྐྱེད་པའི་བྱང་ཆུབ་སེམས་དཔའ་དམ་པར་སྡང་སེམས་ཀྱིས་སྐྱོན་ནས་བརྗོད་ཅིང་སྐུར་པ་འདེབས་པ་དང་། འགྲོ་བ་གཞན་ལ་ཀུན་སློང་གཡོ་སྒྱུའི་སྒོ་ནས་བསླུ་བའི་སྤྱོད་པ་རྩོམ་པ་རྣམས་ནི་ནག་པོའི་ཆོས་བཞི་ཡིན་པས་སྤང་བར་བྱ་ཞིང་། དེ་ལས་ལྡོག་པ་འོད་སྲུང་གི་ཞུས་པ་ལས། འོད་སྲུང་ཆོས་བཞི་དང་ལྡན་ན་བྱང་ཆུབ་ཀྱི་སེམས་བརྗེད་པར་མི་འགྱུར་ཏེ། བཞི་གང་ཞེ་ན། ཤེས་བཞིན་དུ་རྫུན་མི་སྨྲ་བ་དང་། བྱང་ཆུབ་སེམས་དཔའ་ལ་སྟོན་པའི་འདུ་ཤེས་བསྐྱེད་པ་དང་། སེམས་ཅན་ལ་གཡོ་སྒྱུ་མེད་པར་ལྷག་པའི་བསམ་པས་གནས་པ་དང་། སེམས་ཅན་ཐམས་ཅད་ཐེག་པ་ཆེན་པོ་ལ་ཡང་དག་པར་འགོད་པའོ། །ཞེས་གསུངས་པ་ནི་དཀར་པོའི་ཆོས་བཞི་ཡིན་པས་ཀུན་ཏུ་སྤྱད་པར་བྱའོ། །

གཉིས་པ་འཇུག་པའི་བསླབ་བྱ་བཤད་པ་ལ་གཉིས། རྩ་ལྟུང་བཤད་པ་དང་། ཡན་ལག་ཉེས་བྱས་གཞན་དུ་ཞལ་འཕངས་པའོ། །དང་པོ་རྩ་ལྟུང་བཤད་པ་ནི། རྙེད་བཀུར་ལྷག་ཞེན་བདག་བསྟོད་

གཞན་སྨོད་དང་། །སེར་སྣས་ཟང་ཟིང་ནོར་དང་ཆོས་མི་སྟེར། །ཁྲོ་བས་གཞན་འཚེ་ཤད་སྦྱང་གིས་མི་བཟློག །གཡོམ་ལས་ཆོས་ལྟར་བཅོས་མོས་སྟོན་པ་བཞི། །རྩ་ལྟུང་བཞི་སྟེ་འཇུག་པའི་བསླབ་བྱའོ། །

ཞེས་པ་སྟེ། འཇུག་སེམས་ཀྱི་མི་མཐུན་པའི་ཕྱོགས་རྩ་བའི་ལྟུང་བར་གྱུར་པ་མདོ་སྡེ་ན་འཐོར་བ་རྣམས་ཐོགས་མེད་ཀྱིས་བྱང་སར་བསྡུས་པ་ནི། རྙེད་པ་དང་བཀུར་སྟི་ལ་ལྷག་པར་ཞེན་པས་དེ་ཐོབ་པའི་ཕྱིར་བདག་ལ་བསྟོད་པ་འམ་རྙེད་བཀུར་ཅན་གཞན་ལ་སྨོད་པ་དང་། སེར་སྣའི་དབང་གིས་སྡུག་བསྔལ་བ་དང་། བགྲེན་པ་དང་། མགོན་མེད་པའི་སློང་བ་པོ་ལ་ཁ་ཟས་སོགས་ཟང་ཟིང་ཅུང་ཟད་ཙམ་མམ་ཉན་འདོད་ཀྱི་གང་ཟག་སྣོད་དུ་གྱུར་ཅིང་བྱང་སེམས་རང་ལ་ནུས་པ་ཡོད་བཞིན་དེ་གཉིས་ལ་ནོར་དང་ཆོས་མི་སྟེར་བ་དང་། ཁྲོ་བ་དྲག་པོས་ཀུན་ནས་བསླངས་ཏེ་ཚིག་རྩུབ་སྨྲས་པ་ཙམ་ཀྱིས་མི་ཚིམ་པར་གཞན་ལ་བརྡེག་བཅག་སོགས་འཚེ་བར་བྱེད་ཅིང་ཤད་སྦྱོང་གིས་ཀྱང་མི་བཟློག་པར་འཁོན་དུ་འཛིན་པ་དང་། གཏི་མུག་གིས་ཀུན་ནས་བསླངས་ཏེ་ཐེག་ཆེན་གྱི་སྡེ་སྣོད་ལ་བཀའ་མིན་ནོ་ཞེས་སྐུར་འདེབས་ཀྱིས་སྤོང་བའམ་རང་ངམ་གཞན་གྱི་གཡོ་ལས་སམ་རང་བཟོས་ཆོས་མ་ཡིན་པ་ལ་ཆོས་ལྟར་བཅོས་པ་ལ་མོས་ནས་ཆོས་ཡིན་ནོ་ཞེས་དམ་ཆོས་འདྲ་སྣང་སྟོན་པ་དང་བཞི་པོ་འདི་ཀུན་དཀྲིས་ཆེན་པོས་སྤྱད་ན་བྱང་སེམས་ཀྱི་སྡོམ་པ་རྩ་བ་ནས་གཏོང་བར་བྱེད་པས་ན་རྩ་བའི་ལྟུང་བ་སྟེ། དེ་ཡང་ཀུན་སློང་གི་སྒོ་ནས་བཞི་དང་། སྦྱོར་བའི་སྒོ་ནས་བརྒྱད་དེ་དེ་རྣམས་སྤང་བ་ནི་འཇུག་པའི་བསླབ་བྱའོ། །འོན་གྲོལ་གཉིས་བཤད་པ་འདི་དག་གཙོ་ཆེ་བ་ཡིན་ཞེ་ན། བྱང་སེམས་དབང་རྟུལ་དང་ཁྲིམ་པའི་ཕྱོགས་ལྟ་བུས་སེམས་ཅན་བློས་མི་གཏོང་བ་འདི་ཁོ་ན་ལ་ནན་ཏན་བྱེད་དགོས་པ་ཡིན། རྩིག་པ་མེད་ན་ལོགས་རིས་མི་གནས་པ་བཞིན་དུ། དེ་མེད་ན་བྱང་སེམས་ཀྱི་སྡོམ་པ་གཞན་བསྲུང་བའི་ཐབས་གཏན་ནས་མེད། འོ་ན་དེ་སེམས་ཅན་གཅིག་བློས་གཏོང་བ་ཡིན་ནམ། སེམས་ཅན་ཐམས་ཅད་བློས་གཏོང་བ་ཡིན་སྙམ་ན། སེམས་ཅན་ཐམས་ཅད་བློས་གཏོང་བ་ནི་ཉན་རང་གཉིས་ལས་ཁྲ་དང་སྤྱང་ཀི་སོགས་ལའང་མི་སྲིད་པས་སེམས་ཅན་གཅིག་བློས་གཏོང་བའོ། །བྱང་སེམས་དབང་འབྲིང་དང་རབ་བྱུང་གི་ཕྱོགས་ལྟ་བུས་སྔ་མའི་སྟེང་དུ་བྱང་སའི་བཞི་སྤོང་དགོས་པ་ཡིན། དབང་རྣོན་གྱིས་སེམས་ཅན་བློས་མི་གཏོང་བ་གཞིར་བཞག་གི་སྟེང་དུ་ནས་

མཁའི་སྙིང་པོའི་མདོའི་དོན་རྩ་ལྟུང་བཅོ་བརྒྱད་པོ་བསྲུང་དགོས་པའི་དོན་ཡིན་པས་འདི་དག་ཕན་ཚུན་འགལ་འདྲ་ཅན་དུ་མ་སེམས་ཤིག །གཉིས་པ་ཡན་ལག་ཉེས་བྱས་གཞན་དུ་ཞལ་འཕངས་པ་ནི། ཉེས་བྱས་ཕྲ་བ་ཞེ་དྲུག་གཞན་དུ་ཤེས། །ཞེས་པ་སྟེ། དེ་ལས་གཞན་ཉེས༷་བྱས༷་ཕྲ༷་བ༷་ཞེ༷་དྲུག༷་ཡོད་པ་འདིར་བཤད་པར་མ་ལོངས་པས་གཞན༷་དུ༷་ཤེ༷ས་པར་བྱའོ་ཞེས་ཞལ་འཕངས་པར་མཛད་པ་སྟེ། དེ་ཡང་སྡོམ་པ་ཉི་ཤུ་པར་དགེ་བ་ཆོས་སྡུད་དང་འགལ་བ་སོ་བཞི་དང་། སེམས་ཅན་དོན་བྱེད་དང་འགལ་བ་བཅུ་གཉིས་སུ་གསུངས་པ་ལས། དང་པོ་ལའང་ནང་གསེས་སྦྱིན་ཚན་དྲུག་ལས། སྦྱིན་པ་དང་འགལ་བ་བདུན་ནི། །དཀོན་མཆོག་གསུམ་ལ་གསུམ་མི་མཆོད། །འདོད་པའི་སེམས་ཀྱིས་རྗེས་སུ་འཇུག །རྒན་པ་རྣམས་ལ་གུས་མི་བྱེད། །དྲིས་པ་ལ་ནི་ལན་མི་འདེབས། །མགྲོན་པོས་བདག་གིར་མི་བྱེད་ཅིང་། །གསེར་ལ་སོགས་པ་ལེན་མི་བྱེད། །ཆོས་འདོད་པ་ལ་སྦྱིན་མི་བྱེད། །ཅེས་དང་། ཚུལ་ཁྲིམས་དང་འགལ་བ་དགུ་ནི། ཚུལ་ཁྲིམས་འཆལ་རྣམས་ཡལ་བར་འདོར། །ཕ་རོལ་དད་ཕྱིར་སློབ་མི་བྱེད། །སེམས་ཅན་དོན་ལ་བྱ་བ་ཆུང་། །སྙིང་བརྗེར་བཅས་ན་མི་དགེ་མེད། །འཚོ་བ་ལོག་པ་དང་དུ་ལེན། །འཆལ་ཞིང་རབ་ཏུ་རྒོད་ལ་སོགས། །འཁོར་བ་གཅིག་པུས་བགྲོད་པར་སེམས། །གྲགས་པ་མ་ཡིན་མི་སྤོང་བ། །ཉོན་མོངས་བཅས་ཀྱང་འཆོས་མི་བྱེད། །ཅེས་དང་། བཟོད་པ་དང་འགལ་བ་བཞི་ནི། གཤེ་ལ་ལན་དུ་གཤེ་ལ་སོགས། །ཁྲོས་པ་རྣམས་ནི་ཡལ་བར་འདོར། །ཕ་རོལ་ཤད་ཀྱིས་འཆགས་པ་སྤོང་། །ཁྲོས་པའི་སེམས་ཀྱིས་རྗེས་སུ་འཇུག །ཅེས་དང་། བརྩོན་འགྲུས་དང་འགལ་བ་གསུམ་ནི། །རྙེད་བཀུར་འདོད་ཕྱིར་འཁོར་རྣམས་སྡུད། །ལེ་ལོ་ལ་སོགས་སེལ་མི་བྱེད། །ཆགས་པས་བྲེ་མོའི་གཏམ་ལ་བརྟེན། །ཞེས་དང་། བསམ་གཏན་དང་འགལ་བ་གསུམ་ནི། ཏིང་ངེ་འཛིན་གྱི་དོན་མི་འཚོལ། །བསམ་གཏན་སྒྲིབ་པ་སྤོང་མི་བྱེད། །བསམ་གཏན་རོ་ལ་ཡོན་ཏན་བལྟ། །ཞེས་དང་། ཤེས་རབ་དང་འགལ་བ་བརྒྱད་ནི། ཉན་ཐོས་ཐེག་པ་སྤོང་བར་བྱེད། །རང་ཚུལ་ཡོད་བཞིན་དེ་ལ་བརྩོན། །བརྩོན་མིན་ཕྱི་རོལ་བསྟན་བཅོས་བརྩོན། །བརྩོན་པར་བྱས་ཀྱང་དེ་ལ་དགའ། །ཐེག་པ་ཆེན་པོ་སྤང་བར་བྱེད། །བདག་ལ་བསྟོད་ཅིང་གཞན་ལ་སྨོད། །ཆོས་ཀྱི་དོན་དུ་འགྲོ་མི་བྱེད། །དེ་ལ་སྨོད་ཅིང་ཡི་གེར་རྟོན། །ཞེས་སོ། །

གཉིས་པ་སེམས་ཅན་དོན་བྱེད་དང་འགལ་བ་བཅུ་གཉིས་ལ་ནང་གསེས་སྡེ་ཚན་གསུམ་ལས། དང་པོ་གཞན་དོན་ལས་ཉམས་པའི་ཉེས་པ་བཞི་ནི། དགོས་པའི་གྲོགས་སུ་འགྲོ་མི་བྱེད། །ནད་པའི་རིམ་གྲོ་བྱ་བ་སྤོང་། །སྡུག་བསྔལ་སེལ་བར་མི་བྱེད་དང་། །བག་མེད་པ་ལ་རིགས་མི་སྟོན། །ཞེས་དང་།

གཉིས་པ་གཞན་ལ་ཕན་མི་འདོགས་པའི་ཉེས་པ་དྲུག་ནི། །བྱས་ལ་ལན་དུ་ཕན་མི་འདོགས། །གཞན་གྱི་མྱ་ངན་སེལ་མི་བྱེད། །ནོར་འདོད་པ་ལ་སྦྱིན་མི་བྱེད། །འཁོར་རྣམས་ཀྱི་ནི་དོན་མི་བྱེད། །གཞན་གྱི་བློ་དང་མཐུན་མི་འཇུག །ཡོན་ཏན་བསྔགས་པ་བརྗོད་མི་བྱེད། །ཅེས་དང་།

གསུམ་པ་ངན་པ་ཚར་མི་གཅོད་པའི་ཉེས་པ་གཉིས་ནི། རྐྱེན་དང་འཚམས་པར་ཚར་མི་གཅོད། །རྫུ་འཕྲུལ་བསྡིགས་ལ་སོགས་མི་བྱེད། །ཅེས་སོ། །འདི་དག་འགྲེལ་བ་ཅི་རིགས་པར་གསུམ་གསུམ་དུ་བྱས་ནས་བཤད་དེ། གལ་ཏེ་མ་གུས་པ་དང་། སྙོམས་ལས་པ་དང་། ལེ་ལོས་ཉེས་པ་བྱུང་ན་ནི་ཉོན་མོངས་པ་ཅན་གྱི་ཉེས་པར་འགྱུར་རོ། །གལ་ཏེ་བརྗེད་པས་ཉེས་པ་བྱུང་ན་ནི་ཉོན་མོངས་པ་ཅན་མ་ཡིན་པའི་ཉེས་པར་འགྱུར་ལ། སེམས་འཁྲུགས་པ་ལ་ནི་ཉེས་པ་མེད་དོ། །ཞེས་སོ། །ཉེས་སྤྱོད་སྡོམ་པ་དང་འགལ་བ་ནི་བཤད་མི་དགོས་ཏེ། རྟེན་རབ་བྱུང་ཡིན་ན་སོ་ཐར་གྱི་ཕམ་བཞི་འདིར་ཡང་རྩ་ལྟུང་དང་། དེ་མ་ཡིན་པའི་ལྟུང་བ་རྣམས་བྱང་སེམས་ཀྱི་ཡན་ལག་གི་ཉེས་བྱས་སུ་འགྱུར་བ་དང་། རབ་བྱུང་མིན་ཀྱང་རང་སའི་རྩ་ལྟུང་གི་ཕྱོགས་དང་མཐུན་པའི་ཉེས་པ་ཕྲ་བ་རྣམས་ཉེས་བྱས་སུ་འགྱུར་བས་སོ། །

གཉིས་པ་དགེ་བ་ཆོས་སྡུད་ཀྱི་ཚུལ་ཁྲིམས་བཤད་པ་ལ་གཉིས། མདོར་བསྟན་པ་དང་། རྒྱས་པར་བཤད་པའོ། །དང་པོ་མདོར་བསྟན་པ་ནི། དགེ་བ་ཆོས་སྡུད་ཕར་ཕྱིན་དྲུག་སློབ་སྟེ། །ཞེས་པས། རང་གཞན་ཀུན་ལ་དགེ༷་བ༷་བསོད་ནམས་ཀྱི་ཆོས༷་ཚོགས་ཟབ་མོ་ཡིད་བཞིན་དུ་སྡུད༷་པར་བྱེད་པ་ནི་ཕ༷་རོ༷ལ་ཏུ་ཕྱིན༷་པ་དྲུག༷་ལ་ཚུལ་བཞིན་དུ་སློབ༷་པར་བྱ་བ་སྟེ། ཞེས་མདོར་བསྟན་ནས།

གཉིས་པ་རྒྱས་པར་བཤད་པ་ལ་དྲུག་ལས། དང་པོ་སྦྱིན་པའི་ཕར་ཕྱིན་ལ། དབུལ་བ་སེལ་ཕྱིར་ཆོས་ནོར་མི་འཛེམས་སྦྱིན། །ཞེས་པས། དེ་ལ་སྦྱིན་པའི་ངོ་བོ་ནི་ཁྱད་ཆོས་བཞི་ལྡན་གྱི་གཏོང་

སེམས་དགེ་བ་ས་བོན་དང་བཅས་པའོ། །སྒྲ་དོན་ནི། དཱ་ན་ཞེས་པའི་སྒྲ་ལས། ཕ་རོལ་གྱི་དབུལ་བ་སེལ་བའི་ཕྱིར་སྦྱིན་པ་ཞེས་བྱའོ། །དབྱེ་ན་ཆོས་ཀྱི་སྦྱིན་པ་ནི་སྣོད་བརྟག་ཅིང་སྙིང་རྗེ་ཆེན་པོས་སྐུལ་བ་དང་འཚམས་པར་ལེགས་བཤད་ཀྱི་དགའ་སྟོན་འགྱེད་པ་དང་། ཟང་ཟིང་ནོར་གྱི་སྦྱིན་པ་ལ་ཟས་གོས་ཁང་ཁྱིམ་རྟ་དང་ཤིང་རྟ་ལ་སོགས་པ་གཏོང་བ་དང་། གཏོང་བ་ཆེན་པོ་ལ་བུ་དང་ཆུང་མ་རྒྱལ་སྲིད་སོགས་གཏོང་བ་དང་། བྱ་དཀའ་བའི་གཏོང་བ་ལ་རང་གི་མགོ་དང་རྐང་ལག་སོགས་གཏོང་བའོ། །འོན་ཀྱང་ཕ་དང་མ་སྦྱིན་པ་དང་། རབ་ཏུ་བྱུང་བས་ཆོས་གོས་གསུམ་སྦྱིན་པ་དང་། བསམ་པ་མ་དག་ན་རང་གིས་ལུས་སྦྱིན་པ་རྣམས་མི་བྱའོ། །དེ་ཡང་བྱང་སེམས་ཁྱིམ་པས་ཟང་ཟིང་དང་རབ་བྱུང་གིས་ཆོས་སྦྱིན་གཙོ་བོར་གཏོང་བར་གསུངས། མི་འཇིགས་པའི་སྦྱིན་པ་ལ། གནས་སྐབས་སུ་ནད་གདོན། ཆོམ་རྐུན་གཅན་གཟན། རྒྱལ་པོ་སོགས་ཀྱི་འཇིགས་པ་དང་། མཐར་ཐུག་འཁོར་བ་དང་ངན་སོང་གི་འཇིགས་པ་ལས་སྐྱོབས་པའོ། །

གཉིས་པ་ཚུལ་ཁྲིམས་ཀྱི་ཕར་ཕྱིན་ལ། སྤོང་བའི་སེམས་ཀྱིས་ཚུལ་ཁྲིམས་རྣམ་གསུམ་སྲུང་། །ཅེས་པས། དེ་ལ་ཚུལ་ཁྲིམས་ཀྱི་ངོ་བོ་ནི་ཁྱད་ཆོས་བཞི་ལྡན་གྱི་སྤོང་བའི་སེམས་ཀྱིས་ཉེས་པ་བསྲུང་འདོད་ཀྱི་སེམས་དགེ་བ་ས་བོན་དང་བཅས་པའོ། །སྒྲ་དོན་ནི། ཤཱི་ལའི་སྒྲ་ལས་ཡུལ་གྱི་གདུང་བས་མི་བརྗི་བར་བསིལ་བ་ཐོབ་པར་བྱེད་པས་ན་ཚུལ་ཁྲིམས། དབྱེ་ན། དང་པོ་བྱང་ཆུབ་ཀྱི་སེམས་གནས་པའི་ཐབས་ཉེས་སྤྱོད་སྡོམ་པའི་ཚུལ་ཁྲིམས། གཉིས་པ་རང་རྒྱུད་ཀྱི་ཆོས་སྨིན་པའི་ཐབས་དགེ་བ་ཆོས་སྡུད་ཀྱི་ཚུལ་ཁྲིམས། གསུམ་པ་སེམས་ཅན་རྣམས་སྨིན་པའི་ཐབས་སེམས་ཅན་དོན་བྱེད་ཀྱི་ཚུལ་ཁྲིམས་ཏེ། དེ་ལྟར་ཚུལ་ཁྲིམས་རྣམ་པ་གསུམ་པོ་ལ་བླང་དོར་མ་ནོར་ཞིང་བསམ་སྦྱོར་དག་པའི་སྒོ་ནས་གཞན་དོན་དུ་སྲུང་བར་བྱ་ཞེས་པ་སྟེ། འདི་དག་ལ་གོ་དོན་དུ་ཉེས་སྤྱོད་སྡོམ་པའི་ཚུལ་ཁྲིམས་ནི་ཐུན་མོང་དུ་རང་གི་སྟེར་གང་བླངས་པའི་སོ་ཐར་རིས་བདུན་གྱི་བསླབ་བྱ་རྣམས་དང་། ཐུན་མོང་མ་ཡིན་པ་རྩ་བ་དང་ཡན་ལག་གི་ལྟུང་བ་རྣམས་མ་ཉམས་པར་བྱ་བ་དང་། དགེ་བ་ཆོས་སྡུད་ཀྱི་ཚུལ་ཁྲིམས་ནི། ཐོས་བསམ་སྒོམ་པ་སོགས་ཚོགས་གཉིས་དང་ཕྱིན་དྲུག་གིས་བསྡུས་པའི་དགེ་བའི་ཆོས་རང་རྒྱུད་ལ་མ་སྐྱེས་པ་བསྐྱེད་པ་དང་། སྐྱེས་པ་སྤེལ་ཞིང་དེའི་མི་མཐུན་ཕྱོགས་མཐའ་

དག་སྤྱོང་བ་དང་། སེམས་ཅན་དོན་བྱེད་ཀྱི་ཚུལ་ཁྲིམས་ནི། བསམ་སྦྱོར་མཐའ་དག་གཞན་དོན་དུ་སྤྱོད་པའི་ཐབས་མཁས་ཀྱི་དངོས་བརྒྱུད་ཐམས་ཅད་ནས་ཕ་རོལ་པོའི་དོན་བསྒྲུབ་པ་དང་། དེ་དག་དད་ཅིང་། རང་ཉིད་མི་ཉམས་པའི་ཆེད་དུ་སྒོ་གསུམ་གྱི་འདུ་བྱེད་མ་དག་པ་ཐམས་ཅད་སྤངས་ཤིང་དག་པ་གསུམ་བསྟེན་པར་བྱའོ། །

གསུམ་པ་བཟོད་པའི་ཕར་ཕྱིན་ལ། ཁོང་ཁྲོ་ཟབ་མོ་སྡུག་བསྔལ་བཟོད་པར་བྱ། །ཞེས་པས། དེ་ལ་བཟོད་པའི་ངོ་བོ་ནི་ཁྱད་ཆོས་བཞི་ལྡན་གྱི་མི་འཁྲུག་པའི་སེམས་དགེ་བ་ས་བོན་དང་བཅས་པའོ། །སྒྲ་དོན་ནི། ཀྵཱནྟིའི་སྒྲ་ལས་སྡུག་བསྔལ་སོགས་མི་བདེ་མི་དགའ་བའི་ཡུལ་ལ་སེམས་མི་འཁྲུགས་པར་བསྲན་ཚུགས་པས་ན་བཟོད་པའོ། །དབྱེ་ན། གནོད་བྱེད་ལ་ཇི་མི་སྙམ་པའི་བཟོད་པ་དང་། སྡུག་བསྔལ་དང་དུ་ལེན་པའི་བཟོད་པ་དང་། ཆོས་ལ་ངེས་རྟོག་གི་བཟོད་པ་དང་གསུམ་ལས། དང་པོ་ནི། བདག་དང་བདག་གི་ཡིད་དུ་འོང་བའི་གྲོགས་ལ་གཞན་གྱིས་བརྙེག་གཤེ་ཁྲོ་བ་མཚང་འབྲུ་བ་སོགས་མི་འདོད་པར་བྱེད་པ་དང་། འདོད་པའི་གེགས་བྱེད་པ་ལ་བཟོད་པའོ། །ཇི་ལྟར་བཟོད་ན་ཁོང་ཁྲོའི་ཉེས་དམིགས་ལ་བསམ་སྟེ་ཕ་རོལ་གྱིས་གནོད་པ་བྱེད་པ་ལ་ཇི་མི་སྙམ་དུ་སེམས་མི་འཁྲུགས་པར་གནོད་ལན་མི་བྱེད་པ་དང་། འཁོན་ཞེ་ལ་མི་འཛིན་པར་མ་ཟད་སླར་ཡང་སྙིང་རྗེ་བསྐྱེད་པ་བྱ་བ་དང་། གཉིས་པ་ནི། བྱང་ཆུབ་བསྒྲུབ་པའི་དཀའ་སྤྱད་ཀྱི་སྡུག་བསྔལ་མཐའ་དག་དང་དུ་ལེན་པ་སྟེ། ནད་ཀྱི་ཟུག་རྔུ་འབྱིན་པ་ལ་དཔྱད་བརྟེན་པ་བཞིན་ནོ། །གསུམ་པ་ནི། སྟོང་ཉིད་ལ་སོགས་པ་ཟབ་མོའི་དོན་ལ་མི་སྐྲག་ཅིང་གཞན་དོན་ལ་མི་སྐྱོ་བ་དང་། ཕྱུག་གི་བདེ་བ་བླ་ན་མེད་པའི་དོན་དུ་འཕྲལ་གྱི་སྡུག་བསྔལ་དམ་ཆོས་སྒྲུབ་པའི་དཀའ་སྤྱད་སོགས་ཀྱིས་མི་སྐྱོ་བར་དང་དུ་བླངས་ནས་བཟོད་པར་བྱ་བའོ། །

བཞི་པ་བརྩོན་འགྲུས་ཀྱི་ཕར་ཕྱིན་ལ། གོ་ཆ་དགེ་སྤྱོད་གཞན་ཕན་བརྩོན་འགྲུས་བརྩམ། །ཞེས་པས། དེ་ལ་བརྩོན་འགྲུས་ཀྱི་ངོ་བོ་ནི་ཁྱད་ཆོས་བཞི་ལྡན་གྱི་སྤྲོ་བའི་སེམས་པ་དགེ་བ་ས་བོན་དང་བཅས་པའོ། །སྒྲ་དོན་ནི། བཱིརྱའི་སྒྲ་ལས་སྙིང་སྟོབས་མ་ཞུམ་པས་མཆོག་གི་གནས་ལ་སྦྱོར་བས་ན་བརྩོན་འགྲུས་སོ། །དབྱེ་ན། དང་པོ་གོ་ཆའི་བརྩོན་འགྲུས་དང་། གཉིས་པ་དགེ་བ་ཆོས་སྡུད་

ཀྱི་བརྩོན་འགྲུས་དང༌། གསུམ་པ་གཞན་ལ་ཕན་པའི་བརྩོན་འགྲུས་དང་གསུམ་ལས། དང་པོ་ནི། བསམ་པ་བདུད་ཀྱིས་མི་བརྫི་བའི་རྒྱུ་སེམས་ཅན་ཐམས་ཅད་རྫོགས་བྱང་ལ་མ་འགོད་ཀྱི་བར་དུ་བདག་གིས་བརྩོན་པ་འདོར་བར་མི་བྱའོ་སྙམ་དུ་བསམ་པའི་གོ་ཆ་བགོ་བ་དང༌། གཉིས་པ་ནི། ལུས་དང་སྲོག་ལའང་མི་བལྟ་བར་བྱང་ཆུབ་ཆེན་པོ་ཐོབ་པའི་རྒྱུ་དགེ་བའི་ཚོགས་ཐམས་ཅད་སྡུད་པར་འཇུག་ཅིང་དེ་ཡང་སྒྲུབ་པ་ལ་མི་ཞུམ་ཞིང་ཅུང་ཟད་ཙམ་གྱིས་མི་ངོམས་པ་རྒྱུན་གྱི་མི་ལྡོག་པའི་སྒོ་ནས་གུས་རྟག་གིས་བརྩོན་པར་བྱ་བ་དང༌། གསུམ་པ་ནི། དོན་གཉིས་འགྲུབ་པའི་རྒྱུ་གཞན་ལ་ཕན་པའི་དངོས་པོ་སྒྲུབ་པ་ལ་སྦྱོ་བའི་སྒོ་ནས་འཇུག་པའི་བརྩོན་འགྲུས་བརྒྱམ་པའོ། །

ལྔ་པ་བསམ་གཏན་གྱི་ཕར་ཕྱིན་ལ། འཇིག་རྟེན་འཇིག་རྟེན་འདས་པའི་བསམ་གཏན་བསྒོམ། །ཞེས་པས། དེ་ལ་བསམ་གཏན་གྱི་ངོ་བོ་ནི་ཁྱད་ཆོས་བཞི་ལྡན་གྱི་དམིགས་པ་ལ་རྩེ་གཅིག་པའི་སེམས་པ་དགེ་བ་ས་བོན་དང་བཅས་པའོ། །སྒྲ་དོན་ནི། ཛྷཱ་ན་ཞེས་པའི་སྒྲ་ལས་སེམས་པའི་རྒྱུན་གཞན་དུ་མི་ཡེངས་པར་འཛིན་པས་ན་བསམ་གཏན་ནོ། །དབྱེ་ན། ཕྱི་རོལ་པ་དང་ཐུན་མོང་དུ་གྱུར་པའི་བསམ་གཟུགས་བརྒྱད་སྒོམ་པ་འཇིག་རྟེན་པའི་དང༌། འདས་ལམ་གྱིས་ཐོབ་པའི་ཐེག་གསུམ་སོ་སོའི་ཏིང་ངེ་འཛིན་འཇིག་རྟེན་ལས་འདས་པའི་བསམ་གཏན་སྒོམ་པ་གཉིས་སོ། །དེ་ཡང་ལང་གཤེགས་ལས་གསུངས་པ་ལྟར་གསུམ་དུ་དབྱེ་ན་ལམ་ལ་མ་ཞུགས་པའི་རྒྱུད་ཀྱི་བསམ་གཟུགས་བྱིས་པ་ཉེར་སྤྱོད་ཀྱི་དང༌། ལམ་ཞུགས་ཚོགས་སྦྱོར་གྱི་ཏིང་ངེ་འཛིན་དོན་རབ་འབྱེད་པའི་དང༌། མཐོང་ལམ་ཡན་ཆད་ཀྱི་འཕགས་པའི་ཏིང་ངེ་འཛིན་རྣམས་ལ་དེ་བཞིན་གཤེགས་དགེའི་བསམ་གཏན་ཞེས་བྱ་བ་དེ་རྣམས་སོ། །

དྲུག་པ་ཤེས་རབ་ཀྱི་ཕར་ཕྱིན་ལ། ཐོས་བསམ་སྒོམ་པའི་ཤེས་རབ་ཟབ་མོ་སྐྱེད། །ཞེས་པས། དེ་ལ་ཤེས་རབ་ཀྱི་ངོ་བོ་ནི་ཁྱད་ཆོས་བཞི་ལྡན་གྱི་ཆོས་རབ་རྣམ་པར་འབྱེད་པའི་སེམས་པ་དགེ་བ་ས་བོན་དང་བཅས་པའོ། །སྒྲ་དོན་ནི། པྲཛྙཱ་ཞེས་པའི་སྒྲ་ལས་རབ་ཏུ་རྟོགས་པའམ་རབ་ཏུ་ཁོང་དུ་ཆུད་པས་ན་ཤེས་རབ་བོ། །དབྱེ་ན། ཐོས་བསམ་སྒོམ་པའི་ཤེས་རབ་ཅེས་པ་སྟེ། འདི་དག་གི་གོ་དོན་ལོང་བ་གནད་ཆེ་བས་ན་ཅུང་ཟད་ཞིབ་ཏུ་སྤྲོས་ན། དང་པོ་ཐོས་པ་ལས་བྱུང་བའི་ཤེས་རབ་ནི།

གསུང་རབ་དགོངས་འགྲེལ་དང་བཅས་པ་ནང་རིག་པ་དང་། དེས་གདུལ་བྱ་རྗེས་སུ་འཛིན་པའི་ཡན་ལག་ཏུ་ཐུན་མོང་གི་རིག་གནས་བཟོ་གསོ་སྒྲ་ཚད་བཞི་དང་བཅས་པ་ལ་མཁས་པར་བྱ་བ་སྟེ། མདོ་སྡེ་རྒྱན་ལས། རིག་པའི་གནས་ལྔ་དག་ལ་མཁས་པར་མ་བྱས་ན། །འཕགས་མཆོག་གིས་ཀྱང་ཐམས་ཅད་མཁྱེན་ཉིད་མི་འགྱུར་ཏེ། །དེ་ལྟ་བས་ན་གཞན་དག་ཚར་གཅོད་རྗེས་བཟུང་དང་། །བདག་ཉིད་ཀུན་ཤེས་བྱ་ཕྱིར་དེ་ལ་དེ་བརྩོན་བྱ། །ཞེས་གསུངས་ཤིང་། ཁྱད་པར་དུ་གསུང་རབ་ཀྱི་དོན་རྣམས་དཔྱིས་ཕྱིན་པ་ཁོང་དུ་ཆུད་པར་བྱེད་པ་ལ། སྦྱོར་དྲུང་ངེས་ལྡེམ་དགོངས་ལ་སོགས་པའི་སྒོ་ནས་འཇལ་དགོས་ཀྱང་། འདིར་ཆོས་རྣམས་ཀྱི་གནས་ལུགས་ཇི་བཞིན་པ་ལ་ངེས་པ་ཐོབ་པའི་ཤེས་རབ་བསྐྱེད་པའི་ཕྱིར་ཡོད་པ་སྒྲོ་འདོགས་ཀྱི་མཐའ་སེལ་བྱེད་ངོ་བོ་ལ་དཔྱོད་པ་གཅིག་དུ་བྲལ། རྒྱུ་ལ་དཔྱོད་པ་རྡོ་རྗེའི་ཟེགས་མ། འབྲས་བུ་ལ་དཔྱོད་པ་ཡོད་མེད་སྐྱེ་འགོག །རྒྱུ་འབྲས་གཉིས་ཀ་ལ་དཔྱོད་པ་མུ་བཞི་སྐྱེ་འགོག་སྟེ་བཞི་དང་། ཡོད་མེད་གཉིས་ཀའི་སྤྲོས་པ་གཅོད་བྱེད་རྟེན་འབྲེལ་ཆེན་མོ་སྟེ་གཏན་ཚིག་ཆེན་པོ་ལྔས་ཀུན་རྫོབ་སྤྲོས་པའི་སྣང་ཞེན་ཐམས་ཅད་སྤྲོས་བྲལ་དུ་གཏན་ལ་འབེབས་པ་བཀའ་བར་པའི་དགོངས་དོན་ལྟར་དང་། བློ་ལས་འདས་པའི་ཆོས་ཉིད་དོན་དམ་འོད་གསལ་བའི་ཡེ་ཤེས་སྟོང་མི་སྟོང་ལ་སོགས་པའི་དཔྱོད་ཡུལ་ལས་འདས་པའི་བསམ་གྱིས་མི་ཁྱབ་པའི་ངོ་བོ་བཀའ་ཐ་མ་དང་། སྔགས་རྒྱུད་རྣམས་སུ་གསུངས་པའི་དོན་ལ་ངེས་པ་ནང་ནས་འདྲོངས་པ་ཞིག་བྱེད་དགོས་སོ། །དེ་ནས་བསམ་བྱུང་གི་ཤེས་རབ་བསྐྱེད་པ་ནི། ཇི་སྐད་ཐོས་པའི་དོན་ལ་ཉེ་བར་དཔྱོད་པས་ནང་དུ་སེམས་པར་འཇུག་པ་ན་བྱེ་བྲག་འབྱེད་པའི་བསམ་ཤེས་ཀྱི་དོན་སྤྱི་ཙམ་དུ་མ་ལུས་པར་རེ་རེ་ནས་ཚིག་དང་དོན་གྱི་རིམ་པ་རྣམས་ནོར་མ་ནོར་བརྟག་ཅིང་ངེས་པར་བྱ་སྟེ། ཡེ་ཤེས་སྙིང་པོ་ཀུན་ལས་བཏུས་པ་ལས། བསྲེག་བཅད་བརྡར་བའི་གསེར་བཞིན་དུ། །ལེགས་པར་བརྟག་ལ་ང་ཡི་བཀའ། །བླང་བར་བྱ་ཡི་གུས་ཕྱིར་མིན། །ཞེས་པ་ལྟར་དད་པས་འཇུག་པ་ཙམ་མ་ཡིན་པར་ཡིད་ཆེས་བསྐྱེད་པའི་ལུང་དང་། དངོས་སྟོབས་ཀྱི་རིག་པ་དང་། སྔ་ཕྱི་མི་འགལ་བ་གསུམ་གྱི་བརྟགས་ནས་བླང་བར་བྱ་སྟེ། བཞི་བརྒྱ་པ་ལས། དོན་གང་ལུང་དང་རིག་པ་ཡིས། །ལེགས་པར་མངོན་པར་བརྗོད་པ་དང་། །སྔ་ཕྱི་འགལ་བ་མེད་པ་སྟེ། །དམ་པ་རྣམས་ཀྱིས་ཡོངས་སུ་བཟུང་། །

ཞེས་སོ། །དེ་ལྟར་བསམ་བྱ་ཡོངས་སུ་རྫོགས་པ་ན་སྒོམ་པ་ལས་བྱུང་བའི་ཤེས་རབ་ཟབ་མོ་རྒྱུད་ལ་བསྐྱེད་པར་བྱ་སྟེ། དེ་ཡང་སྤྱིར་ཇི་ལྟར་ངེས་པའི་དོན་རྣམས་བླང་དོར་གྱི་སྒོ་ནས་སྒྲུབ་ཅིང་ཉམས་སུ་ལེན་པ་དང་། ཁྱད་པར་ལྷག་མཐོང་གི་ཤེས་རབ་རྣམ་པར་མི་རྟོག་པའི་ཡེ་ཤེས་ཉམས་སུ་བླང་བ་ནི། འཁོར་ལོ་བར་ཐ་དང་སྔགས་ཀྱི་རྒྱུད་དེ་ཟབ་མོ་རྣམས་སུ་བཤད་པའི་དགོངས་དོན་རྣམས་འགལ་མེད་དུ་བསམ་བྱུང་གིས་གཏན་ལ་ཕེབས་པའི་ངང་དུ་བློ་རྟོག་གི་སྤྲོས་པ་ཐམས་ཅད་བཅད་ནས་འཇོག་པར་བྱ་བ་སྟེ། སྒྲ་གཅན་འཛིན་གྱིས་ཡུམ་ལ་བསྟོད་པ་ལས། སྨྲ་བསམ་བརྗོད་མེད་ཤེས་རབ་ཕ་རོལ་ཕྱིན། །མ་སྐྱེས་མི་འགག་ནམ་མཁའི་ངོ་བོ་ཉིད། །སོ་སོ་རང་རིག་ཡེ་ཤེས་སྤྱོད་ཡུལ་བ། །དུས་གསུམ་རྒྱལ་བའི་ཡུམ་ལ་ཕྱག་འཚལ་ལོ། །ཞེས་སོ། །དེ་ལྟར་བཞག་པས་སྨིན་དེངས་པ་ན་ཉི་མའི་དཀྱིལ་འཁོར་གསལ་བ་ལྟར་མཉམ་བཞག་གི་རིག་ངོ་ན་ངོས་བཟུང་གང་དུའང་མ་གྲུབ་པའི་བློ་བྲལ་གྱི་ཡེ་ཤེས་རང་གསལ་རྗེན་པར་གནས་པ་ནི་སེམས་ཀྱི་རང་བཞིན་འོད་གསལ་བ་ཁོང་ནས་ཤར་བ་སྟེ། དེ་ལ་ཡང་ཡང་གོམས་པའི་སྟོབས་ཀྱིས་རང་གནས་ཀྱི་ཡེ་ཤེས་མ་རྟོགས་པའི་སེམས་ཅན་རྣམས་ལ་སྙིང་རྗེ་ཆེན་པོ་ངང་གིས་འབྱུང་བ་ནི་ཆོས་ཉིད་ཡིན་པས། དེ་ལྟ་བུའི་སྟོང་ཉིད་སྙིང་རྗེ་ཟུང་དུ་འཇུག་པ་དེ་ནི་ཐེག་པ་ཆེན་པོའི་མདོ་སྔགས་ཀྱི་ལམ་ཐམས་ཅད་ཀྱི་དངོས་གཞིར་ངེས་པས་གནད་མ་འཆུག་པར་བྱ་དགོས་ལ། དེ་ཡང་སྦྱོར་བ་སེམས་བསྐྱེད། དངོས་གཞི་དམིགས་མེད། རྗེས་བསྔོ་བ་སྟེ་དམ་པ་གསུམ་གྱིས་རྒྱས་ཟིན་པའི་སྒོ་ནས་སྤྱད་པར་བྱ་བ་སྟེ་ཤེས་རབ་རྣམ་པ་གསུམ་མོ། །

གསུམ་པ་སེམས་ཅན་དོན་བྱེད་ཀྱི་ཚུལ་ཁྲིམས་ལ་གཉིས། དོན་བྱེད་ཀྱི་ཚུལ་ཁྲིམས་དངོས་དང་། ཚུལ་ཁྲིམས་གསུམ་ཀ་དང་འབྲེལ་བའི་བསླབ་པ་བཤད་པའོ། །དང་པོ་དོན་བྱེད་ཀྱི་ཚུལ་ཁྲིམས་དངོས་ལ་གཉིས། མདོར་བསྟན་པ་དང་། རྒྱས་པར་བཤད་པའོ། །དང་པོ་མདོར་བསྟན་པ་ནི༑ སེམས་ཅན་དོན་བྱེད་ཚུལ་ཁྲིམས་བསྡུ་དངོས་གཞི། །ཞེས་པས། སེམས་ཅན་རྣམས་ཀྱི་དོན་བྱེད་པའི་ཚུལ་ཁྲིམས་ནི་ཕྱིན་དྲུག་གིས་རང་རྒྱུད་སྨིན་པར་བྱས་ནས་རང་དོན་ཡིད་བྱེད་ཀྱི་བློ་དང་མ་འདྲེས་པར་བསྡུ་བའི་དངོས་པོ་བཞི་ཡི་སྒོ་ནས་གདུལ་བྱ་རྣམས་ཀྱི་དོན་བྱེད་པའོ། །

གཉིས་པ་རྒྱས་པར་བཤད་པ་ནི། ཐོག་མར་སྦྱིན་པས་གདུལ་བྱ་རབ་བསྡུས་ནས། །སྙན་པར་སྨྲ་བའི་གཏམ་གྱིས་ཡིད་རབ་དྲངས། །ཐེག་པ་རིམ་དགུར་དགེ་བ་དོན་སྤྱོད་དེ། །དེ་དག་འདྲེན་ཕྱིར་རང་ཡང་དོན་དེ་སྤྱོད། །ཅེས་པ་སྟེ། བྱང་ཆུབ་སེམས་དཔའ་དེ་དགེ་བ་ཆོས་སྤྱོད་ཀྱིས་རང་རྒྱུད་སྨིན་པར་བྱས་ནས། གཞན་རྒྱུད་སྨིན་པའི་ཕྱིར་དུ་ཐོག་མར་ཟང་ཟིང་གི་སྦྱིན་པས་གདུལ་བྱ་འཁོར་དུ་མ་འདུས་པ་རྣམས་རབ་ཏུ་བསྡུས་ནས། དེ་ནས་འཁོར་དུ་འདུས་པ་དེ་དག་ལ་སྙན་པར་སྨྲ་བའི་གཏམ་གྱིས་ཡིད་རབ་ཏུ་དྲངས་ཏེ་དམ་པའི་ཆོས་ལ་ཡིད་ཆེས་ཀྱི་སྒོ་ནས་དོན་དུ་གཉེར་བའི་མོས་འདུན་བསྐྱེད་དུ་འཇུག །དེ་ནས་དོན་གཉེར་དང་ལྡན་པ་དེ་རྣམས་ཀྱང་ཆོས་གཅིག་གིས་བློ་རིམ་ཐ་དད་པ་སྨིན་པར་མི་ནུས་པས། བློ་ཐ་མའི་ཆུང་འབྲིང་ཆེ་གསུམ་ལ་ཉན་རང་བྱང་སེམས་གསུམ་དང་། བློ་འབྲིང་གསུམ་ལ་བྱ་སྤྱོད་རྣལ་འབྱོར་གསུམ་དང་། བློ་རབ་གསུམ་ལ་བསྐྱེད་རྫོགས་རྫོགས་ཆེན་གསུམ་སྟེ། ཐེག་པ་རིམ་པ་དགུར་རིམ་གྱིས་དགེ་བ་ནི་དོན་སྤྱོད་པ་ལ་བཤད་དེ། པདྨ་སྤུངས་པ་ལས། སྦྱིན་པའི་གཡབ་མོས་ལེགས་པོས་ཏེ། །སྙན་པར་སྨྲ་བའི་ཚིག་གིས་བསྡུ། །དོན་མཐུན་པ་ཡི་བག་ཕབ་སྟེ། །དོན་སྤྱོད་གྲོས་ཆེན་གདབ་པར་བྱ། །ཞེས་སོ། །དེ་ལྟར་དགེ་བའི་གདུལ་བྱ་དེ་དག་གི་དོན་ཡང་ཉམས་སུ་ལེན་པའི་སྒོ་ནས་འདྲེན་དགོས་པའི་ཕྱིར་རང་ཡང་དོན་དེ་དག་ལ་མཐུན་པར་སྤྱོད་དགོས་ཏེ། རང་གིས་མ་བསྒྲུབ་ན་མཛེ་པོས་བྱ་ཁྱུང་གི་གདམས་ངག་སྟོན་པ་ལྟར་གཞན་ལ་བླང་དོར་གྱི་བསླབ་བྱ་འདོམས་ཀྱང་ཉན་དུ་མི་འདོད་པའི་ཕྱིར་རོ། །

གཉིས་པ་ཚུལ་ཁྲིམས་གསུམ་ཀ་དང་འབྲེལ་བའི་བསླབ་པ་བཤད་པ་ནི། མཐུན་ཕྱོགས་ཀུན་སློབ་མི་མཐུན་མཐའ་དག་སྤངས། །རྟག་ཏུ་དྲན་དང་ཤེས་བཞིན་བག་ཡོད་བརྟེན། །འགྲོ་འདུག་ཟ་ཉལ་སྤྱོད་ལམ་རྣམ་པ་བཞིར། །སྤྱོད་ཡུལ་ཡོངས་སུ་དག་པའི་མདོ་སྡེ་ལྟར། །གང་བྱེད་རིགས་མཐུན་ཚིག་གིས་སྨོན་ལམ་འདེབས། །ཞེས་པ་སྟེ། རྫོགས་པའི་སངས་རྒྱས་བསྒྲུབ་པའི་ཐབས་ཀྱི་མཐུན་ཕྱོགས་ཀྱི་དགེ་བ་རང་རྒྱུད་ལ་མ་སྐྱེས་པ་ཀུན་བསྐྱེད་པ་ལ་སློབ་ཅིང་སྐྱེས་པ་རྣམས་གོང་དུ་སྤེལ་བ་དང་། མི་མཐུན་པའི་ཕྱོགས་མི་དགེ་བ་མཐའ་དག་མི་བསྐྱེད་ཅིང་སྐྱེས་པ་རྣམས་སྤངས་པ་དང་། དེ་ཡང་དུས་རྟག་ཏུ་བསླབ་པ་བསྲུང་སེམས་མི་བརྗེད་པའི་དྲན་པ་དང་། རང་རྒྱུད་ལ་ཉེས་པ་བྱུང་མ

བྱང་རྟོག་པའི་ཤེས་བཞིན། འཇུག་ལྡོག་གི་གནས་མི་འཆོལ་བར་གཟོབ་པའི་བག་ཡོད་དང་གསུམ་པོ་རྒྱུན་ཆགས་སུ་བརྟེན་ཅིང་། དེ་ལྟར་དྲན་ཤེས་བག་ཡོད་གསུམ་དང་ལྡན་པའི་ངང་ནས་འགྲོ་ན་མིག་གཉའ་ཤིང་ཙམ་དུ་ལྟ་བ་དང་། འདུག་ན་ལུས་དྲང་པོར་བསྲང་སྟེ་དྲན་པ་མདུན་དུ་བཞག་པ་དང་། ཟས་ཟ་ན་ཕུད་དཀོན་མཆོག་ལ་མཆོད་ཅིང་ལུས་ཀྱི་སྲིན་བུ་རྣམས་ལ་ཕན་འདོགས་པའི་བསམ་པས་ཆགས་ཞེན་མེད་པར་སྤྱོད་ནས་བསྔོ་བ་བྱ་བ་དང་། ཉལ་བ་ན་གཞོགས་གཡས་ས་ལ་ཕབ་ཅིང་མགོ་བོ་བྱང་དུ་བསྟན་ཏེ་དཀོན་མཆོག་གསུམ་རྗེས་སུ་དྲན་པའི་ངང་ནས་ཉལ་བ་སོགས་སྤྱོད་ལམ་རྣམ་པ་བཞིར་དགེ་བའི་བྱ་བས་དུས་འདའ་བར་བྱ་སྟེ། དེ་ཡང་ཇི་ལྟར་ན་ཕལ་པོ་ཆེ་སྤྱོད་ཡུལ་ཡོངས་སུ་དག་པའི་མདོ་སྡེ་ལས་ཇི་སྐད་གསུངས་པ་ལྟར། བྱ་བ་གང་དང་གང་བྱེད་པ་ཐམས་ཅད་དེ་དང་དེའི་རིགས་མཐུན་པར་ཚིག་གི་སྒོ་ནས་ཀུང་སྨོན་ལམ་འདེབས་པར་བྱའོ། །

གསུམ་པ་དོན་བསྡུ་བ་ལ་གཉིས། མཁས་པ་གཞན་གྱི་བཞེད་པ་བཀོད་པ་དང་། རང་གི་བཞེད་པ་འགོད་པའོ། །དང་པོ་མཁས་པ་གཞན་གྱི་བཞེད་པ་བཀོད་པ་ནི། མཁྱེན་རབ་དབང་ཕྱུག་གློང་ཆེན་རབ་འབྱམས་ནི། །སྨོན་པའི་བསླབ་བྱ་ཚང་མེད་བཞི་སྒོམ་ཞིང་། །འཇུག་པའི་བསླབ་བྱ་ཕ་རོལ་ཕྱིན་དྲུག་སྤྱོད། །བསྟན་དཀར་ནག་ཆོས་བརྒྱད་འདུ་ཞེས་གསུངས། །ཞེས་པ་སྟེ། ཤེས་བྱ་རྣམ་པར་འབྱེད་པའི་མཁྱེན་རབ་འཕེལ་དུ་བྱུང་ཞིང་གསུང་རབ་དགོངས་འགྲེལ་དང་བཅས་པའི་ཚིག་དོན་དབང་འགྱུར་ལ། ལུང་དང་རྟོགས་པའི་ཡོན་ཏན་གྱིས་ཐུགས་རྒྱུད་ཕྱུག་པ་ཀློང་ཆེན་རབ་འབྱམས་དཔལ་བཟང་པོས་ནི། སྨོན་པའི་བསླབ་བྱ་གནད་བསྡུས་པ་ཚད་མེད་བཞིས་བློ་སྦྱངས་ནས་ཡང་ཡང་བསྒོམ་ཞིང་སེམས་ཅན་གྱི་ཕན་བདེ་སྙིང་ཁོངས་སུ་ཆུབ་པར་འདུ་སྟེ་བྱང་ཆུབ་ཀྱི་སེམས་མི་འདོར་བ་ཉིད་སྨོན་པ་མི་འཆོར་བའི་བསླབ་བྱར་བཤད་པའི་ཕྱིར་དང་། འཇུག་པའི་བསླབ་བྱ་རྒྱལ་སྲས་རྣམས་ཀྱིས་བསླབ་བྱའི་དགེ་བ་མཐའ་དག་ཕ་རོལ་ཏུ་ཕྱིན་པ་དྲུག་ཏུ་བསྡུ་བས་དེ་དག་ལ་ཚུལ་བཞིན་དུ་སྤྱོད་པ་སྟེ། དེ་ཡང་བསྟན་དཀར་ནག་ཆོས་བརྒྱད་ལ་བླང་དོར་བྱེད་པར་འདུ་ཞེས་གསུངས་སོ། །

གཉིས་པ་རང་གི་བཞེད་པ་འགོད་པ་ནི། འདིར་ནི་ཕན་དང་བདེ་བ་རྣམས་བྱ་ཞིང་། །འདིར

ཡང་མི་ཕན་ཕྱི་མར་གནོད་པ་སྤྲངས། །སྒྲོལ་གཉིས་བསླབ་བྱར་མ་འདུས་མེད་ཅེས་སྨྲ། །ཞེས་པ་སྟེ། གཞན་ཡང་བྱམས་པས་ཀུན་ནས་བསླངས་ཏེ་གང་ཅི་སྤྱོད་ཀྱང་རུང་། རང་གཞན་ལ་ཚེ་འདི་ར་ནི་ཕན་པ་དང་། ཕྱི་མ་ཕན་ཆད་མཐར་ཐུག་ཏུ་བདེ་བ་བསྒྲུབ་པའི་རྒྱུར་འགྱུར་བ་རྣམས་ནི་ཐབས་ལ་མཁས་པས་བླང་བར་བྱ་ཞིང་། ཞེ་སྡང་གིས་ཀུན་ནས་བླངས་ཏེ་ཁྲོ་རྩོད་ཀྱིས་ཕན་ཚུན་གཉིས་ཀའི་རྒྱུད་མ་རུང་བར་བྱེད་པ་སོགས་ཅི་སྤྱད་ཀྱང་རུང་རང་གཞན་ལ་ཚེ་འདི་ར་ཡང་མི་ཕན་ཞིང་ཕྱི་མར་ཡང་ངན་སོང་གི་རྒྱུར་འགྱུར་བ་སོགས་མཐར་ཐུག་ཏུ་གནོད་པའི་རྒྱུར་འགྱུར་བ་ཐམས་ཅད་གཟབ་པར་བྱས་ཏེ་སྤང་བར་བྱ་དགོས་པར་མ་ཟད་འདིར་བདེ་བ་ལྟར་སྣང་ཡང་ཕྱི་མར་གནོད་པའི་རྒྱུ་ཐམས་ཅད་བརྟགས་ཏེ་ནུས་པ་ཅི་ཡོད་ཀྱིས་སྤོང་བ་ཡང་གནད་བསྡུས་པ་ཡིན་ནོ། །དེས་ན་རྒྱལ་སྲས་རྣམས་ཀྱིས་སྤང་བླང་གི་གནས་ཐེག་ཆེན་གྱི་མདོ་སྡེ་རྣམས་ལས་གསུངས་པ་མཐའ་དག་ལ་ཇི་ལྟར་སློབ་པའི་ཐབས་ཤིང་རྟའི་སྒྲོལ་གཉིས་ཀྱི་བསླབ་བྱ་སྟར་བཤད་པ་དེ་དག་ལ་མ་འདུས་པ་མེད་ཅེས་སྨྲ་བ་ཡིན་ནོ། །

གསུམ་པ་སྡོམ་པ་སྐྱེ་བའི་རྟེན་ནི། སྐྱེ་བའི་རྟེན་ནི་ལྷ་ཀླུ་འཕྲོག་མ་སོགས། །སྡིག་ཅན་ལ་ཡང་སྐྱེ་བར་ཀླུ་སྒྲུབ་བཞེད། །ཐོགས་མེད་དེ་རྟེན་སོ་ཐར་དགོས་ཞེས་གསུངས། །སྤྱིར་ན་སངས་རྒྱས་ཆོས་ལ་དད་བྱེད་ཅིང་། །འབྲས་བུ་བླ་མེད་བྱང་ཆུབ་ལ་དད་ཅིང་། །རྒྱལ་སྲས་སྤྱོད་པ་རྒྱ་མཚོར་དད་བྱེད་ན། །བྱང་སེམས་སྐྱེ་བར་དཀོན་མཆོག་ཏྲ་ལར་གསུངས། །ཞེས་པ་སྟེ། དེ་ལྟ་བུའི་བྱང་ཆུབ་སེམས་ཀྱི་སྡོམ་པ་གང་ལ་སྐྱེ་བའི་རྟེན་ནི་བརྡ་ཤེས་ཤིང་། དོན་གོ་ལ། ལེན་འདོད་ཡོད་ན། ལྷ་ཀླུ་འཕྲོག་མ་ལ་སོགས་པའི་མི་མ་ཡིན་སོར་སྡོམ་གྱི་རྟེན་མི་རུང་བ་རྣམས་དང་། མཚམས་མེད་བྱས་པ་ལ་སོགས་པའི་སྡིག་ཅན་སོགས་རྟེན་དམན་པ་ལ་ཡང་སྐྱེ་བར་གསུངས་པ་ནི་འཕགས་མཆོག་ཀླུ་སྒྲུབ་ཀྱི་བཞེད་པ་སྟེ། དེ་ཡང་དཀོན་མཆོག་བརྩེགས་པ་ལས། དེའི་ཚེ་ཆོས་ཀྱི་རྣམ་གྲངས་འདི་བཤད་པ་ན་ལྷ་དང་། ཀླུ་དང་། ལྷ་མ་ཡིན་དང་། ནམ་མཁའ་ལྡིང་དང་། ལྟོ་འཕྱེ་ཆེན་པོ་བགྲངས་པ་ལས་འདས་པ་དག་གིས་བླ་ན་མེད་པ་ཡང་དག་པར་རྫོགས་པའི་བྱང་ཆུབ་ཏུ་སེམས་བསྐྱེད་དོ། །ཞེས་གསུངས་པའི་རྗེས་སུ་འབྲང་བ་ཡིན་ལ། དེ་ཡང་སྨོན་སེམས་ཙམ་ཞིག་ངེས་པར་སྐྱེ་བ་ལ་

དགོངས་པའོ། །འཕགས་པ་ཐོགས་མེད་ཀྱི་ལུགས་ལྟར་ན་འཇུག་སྡོམ་མ་ཐོབ་པ་ཐོབ་པར་བྱེད་པ་དེའི་རྟེན་གླིང་གསུམ་གྱི་སྐྱེས་པ་བུད་མེད་མཚན་དོན་བྱེད་ནུས་པ་ཞིག་དགོས་ཏེ། སོ་ཐར་རིགས་བདུན་གྱི་སྡོམ་པ་གང་རུང་འཇུག་སྡོམ་གྱི་རྟེན་དུ་འགྲོ་དགོས་པའི་ཕྱིར་ཞེས་གསུངས་པས་སོ། །དེས་ན་སློབ་གཉིས་པོ་ལ་རྟེན་རྒྱ་ཆེ་ཆུང་དང་འཇུག་སྒོ་ཡངས་དོག་སོགས་ཡོད་པར་མངོན་ཡང་དོན་ལ་གནད་གཅིག་སྟེ། རིགས་བདུན་སྔོན་དུ་སོང་མ་སོང་གང་ཡིན་ཀྱང་རུང་སྲོག་གཅོད་སོགས་ཉེས་པ་སྣ་གཅིག་སྤོང་བའི་སེམས་ཙམ་ཡང་མེད་ན་བྱང་སྡོམ་མི་སྐྱེ་བས་ཉེས་སྤྱོད་གང་རུང་སྤོང་བར་དམ་བཅའ་ནུས་པ་ཞིག་ངེས་པར་དགོས་ཏེ་གཞན་དུ་ན་སེམས་བསྐྱེད་ཀྱི་བསླབ་བྱ་དང་འགལ་བའི་ཕྱིར་རོ། །དེ་བས་བཞེད་པ་སྤྱིར་བཤད་ན་གང་ལེན་པ་པོ་འགྲོ་བའི་ས་པས་བསྡུས་པ་ནི་ལུས་རྟེན་ཡིན་ལ། གཙོ་བོ་ནི་བསམ་པའི་རྟེན་ཏེ། སྟོན་པ་སངས་རྒྱས་བཅོམ་ལྡན་འདས་དང་། དེའི་བསྟན་པ་དམ་པའི་ཆོས་ཐེག་པ་ཆེན་པོའི་སྡེ་སྣོད་རྣམས་ལ་དད་པར་བྱེད་ཅིང་ཐོབ་བྱའི་འབྲས་བུ་བླ་ན་མེད་པའི་བྱང་ཆུབ་ལ་དད་ཅིང་རྒྱལ་སྲས་བྱང་ཆུབ་སེམས་དཔའི་སྤྱོད་པ་རྒྱ་མཚོ་ལྟ་བུ་ཐེག་ཆེན་གྱི་མདོ་སྡེར་ཇི་སྐད་གསུངས་པ་ཐམས་ཅད་ལ་སློབ་འདོད་ཀྱི་འདུན་པ་དང་དད་པར་བྱེད་ན་བྱང་ཆུབ་ཀྱི་སེམས་སྐྱེ་བར་དཀོན་མཆོག་ཏ་ལའི་མདོར་གསུངས་ཏེ། ཇི་སྐད་དུ། རྒྱལ་དང་རྒྱལ་བའི་ཆོས་ལ་དད་གྱུར་ཅིང་། །བྱང་ཆུབ་བླ་ན་མེད་ལའང་དད་གྱུར་ལ། །རྒྱལ་སྲས་རྣམས་ཀྱི་སྤྱོད་ལའང་དད་བྱེད་ན། །བློ་དང་ལྡན་པ་རྣམས་ཀྱི་སེམས་སྐྱེའོ། །ཞེས་སོ། །གནས་པའི་རྟེན་ནི་གང་ལ་སྐྱེས་པའི་རྟེན་དང་། གཏོང་རྒྱུ་མ་བྱུང་ན་ཕྱི་མ་གང་དང་གང་དུ་སྐྱེས་པའི་རྟེན་དེ་དང་དེ་ལའང་ཡོད་དེ་བྱང་ཆུབ་སྙིང་པོའི་བར་དུ་བླངས་པའི་ཕྱིར། དེས་ན་ཚེ་ཕྱི་མ་རྣམས་སུ་དགེ་བའི་བཤེས་གཉེན་དང་འཕྲད་ནས་དྲན་གསོའི་ཚུལ་དུ་སྡོམ་པ་ནོད་པ་ཙམ་ལས་གསར་དུ་ལེན་དགོས་པ་མ་ཡིན་ནོ། །དེ་ལྟར་བསླབ་པའི་རྣམ་གྲངས་ཐམས་ཅད་དབང་པོ་རབ་འབྲིང་ཐ་གསུམ་གྱི་རང་རང་གི་ནུས་པ་དང་བསྟུན་ཏེ། སྡོམ་ཚིག་ཏུ། དེ་བཞིན་དུ་ནི་བསླབ་པ་ལ། །རིམ་པ་བཞིན་དུ་བསླབ་པར་བགྱི། །ཞེས་པ་ལྟར་དྲན་ཤེས་ཀྱིས་བཟུང་ནས་བསླབ་པར་བྱས་ཀྱང་། གལ་ཏེ་ལྟུང་བ་འབྱུང་བའི་རྒྱུའི་དབང་གིས་ཉམས་པར་གྱུར་ན། ཉེས་དམིགས་ནི་ཀུན་གྱི་སྨད་པའི་གནས་སུ་འགྱུར་བ་དང་། སངས་རྒྱས་

རྣམས་མི་མཉེས་པ་དང་། སེམས་ཅན་རྣམས་མི་མགུ་བ་དང་། རང་དོན་ཉམས་པ་དང་། མིང་དོན་ཤོར་བ་ལ་སོགས་པ་ཚེ་འདིར་འབྱུང་བར་མ་ཟད་ཕྱི་མ་དམྱལ་བ་ཆེན་པོར་སྐྱེ་བའི་རྒྱུར་འགྱུར་ཏེ། བསླབ་བཏུས་ལས། དགེ་བའི་རྩ་བ་ལྟུང་བ་དེ། །སེམས་ཅན་དམྱལ་བ་ཆེན་པོའི་རྒྱུ། །ཞེས་སོ། །ཁྱད་པར་བྱང་སྡོམ་ཕུལ་བ་ནི་ཉེས་པ་ཤིན་ཏུ་ལྕི་སྟེ། སྤྱོད་འཇུག་ལས། བླ་ན་མེད་པའི་བདེ་བ་ལ། །བསམ་པ་ཐག་པས་མགྲོན་གཉེར་ན། །འགྲོ་བ་ཐམས་ཅད་བསླུས་གྱུར་ན། །བདེ་འགྲོར་ཇི་ག་འགྲོ་འགྱུར་རམ། །ཞེས་གསུངས་པའི་ཕྱིར་རོ། །

བཞི་པ་ཉམས་ན་ཕྱིར་བཅོས་པའི་ཚུལ་ལ་གཉིས། མདོར་བསྟན་པ་དང་། རྒྱས་པར་བཤད་པའོ། །དང་པོ་མདོར་བསྟན་པ་ནི། ཐ་མར་ཉམས་ན་གསོ་བའི་ཚུལ་བཤད་པ། །ཞེས་པས། དང་པོ་བྱང་སྡོམ་མ་ཐོབ་པ་ཐོབ་པར་བྱས། བར་དུ་ཐོབ་པ་དེ་ཉིད་མ་ཉམས་པར་བསྲུང་བར་བྱ་དགོས་ལ། ཐ་མར་གལ་སྲིད་ཉམས་པར་འགྱུར་ན་སླར་གསོ་བའི་ཚུལ་བཤད་པ་ནི་འདི་ལྟ་སྟེ་ཞེས་སོ། །

གཉིས་པ་རྒྱས་པར་བཤད་པ་ལ་གསུམ། ལྟུང་བའི་རྣམ་གཞག་མུ་བཞིར་བསྟན་པ། གཞན་དོན་དུ་འགྱུར་ན་ལུས་ངག་གི་མི་དགེ་བ་བདུན་གནང་བའི་སྐབས་ཡོད་པར་བསྟན་པ། ཕྱིར་བཅོས་དངོས་བཤད་པའོ། །དང་པོ་ལྟུང་བའི་རྣམ་གཞག་མུ་བཞིར་བསྟན་པ་ནི། གང་གི་རིགས་དང་མི་རིགས་མ་བརྟགས་པར། །རྨོམ་མམ་ལྡོག་གམ་བཏང་སྙོམས་འཛོག་ཀྱང་རུང་། །འོས་ལས་འདས་བྱེད་ཐམས་ཅད་ལྟུང་བའི་སྡེ། །དོན་ཆེན་བསྒྲུབ་ལ་ཆུང་བཏང་གཟུགས་བརྙན་ཏེ། །ནུས་པའི་ཡུལ་མིན་ཐམས་ཅད་ལྟུང་བ་མེད། །མི་ནུས་དེར་བརྩོན་དེ་ཡི་གཟུགས་བརྙན་ཡིན། །ཅེས་པ་སྟེ། གང་ཟག་གང་གི་དགག་སྒྲུབ་ཀྱི་གནས་ལ་བློ་ནུས་ཅི་ཡོད་ཀྱིས་བརྩམ་པར་རིགས་པ་དང་མི་རིགས་པ་གང་ཡིན་ཐོག་མར་བརྟགས་དགོས་པ་ལས་མ་བརྟགས་བཞིན་དུ་ལྡོག་པར་བྱ་བའི་གནས་ལ་རྨོམ་མམ། བར་ཙམ་པར་བྱ་བ་ལས་ལྡོག་གམ། འཇུག་ལྡོག་གི་གནས་ལ་བཏང་སྙོམས་སུ་འཛོག་ཀྱང་རུང་སྟེ། གང་ལྟར་ཡང་བླང་དོར་བྱ་བར་འོས་པ་ལས་འདས་པར་བྱེད་པ་ཐམས་ཅད་ལྟུང་བའི་སྡེ་ཡིན་ལ། དེ་ཡང་མུ་བཞི་སྟེ། དེ་ལ་དཀོན་མཆོག་བརྩེགས་པ་ལས། གང་ཞིག་དགའ་བའི་ཡིད་ཀྱིས་ནི། །ལོ་བརྒྱར་སྦྱིན་པ་བྱིན་པ་བས། །གང་གིས་ཉིན་གཅིག་ཚུལ་ཁྲིམས་དག །བསྲུང་བ་དེ་ནི་ཁྱད་པར

འཕགས། །ཞེས་པ་ལྟར། དོན་ཆེན་ཚུལ་ཁྲིམས་ཀྱི་བསླབ་པ་བསྲུང་ཞིང་བསྒྲུབ་པའི་ཆེད་ལ་དེ་བས་དོན་ཆུང་བ་སྦྱིན་པ་གཏོང་བ་བཞོལ་ཏེ་བཏང་བ་ལྟ་བུ་ལྟུང་བའི་གཟུགས་བརྙན་ཏེ་དོན་ལ་ལྟུང་མེད་དང་། ལས་དང་པོ་པས་མགོ་སོགས་གཏོང་བ་ལྟ་བུ་རང་གི་ནུས་པའི་ཡུལ་མིན་པས་ན་མི་བསྒྲུབ་པའམ་འཇུག་ལྡོག་མ་ནོར་བར་བརྩོན་པ་ཐམས་ཅད་ལ་ལྟུང་བ་མེད་ཅེས་དང་། རང་རང་གི་བློ་སྟོབས་ཀྱི་མི་ནུས་བཞིན་དུ་ཡན་ལག་གཏོང་བ་ལྟ་བུ་བྱ་དཀའ་བའི་གནས་དེར་བརྩོན་པར་བྱེད་པའམ། ཀུན་སློང་ངན་པས་སྦྱོར་བ་དཀར་བ་ལྟ་བུ་ལྟུང་མེད་དེ་ཡི་གཟུགས་བརྙན་ཙམ་ཡིན་ཏེ་དོན་ལ་ལྟུང་བའོ། །

གཉིས་པ་གཞན་དོན་དུ་འགྱུར་ན་ལུས་ངག་གི་མི་དགེ་བ་བདུན་གནང་བའི་སྐབས་ཡོད་པར་བསྟན་པ་ནི། གཞན་ཕྱིར་ཕན་ན་ལུས་ངག་མི་དགེ་འདུན། །གནང་བའི་སྐབས་ཡོད་དོན་ལ་དགེ་བ་ཡིན། །ཞེས་པ་སྟེ། སྐྱེ་འགྲོ་གཞན་གྱི་དོན་ཕྱིར་ཕན་ངེས་ཡིན་ན་ལུས་ངག་གིས་སྤྱད་པ་བྱ་བ་མི་དགེ་བདུན་ལ་གནང་བའི་སྐབས་ཡོད་དེ། ཇི་ལྟར་གནང་བ་ཡིན་ཞེ་ན། འགྲོ་བ་མང་པོའི་སྲོག་བསྐྱབ་པའི་ཕྱིར་དང་བསྟན་འགྲོ་སྤྱི་ལ་གནོད་ཅིང་འཚེ་བའི་གཤེད་མ་གསོད་པ་ལྟ་བུ་སྲོག་གཅོད་པ་དང་། ཉམས་ཐག་པའི་འགྲོ་བ་ཟས་སྐོམ་ཚ་གྲང་གི་གདུང་བས་འཆི་བར་ཕྱོགས་པ་ལ་འབྱོར་ལྡན་ལས་ཟས་གོས་བཀྲུས་ནས་སྦྱིན་པ་ལྟ་བུ་མ་སྦྱིན་ལེན་པ་དང་། བུད་མེད་འདོད་པས་གདུང་སྟེ་འཆི་བར་ཉེ་བ་ལ་གནས་སྐབས་དེའི་གདུང་བ་སེལ་ཕྱིར་དང་། མཐར་ཐུག་དགེ་བ་ལ་རིམ་གྱིས་སྦྱོར་བའི་སླད་དུ་དེ་ལ་འདོད་ལོག་སྤྱད་པ་དང་། གསོད་ངེས་ཀྱི་སྐྱེ་བོ་སྲོག་སྐྱབ་པའི་ཕྱིར་དོན་ཕྱིན་ཅི་ལོག་ཏུ་སྨྲས་ནས་རྫུན་སྨྲ་བ་དང་། ཆོས་ལྡན་གྱི་གང་ཟག་སྡིག་གྲོགས་ཀྱིས་བསླུས་ནས་ངན་འགྲོར་འཁྲིད་པ་ལས་ལྡོག་པའི་ཕྱིར་ཕྲ་མས་འབྱེད་པ་དང་། མི་དགེ་བའི་བྱ་བ་ལས་ལྡོག་པའི་ཕྱིར་གཤེ་བའི་ཚིག་རྩུབ་སྨྲ་བ་དང་། མྱ་ངན་གྱིས་ནོན་པའི་དུབ་པ་བསང་ཞིང་ཆོས་ལམ་དུ་འཁྲིད་པའི་ཕྱིར་གཏམ་རྒྱུད་སོགས་ངག་འཁྱལ་མང་པོ་སྨྲ་བ་རྣམས་གནས་སྐབས་དེར་མི་དགེ་བ་ལྟར་སྣང་ཡང་དོན་ལ་དགེ་བ་ཁོ་ན་ཡིན་ཏེ། སེམས་ཀྱི་འཕེན་པ་ལས་གཞན་པའི་དགེ་སྡིག་མ་གྲུབ་པའི་ཕྱིར། བཞི་བརྒྱ་པ་ལས། བསམ་པ་བྱང་ཆུབ་སེམས་དཔའ་ཡི། །དགེ་འམ་ཡང་ན་མི་དགེ་བ། །ཐམས་ཅད་དགེ་བ་ཉིད་འགྱུར

ཏེ༑ ༑གང་ཕྱིར་སེམས་དེ་གཙོ་བོའི་ཕྱིར། །ཞེས་དང་། སྡོམ་པ་ཉི་ཤུ་པ་ལས། སྙིང་རྗེར་ལྡན་ཞིང་བྱམས་ཕྱིར་དང་། །སེམས་དགེ་བ་ལ་ཉེས་པ་མེད། །ཅེས་སོ། །

གསུམ་པ་ཕྱིར་བཅོས་དངོས་ཇི་ལྟར་བྱ་བའི་ཚུལ་ལ་གཉིས། ཀླུ་སྒྲུབ་ཀྱི་ལུགས་དང་། ཐོགས་མེད་ཀྱི་ལུགས་སོ། །དང་པོ་ཀླུ་སྒྲུབ་ཀྱི་ལུགས་ནི། ཐུན་འདས་ཉམས་ན་འཕགས་པ་ནམ་སྙིང་ལ། །ཐོ་རངས་གསོལ་བཏབ་རྨི་ལམ་ལྟུང་བ་འཆགས། །ལྷག་མ་ཕུང་པོ་གསུམ་པ་ཉིན་མཚན་དུ། །ལན་གསུམ་འདོན་པས་གཞིལ་བ་ཀླུ་སྒྲུབ་ལུགས། །ཞེས་པ་སྟེ། སྤྱིར་སྡོམ་པ་གཏོང་བ་དང་ཉམས་པའི་རྒྱུན་ནི། །རྟེན་གཞི་སྨོན་སེམས་བཏང་བ། འགལ་ཟླ་རྩ་ལྟུང་བྱུང་བ། སྤོང་རྒྱུན་བསླབ་པ་ཕུལ་བ་གསུམ་ལས། དང་ཐ་གཉིས་ནི་དེ་མ་ཐག་ཏུ་སྡོམ་པ་རྩད་ནས་མེད་པར་འགྱུར་བའི་རྒྱུ་དང་རྒྱུན་ཡིན་པའི་ཕྱིར་བཤགས་པ་ཙམ་གྱིས་མི་ཚོག་གིས་སྡོམ་པ་སླར་བླང་དགོས་ལ། དེ་ལས་གཞན་རྩ་ལྟུང་རྣམས་ཉིན་ལ་ཚ་གསུམ་མཚན་ལ་ཚ་གསུམ་སྟེ་དྲུག་ཏུ་ཕྱེ་བའི་ཚ་གང་རུང་གི་ནང་ལྟུང་བ་བྱུང་ནས་དེའི་ཐུན་ཕྱི་མའི་ནང་གཉེན་པོས་མ་སླེབ་བར་འདས་ན་ཐུན་འདས་ཀྱི་ལྟུང་བ་ཞེས་བྱ་སྟེ། དེ་ལྟར་ཉམས་པའི་ལྟུང་བ་བྱུང་ན་དེ་ཉིད་ཕྱིར་བཅོས་པའི་ཚུལ་ལ་དབང་འབྲིང་རྣམས་ཡི་དམ་ལྷའི་མདུན་དུ་བཤགས་པས་ལྟུང་བ་ལས་ལྡང་བ་ཡིན་པས། འདིར་རིགས་ལྔ་སྤྱིའི་ལྷ་འཕགས་པ་ནམ་མཁའི་སྙིང་པོའི་མདུན་དུ་བཤགས་པར་འདོད་ན་ཉིན་མཚན་གྱི་བར་མ་ཆོད་པར་ཁྲུས་དང་གཙང་སྦྲ་ལ་གནས་པས་སྤོས་བདུལ་ཏེ་མཚན་ནས་བརྗོད་ཅིང་ཕྱག་འཚལ་ནས། འཕགས་པས་བདག་ལ་ཞལ་བསྟན་ཏེ་སྡིག་པ་དག་པར་མཛད་དུ་གསོལ། ཞེས་གསོལ་བ་དྲག་ཏུ་བཏབ་པས་དངོས་སམ་རྨི་ལམ་དུ་སྣང་བ་དང་འཚམས་པར་དེ་ཉིད་ཀྱི་གཟུགས་སམ་མིང་ནས་བྱ་བའི་བར་ཅི་རིགས་པའི་གཟུགས་ཀྱིས་ལྟུང་བ་ལས་འབྱིན་པའི་ཐབས་སྟོན་པར་འགྱུར་ལ། གལ་ཏེ་རྟགས་མ་བྱུང་ན་ཐོ་རངས་ཀྱི་དུས་སུ་སྦྱོད་ལམ་སྔར་ལྟར་བྱས་ལ། སྐྱ་རེངས་སྐྱ་རེངས་སྙིང་རྗེ་ཆེན་པོ་ལེགས་པ་ཁྱོད་འཛམ་བུའི་གླིང་དུ་ཤར་མ་ཐག་ཏུ་བདག་ལ་ཐུགས་རྗེས་ཁྱབ་པར་མཛོད་ཅིག །ནམ་མཁའི་སྙིང་པོ་སྙིང་རྗེ་ཆེན་པོ་དང་ལྡན་པ་ལ་ཡང་བདག་གི་ཚིག་གིས་མྱུར་དུ་བསྐུལ་ཏེ་ཐབས་གང་གིས་ལྟུང་བ་མྱུར་དུ་འཆགས་པར་འདོད་པ་དང་། ཐེག་པ་ཆེན་པོ་འཕགས་པ་ལ་ཐབས་དང་ཤེས་རབ་ཐོབ་པར་

འགྱུར་བའི་ཐབས་དེ་བདག་གི་རྨི་ལམ་དུ་བསྟན་དུ་གསོལ་ཞེས་གསོལ་བ་བཏབ་ནས་ཉལ་བའི་རྨི་ལམ་དུ་གཟུགས་སྐལ་བ་བཞིན་སྟོན་པས་ལྟུང་བ་འཆགས་སུ་འཇུག །དབང་པོ་དམན་པ་དག་གིས་ནི་སྟོབས་བཞིའི་སྒོ་ནས་བཤགས་པ་སྟེ། རྟེན་གྱི་སྟོབས་ཐེག་ཆེན་དགེ་བའི་བཤེས་གཉེན་དང་། བདེ་བར་གཤེགས་པའི་རྟེན་ཁྱད་པར་ཅན་གྱི་དང་། ནང་གི་རྟེན་སྐྱབས་འགྲོ་དང་སེམས་བསྐྱེད། །ཀུན་ཏུ་སྤྱོད་པའི་སྟོབས་ལྟུང་བའི་གཉེན་པོ་ལ་བསྟུགས་པའི་ཐེག་པ་ཆེན་པོའི་མདོ་གཟུགས་ཁྱད་པར་ཅན་བཀླགས་ཤིང་བརྗོད་པ་ལ་སོགས་པ་ཡིན་ལ། སུན་འབྱིན་པ་དང་སོར་ཆུད་པ་གཉིས་ནི་སྔར་སོ་ཐར་གྱི་སྐབས་སུ་བཤད་པ་དང་འདྲའོ། །དབང་པོ་རབ་ཀྱི་ནི་སྒྱུ་མ་དང་རྨི་ལམ་ལྟ་བུའི་ཚུལ་གྱིས་མཁའ་ཁྱབ་ཀྱི་རྒྱལ་བ་སྲས་དང་བཅས་པའི་སྤྱན་སྔར་ཚིག་གིས་བཤགས་རྗེས་ཡང་དག་པའི་དོན་ལ་མཉམ་པར་འཇོག་པར་བྱ་སྟེ། ཕྱོགས་སུ་རྒྱས་པའི་མདོ་ལས། གང་ཞིག་འགྱོད་ཚངས་བྱེད་འདོད་ན། །དྲང་པོར་འདུག་ལ་ཡང་དག་ལྟོས། །ཡང་དག་ཉིད་ལ་ཡང་དག་བལྟ། །ཡང་དག་མཐོང་ན་རྣམ་པར་གྲོལ། །འདི་ནི་འགྱོད་ཚངས་མཆོག་ཡིན་ནོ། །ཞེས་སོ། །གཞན་ཡང་ཉེས་བྱས་དང་། བརྗེད་ངེས་དང་། ཤེས་བཞིན་གྱིས་མ་ཟིན་པས་ཕྱིར་བཅོས་མ་གྲུབ་པའི་ལྟུང་བའི་ལྷག་མ་རྣམས་ཕུང་པོ་གསུམ་པའི་མདོ་ཉིན་མཚན་དུ་ལན་གསུམ་གསུམ་འདོན་པས་གཞིལ་བར་བྱ་བ་ཡིན་ནོ། །ལར་བྱང་སྡོམ་འདི་ནི་སོ་ཐར་དང་མི་འདྲ་སྟེ། ཉིན་རེ་བཞིན་ཡང་ཡང་བླང་ན་སྡོམ་པ་གོང་འཕེལ་དུ་འགྲོ་བའི་ཐབས་སུ་འགྱུར་བར་མ་ཟད་རྩ་ལྟུང་བྱུང་བ་ཐུན་ཚོད་ལས་མ་འདས་ན་བཤགས་པ་ཙམ་གྱིས་གསོ་རུ་ཡོད་ཀྱང་། འདས་ན་ཚུལ་ཁྲིམས་གཏུགས་པར་འགྱུར་བས་སྡོམ་པ་སླར་ལེན་དགོས་པར་བཤད་ཅིང་། གྲངས་ངེས་པ་ནི་མེད་པ་བཅས་རང་གི་ཁ་ན་མ་ཐོ་བ་སྤྱི་དང་བྱེ་བྲག་བྱང་སེམས་ཀྱི་བསླབ་པ་ཐམས་ཅད་ལ་སྐྱོན་བྱུང་བའི་གཉེན་པོར་ཡང་མཆོག་ཏུ་ཟབ་པ་གལ་ཆེ་བ་ཡིན་ཏེ་དེ་རྣམས་ནི་ཀླུ་སྒྲུབ་ཀྱི་ལུགས་ཡིན་ནོ། །

གཉིས་པ་རྒྱལ་སྲས་ཐོགས་མེད་ཀྱི་ལུགས་ལ་གཉིས། གཏོང་རྒྱུ་ངོས་བཟུང་བ་དང་། ཉེས་ལྟུང་ཕྱིར་བཅོས་པའོ། །དང་པོ་གཏོང་རྒྱུ་ངོས་བཟུང་བ་ནི། སྨོན་པའི་སེམས་ནི་ནག་པོའི་ཆོས་བཞི་སྤྱད། །སེམས་ཅན་སྙིང་ནས་བློས་བཏང་དེ་གཏོང་འགྱུར། །རྒྱུན་མི་འཆད་སྤྱོད་ངོ་ཚ་ཁྲེལ་མེད་དང་། །

དེ་མཇུག་དགའ་དང་དེ་ཉིད་ཡོན་ཏན་དུ། །ལྟ་བ་ཀུན་དཀྲིས་ཆེན་པོས་སྡོམ་པ་འཛོམས། །ཕམ་པ་ཞེས་བརྗོད་ཆུང་དང་འབྲིང་ལ་མིན། །ཞེས་པ་སྟེ། དེ་ལ་སྡོམ་པ་གཏོང་བའི་རྒྱུ་ནི། སྨོན་པའི་སེམས་ནི་ཡན་ལག་ནག་པོའི་ཆོས་བཞི་སྤྱད་པ་དང་། རྩ་བ་སེམས་ཅན་སྙིང་ཐག་པ་ནས་བློས་བཏང་ན་དེ་གཏོང་བར་འགྱུར་ལ། དེ་བཏང་བས་འཇུག་སེམས་ཀྱང་ཉམས་པར་འགྱུར་རོ། །རྙེད་བཀུར་གྱི་ཕྱིར་བདག་བསྟོད་གཞན་སྨོད་སོགས་ཕམ་པའི་གནས་ལྟ་བུའི་ཆོས་བཞི་གང་རུང་རྒྱུན་མི་ཆད་པར་སྤྱོད་པ་དང་། ངོ་ཚ་དང་ཁྲེལ་ཡོད་ཆུང་ངུ་ཙམ་ཡང་མེད་པ་དང་། བྱ་བ་དེས་མགུ་ཞིང་དགའ་བར་བྱེད་པ་དང་། བྱ་བ་དེ་ཉིད་ལ་ཡོན་ཏན་དུ་ལྟ་བ་དེ་ཡན་ལག་བཞི་ཚང་ན་ཀུན་དཀྲིས་ཆེན་པོས་བསྐྱེད་པའི་ལྟུང་བ་ཞེས་བྱ་སྟེ་སྡོམ་པ་འཛོམས་པར་བྱེད་པས་ན་ཕམ་པ་ཞེས་བརྗོད་པ་ཡིན་ལ། ཡན་ལག་གང་རུང་ཡང་དེ་ལ་ངོ་ཚ་ཆེར་བསྐྱེད་ཅིང་གཞན་རྐྱེན་ལ་མ་ལྟོས་པར་རང་ཉིད་དེ་ལས་མྱུར་དུ་ལྡོག་པར་བྱེད་ན་ཀུན་དཀྲིས་ཆུང་ངུ་དང་། ཡན་ལག་གང་རུང་ཚང་ལ་ངོ་ཚ་དང་ཁྲེལ་ཡོད་ཅུང་ཟད་སྐྱེ་ཞིང་གཞན་གྱིས་བསྐུལ་བས་ལྡོག་ན་ཀུན་དཀྲིས་འབྲིང་པོ་ཞེས་བྱ་ལ། དེ་གཉིས་ཀྱིས་སྡོམ་པ་གཏོང་བ་མིན་ནོ། །

གཉིས་པ་ཉེས་ལྟུང་ཕྱིར་བཅོས་པ་ནི། ཕས་ཕམ་བྱུང་ན་སླར་བླང་འབྲིང་ན་གསུམ། །ཐ་མ་གཅིག་མདུན་དངོས་པོ་བརྗོད་པས་བཤགས། །མཐུན་པའི་གང་ཟག་མེད་ན་ཡིད་ཀྱིས་བསྡམས། །རྒྱ་ཆེན་སྤྱོད་པའི་རིང་ལུགས་ཟླ་མེད་དོ། །ཞེས་པ་སྟེ། དེ་དག་ཇི་ལྟར་བཤགས་པའི་ཚུལ་ནི་སྨོན་སེམས་བཏང་བ་དང་། ཀུན་དཀྲིས་ཆེན་པོས་ཕས་ཕམ་པའི་གནས་ལྟ་བུའི་རྩ་ལྟུང་གིས་གཏོང་བས་དེ་དག་བྱུང་ན་ཐེག་པ་ཆེན་པོའི་སྡོམ་ལྡན་བཞི་ཡན་ཆད་ཀྱི་དྲུང་དུ་བཤགས་སྡོམ་དང་བསགས་སྦྱངས་ལ་ནན་ཏན་བྱས་ལ་སྡོམ་པ་སླར་བླངས་བླང་བར་བྱ་ཞིང་ལན་གསུམ་ལས་ལྷག་པར་བསྐྱར་དུ་མེད་པར་བཤད་ཅིང་། ཀུན་དཀྲིས་འབྲིང་གིས་བསྐྱེད་པའི་ཕམ་འདྲ་རྣམས་ནི་གསུམ་ཡན་ཆད་དང་། ཐ་མ་ཀུན་དཀྲིས་ཆུང་ངུས་སྤྱད་པའི་རྩ་ལྟུང་དང་། དེ་ལས་གཞན་པའི་ཉེས་བྱས་ཞེ་དྲུག་ལ་ཀུན་སློང་གི་དབང་གིས་ཉོན་མོངས་པ་ཅན་ཡིན་མིན་དང་ལྟུང་མེད་དུ་འགྱུར་བའང་ཡོད་པས་དེ་དག་གང་བྱུང་ཡང་གང་ཟག་གཅིག་ཡན་ཆད་ཀྱི་མདུན་དུ་ཉེས་པའི་དངོས་པོ་བརྗོད་པས་བཤགས

བསྡམས་བྱས་ན་དག་པར་འགྱུར་ཏེ། སྡོམ་པ་ཉི་ཤུ་པ་ལས། སྡོམ་པ་སླར་ཡང་བླང་བར་བྱ། །ཟག་པ་འབྲིང་ནི་གསུམ་ལ་བཤགས། །གཅིག་གི་མདུན་དུ་ལྷག་མ་རྣམས། །ཉོན་མོངས་མི་མང་བདག་སེམས་བཞིན། །ཞེས་སོ། །དེ་ཐམས་ཅད་ལ་བཤགས་ཡུལ་མཐུན་པའི་གང་ཟག་ཐེག་ཆེན་སྡོམ་ལྡན་མེད་ན་རྒྱལ་བ་སྲས་བཅས་ཡིད་ཀྱིས་བསམ་པའི་སྤྱན་སྔར་བཤགས་ཤིང་བསྡམ་པར་བྱའོ། །དེ་ཡང་ལམ་སྒྲོན་འགྲེལ་པར། དུམ་བུ་དང་པོར་ལེགས་པར་གསོ་བྱེད་པ། །སྐྱེས་བུ་རབ་ཡིན་འབྲིང་ནི་གཉིས་ལའོ། །དུམ་བུ་ཐ་མ་གསོ་བ་ཐ་མ་སྟེ། །ཞེས་སྤྱིར་དུས་དྲུག་དང་ཁྱད་པར་དུས་རེ་རེ་ལ་ཆ་གསུམ་གསུམ་དུ་ཕྱེ་ནས་དེ་དང་དེར་གཉེན་པོས་སླེབས་པ་གང་ཟག་རབ་འབྲིང་ཐ་གསུམ་གྱི་གསོ་ཚུལ་ཡིན་པར་བཤད་དོ། །དེ་ལྟར་རྒྱ་ཆེན་སྤྱོད་པའི་རིང་ལུགས་འདི་ནི་བསྲུང་བའི་མཚམས་དང་གསོ་བའི་ཚུལ་སོགས་ལས་དང་པོ་པ་རྣམས་ལ་དགོངས་ནས་ཤིན་ཏུ་གུ་དོགས་པར་མཛད་པས་ན་བྱང་ཆུབ་སེམས་ཀྱི་བསླབ་ནོར་མི་ཉམས་བསྲུང་གསོའི་མན་ངག་མཁས་ཚུལ་གཞན་གྱིས་འགྲན་ཟླ་བྱ་བའི་ཡུལ་དུ་མ་གྲུབ་པ་འདི་ཉིད་མཚུངས་མེད་རྒྱལ་བའི་སྲས་དེས་ཕྱི་རབས་གདུལ་བྱའི་བསོད་ནམས་ཀྱི་བགོ་སྐལ་དུ་སྩལ་བ་ཉིད་དོ་ཞེས་མངོན་པར་བསྟགས་སོ། །

ལྔ་པ་བྱང་ཆུབ་སེམས་སྡོམ་ཚུལ་བཞིན་བསྲུང་བའི་ཕན་ཡོན་ལ་གསུམ། བསོད་ནམས་རྒྱུན་ཆགས་སུ་འབྱུང་བ་དང་། སངས་རྒྱས་ཀྱི་སྲས་སུ་འགྱུར་བ་དང་། བླ་ན་མེད་པའི་བྱང་ཆུབ་ཐོབ་པའི་ཕན་ཡོན་ནོ། །དང་པོ་བསོད་ནམས་རྒྱུན་ཆགས་སུ་འབྱུང་བའི་ཕན་ཡོན་ནི། འདི་འདྲའི་བྱང་ཆུབ་སེམས་ཀྱི་རྩིས་ཟིན་ན། །གཉིད་སོགས་བག་མེད་གྱུར་ལའང་བསོད་ནམས་ཤུགས། །རྒྱུན་མི་ཆད་འབྱུང་། ཞེས་པ་སྟེ། རེ་ཞིག་སྨོན་པ་བྱང་ཆུབ་སེམས་བསྐྱེད་ཀྱི་དབང་དུ་བྱས་ན་གནས་སྐབས་སུ་འཁོར་ལོས་སྒྱུར་བ་དང་ལྷའི་དབང་པོ་སོགས་མཐོ་རིས་ཀྱི་འབྲས་བུ་ལན་གྲངས་དུ་མར་སྨིན་ཡང་མི་ཟད་པར་འཕེལ་བར་འགྱུར་ཏེ། སྤྱོད་འཇུག་ལས། དགེ་བ་གཞན་ཀུན་ཆུ་ཤིང་བཞིན་དུ་ནི། །འབྲས་བུ་བསྐྱེད་ནས་ཟད་པར་འགྱུར་བ་ཉིད། །བྱང་ཆུབ་སེམས་ཀྱི་ལྗོན་ཤིང་རྟག་པར་ཡང་། །འབྲས་བུ་འབྱིན་ནས་མི་ཟད་འཕེལ་བར་འགྱུར། །ཞེས་དང་། ད་དུང་འདི་འདྲ་བའི་སྨོན་སེམས་ཀྱི་སྟེང་དུ་འཇུག་པ་བྱང་ཆུབ་ཀྱི་སེམས་ཀྱི་རྩིས་ཟིན་ན། དགེ་བ་བྱེད་པའི་དུས་མ་ཡིན་པར་གཉིད་དང་རྩེ་

མོས་གཡེང་བར་གྱུར་པ་ལ་སོགས་པ་བག་མེད་པའི་དབང་དུ་གྱུར་པའི་གནས་སྐབས་ལའང་རྒྱུ་བསོད་ནམས་ཀྱི་ཤུགས་ཀྱང་རྒྱུན་མི་ཆད་པར་འབྱུང་བར་གསུངས་ན་འབྲས་བུ་མི་ཟད་པར་འབྱུང་བ་ལྟ་ཡང་ཅི་སྨོས་ཏེ། སྤྱི་མ་ལས། དེ་ནས་བཟུང་སྟེ་གཉིད་ལོག་གམ། །བག་མེད་གྱུར་ཀྱང་བསོད་ནམས་ཤུགས། །རྒྱུན་མི་ཆད་པར་དུ་མ་ཞིག །ནམ་མཁའ་མཉམ་པར་རབ་ཏུ་འབྱུང་། །ཞེས་སོ། །

གཉིས་པ་མིག་དོན་གནས་འགྱུར་བའི་ཕན་ཡོན་ནི། རྒྱལ་བའི་སྲས་སུ་འགྱུར། ཞེས་པ་སྟེ། དེ་ལྟར་བྱང་ཆུབ་ཀྱི་སེམས་རྒྱུད་ལ་སྐྱེས་མ་ཐག་ཏུ་མིང་འཕོ་སྟེ་རྒྱལ་བའི་སྲས་ཞེས་འཇིག་རྟེན་ལྷ་དང་མིར་བཅས་པ་ཀུན་གྱིས་ཕྱག་བྱ་བའི་གནས་སུ་འགྱུར་བ་ཡིན་ཏེ། སྤྱི་མ་ལས། བྱང་ཆུབ་སེམས་སྐྱེས་གྱུར་ན་སྐད་ཅིག་གིས། །འཁོར་བའི་བཙོན་རར་བསྡམས་པའི་ཉམ་ཐག་རྣམས། །བདེ་གཤེགས་རྣམས་ཀྱི་སྲས་ཞེས་བརྗོད་བྱ་ཞིང་། །འཇིག་རྟེན་ལྷ་མིར་བཅས་པས་ཕྱག་བྱར་འགྱུར། །ཞེས་སོ། །

གལ་ཏེ་ཉེས་པ་འགའ་ཞིག་བྱུང་ཡང་སྨོན་སེམས་མ་བཏང་ན་རིགས་ཀྱི་སྒོ་ནས་ཉན་རང་དང་དགྲ་བཅོམ་ཟིལ་གྱིས་གནོན་ཅིང་། བྱང་སེམས་ཀྱི་མིང་ཡང་མི་འདོར་བ་ཡིན་ཏེ། བྱམས་པའི་རྣམ་ཐར་ལས། རིགས་ཀྱི་བུ་འདི་ལྟ་སྟེ། དཔེར་ན་རྡོ་རྗེ་རིན་པོ་ཆེ་ནི་ཆག་ཀྱང་གསེར་གྱི་རྒྱན་ཐམས་ཅད་ཟིལ་གྱིས་གནོན་ཅིང་རྡོ་རྗེ་རིན་པོ་ཆེའི་མིང་ཡང་མི་འདོར་ལ། དབུལ་བ་ཡང་རྣམ་པར་བཟློག་གོ། །དེ་བཞིན་དུ་རྣམ་པ་ཐམས་ཅད་མཁྱེན་པར་སེམས་བསྐྱེད་པའི་རྡོ་རྗེ་རིན་པོ་ཆེ་ནན་ཏན་དང་བྲལ་ཡང་ཉན་ཐོས་དང་རང་སངས་རྒྱས་ཀྱི་ཡོན་ཏན་ཐམས་ཅད་ཟིལ་གྱིས་གནོན་ཅིང་བྱང་ཆུབ་སེམས་དཔའ་མིང་ཡང་མི་འདོར་ལ། འཁོར་བའི་དབུལ་བ་ཐམས་ཅད་ཀྱང་རྣམ་པར་བཟློག་གོ། །ཞེས་སོ། །

གསུམ་པ་བླ་མེད་བྱང་ཆུབ་ཀྱི་གོ་འཕང་ཐོབ་པའི་ཕན་ཡོན་ནི། གྲངས་མེད་གསུམ་བདུན་སོ་གསུམ་བྱང་ཆུབ་ཐོབ། །ཅེས་པ་སྟེ། དེ་ཡང་མཐར་ཐུག་གི་འབྲས་བུ་ཐོབ་ཚུལ་ལ། སྦྱོར་ཚོགས་ལམ་དུ་དྲན་པ་ཉེ་བར་བཞག་པ་བཞི། ཡང་དག་པར་སྤོང་བ་བཞི། རྫུ་འཕྲུལ་གྱི་རྐང་པ་བཞི་རྣམས་བསྒོམ་པས། མངོན་ཤེས་ལྔ་དང་ཆོས་རྒྱུན་གྱི་ཏིང་ངེ་འཛིན་སོགས་ཐོབ་ཅིང་། དེ་ནས་དྲོད་རྩེ་གཉིས་དང་བཟོད་པ་ཆོས་མཆོག་གཉིས་ཏེ་ངེས་འབྱེད་ཆ་བཞིའི་དང་པོ་གཉིས་སུ་དབང་པོ་ལྔ་དང་། ཕྱི་མ་གཉིས་སུ་སྟོབས་ལྔ་བསྒོམ་པས་གཟུང་རྟོག་དང་འཛིན་རྟོག་རྣམས་ཉམས་སྨད་པར་བྱས་ཏེ། ཡོན་

ཏན་ཀྱང་ཚོགས་ལམ་ལས་ཆེས་ཆེ་བ་ཐོབ་ཅིང་། དེ་ནས་དང་པོར་ཆོས་ཉིད་ཀྱི་བདེན་པ་མངོན་སུམ་དུ་མཐོང་བས་ཀུན་བརྟགས་ཀྱིས་བསྡུས་པའི་སྒྲིབ་པ་གཉིས་པོ་དྲུང་འབྱིན་གྱི་ཚུལ་དུ་སྤངས་ཏེ་བརྒྱ་ཕྲག་བཅུ་གཉིས་ལ་སོགས་པའི་ཡོན་ཏན་ཐོབ་ལ། དེ་ནས་བསྒོམ་པའི་ལམ་ས་དགུ་པོར་ཆོས་ཉིད་མངོན་སུམ་དུ་མཐོང་བའི་ཡེ་ཤེས་དེ་ཡང་ཡང་གོམས་པའི་སྟོབས་ལས་དང་པོ་དྲུག་ཏུ་ལྷན་སྐྱེས་ཀྱིས་བསྡུས་པའི་སྒྲིབ་པ་གཉིས་པོ་རིམ་གྱིས་སྤངས་ཏེ། དག་པ་གསུམ་དུ་ཉོན་སྒྲིབ་ཟད་ནས་ཤེས་སྒྲིབ་ཕྲ་བའང་རིམ་གྱིས་སྤོང་བ་ཡིན་ཅིང་། ས་དེ་དག་གི་གནས་སྐབས་སུ་སྟོང་ཕྲག་བཅུ་གཉིས་ལ་སོགས་པའི་ཀུན་རྫོབ་ཀྱི་ཡོན་ཏན་ཆེར་འཕེལ་བར་འགྱུར་ལ། མཐར་རྒྱུན་མཐའི་རྡོ་རྗེ་ལྟ་བུའི་ཏིང་ངེ་འཛིན་གྱིས་བག་ཆགས་ཕྲ་བ་བཅོམ་སྟེ་མངོན་པར་རྫོགས་པར་འཚང་རྒྱ་བ་ཡིན་ལ། དེ་ཡང་བྱང་ཆུབ་སེམས་དཔའ་དབང་པོ་རབ་འབྲིང་ཐ་གསུམ་གྱི་ལམ་བགྲོད་ཚུལ་ཡང་། དང་པོ་དབང་རྣོན་རྗེ་བོ་ལྟ་བུའམ་དཔེ་མེད་པའི་སེམས་བསྐྱེད་ཅེས་ཐོག་མར་སེམས་ཅན་ཐམས་ཅད་སངས་རྒྱས་ཀྱི་སར་བཀོད་ནས། རྗེས་ལ་རང་ཉིད་གྲོལ་བར་འདོད་པ་རྣམས་ནི་གྲངས་མེད་གསུམ་ལས་མི་ཐོགས་ཏེ། དང་པོས་ཚོགས་སྦྱོར། གཉིས་པས་མ་དག་ས་བདུན། གསུམ་པས་དག་པ་ས་གསུམ་མཐར་ཕྱིན་པར་བྱས་ནས་མཐར་འབྲས་བྱང་ཆུབ་ཆེན་པོའི་གོ་འཕང་ཐོབ་ལ། གཉིས་པ་དབང་འབྲིང་མཉན་པ་ལྟར་རམ་ཡེ་ཤེས་དམ་པའི་སེམས་བསྐྱེད་ཅེས་རང་དང་འགྲོ་བ་མཉམ་དུ་ཐར་པར་འདོད་པའི་བྱང་སེམས་རྣམས་ནི་གྲངས་མེད་བདུན་ཏེ། ཚོགས་སྦྱོར་གཉིས་སུ་གཉིས་རེ། མཐོང་ལམ་དུ་གཅིག །སྒོམ་ལམ་དུ་གཉིས་ཀྱིས་ལམ་མཐར་ཕྱིན་པར་བྱེད་དོ། །གསུམ་པ་དབང་རྟུལ་རྒྱལ་པོ་ལྟ་བུའམ་འདོད་ཆེན་པོའི་སེམས་བསྐྱེད་ཅེས་ཐོག་མར་རང་ཉིད་གྲོལ་ནས་དེ་རྗེས་གཞན་སྒྲོལ་བར་འདོད་པའི་བྱང་སེམས་རྣམས་ནི་གྲངས་མེད་སུམ་ཅུ་སོ་གསུམ་ཐོགས་ཏེ། ཚོགས་སྦྱོར་དུ་གསུམ། ས་བཅུ་རེ་རེ་ལ་གསུམ་གསུམ་གྱིས་མཐར་བྱང་ཆུབ་ཆེན་པོའི་གོ་འཕང་ཐོབ་པ་ཡིན་ནོ། །དེ་ལྟར་བརྗོད་བྱའི་དོན་མཐར་ཕྱིན་ནས་ལེའུའི་སྐབས་བསྡུ་བ་ནི། བྱང་ཆུབ་སེམས་དཔའི་སེམས་བསྐྱེད་ཀྱི་བསླབ་བྱ་རིམ་པར་ཕྱེ་བ་སྟེ་གསུམ་པའོ། །ཞེས་པ་སྟེ། བྱང་ཆུབ་སེམས་དཔའི་སེམས་བསྐྱེད་ཀྱི་བསླབ་བྱ་དོན་དམ་བྱང་ཆུབ་ཀྱི་སེམས་རང་གནས་ཀྱི་ཡེ་ཤེས་ཉིད་ཀུན་རྫོབ་ཐབས་ཀྱི་བརྡ་ལ་

བརྟེན་ནས་གདུལ་བྱའི་ངོ་སྐལ་དང་འཚམས་པར་བཅད་པ་སློན་པ་དང་འཇུག་པའི་སེམས་གཉིས་པོ་བསྐྱེད་ཚུལ་སྒྲོལ་གཉིས་ཀྱི་རིང་ལུགས་ལྟར་བཤད་པའི་རིམ་པ་གསལ་བར་ཕྱེས་པ་སྟེ་སྐབས་གསུམ་པའི་རྣམ་པར་བཤད་པའོ།། །།

༈ རྒྱ་བའི་གསུམ་པ་རིག་པ་འཛིན་པ་རྣམས་ཀྱི་བསླབ་བྱ་གསང་སྔགས་རྡོ་རྗེ་ཐེག་པའི་དམ་ཚིག་སྡོམ་པའི་རིམ་པར་ཕྱེ་བ་གཏན་ལ་དབབ་པ་ལ་གསུམ། རྡོ་རྗེ་ཐེག་པའི་བསྟན་པ་ཐོག་མར་ཇི་ལྟར་བྱུང་ཚུལ་སྨོས་པས་ཁོག་དབུབ་པ། དེ་ལྟར་བྱུང་བའི་བསྟན་པ་བསྡུས་ནས་བཤད་སྒྲུབ་ཀྱིས་ཇི་ལྟར་བཟུང་ཚུལ། དེ་ལྟར་བཟུང་བའི་བརྗོད་བྱ་སྐབས་དོན་གཞུང་བསྒྲང་ཚུལ་གཏན་ལ་དབབ་པའོ། །དང་པོ་རྡོ་རྗེ་ཐེག་པའི་བསྟན་པ་ཐོག་མར་ཇི་ལྟར་བྱུང་ཚུལ་བཤད་པ་ནི། ཀུན་བཟང་རྡོ་རྗེ་འཆང་དབང་སྟོན་པ་དེས། །འོག་མིན་ཆེན་པོར་རྒྱུད་སྡེ་རྒྱ་མཚོ་གསུངས། །ཕྱིས་ནས་འབྲས་སྤྱུངས་སོགས་སུ་བཟླས་ཏེ་བསྟན། །ཞེས་པ་སྟེ། ཐོག་མར་སྟོན་པས་རྒྱུད་སྡེ་རྣམས་ཇི་ལྟར་གསུངས་པའི་ཚུལ་ཕུན་སུམ་ཚོགས་པ་ལྔ་ལྡན་ཏེ། དེ་ཡང་སྟོན་པ་ཕུན་སུམ་ཚོགས་པ་ནི་བདག་ཅག་གི་སྟོན་པ་འདི་ཉིད་ཐོག་མ་མེད་པའི་དུས་སུ་གཞི་གདོད་མའི་དབྱིངས་སུ་རིག་པའི་ཡེ་ཤེས་གྲོལ་བས་མངོན་པར་བྱང་ཆུབ་སྟེ་སྐུ་དང་ཡེ་ཤེས་འདུ་འབྲལ་མེད་པའི་ངང་ལ་དུས་གསུམ་གྱི་སངས་རྒྱས་ཐམས་ཅད་དང་དགོངས་པ་རོ་གཅིག་ཏུ་བཞུགས་པ་ལས་ལོངས་སྤྱོད་རྫོགས་པའི་སྐུར་སྣང་སྟེ། ཡེ་ཤེས་གསང་བ་ལས། རང་བཞིན་མི་གཡོ་ལྷུན་རྫོགས་ཤིང་། །སྤྱོད་ཡུལ་ཀུན་ཏུ་བཟང་པོ་སྟེ། །ཞེས་པ་ལྟར་སྤྱོད་ཡུལ་ཐམས་ཅད་ཡེ་ཤེས་རང་སྣང་གི་ངོ་བོ་འབའ་ཞིག་ཏུ་དག་པས་ཀུན་ཏུ་བཟང་པོ། གཟུང་འཛིན་གྱི་རྟོག་པས་མི་ཕྱེད་པས་རྡོ་རྗེ། དབྱིངས་དང་ཡེ་ཤེས་འདུ་འབྲལ་མེད་པར་འཆང་ཞིང་། དཀྱིལ་འཁོར་ཐམས་ཅད་ཀྱི་དབང་ཕྱུག་དམ་པར་གྱུར་པའི་སྟོན་པར་སྣང་བ་དེས། གནས་ཕུན་སུམ་ཚོགས་པ་རང་སྣང་ཤིན་ཏུ་རྣམ་པར་དག་པའི་ཞིང་ཁམས་འོག་མིན་ཆེན་པོར། འཁོར་ཕུན་སུམ་ཚོགས་པ་ཉིད་ལས་མི་གཞན་པའི་རང་སྣང་གི་འཁོར་རྒྱལ་བ་ཞི་ཁྲོའི་དཀྱིལ་འཁོར་ཚད་མེད་པས་ཡོངས་སུ་བསྐོར་བའི་དབུས་ན། ཆོས་ཕུན་སུམ་ཚོགས་པ་ཡེ་ཤེས་འོད་གསལ་བའི་དགོངས་པ་བརྗོད་དུ་མེད་པ་ཉིད། དུས་ཕུན་སུམ་ཚོགས་པ་གཞི་རྫོགས་འཕོ་འགྱུར་མེད་པའི་དབྱིངས་སུ་རང་ཤར་བའི་

ཚུལ་གྱིས་སྣང་བར་གྱུར་ཏོ། །དེའི་དང་ལས་ས་བཅུའི་རྒྱུན་མཐའ་ལ་སྣང་བའི་གནས་ཁྱད་པར་ཅན་འོག་མིན་དུ། སྟོན་པ་རིགས་དྲུག་པའི་རྣམ་པས། འཁོར་ས་མཐའི་བྱང་ཆུབ་སེམས་དཔའ་རིག་པ་འཛིན་པ་རྣམས་ལ། ཆོས་གསང་སྔགས་ཀྱི་རྒྱུད་སྡེ་རྒྱ་མཚོ་ལྟ་བུ་དགོངས་པ་བརྡའི་གསུང་གིས། དུས་རྟག་པ་རྒྱུན་གྱི་འཁོར་ལོར་བསྟན་པར་མཛད་ཅིང་། དེ་བཞིན་དུ་བྱང་སེམས་ས་དགུ་པ་ལ་སྣང་བའི་འོག་མིན་ཙམ་པོ་བ་དང་། ས་བརྒྱད་པ་ལ་སྣང་བའི་འོག་མིན་བཏགས་པ་བ་རྣམས་སུའང་ཚུལ་དེ་དང་འདྲ་བར་གསུངས་ཤིང་། དེའི་ཚེ་གདུལ་བྱ་གདུག་པ་ཅན་རྣམས་ཀྱི་ངོར་དཔལ་ཧེ་རུ་ཀའི་རྣམ་པར་སྣང་བས་ཁྲོ་བོའི་དཀྱིལ་འཁོར་རབ་འབྱམས་སྤྲུལ་བཤད་ཀྱིས་དོན་མཛད་པ་དང་། གཞན་ཡང་རང་བཞིན་སྤྲུལ་པའི་ཞིང་ཁམས་ལྔ་དང་། དག་མ་དག་གི་འཇིག་རྟེན་གྱི་ཁམས་རྣམས་སུ་འགྲོ་འདུལ་སྤྲུལ་པའི་རྣམ་པ་ཚད་མེད་པར་སྣང་བས་དེ་དང་དེར་གནས་པའི་གདུལ་བྱ་རང་རང་གི་མོས་པ་དང་མཐུན་པར་འདུལ་བྱེད་ཀྱི་ཐབས་ཚུལ་དཔག་ཏུ་མེད་པས་དོན་མཛད་དོ། །དེ་ལྟ་བུའི་རྒྱུད་སྡེ་རྣམས་རྡོ་རྗེ་འཆང་གི་ཐུགས་ཀྱི་རྣམ་པར་འཕྲུལ་པ་རིགས་གསུམ་སེམས་དཔས་ལྷ་ཀླུ་གནོད་སྦྱིན་གྱི་ཡུལ་རྣམས་སུ་བསྟན་ནས་དར་བར་མཛད་ཅིང་། ཁྱད་པར་མི་ཡུལ་སོགས་སུ་ཇི་ལྟར་བྱུང་བའི་ཚུལ་ལ་མཆོག་གི་སྤྲུལ་སྐུའི་རྣམ་པར་སྣང་བ་བདག་ཅག་གི་སྟོན་པ་འདི་ཉིད་དཀའ་ཐུབ་ལ་གནས་པའི་ཚེ་ཐུགས་འོག་མིན་དུ་སངས་རྒྱས་ནས་རིམ་བཞིན་རི་རབ་ཀྱི་རྩེ་དང་། རྒྱ་མཚོའི་འགྲམ་ལ་སོགས་པར་གསང་སྔགས་ཀྱི་ཆོས་དུ་མ་བསྟན་ཏེ་སླར་བཏགས་པའི་ལུས་ལ་ཞུགས་ཏེ་འཚང་རྒྱ་ཚུལ་སོགས་བསྟན་པར་བཞེད་པ་དང་། སྤྱིར་གསང་སྔགས་རྡོ་རྗེ་ཐེག་པའི་རྒྱུད་རྣམས་ཕྱག་ན་རྡོ་རྗེས་བསྡུས་ཏེ། སཾ་སྐྲྀ་ཏ་དང་། པྲཱ་ཀྲྀ་ཏ་དང་། ཨ་བ་བྷྲཾ་ཤ་དང་། ཌཱ་ཀི་ནིའི་སྐད་དང་། ཀླ་ཀློའི་སྐད་ལ་སོགས་པ་སྐད་རིགས་དང་ཡི་གེ་རིགས་སྣ་ཚོགས་པས་གླེགས་བམ་ལ་བཀོད་པར་བཤད་དེ། ཡེ་ཤེས་ཐིག་ལེའི་རྒྱུད་ལས། མ་འོངས་པའི་དུས་སུ་གསང་བའི་རྒྱུད་སྐལ་བ་དང་ལྡན་པའི་སེམས་ཅན་ལ་སྲུས་འཆད་པར་བྱེད། བཀའ་སྩལ་པ། ཕྱག་ན་རྡོ་རྗེ་མགོན་པོས་བཤད་པར་བྱེད་དོ། །ཞེས་སོ། །

དེ་ནས་ཡང་ཨོ་རྒྱན་གྱི་རྒྱལ་པོ་ཨིནྡྲ་བྷཱུ་ཏིས་སྟོན་པའི་ཉན་ཐོས་མཁའ་ལ་འཕུར་ཏེ་འགྲོ་འོང་བྱེད་པ་གཟིགས་པ་ན་ཐག་རིང་བས་ཆམ་ཕྱེད་དེ། བློན་པོ་ལ་བྱ་དམར་པོའི་ཁྱུ་འདི་དག་ཅི་ཡིན་དྲིས་པས།

དེ་རྣམས་ན་རེ། འདི་ནི་བྲ་མ་ལགས་ཏེ། སངས་རྒྱས་ཀྱི་ཉན་ཐོས་ལགས་སོ་བྱས་པས། རྒྱལ་པོ་སངས་རྒྱས་བལྟ་འདོད་ནས་གསོལ་བ་བཏབ་པས། ནངས་པར་ཝཱ་ར་ཎཱ་སི་ནས་བཅོམ་ལྡན་འདས་འཁོར་དགྲ་བཅོམ་པ་ལྔ་བརྒྱ་དང་བཅས་པ་རྫུ་འཕྲུལ་གྱིས་བྱོན། དེར་རྒྱལ་པོས་མཆོད་ནས་འཚང་རྒྱ་བའི་ཐབས་ཞུས་པས། རབ་ཏུ་བྱུང་ལ་བསླབ་པ་གསུམ་རྒྱུད་ལ་བརྟེན་ཅིག་གསུངས་པས། ཛམྦུའི་ཚལ་ནི་ཉམས་དགའ་བར། །ཕ་སྐྱེས་ཉིད་དུ་གྱུར་ཀྱང་སླའི། །འདོད་ཡོན་སྤངས་པའི་ཐར་པ་ནི། །ནམ་ཡང་མི་འདོད་གཽ་ཏ་མ། །ཞེས་ཞུས་པ་དང་། སྐད་ཅིག་ལ་ཉན་ཐོས་ཀྱི་ཚོགས་རྣམས་མི་སྣང་བར་གྱུར་ཏེ། འདི་ན་གང་ཟག་བརྒྱུད་མེད་ཅིང་། །ཉན་ཐོས་རང་རྒྱལ་འགའ་ཡང་མེད། །བྱང་ཆུབ་སེམས་དཔའ་རྫུ་འཕྲུལ་ཆེ། །དེ་དག་དེ་ཡིས་གཟུགས་སུ་སྤྲུལ། །ཞེས་ནམ་མཁའ་ནས་སྒྲ་བྱུང་བ་དང་། དེར་ཡེ་ཤེས་ཀྱི་དཀྱིལ་འཁོར་སྤྲུལ་ནས་རྒྱལ་པོ་ལ་དབང་བསྐུར་བས། དེ་ཉིད་དུ་ཟུང་འཇུག་གི་སྐུ་འགྲུབ་སྟེ། དེ་ལ་སྟོན་པས་རྒྱུད་ཐམས་ཅད་གཏད་པར་བཞེད་དོ། །གཞན་ཡང་རི་བོ་བྲ་ཀང་ཅན་དང་། བསིལ་བའི་ཚལ་དང་། ལངྐའི་བདག་པོ་སྒྲ་སྒྲོགས་ཀྱི་གནས་ལ་སོགས་པར་སྟོན་པ་ཉིད་དཀྱིལ་འཁོར་གྱི་བདག་པོའི་རྣམ་པར་བསྒྱུར་བའམ། མ་བསྒྱུར་བ་ཆགས་བྲལ་གྱི་རྣམ་པ་ཅི་རིགས་པས་རྒྱུད་སྡེ་མང་དུ་གསུངས་པ་ལྟར་ཡིན་ལ། དེ་ཡང་དུས་འཁོར་བ་རྣམས་ནི་སྔར་བསྟན་པའི་རྒྱུད་སྡེ་རྣམས་སྟོན་པས་ཞིང་འདིར་ཐེག་གསུམ་བསྟན་པའི་ཕྱིར༷་ནས༷་དཔྱིད་འབྲིང་ནག་པའི་ཉ་ལ་དཔལ་ལྡན་འབྲས༷་སྤུངས༷་ཀྱི་མཆོད་རྟེན་དུ་འོག་ཏུ་ཆོས་དབྱིངས་གསུངས་དབང་དང་། སྟེང་དུ་དཔལ་ལྡན་རྒྱུ་སྐར་གྱི་དཀྱིལ་འཁོར་སྤྲུལ་ཏེ་འདུས་པའི་འཁོར་ལ་དབང་བསྐུར་ནས་རྣལ་འབྱོར་དང་རྣལ་འབྱོར་མའི་རྒྱུད་སྡེ་མཐའ་དག་བསྟན་པ་དང་། གཞན་ཡང་ཆགས་བྲལ་གྱི་རྣམ་པས་བྱ་སྤྱོད་ཀྱི་རྒྱུད་ཕལ་ཆེར་དང་། ཨོ་རྒྱན་གྱི་རྒྱལ་པོ་ཨིནྡྲ་བྷུ་ཏི་ལ་གསང་བ་འདུས་པའི་རྒྱུད་དང་། རྡོ་རྗེ་སྙིང་པོ་ལ་ཀྱཻ་རྡོར་གྱི་རྒྱུད་སོགས་དེ་དང་དེའི་དཀྱིལ་འཁོར་གྱི་གཙོ་བོའི་སྐུར་བཞེངས་ནས་གསུངས་པ་སོ༷གས་སྔར་འོག་མིན་དུ་གསུངས་པ་སོ་སོའི་གནས་སུ༷་སླར་ཡང་བཟླ༷ས་ཏེ༷་བསྟན༷་པའང་བརྗོད་ཀྱིས་མི་ལངས་སོ། །

གཉིས་པ་དེ་ལྟར་བྱུང་བའི་བསྟན་པ་བསྡུས་ནས་བཤད་སྒྲུབ་ཀྱིས་ཇི་ལྟར་བཟུང་ཚུལ་ནི། ཕྱག་རྡོར་

དང་ནི་ཞུ་བའི་འཁོར་གྱིས་བསྐུས། །གྲུབ་ཆེན་བརྒྱད་སོགས་རྒྱ་བོད་མཁས་པས་བཀྲལ། ། ཅེས་པ་སྟེ། དེ་ཡང་བཀའ་བསྡུ་སོགས་ཀྱིས་བསྟན་པ་སྤེལ་བའི་ཚུལ་ནི་རི་རབ་ཀྱི་བྱང་ཤར་ལྕང་ལོ་ཅན་གྱི་ཕོ་བྲང་དུ་བྱང་ཆུབ་སེམས་དཔའ་བྱེ་བ་ཕྲག་དགུ་བཅུ་རྩ་དྲུག་འདུས་པ་ལ་ཕྱག་རྡོར་གྱིས་བཀའ་བསྡུ་བའི་ཚུལ་དུ་རྒྱུད་སྡེ་མ་ལུས་པ་གསུངས་པ་དང་ནི། དུས་འཁོར་རྩ་རྒྱུད་ཟླ་བ་བཟང་པོས་དང་། བརྟག་གཉིས་རྡོ་རྗེ་སྙིང་པོས་དང་། རྡོ་རྗེ་མཁའ་འགྲོ་ཕག་མོས་བསྡུས་པ་སོགས་ཞུ་བ་པོའི་འཁོར་གྱིས་བསྡུས་པའང་ཡོད་ལ། དེ་སྟོན་པ་དང་སྡུད་པ་པོ་ཐ་དད་དུ་སྣང་ཡང་དོན་ལ་ཐ་དད་མེད་དེ། གསང་བ་གྲུབ་པ་ལས། རྒྱུད་འཆད་པ་དེ་ཐུགས་རྡོ་རྗེ། །འཆད་པ་པོ་དེ་སྡུད་པའང་དེ། །ཞེས་གསུངས་པའི་ཕྱིར་རོ། །འོ་ན་མདོ་སྡེ་གདམས་ངག་འབོགས་པའི་རྒྱལ་པོ་ལས། འདྲེན་པའི་ཐེག་པ་གསུམ་པོ་དག །བཅོམ་ལྡན་ངེས་པར་གསུངས་ལགས་ན། །རྒྱུ་འབྲས་ལྷུན་གྲུབ་ཏུ་སྤྱོད་ཅིང་། །སངས་རྒྱས་གཞན་ནས་མི་འཚོལ་བའི། །ངེས་པའི་ཐེག་པ་ཅིས་མ་གསུངས། །ཞེས་ཞུས་པའི་ལན་དུ། རྒྱ་ལ་མོས་པ་རྒྱུ་ཆོས་ཀྱི། །འཁོར་ལོ་རབ་ཏུ་བསྐོར་བྱས་ནས། །རྡོ་རྗེ་ཐེག་པའི་ཉེ་ལམ་ཞིག །མ་འོངས་དུས་ན་འབྱུང་བར་འགྱུར། །ཞེས་པས། ལུང་བསྟན་པ་ཙམ་ལས་དངོས་སུ་མ་གསུངས་པ་མ་ཡིན་ནམ་ཞེ་ན། དེ་ནི་རེ་ཞིག་གསང་སྔགས་ཀྱི་སྣྲ་མི་ཡུལ་དུ་ཁྱབ་བརྡལ་དུ་མ་གྲགས་པ་ཙམ་ལ་བཤད་ཀྱི་གཏན་ནས་མ་གསུངས་པ་ནི་མ་ཡིན་ཏེ་སྔར་བཤད་པ་དག་གིས་ཀྱང་ཤེས་ལ། ཕྱིས་འབྱུང་བར་ལུང་བསྟན་པ་ནི་ཡོངས་སུ་གྲགས་པ་ལ་དགོངས་པའོ། །དེ་ཡང་སྔ་འགྱུར་བ་རྣམས་ལྟར་ན་རྒྱུད་སྡེ་དང་། སྒྲུབ་སྡེ་གཉིས་སུ་དབྱེ་བ་ལས། རྒྱུད་སྡེ་རྣམས་མི་ཡུལ་དུ་དར་ཚུལ་ནི། །སྤྱི་མདོ་ལས། ང་ནི་འདི་ནས་མི་སྣང་ནས། །ལོ་ནི་བརྒྱད་དང་བཅུ་གཉིས་ན། །ལྷ་གནས་གསུམ་དུ་གྲགས་པ་ཡི། །བསྟན་པའི་སྙིང་པོ་དམ་པ་ཞིག །འཛམ་གླིང་ཤར་གྱི་ཕྱོགས་མཚམས་ཀྱི། །མི་ལས་སྐལ་ལྡན་རིགས་ཅན་ཏེ། །རྒྱལ་པོ་ཛཿཞེས་བྱ་བ་ལ། །སྔོན་དུ་ལྟས་སྣང་སྣང་གྱུར་ཏེ། །དྲག་ཤུལ་ཅན་ཞེས་བྱ་བའི་རྩེར། །གྲོགས་ཀྱི་སེམས་དཔའ་དམན་པའི་ལུས། །ལང྄ཀའི་བདག་པོ་ལ་སོགས་ལ། །ལག་ན་རྡོ་རྗེས་སྟོང་བར་འགྱུར། །ཞེས་པ་ལྟར་ཐུབ་པའི་དབང་པོ་མྱ་ངན་ལས་འདས་ནས་ལོ་ཉི་ཤུ་རྩ་བརྒྱད་ན་དམ་པའི་རིགས་ཅན་ལྷ་གྲགས་ལྡན་མཆོག་སྐྱོང་། ཀླུ་རྒྱལ་འཛོག་པོ། གནོད་སྦྱིན་སྐར

མདའ་གདོང་། སློབ་དཔོན་བློ་གྲོས་ཐབས་ལྡན། མིའི་རིག་འཛིན་ལི་ཙ་བི་དྲི་མ་མེད་པར་གྲགས་པ་སྟེ་བྲ་མ་ལྷ་པོ་ལནྐའི་ཡུལ་གྱི་རི་མ་ལ་ཡའི་རྩེར་རང་རང་གི་མངོན་ཤེས་དང་རྫུ་འཕྲུལ་གྱིས་འདུས་ཏེ་གདུང་ཚིག་ཉེར་གསུམ་བཏོན་པས། གསང་བདག་མངོན་སུམ་དུ་བྱོན་ནས་རིགས་ཅན་བྲ་མ་ལྷ་སོགས་རིག་འཛིན་འདུས་པ་ཐལ་མོ་ཆེ་ལ་སྟོན་འོག་མིན་དང་། དགའ་ལྡན་དང་། སུམ་ཅུ་རྩ་གསུམ་རྣམས་སུ་གྲགས་པའི་གསང་བའི་ཐེག་པ་ཉིད་སྟོན་པར་མཛད་ཅིང་། དེ་རྣམས་སློབ་དཔོན་བློ་གྲོས་ཐབས་ལྡན་གྱི་གསེར་གྱི་གླེགས་བམ་ལ་བཻ་ཌཱུརྻའི་ཞུན་མས་བྲིས་ནས་དགོངས་པའི་རྒྱལ་བདུན་གྱིས་ནམ་མཁའ་ལ་སྦས་སོ། །དེའི་ཚེ་དེའི་བྱིན་རླབས་ཀྱིས་ས་ཧོ་རའི་རྒྱལ་པོ་ཛཿལ་རྨིས་ལྟས་ངོ་མཚར་བ་བདུན་རྨིས་པ་ལ་བརྟེན་ནས་སྒྲུབ་པ་མཛད་པས། རྨི་ལྟས་དང་མཐུན་པར་རྒྱུད་སྡེའི་གླེགས་བམ་རྣམས་མི་ཡུལ་དུ་དངོས་སུ་བབས་ཏེ། མ་ཧཱ་ཡོ་གའི་རྒྱུད་སྡེའི་གླེགས་བམ་རྣམས་ཕོ་བྲང་གི་སྟེང་དུ་བབས་པ་དང་། ཀྲི་ཡའི་རྒྱུད་རྣམས་ཕྱ་ར་ཊཱ་སི། ཡོ་ག་རྣམས་མེ་རི་འབར་བའི་རྩེ་མོར། ཨ་ནུ་ཡོ་ག་རྣམས་ལནྐའི་ཡུལ་དུ་གྲགས་པ་སིངྒ་ལའི་གླིང་གི་ནགས་ཚལ་དུ་བབས་པ་ནས་རྒྱ་བལ་བྲུ་ཤའི་ཡུལ་རྣམས་ལ་རིམ་གྱིས་དར་བ་ལས། ཕྱིས་སུ་ཡུལ་དེ་དག་གི་ལོ་པཎ་ལས་གནུབས་ཆེན་གྱིས་གསན་ཏེ་བོད་དུ་དར་རོ། །ཨ་ཏི་ཡོ་ག་རྣམས་ནི་ནུབ་ཕྱོགས་ཨོ་ཊི་ཡ་ནའི་ཡུལ་དུ་སློབ་དཔོན་དགའ་རབ་རྡོ་རྗེས་རྡོ་རྗེ་སེམས་དཔའམ་ཕྱག་ན་རྡོ་རྗེ་ལས་དངོས་སུ་གསན་པ་ལྟར་བསྡུ་བར་མཛད་དེ་གླེགས་བམ་ལ་བཀོད་དེ་འཇམ་དཔལ་བཤེས་གཉེན་ལ་གསུངས། དེས་ཤྲཱི་སིང་ཧ་ལ། དེས་ཨོ་རྒྱན་སངས་རྒྱས་གཉིས་པ་དང་། པཎ་ཆེན་བི་མ་ལ་མི་ཏྲ། ལོ་ཆེན་བཻ་རོ་ཙ་ན་གསུམ་ལ་གནང་བ་ལས་རྒྱ་ཆེར་འཕེལ་ལོ། །སྒྲུབ་སྡེ་རྣམས་ནི་སྟོན་འོག་མིན་གསང་བ་མཆོག་གི་གནས་སུ་ཆེ་མཆོག་ཧེ་རུ་ཀས་ཆོས་ཉིད་ཀྱི་རང་སྒྲས་གསུངས་པ་གསང་བདག་རྡོ་རྗེ་ཆོས་ཀྱིས་རང་ཉིད་ཚོམ་བུ་དགུ་ཡི་དཀྱིལ་འཁོར་གྱི་ནང་དུ་སྣང་བར་མཛད་ནས་ཐོག་མར་ངག་ཏུ་བསྡུས། དེ་ནས་གླེགས་བམ་དུ་བཀོད་ཅིང་། དེའི་དགོངས་འགྲེལ་དུ་ལུང་ལྷ་ཐུགས་རྗེ་དཔུངས་ཐག་གནས་ཀྱི་ལུང་། མཛད་པ་ཆོ་འཕྲུལ་ལྔ་ཡི་ལུང་། ཕྲིན་ལས་མཐར་ཕྱིན་སྒྲུབ་པའི་ལུང་། གསང་སྔགས་ངེས་པ་དོན་གྱི་ལུང་། གསང་བ་སྒོ་འབྱེད་སྒྲོན་མའི་ལུང་། མཆན། ཡང་མཛད་ནས། རེ་ཞིག་མིའི་ཡུལ་དུ་བསྟན་པའི་ཡུལ་མ་

གཟིགས་ནས་མཁའ་འགྲོ་མ་ལས་ཀྱི་དབང་མོ་ཆེ་ལ་གཏད། དེས་སྒྲུབ་པ་བཀའ་བརྒྱད་ཀྱི་སྤྱི་རྒྱུད་ལྷ་སྒོས་རྒྱུད་བཅུ་རྣམས་རིན་ཆེན་སྣ་བརྒྱད་ཀྱི་སྒྲོམ་བུར་བཅུག །སྒོས་རྒྱུད་རྣམས་རིན་པོ་ཆེ་ཐ་དད་པའི་སྒྲོམ་བུར་བཅུག་ནས་དུར་ཁྲོད་བསིལ་བའི་ཚལ་གྱི་མཆོད་རྟེན་བདེ་བྱེད་བརྩེགས་པའི་ཚལ་དུ་མི་སྣང་བར་རྒྱས་བཏབ། དུས་ཕྱིས་གྲུབ་པའི་སློབ་དཔོན་བརྒྱད་ཀྱིས་མངོན་ཤེས་ཀྱིས་མཁྱེན་ནས་གནས་དེར་འདུས་ཤིང་དགོངས་པ་ཏིང་ངེ་འཛིན་གྱི་མཐུས་བསྐུལ་བས་མཁའ་འགྲོ་མ་ལས་ཀྱི་དབང་མོ་ཆེ་མངོན་སུམ་དུ་བྱོན་ནས་སྒྲོམ་བུ་རྣམས་བླངས་ཏེ། ཆེ་མཆོག་གི་བསེ་སྒྲོམ་བི་མ་ལ། ཡང་དག་གི་དངུལ་སྒྲོམ་ཧཱུྃ་ཀ་ར། གཤིན་རྗེའི་ལྕགས་སྒྲོམ་འཇམ་དཔལ་བཤེས་གཉེན། རྟ་མགྲིན་གྱི་ཟངས་སྒྲོམ་ནཱ་ག་རྫུ་ན། ཕུར་པའི་གཡུ་སྒྲོམ་པདྨ་འབྱུང་གནས། མ་མོའི་བསེ་སྒྲོམ་དྷ་ན་སཾ་སྐྲི་ཏ། མཆོད་བསྟོད་ཀྱི་མཆོང་སྒྲོམ་རཾ་བུ་གུ་ཧྱ། དྲག་སྔགས་ཀྱི་གཟི་སྒྲོམ་ཤཱནྟིཾ་གརྦྷ་རྣམས་ལ་སོ་སོར་གཏད་པ་བཞིན་རང་རང་ལ་བཀའ་བབས་པའི་དོན་ལ་མཁས་ཤིང་སྔགས་ཀྱི་དངོས་གྲུབ་བརྙེས་པར་གྱུར། རིན་པོ་ཆེ་སྣ་བརྒྱད་ཀྱི་སྒྲོམ་བུ་ལས་བདེ་གཤེགས་འདུས་པའི་ཆོས་བུ་གཅིག་ཏུ་འདུས་པའི་རྒྱུ་དང་མན་ངག་གི་བཀའ་རྣམས་བྱུང་བ་སྐབས་དེར་རྒྱ་མ་འཁྲོལ་བས་སླར་དེ་ཉིད་དུ་སྦས་ཤིང་། ཕྱིས་སུ་ཀུན་འདུས་རིག་འཛིན་སློབ་དཔོན་ཆེན་པོ་པདྨ་སམྦྷ་ཝ་ལ་བཀའ་བབས་པ་བཞིན་བོད་དུ་ལས་ཅན་རྗེ་འབངས་སྙིང་གི་བུ་དགུ་རྣམས་ཐོག་མར་དབང་གིས་སྨིན་པར་མཛད་ནས་གདམས་པ་ཡོངས་རྫོགས་ལེགས་པར་སྩལ་ཞིང་། གཞན་ཡང་སྐལ་ལྡན་འབངས་རིགས་ཉེར་ལྔ་སོགས་ལའང་ཅི་རིགས་པར་སྩལ། དཔེ་རྒྱུན་རྣམས་ཟབ་མོའི་གཏེར་དུ་གཏམས་པ་བསྟན་ཞབས་གཏེར་གྱིས་སྐྱོང་བའི་ཐུགས་བསྐྱེད་བླ་ན་མེད་པར་གོ་ཞིང་། གཞན་ཡང་རྒྱུད་སྡེ་དང་སྒྲུབ་སྡེའི་སྐོར་སོགས་ལ་རྒྱ་བོད་ཀྱི་མཁས་པ་དང་དངོས་གྲུབ་བརྙེས་པའི་སློབ་དཔོན་རྣམས་ཀྱིས་སོ་སོའི་དགོངས་པ་མ་ནོར་བར་བཀྲལ་ཞིང་སྤེལ་བར་མཛད་པ་ཡིན་ནོ། །

གསུམ་པ་དེ་ལྟར་བཟུང་བའི་བརྗོད་བྱ་སྐབས་དོན་གཏན་ལ་དབབ་པ་ལ་གཉིས། མདོར་བསྟན་པ་དང་། རྒྱས་པར་བཤད་པའོ། །

དང་པོ་མདོར་བསྟན་པ་ནི། སྔ་འགྱུར་རིང་ལུགས་བཀའ་གཏེར་གྲགས་པ་དང་། །གསར་

མའི་བཞེད་སྲོལ་དཔག་ཏུ་མེད་ན་ཡང་། །རྒྱུད་སྡེ་སྤྱི་ཡི་དམ་ཚིག་འདིར་འཆད་དོ། །ཞེས་པ་སྟེ། དེ་ལྟར་གསང་སྔགས་སྔ་འགྱུར་བ་རྣམས་ཀྱི་རིང་ལུགས་ལ། སྤྱི་མདོ་ལས། དགོངས་པ་རིག་པ་རྣ་བར་གདད། །རྒྱལ་བ་སེམས་དཔའ་རྣལ་འབྱོར་པ། །གང་ལ་ཐུག་གི་བར་དུའོ། །ཞེས་གསུངས་པ་ལྟར། རིང་བརྒྱུད་བཀའ་མ་དང་། ཉེ་བརྒྱུད་གཏེར་མ་སྟེ། གཉིས་ཀའི་ཐུན་མོང་གི་བརྒྱུད་ཁུངས་རྒྱལ་བ་དགོངས་བརྒྱུད། རིག་འཛིན་བརྡ་བརྒྱུད། གང་ཟག་སྙན་བརྒྱུད་གསུམ་པོའི་སྟེང་དུ། གཏེར་མའི་ཕྱོགས་སུ་བཀའ་བབས་ལུང་བསྟན། སྨོན་ལམ་དབང་བསྐུར། མཁའ་འགྲོ་གཏད་རྒྱ་སྟེ་དེ་གསུམ་བསྣན་པས་བརྒྱུད་ཚུལ་དྲུག་གི་སྒོ་ནས་བཟུང་བའི་ཚུལ་སོགས་ཡོངས་སུ་གྲགས་པ་ལྟར་དང་། ཕྱི་འགྱུར་གསར་མ་བའི་བཞེད་སྲོལ་ལ་ཨོ་རྒྱན་གྱི་རྒྱལ་པོ་ཨིནྡྲ་བྷུ་ཏིས་རྒྱུད་རྣམས་གླེགས་བམ་དུ་བྲིས་ཤིང་ཡུལ་དེའི་སྐྱེ་བོ་ཐམས་ཅད་ལ་བསྟན་པས་ཡུལ་དེའི་སྲོག་ཆགས་ཕྲ་མོ་ཡན་ཆད་ཀྱིས་དངོས་གྲུབ་ཐོབ་སྟེ་འཇའ་ལུས་སུ་སོང་། སླར་ཡུལ་དེ་མཚོར་གྱུར་པ་ཀླུ་རྣམས་ཀྱིས་གང་བ་ན། ཕྱག་རྡོར་གྱིས་ཀླུ་རྣམས་སྨིན་པར་མཛད་པས། དེ་དག་ཀྱང་རིམ་གྱིས་མིར་གྱུར་ནས་མཚོ་འགྲམ་དུ་གྲོང་བཅས་ཏེ་ཉམས་སུ་བླངས་པས་ཐམས་ཅད་ཀྱི་གྲུབ་པ་ཐོབ། བུ་དང་བུ་མོ་རྣམས་མཁའ་འགྲོ་དང་མཁའ་འགྲོ་མར་གྱུར་པས་ཨོ་རྒྱན་མཁའ་འགྲོའི་གླིང་ཞེས་གྲགས། མཚོ་དེའང་སྐམ་སྟེ་ཧེ་རུ་ཀའི་ལྷ་ཁང་རང་བྱུང་བས་དེའི་དཀོར་མཛོད་དུ་རྒྱུད་སྡེ་ཐམས་ཅད་ཀྱི་གླེགས་བམ་བཞུགས་པ་ལས། ཕྱིས་རྒྱལ་པོ་བི་སུ་ཀ་ལྤ། ཀླུ་སྒྲུབ། ཙཱ་རི་ཧེ་རུ་ཀ །ཀུ་ཀུ་རི་པ། ལ་ལི་ཏ་བཛྲ། གྲུབ་ཆེན་ཏེ་ལོ་པ་སོགས་ནས་རིམ་གྱིས་སྤྱན་དྲངས་པ་དང་། དེ་བཞིན་དུ་ཤམྦྷ་ལ་སོགས་ཡུལ་གཞན་དག་ནས་ཀྱང་སྤྱན་དྲངས་པ་བཅས། དེ་དག་ཀྱང་གྲུབ་ཆེན་བརྒྱད་དང་གྲུབ་ཐོབ་བརྒྱད་ཅུ་སོགས་མཁས་གྲུབ་མང་པོས་དོན་ལ་རྟོན་པའི་དགོངས་འགྲེལ་གྱིས་བཀྲལ་ཞིང་བཤད་སྒྲུབ་ཀྱིས་བཟུང་ཚུལ་སོགས་ལོ་རྒྱུས་རྣམ་གཞག་དཔག་ཏུ་མེད་པ་ཞིག་ཡོད་ན་ཡང་། འདི་དག་གི་བྱུང་ཚུལ་ཞིབ་ཏུ་རྟོགས་པར་འདོད་ན་གཞན་ལས་ཤེས་པར་བྱ་ཞིང་། འདིར་སྐབས་སུ་བབས་པ་ཕྱི་རྒྱུད་རྣམས་ཕྱོགས་ཙམ་དང་། ནང་རྒྱུད་ཡོ་ག་སྡེ་གསུམ་སྤྱི་ཡི་དམ་ཚིག་རྣམས་ཟབ་དོན་ཉམས་སུ་ལེན་པའི་སྐལ་པ་ཅན་གྱི་ཕྱིར་བསྲུང་བྱའི་རྣམ་གྲངས་ཞིབ་ཏུ་བསྟན་པར་བཞེད་ནས་སྐབས་འདིར་དེ་འཆད་

པར་མཛད་དོ། །

གཉིས་པ་རྒྱས་པར་བཤད་པ་ལ་བདུན། སྔགས་སྡོམ་གྱི་ངོ་བོ། དེའི་དབྱེ་བ། མ་ཐོབ་པ་ཐོབ་པར་བྱེད་པ། ཐོབ་པ་མི་ཉམས་པར་བསྲུང་བ། སྐྱེ་བའི་རྟེན། ཉམས་པ་གསོ་ཚུལ། བསྲུང་བའི་ཕན་ཡོན་བཤད་པའོ། །དང་པོ་སྔགས་སྡོམ་གྱི་ངོ་བོ་ནི། ངོ་བོ་སྒོ་གསུམ་ཐབས་ཤེས་ཀྱིས་ཟིན་པར། །སྡོམ་པའི་ཚུལ་ཁྲིམས་སོ་སོའི་རིང་ལུགས་བཞིན། །ཞེས་པ་སྟེ། དེ་ལ་སྔགས་སྡོམ་གྱི་ངོ་བོ་གང་ཞེ་ན། བསྡམ་བྱ་སྒོ་གསུམ་ཕྲ་བའི་བག་ཆགས་མཚན་འཛིན་གྱི་རྟོག་པ་དང་བཅས་པ། སྡོམ་བྱེད་ཐབས་ཤེས་ཁྱད་པར་ཅན་རྣམས་ཀྱིས་ཟིན་པའི་བདེ་བ་ཆེན་པོའི་ཡེ་ཤེས་ཀྱིས་བསྡམ་པར་བྱས་པའི་སེམས་དཔའ་ས་བོན་དང་བཅས་པ་གང་ཞིག་རང་རྒྱུད་དབང་བསྐུར་བ་ལས་གསར་དུ་ཐོབ་པའི་ཚུལ་ཁྲིམས་སོ། །དེ་ཡང་བལྟས་པའི་བདེ་བ་དང་། དགོད་པའི་དང་། ལག་བཅངས་ཀྱི་དང་། གཉིས་སྦྱོར་གྱི་བདེ་བ་དང་། དེ་དག་པར་བྱེད་པའི་ཡེ་ཤེས་རང་རྒྱུད་ལ་འཛིན་པའི་ཁྱད་པར་ནི་རྒྱུད་སྡེ་བཞི་པོ་སོ་སོའི་རིང་ལུགས་བཞིན་ནོ། །

གཉིས་པ་དབྱེ་བ་ལ་གཉིས། རྒྱུད་སྡེ་བཞིའི་ལུགས་སྤྱིར་དབྱེ་བ་དང་། བླ་མེད་ཀྱི་ལུགས་བྱེ་བྲག་ཏུ་དབྱེ་བའོ། །དང་པོ་རྒྱུད་སྡེ་བཞིའི་ལུགས་སྤྱིར་དབྱེ་བ་ནི། དབྱེ་བ་བྱ་སྤྱོད་རྣལ་འབྱོར་བླ་མེད་བཞིར། །རྩ་ལྟུང་བཅུ་བཞི་སོ་སོར་གྲངས་ངེས་པར། །དུས་ཀྱི་འཁོར་ལོར་བཤད་པས་གཞན་དུ་བལྟ། །ཞེས་པ་སྟེ། དེ་ལ་དབྱེ་བ་བྱས་ན་བྱ་སྤྱོད་རྣལ་འབྱོར་བླ་མེད་ཀྱི་རྒྱུད་བཞིར་རྩ་ལྟུང་བཅུ་བཞི་སོ་སོར་གྲངས་ངེས་པར་དཔལ་ལྡན་དུས་ཀྱི་འཁོར་ལོའི་འགྲེལ་པར་བཤད་པས་གཞན་དུ་བལྟ་ཞེས་ཞལ་འཕངས་པ་སྟེ། འདིར་མིང་ཙམ་སྨོས་ན། དང་པོ་བྱ་རྒྱུད་ལ། དཀོན་མཆོག་ལ་དད་པ་དང་། སྔགས་ལ་དད་པ། ཐེག་ཆེན་ལ་མོས་པ། བླ་མ་དང་མཆེད་ལ་གུས་པ། འདས་མ་འདས་ཀྱི་ལྷ་གཞན་ལ་མི་སྨད་པ། རང་གི་ལྷ་དུས་དུས་སུ་མཆོད་པ། གཞུང་གཞན་མི་མཆོད་པ། གློ་བུར་བའི་མགྲོན་མཆོད་པ། བྱམས་པ་མི་གཏོང་བ། སེམས་ཅན་གྱི་དོན་ལ་བརྩོན་པ། བཟླས་བརྗོད་ལ་བརྩོན་པ། དམ་ཚིག་གཞན་ཡང་ཅི་ནུས་བསྲུངས་པ། སྣོད་མིན་ལ་སྔགས་རྒྱ་མི་སྦྱིན་པ། རང་གི་སྔགས་རྒྱུད་སྲུང་ཞིང་དེའི་དོན་རྟོགས་པར་བྱེད་པ་རྣམས་ཏེ། དེ་དག་བཟློག་ན་རྩ་ལྟུང་དུ་འགྱུར་བ

ཡིན་ནོ། །སྤྱོད་རྒྱུད་ལ། མི་དགེ་བཅུ་དང་། རྩ་བ་བཞི་སྤོང་བའོ། །དེ་ལ་རྩ་བ་བཞི་ནི་དམ་པའི་ཆོས་སྤོང་བ་དང་། བྱང་ཆུབ་ཀྱི་སེམས་སྤོང་བ་དང་། སེར་སྣས་མི་སྦྱིན་པ་དང་། སེམས་ཅན་ལ་གནོད་པ་བྱ་བའོ། །རྣལ་འབྱོར་རྒྱུད་ལ་རིགས་ལྔའི་སྡོམ་བཟུང་ལྟར། དེ་བཞིན་གཤེགས་པའི་རིགས་ལ་སྐྱབས་གསུམ་འཛིན་པ་སྟེ་གསུམ། རྡོ་རྗེའི་རིགས་ལ་རྡོར་དྲིལ་ཕྱག་རྒྱ་སློབ་དཔོན་བཟུང་བ་བཞི། རིན་ཆེན་རིགས་ལ་སྦྱིན་པ་རྣམ་བཞི་གཏོང་བ་བཞི། པདྨའི་རིགས་ལ་དམ་ཆོས་མ་ལུས་འཛིན་པ་སྟེ་གཅིག །ལས་རིགས་ལ་སྤྱར་ཀྱི་སྡོམ་པ་རྣམས་འཛིན་པ་དང་། མཆོད་པའི་ལས་ལ་འབད་པ་སྟེ་གཉིས་བཅས་བཅུ་བཞི་བསྲུབ་པའི་བསླབ་བྱ་དང་། དེ་ལས་བཟློག་པ་རྩ་ལྟུང་བཅུ་བཞིའོ། །བླ་མེད་ཀྱི་རྩ་ལྟུང་ནི་འཆད་པར་འགྱུར་བས་ཤེས་སོ། །

གཉིས་པ་བླ་མེད་ཀྱི་ལུགས་བྱེ་བྲག་ཏུ་དབྱེ་བ་ནི། བླ་མེད་ལུགས་ལ་བརྟུལ་ཞུགས་ཉི་ཤུ་ལྔ། །རིགས་ལྔའི་སྡོམ་པ་རྩ་ལྟུང་བཅུ་བཞི་དང་། །སྡོམ་པོ་དང་ནི་རྫོགས་པ་ཆེན་པོའི་སྲོལ། །ཞེས་པ་སྟེ། འདིར་གཙོ་བོ་བླ་མེད་ཀྱི་ལུགས་ཀྱི་སྡོམ་པ་བཤད་པ་ལ་བརྟུལ་ཞུགས་ཉི་ཤུ་རྩ་ལྔ་ཐུན་མོང་དང་། ཁྱད་པར་རིགས་ལྔའི་སྡོམ་པ་དང་། རྒྱུད་སྡེ་སྤྱི་ལ་གྲགས་པའི་རྩ་བའི་ལྟུང་བ་བཅུ་བཞི་དང་། དེའི་ཡན་ལག་སྡོམ་པོའི་བརྒྱད་དང་ནི་རྫོགས་པ་ཆེན་པོའི་སྲོལ་གྱི་རྩ་བ་དང་ཡན་ལག་གི་དམ་ཚིག་རྣམས་ཏེ་རིམ་བཞིན་འཆད་པར་འགྱུར་རོ། །

གསུམ་པ་སྔགས་སྡོམ་མ་ཐོབ་པ་ཐོབ་པར་བྱེད་པ་ལ་གཉིས། མདོར་བསྟན་པ་དང་། རྒྱས་པར་བཤད་པའོ། །དང་པོ་མདོར་བསྟན་པ་ནི། དང་པོ་མ་ཐོབ་ཐོབ་པའི་ཚུལ་བཤད་པ། །ཞེས་པ་སྟེ། འདིར་ཅུང་ཟད་ཞིབ་ཏུ་སྨོས་ན། དེའང་ནང་གསེས་སུ་དང་པོ་མ་ཐོབ་པ་ལ་གསར་དུ་བསྐུར་བ་ནི་རྒྱུའི་དབང་ཡིན་ལ། དེ་ནས་བླ་མས་བསྐུར་བ་དང་རང་གིས་བདག་འཇུག་ལེན་པ་སོགས་ལ་ལམ་དབང་ཞེས་བྱ་ཞིང་། རྒྱུན་མཐར་ལོངས་སྤྱོད་རྫོགས་པའི་སྐུའི་དབང་བསྐུར་བས་བག་ཆགས་ཕྲ་བ་དག་ནས་སྟོན་འཁོར་དབྱེར་མེད་དུ་གྱུར་པ་ནི་འབྲས་བུའི་དབང་ཡིན་པས་ན་རྒྱུ་ལམ་གཉིས་ཀྱི་དབང་ཇི་ལྟར་ཐོབ་པའི་ཚུལ་བཤད་པ་ནི་འདི་ལྟ་སྟེ་ཞེས་སོ། །འདི་ལས་འཕྲོས་པ་དབང་བསྐུར་བ་པོ་རྡོ་རྗེ་སློབ་དཔོན་ནི། སྤྱི་མདོ་ལས། བརྟན་ཞིང་དུལ་ལ་གཡོ་སྒྱུ་མེད། །གསང་སྔགས་རྒྱུད་ཀྱི་སྦྱོར་བ

ཞེས། །དཀྱིལ་འཁོར་བྲི་བའི་ལས་ལ་མཁས། །དེ་ཉིད་བཅུ་ནི་ཡོངས་ཤེས་ཤིང་། །སེམས་ཅན་རྣམས་ལ་མི་འཇིགས་སྦྱིན། །ཐེག་པ་ཆེ་ལ་རྟག་དགའ་བ། །དེ་ནི་སློབ་དཔོན་ཡིན་པར་གསུངས། ། ཞེས་དང་། རྡོ་རྗེ་སྙིང་པོ་རྒྱན་གྱི་རྒྱུད་ལས། ཕྱིར་བཟློག་གཉིས་ཀྱི་ཆོ་ག་དང་། །གསང་དང་ཤེས་རབ་ཡེ་ཤེས་དང་། །ཁ་སྦྱོར་འབྱེད་པའི་ཆོ་ག་དང་། །གཏོར་མ་རྡོ་རྗེའི་བཟླས་པ་དང་། །དྲག་ཤུལ་སྒྲུབ་པའི་ཆོ་ག་དང་། །རབ་ཏུ་གནས་དང་དཀྱིལ་འཁོར་སྒྲུབ། །གསང་བའི་དེ་ཉིད་བཅུ་ཡིན་ནོ། ། དཀྱིལ་འཁོར་ཏིང་འཛིན་ཕྱག་རྒྱ་དང་། །སྟངས་སྟབས་འདུག་སྟངས་བཟླས་བརྗོད་དང་། །སྦྱིན་སྲེག་མཆོད་པ་ལས་སྦྱོར་དང་། །སླར་ཡང་སྡུད་པའི་རྣམ་པ་ནི། །ཕྱི་ཡི་དེ་ཉིད་བཅུ་ཡིན་ནོ། །ཞེས་པ་ལ་སོགས་པ་རྒྱུད་ལས་གསུངས་པའི་མཚན་ཉིད་དང་ལྡན་པ་དང་། གཙོ་བོ་རང་གི་བླ་མ་རྡོ་རྗེ་སློབ་དཔོན་ལ་མཆོག་ཏུ་གུས་པས་དམ་ཚིག་ལ་ཉམས་སྐྱོན་མེད་པ་དང་། གདུལ་བྱ་བློས་མི་གཏོང་བའི་བྱམས་སྙིང་སེམས་བསྐྱེད་ཆེ་ཞིང་། བསྙེན་པའི་རྒྱུད་ཡལ་བར་མི་དོར་བའི་ལྷག་བསམ་ནུས་ཤུགས་དང་ལྡན་པ་ནི་དབང་བསྐུར་བ་པོ་སློབ་དཔོན་གྱི་མཚན་ཉིད་ཡིན་ལ། དེས་གང་ལ་དབང་བསྐུར་བའི་ཡུལ་སློབ་མ་ནི། མན་ངག་གསང་བ་ལས། དད་བརྩོན་ཤེས་རབ་གཏོང་ཕོད་ཆེ། །སྡོམ་སྒྲུབ་དམ་ཚིག་ལ་ཡིད་རྟོན། །སྒྲུབ་དང་སྒོམ་ལ་དགའ་བ་དང་། །རྟག་ཏུ་བླ་མ་ལ་གུས་ཤིང་། །དུས་གསུམ་བླ་མ་མཆོད་བྱེད་པ། །ཡོན་ཏན་དང་ལྡན་སློབ་མ་ཡིན། །ཞེས་སོགས་ཀྱི་མཚན་ཉིད་ཚང་བའི་སློབ་མ་ལ། ཇི་ལྟར་བསྐུར་བའི་ཚུལ་མཐོང་བརྒྱུད་ཀྱིས་གཏན་ལ་ཕབ་པའི་དོན་བཞིན་མ་ནོར་མ་འཁྲུགས་པར་བསྐུར་བར་བྱའོ། །

གཉིས་པ་རྒྱས་པར་བཤད་པ་ལ་ལྔ། དཀྱིལ་འཁོར་གྱི་རྣམ་གཞག །དབང་བཞིའི་རྣམ་གཞག ། བྲལ་ཐོབ་ཀྱི་རྣམ་གཞག །ཐོབ་མཚམས་ཀྱི་རྣམ་གཞག །རྗེས་ཀྱི་རྣམ་གཞག་གོ། །དང་པོ་དཀྱིལ་འཁོར་གྱི་རྣམ་གཞག་ནི། །རྡུལ་ཚོན་དང་ནི་དེ་བཞིན་ཧྣ་ག་དང་། ཀུན་རྫོབ་དོན་དམ་བྱང་སེམས་དཀྱིལ་འཁོར་བཞིར། །ཞེས་པ་སྟེ། དབང་དང་པོ་བུམ་དབང་ནི་ཕྱི་མཚན་མའི་དཀྱིལ་འཁོར་ལ་བརྟེན་དགོས་པའི་ཕྱིར། བློ་རབ་ལ་ཚོམ་བུ། བློ་འབྲིང་ལ་རས་བྲིས། བློ་ཐ་མ་ལ་རྡུལ་ཚོན་གྱི་དཀྱིལ་འཁོར་ལྷག་པའི་ལྷ་གང་ཡིན་གྱི་གཞུང་དང་མཐུན་པ་དང་ནི་དེ་བཞིན་ཁྱད་པར་དབང་

གཉིས་པ་ལ་སྔགས་ཀྱི་དེ་ཁོ་ན་ཉིད་ཡི་གེ་ཧྂ་ཀཱ༷འི་དང༷་། དབང་གསུམ་པ་ལ་ལྷའི་དེ་ཁོ་ན་ཉིད་ཀུ༷ན་རྫོ༷བ་བྱང་ཆུབ་སེམས་ཀྱི་དང་། དབང་བཞི་པ་ལ་ཡེ་ཤེས་ཀྱི་དེ་ཁོ་ན་ཉིད་དོ༷ན་དམ༷་བྱང༷་ཆུབ་སེ༷མས་སྙིང་པོ་ཡེ་ཤེས་རླུང་གི་དཀྱིལ༷་འཁོར༷་ཏེ་དེ་བཞི༷ར་བརྟེན་ནས་དབང་བསྐུར་བར་བྱའོ། །

གཉིས་པ་ཇི་ལྟར་བསྐུར་བའི་དབང་བཞིའི་རྣམ་གཞག་ནི། བུམ་པ་གསང་བ་ཤེས་རབ་བཞི་པའི་དབང་། །མཚན་ཉིད་ལྡན་པའི་སློབ་བུར་རིམ་པར་བསྐུར། །ཞེས་པ་སྟེ། ཐོག་མར་བུམ་དབང་ལ༔ སའི་ཆོ་ག་དང་། བུམ་པ་དང་། ལྷ་དང་། སློབ་མ་སྟ་གོན་སོགས་སྔོན་དུ་སོང་ནས། བདག་ཉིད་དཀྱིལ་འཁོར་དུ་ཞུགས་ནས་སློབ་མ་སྔོན་དུ་རྫུང་བར་བྱ་བའི་ཕྱིར་དཀྱིལ་འཁོར་དུ་འཇུག་པར་བྱས་ནས་དམ་ཚིག་དང་སྡོམ་པ་འཛིན་དུ་བཅུག་ལ། དེ་ནས་དབང་དངོས་གཞི་བསྐུར་བ་ནི་སློབ་དཔོན་སྐུ་རྡོ་རྗེ་སྤྲུལ་སྐུའི་ངོ་བོ་དཀྱིལ་འཁོར་གྱི་ལྷ་དང་གཉིས་སུ་མེད་པར་བཞུགས་ལ་དེ་ལས་སྤྲུལ་པའི་ལྷ་དང་རང་བཞིན་གྱི་གནས་ནས་སྤྱན་དྲངས་པའི་ལྷ་སྟེ་དེ་ཐམས་ཅད་ཀྱང་གདན་གསུམ་ཚང་བའི་རྣམ་པར་བཞུགས་པ་རྣམས་ཀྱིས། སློབ་མ་དབང་རྫས་དང་བཅས་པ་ལྷར་བསྐྱེད་དེ་ཡེ་ཤེས་པ་བཅུག་ལ་དབང་རྫས་ཀྱི་ལྷ་རྣམས་འོད་དུ་ཞུ་ནས་དབང་རྫས་སོ་སོའི་རྣམ་པར་གྱུར་པ་ཐོགས་ཏེ་རིག་པའི་དབང་ལྔ་དང་། ཐབས་རྡོ་རྗེ་རྟུལ་ཞུགས་ཀྱི་དབང་སྟེ་སློབ་མའི་དབང་དྲུག་དང་། ཐབས་བྱུང་རྡོ་རྗེ་སློབ་དཔོན་གྱི་དབང་སྟེ་བུམ༷་པ༷འི་དབང་དངོས་གཞི་བདུན་དང་། དེའི་ཡན་ལག་མཐའ་རྟེན་དང་བཅས་པ་བསྐུར་བས་སྣང་སྟོང་གཉིས་སུ་མེད་པའི་ཡེ་ཤེས་ཉམས་སུ་མྱོང་བ་དང་། སློབ་དཔོན་གསུང་རྡོ་རྗེ་ལོངས་སྤྱོད་རྫོགས་སྐུའི་ངོ་བོར་ཡབ་ཡུམ་སྙོམས་པར་ཞུགས་ཏེ་སངས་རྒྱས་ཐམས་ཅད་སྤྱན་དྲངས་པ་བསྒོམས་ནས་རྗེས་ཆགས་ཀྱིས་ཞུ་བ་བདུད་རྩི་བྱང་ཆུབ་ཀྱི་སེམས་དཀར་དམར་གྱི་ངོ་བོ་གསང་དཀྱིལ་དུ་གནས་པ་དེ་གསང་རྩེ་གཉིས་གང་རུང་ནས་སློབ་བུས་ལེན་པའམ། མ་ནུས་ན་མེ་ལོང་ཡུ་བ་ཅན་གྱིས་བླངས་ཏེ་བདུད་རྩི་དང་སྦྱར་ནས་སློབ་མའི་ལྕེ་ལ་བཞག་པ་སྙིང་གར་བསྒོམས་ཏེ་གསང༷་བ༷འི་དབང་བསྐུར་བས་གསལ་སྟོང་བརྗོད་བྲལ་གྱི་ཡེ་ཤེས་ཉམས་སུ་མྱོང་བ་དང་། རྡོ་རྗེ་སློབ་དཔོན་ཐུགས་རྡོ་རྗེ་ཆོས་ཀྱི་སྐུའི་ངོ་བོར་བཞུགས་ཏེ་སློབ་མ་ཡབ་ཡུམ་སྙོམས་པར་ཞུགས་པ་ལ་བརྟེན་ནས་ཤེ༷ས་ར༷བ་ཡེ་ཤེས་ཀྱི་དབང་བསྐུར་བ་ནི་ཡེ་ཤེས་པ་བསྒོམས་

ནས་ཡས་བབ་དགའ་བཞིའི་འགྲོས་ཀྱིས་ཕྱིན་པ་རྡོ་རྗེ་ནོར་བུའི་བུམ་པར་འཛག་མེད་དུ་བཟུང་བས་བདེ་སྟོང་གཉིས་སུ་མེད་པའི་ཡེ་ཤེས་ཉམས་སུ་མྱོང་བ་དང་། སློབ་དཔོན་ཡེ་ཤེས་རྡོ་རྗེ་ངོ་བོ་ཉིད་སྐུའི་ངོ་བོར་བཞུགས་ལ་གསུམ་པའི་དུས་ཀྱི་དགའ་བཞི་རྫོགས་ནས་ཐབས་ཀྱིས་ལྡོག་པ་ལས་མས་བརྟན་གྱི་དགའ་བ་བཅུ་དྲུག་མཐར་ཕྱིན་པའི་ཚེ་ལྷན་ཅིག་སྐྱེས་པའི་ཡེ་ཤེས་ཉམས་སུ་མྱོང་བ་ནི་བཞི༷་པ༷འི་དབ༷ང་ཡིན་ལ། དེ་ལ་ཡང་ཚིག་ཙམ་གྱིས་ཡེ་ཤེས་ངོ་སྤྲོད་པ་ཚིག་གི་དང་། བདེ་བ་ཆེན་པོའི་ཡེ་ཤེས་མཆོག་གི་ཏིང་ངེ་འཛིན་རྒྱུད་ལ་སྐྱེས་པ་དོན་གྱི་དང་། ལས་རྒྱ་ལ་བརྟེན་ནས་ཉམས་མྱོང་འདྲེན་པ་རྟེན་ཅན་གྱི་དང་། དེ་གོམས་པར་བྱེད་པ་ལམ་གྱི་དང་། དེ་མཐར་ཕྱིན་པ་འབྲས་བུའི་བཞི་པ་སྟེ་ལྔ་འོ། །གང་ལ་བསྐུར་ན་རང་དོན་ནུས་པའི་དད་པ་ཅན་དང་། གཞན་དོན་ནུས་པའི་བརྩོན་འགྲུས་ཅན་དང་། བདུད་རྩི་ལྔ་སོགས་དམ་ཚིག་གི་རྫས་ཁྱད་པར་ཅན་ལ་སྤོང་ལེན་མེད་པར་སྤྱོད་ནུས་ཤིང་རང་བྱིན་གྱི་རློབ་པའི་ལམ་བསྒོམ་ནུས་པའི་བརྟུལ་ཞུགས་ཅན་དང་། རྩ་ཐིག་རླུང་གསུམ་ལས་སུ་རུང་ནས་ཕྱག་རྒྱ་བརྟེན་ནུས་པ་རིག་མའི་བརྟུལ་ཞུགས་ཅན་དང་། དབྱེར་མེད་བླང་དོར་དང་བྲལ་བར་འཛོག་ནུས་པའི་མཉམ་པའི་བརྟུལ་ཞུག་ཅན་ཏེ་མཚ༷ན་ཉི༷ད་དང་ལྡ༷ན་པ༷འི་སློ༷བ་བུ༷ར་དབང་བཞི་པོ་གོ་རིམ་མ་འཆོལ་བར་དུམ་བུའི་ལུགས་སམ་མཐར་ཆགས་ཀྱི་ལུགས་གང་རུང་གིས་རི༷མ་པ༷ར་བསྐུ༷ར་བར་བྱ་སྟེ། རྒྱུད་ལས། དད་བརྩོན་བརྟུལ་ཞུགས་རབ་རྟོགས་ན། །ཕན་པའི་དབང་སྦྱིན་ནུས་པའི་དབང་། །རིམ་པ་བཞིན་དུ་སྦྱིན་པར་བྱ། །སྙིང་རྗེས་ཆུད་མ་ཟོས་པར་བཟུང་། །ཞེས་སོ། །

གསུམ་པ་བྲལ་ཐོབ་ཀྱི་རྣམ་གཞག་ནི། སད་རྨི་གཉིད་འཐུག་སྙོམས་འཇུག་གནས་སྐབས་བཞིས། །བསྐྱེད་པའི་སྒོ་གསུམ་ཤེས་བྱའི་དྲི་མ་སྦྱངས། །བསྐྱེད་རིམ་གཏུམ་མོ་དཔེ་དོན་ཡེ་ཤེས་གཉིས། །སྒོམ་དང་སྐུ་བཞི་ཐོབ་པའི་ནུས་རུང་བྱ། །ཞེས་པ་སྟེ། དེ་ལྟར་དབང་བཞི་བསྐུར་བས་རིམ་པ་བཞིན་ས༷ད་པའི་གནས་སྐབས་ཀྱི་སྣང་བ་རགས་པ་དང་། རྨི༷་ལམ་གྱི་གནས་སྐབས་ཐིག་ལེ་རླུང་གིས་བསྒྲོད་པ་ལས་སྣང་བ་ཕྲ་བ་དང་། གཉི༷ད་འཐུག་གི་གནས་སྐབས་ཅི་ཡང་མི་རྟོག་པའི་ཡིད་ཀྱི་ཐིག་ལེ་ཁོ་ན་དང་། སྙོམ༷ས་འཇུག་གི་གནས་སྐབས་བདེ་བའི་ངང་དུ་རྟོག་ཚོགས་ཐམས་ཅད་འགག་

པ་སྟེ། དེ་ལྟར་གནས་སྐབས་བཞིས་བསྐྱེད་པའི་རགས་པ་ལུས་དང་། ཕྲ་བ་ངག་དང་། ཤིན་ཏུ་ཕྲ་བ་ཡིད་དེ་སྒོ་གསུམ་དང་། ཆེས་ཤིན་ཏུ་ཕྲ་བ་ཀུན་གཞི་ཙམ་སྟེ་ཤེས་བྱའི་དྲི་མ་རྣམས་དང་། གཞན་ཡང་རིམ་པ་བཞིན་དུ་ཕྱུང་པོའི་བདུད་དང་། ཉོན་མོངས་པའི་བདུད་དང་། འཆི་བདག་གི་བདུད་དང་། ཡུལ་ལ་ཞེན་པ་ལྷའི་བུའི་བདུད་རྣམས་བཅོམ་སྟེ། ལས་སྒྲིབ་དང་། ཉོན་སྒྲིབ་དང་། ཤེས་སྒྲིབ་རགས་པ་དང་། ཤེས་སྒྲིབ་ཕྲ་བ་འཕོ་བའི་བག་ཆགས་ཀྱི་སྒྲིབ་པ་རྣམས་སྦྱངས་ཤིང་དག་པའི་ནུས་པ་འཇོག་གོ། །དེ་རྣམས་ནི་གཙོ་བོར་སྦྱངས་བྱ་གཞི་དང་སྦྱར་བ་ཡིན་ལ། སྦྱོང་བྱེད་ལམ་དང་སྦྱར་ན། བུམ་དབང་གིས་གཙོ་བོར་བསྐྱེད་རིམ་དང་། གསང་དབང་གིས་གཏུམ་མོ་དང་། ཤེས་དབང་གིས་དཔེའི་ཡེ་ཤེས་དང་། ཚིག་དབང་གིས་དོན་གྱི་ཡེ་ཤེས་ཏེ། དབང་ཕྱི་མ་གཉིས་ཀྱིས་དཔེ་དོན་གྱི་ཡེ་ཤེས་གཉིས་སྒོམ་པ་ལ་དབང་བ་དང་། འབྲས་བུ་དང་སྦྱར་ན། བུམ་དབང་གིས་སྤྲུལ་སྐུ། གསང་དབང་གིས་ལོངས་སྐུ། ཤེར་དབང་གིས་ཆོས་སྐུ། ཚིག་དབང་གིས་ངོ་བོ་ཉིད་སྐུ་སྟེ་སྐུ་བཞི་ཐོབ་པའི་ནུས་པ་རྒྱུད་ལ་བཞག་པས་ན་མཐར་ཐུག་སྐུ་བཞི་མངོན་དུ་འགྱུར་རུང་དུ་བྱ་བ་ཡིན་ནོ། །

བཞི་པ་ཐོབ་མཚམས་ཀྱི་རྣམ་གཞག་ནི། དང་པོ་གནས་གསུམ་རྡོ་རྗེ་གསུམ་བསྐྱེད་ནས། །ཐ་མ་དབང་བཞི་ཡོངས་སུ་རྫོགས་པའི་ཚེ། །རིག་འཛིན་སྡོམ་པ་ཐོབ་ཅིང་། །ཞེས་པ་སྟེ། དེ་ནས་སྔགས་སྡོམ་ཐོབ་མཚམས་ངོས་བཟུང་བ་ལ། དང་པོ་སློབ་མའི་གནས་གསུམ་དུ་རྡོ་རྗེ་གསུམ་གྱི་ལྷའམ་ཡིག་འབྲུ་བསྐྱེད་ནས་སྒོ་གསུམ་བྱིན་གྱིས་བརླབས་པའི་དུས་དེ་ནས་འགོ་བཙམ་སྟེ། དངོས་གཞི་བུམ་པའི་དབང་དང་མཆོག་དབང་གསུམ་བཅས་རིམ་པར་བསྐུར་ཞིང་ཐོབ་པ་ལས། ཐ་མ་དབང་བཞི་ཡོངས་སུ་རྫོགས་པའི་ཚེ་ན་རིག་པ་འཛིན་པའི་སྡོམ་པ་མཐའ་དག་ཐོབ་ཟིན་པ་ཡིན་ཅིང་། དེ་ལྟར་ཐོབ་མ་ཐག་པ་ནས་བསླབ་བྱའི་གནས་རྣམས་ལ་སློབ་པའི་འདུ་ཤེས་བསྐྱེད་པ་ལ་ནན་ཏན་དུ་བྱའོ། །

ལྔ་པ་རྗེས་ཀྱི་རྣམ་གཞག་ནི། དེ་ཡི་རྗེས། །ཁས་བླངས་སྡོམ་དང་དམ་ཚིག་བསླབ་ལ་འབད། །ཅེས་པ་སྟེ། དེ་ལྟར་སྣོད་དང་འཚམས་པར་དབང་བཞི་མཐའ་རྟེན་དང་བཅས་པ་བསྐུར་ཐོབ་ཟིན་པ་དེ་ཡི་རྗེས་སུ་སློབ་དཔོན་གྱིས་དམ་ཚིག་གི་རྣམ་གཞག་རྒྱས་པར་བསྒྲགས་པ་རྣམས། སློབ་མས

བསྡུས་ཏེ་ཁས་བླངས་པས་བཟུང་བ་དང་། བཟུང་ནས་ཀྱང་གསང་སྔགས་རིག་པ་འཛིན་པའི་སྡོམ་པ་དང་དམ་ཚིག་གི་ཚུལ་ལ་བླང་དོར་མ་ནོར་བར་བསླབ་པ་ལ་འབད་པར་བྱ་དགོས་སོ། །

བཞི་པ་ཐོབ་པ་མི་ཉམས་པར་བསྲུང་བ་ལ་གསུམ། མདོར་བསྟན་པ། རྒྱས་པར་བཤད་པ། དོན་བསྡུ་བའོ། །དང་པོ་མདོར་བསྟན་པ་ནི། བར་དུ་མི་ཉམས་བསྲུང་བའི་ཐབས་བཤད་པ། །ཞེས་པ་སྟེ། དེ་ལྟར་སྔགས་སྡོམ་མ་ཐོབ་པ་ཉིད་ཐོབ་པ་ཙམ་ཁོ་ནས་མི་ཆོག་སྟེ། བར་དུ་ཐོབ་པའི་རྒྱུན་དེ་མི་ཉམས་པར་བསྲུང་བའི་ལྷག་བསམ་ཁྱད་པར་ཅན་གྱིས་བསྲུང་བར་བྱ་དགོས་ལ། དམ་ཚིག་དང་སྡོམ་པ་ནི་སྔགས་ཀྱི་བསླབ་པ་མ་ལུས་པའི་གཞི་རྟེན་ཡིན་པས། དེ་ཉམས་ན་བསླབ་པ་ཐམས་ཅད་དོན་མེད་པར་འགྱུར་བའི་ཕྱིར། དཔེར་ན་སྲོག་གི་དབང་པོ་འགག་ན་དབང་པོ་ཐམས་ཅད་འགག་པར་འགྱུར་བ་བཞིན། དེས་ན་བསྲུང་ཐབས་ཤེས་པ་ལ་རག་ལས་པས་ན་འདིར་དེའི་ཚུལ་བཤད་པ་ལ་ཞེས་སོ། །

གཉིས་པ་རྒྱས་པར་བཤད་པ་ལ་ལྔ། བརྟུལ་ཞུགས་ཉེར་ལྔ། རིགས་ལྔའི་སྡོམ་པ། རྩ་བའི་ལྟུང་བ་བཅུ་བཞི། ཡན་ལག་སྦོམ་པོའི་ལྟུང་བ། ཁྱད་པར་སྔ་འགྱུར་རྫོགས་པ་ཆེན་པོའི་ལུགས་བཤད་པའོ། །དང་པོ་ལ་གཉིས། མདོར་བསྟན་པ་དང་། རྒྱས་པར་བཤད་པའོ། །དང་པོ་མདོར་བསྟན་པ་ནི། ཐོག་མའི་བརྟུལ་ཞུགས་དུས་ཀྱི་འཁོར་ལོ་ལས། །ཞེས་པ་སྟེ། ཐོག་མར་སྔགས་ཀྱི་བསླབ་པ་ཐམས་ཅད་ཀྱི་རྟེན་གཞི་རྡོ་རྗེ་སེམས་དཔའི་དམ་ཚིག་གི་ཡན་ལག་བརྟུལ་ཞུགས་ཉེར་ལྔ་པོ་དཔལ་ལྡན་དུས་ཀྱི་འཁོར་ལོ་ལས་གསུངས་པ་ལྟར་ཤེས་པར་བྱའོ། །

གཉིས་པ་རྒྱས་པར་བཤད་པ་ལ་ལྔ། སྤང་བ་ལྔ། མི་བྱ་བ་ལྔ། གསོད་པ་ལྔ། མི་འཕྲུ་བ་ལྔ། མི་ཞེན་པ་ལྔ་རྣམས་སུ་ཡོད་པ་ལས། དང་པོ་སྤང་བ་ལྔ་ནི། གསོད་རྫུན་རྐུ་དང་འདོད་ལོག་ཆང་འཐུང་བ། །སྤང་བྱ་བསླབ་པའི་གཞི་ལྔ་སྤང་ཞེས་གསུངས། །ཞེས་པ་སྟེ། སྲོག་ཆགས་ཕྲ་མོ་གཅིག་ཡན་ཆད་གསོད་པར་བྱེད་པ་ལྟ་ཅི། སྐད་ཅིག་ཙམ་ཡང་མནར་སེམས་ཀྱིས་འཚེ་བ་དང་། རང་འདོད་ཀྱིས་གཞན་བསླུ་བསམ་པའི་རྫུན་སྨྲ་བ་དང་། དུད་འགྲོ་བདག་ཏུ་བཟུང་བ་ཡན་ཆད་ཀྱི་གཞན་ནོར་བརྐུ་བ་དང་། གཞན་གྱི་བུད་མེད་ལ་འདོད་པའི་ལོག་པར་གཡེམ་པ་དང་། ཉེས་པ་བསྐྱེད་པའི་གཞི

ཆང་འཐུང་བས་སྨྱོས་པ་སྟེ། དེ་ལྟའི་ཕྱོགས་མཐུན་ཆར་གཏོགས་དང་བཅས་པ་སྤང་བར་བྱ་དགོས་ཏེ། འཁོར་བའི་གནས་སུ་འཆིང་བྱེད་དམ་པོ་རྡོ་རྗེའི་ཞགས་པ་དང་མཚུངས་ཤིང་། རང་གཞན་གྱི་དགེ་བ་ཐམས་ཅད་འཇོམས་པར་བྱེད་པས་ན། འདི་རྣམས་བརྟུལ་ཞུགས་ཕྱི་མ་ཐམས་ཅད་ཀྱི་རྟེན་གཞི་ཡིན་པས་སྤང་བྱ་བསླབ་པའི་གཞི་ལྔ་འདི་དག་ཀུན་སྤང་ཞེས་གསུངས་པ་ཡིན་ནོ། །

གཉིས་པ་མི་བྱ་བ་ལྔ་ནི། ཚོ་ལོ་ཁ་ན་མ་ཐོའི་ཟས་ཟ་དང་། །ངན་ཚིག་འབྱུང་པོ་ལྷ་མིན་ཆོས་བསླབ་པ། །རྣམ་པ་ལྔ་ནི་བྱ་བ་མིན་ལྔའོ། །ཞེས་པ་སྟེ། ཤ་དང་མིག་མང་རྒྱལ་བློན་སོགས་ཚོ་ལོ་རྩེ་བ་དང་། རང་གིས་བསད་པའི་ཤ་མ་གཏོགས་ལས་ཀྱིས་ཤི་བའི་ཤ་མི་ཟ་བ་སོགས་ཁ་ན་མ་ཐོའི་ཟས་ཟ་བ་དང་། ངན་ཚིག་གི་བསྟན་བཅོས་དམག་འཁྲུག་གི་ལོ་རྒྱུས་སྒྲུང་གཏམ་སོགས་སློབ་པ་དང་། འབྱུང་པོའི་ཆོས་ལུགས་ཀྱི་མཆོད་སྦྱིན་བྱ་བ་སོགས་མུ་སྟེགས་པའི་ལུགས་དང་། བྱ་གག་གི་བཏུང་བ་འབབ་ཞིག་བསྙེན་པ་སོགས་ལྷ་མིན་གྱི་ཆོས་ཞེས་ཀླ་ཀློའི་ཆོས་ལུགས་ལ་བསླབ་པ་སྟེ་རྣམ་པ་ལྔ་ནི་དགེ་བའི་ཕྱོགས་ཉམས་པར་བྱེད་པའི་ཉེ་བའི་སྡིག་པ་ལྔ་ཞེས་གྲགས་ལ་བྱ་བ་མིན་པ་ལྔའོ། །

གསུམ་པ་གསོད་པ་ལྔ་ནི། བ་ལང་བྱིས་པ་སྐྱེས་པ་བུད་མེད་དང་། །མཆོད་རྟེན་བསྟུན་པ་གསོད་པ་ལྔ་རུ་གྲགས། །ཞེས་པ་སྟེ། སྤྱིར་རྐང་པ་དང་པོའི་གསོད་པ་བཞི་སྔར་བཤད་པའི་གསོད་པའི་ནང་དུ་འདུ་ནའང་། མུ་སྟེགས་པ་རྣམས་ཀྱིས་སྤྱིར་འཚེ་བ་སྡིག་པ་ཡིན་ཀྱང་། མཐོ་རིས་ཀྱི་ཆེད་དུ་མཆོད་སྦྱིན་བྱ་བ་དང་། མ་མོ་མཆོད་པ་དང་སྐྱེས་པ་དང་བུད་མེད་ཐོབ་པའི་ཆེད་དུ་རིམ་པ་བཞིན། བ་ལང་དང་། བྱིས་པ་དང་། སྐྱེས་པ་དང་། བུད་མེད་གསོད་པ་ལ་དགེ་བར་འདོད་པས་དེ་དགག་པའི་ཆེད་དུ་འདིར་དམིགས་ཀྱིས་བཀར་ནས་གསུངས་པ་དང་། ཡང་ཀླ་ཀློ་རྣམས་ཀྱིས་ལྷ་མིའི་བླ་མ་གསོད་པ་ཞེས་སྐུ་གསུང་ཐུགས་རྟེན་མཆོད་རྟེན་ལ་བསྟུན་ཏེ་བཤིགས་པ་བསོད་ནམས་སུ་འདོད་པ་དེ་དག་ལ་གསོད་པ་ལྔ་རུ་གྲགས་པ་དེ་རྣམས་སྤང་བར་བྱའོ། །

བཞི་པ་མི་འཕུ་བ་ལྔ་ནི། དགེ་གྲོགས་རྗེ་བོ་སངས་རྒྱས་དགེ་འདུན་དང་། །བླ་མར་ཁོང་ཁྲོ་བསྐྱོམ་རྣམས་འཕུ་བ་ལྔ། །ཞེས་པ་སྟེ། ཆོས་དང་འཇིག་རྟེན་གང་རུང་གིས་སྦྲེལ་བའི་མཉམ་པོར་དགེ་བར་འགྲོགས་པའི་གྲོགས་པོ་དང་། རང་ལས་རྒན་པའི་རྗེ་བོ་བཀུར་བར་འོས་པ་དང་། ལྷ

མིའི་བླ་མ་སངས་རྒྱས་དང་། དགེ་སློང་གི་དགེ་འདུན་དང་། ཡིད་བརྟན་པར་འོས་པའི་མཁན་སློབ་བླ་མ་སྟེ་ཡུལ་དེ་དང་དེར་ཁོང་ཁྲོ་བསྒོམ་ཞིང་འཁང་བ་རྣམས་འབུ་བ་ལྔ་སྟེ་སྤང་བར་བྱའོ། །

ལྔ་པ་མི་ཞེན་པ་ལྔ་ནི། གཟུགས་སྒྲ་དྲི་རོ་རེག་བྱ་ཡུལ་ལྔ་ལ། །མིག་དང་རྣ་བ་སྣ་ལྕེ་ལུས་དབང་ལྔས། །ཞེན་པར་མི་བྱེད་བརྟུལ་ཞུགས་ཉེར་ལྔའོ། །ཞེས་པ་སྟེ། དེ་ཡང་གཟུགས་སྒྲ་དྲི་རོ་རེག་བྱ་སྟེ་ཡུལ་ལྔ་པོ་དེ་ལ། མིག་དང་རྣ་བ་དང་སྣ་དང་ལྕེ་དང་ལུས་ཀྱི་དབང་པོ་སྟེ་ཡུལ་ཅན་དེ་ལ་བརྟེན་པའི་ཤེས་པ་ལྔས་ཞེན་ཅིང་ཆགས་པར་མི་བྱེད་དེ། ཡང་སྲིད་འཕེན་ནུས་ཀྱི་ལས་སུ་རྫོགས་པས་ན། བསྐྱེད་རིམ་གྱིས་དབང་ཡུལ་ལྷར་བསྒྱུར་བ་དང་། རྫོགས་རིམ་སོ་སོར་སྤྱོད་པའི་རྣལ་འབྱོར་གྱིས་འཛུག་པ་གཅོད་པ་སོགས་དྲན་ཤེས་ཀྱི་གཉེན་པོ་བསྟེན་པ་ལ་འབད་པར་བྱའོ། །དེ་དག་ལ་རྡོ་རྗེ་སེམས་དཔའི་བརྟུལ་ཞུགས་ཉེར་ལྔ་ཞེས་བྱའོ། །

གཉིས་པ་རིགས་ལྔའི་སྡོམ་པ་བཤད་པ་ལ་གཉིས། ཐུན་མོང་དང་། ཁྱད་པར་བའོ། །དང་པོ་ལ་གཉིས། མདོར་བསྟན་པ་དང་། རྒྱས་པར་བཤད་པའོ། །དང་པོ་མདོར་བསྟན་པ་ནི། ཐུན་མོང་གྱུར་པ་རིགས་ལྔའི་སྡོམ་པ་ལྔ། །ཞེས་པ་སྟེ། འདི་རྣམས་རྣལ་འབྱོར་ཕྱི་པའི་གཞུང་དུ་བཤད་པ་ལས་དོན་འཕགས་ཀྱང་སྒྲར་མཐུན་པ་འབྱུང་ཞིང་། དེར་མ་ཟད་སྨོན་འཇུག་གི་སེམས་བསྐྱེད་དང་ཚུལ་ཁྲིམས་གསུམ་སོགས་ཐེག་ཆེན་སྤྱིའི་བསླབ་བྱ་དང་འདྲ་བས་ཐུན་མོང་དུ་གྱུར་པ་ཞེས་བྱ་སྟེ། གཞི་དེ་ལས་འདིར་རྡོ་རྗེ་ཐེག་པ་མཆོག་གི་དགོངས་པ་ལྟར་འཆད་དེ། དེ་ལ་རིགས་བྱེ་བྲག་གི་རྣལ་འབྱོར་པས་ཀྱང་རིགས་ལྔ་ཀའི་སྡོམ་པ་བསྲུང་དགོས་མོད་ཀྱང་། རང་རིགས་གང་ཡིན་གྱི་སྡོམ་པ་གཙོ་བོར་བསླབ་དགོས་པས། རིགས་ལྔ་སོ་སོའི་སྡོམ་པ་འམ་དམ་ཚིག་ལྔ་ཞེས་གྲགས་སོ། །

གཉིས་པ་རྒྱས་པར་བཤད་པ་ནི། སྨོན་འཇུག་གཉིས་དང་ཚུལ་ཁྲིམས་རྣམ་པ་གསུམ། །སློབ་པ་སངས་རྒྱས་རྣལ་འབྱོར་སྡོམ་པའོ། །རྡོར་དྲིལ་ཕྱག་རྒྱ་བླ་མར་བཟུང་རྡོ་རྗེ། །ནོར་ཆོས་མི་འཇིགས་བྱམས་སྦྱིན་རིན་ཆེན་འབྱུང་། །ཕྱི་ནང་གསང་བའི་ཐེག་འཛིན་པདྨའི་རིགས། །མཆོད་གཏོར་ལས་རིམ་འཛིན་པ་ལས་ཀྱིའོ། །ཞེས་པ་སྟེ། དེ་རྣམས་རིམ་པ་བཞིན་འཆད་པའི་དང་པོ་ནི། དངོས་བསྟན་ལྟར་ན། སྨོན་པ་དང་འཇུག་པའི་སེམས་གཉིས་བསྐྱེད་པ་དང་། སྡོམ་སྡུད་དོན་བྱེད་ཀྱི་ཚུལ་ཁྲིམས

རྣམ་པ༷་གསུམ་པོ་སོ་སོའི་མཚན་ཉིད་ཚང་བར་བརྟན་པོར་བཟུང་ཞིང་། དེ་ཐམས་ཅད་ཀྱི་རྟེན་དུ་ཐུན་མོང་མིན་པའི་མཆོག་གསུམ་ལ་སྐྱབས་སུ་འགྲོ་བར་སློབ༷་པ༷་དང་། སྔགས་དོན་ལྟར་ན་བདེ་སྟོང་དབྱེར་མེད་ཀྱི་བྱང་སེམས་དང་སེམས་ཉིད་གདོད་ནས་དག་པ་མཆོག་གསུམ་གྱི་རང་བཞིན་དུ་བཟུང་བའོ། །དེ་ཡང་སངས༷་རྒྱས༷་རྣལ༷་འབྱོར༷་ཏེ་རྣམ་པར་སྣང་མཛད་ནི་གཙོ་བོ་སྐུའི་རིགས་ཡིན་ལ། སྐུ་ནི་འབྲས་ཆོས་ཐམས་ཅད་ཀྱི་རྟེན་ཡིན་པ་ལྟར་ཚུལ་ཁྲིམས་ནི་ཡོན་ཏན་ཀུན་གྱི་རྟེན་དང་། དེའི་རྟེན་ནི་སྐྱབས་འགྲོ་ཡིན་པའི་ཕྱིར། རིགས་དེའི་སྡོམ༷་པར་བཞག་པ༷འོ༷། །གཉིས་པ་ནི། དངོས་བསྟན་ལྟར་ན་ཕྱི་མཚན་མ་རྫས་ཀྱི་རྡོར༷་དྲིལ་བཟུང་ནས་རང་ཉིད་ལྷ་སྐུ་ཕྱག༷་རྒྱ་ཆེན་པོར་བསྐྱེད་ནས་དག་དྲན་བྱ་བ་སྟེ། དེ་ཉིད་འདུས་པ་ལས། དེ་ཉིད་ཀྱིས་ནི་རྡོ་རྗེ་བཟུང་། །ཆོས་ཀྱི་དྲིལ་བུ་དཀྲོལ་བར་བྱ། །དམ་ཚིག་གིས་ནི་ཕྱག་རྒྱ་ཆེར། །བྱིན་གྱིས་བརླབས་ནས་སྙིང་པོ་བཟླ། །ཞེས་སོ། །སྔགས་དོན་ལྟར་ན་ནང་གི་རྡོ་དྲིལ་ནི། ཐབས་ཡབ་ཀྱི་ནོར་བུ་རྡོ་རྗེ་དང་། ཤེས་རབ་ཡུམ་གྱི་པདྨ་དྲིལ་བུ་སྟེ། ཕྱག་རྒྱ་ནི་ཕན་ཚུན་རྒྱས་བཏབ་ནས་མཉམ་པར་སྦྱོར་བའོ། །གསང་བ་ཁམས་དཀར་དམར་གཉིས་འབར་འཛག་གིས་ཟུང་དུ་འཇུག་པ་དང་། དེ་ཁོ་ན་ཉིད་མི་འགྱུར་བའི་བདེ་ཆེན་དང་། རྣམ་ཀུན་མཆོག་ལྡན་གྱི་སྟོང་ཉིད་དབྱེར་མེད་དུ་བསྒོམ་པ་སྟེ། དེ་དག་ཟུང་དུ་འཇུག་པའི་ཡེ་ཤེས་ནི་ཕྱག་རྒྱ་ཆེན་པོའོ། །དེ་དག་གི་དེ་ཁོ་ན་ཉིད་སྟོན་པར་མཛད་པའི་བླ་མ༷་ཡང་བསྟེན་བསྐུར་ལ་སོགས་པས་ཡང་དག་པར༷་བཟུང་ཞིང་བརྟེན་པར་བྱ་བ་རྣམས་ནི་རྡོ༷་རྗེ་མི་བསྐྱོད་པ་གཙོ་བོར་ཐུགས་ཀྱི་རིགས་ཡིན་ལ་ཐབས་ཤེས་གཉིས་མེད་ཀྱི་ཐུགས་མཚོན་པར་བྱེད་པ་མཚན་མ་རྫས་ཀྱི་དང་། ནང་གསང་དེ་ཁོ་ན་ཉིད་ཀྱི་རྡོར་དྲིལ་རྣམས་མཚོན་བྱ་ཐུགས་ཀྱི་ངོ་བོ་ཡིན་པས་རིགས་དེའི་དམ་ཚིག་ཏུ་བཞག་གོ། །

གསུམ་པ་ནི། དངོས་བསྟན་ལྟར་ན་ཟང་ཟིང་ནོ༷ར་གྱི་སྦྱིན་པ་དང་། ཆོ༷ས་ཀྱི་སྦྱིན་པ་དང་། མི༷་འཇི༷གས་པ་སྐྱབས་ཀྱི་སྦྱིན་པ་དང་། དེའི་རྩ་བ་བྱམས༷་པ་ཆེན་པོའི་སྦྱིན༷་པ་བཞི་པོ་ཉིན་རེ་བཞིན་དུས་དྲུག་ཏུ་བྱ་བ་དང་། སྔགས་དོན་ལྟར་ན་རྗེས་ཆགས་ཀྱི་མེས་བྱང་སེམས་དབབ་ལྡོག་གི་དགའ་བཞིའི་ཡེ་ཤེས་སྦྱིན་པ་སྟེ། དེ་ཡང་རིན་ཆེ༷ན་འབྱུང༷་ལྡན་ནི་ཡོན་ཏན་ཀུན་གྱི་འབྱུང་གནས་རིན་པོ་ཆེའི་རིགས་ཡིན་ལ། སྦྱིན་པ་ཡང་དགོས་འདོད་སྟེར་བའི་ངོ་བོ་ཡིན་པས་དེའི་དམ་ཚིག་ཏུ་བཞག་གོ། །

བཞི་པ་ནི། དངོས་བསྟན་ལྟར་ན་ཕྱི་མཚན་ཉིད་སྡེ་གསུམ་དང་། ནང་གྱི་ཡོག་སྡེ་གསུམ་དང་། གསང་བ་ནང་རྒྱུད་སྡེ་གསུམ་པོའི་ཐེག་པ་ཀུན་གྱི་ཚིག་དོན་འཛིན་ཞིང་། སྦས་དོན་ལྟར་ན་རླུང་དབུ་མར་བཅིངས་པས་གཞོམ་མེད་ཀྱི་གསུང་སྒྲུབ་པ་སྟེ། དེ་ཡང་འོད་དཔག་མེད་གསུང་པདྨའི་རིགས་ཡིན་པ་ལྟར། ཆོས་ཀྱང་གསུང་གི་ངོ་བོ་ཡིན་པའི་ཕྱིར་དེའི་དམ་ཚིག་ཏུ་བཞག་གོ། །

ལྔ་པ་ནི། དངོས་བསྟན་ལྟར་ན་སྡོམ་པ་དེ་ཐམས་ཅད་དང་ལྡན་པའི་སྟེང་དུ་ཕྱི་ནང་གསང་བའི་མཆོད་པ་དང་། གཏོར་མ་དང་། སྦྱིན་སྲེག་སོགས་ལས་བཞིའི་རིམ་པ་ཐམས་ཅད་ཅི་ནུས་སུ་འཛིན་པར་བྱེད་ཅིང་། སྦས་དོན་ལྟར་ན་དེ་ཐམས་ཅད་ཟུང་འཇུག་ཨེ་ཝཾ་གྱི་སྡོམ་པས་རྒྱས་འདེབས་པ་དང་། ཞུ་བདེས་ཕུང་ཁམས་དབང་ཡུལ་གྱི་ལྷ་རྣམས་ཚིམ་པར་མཆོད་པ་སྟེ། དེ་ཡང་དོན་ཡོད་གྲུབ་པ་ནི་ལས་ཐམས་ཅད་པའི་བདག་ཉིད་ཡིན་པ་ལྟར་འདི་དག་ཀྱང་གཙོ་བོ་ལས་ཀྱི་ངོ་བོ་ཡིན་པས་དེའི་དམ་ཚིག་ཏུ་བཞག་པའོ། །

གཉིས་པ་ཁྱད་པར་གྱི་རིགས་ལྔའི་སྡོམ་པ་ནི། ཁྱད་པར་སྲོག་གཅོད་རྡོ་རྗེའི་རིགས་ཡིན་ཏེ། །ཞིང་བཅུ་ཚང་དང་རླུང་དང་རྟོག་པ་ཡིན། །རིན་ཆེན་རིགས་ལ་མ་བྱིན་ལེན་པ་ནི། །ནོར་དང་བུད་མེད་ཐེག་ཆེན་ཟབ་མོའི་ཆོས། །རང་དང་གཞན་དོན་སྒྲུབ་ལ་དགོངས་པས་སུངས། །པདྨའི་རིགས་ལ་ལས་ཆོས་དམ་ཚིག་དང་། །ཕྱག་རྒྱ་ཆེ་སྟེ་བུད་མེད་བསྟེན་པར་གསུངས། །ལས་ཀྱི་རིགས་ལ་རྫུན་དུ་སྨྲ་གསུངས་པ། །བདག་དང་སེམས་ཅན་མི་དམིགས་བདེན་མེད་སྟོན། །འཁོར་ལོའི་རིགས་ལ་ཆང་དང་ཤ་ལྔ་དང་། །ཡུལ་ཀུན་བསྟེན་གསུངས་ཕྱི་ནང་གསང་བའི་ཐེག །རིམ་པར་མ་ཉམས་སྤྱོད་པ་བླ་མེད་ལུགས། །ཞེས་པ་སྟེ། ཐུན་མོང་མ་ཡིན་པ་རིགས་ལྔའི་སྡོམ་པ་འདི་ནི་བསད་པ་གསོ་ནུས་པ་སོགས་རྣལ་འབྱོར་པ་རྟོགས་གོམས་ཀྱི་གདིང་དང་ལྡན་པ། ལྟ་དང་བླ་མས་གནང་བ་ཐོབ་པ། སྙིང་རྗེའི་ཀུན་སློང་ཁྱད་པར་ཅན་གྱིས་ཟིན་པ་ཡིན་ན་གཞན་དོན་དུ་སྒྲ་ཇི་བཞིན་པར་སྤྱོད་པ་དྲང་དོན་བསྐྱེད་རིམ་གྱི་དམ་ཚིག་དང་། དེ་ལྟར་མིན་ན་སྒྲ་བསྒྱུར་ཏེ་དགོངས་གཞིའི་དོན་དེ་ཉིད་བླངས་ནས་དབང་གོང་མའི་དམ་ཚིག་དང་སྡོམ་པ་རྫོགས་རིམ་ལ་སྦྱར་བར་བྱ་བ་ཡིན་པས་ན་ཁྱད་པར་ཞེས་བསྟན་ཏེ། དང་པོ་སྲོག་གཅོད་པ་ནི་ཞེ་སྡང་རྣམ་པར་དག་པ་རྡོ་རྗེའི་རིགས་མི་བསྐྱོད་པའི་དམ

ཚོག་ཡིན་ཏེ། དྲང་དོན་ལྟར་ན་ཞིང་བཅུ་ཚང་བའི་དགྲ་བོ་དྲག་པོའི་ལས་ཁོ་ནས་མ་གཏོགས་འདུལ་བར་མི་ནུས་པ་རྣམས་ཀྱི་ལས་ངན་རྒྱུན་གཅོད་ཕྱིར་མངོན་སྤྱོད་ཀྱི་ལས་ཀྱིས་སྒྲོལ་བར་བྱ་བ་དང་། དེ་ཡང་རང་ཉིད་ལ་ཉེས་པར་མི་འགྱུར་བར་མ་ཟད་དོན་ཡང་ཆེ་སྟེ། གསང་སྙིང་ལས། ཡོད་མེད་དབུ་མའང་མི་དམིགས་ཤིང་། །སྒྱུ་མ་མིག་གཡོར་ལྟ་བུའི་ཚུལ། །སྲོག་མེད་སྲོག་ཀྱང་བཅད་དུ་མེད། །སྲོག་དང་སྐྱེས་བུ་ལོག་རྟོག་ཙམ། །ཞེས་དང་། ངེས་བརྗོད་ལས། སངས་རྒྱས་བསྟན་པ་གནོད་བྱེད་དང་། །བླ་མར་སྨོད་བརྩོན་མ་རུང་དང་། །རྟག་ཏུ་སེམས་ཅན་གནོད་བརྩོན་པ། །མཁས་པས་བསྒྲིམས་ཏེ་བསད་པར་བྱ། །ཞེས་སོ། །ངེས་པའི་དོན་དུ་སྲོག་ནི་རོ་རྐྱང་གི་རླུང་ཡིན་ལ། དེ་བཅད་པའི་ཐབས་ཀྱིས་བཀག་པས་དབུ་མར་འཇུད་ཅིང་གཙུག་ཏོར་དུ་བརྟན་པ་དང་། ཡང་ན་སྲོག་ནི་རྣམ་པར་རྟོག་པ་དང་བཅས་པའི་སེམས་ཡིན་ལ། དེ་བཅད་པ་ནི་དེའི་རྒྱུན་སྐྱེ་མེད་ཀྱི་དབྱིངས་སུ་དག་པར་བྱ་བའོ། །

གཉིས་པ་ང་རྒྱལ་རྣམ་པར་དག་པ་རིན་ཆེན་རིགས་ཀྱི་དམ་ཚིག་ལ་མ་བྱིན་པ་ལེན་པར་བཤད་པ་ནི། དྲང་དོན་ལྟར་ན་གཞན་གྱི་ཚོགས་རྫོགས་པ་དང་། སྦྱིན་ཡུལ་གྱི་དབུལ་བ་སེལ་བ་སོགས་ཕན་པར་འགྱུར་ན་ཐུགས་ཀྱི་མཐུས་གཞན་ནོར་བླང་བ་དང་། དེས་མཆོད་སྦྱིན་སོགས་བྱས་ན་ཉེས་པར་མི་འགྱུར་ཏེ། གསང་སྙིང་ལས། བདེན་པ་གཉིས་ཀ་དབྱེར་མེད་པ། །འཕྲུལ་དགའི་ཚུལ་ཏེ་ཐ་དད་མིན། །གཞན་དང་མ་བྱིན་མེད་པའི་ཕྱིར། །བླང་མེད་ཐམས་ཅད་ཉིད་ཀྱི་དབྱིངས། །ཞེས་སོ། །ངེས་དོན་དུ་ཐུགས་ཀྱི་ཡེ་ཤེས་སྒྲུབ་ཕྱིར་ཕ་རོལ་གྱི་བུད་མེད་དགུག་པའི་ཐབས་ཀྱིས་འཁྲིག་ནས་དེའི་བྱང་སེམས་རླུང་སྟོབས་ཀྱིས་ལེན་པ་དང་། ཡང་ན་དོན་དམ་པའི་བཙུན་མོ་ཐིག་ཆེན་གྱི་དགོངས་དོན་གཏོང་པ་ཉིད་ཡིན་ལ། དེའི་ཁུ་བ་ཟབ་མོའི་ཆོས་གཉིས་མེད་ཀྱི་ཡེ་ཤེས་ཉིད་གོམས་སྟོབས་ཀྱིས་བླངས་ཏེ། རང་དང་གཞན་གྱི་དོན་གཉིས་བསྒྲུབ་པ་ལ་མངའ་དབང་འབྱོར་བ་ལ་དགོངས་པས་གསུངས་ཏེ། མདོ་ལས། གང་ཕྱིར་ཐེག་པ་ཆེན་པོ་འདི། །གང་གིས་ཀྱང་ནི་བྱིན་མ་ལགས། །དེ་ཉིད་རྟོགས་པས་མ་བྱིན་བླངས། །ཞེས་སོ། །

གསུམ་པ་འདོད་ཆགས་རྣམ་པར་དག་པ་པདྨའི་རིགས་ཀྱི་དམ་ཚིག་ལ་རྟོགས་གོམས་ཀྱི་

གདིང་དང་ལྡན་པའི་གང་ཟག་གིས་གཉིས་མེད་དུ་ཤེས་པའི་ལྟ་བ་དང་། ཡབ་ཡུམ་ལྷའི་འདུ་ཤེས། མཁའ་གསང་གཉིས་རྡོ་རྗེ་དང་པདྨའི་འདུ་ཤེས། བདེ་ཆེན་ཡེ་ཤེས་ལ་ཆོས་ཀྱི་འདུ་ཤེས་ཏེ། འདུ་ཤེས་གསུམ་ལྡན་གྱི་སྒོམ་པ་དང་། ཐབས་ཀྱི་སྦྱོད་པ་གསུམ་གྱིས་ཟིན་པས། དངོས་རིག་ལུས་ཀྱི་ཕྱག་རྒྱ་ལ་བསྟེན་པ་སྟེ། གསང་སྙིང་ལས། མ་ཆགས་པ་ལ་ཆགས་པ་དང་། །ཆགས་པ་ཉིད་ན་ཆགས་པ་མེད། །དེ་ནི་ཚངས་མཆོག་རྒྱལ་པོ་སྟེ། །ཤིན་ཏུ་ཆགས་པ་ཆེན་པོ་ཡིན། །ཞེས་སོ། །དེ་བཞིན་དུ་ཡིད་རིག་ཆོས་ཀྱི་ཕྱག་རྒྱ་དང་། གཏུམ་མོ་དམ་ཚིག་གི་ཕྱག་རྒྱ་དང་གཉིས་བསྟེན་པ་སྟེ་དེ་གསུམ་གྱིས་ཞུ་བདེ་དཔེའི་ཡེ་ཤེས་སྒྲུབ་པས། དྲང་ངེས་གཉིས་ཀའི་ཆ་ཡོད་ཅིང་། ངེས་དོན་དུ་རྣམ་ཀུན་མཆོག་ལྡན་གྱི་སྟོང་ཉིད་དང་མི་འགྱུར་བའི་བདེ་ཆེན་ཁ་སྦྱོར་ལས་བདེ་སྟོང་ཕྱག་རྒྱ་ཆེན་པོ་དོན་གྱི་ཡེ་ཤེས་སྒྲུབ་པ་སྟེ་དེ་དག་ལ་བུད་མེད་ཀྱི་སྒྲས་བསྟན་ནས་བསྟེན་པར་གསུངས་པ་ཡིན་ནོ།། །།

བཞི་པ་ཕྲག་དོག་རྣམ་པར་དག་པ་ལུས་ཀྱི་རིགས་ཀྱི་དམ་ཚིག་ལ་རྫུན་དུ་སྨྲ་བར་གསུངས་པ་ནི། དྲང་དོན་དུ་གཞན་ལ་ཕན་པར་འགྱུར་ན་རྫུན་དུ་སྨྲ་བར་བྱ་སྟེ། རྡོ་རྗེ་ལས། སེམས་ཅན་རྣམས་ལ་ཕན་སྦྱོད་པ། །རྟག་ཏུ་དམ་ཚིག་བླ་མའི་ནོར། །སེམས་ཅན་སྲོག་ནི་བསྲུང་བའི་ཕྱིར། །རྫུན་དུ་ཡང་ནི་སྨྲ་བར་བྱ། །ཞེས་སོ། །ངེས་དོན་དུ་སྒྲོལ་བ་པོ་བདག་དང་། བསྒྲལ་བྱ་སེམས་ཅན་གང་དུའང་མི་དམིགས་པའི་ངང་ནས་སེམས་ཅན་ཐམས་ཅད་བདེན་མེད་འཁོར་བ་ལས་བསྒྲལ་བར་བྱའོ་ཞེས་པའི་དོན་སྟོན་ཏེ། དེ་ལྟར་ཡང་གསང་སྙིང་ལས། ཆོས་རྣམས་སྒྱུ་མ་ལྟ་བུ་དང་། མིང་དང་ཚིག་ཏུ་བཏགས་པ་རྫུན། །རྫུན་ཉིད་ལ་ནི་རྫུན་སྦྱོད་པས། །རྫུན་ཞེས་བཏགས་ཙམ་ཡོད་མ་ཡིན། །ཞེས་སོ། །ཡང་ན་སྙིང་གའི་འཁོར་ལོར་རླུང་ཐིམ་པས་གཞོམ་མེད་ཀྱི་སྒྲ་རྣམ་པ་ཐམས་ཅད་པར་ཤར་བ་སྟེ་ངེས་དོན་དང་། དེ་ལས་གཞན་སྣང་དུ་སེམས་ཅན་རྣམས་ལ་ཆོས་སྒོ་སྣ་ཚོགས་པ་གཅིག་ཅར་དུ་སྟོན་པ་དྲང་དོན་དུ་གསུངས་པའང་ཡོད་དེ། རྡོ་རྗེ་སྙིང་འགྲེལ་ལས། གང་གིས་སྲོག་རླུང་བྲོས་པ་ན། །གཅིག་ཅར་འགྲོ་ཀུན་སྐད་ཀྱིས་ནི། །གང་དང་གང་ལ་དེ་དང་དེ། །མཐུན་པའི་ཆོས་སྟོན་རྫུན་པའི་ཚིག །ཅེས་སོ། །

ལྔ་པ་གཏི་མུག་རྣམ་པར་དག་པ་འཁོར་ལོའི་རིགས་རྣམ་སྣང་གི་དམ་ཚིག་ལ། དྲང་དོན་དུ་སྨྱོས་པའི་སྐྱོན་མེད་ན་ཆང་བཏུང་བ་དང་རིགས་ཀྱིས་དྲེགས་ཤིང་ང་རྒྱལ་དང་གཙང་རྨེའི་རྟོག་པ་གཞིག་པའི་སླད་དུ་ཡུལ་དབུས་སུ་བཟའ་བའི་དོན་དུ་གསོད་པར་མི་བྱེད་པའི་ཤ་ལྔ་གནང་བ་ལྟར་རང་གི་ལས་ཀྱིས་ཤི་བའི་ཤ་རྣམས་དམ་ཚིག་གི་རྫས་སུ་བཟའ་བ་དང་། དེ་བཞིན་དུ་བདུད་རྩི་ལྔ་དང་གཟུགས་སོགས་ཡུལ་ཀུན་ཅི་དགར་སྤྱོད་པའི་བདེ་བ་བསྟེན་པར་གསུངས་པ་དང་། ངེས་དོན་དུ་ཤ་ལྔ་བཟའ་བ་ནི་དབང་ལྔའི་དྭངས་མ་འཆིང་བ། ཆང་འཐུང་བ་ནི་ཡས་བབས་ཀྱི་ལྷན་དུ་སྐྱེས་ཞུ་བདེ་འཛག་མེད་དུ་འཆིང་བ། བདུད་རྩི་ལྔ་ནི་འབྱུང་ལྔའི་དྭངས་མ་བཅིངས་པ་ལས་ཞུ་བའི་ཐིག་ལེ་རླུང་ཕྲ་རབ་ཀྱི་ཚོགས་དག་པར་བྱེད་པ། ཡུལ་ནི་གཤང་གཅི་ཁུ་བའི་དྭངས་མ་ལྟེ་བར་ལུགས་ལྡོག་ཏུ་བརྟེན་པའོ། །ཡང་ན་དེ་དག་བསྟེན་པ་དེ་ནི་རྣམ་པར་རྟོག་པ་ཐམས་ཅད་མཉམ་པ་ཉིད་ཀྱི་དབྱིངས་སུ་རོ་གཅིག་ཏུ་བྱེད་པའོ། །དེ་ལྟར་དམ་ཚིག་དང་སྡོམ་པ་དེ་རྣམས་ཀྱི་གོ་རིམ་ཡང་། ཐོག་མར་བརྟུལ་ཞུགས་ཉེར་ལྔ་བསྟན་ཏེ་དེའི་ལྔ་ཚན་དང་པོ་སེམས་ཅན་ལ་གནོད་པ་ཤས་ཆེ་བ་དང་། ལྔ་པ་ཡུལ་ལ་དབང་པོ་ཞེན་པའང་ཉོན་མོངས་པ་སྐྱེ་བའི་རྒྱུ་ཡིན་པས་ཕྱི་མཚན་ཉིད་དང་ནང་གི་ཡོག་སྡེ་གསུམ་གྱི་ཐེག་པས་ཀྱང་དོན་ལ་སྤང་དགོས་པའི་ཕྱིར། དེ་ནས་རིགས་ལྔའི་དམ་ཚིག་ཐུན་མོང་བ་བསྟན་ཏེ། དེའི་དངོས་བསྟན་རྣམས་རྣལ་འབྱོར་གྱི་རྒྱུད་ཀྱི་དམ་ཚིག་དང་སྒྲ་མཐུན་པའི་ཕྱིར། དེ་ནས་ཁྱད་པར་རིགས་ལྔའི་དམ་ཚིག་བསྟན་ཏེ། དེའི་དྲང་ངེས་གཉིས་ཀ་གསང་བ་བླ་ན་མེད་པའི་ཐེག་པའི་ཁྱད་ཆོས་ཡིན་པའི་ཕྱིར། དེས་ན་གདུལ་བྱ་རྣམས་འཇུག་པའི་རིམ་པ་མ་ཉམས་པའི་སྒོ་ནས་བཀྲི་ཞིང་སྤྱོད་པ་ནི་བླ་མེད་ཀྱི་ལུགས་སུ་ཤེས་པར་བྱའོ། །

གསུམ་པ་རྩ་བའི་ལྟུང་བ་བཤད་པ་ལ་གཉིས། མདོར་བསྟན་པ་དང་། རྒྱས་པར་བཤད་པའོ། །
དང་པོ་མདོར་བསྟན་པ་ནི། རྩ་བའི་ལྟུང་བ་བཅུ་བཞི་བསྟན་པ་ནི། ཞེས་པ་སྟེ། རྩ་བའི་ལྟུང་བ་ཞེས་པ། དཔེར་ན་ལྗོན་ཤིང་རྩ་བ་དང་འདྲ་སྟེ། བརྟན་ན་ཡལ་ག་ལོ་འདབ་ཐམས་ཅད་རྒྱས་ལ། ཉམས་ན་རྩ་བ་ནས་འགྱེལ་བ་ལྟར། འདི་ཡང་བསྲུང་ན་ལམ་དང་འབྲས་བུའི་ཡོན་ཏན་ཐམས་ཅད་བསྐྱེད་པའི་རྩ་བ་དང་། ཉམས་ན་མནར་མེད་ཡང་བའི་གནས་སུ་ལྟུང་ནས་ཐར་པའི་གོ་སྐབས་མེད་

པར་སྡུག་བསྔལ་ཐམས་ཅད་ཀྱི་རྩ་བར་ཡང་འགྱུར་ཏེ། དེ་ལ་གྲངས་བཅུ་བཞིར་ངེས་པ་རྣམས་བསྟན་པ་ནི་ཞེས་སོ། །

གཉིས་པ་རྒྱས་པར་བཤད་པ་ལ་བཅུ་བཞི་ལས། དང་པོ་སློབ་དཔོན་སྨོད་པ་ནི། སློབ་དཔོན་རྣམ་གསུམ་སྙིང་ནས་སྨོད་པ་དང་། །བརྙས་དང་ཐུགས་དཀྲུགས་ལྡང་བའི་སྒོ་ཀུན་ལས། །ཤིན་ཏུ་ལྕི་ཕྱིར་འདི་ཉིད་དང་པོར་བཤད། །ཅེས་པ་སྟེ། དེ་ལ་སྤྱིར་བླ་མ་རུ་བཟུང་ནས་དམ་པའི་ཆོས་ཀྱིས་འབྲེལ་ཕན་ཆད་བླ་སློབ་ཀྱི་འདུ་ཤེས་གོ་མ་ལོག་པ་ཞིག་དགོས་པ་གཞིར་བཅས་ནའང་། འདིར་ཁྱད་པར་གྱི་སློབ་དཔོན་རྣམ་པ་གསུམ་སྟེ་བདེ་འདུས་ཞི་བ་འདུས་པ་རྩ་བའི་རྒྱུད་ལས། རྒྱུད་དཀྱིལ་དབང་བསྐུར་དེ་ཉིད་བསྟན། །ཞེས་གསུངས་པ་ལྟར། རང་ཉིད་ལ་དབང་བསྐུར་བ་དང་། རྒྱུད་བཤད་པ་དང་། མན་ངག་སྟོན་པའི་སློབ་དཔོན་ཏེ། བཀའ་དྲིན་གསུམ་ལྡན་ནམ། གཉིས་ལྡན་ནམ། གཅིག་ལྡན་གང་རུང་ལ་སྙིང་ཐག་པ་ནས་སྨ་འབེབས་པར་འདོད་པས་ངག་གིས་ལབ་ཞིང་འཕྱ་བའི་སྒོ་ནས་ལྐོག་ཏུ་སྨོད་པ་དང་། དངོས་སུ་ལུས་ངག་གིས་མི་དགེ་བའི་རྣམ་འགྱུར་བསྟན་ནས་བརྙས་པ་དང་། རང་ཉིད་ཀྱི་བྱ་བ་མ་ཡིན་པ་ལ་སྤྱོད་པའམ། བླ་མའི་འཁོར་ལ་འཚེ་བ་སོགས་ཀྱིས་ཐུགས་དཀྲུགས་པ་སོགས་མི་མཉེས་པར་བྱས་པ་དེ་ནི་ལྡང་བའི་སྒོ་ཀུན་ལས་ཀྱང་ཤིན་ཏུ་ལྕི་བ་ཡིན་ཏེ། རྡོ་རྗེ་སློབ་དཔོན་ནི་སངས་རྒྱས་ཐམས་ཅད་ཀྱི་ངོ་བོ་ཡིན་པས་ཡུལ་གཞན་པར་མ་ཟད་རང་ཉིད་ཀྱི་ལམ་དང་འབྲས་བུའི་ཡོན་ཏན་ཐམས་ཅད་དེ་ཉིད་མཉེས་པས་རྗེས་སུ་བཟུང་བ་ལ་རག་ལས་པའི་ཕྱིར་འདི་ཉིད་དང་པོར་བཤད་པས། གལ་སྲིད་འདི་ལས་ཉམས་ན་དེ་ནས་བཟུང་སྟེ་སྒོམ་སྒྲུབ་ཅི་བྱས་པ་ཐམས་ཅད་རུ་དྲའི་རྒྱུ་འབའ་ཞིག་པ་ཡིན་པས་ཤིན་ཏུ་ནས་ཀྱང་གཟབ་པར་བྱའོ། །

གཉིས་པ་བདེ་གཤེགས་བཀའ་འདས་ནི། བླང་དོར་གནས་སྟོན་བདེ་བར་གཤེགས་པའི་བཀའ། །བླ་མས་གསུངས་ཤིང་རང་གིས་གོ་བཞིན་དུ། །ཁྱད་གསོད་མི་མཐུན་སྤྱོད་འབྲེལ་བཀའ་འདས་གཉིས། །ཞེས་པ་སྟེ། གདུལ་བྱ་ལ་བླང་དོར་གྱི་གནས་སྟོན་པ་སྡེ་སྣོད་གསུམ་དང་རྒྱུད་སྡེ་བཞིས་བསྡུས་པ་བདེ་བར་གཤེགས་པའི་བཀའ་ལས་གསུངས་པའི་དོན་རྣམས་བླ་མས་གསུངས

ཤིང་རྟ་རང་གིས་ཀྱང་དེའི་དོན་གྱི་བཞིན་དུ། ཁྱད་དུ་གསོད་ནས་སྡོམ་པ་གསུམ་གང་ཡང་རུང་བའི་བསླབ་པ་དང་མི་མཐུན་པར་སྤྱོད་པའམ། དེ་དང་འབྲེལ་བ་གཞན་ལ་བསྟན་ཀྱང་རུང་སྟེ་བདེ་བར་གཤེགས་པའི་བཀའ་ལས་འདས་པ་ཡིན་པས་རྩ་ལྟུང་དང་པོའི་འོག་ནས་འདི་ཉེས་པ་ཆེ་བས་ན་གཉིས་པར་བཞག་གོ། །

གསུམ་པ་མཆེད་ལ་འཁྲུ་བ་ནི། སྤྱི་རིང་ཉེ་དང་ནང་འབྲེལ་སྤུན་ལ་ཁྲོས། །འཁོན་འཛིན་ཕྲག་དོག་བརྙས་སོགས་གསུམ་པའོ། །ཞེས་པ་སྟེ། སྤྱིའི་མཆེད་སེམས་ཅན་ཐམས་ཅད། རིང་བའི་མཆེད་སངས་རྒྱས་ཀྱི་བསྟན་པ་ལ་ཞུགས་སོ་ཅོག །ཉེ་བའི་མཆེད་སྔགས་ཀྱི་ཐེག་པར་ཞུགས་པ་རྣམས་དང་། དེ་ལས་ཀྱང་ཁྱད་པར་ནང་འབྲེལ་པའི་མཆེད་བླ་མ་གཅིག་གིས་བསྐུས་པ་ཕ་གཅིག་པའི་སྤུན་དང་། དེའི་ཤུགས་ཀྱིས་དཀྱིལ་འཁོར་གཅིག་གིས་བསྐུས་པ་མ་གཅིག་པའི་སྤུན་དང་། གཉིས་ཀས་བསྐུས་པ་ཕ་མ་གཉིས་ཀ་གཅིག་པའི་སྤུན་ཏེ། དེའང་དབང་ཐོབ་པ་སྔ་ཕྱི་ཡོད་ན་སྤུན་རྒན་གཞོན་དང་། དུས་མཉམ་དུ་ཐོབ་ན་མཚེ་མ་ལྟ་བུ་ཡིན་པས། སྤུན་དེ་དག་སྔ་མ་སྔ་མ་ལས་ཕྱི་མ་ཕྱི་མ་ཤིན་ཏུ་ཉེ་བ་ཡིན་པས་ན་སྤུན་དེ་རྣམས་ལ་ཡིད་ཀྱིས་ཁྲོས་ཤིང་འཁོན་ཞེ་ལ་འཛིན་པ་དང་། ཕྲག་དོག་གི་བསམ་པས་སྦྱོར་བ་ལུས་ངག་གི་བརྙས་པ་དང་། ངག་གི་ཚིག་རྩུབ་སྨྲོན་བརྗོད་པ་ལ་སོགས་པས་དེའི་སེམས་སུན་ཕྱུང་ན་རྩ་ལྟུང་གསུམ་པའོ། །དེའང་ནང་འབྲེལ་པའི་སྤུན་ལ་འཐབ་པ་སོགས་ནི་རྡོ་རྗེའི་ནང་དམེ་ཡིན་པས་ཤིན་ཏུ་ལྷི་ཞིང་ཉེས་པ་སྤྱོང་དཀའ་བས་གཟབ་པར་བྱའོ། །

བཞི་པ་བྱམས་པ་འདོར་བ་ནི། སེམས་ཅན་བདེ་བ་ཀུན་དང་བྲལ་ན་བསམ། །སྙིང་ནས་བྱམས་པ་བཏང་བ་བཞི་པའོ། །ཞེས་པ་སྟེ། ཡུལ་སེམས་ཅན་གང་ཡང་རུང་བ་གཅིག་གམ་འགའ་ལ་དམིགས་ནས། འདི་བདེ་བ་ཀུན་དང་བྲལ་ཞིང་སྡུག་བསྔལ་དང་འཕྲད་ན་ཅི་མ་རུང་སྙམ་དུ་ཁྲོ་བོའི་བསམ་པས་སྙིང་ཐག་པ་ནས་བྱམས་པ་བཏང་བ་ནི་རྩ་ལྟུང་བཞི་པའོ། །

ལྔ་པ་བྱང་སེམས་འདོར་བ་ནི། འདོད་ཆགས་སེམས་ཀྱིས་གནས་སྐབས་མ་ཡིན་པར། །བསམ་བཞིན་ཁུ་བ་འབྱིན་དང་སེམས་ཅན་ལ། །བྱང་ཆུབ་སེམས་བསྐྱེད་བཏང་བ་ལྔ་པ་ཡིན། །ཞེས་པ་སྟེ། ཇི་སྐད་དུ། གསང་བའི་དབང་དང་གསུམ་པ་དང་། །ཪོ་མཉམ་པ་དང་ལྷ་མཆོད་དང་། །

རིགས་བརྒྱུད་སྤེལ་དང་རིལ་བུ་དང་། །འཆི་ལྟས་བརྟག་པའི་དུས་ཡིན་ཏེ། །ཞེས་པ་ལྟར་འདོད་ཆགས་ཀྱི་སེམས་ཀྱིས་གནང་བའི་གནས་སྐབས་བདུན་མ་ཡིན་པར་བསླབ་པ་ཁྲིད་གསོད་ཀྱི་མི་འགྱུར་བའི་བདེ་བ་ལ་མ་དད་ཅིང་། ཞུ་བདེ་འགྱུར་མེད་ལ་དགོས་པ་མེད་པར་བལྟས་ནས་བསམ་བཞིན་དུ་ཁུ་བ་འབྱིན་པ་དང་། སྤྱིར་བསྐྱེད་རིམ་པས་སེམས་ཅན་ལ་སྨོན་པ་བྱང་ཆུབ་ཀྱི་སེམས་བསྐྱེད་བཏང་བའམ་འཇུག་པའི་རྩ་ལྟུང་ཐུན་མོང་བ་སྤྱད་པས་འཇུག་སེམས་བཏང་བ་རྩ་ལྟུང་ལྔ་པ་ཡིན་ནོ། །

དྲུག་པ་གྲུབ་མཐའ་སྨོད་པ་ནི། ལམ་འཚོལ་མུ་སྟེགས་ལམ་ཞུགས་ཉན་རང་དང་། །ལམ་ཆེན་ཐེག་ཆེན་གྲུབ་མཐར་སྨོད་ན་དྲུག །ཅེས་པ་སྟེ། ངན་འགྲོ་ལས་ཐར་པའི་ཐབས་ཀྱི་ལམ་འཚོལ་བ་མུ་སྟེགས་ཁ་ཅིག་དང་། འཁོར་བ་ལས་ངེས་པར་འབྱུང་བའི་ལམ་ལ་ཞུགས་པ་ཉན་རང་གཉིས་དང་། མཐའ་གཉིས་ལས་ངེས་པར་འབྱུང་བའི་ལམ་ཆེན་པོ་ལ་ཞུགས་པ་ཐེག་པ་ཆེན་པོའི་གྲུབ་མཐའ་ལ། ལམ་གོང་མ་ལ་དྲང་པ་སོགས་ཀྱི་དགོས་པ་མེད་པར་སྡང་སེམས་ཀྱིས་སྨོད་ན་རྩ་ལྟུང་དྲུག་པའོ། །

བདུན་པ་གསང་བ་སྒྲོག་པ་ནི། སྣོད་དང་ཚོ་ག་མ་བྱས་མ་རྫོགས་དང་། །ཉམས་དང་ཟབ་མོས་འཇིགས་ལྟར་གསང་སྒྲོག་བདུན། །ཞེས་པ་སྟེ། སྣོད་ཀྱིས་མ་སྨིན་པ་ནི་ལོག་སྲེད་ཅན་ཏེ་རྒྱུས་མ་སྨིན་པ་དང་། ཚོ་ག་མ་བྱས་པས་མ་སྨིན་པ་ནི་བུམ་དབང་མ་ཐོབ་པ་དང་། ཚོ་ག་མ་རྫོགས་པས་མ་སྨིན་པ་ནི་དབང་གོང་མ་གསུམ་མ་ཐོབ་པ་དང་། དབང་ཐོབ་ཀྱང་རྩ་ལྟུང་བྱུང་བས་ཉམས་པ་དང་། ཆོས་ཟབ་མོས་འཇིགས་པ་ཉན་རང་སོགས་ནི་རྐྱེན་གྱིས་མ་སྨིན་པ་སྟེ། ཡུལ་ལྔ་པོ་དེར་གསང་སྔགས་ཀྱི་ཐུན་མོང་མ་ཡིན་པའི་རྫས་དང་། སྤྱོད་པ་དང་། ཟབ་དོན་གྱི་གསང་བ་སྒྲོགས་པས་དེས་ཀྱང་གོ་བཞིན་མ་དད་པ་སྐྱེས་ན་རྩ་ལྟུང་བདུན་པའོ། །

བརྒྱད་པ་ཕུང་པོར་སྨོད་པ་ནི། ཕུང་ལྔ་སངས་རྒྱས་ལྔ་ལ་བརྙས་པ་ཡིས། །སྨོད་དང་གདུང་བ་བསྐྱེད་ན་བརྒྱད་པ་ཡིན། །ཞེས་པ་སྟེ། །ཕུང་པོ་ལྔ་ནི་སངས་རྒྱས་རིགས་ལྔ་ཡིན་པ་ལྟར་དབང་དུས་སུ་ངོ་སྤྲོད་ནས་དེ་འདོད་ཡོན་གྱིས་མཉེས་པར་མཆོད་པས་རྟེན་བདེ་བ་འཕེལ། དེས་བརྟེན་པ་ཡེ་

ཤེས་མངོན་དུ་འགྱུར་བ་ཡིན་པ་ལ་དེ་མི་ཤེས་པ་ཀུན་འབྱུང་གི་གཙོར་བོར་བཟུང་སྟེ་ངག་གིས་བརྙས་པ་ཡིས་སྨོད་པ་དང་ཡན་ལག་གཅོད་པ་སོགས་དང་། དཀའ་ཐུབ་ཀྱིས་ལུས་ལ་གདུང་བ་བསྐྱེད་པར་བྱས་ན་རྩ་ལྟུང་བརྒྱད་པ་ཡིན་ནོ། །

དགུ་པ་ཆོས་ལ་ཐེ་ཚོམ་ཟ་བ་ནི། གཞི་ལམ་འབྲས་བུའི་རང་བཞིན་དག་པ་ལ། །དགྲི་བར་ཐེ་ཚོམ་ཟ་བ་དགུ་པར་བཤད། །ཅེས་པ་སྟེ། གཞི་ལམ་འབྲས་བུའི་ཆོས་ཐམས་ཅད་རང་བཞིན་གྱིས་རྣམ་པར་དག་པས་དབྱེར་མི་ཕྱེད་པའི་ཟུང་འཇུག་འོད་གསལ་བྱང་ཆུབ་ཀྱི་སེམས་བདེ་བར་གཤེགས་པའི་སྙིང་པོ་གདོད་མའི་གནས་ལུགས་སུ་བཞུགས་པར་བཤད་པ་ནི། ལམ་ལ་དགྲི་བར་བྱ་བའི་ཆེད་དུ་སྤྲོ་བ་བསྐྱེད་པ་ཙམ་ལས་དོན་ལ་དེ་ལྟར་མ་ཡིན་སྙམ་དུ་ཐེ་ཚོམ་ཟ་བས་ཡིད་མ་ཆེས་ཏེ་མ་དད་ན་རྩ་ལྟུང་དགུ་པར་བཤད་དོ། །

བཅུ་པ་ཞིང་བཅུ་མི་སྒྲོལ་བ་ནི། བསྒྲལ་བའི་ཞིང་བཅུ་ཚང་བ་ནུས་བཞིན་དུ། །མི་སྒྲོལ་བ་དང་བྱམས་པར་བྱེད་ན་བཅུ། །ཞེས་པ་སྟེ། དེའང་སྤྱིར་བསྟན་པ་ལ་གནོད་པ་དཀོན་མཆོག་གསུམ་གྱི་སྐུ་དགྲ་དང་། ཁྱད་པར་རང་ཉིད་ཀྱི་བླ་མའི་སྐུ་དགྲ། སྔགས་ཀྱི་དམ་ཚིག་ཉམས་པ་གསོ་བར་མི་བྱེད་པ། སྔགས་ཀྱི་ལྷ་སྒྲུབ་ལ་ཞུགས་ནས་དེ་ལ་ལོག་ལྟ་སྐྱེས་ནས་སྤངས་པ། བླ་མ་དང་མཆེད་ལ་ཞེ་སྡང་ཞིང་འཁུ་བ། སྔགས་སྒྲུབ་ལ་འདུ་བར་མི་དབང་བར་རྐུ་ཐབས་ཀྱིས་འདུ་ནས་ནང་དུ་འོང་བ། སེམས་ཅན་ཡོངས་ལ་གནོད་པ། དམ་ཚིག་དང་ལྡན་པའི་དགྲར་གྱུར་ན། མི་དགེ་བ་ཁོ་ནར་སྤྱོད་པ་ངན་པའི་ངང་ཚུལ་ཅན་ཏེ་སྙིང་རྗེས་བསྒྲལ་བྱའི་ཞིང་སྡུག་བསྔལ་གྱི་རྒྱུ་ལ་སྤྱོད་པ་དགུ་དང་། སྡུག་བསྔལ་དངོས་ལ་སྤྱོད་པ་ངན་སོང་གསུམ་གཅིག་ཏུ་བསྡོམས་པས་བཅུ་སྟེ། དེ་དག་གང་རུང་ཚང་བ་དང་། ཁྱད་པར་བླ་མ་དང་བསྟན་འགྲོར་འཚེ་བའི་གདུག་པ་ཅན་དེ་དག་མངོན་སྤྱོད་ཀྱི་ལས་ཀྱིས་སྒྲོལ་བར་ནུས་བཞིན་དུ་ཡལ་བར་དོར་ནས་མི་སྒྲོལ་བ་དང་། ལོག་པའི་སྲིད་པས་མཛའ་བོར་བྱས་ནས་ཐ་མལ་བའི་བྱམས་པ་དང་ལུས་ངག་གི་སྤྱོད་ལམ་མཐུན་པར་བྱེད་ན་རྩ་ལྟུང་བཅུ་པའོ། །དེ་དག་ལ་ཡང་ཡིད་ཀྱི་བྱམས་པ་བཏང་ན་རྩ་ལྟུང་བཞི་པར་འགྱུར་རོ། །

བཅུ་གཅིག་པ་ཆོས་ལ་ཚད་མས་གཞལ་བ་ནི། མིག་སོགས་བྲལ་ལ་དངོས་དང་དངོས་མེད་

རྟོག །རྟོག་གེས་འཇལ་བར་བྱེད་ན་བཅུ་གཅིག་པའོ། །ཞེས་པ་སྟེ། མིང་དང་བརྡ་འམ་མཚན་མ་སོགས་སྤྲོས་པའི་མཐའ་ཐམས་ཅད་དང་བྲལ་བ་དོན་དམ་སྟོང་པ་ཉིད་ཀྱི་གནས་ལུགས་ལ་དངོས་པོ་དང་དངོས་མེད་ཀྱི་མཐའ་གང་རུང་ཞིག་ཏུ་རྟོག་ཅིང་ཞེན་ནས་རྟོག་གེ་རིག་པའི་བློ་སྐུར་གྱིས་འཇལ་བར་བྱེད་ན་རྩ་ལྟུང་བཅུ་གཅིག་པའོ། །

བཅུ་གཉིས་པ་དད་ལྡན་སེམས་སུན་འབྱིན་པ་ནི། དད་གསུམ་ལྡན་པའི་སེམས་ཅན་དོན་མི་བྱེད། །སེམས་མི་བསྲུང་དང་བསླུ་བ་བཅུ་གཉིས་པ། །ཞེས་པ་སྟེ། བླ་མ་དང་དཀོན་མཆོག་གི་ཡོན་ཏན་ལ་སྤྲོ་བ་དང་བའི་དད་པ། དེ་དོན་དུ་གཉེར་བ་འདོད་པའི་དད་པ། དེ་དང་དེས་བསྟན་པའི་ཆོས་ལ་ཐེ་ཚོམ་དང་བྲལ་བས་ཡིད་ཆེས་པའི་དད་པ་གསུམ་དང་ལྡན་པའི་སེམས་ཅན་ཆོས་འདོད་ཅིང་སྨིན་དུ་རུང་བ་ལ་རང་ལ་ནུས་པ་ཡོད་བཞིན་ཆོས་སྟོན་པ་སོགས་དེའི་དོན་མི་བྱེད་པར་མ་ཟད་དེའི་སེམས་མི་བསྲུང་བར་ཚིགས་བརླང་པོར་བརྗོད་པའམ། རང་གི་སྤྱོད་ངན་བསྟན་པ་དང་། གཡོ་སྒྱུས་བསླུ་བ་རྣམས་གང་ཡང་རུང་བས་དེའི་སེམས་སུན་ཕྱུང་བས་དད་འདུན་ལོག་ན་རྩ་ལྟུང་བཅུ་གཉིས་པའོ། །

བཅུ་གསུམ་པ་དམ་རྫས་ཇི་བཞིན་མི་བསྟེན་པ་ནི། སྐབས་བབ་ཡོ་བྱད་ལོངས་སྤྱོད་དམ་ཚིག་རྫས། །དུས་ཚོད་འབྲེལ་ཀྱང་མི་བསྟེན་བཅུ་གསུམ་པ། །ཞེས་པ་སྟེ། སྔགས་ཀྱི་སྤྱོད་པའི་སྐབས་སུ་བབ་པ་ཚོགས་ཀྱི་འཁོར་ལོའམ་དཔའ་བོ་དང་དཔའ་མོའི་དགའ་སྟོན་སོགས་ཀྱི་ཚེ་རྡོར་དྲིལ་གོས་རྒྱན་སོགས་བཅང་བར་འོས་པའི་ཡོ་བྱད་དང་། ཤ་ལྔ་བདུད་རྩི་ལྔ་ཆང་སོགས་ལོངས་སྤྱོད་པར་འོས་པའི་དམ་ཚིག་གི་རྫས་དང་། བྲོ་གར་གླུ་ཚིག་སོགས་དམ་ཚིག་གི་སྤྱོད་པ་དུས་ཚོད་དང་འབྲེལ་ཀྱང་ཉན་ཐོས་ཀྱི་བསླབ་པ་ལ་འཆལ་ནས་མི་གཙང་བ་དང་ཉེས་དམིགས་ཀྱི་བསམ་པས་མི་བསྟེན་པ་རྩ་ལྟུང་བཅུ་གསུམ་པའོ། །

བཅུ་བཞི་པ་ཤེས་རབ་མར་སྨོད་པ་ནི། སྤྱི་དང་བྱེ་བྲག་ལ་ལྟོས་ཤེས་རབ་མར། །ངོས་ལྐོག་སྐྱེང་ཚེམ་སྨད་གོ་བཅུ་བཞི་པ། །ཞེས་པ་སྟེ། བུད་མེད་ཀྱི་རིགས་འདི་རྣམས་གཡོ་སྒྱུ་ཆེའོ་ཞེས་པ་ལྟ་བུ་སྤྱི་ལ་ལྟོས་ནས་སྨོད་པ་དང་། བྱེ་བྲག་ལ་ལྟོས་པ་རང་གི་བརྟེན་བྱར་འོས་པའི་ཤེས་རབ་མ་སོགས་ལ

ངོས་ནས་སམ། ལྐོག་ཏུའང་རུང་སྟེ། དེ་དག་གི་སྐྱོན་བརྗོད་པའི་སྒོ་ནས་སྙིང་ཚིམ་པར་སྨྲ་བ་ཡུལ་དེ་གོ་ན་རྩ་ལྟུང་བཅུ་བཞི་པའོ། །དེ་ཡང་བླ་མེད་ཀྱི་སྡོམ་པ་དང་མི་ལྡན་པ་ཞིག་དགོས་ཏེ། དེ་ལྟར་མིན་ན་རྩ་ལྟུང་དང་པོའི་གསུམ་པར་འགྱུར་རོ། །དེ་དག་གི་གོ་རིམ་ཀྱང་གཉེན་པོའི་སྟུགས་ཀྱི་གོ་རིམ་དང་སྔ་མ་སྔ་མ་ལས་ཕྱི་མ་ཕྱི་མ་ཡང་བས་ལྕི་ཡང་གི་སྒོ་ནས་དེ་ལྟར་བཞག་ལ། དབང་བཞི་སོ་སོའི་སྡོམ་པའི་རྩ་ལྟུང་དུ་འགྱུར་ཚུལ་གཙོ་ཆེ་བའི་དབང་དུ་བྱས་ན་བཅུ་གསུམ་པ་དང་། ལྟ་བ་རྒྱུ་འབྲས་བུ་བྱས་ནས་གསང་དབང་གི་དང་། བཅུ་བཞི་པ་ཁྱད་པར་ཤེར་དབང་གི་དང་། དགུ་པ་དང་བཅུ་གཅིག་པ་དབང་བཞི་པའི་དང་། ལྷག་མ་དགུ་པོ་བུམ་དབང་དང་འགལ་བའི་རྩ་ལྟུང་ཡིན་ཞིང་། དབང་ཕྱི་མ་ཕྱི་མའི་ཚོན་སྔ་མ་སྔ་མ་ཐུན་མོང་དང་། དབང་རང་སྐལ་གྱི་དེ་ཉིད་ཐུན་མིན་དུ་འགྱུར་རོ། །དེས་ན་བུམ་དབང་ཙམ་ཐོབ་པས་རང་འགལ་བའི་དགུ་པོ་སྤྱད་ན་རྩ་ལྟུང་དུ་འགྱུར་གྱི། དེ་ལས་གཞན་པ་ལྔ་ལ་སྤྱད་ཀྱང་རྩ་ལྟུང་དངོས་སུ་མི་འགྱུར་ཏེ། དེ་སྲུང་བའི་སྡོམ་པ་མ་ཐོབ་པའི་ཕྱིར་རོ། །

བཞི་པ་ཡན་ལག་སྦོམ་པོའི་ལྟུང་བ་བཤད་པ་ལ་གསུམ། མདོར་བསྟན་པ། རྒྱས་པར་བཤད་པ༏ དོན་བསྡུ་བའོ། །དང་པོ་མདོར་བསྟན་པ་ནི། ད་ནི་ཡན་ལག་སྦོམ་པོའི་ལྟུང་བ་བཤད། །ཅེས་པ་སྟེ༏ ད་ནི་རྩ་བ་དང་རྗེས་སུ་མཐུན་པའི་ཡན་ལག་སྡོམ་པ་གཏོང་བྱེད་ཀྱི་རྒྱུ་མ་ཡིན་ཀྱང་དངོས་གྲུབ་མྱུར་དུ་འགྲུབ་པ་ལ་གེགས་བྱེད་པའི་ཉེས་པ་ལྕི་བས་ན་སྦོམ་པོ་ཞེས་བྱ་སྟེ། དཔེར་ན་ལྗོན་ཤིང་གི་ཡལ་ག་རགས་པ་ཆད་པ་ལྟར་ཉམས་སྐྱོན་ཆེ་བས་ན་སྦོམ་པོའི་ལྟུང་བའི་རྣམ་གྲངས་བཤད་པར་བྱ་སྟེ་ཞེས་སོ། །

གཉིས་པ་རྒྱས་པར་བཤད་པ་ལ་གཉིས། སྦོམ་པོ་བརྒྱད་བཤད་པ་དང་། རྣམ་གྲངས་གཞན་བཤད་པའོ། །དང་པོ་སྦོམ་པོ་བརྒྱད་བཤད་པ་ནི། དབང་དང་དམ་ཚིག་མ་སྨིན་རིག་མ་བསྟེན། །ཚོགས་ཀྱི་འཁོར་ལོའི་དུས་སུ་ལུས་ངག་རྩོད། །མ་གསུངས་རིག་མར་རང་སྟོབས་བདུད་རྩི་ལེན། །སྣོད་ལྡན་སློབ་མར་གསང་སྔགས་མི་སྟོན་དང་། །དད་ལྡན་ཆོས་འདྲི་བ་ལ་ཆོས་གཞན་སྟོན། །ཉན་ཐོས་ནང་དུ་ཞག་བདུན་ལོངས་པར་བསྡད། །རྣལ་འབྱོར་ཡེ་ཤེས་མི་ལྡན་སྔགས་པར་རློམ། །སྣོད་མིན་ལ་བཤད་ཡན་ལག་ལྟུང་བ་བརྒྱད། །ཅེས་པ་སྟེ། དབང་མ་ཐོབ་པ་དང་དམ་ཚིག་དང་མི་ལྡན་

པ་རྒྱུད་མ་སྨིན་པའི་རིག་མ་བསྟེན་པ་ཙམ་༡དང་། ཚོགས་ཀྱི་འཁོར་ལོ་ལ་སོགས་པའི་དུས་སུ་རྡོ་རྗེའི་སྤུན་ལ་མནར་སེམས་མེད་ཀྱང་ལུས་ངག་གིས་རྩོད་བརྩེག་དང་ཁ་ཤག་ཙམ་བྱས་པ་༢དང་། མཚན་ཉིད་མ་ཚང་བས་རྒྱུད་ལས་བསྟེན་བྱར་མ་གསུངས་པའི་རིག་མ་ཕལ་པར་རོལ་བྱའམ་བདེ་བའི་རྒྱུར་སྔགས་ཀྱི་ཚིག་བཞིན་དུ་མ་ཡིན་པར་རང་གི་ཀླུང་སྟོབས་ཙམ་གྱིས་རོལ་བུ་སོགས་ཀྱི་རྒྱུ་བདུད་རྩི་ལེན་པ་༣དང་། གསང་སྔགས་ཀྱི་སྣོད་དང་ལྡན་ཞིང་དོན་གཉེར་ཅན་གྱི་སློབ་མ་ར་གསང་སྔགས་ཀྱི་ཆོས་དཔེ་མཐུད་ཀྱིས་མི་སྟོན་པ་༤དང་། དད་པ་དང་ལྡན་ཅིག་ཆོས་དོན་དུ་གཉེར་བའི་སློབ་མས་ཚིག་དོན་འདྲི་བ་ལ་དེ་མི་སྟོན་པར་ཆོས་གཞན་སྟོན་པ་༥དང་། སྔགས་ཀྱི་ལྷ་སྤྱོད་ལ་སྐུར་པ་འདེབས་པའི་ཉན་ཐོས་དངོས་སམ་དེ་དང་འདྲ་བ་རྟོག་གེ་བའི་ནང་དུ་ཞག་བདུན་ལོངས་པར་བསྡད་པ་༦དང་། རྣལ་འབྱོར་པ་རང་ཉིད་དེ་ཁོན་ཉིད་ཀྱི་ཡེ་ཤེས་དང་མི་ལྡན་བཞིན་དུ་ང་ནི་སྔགས་འཆང་རྡོ་རྗེ་འཛིན་པ་ཡིན་པར་སྨྲ་ཞིང་རློམ་པ་༧དང་། ཚོགས་བཤད་ཙམ་ལས་མན་ངག་སློབ་བཤད་སྟོན་པའི་སྣོད་མིན་པ་ལ་ཟབ་དོན་རྗེན་པར་བཤད་པ་སྟེ་དེ་རྣམས་ནི་ཡན་ལག་གི་ལྟུང་བ་བརྒྱད་དོ། །

གཉིས་པ་རྣམ་གྲངས་གཞན་བཤད་པ་ནི། བསྙེན་སོགས་མ་བྱས་དབང་རབ་ལས་ལ་འཇུག །ཕྱི་ཆོས་མོས་ལ་ལུས་ཀྱི་ཕྱག་རྒྱ་བསྟན། །སྡོམ་པ་གཉིས་ཀྱི་བཅས་ལས་དགོས་མེད་འདའ། །ཞེས་པ་སྟེ། དེའང་རང་གི་བསྙེན་སྒྲུབ་སོགས་མ་བྱས་པར་སློབ་མ་ལ་དབང་བསྐུར་བ་དང་། རྟེན་ལ་རབ་གནས་བྱས་པ་དང་། སྦྱིན་སྲེག་གི་ལས་སོགས་ལ་བསམ་པས་འཇུག་པར་རྩོམ་ཞིང་སྦྱོར་བས་དངོས་སུ་ལག་ལེན་ལ་ཞུགས་པ་དང་། སྔགས་ཀྱི་ཟབ་དོན་ལ་སྐྲག་པའི་རིགས་ཅན་མ་ཡིན་ཀྱང་ཕྱི་མཚན་ཉིད་ཐེག་པའི་ཆོས་ལ་མོས་པ་ཆེ་བའི་གང་ཟག་ལ་དགོས་པ་མེད་པར་ལུས་ཀྱི་ཕྱག་རྒྱ་འཕྲུལ་འཁོར་སོགས་བསྟན་པ་དང་། སྡོམ་པ་འོག་མ་སོ་བྱང་གཉིས་ཐོབ་པའི་སྔགས་པས་ཆང་འཐུང་བ་དང་ཕྱི་དྲོའི་ཁ་ཟས་བཟའ་བ་སོགས་སོ་བྱང་གཉིས་ཀྱི་བཅས་པ་ལས་ཚོགས་འཁོར་དང་ནང་གི་སྦྱིན་སྲེག་སོགས་དགོས་པ་ཁྱད་པར་ཅན་མེད་བཞིན་དུ་འདའ་བར་བྱེད་པ་ནི་སྡོམ་པོའོ། །

གསུམ་པ་དོན་བསྡུ་བ་ནི། ཞེས་སོགས་སྡོམ་པོའི་ལྟུང་བ་དུ་མ་རྣམས། །ཡོད་ཀྱང་ཉེས་པ

ཆུང་ཞེས་དུས་འཁོར་བཤད། །ཅེས་པ་སྟེ། ཉེས་བཤད་པ་ལ་སོགས་པའི་སྡོམ་པོའི་ལྟུང་བ་ངོས་འཛིན་དང་། གོ་རིམ་དང་། གྲངས་མ་ངེས་པ་དང་། ཡན་ལག་གང་རུང་མ་ཚང་བའི་ཉེས་བྱས་སོགས་དུ་མ་རྣམས་ཡོད་ཀྱང་ཉེས་པ་ཆུང་བའི་ཚུལ་ཇི་སྐད་དུ། ལྟུང་བ་སྡོམ་པོ་རྣམས་ནི་དུ་མ་སྟེ། དེ་རྣམས་ལ་ཆད་པ་ཤིན་ཏུ་ཆུང་བར་འགྱུར་རོ། །ཞེས་དུས་འཁོར་འགྲེལ་ཆེན་ལས་བཤད་པས་འདིར་བཏང་སྙོམས་སུ་བྱས་སོ། །དེ་ཡན་ཆད་ཀྱིས་གསར་རྙིང་ཐུན་མོང་བའི་དམ་ཚིག་རྣམས་བསྟན་ཏེ།

ལྔ་པ་ཁྱད་པར་སྒྱུ་འཕྲུལ་རྫོགས་པ་ཆེན་པོའི་ལུགས་བཤད་པ་ལ་གཉིས། མདོར་བསྟན་པ་དང་། རྒྱས་པར་བཤད་པའོ། །དང་པོ་མདོར་བསྟན་པ་ནི། ཁྱད་པར་སྒྱུ་འཕྲུལ་རྫོགས་པ་ཆེན་པོའི་སྲོལ། །ཞེས་པ་སྟེ། གསར་མའི་རྒྱུད་གཞུང་རྣམས་སུ་མ་གྲགས་པས་ན་ཁྱད་པར་བ་སྟེ། སྒྱུ་འཕྲུལ་རྫོགས་པ་ཆེན་པོ་གཙོ་བོར་བྱས་པའི་རྒྱུད་སྡེ་རྣམས་སུ་གསུངས་པའི་ལུགས་སྲོལ་འཆད་པ་ལས། སྤྱིར་དམ་ཚིག་ལ་སྒྲ་དོན་གྱི་དབང་དུ་བཏང་ན་ས་མ་ཡའི་སྒྲ་དངོས་སུ་ཡལ་གམ་བཅས་པའི་ཐ་ཚིག་ལ་འཇུག་པས་ཇི་ལྟར་དམ་བཅས་པ་ལས་འདའ་བར་བྱ་བ་མ་ཡིན་པས་ན། ཀུན་འདུས་ལས། འདའ་དཀའ་རྡོ་རྗེའི་དམ་ཚིག་གཏན་གྱི་གཉེར། །ཞེས་སོ། །དེ་ལ་བསྲུང་མ་བསྲུངས་ཀྱི་ཁེ་ཉེན་གྱི་དམ་ཚིག་ཏུ་བཞག་པའང་ཡོད་དེ། ཧེ་རུ་ཀ་འདུས་པའི་རྒྱུད་ལས། མི་འདའ་དམ་པ་མཆོག་གྱུར་པ། །འདས་པར་གྱུར་ན་ཚིག་པར་བཤད། །ཅེས་སོ། །དབྱེ་ན་སྒྱུ་འཕྲུལ་གྱི་རྒྱུད་སྡེ་ཐུན་མོང་མ་ཡིན་པ་རྣམས་རྒྱུད་ལུང་མན་ངག་གསུམ་དུ་འདུ་ཞིང་། དེ་རྣམས་སུ་སྤྱི་དང་། ཁྱད་པར། ལྷག་པའི་དམ་ཚིག་གསུམ་དུ་བཤད་པ་ལས། དང་པོ་སྤྱིའི་དམ་ཚིག་ནི། སོ་བྱང་དང་ཕྱི་རྒྱུད་ཀྱི་སྡོམ་པའི་བསྲུང་མཚམས་སུ་གྲགས་པའི་དམ་ཚིག་རྣམས་ཏེ། བདེ་འདུས་ཞི་རྒྱུད་ལས། སོ་སོར་ཐར་དང་བྱང་ཆུབ་སེམས། །བྱ་སྤྱོད་རྣལ་འབྱོར་རྒྱུད་རྣམས་ལས། །བསྲུང་བར་བྱ་བ་གང་གསུངས་པ། །ཐུན་མོང་སྤྱི་ཡི་དམ་ཚིག་ཡིན། །ཞེས་སོ། །

གཉིས་པ་ཁྱད་པར་གྱི་དམ་ཚིག་ནི། རྒྱུད་ཐམས་ཅད་ཀྱི་གཞི་མར་གྱུར་པ་སྒྱུ་འཕྲུལ་རྩ་རྒྱུད་ལས་ནི་རྩ་བའི་དམ་ཚིག་ལྔ་དང་། ཡན་ལག་གི་དམ་ཚིག་བཅུར་བཤད་པ་ལས། སྔ་མ་ནི་འདིར་བཤད་པའི་རྩ་བའི་དམ་ཚིག་གི་ནང་དུ་འདུ་ལ། ཕྱི་མ་འདིའི་ཡན་ལག་གི་དམ་ཚིག་ཉེར་ལྔའི་ནང

ཚན་མི་སྤྱང་བ་དང་། དང་བླང་གཉིས་ལས་གཞན་མེད་ཅིང་། ལུང་ཐམས་ཅད་ཀྱི་རྩ་བ་སྤྱི་མདོ་དགོངས་པ་འདུས་པ་ལས་རྩ་བའི་དམ་ཚིག་གསུམ་དང་ཡན་ལག་ཉེར་ལྔ་བཤད་པ་ལས་སྤྱི་མཐའང་འདིར་བཤད་པར་འདུ་ཞིང་། ཕྱི་མཐའང་ཉེར་ལྔ་པོ་འདིར་བཤད་པ་དང་དོན་གཅིག་པ་དེས་ན་བསྟན་བཅོས་འདིར་ནི་མན་ངག་ཨ་ཏི་ཡོ་གའི་དམ་ཚིག་རྣམས་བསྟན་ཏོ། །

གསུམ་པ་ལྷག་པའི་དམ་ཚིག་ནི་འོག་ཏུ་འཆད་པར་འགྱུར་ལ། གཉིས་པ་རྒྱས་པར་བཤད་པ་ལ་གཉིས། རྩ་བ་དང་། ཡན་ལག་གོ། །དང་པོ་རྩ་བའི་དམ་ཚིག་ནི། རྫོགས་པ་ཆེན་པོའི་དམ་ཚིག་དེ་ལའང་བསྲུང་དུ་མེད་པ་གཅིག་ཅར་བའི་དམ་ཚིག་དང་། བསྲུང་མཚམས་ཅན་རིམ་གྱིས་པའི་དམ་ཚིག་གཉིས་སུ་དབྱེ་བ་ལས། དང་པོ་ཅིག་ཅར་བའི་དམ་ཚིག་ནི། རིན་ཆེན་སྤུངས་པ་ལས། དེ་དུས་བསྲུང་བའི་མཚམས་འདས་པས། །དམ་ཚིག་ལྷུན་གྲུབ་ཆེན་པོ་དང་། །མེད་དང་གཅིག་པུ་ཕྱ་བ་ཡིན། །དེའི་གྲོགས་སུ་དེ་འགྱུར་རོ། །ཞེས་གསུངས་པ་ལྟར། ཆོས་ཐམས་ཅད་ཡེ་ནས་བླང་དོར་རྒྱུ་འབྲས་བསྲུང་བྱ་སྲུང་བྱེད་བསྲུང་མཚམས་ལས་འདས་པ་འཁོར་འདས་མཉམ་ཉིད་བདེ་བ་ཆེན་པོའི་ཀློང་དུ་མཉམ་བརྡལ་གྱི་དགོངས་པ་ཟབ་མོ་མངོན་དུ་གྱུར་པ་ཅིར་སྣང་ཡེ་ཤེས་ཆེན་པོའི་རོལ་པ་འབའ་ཞིག་ཏུ་འཆར་བ་ནི་བསྲུང་དུ་མེད་པ་གཅིག་ཅར་བའི་དམ་ཚིག་གི་ཐ་སྙད་དུ་བཞག་པའོ། །

གཉིས་པ་བསྲུང་མཚམས་ཅན་རིམ་གྱིས་པའི་དམ་ཚིག་ནི། དེ་ལྟ་བུའི་གདམས་ངག་ཟབ་མོ་ཐོབ་ཀྱང་ཉམས་ལེན་གྱི་ངོས་ནས་རྟོགས་གོམས་ཀྱི་གདིང་ཚད་མ་ལོངས་པའི་གང་ཟག་དད་བརྩོན་ཤེས་རབ་ཅན་ཐུན་མོང་གི་འཇུག་སྒོར་བསྲུང་མཚམས་ཅན་རིམ་གྱིས་པའི་དམ་ཚིག་གི་རྣམ་གཞག་དམ་ཚིག་རྣམ་པར་བཀོད་པའི་རྒྱུད་ལས་གསུངས་པ་བཞིན་འཆད་པ་སྟེ། རྩ་བ་བླ་མའི་སྐུ་གསུང་ཐུགས་གསུམ་ལ། །དགུ་དགུར་ཕྱེ་བ་ཉི་ཤུ་རྩ་བདུན་དང་། །ཞེས་པ་སྟེ། རྩ༷་བ༷འི་དམ་ཚིག་ནི་རང་གི་སྒོ་གསུམ་སངས་རྒྱས་ཀུན་འདུས་བླ་མ༷འི་སྐུ་གསུང་ཐུགས་རྡོ་རྗེ་གསུམ་དང་དབྱེར་མི་ཕྱེད་པར་བསྒོམས་པས་སམ། ཡང་ན་གུ་རུའི་སྐྡཾ་ལས་ལྐྱིཾ་བ་སྐྱེཾ་ཉམཾས་ན་སྦྱངས་དཾཀའ་བའི་དོན་གྱིས་དེ་སྐད་ཅེས་བྱ་ལ༷། དེ་ལ་དབྱེ་ན་སྐུ་གསུང་ཐུགས་གསུམ་རེ་རེ་ལ་ཕྱི་ནང་གསང་བ་གསུམ་གསུམ་དུ་ཕྱེ་བས་དགུ་དགུར༷་ཕྱེ༷་བ༷་ལས། དང་པོ་སྐུའི་དམ་ཚིག་གསུམ་ཚན་གསུམ་ནི། རིམ་པར་མ་བྱིན་པར་

ལེན་པ། མི་ཚངས་པ་སྤྱོད་པ། སྲོག་གཅོད་པ་གསུམ་སྤོང་བ་སྐུའི་ཕྱིའི་གསུམ་དང་། ཕ་མ་སྤྱུན་སྲིང་དང་རང་ལུས་ལ་སྨོད་པ། ཆོས་དང་གང་ཟག་ལ་སྨོད་པ། རང་ལུས་ལ་བརྡེག་བཙོགས་དང་དཀའ་ཐུབ་ཀྱིས་བརྙས་ཤིང་གདུང་བ་རྣམས་སྤང་བ་སྐུའི་ནང་གི་གསུམ་དང་། རྡོ་རྗེ་སྤྱུན་སྲིང་གི་ལུས་ལ་བརྡེག་གམ་བརྡེག་པར་གཟས་ཤིང་རྒྱན་ལ་སྨོད་པ། བླ་མའི་ཡུམ་ལ་གཅེས་པ། བླ་མའི་སྐུའི་གྲིབ་མར་འགོངས་པ་དང་སྤྱུན་སྟར་ལུས་ངག་གི་སྤྱོད་པ་བག་མེད་པ་རྣམས་སྤོང་བ་སྐུའི་གསང་བའི་དམ་ཚིག་གོ། །

གཉིས་པ་གསུང་གི་དམ་ཚིག་གསུམ་ཚན་སུམ་ནི། རྫུན་ཚིག །ཕྲ་མ། ཚིག་རྩུབ་སྨྲ་བ་རྣམས་སྤོང་བ་གསུང་གི་ཕྱིའི་གསུམ་དང་། ཆོས་སྨྲ་བ། དེའི་དོན་སེམས་པ། གནས་ལུགས་སྒོམ་པ་རྣམས་ལ་གཤེ་སྐུར་འདེབས་པ་སྤོང་བ་རྣམས་གསུང་གི་ནང་གི་དང་། རྡོ་རྗེ་སྤྱུན་སྲིང་གི་ཚིག །བླ་མའི་ཕྱག་རྒྱ་དང་ཉེ་འཁོར་གྱི་ཚིག །བླ་མའི་གསུང་རྣམས་ལ་བརྙས་ཤིང་གཅོག་པར་བྱེད་པ་རྣམས་སྤོང་བ་གསུང་གི་གསང་བའི་དམ་ཚིག་གོ། །

གསུམ་པ་ཐུགས་ཀྱི་དམ་ཚིག་གསུམ་ཚན་གསུམ་ནི། གནོད་སེམས། བརྣབ་སེམས། ལོག་ལྟ་གསུམ་སྤོང་བ་ཐུགས་ཀྱི་ཕྱིའི་དང་། སྤྱོད་པ་ལོག་པ་བག་མེད་དང་ཐོ་ཅོ། །སྒོམ་པ་ལོག་པ་བྱིང་རྒོད་དང་གོལ་སྒྲིབ། ལྟ་བ་ལོག་པ་རྟག་ཆད་དང་མཐར་འཛིན་སྤངས་པ་རྣམས་ཐུགས་ཀྱི་ནང་གི་དང་། ཉིན་ཞག་གི་ཐུན་རེ་རེ་བཞིན་ལྟ་བཞིན་ལྟ་སྒོམ་སྤྱོད་གསུམ་ཡིད་ལ་མ་བྱས་པ། ཡི་དམ་གྱི་ལྷ་ཡིད་ལ་མ་བྱས་པ་དང་། བླ་མའི་རྣལ་འབྱོར་དང་། མཆེད་ལྕམ་ལ་བརྩེ་གདུང་ཡིད་ལ་མ་བྱས་པ་རྣམས་སྤང་བ་ཐུགས་ཀྱི་གསང་བའི་དམ་ཚིག་སྟེ་ཉི་ཤུ་རྩ་བདུན་དང་། ཞེས་སོ། །

གཉིས་པ་ཡན་ལག་གི་དམ་ཚིག་བཤད་པ་ལ་གཉིས། མདོར་བསྟན་པ་དང་། རྒྱས་པར་བཤད་པའོ། །དང་པོ་མདོར་བསྟན་པ་ནི། ཡན་ལག་དམ་ཚིག་ཉི་ཤུ་རྩ་ལྔ་ནི། །ཞེས་པ་སྟེ། རྩ་བའི་དམ་ཚིག་དེ་དག་བསྲུང་བའི་ཐབས་སམ་གྲོགས་སུ་གྱུར་པས་ན་ཡན་ལག་གི་དམ་ཚིག་སྟེ་དབྱེ་ན་གྲངས་ལྔ་ཚན་ལྔ་སྟེ་ཉི་ཤུ་རྩ་ལྔ་བཤད་པ་ནི་ཞེས་སོ། །

གཉིས་པ་རྒྱས་པར་བཤད་པ་ལ་ལྔ། སྤྱད་པར་བྱ་བ་ལྔ། མི་སྤང་བ་ལྔ། དང་དུ་བླང་བ་ལྔ།

ཤེས་པར་བྱ་བ་ལྔ། བསླབ་པར་བྱ་བ་ལྔའོ། །དང་པོ་སྤྱད་པར་བྱ་བ་ལྔ་ནི། ཧ་ན་ག་ན་མ་བྱིན་ལེན་དང་རྫུན། །ངག་འཁྱལ་རྣམས་ནི་སྤྱད་པར་བྱ་བ་ལྔ། །ཞེས་པ་སྟེ། འདི་དག་ལ་རང་འདོད་ཀྱི་ཞེན་འཁྲིས་མེད་ཅིང་རྟོགས་གོམས་ཀྱི་གདིང་རྙེད་ན་གཞན་དོན་དུ་སྤྱད་པར་བྱ་བ་སྟེ། དངོས་བསྟན་ཧ་ན་སྒྲོལ་བ་དང་། ག་ན་སྦྱོར་བ་དང་། མ་བྱིན་པ་ལེན་པ་དང་། རྫུན་དུ་སླུ་བ་རྣམས་སྔར་ལྟར་ལ། གདུལ་བྱ་མ་རུང་བའི་རྒྱུད་འཚོས་པའི་ཕྱིར་ཞེ་གཅོད་ཀྱི་བརླང་ཚིག་ངག་འཁྱལ་སླུ་བ་རྣམས་དང་། ཐབས་དོན་དུ་རླུང་རྟོག་དབུ་མར་གསོད་པ་དང་། ཁ་སྦྱོར་ལས་ཞུ་བདེ་འགྱུར་མེད་དུ་སྒྲུབ་པའི་འདོད་སྤྱོད་དང་། བཙུན་མོའི་ཤུ་ཧྲ་མ་བྱིན་པར་ལེན་པ་དང་། འཁོར་བ་མེད་སྣང་ལས་སྒྲོལ་བའི་རྫུན་ཚིག་དང་། བརྗོད་མེད་རྟོག་པས་གབ་སྦས་མེད་པར་སྨྲ་བའི་ངག་འཁྱལ་རྣམས་ནི་སྤྱད་པར་བྱ་བ་ལྔའོ། །

གཉིས་པ་མི་སྤང་བ་ལྔ་ནི། འདོད་ཆགས་ཞེ་སྡང་གཏི་མུག་ང་རྒྱལ་དང་། ཕྲག་དོག་ལྔ་ནི་མི་སྤང་དམ་ཚིག་ལྔ། །ཞེས་པ་སྟེ། འདོད་ཆགས་དང་། ཞེ་སྡང་དང་། གཏི་མུག་དང་། ང་རྒྱལ་དང་། ཕྲག་དོག་སྟེ། དངོས་བསྟན་ལོག་པའི་དུག་ལྔ་པོ་དེ་ནི་ཉན་ཐོས་པ་ལྟར་དགྲར་བལྟས་ནས་སྤང་མི་དགོས་ཏེ། ཆོས་ཐམས་ཅད་རང་རང་གི་ངོ་བོས་སྟོང་པས་སྤང་བྱའི་རྫས་མ་གྲུབ་པའི་ཕྱིར་སླིག་སྒྲུ་ལ་ཆུ་རགས་མི་དགོས་པ་བཞིན་ཏེ། རྡོ་རྗེ་ལས། ཉོན་མོངས་རྣམས་ནི་སྒྱུ་འདྲ་ངོ་བོས་སྟོང་། །རང་གི་མ་རིག་རང་བཞིན་ཤེས་པས་གྲོལ། །ཞེས་སོ། །ཐབས་ཀྱིས་ཟིན་ན་སྤྱད་ཀྱང་མི་འཆིང་བར་མ་ཟད་རྣམ་པར་གྲོལ་བའི་མྱུར་ལམ་ཡིན་པས་ཀྱང་མི་སྤང་སྟེ། རྣ་བར་ཆུ་ཞུགས་པ་ཆུས་འགུགས་པ་བཞིན་ཏེ། རྒྱ་མཚོ་ལས། ཉོན་མོངས་ལམ་ནི་དག་པ་ཆེ། །ཐབས་ཀྱི་འདོད་ཡོན་རྒྱན་གྱི་མཆོག །ཐམས་ཅད་ཐམས་ཅད་རོལ་པ་ཡིས། །མྱུར་དུ་ཧེ་རུ་ཀ་དཔལ་འགྱུར། །ཞེས་སོ། །ཉོན་མོངས་པ་ལྔ་ཡེ་ནས་རིགས་ལྔ་ཡེ་ཤེས་ལྔའི་རང་བཞིན་ཡིན་པས་ཀྱང་མི་སྤང་སྟེ། སྨུམ་འདོད་པས་ཏིལ་འབྲུ་སྒྲུབ་པ་བཞིན་ཏེ། ཐབས་ཞགས་ཀྱི་འགྲེལ་པར་སློབ་དཔོན་ཆེན་པོ་པདྨས། གཏི་མུག་ནི་རྣམ་པར་སྣང་མཛད་ཀྱི་དམ་ཚིག་སྟེ། ཅིའི་ཕྱིར་ཞེ་ན། མ་རིག་པ་ནི་སྤང་དུ་མེད། རིག་པ་ནི་སྒྲུབ་དུ་མེད་དེ་ཆོས་ཀྱི་དབྱིངས་སུ་རོ་གཅིག་པའི་ཕྱིར་རོ། །ཞེས་སོགས་གསུངས་སོ། །ཐབས་དོན་ཡང་དག་པའི་དུག་ལྔ་ནི། ཆོས་ཐམས་ཅད་མཉམ་པ་ཉིད་དུ་རྟོགས་པས་ལྟ་བ་ལ་ཕྱོགས་རིས་དང་། སྤྱོད་པ་ལ་བླང་

དོར་གྱིས་འབྱེད་པ་མེད་པའི་གཏི་མུག །དེ་ལྟར་མ་རྟོགས་པ་ལ་དམིགས་པ་མེད་པའི་སྙིང་རྗེས་རྗེས་སུ་ཆགས་པའི་འདོད་ཆགས། རང་རིག་པའི་ཡེ་ཤེས་ཀྱིས་ལོག་རྟོག་འཇོམས་པའི་ཞེ་སྡང་། མཉམ་ཉིད་རྟོགས་པའི་ལྟ་བ་གཞོངས་སུ་མི་འབེབས་པའི་ང་རྒྱལ། གཉིས་འཛིན་གྱི་ལྟ་སྤྱོད་མཉམ་ཉིད་ཀྱི་ཀློང་དུ་མི་ཤོང་བའི་ཕྲག་དོག་རྣམས་རྟོགས་གོམས་ཀྱི་ཐབས་ཀྱིས་མི་སྤོང་བ་སྟེ། དེ་དག་ནི་མི་སྤང་བའི་དམ་ཚིག་ལྔའོ། །

གསུམ་པ་དང་དུ་བླང་བ་ལྔ་ནི། དྲི་ཆེན་དྲི་ཆུ་རཀྟ་མཾ་ས་དང་། །རྡོ་རྗེ་ཟིལ་པ་དང་དུ་བླངས་པ་ལྔ། །ཞེས་པ་སྟེ། དངོས་བསྟན་ལྟར་ན། དྲི་ཆེན་དང་། དྲི་ཆུ་དང་། རཀྟ་དང་། མཾ་ས་དང་། རྡོ་རྗེ་ཟིལ་པ་སྟེ་བདུད་རྩི་ལྔ་པོ་དེ་ཉིད་ཆོས་ཉིད་ངོ་བོས་གྲུབ། ཆོས་ཅན་རང་བཞིན་གྱིས་གྲུབ། ནུས་པའི་མཐུས་གྲུབ། བྱིན་གྱིས་རླབས་ཀྱིས་གྲུབ་པ་སྟེ། གྲུབ་པ་བཞི་དང་། ནད་ལྔ་སེལ་བའི་སྨན་ཡིན་པ་དང་། མཆོག་ཐུན་དངོས་གྲུབ་སྒྲུབ་པའི་རྫས་ཡིན་པ་དང་། རིམ་པ་བཞིན་དུ། དྲི་ཆེན་རྣམ་སྣང་། དྲི་ཆུ་དོན་གྲུབ། རཀྟ་སྣང་མཐའ། མཾ་ས་རིན་འབྱུང་། རྡོ་རྗེ་ཟིལ་པ་མི་བསྐྱོད་པ་སྟེ། རིགས་ལྔ་ཡེ་ཤེས་ལྔའི་རང་བཞིན་ཡིན་པས་ན། ཡིན་པ་གསུམ་གྱི་ཚུལ་ཇི་ལྟ་བ་བཞིན་ཤེས་ནས་བསྟེན་པ་དང་། སྦྱས་དོན་དུ་ཕུང་པོ་ལྔའི་དྭངས་མ་འཛག་མེད་དུ་འཆིང་བ་སྟེ་དེ་རྣམས་ནི་དང་དུ་བླང་བ་ལྔའོ། །

བཞི་པ་ཤེས་པར་བྱ་བ་ལྔ་ནི། ཕུང་ལྔ་འབྱུང་ལྔ་ཡུལ་ལྔ་དབང་པོ་ལྔ། །ཁ་དོག་ལྔ་རྣམས་ལྔ་རུ་ཤེས་པ་ལྔ། །ཞེས་པ་སྟེ། ཆོས་ཐམས་ཅད་ཡེ་ནས་སངས་རྒྱས་པས། ཕུང་པོ་ལྔ་དེ་བཞིན་གཤེགས་པ་ཡབ་ལྔ། འབྱུང་བ་ལྔ་ཡུམ་ལྔ། ཡུལ་ལྔ་སེམས་མ། དབང་པོ་ལྔ་དང་དབང་ཤེས་ལྔ་སེམས་དཔའ། ཁ་དོག་ལྔ་རིགས་ལྔ་ཡེ་ཤེས་ལྔ་སོགས་ལྔ་ཚན་གྱི་རྟོག་ཚོགས་རྣམས་ཀྱི་རང་བཞིན་ལྷ་རུ་དག་པས་སྐུ་དང་ཡེ་ཤེས་ཀྱི་དཀྱིལ་འཁོར་དུ་ཤེས་རབ་ཀྱིས་སྒྲོ་འདོགས་བཅད་ནས་ཤེས་པར་བྱེད་པ་སྟེ། དེ་དག་ནི་ཤེས་བྱ་ལྔ་བའི་དམ་ཚིག་ལྔའོ། །

ལྔ་པ་བསྒྲུབ་པར་བྱ་བ་ལྔ་ནི། དེ་བཞིན་གཤེགས་དང་རྡོ་རྗེ་རིན་པོ་ཆེ། །པདྨ་ལས་རིགས་བསྒྲུབ་བྱ་ལྔ་རྣམས་ནི། །དུས་ཚོད་འབྲེལ་བའི་སྤྱོད་པས་དགོངས་པ་བླངས། །ཞེས་པ་སྟེ། ཤེས་པར

བྱ་བའི་དམ་ཚིག་རྣམས་ལྟ་བུའི་ངེས་པ་རྙེད་པ་ན་རྫོགས་གོམས་ཀྱི་སྦྱོར་བས་དེ་བཞིན་གཤེགས་པ་དང་། རྡོ་རྗེ་དང་། རིན་པོ་ཆེ་དང་། པདྨ་དང་། ལས་ཀྱི་རིགས་ཏེ་ལྔ་པོ་རང་རྒྱུད་ལ་ཚུལ་བཞིན་ཉམས་སུ་བླངས་ནས་བསྒྲུབ་པར་བྱ་བ་ལྔ་སྟེ། དེ་རྣམས་ནི་ལས་དང་པོ་པ་དང་ཉམས་མྱོང་ཅུང་ཟད་སྐྱེས་པ་སོགས་ལྟ་དགོངས་ཀྱི་གདིང་དང་། ཚོགས་དང་དབེན་པ་ལ་སོགས་པའི་ཡུལ་དང་། དུས་ཚོད་ཀྱི་གནས་སྐབས་བརྩིས་ནས་དེ་དང་འབྲེལ་བའི་སྒོ་ནས་སྤྱོད་དགོས་པས་དེ་དག་དངོས་བསྟན་དང་། གཞན་ཡང་སྦས་དོན་གྱི་ཚུལ་དུ་གསུངས་པའི་དགོངས་པ་བླངས་ཏེ་སྤྱོད་པ་ལ་མཁས་པར་བྱའོ། །

གསུམ་པ་ལྷག་པའི་དམ་ཚིག་ནི། སྤྱི་དང་ཁྱད་པར་གྱི་དམ་ཚིག་ལ་གནས་པའི་རྣལ་འབྱོར་པས་སྒྲུབ་པ་ལ་སོགས་པའི་སྐབས་སུ་བསྲུང་བྱ་ལྷག་པར་བསྟན་པའི་དམ་ཚིག་ཉི་ཤུ་ལྡེམས་དགོངས་ཀྱི་སྦྲས་བཤད་པ་སྟེ། ཞི་རྒྱུད་ལས། གཞུང་དོན་ལྷག་པའི་དམ་ཚིག་ནི། །རབ་ཏུ་ལྷག་པར་བསྲུང་བར་བྱ། །གཅན་གཟན་རྒྱལ་པོའི་ཁྲི་མི་གཞིག །ཅེས་རྡོ་རྗེ་སློབ་དཔོན་གྱི་སྐུ་ལ་མི་འཚེ་ཞིང་བཀའ་མི་གཅོག་པ་དང་། ཟ་མ་ཏོག་ཏུ་དུག་མི་བླུག །ཅེས་བླ་མའི་ཡུམ་ལ་མི་སྤྱོད་པ་དང་། རིན་ཆེན་ལྕུག་ཕྲན་མི་འབྲག་ཅིང་། །ཞེས་དད་པ་ཅན་གྱི་ཚོགས་མི་བཅག་པ་དང་། ཞུན་ཁོལ་ལྟ་བུ་མི་བཏུང་སྟེ། །ཞེས་དཀོན་མཆོག་དང་མཁས་པའི་དཀོར་ལ་མི་འབག་ཅིང་ཆང་མྱོས་པར་མི་འཐུང་བ་དང་། པདྨའི་ཟེའུ་འབྲུ་ཁ་མི་གསེང་། །ཞེས་རྡོ་རྗེ་སྲིང་གི་ཡུམ་ལ་མི་སྤྱོད་པ་དང་། བུག་རྡོལ་སྟོད་དུ་བཙུད་མི་བླུག །ཅེས་མཚན་ངན་གྱི་གཟུངས་མ་མི་བསྟེན་པ་དང་། དོན་དང་མི་ལྡན་རྫས་མི་བསྟེན། །ཞེས་མཚན་ཉིད་དང་མི་ལྡན་པའི་དམ་རྫས་མི་བསྟེན་པ་དང་། ཤེལ་སྒོང་འདམ་དུ་བསྲུབ་མི་བྱ། །ཞེས་མཁས་པའི་ཡོན་ཏན་ལ་མི་སྨོད་པ་དང་། མ་དག་སྣོད་དུ་དག་པ་མིན། །ཞེ་སྣོད་མིན་ལ་གསང་ཆོས་མི་སྟོན་པ་དང་། ཡིད་བཞིན་ནོར་བུ་མི་འབྲེག་སྟེ། །ཞེས་མཚན་ལྡན་གྱི་གཟུངས་མ་དང་སྣོད་ལྡན་གྱི་སློབ་མ་མི་སྤང་བ་དང་། ཁྱུང་ཆེན་གཤོག་པ་ཡ་མི་འབྲལ། །ཞེས་དོན་བདེ་སྟོང་དང་རྟགས་ཡབ་ཡུམ་མི་འབྲལ་བ་དང་། གནམ་ལྕགས་དུར་མོའི་མཚོན་མི་རྡེག །ཅེས་མཆེད་ལ་ཀྱལ་ཀ་ཙམ་དུའང་ནང་འཐབ་མི་བྱེད་པ་དང་། གཅན་གཟན་རོལ་པའི་ལྷག་མི་སྤྱད། །ཅེས་གཞན་གྱིས་སྤྱད་

པའི་ལྟག་མི་སྤྱོད་པ་དང་། རྡོ་རྗེ་བྲག་ཆེན་མི་གཞིག་ཅིང་། །ཞེས་བླ་མའི་གདན་ས་མི་སྣོམ་པ་དང་། ར་བ་དྲྭ་བའི་མཚམས་མི་འདྲལ། །ཞེས་རང་གཞན་གྱི་མཚམས་མི་འདྲལ་བ་དང་། སྒྲོན་མེ་ཀླུང་གི་བསད་པ་མིན། །ཞེས་ཏིང་ངེ་འཛིན་བྱིང་རྒོད་ཀྱི་དབང་དུ་མི་གཏོང་བ་དང་། ཡེ་ཤེས་ཆུ་རྒྱུན་གཅོད་པ་སྤང་། །ཞེས་བཟླས་བརྗོད་དང་ཚིག་མི་ཚིག་གིས་བར་མི་གཅོད་པ་དང་། བཀའ་རྟགས་ཕྱག་རྒྱ་མི་དབྱེ་ཞིང་། །ཞེས་དབང་རྟགས་ཀྱི་ཕྱག་རྒྱ་ལས་མི་འདའ་ཞིང་བརྡ་མི་བརྗོད་པ་དང་། རྡོ་རྗེ་ཕ་ལམ་མཁར་མི་ལྡོག །ཅེས་རྣལ་འབྱོར་པའི་དཀྱིལ་འཁོར་མི་དགྲུགས་ཤིང་སྐྱེ་བོའི་མཐུ་ཟློག་མི་བྱེད་པ་དང་། གཙུག་གི་ནོར་བུ་སྨྲ་མི་དབབ། །ཅེས་སློབ་དཔོན་གཙུག་ཏུ་ཁུར་བ་ལས་ཉམས་པར་མི་བྱ་བའོ། །འདི་དག་བསྲུང་བར་བྱ་བ་སྟེ། །ལྟག་པར་གཅེས་པའི་དམ་ཚིག་ཡིན། །ཞེས་སོ། །

གསུམ་པ་དོན་བསྡུ་བ་ནི། དེ་སོགས་དམ་ཚིག་རྣམ་གཞག་མང་གསུངས་པ། །རྩ་བ་ཡན་ལག་བཅས་འདིར་མ་འདུས་མེད། །མདོར་ན་རང་ལུས་རྡོ་རྗེ་གསུམ་ཤེས་ན། །སྔགས་ཀྱི་དམ་ཚིག་ས་ཡ་འབུམ་སྡེ་འདུས། །ཞེས་པ་སྟེ། གོང་དུ་ཇི་སྐད་བཤད་པ་དེས་མཚོན་ཏེ་སོགས་ཁོངས་ནས་སྔར་བཤད་པའི་སྒྱུ་འཕྲུལ་གྱི་རྩ་བ་དང་ཡན་ལག་གི་དམ་ཚིག་བཅོ་ལྔ་ལས་རྣམ་གྲངས་སུམ་བརྒྱ་དྲུག་ཅུར་སྤྲོས་པ་དང་། བཤད་རྒྱུད་རྒྱས་པར་དམ་ཚིག་དགུ་བཅུ་རྩ་བདུན་དང་། སྤྱི་མདོར་གལ་མདོ་ངེས་པའི་དམ་ཚིག་བཞི། ཐུན་མོང་གི་དམ་ཚིག་ཉི་ཤུ་རྩ་བརྒྱད། ལྟག་པའི་བཞི། བརྟུལ་ཞུགས་ཀྱི་ཉེར་གསུམ། སྒྲུབ་པའི་ཉི་ཤུ། སྤྱོད་ལམ་རྒྱུན་གྱི་བཞི། བདུད་ལྔ་སྤོང་བ། དགྲ་བཞི་གཞོམ་པ། ལྟ་བའི་དམ་ཚིག་སྟེ་དགུར་ཕྱེ་བ་དང་། གཞན་ཡང་རྒྱུད་སྡེ་སོ་སོར་རྩ་བ་དང་ཡན་ལག་གིས་བསྡུས་པའི་བསྲུང་བའི་དམ་ཚིག་དང་། ཏིང་ངེ་འཛིན་དང་། སྤྱོད་ལམ་དང་། བཟའ་བའི་དམ་ཚིག་དང་། མི་འབྲལ་བའི་ཡོ་བྱད་ཀྱི་དམ་ཚིག་སོགས་རྣམ་གཞག་མང་པོ་ཞིག་གསུངས་པ་ཡོད་ནའང་དེ་ཐམས་ཅད་རྩ་བ་དང་ཡན་ལག་གི་དམ་ཚིག་དང་བཅས་པ་འདིར་མ་འདུས་པ་མེད་དོ། །གང་སྤྱད་ན་སྔགས་སྡོམ་གཏོང་བའི་རིགས་དང་། མི་གཏོང་ནའང་ཡན་ལག་ཉམས་པར་བྱེད་པའི་རིགས་གཉིས་སུ་འདུས་པའི་ཕྱིར་རོ། །འོ་ན་གསར་རྙིང་ཐུན་མོང་བའི་རྩ་ལྟུང་བཅུ་བཞི་དང་། སྔ་འགྱུར་བའི་ཁྱད་པར་གྱི་དམ་ཚིག་སྔར་བཤད་པ་རྣམས་མི་འགལ་ལམ་སྙམ་ན། བཅུ་བཞི་པོ་ཁྱད་

པར་གྱི་རྒྱ་བའི་དམ་ཚིག་དེ་དག་གི་ཁོངས་སུ་འདུས་པས་འགལ་བ་མེད་དོ། །དེ་ཐམས་ཅད་ཀྱང་མདོར་བསྡུ་ན་རང་གི་ལུས་གཞུག་མའི་རྩ་རླུང་ཐིག་ལེ་ཡེ་ཤེས་དང་བཅས་པ་གདོད་མ་ནས་སྐུ་གསུང་ཐུགས་རྡོ་རྗེ་གསུམ་དབྱེར་མེད་པའི་ཡེ་ཤེས་རྡོ་རྗེའི་བདག་ཉིད་དུ་བཞུགས་པ་ཉིད་ཤེས་རབ་ཀྱིས་སྒྲོ་འདོགས་བཅད་དེ་ཤེས་ནས་གསང་སྔགས་ཀྱི་དམ་ཚིག་ས་ཡ་འབུམ་སྡེ་ཇི་སྐད་གསུངས་པ་ཐམས་ཅད་དེར་ལྷུན་གྱིས་གྲུབ་པར་འདུས་ཤིང་སྐྱོང་རྣམ་པར་དག་པ་ཉིད་ཡིན་ནོ། །

ལྔ་པ་སྡོམ་པ་སྐྱེ་བའི་རྐྱེན་བཤད་པ་ནི། སྐྱེ་བའི་རྐྱེན་ནི་ཉིན་བཞིན་བྲམ་ཟེ་གསོད། །མཚམས་མེད་ལྔ་བྱེད་ལ་སོགས་ཀུན་ལའོ། །ཞེས་པ་སྟེ། དེ་ལྟ་བུའི་རིག་པ་འཛིན་པའི་སྡོམ་པ་དེ་སྐྱེ་བའི་རྐྱེན་ནི་གཙོ་བོར་ཁམས་དྲུག་ལྡན་གྱི་མི་ཡིན་པར་བཤད་ཅིང་། དཔེར་ན་མཚོན་རྟུལ་པོས་ཤིང་སྡོང་གཅོད་པ་ལ་ཡུན་རིང་ཐོགས་པ་དེ་རྣོན་པོས་སྐད་ཅིག་ལ་གཅོད་པ་ལྟར་མཚན་ཉིད་ཐེག་པས་ཚེ་རབས་མང་པོར་ཚོགས་བསགས་ནས་བསྒྲུབ་དགོས་པའི་འབྲས་བུ་དེ་སྔགས་ཀྱི་ཐེག་པ་འདིར་ཞུགས་ན་ཚོགས་གཉིས་ཀྱི་བསགས་པ་སྔོན་དུ་འགྲོ་མི་དགོས་པར་མ་ཟད། ཐེག་པ་གཞན་དུ་སྤྱངས་པའི་གདུལ་བྱ་ཉིན་བཞིན་བྲམ་ཟེ་གསོད་པ་དང་། མཚམས་མེད་པ་ལྔ་བྱེད་པ་ལ་སོགས་པའི་སྡིག་པ་ཚབ་པོ་ཆེའི་ལས་བྱེད་བཞིན་པ་ཞིག་ཡིན་ཀྱང་། དབང་རྣོན་སེམས་སྟོབས་ཆེན་པོ་དང་ལྡན་ཅིང་། མོས་འདུན་བཟློག་ཏུ་མེད་པ་ཞིག་ཡོད་ཕྱིན་སྐྱེ་བ་འདི་ལས་སངས་རྒྱས་ཉིད་འགྲུབ་སྟེ་ཐབས་ཟབ་ཅིང་ཡངས་པའི་གནད་ཀྱིས་སོ། །གཞན་ཡང་སྐལ་ལྡན་ལས་འཕྲོ་ཅན་བསགས་པ་ཡང་རབ་ཡིན་ན་མིའི་རྟེན་ཁོ་ན་དགོས་པའི་ངེས་པ་མེད་དེ། རྒྱུད་སྡེ་རྣམས་ལས་ལྷ་དང་ལྷ་མིན་སོགས་རྒྱུད་མཉན་པའི་སྣོད་དུ་བསྡུས་པ་དང་། གསང་བདག་གིས་སྔགས་ཀྱི་ཐེག་པ་གསུངས་པའི་གདུལ་བྱའི་གཙོ་བོ་དྲྭ་མ་ལྔ་ལས་བཞི་མི་མ་ཡིན་པའི་རྟེན་ཅན་ཡིན་པ་དང་། ཨོ་རྒྱན་གྱི་གནས་སུ་ཀླུ་རྣམས་སྔགས་ལམ་གྱིས་གྲོལ་བ་དང་། དགྲ་བཅོམ་ལྷག་མེད་རྣམས་སྔགས་ཀྱི་ཐེག་པར་འཇུག་པ་ཡོད་དགོས་པ་ལ་སོགས་པའི་ཕྱིར་སྐལ་བ་དང་ལྡན་པའི་འགྲོ་བ་ཀུན་ལ་སྔགས་ཀྱི་སྣོད་རྒྱུ་ཡོད་པར་བཤད་པའོ། །

དྲུག་པ་ཉམས་པ་གསོ་བའི་ཚུལ་ལ་གཉིས། མདོར་བསྟན་པ་དང་། རྒྱས་པར་བཤད་པའོ། །

དང་པོ་མདོར་བསྟན་པ་ནི། ཐ་མར་ཉམས་ན་གསོ་བའི་ཚུལ་བཤད་པ། །ཞེས་པས། དེ་ལྟ་བུའི་དམ་ཚིག་རྣམས་མ་ཉམས་པར་བསྲུང་བ་ལ་འབད་ཅིང་། གལ་ཏེ་ལྟུང་བ་འབྱུང་བའི་རྒྱུའི་དབང་གིས་ཐ་མར་ཉམས་པར་གྱུར་ན་སླར་གསོ་བའི་ཚུལ་བཤད་པ་ལ་ཞེས་སོ། །

གཉིས་པ་རྒྱས་པར་བཤད་པ་ལ་གཉིས། ཕྱིར་བཅོས་བྱ་ཚུལ་དང་། མ་བྱས་པའི་ཉེས་པའོ། །དང་པོ་ཕྱིར་བཅོས་བྱ་ཚུལ་ལ་ལྔ། ལྟུང་བའི་རྒྱུ་གཉེར་པོ་བཅས་བཤད་པ། ལྟུང་བ་ལྕི་ཡང་གི་ལྟུང་ཚད། ལྟུང་མེད་ཀྱི་རྒྱུ། བཤགས་ཚད་ལས་འདས་པ། ཕྱིར་བཅོས་བྱ་ཚུལ་དངོས་སོ། །དང་པོ་ལྟུང་བའི་རྒྱུ་གཉེར་པོ་བཅས་བཤད་པ་ནི། ལྟུང་མཚམས་མི་ཤེས་བླ་མ་སོགས་མི་གུས། །བག་མེད་སྤྱོད་ཅིང་ཉོན་མོངས་མང་བ་བཞི། །ལྟུང་བ་འབྱུང་བའི་སྒོ་བཞི་ཐོགས་མེད་བཞེད། །དེ་ཡི་གཉེན་པོར་བསླབ་བྱར་བསླབ་པ་དང་། །ཀུན་ལ་གུས་བསྐྱེད་རྟག་པར་དྲན་ཤེས་བསྟེན། །ཉོན་མོངས་གང་ཆེའི་གཉེན་པོར་འབད་དེ་བསླབ། །སྤྱང་བྱ་བཞིའི་སྟེང་བརྗོད་ངས་དྲན་མི་གསལ། །གཉིས་བསྣན་དམ་ཚིག་ཉམས་པའི་རྒྱུ་དྲུག་ཅེས། །དཔལ་ལྡན་སྡོམ་པའི་རྒྱུད་ལས་གསལ་བར་གསུངས། །ཞེས་པ་སྟེ། དམ་ཚིག་ལ་བསླབ་པར་འདོད་ཀྱང་ལྟུང་བ་སོ་སོའི་བླང་དོར་གྱི་མཚམས་མི་ཤེས་པ་དང་། ཤེས་ཀྱང་བླ་མ་དང་། དེས་འདོམས་པའི་བསླབ་བྱ་ལ་སོགས་པ་ལ་མི་གུས་པ་དང་། སྤྱིར་གུས་ཀྱང་ཉེས་དམིགས་མ་མཐོང་བའམ་དྲན་ཤེས་མེད་པས་གཟབ་པར་མི་བྱེད་པས་བག་མེད་པར་སྤྱོད་ཅིང་། དེས་ཉེས་པ་འབྱུང་བའི་རྒྱུ་བྱེད་པ་དང་། འཛེམ་བག་ཅུང་ཟད་སྐྱེས་ཀྱང་ཉོན་མོངས་ཤས་ཆེ་ཞིང་མང་བ་སྟེ་བཞི་ནི་ལྟུང་བ་འབྱུང་བའི་སྒོ་བཞིར་རྒྱལ་སྲས་ཐོགས་མེད་ཀྱི་བཞེད་ལ། བཞི་པོ་དེ་ཡི་གཉེན་པོར་བླང་དོར་རྣམས་ཤེས་པར་བྱས་ནས་བསླབ་བྱར་བསླབ་པ་དང་། ཕན་ཡོན་ལ་བྲོད་པ་བསྐྱེད་ནས་བླ་མ་དང་བསླབ་པ་ཀུན་ལ་གུས་པ་བསྐྱེད་པ་དང་། དགྲ་ཆེ་སར་ཟློན་བྱེད་པ་ལྟར་ཉེས་དམིགས་ལ་འཇིགས་ནས་སེམས་བསྒྲིམས་ཏེ་རྟག་པར་དྲན་ཤེས་དང་བག་ཡོད་བསྟེན་པ་དང་། རང་རྒྱུད་ལ་ཉོན་མོངས་གང་ཤས་ཆེ་བ་དེའི་གཉེན་པོར་འབད་དེ་བསླབ་པ་དང་བཞིའོ། །སྤྱང་བྱ་རྒྱུ་བཞི་པོ་དེའི་སྟེང་བསླབ་བྱའི་མཚམས་བརྗོད་ངས་པ་དང་། ཤེས་བཞིན་མེད་པས་དྲན་པ་མི་གསལ་བ་གཉིས་བསྣན་ཏེ་དམ་ཚིག་ཉམས་པའི་རྒྱུ་དྲུག་ཅེས་དཔལ་ལྡན་སྡོམ་པའི་རྒྱུད་

ལུས་གསལ་བར་གསུངས་ཏེ། ཇི་སྐད་དུ། མི་ཤེས་པ་དང་བག་མེད་དང་། །ཉོན་མོངས་མང་དང་མ་གུས་དང་། །བརྗེད་ངས་དྲན་པ་མི་གསལ་བ། །འདི་དྲུག་དམ་ཚིག་ཉམས་པའི་རྒྱུ། །ཞེས་སོ། ། ཕྱི་མ་གཉིས་ཀྱི་གཉེན་པོ་གནང་བཀག་གི་མཚམས་མི་བརྗེད་པའི་དྲན་པ་དང་། དམ་ཚིག་ལས་འདས་མ་འདས་དཔྱོད་པའི་ཤེས་བཞིན་ནོ། །གཞན་ཡང་ཉམས་ན་བདག་ཉིད་ངན་ནོ་སྙམ་དུ་རང་ལ་བརྟེན་ནས་འཛེམ་པའི་ངོ་ཚ་ཤེས་པ་དང་། གཞན་གྱིས་ཁྲེལ་ནས་སྨད་པའི་གནས་སུ་འགྱུར་བ་དང་། རྒྱལ་བ་སྲས་བཅས་རྣམས་དང་དྲིན་ལྡན་བླ་མ་རྣམས་ཀྱི་ཟག་པ་མེད་པའི་མངོན་ཤེས་ཀྱིས་དགོངས་པར་འགྱུར་བ་ནི་གདོན་མི་ཟ་བས་ན་ཉེས་སྤྱོད་ལ་འཛེམ་པར་བྱ་དགོས་སྙམ་དུ་གཞན་ལ་བརྟེན་པའི་ཁྲེལ་ཡོད་སོགས་ཀྱི་སྒོ་ནས་འབད་པས་བསྲུང་བར་བྱ་སྟེ། སྡོམ་འབྱུང་ལས། ཇི་སྟེ་དངོས་གྲུབ་མཆོག་འདོད་ན། །སྲོག་ནི་ཡོངས་སུ་གཏོང་ཡང་སླ། །འཆི་བའི་དུས་ལ་བབ་ཀྱང་སླའི། །རྟག་ཏུ་དམ་ཚིག་བསྲུང་བར་བྱ། །ཞེས་གསུངས་པའི་ཕྱིར་རོ། །

གཉིས་པ་ལྟུང་བ་ཕྱི་ཡང་གི་ལྡང་ཚད་ནི། ཀུན་ལ་ཡུལ་བསམ་སྦྱོར་བ་མཐར་ཐུག་གམ། །ཀུན་སློང་ཉོན་མོངས་གང་འགལ་དེར་ཤེས་དང་། །ལུས་ངག་སྦྱོར་བྱས་དངོས་གཞི་བར་ཆོད་པ། །མ་འཁྲུལ་སྨྱུད་དང་འགྱོད་མེད་བཤགས་ཚད་འདས། །ཕམ་པ་ཞེས་བརྗོད་དངོས་གཞི་མ་ཚང་ན། །ཐུན་འདས་ལྟུང་བ་ཞེས་བརྗོད་ལྷག་མ་ལྟར། །རིམ་པས་དམན་ན་སྦོམ་པོ་ལྟུང་བྱེད་དང་། །ཉེས་བྱས་ལྟུང་བའི་གཟུགས་བརྙན་ཤེས་པར་བྱ། །ཞེས་པ་སྟེ། དེ་ནས་ལྟུང་བ་དང་ལྟུང་མེད་ཀྱི་ཚུལ་ཤེས་པར་བྱ་བ་ལ། ལྟུང་བ་ཀུན་ལ་ཡན་ལག་བཞི་ལྡན་ནམ་བདུད་ལྡན་ཏེ། དེ་ཡང་གང་ལ་བརྟེན་ནས་ལྟུང་བ་འབྱུང་བའི་ཡུལ་དང་། དེར་འདུ་ཤེས་པའི་བསམ་པ་དང་། ལས་ལམ་ལ་འཇུག་པའི་སྦྱོར་བ་དང་། སྒོ་གསུམ་གང་གིས་གྲུབ་པའི་ལས་ལམ་རྫོགས་ནས་མཐར་ཐུག་པ་སྟེ་ཡན་ལག་བཞི་ལྡན་དག་གམ། ཡང་ན་ཀུན་སློང་ཉོན་མོངས་དྲག་པོས་བསླང་བ་དང་། གང་ལ་བརྟེན་ནས་དམ་ཚིག་དང་འགལ་བར་འགྱུར་བའི་ཡུལ་དེ་ལ་དེར་ཤེས་པ་དང་། ཀུན་འདོར་བ་ལྷ་བུ་ལུས་དང་། གསང་སྔགས་ལྷ་བུ་ངག་གི་སྦྱོར་བས་གྲོགས་ལ་ལྡོས་པའི་བྱ་བ་དེ་བྱས་ཟིན་ན་རྩ་ལྟུང་དངོས་གཞིར་གྲུབ་པ་དང་། ཡིད་ཀྱིས་གྲུབ་པ་རྣམས་ཉིན་མཚན་གྱི་དུག་ཆའི་ནང་དུ་གཉེན་པོས་མ་སླེབས་པར

ཐུན་ཚོད་ཀྱིས་བར་ཆོད་པ་དང་། ཡང་སྒོ་གསུམ་གྱིས་བསྐྱེད་པའི་ལྟུང་བ་གང་ཡིན་ཡང་། ལྟུང་བ་གཅིག་ཙམ་ལ་ཡན་ལག་བདུན་ཀ་ཚང་དགོས་པའི་དབང་དུ་བྱས་ན། བར་ཆོད་པ་ཞེས་པ་འདི་དེ་ལྟར་འགྲེལ་ན་ཐུན་ཚོད་འདས་ཞེས་པ་དང་གཅིག་ཏུ་འགྱུར་བས་སྲོག་གཅོད་ལྟ་བུས་མཚོན་ཏེ་གོང་དུ་བཤད་པའི་བསམ་སྦྱོར་དེ་དང་ལྡན་པས་དངོས་གཞིར་གྲུབ་པ་ནི། བར་དུ་སྲོག་གཅོད་པ་ན་བྱ་བ་དེ་རྫོགས་ནས་སྲོག་གཅོད་པ་ན་ཞེས་པའམ། ཡང་ན་དངོས་གཞིའི་ལྟུང་བ་བསྐྱེད་པ་ལ་མཐར་མ་ཕྱིན་གོང་། བར་དུ་གཉེན་པོས་ཆོད་པ་མིན་པ་ཞེས་འགྲེལ་ནའང་རུང་ངམ་སྙམ་དུ་སེམས་སོ༑ ༑སྨྲེས་པ་ལ་སོགས་པ་འདུ་ཤེས་མ་འཁྲུལ་བས་སྤྱད་པ་དང་། ངེས་མགུ་བས་འགྱོད་པ་མེད་པ་དང་། བཤགས་པས་མ་ཟིན་པར་ཐུན་ཚོད་ལས་འདས་པ་སྟེ། དེ་ལྟར་ཡན་ལག་བདུན་ཚང་བར་སྤྱོད་ན་ སྡུགས་སྡོམ་གཏོང་བས་ཤིན་ཏུ་ལྕི་ཞིང་མི་མཐུན་ཕྱོགས་ཀྱིས་གཉེན་པོ་བཅོམ་པས་ཕས་ཕམ་པ་ཞེས་བརྗོད་ཅིང་། གལ་ཏེ་རྩ་ལྟུང་གང་རུང་གཉེན་པོ་དང་སྦྲེལ་ནས་སྐྱེས་པ་ལྟ་བུ་དངོས་གཞི་འགྲུབ་བྱེད་ཀྱི་ཡན་ལག་གང་རུང་མ་ཚང་ནམ་མ་བཤགས་པར་ཐུན་ཚོད་འདས་ན་ཐུན་འདས་ཀྱི་ལྟུང་བ་ཞེས་བརྗོད་དེ། སོ་ཐར་གྱི་དགེ་འདུན་ལྷག་མ་ལྟར་ཕམ་པའི་འོག་ནས་ཉེས་པ་ལྕི་བ་ཡིན་ལ༑ ༑དེ་བཞིན་དུ་རིམ་པས་ཉེས་པ་དམན་ན་འདི་ལྟར་ཕམ་པའི་སྟེར་གཏོགས་པ་ཡན་ལག་མ་ཚང་བ་ཉོན་མོངས་པ་ཅན་ནི་སྦོམ་པོ་དང་། ཡན་ལག་གི་ལྟུང་བ་གཞན་ཐམས་ཅད་ནི་ལྟུང་བྱེད་ལྟ་བུ་དང་། ཕྱོགས་མཐུན་གྱི་ཉེས་པ་ཕྲ་མོ་རྣམས་ནི་ཉེས་བྱས་དང་འདྲའོ། ༑གལ་ཏེ་ཉོ་རྗེའི་མཆེད་ལ་ཕན་སེམས་ཀྱིས་ཁྲོས་པ་ལྟ་བུ་ནི་ལྟུང་བའི་གཟུགས་བརྙན་ཏེ་དོན་ལ་ལྟུང་མེད་དུ་ཤེས་པར་བྱའོ། །

གསུམ་པ་ལྟུང་མེད་ཀྱི་རྒྱུ་བཤད་པ་ནི། ན་དང་དབང་ཉམས་བྱ་བ་གཞན་གྱིས་དང་། །དོན་ཆེན་སྐྱེ་མེད་བརྟན་དང་དགོས་ལྡན་དང་། །ནུས་རྣེད་གནང་དང་བཀའ་བསྒོ་བར་ཆད་ལས། །ཉེས་པ་མེད་ཅེས་སྙིང་པོ་རྒྱན་ལས་གསུངས། །ཞེས་པ་སྟེ། དེ་དག་ཐམས་ཅད་ལ་རང་ཉིད་ན་བ་དང་། གཞན་དབང་དུ་སོང་བས་རང་དབང་ཉམས་པ་དང་། བྱ་བ་དེ་ལས་ཆེ་བའི་བྱ་བ་གཞན་གྱིས་ཁྲེལ་བ་དང་། གཞན་དོན་དུ་འགྱུར་ངེས་པའི་དོན་ཆེན་པོ་མཐོང་བ་དང་། རང་རྒྱུད་ལ་སྐྱེ་བ་མེད་པའི་དོན་སྐྱེས་ནས་བརྟན་པ་ཐོབ་པ་དང་། གཞན་དྲང་བ་ལ་སོགས་པའི་དགོས་པ་ཆེན་པོ་དང་ལྡན་པ་

དང་། རྟོགས་གོམས་ཀྱི་ནུས་པ་སྐྱེད་པ་དང་། ལྷག་པའི་ལྷ་ལྟ་བུའི་ཡུལ་ཁྱད་པར་ཅན་གྱིས་གནང་བ་ཐོབ་པ་དང་། རང་གི་བླ་མས་འདི་ལྟ་བུ་ཞིག་གྱིས་ཤིག་ཅེས་བཀའ་བསྒོ་བ་དང་། དོན་དེས་རང་གི་སྲོག་ལ་བར་ཆད་དུ་འགྱུར་བ་ལུས་ལྟུང་བ་དེ་དག་བྱས་ཀྱང་ཉེས་པ་མེད་ཅེས་སྙིང་པོ་རྒྱན་ལས་གསུངས་ཏེ། དེ་ལས། ན་དང་དབང་ཉམས་བྱ་བ་ནི། །གཞན་གྱི་དོན་དང་དོན་ཆེན་དང་། །སྐྱོ་མེད་བརྟན་དང་དགོས་ལྡན་དང་། །ནུས་པ་སྐྱེད་དང་གནང་བ་དང་། །བཀའ་བསྒོ་བ་དང་བར་ཆད་ལས། །ཉེས་པ་མེད་པར་ཤེས་པར་བྱ། །ཞེས་སོ། །

བཞི་པ་བཤགས་ཚད་ལས་འདས་པ་བསྟན་པ་ནི། དེ་ལྟར་ཉིན་མཚན་ཐུན་ལ་ལན་དྲུག་ཏུ། །སྤྱང་བླང་དམ་ཚིག་གནས་ལ་བསྒྲིམས་ཏེ་དཔྱད། །དྲུག་ཆ་འདས་ན་ཐུན་ཚོད་འདས་ཞེས་བྱ། །ཞག་གཅིག་ཟླ་གཅིག་ལོ་གཅིག་ལོ་གཉིས་འདས། །འགལ་ཉམས་འདས་རལ་ཞེས་བརྗོད་དེ་དག་ཀྱང་། །སྙིང་ནས་བཤགས་ན་གསོར་རུང་ཕྱི་རིམ་ལྕི། །ལོ་གསུམ་འདས་ན་གསོར་མི་རུང་བ་ཡིན། །ཞེས་པ་སྟེ། དེ་ལྟར་ཉིན་མཚན་གྱི་ཐུན་ལ་ཉིན་ལན་གསུམ། མཚན་ལན་གསུམ་སྟེ་དྲུག་ཏུ་ཐུན་རེ་རེ་བཞིན་སྤྱང་བླང་དམ་ཚིག་གི་གནས་ལ་འགལ་མ་འགལ་སེམས་ལེགས་པར་བསྒྲིམས་ཏེ་བརྟགས་ཤིང་དཔྱད་པས་དུས་དྲུག་ཆའི་ནང་དུ་གཉེར་པོས་མ་སླེབས་པར་འདས་ན་ཐུན་ཚོད་ལས་འདས་པ་ཞེས་བྱ་བ་དང་། དེ་བཞིན་དུ་ལྟུང་བ་བྱུང་ནས་མ་བཤགས་པར་ཞག་གཅིག་དང་། ཟླ་བ་གཅིག་དང་། ལོ་གཅིག་དང་། ལོ་གཉིས་རྣམས་འདས་ན་འགལ་བ་དང་། ཉམས་པ་དང་། འདས་པ་དང་། རལ་བ་ཞེས་བརྗོད་དེ། དེ་དག་ཀྱང་སྙིང་ཐག་པ་ནས་བཤགས་ན་གསོར་རུང་ཡང་ཕྱི་རིམ་རྣམས་ཉེས་པ་ལྕིའོ། །གལ་ཏེ་ལོ་གསུམ་འདས་པར་གྱུར་ན་གསོར་མི་རུང་བ་ཡིན་ཏེ། དམ་ཚིག་བཀོད་པའི་རྒྱུད་ལས། ལོག་གསུམ་དག་ལས་འདས་པ་ན། །དེ་ནས་གསོ་རུ་མི་རུང་སྟེ། །གལ་ཏེ་བླངས་ནི་གཉིས་ཀ་འཚིག །ངེས་པར་ས་སྤྱོད་སྡུག་བསྔལ་ལ། །རྒྱུན་དུ་སྤྱོད་པ་ཁོ་ནའོ། །ཞེས་སོ། །དེ་ཡང་ངོ་བོ་ལ་ལྟོས་པ་རྩ་བ་དང་ཡན་ལག་ཉམས་པ་དང་། དུས་ལ་ལྟོས་པ་ཐུན་འདས་ཞེས་འགལ་ཉམས་སོགས་ཀྱིས་བཤགས་བྱའི་ལྕི་ཡང་ཤེས་པར་བྱའོ། །གཞན་ཡང་སྤྱི་མདོ་ལས། ཉམས་པར་གྱུར་པ་གང་ཞེ་ན། །ཀུན་ཏུ་ཉམས་པ་ཆེན་པོ་དང་། །རྩ་བ་ཉམས་དང་ཡན་ལག་ཉམས། །དེ་བཞིན་ཟླས

ཉམས་ཞར་ཉམས་ལྔ། །ཞེས་པས། ཀུན་ཏུ་ཉམས་པའི་ཡུལ་ཆེས་གཙན་པ་ལ་ཀུན་དཀྲིས་དྲག་པོས་སྤྱོད་པའམ། ལན་གྲངས་མང་དུ་བྱུང་བ་དང་། དུས་འདས་རལ་བ་ལ་སོགས་པ་ཡུན་རིང་པོར་ལོན་པ་ཡིན་ལ། ཟླས་ཉམས་ནི་ཉམས་པ་དང་འགྲོགས་པའི་ཉེས་པ་དང་། ཞར་ཉམས་ནི་གཞན་གྱི་ངོ་དགར་ཐལ་བ་ལ་སོགས་པའོ། །

ལྔ་པ་ཕྱིར་བཅོས་དངོས་ལ་བཞི། དབང་བཞི་ལ་ལྟོས་པའི་གསོ་ཐབས། དུས་འདས་ལ་ལྟོས་པའི་གསོ་ཐབས། སྙིང་པོ་རྒྱན་ལས་བཤད་པའི་ཕྱིར་བཅོས་ཉེར་ལྔ། ཡོ་ག་གསུམ་གྱི་རྣལ་འབྱོར་སྤྱི་ཁྲུས་ཀྱིས་གསོ་བའོ། །དང་པོ་དབང་བཞི་ལ་ལྟོས་པའི་གསོ་ཐབས་ནི། །དབང་བདུན་ཐོབ་ལ་ལྟ་གྲངས་རེ་རེ་ལ། །བཟླས་པ་སུམ་ཁྲི་དྲུག་སྟོང་བྱས་པས་སྐྱངས། །བུམ་གསང་ཐོབ་ཉམས་སྟོན་དུ་ཆད་ལས་སྐྱང་། །དེ་རྗེས་དཀྱིལ་འཁོར་ཞུགས་ལ་དབང་བཞི་ལེན། །ཤེར་དབང་ཚིག་དབང་ཐོབ་ཉམས་བསྐྱེད་རིམ་དང་། །འཕོ་མེད་ཚུལ་ཁྲིམས་རྫོགས་པའི་རིམ་པ་དང་། །རང་རྒྱུད་བྱིན་རླབས་མ་གཏོགས་གཞན་མི་འདག །ཅེས་པ་སྟེ། དེ་ཡང་དབང་ཐོབ་མཚམས་ཐ་དད་པའི་དབང་གིས་ལྟུང་བ་སྐྱོར་བའི་ཐབས་ཀྱང་ཐ་དད་པ་དུས་འཁོར་ལས་གསུངས་པ་ལྟར་ན། འདི་ལྟར་བུམ་དབང་བདུན་ཙམ་ཐོབ་པའི་ཉེས་ལྟུང་གི་གཉེན་པོ་ལ། དཀྱིལ་འཁོར་གྱི་ལྷ་གྲངས་རེ་རེ་ལའམ་གཙོ་བོའི་བཟླས་པ་སུམ་ཁྲི་དྲུག་སྟོང་བྱས་པས་སྐྱང་བ་དང་། བུམ་གསང་ཐོབ་པས་ནི་ཉམས་པའི་ཉེས་པ་བྱུང་ན་བཤད་མ་ཐག་པའི་སྐྱང་ཐབས་དེའི་སྟེང་བཤགས་པའི་སྟོན་དུ་སློབ་དཔོན་གྱིས་འདི་གྱིས་ཞེས་གསུངས་པའི་ཆད་ལས་ཀྱི་བརྟུལ་ཞུགས་སྤྱད་པས་སྐྱང་བ། དབང་བཞི་རྫོགས་པར་ཐོབ་པ་ཞིག་ཡིན་ན་ཉམས་པའི་ཉེས་པ་བཤགས་ཤིང་དག་པའི་མཚན་མ་མཐོང་ན་དེའི་རྗེས་སུ་དཀྱིལ་འཁོར་དུ་ཞུགས་ལ་བླ་མ་ལས་སམ་བདག་འཇུག་གིས་དབང་བཞི་ལེན་པ་དང་། ཁྱད་པར་དུ་ཤེར་དབང་དང་ཚིག་དབང་ཐོབ་པ་ལས་ཉམས་ན་དབེན་པའི་གནས་སུ་བསྐྱེད་རྫོགས་ཀྱི་རིམ་པ་གཉིས་ཟུང་འཇུག་ཏུ་བསྒོམ་པ་དང་། འཕོ་མེད་ཀྱི་ཚུལ་ཁྲིམས་ཐུན་མོང་མ་ཡིན་པའི་རྫོགས་པའི་རིམ་པ་མཚན་བཅས་དང་། མཚན་མེད་སོགས་རང་རྒྱུད་བྱིན་གྱིས་བརླབས་པའི་ལམ་མ་གཏོགས་བཟླས་པ་ཙམ་ལ་སོགས་པ་གཞན་གྱི་མི་འདག་གོ། །

དེ་ཐམས་ཅད་ཀྱང་དག་པའི་མཚན་མ་མཐོང་བ་ན་སླར་དཀྱིལ་འཁོར་དུ་ཞུགས་ཏེ་སྡོམ་པ་བཟུང་ཞིང་དབང་བླང་བར་བྱ་བ་ཡིན་ལ། དེའི་ཚེ་སྔར་གྱི་དབང་ཐོབ་པའི་བསླབ་ཁྲལ་དང་རྙེད་བཀུར་ལེན་པ་སོགས་མི་བྱ་བར་གསུངས་སོ། །

གཉིས་པ་དུས་འདས་ལ་ལྟོས་པའི་གསོ་ཐབས་ནི། འགལ་ན་ཚོགས་འཁོར་ཉམས་ན་བདོག་པས་བསྐང་། །འདས་ན་བུ་དང་ཆུང་མ་ནོར་སོགས་དང་། །རལ་ན་རང་གི་སྲོག་གིས་གསོ་བར་བཤད། །ཅེས་པ་སྟེ། འགལ་བའི་ཉེས་པ་འབྱུང་ན་ཚོགས་ཀྱི་འཁོར་ལོ་ཕུལ་ཞིང་དཔའ་བོ་དང་དཔའ་མོའི་དགའ་སྟོན་བྱས་ཏེ་བཤགས་པ་དང་། ཉམས་པའི་ཉེས་པ་བྱུང་ན་རང་གི་བདོག་པའི་དངོས་པོ་གང་བཟང་བླ་མ་ལ་སོགས་པའི་ཕྱོགས་སུ་ཕུལ་ནས་བཤགས་པ་བྱས་པས་བསྐང་བ་དང་། འདས་པའི་ཉེས་པ་བྱུང་ན་བུ་དང་ཆུང་མ་དང་ནོར་གྱི་ནང་ནས་གསེར་ལ་སོགས་པའི་རིན་པོ་ཆེ་དུ་མས་དཀྱིལ་འཁོར་གྱི་ལྷ་དང་བླ་མ་ལ་མཆོད་དེ་བཤགས་པ་དང་། རལ་བའི་ཉེས་པ་བྱུང་ན་རང་གི་སྲོག་ལའང་མི་ལྟ་བར་བླ་མ་དང་བསྟན་པའི་དོན་དུ་རང་སྲོག་བློས་བཏང་གི་བརྩོན་པ་དྲག་པོས་བཤགས་ཤིང་གསོ་དགོས་པར་དམ་ཚིག་རྣམ་པར་བཀོད་པའི་རྒྱུད་ལས་བཤད་དོ། །ཚོགས་འཁོར་བདོག་པ་སོགས་ནི་གང་ལས་ལྡང་བ་བྱུང་བའི་ཡུལ་དངོས་བཞུགས་ན་དེ་ལ་ཕུལ་ནས་བཤགས་དགོས་སོ། །

གསུམ་པ་སྙིང་པོ་རྒྱན་ལས་བཤགས་པའི་ཕྱིར་བཅོས་ནི། སྙིང་པོ་རྒྱན་ལས་གསོ་བའི་ཚིག་ནི༔ ༔ཚོགས་ཞིང་ལ་བཤགས་དྲལ་བའི་སྔགས་རྒྱ་དང་། །བགྲུ་བའི་རིམ་པ་གཏུམ་མོའི་མེས་སྲེག་དང་། །མི་དམིགས་བསྒོམ་དང་དབང་བཞི་བླང་བ་དང་། །ཚོགས་སུ་ཞུ་དང་རྟེན་ལ་སྨྲ་བ་དང་། །མཎྜལ་ཕུལ་དང་མཆོད་རྟེན་བྱ་བ་དང་། །མེ་ལ་སྦྱིན་དང་གཏོར་མ་གཏོང་བ་དང་། །གསང་སྔགས་བཟླ་དང་ཟབ་མོའི་བསམ་གཏན་དང་། །སྲོག་སྐྱོབ་བཀའ་ཀློག་བླ་མ་བསྙེན་པ་དང་། །བདག་འཇུག་རྒྱལ་བའི་ཡིག་བརྒྱ་དུས་བཟང་བཟླ། །ཕུང་པོ་གསུམ་པ་རྗེར་སེམས་བླ་མ་དང་། །ཐིག་ལེ་ཕྲ་མོའི་རྣལ་འབྱོར་བསྒོམས་པས་གསོ། །ཞེས་པ་སྟེ། དེ་ནས་སྙིང་པོ་རྒྱན་ལས་ཉམས་པ་སླར་གསོ་བའི་ཐབས་སུ་གསུངས་པའི་ཚིག་བཤད་པ་ནི། ཚོགས་ཞིང་སྤྱན་དྲངས་ལ་དེའི་དྲུང་དུ་སྟོབས་བཞི

ཚང་བས་བཤགས་སྡོམ་བྱ་བ་དང་། ཡོ་ག་ནས་བཤགས་པ་དྲལ་བའི་སྔགས་རྒྱ་གཉིས་ཏེ་ལྟུང་བ་ལྡོང་བའི་ཕྱག་རྒྱ་དང་། དེའི་སྔགས་ཀྱི་རིམ་པ་ལ་བརྟེན་ནས་ངན་འགྲོ་དགུག་བྲལ་དང་། དེ་བཞིན་དུ་རྡོ་རྗེ་ཡང་ཏོག་གི་རྒྱུད་ལས། ཡིག་འབྲུ་སྔགས་ཀྱིས་སྦྱང་བ་ནི། །རྐང་མཐིལ་གཉིས་སུ་ཡཾ་གཉིས་བསམ། །གསང་བའི་སྣོ་རུ་རཾ་བསམ་མོ། །ལྟེ་བར་རིགས་དྲུག་ཡིག་འབྲུ་བསམ། །སྙིང་གར་ཕཊ་ཀྱི་གདན་དག་ལ། །སྐུ་གསུང་ཐུགས་ཀྱི་སྙིང་པོ་བསམ། །ཡཾ་ལས་ཡེ་ཤེས་རླུང་བྱུང་སྟེ། །རཾ་ལས་ཡེ་ཤེས་མེ་འབར་ནས། །རིགས་དྲུག་བག་ཆགས་ཐམས་ཅད་བསྲེགས། །སྒོ་གསུམ་སྐུ་གསུང་ཐུགས་སུ་གྱུར། །ཕཊ་ཀྱིས་ཆོས་ཉིད་དབྱིངས་སུ་འཕང་། །ཞེས་པའང་མན་ངག་ཤིན་ཏུ་ཟབ་པོ། །པཾ་ལས་ཚུ་མཱ་མ་ཀཱིའི་བདག་ཉིད་དུ་མོས་ལ་སྦྱོང་བའི་བརྟུལ་ཞུགས་ཀྱིས་ལུས་བཀྲུ་བ་དང་། སོ་སྐྱེས་ནས་སློབ་ལམ་གྱི་ཉེས་བྱས་ཐམས་ཅད་གྲིབ་ཏུ་མི་གྱུར་བ་མེད་པས་རྣམ་འཇོམས་སོགས་གཟུངས་སྔགས་ཀྱིས་སྒྲུབ་པའི་བུམ་ཆུས་དངོས་སུ་བཀྲུ་བ་དང་། མཁའ་དབྱིངས་སུ་ཤར་བའི་དབང་ལྷ་ལས་རིག་པའི་དབང་ལྷ་བླངས་ནས་བཀྲུ་བའི་རིམ་པ་དང་། ལྟེ་བར་ཀཾ་ཡིག་དང་སྙིང་གར་ཤ་ཟའི་གཟུགས་ཀྱི་རྣམ་པར་བསམ་པའི་སྡིག་སྒྲིབ་རྣམས་གཏུམ་མོའི་མེས་བསྲེག་པ་དང་། འཁོར་གསུམ་མི་དམིགས་པའི་ཤེས་རབ་བསྒོམ་པ་དང་། བླ་མ་ལས་སམ་བདག་འཇུག་གི་དབང་བཞི་བླང་བ་དང་། ཚོགས་འཁོར་རམ་དཔའ་བོ་དཔའ་མོ་སྟོན་མོས་མཆོད་ནས་དེ་རྣམས་སུ་ཞུ་ཞིང་བཤགས་པ་དང་། རྟེན་ཁྱད་པར་ཅན་རབ་གནས་ཅན་གྱི་དྲུང་དུ་འདུག་ལ་ཡན་ལག་བདུན་པ་སྔོན་དུ་འགྲོ་བས་སྒྲི་སྔགས་ཀྱིས་བཤགས་པ་བྱ་བ་དང་། མཎྜལ་གྱིས་མཆོད་ལུས་སྲོག་ལོངས་སྤྱོད་དགེ་ཚོགས་ཐམས་ཅད་འབུལ་བ་དང་བཅས་བཤགས་པ་དང་། མཆོད་རྟེན་ཚད་ལྡན་བཞེངས་པར་བྱ་བའམ་སཙྪ་གདབ་པ་དང་། ཞི་བའི་བསྲེག་བླུགས་རྒྱས་པ་བྱ་བའམ་ཟ་བྱེད་རྡོ་རྗེ་མཁའ་འགྲོའི་སྦྱིན་སྲེག་ལྟ་བུ་མེ་ལ་སྦྱོང་བ་དང་། གཏོར་མ་སྦྱངས་རྟོག་སྦར་གསུམ་གྱི་བྱིན་གྱིས་བརླབས་པ་འཁོར་འདས་ཐམས་ཅད་འཁོར་ལོའི་དབང་ཕྱུག་གི་རྣམ་པར་སད་པ་ལ་གཏོང་ཞིང་འདོད་དོན་གསོལ་བ་དང་། རང་གི་ལྷག་པའི་ལྷའི་གསང་སྔགས་བཟླ་བ་དང་། ཟབ་མོའི་བསམ་གཏན་ཞི་ལྷག་གི་ཏིང་ངེ་འཛིན་བསྒོམས་པ་དང་། ཉེ་ལུ་འདོན་ཆུ་མིག་ལྟེང་ཀ་ནས་སྲོག་ཆགས་སྐྱོབ་པ་དང་། སྲུང་རྩི་བསྒྲུབ། རྩི

ལས་དགྲོལ་བ། རྫོན་པ་ལ་བརྟན་སྙེར་བ། ནད་པ་ལ་ཕན་གདགས་པ། མཚོན་ཆའི་འོག་ནས་ཐར་བར་བྱ་བ་སྲོག་སོགས་སྐྱོབ་པ་དང་། སྡིག་སྒྲིབ་ཀྱི་གཉེན་པོར་བསྟུགས་པའི་ཐར་པ་ཆེན་པོའི་མདོ་དང་། དྲི་མེད་བཤགས་པའི་རྒྱུད་སོགས་བཀའ་ཟབ་མོ་ཀློག་པ་དང་། བླ་མ་གཙུག་གི་ནོར་བུ་ལྟར་བསྟེན་པ་དང་། སྙིང་གར་དམ་ཚིག་རྡོ་རྗེ་དོན་གྲུབ་ཡབ་ཡུམ་བསྒོམ་པའི་ཐུགས་ཀའི་ས་བོན་ལས་བདུད་རྩིའི་རྒྱུན་བབས་པས་སྡིག་སྒྲིབ་སྦྱོང་བར་བསམ་ལ་ཨོཾ་ཨཱཿཔཾ་ཧཱུཾ་ཞེས་པའི་བསྙེན་པ་སྔོན་དུ་འགྲོ་བས་ལུས་དཀྱིལ་ལམ་ཕྱི་དཀྱིལ་གང་རུང་དུ་བདག་འཇུག་བླང་བ་དང་། རྟེན་བྱིན་ཅན་ལ་བསྐོར་བ་བྱེད་པའམ་དྲུང་དུ་འདུག་ནས་དུས་གསུམ་རྒྱལ་བའི་ཐུགས་ཀྱི་ཡང་སྙིང་ཡིག་བརྒྱ་ལྟ་སྟོང་སོགས་བཟླ་བ་དང་། ཡར་ངོ་བརྒྱད་དང་བཅོ་ལྔ་སོགས་དུས་བཟང་པོར་སྡིག་སྦྱོང་ལ་བརྟུགས་པའི་གཟུངས་སྔགས་མང་དུ་བཟླ་བ་དང་། ཉིན་མཚན་དུས་དྲུག་ཏུ་ཕུང་པོ་གསུམ་པའི་མདོ་འདོན་པ་དང་། སྤྱི་བོར་བླ་མ་རྡོར་སེམས་ཀྱི་རྣམ་པར་བསྒོམས་ལ་སྡིག་སྒྲིབ་བཀྲུ་བའི་དམིགས་པས་ཡི་གེ་བརྒྱ་པ་བཟླ་བ་དང་། རང་གཉུག་མའི་ལྟར་གསལ་བའི་སྤྱི་བོར་བླ་མ་རྡོ་རྗེ་འཆང་གི་རྣམ་པར་བསྒོམ་པའི་གནས་གསུམ་འབྲུ་གསུམ་གསལ་བ་ཡིད་བཟླས་བྱ་བ་དང་། རང་ལྷར་གསལ་ལ་རྩ་འཁོར་གསལ་བཏབ་སྟེ་འབར་འཛག་བསྒོམ་པ་ཐིག་ལེའི་རྣལ་འབྱོར་དང་། རྩ་འཁོར་ལྔའི་ལྟེ་བར་རིགས་ལྔའི་ཕྱག་མཚན་ཕྲ་མོ་གསལ་བ་ལ་སེམས་བཟུང་སྟེ་མགོན་པོ་ལྔའི་རླུང་གཟུན་པ་ཕྲ་མོའི་རྣལ་འབྱོར་བསྒོམ་པས་གསོ་བ་རྣམས་སོ། །

བཞི་པ་ཡི་གེ་གསུམ་གྱི་རྣལ་འབྱོར་སྤྱི་ཁྲུས་ཀྱིས་གསོ་བ་ནི། གླང་ཆེན་རབ་འབོགས་རྒྱུད་ལས་གསུངས་པ་ཡི། །རྣལ་འབྱོར་སྤྱི་ཁྲུས་འགྲོད་ཚངས་དོང་སྤྲུག་གི། །བཤགས་པས་མི་འདག་མེད་ཕྱིར་ཉམས་སུ་བླངས། །ཞེས་པ་སྟེ། གཞན་ཡང་གླང་ཆེན་རབ་འབོག་གི་རྒྱུད་ལས་རྟོག་པ་གཅིག་ཁོལ་དུ་ཕྱུང་བ་ཀཱུ་དུམ་བུའི་རྒྱུད་དྲི་མེད་བཤགས་རྒྱུད་ལས་ཇི་སྐད་གསུངས་པ་ཡི་ཡོ་གེ་རྣམ་པ་གསུམ་གྱི་སྒོར་ཞུགས་པའི་རྣལ་འབྱོར་པ་རྣམས་ཀྱི་ཉམས་ཆག་སྐོང་ཞིང་རྟོག་སྒྲིབ་སྦྱོང་བའི་སྤྱི་ཁྲུས་སྨད་དུ་བྱུང་བ་འགྲོད་ཚངས་ཐམས་ཅད་ཀྱི་རྒྱལ་པོ་ན་རག་དོང་སྤྲུག་གི་མན་ངག་ལ་བརྟེན་ནས། ཕྱི་ཡོ་བྱད་ཚོགས་ཀྱི། ནང་ཕུང་པོ་རྟེན་གྱི། གསང་བ་བྱང་ཆུབ་སེམས་ཀྱི་བསྐང་བཤགས

གསུམ་ཉ་སྟོང་ཆོས་བརྒྱད་སོགས་ལ་བྱས་ན། དེ་ཚུན་ཆད་ཀྱི་ཉམས་ཆག་ཐམས་ཅད་འདག་པར་གསུངས་ཤིང་། དེ་ཙམ་མ་གྲུབ་ནའང་ཕྱག་གི་བགོལ་བྱང་ཙམ་རྒྱུན་དུ་ཡི་དམ་དུ་བགྱིས་ནས་བཤགས་པས་ཀྱང་ཉམས་ཆག་ཐམས་ཅད་མི་འདག་པ་མེད་པར་གསུངས་པའི་ཕྱིར་ན་ཅི་ནས་འབད་པས་ཉམས་སུ་བླངས་པར་བྱ་སྟེ། ཇི་སྐད་དུ། གང་གིས་སྒྱུ་འཕྲུལ་ཞི་ཁྲོ་ཡི། །དཀྱིལ་འཁོར་ལྷ་ལ་ཕྱག་བཙལ་ན། །ཉམས་ཆག་ཀུན་ཀྱང་བྱང་འགྱུར་ཏེ། །མཚམས་མེད་ལྔ་ཡི་སྡིག་ཀྱང་འབྱང་། །ན་རག་གནས་ཀྱང་དོར་སྤྱུགས་ཏེ། །རིག་འཛིན་རྒྱལ་བའི་ཞིང་དུ་གྲགས། །ཞེས་དང་། གང་གིས་དཀྱིལ་འཁོར་གྱི་ལྷ་དེ་རྣམས་ཀྱི་མཚན་རྣལ་འབྱོར་པོ་མོ་རྣམས་ཀྱིས་ཐོས་པ་ཙམ་གྱིས་རྩ་བ་དང་ཡན་ལག་གི་དམ་ཚིག་ཉམས་ཆག་ཐམས་ཅད་སྐོངས་ཏེ། ཞེས་སོ། །དེ་ལྟར་བཤགས་པ་ཡང་མདོར་ན་རྨི་ལམ་དུ་བླ་མ་དང་ལྷས་ལེགས་སོ་སྟེར་བ་དང་། ཁྲུས་བྱས་པ། གོས་དཀར་པོ་གྱོན་པ། རི་བོ་ཆེན་པོའི་རྩེར་འཛེགས་པ། ཉི་ཟླ་ཤར་བ་སོགས་སྡིག་ལྟུང་དག་པའི་རྟགས་མ་བྱུང་གི་བར་དེ་སྲིད་དུ་སྟོབས་བཞི་ཚང་བའི་བཤགས་པ་ལ་འབད་པར་བྱ་ཞིང་། དེ་ཡང་ཡན་ལག་ཚང་བའི་རྩ་ལྟུང་ནི་བཤགས་པས་དག་པའི་རྟགས་བྱུང་བ་དང་སླར་དཀྱིལ་འཁོར་དུ་ཞུགས་ནས་དབང་བླང་བར་བྱ་བ་ཁྱད་པར་རོ། །

གཉིས་པ་ཕྱིར་བཅོས་མ་བྱས་པའི་ཉེས་དམིགས་ནི། མ་བཤགས་ཚེ་འདིར་ཡིད་མི་འོང་བས་མནར། །ཕྱི་མ་རྡོ་རྗེའི་དམྱལ་བ་ཞེས་བྱ་བ། །མནར་མེད་དོ་ཟླ་མེད་པའི་གནས་སུ་སྐྱེ། །ཞེས་པ་སྟེ། དེ་ལྟར་ཉེས་པ་བྱུང་བ་ཚུལ་བཞིན་དུ་མ་བཤགས་པའི་ཉེས་དམིགས་ནི་བསམ་གྱིས་མི་ཁྱབ་སྟེ། རྩ་བའི་དམ་ཚིག་ཉམས་ན་སྒྲུབ་པ་ཐམས་ཅད་ཕྱིན་ཅི་ལོག་ཏུ་འགྱུར་ཞིང་། སྐུའི་དམ་ཚིག་ཉམས་པས་ལུས་ལ་ནད་སྣ་ཚོགས་འབྱུང་བ་དང་། གསུང་གི་དམ་ཚིག་ཉམས་པས་ངག་དིག་ལྐུག་སོགས་སུ་འགྱུར་བ་དང་། ཐུགས་ཀྱི་དམ་ཚིག་ཉམས་པས་ཡིད་སྨྱོ་འབོགས་སུ་འགྱུར་བ་སྟེ། ཚེ་འདིར་ཡིད་དུ་མི་འོང་བའི་དངོས་པོ་སྣ་ཚོགས་ཁབ་ལེན་ལ་ལྕགས་བཞིན་དུ་འདུ་བས་མནར་བར་འགྱུར་ཏེ། གསང་སྙིང་ལས། རྩ་བའི་དམ་ཚིག་ཉམས་གྱུར་ན། །སྒྲུབ་པ་ཐམས་ཅད་ལོག་པར་འགྱུར། །ཡིད་དུ་མི་འོང་སྣ་ཚོགས་པའི། །འབྲས་བུ་མི་འདོད་བཞིན་དུ་འདུ། །ཞེས་སོ། །ཡན་ལག་གི་དམ་ཚིག

ཉམས་པར་གྱུར་ན་དངོས་གྲུབ་རྣམ་པ་གཉིས་ཐོབ་པའི་གེགས་སུ་འགྱུར་ཞིང་། དེ་གཉིས་ཀས་ཕྱི་མ་རྡོ་རྗེའི་དམྱལ་བ་ཞེས་བྱ་བ་སྡུག་བསྔལ་གྱི་མནར་བ་ལ་དེ་བས་ཆེ་བ་མེད་པས་དོ་ཟླ་མེད་པའི་གནས་སུ་འཇིག་རྟེན་གྱི་ཁམས་བརྒྱད་ཅིང་སྐྱེ་བར་འགྱུར་ཏེ། གསང་སྙིང་ལས། ཡན་ལག་དམ་ཚིག་ཉམས་གྱུར་ན། །འབྲས་བུ་མེད་ཅིང་ངན་སོང་ལྟུང་། །ཞེས་དང་། གསལ་བཀྲ་ལས། རྒྱ་ཀུན་ཉམས་པའི་འཚལ་བ་དག །གསོ་ལ་ཉེ་བར་མི་བརྩོན་པ། །རྡོ་རྗེ་དམྱལ་བར་དེ་ལྟུང་སྟེ། །དམྱལ་བ་ཕལ་པ་ཐམས་ཅད་ཀྱི། །སྡུག་བསྔལ་གཅིག་ཏུ་བསྡོམས་པས་ནི། །དེ་ཡི་འབུམ་གྱི་ཆར་མི་ཕོད། །ཅེས་སོ། །དེ་ལྟ་བུའི་སྐྱེ་བོ་སྡིག་པོ་ཆེ་རྒྱ་ལྟུང་ཅན་དེས་ནི་རང་ཉིད་ཉམས་པར་མ་ཟད་གཞན་ལའང་ཟླས་ཉམས་ཀྱི་ཉེས་པ་སྐྱེར་བར་བྱེད་དེ། ཀུན་འདུས་ལས། ཇི་ལྟར་འོ་མ་རུལ་བ་དག །རུལ་བས་འོ་མ་ཀུན་རུལ་ལྟར། །རྣལ་འབྱོར་ཉམས་གྱུར་གཅིག་གིས་ནི། །རྣལ་འབྱོར་ཅན་ཀུན་མ་རུང་བྱེད། །ཅེས་སོ། །དེར་མ་ཟད་སྨི་ལམ་དུ་ཉེས་པ་བྱས་པ་དང་། གཞན་ཅི་ཟེར་བརྟག་པའམ་གཞན་གྱི་ངོ་དགར་ཐལ་བའི་ཞོར་ཉམས་བྱུང་ཡང་དེ་མ་ཐག་མ་བཤགས་ན་ཉེས་པ་ཆེན་པོར་འགྱུར་ཏེ། བཀོད་པ་ཆེན་པོ་ལས། བླ་མ་དང་ནི་ཉེ་བའི་འཁོར། །རྡོ་རྗེ་སྤུན་དང་སྲིང་མོ་ལ། །ངན་སྨྲས་ཚིག་གི་ཟུར་ཙམ་ཡང་། །བརྟའམ་དངོས་པོར་བརྗོད་མི་བྱ། །གལ་ཏེ་སྨི་ལམ་དག་ཏུ་ཡང་། །བྱུང་ན་ཡིད་ཀྱིས་བཤགས་པར་བྱ། །དངོས་དང་ཞེ་ཡིས་བྱས་པ་དང་། །གལ་ཏེ་དྲན་པས་མ་ཟིན་པར། །ཐལ་བར་གྱུར་ཀྱང་མ་བཤགས་ན། །མཐུར་དུ་བལྟས་ཏེ་དམྱལ་བར་འགྲོ། །ཞེས་དང་། རྡོ་རྗེ་སྙིང་རྒྱན་ལས། དེ་ལས་སྟུགས་པས་ཡོངས་འདས་ན། །ངེས་པར་བདུད་དང་འཕྲད་པར་འགྱུར། །ནད་དང་སྡུག་བསྔལ་འཕེལ་འགྱུར་ཏེ། །བསྐྱེར་མེད་སྨྱིའུ་ཚུགས་དམྱལ་བར་འགྲོ། །སྡོམ་པོའི་ལྟུང་བྱེད་ཉེས་དམིགས་ཀྱང་། །དེ་དང་འདྲ་བར་ཤེས་པར་བྱ། །ཞེས་རྒྱ་བ་དང་ཡན་ལག་གི་ལྟུང་བ་གཉིས་ཀས་དམྱལ་བར་སྐྱེ་བ་འདྲ་བ་ལྟ་བུར་གསུངས་ནའང་། སྡུག་བསྔལ་ཆེ་ཆུང་དང་མནར་ཡུན་རིང་ཐུང་གི་ཁྱད་པར་ཆེའོ། །

བདུན་པ་དམ་ཚིག་མ་ཉམས་པར་ཚུལ་བཞིན་བསྲུང་བའི་ཕན་ཡོན་ནི། །མ་ཉམས་རིང་མཐའ་སྐྱེ་བ་བཅུ་དྲུག་གམ། །མྱུར་ན་ཚེ་འདིའམ་འཆི་ཁ་བར་དོ་རུ། །ཐུན་མོང་གྲུབ་པ་བརྒྱད་དང་དབང

ཕྱུག་བརྒྱད། །མཆོག་གི་དངོས་གྲུབ་ཁ་སྦྱོར་བདུན་ལྡན་ཐོབ། །དེ་ཕྱིར་རང་གཞན་དོན་གཉིས་ལྷུན་གྱིས་གྲུབ། །ཅེས་པ་སྟེ། སྤྱིར་དམ་ཚིག་ནི་ཡོན་ཏན་ཐམས་ཅད་སྐྱེ་བ་དང་གནས་པའི་གཞི་རྟེན་དུ་གྱུར་པ་སྟེ། སྤྱི་མདོ་ལས། ཇི་ལྟར་ས་གཞི་གཤིན་པ་ལ། །བརྟེན་ནས་ས་བོན་བཏབ་པ་ལས། །འབྲས་བུ་སྨིན་པར་གྱུར་པ་ཡིས། །གང་དག་འཚོ་བའི་སྲོག་འཛིན་ལྟར། །ཆོས་རྣམས་ཀུན་གྱི་གཞིར་གྱུར་པ། །དམ་ཚིག་འདི་ལ་གནས་པ་ན། །བླ་མེད་བྱང་ཆུབ་རྣམ་སྨིན་པས། །དགེ་བའི་སྲོག་འཛིན་དམ་པའོ། །ཞེས་སོ། །ཁྱད་པར་གནས་སྐབས་སུ་འང་བསམ་པའི་དོན་ཐམས་ཅད་ཇི་ལྟ་བ་བཞིན་དུ་འགྲུབ་པ་དང་། ཀུན་གྱི་ཡིད་དུ་འོང་བ་དང་། འཇིག་རྟེན་གྱི་ལྷ་ཆེན་པོ་རྣམས་ཀྱི་བཀུར་གནས་ཐོབ་པ་དང་། སངས་རྒྱས་དང་བྱང་ཆུབ་སེམས་དཔའ་དཔའ་བོ་རྣལ་འབྱོར་མ་རྣམས་ཀྱིས་སྲས་དང་སྤུན་དུ་དགོངས་པས་བྱིན་གྱིས་བརླབས་པ་དང་། དེ་བཞིན་གཤེགས་པ་ཉིད་ཀྱི་སྤྱོད་ཡུལ་ལ་ཞུགས་པས་རིག་པ་འཛིན་པའི་ས་ལ་རིམ་གྱིས་སྦྱོར་བར་བྱེད་པ་སྟེ། སྒྱུ་འཕྲུལ་རྩ་རྒྱུད་ལས། རྒྱལ་བའི་རིགས་མཆོག་འཛིན་པ་དེ། །འཇིག་རྟེན་གཙོ་དང་འཁོར་གྱིས་བཀུར། །དམ་པ་མཆོག་དང་དམ་པ་ཡི༑ ༑སྲས་དང་སྤུན་དགོངས་བྱིན་གྱིས་བརླབ། །བདེ་གཤེགས་ཉིད་ཀྱི་ཡུལ་ལ་ཞུགས། །འཇིགས་མེད་ཀུན་ཏུ་བཟང་པོར་སྦྱོར། །ཞེས་དང་། དམ་ཚིག་གསུམ་བཀོད་ལས། གསང་སྔགས་རྡོ་རྗེའི་དམ་ལ་གནས། །དེ་ཡི་སྨོན་པ་ཀུན་འགྲུབ་ཅིང་། །ལྷ་རྣམས་ཀྱིས་ཀྱང་རྟག་ཏུ་བསྲུང་། །རྒྱལ་བ་རྒྱལ་མཆོག་སྲས་བཅས་ཀྱིས། །བུ་བཞིན་དགོངས་པ་དམ་པ་མཛད། །ཏིང་འཛིན་ཡོན་ཏན་དཔག་ཡས་ཤིང་། །ཀུན་བཟང་རིགས་ཀྱི་དམ་པ་འགྲུབ། །ཅེས་སོ། །གལ་ཏེ་ཚེ་འདིར་རིམ་གཉིས་ཀྱི་ལམ་ལ་བརྩོན་མ་ནུས་ཀྱང་དམ་ཚིག་མ་ཉམས་ན་ཇི་ལྟར་འགོར་ཡང་རིང་མཐའ་སྐྱེ་བ་བཅུ་དྲུག་གམ། སྐྱེ་བ་བདུན་ན་རིམ་གཉིས་ཀྱི་ལམ་དང་འཕྲད་ནས་གྲོལ་བར་འགྱུར་ལ། ཤིན་ཏུ་མྱུར་བའི་དབང་དུ་བྱས་ན་དམ་ཚིག་རྣམ་པར་དག་ཅིང་ལམ་རིམ་ལ་འབད་པས་དབང་པོ་རྣོན་པོ་ཚེ་འདིར་ཟུང་འཇུག་རྡོ་རྗེ་འཆང་གི་གོ་འཕང་ཐོབ་པ་འགྱུར་བའམ། དབང་པོ་འབྲིང་རྣམས་ནི་ཚེ་འདིར་དཔེའི་འོད་གསལ་མངོན་དུ་གྱུར་པ་ཞིག་ཡིན་ན་འཆི་ཁ་དོན་གྱི་འོད་གསལ་དུ་གྱུར་ནས་སློབ་པའི་ཟུང་འཇུག་གི་སྐུར་ལྡང་ལ། གལ་ཏེ་དོན་གྱི་འོད་གསལ་མངོན་དུ་གྱུར་པ་ཞིག་ཡིན་ན། འཆི་སྲིད་གཞི་དུས་ཀྱི་འོད་

གསལ་དང་འདྲེས་པས་ཡང་དག་པའི་མཐའ་མངོན་དུ་བྱས་ཏེ་མི་སློབ་པའི་ཟུང་འཇུག་གི་སྐུར་ལྡང་ཞིང་། འབྲིང་གི་ཐ་མས་ཀྱང་སྲིད་པ་བར་དོ་རུ་རང་གི་ཉམས་ལེན་དང་བླ་མ་ལ་མོས་གུས་དང་དག་པའི་ཞིང་ཡིད་ལ་བྱས་པས་རང་བཞིན་སྤྲུལ་སྐུའི་ཞིང་དུ་དབུགས་དབྱུང་སྟེ་གྲོལ་བར་འགྱུར་རོ། །དེ་དག་གི་ཚེ་ཐོབ་བྱའི་ཡོན་ཏན་མཐའ་ཡས་པ་ཡོད་ནའང་ཐུན་མཆོག་གི་དངོས་གྲུབ་གཉིས་སུ་འདུ་བ་ཡིན་པས། ཐུན་མོང་གི་དངོས་གྲུབ་ཆུང་ངུ་ནི་ལས་ཆེན་བརྒྱད་ཐོབ་སྟེ། དགྱེས་རྡོར་ལས་གསུངས་པ་སྦྱོར་དུ་བྱས་ན། དབང་དང་མངོན་སྤྱོད་དག་སྟེ་འཇིག །བསྐྲད་དང་བསད་དང་དགུག་དང་ཞི། །རྒྱས་པ་ཡང་དག་འགྲུབ་པར་འགྱུར། །ཞེས་པ་དང་། འབྲིང་ནི་གྲུབ་པ་བརྒྱད་དེ། མགུར་ལས། གང་ཕྱིར་དེས་ནི་དཀའ་བ་མེད། །མིག་སྨན་དང་ནི་རྐང་མགྱོགས་དང་། །རལ་གྲི་དང་ནི་ས་འོག་གྲུབ། །རིལ་བུ་གྲུབ་དང་མཁའ་སྤྱོད་ཉིད། །མི་སྣང་བ་དང་བཅུད་ཀྱིས་ལེན། །གང་ཕྱིར་དེས་ནི་རྡོ་རྗེ་འཛིན། །མཉེས་པར་བྱས་ལས་མྱུར་དུ་ཐོབ། །ཅེས་པ་དང་། ཆེན་པོ་ནི་དབང་ཕྱུག་གི་ཡོན་ཏན་བརྒྱད་དེ། ཇི་སྐད་དུ། གཟུགས་ཕྲ་རགས་པ་ཡངས་པ་དང་། །ཁྱབ་པ་ཡང་དག་ཐོབ་པ་ཉིད། །རབ་ཏུ་གསལ་བ་ཉིད་བརྟན་པ། །དབང་ཕྱུག་ཉིད་དང་འདོད་རྒྱུར་བསྒྱུར། །ཞེས་པ་སྟེ། འདི་དག་ནི་བསྐྱེད་རིམ་ཁོ་ནས་ཀྱང་འགྲུབ་ནུས་པ་ཡིན་ནོ། །ཐུན་མོང་ཞེས་པའི་དོན་ནི་ཡོན་ཏན་འདི་དག་ཕྱི་རོལ་པ་ལའང་ཡོད་པས་འཇིག་རྟེན་པ་དང་འདས་ལམ་གཉིས་ཀའི་ཐུན་མོང་བ་དང་བསྐྱེད་རྫོགས་གཉིས་ཀའི་ཐུན་མོང་གི་ཡོན་ཏན་ཡིན་པས་ཀྱང་དེ་སྐད་ཅེས་བྱའོ། །མཆོག་གི་དངོས་གྲུབ་ནི། སྐུ་བཞི་ཡེ་ཤེས་ལྔའི་བདག་ཉིད་མི་སློབ་པའི་ཟུང་འཇུག་མངོན་དུ་བརྙེས་པའོ། །དེ་ཡང་ལྡོག་ཆས་དབྱེ་ན་ཁ་སྦྱོར་ཡན་ལག་བདུན་ལྡན་ཐོབ་པར་གྱུར་བ་སྟེ། གསུང་རྣམ་པ་ཐམས་ཅད་པ་ཐེག་པ་ཆེན་པོའི་ཆོས་ལ་ལོངས་སྤྱོད་པས་ན་ལོངས་སྤྱོད་རྫོགས་པ་༡དང་། སྐུ་ཤེས་བྱའི་སྣང་བརྙན་ཡོད་རྒྱུར་འཆར་བ་ནི་ཁ་སྦྱོར་༢དང་། མི་འགྱུར་བའི་བདེ་བ་ཆེན་པོ་༣དང་། རང་བཞིན་གྱིས་མེད་པ་ནི་སྤྲོས་པ་ཐམས་ཅད་ལས་འདས་པའི་སྟོང་ཉིད་༤དང་། སྙིང་རྗེས་ཡོངས་གང་ནི་དམིགས་པ་མེད་པའི་ཐུགས་རྗེ་ཆེན་པོ་༥དང་། རྒྱུན་མི་ཆད་པའི་ཐུགས་རྗེ་དེ་ཉིད་ནམ་དུའང་རྒྱུན་ཆད་མེད་པར་འཇུག་པས་རྟག་པ་༦དང་། འགོག་པ་མེད་པ་ནི་སེམས་ཅན་སོ་སོའི་མོས་པ་ལྟར་སྐུ་དང་ཆོས་སྒོ་མཐའ་

ཡས་པར་འཆར་བ་ཞེད་དང་། དེ་ཡང་དང་པོ་བཞིས་རང་དོན་དང་། ཕྱི་མ་གསུམ་གྱིས་གཞན་དོན་ཕུན་ཚོགས་བསྟན་པ་བཅས། དེའི་ཕྱིར་ན་རང་གཞན་གྱི་དོན་གཉིས་ལྷུན་གྱིས་གྲུབ་པར་འགྱུར་རོ། །ལེའུའི་སྐབས་བསྡུ་བ་ནི། གསང་སྔགས་རིག་འཛིན་སྡོམ་པའི་རིམ་པར་ཕྱེ་བ་སྟེ་བཞི་པའོ། །ཞེས་པ་སྟེ། རྡོ་རྗེ་ཐེག་པ་ཐུན་མོང་མ་ཡིན་པའི་བསྟན་པའི་ཉམས་ལེན་གསང་སྔགས་རིག་པ་འཛིན་པའི་སྡོམ་པའི་དོན་རྣམ་པར་གཞག་པ་བསླབ་བྱ་དང་བཅས་པ་བཤད་པའི་རིམ་པར་ཕྱེ་བ་སྟེ་ལེའུ་བཞི་པའི་འགྲེལ་པའོ།། །།

༄ གསུམ་པ་སྡོམ་པ་གསུམ་གང་ཟག་གཅིག་གི་རྒྱུད་ལ་འགལ་མེད་དུ་ཉམས་སུ་ལེན་ཚུལ་གྱིས་མཐའ་དཔྱད་པས་དོན་བསྡུ་བ་ལ་གསུམ། བརྗོད་བྱའི་ལུས་ངོས་བཟུང་བའི་སྒོ་ནས་མདོར་བསྟན་པ། ཡན་ལག་རྒྱས་པར་བཤད་པའི་སྒོ་ནས་མཐའ་དཔྱད་པ། སྡོམ་པ་གསུམ་ཉམས་སུ་ལེན་ཚུལ་བསྡུས་ཏེ་བསྟན་པའི་སྒོ་ནས་མཇུག་བསྡུ་བའོ། །དང་པོ་བརྗོད་བྱའི་ལུས་ངོས་བཟུང་བའི་སྒོ་ནས་མདོར་བསྟན་པ་ནི། དེ་ལྟའི་སྡོམ་གསུམ་གང་ཟག་རྒྱུད་གཅིག་ལ། །རང་ལྡོག་མ་འདྲེས་དགག་དགོས་ཡོངས་སུ་རྫོགས། །ངོ་བོ་གནས་འགྱུར་ཡོན་ཏན་ཡར་ལྡན་པས། །གནད་ཀྱིས་མི་འགལ་དུས་སྐབས་གང་གཙོར་སྤྱོད། །ཅེས་པ་སྟེ། ད་ནི་དེ་ལྟའི་སོ་བྱང་སྔགས་ཀྱི་སྡོམ་པ་གསུམ་པོ་དེ་རིམ་པར་ནོད་པའི་གང་ཟག་གི་རྒྱུད་གཅིག་ལ་འགལ་མེད་དུ་ཉམས་སུ་ལེན་ཚུལ་གྱི་མཐའ་དཔྱད་པས་དོན་བསྡུ་བའི་ཚུལ་བཤད་པར་བྱ་སྟེ། དེ་ལ་མདོ་རྒྱུད་དགོངས་འགྲེལ་དང་བཅས་པའི་དོན་ལ་ཤེས་རབ་གསུམ་གྱིས་སློབ་པ་ཟད་མི་ཤེས་པ་མངའ་བ་གསར་རྙིང་གི་མཁས་གྲུབ་དུ་མའི་དགོངས་པ་རྨ་མེད་པ་ཉིད་གཞུང་འདིར་བཀོད་པའི་དོན་ངོས་བཟུང་བ་སྟེ། སྡོམ་པ་གསུམ་པོ་དེ་རང་རང་གི་ལྡོག་པ་མ་འདྲེས་པ་དང་། དགག་བྱ་དང་དགོས་པ་ཡོངས་སུ་རྫོགས་པ་དང་། སྡོམ་པ་འོག་མའི་ངོ་བོ་གོང་མར་གནས་འགྱུར་བ་དང་། འོག་མའི་ཡོན་ཏན་གོང་མར་ཡར་ལྡན་གྱི་ཚུལ་ཡོད་པས་དང་། རྣམ་པ་འགལ་བར་སྣང་ཡང་གནད་ཀྱིས་མི་འགལ་བ་དང་། དུས་དང་སྐབས་གང་དུ་གོང་འོག་གང་གཙོ་བོར་སྤྱོད་དགོས་པའི་ཚུལ་ཏེ་རྣམ་པ་དྲུག་པོ་འདི་ནི་ཀུན་མཁྱེན་ཀློང་ཆེན་པའི་བསམ་གཏན་ངལ་གསོ་ལས། ཉན་ཐོས་བྱང་ཆུབ་སེམས་དང་རིག་པ་འཛིན། །སྡོམ་པ་གསུམ་པོ་དག་དང་མི་

འགལ་བར། །རང་རྒྱུད་སྡོམ་ཞིང་གཞན་ཕན་ཅི་འགྲུབ་དང་། །ཅིར་སྣང་དག་པའི་ལམ་དུ་བསྒྱུར་བར་བྱ། །ཞེས་པའི་དོན་འགྲེལ་བ་ཤིང་རྟ་རྣམ་དག་ཏུ་འཆད་པ་ནི། ཇི་སྐད་དུ། འོ་ན་གང་ཞེ་ན། གང་ཟག་གཅིག་གི་རྒྱུད་ལ་གསུམ་ལྡན་དུ་བསྲུང་བ་ལ། རང་ལྡོག་མ་འདྲེས། དགག་དགོས་ཡོངས་རྫོགས། ངོ་བོ་གནས་འགྱུར། ཡོན་ཏན་ཡར་ལྡན། སྡོམ་པ་གསུམ་གནད་ཀྱིས་མི་འགལ་བ། དུས་སྐབས་ཀྱི་གཙོ་བོར་གང་འགྱུར་དུ་བྱ་བ་དང་དྲུག་གོ། །ཞེས་གསུངས་པ་དང་དགོངས་པ་གཅིག་གོ། །

གཉིས་པ་ཡན་ལག་རྒྱས་པར་བཤད་པའི་སྒོ་ནས་མཐའ་དཔྱད་པ་ལ་ནང་གསེས་དོན་ཚན་དྲུག་ཏུ་ཡོད་པ་ལས། དང་པོ་སྡོམ་གསུམ་རང་ལྡོག་མ་འདྲེས་པའི་ཚུལ་ནི། དེ་ཡང་བླང་ཡུལ་བསམ་པ་ཆོ་ག་རྣམས། །སོ་སོར་ངེས་ཕྱིར་རང་ལྡོག་མ་འདྲེས་ཡིན། །ཞེས་པ་སྟེ། སྡོམ་པ་གསུམ་པོ་དེ༷་ཡང༷་། གང་ལས་བླང༷་བའི་ཡུལ། གང་གིས་ལེན་པའི་བསམ༷་པ༷། ཇི་ལྟར་ལེན་པའི་ཆོ༷་ག༷་རྣམ༷ས་ཐ་དད་པའི་སྒོ་ནས། ཇི་སྲིད་དུ་བླངས་པའི་དུས་ཀྱང་སོ༷་སོ༷ར་ངེ༷ས་པའི་ཕྱིར༷་ན། ངོ་བོ་གནས་འགྱུར་ཡང་རང་རང༷་གི་ལྡོག་པ་ལ་གཞི་མཐུན་པ་མི་སྲིད་པས་མ༷་འདྲེས་པར་ཡོད་པ་ཡི༷ན་ཏེ། ཐོབ་པ་མ་ཉམས་པར་སོ་སོར་གནས་པའི་ཕྱིར། དེ་ཡང་ཡིན་ཏེ་སོ་ཐར་ནི་ཇི་སྲིད་འཚོའི་བར་དང་། བྱང་སྡོམ་ནི་སྙིང་པོ་བྱང་ཆུབ་ཀྱི་བར་དུ་ཁས་བླངས་ཀྱི། སྔགས་སྡོམ་ཐོབ་དུས་དེ་དང་དེ་ཉམས་རྐྱེན་དང་གཏོང་རྒྱུར་མ་བཤད་པས། དཔེར་ན་བསམ་པ་སེམས་བསྐྱེད་ཀྱིས་ཟིན་པས་ཆོ་ག་ཉན་ཐོས་ཀྱི་ལུགས་ལྟར་བླངས་པའི་ཐེག་ཆེན་སོ་ཐར་རམ་ཉན་ཐོས་ཀྱི་དགེ་སློང་གི་སྡོམ་པ་ཉིད་སླར་སེམས་བསྐྱེད་བླངས་པས་དེར་གནས་འགྱུར་བའི་རྒྱུད་ཀྱི་སོ་ཐར་གྱི་སྡོམ་པ་གང་ཡིན་ཀྱང་རུང་སྟེ། དེ་ལ་ཀུན་སློང་བྱང་ཆུབ་སེམས་ཀྱི་ལྡོག་པ་དང་། སྡོམ་པའི་ལྡོག་པ་གཉིས་ཡོད་པ་ལས་སྔ་མ་ཚེ་འཕོས་པའི་དུས་སུ་མི་གཏོང་སྟེ། དེ་བྱང་སེམས་ཀྱི་སྡོམ་པའི་གཏོང་རྒྱུ་མ་ཡིན་པའི་ཕྱིར། ཕྱི་མ་སྡོམ་པ་ཁས་བླངས་པའི་དུས་ཀྱི་ལྡོག་ཆ་ནི་གཏོང་སྟེ། ཇི་སྲིད་འཚོའི་མཐའ་ཅན་ཡིན་པའི་ཕྱིར། དེ་ལྟར་ཡང་རབ་དབྱེ་ལས། ཐེག་ཆེན་སོ་སོར་ཐར་ཡིན་ཡང་། །དགེ་སློང་ལ་སོགས་སྡོམ་པ་ཡི། །ལྡོག་པ་ཤི་བའི་ཚེ་ན་གཏོང་། །བྱང་ཆུབ་སེམས་ཀྱི་ལྡོག་པ་དང་། །དེ་ཡི་འབྲས་བུ་ཤི་ཡང་འབྱུང་། །ཞེས་གསུངས་པའི་ཕྱིར་རོ། །

གཉིས་པ་དགག་དགོས་ཡོངས་རྫོགས་ནི། དགག་བྱ་ཉོན་མོངས་དགོས་པ་མི་འཆིང་བར། །

རང་རང་ལམ་གྱི་ངོས་ནས་ཡོངས་སུ་རྫོགས། །སྦྱོང་བསྒྱུར་ལམ་དུ་བྱེད་པ་སོ་སོ་ཡང་། །ཉོན་མོངས་རང་མཚན་སྦྱོང་བར་མཁས་རྣམས་མཐུན། །ཅེས་པ་སྟེ། སྡོམ་པ་གསུམ་ཀས་དགག་བྱ་རང་རྒྱུད་ཀྱི་ཉོན་མོངས་པ་དང་། དེས་ཀུན་ནས་བསླངས་པའི་མི་དགེ་བ་སྡོམ་པར་གཅིག་སྟེ། འདུལ་བ་ལུང་ལས། ཆོས་གང་ཞིག་དངོས་དང་བརྒྱུད་ནས་ཀུན་ཏུ་འདོད་ཆགས་པའི་རྒྱུར་འགྱུར་གྱི་ཀུན་ཏུ་འདོད་ཆགས་དང་བྲལ་བར་མི་འགྱུར་བ་འདི་ནི་ཆོས་མ་ཡིན། འདུལ་བ་མ་ཡིན། སྟོན་པའི་བསྟན་པ་མ་ཡིན་པར་ཤེས་པར་གྱིས་ཤིག །ཆོས་གང་ཞིག་དངོས་དང་བརྒྱུད་ནས་ཀུན་ཏུ་འདོད་ཆགས་དང་བྲལ་བའི་རྒྱུར་འགྱུར་གྱི་ཀུན་ཏུ་འདོད་ཆགས་ཀྱི་རྒྱུར་མི་འགྱུར་བ་འདི་ནི་ཆོས་ཡིན། འདུལ་བ་ཡིན། སྟོན་པའི་བསྟན་པ་ཡིན་པར་ཤེས་པར་གྱིས་ཤིག །ཞེས་པ་ལ་སོགས་པ་གསུངས་སོ། །དགོས་པ་ཉོན་མོངས་པ་དེས་རང་རྒྱུད་མི་འཆིང་བར་ཡང་མཚུངས་ཏེ། མི་ཚངས་སྤྱོད་ལྟ་བུ་ཉན་ཐོས་པས་མི་སྤྱོད་པ་དང་། གོང་མ་གཉིས་ཀྱི་ཐབས་ཀྱིས་ཟིན་པས་སྤྱད་པ་གཉིས་ཀ་འདོད་པའི་དྲི་མས་མ་གོས་པར་འདྲ་བས་རྣམ་པ་མི་འདྲ་ཡང་རར་རང་གི་ལམ་གྱི་ངོས་ནས་དགག་དགོས་ཀྱི་ཡོན་ཏན་ཡོངས་སུ་རྫོགས་པ་སྟེ། ཉན་ཐོས་པས་བདེན་གཉིས་རྫས་ཡོད་དུ་བལྟས་ནས་སོ་ཐར་གྱིས་ཉོན་མོངས་པ་སྤོང་བ་དང་། བྱང་ཆུབ་སེམས་དཔའ་རང་བཞིན་མེད་པར་ཤེས་ནས་ཆོས་ཉིད་དུ་བསྒྱུར་བ་དང་། གསང་སྔགས་པས་དེ་ཡེ་ཤེས་ཀྱི་རང་བཞིན་དུ་བལྟས་ཏེ་ལམ་དུ་བྱེད་པའི་ཚུལ་སོ་སོ་བ་ལྟར་སྣང་ཡང་འཆིང་བྱེད་ཀྱི་ཉོན་མོངས་རང་མཚན་པ་རྣམས་སྦྱོང་བར་མཁས་པ་རྣམས་མཐུན་ཏེ། དཔེར་ན་དུག་སྤོང་བ་དང་། སྨན་གྱིས་སྦྱོང་བ་དང་། སྔགས་ཀྱིས་བཏབ་སྟེ་བཟའ་བ་གསུམ་ཀས་ཀྱང་དུག་གིས་མི་གནོད་པའི་དགོས་པ་སྒྲུབ་པར་གཅིག་པ་བཞིན་ནོ། །

གསུམ་པ་ངོ་བོ་གནས་འགྱུར་ནི། སོ་ཐར་ཀུན་སློང་སེམས་བསྐྱེད་ཀྱིས་ཟིན་ན། །ཉེས་སྤྱོད་སྡོམ་པ་ཞེས་བྱའི་ཚུལ་ཁྲིམས་ཡིན། །དབང་ཐོབ་རྡོ་རྗེ་འཛིན་པའི་སྡོམ་པར་འགྱུར། །དེ་ཕྱིར་ངོ་བོ་གནས་འགྱུར་ཡིན་ནོ་ཞེས། །འབུམ་ཕྲག་ལྔ་པའི་ལུང་གིས་གསལ་བར་གྲུབ། །ཅེས་པ་སྟེ། ཉོན་མོངས་རང་ག་མས་ཀུན་ནས་བསླངས་པའི་སྒོ་གསུམ་གྱི་ལས་ཀྱིས་འཁོར་བར་འཆིང་བས་དེ་ཉིད་ཤེས་རབ་དང་སྙིང་རྗེ་ཕྱོགས་གཅིག་གིས་བཟུང་ནས་ཉེས་སྤྱོད་སྤོང་བའི་སྡོམ་པ་ལ་ཞུགས་པ་ན

གནས་སྐབས་མངོན་མཐོ་དང་། མཐར་ཐུག་ཐར་པའི་རྒྱུར་འགྱུར་བའི་སོ་ཐར་དེ་ཉིད་ཀུན་སློང་སེམས་བསྐྱེད་དང་ཤེས་རབ་ཆེན་པོ་གཉིས་ཀྱིས་ཟིན་ནས་གཞན་དོན་གྱི་བྱ་བ་ལ་ཞུགས་ན་བྱང་ཆུབ་ཆེན་པོར་གྲོལ་བའི་རྒྱུར་འགྱུར་བ་བྱང་ཆུབ་སེམས་དཔའི་ཉེས་སྤྱོད་སྡོམ་པ་ཞེས་བྱ་བའི་ཚུལ་ཁྲིམས་ཡིན་ལ། དེ་ཉིད་ཀྱང་དབང་ཐོབ་ཅིང་ཐབས་ཤེས་ཆེན་པོས་ཟིན་པ་ནི་བླ་ན་མེད་པའི་བྱང་ཆུབ་ཆེན་པོར་འབད་རྩོལ་མེད་པར་ལྷུན་གྱིས་གྲུབ་པའི་རྒྱུར་རྡོ་རྗེ་འཛིན་པའི་སྡོམ་པར་འགྱུར་བ་དེའི་ཕྱིར་འོག་མ་གཉིས་ཀྱི་སྐབས་སུ་རང་དོན་ཡིད་བྱེད་ཐ་མལ་སྣང་ཞེན་རེ་ཡོད་པ་བཏང་ནས་གཞན་གནོད་གཞིར་བཅས་སྤོང་བ་དང་། གཞན་ཕན་གཞིར་བཅས་སྒྲུབ་པའི་སེམས་པ་གཉིས་སྔགས་སྡོམ་གྱི་ངོ་བོར་གནས་འགྱུར་བ་ཡིན་ནོ་ཞེས་འབུམ་ཕྲག་ལྔ་པའི་ལུང་གིས་གསལ་བར་གྲུབ་སྟེ། དེ་ཉིད་ལས། རྡོ་ཡི་རིགས་ཀྱི་ཁྲི་ཁྲག་ཞིག །ཅེས་པ་ལ་སོགས་པ་སྔར་དྲངས་པ་ལྟར་རམ། ཡང་ན་གསང་བ་སྤྱོད་པའི་རྒྱུད་ལས། དཔེར་ན་རྡོ་ལས་ཟངས་སུ་འགྱུར། །ཟངས་ལས་གསེར་གྱི་རྣམ་པ་སྟེ། །ཟངས་ཀྱི་དུས་ན་རྡོ་མེད་ལ། །གསེར་དུ་གྱུར་པས་ཟངས་མི་སྣང་། །རིག་འཛིན་ནང་གི་དགེ་སློང་ལ། །སོ་སོར་ཐར་དང་བྱང་ཆུབ་སེམས། །གཉིས་པོ་གནས་པ་ཉིད་དུ་ནི། །སངས་རྒྱས་ཉིད་ཀྱིས་མ་གསུངས་སོ། །ཞེས་པ་ལྟར་སྔགས་སྡོམ་ཐོབ་སྟེ་ཐབས་ཤེས་ཁྱད་པར་ཅན་གྱི་ཡེ་ཤེས་རྒྱུད་ལ་སྐྱེས་ན་འོག་མ་གཉིས་ཀྱི་དམན་སེམས་དང་། ཐ་མལ་སྣང་ཞེན་གྱི་ལོག་ཆ་དེ་དུས་མི་གནས་ལ། སྡོམ་པའི་ངོ་བོ་ནི་རིགས་ལྔ་སྤྱིའི་རྣམ་སྣང་གི་དམ་ཚིག་ཏུ་གནས་འགྱུར་བས་ཐ་དད་པ་མེད་དོ། །

བཞི་པ་ཡོན་ཏན་ཡར་ལྡན་ནི། འཇིག་རྟེན་རྣལ་འབྱོར་རྣལ་འབྱོར་བློ་ཁྱད་ཀྱིས། །གོང་མ་གོང་མས་གནོད་ཕྱིར་འོག་མ་ཡི། །ཡོན་ཏན་ཡར་ལྡན་འོག་མ་ཟིན་གྱིས་གནོན། །ཞེས་པ་སྟེ། གང་ཟག་འཇིག་རྟེན་པ་དང་། བསླབ་གསུམ་གྱི་ཉམས་ལེན་ཙུང་ཟད་རྒྱུད་ལ་འབྱོར་བའི་རྣལ་འབྱོར་པ་དང་། དེ་ཡང་ཐབས་ཤེས་ཁྱད་པར་ཅན་གྱིས་ཟིན་པའི་རྣལ་འབྱོར་པ་རྣམས་བློ་ན་འཕར་བའི་ཁྱད་པར་གྱིས་གོང་མ་གོང་མས་འོག་མ་འོག་མ་རྣམས་ཀྱི་རྒྱུད་ཀྱི་དམན་སེམས་དང་། སྣང་ཞེན་ལ་སོགས་པ་ལ་གནོད་ཅིང་སྤོང་བའི་ཕྱིར་དང་། འོག་མའི་སྡོམ་པ་བསྲུངས་པ་ཡི་ཡོན་ཏན་གོང་མའི་སྡོམ་

པའི་ངང་དུ་ཡུ་ར་ལྷུན་གྱི་ཚུལ་གྱིས་འོག་མ་ཟིལ་གྱིས་གནོན་པའི་ཕྱིར་ཏེ། གསང་སྙིང་ལས། བླ་མེད་མཆོག་གི་དམ་ཚིག་ཏུ། །འདུལ་བའི་དབང་གིས་ཚུལ་ཁྲིམས་དང་། །ཇི་སྙེད་སྡོམ་པ་བསམ་ཡས་པ། །མ་ལུས་ཀུན་འདུས་རྣམ་པར་དག །ཅེས་སོ། །

ལྔ་པ་གནད་ཀྱིས་མི་འགལ་བ་ནི། །འདུ་ཤེས་གསུམ་གྱིས་འཁྲིག་ན་རྣལ་འབྱོར་དེ། །ཡུལ་བསམ་སྦྱོར་བ་མཐར་ཐུག་མ་ཚང་བས། །ཀླུ་ལམ་ཇི་བཞིན་གནད་ཀྱིས་འགལ་མི་སྲིད། །ཅེས་པ་སྟེ། སྡོམ་པ་འོག་མ་གཉིས་གོང་མར་འདུས་པ་མི་འཐད་དེ་སོ་ཐར་གྱི་ཕམ་བཞི་འཆབ་བཅས་སྤྱོད་པ་དང་། བྱང་སེམས་ཀྱི་སེམས་ཅན་འཚེ་བ་ཆ་བཅས་ལས་ལྡོག་ནས་གཞན་ལ་ཕན་འདོགས་པ་དེ་སྔགས་སྡོམ་གྱི་སྤྱད་པར་བྱ་བའི་དམ་ཚིག་ལྔ་དང་དངོས་སུ་འགལ་བའི་ཕྱིར་སྙམ་ན། རྣམ་པ་འགལ་བ་ལྟར་སྣང་ཡང་། ཕམ་པ་བཞིའི་ནང་ཚན་མི་ཚངས་སྤྱོད་ལྟ་བུ་ལ་མཚོན་ན་འདུ་ཤེས་གསུམ་གྱི་སྒོ་ནས་ལས་རྒྱ་བསྟེན་པའི་ཚེ་འཁྲིག་སྤྱོད་ཀྱི་རྣམ་པ་ལྟར་སྣང་ནའང་། རྣལ་འབྱོར་པ་དེ་ལ་ཡུལ་གྱི་འདུ་ཤེས་རང་མཚན་པ་དེ་ལོག་ནས་ཡབ་ཡུམ་ལྷའི་འདུ་ཤེས་སུ་གནས་འགྱུར་བས་ཡུལ་གྱི་ཡན་ལག་མ་ཚང་ཞིང་། སྲིད་པ་རང་མཚན་པ་དེ་བདེ་ཆེན་ཆོས་ཀྱི་འདུ་ཤེས་སུ་གནས་འགྱུར་བས་བསམ་པའི་ཡན་ལག་མ་ཚང་ལ། ཆགས་པས་བྱ་བའི་སྦྱོར་བ་དེ་བྱེད་པ་སྡོམ་པའི་ཐབས་མཁས་ཀྱིས་ཟིན་པས་སྦྱོར་བའི་ཡན་ལག་མ་ཚང་བ་དང་། མཐར་ཐུག་ཐིག་ལེ་འཕོས་པས་བདེ་བའི་སེམ་པ་བདག་གིར་བྱེད་པ་དེ་ཆགས་པའི་རོ་ཡེ་ཤེས་སུ་བསྒྱུར་ཞིང་ཐིག་ལེ་འཛག་མེད་དུ་འཆིང་བའི་ཕྱིར་མཐར་ཐུག་གི་ཡན་ལག་མ་ཚང་བས་ན། ཆོས་ཐམས་ཅད་སེམས་ཉིད་རང་སྣང་དུ་ཤེས་པས་ཀླུ་ལམ་གྱི་གནས་སྐབས་ན་བྱ་བ་བྱས་པ་ཇི་བཞིན་དུ་གནད་ཀྱིས་འགལ་བ་ནི་མི་སྲིད་དེ། གསང་སྙིང་ལས། མ་ཆགས་པ་ལ་ཆགས་པ་དང་། །ཆགས་པ་ཉིད་ན་ཆགས་པ་མེད། །དེ་ནི་ཚངས་མཆོག་རྒྱལ་པོ་སྟེ། །ཤིན་ཏུ་ཆགས་པ་ཆེན་པོ་ཡིན། །ཞེས་དང་། ཡེ་ནས་སྐྱེ་མེད་དེ་བཞིན་ཉིད། །སྒྱུ་མར་སྣང་བ་མིག་ཡོར་ཚུལ། །སྦྱོར་སྒྲོལ་བྱ་བ་ཀུན་བྱས་ཀྱང་། །རྡུལ་ཆ་ཙམ་ཡང་བྱས་པ་མེད། །ཅེས་གསུངས་པའི་ཕྱིར་རོ། །དྲུག་པ་གནས་སྐབས་གང་གཙོར་སྤྱོད་པ་ནི། སྡིག་ཏོ་མི་དགེའི་ཕྱོགས་དང་ཚོགས་པའི་གསེབ། འོག་མ་གཙོར་བྱེད་འདོད་པས་དབེན་པ་དང་། །སྤྱོད་པའི་དུས་དང་དབེན་པར་གསང

སྔགས་སྤྱོད། །ནང་མ་འདོམས་ན་མ་འདྲེས་ཡོངས་རྫོགས་བསྲུང་། །འདོམས་ན་དགག་དགོས་བརྩེ་ཞེས་མཁས་རྣམས་བཞེད། །ལས་དང་པོ་དང་རྣལ་འབྱོར་གྲུབ་ཐོབ་དང་། །ཐམས་ཅད་མཁྱེན་པའི་སྤྱོད་པ་གང་ཡིན་པ། །དུས་ཚོད་འབྲེལ་བར་དགོས་ཞེས་དུས་འཁོར་བཤད། །ཅེས་པ་སྟེ། སྡིག་ཏོ་མི་དགེ་བའི་ཕྱོགས་རང་བཞིན་གྱི་ཁ་ན་མ་ཐོ་བ་རྣམས་དང་། ཚོགས་པ་མང་པོའི་གསེབ་ཏུ་ལས་དང་པོ་པ་རྣམས་ལྟ་ཅི་སྨོས། རང་རྒྱུད་ལ་ཉེས་པས་མི་གོས་པའི་རྣལ་འབྱོར་པ་རྣམས་ཀྱིས་ཀྱང་གདུལ་བྱའི་རྒྱུད་ཆུད་མི་ཟ་བའི་ཕྱིར་འོག་མ་ཉན་ཐོས་ཀྱི་ལུགས་གཙོ་བོར་བྱེད་དགོས་ཏེ། གསང་འདུས་ལ། ཕྱི་རུ་ཉན་ཐོས་སྤྱོད་པ་སྐྱོངས། །ནང་དུ་འདུས་པའི་དོན་ལ་དགའ། །ཞེས་དང་། སློབ་དཔོན་ཆེན་པོ་པདྨས། ཕྱི་ལྟར་ལག་ལེན་མདོ་སྡེའི་ལུགས་སུ་སྤྱོད། །རྒྱུ་འབྲས་སྤང་བླང་ཞིབ་པའི་དགོས་པ་ཡོད། །ཅེས་གསུངས་པའི་ཕྱིར་རོ། །ཡང་བྱང་ཆུབ་སེམས་དཔའ་རང་འདོད་ཡིད་ལ་བྱེད་པས་དབེན་པ་ན་གཞན་དོན་དུ་འགྱུར་ངེས་པའི་ལུས་ངག་གི་མི་དགེ་བ་བདུན་གནང་བ་དང་། གསང་སྔགས་ཐུན་མོང་མ་ཡིན་པའི་སྤྱོད་པ་སྤྱོད་པའི་དུས་དང་དབེན་པ་ར་ནི་གསང་སྔགས་ཀྱི་སྤྱོད་པ་རྣམས་སྤྱད་ན་འོག་མ་རྣམས་དང་འགལ་བ་ལྟར་སྣང་ཡང་ལྟུང་བའི་གཟུགས་བརྙན་ཙམ་ལས་དོན་ལ་ཉེས་པ་མེད་པར་མ་ཟད་དགོས་པ་དང་ལྡན་ཏེ། སློབ་དཔོན་ཆེན་པོས། ནང་ལྟར་གསང་སྔགས་ཐུན་མོང་ལུགས་སུ་སྤྱོད། །བསྐྱེད་རྫོགས་དོན་དང་འབྲེལ་བའི་དགོས་པ་ཡོད། །གསང་བ་གསང་ཆེན་ཨ་ཏིའི་ལུགས་སུ་སྤྱོད། །ཚེ་གཅིག་འོད་སྐུར་གྲོལ་བའི་དགོས་པ་ཡོད། །ཅེས་དང་། རབ་དབྱེ་ལས། འདི་ལ་སྡིག་ཏོ་མི་དགེའི་ཕྱོགས། །ཕལ་ཆེར་ཉན་ཐོས་ལུགས་བཞིན་བསྲུང་། །འདོད་པས་དབེན་པའི་ལྟུང་བ་དགའ། །བྱང་ཆུབ་སེམས་དཔའི་ལུགས་བཞིན་བསྲུང་། །འཇིག་རྟེན་མ་འདས་གྱུར་པའི་ཚ༔ ༔གཉིས་ཀ་མཐུན་རྣམས་འབད་པས་བསྲུང་། །འཇིག་རྟེན་འཇུག་པའི་རྒྱུར་འགྱུར་ན། །ཐེག་ཆེན་སོ་སོར་ཐར་ལ་གནང་། །ཞེས་གསུངས་པའི་ཕྱིར་རོ། །སྡོམ་པ་གསུམ་ཀ་ནང་མ་འདོམས་པ་སྟེ་མཐུན་པར་གྱུར་ན་གཞན་མི་དད་པར་གྱུར་པའི་ཆ་ལ་སོགས་པ་སྤང་བླང་གི་གནས་ཐམས་ཅད་སོ་སོར་མ་འདྲེས་པར་ཡོངས་སུ་རྫོགས་པར་བསྲུང་བར་བྱ་ཞིང་། ནང་འདོམས་པ་སྟེ་གཅིག་གི་སྤང་བྱར་བཤད་པ་གཅིག་གི་བསྲུང་བྱར་སོང་ནས་འགལ་བར་གྱུར་ན་རང་རྒྱུད་ཀྱི་དགག་བྱ་ཉོན

མོངས་པའི་གཉེན་པོར་འགྲོ་བ་དང་། དགོས་པ་མི་འཆིང་བ་གཉིས་གང་དུ་ཚང་བ་བརྩིས་ནས་གང་དུ་ཚང་བ་དེ་སྤྱད་པར་བྱ་དགོས་སོ་ཞེས་མཁས་པ་རྣམས་བཞེད་དེ། མི་དགེ་བ་དང་ཉེས་པ་སྐྱེ་བ་གང་ཡང་འགོག་ཅིང་། དགེ་བ་དང་ཡོན་ཏན་བསྐྱེད་ན་གང་ལ་ཡང་བསླབ་པར་བྱ་དགོས་པས། སྤྱིར་བཏང་དང་དམིགས་བསལ་གྱི་གནད་ཤེས་པ་གལ་ཆེ་བའི་ཕྱིར་རོ། །དེ་ཡང་གསུམ་ལྡན་རྡོ་རྗེ་འཛིན་པས་སྤྱོད་པ་ཁ་ན་མ་ཐོ་བ་མེད་ཅིང་དུས་ཚོད་དང་འབྲེལ་བར་སྤྱོད་དགོས་པས་གནས་སྐབས་སོ་སོའི་བླང་དོར་ཀྱང་ཤེས་པར་བྱ་སྟེ། ལུས་དང་པོ་པས་སོ་ཐར་གྱི་དགག་བྱ་དང་བྱང་སྔགས་ཀྱི་རྩ་བ་དང་ཡན་ལག་གི་ལྟུང་བ་རྣམས་གཙོ་བོར་བསྲུང་བ་དང་། དེ་ཡང་སྔགས་སམ་ཏིང་འཛིན་གྱིས་ཆང་གི་རོ་བསྒྱུར་བ་དང་། དུག་ཞི་བ་ལ་སོགས་པའི་དྲོད་མ་ཐོབ་པ་དེ་སྲིད་དུ་ལས་དང་པོ་པ་ཞེས་བྱའོ། །བརྟན་པ་ཐོབ་ནས་བློ་ན་འཕར་བའི་རིམ་པ་ལྟར་བསྐྱེད་རྫོགས་ཀྱི་རྣལ་འབྱོར་ལ་གནས་པའི་སྒོ་ནས་དམ་རྫས་ཁྱད་པར་ཅན་བརྟེན་པ་སོགས་སྔགས་ནང་རྒྱུད་ཀྱི་སྤྱོད་པ་ཐུན་མོང་བ་དང་། བསྐྱེད་རྫོགས་ལ་གོམས་པའི་འབྲས་བུ་གནས་སྐབས་གྲུབ་པ་ཐོབ་པ་ན་བླང་དོར་མེད་པའི་སྤྱོད་པ་དང་། མཐར་ཐུག་གི་འབྲས་བུ་ཐམས་ཅད་མཁྱེན་པའི་ཡེ་ཤེས་མངོན་དུ་གྱུར་པའི་ཚེ་ན་གཞན་ལ་ཕན་པའི་སྤྱོད་པ་ཁོ་ན་གང་ཡིན་པ་དེ་དང་དེ་དག་དུས་ཚོད་དང་འབྲེལ་བ་སྤྱོད་དགོས་ཞེས་དུས་འཁོར་ལས་བཤད་དེ། དེའི་འགྲེལ་ཆེན་ལས། དེའི་ཕྱིར་ལས་དང་པོ་པས་རྣལ་འབྱོར་པའི་བྱ་བ་མི་བྱའོ། །རྣལ་འབྱོར་པས་གྲུབ་པའི་བྱ་བ་མི་བྱའོ། །གྲུབ་པས་ཐམས་ཅད་མཁྱེན་པའི་བྱ་བ་མི་བྱའོ། །ཞེས་སོ། །

གསུམ་པ་སྡོམ་པ་གསུམ་ཉམས་སུ་ལེན་ཚུལ་བསྡུས་ཏེ་བསྟན་པའི་སྒོ་ནས་མཇུག་བསྡུ་བ་ནི། ཡོན་ཏན་གཞི་རྟེན་སོ་ཐར་གང་ནུས་སྲུང་། །བྱ་ཆུབ་སེམས་བསྐྱེད་སྔགས་ཀྱི་ཡན་ལག་ཡིན། །སྨིན་བྱེད་དབང་ཐོབ་སྡོམ་གསུམ་མིག་ལྟར་བསྲུང་། །གདན་གསུམ་ལྷ་རུ་ཤེས་པའི་བསྐྱེད་རིམ་དང་། །མཚན་བཅས་མཚན་མ་མེད་པའི་རྫོགས་རིམ་བསྒོམ། །ཉེ་རྒྱུའི་སྤྱོད་པས་རིམ་བཞིན་མཚམས་སྦྱར་ནས། །འདི་འམ་འཆི་ཁ་དང་ནི་བར་དོ་རུ། །རང་བཞིན་སྤྲུལ་པའི་ཞིང་དུ་རྫོགས་འཚང་རྒྱ། །ཞེས་པ་སྟེ། ཉན་ཐོས་དང་ཐུན་མོང་བའི་ལམ་དུ་འཁོར་བ་ལ་སྐྱོ་ཤས་དང་ངེས་འབྱུང་གིས་ཀུན་ནས

བསླངས་ཏེ་ཡོན་ཏན་ཐམས་ཅད་ཀྱི་གཞི་རྟེན་སྡོང་བ་བཞིའམ་བདུན་ལྡན་གྱི་སོ་སོར་ཐར་པ་རིགས་བདུན་གྱི་སྡོམ་པ་གང་རུང་བླངས་ལ་ལུས་ངག་ཉེས་སྤྱོད་ལས་ལྡོག་པར་བྱ་ཞིང་། དེའི་སྟེང་དུ་མཐའ་ཡས་པའི་སེམས་ཅན་ཐམས་ཅད་ཀྱི་དོན་དུ་བྱང་ཆུབ་ཐོབ་འདོད་ཀྱི་བསམ་པས་སེམས་བསྐྱེད་ཀྱི་སྡོམ་པ་བླངས་ན། དེ་གཉིས་གསང་སྔགས་ཀྱི་སྡོམ་པའི་ཡན་ལག་ཏུ་འགྱུར་བ་ཡིན་ལ། དེ་ཡང་སེམས་ཅན་ཐམས་ཅད་གདོད་མ་ནས་རྣམ་པར་དག་ཀྱང་དེ་ལྟར་མ་རྟོགས་པས་སྡུག་བསྔལ་རྒྱུ་འབྲས་ཀྱིས་གཟིར་བ་ལ་བཟོད་ཡོད་པའི་སྙིང་སྟོབས་དྲག་པོས། ཀུན་ནས་བསླངས་ཏེ་སྨིན་བྱེད་ཀྱི་དབང་ལ་བརྟེན་ནས་རིག་པ་འཛིན་པའི་སྡོམ་པ་རྒྱུད་ལ་ཐོབ་པར་བྱས་ནས་སྡོམ་པ་གསུམ་པོ་དེའི་བསླབ་བྱ་རྣམས་དགག་དགོས་ཀྱི་གནད་ཤེས་པའི་སྒོ་ནས་མིག་གི་འབྲས་བུ་ལྟར་གཅེས་སྤྲས་ཀྱིས་བསྲུང་བར་བྱ་ཞིང་སྣང་གཞི་སྣང་བྱེད་ངོ་འཕྲོད་པའི་སྒོ་ནས་གདན་གསུམ་ལྷ་རུ་ཤེས་པའི་ལྷ་བ་དང་མ་བྲལ་བར་བསྐྱེད་རིམ་ཟབ་མོ་རྣམས་བསྒོམ་པ་དང་། རྩ་རླུང་ཐིག་ལེ་ལ་དངོས་སུ་གནད་དུ་བསྣུན་པས་ལམ་མཚན་བཅས་ཀྱི་རྫོགས་རིམ་ཐབས་ལམ་སྟེང་འོག་གི་སྒོ་དང་། དེ་ཐམས་ཅད་ཀྱི་རྒྱས་གདབ་ཏུ་གྱུར་པ་མཚན་མ་མེད་པའི་རྫོགས་རིམ་བསྒོམ་ཞིང་། གོམས་པ་ན་ཟག་པ་མེད་པའི་འབྲས་བུ་ལ་མྱུར་དུ་སྦྱོར་བའི་ཉེ་རྒྱུའི་སྤྱོད་པས་རིམ་པ་བཞིན་མཚམས་སྦྱར་ནས་དབང་པོ་རབ་ཚེ་འདི་ཟུང་འཇུག་གི་སྐུ་འགྲུབ་པའམ། འབྲིང་འཆི་ཁ་འོད་གསལ་ལས་ཟུང་འཇུག་གི་སྐུར་ལྡང་བ་དང་ཐ་མ་སྲིད་པ་བར་དོ་རུ་ཆོས་ཉིད་ཀྱི་བདེན་པའི་བྱིན་རླབས་ཀྱིས་རང་བཞིན་སྤྲུལ་པ་སྐུའི་ཞིང་དུ་རྡོ་རྗེ་སེམས་དཔའ་ལ་སོགས་པའི་རིགས་ལྔའི་སངས་རྒྱས་ཀྱི་ཞལ་མཐོང་ཞིང་དབང་བསྐུར་ལ་བྱང་ཆུབ་ཏུ་ལུང་བསྟན་ཏེ་དབུགས་དབྱུང་བ་ཐོབ་ནས་མངོན་པར་རྫོགས་པར་འཚང་རྒྱ་བ་ཡིན་ནོ། །

ལེའུའི་སྐབས་བསྡུ་བ་ནི། སྡོམ་གསུམ་སྤྱིར་དཔྱད་པའི་རིམ་པར་ཕྱེ་བ་སྟེ་ལྔ་པའོ། །ཞེས་པས། སྡོམ་པ་གསུམ་གྱི་བསྲུང་བྱ་ཉམས་སུ་ལེན་ཚུལ་གྱི་གནད་སྤྱིར་དཔྱད་པའི་རིམ་པར་ཕྱེ་བ་སྟེ་ལེའུ་ལྔ་པའི་རྣམ་པར་བཤད་པའོ། །རྩ་བའི་གསུམ་པ་བཤད་པ་མཐར་ཕྱིན་པའི་བྱ་བ་ལ་ལྔ། དང་པོ་རྫོམ་པའི་རྒྱུ་བརྩེ་བའི་སྙིང་རྗེ་ཆེན་པོ་ཐུགས་རྒྱུད་ལ་ཇི་ལྟར་འཁྲུངས་པའི་ཚུལ་ནི། དེང་སང་མ་

སྦྱངས་མུ་ཅོར་སྨྲ་བ་བརྒྱུས། །རང་གི་ཡེ་ཤེས་རྟུལ་ཙམ་མ་རྟོགས་པར། །རང་བཟོའི་ཚོགས་སྐྱོངས་རྣམས་ཆེམ་པའི་དུས། །སྐྱབས་དེ་བསམ་གྱིན་སྙིང་ནས་མཆི་མ་དཀྲུ། །ཞེས་པ་སྟེ། དེང་སང་གསུང་རབས་དགོངས་འགྲེལ་དང་བཅས་པ་ལ་ཐོས་བསམ་གྱིས་ལེགས་པར་མ་སྦྱངས་ཤིང་བླུན་པོ་མཁས་རློམ་ཅན་གཞན་ལ་མུ་ཅོར་སྨྲ་བ་བརྒྱ་ཕྲག་དུ་མས། སྒོམ་པ་ཉམས་ལེན་གྱི་སྒོ་ནས་རང་གི་གནས་ལུགས་ཀྱི་ཡེ་ཤེས་རྟུལ་ཕྲན་གྱི་ཆ་ཤས་ཙམ་ཡང་མ་རྟོགས་པར་རང་བཟོས་བསླད་པའི་ཚོགས་རིགས་མཐུན་སྐྱོངས་པ་རྣམས་དགའ་བ་བསྐྱེད་ཅིང་ཆེམ་པའི་དུས་འདིར། རང་གཞན་གཉིས་ཀ་བརླག་པའི་སྐྱབས་གནས་དེ་འདྲ་བ་ལ་བསྟེན་པའི་སྙིགས་དུས་ཀྱི་སྐྱེ་བོ་འདི་རྣམས་ཀྱི་མ་ཀྱི་ཧུད་སྙིང་རེ་རྗེ་བསམ་གྱིན་སྐྱེས་བུ་དམ་པ་རྣམས་ནི་སྙིང་ནས་མྱ་ངན་གྱི་མཆི་མ་དཀྲུ་བར་འོས་པའི་གནས་སུ་གྱུར་པ་ཡིན་ནོ། །

གཉིས་པ་འདི་ལྟར་རྩོམ་དགོས་པའི་རྒྱུ་མཚན་ནི། མདོ་སྔགས་ལམ་རྣམས་མུ་མེད་འགྲོ་བའི་ཕྱིར། །ཚང་ལ་མནོར་ལམ་འདི་རྒྱལ་བས་གསུངས། །གངས་ཅན་འདི་ན་དེ་དག་ཕྱོགས་རེར་འཛིན། །གཅིག་ཏུ་སེམས་ཀྱང་སྡོམ་གསུམ་མིང་ཙམ་ལུས། །ཞེས་པ་སྟེ། མདོ་སྔགས་ལམ་རིམ་རྣམས་ནི་མཐར་ཡས་ཤིག་མུ་མེད་པའི་འགྲོ་བ་རྣམས་ཀྱི་ཁམས་དབང་དང་མཐུན་པར་དེ་དག་ཐར་པ་དང་ཐམས་ཅད་མཁྱེན་པའི་གོ་སར་དགྲོ་བའི་ཕྱིར། གང་ཟག་གཅིག་འཚང་རྒྱ་བའི་ཐབས་ཚང་ལ་མ་ནོར་བའི་ལམ་འདི་རྒྱལ་བས་གསུངས་མོད། འོན་ཀྱང་གངས་ཅན་འདི་ན་མདོ་སྔགས་གཉིས་འགལ་ལོ་ཞེས་བླུན་པོ་སྐྱི་བརྗོད་ཅན་དེ་དག་གིས་ནི་མེ་ཆུ་ལྟར་འགལ་འདུའི་ཕུང་པོར་མཐོང་ནས་ཕྱོགས་རེ་བར་འཛིན་ཏེ། །མཁས་པ་རྣམ་དཔྱོད་དང་ལྡན་པ་གཅིག་ཏུ་བསྡུ་བར་སེམས་པ་དག་གིས་ཀྱང་བཤད་ཡམས་ཀྱི་ས་བཅད་པ་ཙམ་ལས་སྡོམ་པ་གསུམ་གྱི་བསླབ་བྱ་གོང་འོག་མི་འགལ་བར་ཤེས་དགོས་པ་རྣམས་ནི་མིང་ཙམ་དུ་ལུས་སོ། །

གསུམ་པ་ཇི་ལྟར་བརྩམས་པའི་ཚུལ་ནི། །འདི་ནི་མཁས་གྲུབ་དུ་མའི་ལེགས་བཤད་ལས། །སྒྲིམས་པའི་བློ་ཡིས་ཕྱོགས་གཅིག་དག་ཏུ་བཀོད། །དེ་ཕྱིར་ནོངས་པའི་དྲི་མ་མེད་སྙམ་རློམ། །ཞེས་པ་སྟེ། ཚུལ་དེ་ལྟར་མཐོང་ནས་བསྟན་བཅོས་འདིར་ནི་རང་བཟོ་དང་ཕྱོགས་རིས་སྤངས་ཏེ་མདོ་རྒྱུད་

ཀྱི་དོན་ཇི་ལྟ་བ་བཞིན་དུ་གཏན་ལ་འབེབས་པར་བྱེད་པའི་མཁས་གྲུབ་དུ་མའི་ལེགས་པར་བཤད་པ་ལྟས། ཇི་སྐད་བསྟན་པ་རྣམས་སྒྲིམས་པོའི་བློ་ཡིས་བརྟགས་ཤིང་དཔྱད་པའི་སྒོ་ནས་མདོ་རྒྱུད་མན་ངག་རྣམས་དང་མི་འགལ་བར་ཕྱོགས་གཅིག་དག་ཏུ་བཀོད་པ་ཡིན་པས། རྒྱུ་མཚན་དེ་ཡི་ཕྱིར་ན་མ་རྟོགས་པ་དང་ལོག་པར་རྟོགས་པའི་དབང་གིས་ཉེས་པར་བཤད་པ་སོགས་ཀྱི་ནོངས་པའི་དྲི་མ་ཆ་ཙམ་མེད་དོ་སྙམ་དུ་རློམ་པ་ཡིན་པས་ན་ལམ་མཆོག་འདི་ཉིད་ཀྱི་རྗེས་སུ་འཇུག་པའི་སྐལ་བཟང་གི་གདུལ་བྱ་རྣམས་སྙིང་ནས་ཡིད་ཆེས་པའི་ནོར་སྐལ་དུ་བཟུང་བར་མཛོད་ཅིག་ཅེས་བསྐུལ་བར་མཛད་དོ། །

བཞི་པ་དེས་ཐོབ་པའི་དགེ་བ་བསྔོ་བ་ནི། དགེ་དེས་ཀུན་བཟང་གོ་འཕང་མྱུར་ཐོབ་ཤོག །ཅེས་པ་སྟེ། མདོ་སྔགས་ཆོས་ཚུལ་རྒྱ་མཚོ་ཚང་ལ་མ་ནོར་བ་སྐལ་བཟང་ཀུན་ཏུ་དགའ་བའི་འཇུག་ངོགས་གཅིག་པུར་གྱུར་པ་སྡོམ་གསུམ་རྣམ་པར་ངེས་པའི་བསྟན་བཅོས་ངོ་མཚར་བ་འདི་ཉིད་བརྩམས་པ་ལས་བྱུང་བའི་བསོད་ནམས་ཀྱི་ཕུང་པོ་མཁའ་མཐར་གཏུགས་པའི་དགེ་ཚོགས་དེས་མཁའ་ཁྱབ་ཀྱི་འགྲོ་བ་ཐམས་ཅད་སྐུ་ལྔ་ཡེ་ཤེས་ལྔ་དང་འདུ་འབྲལ་མེད་པར་རང་བྱུང་གདོད་མའི་སངས་རྒྱས་ཀུན་ཏུ་བཟང་པོའི་གོ་འཕང་མྱུར་དུ་ཐོབ་པར་ཤོག་ཅིག་ཅེས་སོ། །མཐར་བསྟན་བཅོས་ཇི་ལྟར་བརྩམས་པའི་མཛད་བྱང་སྨོས་པ་ནི། ཅེས་སྡོམ་གསུམ་རྣམ་ངེས་ཚིག་གིས་རིམ་པར་ཕྱེ་བ་འདི་གངས་རིའི་ཁྲིད་བས་བསྐོར་བའི་ཡུལ་ལྷོངས་ལྷོ་ཕྱོགས་ཀྱི་རྒྱུད་དུ་བྱུང་བ་ངེས་པར་འབྱུང་བའི་བསམ་པ་ཅན་མངའ་རིས་ཀྱི་པཎྜི་ཏ་པདྨ་དབང་གི་རྒྱལ་པོས་བཀོད་པ། ཕྱོགས་དུས་ཐམས་ཅད་དུ་རང་བཞིན་རྫོགས་པ་ཆེན་པོའི་བསྟན་པ་བྱ་བ་བྱེད་ནུས་པར་གྱུར་ཅིག །ཅེས་པ་སྟེ། དེ་སྐད་ཅེས་སྡོམ་པ་གསུམ་རྣམ་པར་ངེས་པ་ཞེས་བྱ་བའི་བསྟན་བཅོས་འདི་ཉིད་མཛད་པ་པོའི་མཚན་གྱི་རྣམ་གཞག་ལ། གངས་ཅན་པའི་ལམ་སྟོན་ཐུ་མི་སམྦྷོ་ཊས། ཡི་གེའི་ཁྱུངས་ནས་མིང་བྱུང་སྟེ། །མིང་གི་ཁྱུངས་ནས་ཚིག་བྱུང་ལ། །ཚིག་གིས་དོན་རྣམས་སྟོན་པར་བྱེད། །ཅེས་པ་ལྟར། ཡི་གེ་འདུས་པ་ལས་མིང་། མིང་འདུས་པ་ལས་ཚིག །ཚིག་འདུས་པ་ལས་དོན་གྱི་རྣམ་གྲངས་རྣམས་སྟོན་པ་ལས། འདིར་ཚིག་གི་སྒོ་ནས་བསྟན་པའི་གཞུང་ཚོགས་ལེའུ་རིམ་པར་ཕྱེ་བ་ལྟའི་བདག་ཉིད་ཅན་གྱི་གཞུང་

བཟང་པོ་ཚིག་ཉུང་ལ་དོན་བསྡུས་པ་ལུང་རིག་མན་ངག་དུ་མའི་བང་མཛོད་དུ་གྱུར་པ་འདི་ཉིད་བར་ཆད་མེད་པར་བརྩམས་པ་མཐར་ཕྱིན་པའི་སྐབས་སུ་བབས་པ་ན་བར་སྣང་གི་ལྷ་རྣམས་ཀྱིས་མངོན་པར་ཤེས་པའི་ལེགས་སོའི་མེ་ཏོག་གི་ཆར་བསྐྱིལ་བ་དང་བཅས་ཡོངས་སུ་གྲུབ་པ་ཡིན་ལ། བསྟན་བཅོས་མཛད་པ་པོའི་མཚན་དང་། གང་དུ་མཛད་པའི་གནས་ཀྱི་ཁྱད་པར་ནི་བསིལ་ལྡན་གངས་རིའི་ཕྲེང་བས་ཡོངས་སུ་བསྐོར་བའི་བོད་ཀྱི་ཡུལ་ལྗོངས་ལས་བྱེ་བྲག་ལྷོ་ཕྱོགས་ཀྱི་རྒྱུད་མངའ་རིས་གློ་བོ་མ་ཐང་དུ་བྱུང་བ་ཡོན་ཏན་གྱི་ཁྱད་པར་ཤེས་རབ་དང་སྙིང་རྗེས་སྲིད་ཞིའི་མཐའ་གཉིས་ལས་ངེས་པར་འབྱུང་བའི་བླ་ན་མེད་པའི་བྱང་ཆུབ་དོན་གཉེར་གྱི་བསམ་པ་བཟང་པོས་ཀུན་ནས་བསླངས་ཏེ། སྒྱུར་བ་གཞན་དོན་སྒྲུབ་པའི་ཐབས་ལ་མཁས་པ་ཅན་རིག་པའི་གནས་ཆེན་ལྔ་དང་གནས་ཕྲན་ལྔ་རྣམས་ཐུགས་སུ་ཆུད་པའི་མངའ་རིས་ཀྱི་པཎྜི་ཏ་པདྨ་དབང་གི་རྒྱལ་པོ་རྡོ་རྗེ་གྲགས་པ་རྒྱལ་མཚན་དཔལ་བཟང་པོས་གསུང་རབ་དགོངས་འགྲེལ་དང་བཅས་པའི་དོན་ཇི་ལྟ་བ་བཞིན་དུ་བཀོད་པར་མཛད་པ་འདི་ནི་ཐར་འདོད་ཀྱི་གང་ཟག་རྣམས་ནས་སྐྱེ་བོའི་རྒྱན་དུ་བླངས་པར་འོས་པ་ཁོ་ན་སྟེ། རྒྱུད་བླ་མ་ལས། གང་ཞིག་རྒྱལ་བའི་བསྟན་པ་འབའ་ཞིག་གིས། །དབང་བྱས་རྣམ་གཡེང་མེད་ཡིད་ཅན་གྱིས་བཤད། །ཐར་པ་ཐོབ་པའི་ལམ་དང་རྗེས་མཐུན་པ། །དེ་ཡང་དྲང་སྲོང་བཀའ་བཞིན་སྤྱི་བོས་བླངས། །ཞེས་གསུངས་པའི་ཕྱིར་རོ། །དེ་ལྟར་བརྩམས་པའི་དགེ་བ་ཅི་ཡོད་པ་དེས་ཕྱོགས་བཅུ་དང་དུས་གསུམ་གྱིས་བསྡུས་པའི་འཇིག་རྟེན་གྱི་ཁམས་ཐམས་ཅད་དུ་མདོ་སྔགས་རྒྱལ་བའི་བསྟན་པ་ཡིན་ནོ་ཅོག་སྤྱི་དང་། ཁྱད་པར་ཐེག་པ་ཀུན་གྱི་རྩེ་མོར་སོན་པ་རང་བཞིན་རྫོགས་པ་ཆེན་པོ་ཨ་ཏི་ཡོ་གའི་བསྟན་པ་ལ་བཤད་སྒྲུབ་ཀྱི་སྒོ་ནས་བྱ་བ་རླབས་པོ་ཆེ་བྱེད་ནུས་པར་གྱུར་ཅིག་ཅེས་སྨོན་ལམ་དུ་མཛད་པ་ནི་བསྔོ་བ་རྣམས་ཀྱི་ནང་ནས་མཆོག་ཏུ་གྱུར་པ་སྟེ། སྨོན་ལམ་ཐམས་ཅད་ཀྱང་དམ་པའི་ཆོས་ཡོངས་སུ་འཛིན་པར་བསྔོས་ན་དེར་འདུ་བར་གསུངས་པའི་ཕྱིར། བཟང་པོ་སྤྱོད་པ་ལས། རྒྱལ་བ་ཀུན་གྱི་དམ་པའི་ཆོས་འཛིན་ཅིང་། །བྱང་ཆུབ་སྤྱོད་པ་ཀུན་ཏུ་སྣང་བར་བྱེད། །བཟང་པོ་སྤྱོད་པ་རྣམ་པར་སྦྱོང་བ་ཡང་། །མ་འོངས་བསྐལ་པ་ཀུན་ཏུ་སྤྱོད་པར་ཤོག །ཅེས་གསུངས་པ་དང་ཚུལ་མཐུན་པ་ཡིན་ནོ། །

སླར་སྨྲས་པ། དེ་ལྟར་རྣམ་འདྲེན་བཞི་པའི་རིང་ལུགས་མཆོག །ཐོག་མཐར་བར་དགེའི་ལམ་གྱི་སྲོལ་ཕྱེས་ནས། །ཀུན་ཁྱབ་ཡིད་བཞིན་ནོར་བུའི་གཏེར་ཁ་ཞིག །ཐང་མར་བརྡལ་འདི་ཁྲི་སྲོང་ཁྱོད་མིན་སུ། །ཐོག་མར་དགེ་བ་སྒོ་གསུམ་ཉེས་སྤྱོད་སྡོམ། །བར་དུ་དགེ་བ་གཞན་ཕན་གཞིར་བཅས་བསྒྲུབ། །ཐ་མར་དགེ་བ་དོན་གཉིས་ལྷུན་གྲུབ་ཀྱི། །རྒྱལ་སར་དབུགས་ཆེན་འབྱིན་ལ་བསླུ་བ་མེད། །རྨོངས་པ་བདག་ཀྱང་དེ་ལྟའི་ཚུལ་ཤེས་ནས། །ཁྱོད་ཀྱི་ལམ་བཟང་བྱེ་དོར་ཅུང་བགྱིས་པ། །འདི་ལས་ལམ་བཟང་ནོར་བ་མེད་པའི་རྒྱུན། །རྣམ་འདྲེན་ལྔ་པའི་བར་དུ་གསལ་གྱུར་ཅིག །ཚུལ་འདིར་འཆད་ཉན་སྒོམ་སྒྲུབ་ཟབ་མོའི་སྲོལ། །ལྔ་བརྡའི་མཐར་ཡང་ནུབ་མེད་སླར་གསལ་ནས། །འཛིག་རྟེན་ཕན་བདེར་སྤྱོད་པའི་སྐལ་བཟང་གིས། །ཞིང་རྣམས་ཀུན་ཁྱབ་བཀྲ་ཤིས་དཔལ་འབར་ཤོག །

དེ་ལྟར་སྡོམ་གསུམ་རྣམ་པར་ངེས་པའི་གཞུང་འདི་ལ་འདྲེན་པ་བཀའ་དྲིན་མཚུངས་མེད་ཨོ་རྒྱན་ཆོས་འཁོར་རྒྱ་མཚོའི་སྐུ་དྲུང་ནས་རང་ལོ་བཅུ་གཉིས་པར་རྫོགས་ཆེན་དཔལ་སྤྲུལ་འཇིགས་མེད་ཆོས་ཀྱི་དབང་པོའི་ཞལ་རྒྱུན་གཙོ་བོར་བྱས་པའི་སྨིན་ཁྲིད་ཞིབ་རྒྱས་སུ་ནོས་པ་ལས། རང་ཉིད་ནས་དེ་མ་ཐག་ཏུ་བྲིས་པའི་བརྗེད་ཟིན་འབྲུ་འགྲེལ་ལྟ་བུ་ཞིག་ཡོད་པ་ལ་ཕྱིས་སུ་ཞིབ་པར་བལྟས་པ་ན་བརྗོད་བྱའི་དོན་ལ་ནོར་འཁྲུལ་མི་འདུག་ཀྱང་རྗོད་བྱེད་ཚིག་ཚོགས་མང་ཉུང་ཅི་རིགས་པས་སྐབས་འགར་བློས་སྐྱོན་ལྟ་བུ་དང་། སྐབས་རེར་འབྲུ་གཉེར་མ་ཐུབ་པ་སོགས་ཁོངས་སྐྱོམས་པ་ཞིག་བྱུང་མི་འདུག་ཅིང་། སྤྱིར་ཡང་སྐབས་དེར་རང་ཉིད་ལོ་ན་ཕྲ་ཞིང་སྦྱངས་སྟོབས་ཀྱི་ཤེས་ཡོན་ཞན་པ་སོགས་ཀྱིས་བལྟ་གོ་ཆོད་པ་ཁྱེར་བདེ་དོན་ཚང་ཞིག་ཀྱང་བྱུང་མི་འདུག་པས་ན་ཕྱིན་ཆད་ཡིག་རྒྱུན་མི་འཕེལ་བར་བྱ་སེམས་ཁོ་ནའི་ངང་གཞན་རྐྱེན་འདུ་འཛི་མང་པོས་ཡེངས་ཏེ་རིམ་ལུས་སུ་གྱུར། ཕྱིས་སུ་རང་ལྟོས་སློབ་ཚོགས་བླ་སྤྲུལ་ཁ་ཤས་ནས་རང་རེའི་འབྲུ་འགྲེལ་འདི་ལ་བལྟ་བདེ་དོན་ཚང་ཞིག་ངེས་པར་མཐའ་སྐྱོང་ཡོད་པ་ཞེས་ཡང་ཡང་དྲན་བསྐུལ་བྱེད་མཁན་ཁ་ཤས་ཤིག་བྱུང་བ་དང་། ད་ལྟ་སྔ་འགྱུར་བཀའ་མའི་ཕྲིན་ཆོག་རྒྱབ་ཆོས་བཅས་སྤར་འདེབས་སྐབས་སུ་སྡོམ་འགྲེལ་འདི་ཡང་སྡེབས་སུ་ཚུད་ན་རྨོངས་པ་རང་འདྲ་འགའ་ལ་ཅུང་ཟད་ཕན་ཐོགས་ཡོང་རྒྱུའི་རེ་བ་བཅས་ཏེ། ལྷ་རིགས་ཤཱཀྱའི་དགེ་བསྙེན་རྣལ་འབྱོར་སྤྱོད་པ་འཇིགས་བྲལ་ཡེ་ཤེས་རྡོ་རྗེས་རང་ལོ་བརྒྱད་ཅུ་གྱ་

གཅིག་པ་ཤིང་བྱི་ཧོར་ཟླ་བཅུ་པའི་ཤེས་རབ་ཀྱི་ཆ་ལ་ནུབ་ཕྱོགས་དགའ་བ་འཁྱིལ་བའི་ལྷོངས་སུ་བསྒྲོད་སྟོང་སྐབས་ཞིབ་མོར་དཔྱད་པའི་སྒོ་ནས་སྦྱར་བ་ལས། ཡི་གེ་པ་ནི་རང་གི་གམ་དུ་ཉེ་བར་གནས་པ་བློ་གསལ་བསོད་ནམས་ནོར་བུ་ནས་རྩོམ་གཞིའི་ཟིན་བྲིས་ཅི་རིགས་པར་བཏབ་ཅིང་། ཡོངས་སུ་རྫོགས་པར་སྟོན་དགའི་བག་ཆགས་བཟང་པོ་ལས་འཕྲོ་མཐུད་པ་ལ་མི་ཞུམ་པ་རང་སློབ་མོན་གྱི་སྟགས་བཙུན་ཀུན་བཟང་དབང་འདུས་ཀྱིས་བགྱིས་པའོ། །

འདིས་ཀྱང་མཆོག་གསང་པདྨའི་རིང་ལུགས་ནམ་ཡང་མི་ཉམས་པར་གོང་ནས་གོང་དུ་འཕེལ་ཞིང་རྒྱས་ཏེ་རྟག་ཁྱབ་ལྷུན་གྲུབ་འབྱུང་བའི་ཆ་རྐྱེན་དམ་པར་གྱུར་ཅིག །སརྦ་དྷ་མངྒ་ལཾ།། །།

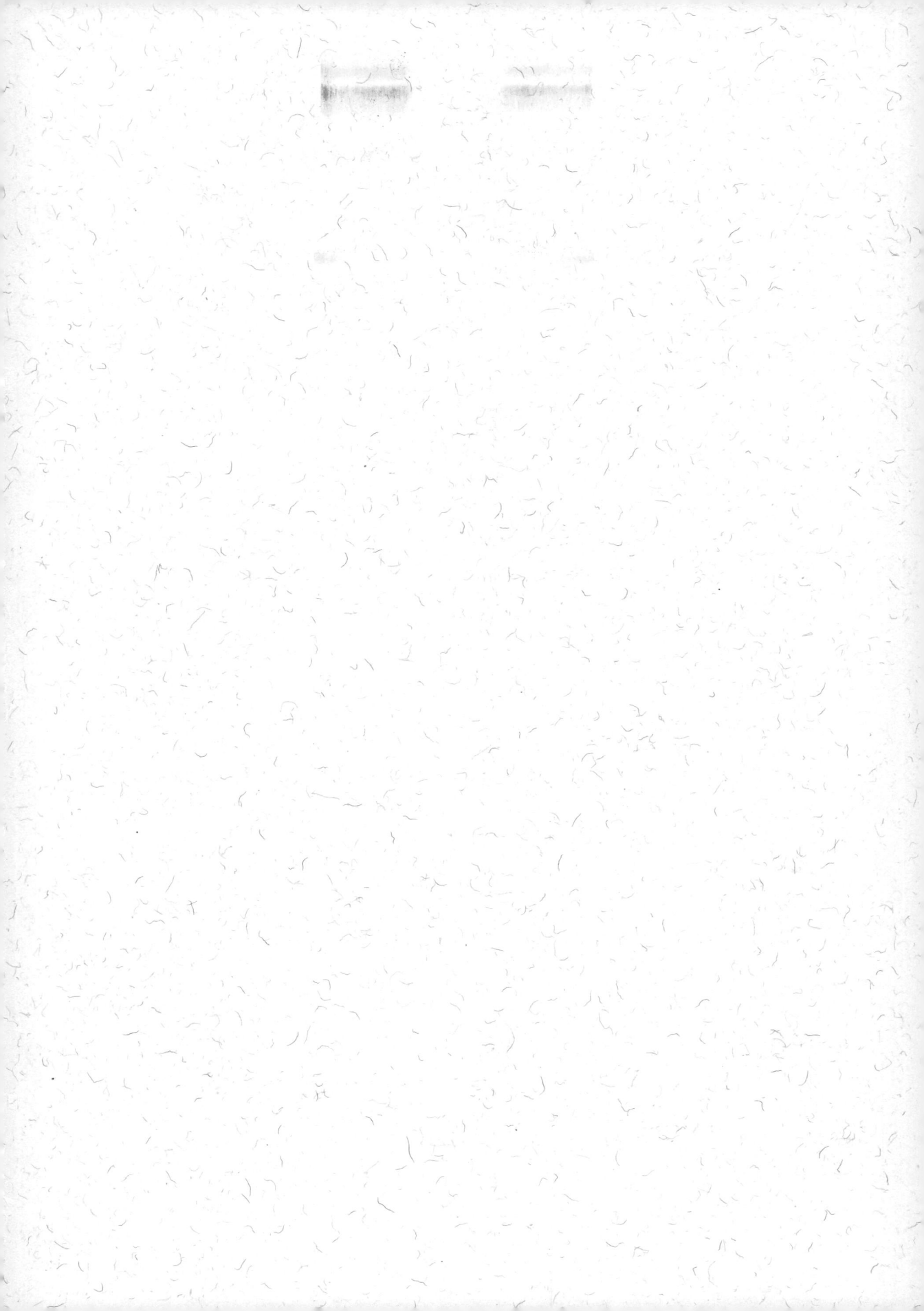